精選 日本民俗辞典

福田アジオ・新谷尚紀・湯川洋司
神田より子・中込睦子・渡邊欣雄 編

吉川弘文館

はしがき

社会の急激な変化のなかで、過去からの累積に基礎を置き、歴史を考える学問であった民俗学も、その様相を大きく変えつつある。現代社会で新たに生起する事象も民俗学の対象として取り上げ、その生成過程に注目することを主たる関心とする研究も増えてきているし、また従来の集団主義的な理解も急速に後退し、個人から民俗をとらえ、理解することが盛んになってきている。そのような新しさを示す民俗学であるが、しかし同時にその足場は常に長い歴史的蓄積に置かれていることも間違いない。過去に形成され、世代を超えて受け継がれ、実際に今日行われたり、知識として保有されている事象が民俗であり、その民俗の研究によって歴史的深みから生活文化を明らかにすることは決して失われることがない民俗学の特質といえよう。

民俗学を学ぶことは、先ず過去から継承されてきた現代の生活事象を理解することから始まる。そして、その事象の分析・解釈によって獲得された仮説を理解することに進む。それは以前であれば難しいことではなかった。民俗学を学ぶ人間が同時に民俗の担い手であったし、そうでなくても民俗事象を見聞する機会はいくらでもあった。いわば実感を伴って民俗学を学ぶことができた。その点は歴史学などとは大きく異なった。ところが、この数十年の社会の変化は、民俗学の先達たちが取り上げ、研究してきた民俗を急速に過去のものにしてしまった。柳田国男はじめ、多くの民俗学の先輩たちが著した著書・論文を読んでも、論証の根拠となっている民俗についてイメージを抱きながら理解することができなくなってきた。そのため、民俗事象を資料にして組み立てられる解釈や仮説も十分に分からないまま、言葉としてのみ学び、分かったという錯覚に陥ってしまうことも少なくないように見受けられる。

これから民俗学を学び、研究しようとする若い人々には、民俗学の辞典を座右に置くことが不可欠なことになっていると言える。民俗事象とそれを活用して出された解釈・仮説を説明した辞典によって、民俗学特有の用語や概念を了解するだけでなく、その基礎にある民俗事象との関係を理解し、民俗そのものについて実感を持って知ることが必要になってきている。しかし、現在そのような初学者向けの辞典として適切なものは出されていない。収録した項目数の点では初学者向けと思われる辞典も過去にいくつか出されているが、いずれも刊行されてから相当の年数を経過しており、記述もややもすれば専門的である。それらが刊行された当時は、読者はいまだ身近なところで民俗に接していて実感を持って理解することができた。

私たちは先に『日本民俗大辞典』全二巻を編集刊行した。広い視野から民俗を取り上げ、現代の研究成果に基づいて解説したこの辞典は、幸いに好評で、多くの研究者が座右において日常的に利用してくださっている。また多くの図書館や大学研究室に配架されて、多くの人々に利用されている。しかし、何と言っても上下二巻という大部な辞典であり、その価格も安いものではない。そして、専門的研究者に活用されるに十分な項目数と長文の説明によって構成されており、初学者にとってはかえって利用しにくい面があった。たとえば民俗学にあまりなじんでいない人に必要な民俗学上の用語の定義的説明などが難しい表現で書かれ、理解が困難と思われるものもあった。

私たちは『日本民俗大辞典』を基礎に、民俗学の初学者や民俗に興味を持つ読書人が座右において常時参照し、日本の民俗および民俗学を理解するための辞典を編纂することにした。大学での民俗学の講義に出てくる概念・用語や民俗事象、あるいは柳田国男はじめ民俗学研究者の著書・論文に登場する用語や民俗について分かりやすく解説した辞典を目指した。そのために重要項目約七〇〇を『日本民俗大辞典』から精選し、その解説文の見直しを行い、できるだけ簡潔に説明するように補訂し、また定義的説明を明確にした。大辞典の六〇〇〇項目から重要項目七〇〇を精選する作業は非常に難しいことであったが、専門家が専門的に執筆した解説を初学者にも分かるような簡潔・簡明な解説にすることも苦労大きい作業であった。

精選した七〇〇余りの項目について、執筆者の皆さんにこの辞典への再録をお願いすると共に、辞典の性格に対応しての解説文の見直し、さまざまな手直しをお願いした。幸いにして、執筆者の皆様には、この辞典編纂の目的を了解され、私どもの依頼に対して積極的に応じてくださった。『日本民俗大辞典』に続いて、研究者の皆さんの多大の協力の下にこの辞典も刊行することができた。深く感謝申し上げる。お陰で『日本民俗大辞典』とは異なる新しい辞典となったものと思っている。

この辞典がこれから民俗学を学ぼうとする若い人々の手許に届き、日常的に活用されることを期待したい。

二〇〇六年一月

福田アジオ
神田より子
新谷尚紀
中込睦子
湯川洋司
渡邊欣雄

凡例

項目

一　本辞典は、『日本民俗大辞典』より、民俗学の概説書や入門書あるいは大学の講義などに頻出する重要用語、七〇〇項目強を精選した。

二　特定の地方の民俗事象は、原則として採用しなかったが、広く研究対象になっている場合などは例外的に採用した。　採用例　アエノコト　ニソの杜　トシドンほか

三　人物・書籍・組織など民俗学史上の項目は、原則として採用していない。

四　かな見出し

1　現代かなづかいによる「ひらがな」書きとした。

2　外国語・外来語および民俗語彙は「カタカナ」書きとし、長音は長音符号(ー)を用いた。

3　沖縄およびアイヌ関係の項目は、原則として現地での一般的発音表記に従った。

五　本見出し

1　日本語読みのものは、漢字と「ひらがな」を用いた。

2　外国語は原語の綴りを用いた。

3　日本語と外国語を合成したものは、外国語の部分を「カタカナ」書きとした。

4 民俗語彙で、広く漢字表記が用いられ、特に誤解のおそれのないものについてはそれに従い、それ以外の語は慣例により「カタカナ」書きとした。

配　列

一 かな見出しの五十音順とした。清音・濁音・半濁音の順とし、また、促音・拗音も音順に加えた。長音記号(ー)は、その前の「カタカナ」の母音を繰り返すものとみなして配列した。

二 かな見出しが同じ場合は、本見出しの字数・画数の順とした。

三 かな見出し、本見出しが同じ場合は、(一)(二)を冠して一項目にまとめた。

記　述

一 文体・用字

1 漢字まじりの「ひらがな」書き口語文とし、かなづかいは、引用文をのぞき、現代かなづかいを用いた。

2 漢字は新字体を用い、歴史的用語・引用史料などのほかは、なるべく常用漢字内で記述した。

3 数字は、漢数字を使用し、十・百・千・万などの単位語を付した。ただし、西暦、西洋の度量衡、百分比、統計的数字、文献の編・巻・号などは、単位語を略した。横書きの場合は、アラビア数字を用いた。

二 年次・年号

1 年次表記は、原則として西暦を用い、(　)内に日本年号を付け加えた。同一項目内で同年号が再出する場合は、年号を省略した。

2 日本年号で年間を示す場合は、( )内に西暦でその幅を付け加えた。

3 沖縄関係の項目では、( )内注記は、琉球処分以前は中国年号を、以後は日本年号を用いた。

4 外国関係の記事で日本と関係のある場合は日本年号を付け加え、特に関係のない場合は、西暦のみとした。

三 記述の最後に、基本的な参考文献となる著書・論文・史料集をあげ、研究の便を図った。発行年次は、再録されたものはその年次に従った。

四 項目の最後に、執筆者名を( )内に記した。

五 記号

『 』 書名・雑誌名・叢書名などをかこむ。

「 」 引用文または引用語句、特に強調する語句、および論文名などをかこむ。

( ) 注、および角書・割注を一行にしてかこむ。

→ 参考となる関連項目を示す。

― 区間を示す。　例：東京―京都

～ 数の幅を示す。　例：二〇～三〇センチ

・ 並列点および小数点を示す。

= 二語以上の外国語・アイヌ語を「カタカナ」書きにしてつなぐときに用いる。

図　版

一　本文理解の参考になる写真・図表を掲げた。各写真・図版にはタイトルを付け、写真については撮影地を記し、資料についてはその所蔵先を記した。

二　写真はその項目の執筆者もしくは吉川弘文館の提供による。他から提供された写真については、提供者名を記した。

三　図版は項目執筆者作成のものを掲げたが、他の著書などから引用したものはその著者・書名等を記した。

執筆者

青柳まちこ
赤嶺政信
朝岡康二
浅野久枝
安達裕之
阿部正路
天野武
網野善彦
安渓遊地
安藤邦広
飯島康夫
飯島吉晴
飯野貞雄
池上良正
井桁碧
井阪康二
石井研士
石井正己
石垣博孝
石川純一郎
石原潤
板橋作美
板橋春夫
板谷徹

市川健夫
市川秀之
伊藤幹治
伊東久之
伊藤唯真
伊藤好英
稲雄次
井上史雄
井之本泰
入江宣子
岩井洋
岩井宏實
岩井正浩
岩崎真幸
岩田重則
岩本通弥
印南敏秀
上野和男
植松明石
潮田鉄雄
牛島巌
宇田哲雄
内田賢作
梅野光興

浦西勉
上井久義
江守五夫
遠藤匡俊
近江恵美子
大島暁雄
大島建彦
大島広志
大島稔
大嶋善孝
大城學
大舘勝治
大貫紀子
大村和男
大森恵子
岡田照子
小川徹太郎
小川直之
小口千明
小熊誠
小坂広志
小田亮
小野沢正喜
小野寺節子

織野英史
鏡味明克
柿崎京一
笠原政治
嘉田由紀子
勝田至
加藤正春
門屋光昭
金田久璋
蒲池勢至
神野善治
紙谷威広
川田順造
川森博司
神崎宣武
神田より子
菊池健策
城所恵子
喜多村理子
喜山朝彦
工藤員功
久保田裕道
熊倉功夫
倉石あつ子

倉石忠彦
倉田隆延
胡桃沢勘司
小泉武夫
高達奈緒美
河野友美
河野通明
孝本貢
小島孝夫
小嶋博巳
五島淑子
小林忠雄
小松和彦
小松清
近藤直也
斎藤君子
齊藤純
斎藤弘美
佐伯安一
酒井和男
阪本英一
坂本要
桜井治男
佐々木長生

佐々木宏幹
佐々木勝
笹原亮二
佐治靖
佐藤憲昭
佐藤良博
真田信治
佐野賢治
篠原徹
島村恭則
下野敏見
白石昭臣
白川琢磨
新谷尚紀
真野俊和
新村拓
末成道男
菅豊
菅原壽清
鈴木昭英
鈴木正崇
鈴木通大
須藤護
関沢まゆみ

関谷龍子
薗田稔
高桑守史
高梨一美
高橋宣勝
高橋典子
高松敬吉
高山茂
田口洋美
武井正弘
竹田旦
武田正
竹本康博
橘礼吉
蓼沼康子
立平進
田辺悟
多仁照廣
田畑千秋
玉井哲雄
圭室文雄
田村貞雄
太郎良裕子
段上達雄
千々和到

塚本学
常光徹
角山幸洋
土井作治
徳丸亞木
栃原嗣雄
富山昭
豊島修
鳥越皓之
中川重年
中込睦子
長沢利明
中島恵子
中島誠一
永島政彦
長野ふさ子
名嘉真宜勝
中村生雄
中村茂子
仲村恒明
中村禎里
中村ひろ子
中村羊一郎
西岡陽子
西海賢二

西垣晴次
西口順子
西瀬英紀
西角井正大
西村浩一
西山郷史
野沢謙治
野村敬子
野村純一
野本寛一
萩尾俊章
萩中美枝
萩原法子
長谷部八朗
畑聰一郎
花部英雄
林淳
林雅彦
原ひろ子
比嘉政夫
兵藤裕己
平山和彦
布川清司
福田アジオ
福原敏男

藤井昭
藤井正雄
藤村久和
藤原修
古家信平
古川彰
古塚達朗
平敷令治
保坂達雄
堀尾尚志
牧田勲
増田昭子
松尾恒一
松崎かおり
松本孝三
松本誠一
三井田忠明
三崎一夫
三田村佳子
三橋健
宮内貴久
宮川修一
宮家準
宮崎清
宮澤智士

宮田登
宮本袈裟雄
宮本瑞夫
宮本八恵子
宮良高弘
明珍健二
向山勝貞
村武精一
森栗茂一
森謙二
森隆男
森正康
八木透
八木康幸
安井眞奈美
安田宗生
安室知
柳平則子
矢野敬一
矢野憲一
山内健治
山路興造
山下克明
山田厳子
山田慎也

山田知子
山本質素
湯川洋司
芳井敬郎
吉岡郁夫
吉岡信
吉川祐子
由谷裕哉
吉成直樹
吉村典子
米屋陽一
若林良和
渡辺昭五
渡辺伸夫
渡邊欣雄

あ

アールネ・トンプソンのわけい　アールネ・トンプソンの話型　昔話の国際的な分類基準。昔話の本格的な分類基準を最初に作成したのはフィンランドのアールネであった。学問上の師であるクローンKrohn, Kaarle Leopold（一八六三―一九三三）に勧められ一九一〇年に完成したVerzeichnis der Märchentypen（『昔話の型目録』）がそれである。ここでアールネは昔話全体を「動物昔話」「本格昔話」「笑話」に大別し、各グループ内で話の展開を同じくする昔話をまとめてタイプ（話型）とし、番号をつけて整理した。しかしこの目録が対象としたのは北欧中心の昔話であり国際的な分類基準としては不十分であった。アールネもそのことを承知し増補を期していたが実行前に死去。そこでクローンが米国の昔話研究者トンプソンThompson, Stith（一八八五―一九七六）に増補改訂を依頼した。トンプソンは一九二八年に最初の英訳改訂版The Types of the Folk-Tale: Antti Aarne's Verzeichnis der Märchentypenを出版、一九六一年には再改訂版The Types of the Folktale: A Classification and Bibliography（一般にはThe Types of the Folktale、『昔話の型』）を出した。これがいま国際的な昔話話型目録となっているが、この改訂版でも全世界の昔話が対象となっているわけではない。話型はふつうアールネ・トンプソンを表わすATをつけた番号で表記される。　→本格昔話（ほんかくむかしばなし）

参考文献　S・トンプソン『民間説話―理論と展開―』（荒木博之・石原綏代訳、一九七七）

（高橋　宣勝）

あいさつ　挨拶　相手に対して言葉やしぐさで受け答えをすること。挨拶はその日にはじめて会った時とか儀式の時に行われる。ムラや町内ではいつも同じ人に出くわすが、知らない顔で通り過ぎることはない。必ずなんらかのことばをかけたり、しぐさをするのが伝統であった。これらのことばやしぐさにはかなり決まり切ったパターンがある。民俗学では特に挨拶のうち、ことばかけに関心が強い。ことばかけの典型は天気の善し悪し、暑いとか寒いとか、もう晩になったなどというものである。特に時候や日和が話の冒頭に出てくるのは、日々のなすことの都合をそれらによって決めた過去があるからである。同じ土地に住んでいる人たちは困ることも喜ぶことも類似していたので、冒頭のことばの次の内容の中に、諺が出てくることも少なくない。「物は試し」「播かぬ種は生えぬ」「いそぐ蟹穴に入らず」などがそうである。また挨拶にはその場その場での型があるので、それを外すととんでもない恥を両方でかくことになる。たとえば長野県のあるムラでは、葬式や法事などでは読経などの儀式が終ると、酒肴がでるが、ある段階で一番上席の人が「お酒は十分いただきましたからご飯をいただきたい」という。これはこの会は終了に近づいていることを意味する。その挨拶を受けて、すぐに「そうですか」といってしまえば、挨拶の失敗で、「かしこまりました。早速台所方へご飯の仕度をいいつけますが、用意がととのうまでしばらくかかりますから、それまでゆっくりお酒を召し上がりください」というように、しばらくは引き延ばす対応をするのが礼儀と考えられている。また、喪のある家に対する年取りの挨拶は「ことしは誠にお淋しいお年取りでござんす」というように決まり切った言い方をする必要がある。すなわち挨拶は、状況、その人の置かれた立場や地位によって決まった発言の内容がある。また、挨拶はすれ違うときや儀式のときだけ交されるのではない。わざわざ訪問して挨拶をすることも必要だし、遠くで野良仕事をしていて相手が気がつかない場合も、大きな声で「出とらっしゃるかいね」というようなことばをかけて挨拶をするのが礼儀である。さらに挨拶は人間だけにとどまらず、神様に対する挨拶があり、そのパターンを会得することはきわめて大切なこととみなされていた。祈りの初句をノゥノゥということばから始めるところ、「あな尊と」という言い方の地方もあるし、子供にはアンというようにと教えているところもある。

参考文献　柳田国男「国語の将来」(『柳田国男全集』二二所収、一九九〇)、同「なぞとことわざ」(同二三所収、一九九〇)、堀越久甫『むらの役員心得帳』、一九八三、福田アジオ『時間の民俗学・空間の民俗学』、一九八九
(鳥越　皓之)

アイヌ　アイヌ　アイヌ語で人・人間の意。この言葉は一五九〇、九一年にかけてポルトガル人の宣教師イグナシオ＝モレイラの**De Iezorum insula**(『蝦夷人の島』、ラテン語による記述で、イエズス会本部所蔵)に記録されている。アイヌの人々に対する呼称は多様であったが、一九九三年(平成五)の国際先住民年の設定に伴い、アイヌの人たちの最も大きな組織である社団法人北海道ウタリ協会の総会でアイヌ民族を公的な集団名称として使用することが決定され、徐々に普及しつつある。アイヌ民族の居住範囲は、江戸時代末期から明治初期にかけては、樺太島南部、千島列島、北海道、青森県下北や津軽半島の一部に広がりをもっていた。しかし、アイヌ民族の言語であるアイヌ語の使用範囲は広く、特に地名として定着または記録された地域は、樺太島北部西岸、対岸の沿海州の一部、カムチャツカ半島の先端部、東北地方に及び、それより以南の地域も今後の研究によって包含される可能性がないとは言い切れない。今のところアイヌ語は日本列島の北半分に話されていたことは確かなことである。国籍は等しく日本ではあるものの、北海道ウタリ協会に所属する会員数は四千五百五十四人(一九九七年現在)であるが、アイヌ民族の子孫にあたる人口は数万人とウタリ協会では推定している。なお、この数の中には、アイヌ民族が開拓農村の捨子・障害者を幼少時に実子に迎えて養育した相当数の人も含まれている。

生業は漁撈・狩猟・山菜採取を中心に若干の雑穀類を栽培することで食糧を確保しており、それも大自然の節理によって生みだされる総量のうちの余剰分をそれにあてていたから、収量の制限、生業地区の設定や、解禁日・期間などを設けた。特に開花や結実、交尾や出産・子育ての各期は生業を自粛して種の保存に努め、天災や災害で環境が荒廃すると、自然の回復力に期待するほかに、種子の蒔種、さし木・つぎ木、不用木の伐採などを行なって森の活性化に村人が一致して協力した。魚種が減少した河川湖沼へは、近くから稚魚や稚貝を移して増殖をすすめた。北海道をはじめとして、アイヌ民族の居住地には、豊かな森が広がり、動植物の種が多いという特徴もこうした努力の結果であった。これは、豊かな環境や食べ物にめぐまれた現状を会うこともない子孫のために、残しておこうとしたアイヌ民族の先祖の知恵のたまものにほかならない。北海道の八割強に森林が広がっているのもそれに由来している。生業によってもたらされた食糧は、そのほとんどが保存用食品として加工される。加工は天日乾燥を中心に燻製や焼干し、漬物などであり、保存に堪えないものは数日間の食材として、虫くいや腐った部分を除いて、すべて何らかの料理に変えて食べてしまう。保存食品は、秋末から春までの約六～七ヵ月間の食材にあてられる。しかし、食物連鎖の自然界にあっては、植物の生育状態が動物に与える影響は大きく、冷夏や寒冷な気候

の年は飢饉を迎える。一度、不順になった気候は、回復に数年を要するといい、その間に保存食糧が底をつけば、ついには餓死に至る。それだけに、飢餓の実態やそれに対応する常日頃の備えに関する説話や教訓話も多く伝承され、非常用を含む保存食品作りに勤しむこととなる。生業を行うことのできる範囲を生活領域というが、生活領域は現在の市町村単位にほぼ等しく、一つの河川流域を中心に丘陵や山岳の分水嶺・稜線をもって一つの大きな生活領域に区切られている。海洋へは、陸で区割された境界線をそのまま延長していて、現在の行政区と全く同じである。江戸時代の村落は平均して一、二軒から七、八軒で構成されていて、しかも各村は小河川の河岸沿いに家屋が点在し、それらの小集落の集合が一つの大きな生活領域を構成していた。一つの生活領域内の各集落の男子は、親族またはそれに準ずる人々で、共通の家紋およびそれに若干の改良を加えたものを持つ父系血縁集団であり、女子のほとんどは隣接する別の血縁集団から嫁に来ている。小集落ではその代表者は推薦や互選で決まり、一つの生活領域内を総合的にとりまとめる代表者もそれと同じ方法で決定する。小集落の首長は、他村との交流や渉外にあたり、村内にあっては村落を取りまとめ、採取期や猟期、それらの地域を決めるほか、各戸から村全体用として供出された収穫物を非常用食品として管理もする。村落で公的に入手した神事用の宝物類も同様である。また、村内における福祉事業も担い、母子家庭、事故や病気で両親を失った遺児、障害者、高齢者などの適切な対策を考えて時には共同生活をし、その人らへ村人が供出した食糧の一部を均等に分配することにもあたった。大きな生活領域全体を統率する首長は対応すべき地域こそ大きいが、職務内容には大差がない。

大自然の中で自給自足の生活を営んだアイヌ民族は生活領域内に家族がすごす家屋を数ヵ所に所持して適宜活用していた。かつて越冬用の家屋は半地下式の竪穴式住居であり、早春には、海浜に下がり、食べごろの海草や時化で寄りあがる魚介や海獣、産卵のために河口へ寄り集まる魚類を捕獲する。そのための家はあらかじめ作ってあり、この家には前年に貯えておいた薪木や保存食品用の庫があって、家族は軽装備で移動する。浜での暮らしが安定するころ、男たちは山奥へ狩りにでかける。川に沿って行くと要所要所に狩小屋が建ててあり、そこを中継基地にしながら狩りを続けて移動する。春の山猟が終り、海浜の魚群が本格的に産卵に溯上すると、それに伴って家族も移動し、狩猟にも使用した狩小屋を転々としながら、山菜採集・漁狩猟をする。秋末には再び越冬用の家へ移動し、来るべき厳寒期への諸準備にとりかかる。保存食を貯える倉庫は高床式で、積雪に埋れたり、陸獣に荒らされないように工夫されている。かつては食材別に倉庫を建てたといわれている。家屋の建て方は、下から順々に組み立てていく方法と、桁や梁を組んで屋根を作り、全体を柱に乗せる方法とがあり、後者は北海道、しかも中型・小型の家にそれが多い。屋根の形式は、北海道が入母屋造、サハリン(樺太)では切り妻造が一般的である。家屋を葺く材は、ヨシやススキ、オギ、笹、樹皮、割り板と種類が多く、地域によって最も入手しやすい材料が用いられている。家屋は間仕切りのない母屋と物置き兼用の前小屋の二つからできていて、ほぼたて長となり、多くの地方は川と平行する。川上側には、神々をまつる祭壇があり、家の脇には動物の飼育檻や倉庫・物干し柵、家の下手、川下の方には便所やごみすて場がある。入口は前小屋・母屋にあって、奥行きのある母屋の手前側には炉が作られている。家の正面は神事用の窓があり、右手側には一～二つの窓が、家によっては煙を排除する天窓が炉の真上の屋根に設けられる。衣服の原材料は、獣皮・

神々をまつる幣棚　静内町

北海道南部に広く見られるヨシ葺きの家　長万部町

熊の飼育　旭川市

屋外での機織や刺繡　平取町

魚網の繕い　白老町

コンブ干し　八雲町

トンコリの演奏
サハリン地方

鳥皮・樹皮布をもって、和服の労働着同様の仕立て、糸はイラクサの内皮、動物の筋や腱を用いて作られている。樹皮布はオヒョウニレ、ハルニレ、シナそれにイラクサの内皮を用いて織られるが、機織機の構造は古く、弥生時代にさかのぼるとされている。のちに、中国やロシア、本州から絹布・木綿布・毛織布・木綿糸・絹糸が物々交換によって移入され、今日見られる模様を発達させる基となった。

　アイヌ民族の歴史は、北海道唯一の藩であった松前氏の記録にたよる以外に方法はないが、十五世紀中葉に本州から松前氏が逃来したという記事は、以後に散見されるアイヌ民族との本格的な抗争のはじまりを想像させる。そして、一六八九年(元禄二)松前藩とシャクシャインを首長とするアイヌ連合軍との抗争は、大敗したアイヌ民族が松前藩や和人に隷属化される転機になった。日本の農業を支える魚粕肥料の生産基地として需要に応えた松前藩は、商人を通じて魚類の水揚高の向上と魚肥作りの労働力にアイヌ民族をあてた。強制的な長期間の就労に対しては、不当に安い報酬しか払わず、多量の物資を移入しての経済支配はアイヌ民族の社会構造を根底からゆるがし、小集落の統合化、遠隔地への出稼

通過儀礼の際の穀類の精白・製粉　平取町

敷物の茣蓙編み　八雲町

丸木舟と操舵　八雲町

天井から下げ焚火の煙で燻す鮭の薫製　白老町

は家族の離散や病気の流行を招来した。魚肥作りに昼夜なく焚き続ける多量の薪木は、森林や河川を荒廃させ陸獣も減少し、魚種の乱獲は自然体系全体を狂わすことになる。こうした傾向は安価な化学肥料の出現まで続いた。明治期を迎えると政府は、アイヌ民族が居住していた範囲を日本領とするため、彼らを土地に定着させる方法として勧農政策を押しすすめた。一戸当り五町歩(四九六アール)の土地を申請に応じて配分し、新しく集落を構成する地区(土人給与地)を設定した。アイヌ民族は、大自然からの恩恵を受けて生計を立てていたため、森林を伐採し、原野を開拓して耕地化することは古来からの禁忌行為とされていた上に、農業にかかわる技術や経営力にも乏しく、作物の収穫も思うほどになかったため、生きるために他へ転居しながら就労せざるを得なかった。加えて、国防上から師団の配置や馬を中心とする家畜類の増産をする場として、給与地の取り上げと転居は多くの悲劇を生むことになった。一九三〇年(昭和五)にはアイヌ民族によって北海道アイヌ協会が設立され、民族としての自覚を喚起し、一層の団結を促し、積極的な近代化をみずからの課題とするように働きかけた。一九四六年には、社団法人北海道アイヌ協会が設立され、民族としての多面的な発展や主張、経済的な救済処置などを目的としたが、アイヌという言葉がすでに蔑視用語として誤って普及していることから、一九六一年には、北海道ウタリ協会に改名されて今日に至っている。アイヌ民族の救済と保護を目的とする北海道旧土人保護法は一八九九年(明治三十二)に制定されたが、その内容はアイヌの人たちが望むものでもなく、また徹底していたわけでもなかった。条文は幾度か修正されたとはいうものの、現状に合わないことから、一九八八年にアイヌ民族が希望する条項を盛り込んだアイヌ新法の制定を求める運動が展開され、一九九七年五月八日に文化面を中心としたアイヌ新法が党派を越えて可決され、付帯決議とはいえアイヌ民族の先住権と民族としての公的承認がなされた意義はきわめて大きい。しかし、アイヌ民族が求めた内容とには大差があり、今後は新法を手がかりにねばり強い運動を要求していくことになる。→ウタリ

参考文献　アイヌ文化保存対策協議会編『アイヌ民族誌』、一九七〇、高橋三枝子『続北海道の女たち』ウタリ編、一九八一、茅辺かのう『アイヌの世界に生きる』、一九八四、萱野茂『アイヌの碑』(『朝日文庫』、一九九〇)、川上勇治『エカシとフチを訪ねて』、一九九一、北海道新聞社社会部編『銀のしずく―アイヌ民族は、いま―』、一九九一、本多勝一『アイヌ民族』、一九九三、藤村久和『アイヌ、神々と生きる人々』(『小学館ライブラリー』、一九九五)

(藤村　久和)

アエノコト　アエノコト　能登半島の先端部石川県旧鳳至郡・珠洲郡地方に伝わる農耕儀礼。毎年稲作終了後の十二月五日に、田の神を迎えて収穫を感謝し、二月九日の新年に豊作を祈願して田の神を送るという家ごとの年中行事である。この行事は能登では一般には「タノカンサア(田の神さま)」といい、アエノコトと呼称するのは稀である。儀礼の内容は各家ごとに異なり、比較的非真宗系(真言・天台・禅宗など)の農家では格式張った丁重なもてなしの作法を伝えている。はじめに家の当主が田圃の水口(みとぐち)で田の神を迎え、家に招いて泥を落とすため風呂に案内し、また山から伐ってきた栗やケヤキの枝で囲炉裏の火を焚く。家の茶の間には種子籾二～四俵を依代とした祭壇が設けられ、田の神は男女二神であるから山の幸・海の幸の料理を盛った膳や栗箸、二股大根、新米で作った甘酒などの供え物を二組用意しなければならない。やがて当主はねぎらいの口上を述べるが、元来田の神は盲目なので、供え物の品々を声を出して一つずつ二回説明する。儀礼が終ると、田の神は種子籾俵で翌

年の春まで過ごすことになるから、俵は家の納戸(なんど)か夫婦の寝間、ニワ(土間)の天井で大切に保管される。二月九日のアエノコトも十二月と同じ所作を繰り返すが、特に勧請(かんじょう)松と呼ぶ三層の若松を俵に刺し、それを翌十日の鍬祭の後、苗代田に刺している。アエノコトは「饗の事」と解釈されたが、詳しくは不明。

参考文献　堀一郎「奥能登における農耕儀礼について」(にいなめ研究会編『新嘗の研究』二所収、一九五五)、小倉学「奥能登の田の神祭り、アエノコトについて」(『国学院雑誌』六〇ノ八、一九五九)、能登あえのこと保存会編『奥能登のあえのこと』(『国指定民俗文化財調査報告書』、一九七八)　(小林　忠雄)

あかごめ　赤米　玄米が赤い米ならびにそのような性質を持つ稲の品種の総称。色素は玄米の最外層にのみ存在し、成分はカテキンなどで、アントシアンを多量に含む紫米とともに着色米に分類される。色素量が多いと黒色を呈すので黒米(くろごめ)と呼ばれる。水稲・陸稲、モチ・ウルチ、日本型・インド型を問わずみられる。精米からでは白米と区別はできないし、籾が必ずしも着色するものでもない。世界各地に見い出され、日本でも近世までは沖縄から北海道まで分布したが、鹿児島県種子島の宝満神社のような祭祀などのための栽培以外は米の商品化が進むにつれ各地で駆逐の対象となり栽培面積は急速に減少した。一般に低温での発芽や深土からの出芽が良好な上に栄養生長が旺盛なために乾燥や湛水にも強く、長稈で脱粒性が容易であり、長い芒(のぎ)を有するものも多い。このためかつては条件の悪い田に栽培されることが多かったが、今は各地で雑草化して問題になっている。昔話の世界では赤米は貧しい者の食事として蔑視される一方、信仰の上では神体・供物として神聖視される。蔑視の歴史は白米の栽培が市場の要求に応えて広がる過程で比較的新しく起源したものと考えられている。ハレの席に供される小豆の赤飯はかつて赤米を多く食していた時代の名残とされるが、餅を正月の食事として禁忌する地域も存在することから、餅ないし白米の白色が水田農耕を象徴し、赤米の赤色が焼畑農耕を象徴して、両者は農耕に依存した日本人の中に見られる対立的な異質の原理の象徴であると考えられている。

参考文献　嵐嘉一『日本赤米考』、一九七四、坪井洋文『イモと日本人―日本文化論の課題―』、一九七九、同「稲作文化の多元性―赤米の民俗と儀礼―」(『日本民俗文化大系』一所収、一九八六)　(宮川　修一)

アカマタ・クロマタ　アカマタ・クロマタ　沖縄の八重山群島で、稲の豊作をもたらす神として訪れてくる仮面仮装の来訪神。旧暦六月の壬(みずのえ)または癸(みずのと)の水にちなんだ豊年祭(プーリィ)の第二日目に登場する。西表(いりおもて)島の古見が、この祭の八重山における発祥地とされ、古見ではクロの親神一神と、シロ、アカの子神夫婦二神が出現する。一七七一年(乾隆三十六)の大津波後に、島民の移住に伴い、古見から小浜島へ、さらに小浜島から石垣島の宮良へと、伝播した。両地域ではアカマタ・クロマタの夫婦二神が出現し、この名称が一般化している。新城島(アラグスクジマ)の上地島と下地島にも分布し

シロマタ

たが、下地島の祭は島民の移住に伴い消滅した。上地島では二軒が残り、旧島民が祭の日に帰島し、クロ、アカの大小二神をまつっている。ニイールピトゥ、ミュートゥンガン、ユムツンガン、シーヌピトゥなどの異名もある。西表島北部の高那や野原にも分布したが、マラリアが猛威をふるい廃村となり消滅した。この祭祀は村民のうち特に一定の資格をもち、厳重な審査に合格した者によってのみ営まれる。この祭祀に参加する人々は封鎖的、秘儀的な祭祀集団を構成し、それが現在も厳守されている。古見では新しく入団を許可された初年者をウイタビ、二年目の者をマタタビ、それ以後はギラムヌと称し、最大の指揮権をもつ長老のもとに団体員は秩序づけられているが、その秩序は単に祭祀集団内部を規制するにとどまらず、村落全体の秩序の支柱ともなっている。

参考文献　宮良賢貞「小浜島のニロー神」(『南島』一、一九四〇)、宮良高弘「八重山群島におけるいわゆる秘密結社について」(『民族学研究』二七ノ一、一九六二)、谷川健一編『沖縄学の課題』(「沖縄叢書」五、一九七二)

(宮良　高弘)

あきはしんこう　秋葉信仰　秋葉三尺坊を大権現とし、火伏の神とする修験道の信仰。十六世紀末信濃戸隠宝光院出身の周国が、鎮火の術を得て越後長岡蔵王堂三尺坊の庵主となり、上杉謙信が信仰していた飯縄権現をまつったとされる。一五七〇年(元亀元)徳川家康は密使を上杉謙信のもとに派遣、この時三尺坊が遠州に移り、遠江国北部の秋葉山(標高八六六メートル、静岡県浜松市春野町と龍山町の境)に住んだものと思われる。そして死後大権現とされ、かれの奉持していた飯縄権現像が三尺坊像として信仰されるようになった。秋葉権現は秋葉寺で奉持されたが、同寺は曹洞宗に属し、遠江袋井可睡斎の末寺であった。一六八五年(貞享二)東海道一帯に火伏の神として流行、これが幕府の禁圧にあったことから、かえって信仰が拡大し、全国に普及した。三尺坊の命日の十一月十六日(現在は十二月十六日)には、弓・剣・火の三つの舞と火渡りの神事を行う。これは修験道による火伏ないし鎮火祭で、中部山岳地方に一般的であった焼畑神事という指摘もある。都市部に信仰が拡大すると、火防つまり防火の意味に転換し、竈にまつられたり、町内の防火の要所にまつられたりするようになった。秋葉講は、代参者が参拝して火伏の御札を貰ってくる代参講であるが、全国に三万あったといわれている。秋葉山参詣の秋葉街道は、東海道の掛川宿と御油宿を結び、鳳来寺・豊川稲荷を経由する脇街道として賑った。また信州と遠州を結ぶ街道にも位置するが、これは塩と魚の道といわれる。また遠州秋葉寺のほか相模小田原の秋葉山量覚院、駿河清水の秋葉山峯本院、尾張熱田の円通寺、尾張小牧の福厳寺、越後栃尾の常安寺などに信仰拠点があり、本末を争った。明治維新の神仏分離で修験道は大打撃を受けたが、遠州秋葉山は浜松県の徹底的な神仏分離で分断され、秋葉山頂から権現像・仏像・仏具は追放され、可睡斎が預かり、一八七三年(明治六)新たに火迦具土神を祭神とする秋葉神社が秋葉山頂に創立された。可睡斎は新たに秋葉総本殿を創立したが、一八八〇年山頂近くに秋葉寺が再興された。各地の秋葉社・秋葉権現・秋葉講は、それぞれの地域の神仏分離のありようによって異なった推移をたどり、現在宗教法人として登録されている秋葉神社は三百四十六社であるが、境内社・末社の秋葉社は数千にのぼり、また秋葉権現を奉持する曹洞宗寺院は千三百ヵ寺を超すという。北は北海道から南は沖縄県までひろがり、グンギン(奄美大島)、アッカドン(鹿児島県)、セントロサマ(長崎県)など特有の呼称がある。各地に秋葉地名があるが、その発音もアキバ、アキハ、アキア、アキワ、アキヤと多様である。東京の秋葉原も、正しくはアキバノハラという。

参考文献　田村貞雄「秋葉信仰の形成」(『地方史静岡』一三、一九七七)、同「東日本の秋葉信仰」(同一八、一九九〇)、同「西日本の秋葉信仰」(『静岡大学教養部研究報告人文・社会科学編』二六ノ一、一九九〇)、同「中部地方の秋葉信仰」(『地方史静岡』一九・二一、一九九一・九四)、同編『秋葉信仰』(『民衆宗教史叢書』三一、一九九七)　(田村　貞雄)

あくま　悪魔　悪魔の語は仏教用語の魔羅 māra に由来し、仏道修行を妨害する悪神を意味したが、日本では人に危害を加えたり不幸をもたらす原因を外在化・擬人化した表象一般として用いられた。悪魔にこめられた性格には、(一)絶対的、普遍主義的な悪の原理と、(二)社会関係の歪みから生じる否定的な情緒、たとえば恨み・妬み・憎悪の念などとの、二重性が指摘できる。西洋のキリスト教では、神と対立する悪魔を絶対的で修復不能な悪の原理に結びつけるため、日本でも近代以降、キリスト教のデヴィル、サタンなどの訳語として用いられる場合には、(一)の性格が強い。また、仏教や国家権力がみずからの権威を強く主張するとき、絶対的な悪の原理を体現した悪魔が形象化された。岩手県の黒森神楽の演目「清祓い」で語られる「この家の悪魔あらんをば祓い清め申す」の文言なども、この例に近い。しかし、民俗一般の伝統においては(二)の性格が濃厚であった。不幸や災厄の原因が何らかの悪魔的存在によるとされる場合でも、その正体は怨念を抱いた他者、夭折したり憤死した死者、不当に殺害されたり無視された動物霊や土地の神々などであると説かれることが多い。鬼の正体が恨みを抱く女性の生霊とされたり、西日本でヒダル神やダラシなどと呼ばれる山中の悪魔が行き倒れの死者の亡魂とされるなど、民俗宗教における悪魔的存在の大半にこの性格が指摘できる。したがってその撃退方法も、力によって排除するだけでなく、これを宥め供養しまつり上げる方法がさまざまに工夫されてきた。→鬼(おに)

参考文献　谷川健一「魔の系譜」(『谷川健一著作集』一所収、一九八〇)、小松和彦「魔と妖怪」(『日本民俗文化大系』四所収、一九八三)、J・B・ラッセル『悪魔の系譜』(大滝啓裕訳、一九九〇)　(池上　良正)

あさ　麻　草皮繊維のうち、麻類とはタイマ・苧麻(ちょま)(一名カラムシともいう)を指す。西洋では亜麻が主体であるが、日本では明治以後に利用された。タイマは、苧麻に先行して日本に取りいれられたが、苧麻が品質において優れているのでのちには多用された。苧麻を績むことを苧績(おうみ)といい、繊維を繋ぎ合わせて長い連続体にし、これに撚り掛けをして糸にする。麻の繊維をとるのは、土用のころに全草を引き抜き、根と葉を取り除いたのち、蒸気で蒸すか熱湯に浸してから皮を剝ぎ取る。これをアルカリで処理するか、発酵させて不純物を取り除いて精製する。繊維を取り去った残りがオガラで、懐炉灰の製造原料となり、また盆の迎え火や送り火としてつかわれる。縄文時代晩期の千葉県木更津市菅生遺跡からタイマの種子が出土し、弥生時代になると山口県下関市綾羅木郷遺跡から苧麻の織物片が出土し、また土器圧痕が残されている。古墳時代には金属製品に付着するが、粗悪と良質との二つの品質がみられ、用途が分化したことがわかる。奈良時代には、絹が発達するが、その一方では麻は庶民の衣料として一般化した。税制として調庸の麻布が各地から貢納されたが、そのうち東国(関東地方)が特産地で、上総細布・常陸曝布などが著名である。この調庸制が衰退すると適地だけで麻布の生産がつづけられた。特に中世では、信濃国・越後国が知られ、越後青苧座・越後布座などの独占業者まで出現した。近世では三草として尊重され、奈良晒・越後上布・近江高宮布・近江蚊帳など、各地に特産品が生まれた。武家は、農民からの出自で衣類が麻を材料としていたので、その麻の伝統を重んじ、裃の材質である麻の需要が多く、特に糸が細く薄地の越後上布は、好まれた。上布とは、上納布のことで縞・絣で文様を表わし、幕府に献上された。晒は、雪晒(天日晒)で繊維が傷まないので、現在でも行われている。しかし近世初頭から栽培が容易であること、保温性に優れていることから、いままでの麻から木綿栽培へ転換したものが多い。近代麻紡績は、麻繊維の種類により軟硬があるため、繊維によっては煮沸・浸漬などの前処理をし、繊維を軟線にしたあとで、長い繊維については、そのままの長線を用いるライン紡績、または適当な長さに切断し短繊維のものを用いるトゥ紡績の二系統により紡績される。麻は水分の吸収性にとみ、発散が早くさらさらした肌ざわりが珍重されるので、夏の着尺地に適している。広幅物では、シャツ地に使用され、小物類に用途をもつ。厚地のものは、帆布類・ホースなどにつかわれてきた。

↓絹(きぬ)　↓木綿(もめん)

参考文献　高谷光雄『日本製麻史』、一九〇七、渡部和雄「東歌の麻」(『国語と国文学』四九一、一九六五)、永原慶二『新・木綿以前のこと—苧麻から木綿へ—』(『中公新書』九六三、一九九〇)

（角山　幸洋）

あさひちょうじゃ　朝日長者　広大な田畑を持つ長者が財宝を隠したという場所を暗示するうたにまつわる伝説。黄金を埋めたとされる長者の屋敷跡・長者森・糠森(籾殻の跡)・塚・神社などが記念物として伝えられる。栃木県小山市の牧の長者は、宝物のうち絵に描いた鶏が鳴くという掛軸を自慢していた。奥州から荷を運んできた商人と、この掛軸の鶏鳴の賭をして勝って荷を手に入れるが、翌年、策略で瓦の荷にすり替えられてしまう。その瓦で作った塚を千駄塚といい、また長者は死ぬ前に財産を近くの浅間山に埋め、「朝日さす夕日輝くこならのす漆千杯黄金千杯」の歌を書き残したという。朝日長者夕日長者の伝説名に関わりをもつこれと類似の歌、およびそのモチーフは全国的に見られる。長者の娘を朝日姫ともいったりすることから、巫女や遊女など中世の旅する文芸の語り手が、伝説を持ち歩いたといわれる。長者を名のる伝説の中には鳥取市の湖山長者、熊本県山鹿市の米原長者など西日本の伝説に見られるように、一日で田植えを終らせるのに扇で夕日を招き寄せたために、天罰を受け没落したと伝えるものがある。稲の生命(稲魂)を日(太陽霊)が育むとする太陽信仰に、異を唱えた人間の傲りが招いた悲劇といえる。柳田国男はこの日招き長者と、女が田植えの日に死んだという「嫁が田」の伝説は同一の習俗に起因するものとし、それを田植えに際しての太陽神の祭儀にまつわるものと示唆している。柳田の考えに基づき、長者を日読みの能力を持つ地域の小王ととらえ、長者没落伝説をかつてこの地を支配していた小王の死とする解釈も試みられている。

参考文献　柳田国男「日を招く話」(『柳田国男全集』一一所収、一九九〇)、宮田登『日和見—日本王権論の試み—』(『平凡社選書』一四三、一九九二)

（花部　英雄）

あしいれこん　足入れ婚　嫁が聟の家へはじめて正式に訪問する儀礼によって結婚が開始され、当面の夫婦の寝所すなわち婚舎が嫁の家におかれる形態の婚姻。大間知篤三によって設定された婚姻類型。このような婚姻は主に伊豆諸島にその分布が集中している。日本の婚姻は、歴史的には聟入婚から嫁入婚へ変化してきたとする解釈がこれまで一般的であり、そこにおいて足入れ婚は、その変遷の過渡的な形態であると理解されている。伊豆諸島の婚姻は、おおむねアシイレといわれる、嫁が普段着姿で聟の家を訪問する簡素な儀礼によって婚姻が開始され、以後しばらくの期間聟の妻問いが続けられる。やがて聟の両親の隠居を契機として嫁が正式に聟の家に引き移り、その時に盛大な披露が行われるというものである。足入れ婚の具体的事例として、伊豆諸島のほぼ南端に位置する八丈島では、かつてはマワリヤド(廻り宿)と称する男女別の宿を拠点とした、若者と娘の自由な恋愛が配偶者決定の場とされていた。やがて二人の意志が固まると、適当な日に娘が普段着姿で若者宅を訪問する儀礼が行われる。これをアシイレとよぶ。そこでは娘と若者の母親が対面することが目的であるが、村内婚を基盤とした島の暮らしにおいては、以前から両者はよく知り合った関係であり、特に儀礼的なことが行われるわけではない。しかしアシイレを済ますことによって、若者と娘は夫婦であることが承認され、以後若者は公然と娘の家を訪問するようになり、夜には妻家で寝泊まりすることが日常となる。すなわち妻問いが開始されるわけである。かつては、長い場合は三年から五年以上も妻問いを続けた後、ようやく妻が夫家へ転居してくるという例も多かった。そして妻の転居の機会にはほぼ例外なく、夫の両親は同じ屋敷地内の別棟へ隠居する。すなわち伊豆諸島では、どの島でも、いわゆる隠居慣行が盛んであり、妻が夫の両親と同じ家屋で同居するという例はきわめて稀である。このような親子二世代の夫婦が同居を忌避するという原則がこの婚姻形態と密接に関連している。ところで、アシイレという語彙は全国各地でさまざまな意味で用いられており、定まった定義を示すことは困難である。たとえば大阪府南部の農村では、正式な祝言以前に夫が妻の家へ通うことをアシイレという。また岐阜県では婚姻前に嫁がしばらくの期間婚家で生活することをアシイレという。このようにアシイレという語彙は伊豆諸島のように正式な婚姻開始を意味する儀礼を表す場合もあるが、一方で夫婦の相性を試す試験婚、あるいは仮祝言、また夫の妻問いを意味する場合もあり、その内容は地域によって非常に多様である。ゆえに、アシイレという儀礼を伴う婚姻がすべて足入れ婚であるとはいえない。

参考文献　蒲生正男・坪井洋文・村武精一『伊豆諸島』、一九七五、大間知篤三「足入れ婚とその周辺」(『大間知篤三著作集』二所収、一九七五)、八木透『婚姻と家族の民俗的構造』(『日本歴史民俗叢書』、二〇〇一)

（八木　透）

あしなか　足半　踵部のない半円形の台に横緒をすげ、芯縄を前緒とし結んだ足の半ばくらいの草履。アシタカ、ハンゾウリ、ヤマゾウリ、ベコゾウリ、トンボゾウリともいう。『蒙古襲来絵詞』(一二九三)に、足半をはく武士の姿が描かれており、鎌倉時代中期の『源平盛衰記』に半物草とある。当時、藁草履は草鞋から簡略に作った履物なのでモノグサ(手抜きの意)ともいい、新しく創作された半草履を「はんものぐさ」と重箱読みの名を付けた。前緒が台の先端にあり、足指が台から出て地に着くため、踏んばりが利く草履で、湿地や河川での合戦に軽く(一足一七〇グラム)、着脱に便利なものであった。『今川大双紙』(一三九四―一四二七)に、「足な

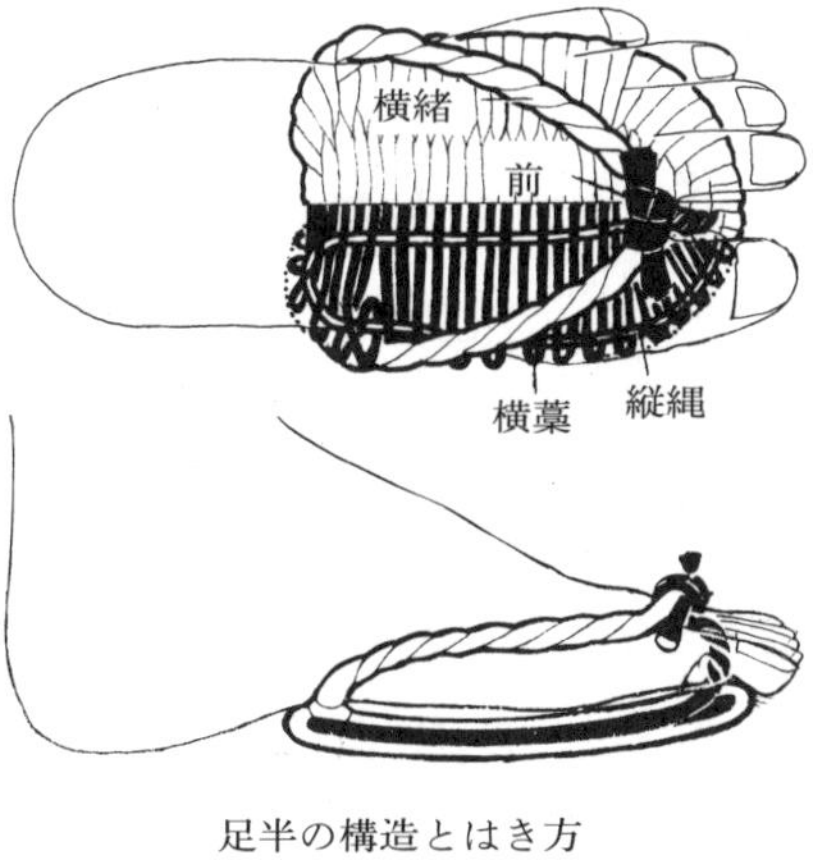

足半の構造とはき方

か」の文字が初見されるので、室町時代からアシナカと呼んでいたことがわかる。当時、貴族や武将の前では、一般の武士は履物をはかないのが礼であったので「足半に礼儀なし」といい、合戦などの非常時に備えてはいてよいものであった。足半の前結びの形からツノゾウリ、ベコ(牡牛)ゾウリ、山アシナカの呼び名もある。足半をはくと蝮(まむし)や毒虫に咬まれない、あるいは魔除けになるという俗信があるが、前結びの角(つの)が山道や草畦を歩いている時に蛇類にあたり逃げだすこともあったか、熱病除けや疱瘡(ほうそう)除けに足半を吊し供えるのは前結びに霊力を感じたものと思われる。　→履物(はきもの)

参考文献　アチック＝ミューゼアム編『所謂足半(あしなか)に就いて』(「日本常民生活資料叢書」一、一九七三)、潮田鉄雄『はきもの』(「ものと人間の文化史」八、一九七三)　(潮田　鉄雄)

あずき　小豆　マメ科の一年生作物。その種子である豆も小豆といい、これを食用する。中国伝来とされるものの、日本人以外にはあまり好まれず、それだけ日本人の生活に深くかかわってきた作物・食物である。小豆色ともいわれるように赤褐色の品種が多く作られるが、黒・白・黄緑色などもある。栽培暦のうえからは夏小豆、秋小豆、両者の中間型の三つに大きく分けられる。栽培期間は比較的短く、秋のうちに主として根刈りの方法で取り入れ、乾燥後に種子を取る。常畑で作られるほか焼畑の重要な作物で、その品質は常畑作の小豆より優るともいわれ、焼畑耕作が盛んだった熊本県球磨郡五木村では人吉盆地の農家との間で小豆と米をほぼ等量で交換する米換えが行われた。また水田の畦にも作付けられたが、糯田や苗代田の畦に限って植えることを禁じる所もあった。利用法には、煮て粉状にして用いる場合と粒のまま用いる場合との二通りがあり、前者は餡や汁粉・ぜんざい・羊羹などの甘味食品にされることが多い。後者は餅に混ぜて小豆餅にしたり、赤飯や小豆粥に用いられる。赤飯はもの日や祝事などの特別な機会に際して作られることが多く、たとえば福島県田村郡では大正時代中期まで月に三日ある雇人の休みのうち毎月一日に必ず赤飯を炊いたので、赤飯を炊けば休みと決め込む者が多かったという。赤飯を慶事の食品とする感覚は一般的であるが、他方、葬式に用いる所もある。新潟県新発田市では不幸には親類縁者が赤飯を持って来るもので葬家では作らないとされていた。また福島県会津地方ではおこわ見舞いといって特定の間柄の家に不幸があれば蒸した赤飯を三升から一斗ほども届ける習慣があった。そしてこの赤飯は通常とは異なり、ゴマ塩でなく塩だけをかけて食べるのが正式であった。小豆粥は小正月の成木責や十一月の大師講、新築後の家移り、さらには神社の筒粥神事(長野県諏訪大社など)などの機会に見られた。周防大島(山口県屋代島)では家移りには茶粥に小豆を入れたヤウツリガユを作って人々に饗することになっていたが、家移りの小豆粥を隣近所の者に食べてもらうとする所は多い。その他、加賀門徒の間では小豆は親鸞の好物だから報恩講に小豆は欠かせないとされる。さらには疫神や厄神と結びつく伝承もある。たとえば、福島県磐城地方では疫神は小豆飯が好物だから疫病が発生したときには小豆を煮ないとされ、また小豆飯を握り飯にして円座に載せて四辻に置き、厄神送りをした。また福島県奥会津地方では事八日には厄神が通るから小豆団子を食べないうちに外出することを戒めてきた。柳田国男は、小豆は物忌と常の日との境目を明らかにするための食物だったのではないかと考えたが、沖縄で「赤豆(小豆のこと)を食えよ」といいながら迷子を捜したという例や、眼病のモノモライ(麦粒腫)を治す呪法として「ノメ(モノモライ)かと思ったら小豆だった」と唱えながら小豆を井戸に落とすなど、食品以外の用途にも使わ

れたのは、小豆に何らかの呪力を認めていたためと考えられる。→小豆粥　→赤飯

参考文献　柳田国男「月曜通信」(『柳田国男全集』一六所収、一九九〇)、『民間伝承』一五ノ一一(特集小豆を食べる日のこと、一九五一)

(湯川　洋司)

あずきあらい　小豆洗い　水辺に出没する妖怪で、小豆を洗うような音をたてる。分布は全国的で、土地によってはアズキトギ、アズキトギババア、アズキササラなどと呼び、夕方や夜間に現われることが多いが、岡山県阿哲郡では大晦日の晩にだけでるという。長野県東筑摩郡ではアズキアライは沢の水のそばで黒い手拭を被って小豆を洗うといい、香川県丸亀市では豆狸の一種だとされ、井戸端や小川のほとりなどでジャク、ジャクと小豆を洗う音をさせるという。「小豆とぎましょか、人とって食いましょか、ショキ、ショキ」といいながら洗うと伝えている所もある。現われるのは常に水辺とは限らない。新潟県本成寺村(三条市)の名主の家の何百年を経た樅の木の洞穴にはアズキトギがいたといわれ、雨の降る日には「小豆磨ごかや人とってかもうか」と叫んだという。音の妖怪で一般に姿は見せないが、福島県田村郡ではヒキガエルが背中と背中をすりあわせてたてる音だといい、土地によってはムジナの仕業だとされている。アズキアライの話は近世の随筆などにいくつも書き留められており、早くから知られていたことがわかる。ただ、水辺で洗う音がおしなべて小豆と結びついている理由はよくわかっていないが、小豆が祭日の食物としてハレの日に用いられ、これを洗うときの印象と深く関わっているのではないかといわれる。

参考文献　柳田国男「妖怪談義」(『柳田国男全集』六所収、一九八九)、大藤時彦「小豆とぎ」(『民間伝承』九ノ五、一九四三)

(常光　徹)

あずきがゆ　小豆粥　米に小豆を混ぜて炊いた粥。正月十五日の小豆粥はよく知られるが、この粥で作占をすることもみられる。群馬県吾妻郡吾妻町ではこの粥を残しておいて十八日に水を加えて増やして食べる十八ゲエ(粥)があり、群馬県内各地で小豆粥の鍋や茶椀を洗った水を家のまわりにまいて蛇・ムカデ除けをする。東北・北関東・北陸・中部・山陰にかけての広い範囲で旧十一月二十三日(現在は十二月二十三日)に大師講が行われる。講組織はなく個々の家ごとの行事で、小豆粥や団子を作って、長短不揃いのカヤの箸を添えてダイシサマに供える。新潟県十日町市天池では、この日の夕食に小豆粥を食べるが、箸をクリの枝で三本作り、そのうち一本が長いのは大師の杖だという。群馬県吾妻郡吾妻町などでは、ダイシサマは大ぜいの子持ちだからといってたくさんの小豆粥を供える。カヤの箸は保存しておき、二月節分の時に豆いりに使い、終ると三角に折って残りの豆と一緒に囲炉裏のカギ竹に吊して魔除け・雷除けにする(三角マナコ)。同郡高山村では、カヤの箸は娘が機織のはじめに一本入れて織り始めると上達するといい、これで字を指して子どもが本を読むとよく覚えるといった。同県利根郡水上町(みなかみ町)などでは、新築のワタマシ(家移り)には小豆粥を炊いて柱に注いで火伏せの呪いをし、祝い膳にはワタリゲエ(家移りの小豆粥)を椀のふたに盛って客に出してカヤの箸で食べさせた。この粥は盛り替えはなく、食べ終ると椀に湯を注ぎカヤの箸を十文字に椀に渡して四隅から湯を飲むしきたりだった。小豆は邪気を払うといわれ、米と一緒に煮ると百味になるともいわれる。小豆粥は、祝いとともに、水を加えれば量を増やすこともできる。

参考文献　『群馬県史』資料編二七、一九八〇、『十日町市史』資料編八、一九九五

(阪本　英一)

あそび　遊び　労働、儀礼、個々人の生理的活動を除いた余暇時間に行われる行動。しかし日本語の遊びは神遊びなどという言葉に明らかなように、本来は神を楽しませ神と人との交歓を行うためのものであったことが、多くの識者によって指摘されている。また『古事記』では天若日子(あめわかひこ)が返り矢によって殺された時、その父や妻たちが嘆き悲しみ、八日八夜遊んだことが記されている。『日本書紀』のその部分では、弔問に訪れた朋友の神を妻子が天若日子と見間違うという話がある。したがって遊びは、神に限らず死者の魂をゆさぶり、蘇生することを願うものであったのかもしれない。沖縄の多くの村落では、八月遊びとして、村の中央の遊び庭に設けられた舞台で、村芝居や舞を奉納した。これは豊年を神に感謝する祭であったという。このような点から和歌森太郎は遊びは「神を遊ばせて陶酔の境地に導いたのが、のちには一般に人間の側が遊ぶことによって、エクスタシーの桃源郷に入ることになった」としている。多田道太郎も遊びは聖なるものの模倣であり、鬼ごっこも移行儀礼の模倣であるとする。こうした立場に立つとすべての遊びは、かつての儀礼であり、後世の人間がその本来の意義を忘れたことになる。たしかに遊びの原義には、そのような意味もあったであろうが、必ずしも現行のすべての遊びを以前の儀礼の変容と考える必要はないように思われる。鬼ごっこ、取っ組み合いなどは、動物でも幼児でも「発明」することが難しくないからである。ただ人間の遊びが動物の遊びと大きく異なるのは、幼児のごくわずかな遊びを除いて、そこに独特の規則がある点である。遊びの規則は日常の生活とは無関係で、遊びが終了すればその規則も無効となる。日本語の遊びには詩歌・管弦・狩猟・賭事など楽しみを求める行動と、生活上の仕事にあくせくしないこと、ゆとり・くつろぎなどの二つの意味が含まれている。前者は遊びの規則に則った何らかの積極的な行動であり、後者は何もしないという消極的な活動である。かつての日本の村落では休み日は年間ほぼ五十日前後あったが、休み日と定められた日に農作業をした場合には、村ハチブにされるなどの規制があった。愛知県知多半島では休み日をイサミといい、天神イサミ、雨降りイサミ、雨乞いイサミなどさまざまなイサミがあった。イサミには諌の字があてられていることから、労働を禁止するの意味があったと思われる。また鹿児島の休み日(シバビ)も、神事に用いる柴の木を山に取りに行く日のことであった。休み日の多くは何らかの祭事と関係しており、村全体で休むことが原則であった。有形無形に労働が強制され、労働が美徳であると考えられていた時代には、このような形で休み日が設定されていたのであろう。→休み日(やすみび)

参考文献　酒井欣『日本遊戯史』、一九三三、大田才次郎編『日本児童遊戯集』(「東洋文庫」一二二、一九六八)、和歌森太郎『遊びの文化史』、一九七三、多田道太郎『遊びと日本人』、一九七四、青柳まちこ『遊びの文化人類学』、一九七六、寒川恒夫「遊戯」(『日本民俗文化大系』七所収、一九八四)

(青柳まちこ)

あたごしんこう　愛宕信仰　京都市の愛宕山にまつられる愛宕神社(愛宕権現)を中心に、各地の末社にも寄せられる火防せ・火伏せの信仰。一八六八年(明治元)に神仏分離令が公布される以前は、奥の院には天狗として有名な太郎坊など三座が、別当寺の朝日峯白雲寺には本地仏の勝軍(しょうぐん)地蔵など五尊がまつられており、愛宕大権現と総称された。愛宕山は山城国と丹波国との国境に位置し、勝軍地蔵は外部の疫病神などから都を守る境神(塞神)としての役割も果たし、次第に愛宕大権現は諸国へ勧請祭祀されていったと考えられる。左手に剣を持ち武装した姿で白馬に跨がる勝軍地蔵像に因んで、近世に至っては諸大名は白雲寺に、武運長久を願う祈禱を依頼した。愛宕山の勝軍地蔵は神仏分離後に、京都市西京区の金蔵寺(天台宗)へ移された。近世において特に近畿地方一帯で、愛宕大権現に代参を送る代参講とか愛宕講が各村々に結成されていった。代参者は白雲寺に火伏せの祈禱を頼み、終了後に火防せのお札が授与された。兵庫県豊岡市竹野町恵比の愛宕講は、白雲寺に属する大善院が発行した多数のお札と、藩札を愛宕厨子に保管している。このお札の表には「祈禱之札　愛宕山大善院」と墨書きされており、中には上部に梵字が、その下方部に立像の地蔵尊が刷られたお札がはいっている。愛宕信仰と地蔵信仰が表裏一体で全国各地へ流布された結果、火防地蔵・火除地蔵と称される地蔵尊がまつられた。京都市左京区の広河原や花背では、八月二十四日夜に愛宕神に火防せを願い火を献じる松上げ行事が行われる。大阪府豊中市新田地区では、八月二十四日に愛宕山に登り、石仏に供物を供え、地蔵祭を実施した。→火伏せ

参考文献　アンヌ・M・ブッシイ「愛宕山の山岳信仰」(五来重編『近畿霊山と修験道』所収、一九七八)、五来重「地蔵盆と塞の神祭」(『宗教歳時記』所収、一九八二)、大森恵子「愛宕信仰と地蔵尊—但馬地方を中心にして—」(『年中行事と民俗芸能—但馬民俗誌—』所収、一九九八)

(大森　恵子)

あだな　あだな　個人の本名とは別に付けられた名。渾名・綽名とも書く。親しみを持って、その容姿・性質・くせ・挙動などの特徴によって名付けられる。文献上、また地理的分布からアザナ(字)が変化したものと考えられる。実名のほかに人々が呼びならわしている別名をアザナと表現する例は平安時代にすでにみられる。一方、アダナの用例がみられるのは江戸時代からである。誇る意味で仇名と表記されることもある。ザ音とダ音とは音声的にも近いが、アダが他・別という意味を表わす語でもあったことがこの変化を促したものと推測される。あだなをアザナという地点は、宮城県・千葉県夷隅郡・新潟県中頸城郡・富山県・長野県佐久市・大阪府泉北郡・香川県・鹿児島県など、東北から九州までの広い地域にわたっている。なお、秋田県や三重県の一部などでは家の通称(屋号)をアザナという。山口県阿武郡や鹿児島県種子島でもアダナがそれぞれの家の通称の意味で使われている。あだなを表わす別の表現としては近畿周辺部にイミョーナ(異名名)がある。富山県砺波市では家に対するあだなをエメナというが、これもイミョーナの変化形であろう。また、シコナが、新潟県佐渡郡・静岡県磐田郡・愛知県・兵庫県但馬・和歌山市・鳥取県西伯郡・島根県・岡山県阿哲郡・広島県・山口県・愛媛県・高知県・佐賀県・長崎県・熊本県玉名郡・大分県・鹿児島県など、主に西日本域に広く分布している。山口県萩市見島や長崎県対馬では家の異名をシコナという。静岡県浜名郡ではやはり家に対するあだなをヒコナという。ヒコナはシコナの変化形である。山口幸洋は浜名郡新居町での事例を報告しているが、それによると、たとえば、ヒコナのゼンバコサ、テンモクサの由来は、「ゼンバコサ　車引きを業として、魚や野菜などの荷を吉田(豊橋)へ運んでいた昔、行く道々で銭を拾い、膳箱一杯ためたそうだ、などと知った顔をされるのが迷惑だ、とゼンバコサはいう。本当は膳箱を銭箱にしていたからだそうである」「テンモクサ　昔の網元で、大漁の時、浜で酒をついで網子に一口ずつ飲ませて廻したという天目茶碗が残っている。地引網で大漁の時は浜に棹を立てて、その先に網元の家印を掲げたものだったが、この家ではそれが天目だったという」としている。シコナは醜名で、本来は忌み名の雅称であった。京都での古文献にも用例がある。のちには相撲の力士の呼び名をシコナと称するようになったが、これに「四股名」を当てているのは借字であ

る。なお、家の通称(屋号)の表現形としては、ほかにもエーナ(家名)・カドナ(門名)・カブナ(株名)がある。エーナは長野県下伊那郡・愛知県北設楽郡などで、カドナは島根県・山口県・長崎県壱岐郡などで、そしてカブナは熊本県球磨郡で用いられている。

参考文献　山口幸洋「あだ名で呼びあう町―遠州新居の家ヒコナー」(『言語生活』八五、一九五八)、岩淵悦太郎・柴田武『名づけ』、一九六四、寿岳章子『新訂日本人の名前』、一九七〇、張相彦「家称名―日本の屋号・韓国の宅号―」(『日本語学』一〇ノ六、一九九一)、岡野信子『屋号語彙の開く世界』(室山敏昭・野林正路編「生活語彙の開く世界」一〇、二〇〇五)

(真田　信治)

あねかとく　姉家督　初生子が女子であったとき、たとえ次子以下が男子であってもその女子に聟養子をとって家を相続または継承すること。男女の区別なく初生子が家を相続するという意味では初生子相続と呼んだ方が妥当であるが、女子(姉)が相続することを強調して姉家督相続と呼ぶことも多い。この相続慣行を最初に紹介した中川善之助は初生子である女子を姉家督・女家督と呼ぶ地方があると報告した。このような相続慣行は東北地方・北関東地方および新潟県に分布し、一般には家の凝集力が強く家父長制的権力が強い地域に分布している。もっとも、この慣行の理解をめぐって、必ずしも一致した見解がある訳ではない。この相続慣行をもって、姉に聟養子を迎えることによって早期に家内労働力を補充・拡大すると考える説、相続において男女の性差が存在しないことに注目し、母系制の遺制あるいは女性の相続権に関連すると考える説に分かれる。女性の社会的地位の問題と位置づけたり、父系的原理ではない双系的な継承原理と位置づけるのも後者の考え方に属するであろう。姉家督相続は、家継承の一形式であり、長男をアニ、次・三男をオンジと称呼し、長女をアネ、次・三女をオンバと称呼するような、長子とそれ以下の子どもとの間に身分的な差別を作り出すような習俗との関連については考慮しなければならないが、女性の地位の高さを表現したり、双系的な継承原理によって特徴づけられるものではない。たしかに長女が聟養子をとり家を継承したとき、家内部において長女である家付き娘の地位は当然高くなり、その継承原理も双系的と呼ぶことも許容されるかも知れない。しかし、そのような現象は聟養子の慣行に一般的に見られる現象であり、地域的な偏差をもって分布する姉家督相続だけを特徴づけるものではない。姉家督相続が分布する地域では、アトツギが幼少である場合には父の弟やアトツギの姉に聟をとったり後見役をつとめさせる(アトツギが成長した段階で、姉聟が実家に帰る帰り聟の習俗と姉聟が別家になる習俗に分かれる)など、姉聟が一時的に相続するが、のちに長男にその地位を譲る中継相続(秋田県田沢湖周辺の地域ではこれをアネカタリと呼ぶ)など、家の維持を目的とした多様な方式が並行して分布している。この点を考え合わせるとすれば、姉家督相続は家内労働力の早期の補充・拡大による家の維持を目的とした初生子(長子)優先の家継承の一方式であると考えた方がわかりやすい。この相続慣行も明治期の長男相続規範の浸透とともに崩壊していく。明治政府は早くから長男相続の法制を導入したが(一八七三年(明治六)の太政官布告第二六三号など)、比較的容易に長男の廃嫡を行うことができた。しかし、徴兵令で養子や分家の免役規定が削除され、長男以外の免役規定が解除されてくると(特に一八七九年以降の徴兵令の改正)、実質的に長男による相続が増加するようになる。そして、明治民法は長男の廃嫡を実質的に困難にしたこともあり、法と民俗の対立・闘争を経て、長男相続が支配的な規範として一般化されるに至った。明治民法施行後も戸籍上は初生子である長女夫婦が分家し、長男が本家相続をした形態になっているが、現実には長女夫婦が本家を相続した例も少なくない。しかし、このような事例も明治末期以降には次第に姿を消した。　↓長子相続（ちょうしそうぞく）　↓養子（ようし）

参考文献　中川善之助『相続法の諸問題』、一九四九、竹田旦『「家」をめぐる民俗研究』、一九七〇、前田卓『姉家督―男女別を問わぬ初生子相続―』、一九七六、森謙二「姉家督相続の一考察」（『法社会学』三一、一九七九）、菊池慶子「仙台領における姉家督慣行―牡鹿郡根岸村の宗門人別帳の分析から―」（『石巻の歴史』六所収、一九九二）

（森　謙二）

あま・あま　海女・海士　裸潜水漁を行い、生計の主要な部分をたててきた人々をあまとよび、一般的に、これらの漁撈・採取者のうち女を海

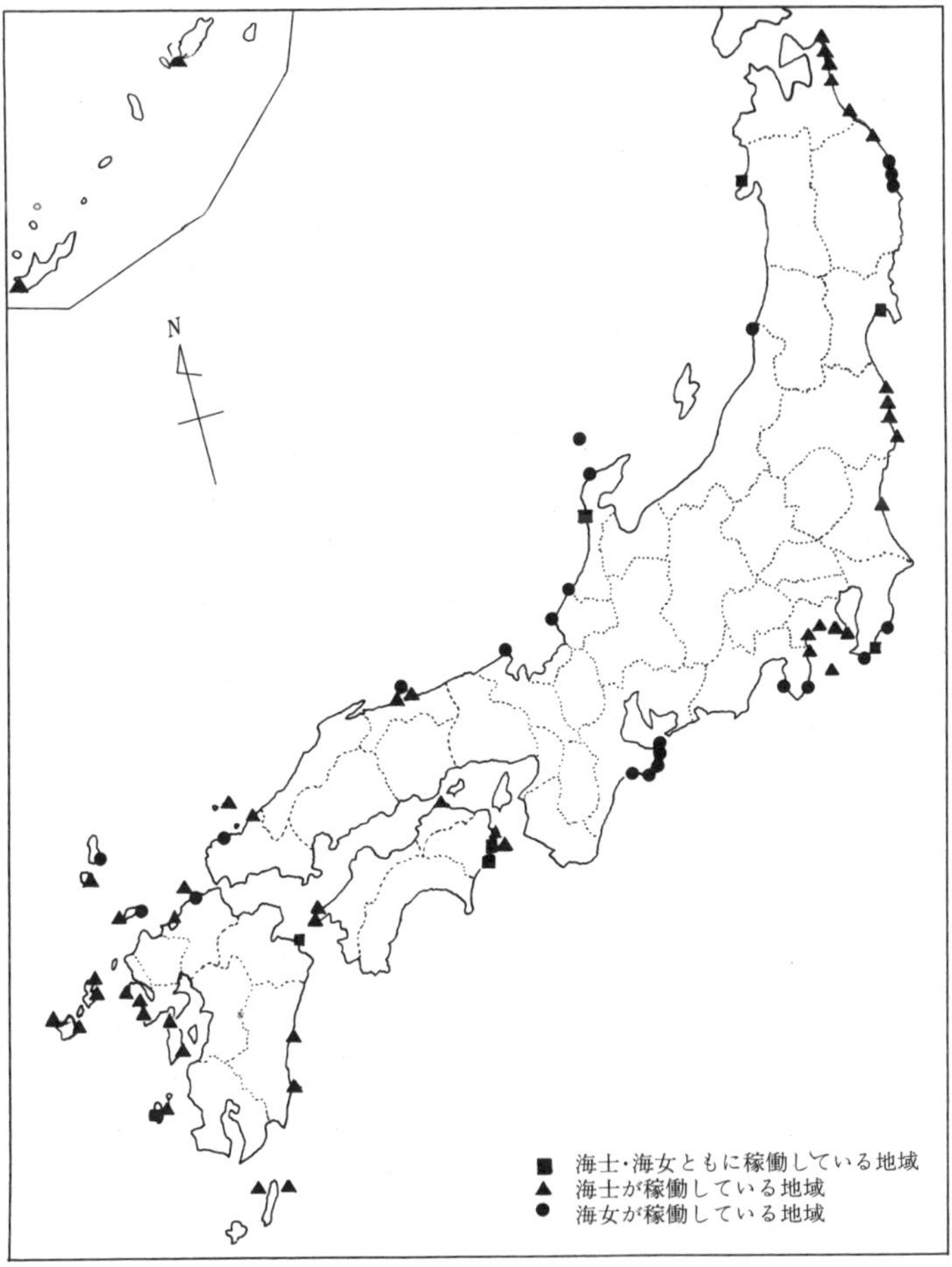

主な海女・海士の分布

女、男を海士と表記する。あまの歴史は古く、『古事記』や『日本書紀』中にも散見され、海人と記された語がみえるほか、くだって『倭字(わじ)古今通例全書』(一六九六)には海人のほかに海人女子・海士・蜑夫・白水郎、『人倫訓蒙図彙(じんりんきんもうずい)』(一六九〇)には蜑人・蜑・潜女などさまざまな表記がなされている。しかし、古文献にみられるあまは特定の裸潜水漁撈者だけをさすのではなく、海とかかわりをもって暮らしてきた人々一般をさしていた。したがって、釣漁・網漁のほかに雑漁撈に従事する人、製塩・船住まいをしながら漁撈にたずさわる人、航海活動に従事する人々なども含まれていた。近年に至り、漁撈者中でも特に裸潜水の作業により採貝・採藻、あるいは捕魚・捕猟などに従事する人々に限定されて用いられるようになった。今日、日本沿岸を俯瞰(ふかん)すると数の上では圧倒的に女性の裸潜水者が多い。中でも海女の多い地方を県別にみれば、日本海側は新潟県・石川県・福井県・山口県に集中し、太平洋側では千葉県・静岡県・三重県に集中している。北限は海士が青森県下北郡東通村の尻屋などで稼働するほか、海女は岩手県久慈市宇部町の小袖・大尻である。日本海側では北海道松前郡松前町小島(石川県輪島市からの出稼)などを別にして、秋田県下の男鹿半島(男鹿市)の畠(はた)で海女・海士ともに稼働している。また、南では沖縄県・鹿児島県などで海士が稼働しているが、海女は稼働していない。日本におけるあまの分布は北と南に海士が、本州を中心に中間地帯に海女が分布するという特色がみられる。これは採取物(捕採対象物)との関連が深い。採取物の主なものは、アワビ、サザエ、トコブシ(ナガレコ、フクダメ)、イガイ(セトガイ)、タチガイ、ヤコウガイ、シャコガイなどの貝類、テングサ(ブト)、エゴ、ツノマタ、ワカメ、コンブ、ケイトウソウ(トサカ)、ツルモなどの海藻類、その他、エビ(イセエビ)、タコ、コーイカ、ウニ(カゼ)、ナマコ、ウミガメ、魚類、また真珠母貝(アコヤガイ)や中の真珠など、このうち、貝類・藻類は海女による採取が多く、イセエビ、コーイカ、ウミガメをはじめクロダイ、イシダイ、ブダイなどの磯付近の魚はヤスや銛で突いたり、鉤(ウカケキ)でかけとるが、これらを捕えるのは海士に限られる。あまの裸潜水漁も岡から磯づたいに出漁するカチド(徒人)、船を用いるフナド(船人)などあり、静岡県賀茂郡南伊豆町の南崎では夫婦が一艘の船に乗り、夫が船頭役をつとめ、妻が潜る際に滑車を使って分銅をあげる作業をギリカツギという。一般にアワビを岩礁からはがす鉄製の箆(へら)を磯金とかノミとよぶが、ナサシ(魚刺)とよぶ福島県や京都府・秋田県の事例もある。潜水眼鏡は一八九〇年代に普及した。

参考文献　田辺悟『日本蜑人伝統の研究』、一九九〇、同『海女』(「ものと人間の文化史」七三、一九九三)、同『近世日本蜑人伝統の研究』、一九九八

(田辺　悟)

あまごい　雨乞い　降雨を願って行われる儀礼の総称。共同祈願の一つとして行われる。アマゴイと呼ぶほかに、地方によって、アメヨビ(雨呼び)・アメヨバイ(雨呼ばい)・アメヨバワリ(雨呼ばわり)、あるいはアマギトウ(雨祈禱)・アマネガイ(雨願い)・アメマツリ(雨祭)などともいう。雨の神である竜神に祈ることから、リュウオウモウシ(竜王申し)と呼ぶ土地も多い。古くはアマヒキ(雨引き)ともいったらしい。水稲栽培は多量の水を必要とするため、稲の生育期の降水の多少は稲作に基盤をおく社会にとって死活問題で、古代以来、朝廷・幕府はたびたび諸社へ奉幣し、仏僧に祈雨の法を修せしめて国家規模の雨乞いを行なった。村落にあっても雨乞いは重要な共同祈願の行事で、各戸の参加が義務づけられていた。雨乞いの儀礼はきわめて多岐にわたる。民間で広く行われてきた代表的なもののみを列挙しても、(一)村人が山または神社に籠っ

て祈願する、㈡作り物の竜や神輿・仏像を水辺に遷して祈る、㈢特別の面（雨乞い面）を出して祈る、㈣大勢で千回・一万回の水垢離をとる、㈤水神のすむという池などをさらって水替えをする、㈥水神の池や淵の水をかき回す、㈦水神の池や淵に牛馬の首など不浄のものを投げ込む、あるいは汚物を洗う、㈧地蔵を水に漬ける、㈨釣り鐘を川や池に沈める、㈩太鼓を打って総出で雨乞い踊りを踊る、㈡特定の聖地から代参が水種をうけてきて川や田に注ぐ、㈢山に上がって大火を焚く（千駄焚き）などがある。㈦は、神が怒って不浄を清めるために雨を降らせるのだという説明を伴うことが多いが、大陸や朝鮮半島に盛んで古代日本にも行われた動物供犠による雨乞い儀礼が、血穢観念の発達とともに解釈に変化を生じ、派生型を生んだものとも考えられている。㈡の水もらいに赴く聖地は各地にあるが、榛名山・相州大山・戸隠・伯耆大山（赤松池）などはことに広い範囲に知られる。近畿地方には高野山から火をうけてきて雨乞いをする地域もある。雨乞いにはしばしば共同飲食が伴い、また大規模な雨乞いは集団的興奮をも引き起して、祭礼に似た状態を現出させた。若者や奉公人には雨乞いも楽しみの一つであった。しかし、雨乞いが祭礼と大きく異なるのは、一つの雨乞い儀礼が奏功しなかった場合、別の儀礼がかさねて執行される点で、その内容と規模は、徐々に拡大してゆく傾向があった。たとえば、水替えで効験がなければ神社へ長期参籠し、それも効なしとみれば、遠方の霊山霊地へ水種をもらいに行く、というようにである。また、一村落規模の雨乞いで雨が得られなかった場合には、一郷あるいは一行政町村、ときには数郡にわたる規模で、大規模な雨乞いを催すこともあり、これを総雨乞いとか大雨乞いと呼んだ。そこにこの祈願の切実さをみることができる。雨乞いの甲斐あって雨が降ると、オシメリカミゴト（お湿り神事、茨城県）、オシメリショウガツ（お湿り正月、東京都）などといって、臨時の休み日を設けるのが通例であった。

参考文献 柳田国男「踊の今と昔」（『柳田国男全集』一八所収、一九九〇）、同「千駄焚き」（同二三所収、一九九〇）、高谷重夫『雨乞い習俗の研究』、一九八二、同『雨の神―信仰と伝説―』（「民俗民芸双書」、一九八四）

（小嶋 博巳）

あみもの 編物 藁や竹、木の皮、繊維などを縦横、斜めに交差させて組んで形を作ったもの。平面に編んだもの、籠や笊のように立体に編んだもの、あるいは漁網のように形を変えられるものなどがあり、生活用具として広く利用されてきた。編む作業は、手作業がおもであるが、俵や筵は専用の編台を使用する。織物のように縦の素材を固定しない。考古学調査により、縄文時代の遺跡から編物の実物や、土器底部の網・編物の組織の圧痕などが確認され、密度の細かさから編物が織物より以前に使用されていたことが明らかになった。編んだ布は編布と呼ばれ、新潟県のアンギン、時宗の僧が着た阿弥衣がある。出土品のほかに、絵画資料によってその存在が知られていた。一九五三年（昭和二十八）、新潟県魚沼地方にアンギンが伝承されていることが明らかになり、その後滝沢秀一らの調査が始まり、収集された衣類や工具資料は国の重要有形民俗文化財の指定を受けた。編物は綜絖（経糸を偶数と奇数で上下に分けて開口し、緯糸をつけた杼の通り道を造る道具）の発明により、織物へ移行するが、時宗の阿弥衣のように宗教的理由により編布にこだわり続けたもの、また、漁網・竹製品のように別の発展をしたものがある。なお、一本の糸を編み棒で絡み合わせながら作る横編み（メリヤス編み）は、日本ではまったく発達しなかった。→織物

参考文献 角山幸洋『日本染織発達史（改訂増補版）』、一九七四、滝沢秀

一『アンギンと釜神さま』、一九九〇、渡辺誠「編布の変遷」(『日本民具学会論集』六所収、一九九二)、十日町市博物館編『図説越後のアンギン』、一九九四、滝沢秀一『編布の発見―織物以前の衣料―』(「みんこん叢書」、二〇〇五)　(柳平　則子)

あみりょう　網漁　魚介類などを中心に水生生物を、網を用いて水中で捕獲する方法。鳥獣・昆虫などを網で捕らえる方法も共通するところがあるが、網猟と書いて区別することが多い。明治期の『日本水産捕採誌』(一八八九)では、網漁業を主に操作方法を基準にして曳網類・繰網類・旋網類・敷網類・刺網類・建網類(定置網)・掩網類・抄網類に八分類している。網漁はこのように対象を網地で取り囲んだり、すくい上げたり、かぶせたりして退路を遮断するが、刺網だけは網目に対象を絡ませて捕獲する。漁網の網目(結び目)には本目と蛙股の二種あり、一般的には本目を用いるが、蛙股は目が動きにくいので刺網に採用されている。網漁を能動的なもの、受動的なものに二分すると、多くは前者で、後者は漁獲対象が近づいたり、誘導されてくるのを待ちかまえて捕獲するもので、建網(定置網)類のすべてと刺網類・敷網類の多くに見られる。一方、形態的に網漁具を見ると、全体的には㈠細長い帯状、㈡風呂敷状、㈢袋状のものに三分され、これらを組み合わせて、㈣袋網の両側に帯状の手網(袖網)をつけた一袋両翼型の網が典型的に見られる。漁網具の構成要素としては、網地、綱、浮き(浮子・アバ)、錘(沈子・いわ)、碇などがある。対象となる魚介の大きさや生態に合わせて網目を選び、ときにさまざまな網目の網地を仕立てて全体を構成する。これらの基礎に目編み計算などといわれる民俗知識が蓄積され、網大工と呼ばれる職人も活躍した。網地に自然素材を利用する場合が注目され、たとえば稲藁や、スゲ類など地域的特色のある植物繊維を用いる例がある。浮子材に浮力と浸透圧を考慮した材質の使い分けがあり、沈子への自然石や貝類などの利用、漁民による土錘の製作技術、その他柿渋や木皮の煮汁による防腐技術や、網小屋・網ニオの利用方法など、道具の保守管理・保存技術伝承にも興味深いものがある。網漁では、駆り立てに用いる鵜縄やかづら・スルシカーなどの補助具の存在も大切である。網漁は基本的には以上のようなものだが、網漁具の形態も操業方法も地域的、局地的な特徴が多様に見られる。波・潮などの自然現象、対象の生態的特徴、たとえば砂浜や磯浜の微細な地形認識と獲物の棲息状況、回遊に関する季節・時間・経路などに対する個別の知識とこれに対応する技術が包括的に整ってはじめて可能になる。また、漁法の中でも網漁は特に大がかりになり、組織的に行われる場合が多く、労働組織や分配方法など社会伝承面にも多くの興味深い伝承が蓄積されている。網漁にかかわる信仰としては、エビスアバ(恵比須浮子)やオオイヤ(大石)などの神聖視、オオダマ(網霊)の意識などが伝えられ、網漁の模倣儀礼が豊後のボラ網、房州のイワシ網などにあり、大漁祝いをマイワイなどと称して祝着物を網子に配る民俗が房州を中心に伝播したり、作業唄(特に木遣り唄)や大漁祝い唄が盛んに歌われたのも網漁の展開と深い関わりがある民俗とみなされる。

参考文献　水産庁編『日本漁船漁具図集』、一九五六、金田禎之『日本漁具・漁法図説』、一九七七、農商務省編『(完全復刻)日本水産捕採誌・日本水産製品誌』、一九八三、田辺悟『網』(「ものと人間の文化史」一〇六、二〇〇二)　(神野　善治)

アワ　アワ　畑の基幹作物で、ウルチ種とモチ種があり、品種も多い。粟とも書く。ヒエとともに庶民の食糧として利用価値が高い。アワのテリサクといって旱魃に強く、日照りなどの水稲や陸稲の不作の年にも食糧不足の危険性の回避につながった。常畑の栽培では、ヒエが大正時代以降減少するのに対し、アワは昭和になっても食糧の一端を担っていた。昔話にも数多く登場するのは庶民の食糧の代表であった反映であろう。アワは飯・餅・強飯・粥・牡丹餅などにした。水田皆無の地域では「米のなる木はわしゃ、知らぬ」などの言い慣わしがあり、米が常食でなかったことを自嘲的に表現しているが、畑作地帯では少しの米にアワを入れた粟飯を日常の飯とし、麦飯とともに主食の重要な位置を占めていた。東京都羽村市は「羽村名物ご存じないか、アワのご飯に大根汁」といったほどアワ栽培をした所で、ある農家では一九六〇年代までモチアワを栽培し、挽割飯に入れて食べた。ウルチアワは大正時代まで作ったが、その後は粘り気のあるモチアワだけにし、飯・餅・団子にした。この家では三月節供、麦の収穫祝い、播種祝いにアワの牡丹餅や餅を搗いて祝った。山梨県南巨摩郡早川町奈良田では焼畑と常畑に栽培し、ケシネと呼び、三回の食事に粟飯を食べた。アワだけのスアーメシのほかにアワ・大麦・キビ・小豆などと混炊した粟飯もあった。儀礼には粟餅、粟飯、アワのオカラク(粢)、強飯、牡丹餅、ニコワメシを作った。石川県の白山麓の焼畑では収穫祭ナギカエシに作る輪蔵はアワとヒエの穂で、来年の種にした。暮れに大量に搗いた粟餅は、正月後の家族用の餅であった。第二次世界大戦前までは小学生などは味噌をつけて焼いた粟餅を腰につけ、弁当にした。冷えるとまずい粟餅も体温で温まっておいしかったという。岐阜県などでは米をボサツサマ、アワなどの雑穀をコモノといい、飯も餅も米ばかりのそれよりも劣る食物という意識が強いが、粟餅を鏡餅にし、雑煮にするのは全国各地にみられるし、他の行事食にもなっている。山梨県富士吉田市では小正月の十四日の農の日にノウメシ(農飯)といって粟飯を食べる。ここでは正月の親子間の贈答の鏡餅をオチカラといい、餅の一つはアワなどの雑穀の餅であった。これら各地の鏡餅や雑煮、贈答の餅は「一色ではいけない」「金銀の餅」「吉相物」といわれ、米の白い餅ばかり使うのを嫌った。アワは儀礼食だけでなく、神への供物にもなる。静岡県磐田市の矢奈比売神社や府八幡宮の例大祭にはアワの穂が現在も奉納されている。沖縄やアイヌの神祭にはアワが供物である。昔話にも語られ、大晦日から小正月に夫婦が裸で囲炉裏を中心に巡る裸廻りにはアワの穂が大穂として登場し、イザナキ、イザナミの神話に比されるが、アワの農耕儀礼である。安産信仰で有名な淡島神社にまつられているスクナヒコナは粟穂を持っている。アワは他の雑穀よりも儀礼や神祭に用いられることが多い。新嘗祭や大嘗祭にアワが用いられるのと同様、他の雑穀をも意味する象徴的な穀物と解してよい。

アワの穂の供物　静岡県磐田市府八幡宮

参考文献　大島建彦「日本神話研究と民俗学」(『講座日本の神話』一

所収、一九七七)、益田勝実「日本神話研究の現在」(同)、伊藤幹治「田の神」(『講座日本の古代信仰』二所収、一九七九)、飯島吉晴『竈神と厠神―異界と此の世の境―』、一九八六、増田昭子『粟と稗の食文化』、一九八九、同『雑穀の社会史』、二〇〇一、木村茂光編『雑穀―畑作農耕論の地平―』(「ものから見る日本史」、二〇〇三)

(増田　昭子)

あわぼ・ひえぼ　**粟穂・稗穂**　一月十五日を中心とする小正月の物作りの一種で、アワの穂、ヒエの穂を形づくったもの。アボ・ヘボ、アブ・ヒブなどと称す。年神や屋敷神、庭先の堆肥の上などにまつる。年の初めにアワ、ヒエの稔りの姿を模擬的に形づくって、このように実れと期待を込めて祝う予祝儀礼。東日本に広く見られるが、粟穂だけ作るのは九州・四国の山間にも所々にある。形は地域によって多少異なるが、多くはヌルデの木を一〇センチほどの長さに切り、皮をむいて白くしたものを粟穂、皮のついたままのものを稗穂と見立て、これを割竹の先にさしたものである。アワ、ヒエ一対のものが埼玉県に多く、これにケズリバナ(削り花)を一つ付けたものもある。群馬県ではアワ、ヒエを三本ずつ、あるいは四本ずつを付けた穂垂れ状のものも多く作られ、その中心に削り花を立てるものもある。割竹にささずに粟穂・稗穂を六本ずつ束ねたものも関東地方や長野県などでは作られる。東北地方では竹や栗の枝にカツノキをさした粟穂・稗穂のほか、青森県や岩手県では粟餅を栗や柳の枝につけた粟穂・稗穂や、粟餅を穂状にした粟穂を作るところもある。一月二十日を粟刈りと称して粟穂を下げ、その後に粟穂コナシの儀礼を行うなど、一連の儀礼が見られる。粟穂・稗穂の作り物は、米以前の常食であったアワ、ヒエの豊作祈願を今に伝えるものである。

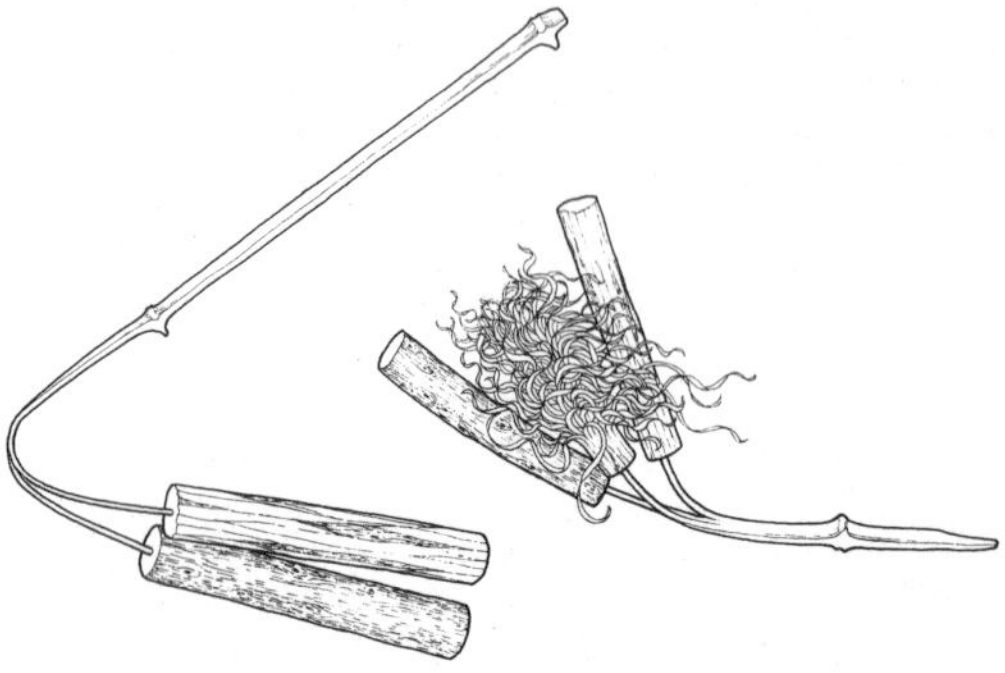

粟穂・稗穂

参考文献　文化庁編『日本民俗地図』二、一九七一、埼玉県立歴史資料館編『小正月とモノツクリ』、一九八六、群馬県立博物館編『上州の小正月ツクリモノ』、一九九五

(大舘　勝治)

あんざんきがん　**安産祈願**　安産を神仏などに祈願すること。出産は妊婦や生児にとって生死にかかわる大事なので、神仏への祈願や、さまざまな呪術的行為などが行われてきた。祈願の対象には、地域の氏神から各地の子安神・子安地蔵・子安観音・鬼子母神などがあり、広い信仰圏をもつ著名な社寺としては、宮城県塩竈市塩竈神社、秋田県大仙市協和唐松神社、前橋市産泰神社、東京都の水天宮、和歌山市加太神社の淡島様、静岡県浜松市の岩水寺、兵庫県宝塚市の中山寺などが、よく知られている。数多い安産祈願の神仏のなかには、難産で命を落として安産守護の霊神となったもの、また、名の知られた人物の胞衣(えな)をまつる神社も

みられる。祈願の時期は、妊娠五ヵ月目の帯しめのころが多いが、妊娠を知ったあと、出産間近いころなどさまざまである。妊婦本人が参ったり、妊婦の母親や姑などが代わりに祈願したりする。祈願の方法は、護符をもらい受けるほか、底のぬけた袋や底ぬけ柄杓を奉納したり、小さな枕、人形などをもらい受けて無事出産後にそれらを新しくしたり倍にしたりして、お礼参りをする。また、祈願をする神仏に上げた蠟燭の燈しかけの短いものをもらってきて、出産の際に燈すと、それが燃えつきるまでに産まれるといわれ、自宅出産が普通であったころは、広く各地で見られた。出産の場に立ちあうという山の神や道祖神・厠神・箒神なども安産祈願の対象の神とされている。子産石・子安石などの石や、子安清水とよばれる池水に祈ることも行われてきた。犬は産が軽いので、これにあやかって安産するように、戌の日に妊婦に腹帯をさせたり、犬張子を贈ったりもする。関東地方などにみられる既婚の女性による子安講・十九夜講・二十二夜講などでは、特に出産をひかえた妊婦の家で講が行われるところもある。このような共同祈願の講には、社寺の神仏と結びついた産泰講、淡島講なども知られている。なお、社寺などから腹帯をもらい受ける時、その腹帯を手渡した人が、たとえば神主など男性の場合には男児、巫女など女性の場合には女児とするところもあり、また安産守りに封じられた小布が白ならば男児、赤ならば女児とするところもある。→子安神(こやすがみ)

参考文献 『日本産育習俗資料集成』、一九七五、大藤ゆき『児やらい』(「民俗民芸双書」、一九六八)、新谷尚紀『生と死の民俗史』、一九八六、鎌田久子他『日本人の子産み・子育て―いま・むかし―』(「医療・福祉シリーズ」三三、一九九〇)

(中島　恵子)

い

いえ 家　建造物としての家屋、住居を拠点として生活上の共同関係を取り結ぶ家族集団、および家族を事実上の担い手とする超世代的な社会的単位を意味する多義的な用語。「いえ」すなわち「いへ」の語源については、「い」を発語とし「へ」を竈とする説、寝戸(いへ)または睡戸(いへ)の意とする説、「い」を発語とし「へ」を容器の意とする説、「い」を族とし「へ」を隔てる意とする説など諸説があり、未だ定説をみていない。しかしそのいずれの説をとるにしても、家は住まいを意味する用語から転じて、家屋を生活の場とする家族集団、さらには家族に属する財産や諸権利・義務を超世代的に受け継ぐ社会的な単位を意味するに至ったと考えられる。今日の日常用語で広い家といえば家屋を、家のものといえば家族を、家の由緒といえば代々継承される社会的な単位としての家を意味している。社会制度としての家は、家屋敷、家産、家業、家名、墓といったそれ自身に属する有形無形の価値を有し、これらを統括する家長を中心とする地位役割体系をもち、親子(父子)関係を通してそれらのすべてを世代間で継承しつつ世代を越えてアイデンティティーを保ち続けるような家族の存在形態をさす。家の現実の構成員は、夫婦・親子・兄弟など、近い親族関係を有する家族を中核としており、この意味で家は日本における家族の一形態であるといえるが、同時に家の成員にはしばしば家族員以外の非血縁の奉公人などが含まれ、また絶家再興の例にみられるように現実には成員の存在しない家も認められる。こうした点から、家の本質をめぐって、とりわけ家と家族の概念規定についてはさまざまな見解が示されてきた。有賀喜左衛門は、家を日本に固有の家族制度とし、夫婦関係を基礎としつつ非血縁者をもその内に含み、個人の生存にとって不可欠の生活諸機能（経済・法律・信仰など）を充足する生活集団と規定した。現実の家の構成は、その機能の伸縮によってさまざまな形をとりうるが、家としての生活諸機能に参与し、家の生活をその内部から支える限りにおいては血縁、非血縁を問わずすべて家成員として認められるとする。有賀の家・家族論は、家の果たす機能に注目しこれを一種の経営体としてとらえる立場である。これに対して喜多野清一は、戸田貞三の小家族理論を継承しつつ家族と家とを概念的に区別する立場をとる。喜多野によれば、家族は夫婦・親子を中心とする近親者の全人格的な一体感に基づく小結合と規定され、家はこの小家族結合を核（「構成的な基体」）としてその内に含みつつ、家父長制的な家長権によって統率される歴史的、社会的な制度であるととらえられる。つまり家とは、あらゆる時代、あらゆる民族に普遍的な小家族結合（家族）と家長権の統率下に成立する歴史的な家結合という異なる結合契機を内に含む複合的な家族制度であると規定される。一方喜多野とは異なる立場で、家と家族の峻別を主張したのは鈴木栄太郎である。鈴木は、集団としての家族と制度ないし理念としての家を厳密に区別し、家族員が実生活の中で互いに関係しあう場面に着目すればそれは家族という集団としてとらえられるが、家はそのような現存家族員を含みつつ過去から未来に至るすべての成員によって共有され、「家の精神」という共通の規範によって統合される統一的存在であるとする。柳田国男が家の断絶を未来の家成員を殺す「ドミシード（家殺し）」であると述べているのも、同様の理解にたつものであり、家は個々の家族員の生死を越えて超世代的に継承される存在、あるいはそのようにあるべきものと観念される理念として概念化される。

家についての多様な理解は、それぞれの論者の方法論の違いに由来するものではあるが、同時に現実の家が担っている機能の多面性、あるいは家が帯びている複合的な性格を反映するものでもある。家は、これに属する家族員の生活の基礎となる経営体でもあり、家長の権威によって統合される家族制度でもあり、同時に集団としての家族を超越する超世代的な社会単位でもある。そのいずれを最も本質的な要素とみなすかによって家はさまざまに規定されうる。こうした家の帯びている多面的な性格を整理すれば以下の諸点に要約できる。その第一は、家はそれ自体の超世代的連続を希求する点で、家の成員である個々の家族員は少なくとも理念としては家は永久に存続すべきものという観念を共有する。柳田はこれを「家永続の願い」と表現しているが、家の財産や家業・家柄など家に属する諸価値は現存の家族員個人に属するものではなく、家の創設者、つまりこの価値をうみだした先祖より代々にわたって寄託されているものととらえられる。先祖（具体的には墓や位牌）は、この意味で家の継承を保証する最大の象徴ということができるが、屋号や通名（とおりな）などを含む家名、家印（いえじるし）や家紋、家風なども家の連続性を象徴するものとなる。第二に、家の連続性が家族の直系的な構造によって実現される点である。家の人的構成は、代々の継承者である家長夫婦を中心にその直系親族と未婚の傍系親族からなる直系家族を基本とする。家族内部には、夫婦・親子・兄弟などの複数の人間関係が存在するが、家においてはこの中で特定の関係を制度的に強調・優先することで家族の有する諸価値を代々継承していく形がとられる。ここで強調されるのは、夫婦関係よりも親子関係であり、また母子関係よりも父子関係であり、兄弟の中でただ一人の嗣子(通常は長男)である。この原則が最も厳格に適用された場合、家の跡取である長男が親夫婦と同居して家に属する財産と家長としての地位役割(家督)を一括継承する形をとるが、現実には両養子・聟養子・姉家督・末子相続など多様な形態が存在する。第三に、家の存続を保証する物質的な基礎として、家屋敷・耕地・店舗や営業権など家に属する財産(家産)を所有し、その経営(家業・家職)を行う単位となる点である。現存の家族員は、これら家の資産を運用することによって生活を維持しており、家長をはじめとする家の地位身分はこれらの家業経営上の役割配分と不可分に結び付いている。また家経営を維持するために必要な地域社会の成員権、入会林野の用益権や水利権、村落運営に参加する権利なども家を単位として継承される。いわゆるシンショウはこれらの総体を意味している。第四に、家を構成する成員は、互いに家族員としての関係(父母、夫婦、息子・娘、兄弟姉妹など)をもつのみならず、家系の継承と家産・家業経営上の地位身分を有する点で、家はこれらの職階の秩序付けられた体系としての性格を有する。家の継承者たる家長はこれらの職階の中心に位置し、家産を名目的に所有し、家業経営を統括し、家系を維持する全責任を負う。家成員は家長の統制に服することが求められ、家長の地位につきうる嫡系成員とこれ以外の傍系成員との間には地位身分の上で大きな格差がある。また家がしばしば家族員以外の成員を含み、あるいはすでに絶えてしまった家が新たな成員を得て再興されうるのは、家がこうした職階の体系である点に起因する。第五に、家はその構成員を統合する存在であるのみならず、地域社会などの外部社会を構成する基礎的な単位となっている点である。同族・親類・村組・村落などの諸組織は家を単位とする家連合として組織化される。とりわけ本家・分家からなる同族は、家内部の嫡系・傍系の関係を家の外部にまで拡大したものであり、このため家についての議論は同族論と表裏一体となって展開されてきた。一方、こうした家の対社会的な機能は、領主や公権力にとって家が支配と貢租賦課の単位であることをも意味する。

こうした意味での家(すなわち親子相伝の家)の歴史的成立は、天皇家や摂関家などの支配階層では平安時代後期にさかのぼるが、武士層の家の成立は鎌倉時代以降とされ、農民や商人の家の成立はさらに中世後期から近世初期に至ってからとされる。農民層では、近世初期の小農の自立によって、家産としての農地を家族労働で経営する直系的な家族構成をもつ家が成立し、こうした家々の連合体としての村落が形成された。墓や位牌など家の自立性を示すものが庶民の間に見られるようになるのは元禄期からといわれる。武士の家では、主君より下される封禄が唯一の家存続の基盤であり、家を代表してこれを受け継ぐ当主(家長)の強力な権限と男系優位の家督相続の制度が確立した。一八九八年(明治三十一)に制定された明治民法は、この武士層の家を全国民向けの家族モデルとして採用したものであり、これにより戸主権と家督相続を基本とする家父長制的な家制度は日本の家族の標準型として法的な根拠を与えられた。戸主・長男優位の家族理念は、それまで農民社会に広く見られたさまざまな家族慣行との軋轢を生みつつも次第に一般化し、先祖代々家風などの家意識が国民の間に広く浸透した。また、国家を家の拡大したものとみなし、天皇を家長、国民をその子弟になぞらえる家族国家観が教育を通じて強力に浸透した。第二次世界大戦の終結により、戦前の国家体制を根底で支えてきた家制度は解体され、個人の尊厳と男女の平等を基本原則とする現行民法が一九四七年(昭和二十二)に制定された。これによって夫婦中心の家族理念が新たなモデルとして示されたが、一九六〇年代までは民法の理念と実態との間には大きなずれがあり、家の意識はなお根強く残っていた。これが大きく変化するのは、一九六〇年代後半からの高度経済成長による産業構造の変化と都市部への人口移動を経た後であり、都市家族を中心に核家族とその生活様式が一般化した。一九七〇年代以降、女性の社会進出に伴って家族観念は急速に変化しており、家の意識は表面上払拭されたかにみえる。しかしながら、民法に残る祭祀条項に象徴されるように、家の連続性や跡継ぎの観念は日本社会に広く残っている。家業・家産など家の存立基盤の多くが失われた今日においても、結婚披露宴を両家主催にすることや葬儀・墓などに家意識の名残を見ることができる。　↓家印　↓家連合　↓家族　↓家督
↓家紋

参考文献　柳田国男「先祖の話」(『柳田国男全集』一三所収、一九九〇)、同「明治大正史世相篇」(同二六所収、一九九〇)、同「時代ト農政」(同二九所収、一九九一)、川島武宜『イデオロギーとしての家族制度』、一九五七、有賀喜左衛門『日本家族制度と小作制度』(『有賀喜左衛門著作集』一・二、一九六六)、鈴木栄太郎『日本農村社会学原理』(『鈴木栄太郎著作集』一・二、一九六八・六九)、有賀喜左衛門「家族と家」(『有賀喜左衛門著作集』九所収、一九七〇)、蒲生正男「日本の伝統的家族の一考察」(岡正雄教授古稀記念論文集刊行委員会編『民族学からみた日本』所収、一九七〇)、喜多野清一『家と同族の基礎理論』一九七六、関口裕子・鈴木国弘・大藤修他編『日本家族史―古代から現代へ―』、一九八九　(中込　睦子)

いえじるし　家印　占有標の一つで、家財・農具・漁具・蔵・船・墓などに対して、家ごとの所有を表示するためのもの。墨書・漆書・刻印・染めつけなどにより用いられる。もとは、一度に運搬できない浜の流れ木や寄り物の占有を示すために、石を載せたり、シメ、ホデといって木竹草の端を結んだりしたが、斧や鉈の刻みによって表示するようになり、さらに家観念が強くなると、屋外に道具類を置き忘れた時などのために、家印が必要になったと考えられる。このように家印は、その起源が木材などに対する木印と深く関係し、形状も「や∧に文字を付けたものも多く、沖縄や伊豆など両者が一致しているところもある。また、米や⊠など家名の象徴である家紋の起源になったと考えられるものや、∧モ(ヤマモ)・○井(マルイ)などと読まれ、屋号となった例も多い。分家・子方の家印は、本家・親方のものに点や線を加えた場合が多く、一族や同族で同系統の印が用いられ、家印は、同族としての意識を保持させる機能を有しているといえよう。また、ヤマサやヒゲタなど商標になったものも少なくないが、土地によっては、生業の変化によって、家印が、その通用範囲を拡大して商標性を持つようになり、苗字や地名を入れたものに

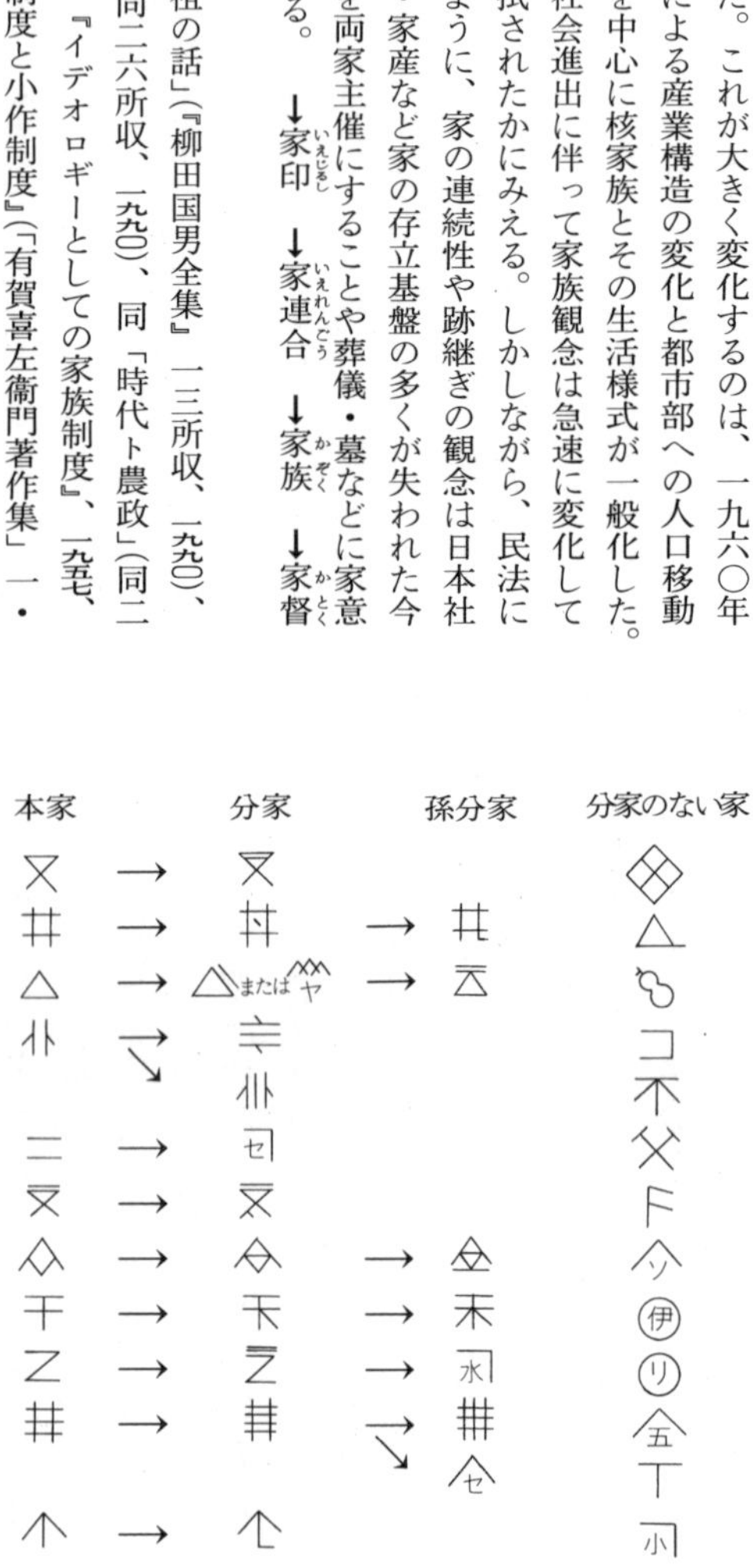

京都府舞鶴市野原の家印（『京都府舞鶴市野原の民俗』より）

変化したり、複数の家印を持つ家が見られるようになった。このように家印は、家・ムラ、地域の発展過程や社会秩序を理解する手掛りとなるであろう。 ➡家紋(かもん) ➡屋号(やごう)

参考文献 柳田国男「北小浦民俗誌」(『柳田国男全集』二七所収、一九九〇)、倉田一郎『経済と民間伝承』、一九四八、監物なおみ「民具資料と家印―千葉県市川市の場合―」(『民具マンスリー』二三ノ五、一九九〇)

(宇田 哲雄)

いえすじ 家筋 家の一系性にもとづく家族の永続性のこと。家とは世代をこえて観念上の始祖からの系譜永続性を基礎にした一種の一系家族である。その表現の一つは屋号の継承であり、他の一つは屋敷の継承である。家筋の継承には誰をもってあてるかという問題が生じる。その一つは現家長の父方・母方をふくむ血縁者であるかどうか、もう一つは非血縁者であるかどうか、ということである。日本社会に即していえば、総体的に長男を優先する東日本の傾向が認められると同時に、南西日本では、いわゆる末子相続にみられるような継承のあり方がある。ただし、日本本土地域においては、家筋の継承のあり方について血縁関係あるいは非血縁関係に関係なくきわめて柔軟な対応をしながら家を継いでいる。しかし、鹿児島県奄美大島以南のいわゆる琉球文化地域では、基本的には家継承者は父系血縁者にかぎるという原則がある。たとえ家筋継承のために男性養子をいれるとしても、父系血縁内の男性にかぎるということである。そして、政治活動・社会的威光・縁組みなどの場で家筋を誇ることによって、家格の観念が形成されてくる。

参考文献 村武精一『家族の社会人類学』、一九七三、喜多野清一『家と同族の基礎理論』、一九七六

(村武 精一)

いえれんごう 家連合 複数の家々が相互扶助のために連携をとっている形態。家というものは独立した制度体である。そして通常は農業経営などの経営体として機能している。しかしながら、生業に関わる経営においても、身近な生活を送るにあたっても、一つの家だけでは、完結した経営や生活は送れない。必ず他の家々との連携を必要とする。農民や漁民が、通常、ムラ(村落)を形成するのは、ムラなくしては家の存続が困難であるからである。ムラとは家々が連合した典型的な集団であり、家と家との単独では存在しがたいよい例を示している。この連携の必要性に気がついて、相互の連携の仕方を分析した研究を家連合論とよんでいる。有賀喜左衛門は村落がどのようなかたちをとって発生するか、ということを理解するために、家連合の二類型を設定した。その二類型とは「家の本末の系譜関係を根拠とする生活上の上下関係を基準とする聚落的家連合」で、もう一つは「平等対等の生活関係を持つ聚落的家連合」である。それらは同族的家連合・組的家連合と言い換えられることもある。この家連合の二類型にヒントを得て、社会学者の福武直は村落類型として、同族結合の村と講組結合の村を設定し、前者が東北日本に、後者が西南日本に多く見られると指摘した。家が連合する契機としては家の系譜関係、親類、地縁の三つが主要なものであるが、親分・子分関係などそれ以外のさまざまな契機によって家が連合することはありえる。家の系譜関係によって成り立つ家連合は同族である。同族とは本家と分家から成り立つ家々の集まりで、それを同族団とよぶこともある。親類とは相互の家の講成員の間に兄弟関係や婚姻関係など親族関係があることによってなりたつ家々の連合である。同族による家の連合と親類による家の連合とは概念上は明確に異なる概念であるが、実態としては、これら両者の家々の関係は一部で重なりを示す。しかし当事者間ではその差異は比較的明確に意識されているのが通常で、同族にはマキ、エドオ

シ、イットウ、カブ、ジルイなどの用語があてられ、親類にはオヤコ、シンルイ、イトコ、ハロウジなどの用語があてられている。親類は婚姻をも契機にするから男系と女系の双方に拡がって連合の関係をもつのに対し、同族は家の系譜(ほとんどは男系)であるからそのような広がりを示さない。地縁による家の連合は多様であり、葬式組、講、田植え時のユイ、屋根葺き仲間、水利組合、村組など枚挙にいとまがない。生産や日常生活上どうしても近隣が協力する必要があるからである。一般に家連合は家々を構成する人びとの側から形成されるものと理解されているが、他面、行政上の便宜や政治上の配慮からこれらが利用されたり、その形成が促された事実もある。

参考文献　有賀喜左衛門『村の生活組織』(「有賀喜左衛門著作集」五、一九六八)、福田アジオ『日本村落の民俗的構造』(「日本民俗学研究叢書」、一九八二)

（鳥越　皓之）

イオマンテ　イオマンテ　アイヌ語でイ(それを)オマンテ(行かせる、向かわせる)とは、広く熊送り・熊祭をいう。ここでいうイとは、霊魂のことであり、オマンテとは、その霊魂が納まるべき、あの世(来世)の大親元に送ることを比喩的に示している。この世(現世)に存在するあらゆる固体・液体・気体には個々の霊魂があって、その霊魂の活動する生涯の期間はすべてが異なる。生涯を終えた霊魂はみずからが装っていた器形や身体から遊離してあの世へと直行するが、その際に人間から供物や見送りの儀礼を受けることは最も希望するところであり、丁重な儀礼の内容は、この世での功績の度合を示し、あの世での幸せな暮しと、この世への再生を保障することになる。霊魂の送り儀礼は、人間でいえば葬儀であり、器物などの魂送りはイワクテ(帰す、戻す)、一般の動物の魂送りはホプニレ(旅立たせる)、オプニカ(旅立たせる)、特に重要な動物の魂送りをイオマンテといい分けている。北海道をはじめサハリン(樺太)や南クリール(南千島)に生息するヒグマのうち、山野で捕獲されたものは、一般の動物と同様に簡素な儀礼で終るものの、幼い子熊は人里で養育されて成長すると、十ヵ月前後から数年のうちにそのヒグマの霊魂を送ることになる。狩猟は獲るのではなく神から人が授かり、ヒグマは狩るのではなく人が賓客となる子熊を迎えに出向くという考え方から、子熊を授かった人は、母熊から養育を依頼されたとし、成長後はその魂を親元に戻すとしている。人里に下った子熊は母乳や離乳食を与えて屋内で同居し、成長していたずらをするようになると寝床となる檻を作って入れ、成長に応じて檻を作りかえる。日中は寝床から外へ出して子供らとともに遊ばせ、晩方には寝床へと戻す。食欲は旺盛であるが十二分に与えるように努力し、村人や近郊の集落からも物資の援助を受けて養育していく。家族用の調理ができあがると、その鍋からお汁や粥、おかず類を木彫りの長椀にもりつけて子熊に与え、食べ方を見て不足とあれば追加もし、満腹になったのを見て、長椀を洗って水を入れて飲ませる。それが終ると長椀をきれいに洗って下げて干す。子熊の給事が終ってからはじめて家族の食事が始まり、家族宛に食べ物を他家からもらっても、まっ先に子熊に与えて大切に育てていく。やがて年末から年始めに行われる熊送りの準備のために近郊の村人と幾度となく相談をし、主要な役割を分担しあい、司祭となる人は子熊を機会あるごとに訪れてご機嫌をうかがい、儀礼に万全なことを確かめあう。熊送りの日程が決まると、各村へ招待の伝令を走らせ、参加者の食事や献立て、宿泊などの手配、儀式用具の点検、儀礼の確認などがなされる。子熊は大綱をかけて大勢の人々が待つ広場に向かい、歌や踊りで迎えられる中で熊送りで最も重要な儀礼(子熊の肉体から霊魂を分離する)が、仕留の矢や絞首によって行われる。子熊の霊は一時浮遊した後に両耳間に居座って残る儀礼すべてを熟覧してあの世に向かい、子熊の親戚一同を招待して大宴会を催し地上で受けた恩義や行為を数日がかりで報告する。ヒグマの一族は帰りに手土産をもらって各家に帰り家族へ詳細に語って聞かせることで、再び地上の家を訪れようとするといわれている。

参考文献　伊福部宗夫『沙流アイヌの熊祭』、一九六九
（藤村　久和）

いかだ　筏　木材や竹を結びつけ、水に浮かべて流すもの。特に筏流送は川の流れを利用した最良の材木運搬方法であった。その歴史は古く『万葉集』にも詠まれ、アイヌも含む日本全国で見られた。筏を組むには水量の豊かな場所が必要で、山で切られた木は川の本流まで各種の方法で運ばれる。木を集積する筏場は綱場・土場・網場などといい、川狩人夫（ヒヨウとも）が藤蔓やクロモジ、マンサクの皮などを捻ったねそで数本の丸太を筏に組む。筏師は一般に二～三人乗りで筏を操る、前をヘノリ（サキノリ、ハナノリとも）、中をナカノリ、後ろをトモノリ（アトノリとも）という。ヘノリは熟練者があたった。川幅の広くなった場所を中継地点とし、筏師が交代し、筏も何枚かつないで長い列に組み直す。筏師は股引に半纏、脛巾をつけ、足袋に草鞋がけという身軽な姿であった。手拭で頬かぶりをして風負けしないようにしても寒さは厳しかったという。川の途中には瀬や岩などの難所があり、岩の上に水神や金毘羅をまつったり、岩に遭難者の名をつけたりすることがある。筏流しには木流唄とか川狩節と呼ばれる労働唄があり、木遣り唄や鴨緑江節が各地に伝えられている。各地の筏流送は鉄道やトラックの出現と流域のダム建設により、昭和初期には急速に衰退した。その後も鴨緑江（朝鮮半島）やサハリン（樺太）への出稼が続いていたが、一九四〇年代前半には終了し、筏技術の伝承は困難となった。筏は原木輸送以外にも利用される。真珠やカキなどの養殖筏や代用船などである。長崎県対馬北西岸で近年まで海藻採りに使われていた材木舟という丸木組立式の筏船は、朝鮮半島の筏船テペと同系統である。（伊東　久之）

いきがみ　生き神　人を神としてまつる神観念の一つの様態。常人とは異なった能力・資質・技能を有するとみなされた特定の人間。王・武将・呪術師などが、生前に神格化される場合もある。生き神への信仰は、人間と神との間に絶対的な断絶があるとする、キリスト教のような超越神信仰においては公認されえない。しかし、日本においては、この世に怨みを遺して死んだ人間を、災厄を起す御霊として畏れまつるばかりでなく、かつて天皇が現人神とされたように、生者をも神格化することがあり、柳田国男や折口信夫、宮田登などの民俗学者が関心を寄せてきた。神事の場で、神霊を招き交歓する儀礼を執行している間、神主や巫女・神子、よりましたちは、その身体に神霊を宿し、神の意を顕わす者として、一時的には神そのものとみなされてきたと考えられる。また、神がかりする祈禱師・行者・巫女などは、修行や神の召命によって、神と直接交流する霊的能力をもつ者として、儀礼執行時に限らず、永続的に生き神とみなされることもあり、東北地方でイタコ、オカミン、奄美・沖縄でユタや祝女と呼ばれる巫女は生き神とも呼ばれている。宗教学・宗教社会学の研究者が注目する、シャーマン的な資質、カリスマ性のゆえに多くの信者を獲得した新宗教の教祖のなかには、宗教体験を通して神であるとの自覚・使命を得て、生き神を自称した者や信者たちによって生き神と尊称された者も少なくない。

参考文献　宮田登『生き神信仰―人を神に祀る習俗―』、一九七〇、島薗進「生神思想論」（宗教社会学研究会編『現代宗教への視角』所収、一九七八）、佐々木宏幹『シャーマニズム―エクスタシーと憑霊の文化―』（『中公

新書」五八七、一九八〇)

(井桁　碧)

いきみたま　**生見玉**　盆に存命中の親に対して行う儀礼。生御魂とも書く。一般に南関東では田植えの終了後、三番草を取る七月下旬ころに生見玉が多くみられ、この時に年老いた親のある者は魚などの生物を取りに行き、それを分家や嫁に出た子供たちが実家に戻って料理をして家族中で共食することが各地に見られる。また、この時の魚としてサバを持参するという地域も多く、ほかに砂糖を持参する所も見られる。このことから生見玉は中元の贈答儀礼と深い関係にあるという説がある。このように生見玉の行事は農作業の周期とも関連していることが多く、農耕儀礼との関連性も見いだすことができる。

参考文献　井之口章次『日本の葬式』(「筑摩叢書」二四〇、一九七七)、田中久夫「いきみたま考―室町時代の盂蘭盆会の一側面―」(『祖先祭祀の研究』所収、一九七八)、和歌森太郎「年中行事」(『和歌森太郎著作集』一二所収、一九八二)

(西海　賢二)

いくじ　**育児**　ヒトが子どもを育てること。ヒトは、他の哺乳類に比べて、未成熟の度合いが大きいまま出生するので、子どもは、まわりの成人や年長の子どもによって育てられる必要がある。それぞれの場合において育児を誰が担当し、どのような育児が行われるかについては、幅広い多様性が見られる。乳幼児死亡率の高い社会では、この子どもはいつまで生きてくれるかわからない、しかし何とか生きのびてもらいたいという祈りと、それでも死んでいく子どもが存在することへの諦念とが共存して、産育に関する儀礼や慣行が実践される場合が多い。そして、子どもに先立たれた哀しみを経験する大人が多いので、その哀しみとのつきあいにおいて相互に支えあうことも生活の一部となっている。これに対して、乳幼児死亡率の低い社会では、子どもの死が稀有のことでもあり、子どもを亡くした親の心の支え方や、親自身の喪失感とのつきあい方が、社会の課題として位置づけられる必要が生じている。しかし、人類の歴史の中で、このことが新しい事象であるゆえに、やっと二十世紀後半になって、それに対する工夫が生まれつつあるが、まだ日本では、知恵が蓄えられていない。育児行動が、地域社会や親族集団を維持するための次世代の生産力の再生産として位置づけられている社会では、子どもが、見よう見まねで大人や年長者の行動から生きる意味を会得しようとするので、大人たちにとっても育児そのものが人生の重荷になるというよりは、育児は、人生における所与の(当然の)行為としてうけとめられ、母親などが特定の役割を担うというよりは、地域社会の成員や親族集団内の多くの個人が、子どもの成長のさまざまな局面に多様な関わり方をする場合が多い。しかし、近年の日本社会では、親の願望を代替して成就する役割を子どもに期待する育児や、成長期の子どもを親が自分の都合で愛玩するペット的(ないしはペット以下の)育児なども出現してきている。一五〇〇年以降に記述された地球上の諸社会での育児のあり方は、まことに多様であるが、産業革命の進行につれて、日常生活単位となる集団(多くの場合、家族)の構成人数が縮小し、職と住が分離されるにつれ、育児は母親の役割で、家庭の外で生活費を稼ぐのが父親の役割であるという性別役割分業が、地球上の多くの社会で出現するようになった。そのことが、母親の育児不安や、マタニティ＝ブルーなどの近代的な心の状況を生み出し、育つ子どもたちにとっても、多様な成人や年長者との接触の中で育つ機会を剥奪している。母親に限らず多くの人々が育児責任をどのように担当して、子どもの生活と成長を保障するかが今日ほど問われている時代はない。

参考文献　M・ミード『男性と女性』(田中寿美子・加藤秀俊訳、「現代社会科学叢書」、一九六二)、原ひろ子・舘かおる編『母性から次世代育成力へ—産み育てる社会のために—』、一九九一、原ひろ子・小林登『子育ては母親だけの責任か』、一九九一、佐藤博樹・武石恵美子『男性の育児休業—社員のニーズ、会社のメリット—』(「中公新書」一七三八、二〇〇四)　(原　ひろ子)

イザイホー　イザイホー　沖縄県知念村(南城市)久高島で十二年ごとの午年に行われる祭事。旧暦十一月十五日から六日間が本祭。久高島は三十歳以上の全女性が加入する村落祭祀組織を有し、イザイホーはその祭祀組織への加入儀礼である。十二年に一度の祭事であるため、加入する年齢は三十〜四十一歳と幅ができる。イザイホーを経た女性はナンチュと呼ばれ、以後ヤジク、ウンサク、タムトゥという階梯を昇格していき、七十歳になるとテイヤクと称して、組織からぬける。ナンチュになると、タマガエー・ヌ・ウプティシジと呼ばれる御嶽(ウタキ)(七あるいは九つあるとされる)に滞留する神霊(シジ)を、家のトゥパシリと呼ばれる場所でまつるようになり、その神霊に対して家族の健康祈願などを行う。タマガエー・ヌ・ウプティシジは長男の長女へ(父方祖母から孫へ)継承されるのを原則とし、次女など継承すべき対象のない女性は、神籤によって戴くべき御嶽の神を決定する。籠り・セジ付けとみなされる儀礼など沖縄のほかの神女就任儀礼との共通要素があるが、次の点が問題となる。最終場面で兄弟との対面式があるなど、おなり神就任式とみなせる側面があるが、従来の研究ではおなり神は生得的資質で一定年齢になってから就任するものではない。神女にほぼ該当する久高島のハミンチュ(神人)には、イザイホーを経たナンチュからタムトゥまでの女性は含まれず、他の地域同様に、祝女(ヌル)や根神(ニーガン)などの特定の神役のみがハミンチュとみなされている。一九九〇年(平成二)に予定されていたイザイホーは、過疎化、指導する神役の不在などの理由で中止された。

イザイホー

参考文献　鳥越憲三郎『琉球宗教史の研究』、一九六五、比嘉康雄『神々の原郷　久高島』上・下、一九九三、赤嶺政信「歴史のなかの沖縄—イザイホー再考—」(宮田登編『民俗の思想』所収、一九九八)　(赤嶺　政信)

いざなぎりゅう　いざなぎ流　高知県香美郡物部村およびその近辺の山村に伝承されてきた祭儀・祈禱法。いざなぎ流の呼称は、その神話的起源を説いた『いざなぎ祭文』に登場する、天竺のいざなぎ大神(いざなぎ様)から米占いが上手な日本の天中姫が伝授されたといういざなぎ法に由来する。祭文類には中世的な特徴が保存されており、また祭儀法の一部は近世初期までたどることができるが、現在のような伝承形式・内容がいつどのように成立したかはまだよくわかっていない。いざなぎ流の伝承者はタユウ(太夫)と称し、また祭文類の中にはハカショ(博士)とも記述されている。その管掌する範囲は広く、村落の氏神や水神・山の神、旧家でまつる天の神やオンザキ様など、さまざまな種類の祭に雇われて主宰するとともに、病人祈禱や占い、雨乞いなどの呪術的な内容の儀礼も引き受けた。祭儀・祈禱に用いる祭文や呪文類を多数所持し、その内容は陰陽道・仏教・民間信仰などが複合した独特の特徴を示している。主要な祭文として、『いざなぎ祭文』のほかに『呪詛祭文』『大土公祭文』『山の神祭文』『地神祭文』『荒神祭文』『えびす祭文』『水神祭文』などがある。また、祭儀は神楽とも祈禱ないしはクラへとも称し、幣をもって体を左右にゆするだけのきわめて単調な行為の反復を主体とし、一区切りごとに舞が入る。呪術的活動をする際には、式王子(陰陽道の式神に相当)を多用し、このためこの式王子に関する各種の法術を伝えている。

いざなぎ流

参考文献　小松和彦『憑霊信仰論』(「講談社学術文庫」一一一五、一九九四)、高木啓夫『いざなぎ流御祈禱の研究』、一九九六、斎藤英喜・梅野光興編『いざなぎ流祭文帳』、一九九七、高知県立歴史民俗資料館編『いざなぎ流の宇宙』(特別展図録、一九九七)
(小松　和彦)

いしがっせん　石合戦　互いに相対して石を投げ合う遊び。印地打ちと記されることもある。印地は石打ちの訛りというが明確ではない。戦いの折に飛礫を用いた例は『吾妻鏡』にもみえ、古くからの武器の一つであった。それが年中行事の中にとり入れられ、端午節供の行事として行われたが、たびたび事件を起した。その後江戸幕府は一六三四年(寛永十一)には禁令を発し印地打ちを禁じた。しかし全く石合戦の行事が行われなくなったわけではない。千葉県勝浦市では、かつて五月五日に多良と原岡の青年たちが小川をはさんで石合戦をしたというし、埼玉県大里郡寄居町でも荒川をはさんで二つのムラが端午節供に印地打ちを行なったし、香川県木田郡三木町でもこの日に少年たちが印地打ちを行い、勝ったムラは豊年であるといった。こうして全国的に石合戦の行事が行われていたが、それは端午節供の行事として行われていただけではない。福島県いわき市平豊間町では大正の末まで行われたがそれは小正月の行事であった。平日から石を集めておき、一月十四日に北組と中組の子供が境川をはさんで石を投げ合った。石に当たると吉相だといった。ほとんど怪我をすることはなかったが、怪我をしても火祭のトリオイゴヤの炉の灰をつけると治るといわれた。このほか祭のときに行われることもあったが、豊凶の占いとしての信仰に裏付けられたものであった。

参考文献　和歌森太郎「歴史と民俗学」(『和歌森太郎著作集』一〇所収、一九八二)、中沢厚『石にやどるもの―甲斐の石神と石仏―』、一九八八

(倉石　忠彦)

いしがんとう　**石敢当**　路傍に立てられ、「石敢当」と刻された石。一般にイシガントウと称され、日本では沖縄県に一番多く所在するが、九州・四国から青森県黒石市までわずかであるが分布している。新しく設置されたものまで含めると北海道函館市にまで及ぶ。石敢当は中国起源の除災招福の石板で、時代を下ると駆邪が目的となる。中国での起源は不明であるが、石に対する信仰にもとづき、災厄を除く意味を明示するために、石敢当と刻んだといい、中国五代晋の勇士名とするのは誤りとされる。七七〇年に福建省甫田県の県知事が、県内の除災や無事繁栄を祈って造立したのが最古とされる。中国では地域により造立場所は異なり、村落の入口、池辺、四辻、T字路の突きあたり、路傍、家の門前や一角など多種多様である。沖縄での造立場所はT字路の正面や三叉路の片隅が多く、道の突き当りが一般的である。ときおり四辻にもたてる。その理由として、人の足先が悪く、その蹴り入りを防ぐために、ヤナカジ(悪風、邪気の意味)を防ぐために設置するとされる。悪ゲーシ(悪返しの意)などとも呼ばれる。刻字は中国と同様石敢当・泰山石敢当が多く、上部に鬼面や梵字を刻むものもある。宮古・八重山に多い無文字の石敢当は、ビジュル信仰と習合して受容されたものと考えられる。石敢当を設置するのは個人単位であり、共同で立てたものは聞かれない。中国や台湾などと異なり、沖縄や鹿児島県奄美ではこれを拝むことはほとんどない。高さはおよそ一メートル以下が多い。石や板製だったが、最近はコンクリート製や大理石製の既製品購入が増加している。奄美にもあるが、以前よりは減少し、沖縄に比べて人々の関心も薄い。

石敢当　沖縄県波照間島

参考文献　小玉正任『民俗信仰日本の石敢當』(「考古民俗叢書」、二〇〇四)

(萩尾　俊章)

イジコ　イジコ　藁をやや浅い筒形に編み上げ、乳児をいれておく器。イズミ、エジコ、ツグラ、ツブラ、クルミ、フゴなどともいわれる。木製のものや竹製のものもある。大小いろいろ作って冬期には飯の保温用にも使った。イズミというのは飯詰の意味でイジコも同様の意味ともい

イジコ　石川県鳳至郡

われている。西は広島・島根・鳥取を西限とし東北地方一帯に広く分布していたが、第二次世界大戦後使用されなくなった地域が多く、東北・北陸・中部地方の一部で一九五〇年代ころまで使用されていた。子どもが誕生して三日目、七日目に祝いをして、その日からイジコに入れる地域もあった。この容器の底に籾殻・灰・藁・炭・海藻などをいれ、その上におむつをしない子どもをいれて尿や便が吸われるようにした。そして子どもの身体の回りに布団や布を置き、子どもを固定した。イジコを梁からつるしたり、子どもが泣くと揺り動かしたりした。農村では乳児をもつ母親も重要な労働力であるから、育児のために仕事を休むことはできなかった。そこでイジコの中に赤ん坊を入れて農作業に出かけた。子どもは生後一年ぐらいはこのイジコの中に昼間は入れられて、母親たちの帰りを待った。子どもが少し大きくなって、自力で這い出すようになると、紐で肩からしばられ出られないようにすることもあった。子守をする人手がある場合にはイジコが使用されないことなどもあり、「手間がわり」としての役割が注目された。

参考文献　柳田国男「つぐら児の心―一隅の生活―」(『定本柳田国男集』三一所収、一九七〇)、原ひろ子「日本における育児様式の研究―長野県K村の育児様式に就いて―」(『民族学研究』二四ノ三、一九六〇)、大藤ゆき『児やらい』(『民俗民芸双書』、一九六八)

(蓼沼　康子)

いしや　石屋　石材を採掘したり加工したりする職人。石工(いしく)ともいう。仕事の内容により、丁場と呼ばれる石切り場で、石材の採掘に従事する山石屋、土木建築の土台作りをする石屋、石垣作りをする石屋、石塔・石碑・鳥居・燈籠・墓石などを製作する細工(加工・仕上げ)石屋、石臼作りの石屋などに分かれる。これらの中には兼業として営んでいる職人も多い。また石材を販売する店も石屋という。優れた石屋は、良材を多量に産出する石材産地付近から輩出しており、たとえば、関東地方の石屋は一般に軟石扱いに優れている。これに対して、近畿地方の石屋は硬石扱いに優れている。山石屋の道具はセットウ、コヤスケ、鑿、ヤ、ゲンノウなどである。細工石屋の道具はセットウ、コヤスケ、鑿、ビシャン、タタキなどである。香川県木田郡庵治町(高松市)の細工石屋の一人前の仕事基準量は、石の一立方尺(三〇センチ角)を一才といい、鑿切り(荒削り)、ビシャン(小削り)、タタキ(仕上げ)を行なった。ここまでが男の仕事で最後のミガキ(研磨)は女の仕事とされた。一日で男は四才、女が一才を作れば一人前の仕事といわれた。神奈川県足柄下郡真鶴町の細工石屋の仕事始めは、昔は一月二日であったが、現在では一月五日である。この日は切り初めといって、鑿を用いて石材に七本・五本・三本の鑿跡を立てる。そして、祝の文字と盃や徳利の絵を彫る。鞴(ふいご)は元来、鍛冶屋・鋳物師などが使っていたが、石屋も使う。鞴祭は旧十一月八日、前日鞴をていねいに掃除しておき当日は鑿など道具一式とお神酒・赤飯・

ミカンなどを供え、この日は仕事を休んだ。山石屋は仲間で山の神をまつり、旧十一月八日には牡丹餅、お神酒などを供える。細工石屋は職祖神として聖徳太子をまつり、太子講を構成している。また、山石屋の禁忌として、汁かけ飯を食べない、サル(猿)という言葉を使わない、などの伝承がある。近年、機械化が進み、石材の切断・研磨・運搬などにも機械が導入されている。

参考文献　日本石材工業組合編『日本石材史』、一九五七、磯貝勇「石屋」(『日本民俗学大系』五所収、一九五九)、遠藤元男『近世職人の世界』(『日本職人史の研究』三、一九八五)　(西村　浩一)

いじん　異人　社会集団の成員とは異質なものとして、その外部の存在として内部の成員から認識された人物。折口信夫は、海の彼方にあると信じられている他界、常世から、定期的に来訪する霊的存在をまれびとと呼んだ。また岡正雄は、年に一度、季節を定めて他界から来訪する仮面仮装の神を異人と呼び、メラネシアと日本に共通する現象として指摘した。従来の民俗学では、秋田のナマハゲや沖縄八重山のアカマタ・クロマタといった、村落あるいは社会の外部から来訪し幸福をもたらすまれびとや、六部・山伏をはじめとする遍歴する宗教者などを対象とし、異人歓待や異人殺しの伝承を中心に、対象社会の個別事例にそって分析がすすめられてきた。これに対して、特定の時代や地域に限定されず、通文化的な分析を可能にする概念として、異人という言葉が使われ始めた。小松和彦は、異人を四つに類型化している。第一に、ある社会集団を訪れ、一時的に滞在し、所用が済めばすぐに立ち去っていく人々で、遍歴の宗教者や職人・商人・乞食、旅行者、巡礼者などがこれにあたる。第二に、ある社会集団の外部からきて定着するようになった人々で、難民、商売や布教のために定着した商人や宗教者、社会から追放された犯罪者、強制的に連行されてきた人々などである。第三に、ある社会集団が、その内部から特定の成員を差別・排除する形で生まれてくる人々で、前科者や障害者がその例である。第四に、空間的にはるか彼方に存在し、想像上で間接的にしか知らない人々で、外国人や異界に住むと信じられている霊的存在などである。このように、異人は、ある集団が特定の人物を異質の存在だと規定し始めたときに生ずる概念である。

参考文献　赤坂憲雄『異人論序説』(『ちくま学芸文庫』一九九二)、岡正雄『異人その他』(『岩波文庫』一九九四)、小松和彦『異人論―民俗社会の心性―』(『ちくま学芸文庫』一九九五)、同「異界・異人論の行方」(『神奈川大学評論』二三、一九九六)　(岩井　洋)

いせおんど　伊勢音頭　三重県伊勢地方から全国に伝播された歌。祝い唄・宴席唄・踊り唄などハレの歌として用いられる。伊勢地方の盆踊り唄が伊勢の川崎で川崎節としてもてはやされていたが、これに享保年間(一七一六―三六)、山田の奥山桃雲が作詞し、歌い始めたものが座興歌としての伊勢音頭となった。さらに伊藤又市が作詞し、鍛冶屋長右衛門が曲節を整え、歌いやすくしたものが広まったといわれている。代表的な歌詞には「伊勢は津でもつ、津は伊勢でもつ、尾張名古屋は、城でもつ」「伊勢へ七度、熊野へ三度、愛宕さんには、月参り」などがある。詞章は七七七五詞句型で、合の手には伊勢遷宮の建材を運ぶときの御木曳木遣りの囃しである「ヤートコセー、ヨーイヤナ」が入れられる。これが建築儀礼で前祝いの木遣り唄(節)として歌われるようになると、祭礼の練りや祝儀などめでたい席への入場などに用いられるようになった。一方、伊勢参詣人や伊勢路を往来する人々によって歌われた道中唄も伊勢音頭といわれ、抜け参りの道中で歌うものやお蔭踊りの唄、旅人を送り出す「明日はお立ちか、お名残り惜しや、六軒茶屋まで、送りましょ」

から送り唄といわれるものも含む。道中の口ずさみに歌われて歌詞は口説型の詞章が多い。

参考文献　倉田正邦他編『日本民謡全集』四、一九七五、小野寺節子「伊勢詣りと伊勢音頭」(旅の文化研究所編『落語にみる日本の旅文化』所収、一九九五)

(小野寺節子)

いせこう　伊勢講　伊勢神宮への信仰を中心に結ばれた講。特に参宮するために掛け銭をしたり田畑や山を共有し、その運用によって伊勢参りをする。伊勢神宮をシンメイサマ(神明様)と呼ぶところもあり、神明講ともいう。伊勢講ということばの初見は、一八〇六年(文化三)に刊行された橋本経亮の随筆『梅窓筆記』に「吉田鈴鹿家記」を引いて、一四三〇年(永享二)八月「来ル廿八日伊勢講、私所ニテ仕候」とあることから、伊勢講の存在はそのころ認められる。室町時代には、有力な檀那や一般民衆に参詣をすすめた伊勢の御師の活動が活発であった。御師は祈禱を専業とする大神宮の下級の神人で太夫とも呼ばれた。年々各地をめぐり歩き、祓えの札や箱を人家に配り初穂を求めた。全国に伊勢の信仰が普及し定着したのは、このような御師の活動があったからである。十六世紀初頭の『犬筑波集』に「結解おやする、伊勢かうの銭」とあり、伊勢講の決算をする講元の存在がうかがえる。このころ農山村に伊勢講が成立していたと思われる。しかし、有力な檀那を中心とした講が主で、実際、今日全国各地に残る伊勢講は、多く江戸時代になってから成立したものと思われる。江戸時代、村落の有志の者が伊勢講を組み、積み立てて代表者が伊勢参りをするようになった。村人が掛け金を集めて頼母子にして、毎年籤引きにより二、三人の代参を決めて参宮する。代参する人は、村境まで村人に送られ、伊勢神宮では定まった御師の宿に泊まり、内外両宮を参拝した。また、祈禱のお札と生姜板などの土産を購入してムラに帰った。また、ムラでは講の集まりがあり、正月・五月・九月の十五日から十六日にかけての日が多く、その日はヤド(宿)にあたった家で天照皇大神(てんしょうこうだいじん)の掛図を床の間に掛けて、会食を催す。朝日を拝む所もあり、日待講と称する。伊勢講の活動は伊勢参りに代表されるために、各地に伊勢に参詣するための伊勢街道と呼ばれる道が発達した。この江戸時代の村落に成立した伊勢講は、単純に伊勢信仰では割り切れない性格を持つ。娯楽的要素としての旅、講の財産としての共有の土地の存在、伊勢の太々神楽との結びつきを今日まで持つ点など、伊勢講の民間の信仰は根強く残っている。→伊勢信仰(いせしんこう)

参考文献　西垣晴次編『伊勢信仰』二(「民衆宗教史叢書」一三、一九八四)、萩原竜夫編『伊勢信仰』一(同一、一九八五)、神宮司庁編『伊勢まいり』、一九八五

(浦西　勉)

いせしんこう　伊勢信仰　三重県伊勢市に鎮座する伊勢神宮(内宮・外宮など)への信仰。伊勢神宮は律令体制下では、国家神として天皇の祭祀の対象であり、私幣をささげることは禁じられ(私幣の禁)、民衆の信仰とは無縁な存在であった。十世紀半ばの記録に「参宮人十万」(『太神宮諸雑事記』)とあるのを民衆の参宮のはじめとする説があるが、ここにみえる参宮人は神嘗祭の勅使に随行した人びとのことであり、また「十万」は人数の多いことを示すもので実数ではない。律令体制の解体により式年遷宮の費用をこれまで賦課の対象とならなかった土地にまで役夫工米の制により賦課したことで、神宮の権威が広く知られるようになった。特に東国を中心とする在地領主がその私領を御厨(みくりや)として神宮に寄進することが多くなった。寄進にあたり日本の国土はすべて神宮領であるという意識と公私の祈禱という私幣の禁をかいくぐるための口実が利用された。御厨の寄進にあたり在地領主と神宮の間を仲介したのが口入(くにゅう)神主で、

彼らは神宮の権禰宜と呼ばれる神官層からの出身であった。彼らは他の大社寺と同じく御師(神宮では「おんし」)として神宮と信者の間にたち、一八七一年(明治四)の御師制度廃止まで、民衆と神宮を結びつけるうえで大きな役割を果たした。彼らは五位の位をもつことから三日市太夫、竜太夫など太夫と名乗った。十五世紀に入ると御厨を中心に伊勢講(神明講)が御師により組織され、講を中心に参宮がなされ、伊勢信仰はさらに広い範囲の人びとに及んでいった。村落内の講は本百姓を中心とするもので、代参の費用も村入用のうちから支出されることが多かった。御師やその手代は毎年定期的に檀那場を廻り(檀廻)、御祓を配るほか、白粉・熨斗・扇・帯・伊勢暦などを土産として持参し、布施を手にした。一種の商業活動でもある。伊勢暦は江戸時代には農作業関係の記事が載せられ、農家の必需品ともなった。中世には重源・貞慶・叡尊・無住・他阿など僧侶の参宮がみられ、神宮周辺に多くの寺院が建立され、十七世紀半ばには四百八十四ヵ寺にも及んだ。また『大般若経』『仁王経』などの神前での転読もなされた。民衆が神宮に望んだのは農作の願いだけでなく、至福・長命・武運など多方面に及んだ。こうした民衆の生な願望は内宮・外宮に直接むけられるより別宮などを対象とした。中世に外宮の土宮が福を与える神、風宮が衣食を与える神とされたのは(外宮種子曼荼羅)、近世に内宮八十社、外宮四十社と総社された末社の活動に連なるものである。これら末社は明治になりすべて排除された。戦国時代に中絶していた遷宮は、熊野比丘尼の系譜に連なる慶光院の勧進により復活した。中世から近世にかけて伊勢の神が飛来したという飛神明・今伊勢が各地に成立し、伊勢の存在を人びとに印象づけた。一六一四年(慶長十九)には村送りに伝播した伊勢踊りが全国に及び、以後、元和・寛永・延宝・正徳と数次にわたり流行した。また壬戌と丁亥の年にほぼ六十年ごとに、中部・東海地方に豊作をもたらすものとして御鍬神(御鍬様)も流行した。これらは神宮からの働きかけであったが、民衆を直接、神宮にむかわせたのが数次にわたるお蔭参りであった。一八六九年(明治二)、天皇としてははじめて明治天皇が神宮に参拝し、一八七一年、神職の世襲制と御師制度が廃止され、神宮司庁という官衙が設置され、神宮は国家神道のうちに位置づけられた。この官制は一九四六年(昭和二十一)二月に廃止され、神宮は宗教法人神宮として発足した。

[参考文献] 井上頼寿『伊勢信仰と民俗』(『神宮教養叢書』、一九五五)、大西源一『参宮の今昔』(同、一九五六)、西垣晴次『ええじゃないか―民衆運動の系譜―』、一九七三、萩原竜夫『中世祭祀組織の研究』、一九七五、西垣晴次『神々と民衆運動』、一九七七、新城常三『(新稿)社寺参詣の社会経済史的研究』、一九八二、西垣晴次『お伊勢まいり』(『岩波新書』黄二五二、一九八三)、同編『伊勢信仰』二(『民衆宗教史叢書』一三、一九八四)、萩原竜夫編『伊勢信仰』一(同一、一九八五)、桜井勝之進『伊勢神宮の祖型と展開』、一九九一

(西垣　晴次)

イタコ　イタコ　青森県や岩手県北部地方に分布する盲目の巫女の呼称。ムラサキハシカ(麻疹)や焚火の煙による眼病が原因で、全盲もしくは半盲になったものが生活の手段のために親族のすすめで、記憶力のよい初潮前に師匠に弟子入りする。巫家の雰囲気になれるまで台所などの手伝いをし、依頼者のないときに『般若心経』や高天原の祝詞などの経文や祭文などを口誦で修得する。師匠から伝承される経文は、その日のうちに覚えて修得することが義務づけられ、数年後には、入巫儀礼を執行する。成巫式に先立ち一週間から三週間にわたり、日に七回の水垢離を取り、穀断ちをする籠りの修行を行う。その後神憑けと称する成巫式が師匠や先輩の助けを借りて行われる。翌日は白い花嫁衣装を着て地域の人

おしら宿での口寄せ巫儀　青森県東通村

人に披露をするが、これは神婚式ともいえるもので、この時に神の嫁となったのだから、実際の結婚式には花嫁衣装は着なくともよいとか、結婚式をしなくともよいなどというところもある。この後数年間師匠へのお礼奉公をして一人立ちのミアガリ(身上がり)となり、独立して各集落へ出向いて神降ろしや口寄せの商売を行う。巫女が商売をする地域の範囲は厳格に守られており、その範囲内でオシラアソバセ・春祈禱・村占い・口寄せなどの巫業を行う。オシラアソバセはオシラ神の祭文を唱えて、ムラの一年の吉凶を託宣するもので、それが終ると各家の神を降ろす。その際に一升のオサゴ(米)と祈禱料を払う。ムラの規模によっては二、三日にも渡ることがある。村占いでは台風などの天候や作物の作柄といった生業に関する託宣がでる。仏降ろしでは数人が組になって口寄せを依頼するが、その際の宿をタテモト(立元)という。イタコは桃の木の枝に白紙を付けて仏の依代とし、ここに死霊を呼んで口寄せをする。商売には筮竹(ぜいちく)による占いなどもあり、また蛇や猫などの祟りを祓ったり、民間療法として子供の虫切りなどの呪術も行う。

参考文献　文化庁文化財保護部編『巫女の習俗㈡―青森県―』(「民俗資料選集」一五、一九八六)、桜井徳太郎『日本シャマニズムの研究』(「桜井徳太郎著作集」五・六、一九八八)、同『日本列島・北への旅』(「民俗探訪」一、一九九二)、高松敬吉『巫女と他界観の民俗学的研究』、一九九三

(高松　敬吉)

いち　市　売り手と買い手が一定の時間に一定の場所に集まって売買を行う制度。市が行われる場所を市場という。市は、開かれる周期により、大市(年の市・盆市、寺社の祭礼市のように年に一度、縁日市のように月に一度など、長い周期で開かれる市)、定期市(三斎市のように十日に一度、六斎市のように五日に一度など、短い周期で開かれる市)、毎日市(毎日開かれる市)に分けられ、開催時間により、朝市や夜市に分けられる。また、取引される商品により、青物市・魚市・植木市・牛馬市・古着市などに分けられ、特殊な市としては、羽子板市・雛市・達磨市などがある。かつては奉公人を斡旋する奉公人市、男女が配偶者を求める嫁市などもあった。『魏志』倭人伝に「国国市有り、有無を交易し」(原漢文)とあり、三世紀に各地に市が存在した可能性がある。『日本書紀』などには、大化以前に、大和を中心に、軽(かる)の市・海石榴(つば)市・餌香(えが)の市・阿斗桑(あとくわ)の市などが存在したことを示しているが、これらの市の市日などはわかっていない。藤原京には東西二市が開かれ、続く平城京や平安京にも東西の市が設けられ、平安京の場合、月の前半は東市、後半は西市

で取引が行われた。地方でも、国府の近くなどに市があったことがわかっている。平安時代中期以降になると、農村部にも多くの定期市が見られるようになり、その周期も、干支にもとづくものから、旬の周期による三斎市・六斎市へ変わり、やがて町場には毎日市も出現した。市は、日常的な生産や生活の場とは異なり、多少とも非日常的な空間であった。北見俊夫によれば、古代の市の名に、ツバキや桑の木に由来するものが見られるのは、これらの木に神が降臨すると考えられていたためであるという。また、『日本書紀』や『続日本紀』には、雨乞いのため市を移したり、市を閉じたりした例が記されており、『日本紀略』などには、虹が立ったので市を開いたという記述があり、臨時的な降雨と市とが特別の関係を持つと認識されていたという。さらに、年末の暮の市や年頭の初市には、山人や鬼が出るとの伝承が各地に見られたが、これは、山住みの民が年に一度里へ下りて交易をしたことによっているという。これらは、市の非日常的性格を示すものであろう。網野善彦によれば、市、特に中世後期の市には、無縁・公界・楽の場として、アジール的な性格が見られたという。すなわち、市は、不入権を持ち、地子・諸役が免除され、自由通行権が保証され、平和が維持され、私的隷属や貸借関係からも解放されるような空間であったという。市は一般の空間とは異なる特別の空間であったことを示している。なお、市には守護神である市神がまつられ、神名は市杵島姫(いちきしまひめ)(厳島神社の祭神)やえびす神が多く、神体は自然石や木製の柱で、市場の一角に置かれているのが通例で、市の開設にあたり市神を勧請するのが習わしであった。

[参考文献]　中島義一『市場集落』、一九六四、北見俊夫『市と行商の民俗―交通・交易伝承の研究(二)―』(「民俗民芸双書」、一九七〇)、樋口節夫『定期市―その発生と歴史の謎を探る―』(「日本の歴史地理」九、一九七七)、石原潤『定期市の研究―機能と構造―』、一九七八、網野善彦『(増補)無縁・公界・楽―日本中世の自由と平和―』(「平凡社ライブラリー」、一九九六)

(石原　潤)

いちにんまえ　一人前　社会における一定の基準に達した構成員に対する評言。ヒトリマエとか、イッチョメエ(一丁前)という呼び方もある。村落社会においては、たとえば農業のうちでも特定の作業技術の習得と、体力、もしくは肉体の成長度が基本的な基準であった。男子のばあい、一俵の米俵をかつぐこと、一日に田を一反歩鋤くこと、縄を一日に何尋かなうことなどであるが、女子のばあいは、一日に木綿で布を一反織ること、といった基準がムラの慣習として定まっており、その基準に達したものは一人前の男ないし女として村人から評価された。こうした基準は、男子ではムラの共同労働とか、あるいはムラ内外における賃金労働の際の賃金の査定にとって必要であり、女子のばあいは、嫁探しの際の娘の評価基準ともなった。これら以外の基準としては、男子では数え歳の十五歳ごろが一つの目安であった。この年頃には成年式が行われ、若者組といった年齢集団へ加入する時期だったからである。数えの十五歳はムラの役員からは稼働年齢とみなされたし、江戸時代の百姓一揆の際に、十五から六十歳の男子の出動が要請されることが多かった事実は、一般村民のあいだでもそうした観念のあったことを示している。しかし、こうした一定年齢による成年式や一人前の基準は画一的なものであったから、村人の生活実態とはかならずしも合わず、したがって前述のような実質的な技術と体力の基準が常日頃は用いられたのである。そのことは漁業において、たとえば十五歳では半人前の賃金しかもらえないとか、十五歳で若者組に加入しても、二、三年間はコワカイシュウ(小若衆)として下働きに従事し、その間に先輩からさまざまなしつけを受け、十七、八歳になってはじめて一人前の若者になる、などの各地にみられた慣習がその間の事情をものがたっている。なお娘のばあい、一定年齢にもとづく一人前の観念は稀薄であった。かつての女性が社会的な労働に従事することが少なかったからであろう。女性のばあいは初潮が重要な目安であった。若者組へ加入後の若者は、初潮のあった娘のところへヨバイに行き、娘の方でもそれを受け入れる。そうした形で結婚前の男女が性の体験をすることもまた、性の面での一人前の条件であった。→成年式(せいねんしき)

参考文献　石崎宣雄「青森県の村落構成資料」(『津軽民俗』二、一九四九)、奈良広太郎「木造新田のカレゴ—西津軽郡川除村の場合—」(同三、一九五二)、瀬川清子『若者と娘をめぐる民俗』、一九七二、平山和彦「成年式と一人前」(『(合本)青年集団史研究序説』所収、一九六八)
(平山　和彦)

いっしざんりゅう　一子残留　家族集団の相続継承の方法として、子女の婚出・分家などを契機に一子のみを残す形式。一子残留形式による相続慣行としては、長男子相続・初生子相続・末子相続・選定相続などの形態がある。長男や初生子を跡継ぎとして残す嫡男相続は、主として東北日本に、続柄にこだわらない選定相続は、主に西南日本に分布してきた。一子残留形式の対概念としては、複数の子女を家族内にとどめる多子残留形式がある。この用法を家族の分析概念に導入したのは、日本の小家族制と大家族制のあり方に着目した牧野巽であった。その後、民俗学的資料をふまえた大間知篤三は、日本の家のあり方の地域的差異を明示する目的において、この対概念を家族類型に適用している。一子残留形式による単独相続形態をとる場合の家族構成は、通常二世代以上の直系家族の形態をとることになる。日本の家のあり方としては、この一子残留による家族形態が、多子残留形式に対比して、歴史的にも地域的にも一般的に存在してきたといえる。一方、多子残留形式による家族形態では、複数の子女が代々にわたり残留する結果として直系親族のみならず傍系親族も家族内に内包する拡大家族の形態をとることになり、日本の家族制度としては大家族とよばれてきた形態がこれに該当する。典型的事例としては飛騨白川村(岐阜県白川村)の大家族があげられるが、そこでは明治・大正期ころまでは、他家の家長・跡取に嫁ぐ女性およびその他少数の女性を例外として男女ともに生涯、その生家にとどまる家族慣行をとっていた。結果としてその家族構成は二十〜三十人からなる大家族を形成していた。先述の大間知の家族類型論の特質は、こうした大家族と対比的に日本にみられる一子残留形式による家族のもつ内部構造の理解と、その地域的差異を明らかにしようとした点にあるといえよう。

参考文献　牧野巽「家族の類型」(『社会学大系』一所収、一九四八)、大間知篤三「家族」(『日本民俗学体系』三所収、一九五八)
(山内　健治)

イヅナ　イヅナ　日本に棲息するイタチのなかの最小の動物であるコエゾイタチがイヅナと称されるものの正体であると考えられている。それは頭胴一九〜二〇センチ、尾二〜三センチ程度の大きさで、東北地方から北海道・クリール(千島)に分布、山中に棲息するという。しかしイヅナの伝承は、関東・中部地方から東北地方に分布し、それが人間に憑依して病気をもたらす、あるいはイヅナを飼うことによって財産がたまる、宗教的職能者がイヅナを使って吉凶を判断したり占いをする、飯綱(縄)大権現の使いなど、霊的な動物と考えられてきた。善悪両面を兼ね備えた霊的動物という観念が基本であるが、イヅナが増え過ぎ、その処置にこまって捨てたり川に流したために、財産を失ったり占いが当たらなくなるなど、イヅナを使うことは必ずしも好ましいものとは考えられてはおらず、むしろ忌避されるべきものと考えられてきた。こうした伝承に表われたイヅナは、コエゾイタチの実像とは懸け離れたイメージで描かれ、脚は木の枝のように互いちがいに胴からずれて出ており指は五本揃っているとか、人間の小指ほどの大きさで、口は鳥の喙（くちばし）のように長く、陽に当たると死んでしまうなど、架空の動物、妖怪の一種として観念されてきた。イヅナに関する伝承は狭義の憑物信仰の一種であり、家筋との関連が認められるとはいえ、宗教的職能者を中核としているところに特色がある。

参考文献 石塚尊俊『日本の憑きもの―俗信は今も生きている―』、一九五九、宮本袈裟雄『里修験の研究』、一九八四

（宮本袈裟雄）

いど 井戸 飲用水などを貯める施設。一般には地下水を得るために地中に掘った穴をいうが、古くは河川や泉のほとりに水を貯め、ここを井と呼んだ。井戸の語源として水の集まる処という意味の井処からきたという説がある。地下水を利用する井戸の形態には、地面を垂直に掘った竪井戸と崖面などに横穴を掘った横井戸があり、竪井戸はさらに技法上から、人が坑内に入って掘った掘井戸と、地上から棒などで穴を掘った

まいまいず井戸　東京都羽村市五の神

共同井戸　千葉県館山市

車井戸　京都市北区紫野大徳寺町

掘抜井戸とに分けることができる。前者は比較的浅い層の地下水を利用するもので、普通、直径一・五メートル内外、深さ一〇メートル以内のものが多い。取水には跳ね木や滑車などに釣瓶をつけて用いる。一方、後者は深層の地下水を利用するもので、細い鉄管などを地中に差し込んでつくる。この形式は被圧地下水を利用した自噴井戸に多く見られる。日本の掘井戸は弥生時代に存在が確認され、その後、都城の発展に伴って大きく発達した。奈良時代には井壁や地表部の保護のために、刳物や曲物を用いたり割板を組んで井筒や井桁にしたが、平安時代の後期になると自然石や加工した板石などを用いるようになった。本格的な釣瓶(つるべ)は奈良市平城京跡の井戸から発見されており、玉石を井戸の底に敷いて澄んだ水を得る工夫もみられた。地下水は一般に深くなるほど水量も安定し、水質も向上する。掘抜井戸は掘井戸に比較すると、掘削技術の点で多くの困難性があるために普及が遅れたが、江戸時代になると自噴地帯の水田の灌漑などに用いられるようになり、その後、技術の進歩とともに衛生上の利点から、河川の流域や大都市の周辺などを中心に広く普及した。井戸は生活に不可欠な飲用水の源として常に信仰の対象であった。古くは道教の影響などもあって井戸水が霊水視され、古代の井戸からは斎串や土馬などの祭祀具や土器が、中世の井戸からは陰陽道の呪札などが発見されている。民俗行事の中で井戸神を拝する習俗は多いが、井戸には井戸神と水神の二つの神格がみられる。記紀では井戸神を「御井の神」または「木の俣の神」、水神を「罔象女(みつはのめ)」として別個の神格を与え、井戸神には井戸という場所の守護霊の性格のあることを暗示する。井戸を他界との通路とする意識も強くみられる。臨終に際して行う魂呼びが、井戸の中に向かって行われる例は多い。盆前の井戸浚いも死霊の道を整備する意味があったと思われ、廃棄する井戸に息継ぎ竹を刺すということなどもその好例と考えられる。井戸に関する伝説も多く、その代表的なものに「弘法井戸」の伝説がある。これは弘法大師が水を与える話であり、乳母が誤って子供を死なせるという「姥が井」の伝説とともに、聖や巫女などの民間宗教者が水辺で祭祀を行なったことを暗示している。また、井戸は人の集まる場所であり、古代には井戸を中心に市が立っていた。地下水位の高い武蔵野台地には、まいまいず井戸もみられる。

参考文献　山本博『井戸の研究―考古学から見た―』、一九七〇、大島暁雄『上総掘りの民俗―民俗技術論の課題―』、一九八六

（大島　暁雄）

イナウ　イナウ　アイヌ語で削り掛け・削り花・花・御幣・木幣などの総称。用途は人の希望や依頼を最も適切な神や死者の許に届けて仲介の労をとるほか、万物（動植物・置物・供物など）の霊魂をあの世に送る役割、神々への土産（宝物・財産）ともなり、その数量は人がその神を尊敬するあかしともなる。木幣の材質はあまり嫌うことはなく、通常は、その地域で多く生育する樹種の中から節や枝が少なくまっすぐな部位を選んで伐り出される。柳が最も多く、ミズキがそれに次ぐ。ほかにナナカマド、シラカバ、松、シナ、アブラボウ、キワダなどがあり、動物の種類によっては、ハン、クルミを用い、病気除け・魔除けには刺のある木（タラ、セン、キイチゴ、タチイチゴ）、臭気のある木（エンジュ、ニワトコ）などと使いわける。木幣の種類はきわめて多く、目的に応じて作り方を変え、組合せや数量を異にする。木幣はそれを削る刃物の入手以来、今日伝承する形態に整えられてきたが、中に原形を想像させるものがある。枝葉つきの枝を切って供えたり、ササやヨモギの小束を手で握り、あるいは紐で結束して使う。削り掛けを見ても外皮をわずかにそぎ起す程度のものや、短い削り掛けを数枚という簡素な作りものが、木幣の種類の多くを占める。木幣は作られることで生命を得、人間の言葉に

従って使命を達することで終息する。木幣はその際、みずからの魂を目的地に向かって浮遊させるが、人はその形態を鳥として見ることになり、削り掛けは羽や翼なのである。

参考文献　高倉新一郎「イナウ」(アイヌ文化保存対策協議会編『アイヌ民族誌』所収、一九七〇)

（藤村　久和）

いなさく　稲作　禾穀類の一種である稲を栽培すること。米作と同義。一般に水田を利用した稲作をさすが、かつては焼畑や常畑での陸稲栽培も行われた。さらに水田を利用した稲の栽培法には、田植えによる方法と籾種を直接、本田に蒔く直播き法とがある。日本は稲作が卓越する国としては世界的にみてもっとも高緯度に位置する。しかも北は北海道の冷温帯から南は八重山諸島の亜熱帯まで、さらに高度差も〇メートル前後の低平地から標高一〇〇〇メートルを越す山間地に至るまで、実に多様な環境のもとに稲作が普及した。それが多様で精緻な稲作技術と多くの品種を生み出す原動力となった。またその過程で、赤米のように淘汰されていった品種も多い。そのため稲には、色・味・粘り気などさまざまな差がある。稲を分類する場合、特に粘り気は重要な要素で、大きくモチ種とウルチ種に分けられる。多くの民俗儀礼においてモチが重要な意味を持っている。またアジアの栽培稲は大きくインディカ種とジャポニカ種に分けられる。一般にジャポニカ種は、草丈が低く籾粒が丸いのに対して、インディカ種は丈は高く、粒は細長いものが多いとされる。主に日本に栽培される稲はジャポニカである。ただし歴史上では中世にトーボシ(大唐米)と呼ばれるインディカ種の赤米も伝来し、主に環境条件の悪い低湿地や寒冷地で一時的にではあるが栽培された。稲作の起源と伝播の問題について柳田国男はかつて中国江南の地から琉球列島沿いに北上する形で稲作の伝播を考えた。いわゆる「海上の道」であるが、その後この説は否定された。しかし現在は照葉樹林文化帯の中にはぐくまれながら長江の中・下流域でジャポニカ種が起源し、それが東シナ海を直接または朝鮮半島経由で九州北部に伝わったとする説が有力となり、そうした説とともに分子生物学的な成果もふまえて「海上の道」が稲作伝播経路の一つとして再評価されるに至っている。日本の場合、歴史的にみて稲作は高度な単一化を志向した。その原動力は、為政者による強制、気候風土の適合、米の美味しさ、米の霊的な力などいくつも説が提出されているが、それぞれに反論反証が存在し、一つの要因からでは説明できない。また実際の耕作者たる農民による積極的な稲に対する志向があったことは無視できず、その最大の要因は漁撈(水田漁撈や水田養魚)や畑作(水田二毛作や畦畔栽培)といった他生業を稲作の中に取り込むことができた水田の潜在力にあったと考えられる。近代以前においては稲作は高度な特化を志向し経済的に大きな力を持つに至ったが、同様に民俗文化における稲作の占める位置は大きなものがあり、稲作文化が日本民俗文化の基盤であると考えられるほど多くの稲作習俗が生み出されている。現在は、十五夜などにみられる畑作文化要素に対する関心も高まり、一時期の過度な稲作単一文化論は修正されつつある。しかし単一の生業で文化類型を形成しえたのもまた日本稲作の持つ大きな特色であり、畑作や漁撈は単独では文化類型とはなりえず、そうした点を無視して稲作文化論を批判し、「稲作文化」対「畑作文化」という対立図式で比較することはできない。

参考文献　盛永俊太郎他『稲の日本史』(「筑摩叢書」一三三・一三四、一九六九)、渡部忠世『稲の道』(「NHKブックス」三〇四、一九七七)、坪井洋文『稲を選んだ日本人―民俗的思考の世界―』(「ニュー・フォークロア双書」九、一九八二)、佐藤洋一郎『DNAが語る稲作文明―起源と展開―』(「NHKブックス」七七三、一九九六)、安室知『水田をめぐる民俗学的研究―日本稲作の展開と構造―』、一九九八　（安室　知）

いなさくぎれい　**稲作儀礼**　水稲の栽培過程の区切りごとに行われる諸儀礼の総称。現行の稲作儀礼は、予祝儀礼・播種儀礼・田植儀礼・成育儀礼・収穫儀礼の五つの儀礼群から構成されている。それぞれの儀礼群は各稲作作業と不可分の関係にあるとともに、作業にはさまざまな禁忌が伝承され、稲作は単なる生産活動ではなく、一種の祭式としての性格を備えているといえる。また、稲作や米は日本の国家としての統合とかかわり、政治・経済の中心的役割を担うことで農耕文化の中軸となり、稲作過程やそこにある心意が年中行事や民俗信仰の基盤となった。稲作儀礼のなかには儀礼の実修が定期化して年中行事になっているものが多く、また、儀礼に見られる神観念は稲霊（いなだま）や田の神を中心にしながら祖霊信仰とも深く関連し、民俗信仰の大きな要素になっている。予祝儀礼は、実際の稲作に先立って豊作を祈念する儀礼で、年初から小正月の十五日前後に集中している。稲作作業を模擬的に行う田打正月・鍬入れ・庭田植・田遊び、稲の結実の姿を示して豊作を祈願する稲の花・餅花、害鳥獣駆除への類感呪術である鳥追い・モグラ打ち、さらに豊凶の占いである粥占・豆占・鳥占いなどがある。播種儀礼は苗代への播種や摘み田などの直播き稲作の播種のときの儀礼で、水口祭・ミトマツリ・種子播き祝いなどといって、苗代田へ草木や季節の花、小正月の削り掛けなどを立て、焼米や洗米を供えて田の神を迎える儀礼である。この後の田植儀礼でも、田植え開始時にサオリ、サビラキ、サイケ、サンバイオロシなどの初田植の儀礼があって、草木や季節の花を田に立てたり、苗を家の神にあげて再び田の神を迎える。そして、田植えが終るとサナブリ、サノボリ、シロミテ、泥休み、馬鍬洗い、野上りなどといって田植えの終了を祝い、田の神を送る儀礼がある。成育儀礼は稲の無事な成育を願う呪術的儀礼で、害虫に対する虫送り、旱魃時の雨乞い、台風に対する風祭が広く行われ、長雨に対しての日乞いとか青祈禱を行うところもある。虫送りや風祭は、害虫や風の発生を悪霊の仕業と考え、この悪霊を村境などに送る鎮送呪術や対抗呪術の形式をもっている。収穫儀礼は稲刈りから脱穀・調製にかけての儀礼で、稲刈り開始時には穂掛け、終了時には刈上げ、脱穀・調製後には稲上げ・庭上りの儀礼がある。収穫儀礼の特色はこれらが秋の年中行事や祭礼に分化していることで、穂掛けは八朔、秋の社日、十五夜に行うところが多く、刈上げは九月の三九日（みくにち）、十月の十日夜、亥の子、十一月丑の日のお丑様、アエノコトなどがあり、お丑様や奥能登のアエノコトは田の神の去来を演技的に示す儀礼になっている。稲の収穫は最大の関心事であり、しかも早稲から晩稲まで長期間にわたるため、さまざまな秋の年中行事や祭が収穫儀礼と結びついているのである。

[参考文献]　倉田一郎『農と民俗学』(「民俗民芸双書」、一九六九)、伊藤幹治『稲作儀礼の研究―日琉同祖論の再検討―』、一九七四、野本寛一『稲作民俗文化論』、一九九三、森田悌・金田久璋『田の神まつりの歴史と民俗』、一九九六　（小川　直之）

いなだま　**稲魂**　稲に宿る霊魂。東南アジアの稲作民のあいだに稲魂信仰がひろくみられるが、日本の農村にもその痕跡がわずかに認められる。稲を穂のまま一定の期間貯蔵する稲積みがニホとかニフ、ニュウと呼ばれていたが、これは稲が生まれる場所であったらしい。山陰地方では、牛が子どもを生む時期が近づくことを「ニュウに入る」とか「ニュウに付く」と呼んでいた。沖縄の八重山の島々では、稲積みはシラと呼ばれ、シラは人間の産屋生活をも意味していた。稲積みも産屋も同じ思想に根ざしたもので、産屋が人間の誕生の場所であったように、稲積みもまた稲魂がみごもる場所であったらしい。こうした稲魂の痕跡は、田の神と呼ばれる小さな神々のなかにもかすかに認められる。石川県能登半島の一部で、アエノコトと呼ばれる田の神の送迎祭が行われる。鳳珠郡能登町不動寺では、田の神が十二月五日と翌年の二月九日に田と家のあいだを去来するといわれ、十二月五日に家の主人が田の神を家に迎え、風呂に入ってもらってから、種子俵二俵と二膳の御馳走を供えた床の間に案内する。この田の神は擬人化され、男女二体と信じられているが、種子俵は稲魂の依代と考えられていたらしい。なお稲魂の観念は、日本にもかなり古くからあったらしく、『延喜式』(九二七)の大殿祭の祝詞によると、ウカノミタマ(宇賀能美多麻)に稲霊という注記がある。　→アエノコト　→田の神

参考文献　柳田国男「海上の道」(『柳田国男全集』一所収、一九八九)、伊藤幹治『稲作儀礼の研究—日琉同祖論の再検討—』、一九七四、同「田の神」(松前健編『講座日本の古代信仰』二所収、一九七九)　(伊藤　幹治)

いなりしんこう　稲荷信仰　おもに京都市の伏見稲荷大社に寄せられる信仰。ほかに茨城県の笠間稲荷神社や東京都の王子稲荷神社、佐賀県の祐徳稲荷神社など、鎮座地周辺に信仰圏を持つ有名な社も存在する。愛知県の豊川稲荷や岡山県の最上稲荷は、仏教的稲荷神である荼吉尼天像を神体とする。『山城国風土記』逸文には、稲荷神は七一一年(和銅四)二月七日初午に稲荷山三ヶ峰に鎮座したとある。稲荷神は稲を象徴する穀霊神・農耕神であり、もとは「稲成り」の意味であったが、のちに稲を荷なう神像の姿から「稲荷」の字があてられるようになったとされる。古代社会においては、渡来人であった秦氏の氏神的稲荷信仰をもとに、秦氏の勢力拡大に伴って伏見稲荷の信仰圏も拡大されていった。平安時代には、伏見稲荷は教王護国寺(東寺)の鎮守となり、真言密教の教理や弘法大師信仰と融合した稲荷信仰を民間に流布していった。熊野御幸から還御のおりには、「護法送り」が行われた後で伏見稲荷社へ参詣し奉幣したと伝えられ、熊野詣の先達を務めた修験者が、稲荷信仰と熊野信仰の融合に関与していた一面がうかがえる。商工業が発達するにつれて、稲荷神の神観念が穀霊神から生業守護神・医薬の神・福神などへ変貌し、分霊がさまざまな祈願目的によって全国各地へ勧請された。十七世紀中期に愛染寺(稲荷本願所)の初代住持であった天阿上人は、荼吉尼天・弁財天・聖天(歓喜天)を三天和合尊と称し、仏教的稲荷信仰を民衆に教化した。彼の宗教活動は、愛染寺に出入りした勧進聖や御師たちに受け継がれていったと考えられる。都市部では流行神化する稲荷も出現し、小祠から神社へと祭祀形態を変遷させる場合もあった。小祠に祭祀される屋敷神稲荷から、「日本三大稲荷」と自称する有名な稲荷神社まで、数えきれないほど膨大な稲荷社が鎮座している。これらの稲荷社を祭祀形態をもとに分類すると神道的稲荷・仏教的稲荷・民俗的稲荷の三つに分けることができる。仏教的稲荷神である荼吉尼天像は、手に剣や宝珠(玉)・鎌・鍵を持ったり、あるいは稲穂を担いで白狐に跨がった女性像の形態がほとんどであり、なかには手に鎌を持ち稲穂を担いで白狐に乗った翁像の形態をとるものもある。その姿から農神・福神・戦勝神などとして、民間の信仰を集めるに至った。文献や木札・神体・勧請証書によれば、近世後期には伏見稲荷の社家側はいうに及ばず、伏見稲荷の本願所であった愛染寺(教王護国寺末)も稲荷の分霊を授与した。明治初めの神仏分離で愛染寺は廃寺となり、社家側の勢力が増強されて国家神道一色に変化していった。伏見稲荷大社の主な宗教行事は一月五日の大山祭、一月十二日の奉射祭、二月の初午、十一月八日の火焚祭などがある。

大山祭では、御膳谷の斎場に清酒と中汲酒（なかぐみ）を注いだ斎土器（いみかわらけ）（耳土器）が七十枚御饌石の上に供えられる。斎土器は五穀豊穣や良質の酒造祈願に御利益があるという。奉射祭は、神官が「蛇縄」と呼ぶ大注連縄の下に吊された的を弓で射て邪気を払い、吉凶や五穀の豊作を占う行事である。各地の民俗的稲荷神は山の神・野神・田の神・水神・海神・竜神・祖霊神・御霊神・農耕神・福神・蚕神などの宗教的要因を表出して、人々の諸願を成就する神となって信仰を集めている。歌舞伎・人形浄瑠璃の『芦屋道満大内鑑』や能楽『殺生石』などの詞章と演出方法の研究面から、茶吉尼天信仰と太陽神信仰とを融合して民衆を教化した、陰陽師の宗教活動が存在したことが明らかになりつつある。

参考文献　近藤喜博『稲荷信仰』(「塙新書」五二、一九七八)、直江広治編『稲荷信仰』(「民衆宗教史叢書」三、一九八三)、五来重編『稲荷信仰の研究』、一九八五、松前健編『稲荷明神―正一位の実像―』、一九八八、宮田登『山と里の信仰史』(「日本歴史民俗叢書」、一九九三)、大森恵子『稲荷信仰と宗教民俗』、一九九四、同「狐変化型芸能にみられる宗教者の教化活動―能楽・歌舞伎・人形浄瑠璃のなかの陰陽師を中心にして―」(『宗教民俗研究』七、一九九七)、榎本直樹『正一位稲荷大明神』、一九九七
（大森　恵子）

いぬ　犬　人類史上、もっとも古くから人に密着して生きてきた動物で、一般に最古の家畜と理解される。日本でも、猟犬・番犬などの機能をもって飼育されてきたのは縄文時代以来のことで、その埋葬例も知られる。縄文人とともにあった犬は、すでに日本列島外で家畜化された動物で、以後弥生文化を形成させた渡来人をはじめとして列島外からの文化移入が犬を伴った。日本在来犬の品種は日本人の出自を考える上でも示唆するところが大きい。縄文犬は、ユーラシア大陸南部の古い形質の犬に近縁とみられるが、弥生時代には朝鮮半島や中国での飼育犬の流入が大きく、以後鎌倉時代あたりに北方系の犬種が入ってもいて、十九世紀以後の西洋犬の大量移入以前の日本犬も、すでに多くの交雑を受けていたと思われる。同様に犬をめぐる民俗にも列島外で形成された要素が多い。犬についての物語の多くが仏教経典などに通じることは古く南方熊楠が説いている。犬を食用にすることも、少なくとも弥生文化以降にひろくみられ、鷹の餌に利用されることもあって、これがやや後ろめたいものになっていったのは、十七世紀後半ころからであろう。猟犬・番犬としての犬飼育のほかに愛玩犬の飼育例も『枕草子』などにみえ、翁丸とよばれて童名と通じる命名法を思わせるが、繁殖力の旺盛な犬全体のなかで飼い犬は少数者で、多くの犬が人家近くで餌をあさって野生化し野犬として生きていた。飼育犬の多くも野犬との区別はあいまいであった。特定の飼い主をもたず、町内の犬といったかたちで飼育された半野生の犬が江戸時代にも犬の多数者であり、この傾向は、二十世紀の中ごろまであった。この場合、命名される犬も多かったが、それはクロ、ブチ、トラなど毛色によることが多かったようである。人の食料残滓や汚物の清掃役となり、その豊富な都市で特に繁殖したが、墓地で餌を食い荒らした残りを人家に持ち込むことなどもあった。身近な動物としての犬には、穢れと卑賤のイメージが与えられ、犬を冠したことばには蔑視感覚を含むものが多い。反面、犬のすぐれた嗅覚は、人にわかりにくいことをすみやかに知る能力を思わせ、飼い主への忠実さと相まって、呪咀の能力を期待させた。日本狼とは別種の動物だが、人の観念では、野犬との区別が不明瞭で、狼への神聖視が犬に及ぼされる面もあった。番犬としての能力の延長に、ひろく魔界のものを撃退する力を期待されて、小児の額に犬という文字を書く民俗が古くからみられ、また多産の場面が目につきやすかったところから安産を助ける動物と意識された。妊娠と

出産に犬の力を期待したことは、戌の日に腹帯をし、犬張子を産所に置く民俗、またイヌソトバなどの犬供養が女性の行事となるなどの例に残されている。身近な卑賤さと、思いもよらぬ能力の持ち主という矛盾した認識から、犬には人間界と異界とを往来するものというイメージが付与された。麦栽培は犬が異界からもたらした種子に始まると伝える地もある。西洋種の犬は十七世紀以前にも混入していたが、明治以後の流入は大きく、飼育品種の流行もめまぐるしく変化した。一九七〇年代以後は、犬の飼い方の変化も大きく犬飼育関連産業を多く生むことにもなった。ペットとしての愛玩の歴史は意外に浅いが、そこではひとの優位を前提に玩具として犬を加工する風潮が成長していったのに対して、盲導犬をはじめとする介護犬への依存や犬との接触による療法など、コンパニオンアニマルへの転換という主張も実体化してきている。反面、つながれた犬は、もはや異界との往来の自由を失っていくようでもある。

[参考文献] 南方熊楠「犬に関する伝説」(『南方熊楠全集』一所収、一九七二)、菊池健策「犬供養の研究(一)」(『民俗学評論』一七、一九七九)、岡田章雄『犬と猫』(「日本の生活文化史」一、一九八〇)、田名部雄『犬から探る古代日本人の謎』、一九八五、塚本学『生類をめぐる政治―元禄のフォークロア―』(「平凡社ライブラリー」、一九九三)、西本豊弘「イヌと日本人」(藤本強編『考古学は愉しい』所収、一九九四)、土浦市立博物館編『犬ものがたり―人と犬の文化史―』(特別展図録、一九九四)

(塚本　学)

いのこ　亥子　旧暦十月のおもに初亥の日に行われる年中行事の一つ。西日本の農村によくみられるもので、収穫儀礼と結びついた伝承が多い。鳥取県と兵庫県北西部の一部では、この日田の神が家に帰るといって、新穀で餅を搗き御馳走をする。戻り亥子という。旧暦二月の初亥には、年神が田の神となって家から田に出ると称して、稲籾俵を立て、これに御馳走を供える。出亥子という。このような稲作の行事が行われる一方では、農神が、この十月初亥の日に畑に帰るといい、大根畑など畑に入ることを忌む。「入ると大根の割れる音を聞き、死ぬ」というような伝承が、出雲地方山間部など各地に分布する。この日の夜、子供たちが組をつくり、藁を束ねた藁鉄砲を一人一人が持ってこれで地面をたたきながら各家を廻り、亥子餅などを貰う。イノコヅキ(亥子搗き)とも称して、瀬戸内海沿岸部などでは、ゴウリン石などという石につけた数本の縄を子供たち全員で持ち、地搗きをしながら廻る。広島県三原市では、サツマイモを置いて亥子搗きをする。このとき「亥の子さんの晩に祝わぬ者は、鬼産め蛇産め、角(つの)のはえた子産め」とか「この家は金持ちになれ」などと唱える。この日は餅を搗いたり、小豆飯を作る。また、炬燵を出すところもある。この一年の農耕も終り、冬に入る節目として行う行事という性格を基本としながらも、翌日、大根または二股大根を、えびす大黒棚など、家の神棚に供えるところもあり、大根など畑作物の収穫儀礼の意味もこめられているとみられる。山陰地方の一部では「亥の子の神はエビスさんの横にいて五月に田の神となり外に出て七月に田に入り、八月に畑に、十月に大根畑に行く」という。稲作を主とする地域では田の神の去来伝承となり、畑作の占める割合の大きいところでは畑作儀礼の性格を強くする。この亥子の行事と対応するものとして東日本を主とする十日夜(とおかんや)の行事があるが、両者の接点は関東地方であり、埼玉県川越市・千葉県君津市などでは、十日夜と亥子が交錯し、十日夜を田亥子と称して稲作の儀礼を、九日の夜をココノカンヤとも陸(おか)亥子ともいって畑作の儀礼を行う。亥子を西南九州では亥の日ともいうが、この十月亥の日の伝承は、中国の俗信によるもので、中国では、この日に大豆・小豆・ゴマなど七種の作物を入れた餅を食べると無病であるという。一方、猪が多産であることは知られているが、亥子の日に子宝祈願や子供の成長を祈るところがあるのも、このことによるものであろう。日本の亥子の行事は、自然の運行をもとにした農事暦のうえに、中国からの暦の知識と俗信とが結びつき、展開されたものと考えられる。

参考文献　文化庁編『日本民俗地図』一解説書、一九六九、野本寛一「畑作の年中行事」（『日本民俗研究大系』三所収、一九八三）

（白石　昭臣）

いのしし　猪　哺乳綱偶蹄目イノシシ科の動物。暖地を好み、北海道全土と東北・北陸の一部を除いた山林にニホンイノシシ、薩南諸島には小形のリュウキュウイノシシが棲息する。食肉獣の称であるシシと通称され、肉は美味でぼたん・山くじらともよばれている。猟師の観察によるとニホンイノシシの生態は単独生活を基本としているが、交尾期には雌雄が数頭で行動し、出産後母親は交尾期まで当歳子と行動をともにする。夏期は風通しのよい嶺背に牙で刈り集めたカヤや小柴を積み重ねて巣を営み、日中は親子ともにもぐってすごす。この巣をアマスまたはカルモといい、雨除け、アブ・蚊除けのためにもぐるとされている。冬期は岩下や小灌木の茂みの中を寝場として若干の枯草や枯葉を敷いて眠る。ノタ（ヌタ、湿地・泥地）をうつ習性があり、泥を浴びて付近の松・ツガなど脂（やに）の多い木の幹に泥まみれの体を擦りつける。寒中に発情し、雌一頭に雄数頭が群れる。五、六月ころに平均五、六頭の仔を産むが、成獣まで育つのは半数ほどである。生まれて半年間ほどは背毛が瓜のように縞模様を呈するところから当歳子をウリンボとよびならわす。夜行性の動物で夜間に行動して餌をとる。農作物はじめ草木の実、葛根、沢ガニ、ミミズを好む。豊熟期になると田畑に出没して米・アワはじめサツマイモなどを荒らし廻る。そのため山間地では耕地への侵入に備えてシシ垣またはワチと称して石垣・土塁または柵を巡らして周りを囲う。焼畑では毎夜畑小屋にたてこもって不寝番をするのがならわしだった。その他、人の髪の毛やぼろ裂（きれ）を燻して異臭を放ったり、獣威し（ししおど）を仕掛けて音を発したりして獣防ぎ（ししよせ）をしたが、期待するほどの効果はあがらなかった。関東から東海地方にかけて三峯神社（埼玉県）や山住神社（静岡県）など山岳宗教系の神社の眷属とされている山犬（狼）の絵札を田畑に立ててシシ除けの呪符とすることも行われた。山地の農業経営は獣の食害との闘いといわれ、山地民は獣害除けに多くの労力を費やしてきた。近世には村で猟師を雇って害獣退治をしてもらったり、総狩りと称して村中総出で獣狩りを行なったりした。今日猪の棲息地域では代表的な狩猟対象獣とされており、狩猟期以外にも害獣駆除許可を出す地方が多いので、年間数十万頭が捕獲されている。三河・遠江・南信濃の国境地帯の各地ではシシ追い・シカ打ちなどと称して新春に模擬的な捕獲儀礼を行なっている。常緑樹の枝葉を用いて作った猪または鹿の模擬獣に弓矢を射かけてたおすというもので、これが種子取りの神事と結びつけて行われているところから、狩猟儀礼と農耕儀礼とが複合された民俗文化とみなされる。大隅半島には柴祭と称する同様の行事が狩猟始めの儀礼として行われている。宮崎県西都市銀鏡（しろみ）神社の例大祭には猪の頭が奉納され、神楽に続いて模擬的狩猟「シシトギリ」が演じられる。猪は畑作農耕にとっては厄介視される一方、冬場のタンパク源たる貴重な獲物として人間の生活と多様なかかわりを有している。

参考文献　石川純一郎「山岳斜面集落の農耕文化複合―参信遠地方のシシマツリを中心に―」（『国学院雑誌』八三ノ一一、一九八二）、同「狩猟の技術と儀礼」（『天竜川流域の暮らしと文化』下所収、一九八九）、小野重朗『（増補）農耕儀礼の研究』（「南日本の民俗文化」九、一九九六）

（石川純一郎）

いはい　位牌　死者の戒名や没年月日を記した木製の縦長板状の牌。基台がついており仏壇に安置され、死者供養の標識とされる。位牌には、葬儀の際に棺の側におかれ、野辺送りの葬列で相続者が持って墓地へ運ぶ白木の位牌と、それと同じものを家の祭壇に四十九日間安置しておくもの、一方、四十九日や一周忌、三年忌のころにあらためて作る漆塗りの位牌、寺に納めて寺で供養を受ける位牌など、さまざまなものがある。墓におく位牌を野位牌、家の祭壇におく位牌を内位牌などと呼んでいる。漆塗りの位牌は本位牌とも呼ばれるがその形状はさまざまあり、上部に雲形や月などの彫刻が施されたものには古いものが多い。また、繰出し位牌といって死者の戒名や没年月日などを書いた板片状のものを何枚も、屋根のついた箱型の位牌の中に入れるものもある。宗旨による差異もみられ、浄土真宗の門徒の間では位牌を作らないところも多い。位牌は中世に禅宗とともに入ってきたもので、義堂周信の『空華日用工夫略集（くうげにちようくふうりゃくしゅう）』一三七一年(応安四)十二月三十日条にも、位牌は宋から伝えられたもので、昔は日本にはなかったとの記述がある。十四世紀の『園太暦』や『鹿苑院殿薨葬記（ろくおんいんどのこうそうき）』(一四〇八)には足利尊氏や足利義満の位牌の記事がみえ、武士の間では室町時代から作られるようになっていたことがわかる。庶民の家の位牌が作られるようになるのは江戸時代に入ってからで、早いもので元禄から享保のころ、多くはもっと遅く文化・文政期以降である。家ごとの位牌と石塔とを比較すると概して石塔の方が先行して建てられている傾向があり、一般の家の位牌の歴史はそれほど古いものではない。位牌を日本在来の依代の一種と考え仏教の卒塔婆の影響を受けて作られたものとする説もあるが、その根拠は必ずしも明確でない。位牌は死者個人を偲び供養する装置で、ふだんは家の仏壇に安置され家族の礼拝を受け、盆には盆棚などに移し出され、供物をあげてまつられるのが一般

紙位牌　山梨県武川村(北杜市)（提供関沢まゆみ）

繰出し位牌(左)と位牌(右)　栃木県大田原市（提供関沢まゆみ）

的である。しかし、位牌の扱いはさまざまで、三十三年忌の弔い上げを過ぎると焼却したり墓地に埋めたり寺へ納めたりする例も多く、それは死者が個性を喪失して先祖の霊に融合するという考え方を表わすものと解釈されている。しかし、その一方では家の仏壇に納められている古い位牌の中には墓地の石塔と同様に夫婦連名で一基という形のものもあり、その家の先祖代々の象徴とされているような例もある。また、親が死亡した際に子供の人数分だけ位牌を作って分け、それぞれの子供が家で親の供養をするという位牌分けも中部日本から北関東一帯にかけてみられる。これは位牌を親の形見のようにみなしている例とも考えられる。位牌をめぐる民俗が多様なのは、位牌が近世以降に受け入れられた新しい死者供養の装置であり、それぞれの地域社会ごとの受容の仕方の相違がそこに表われているものと考えることができる。 →卒塔婆(そとば)　→トートーメー

参考文献　上野和男「日本の位牌祭祀と家族―祖先祭祀と家族類型についての一考察―」(『国立歴史民俗博物館研究報告』六、一九八五)、藤井正雄『祖先祭祀の儀礼構造と民俗』、一九九三、関沢まゆみ「北巨摩柳沢の位牌分けと別帳場」(『日本民俗学』二〇四、一九九五)、新谷尚紀「家の歴史と民俗」(『国立歴史民俗博物館研究報告』六九、一九九六)、中込睦子『位牌祭祀と祖先観』(『日本歴史民俗叢書』、二〇〇五)
(新谷　尚紀)

いはいわけ　位牌分け　一人の死者に対して複数の位牌を作り、複数のまつり手に分ける慣習。一般的には親が死亡した時に子供の人数分の位牌を作り、子供全員に位牌を分ける形態をさすが、死者の親族や近隣、知人などに戒名を記した紙位牌を配る形も広い意味ではこの中に含まれる。主な分布範囲は、静岡県東部から山梨・長野・群馬・栃木・茨城・福島県南部までの中部・北関東一帯と伊豆諸島の利島などで、位牌を分ける際にはさまざまな儀礼的手続きを伴う。中部・北関東では、位牌を受け取る子供たちはそれぞれ別帳場を設営し、位牌料・お手伝い金と称して葬儀費用を分担するほか、もち帰った位牌の供養や七日ごとの念仏を交替で主催する。また、伊豆利島では、位牌分けに先立って子供たち全員がカットと称して喪に服する。こうした手続きは、親の葬儀と祭祀について喪主のみならず子供たち全員が等しく関与すべきことを示唆し

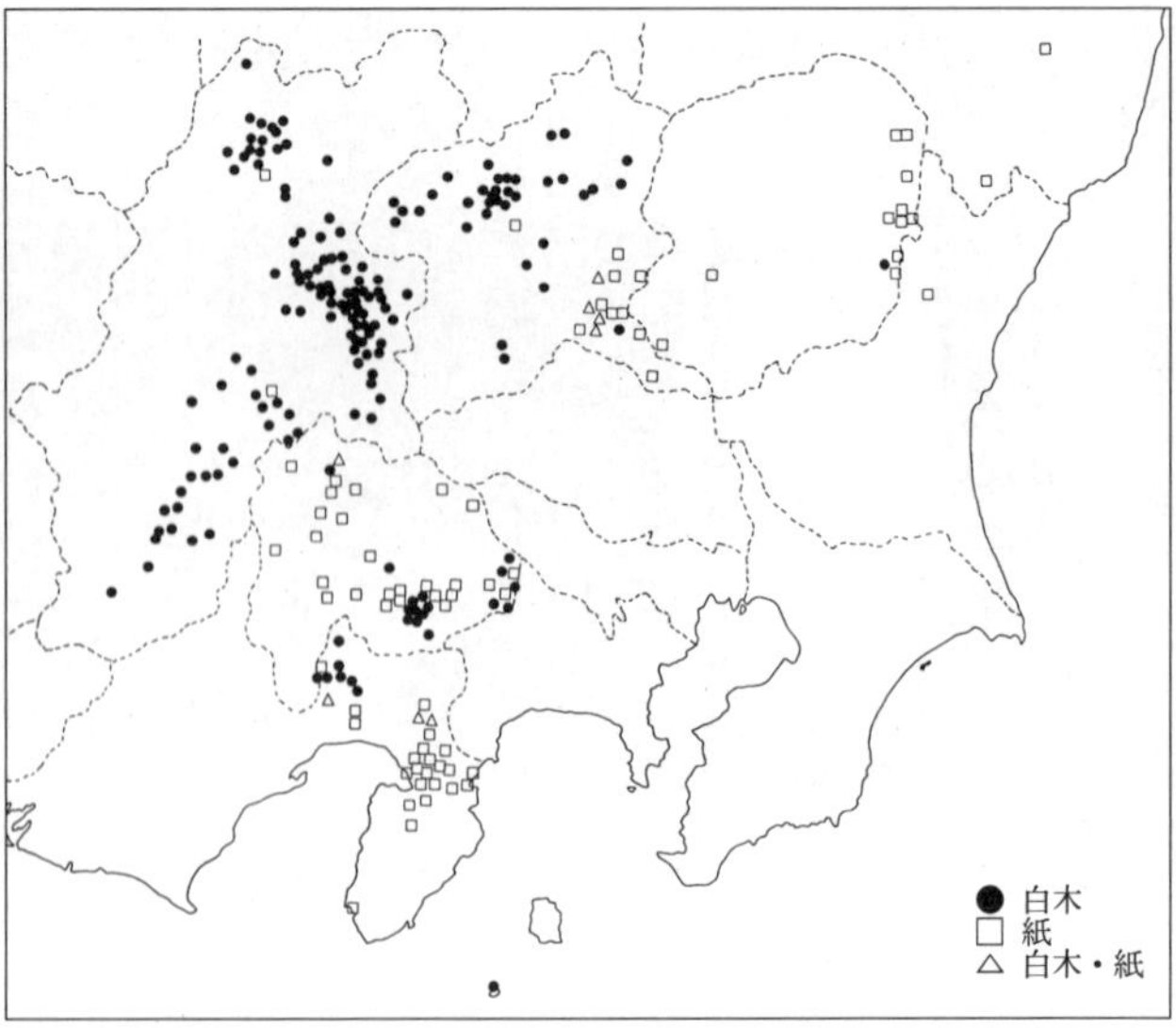

位牌分け分布図(『静岡県史』別編一より)

ており、位牌分けはオヤシマイ(親終い)の一つの要素と考えられる。このほか、分家初代に限って親の位牌を分けたり、個別の事情から写し位牌を作る例は各地にみられるが、一連の儀礼的手続きを伴う位牌分けとは区別する必要がある。また父母の位牌を本家と分家で分ける分牌祭祀は位牌そのものを複数作るものではなく、位牌分けとは異なる。一般的な位牌祭祀との相違点は、家の系譜的先祖である父方・夫方の位牌に加えて、各世代で他家から持ち込まれた母方や妻方の位牌をあわせまつる点にある。母・妻方の位牌を特例としてではなく、制度的に祭祀対象に組み入れている点は特に注目される。分与された位牌の祭祀期間は忌中明けまでとする例や、子供本人の生きている間、死者の最終年忌までとする例などがあるが、期間を定めず「永代まつる」とする地域も多い。しかしいずれの地域でも「子供が親の位牌をまつるのは当然」とする観念は共通しており、位牌分けの基本は親子を単位とする比較的短い周期の死者祭祀にあると考えられる。位牌分けを成立させている社会的条件についてはいまのところ定説はない。伊豆利島の位牌分けについては、ネドガエリ(一時的妻問婚)にみられる生家の両親と嫁いだ娘との強い絆や、家族内部を世代単位に分節化する隠居複世帯制との関連が指摘されているが、位牌分け分布地域に一般に適用されるものではない。

参考文献　牛島巌「〈イハイ〉祭祀と日本の家族・親族—伊豆諸島利島を中心として—」(『民族学研究』三一ノ三、一九六六)、箱山貴太郎「位牌わけについて」(『日本民俗学』八五、一九七三)、小松俊雄「オヤシマイ習俗—栃木県八溝山系を中心に—」(同一四五、一九八三)、堀内真「山梨県下のオヤシマイ・シュウトトムライ」(『信濃』三七ノ一、一九八五)、中込睦子『位牌祭祀と祖先観』(「日本歴史民俗叢書」、二〇〇五)
(中込　睦子)

いみ　忌み　非日常的な神聖視されたものを標示し、超自然的な危険をおそれてこれを避ける意味をもつ。神祇令によると、大祀(践祚大嘗祭)には一月間の散斎(あらいみ)があり、この内の三日間は致斎(まいみ)とされている。中祀には三日、小祀には一日を斎の期間と定めている。散斎の期間には、喪を弔い、病を見舞い、宍を食し、罪人を決罰し、音楽を奏するほかに、穢らわしいとされること(出産の婦女を見ること、神に嫌悪される不浄の事象や近親姦、仏法の類など)にかかわることなどを禁忌として避けた。また致斎の期間は、ただひたすら祭祀のことにのみ専念するように規定されている。これらは祭祀の神聖性を犯す行為や事象として避けるべき禁忌の内容を示したものである。『皇太神宮儀式帳』によると、神事に用いる神聖な火を忌火、祭祀に関与する者を物忌と記すなど、宗教儀礼にかかわる重要な事物に忌鍬・忌鎌・忌柱などと忌の字を冠している。また『斎宮式』によると、仏・経・塔・寺・僧・尼・斎を内の七言、死・病・哭・血・打・宍・墓を外の七言とし、このほかに堂・優婆塞などを忌詞として使用することを避け、これをほかの言葉に置きかえて表現させた。イミは、『古事記』に「忌服屋(いみはたや)」とあるのを『日本書紀』では「斎(いみ)服殿(はたどの)」とあるように、斎や忌があてられ、その意味に差異はなかった。しかし斎は神聖さを示す事例に多く用いられ、忌は禁忌の対象となる事物や行為を避ける語として用いられることが多くなった。特に死の穢れをおそれ、そのかかわり方によって忌みの重い軽いを規定した。喪葬令服紀条によると、天皇・父母および夫以下の親族、本主の他界に伴って、服すべき喪の期間が規定されている。中世の『文保記』になると、親族が被る忌とは別に、死者や葬送にかかわった者に対する触穢日数が示されている。また近世に定めた『安楽寺服忌令』によると、父母の場合に子は忌五十日で、「他家相続すといふとも定式之忌を受へきなり」として血縁による忌を重視し、続いて養父母の場合は「但、家督相続せさる者ハ不レ受レ忌」と規定している。忌みは、親族の穢れを被ることによって一定期間を喪服を着て過ごさなければならない行為ではあるが、死者から家督や家財を相続する一員であることを示す行為でもあったことを伝えている。そして死・産・食などの穢れについては別に詳細な規定をもっている。祭礼に伴う物忌は、ただひたすら致斎の期間を送ることで、その場にふさわしい忌屋を設けて籠ったり、日常生活の場を離れて浜降りをして一定期間を過ごすことが多い。村人全員が忌みに服することのほかに、特定の司祭者が忌みに伴う禁忌をひきうけて儀礼を行う場合があり、この人物の役職名を物忌と称することがある。南西諸島では、物忌をムヌンと称し、祭礼の日に巫女や村人が籠って静かな期間を送り、続いて宴や芸能を演じて忌明けを楽しむ行事がある。→物忌(ものいみ)

参考文献　岡田重精『古代の斎忌(いみ)―日本人の基層信仰―』、一九八二、上井久義『日本古代の親族と祭祀』、一九八八

（上井　久義）

いみあけ　忌明け　忌みの期間が終了すること。通過儀礼の中で多く用いられる。葬式の場合、初七日は、忌明けのための最初の重要な段階であり、四国の山村では、今まで死者が寝ていた部屋にヨモギ、カヤ、笹などを置く。死者霊が、再び帰らないようにする呪い(まじない)であり、帰るべき家はすでにヨモギ、カヤ、笹が生い茂る廃屋になってしまったことを象徴する。また、膳の中に入れた灰の上につく足跡によって、死者が何に生まれ変わったかを占う。最初の七日目の行事には、死と再生を象徴する要素がすでにこの段階で完備され、仏教以前では、四十九日の中陰明けまで待つ必要もなかった。出産の場合も、誕生後最初の七日目はきわめて重要な日であり、赤児に関する産の忌みの数の半分近くは、この段階で明ける。すなわち、多くはお七夜に名前が付けられ、産着が着せられる。産の忌みが完全に明けるのは、三十日前後の宮参りまで待たねばならない。婚姻儀礼においても七日間の忌みが存在していた。婚礼に参加して火を交えたものは、この間狩猟・漁撈・上棟祭などに参加できなかった。忌明けは、一つの時空から次元を異にする時空へ移行する際、一つのけじめとして必ず存在するものといえる。→四十九日(しじゅうくにち)　→七夜(しちや)

参考文献　岡田重精『斎忌の世界―その機構と変容―』、一九八九、五来重『葬と供養』、一九九二、近藤直也『ケガレとしての花嫁』、一九九七

（近藤　直也）

いみことば　忌言葉　特定の状況で使用が忌まれる言葉。あるいは忌まれる言葉の代わりに使用される言葉。山言葉・沖言葉・正月言葉・縁起言葉などがある。狩猟のために山に入った際、たとえば熊をイタチ、カモシカをアオケラなどと言い換えるのが山言葉、漁民が海上で、たとえば蛇をナガモノ、猿をヤマノヒトと言い換えるのが沖言葉である。正月の間だけ言い換えるのが正月言葉であり、鼠をヨメサマやフクノカミ、寝るをイネヲツムと言い換えたりするのが代表的である。夜言葉は、夜の間だけ、塩をナミノハナと言い換えたりするものである。縁起言葉は擦るをあたると言い換えたりすることを指すが、主に商人の間で使われる。結婚式や結婚披露宴で別れるという言葉を避けたり、終りをお開きに言い換えたりするのも縁起言葉の一種である。特定の時に限らず、普段、死ぬを亡くなると言い換えるのも、忌言葉に含めることができよう。こうした慣行の根底には、言葉は単なる記号ではなく、現実に作用しそれが指し示す実体を呼び起すという観念、すなわち言霊の信仰がある。また、忌言葉のうち、山言葉と沖言葉には忌まなければならない言葉が特に多いが、それは山と海上が日常とは別の世界、すなわち異界とされていたためであり、正月言葉や夜言葉も、正月や夜が神聖な特別な時間とされていたことと関係する。→沖言葉(おきことば)　→山言葉(やまことば)

参考文献　棋垣実『日本の忌みことば』(「民俗民芸双書」、一九七三)

（大嶋　善孝）

いみごもり　忌籠り　日常生活から離れて、一定の期間を特定の場所で禁忌をまもった生活を送ること。籠るために仮設の建物を設けることもあるが、生活の場から日常的な要素を排除して忌籠りの場とされることもある。頭屋祭祀の場合には、頭人または主要祭祀構成者が、その任期中は葬送に係わることを避け、農作業では肥料に触れず、特定の食物を食べないなどの禁止事項をまもっている例が多い。南西諸島では、ムヌンとか浜降りといい、村人全員が家を空けて浜で一定期間をすごすことがあった。これも日常生活の場から離れて忌籠りを行なった姿である。山形県飽海郡遊佐町の大物忌神社では『大物忌神社祭典旧儀調書』によると、旧暦正月と十月に各七日間の物忌祭がある。忌籠りの期間は、本殿の前に榊二本を立て、注連縄をかけて物忌を表わし、神職と氏子がまもる条目は、「髪月代爪ヲトラズ、穢物ヲ洗ハズ。病ヲ問ハズ。喪ヲ問ハズ。葬礼セズ。竹木ヲ剪ラズ。土ヲ穿タズ。灰ヲ取ラズ。音楽ヲナラサズ」とある。京都府相楽郡精華町の祝園神社の氏子は、正月申日から亥日までの間、物音をたてないですごす忌籠り神事をする。『摂陽群談』(一七〇二)によると、毎年正月九日に蛭児尊が西宮の広田神社に臨幸されるので、村民は門戸を閉じ門松を逆さにたててすごす。これを「忌籠ノ祭ト云フ」とある。また『神道名目類聚抄』には「西宮忌籠」として「十二月晦日ノ夜西宮郷中ノ人此夜女ハ家ヲ出テ社ニ参籠ス男ハ家ニ宿ス燈ヲ消物ノ音ヲヤメテ静ニス是年ヲ向ル潔斎ノ儀ナリ是ヲイゴモリト云」とある。『万葉集』一四に「新嘗にわが背を遣りて斎ふこの戸を」(原万葉仮名、三四六〇)とあるのも、新嘗の忌籠りを歌ったものである。三重県熊野市二木島では、頭人に選ばれると、祭の日まで髭を剃らず、数珠を首にかけてすごす。『今昔物語集』に、生贄に選ばれた人物が、注連縄をひいた家に住み、髪を切ることを禁じられていたとあるのも忌籠りの一面を伝えている。松江市の神魂神社の頭人は、母屋に精進小屋を隣接して設けてここに神酒を保管し、祭礼が終了すると精進小屋と母屋の座敷の間に縄を置き、夫婦で綱引きをした。男の力が強くとも三度目には妻が夫を精進小屋に引きこんで精進あけとなる。忌籠りに伴う禁忌事項を破る行為を儀礼的に行なってその終了を示したものである。『出雲国造神賀詞』によると、「いづの真屋に麁草をいづの席と刈り敷きて、いつの黒益し、天の瓱わに斎み籠りて、しづ宮に忌ひ静仕へまつりて」とみえ、司祭者が神聖な建物に忌籠って祭祀に専念している姿がうかがえる。『魏志』倭人伝によると、中国に往来する時には持衰とよぶ役割の人物をきめて、頭髪を整える櫛をつかわせない、蟣蝨もとらせない、衣服は垢で汚れたままにさせ、肉食をさせず、婦人を近づけず、喪に服しているようにさせている。忌籠りの古い姿を伝えている。

↓忌み

参考文献　井之口章次「物忌みと精進」(『講座日本の民俗宗教』一所収、一九七九)、上井久義『民俗信仰の伝統』、一九六五

（上井　久義）

いみち　忌地　さまざまな禁忌伝承を伴う土地。分類概念であり、民俗語彙としては存在しない。入らず山・バチ山・くせ地・祟り地・カン畑・病い田・ブク田など、さまざまな名称を持って全国各地に存在する土地の総称。四国には入らず山という名の山が各地にあり、入ると迷って出られなくなるなどという。徳島県三好郡西祖谷山村の山中には祟り地があり、付近の木を伐ることを禁忌にしている。祟るので若宮様をまつることが多い。高知県長岡郡大豊町では立ち入ることを忌む土地をマケアレと呼び、昔、悪い神様を民間宗教者(太夫)が封じ込めた場所であるなどと説明する。また、耕作すると凶事が起るとされる畑をカン畑と呼ぶ

ところもある。同様に忌まれる田は、病い田・ブク田・ケチ田などと呼ばれ、全国各地に存在する。病い田とは、文字通り耕作するとその持ち主が病気に罹るとされる田で、東日本に多い。これらの田畑は、耕作すれば良くできるにもかかわらず放置されるばかりか、所有さえ嫌われ、寺などに寄進されたものもある。忌地には、殺人現場だから、仏像が埋まっていたから、土地の境界争いがあったからなど、さまざまな由来を語る伝説を伴っている場合がある。形成過程は多岐にわたると推測されるが、実際に死人やけが人が出て忌まれるようになった土地や、古くは神祭の場や葬所などの聖地だったものが、次第に意味が忘れられ、禁忌を伴う畏怖感だけが残ったものが多いと考えられる。　（吉成　直樹）

参考文献　柳田国男編『山村生活の研究』、一九三七

イモ　イモ　地下部に澱粉などをためる有用植物の総称。芋・藷・蕷・薯とも書く。形が鱗片状のもの(ユリネ)や、砕いて水洗いするなどの加工を要するクズ、カタクリ、ワラビなどはイモといわない。澱粉以外の物質を蓄えるイモには、コンニャク(マンナン)、キクイモ(イヌリン)などがある。日本人が親しんできたイモ類は、ヤマノイモ(長芋など)とサトイモである。十七世紀の初め長崎にもたらされたサツマイモは、カライモ、トウイモ、天竺芋などとも呼ばれた。ジャガイモはさらに遅れて普及した。このほかに日本の暖地には以下の三種類の熱帯系のヤマノイモ類が栽培されている。鹿児島名物のかるかんの原料のダイジョは、リュウキュウイモなどと呼ばれ、非常に大きく成長することがあるものである。また、沖縄県の一部には、鶏卵ほどの大きさのハリイモ(トゲイモ)が栽培されている。大きなむかごを付けるカシュウイモも、四国などで栽培されている。サトイモにも、さまざまな品種の区分がある。また、沖縄県の八重山地方では、熱帯産のキャッサバイモなども栽培されてきた。ヤマノイモはむかごも食用になり、野生の自然薯(じねんじょ)は粘りが強くて珍重される。沖縄県西表(いりおもて)島網取では、焼畑にダイジョを作り、これだけを炊いて主食として食べることがあった。青森県三戸郡では、旧五月五日に、イモホドと呼ばれる長芋を食べないと蛆になると言い伝えている。ヤマノイモが変じて鰻になる話は多く、和歌山県東牟婁郡では胴体に黒い斑点のある鰻をイモウナギと呼ぶ。ヤマノイモの根の下に黄金が埋っていたという長者伝説が各地にある。島根県仁多郡では、九月十三日を自然薯の掘り始めの日と定め、この日を「芋の誕生日」と呼んでいる。山形県名物の芋煮会のイモは、サトイモである。イモは、古くは「うも」と発音されたらしく、『万葉集』に「宇毛」とある。これは、サトイモのことである。沖縄地方では、イモ類をンム、あるいはそれに類する言葉で呼ぶ島が多いことから、言語学者の村山七郎は、日本語の「うも」や琉球方言のンムが、オーストロネシア語祖語の「ウンビ」にさかのぼるものであると分析している。ただし、現在、オーストロネシア諸語でウビやこれに類する言葉はヤマノイモ類を指す言葉であって、サトイモ類は別の言葉で呼ばれるので、村山の想定が正しいならばイモは元来ヤマノイモ類を指す言葉であったと考えるのが妥当ということになる。　→サトイモ　（安渓　遊地）

参考文献　坪井洋文『イモと日本人―民俗文化論の課題―』(『ニュー・フォークロア双書』二、一九七九)、村山七郎「日本語のオーストロネシア要素を証明する方法」(国分直一博士古稀記念論集編纂委員会編『日本民族文化とその周辺』所収、一九八〇)、堀田満「イモ型有用植物の起源と系統―東アジアを中心に―」(『日本農耕文化の源流』所収、一九八三)、『自然と文化』三二(特集イモ文化再考、一九九一)

いもじ　鋳物師　鉄・銅などの鋳造を職能とする職人。銅の鋳造は弥生

時代以来、日本列島西部で行われたが、鋳鉄は古墳時代以降と考えられる。律令制下、畿内・山陽道・大宰府など、各地に散在する鋳物師は典鋳司・鋳銭司などの官司、諸寺院の鋳物所などに組織された。やがて典鋳司は内匠寮に併合されるが、七六二年(天平宝字六)鋳銭司に属するとみられる山城国相楽郡岡田鋳物師王広嶋が『正倉院文書』に現われる。これが鋳物師の初見で、八一八年(弘仁九)鋳銭司には鋳物師二人が置かれた。十世紀以後、鋳物師は蔵人所の統轄下に入り、一〇七九年(承暦三)、殿上の鉄燈炉を調進する蔵人所鋳物師が現われ、一一六五年(永万元)、蔵人所小舎人惟宗兼宗が年預、河内国日置荘の鋳物師が番頭となり、諸国散在鋳物師に短冊を配って番に編成し、天皇家に燈炉などを貢進する蔵人所燈炉以下鉄器物供御人(通称燈炉供御人)が成立、ついで一一六八年(仁安三)、蔵人所小舎人紀氏を年預、河内・和泉・伊賀のあたりの広階姓鋳物師を惣官とする別の燈炉供御人が組織される。前者が右方作手、土鋳物師、後者が左方作手、廻船鋳物師で、さらに一一八〇年(治承四)以後の東大寺大仏再建にあたって勧進上人重源の下で鋳造に携った草部姓鋳物師が別に東大寺鋳物師を形成した。これらの三集団の鋳物師は蔵人所牒により関渡市泊での交通税および課役免除の特権を保証され、打鉄・熟鉄などの原料鉄、鍋・釜・鋤・鍬などの鉄製品から絹布・大豆・小麦などを持って広く諸国を遍歴、交易に従事した。このうち左方廻船鋳物師は堺から九州・山陰・北陸を通り、琵琶湖、淀川を経て起点に戻る広域的な活動を展開、鎌倉時代中期には東大寺鋳物師と結びついて大宰府の管轄する鎮西鋳物師を統轄に置き、河内・長門などの鋳物師を組織する右方鋳物師を圧倒し、鎌倉時代末期には三集団とも年預紀氏に統合された。しかし一方では鎌倉幕府・守護との関係を強め、東国・北陸で独自な活動をする鋳物師たちの動きが活発になり、諸国守護につながる地域的鋳物師集団が形成されるとともに、年預・惣官の統制は次第に困難となって全国的供御人組織は解体に向かい、室町時代にかけて守護によって補任される一国ないし数国の大工職、惣官職に統轄された鋳物師集団が現われる。各地の鉄屋(金屋)を根拠とし、一国ないし数国を商圏として守護の保証の下で生産・交易に従事した諸国鋳物師は、守護の課役・棟別銭の免除を得るために京都の年預の力を必要としたので、供御人組織もなおその形を保ったが、戦国大名による鋳物師支配の強化とともに解体に瀕した。しかし紀氏に代わり御蔵小舎人となった真継久直は一五四三年(天文十二)の後奈良天皇綸旨を背景に鋳物師組織再興に乗り出し「海道辺鞭打三尺二寸は馬吻料たるべし」などの慣習をもりこみ、「天皇御璽」を捺した蔵人所牒を偽造、これを諸国鋳物師に配付しつつ各地の大名に働きかけ、ついに織豊政権・江戸幕府の保証を得て全国的鋳物師組織の近世的復興を達成した。この真継家による鋳物師支配は十八世紀後半の再強化を経て、一八七〇年(明治三)まで維持された。

[参考文献]　名古屋大学文学部国史研究室編『中世鋳物師史料』、一九八二、網野善彦『日本中世の非農業民と天皇』、一九八四、笹本正治『真継家と近世鋳物師』、一九九六
(網野　善彦)

いりあい　入会　一つのムラないし複数のムラの住民が山林や原野を共同利用し、樹木・下柴・下草・落葉・キノコ類を採取したり、放牧などを行う慣行。このような共同利用地は、一般に入会地と呼ばれる。入会地で採取される産物は、建築用材や土木用材、薪、牛馬の飼料、屋根茅、田畑の肥料などに用いられ、日本の自給的農業経営や農家の生活にとっては欠くことのできないものであった。入会を行う権利は、近世においては、村の正規の構成員である本百姓の権利であり、その利用は成文もしくは不文の村掟や村寄合での年々の取決めに従ってなされた。山の口

明けと呼ばれる採取開始期日、採取の道具、採取してはならない林産物、採取量などについての規制があったほか、違反者に対する過怠米、村からの追放、村ハチブなどの制裁が取り決められている場合も少なくなかった。山林の監視が若者組の役割になっている例も多い。入会地の中には御留山・御立山などといって領主権力から樹木の伐採が禁じられ、立木保護のため厳重な規制が加えられていたものもあったが、その場合にも下草の採取などは認められているのが通例であった。近世後期になると入会山林が各戸に分割される例も出現し、利用権のみ持分を分けたものから、完全に私有林化し入会が解体したものまで、さまざまな変容がみられる。明治になると民法の成立に伴い従来の入会慣行は、入会権という慣習法上の権利として把握されることになった。しかし地租改正・官民所有区別を起点とする所有権制度の展開は、入会慣行に決定的影響を与えることになる。必ずしも入会を行なっている農民に所有権が与えられたわけではなかったので、所有権と入会権が分裂し、その結果所有権者は入会を行なっていた農民を山から追い出そうとした。明治以後の入会山は、所有権の帰属によって国有地・私有地・公有地の三種に分かれ、それぞれ特有の問題をはらむことになった。国有地に編入された入会地は、政府の入会権排除政策が進められたが、その一方で自分たちの山という農民側の信念は強く、抵抗も激しかったので、妥協的に村名義にもどされたり、国有林野法上の委託林などの法形式をとって実質的に入会慣行が存続してきた。私有地入会は、入会山をムラの代表として、有力者個人もしくは数名の名で公簿上に所有権登記したために生じたものであり、所有名義人の子孫と入会権者たるムラとの間でしばしば紛争になってきた。公有地入会は、明治後期の部落有林野整理統一事業の結果として生まれたが、この政策は一八八八年(明治二十一)に成立した地方公共団体としての市町村の財政的基礎をつくるため、伝統的自治組織としてのムラのもっていた財産(部落有林野)を市町村に移そうとしたものであった。これもムラの側の抵抗が大きく、所有名義のみ市町村とするものの利用については従来どおり(形式市町村有・実質部落有)というかたちで処理されたものが多かった。また財産区制度によって、市町村のなかに旧来のムラが財産区というかたちで入会林野を保持している例も少なくない。もっとも高度経済成長をつうじて燃料が変化し、化学肥料が普及するなかで、下草・薪などの採取はもはや行われなくなり、入会林野の利用は現在では植林を中心としたものに変わっている。そのため農家個々人の自由な入山を禁じ、ムラが直轄的に山林を経営したり、各戸が分割利用する形態が多くなっている。入会慣行の存在は国の基地政策や開発政策にとっては障害となるため、一九六六年(昭和四十一)には入会権を所有権などの近代的権利に変えようとする入会権近代化法が制定されたが、整理は一部にとどまっている。　→ムラ

参考文献　古島敏雄編『日本林野制度の研究』、一九五五、戒能通孝『入会の研究』、一九五八、川島武宜・潮見俊隆・渡辺洋三編『入会権の解体』、一九五九-六八、小林三衛『国有地入会権の研究』、一九六八、北条浩『村と入会の百年史―山梨県村民の入会闘争史―』、一九七八
（牧田　勲）

いりょう　衣料　衣服を作るための布・糸など材料・原料のこと。衣服の総称としても使われる。合成繊維以前の自然繊維の中でも中心を占めていたのは植物性繊維であった。利用された草木は大麻・苧麻(カラムシ、ヤマソ、アオソ)・イラクサ(アイコ、オロ)・タエ・山コウゾ(カジ)・シナ(マダ、オヒョウ)・ヘラ・藤・山藤・ブドウ藤・クズなど全国的に広く使われたものや、沖縄のバショウのように地域的に限定されたもののほか、ムクゲ、イチビ、ゼンマイ、スゲ、ガマ、シュロなど多岐にわ

たっている。この多様さはそれぞれの地域で生活圏内に自生する植物を採取して衣料に利用してきたことによっており、地域により異なる呼称を持つものも多い。いずれも堅い茎や蔓の皮をはぎ取り、中の柔らかい繊維を取り出して使う点は共通しており、アサという呼称も狭義の麻に対してだけでなくこれらの草木の長い繊維の総称としても使われた。その中から大麻・苧麻のような優れた繊維が畑で計画的に栽培されたのである。麻づくりや苧績みをめぐる技術や習俗、麻と儀礼をめぐる伝承の豊かさは麻との関わりの深さを示しているが、この在来の麻による自給的衣生活に大きな変革をもたらしたのが外来種の木綿である。日本で木綿が広く栽培されるようになるのは近世初期からといわれるが、その肌ざわりの良さと染色の容易さからくる色の美しさは、丈夫で風通しはよいが肌ざわりが粗く生成りか藍色だけであった麻に比して新鮮で魅力的であった。また、麻の栽培の多くが衣料の自給という段階にとどまったのに対し、木綿は自給用だけでなく商品生産へと発展し畿内・東海を中心として産地が形成された。さらに古手と呼ばれた古着の流通により木綿栽培の不可能な東北地方などの寒冷地や新しい木綿織物を購入できない人々にも渡ることになった。木綿は麻とは異なる短い繊維で、種子取り・綿打ちという新たな技術を必要としたが、麻から木綿への変化は衣料や技術の変化にとどまらない。肌ざわりのよさは皮膚感覚に変化を与え、多様な色は縞柄や格子柄を生み、装いに色を加え、古手の流通は端布を裂いて緯糸に織り込む裂織や刺子、はぎ合わせという再利用の技法を発展させ、なにより衣料を自給から購入するものに変えた。近代の機械紡織による廉価な木綿織物の流通は木綿の普及をさらに進め、合成繊維普及後も衣料の中心であり続けてきた。一方、動物性衣料としては絹(蚕)および皮革・毛皮がある。皮革・毛皮として用いられたのは熊・鹿・猪・カモシカなど狩猟の対象になった動物で、用途も山袴・袖なし・背中当・尻皮・手袋・足袋など狩猟をはじめとする山仕事用の衣服に限られていた。絹は時代を越えて麻・木綿とともに衣料としてあったが、自給のためだけに蚕を育てることはなく、養蚕という商品生産の中で商品規格からはずれた汚れた繭、双子の繭などをハレの日のために少しずつ貯えておき利用した。絹は多くの人々にとっては晴着のために購入する高価な衣料であった。　→麻(あさ)　→絹(きぬ)　→木綿(もめん)

参考文献　柳田国男「木綿以前の事」(『柳田国男全集』一七所収、一九九〇)、江馬三枝子「衣料」(『日本民俗学大系』六所収、一九五八)、瀬川清子「女のはたらき」、一九六二、永原慶二『新・木綿以前のこと—苧麻から木綿へ—』(「中公新書」九六二、一九九〇)、竹内淳子『草木布』(「ものと人間の文化史」七八、一九九五)
(中村ひろ子)

いるいこんいんばなし　異類婚姻話　人間と人間以外の動物・精霊・妖怪などとの婚姻を語る昔話群。異類求婚譚とも呼ばれ、世界的にも広く分布する。柳田国男の『日本昔話名彙』は本格昔話の幸福なる婚姻の項に「天人女房」「絵姿女房」「鶴女房」「鴨女房」「山鳥女房」「鳥女房」「狐女房」「蛤女房」「魚女房」「竜宮女房」「蛇女房」「蛙女房」「蛇聟入り」「鬼聟入り」「河童聟入り」「猿聟入り」を掲げる。しかし、日本の場合、異類婚姻譚は幸福なる婚姻を語る場合はまれで、そのほとんどが破局を迎える。だが、異類婚には異界から訪れた異類との婚姻のめでたさをいう神話的伝承が隠されているとする見方もある。「蛇聟入り」は苧環(おだまき)型と水乞型に分類され、苧環型は娘の許に通ってくる男に針の糸を通し、その後をたどると正体が蛇であって、蛇は針の毒で死に蛇の子も堕ろされるのが一般的である。モチーフとしては古く三輪山神話ともつながるものであるが、沖縄・宮古島の「張水御嶽(はりみずうたき)由来」には、その結末で、生まれた女の子が父である蛇と再会し、御嶽の神としてまつられるというものがある。これはたとえば同じ苧環型で蛇の子孫を名乗る英雄譚である緒方三郎、五十嵐小文治、小泉小太郎などといった本土の伝説とも関わるもので、蛇に対する畏怖と信仰の念の残る伝承といえよう。水乞型は、田に水を掛けてくれた蛇に三人姉妹の末娘が嫁に行くことを承諾、瓢簞を沈めさせたりして蛇を殺すというもので、こちらは動物の援助を受けながらも人間のほうが約束を履行せず逆に異類を死に追いやってしまう、いわば人間の優位を示す内容といえる。「猿聟入り」や「鬼聟入り」「河童聟入り」なども同系統の話といえよう。また、関敬吾の『日本昔話大成』では異類を男と女の場合に分け、婚姻・異類聟の項に「蛇聟入り」「河童聟入り」「鬼聟入り」「猿聟入り」「蛙報恩」「蟹報恩」「鴻の卵」「犬聟入り」「蜘蛛聟入り」「木魂聟入り」「蚕神と馬」「蚕由来」を、婚姻・異類女房の項に「蛇女房」「蛙女房」「蛤女房」「魚女房」「竜宮女房」「鶴女房」「狐女房」「猫女房」「天人女房」「笛吹聟」を掲げる。「天人女房」「竜宮女房」「鶴女房」「狐女房」といった、異類が女性である場合は、男に命を助けられたことに対する報恩の意味合いが強い。しかしこの場合も、夫に富をもたらし、あるいは子を生むが、その結末は夫のタブー侵犯のため破局を迎える。ところが、「天人女房」や「狐女房」「魚女房」の一部には異類婚による子種を宿すものがあり、そこに神婚説話の面影を残し伝説化された話の広がりがうかがえる。たとえば沖縄の「天人女房」のあるものは、琉球王統の察度王あるいは舜天王の系譜につながる伝承として語られている。柳田が異類女房譚を異類聟譚に先行して掲げるのは、そちらの方により神話的、始祖伝承的要素の存在を認めていたとも考えられる。　→猿聟入り（さるむこいり）　→田螺長者（たにしちょうじゃ）　→天人女房（てんにんにょうぼう）　→蛇聟入り（へびむこいり）

参考文献　柳田国男「口承文芸史考」(『柳田国男全集』八所収、一九九〇)、同「昔話小考」(同九所収、一九九〇)、関敬吾『昔話の歴史』、一九六六、臼田甚五郎『天人女房その他』(「昔話叙説」三、一九七三)、小沢俊夫『昔話のコスモロジー』(「講談社学術文庫」一一四六、一九九四)　（松本　孝三）

いろり　囲炉裏　民家における火所の一つ。煙管をもたないことから形態上は炉の一種といえる。屋内の床または土間の一部を切り開け、長方形や正方形の木枠をもち内側に灰を敷きつめてあり、天井の梁から自在鈎が下がり、鉄瓶や鍋をかけた。日本全国にみられ、ユルリ、ユルギ、イリ、ヒジロ、ジロなどの名称が用いられるが、本来は「居る」から出た言葉で、漢字で囲炉裏をあてたものである。炉と竈の名称は地方によって逆になることもあることなどから、炉から竈が分化したと考えられる。長野県北安曇郡では炉のある部屋と本家を同じくオマエ、オメエということから、同族団の祭ごとや日常生活の多くが本家の炉を中心に行われたとも推測されている。囲炉裏の回りに座るときの座順は決まっており、一家の主人の座るところは莫蓙か畳が横に敷いてあったことからヨコザと呼ばれ、その両側で入り口に近い方をキャクザ、アニザなどと呼んで外来客の座、反対側にはカカザ、ウバザなどと呼んで主婦を中心に女性の座るべき座があり、嫁はキジリなどと呼ばれるヨコザの向かい側の座についた。囲炉裏の座は家族成員の秩序を表わしていた。火を清く長く保つのは同時に家の永続も意味していたので、囲炉裏に残った火に灰をかけて翌朝まで火種を絶やさないことが主婦の務めともされていた。分家にあたって炉の自在鈎を与えたり、炉の灰を分けることもあった。また、家人が死ぬと自在鈎を取り替えるところもあった。竈とともに暖房・調理、さらに照明といった実際的な役割をもっていたが、共食や別火の習俗から知られるように、人々は火を介して共通の意識をいだいていたのであり、家族や地域社会の人々の精神的紐帯でもあった。火の神を炉にまつることは、正月に自在鈎に注連縄を張ることからうかがえる。炉にまつられる神は、火伏せの神のほかに作神や家族の守護神としても信じられており、苗や初穂を供えることもある。沖縄県地方では出産の後に囲炉裏に火を焚き、産婦は一定期間は火にあたらなければならなかった。産婦と子供の健康のためといわれるが、ムヌという悪霊を避けるためともいわれる。出産は新生命を異界からこの世に取りあげる行為であり、産婦は日常的な秩序の体系からはみ出たこの世ならざる状態、すなわち穢れの状態におかれる。新しい命は異界との交渉によってもたらされると考えられたために、産婦はいったん異界に置かれてからこの世に復帰することになる。産婦が出産し、再び日常生活に戻るまでが火の操作によって表わされるのである。東北各県を中心とした日本各地で、大正月や小正月に旧家の主人夫婦が裸で囲炉裏の周囲を三回まわりながら、アワやヒエの予祝の唱え言をする裸回りという行事が見られる。新年への年の更新の時期にあたって、異界への出入り口である囲炉裏の回りで儀礼的に行われる性的な結合は豊穣をもたらすのであり、囲炉裏は小宇宙の中心として対立するものの統合が行われる場であると考えられる。

囲炉裏　徳島県東祖谷山村（提供福田アジオ）

参考文献　郷田洋文「いろりと火」（『日本民俗学大系』六所収、一九五八）、飯島吉晴『竈神と厠神―異界とこの世の境―』、一九八六　（古家　信平）

いんきょせい　隠居制　地域社会に規制された家族内部において、居住分離を基本としながら、ある程度独立した複数の生活単位を形成する家族制度。基本的には親夫婦と子供夫婦が主屋と隠居屋にわかれてそれぞれ独立した日常生活をおくるのが隠居制家族であり、同一家族内にあっても夫婦単位の生活を別にする点に特徴がある。明治民法においては、生存中に戸主権を家督相続人のために放棄する行為を隠居とし、普通には戸主が満六十歳以上であること、および家督相続人をあらかじめ承認しておくことが規定されていたが、こうした法律的な隠居とは別に日本各地の村落においては、隠居制がひろく行われてきた。隠居制は一定の地位からの引退とは直接関係しない、家族内部における複数の生活単位の形成である。隠居制にいち早く注目したのは、大間知篤三であるが、大間知は隠居制をもつ家族、すなわち隠居制家族を西南日本の家の特徴としてとらえ、隠居制を基礎として日本の地域的家族類型論を展開した。隠居制家族における生活の分離は、食事、住居、財産の使用、労働、祖先祭祀など家族生活の広範な分野にわたっており、なかでも別居・別財・別竈に示される住居、財産、食事の分離が重要であった。こうした生活分離の程度は地域やそれぞれの家族の事情によってさまざまであるが、別居・別財・別竈のきわめて分離程度の高い隠居制家族もあれば、寝室のみを別にする程度に分離程度の低い隠居制家族もある。しかしながら、住居を何らかの形で分離することが隠居制の基本的条件である。こうした隠居制家族を家族関係の視点から見れば、長期的には親子関係を根幹とする家族にあって、短期的に夫婦単位に生活を分離し、日常的には夫婦関係をより重視する家族制度と規定できる。隠居制家族にはさまざまな形態と類型がある。形態的にみれば、親夫婦が隠居する親別居と、子供夫婦がひとまず隠居し、のちに親夫婦と居住交換する嗣子別居とがある。構造的にみれば、夫方の親夫婦と隠居制家族を構成する父系型が圧倒的に多いが、このほかに妻方の親夫婦とも隠居制家族を構成する双系型や、聟入婚に伴う聟入婚型などがある。隠居制家族は日本各地にひろく分布しているが、一定の地域性がみとめられる。すなわち隠居制家族の北限は福島県であり、これより西南部の地域に濃厚に分布している。特に隠居が盛んに行われているのは茨城県、伊豆諸島、山梨県・愛知県・滋賀県、志摩半島・紀伊半島、瀬戸内海地方、および四国・九州の各地である。隠居制家族の南限は吐噶喇列島であって、さらに南の奄美・沖縄には隠居制家族は存在しない。隠居制家族が濃厚に認められる地域にあっても一定の条件下で例外なく徹底的に隠居制が行われている地域と、不徹底な形で行われている地域とがある。また、隠居制は山村・農村・漁村のいずれでも行われており、生業上の条件や経済階層とは直接関係ない。→相続

参考文献　大間知篤三「家族」(『日本民俗学大系』三所収、一九五八)、竹田旦『民俗慣行としての隠居の研究』、一九六四、村武精一『家族の社会人類学』、一九七三、上野和男「日本の隠居制家族の構造とその地域的変差」(『国立歴史民俗博物館研究報告』五二、一九九三)

(上野　和男)

いんきょぶんけ　隠居分家　未婚の子女を連れて隠居した隠居世帯がのちに分家として成立する隠居慣行の一形態。この慣行のみられる地域は、茨城県北部、伊豆諸島、三重県南部と紀伊半島の一部、瀬戸内海中西部およびその周辺、北九州の一部および長崎県離島部、南九州の一部、鹿児島県離島部などと主として西南日本部を中心に分布してきた。この慣行の典型的な展開はつぎのとおりである。長男の婚姻を契機として、その両親はそれまで居住していた屋敷を長男夫婦にゆずり、次・三男以下の未婚子女をひき連れて新たなる屋敷に隠居する。次男の婚姻を契機としてこの屋敷は次男夫婦に譲られ、両親は残る未婚子女とともにさらに隠居をくりかえす。こうした形は可能ならば末子まで継続し、隠居の創設屋敷が分家の創設を意味することになる。各地域にみられる隠居分家慣行の実際の形態には親の最終の隠居所を長男家とするものから末子家あるいは選択的なものまで豊富な種類が存在してきた。しかしながら、この慣行に共通する家族構造上の一般的傾向として、以下の三点の特色をあげることができる。㈠子女の婚姻を契機とする親の隠居は、二世代夫婦不同居を前提とする夫婦家族的志向を保持している。㈡大家族あるいは隠居を伴わない直系家族の形態と対比して親の居所の移動に伴う家族展開は、相続・継承の方式において、隠居分家に伴って次・三男にも財産分与が行われるなど必ずしも明確な長男単独制でない傾向にある。㈢隠居により創設された分家と本家の関係は、東北日本に典型的にみられる主従的関係とは異質であり、むしろ対等的関係が保持されている場合が多い。

参考文献　竹田旦『民俗慣行としての隠居の研究』、一九六四

(山内　健治)

いんようすい　飲用水　日常生活の中での飲み水を直接には意味するが、料理や洗濯、風呂など、広く生活にかかわる水と飲み水は密接な関係にあり、ここでは両者をあわせて扱う。飲み水に対して使い水という習慣は各地にあるが、民俗学では、飲み水や使い水を独自のテーマとして取り上げた研究例はきわめてすくない。宮本常一は、生活用水の種類とし

て、井戸、天水、湧水・流水を区別し、古代の遺跡調査などの場合、井戸遺構だけに注目する傾向にあるが、各地を歩いた経験から、湧水や流水の生活利用が意外と多いと指摘し、その施設や名称なども調査している。施設といっても実は、川端に簡単な段々があるだけのものから、屋根をかけた独立家屋まできわめて多様であり、その名称も、ミズヤ、カワバ、カワト、カド、ミンジャなどさまざまである。滋賀県内で嘉田由紀子らが行なった六百集落調査によると、流水利用文化は、近代水道が普及する一九六〇年代から一九七〇年代までは多くの地域で必須のもので、飲み水を井戸からとっても、洗濯は川や水路で行い、風呂水も水路からとるというように「水の使い分け」が徹底されていたことがわかった。都市部では、江戸の神田・玉川上水のように、自然流下の「古式水道」も江戸時代以降発達した。今、近代水道が普及し、生活用水利用の文化が失われており、緊急の調査が必要である。また、水の利用にかかわる社会性も民俗学的には重要な視点である。水道が設置されるまでの用水利用は、地域社会にひらいていた。共同の水汲場や共同の洗い場は集落ごとや組ごとにあり、そこは人々の情報交換の場であった、とともに水の無駄使いや排水を流さないというような相互規制の場でもあった。排水にかかわる文化もこれまでほとんど研究がなされていない分野である。同じく嘉田らの調査によると、台所や風呂などの排水は、セセナギ、ショショナギ、タメ、ハシリサキなどで一時貯留され、畑の肥料として利用されていた。大小便も肥料として利用していた。排水を流したり、汚いことをすると「バチがあたる」という感覚は世代を越えて伝承されており、特に、「川におしっこをしたらおちんちんがはれる」という言い伝えは全国から収集されている。「飲み水」「使い水」の区別について、宮本は明治以降、衛生思想が発達してこの区別がみられるようになったといっているが、江戸時代の城下町の上水利用規則や、飲み水用の上川とオムツなどを洗ってもいい下川の区別、また水を運ぶ容器も上・下の区別をつけていた生活感覚からみると、飲み水と使い水の区別は、日本の多くの地域社会では、かなり古くからのしきたりだったのではないか、と推測される。また用水や水利用にかかわる信仰や儀礼としては、元旦の若水汲み、七月七日の井戸替え、夏の川神(川裾祭)などがある。ある地域になぜよい湧き水があるのか、その起源を説明するのに「驚き清水」「弘法清水」など清水をめぐる伝承は多い。いずれにしろ日常生活用水と排水にかかわる文化は、現在深刻な水環境問題に対して、民俗としての智恵を掘り起すきわめて現代的なテーマともいえる。→井戸(いど)

参考文献　柳田国男「日本の伝説」(『柳田国男全集』二五所収、一九九〇)、嘉田由紀子「水利用の変化と水のイメージ」(鳥越皓之・嘉田由紀子編『水と人の環境史』所収、一九八四)

(嘉田由紀子)

う

ウェーカー　ウェーカー　沖縄で親類をあらわす語。沖縄本島および周辺離島で用いられ、エーカ、ウェーカンチャー、ワヘンチャーなどの地域的な発音差がある。農作業や家普請のユイマール(結)などの、日常生活における互助共同や、冠婚葬祭の際の加勢や役割分担を行う。通常、このような合力の機会には、親族関係をもたない友人や知人、あるいは村人も共同する。ウェーカーの組織原理は、自己を中心に、父方・母方の親族に双系的に関係を拡大するもので、イトコ、マタイトコ関係にある者くらいまでをその範囲とする。自己との系譜上の距離に応じてチカサヌ＝ウェーカ(近い親類)、トゥーサヌ＝ウェーカ(遠い親類)といった類別が行われ、後者はマタイトコ以上の遠い関係を指すことがある。また、前者の内部にも関係の類別があり、男方の兄弟姉妹を中心としたチョーデーないしチョーデービなどの絆や、ムクチョーデー(婿兄弟、姉妹の夫どうし)などが強く位置づけられる。オナリ神信仰が兄弟姉妹間の合力関係に影響することも多い。さらに、シジカタ(父方)とグェーシキ(母方、妻方)およびシトゥカタ(妻方、子どもの姻戚)といった類別も行われ、父方とは長くつきあい、母方とは親密につきあうといった、関係のあり方の差異が示唆される。世代交代に伴い妻方・母方はトゥーサヌ＝ウェーカとなり、やがて関係が途絶えるが、父方はそうならないことが多い。

参考文献　大胡欽一「互助協同の社会構造」(『政経論叢』三五ノ三・四、一九六七)、同「贈与・交換の社会構造」(同三七ノ一・二、一九六九)、渡辺欣雄『沖縄の社会組織と世界観』、一九八五

(加藤　正春)

うかい　鵜飼い　ウミウやカワウを使って、淡水魚をとる漁法。鵜飼いは主として日本と中国に盛んに行われている伝統的な漁法であるが、起源論については別々に発生したのか、あるいは古く中国から日本に伝来したのか議論が分かれている。中国と日本の鵜飼いのもっとも大きな相違は二つある。一つは日本の鵜飼いでは舟鵜飼いとよばれる漁法に典型的にみられるように、鵜に鵜縄をつけて十数羽の鵜を舟の上から巧みに操りながら魚をとらせるが、中国では鵜縄を用いず鵜自身の自発的行動を人間が操作して魚をとらせる。他の一つは中国ではシナカワウという カワウの亜種を使うことが多く、鵜の人工孵化と飼育を行なって鵜飼いをする漁民に供給するが、日本では野生のウミウないしはカワウ(亜種ニホンカワウ)を捕獲して訓練して鵜飼いに使い、役にたたなくなったらまた別に捕獲する。前者の違いについては、日本の河川がきわめて急流であることから、特に舟鵜飼いの行われる中流域では鵜の分散を防ぐ必要から編み出されたと思われる。日本でも河川の下流で行われた鵜飼いには鵜縄を使わない方法があり、現在でも島根県の高津川の河口で行われている。中国の大河川の支流などの鵜飼いは河川勾配が小さく、その必要がないといわれる。二つめの相違についてはその理由は明確でないが、中国と日本の動物観の相違に原因するかもしれない。記紀にはすでに鵜飼いが紀伊半島の河川で行われていたことを示す記述が二ヵ所でてくる。また『万葉集』には大和の初瀬川での鵜飼いがよまれている。平安時代の日記文学にもしばしば鵜飼いの記述がみられ、夜篝火を使った方法もすでに行われていたことを示している。鎌倉時代以降に武家と

鵜飼いが強い結びつきをもち、近世では鵜鷹逍遙といわれ、各地で大名による鵜匠と鵜飼い漁法が保護されることになる。日本の鵜飼いは中流域のつなぎ鵜飼いと下流域の放し鵜飼いの二つに大別できる。前者は岐阜県の長良川や広島県三次の江の川が有名であり、かつては東京都の多摩川にも存在した。後者はかつては西日本の多くの河川で行われたが現在では島根県の高津川にのみ残存している。つなぎ鵜飼いには舟を使う場合と徒歩で鵜を連れ歩く場合がある。舟鵜飼いは観光の一翼として残ったが、徒歩鵜飼いは消滅してしまった。舟鵜飼いは夜漁で対象魚がアユであるのに対して、放し鵜飼いは昼漁が多く、対象魚もアユにかぎらずフナ、ウグイ、コイなどであった。放し鵜飼いは鵜川とか鵜せぎとよばれ、上流と下流の二ヵ所に網を張り、中で鵜に魚を追わせ、投網などで捕る方法と併用する場合が多かった。また放し鵜飼いは漁期は冬期であり、連れ歩く鵜も二羽の場合が多く、捕った魚は正月魚として売りさばいた。舟鵜飼いの漁期は夏期であり、回遊するアユを捕り、近世では大名に献上する習わしがあった。高津川の放し鵜飼いの鵜匠は野生のウミウやカワウを日本海岸で捕獲して訓練するが、現在では舟鵜飼いの使う鵜は茨城県日立市十王町などで環境省に許可申請して捕獲されたものを使っている。

参考文献　可児弘明『鵜飼―よみがえる民俗と伝承―』(「中公新書」一〇九、一九六六)、最上孝敬『原始漁法の民俗』(「民俗民芸双書」、一九六五)、野本寛一『生態民俗学序説』、一九八七、周達生『民族動物学ノート』、一九九〇、宅野幸徳「高津川の放し鵜飼」(『民具研究』八六、一九九〇)、篠原徹『自然と民俗―心意のなかの動植物―』、一九九〇
（篠原　徹）

ウガンジュ　拝所　沖縄で神霊のいる聖域として崇拝の対象になっている場所、あるいはその場所にある香炉などを置いた祠。ウガンはウガミから転訛したもので、ウガミは日本語のオガミ(拝み)にあたり、ウガンジュは拝所のことである。御嶽や殿などが代表的な拝所にあたるが、通常グスク内にもウガンジュがある。一般に屋内の仏壇や神棚、火の神などに対しては使われない。沖縄本島北部や久高島では、御嶽のことをウガミともいい、久高島ではウプウガミ(大ウガミ、『琉球国由来記』記載の「コバウノ森」のこと)、ウガミグァー(グァーは小を意味する接尾辞で、『琉球国由来記』記載の「中森ノ嶽」のこと)といった用法がある。宮古の多良間島でも、御嶽の別称がウガンとなっている。共通語として首里王府によって採用された御嶽という言葉が流通する以前は、ウガミが御嶽に対する土着の名称の一つであったことが窺われる。奄美には沖縄の御嶽の性格を有すると考えられる山に対して、ウガミヤマ(拝み山)という名称がある。八重山では、御嶽のことをオン、ワーンなどというが、宮良当壮によるとこれも、オガミ→オガン→ウガン→ウァン→ワーン→オーン→オンの順にオガミから転訛したものであるという。

参考文献　宮良当壮「ミヤ(宮)の原義に関する研究」(『宮良当壮全集』一五所収、一九八二)
（赤嶺　政信）

うし　牛　偶蹄目ウシ科に属する哺乳類。日本では牛が家畜として先史時代から飼われていた。縄文時代中期・後期の遺跡である陸平貝塚(茨城県美浦村)から土器・石器・人骨・獣骨とともに牛の骨が出土したことから、当時短角種の牛が飼育されていたといわれる。さらに弥生時代になると、静岡市の登呂遺跡をはじめ、牛骨の出土数が増してくる。したがって『魏志』倭人伝に、牛馬などがいないという記事は誤りになる。先史時代の日本には野生牛がいたが、これを順化して家畜にしたのではなく、大陸から渡来した朝鮮牛や中国牛が飼われていた。六世紀高麗から入った医書によって、牛乳の医薬としての効能が知られるようになり、

六五四年(白雉五)以来宮中で牛乳が飲まれている。七一三年(和銅六)乳牛戸(乳戸)と呼ばれる牛乳を生産する専業農家五十戸を置いた。九二七年(延長五)に完成された『延喜式』には、生乳を煮つめて濃縮した蘇(練乳)が二十二ヵ国から貢納されている。この蘇を精製して醍醐が造られた。奈良・平安時代には貴族のみでなく、農民の間でも飲まれていた。中世、牛乳の飲用は杜絶したが、安土桃山時代から再び飲用が始められ、明治の近代化とともに牛乳消費が増えた。奈良時代、唐から犂が導入されて、西日本の先進地では牛耕がなされたが、牛馬耕が全国的に普及したのは明治になってからである。しかし牛馬を用いた代掻きは早くから行われていた。一方、牛が生産する厩肥は、田畑の重要な肥料源になっていた。日本で飼われている牛の多くは、厩肥の生産を目的とする糞畜と役用を兼ねていた。牛車を曳く輓用は古代から始められたが、京・大坂など畿内に限られていた。また駄牛輸送は西日本に発達していた。しかし、駄馬輸送が主流だった東日本でも道の険しい南部地方や野麦街道では、偶蹄類の牛がもっぱら用いられていた。明治以降、犂の普及とともに役肉兼用の和牛の飼育が発展していった。和牛(日本在来種)は黒毛和種(黒牛)と褐毛和種(赤牛)に大別されるが、前者は体格が小さいが、肉質がよいので、より多く飼われてきた。第二次世界大戦中、軍馬が徴発されたことから朝鮮牛が移入されて役畜として用いられた。戦後モータリゼーションの発達とともに牛は役用には使われなくなり、和牛は現在肉畜として飼育されている。また牛乳の消費は明治の文明開化とともに始まり、戦後爆発的に増えた。乳牛には秘乳量の多い洋種がはじめから用いられた。明治初期には短角種・ジャージー種・エアーシャー種などが導入されたが、明治末からホルスタイン種がもっぱら飼育されている。乳牛も廃棄する時には肉畜として処分され、現在日本の牛肉の半分以上は廃棄された乳牛の肉である。バター、チーズ、ヨーグルトなどの乳製品の消費も増大し、その多くを輸入に依存している。肉牛・乳牛とも、多頭飼育が多くなり、何十頭・何百頭という大規模な畜産が一般的になっている。なお、牛乳などの流通は、生乳を生産している酪農家ではなく、大手の乳業会社が支配している。和牛の盛んな中国山地では、広島県千代田町(北広島町)はじめ、各地で花田植と称する祭儀礼が行われている。花で飾った手で代掻きを行い、早乙女が男たちの演ずる田楽に合わせて田植えをする。これは豊作を祈る予祝儀礼になっている。

[参考文献] 農商務省編『和牛の調査』、一九一八、市川健夫『日本の馬と牛』(「東書選書」六九、一九八二)、正田陽一郎編『人間のつくった動物たち』、一九八七、本間雅彦『牛のきた道』、一九九四

（市川　健夫）

うしかたやまんば　牛方山姥　逃走譚に属する、本格昔話の一つ。全国的に広く分布する。牛方が魚を牛に載せて山道を通りかかると、山姥がいて、魚を全部食べたうえに牛も食べてしまう。牛方がある家に逃げ込んで二階に隠れていると、それは山姥の家である。家に帰った山姥が釜の中に入って寝ると、牛方は下から火を焚いて山姥を殺す。山姥に追われた牛方が池や川の近くの木に登ると、水面に牛方の姿が映り、山姥がそれを牛方と思って池に飛び込んでしまうという部分が付け加わっている事例もある。牛方のほかに、馬子や魚屋が主人公となっている事例もあり、山姥を殺した後で家の隅を掘ると宝があったという例が東北地方にいくつかあり、恐ろしいだけではなく富を与えてくれるものとしての山姥の姿をそこに見ることができる。

[参考文献] 五来重『鬼むかし―昔話の世界―』(「角川選書」二〇九、一九八四)

（大嶋　善孝）

うじがみ　氏神　一般には地域を守護する神社。もと大化前代に成立し

た父系の氏族集団の守護神として族長がまつる神をいう。古来、祖神を氏神にする例は多いが、何らかの機縁や地縁により一門同族が共同でまつるという氏神の例もあり、のちに中世以来の村落形成につれて地域社会の鎮守や産土の神をも一般に氏神というようになった。明治政府が断行した神社行政と氏子制度によって、近代にいう氏神はほぼ完全に地域社会の守護神をさすようになったが、それでも地域住民を氏子とする氏神の観念には、産土と産子の観念と相まって本来の血縁的な親神ないし祖神の意味合いを残している。

文献上は、『古事記』上の伊邪那岐命の禊祓の段に登場する三柱の綿津見神が阿曇連たちの祖神とまつる神とあるのをはじめ、天孫降臨の段に天児屋命が中臣連、布刀玉(太玉)命が忌部首、天宇受売命が猨女君など、それぞれの氏の祖とあるように記紀神話の随所に有力氏族の祖神が出自上の氏神であることが記されている。しかし氏神の初見は、『新撰姓氏録』(八一五)左京神別下の竹田川辺連の条に仁徳天皇の時、この一族が大和国十市郡に鎮座する竹田神社を氏神としてそこに土着したとあるのがそれである。また実際の族長祭祀については、『続日本紀』七一四年(和銅七)二月条に大倭忌寸五百足を「氏上」として神祭せしめたという初見があり、『正倉院文書』にも朝廷に仕える官人たちが各氏神祭祀のために休暇を得た形跡がある。同じく『続日本後紀』八三四年(承和元)正月条に山城国葛野郡上林郷の土地を伴宿禰らに与えて氏神をまつらしめたとあり、また『三代実録』八七八年(元慶二)二月十九日条にも詔として山背忌寸大海全子に稲三百束を与えて氏神に奉幣させ阿波国に向かわしめたともある。

中臣氏やその一流を汲む藤原氏が天児屋命をまつり、忌部氏が太玉命をまつるのはいずれも祖神を氏神とする例だが、尾張氏が熱田社をまつったり、奈良時代に藤原氏が鹿島・香取の二神を春日社の第一殿と第二殿に勧請したのは氏一統の氏神であって祖神ではない。藤原氏が遠祖の天児屋命を実際に氏神としたのは、のちに春日社の第三殿と第四殿に枚岡社から命と姫神を勧請してからのことである。さらに平安京の梅宮は橘氏の氏神となり、平野社四座の神々は、それぞれ源氏・平氏・高階氏・大江氏の氏神となり、また源氏は別に石清水八幡宮、平家は宮島の厳島神社を氏神にするなど、むしろ何らかの歴史的機縁による氏神の例も多い。平安時代の後半に律令体制が形骸化し、有力神社の氏神祭祀が困難になると、各社が独自の信徒団を開拓してこれを氏人(衆)と称するようになる。さらに鎌倉時代から室町時代にかけて畿内とその周辺に惣村が発達すると、かつての荘園鎮守がそのまま土地の氏神として宮座が発達し名主層連帯の拠点となった。『臥雲日件録』一四四七年(文安四)八月条には「凡ソ世人、神明ヲ以テ我ガ所生ノ地ニ主スル者ハ之ヲ氏神ト謂フ、予ハ泉州界南ニ生マル、故ニ住吉ハ氏神ナリ」(原漢文)と述べており、すでにこの時代には生地の産土神が氏神と認められていることがわかる。その意味で、江戸時代の諸書、たとえば『神道名目類聚抄』(一六九九)をはじめ『翁草』(一七〇〇)や『貞丈雑記』(一七六三―八四)などが氏神と産土神を混同する過ちを説き、氏神は氏の元祖で、産土神は人が生まれた在所の鎮守だと区別するのは必ずしも実態に即していない。むしろ江戸時代には氏神を産土神とする考え方が一般化し氏子が産子と呼ばれる傾向もあって、江戸幕府の法令をまとめた『徳川禁令考』にみるように幕府はこの産子の原理を援用して出生地の神社を氏神にして氏子身分を固定しようとさえしている。

明治維新後、政府は祭政一致の方針のもとに氏子制度を法制化し、これによって江戸時代の寺請制度に代わるキリシタン禁制と戸籍の整備を図るとともに国民教化の単位とした。すなわち一八七一年(明治四)太政官布告の郷社定則および大小神社氏子取調規則は、同年制定の戸籍法にもとづく戸籍区(一区当り一千戸)ごとに指定された郷社に区内全住民を氏子として登録させるものであった。各郷社は、戸籍区の氏神として氏子札を発行し氏子籍を作成して前代の宗門改に代わる氏子改を行い、小教院ないし説教所として国民教化の場となった。かくして、かつて由緒ある氏一門の祖神ないし守護神であった氏神の社も多くは本来の姿を変えて土地の産土や鎮守の様相を帯びるようになった。ところが一八七八年には戸籍法(郡区町村編制法)も整備されるに至って郷社氏子制と氏子調が廃止され、さらに一八八四年までには各郷社を国民教化の場ともしてきた大教院制度も解体されるに及んで、氏子制度はその法的意義を失い、本来の習俗的制度にやがて立ち返った。すなわち各神社が地域の氏神として一定の氏子区域をもち、その区域内住民はすべてその氏神祭祀をもって彼らの敬神生活とする「氏子ハ一戸一社ニ限ル」(一八九六年)という原則に落ち着いた。その後第二次世界大戦までは国家祭祀としての神社行政もあって氏子制度は全国的に定着し、大戦後、神社が一律に宗教法人となった後もその大多数が地域社会の産土的な氏神として再出発し今日に至っている。

しかし近世以来の習俗として氏神とされるものは、より小規模で多岐にわたっている。柳田国男は、これを村氏神・屋敷氏神・一門氏神の三種に分けて説明する。まず村氏神は、江戸時代の村で現在の大字にもあたる自然村の守り神であり、その区域に住む者がすべて氏子としてその祭に奉仕する義務や権利をもつ神社である。近代の社格制度では村社ないし無格社に列格した村氏神か、あるいは明治末期に当時の内務省が全国的にすすめた神社整理で小規模を理由に他社へ合祀され抹消されてしまった多くの氏神もまたこれに属する。次の屋敷氏神は、個々の家屋敷の守り神で、神社というよりは小祠にまつられている。邸内の一隅または屋敷林のなかなどに木造や石造の祠であったり、注連縄を張った樹木や石ばかりで祭のとき紙の幣串(へいぐし)を立てるだけという場合もある。最後の一門氏神は前の二つほど数多くはないが、むしろ本来の氏神の類いに近い。本家を中心に分家など同族の者だけで年ごとの祭を営むが、祭場は村氏神の社殿を使うものと、本家に近く一門だけの社や祠をもってまつるものとがある。

およそ江戸時代に成立した村氏神は、相応に鎮守の森と社殿を整備するにつれて、それなりの由緒を求め著名な大社の神々や記紀などの古典神を祭神としたり、また八幡・天神・熊野・諏訪・稲荷・神明など有力大社と同じ社名を名乗るものが多かった。なおこうした村氏神の祭には、村内の家全部が奉仕するのが一般的であるが、近畿以西の中国から九州地方の各地では多くの村氏神に頭屋や頭人の制度があって、かつての本百姓や草分けの旧家が特権的な宮座を組み、座中から毎年一軒ずつの頭屋神主が年間いっさいの祭事をつとめるのが普通で、いずれにせよ一門氏神のように本家だけが常に頭屋をつとめることはしない。一門氏神はマキ氏神とか同族神ともいわれ、マキ、カブ、イッケ、ジルイなどの名で呼ばれる本家分家の仲間、すなわち同族団がまつる場合の氏神をさす。同族とは、本家を中心に直系・傍系・非血縁(奉公人分家など)の家々を含めて構成される家の生活共同体である。その特色は、第一に相互依存の共同生活を営む必要から、少なくとも同一村内に、時には同じ組内に軒を並べて集住し、第二に本家分家の系譜関係が成立すると、世帯主の交代とはかかわりなしに何代もその関係が継続するという点にある。東北地方では一般に村氏神をオボツナ(産土)と呼ぶのに対し、同族神はウチガミと呼ばれる。栃木・群馬・千葉の各県には、イッケウジガミ、ジガミと呼ばれる同族・同姓集団だけがまつる神がある。山梨県から長野県にかけて分布するイワイジンも、本家を中心にマキごとに小祠がある場合が多く、そのなかには熊野・八幡・愛宕などよその土地の有名大社の神名を名乗るものもあるが、ただユェージンサマとだけ呼ばれるものもある。ジガミ(地神)は、関東から中部と近畿地方にかけて残っており、静岡地方では十二月十五日にジガミの祠の屋根を新藁で葺きかえる。愛知県の南北の設楽郡でもジガミは本家の屋敷近くのカシなどの古木の根元に自然石や五輪塔や地蔵や石祠などにまつる。ジガミは屋敷を興した先祖といわれ、三十三年のトイアゲ(弔上げ)をして墓に葉付き塔婆を立てると、そのホトケはジガミになるという。兵庫県美嚢郡の一部では、血縁の株(数戸の同族団)ごとに地神と墓地を共有し、死者は五十年忌を過ぎると地神になるという。美作地方のイワイガミ(祝い神)も同じで、冬に祭がある。南九州のウチガン(氏神)の場合、宮崎県から鹿児島県にかけては本家のもつ同族神はセンゾともウッガンサーとも呼ばれ、家人の死後三十三回忌をすますと霊牌をウチガンド(氏神堂)に移し一族の守護霊にする。島根・岡山・山口の各県には旧家または本家持ちのコージン(荒神)が広く分布するが、多くは祖先神とも見られ、墓地に隣接する荒神森にまつられている例もある。

屋敷氏神は個別の家が一軒だけでまつる神で、屋敷の鬼門にあたる西北の隅や屋敷近くの山林に小さな祠などを構えている。このなかには稲荷・神明・八坂・熊野・天王・春日・白山・愛宕・秋葉・八幡・羽黒などの有名大社の神々をまつるものもあるが、いずれも家屋敷の守護神とするもので、全国にはさまざまな名称で親しまれている。

参考文献　柳田国男「氏神と氏子」(『柳田国男全集』一四所収、一九九〇)、有賀喜左衛門「先祖と氏神」(『有賀喜左衛門著作集』七所収、一九六九)、萩原竜夫『中世祭祀組織の研究(増補版)』、一九七五、原田敏明『村の祭祀』、一九七五、和歌森太郎『日本の協同体』(『和歌森太郎著作集』一、一九八〇)

(薗田　稔)

うじこ　氏子　一定の地域を守護する氏神を、その地域内に居住して奉斎する人たち。古くは同じ氏を名乗る者が、その守護神を氏神として遠隔の地からも祭祀に参加していたが、地域的に区分された祭祀圏を守護の領域とし、この地域内に住む住民をその神の氏子とするようになった。各神社で講や座を構成してその祭祀を行う場合は、祭礼の座に新生児または一定年齢に達した者が参加して、氏子としての資格を得るとされることが多い。養子として他地域の祭祀組織に住居を移す場合には「座送り証文」を発給する例もあった。一般には生後、一定の時期になると氏神に参拝し、氏子の一員として神に認知してもらう宮参りがある。生後三十日ごろに、母親の実家から贈られた晴着をきせ、生児の祖母や産婆に抱かれて氏神に参る。このとき生児を揺すったり鼻をつまんで一声でも泣かせ、これで氏子に入れてもらったとする例もある。生後二十日・五十日・百日ごろに宮参りをする地方もある。この日をイミアキ、シメアゲ、ヒアキなどというが、生児は母親の産後、産室でともに過ごし、産の忌みがあけてまず氏神に参ることで氏子に加えられるとしたことによる。七歳になると、ヒモトキとかヘコカキといい、男児には褌を、女児には腰巻をつけさせ、お宮に参ることで氏子入りとしたこともある。一八七一年(明治四)七月には「大小神社氏子取調規則」が施行され、新生児があれば戸長に届け、戸長の証書を持参して必ず神社に参り、守札を受けさせた。郷社定則によって氏子区域を定め、氏子調によって出産証書とし、戸籍法の不備を補完しようとしたが、一八七三年五月には廃された。このことから宮参りに守札や氏子札を受ける慣行がみられる地域もある。近年は都市化がすすむにつれて氏子圏や、氏子たちの居住地域の流動化に伴い、神社・祭祀組織・宮参りの関係も多様な姿をとるようになった。神社や祭祀の運営は、神田・堂田・講田などの輪番制による耕作や小作による収入を充当することが多かったが、第二次世界大戦後の農地開放によって、その経費負担の基盤が失われ、氏子総代を中心とする氏子たちから初穂料・玉串料などとして経費を徴収する例が多くなった。→氏神　→産土　→宮参り

参考文献　萩原竜夫『中世祭祀組織の研究』、一九六二、和歌森太郎「中世協同体の研究」(『和歌森太郎著作集』一所収、一九八〇)、阪本是丸『国家神道形成過程の研究』、一九九四
(上井　久義)

うす　臼　脱穀・精白・製粉、餅搗き、あるいはさまざまな素材の粉砕に用いる用具で、搗臼と摺臼(磨臼)とに大別される。搗臼は臼の凹部に入れたものを杵で搗くが、腕力・脚力・水力などで杵の上下運動を行う。静岡市の登呂遺跡などの弥生時代の遺跡から出土した木製の竪臼は、胴の中央部が細いくびれ臼で、竪杵を伴う。この組合せは長期間続き、近世後半になって、くびれのない胴臼と横杵が普及する。シーソー状の杵を持つ唐臼は搗臼の一種で、杵のついた横木の反対側を踏んで使用する。効率の良い摺臼が普及するまで、搗臼で脱穀・精白・製粉を行なっていた。餅搗きに用いる搗臼の凹部は浅く、精白用のものは周縁部が内側にやや覆い被さっており、製粉用のものは中心が深く、それぞれ用途によって形状が異なる。石製摺臼は石臼と称されることが多い。石製摺臼が伝来したのは飛鳥時代で、『日本書紀』に六一〇年(推古天皇十八)に高麗の僧曇徴がはじめて碾磑を造ったと記されているが、一般では用いられなかった。鎌倉時代に喫茶の風習がもたらされ、室町時代初期には抹

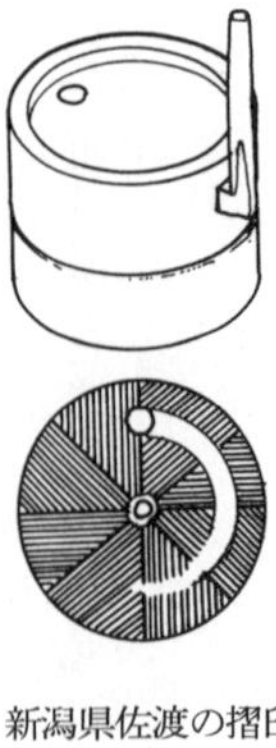
新潟県佐渡の摺臼

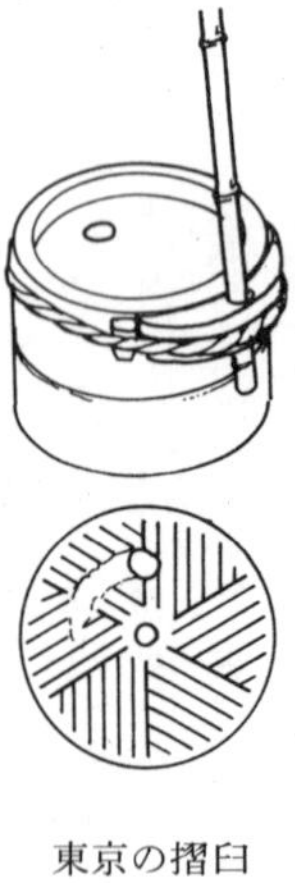
東京の摺臼

関東地方の胴臼

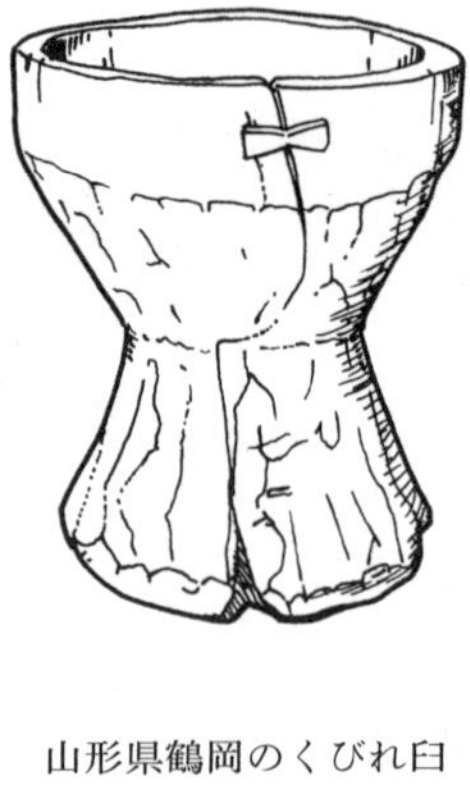
山形県鶴岡のくびれ臼

茶を挽く茶臼が上層階級に普及する。それを追うように室町時代末期には粉挽き臼が使われ始め、江戸時代中期には庶民にまで普及する。摺臼は挽臼(ひきうす)ともいわれ、茶臼・粉挽き臼・豆腐臼・鉱石用摺臼などの石製摺臼と、籾摺り用の木摺臼と土摺臼がある。摺臼は上臼と下臼に分かれ、上臼に取手を取りつけて回転させる。粉挽き臼は、回転用の挽き木を上臼に取り付ける。最も多いのが横打込み式で、中部地方に竹たが締め楔式、東京都・神奈川県などに添え木式、埼玉県・群馬県などに作り付け式が分布している。挽き木を用いる場合は、一人または二人で挽くが、大型の摺臼の場合、ヤリギというT字型の腕木をつけて、クランク式に押したり引いたりして、二〜三人で挽くことがあった。粉挽き臼は基本的に逆時計回りの方向に回転させるが、佐渡だけは時計回りである。木臼の場合は上臼の二ヵ所に縄をつけ、対面した二人が左右交互に縄を引く。石製摺臼には、上下の臼の磨り面にメ(目)と呼ばれる細い溝を刻む。メは主溝と副溝とに分かれ、主溝で磨り合わせ面を分割し、その中に副溝を刻む。挽臼のメの型はさまざまだが、八分割と六分割が基本型である。近畿地方を中心に中国・四国・中部地方などに八分割が広く分布し、関東と九州などに六分割が見られる。臼挽きや米搗きは単調な繰り返し作業なので、臼挽き唄・米搗唄などを歌って調子をとったりすることが多かった。長野市善光寺の本尊は最初は搗臼の上に安置していたと伝え、収穫時の十日夜や十一月の初丑の日の祭壇に搗臼が用いられるなど、搗臼は神聖な道具であった。葬式の出棺時に臼ころがしをしたり、正月前の臼倒し、正月の臼起しなどの行事もあり、臼は神霊や霊魂にかかわる特別の道具だと考えられている。

参考文献　三輪茂雄『臼』(「ものと人間の文化史」二五、一九七八)

(段上　達雄)

うた　歌　話す・読むに対してリズムと旋律を有する言葉、あるいはリズムと旋律が備わった曲節それ自体をいう。万葉時代の長歌、記紀歌謡、五七五七七の三十一文字から成る和歌(短歌)の類いが歌と呼ばれるのも古代にあっては歌われたからであろう。歌謡、芸術的歌曲、語り物に対する歌いもの、はやり歌などの総称。日本の民謡には春歌(節)・秋歌(節)のように四季の歌があり、季節ごとの歌で山の神に呼び掛け四季の順当な巡りを祈りながらさまざまな仕事をしたと説いたのは町田嘉章(佳声)である。北は秋田から南は熊本・宮崎まで数は多くはないが全国の山村に残る季節歌は、春歌なら「春くれば…」秋歌なら「秋来れば…」などと季節名で始まる歌詞を持ち、季節外の歌を歌うことは災難を招くとして厳重に禁じられたという。また春の仕事なら田植えでも草取りでも同じ春歌を歌ったが、いつしか特定の仕事の歌として専有されるようになったのが現在の仕事歌だとし、なお季節歌の元は民俗芸能の神楽の神歌を農民が真似したとする(『日本民謡大観』九州篇南部)。神楽歌や神歌と称される歌の多くはもろもろの神を呼び出し、自分たちの願いを述べ伝えるために司祭者・太鼓打ち・舞い手など神楽の中心的人物によって歌われる。また鉦や太鼓とともに囃される念仏踊りは本来死者の霊を弔うための念仏歌から次第に娯楽的な流行歌謡を導入するようになった。死者の魂を慰めるために『魏志』倭人伝さながらに激しく泣き歌う徳之島の葬歌の事例が報告され、また生きている人を呪い殺す逆歌(さかうた)もあるという。東北地方のイタコは死者の霊を呼び出すために語りそして歌う。すなわちふだんの話し言葉とは異なる「うた」は本来見えない神霊とのコミュニケーションを取るための手段だといえる。もっともイタコ自身には歌うという意識はなく、神主の祝詞や僧侶の読経と同様に、長時間唱えごとが繰り返される結果リズムや旋律が生まれてくるのである。仕事歌で大勢の動作を合わせるためなら掛け声だけでも用が足りるが、仕事の辛さや自分の恋心を歌に託したり、笑いを誘う歌詞で疲れを紛らわせるのは仕事歌の重要な役割である。もともと豊饒を祈る田植え唄や大勢が集まる祭の場での騒ぎ歌や盆踊り歌では、ハレの気分の高揚からかなり誇張したきわどい性の表現もみられる。日常の生活ではとうてい実現不可能な願いや憧れも歌でならいえる、聴く方も歌なら大目にみる、このバランス感覚は現代人にも通じる。日本古代の習俗として注目されるものに歌垣がある。記紀、『万葉集』、風土記などの記載によれば山や市に大勢の男女が決まった日に集まり、愛の歌を歌い合い恋の相手を見つけるという行事で、雲南省など中国南西部の少数民族を中心に照葉樹林地域では現在も盛んという。歌合戦のように男女が交互に歌を掛け合うこの歌掛けの形は日本の奄美・沖縄文化圏では今も歌遊びの主流である。 →民謡

参考文献　小島美子『日本音楽の古層』、一九八二、金井清光『歌謡と民謡の研究―民衆の生活の声としての歌謡研究―』、一九六七、永池健二「「逸脱」の唱声」(『(岩波講座)日本の音楽・アジアの音楽』六所収、一九八八)、西郷信綱『古代の声―うた・踊り・市・ことば・神話―(増補版)』(「朝日選書」五三二、一九九五)、酒井正子『奄美歌掛けのディアローグ―あそび・ウワサ・死―』、一九九六

(入江　宣子)

ウタキ　御嶽　沖縄全域にみられる村落祭祀の中核となる聖域の総称。沖縄本島ではウガン、ムイ、ウタキ、宮古ではウタキ、八重山ではオン、ワン、ワーなど種々の名称でよばれ、その性格も一様ではない。奄美諸島にも同様の聖域がありオボツヤマ、カミヤマなどとよばれる。嶽は森と同意語で『琉球国由来記』(一七一三)には多くの嶽や森の名称がある。御嶽には神がやどる神聖な樹とされるクバ(蒲葵)・松・ガジュマルなどが茂り、これを切ることは禁じられてきたので神秘的な雰囲気をもっている。御嶽の最奥部はイベ(イビ)とよばれる至聖所で、社殿はなく自然石や聖なる樹、香炉などがあり、八重山ではこの部分を石垣や門でしきっている。イベの外の区域には沖縄本島では神アシャギ、宮古ではクムイヤー、ムトゥ、八重山ではオンヌヤアなどとよばれる特別な建物がある。イベには女性神役のみが出入りでき、男性は神役であっても立ち入りは禁制である。また御嶽での祭祀に線香を用いるなど本土の神祭祀と大きく異なる。沖縄本島では御嶽は村落ごとに一ヵ所あるとされ、村落の守護神をまつり、丘や山を背にして高い処に御嶽、その前方に村落があり、御嶽により近い家が村落の宗家または一族の本家であることが多く、村落構成上その位置関係が注目されている。一方御嶽は海を見渡す岬端上、浜辺、小島などにあって、遙拝したり海の彼方から神々を迎えたりするものもある。宮古・八重山では御嶽は村落に複数あるのが一般で、神々の機能分化があり多様な神性が認められる。宮古では他地域と異なり神名に男女の性別があり、これは出生に際し、童名として神名をいただく習俗と関連すると考えられている。村落の守護神とする御嶽の神は、祖先神であるとする考えがあり、この場合御嶽と村落の成員間の血縁関係が問題となり、祖先神と考えられない場合も御嶽をめぐる祭祀組織は、村落の構造と深くかかわる。儀礼上からは御嶽の神には来訪神と常在神があり、両者を系統を異にする文化複合とみなす立場に対し、後者は前者の発展的形態とする考えがあり今後の問題である。また来訪神が不可視の神霊である場合と可視の仮面をつけ草で仮装した神である場合がある。仮面をつけ草で仮装した神は本土の小正月の来訪者ナマハゲなどとも対比されるが、多くの場合その儀礼は男性にになわれ、来訪神の故地としてニライカナイが想定されているなど沖縄の他界観の問題と深くか

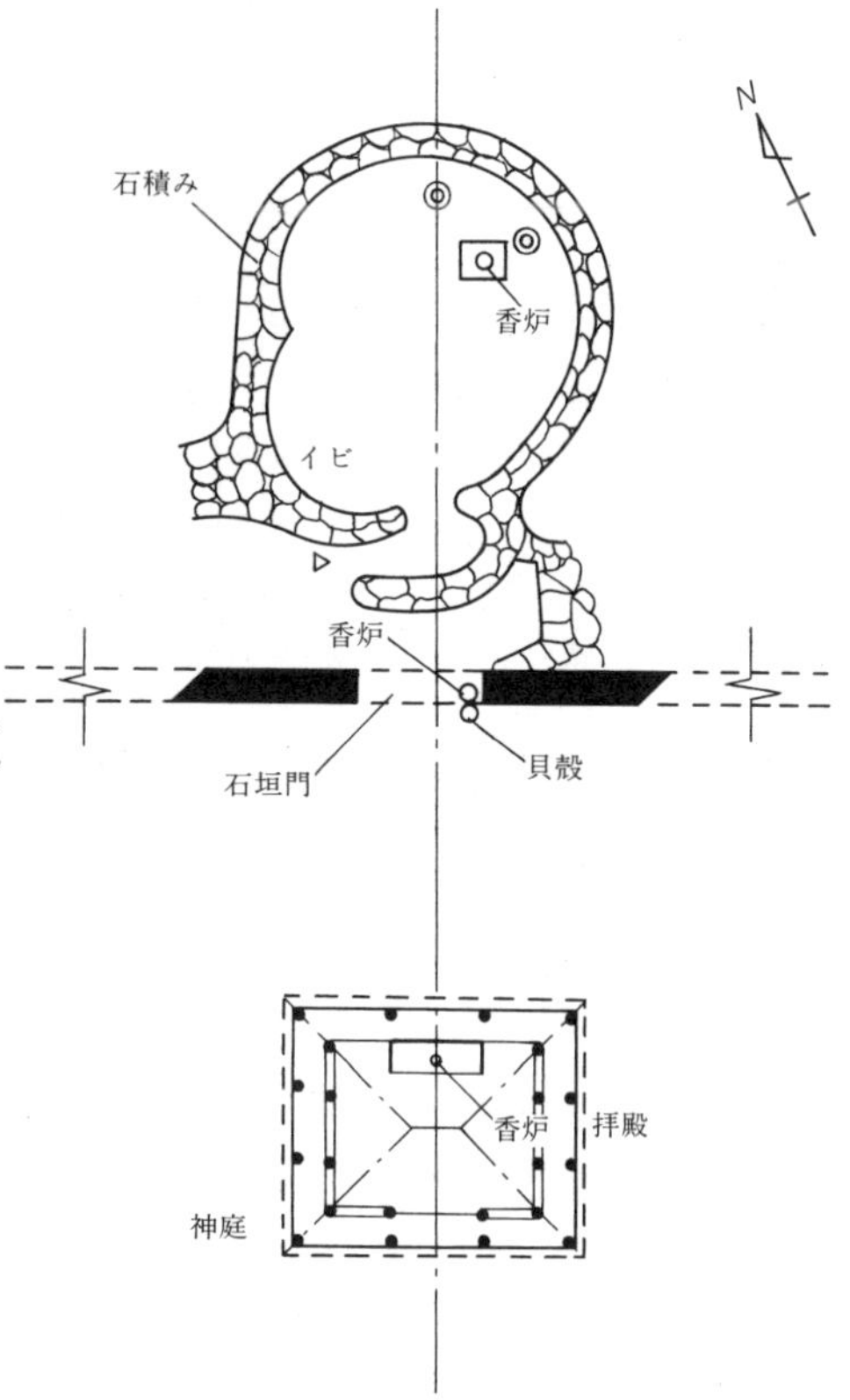

御嶽配置図（浦山隆一『南西諸島の「聖域」における宗教空間の研究』より）

かわる。村レベルで行われる御嶽祭祀は王国時代の祝女(ヌル)制度下においては沖縄本島では祝女、ニーガン、宮古・八重山ではツカサ、サスなどとよばれる女性神役らが男性神役ニッチュ、カンマンガーなどとともに実修してきた。廃藩置県後祝女制度は廃止されたが祝女を中心とした女性神役らによる御嶽祭祀は現在まで継続されている。しかし太平洋戦争の沖縄戦による御嶽の破壊、生業の変化、過疎化などにより御嶽およびその祭祀の変貌は著しい。

参考文献　鳥越憲三郎『琉球宗教史の研究』、一九六五、東京都立大学南西諸島研究委員会編『沖縄の社会と宗教』、一九六五、仲松弥秀『神と村』、一九七五、住谷一彦・クライナー＝ヨーゼフ『南西諸島の神観念』、一九七七

（植松　明石）

うだつ　**卯建**　本来は柱上部にわたした横材である梁の上に立って棟木をささえる短柱すなわち棟束のこと。うだちともいい、宇立・宇太知・卯建などと書かれる。近畿地方周縁部の、垂木構造民家の棟束をおだちというのはうだつの転訛と考えられる。信州や甲州の切妻民家の妻側にある棟持柱も卯建といい、うだつ屋とはこの場合掘立棟持柱の小規模でそまつな住宅を示している。この束の意味から変化して、室町時代以後の民家、特に町家の切妻屋根の妻壁を屋根面より一段高く建ち上げて小屋根を設けたものを指すようになり、その妻壁が前面に拡大した形で町家二階の両側に袖壁のように設けられる袖卯建のこともいう。町家の卯建の起源は『洛中洛外図屏風』によれば茅葺長屋の所帯境を示すような形で屋根上に設けられたものがあり、近世初頭の『江戸図屏風』などで

板葺でも作られているので防火目的ではなく、家格ないし商家の繁栄を示したと考えられる。「卯建が上がらない」という言い方もここから出たとみられる。町家が発展して瓦葺が普及するとともに、防火壁としての機能が考慮されて袖壁を厚く作るようになり、基礎から建ち上げて二段三段に小屋根を設けた豪勢な卯建を設けた土蔵造町家も近代になると各地に出現する。なお、町家の妻壁を建ち上げて装飾的に用いるのは日本に限らず中国系の東アジア町家にかなり共通して見られ、その成立ないし発展の要因にも共通性があったとみられる。

参考文献　伊藤鄭爾『中世住居史』、一九五八

（玉井　哲雄）

信州海野宿の町家の卯建　長野県東部町（東御市）

ウタリ　ウタリ　アイヌ語のウタリとは本来、身内や親戚という血縁集団（親族）、あるいは系譜に連なる一族を指す言葉である。それから派生して、それに準じてもよいと考える他系の人々をも含む。歴史書にみえる和人との抗争から、それと対峙するアイヌの人々の集団、連帯意識としての同胞を指す言葉となり、最近では、懇意な人、好意のもてる相手をもいい、友人や友達へのきどらない使い方として普及している。

（藤村　久和）

うづきようか　卯月八日　四月八日の行事。オツキヨウカともいう。今日では一ヵ月遅れの五月八日をこのように呼び農耕と結び付いたなんらかの祭ごとが存在する。かつてこの日は農耕にとって種子下ろしをする季節で、大切であったことを意味する。一方、四月八日は寺院において釈迦の誕生日として灌仏会（花祭）が行われており、これとの習合が顕著である。釈迦誕生仏を安置した堂に季節の花を飾ることを卯月八日という地方も多い。この日農村では、ウツギ、ツツジなどの花を束にして長い竹の先に取り付け、庭先に立てたり門口に挿したりするところが全国的に見られる。奈良県山辺郡・宇陀郡地方では、モチツツジの花を十文字にしてこれを天道花（てんとうばな）と呼び、竹竿の上に括り、その竹竿の中間に一本の花を括り、その下に竹籠を結んだものを七日の夕方に立てる。十字に結んだ天道花をお月さんに、下に付けた花は星に供えるという。籠にアマガエルが入ると福が来るといい、また、モチツツジに朝露が多く付くとその年は豊作といわれる。雨の順調なことを願う。この竹竿は九日の晩に取るという。この例からもわかるように農耕と大きく関係しており、季節の順調なめぐりと豊作の願いが込められた民間の古風な祭ごとと考えられる。陰暦の場合、春の彼岸を過ぎて月が上弦になったころが卯月八日にあたり、種子播きをする目安としているという伝承がある。彼岸

から最初の戊(つちのえ)の日を社日といって、やはり農作業の目安としたのとよく似ている。種子播きは、稲はもとより畑作用の種子播きもあったため、農民にとって特に意識された日であった。稲の籾播きをする水口祭にもツツジが立てられるのも、卯月八日の竹竿に花を立てるのと関係があるように考えられる。また、関東では筑波山・赤城山・三峯山などの神社で例祭をこの日営み、山の神が田へ降りて田の神になるという伝承がある。このことから卯月八日に立てる花は山の神の降りてくる依代とも考えられる。→花祭(はなまつり)

参考文献　柳田国男「卯月八日」(『柳田国男全集』一六所収、一九九〇)、林宏「暮らしのリズム」(『奈良市史』民俗編所収、一九六八)

(浦西　勉)

うなぎ　**鰻**　ウナギ科の硬骨魚。オオウナギは近似種であり、ヤツメウナギは無顎類、エラブウナギは爬虫類である。鰻をめぐる伝承はきわめて豊富であるが、中でも顕著なものは虚空蔵(こくうぞう)菩薩信仰に関連している。「虚空蔵様のお使いだから」とか、「虚空蔵様の好物だから」との理由で、ムラ全体、同族、あるいは特定の家、個人が鰻を食べない伝承は今日でも各地で聞かれる。また、虚空蔵菩薩が丑・寅年生まれの人の守り本尊とされ、この年の人は鰻を食べてはならないとされている。岐阜県郡上市美並町粥川谷では鰻を捕獲することも、食べることも禁じ、犯すと村ハチブとする村掟が残るほど固く守られ、村章を鰻としていた。旧仙台藩領に特徴的に分布する雲南神は鰻神で新田開発と洪水の被害を契機に近世にその多くがまつられた。洪水の本体が鰻と考えられ、これを調伏することにより、洪水の被害を回避しようとした真言系宗教者の活躍が想定される。地震とナマズの関係のように災害の起因者としての性格と、救済者としての性格が鰻と洪水の場合も伝説上で語られており注意を引くとともに、八重山群島やフィリピンのミンダナオ島では地震を起す鰻の神話が伝わり、大地を支える世界魚として鰻がナマズに先行したとも考えられる。栃木県には星の宮神社が多く分布するが、この氏子はやはり鰻を食べない。伊豆の三島大社はじめ各地の三島神社は鰻を使いとし、京都市小松谷の三島神社では安産信仰の利益から鰻の絵馬が奉納されている。長野県諏訪神社の山宮の御射山(みさやま)神事では二歳になる子供が健康祈願のために鰻を放生するのが主な行事となっている。このように虚空蔵菩薩を本地とする寺社に関係する鰻食禁忌に対して、一般に知られているのは土用の丑の日に鰻を食べる民俗である。鰻のみならず、水神に関係する「う」の字の付いた、梅干し・うどんをこの日に食べると夏負けしないという。鰻は縄文時代から食べられ、『万葉集』には、大伴家持が痩せた人に滋養ある食物として鰻を勧めた歌があり、古来から栄養豊富な食物として考えられてきた。その一方で禁食が伝わるのは、フィリピンのイフガオ族などが先祖の変身としての鰻を崇拝することを考えると示唆的である。鰻の回遊ルートの解明は近年のことであり、黒潮文化圏の指標動物としてその神話から鰻鎌・鰻筌(うけ)などその漁法まで含め比較研究の好材料となる。日本での鰻に関する伝説は、ヤマイモが化して鰻になる話や片目の人間が池や淵に落ちてからその池の鰻は片目鰻になったとする話など多様であるが、神仏の使令としての鰻、鰻の転生(物言う鰻)、片目の鰻、異形鰻の事跡、塚・地名などの由来譚の五類型に含めることができる。これらのことから、鰻は数ある水界生物の中でも、その誕生・変形・再生の神秘的な特性から特に霊威をもつ生物と考えられ、水神として崇められた段階があり、人知が進むにつれ神の使令へと質的変化を遂げたが、鰻そのものに対する信仰は根強く、鰻を捕獲、食することなどは忌まれてきた。やがて、この禁忌も衰え、虚空蔵信仰に関係してだけ、鰻への信仰、食物禁忌が持続し、今日の伝承として聞かれるようになったものと考えられる。

[参考文献] 佐野賢治「鰻と虚空蔵信仰」(『虚空蔵菩薩信仰の研究』所収、一九九六)

(佐野　賢治)

うばすてやま　姥捨山　親を捨てるというモチーフを持つ話型。「親棄て山」ともいう。その捨てた場所(山・谷・野)が現存するという伝説と、他所の話として語られる昔話とにまたがって伝えられている。話の展開により、四つの話型に整理できる。掟があるにもかかわらず、六十になった親を捨てずに自宅に隠しておく。隣国から難題(「灰縄千把」「打たぬ太鼓の鳴る太鼓」「馬の親子の判別」など)を課せられるが、老人の知恵で解決し、掟は撤廃されるという難題型。親を運搬した畚(もっこ)(籠)を一緒に行った息子が持ち帰ろうとするので尋ねると、今度自分が父を捨てるときに用いるのだと答えた。それを聞いて非を悟り連れ戻るという親捨て畚型。山に捨てに行く途中、息子が帰り道を迷わないためにと道々枝折りする親の情愛に打たれて、あるいは歌で示されて連れ帰るという枝折型。以上は養老をテーマとするが、次の福運型は嫁と姑の葛藤譚で養老は説かない。嫁が姑を嫌って山中で殺させるが、運よく危難を逃れて姑は富を得る。嫁は富を目当てに真似るが死ぬことになる。インドの経典『雑宝蔵経』にも同じモチーフのものがみえる。有名な『大和物語』の姥捨山は、この前半部が独立したものと思われる。難題型もインドの経典に、そして親捨畚型は中国の『孝子伝』にみえ、早くに日本に輸入されたと考えられる。枝折型は『古今和歌集』の注釈書で室町時代初めに了誉が著わした『古今序注』にみえるなど、姥捨山伝説は古くから文字知識として受け入れられてきた。姥捨山は歴史的事実ではないが、話の背景に葬制・厄年・隠居制など、民俗の反映がある。

[参考文献] 柳田国男「親棄山」(『柳田国男全集』一三所収、一九九〇)、大島建彦『日本の昔話と伝説』、二〇〇四

(花部　英雄)

うぶがみ　産神　出産の前後に出産の場に訪れて産婦と生児の安全を守ってくれる神。ウブサマ、ウブノカミ、オブノカミなどともいう。出産は出血を伴うために穢れと考えられ、神仏は出産の場には近づかないとされているが、産神だけは穢れを厭わずに出産の場に訪れ、産婦と生児を守ってくれる神と信じられていた。産神としては、山の神、厠神、箒神、産土(うぶすな)神、オカマサマ、シャモジガミサマなど地方によりさまざまな神が考えられている。これらの神が出産に関わって機能するとき産神とされる。産神は特定の神社にまつられたり、具体的な神体などがないことが多い。たとえば東北地方では出産が始まると夫が馬を引き出して山の神を迎えに行く。馬が急に立ち止まっていななくと山の神が来たしるしと考え、家に迎えた。出産が無事に終るとすぐに飯を炊いて産神に供える。産神は出産前後の産婦と生児を守護してくれる神であるが、生児に対してはその運命をも司る神と考えられてきた。昔話の「産神問答」は、男女の福分、虻と手斧(ちょうな)、水の神の寿命、夫婦の因縁の四つに話の要素が分類されるが、これらの昔話のなかに生児の運命を司る産神の性格の一端を見出すことができる。産神が産屋に滞在する期間は、出産が始まると来臨し三日目あるいは七日目ごろには帰ると考えられている。産神が帰ると、生児はこれ以降、三十日前後に宮参りをして、氏神の氏子にしてもらう。→出産(しゅっさん)　→月小屋(つきごや)

[参考文献] 牧田茂「産神と箒神と」(『民間伝承』八ノ七、一九四二)、大藤ゆき『児やらい』(「民俗民芸双書」、一九六八)、倉石あつ子「産屋・産神」(『日本民俗研究大系』四所収、一九八三)

(倉石あつ子)

うぶぎ　産着　はじめて生児に着せる晴着。産衣とも書く。三日祝いが

すむまでは、生児に着物を着せず、産婦の前掛や布・綿などにくるんでおいた。これをボボサヅツミなどといい、長いところでは五十日ほども着物を着せなかった。生まれたばかりの生児はまだ人間界に定着せず、産神の管理下にあるものと考えられ、三日目あるいは七日目にはじめてこの世に属する人として認知され、人が着るべき袖のある着物に手を通すことができた。新潟県佐渡ではムラの人衆(村人の人数)に加えられたという意味から、ニンジュギモンと呼んだ。このほか産着はテトオシ、テツナギ、ミッカイショウ、ミツメギモン、サンヤギなどとも呼ばれる。産着は子どもが生まれるまえに用意しておくと、生まれた子が早死にするなどというところが多く、大分県国東半島などでは三日目に取上げ婆さんが縫ってくれた。一般的には子どもが生まれてから産婦の生家でこしらえて贈る。生児が丈夫に育つようにと鬱金(うこん)色や麻の葉の模様のついた布地が用いられた。子孫の多い長寿の人の古着を縫いなおしたり、子どもが育ちにくい家では、ヒャクトコギモンなどといって百人の人から端ぎれをもらってはぎ合わせて産着を作った。産着の背には背守りをつける。こうすれば子どもが水に溺れたり、火のなかに転げたとき、荒神様や産土(うぶすな)様が引っ張り上げてくれると伝えられている。魔除け・癇の虫よけなども願ってつけたもので、縫い方や模様にも決まりがあった。

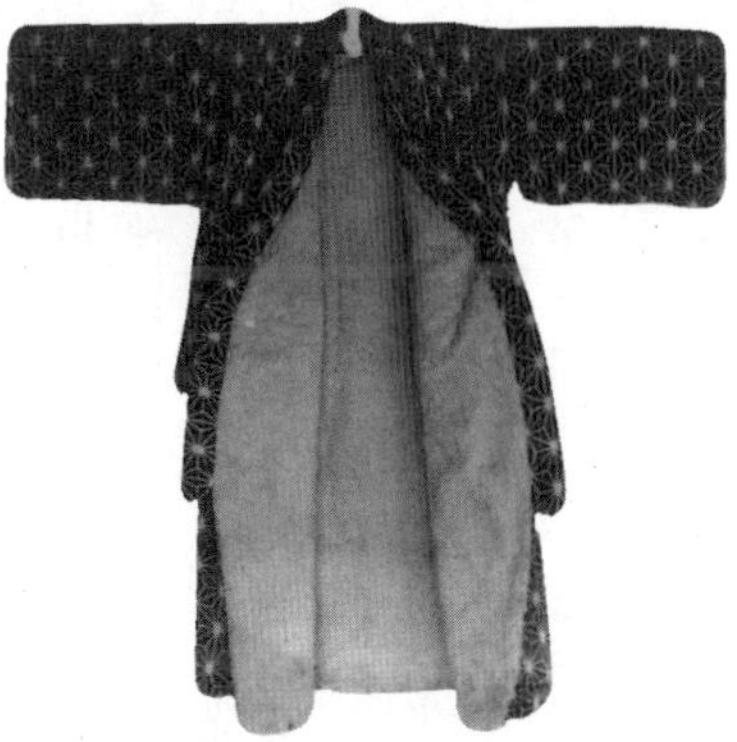

群馬県富士見村の麻の葉模様の産着（提供都丸十九一）

参考文献　大藤ゆき『児やらい』(『民俗民芸双書』、一九六八)

(倉石あつ子)

うぶすな　産土　生まれた土地の守護神。産土の神または産土神ともいう。産土とは人の出生地の意味で、先祖伝来もしくは自分の生地を出自意識をもって表現する言葉であり、その土地の鎮守社またはその祭神を自分の出自との関係で生まれながらの守護神と信じて、これを産土の神と称する。文献にみえるウブスナの表記には、本居・宇夫須那・生土・産土・産須那、ほかは近世における語義解釈で案出されたものが多い。本居をウブスナと訓ずるのは、『日本書紀』六二四年(推古天皇三十二)十月条に「葛城県者元臣之本居也(かづらきのあがたはもとやつがれがうぶすななり)」とあって、北野本・岩崎本の訓ずるところによる。産土の語義としては、鎌倉時代の『塵袋』や『塵添壒囊抄(じんてんあいのうしょう)』(一五三二)に風土記逸文の一節「尾州葉栗郡若栗郷ニ宇夫須那ノ社ト云フ社アリ。廬入姫(いおいりひめ)ノ誕生産屋ノ地ナリ。故ニ以テ号ニ為社一云フ(やしろのなとなすといふ)」を引用し、当時は所生の所の神をウブスナといい、本居・産土・宇夫須那と書くとしている。一八四三年(天保十四)序の伊勢貞丈『貞丈雑記』一六には「本居とはもとのをりところにて、産れたる処を云ふ。うぶは産なり。すなはち土なり」とあり、また一八三〇年までに成立した谷川士清(ことすが)『倭訓栞』には「推古紀に本居をよめり。産出の義なるべし。邑里(むらざと)の名にいふも、名ある人の出でたる所をよべり。その義風土記などに見えたり」とある。産土神信仰を重視した平田派国学者には、この語を神学的に解釈する者が多い。六人部是香(むとべこれか)が『産須那社古伝抄広義』(一八五七)で、産須那を産為根として万物を産む根本の意に解し、また佐野経彦は、『宇夫須那神考』で産為根はウブスニという語がウヂ(氏)という語に約したものと同義で、産土神は氏神のことだと説いている。ほかに、『神道名目類聚抄』(一六九九)の産砂と宛てて梅宮神社(京都市右京区)の砂を出産の守りとするところから出たとする解釈や、小山田与清『神祇称号考』の「産住場にて、産出てやがて住場なればにや」とするものもある。ウブの語義ではすべての解釈が一致して「産」「生」の意としているが、スナまたはスについては諸説がある。多くは、ナは名であり、名は生・成・為であって(『倭訓栞』『古事記伝』)、「其住着ける地を名といへり」(『書紀伝』二)とし、特に邑里といった地縁集団の位置する比較的狭い土地を指す意味にとっている。すなわち産土神は、ウブスナなる所生の土地にまつられた神として、祖先または自分を含めた郷党社会を守護する神社ないし神格をいう。なお平安時代末期より「産神」の語が『今昔物語集』などにみえ、室町時代には「産神」「氏神」ともにウブスナと読むことがあり、近世には産神を奉じる者を産子と呼ぶに至る。産土神(産神)と産子の関係は語義の上からもおのずと子どもの出生に関連し、近世には初宮参りや一般の氏神参りを産土参りと称したことも多い。また近世の神道思想には、産土神を幽世の神とする神学的試みも目だつ。すなわち産土神は氏子を守護し、その死後の霊魂に対して生前の善悪を裁く場に導いたり、祖霊と協力して郷土と氏子を守護するという説である。この説は『日本書紀』神代に示された幽冥神としての大国主命と結びつけられ、各地の産土神が毎年十月(神無月)に出雲大社に報告のため神集うとの神在月の信仰と結合して広く普及した。こうして氏神・鎮守の信仰とほとんど同一視されるに至った産土神の信仰は、家郷的な社会生活において住民奉斎の中心となったが、明治維新後は氏子制度が整備されたこともあって、公的には産土神ではなく氏神のほうが一般化している。

↓氏神　↓産神　↓鎮守

参考文献　柳田国男「氏神と氏子」(『柳田国男全集』一四所収、一九九〇)

(薗田　稔)

うぶや　産屋　出産をするための場所で、特別に準備された別棟の小屋あるいは産室をいう。出産・産後のある期間、産婦と生児がこの小屋で過ごした。出産に際して産屋を設けることは『古事記』『日本書紀』の鵜草葺不合尊や豊玉姫命の話にもみられるが、近現代においては中部地方以西の海岸沿いに多く残存した。別棟の小屋は個人もちのものと、集落で共有するものとがあり、共有のものの方が後々まで残存する傾向がみられた。オブヤ、デベヤ、ベツヤ、タヤ、ヒゴヤ、カリヤ、ヨゴラヤなど、さまざまな呼び名があり、月経期間中に籠る小屋と共用しているところもあった。福井県敦賀市の産小屋は一九七〇年代ごろまで使用されていたものとして有名だが、産屋の存在はほかの地方でも確認されている。大きさは一間四方のものから二間四方ほどのものまであるが、室内は叩いた土間や砂を敷いた土間が多く、その上に藁・莫蓙・筵などを敷き、さらにぼろ布を敷いて出産した。敦賀市の産屋には天井から力綱が下がっている小屋が多く、座産の際にその綱を握って子供を産み落とした。土間の一角には竈が据えられたり、囲炉裏が切られたりしていて、鍋や釜が常備されて煮炊きができるようになっていた。出産に際して囲炉裏に火を焚き、産婦を温める習俗をもつところも広く分布しており、囲炉裏は出産の際に必要な設備であった。このほかに産婦は布団・茶碗・箸・しゃもじなどを持参し、出産後は産の忌みの期間は小屋に籠り、家族と別れて別火の生活をしたのである。穢れは火を通して移ると考えられ、産のあった家の火は穢れているので、その家で煮炊きしたものを食べると、食べた者までが穢れると考えられた。そのために産屋で別火の生活を送ったり、納屋の一角や納戸などの母屋の一室を産室として使用する場合も、産婦の食事の火だけは別にした。産の穢れは死の穢れより重いと考えるところは多く、沖縄本島では「死宿は貸すが産宿は貸さない」といったし、チボク(赤不浄)はシボク(黒不浄)より重いというところは多い。穢れのかかる期間や範囲は、地域や生業によってさまざまである。産婦の夫は三日から七日、家人は三日などというところが多く、漁業・狩猟・林業などを生業とする人々は出産の穢れによる神の怒りを恐れ、ムラ全体で三日から七日は仕事を休んで忌みに服するところもあった。産屋を出る日は男児と女児とで異なり、男児は十七日、女児は十八日など一般的に女児のほうが長い。敦賀市では、産婦は産屋で三十日間を過ごしたのち、さらに産屋に付属したベッヤで二十日間を過ごし、産屋を出るのは七十五日から百日後であった。産屋を出る日をコヤアガリなどといい、体を清め着物を着替えてから家に戻った。こうした別棟の産屋での厳しいと思われる生活も、産婦にとっては舅・姑に気兼ねなく休める期間であり、体が回復してくるとふだんはできない縫い物や繕いなどをして過ごすこともあった。やがて穢れ観の衰退により、産婦に対する種々の拘束は消滅し、助産婦などの活躍によって、出産姿勢や産屋・産褥の改善指導がされるようになった。さらに一九五〇年代以降は自宅出産から病院出産へと出産の場が変化し、出産の姿勢が医師主導の姿勢に変化したように、出産の場も診察室・処置室となり、産屋という意識は消滅した。　→出産　→月小屋

産小屋　福井県敦賀半島（提供新谷尚紀）

参考文献　大藤ゆき『児やらい』(「民俗民芸双書」、一九六八)、谷川健一・西山やよい『産屋の民俗―若狭湾における産屋の聞書―』、一九八一、鎌田久子・宮里和子『日本人の子産み・子育て―いま・むかし―』(「医療・福祉シリーズ」三三、一九九〇)
(倉石あつ子)

うま　馬　奇蹄目ウマ科に属する哺乳類。鹿児島県出水市から出土した馬骨からみても、日本では馬は縄文時代から飼育されていた。現在南西諸島で飼われている馬高が一二五センチ以下の小型馬と同様であった。この小型馬は、沖縄県の与那国馬・宮古馬、鹿児島県の吐噶喇馬、愛媛県の野間馬など現存する在来馬と同じく、中国の四川馬に起源をもつものとされている。ところが、四世紀以降の古墳時代になると、馬高一二五―一四〇センチの蒙古馬系の中型馬が、アジア大陸から日本に入ってくる。馬と銜・鐙などの馬具をもたらしたのは、東北アジアにいた高句麗などの

1886年（明治19）の県別牛馬飼育頭数

騎馬民族だという騎馬民族国家論が江上波夫によって唱えられた。高句麗にみられる積石塚古墳が信州など古代の馬産地に多いことも、騎馬民族説を裏づけている。騎馬民族が日本の支配者になったことはともかく、渡来人によって馬産や騎馬術などの文化が大陸から入ってきたことは事実である。電信・電話が発明されるまで、最も速い情報伝達手段は馬であった。また内燃機関が普及するまで、最も機動力に富む軍事組織は騎馬軍団であった。さらに鉄道が開通するまで、最高の輸送機関は駄馬交通であった。したがって古代から馬産は国家の重要な施策であった。そこで奈良時代になると兵部省に馬政をあつかう馬寮が設けられた。その馬寮は平安時代左馬寮と右馬寮に改組された。その主要な任務は諸国に置かれた国営牧場の管理、宮中で用いる馬の飼育と調教であった。中世武士の社会となると、軍事力としての馬の生産と管理が重要視され、近世には藩営の牧場が設置された。明治以降の日本の軍国主義化とともに、軍馬生産は国策とされた。そこで馬政局が設けられて、馬の品種改良に乗り出した。在来馬の馬格を大きくするために、アングロノルマン種などの洋種を種牡馬として用いた。この結果、昭和初期までに日本の馬の多くは中半血(雑種)になった。第二次世界大戦の敗戦とともに、軍馬の需要はなくなり、またモータリゼーションの進行とともに馬の飼育は急減した。農耕馬は古代から耕作、運搬、厩肥の生産などと幅広く使用された。また中馬に代表されるように駄馬交通も盛んであった。敦賀湾と伊勢湾を結ぶ線の以東、東日本に馬の飼育密度が高く、「東馬西船」といわれている。東日本は西日本に比較して気候が寒冷で、田植えなどの適期が短く、厩肥の肥効が高いこともあって馬文化圏になっていた。明治以降犂耕や馬車の普及とともに役畜としての馬の使用価値は高まった。戦後馬の利用が減るとともに馬産は衰退し、競争馬用に現在サラブレッド種を中心とする軽種馬の生産が中心になっている。なお日本におけるスポーツとしての乗馬は、欧米先進国に比較して遅れている。生産のみでなく、岩手県岩手郡滝沢村・盛岡市のチャグチャグ馬ッコ、福島県相馬市の野馬追い、神奈川県鎌倉市鶴岡八幡宮の流鏑馬、長野県木曾郡南木曾町の花馬祭など、馬にまつわる祭事が各地でみられる。神馬として牡馬が神社で飼われ、また願をかけて絵馬が社寺に奉納されてきた。また馬とのかかわりの深い馬産地では、馬にまつわる昔話も各地に伝承されている。中でも岩手県南部地方や沖縄県の与那国島における飼主の娘と牡馬との悲恋物語は有名である。馬をまつった馬頭観音の石像も各地にみられる。南西諸島を除く馬産地では、馬肉を食べずに、死んだら手厚く墓に葬っていた。しかし熊本・福岡・岐阜・長野・山梨・福島などの諸県では、桜鍋・馬刺などの馬肉料理が愛好され、風土食の一つになっている。

[参考文献]　森浩一『馬・日本古代文化の研究』、一九七四、林田重幸『日本在来馬の系統に関する研究』、一九七八、市川健夫『日本の馬と牛』(『東書選書』六九、一九八一)、江上波夫『騎馬民族国家』(『中公文庫』、一九八四)

（市川　健夫）

うまや　厩　馬や牛を飼育する部屋や小屋。マヤ、ケイヤ、ダヤなどとも呼ぶ。牛馬の飼育は農家の暮らしに深くかかわり、田畑の耕作や物品の運搬に労働力を提供してくれるだけでなく、厩肥の生産にも欠くことのできない存在であった。それだけに専用の畜舎を設けて、大切に管理した。一般的な厩は、母屋の出入口に近いニワの一隅を、板壁で間口一間から一間半ほどに区画し、入口には取外し可能なマセ棒を二、三段取り付けた。内部の床は、厩肥をつくるため地面を掘り下げ、刈草や藁などを敷き込んで、それを踏み込ませた。また、ここは天井を設けることが多く上部をマヤ二階などと呼び、焚物や藁の物置にしたり、副業の場に用いた。時には使用人や子供の部屋に改造される。こうした内厩は、全国的に分布し、この部分を母屋から突き出した形で成立した日本海側多雪地に見られる中門造や東北地方の曲家は、その典型といえる。防寒上の配慮がその背景にあったと思われる。一方、母屋から独立した別棟の厩は、南関東地方や比較的温暖な地域に見られる。この場合、厩に併設あるいは隣設して、納屋や便所小屋を設けることが多い。なお、厩の戸口に猿や牛馬の絵札を貼って、その守護と繁栄を願う信仰もある。近

年、農業の機械化と化学肥料の普及によって、牛馬飼育の利点が失われ、厩の大半は姿を消した。　↓曲家(まがりや)

参考文献　草野和夫『東北民家史研究』、一九九一　（三井田忠明）

うみ　海　陸地以外の塩水をたたえた水域で、地球表面積の七〇％を占める。海に囲まれた日本の民俗文化と海とのかかわりは深くかつ多面的である。㈠環境としての海　海岸・内海・外洋といった空間区分があるが、海岸の地形地質的特徴から見ても次の種類がある。⑴磯　浸蝕地形で海蝕崖、礫岩岸があり、海蝕崖には海蝕洞窟が形成される。⑵浜　堆積地形で砂浜・石浜がある。⑶潟　主として遠浅の海岸で、潮の干満によって底部が出没する地形を指す。⑷サンゴ礁　造礁サンゴ凝結地形で、裾礁・イノー(礁池)などに特色があり、琉球弧にこれらが見られる。海岸環境は、こうした地形・地質的特徴に加えて、潮汐干満・大潮小潮・潮流といった海象や風・気温といった気象条件と相まって干潟や礁原の露呈、波浪・渦・流氷などをもたらし、それらが生活・生業に影響を与え多様な民俗を生成する土壌となった。生業的な民俗空間概念としてハマ、イソ、オキといったとらえ方をするところもある。㈡漁撈　海が育む多種多様な魚介類・海藻類は食素材として重要な位置を占めてきた。そのため、対象魚種・対象捕採種ごとに環境に応じた漁法・漁具が開発され、関連民俗が伝承されている。アワビ、サザエ、テングサなどを対象とする潜水漁法にしても、ノミ(イソガネ)、スカリ、磯桶、錘、服装、漁撈組織、季節サイクル、潜水技術、止め磯などの資源保全・安全呪術、貝や海藻の豊穣予祝、捕採物の流通や食法、海女(海人)の移動・技術伝播などさまざまな問題がある。㈢海運と海上の道　たとえば近世中期以降明治時代にかけて活動した北前船に注目してみても造船の特色・乗船員組織・航行範囲と寄港地・運搬物資・航海期間・航海技術・風・潮流潮汐などの環境利用、安全祈願や航行に伴う民俗伝播など多様な問題がある。沿海海上交通のみならず、大陸・半島・島嶼との交流があり、柳田国男の提示した「海上の道」は文化伝播という点で大きな主題である。漂着・漂着物もまた海上の道による。㈣製塩　塩は海浜で作られた。塩田の種類と技術、製塩用具、製塩組織、燃料の確保と流通、専売以前の塩の流通などの問題がある。㈤海浜砂地農業　飛砂防止の技術、水の確保と散水技術、適性作物の選択などの問題がある。㈥信仰　右にあげた環境・漁撈・航海などはいずれも信仰と深くかかわっており、海をめぐる信仰は複雑多様である。⑴神社　宗像大社(福岡)・住吉大社(大阪)・鵜戸神宮(宮崎)・塩竈神社(宮城)・金刀比羅宮(香川)・焼火(たくひ)神社(島根)など、航海安全、海の恵みの豊漁などを司る神社が各地にあり、独自な伝承と祭祀を伝え、信仰を集めている。⑵民俗神　海中から拾いあげた石、特定のアワビ殻、海難者の死体、鯨、サメ、イルカなどをえびすと呼び、これらをまつることによって海の幸が得られるとするえびす信仰がある。また、竜宮信仰も漁民の間に深く浸透している。折口信夫の説くまれびと論・常世論や五来重の説く海の修験道、那智に伝えられる補陀洛渡海伝承なども海と深くかかわる信仰である。また、全国各地に見られる浜降り・潮水迎えにも注目しなければならない。海にかかわる問題としてはこのほか、家船(えぶね)・漂海民の問題、離島の問題などもある。

参考文献　大林太良編『山民と海人―非平地民の生活と伝承―』(『日本民俗文化大系』五、一九八三)、亀山慶一『漁民文化の民俗研究』(『日本民俗学研究叢書』、一九八六)、北見俊夫『日本海島文化の研究』、一九八九、網野善彦他編『海と列島文化』、一九九〇・九三、高桑守史『日本漁民社会論考』、一九九四、野本寛一『海岸環境民俗論』、一九九五　（野本寛一）

うらない　占い　ある行為や現象にもとづいて、未来の吉凶を判断すること。卜占ともいう。元来、中国の易経に起源を有する占法を易と呼んだが、占いと同義に用いることもある。単に統計的、経験的確率によって判断するのではなく、ある行為や現象の背後に超自然的な力や原理が働いているとみなし、その作用の結果を、一定の経験的あるいは象徴的な基準に照らして判ずるところに占いの特徴がある。占いが神事とされてきたゆえんである。中国から伝来した占法に、亀卜・占星術・遁甲術などがある。亀卜は亀甲を焼いて、その割れ方で占う。古墳時代後期に伝えられたとみられる。神祇官所属の卜部が司り、『延喜式』によれば対馬・壱岐・伊豆から二十人が任じられたとされる。占星術は、天体の運行にもとづいて自然の異変や人生運を占う術である。推古天皇の時、百済僧の観勒によってもたらされた。また、占星術に関する経典『宿曜経』も伝えられ、宿曜師の手で占われた。遁甲術は、式盤を回し、停止した所に書かれた十二神・八卦・干支などを『遁甲経』という讖書で占う式占の一種である。日本では遁甲は陰陽師が管掌した。なお、讖書にはほかに『太乙式』『雷公式』などがあった。日本は古来農業を主要な生業としてきたため、年頭に当年の天候や作物の豊凶を占う年占が盛んに行われてきた。年占は小正月に実施されることが多いが、なかには節分・五月・八月に行う地域もみられる。鹿占・粥占・米占・豆占・水占・綱引き、あるいはオビシャやモモテなどの弓を用いた占法等々、さまざまな方法がある。古代には太占(ふとまに)とも呼ばれる鹿卜が行われたことが記紀や『万葉集』などにみえる。鹿の肩骨を波波迦(上溝桜)の木で焼いてその割れた形状で吉凶を占った。群馬県富岡市の貫前神社(ぬきさきじんじゃ)に伝承される鹿占神事は焼けた錐で鹿骨に穴をあけ、その大小によって占う。粥占は筒粥神事・管粥神事とも呼ばれ、小豆や米の上に竹・カヤなどを乗せて粥をつくり、竹・カヤに入った小豆・米の数によって占う。米占は、米粒を用いて豊凶を判断する。豆占は大概節分の夜に行われ、炉の灰に十二個の豆を並べて焼け方から当年各月の天候を占う。水占は水の流れ・清濁、五穀の沈み具合などからその年の雨量や豊凶を予測する。弓神事は西日本に多くみられ、十二本の弓を射て各月の吉凶を判断したりする。また、ナマズが騒ぐのは地震の前兆とされるごとく、天変地異や人生の吉凶、作物の豊凶を天候や動植物の異変によって占う伝承もみられる。ほかに、辻占・銭占・琴占なども行われた。辻占は、道の交差する辻で通りかかった人の発する言葉から吉凶を判断した。櫛占は辻で櫛の歯を鳴らして行う一種の辻占であった。銭占は銭を用いた占い。占いには神意が働いているという認識が占いに対する信頼感を生む背景にあるといえるが、より直接的に霊的存在を憑依させて行う占いもあった。琴占やコックリなどはその一例である。籤も一種の占法で、室町時代ごろから社寺で神籤を出すことが盛んになった。なお、占い師を八卦見と呼ぶが、八卦は易経に起源を持つ占いの方法である。　→陰陽道(おんみょうどう)　→粥占(かゆうら)　→託宣(たくせん)　→年占(としうら)

参考文献　桜井徳太郎『民間信仰と現代社会—人間と呪術—』(『日本人の行動と思想』九、一九七一)、五来重・桜井徳太郎・宮田登他編『巫俗と俗信』(『講座日本の民俗宗教』四、一九七九)
(長谷部八朗)

うりこひめ　瓜子姫　瓜から生まれた姫を主人公とする昔話の型。『日本昔話名彙』の完形昔話の「瓜子姫子」、『日本昔話大成』の本格昔話の「瓜子織姫」にあたる。室町時代や江戸時代には、『瓜姫物語』『昔話きちちゃんとんとん』などに作られた。その基本の形式は、川を流れる瓜から姫が生まれ、爺婆の留守に機を織っていると、あまのじゃくが来て姫の身代りになりすますが、ついには化けの皮を剝がれるというものである。あまのじゃくの所行について、東北日本の一帯では、姫を殺したように語られ、西南日本の方面では、姫を縛っただけで終っている。柳田国男の論では、小さな姿であらわれた姫が、神に仕えるために機を織るという、小さ子譚の典型として位置づけられ、関敬吾の説では、一人前の年ごろにかかった娘が、結婚に進むために機を織るという、成女式の反映として取りあげられる。

参考文献　大島建彦「瓜姫の昔話と草子」(『お伽草子と民間文芸』所収、一九六七)　(大島　建彦)

うわさ　噂　裏付けのない非公式な情報。地震・戦争といった大事件から人間関係の齟齬(そご)、あるいはそれに伴う精神的緊張など、日常世界に生じた大小の物理的、社会的、精神的な危機の際、事態の意味や解決手段を告げる情報が欠如し、その埋め合わせとして、真偽や根拠が曖昧なままに発生・伝播する。一般に、対象となる人物や事件の核心から離れたところで広まり、安定した公的見解に導かれず、伝達者は単なる媒介者として振る舞うため内容に責任を負わない。このため、不安・恐怖・願望・誇示といった人々の内なる感情や欲求を反映し、公的には非常識として退けられた観念や憶測も動員して、さまざまな状況判断を試行錯誤的に取り込みながら意味内容を変化させる。伝達に伴って、内容に全般的な欠落と部分的強調が現われ、人々の関心や期待の枠組みに応じた集約化が起きる。また、噂の量は、状況の曖昧さと問題の重要さの積に比例するという。諺や俗信・慣用句に表われる噂の民俗的イメージは、天地木石あらゆる物が噂をし、制御不能で対抗手段がない。また、名あるいは口・耳などの身体器官、犬の声や鐘の音、風・煙といった気体、花や植物の成長にたとえられ、物事の表層で作用する。「噂をすれば影」「噂になるとくしゃみする、体がほてる、痒くなる」といった諺・俗信には、対象者への呪術的影響力も読み取れる。古代・中世には、噂は神意の表われと考えられ、その流行は大事件の前兆ともみなされた。↓世間話(せけんばなし)

参考文献　福田アジオ『可能性としてのムラ社会―労働と情報の民俗学―』、一九九〇、ジャン=ノエル=カプフェレ『うわさ―もっとも古いメディア―(増補版)』(吉田幸男訳、「叢書・ウニベルシタス」二二九、一九九三)、佐藤健二『流言蜚語―うわさ話を読みとく作法―』、一九九五、齋藤純「噂と真実」(『講座日本の民俗学』三所収、一九九七)　(齋藤　純)

うんさだめ　運定め　人間の運命は生まれながらに誕生を司る大いなるものの意志によって定められているという運命観を語る昔話のモチーフ。世界最古の叙事詩『ギルガメッシュ叙事詩』にも記されることから、人類で最も古い運命観と見做されている。エジプトやアフリカの王権・英雄の古物語にも同じモチーフが扱われ、中国や韓国の昔話で運定めが語り継がれるなど、これは世界的に行き渡る思想ということができる。日本の場合は『今昔物語集』『宇治拾遺物語』などに運定めモチーフが散見し、古く口承世界で定着したものとみえる。日本では誕生を司る超自然的な存在を産神と語り、山の神、箒の神、便所神、杓子の神、寄木などにあてられている。産神は人の誕生に立ち合い、生まれた者の運命を定めて予言する。人間の及ばない産神の意志は、昔話の中に特有の話群を生み出して、その確認と諦めの錯綜したドラマを描かせ続けてきた。とりわけ、山の神など女性神とされる産神の声を立ち聴く者を男性に限定する構造には、運命の女神を語るヨーロッパの同型民間説話と共通するものがある。水禍で死ぬ「水の神の寿命」、刃物で死を招く「虻と手斧」、男女の福分を扱う「産神問答」や抗し難い神の結んだ絆を語る「夫婦の縁」がある。「婚礼の日の死」は『ギリシャ神話』アルケスティス伝説と連動するモチーフ、「炭焼の子」はギルガメッシュの王権への運命と通う経緯など、外国種の面影を宿しながら語られる。中で主人公の運命がめでたく栄えるものと、その隆昌を語る昔話群は特に運命譚と呼ばれる。仏教色の濃い因果思想を内包する昔話グループの因縁話も、運定めの運命観に根ざすものといえる。

参考文献　石原綏代「運定めの話の一型」(『説話文学研究』四、一九七〇)、関敬吾「運命譚—その系統と分布—」(『成城大学民俗学研究所紀要』六、一九八三)

(野村　敬子)

うんぱんほう　運搬法　物資もしくは人や動物の所在位置を移し変える行為。人力を用いるのが基本で、運搬の語は元来これのみを指し示すものであった。人力以外の畜力などによる際は運送の語があてられ、明瞭に区分されていた。しかし、現在では、特に人力によらない場合でも、運搬も混用されるようになっている。ただ、その用法は慣用的で、使用基準も明確とは言い難い。人力による運搬法は五種類に分けられる。第一は頭の上に載せる頭上運搬、第二は肩を使う肩担い運搬、第三は背中に負う背負い運搬、第四は腰に付ける腰さげ運搬、第五は手に持つ手持ち運搬である。頭上運搬は、もっぱら物資を運ぶもので、人や動物が対象とされることはない。由来は古く、埴輪に例が見られることから、古墳時代にはすでに行われていたのが確認される。分布範囲はほぼ全国に及ぶが、東北地方では希薄で、陸前江ノ島(宮城県牡鹿郡女川町江島)が最北端とされている。女性が行うのが特徴で、京都の大原女、伊豆大島のあんこ、瀬戸内海各地の魚行商などが代表例である。運搬具は用途に応じて異なり、魚は籠か桶、水は桶か壺を用いる。薪は縄で結わえ、そのまま載せた。肩担い運搬は、物資を運ぶのを主とするが、人を対象とすることもある。一方の肩だけを使うことが多いが、肩車のように両肩を使う場合もある。担い方は、直接載せるか、籠や袋に入れてかけるか、棒に下げてかけるかの、三通りがある。棒を使う場合は、さらに、一端に荷物を付けて一人で担う肩担い、両端に荷物を付けて一人で担う天秤かつぎ、棒の中央部に荷物を付けて二人で担う差担い、二本以上を使用し中央部に荷物を付けて四人以上で担う方法の四通りに分けられた。背負い運搬は、人および物資の双方が対象とされる。方法は、頭部を併用する頭部支持背負い運搬、胸部を併用する胸部支持背負い運搬、両肩を併用する両肩支持背負い運搬、の三通りがある。この運搬法の特徴は、特に両肩支持背負い運搬において、かなりの重量を負いながら、両手が自由に使えることである。中世以前、陸上の物資輸送は長距離も人力による場面が多かったが、その際もっぱらこの方法がとられたゆえんである。腰さげ運搬は、物資のみが対象とされ、それも比較的軽量なものに限られる。種子・果実・山菜・小魚などである。用具は籠や袋が用いられ、紐や下げ緒で腰に結び付けた。手持ち運搬は、物資を主とするが、人も対象とされている。方法は、抱える場合と下げる場合の両者がある。前者は持ちにくいため運べる距離が短いのに対し、後者は比較的長距離を運ぶことができる。運搬具も、前者はほとんど有り合わせだが、後者は袋など専用のものが用いられることが多い。運搬法としては最も原初的な形態で、人が両手を自由に使えるようになると同時に開始され、今なお広く行われている形態である。→頭上運搬(ずじょううんぱん)　→背負運搬具(せおいうんぱんぐ)

参考文献　柳田国男「棒の歴史」(『柳田国男全集』一三所収、一九九〇)、宮本馨太郎『民具入門』、一九六九、北見俊夫『市と行商の民俗—交通・交易伝承の研究(二)—』(「民俗民芸双書」、一九七〇)、礒貝勇『日本の民具』(同、一九七一)、木下忠編『背負う・担ぐ・かべる』(「双書フォークロアの視点」七、一九八九)、胡桃沢勘司『西日本庶民交易史の研究』、二〇〇〇

(胡桃沢勘司)

え

えきびょうがみ　**疫病神**　咳病・疱瘡・麻疹など、さまざまな疫病をもたらすと信じられる神。えきびょうしんとも、行疫神・疫神などともい い表わされ、厄病神・厄神などとも通じて用いられる。一般に疫病の流行は、古くから神の祟りとして恐れられていたが、次第に非業の死を遂げた者の霊、すなわち御霊（ごりょう）のしわざのように考えられてきた。そのような御霊信仰との関連において、疫病神またはその統御神も、あやしげな異人や老婆など、何らかの人間の形態をとって現われると伝えられた。疫病の防除のためには、古来の宮廷の儀礼として、恒例の鎮花祭や道饗祭などのほかに、臨時の疫神祭にあたるものが営まれ、必要に応じて諸社に対する奉幣、諸寺における読経なども行われた。現行の習俗によると、村境まで疫神の人形や神輿を送りだし、村境に道切りの注連縄や草鞋などをかけわたすことが知られており、特に村境に大人形のたぐいを立てておくことが注目されている。小正月の火祭などは、ただ道祖神の祭祀というだけではなく、また盆の送り火なども、ただ先祖の供養というだけではなくて、いずれも疫神送りの要素をあわせもっていたと考えられる。それとともに、家ごとの個別の呪法としては、節分の豆まきをはじめ、事八日の目籠などのような、さまざまな軒先の呪物があげられるのである。特定の旧家の家例としては、ただ疫病神を追いはらうだけではなく、厄神の宿や疱瘡神の宿などといって、わざわざこれを迎えいれた上で、改めてこれを送りだすならわしも認められる。

参考文献　大島建彦『疫神とその周辺』（「民俗民芸双書」、一九八五）

（大島　建彦）

えと　**干支**　十干十二支のこと。干支の知識は中国から朝鮮を経て日本にもたらされ、暦日をはじめ方位や物事の順序をあらわすのに用いられた。十干はひと月を三分した十日（旬）を数える符号で、甲・乙・丙・丁・戊・己・庚・辛・壬・癸をいう。十二支は一年の月の呼び名とされ、子・丑・寅・卯・辰・巳・午・未・申・酉・戌・亥をいう。それぞれの文字の意味は不明だが、元来十二支の漢字に動物の意味はなかった。十二支を月にあてる場合は寅からはじめるのが暦の基本で、閏月があると十二月も寅となる。十干と十二支を組み合わせて暦日を数えるが、歳に干支を配当したときは六十一年でもとにかえる。還暦あるいは本卦帰りといって数え年の六十一歳を祝う風習はここから生じた。これらに陰陽五行説が結び付き、十干を兄（え）と弟（と）に分け、これに五行の木・火・土・金・水を配して、甲（きのえ）、乙（きのと）、丙（ひのえ）、丁（ひのと）、戊（つちのえ）、己（つちのと）、庚（かのえ）、辛（かのと）、壬（みずのえ）、癸（みずのと）としている。こうした動物や自然物を用いた名称は、生まれ年からその人の性格や運勢を占ったりする性格判断など各種の占いや呪術を生み出すことになった。

参考文献　諸橋轍次『十二支物語』、一九七七

（佐々木　勝）

えな　**胞衣**　胎児を包んでいた胎盤のことで、これが出て分娩が終る。胞衣とか後産（あとざん）、また、ヨナ、ノチザンなどともいう。九州では、イヤとかミズハリという。その埋め方が悪いと生児が夜泣きするとか病弱であるとか、死ぬとかいい、その処理には多大な注意が払われた。藁や桟俵や紙などに包んだり、壺や土瓶に入れるなどして、洗米や小魚、鰹節などと一緒に埋めたり、男児の場合は筆と墨、女児の場合は針と糸を一緒に埋める例もある。埋める場所は、床下、厩、便所の側、墓地、屋敷内

か山野で恵方を選んで、など多様であるが、多いのは家の玄関の敷居の下や敷居の外側へ埋めるという例である。その理由として語られているのは、人が踏まないところというのと、多くの人が踏むところというのと両方がある。埋めた場所の上を最初に踏んだもの、たとえば、蛇や蟻などがその上を最初に通れば、その子は一生それを恐れるようになるといい、父親が最初に踏んで威厳を保つという。胞衣笑いといって埋めた後で笑うという例もあった。埋める以外には川に流すとか海に流すという例、また焼き捨てるという例もあった。また、胞衣を洗うと父親の定紋があらわれるといって、父親が不確かなとき胞衣詮議をしたという言い伝えもある。胞衣がおりないときの呪法には、鍋墨を水に溶かして飲むとか、水嚢（すいのう）をかぶせるなどさまざまあり、呪文には、「故郷（ふるさと）に忘れて置きし蓑と笠おくり給えや観世音菩薩」というのなどがある。これらの伝承からみて、胞衣は生児を包んでいた殻（から）と考えられている。その殻が実（み）の生児に強い影響を与えるという考え方と、特に家の玄関や床下、墓地などへ埋めるという例からは心意的にあの世とこの世の境目で脱ぎ捨てる殻は具体的にも家の内外の境目である玄関や墓地など境界的な場所へ納めておくことで安心できるという考え方がうかがえる。

（新谷　尚紀）

参考文献　伊勢貞陸『産所之記』（『群書類従』二三所収、一九三〇）、『日本産育習俗資料集成』、一九七五、大藤ゆき『児やらい』（『民俗民芸双書』、一九六八）、新谷尚紀『死と人生の民俗学』、一九九五

えびす　えびす　異境から迎えられ、漁業・商業・農業などの生産活動に幸をもたらす神霊。漁村・漁撈組織、あるいは個人の漁撈神とされるほか、農家の農神、商家の商売繁盛の神としてもまつられる。えびす信仰は、海中を他界とする観念に基づいて海民の間に生まれたとされる。地先海域での沿岸漁業を行う漁村では、魚群を伴い回遊する鯨や大魚をえびすと称し、大漁がもたらされるとする。また、南九州から響灘沿岸部にかけての大網漁業においては、不漁になると眼隠しをした青年が海中から漁神としてのえびす石を拾い上げる例が見られる。これらの例には、海中から現われ、人々に幸をもたらす神霊としてのえびす神の性格が示されている。四国や能登半島などの漁村では、不漁の際に他村でまつられているえびす神像を盗んでくるえびす盗みの伝承が聞かれる。また、土佐などでは、漂流死体をえびすとも称し、それを拾い上げ、密かに埋葬したり屋敷神としてまつると大漁があると伝える。これらは、漁運を呼び込み、それを占有しようとする漁民の思考と深く関わる可能性が強い。平安時代末期より、西宮戎社（兵庫県西宮市）を中心として、漁民の漂着神としてのえびす神信仰から、商業の神、市神としてのえびす信仰が生まれ、平安時代末期以降、全国的に展開する。加えて、室町時代末期より、西宮戎社の本社である広田神社の祭神の一柱であった三郎殿とえびす信仰との接合が生じ、大魚を持つ烏帽子姿のえびす像が生まれ、七福神の中心的な霊格として崇敬を集めるようになった。一六六七年（寛文七）、江戸幕府の裁許により、東北地方を除く東国で、西宮社人によるえびす像神札の領布が認められ、商家を中心として、一月二十日や十月二十日などに、お鮒掛けと称される生きた鮒二尾や、財布などを供え、えびす講を祝うことが濃密に展開した。また、えびすを不具神とする伝承や、えびす講を期日とした去来伝承から、えびす信仰は田の神信仰とも接合し、農神として農家にも受容されたものと思われる。

参考文献　中山太郎「ゑびす神異考」（『日本民俗学』三、一九三〇）、宮本袈裟雄編『福神信仰』（『民衆宗教史叢書』二〇、一九八七）、下野敏見『東シナ海文化圏の民俗―地域研究から比較民俗学へ―』、一九八九、北見俊夫編『恵比寿信仰』（『民衆宗教史叢書』二八、一九九一）、高桑守史『日本

漁民社会論考—民俗学的研究—』、一九四（徳丸　亞木）

えびすこう　えびす講　福の神であるえびすをまつる行事。恵比須講・恵美須講とも書く。主として商家が商売繁盛を祈願して行うが、農家でも作神や家々の守護神としてこれをまつる。一月二十日と十月二十日の春秋二回行われてきたようであるが、秋の方を十一月や十二月にずらしている所も多い。東北ではお鮒掛けといって、商家が行商人から鮒を買って神仏に供える。関東の農村部ではえびすや大黒の神像に蕎麦・赤飯・二股大根などを供えるが、繁盛を祈願して一升枡に金銭や算盤・財布などを入れて供えることも多い。えびす神はそれを元手に春に稼ぎに出て、秋のえびす講に帰ってくるともいう。関西では春の方が一月十日で十日戎（とおかえびす）といい、大阪の今宮戎祭もこの日である。秋の方は誓文払い（せいもんばらい）といい、日頃の商い口上に利得を取らぬと空誓文（そらぜいもん）を述べる罪を祓う祭といわれ、罪滅ぼしの大売出しも行なった。北関東では群馬県桐生・高崎、栃木県足利などで盛大な秋のえびす講祭が行われ、商家や機屋が西宮神社に詣でる。東京では秋の十月十九—二十日のベッタラ市が有名であるが、中央区大伝馬町の宝田恵比須神社の門前で大根のベッタラ漬けを売る市が立つ。これも商家のえびす講行事が発展したもので、神前に供えるタイや神棚・桶・俎などを売るための市が天保年間（一八三〇—四四）ころに大規模化し、大根漬売りがその中心となっていった。ベッタラ漬けはえびすの供物の二股大根から発したものであったろう。商家や問屋では盛大な祝いをし、小僧の元服といって使用人の小僧や中僧の昇格を祝う宴などもこの日に行われた。

えびす講の祭壇　埼玉県戸田市

参考文献　民俗学研究所編『年中行事図説』、一九五三、長沢利明「商人のエビス講とベッタラ市—東京都中央区大伝馬町—」（『東京の民間信仰』所収、一九八九）（長沢　利明）

えぶね　家船　小船を住まいとして家族が居住し、主として海産物の採取と販売に従事しながら常に一定の海域を移動・出稼する漁民。もともと家船は長崎県西岸での呼称であったが、民俗学をはじめとした人文科学では長崎県という地域的な文脈を離れて同様の特徴を示すものを総称する言葉としてこの語を用いている。長崎県の家船は、エンブとも呼ばれ、近世には大村藩では瀬戸（西海市）・崎戸（同）を松浦藩では平戸をそれぞれ本拠地とする集団がみられ、このうち崎戸からは近世末期には五島樫ノ浦への移住がみられた。漁法はいずれの集団においても鉾突き・

潜水漁・雑魚曳き網が行われ、瀬戸・崎戸ではこれらに加えて追い込み漁の葛網が行われた。鉾突き・潜水漁では四、五隻、葛網では一〇～二〇隻からなるクマセと呼ばれる船団が編成され領海内の漁場を移動しながら沿岸農村の得意先と交易を行なった。大村藩の家船では藩吏により「家船由来書」「家船の由来」と呼ばれる由緒書が作成されているが、そこには家船が藩主に尽くした忠誠に対する恩賞として領海内を自由に操業する特権を保証されるとともに船公役を船手御用の義務を課せられたことが記されている。このような交通・軍事に関する公役に加えて、長崎俵物貿易にあてられるアワビの納入も課せられている。幕末・明治期にはこうした慣行漁業権による漁業を行う家船と新興の漁民との間の葛藤が顕著になっている。瀬戸内海にも家船の特徴を示す漁民がみられた。船住まいと総称され、能地(広島県三原市)・二窓(同竹原市)の漁民は手繰網を漁法として近世より瀬戸内一円に出職を行い、出職先では長崎俵物貿易に用いられる御用煎海鼠の生産にも従事している。出職には『浮鯛抄』と呼ばれる由緒書を携行している。吉和(広島県尾道市)では明治以降に船住まいが発生しているが、ここでの漁法は一本釣・延縄であった。研究者による長崎県家船についての最も早い記述は、一九二一年(大正十)に長崎市商業会館で行われた柳田国男による講演の記録「家船―水上生活―」である。また同年には東京市社会局から水上生活者についてのはじめての報告書が刊行されている。前年に実施された第一回国勢調査は領土内人口の全数・一斉調査を通じて新たな社会問題が構成される機縁となったが、こうした国家内の周縁文化の再編成とその国家化のプロジェクトの過程に家船研究の発生は位置づけられる。民俗学では桜田勝徳が一九三二年(昭和七)に家船探訪記を表わし、瀬川清子が一九四〇年に家船女性の交易に注目した論考を発表した。一九四〇年代には木島甚久による長崎県瀬戸での民族誌学的研究のほかに吉田敬市・小笠原義勝・羽原又吉らによって日本全国のみならずアジア全域の家船を俯瞰する研究が発表された。これらの認識の特徴は、船所帯と頭上運搬という外観を家船を識別する指標とし、そうして識別される家船を本来の漁民として古代海人族の子孫とみなすものであった。ここには国家内に認められる周縁文化やアジアという周縁とみなしうる外国文化を日本の国民文化の基層として再分類するナショナリズム的な観点が認められる。こうした言説は一般向けの歴史書では今日でも認められるが、野口武徳にみられる戦後の研究では、近代国家を構成するさまざまな制度と家船の文化の間に生じる諸矛盾を分析することに論点が移行している。これらの分析では漂泊と定着という対比的な枠組みが使用されるため、前者の対象を後者の措定物としてロマン的に固定化しやすく、こうした枠組によって示されることの間でなされる複雑な実践を捉え難くさせる。現在の家船研究には二つの傾向がみられる。一つは、家船を国民文化の基層として語るナショナリズム的な言説の発生と働きを分析する系譜学的なアプローチ。近代日本人と他者という観点において重要となる。二つめは文化的、政治的、経済的権力の働きを視野に入れつつ日常生活に認められる力関係を分析する民族誌学的アプローチ。移動と権力、支配と抵抗、表象と操作といった観点において重要となる。最近の民族誌学的研究は、長崎県の家船や瀬戸内海の能地といった現在ではそれほど漁業が盛んでないところよりも、近代的な制度や装備の普及に伴い移動することに積極的になっていった瀬戸内海の豊島(広島県呉市豊浜町)などで主として行われている。

参考文献　羽原又吉『漂海民』(『岩波新書』青五〇四、一九六三)、伊藤亜人「漁民集団」(『講座・比較文化』六所収、一九七七)、野口武徳『漂海民

の人類学』、一九六六、河岡武春『海の民—漁村の歴史と民俗—』（「平凡社選書」一〇四、一九八七）、谷川健一編『漂海民—家船と糸満—』（「日本民俗文化資料集成」三、一九九二）、中村昭夫・可児弘明『船に住む漁民たち』（「ビジュアルブック水辺の生活誌」、一九九五）、金柄徹『家船の民族誌—現代日本に生きる海の民—』、二〇〇三　（小川徹太郎）

えほう　恵方　その年の年神（歳徳神）がいて、最も縁起がよいとされる方位。吉方・得方とも書き、明きの方ともいう。中国の十干十二支の思想に基づく。日本では、陰陽道の知識の一つとして展開した。その方位は、その年の十干で決まる。甲・己年は甲（寅卯の間）、乙・庚年は庚（申酉の間）、丙・辛年は丙（巳午の間）、丁・壬年は壬（亥子の間）、戊・癸年は丙（巳午の間）の方位にあるとされる。その年の大吉方とされ、家屋の建築、移転、婚姻、旅行、商取引など、すべてのことの吉方位とされる。それに対し、鬼門（丑寅）の方位は、全てのことに嫌われる。恵方は、平安時代からの陰陽道でいわれていたのが、近世になって民間にも広まっていった。その背景には、『大雑書』などの各種の陰陽道書や、暦書の民間への流布による、民間への陰陽道知識の普及があったと推定される。恵方は、年神のいる方位と混同されて、年神の来る方位とされ、正月に、歳徳棚を恵方に向けてまつる習俗がある。また、正月の初詣に、恵方の方位にあたる神社を、参詣することを恵方詣という。近世には、初詣も恵方詣の形態であったとされる。恵方などの暦注は、一八七二年（明治五）の太陽暦採用以後、公の官暦では、迷信として排除されてきた。しかし、現在でも、市販されている暦書の冒頭部分には、必ず記載があり、現在でも吉方位としての影響力がある。　↓方位

参考文献　渡辺敏夫『日本の暦』、一九七六　（宮内　貴久）

えま　絵馬　社寺に祈願・報謝のために奉納する板絵。吊懸形式の小絵馬と扁額形式の大絵馬がある。起源は古代における神への生馬献上に発する。生馬献上については『常陸国風土記』や『続日本紀』など多くの古文献に散見する。ついで生馬の代りに馬形献上の風があらわれた。馬形には土馬・木馬などがあり、これらは神域・古墳・集落遺跡などから多数出土するが、その風は長く続き伝世品の木馬では厳島神社の鎌倉時代中期作の馬形が著名で、江戸時代の木馬は各地の神社に数多く見られる。こうした馬形献上の風が簡略化されて板絵馬が出現するが、この絵馬はすでに古く奈良時代に存在した。その遺品は静岡県浜松市の伊場遺跡、奈良県大和郡山市の稗田遺跡、山形県東置賜郡川西町の道伝遺跡、秋田県大仙市の払田柵遺跡、奈良市平城京跡の長屋王邸宅跡などから出土しており、それは今日の小絵馬と同じような板切れで、馬の図である。平安時代になるとかなり広い範囲に絵馬が存在し、『本朝法華験記』や『今昔物語集』などにも絵馬奉納にかかわる話が記されており、このころから雨乞い・日乞いなどの共同祈願の絵馬奉納から現世利益を求める個人祈願の絵馬奉納が一般的となった。そうした絵馬奉納の状況は平安末から鎌倉・室町にかけての『年中行事絵巻』『天狗草紙絵巻』『一遍聖絵』『春日権現霊験記絵巻』『不動利益縁起絵巻』『慕帰絵詞』などの絵巻によく描かれている。また、平安時代末からは神仏習合思想の影響から寺院にも馬の図の絵馬が奉納されるようになり、奈良の当麻寺の曼荼羅堂から発見された鎌倉時代の絵馬、奈良の秋篠寺の本堂から発見された室町時代の絵馬などの実物遺品も見られる。室町時代の中期以降は形状・仕様・図柄も多種多様となり、扁額形式の大型絵馬もでき、著名画家も絵馬に筆をふるうようになる。奈良の石上神宮の一四三二年（永享四）の渡御祭礼図、滋賀の白山神社の一四三六年（永享八）土佐監物筆の三十六歌仙図、兵庫の室津賀茂神社の狩野元信筆の神馬図などは著名で

ある。桃山時代になるとさらに豪華な大絵馬があらわれ、芸術的色彩を強くもつようになるが、江戸時代になるとその図柄が多彩になり、馬図・神仏の像やその眷属を描いた図、祈願・祭礼図、社寺参詣図、武者絵、歌仙絵、船絵馬、芸能図、物語絵、武道絵馬、算額、生業図、風俗図、風景図などさまざまある。一方民間信仰的要素を強くもつ小絵馬も、馬図、神仏の像を描いた図、神仏を象徴する持物や眷属を描いた図、礼拝姿を描いた図、祈願内容を描いた図、干支の図などさまざまであるが、文化・文政年間(一八〇四―三〇)からことに祈願内容を描いた図は多彩となり、それが今日の小絵馬の図柄の原型で、切実な願いをこめながらその表現は微笑をさそうようなものである。なお、現在はまた絵馬奉納が静かなブームを呼んでいるが、その中でもっとも多いのが受験戦争と称される時代を反映した、合格祈願の絵馬である。

参考文献　岩井宏實『絵馬』(「ものと人間の文化史」一二、一九七四)

（岩井　宏實）

えんかい　宴会　特定の機会に特定の目的をもって集い、飲食することを通じて参加者同士が交歓しあう集会。宴会の歴史は宴(うたげ)の歴史とともに古く地域性豊かだが、宴会は同種のパーティー、コンパ、レセプションなどとともに現代の宴として知られ、名目の上では忘年会、祝賀会、送別会などの「〜会」、披露宴などの「〜宴」、あるいは「〜集い」などとして行われている。宴会は明治時代以来洋風化、都市化の進行とともに、村落で行われてきた会食慣行を変化させつつ、都市的でかつ日本独特の饗応方法を維持したパーティーへと工夫・考案されてきた。すなわち参加者は家族・親族・地域社会中心の宴会から、学校・会社の同僚たちによる宴会、結婚披露宴、年祝いの祝賀会、就任祝い、ファンの集いなどとなり、次第に面識のない参加者による宴会の増加をもたらした。宴席も民家や地域社会の会所を利用した御座敷型から、企業経営による宴会場を利用しての御座敷会食形式、テーブル座席形式、立食形式などの多様なタイプの宴席をみるまでになった。宴会に出される食膳も、以前の各自による料理もちより型、あるいは料理負担もちまわり型の宴会から、宴会場が用意した和・中・洋の選択・折衷によるコース料理に変化していった。このような変化を遂げた日本の宴会も、欧米のような社交、会話中心のパーティーというより、従来の会食慣行を引き継いで、参加者たちが同じ酒肴を食することに重点をおいた、飲食中心の宴会がなお盛んに行われている。

参考文献　加藤秀俊編『明治・大正・昭和食生活世相史』(「シリーズ食文化の発見」一、一九七七)、伊藤幹治『宴と日本文化―比較民俗学的アプローチ―』(「中公新書」七四八、一九八四)、サントリー不易流行研究所編『宴会とパーティー―集いの日本文化―』、一九九五、『アジア遊学』六一(特集世界の宴会、二〇〇四)

（渡邊　欣雄）

えんにち　縁日　神仏の祭の行われる日で、その日に参詣すれば通常日に倍する大きな御利益を受けることができるとされた日。会日(えにち)・有縁日(うえんにち)・結縁日(けちえんにち)の略語ともいわれる。いずれにせよ、神仏の特別な縁のある日という意味で、その日に神仏に結縁すれば功徳・利益は絶大と信じられていた。縁日には、その寺社で法会や神事が行われるが、門前には参拝客目当ての多くの夜見世や見世物屋が立ち並び、余興の芸能なども行われるのが常で、次第にそちらが主になり、信心の方が従となって娯楽的要素が強められていく。今日でも、縁日といえば単に夜店市のことをさす場合が多い。また、縁日の前夜をお逮夜(たいや)・宵宮(よみや)ともいい、その日を含めて両二日間の門前市が立つことも多い。縁日の行われる日は、そこにまつられている神仏ごとに決まりきった日取りがあり、毎月その日に繰り返して行われるのが一般的である。東京を例にとれば毎月五日は水天宮の縁日で、中央区の水天宮に安産子育て祈願にやってくる婦人たちが今でも多い。八日と十二日は薬師の縁日で、中野区の新井薬師などが有名である。十日の金比羅の縁日では港区の金刀比羅宮など、十三日の祖師（日蓮）の縁日では杉並区の妙法寺など、十八日の観音の縁日では台東区の浅草寺など、二十一日の弘法大師の縁日では足立区の西新井大師など、二十四日の地蔵の縁日では豊島区の巣鴨地蔵（とげぬき地蔵）など、二十五日の天神の縁日では江東区の亀戸天神など、二十八日の不動の縁日では江東区の深川不動、目黒区の目黒不動、日野市の高幡不動などを、それぞれあげることができる。これらは基本的に年に十二回行われる縁日で、特に一月のものを初薬師・初不動、十二月のものを納めの薬師・納めの不動などと呼び、ひときわ参拝客も多い。とりわけ盛況な縁日ともなると、たとえば本来二十四日である地蔵の縁日を月一度では足りず、四の日の縁日として四日・十四日・二十四日の月三度に増やす措置もとられ、毎月四の日の巣鴨地蔵、三の日の妙法寺祖師、五の日の新宿区の神楽坂毘沙門天などがそれであった。門前の商店街や露店商組合の要望でそうなった例も多い。また、十干十二支の日取りにもとづく縁日もあり、子の日の大黒天、巳の日の弁天、寅の日の毘沙門天、戌の日の水天宮などがある。葛飾区の柴又帝釈天などは庚申日が縁日で、年に六回行われる形となるが、甲子日の大黒天や己巳日の弁天も同様で、特に御利益絶大とされた。このように縁日の日取りは実にさまざまで、寺社の多く集中する大都市ともなると、毎日どこかで必ず縁日が行われている結果となり、夜見世を出す香具師・てき屋・露店商たちは連日場所を移動して店を出していた。このような露店市のことを高市というが、縁日のにぎわいを演出する重要な役割をも果たしており、それは都市生活者にとって、もっとも身近な娯楽の場でもあった。

参考文献　山本偦『東京の縁日風土記』、一九八二
（長沢　利明）

えんねん　延年　主として、平安時代中期から室町時代に寺院において寺僧によって催された芸能の会、催し。盛んであったのは、興福寺・東大寺・多武峰・延暦寺・園城寺など、畿内の諸大寺であるが、いずれの寺院においても、延年を主催したのは衆徒と呼ばれる寺院内の新興勢力の僧侶らであった。寺院における法会の後宴として、貴族の訪問のおりの饗応として、また寺院の長官就任祝賀としてなど、種々の名目により延年は催されたが、平安から鎌倉時代には多くの場合、衆徒はこれらの宴席に大挙して押しかけ、長寿祈願を意味する延年の名の通り祝福を名分として芸能を披露した。衆徒はしばしば、武力蜂起と同様の作法を踏んで延年を開催したが、ここに延年の示威としての性格がよく現われている。このような延年は当初、寺家にとって好ましい催しではなく、制止されることもたびたびあったが、室町時代に至ると寺家からも公的な宴として認められるようになり、寺僧の昇進披露、祝賀の芸能としても演じられるようになった。延年において演じられた芸能は、開会の辞としての開口・僉議、稚児による舞楽・白拍子・乱拍子などの歌舞、連事・風流といった劇芸能である。風流は猿楽能以前に劇形態を有していた芸能としても注目されるが、劇としての構成は、衆徒の集会・蜂起の作法に則って行われた点で延年に特有の芸能といえる。開口・当弁は滑稽な言葉で人を笑わせる芸で、その他延年芸能の多くは同時代の猿楽芸を模したものとの説があるが、発声法や所作は、寺院における諸儀礼の影響を多分に受けたものと考えられる。稚児による歌舞は、延年芸能の大きな眼目であったが、これは稚児に対する賞翫の欲求が強かった当時の僧侶の嗜好を反映したものである。修験系の寺院においても延年は催され

たが、山伏が山中での修行の成果を披露しあう験競(げんくら)べとして行われた点に特色がある。室町時代後期以降、畿内の諸大寺では寺勢の衰えとともに延年は催されなくなるが、地方の寺院において年頭祈願の行事である修正会(しゅしょうえ)における芸能として採り入れられた例が多い。岩手県毛越寺、栃木県日光輪王寺、岐阜県長滝寺(白山神社)などの延年は現在まで伝承されたものであるが、寺院や村落の構成員が所役就任の、あるいは年齢階梯の昇進の披露や、その祝賀として演じられる点に特色を認めることができる。

参考文献　五来重「瘤取り鬼と山伏の延年」(『鬼むかし』所収、一九九一)、松尾恒一『延年の芸能史的研究』、一九九七、本田安次『舞楽・延年』(『本田安次著作集』一五・一六、一九九八)

(松尾　恒一)

お

おおかみ　狼　一九〇五年(明治三十八)を最後にして、日本の狼は人びとの前から姿を消した。しかしその後も今日に至るまで、狼生存の望みを抱き続ける人もいる。日本の民俗において、狼の意味は次の三点に集約されるだろう。第一に、農作物を荒らす猪・鹿などを駆除する益獣として期待された。第二に、「虎狼」という表現に示されているように、この動物にはたけだけしい野獣というイメージが付着している。実際家畜、ときには人をも襲う。第三に、山に住む犬的な動物とみなされた。以上の狼観は、日本における狼信仰の成立に際し、大きな役割を果たした。おそくとも近世には、武蔵の三峯神社、丹後の大川神社、但馬の養父神社で、狼を神使とする信仰が始まっていたことは間違いない。三峯の場合、古くから信仰されていた山の神としての狼を、この神社の神使として定着させたのは、天台宗聖護院流の山伏であったと思われる。農作物害獣駆除との関係についていうと、近世以降の農民は講をつくり、狼を神使とする神社に参詣し、狼のお札をもらって害獣除けとした。お札をだす習慣は、三峯神社では享保年間(一七一六—三六)ころから始まった。危険獣としての狼観に由来する狼信仰も、近世にはすでに存在した。十七世紀に南部藩の牧に飼われている馬がしきりに狼に襲われたので、藩主は狼に遠慮を願うため、武蔵の三峯神社に鐘を送ったという記録が残っている。定まった日に狼が居そうな山中に、食物を置いてくる狼の産見舞いの習俗も、狼の危害を抑えようとする人の側の反応であったかもしれない。柳田国男が指摘しているように、産育期の狼が餌をもとめて里に出てくるのを予防する儀礼とも解釈できる。また出産直後の狼の気性が凶暴になるので、それをなだめるための行為と理解することも可能であろう。犬的野獣としての狼イメージは、三峯で狼を「お犬」と称する態度に反映されている。里の犬が人の従者であるように、山の犬である狼を山の神の従者とする認識があった。そしてこのことは、山に住む犬的動物のなかで、狼は狐に優越するという考えにも連絡する。狼の頭骨は、狐憑き落としに用いられた。より広く、狼の頭骨を病人の枕元に置くと、病気治癒に効能があるという俗信もある。狼にかんする昔話のなかでは「鍛冶屋の婆」が、日本各地に分布している。山中で狼に遭遇した男が樹上に逃げると、やがて狼が仲間を集め肩車を重ねて男に近づく。すぐ下まで迫った大狼を男が刀で突くと、肩車は崩れ狼たちは去る。夜が明けて男が里へ降りたところ、ある家の老婆が怪我をして死んだと騒いでいる。その正体は大きな狼であった。この昔話は、中国の『太平広記』(九七七)などにある説話の翻案と考えられるが、同時に狼を荒ぶる山の神とみなしていた日本人の伝統的な狼観をも表現している。

参考文献　柳田国男「狼史雑話」(『柳田国男全集』二四所収、一九九〇)、松山義雄『狩りの語部―伊那の山峡より―』、一九七七、中村禎里『日本動物民俗誌』、一九八七、平岩米吉『狼―その生態と歴史―』、一九八一、千葉徳爾『オオカミはなぜ消えたか―日本人と獣の話―』、一九九五

(中村　禎里)

おおたうえ　大田植　中国山地で飾った牛に代を掻かせた後、早乙女たちが囃しにあわせて田植え唄を唄いながら賑やかに田を植える行事。五月末から六月初め、田植えの最後に田主(大地主)の田で行なった。その規模の大きさから大田植と呼ばれる。代の掻き方を記した『代掻草紙』によると、安芸大朝新庄では、天明年間(一七八一―八九)には二十通りの図が描かれ、明治中期には三十五通りに増えている。牛が代を掻くころ、思い思いの着物に菅笠・赤襷・手甲をつけた早乙女たちは、苗代で苗取りをする。作業はサンバイ(サゲ)という人の指揮に従い、一斉に苗取り唄を唄いながら進行する。囃しは、大太鼓・小太鼓・鉦・笛などで編成される。代掻きと苗取りが終ると田植えである。最初にサンバイ(田の神)迎えが唄われる。以後は、サンバイという指揮者の上唄に早乙女が下唄をつける形で展開する。大朝新庄では四万八声といわれるなど多種多様の唄があったが、大まかに朝唄・昼唄・晩唄・あがり唄に分け

大田植　広島県西城町(庄原市)の八鳥大山供養田植

ることができる。これらの唄を記したものが『田植草紙』である。昼唄はオナリといわれ、握り飯(ムスビ)などの食事が出される。全作業が終ると、田主の家で御馳走をふるまわれる。大田植の起源が中世にさかのぼることは確実であるが、その労働力編成が史料的に明らかになるのは戦国時代で、安芸国厳島社領の場合、在地領主が農民を小成物(こなしもの)(雑税)の夫役として徴収し、直営農民と合わせて行なった。近世、田主は、直営・小作の農民を編成し、芸能部分が強調して行われるようになった。しかし、芸備地方の各村庄屋の『差出帖』によると、唄や囃しは、作業の統制を図り、能率をあげるのに有効であるとしている。現在、田主は没落し、田の神信仰が稀薄化し、一連の労働が機械化しているので、その保存は困難になっているが、中国地方の山地沿いには、今なお十余団体がその伝統を守っている。囃しを使う点から囃し田とも呼ばれるが、十人程度の仕事田植えの場合、老人一人が太鼓を叩いて調子をとる場合も囃し田といっており、大田植は儀式田植えに限られる。花田植は人や牛の服装の豪華さに着目した称である。東北地方では、大家・本家などの大田植で賑わした後、各家の田植えをした。石川・静岡・長野県などでは、田植えの最終日を大田植といって祝った。その他、もっとも多く田を植える日、もっとも大きい田を植える日をいった所もある。↓田植え(たうえ)↓田楽(でんがく)

参考文献　文化庁文化財保護部編『田植の習俗』四(「民俗資料叢書」九、一九六九)、牛尾三千夫『大田植の習俗と田植歌』(「牛尾三千夫著作集」二、一九八六)、藤井昭『芸備地方のまつり―稲作を中心として―』、一九九五　(藤井　昭)

おおとしのきゃく　大歳の客　大歳の夜の訪問者により福がもたらされるという致富譚。大歳の夜、貧しい爺と婆の家に、一人の乞食がやってきて宿を借りる。爺と婆は、何もないがとはいいつつも、親切に泊めてやる。翌日乞食は蒲団の中で黄金に変わっている。隣りの欲深い爺と婆がそれを真似て、無理に泊めると乞食は糞になっている。この話は地域によっては、訪問者の乞食を、座頭、坊様、老人などと話している。いずれにしてもこの来訪者は来訪神として人々に意識されていたのであろう。大歳の夜に神が村々、家々を訪れるという民俗思想を背景に持った昔話である。大歳の夜は一年の感謝を神に捧げ、また来る一年の無事息災を願う夜であり、神々の来訪を心静かに待つ夜であった。大歳の夜の食事を歳とり飯(ばん)といって儀式化している地域があるのも、年の変わり目、すなわち大歳の夜の性格によるものである。大歳の夜の昔話には、ほかに「猿長者」「大歳の火」「大歳の亀」「笠地蔵」などがある。また、後段の死体の黄金化は、『燈指図縁経』や『今昔物語集』などにもみられ、世界的分布を持つ屍体化生説話との関連もみのがせない。

参考文献　鈴木正彦「歳の夜の訪客―昔話を中心として―」(『日本昔話研究集成』三所収、一九八四)、横山登美子「死骸黄金譚の展開」(同)、新谷尚紀「火とケガレ」(『日本人の葬儀』所収、一九九二)　(田畑　千秋)

おおみそか　大晦日　晦日(字義は三十日)は月の最後の日で、一年の終りの十二月のそれを大晦日という。旧暦では大晦日も二十九日か三十日のいずれかとなり年によって変わるが、新暦では三十一日に固定。別にツゴモリ(字義は月隠り＝新月)に対するオオツゴモリとも呼ぶ。さらにこの日をオオトシ、トシトリ、トシノヨなどと呼び、年の変わり目(新旧が交差する)の日とした。正月の神(年神)をまつる神事は本来この日の夕刻から元旦にかけて行われた。正月飾りの一夜飾りを忌んだり、さらにこの日に寝るという言葉を避けて、代わりにイネヲツムやクロヲツムという一種の忌言葉を使用しているのも、本来は夜を徹した神事が行われていたからである。新旧が交差するこの日は、京都八坂神社の白朮祭や奈良大神神社の繞道祭のような火替えの行事、火の継続を目的に、年越の晩から正月を通して大きな薪(榾)をイロリで燃やす世継榾(世継様)の習俗、大火を焚くことで福を迎えるとするなど火に関する行事も多い。また奈良県の東山中一帯で、松明を燈し河原などの小石を「ようきてくださった」と家に迎える福マル迎えや大歳の客の伝承などはこの時迎えられた神の姿を伝えるものであるが、この日は恐ろしい鬼や厄神などが活動する時でもあった。たとえば岐阜県美濃市では年神以外に厄神のための棚を設け、山形市では主人が厄神を迎え座敷で接待するという。これらを追儺行事から派生したものとしたり、年神の零落した姿だと考えることもできるが、この時期がもつ不安定性を示すものとも考えられる。なお『徒然草』は東国でこの日に魂祭が行われていると記すが、これと現在の東北などのミタマノメシが関連するかは検討課題である。

参考文献　田中久夫『祖先祭祀の研究』(『日本民俗学研究叢書』、一九七八)、平山敏治郎『歳時習俗考』、一九八四、近藤直也『ハライとケガレの構造』、一九八六　(藤原　修)

おおみねしんこう　大峯信仰　奈良県の吉野山から和歌山県の熊野三山に至る約一七〇キロにわたる大峯山系に関する信仰。大峯山は古来修験道の修行道場として知られ、吉野側半分を金剛界曼荼羅、熊野側半分を胎蔵界曼荼羅とし、峰々に両曼荼羅の諸仏諸尊がいるとされた。大峯山中には古代末から中世は約百二十の宿、近世末には七十五靡と称する七十五の霊地が設けられ、修験者はこれらをめぐって吉野と熊野の間を抖擻(歩き通)した。この間の主な霊地には、吉野山、吉野鳥栖鳳閣寺、山上ヶ岳、洞川、小篠、笙の岩屋、弥山、釈迦ヶ岳、深仙、前鬼、玉置山、熊野三山などがある。吉野山は修験道の伝説上の開祖役小角(役行者)が感得した金剛蔵王権現をまつる蔵王堂を本山とする吉野修験(現在は金峯山修験本宗)の修行道場である。また近くの鳥栖には大峯の峰入りを再開し、醍醐三宝院を開いた聖宝(八三二―九九)の廟がある鳳閣寺があり、近世は当山派を統轄した醍醐三宝院の霊地とされた。山上ヶ岳は現在も女人禁制の修験道場で大峯山寺(近世までは山上蔵王堂)、宿坊、表・裏の行場などがあり、現在も修験者や山上講と呼ばれる講の登拝が盛んになされている。洞川は近世末以降山上ヶ岳登拝口とされた集落で、真言宗醍醐派の別格本山竜泉寺がある。なお現在狭義に大峯山といった場合には山上ヶ岳をさしている。小篠は中世後期から近世末まで当山正大先達衆の拠点とされた霊地で、その宿坊・役行者堂・大黒天堂・聖天堂などがあり、近世は洞川集落によって管理された。笙の岩屋は普賢岳の山腹の洞窟で、行尊(一〇五四―一一三五)の冬籠り修行、道賢が九四一年(天慶四)に金峯山の他界を訪れた所とされている。弥山は吉野郡天川村にある天川弁財天の奥院がある霊地で、大峯山系の中央に近い高山であることから吉野・熊野の宿とも呼ばれた。弥山の名は須弥山にちなんでいる。もっとも中世初期までは池の宿とも呼ばれ、雨乞いの場所とされた。釈迦ヶ岳とその麓の深仙は中世初期までは大峯山の中心とされ、行尊・西行など多くの修験者が修行した。特に深仙には熊野修験を掌握して本山派を樹立した聖護院門跡の灌頂道場が設けられていた。この釈迦ヶ岳や深仙は役行者に仕えた前鬼の子孫と称した前鬼集落の五坊によって管理された。前鬼には三重滝、金胎の両界窟などからなる裏行場があり、前鬼の五坊は全国各地に檀那を擁していた。玉置山は玉置三所権現や玉石をまつり、熊野本宮の奥院とされた。熊野三山は木の神をまつる本宮、漂着神をまつる新宮、那智の滝をまつる那智からなっている。本宮の修験は大峯に入って修行し、新宮には神倉聖、那智には滝籠衆などの修験がいた。中世には熊野の修験は熊野から吉野の順峰、大和や吉野の修験は吉野から熊野への逆峰の修行をしたが、近世以降はほとんどが逆峰で、現在は山上ヶ岳から前鬼までの奥駈がなされている。なお全国各地にこの大峯山に擬した修験行場が設けられている。→修験道(しゅげんどう)

参考文献　宮家準『大峰修験道の研究』、一九八八、宮坂敏和『吉野―その歴史と伝承―』、一九九〇

（宮家　準）

おおやましんこう　大山信仰　神奈川県伊勢原市にそびえる大山に対する信仰。大山は相模国の国見岳といわれ、大山が鎮座する丹沢山塊は修験者の行場でもあった。また別名雨降山(あふりさん)ともいわれ、古来雨乞いの霊山として人々に知られていた。さらに江戸時代には授福防災の神である石尊大権現として信仰をあつめ、関東一円に大山信仰は流布し、各地では大山講を結成して大山への参詣が盛んになり、同時に代参者などの往来で大山道が繁盛した。真言宗大山寺は七五二年（天平勝宝四）に良弁によって創建されたと伝えられている。農村社会では雨乞いの神として信仰され、特に近世の町人社会では六月二十八日の初山、七月十四日から十七日の盆山（夏山）などの大山詣が盛んであった。現在でも盆山のころになると同県平塚市あたりでは、町内の辻などに「六根清浄」などと書かれた大山の献燈を立てる。伊勢原市・平塚市などのムラでは、近在の人たちが茶湯寺参りといって、死後百箇日目にこの寺に参詣すると死者と似た人に会えるといわれる信仰もある。大磯町などの漁村社会では、不漁の時、漁を休んで網子・船子などを連れて網元や船元などが大漁を祈願して大山詣をした。大漁の時には船元が万祝いを網子・船子に贈り、それを着て全員で大山に詣った。また大山講には不動講がむすびついており、年二回講員がヤドを決めて日待をし、籤引きで代参者を選ぶ。代参者は大山に登拝し、お札を貰ってきて、講員に配布したという。

参考文献　田中宣一「明治初期における大山講の分布」（『成城文芸』八三、一九七六）、西垣晴次「大山とその信仰」（『郷土神奈川』一三、一九八三）、鈴木章生「相模大山信仰の成立と展開」（『秦野市史研究』六、一九八六）、圭室文雄編『大山信仰』（『民衆宗教史叢書』二二、一九九二）

（鈴木　通大）

おきことば　沖言葉　本来は漁民が海上での使用を避ける言葉であるが、今日ではそれらをいいかえた言葉も含む。これは漁民にみられる言語使用の禁忌であり、山中で狩猟民が使用する山言葉とともに忌言葉の一種である。この言葉は海上で行われる漁撈が自然条件や運に左右されて不安定であるがゆえに遵守されてきた。たとえば『蝦夷喧辞弁(えみしのさえぎ)』（一七八九）によると、江戸時代の北海道松前でのニシン漁場ではイワシをコマモノ、マスをナツモノ、熊をヤマノヒト、鹿をツノアルモノ、狐をイナリなどとする忌言葉があり、本来の言葉を使用した漁民は厳罰に処されたという。代表的な沖言葉としては、「去る」に通じる猿、蛇、それらをいいかえた言葉にエテコウ、ナガモノがあるが、これらは全国的に見られる沖言葉である。したがって「猿を釣れ」は最悪のものとなる。そして、牛をクロ、タワラゴ、猫をヨコザ、鯨やイルカ、フカをエビス、シャチをタテエビスという地方もあり、使用を忌避される言葉は多様な動物に及んでいる。そのほかに、漁具や天候に関するものもある。たとえば、鹿児島県喜界島では、漁網をシンミノ、雲をカルモノといいかえる。沖言葉の語彙数は山言葉に比べて少ないが、山言葉と同様のいいかえをすることも多い。沖言葉が存在する理由は、船霊様が蛇や猿、猫などの動物を嫌うためだとか、死などの縁起の悪い言葉や特別視される動物の名前などを口にすれば、不漁や海難などの不幸を招くからだとされる。
→忌言葉(いみことば)　→山言葉(やまことば)

参考文献　瀬川清子「海上禁忌」（柳田国男編『海村生活の研究』所収、一九四九）　（若林　良和）

おきな　翁　猿楽の演目で、祝福の祝言を行い、その場をことほぐ内容をもち、式三番ともよばれた。能の番組の最初に演じられ、ストーリーをもたない内容から「能にして能にあらず」といわれ、儀礼的曲目として扱われている。鎌倉時代にさかのぼる猿楽の祈禱芸の形を伝えており、演者は精進潔斎して舞台へ臨むべきだとされる。楽屋に祭壇を設けて神体とされる翁面を飾り、演者一同は盃事のあと、面箱を先頭にして神幸になぞらえる形で舞台へと登場する（翁渡し）。「どうどうたらりたらりら」という呪文めいた謡に始まり、催馬楽や今様四句神歌をとりいれた祝言の謡が続き、青年が務める千歳の舞の間に、シテ方の司祭役の翁太夫は白色尉（翁）面を掛ける。立って「天下泰平国土安穏の御祈禱」を祈って翁舞を舞う。太夫が面をはずし楽屋に戻ったあと、狂言方の三番叟役が揉の段を舞い、続いて黒色尉（三番叟）面を掛けて、鈴の段を舞い納める。三番叟の舞は農耕儀礼を舞踊化したものだと理解されている。一般に千歳、白色尉、三番叟の順に舞うところから式三番とよぶと理解されているが、本来、延命冠者と父尉、露払い（千歳）と白色尉、揉の段役の青年と鈴の段役の黒色尉の三組の親子が登場して祝言の祈禱をしたところから式三番とよばれたとも考えられており、今日の演出に固定するまでには変遷があったらしい。舞台で司祭役の翁太夫が翁の仮面をつけることにより、神に変身して祝福する翁猿楽は、年頭の修正会、修二会の仏教法会で演じられていた呪師芸の系譜を引くとされ、今日も奈良興福寺修二会に起源をもつ薪猿楽に、延命冠者・父尉の出る翁の演出が残されている。東海地方山間部に伝わる年頭行事である西浦の田楽、新野の雪祭などにも祝言の語り芸を伝える翁が登場している。また中世の村の鎮守の社の秋祭にも祝福芸としての翁猿楽は演じられていた。近年の能楽史研究では、畿内に明治維新に至るまで、猿楽の四座に所属しながら、もっぱら神事の翁を演じていた年預のグループがいたことが明らかになっている。今日、民俗芸能として伝承されている翁（三番叟）には㈠古い猿楽の面影を残す翁、㈡能の式三番の形態を取り込んだ翁、㈢歌舞伎舞踊や人形浄瑠璃の影響下にある三番叟の三種に分類することができよう。翁の芸能には、来訪神が祝福するまれびと信仰の残存がみられるとか、翁と三番叟の関係は本芸ともどきにあたるというような興味深い

翁舞　奈良県月ヶ瀬村（奈良市）

指摘が、折口信夫によってなされている。

参考文献 折口信夫「翁舞・翁歌」(『折口信夫全集』七所収、一九五五)、新井恒易『能の研究―古猿楽の翁と能の伝承―』、一九六六、横道万里雄「式三番と風流」(『能劇逍遥』所収、一九八四)、山路興造『翁の座』、一九九〇、『芸能史研究』一〇九(特集翁猿楽の現況、一九九〇)、天野文雄『翁猿楽研究』(「和泉研究叢書」一六二、一九九五)、表章『大和猿楽史参究』、二〇〇五

(西瀬 英紀)

おきなわぶんか 沖縄文化 〔定義と範域〕周辺諸文化と相対的に独自の民俗を保持し、原日本語を祖語としながら独自の方言、独自の歴史および自意識を保持して、西北太平洋上に文化領域を占める東アジアの民俗文化。周辺諸国からは琉球文化とも称され、日本本土の南や南西にあるので南島文化、あるいは南西諸島文化の一つと位置づけられてきた。それぞれの名称において指示する範囲は異なり、広くは奄美諸島から与那国島まで、狭くは沖縄本島とその周辺諸島の文化領域を指すが、なかでも現在の沖縄県の範域とすることが多い。このような沖縄文化の範域の違いは、ウチナー(沖縄)の呼称範域やかつての国家領域の相違にもよるが、「沖縄文化」と称して沖縄のどのような特徴を論ずるのか、研究者による視点や理論の相違によるといえよう。

〔歴史〕最古の人骨は三万二千年前の山下洞人であり、また一万八千年前の港川人の人骨は、本土の縄文人、中国の柳江人、中国南部から東南アジア北部の新石器時代人に似るとされる。人骨ほかの出土物に見る限り、沖縄は先史時代から周囲との類縁関係のもとに成立していた。その後沖縄は貝塚時代に入るが、この狩猟採集時代は本土の縄文時代から奈良時代にあたっている。長い狩猟採集期を経て十世紀ごろからグスク時代に入り、ようやく農耕社会へと移行する。沖縄に関する記録は『隋書』(六〇七)にはじめて登場し、『日本書紀』『続日本紀』その他にも記録されているが、その後十二世紀まで記録がないに等しい。十二世紀ごろ各地の支配者が次第に勢力を伸ばし、按司(アジ)が登場する時代に移っていく。十二―十四世紀は、グスクという聖域を囲った城や集落を拠点に、按司同士が覇権を競い合う時代だった。こうして十四世紀の初めごろ三人の実力者が登場し、いわゆる北山・中山・南山の三山鼎立の時代を迎える。三つの首長国は相ついで明に朝貢し、貿易立国としての特徴を露にしていく。国家経営は支配地域内の農業経営と、東南アジアや中国との貿易に支えられていたからである。一三九二年(洪武二十五)、国策振興のため中国福建から文化人・技術者を定住させている。のち一四二九年(宣徳四)に至って中山王尚氏によって沖縄本島の統一がなり、統一の勢いをかりて、この世紀、奄美・宮古・八重山を支配域に編入している。統一後、按司を国都の首里に集住させ、位階制度を設け、聞得大君(きこえおおぎみ)を頂点とした神役組織を編成し、海外貿易を拡大する。一六〇九年(万暦三十七)の薩摩入りによって、沖縄は明との冊封関係と薩摩の付庸国という二重帰属に悩まされながら、今日に及ぶ独自の文化を築きあげていく。この時代、『おもろさうし』を完成させたばかりでなく、『中山世鑑(ちゅうざんせいかん)』『中山世譜』『琉球国由来記』『琉球国旧記』『球陽』などの史料編纂が相ついだ。一八七二年(同治十一)の琉球藩化、そして一八七九年(明治十二)の沖縄県設置は、沖縄の意志によらぬ日本への編入=琉球処分として知られる。日本編入後の本土化、第二次世界大戦の沖縄戦による戦場化、日本の敗戦による米軍統治、そして一九七二年(昭和四十七)の日本復帰は、沖縄文化に少なからぬ影響を及ぼしてきた。

〔生業〕数百年来、沖縄の人びとの生活基盤となってきたのは農耕=牧畜経済だった。古く貝塚時代後期に農耕の可能性が指摘されているが、

この時代は依然として狩猟採集経済に委ねられていた。グスク時代に至って農耕社会が形成され、はじめは麦・粟を主体とした畑作で、やがて稲作が加わるようになる。時代は下って十五世紀当時には、水稲・麦・粟作と牛の飼育があったことが知られる(『李朝実録』)。地域により麦・粟作と牛糞施肥、稲作と牛踏耕作がみられ、麦一期作、粟二期作、稲一期再生作と二期作が見られた。沖縄に古くから栽培されていた芋類はチンヌク(陸里芋)・ターンム(水田芋)系のサトイモ類で、十七世紀初頭にはンム(サツマイモ)が導入されて沖縄に広まり、主食の地位を占めるまでになる。主たる沖縄の生業といえば、サトウキビ栽培である。製法は十五世紀に中国から伝えられたが、広まるのは十七世紀になってからだった。薩摩の貢糖制の強行政策があったことが、サトウキビ栽培に拍車をかけてきた。沖縄の生業を理解するうえで重要なことは、厳格な林業政策にもとづく林業の発達と、漁業が未発達だったことである。燃料・建材として木材は不可欠な自給資源だったので、王府の杣(そま)山政策に呼応して、村落では数々の伐採制限に関する民俗がいまに伝えられている。漁業は魚を貢納した糸満を除いて、半農半漁の村落さえ数えるほどだった。漁業資源はほとんど自給のためにあり、交換経済の対象にはならなかった。大規模な漁法が本土から導入されたのは、明治時代になってからのことである。家畜は古くは役牛が知られるが、馬は中国への主要な輸出品だったほか、砂糖製造の車引きなどに用いられてきた。特徴的な家畜は豚とヤギであろう。今日豚肉は日常食や儀礼食に用いられ、またヤギ肉は不定期の祝いやもてなしの食肉として用いられている。豚は十四、五世紀に中国からもたらされたとされるが、庶民の口に供されたのはずっと後のことであり、日常食になったのは近年にすぎない。以前は庶民にとって貴重な儀礼食であった。ヤギは『李朝実録』にも記録があるほど飼育は古いが、庶民にとっては豚と同様自給用であった。

〔村制と族制〕グスク時代に形成された畑作主体の農耕村落は、三山時代まで石灰岩台地上に立地していたが、十五、六世紀、水稲二期作に重点を移すにつれて、次第に海岸・谷底低地に立地するようになる。それは複数の屋敷・集落からなる不井然型散居村落(マキョ)で耕地も分散し、他村との緩やかな連合をなしつつ行政単位としての間切が存在した。薩摩入り後の十七世紀中葉から十八世紀中葉にかけて大規模な改革が行われ、納税単位としての一村＝一集落制に再編され、井然＝碁盤目型集居村落としての近世村落が出現する。起源に諸説があるが、沖縄本島ではこのころ私有を認めぬ土地の配分割替制たる地割制も導入されたが、先島では人頭税制によっていた。沖縄の日本編入後もしばらく旧慣温存政策がとられ、一九〇〇年代の土地整理法施行後、ようやく税制改革や土地私有制が実現する。村落には村役所にあたるムラヤー(村屋)があり、ムラガシラ(村頭)を長としてさまざまな係が置かれた。村の意志決定や伝達には、村寄合としてのムラジュリー(村揃)が催された。村政への参加は年齢範囲が規定されており、村政分担のための数々の年齢集団があり、また村落の下部地区としてのクミ(与)があった。村落の最小単位は、屋敷構えのあるヤー(家)であった。ヤーは夫方居住をもととする夫婦家族からなるが、人の住まぬ屋敷地もまた行政・祭祀単位として存続するので、ヤーは単なる家族ではなく、権利と義務を伴った法人格としての社会単位である。経済的にあるいは慣習としてニービチ(婚礼)を実施しなかった人びとの間でも、ヤーの構築は結婚に際して必要不可欠な条件だった。ヤーを単位としてハロウジ、ウェーカー、ウヤク、チョーデー、ウトゥザなどと地域ごとに呼ばれる双系的親類が、世俗的な親族関係を保ってきた。本島や八重山の一部にみられる一門(イチムン)・門中(ムンチュウ)は、長男が相続するムートゥヤー（宗家）を中心に顕著な父系出自集団を構成しているが、地方農村や庶民に広まったのは比較的新しく、ほとんどは旧慣温存政策が解除された明治時代以降の流行によっている。

〔儀礼と信仰〕グスク時代からウタキ（御嶽）をはじめとしてさまざまな聖地が存在したことは、その後の村落再編が聖地を中心になされたことでわかる。村落は古琉球の時代より、神々をまつる祭祀単位でもあった。この村落をいくつか統括して村落祭祀を司ってきたのが、かつては聞得大君のもとに国家的に組織され、各村落に多くの神役を従えた女祭司としての本島のヌル（祝女）、先島のツカサ（司）だった。ヌルを中心に村落の神役たちは、主として農耕周期に合ったそれぞれの儀礼に関与してきた。たとえば稲の播種期にはタントゥイ（種子取）、稲の成長期にはショウズ（精進）、ムヌン（物忌）、ヤマドゥミ（山留）、アブシバレー（畔払い）など、そして収穫前から収穫期にはウマチー（御祭）、シヌグ、ウンジャミ、シキョマ、プーリーなどの祭が各地で実施されてきた。ヌルその他の神役たちは王府公認の祭司であるのに対し、古くから存在したシャーマンであるトキ、ユタは、王府にとっては淫祠邪教の布教者だった。しかし今日ユタ（本島）やカンカカリャー（宮古）、ムヌチ（八重山）は、沖縄文化を代表する存在となっており、社会構造を維持・改変しうるほど人びとの日常生活に深い影響を与えている。ユタらは、人びとの日常生活の不安や病気を解消しようとするだけでなく、各家の冠婚葬祭の儀礼に関与し助言して、門中の父系化や位牌祭祀をはじめとした親族関係の倫理に深くかかわってきた。生家の位牌は長男のみをまつり次・三男は併祀せぬこと、娘や他人の位牌はまつらぬことなどのタブーを唱えることによって、ヤーや門中の秩序が再編されてきた。その背景には、墳墓祭祀を含めた沖縄の人びとの祖先祭祀重視の規範や行事の存在がある。墳墓祭祀や位牌祭祀の機会には、十六日祭のほか、清明祭（シーミー）・ウマチー・盆（シチグヮチ）、あるいは何年かに一度の遠祖祭祀などがある。このような祖先祭祀の機会に人びとは、自分の村落内の墓や宗家の位牌を拝むだけでなく、ウフムートゥと称される総宗家の墓や位牌、今帰仁や首里などの故地・聖地にも詣でて祖先をまつっている。こうした祖先祭祀を支える観念に、沖縄の霊魂観・生命観がある。人間の生命力は、マブイと称する霊魂に支えられている。マブイが身体から離れるとやがて人間は死に至るとされ、恐怖や病気が原因で、特に子供のうちはマブイが離れやすいといわれる。こうした生命力を支えるマブイのほか、人間・動物はもとより物質や建造物、あるいは歌謡などにも宿るとされるセジがある。セジとはいわばエネルギーであり力能である。セジは人によって量の差があり、セジが多ければセジ高い者として崇められ、あるいは畏れられる。人間ではおおかたヌルやユタなどがセジ高い者とされ、場所としてはウタキなどの聖地がセジ高い場所にあたっている。海上かなたのニライカナイもまたセジの根源とされていて、最大の遥拝対象となっている。このような沖縄文化の特徴は本土のみならず類例が世界各地に見いだされており、沖縄は「民俗の宝庫」だといわれて久しい。

参考文献　仲松弥秀『神と村』、一九七五、沖縄文化協会編『沖縄の民俗文化』、一九六一、外間守善『沖縄の歴史と文化』（「中公新書」七九九、一九八六）、小川徹『近世沖縄の民俗史』（「日本民俗学研究叢書」、一九八七）、高良倉吉『琉球王国史の課題』、一九八九、安里進『考古学からみた琉球史』、一九九〇・九一、渡邊欣雄『世界のなかの沖縄文化』、一九九三、『アジア遊学』五三（特集沖縄文化の創造、二〇〇三）

（渡邊　欣雄）

おこない　おこない　村内の豊作・大漁・安全などを祈願して一〜三月に行われる行事。行とも書く。籤や順番で決められた頭屋・頭人を中心に、巨大な鏡餅や掛餅・造花による荘厳、乱声、牛玉宝印の授与などが特徴的に見られる。おこないはムラの永続を祈念する中心行事と意識されており、この運営を支えるため五人組や隣組などの頭屋を援助する組織がある。おこないの起りを五穀豊饒・国家鎮護を目的として行われた奈良時代の修正会の記録に求めることもできるが、民間の行事として確認できるのは、参加者の精進潔斎と造花による荘厳などの山里のおこない景観を記録した『三宝絵詞』(九八四)である。おこないは現在、西日本の各地に認められるが、特に近畿地方、中でも滋賀県の湖北・甲賀両地域に高い密度を示す。シンシホツガン(滋賀県湖南市西寺)、イモクイ(同甲賀市甲南町竜法師)、鬼祭(佐賀県藤津郡太良町大浦)など、行事の一部を名称とする地域も多い。滋賀県の甲賀地域には、天台系の堂を中心としたおこないが見られるが、甲賀市甲南町深川では、一五七九年(天正七)の頭役帳と一七四四年(寛保四)の行絵図から、四人の頭屋により掛餅が供えられていた様子がわかる。隣村の市原では、一月十三日、天台宗浄照寺のおこないに行絵図と同様に樒で飾った同形式の掛餅を見ることができる。現在、中頭の掛餅はなくなったが、左頭・右頭が生年月日順、酒頭は市原へ嫁入りしたものが年齢順で供えている。そのほか稲束に小イモやサイコロなどの作り物を差したドンガラ、竹に焼餅をくっつけた穂の餅で浄照寺の薬師如来を荘厳する。法印が読経を行い村人が持ち寄った藤の木で激しく床をたたき、ベットウとよばれる男根状の印で頼守(一年間の堂守り)が参加者のつむじに朱を捺していく。この一連の行事内容は、島根半島の沿岸部で曹洞・浄土宗の堂を中心に行われているオトウサン(出雲市塩津)、大餅さん(同市美保)、伽藍さん(松江市美保関町諸喰、二十年ほど前に廃絶)行事や真言宗の堂を中心に行われている大餅さん(松江市秋鹿・同市八雲町岩坂)行事などと基本的には同形である。滋賀県の湖北地域、伊香郡木之本町古橋には、一七一三年(正徳三)から一九六三年(昭和三十八)までの頭役帳が伝わり、真言系山岳寺院が頭屋を選ぶ指頭オコナイが盛んであったことが確認できる。現在、湖北地域では、ほとんどのムラでおこないが認められるほど高い残存率を示しているが、寺の行事ではなく神事と強く意識されており神社を中心に行われることが多い。精進潔斎・餅搗き儀礼・トウ渡しなどを厳修する傾向が顕著で、オカワ(お鏡の型枠)を新藁で美しく飾り頭屋の象徴とする。お鏡は、文字どおり鏡のように表面を仕上げ、純白、巨大なものが最良とされる。掛餅型の荘厳は、伊香郡内の天台・真言系の薬

おこない　滋賀県甲賀市甲南町

師堂で、簡略型と思われる立餅が認められるにすぎない。おこないは、神事と規定し主体をお鏡とする地域と、その中心を寺院の荘厳と乱声などの魔除け行為とする地域に大別できるが、寺院でのおこないが、鎌倉時代以降の浄土真宗の進出と密教系寺院の減少、さらに明治初年の神仏分離などによって、神事への変更が進んだものもあり複雑な様相を見せる。

参考文献　肥後和男『宮座の研究』(『肥後和男著作集』一期七、一九八五)、同『近江に於ける宮座の研究』(同二期一、一九八七)、長浜城歴史博物館編『近江のオコナイ』(特別展図録、一九九〇)、中沢成晃『近江の宮座とオコナイ』(『日本宗教民俗学叢書』二、一九九五)、中島誠一「オコナイの根幹をなすもの」(仏教大学文学部史学科創設三十周年記念論集刊行会編『史学論集』、一九九九)
(中島　誠一)

おし　御師　寺社に所属し、参詣者の世話などをする僧侶・社僧・神職などから転じた、祈禱をもっぱらにする者。御祈禱師の略称。御祈禱師は平安時代の中期以降に寺院で始まったが、中世には熊野・伊勢・富士などの各地の神社にも成立した。なかでも「蟻の熊野詣」と称されたように熊野詣の盛行に伴って熊野御師が全国各地に活動していたことが知られている。中世以降、一般に御師を師として、参詣者を檀那とする関係が確立してくると、その仲介役としての先達(講元)が介在して師檀関係を結んだ。そのために祈禱を中心にしながらも守札類を配札したり、なかには民間療法に関わる陀羅尼助などの薬を配ったり、さらには神楽などの芸能を携えて活動する者も現われた。この代償に米銭の寄進を受けた。平安時代後期以降各地の寺社はこの寄進を収入の基盤とした。なかでも伊勢・熊野をはじめとして遠隔地で参詣者の多い寺社では旅館業を営む者も見られた。また、中世以降になると檀那株は御師の私財として盛んに売買され、御師の高利貸活動の基本となった。なお「おし」のことを伊勢神宮では「おんし」と称している。明治以降の御師は先導師と称されることが多い。

参考文献　西垣晴次『ええじゃないか―民衆運動の系譜―』一九七三、萩原竜夫『中世祭祀組織の研究(増補版)』一九七五、新城常三『新稿社寺参詣の社会経済史的研究』、一九八二
(西海　賢二)

オシラサマ　オシラサマ　東北地方で家の神としてまつられている多くは一対の木偶(でく)。青森・岩手の両県に分布が多く、山形県ではオコナイサマ、福島県ではオシンメサマともよんでいる。木製が一般的であるが、宮城県や山形県には竹製のものもある。長さは三〇センチ前後で一尺が基準

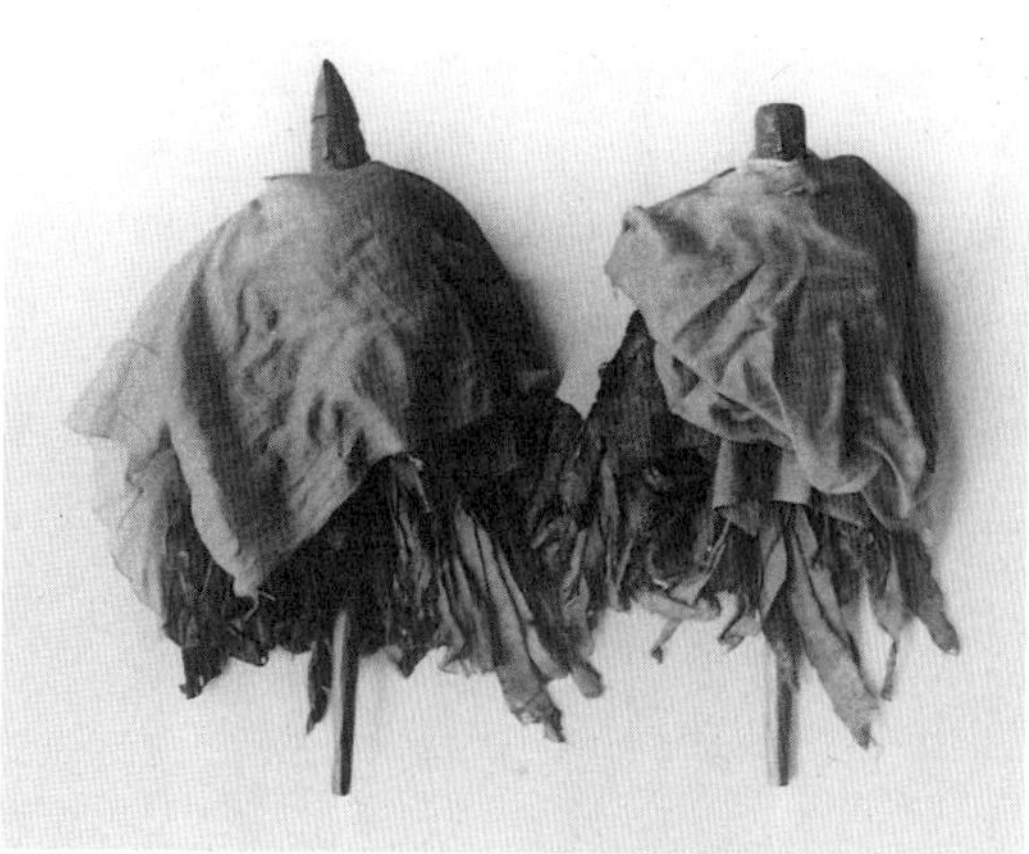

貫頭型のオシラサマ　宮城県気仙沼市

とも考えられる。木製の場合は頭部が男女の人頭か、馬頭と姫頭の一対に彫刻されるが、様式は一様でなく巧拙があり個性的である。神体には、毎年一枚の布が着せ加えられ、この地方で晴着を意味するオセンダクとよばれる。布から頭部を突き出した貫頭型と包んでしまう包頭型に分けられ、竹製の場合は全て包頭型である。しかし、材質や形態の違いは信仰とはかかわりがない。オシラサマは木箱などに納められて、神棚の上に載せておかれ、祭日には床の間や座敷に飾られて供物がされる。祭日は正月・三月・九月、または三月・九月の十六日であり、祭はその家の主婦が司り、参加者は女性に限られ、まつる家の同族、それに集落の人人が加わる場合、集落の人々に限る場合、家族だけの場合などがある。参加者は賽銭・米・菓子・果物などを持参して供え、祈願のためオセンダクを供える者もある。その家では餅・赤飯・団子のいずれかを供え、参加者に振舞う。岩手県では、神体が参加者に回され患部をさすることがあり、子供が背負って近所を回る風習は各地にある。まつる家を清浄に保つため四足、二足すなわち鳥獣の肉を食べない禁忌があり、この神の霊験を疑い、流れに捨てた、または洪水や津波に流されたが流れをさかのぼって再びまつられたという霊験とともに広く語られている。祭日に盲目の職業的な巫女を招くか巫家を訪れ、この神の託宣を聴き、これをオシラサマアソバセという。託宣では禍福・吉凶、生業の豊凶、この神の霊験などが告げられる。しかし、祭日に巫女が関与するのは少数に属しすべてではない。オシラサマ信仰の起源説話として、巫女がオシラサマアソバセで唱えるおしら祭文があり、内容は中国の『捜神記』に収められている馬娘交婚の物語である。神体が馬姫に作られたり、養蚕の神と語られるのはその影響と考えられるが、この説話は信仰の内容とは特にかかわりがない。東北地方に現存する死者の口寄せを巫業とする巫女もオシラサマと同称・同形のものを持つことがあるが、これは彼女たちの成巫儀礼の際、手に執る幣であって、家にまつられるものとは別個のものである。オシラサマには、養蚕の神とされることも含め生業成就や病気治し、火難・盗難など家の平安が願われるので、本来は家の守護神の祭に、祭の担い手である主婦が手に執る一対の幣であったと考えられ、やがて神体そのものとされ、一対であることから男女の神とされたのであろう。オシラサマの論考は多いが、特性はなお不明である。→馬娘婚姻話

参考文献　柳田国男「大白神考」(『柳田国男全集』一五所収、一九九〇)、日本常民文化研究所編『おしらさま図録』、一九四三、今野円輔『馬娘婚姻譚』(『民俗民芸双書』、一九六六)、楠正弘『庶民信仰の世界―恐山信仰とオシラサン信仰―』、一九八四
(三崎　一夫)

おたびしょ　御旅所　祭に際し、祭神が神輿などによって氏子区域を巡って神幸し、仮に遷座する場所。あるいは休憩のための神輿安置所。頓宮・神輿宿・御旅宮・お仮屋・行宮などともいう。「たび」とは一時的な滞在の意を表わす。一般の村祭の場合は、旅というにはふさわしくないほど本社に対して近距離にあるのが普通である。御旅所には本社や祭神に深い関わりのある場所(祭神影向伝承がみられるなど)が定められることが多い。本社から御旅所に神輿渡御する神幸よりも、御旅所から本社への還幸を重視する祭も多く、御旅所こそむしろ本来の祭場であって、本社は本来、神庫としての機能しか持たなかった場所という考え方もある。御旅所には常設の建物がなく芝地などのまま聖地として画され、神輿渡御に際して仮設の幄舎が設けられる所も多い。幄舎とはテント状の仮屋である。御旅所の形態を大別すると、㈠専用の建物を常設する、㈡境内外の摂社を利用する、㈢特定の神社(祭神の配偶神をまつるなど)を

指定する、㈣特定の氏子の家を選定する、㈤そのつど臨時の建物を設営するなどのようになる。御旅所は一ヵ所の場合もあれば、数ヵ所にわたる場合もある。御旅所では神輿が神座として扱われ、神霊はここにしばらく滞留するものとされる。御旅所の利用についても方法はさまざまあり、神幸の途中に立ち寄るのみというものの一方、京都稲荷社のごとく長期にわたって神輿などを置くこともある。いずれにしても、本社から御旅所への神幸道順は通常一定しており、厳重に守られている。神輿は平安時代初期から存在するが、御旅所はそれ以前にあったものとみられている。文献上では、恒例の御旅所祭礼は平安京の御霊会において十世紀後半からみえる。

参考文献　井上頼寿「御旅所考」(『皇学』三ノ一、一九三五)、岡田荘司『平安時代の国家と祭祀』、一九九四、福原敏男『祭礼文化史の研究』、一九九五

(福原　敏男)

おちうどでんせつ　落人伝説　政争や合戦に敗れたことにより人に隠れて落ちのびた人・一族、または貴種・武士が他郷にさすらい住んだという伝説。文徳天皇の皇子惟喬(これたか)親王は、藤原氏との政争に敗れ小野(京都市)に幽居したが、近江小椋谷(滋賀県東近江市)を発祥の地とする木地屋は惟喬親王を職祖神と仰いでいる。縁起によると都を逃れて小椋谷の奥深く隠れ住んだ惟喬親王はドングリの殻斗から椀木地を轆轤(ろくろ)で挽くことを考案し、この業を土地の人々に伝授したという。蛭谷(同市)の筒井神社、君ヶ畑(同)の大皇器地祖(おおきみきじそ)神社・高松御所金龍寺はともに親王を轆轤業の祖神としてまつっている。後醍醐天皇の皇子宗良親王は史書には南北朝時代に武力抗争の当事者として波瀾万丈の生涯を送り、若くして天台座主に補せられ、のちに叡山を出て伊勢に赴き還俗して宗良親王と称し、その後親王は北畠親房らに奉ぜられて伊勢から海路東国へ赴く途中台風に遭い、遠江海岸に漂着して井伊谷城(いいのや)に入り、ここを当地方における南朝勢力の中心として北朝方と対戦したが敗れ、これより勢力挽回のために信越・武蔵へと転戦したが、武運つたなく勢力が次第に衰え隠棲したとある。天竜川支流小渋川の上流にある信州大河原(長野県大鹿村)、遠州井伊谷(静岡県浜松市)が終焉の地とされ、大河原御所平には親王を弔う宝篋印塔(ほうきょう)があり、井伊谷には親王をまつる井伊谷宮が明治維新期に造営された。落武者伝説は全国に多くある。その大部分は平家一門にかかる落人伝説で、しかも肥後五家荘(熊本県八代市)・土佐寺川郷(高知県いの町)・信濃秋山郷(長野県栄村)などの絶境が落人部落とされている。五家荘について『肥後国五ヶ荘図志全』に「里俗の伝に、落人の子孫とて世に隠れ住しに、いつの頃にか川下に椀のかけ流れ出しをみ付て、山の奥に人家有事を知り、尋登り、此五ヶ庄を見出せしといふ。実に塵外の仙境ともいふべき地なり」、松浦静山『甲子夜話』に「その始は平氏敗のとき彼の党隠棲の末と云ふ。(中略)総べて鳥獣を射て生業とす」の記事がある。このように外部の者には隠れ里かと思われるほど僻遠の地で、しかも伝統的な山民の生活様式や習俗も異風と映る村里が落人村とみなされてきた。一方、村民にとっては落人の子孫であることが外部の者に対する自負であったことは橘南谿『西遊記』の「みずから平家高貴の人の御末也と高ぶりて、世の人を軽んず」という五家荘の記事がものがたっている。群雄が割拠して覇を競った戦国時代にも各地に落武者が出た。遠州の名族勝間田氏は榛原郡横地(静岡県菊川市)の勝間田城に拠って今川勢に抗戦したが七日で落城、その一族が富士山麓印野(同県御殿場市)方面に落ちのびた。その子孫たちは先祖が戦に敗れて正月に落ちてきた無念さを今も忘れず、年の暮れに餅を搗くと餅が鮮血に染まるといって餅無し正月の習俗を厳守している。落人村落には餅無し

正月はじめ五月節供に幟を立てないなど習俗に関する禁忌伝承がある。

参考文献　柳田国男「史料としての伝説」(『柳田国男全集』四所収、一九六九)、武田静澄『落人伝説の旅—平家谷秘話—』(「現代教養文庫」一九六九)、松永伍一『落人　伝説の里』、一九八二
（石川純一郎）

おどり　踊り　舞踊そのものまたは舞に対してその種類あるいは要素のこと。踏・躍とも書く。踊り上る、踊り懸かる、踊り狂う、踊り込む、踊り出る、踊り付く、踊り回るなど、踊りははねあがる、とびはねる動作を原義とするところから、折口信夫は踊りを跳躍運動、柳田国男は行動とした。近世の国学者本居内遠は「踊は我を忘れて態の醜からむもしらず、興に発しておのづからなるが根元なる故に、却りては雅びて洒落なる方あり」と踊りの忘我性を指摘している。最近では踊り手がみずから囃して身体を動かすものとする説もある。踊りは舞台化されぬ民俗の世界に多く存し、さらに様式が獲得される以前の状態にその本質が見いだされることが多い。風流踊りにはその様式を成立させる前段階に祇園御霊会で御霊を退散させる囃子物があり、その痕跡は京都のやすらい祭に残る。生花を新しい趣向の力として飾りつけた風流傘を依代として厄神を誘い込み、シャグマを被った踊り子が鉦や鼓を鳴らして厄を封じ込める。踊りとは楽器を奏し歌を歌って囃すことであり、はらい除かれるべき霊を排除するために移動することでもある。そうした踊りの本質はすでに院政時代の永長大田楽と呼ばれた京の田楽の狂躁にすでに萌している。華美な装いの風流、喧嘩といわれた鼓笛の喧騒、寺社や権門勢家に押しかける推参を特色とする田楽も、やがて様式が整えられて専業の芸能者の手に移って田楽躍になると秩序を揺るがすエネルギーを失い、近世初期の伊勢踊り、京の豊国社臨時祭の風流踊り、幕末のええじゃないかなど、時代の変革期に踊りのエネルギーが噴出するにとどまる。一方、空也や一遍の創始とされる鼓・鉦で念仏を唱えて踊る踊り念仏は、仏教の歓喜踊躍を写して法悦に至るが仏の供養にも用いられ、念仏踊り・盆踊りへと展開する。愛知県設楽町田峯の念仏踊りは盆に観音堂や新仏の家々に締太鼓の踊り手が練り込んではね込み(かけ庭)を踊り、念仏・和讃を唱える。終ると手踊りとなり、ふたたび締太鼓の引き庭踊りがあって退去する。この手踊りが一般に行われている盆踊りである。秋田県羽後町西馬音内の盆踊りで彦三頭巾や編笠で顔を隠し、長野・愛知の県境地域の念仏踊りが笠で顔を隠すのも、祖霊を迎え入れるためにほかならない。しかし災いをなすかも知れぬ新霊は確実に送り返されねばならず、長野県天龍村坂部や阿南町新野では送った後に振り向いてはならないといわれ、新野では振り返ると踊神が憑いて踊り続けることになるという。長野県伊那市の焼餅踊りは踊り終ると踊り手が一目散に逃げ帰るのも踊りで身体に憑いた霊を速やかに切り離すという思想に基づく。しかし新霊が浄化されて祖霊となると、奄美の八月踊りのように祖霊とともに家々を回って祝福することになる。また風流踊りは雨乞い踊りともされ、旱魃に太鼓や鉦を鳴らして竜神の発動を促す。風流獅子舞・太鼓踊り・ザンザカ踊り・楽・臼太鼓・浮立などの名で呼ばれる。→田楽　→念仏踊り　→舞踊　→盆踊り　→舞

参考文献　柳田国男「日本の祭」(『柳田国男全集』一三所収、一九九〇)、山路興造「舞と踊りの系譜」(『芸能』一八ノ三、一九七六)、板谷徹「「踊る」こと、その世界」(網野善彦他編『音と映像と文字による大系日本歴史と芸能』九所収、一九九一)
（板谷　徹）

おなりがみ　おなり神　奄美・沖縄地方に特徴的な霊魂観の一種で、兄弟を守護する姉妹の霊威をいう。第二次世界大戦前に伊波普猷の『をなり神の島』(一九三八)や、柳田国男の『妹の力』(一九四〇)などの書物でその存在

が指摘されて以来、奄美・沖縄文化の特徴の一つとして、早くから注目されるようになった。戦後は、多くの民俗学者や人類学者らの研究によって、国内のみならず海外との比較研究も行われるようになった。「おなり」とは、この地方でいうウナリ、ウナイ、ブナイなどの文語的総称で、兄弟から姉妹を称していう語。姉妹が兄弟を指すときに用いられる総称「えけり」と対になって用いられる。またここにいう神とは、姉妹を現人神に見立てて崇拝する対象を指すというより、姉妹には兄弟の長寿と安全を保証し、兄弟の作る作物の豊饒をもたらす霊威や生霊がある、との観念にもとづいたものである。兄弟の危機に際して、姉妹が白鳥となって命を救ったとする説話や、おなり神が海鳥・蝶・トンボなどにとり憑いて、旅先の兄弟の安全を見守るなどの言い伝えがある。また遠洋航海や出兵に際して、姉妹が兄弟の安全を祈願したり、安全のための呪具として、姉妹から与えられた手拭や毛髪を携えたという話は、特に有名である。かつての琉球王国においては、国王の姉妹である聞得大君(きこえおおぎみ)の宗教的庇護によって、国事がなされた。同様に、現在の行政村に相当する間切では、間切を治める地方領主たる按司(アジ)に対して、最高位の女祭司たる祝女(ヌル)が権威を支え、さらにそれぞれの村落では、草分け宗家の当主たる根人(ニッチュ)に対して、その権威を支える女性たる根神(ニガミ)がいたとされる。現在では、初収穫物を姉妹に捧げ、兄弟が姉妹に対しその豊作を感謝する儀礼などに、おなり神の観念がみられる。また宗家筋で行われる神事に、その家系出身の女祭司が参与管掌したり、行政区の長の準備する公的神事を女祭司が主催したりする習慣のなかに、これまでおなり神の霊威の存在が指摘されてきた。ただし今日では、女祭司が守護すべき相手がその兄弟に限られたり、神事が兄弟の生活の安全のためになされるなどということは、ほとんどないと称したほうがよい。類例は、古代日本の卑弥呼や斎宮、古代朝鮮や近現代の韓国、古代中国や現代中国の媽祖(まそ)信仰などにもみられるとされ、また世界各地、とりわけポリネシア地域にも、姉妹がその霊威によって兄弟を守護するという、民俗的観念や儀礼をみることができる。

[参考文献] 植松明石「女性の霊威をめぐる覚書」(谷川健一編『叢書わが沖縄』四所収、一九七一)、『馬淵東一著作集』三、一九七四、伊藤幹治『沖縄の宗教人類学』、一九八〇、崔吉城「沖縄オナリ神信仰一考」(『日本民俗学』一六九、一九八七)、渡邊欣雄『世界のなかの沖縄文化』、一九九三

(渡邊 欣雄)

おに 鬼 人々に危害を加える邪悪な霊や死者のイメージを基本としながら、人々に祝福をもたらす属性をも合わせもった人格的な存在。中国語の鬼(き)は、死者の魂ないしは亡霊を意味した。現在でも中国大陸や台湾で鬼といえば、基本的に死者の幽魂をさす。日本語のオニの語源については、隠(おん)が変化したという説のほか、陰・兄の語からの転訛説などがある。折口信夫は古代の和語の段階ではカミとオニは同義であったという説を提唱し、時代変化のなかで、恐怖のイメージや悪の性格のみがオニに集約されるようになったと考えた。この折口説は民俗学の定説として大きな影響を与えた。古代の文献では、外来語の鬼に、もの・かみ・しこなどさまざまな読みが宛てられていたが、平安時代以降、次第にオニに統一されるようになる。同時に、仏教・道教・陰陽道・修験道などからさまざまな影響を受け、さらに物語や説話文学、民間の昔話などの口承文芸に取り入れられるなかで、鬼の形象や性格は多彩な展開をとげた。馬場あき子は日本の鬼の系譜を五つに分類した。第一は、祝福に訪れる祖霊や地霊など、折口が指摘したカミと一体化した鬼で、これを日本の鬼の最古の原像とする。第二は、山人系ないしは修験道系の鬼で、役行

者に退治されて従者となった吉野の前鬼・後鬼をはじめ、山を住処とする大人・山姥・天狗などが入る。第三は、仏教系の邪鬼・夜叉・羅刹・地獄卒・牛頭鬼・馬頭鬼などで、仏教の因果応報の観念や地獄観が浸透するなかでポピュラーになった鬼たちである。第四は、鈴鹿の鬼や戸隠の鬼女のように、みずから鬼になった放逐者・賤民・盗賊の系譜である。第五は、変身譚系の鬼で、怨恨・憤怒・雪辱などの情念をエネルギーとして、復讐をとげるために鬼となることを選んだ者である。愛執や憎悪に苦しむ死霊や生霊が鬼になるという伝承は広い。平安時代の御霊信仰をはじめ、鉄輪の女、道成寺の女などの説話は、能や歌舞伎の題材にもなり、鬼に化した怨霊の範型を成した。その場合の対処方法としては、一方的に退治・排斥するのではなく、鬼の苦しみに共感しつつ慰霊や供養に努めることが必要とされる。昔話に出る鬼は、桃太郎の鬼退治に代表されるように、勧善懲悪の筋立てのなかで一方的に悪の象徴として描かれることが多いが、その原型ともいうべき民間伝承のなかでは、むしろ多彩な鬼の姿を見ることができる。青森県津軽地方の岩木山の北麓に住む大人は、恐ろしい山の主であると同時に旱魃に苦しむ村人を助ける両義的な鬼神として語られ、弘前市鬼沢という集落ではこの鬼神をまつった鬼神社を鎮守としている。秋田県男鹿地方のナマハゲに代表される簑を着た鬼たちも、人々に祝福をもたらす来訪神と見ることができる。平安時代以降、大晦日や修正会に行われた追儺の儀礼は、一方で民間の節分行事となり、他方で遊戯化して子供たちの鬼ごと(鬼ごっこ)となった。百鬼夜行、疑心暗鬼、仕事の鬼など、鬼のイメージは常に、人間界の悲哀と闇の実相を映し出す鏡でもあった。　↓悪魔　↓天狗　↓ナマハゲ

参考文献　折口信夫「鬼の話」(『折口信夫全集』三所収、一九六六)、近藤喜博『日本の鬼—日本文化探求の視角—』、一九六六、馬場あき子『鬼の研究』(『ちくま文庫』、一九八九)、小松和彦『悪霊論—異界からのメッセージ—』、一九九〇、渡邊欣雄「鬼魂再考」(『漢民族の宗教—社会人類学的研究—』所収、一九九一)

(池上　良正)

おにご　鬼子　親に似ない外見上の特徴を持つ子。一般的には「親に似ぬ子は鬼っこだ」という囃しことばで知られる。中・近世の日記類には鬼子と呼ばれた異形の生まれ子の記録が散見される。近世には、鬼子は随筆や怪異小説の題材として好まれた。柳田国男は鬼子を山の民と里人の交渉から生まれて来た尋常ならざる子と捉えた。またこの子どもが茨城童子・弁慶などの異常児誕生の英雄の伝承と同一の系譜にあるとした。民間では歯の生えた子を鬼子と呼んで忌み嫌った。このような子が生まれると「親に害をなす」などといって村境などに儀礼的に捨て、のちに拾ってもらう習俗が伝えられている。屋久島にはオンノコヤキバとかオンノコヤキハマといって歯の生えた子を焼いたと伝えられる場所がある。一方、このような子を出世が早いと喜ぶ地域もある。また、歯に限らず、早く立ち上がるなど成長の早い子も「家から逃げ出す」などといって嫌われた。さらには、親の厄年に生まれた子を鬼子と呼ぶ地域もあり、親に不都合な何らかの性質を持つ子は鬼子と呼ばれた可能性がある。世間話の中ではその去来が富との関連で語られ、富を得た代わりに鬼子を得たと語る事例がある。一方、昔話や伝説では鬼子はいったん家を出た後に節分や大晦日など、特定の日の晩に訪れ、家に富をもたらすと語られている。このような日に鬼や厄神などを歓待して富を獲得するという疫神歓待の伝承との関わりが注目される。これらの伝承からは鬼子をできれば訪れてほしくない危険な存在と捉えながらも、鬼子をもうけた際には歓待して富を引き出し、引き出したのちにはすみやかに立ち去っても

らいたいという心意をうかがうことができる。

[参考文献] 柳田国男「山の人生」(『柳田国男全集』四所収、一九八九)、南方熊楠「一枚歯―歯の生えた産まれ児」(『南方熊楠全集』三所収、一九七一)、佐竹昭広『酒呑童子異聞』(「平凡社選書」五五、一九七七)、下野敏見「鬼殺しの伝承」(『鹿児島民俗』九二・九三、一九八八)、山田厳子「子どもと富―「異常児」をめぐる「世間話」―」(『国立歴史民俗博物館研究報告』五四、一九九三)　(山田　厳子)

おの　斧　伐採・製材・割り木に用いる長い柄をつけた刃物の総称。地域によっては、よきという。振り下ろす打力を生かして、木材を切ったり、割ったり、削ったりするのに用いる。大形の鋸が普及するまでは、伐採から製材までのすべての作業を斧で行なっていたので、山仕事をする人々にとってもっとも重要な道具の一つで大切に取り扱われた。斧にはたくさんの種類・形式があるが、伐木に用いるものは切斧(きりおの)、製材に用いるものは削斧(はつりおの)、薪などを割るのに用いるものは割斧(わりおの)で、この三種類が基本である。切斧は刃渡りが狭く刃先は薄く鋭く、切り倒す木の受け口を切り込むのに適している。削斧は山から引きおろした材木を角形の用材に加工するもので、刃渡りが広く、いわゆる鷹の羽形になっており、木端が片側に跳び、材木に刃が食い込まないように片刃になっているものが多い。割斧は木材の木口に打ち込んで割るもので、楔(くさび)の原理によって先割れが進むように肉厚の蛤刃に作ってある。大形の斧は両手使いであるが、小形の片手使いもあり、こちらは手斧(ておの)ということが多い。鉈を使用しない地域で薪割りや薪の採集に用い、大工道具でもある。斧の刃面には、稲光のように片側に三本、片側に四本の筋目を刻んでいることが多く、これを七目のよきなどと称している。この筋目は鍛冶神(あるいは雷神)のシンボルであるとされて、霊力が宿ると信じられてきた。これは山の神信仰に関わるものと考えられる。

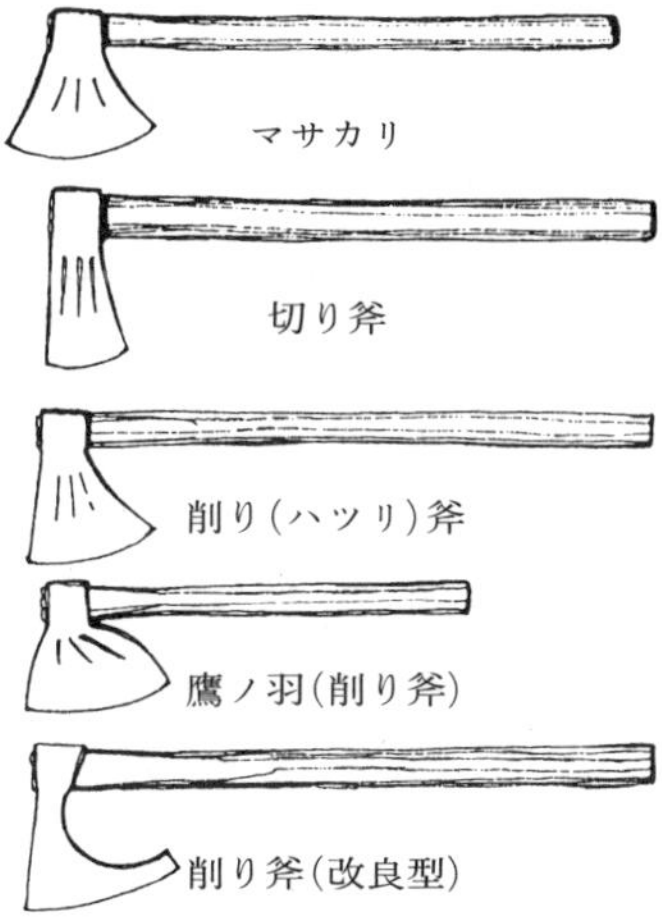

斧とその仲間

[参考文献] 朝岡康二『鍛冶の民俗技術』(「考古民俗叢書」二〇、一九八四)　(朝岡　康二)

おはぐろ　お歯黒　歯を黒く染める化粧法の一つ。鉄漿(かね)付け・涅歯ともいう。鉄屑を焼いて濃いお茶の中に入れ酒や飴などを加え、さらに歯につきやすくするためにフシ(ヌルデの葉・茎に生じる中こぶ)の粉を入れて作った汁を筆につけ歯を染めた。古代・中世には貴族や武士の間では男性の化粧としても行われていたが、近世以降は女性のみに行われるようになり、一人前の女性の印とされた。十七ガネ・十三ガネといわれるのは鉄漿付けが十七歳や十三歳の時に行われたからである。屋久島では十七歳前後の娘たちが集まり鉄漿付けをしたが、その際、大人の髷を結い、帯を前に結んだ。鉄漿付けが終ると娘たちは娘組をつくった。対馬では十七歳前後に鉄漿付けが行われたが、それは女にとって一世一代の祝いであり、嫁入り衣裳はなかったが、鉄漿付け衣裳が作られた。また、鉄漿付けの時、隣近所七軒から鉄漿をもらい集めるナナトコガネもあった。お歯黒が嫁入りの前日や当日、妊娠五ヵ月目などに行われ「子供に白い歯を見せるものではない」「白歯のくせに子供をもった」といわれるように既婚者の印となったのはのちの変化である。またお歯黒の際、娘がカネオヤ、フデオヤなどの仮親をもち、カネコ、フデコ、ハグロコなどといい、子になる擬制的親子関係が結ばれることがある。仮親は鉄漿付け道具などを贈り、将来にわたり子の世話をするのに対し、子は仮親に対して盆・暮れの義理を守り、仮親の死に際しては喪に服した。

参考文献　江守五夫「成人式の原義—社会人類学の立場から—」(蒲生正男・大林太良・村武精一編『文化人類学』所収、一九六七)、瀬川清子『若者と娘をめぐる民俗』、一九七二
(野沢　謙治)

オハケ　オハケ　近畿を中心に中国・北陸にかけて祭礼の折、当屋の家に立てる標示物。青竹の先に御幣や神符をつけ、土壇を設けて祭の前に立て、祭当日まで立てておく。兵庫県加古川市では当屋の屋根の上にオハケを立てる例があるが、単に当屋の印のみでなく、カミの宿る標示物と考えられる。オハケと呼ばれる形態には御幣だけのもの、屋形になったものが多く、その他各地で素朴なものが見受けられる。オハケということばの意味は不明である。一四二七年(応永三十四)九月十九日の『二所参詣大事』という記録に「御ハケトハ御廟ナリ」と出てくるのが古い。ここには、みたまや、祖先の霊をまつるという意味があるように思われる。奈良県生駒郡平群町櫟原の場合、秋祭の当屋でこの神の宿るお仮屋を造ることが大切なので、行事名をオハキツキ、オハケツキと呼んでいる。九月二十八日にこのオハケツキが行われる。当屋の庭に氏子が集まり、長さ一・八メートルほどの木の枝八本を下部を細く上部を広げたラッパ形に立て、これに割竹を編んで中に土を詰める。その上にウルシの木の鳥居を立てる。オハケの廻りに砂を敷き、四方を忌竹で囲む。これをオハケと呼び、十月一日、氏神生駒山口神社から神を移して九日までまつることになる。この間、毎日供え物をする。九日の宵宮の日に御幣を持って神社にお渡りをし、真夜中にゴヤオクリといって、御幣を持ってお渡りをする。カミが常に存在する神社に対し、臨時的にカミをまつるお仮屋を意味すると考えられる。

参考文献　原田敏明『村の祭と聖なるもの』、一九八〇
(浦西　勉)

おびいわい　帯祝い　妊娠した女性が腹帯をしめる日の祝い。オビカケとかオビマワシなどともいわれる。この腹帯のことを岩田帯というところが多いが、岩田帯は斎肌帯のことだという説がある。斎は忌みのことでこの帯を腹にまいたときから忌みにはいることを意味しているとも考えられる。一方、この腹帯をまく祝いを行うことによって妊娠していることを地域社会の人々に知らせ、子どもが生まれてくることを知らしめる機会でもあった。帯祝いは一般に妊娠五ヵ月めの戌の日に行うというところが多く、これは犬が一般に安産であるといわれていることにあやかるためであるといわれている。地方によっては栃木県粟野町(鹿沼市)のように三ヵ月めとか千葉県君津市のように七ヵ月めというところがあ

オハケ　お仮屋　奈良県川西町

るように、必ずしも五ヵ月めに行うというわけではない。また、千葉県市原市や長柄町のように帯祝いを行うのは長子のときだけという例もある。腹帯は嫁の実家から送られるというところも多く、産婆を呼んで帯をしめ仲人や近親者をよんで祝宴を行なったりする例もある。最近は寺社に安産祈願に詣でた際に腹帯をうけてくるという例も多くみられる。また、夫の褌を腹帯にすると産が軽いという伝承も全国的に分布している。柳田国男によれば帯祝いは、胎児の生存権を承認する最初の共食の儀礼であり、間引きが多く行われた近世においても、帯祝いをした子は必ず生んで育てねばならないものとされていたという。

参考文献　『日本産育習俗資料集成』、一九七五、太田素子編『日本近世マビキ慣行史料集成』、一九九七
（菊池　健策）

おびしゃ　おびしゃ　年頭に行われる弓神事の一種。御歩射・御奉射・御備射などと書く。全国的にあるが特に関東地方、それも利根川沿岸一帯に濃密に分布する。ムラや村組単位で実施され、輪番制で頭屋を勤める。各戸の世帯主がムラの氏神や小祠に集まり、神事の後、新旧両頭屋や選ばれた七歳の男児などの決められた人、あるいは参加者全員で的を射る。その後当番の宿へ集まり、厳粛な盃事を伴ったオトウ渡しと直会がある。オトウは氏子名や頭屋の氏名や順番、祭事次第、神供や調理方法、その年に生まれた子の名などが書いてある帳簿状のものが多く、黒塗りの箱に納められている。そのほか割り竹に挟んだ神札や神様の掛軸などもある。今年の当番（今頭・本頭など）から来年の当番（来頭・相頭など）へ渡されたオトウは、来頭の家の神棚へ安置され大切にされる。オトウをつぎつぎに渡していくことで、ムラの秩序更新と継続が象徴される。オトウのトウは祭の年番である頭屋の頭を意味する。おびしゃは歩射からの転訛であり、その目的は年占とするのが定説である。しかし実際にはおびしゃは的の当たりはずれで占いをする例はむしろ少なく、最終的には的は必ず射当てられ破棄される例が圧倒的に多い。また的に三本足の烏を描く事例が千葉・茨城両県に多い。三足烏は太陽を意味すると考えられ、年頭に太陽を射るこうした事例はつまり太陽の死と再生を儀式化した行事とみなしてよかろう。単にオビシャと称し、あるいは、トリビシャ、チンコロビシャ、ニラメッコオビシャなどといい、オトウ渡しを中心にして、的うちは行わない所が圧倒的に多い。

参考文献　井上正敏「オビシャについて」（『流山市立博物館調査研究

おびしゃ　千葉県東葛飾郡沼南町（柏市）

報告書』二、一九八四)、萩原法子「弓神事の原初的意味をさぐる―三本足の鳥の的を中心に―」(『日本民俗学』一九三、一九九三)、鈴木通大「オビシャ行事をめぐる諸問題―関東地方における事例を中心に―」(『神奈川県立博物館研究報告』人文科学二一、一九九五)、萩原法子『熊野の太陽信仰と三本足の鳥』、一九九九

（萩原　法子）

おもかるいし　重軽石　石の軽重によって吉凶や成否をうらなうもの。両手で石を持ちあげて、それが軽くあがるとよいとか、重くてあがらないとわるいとかいうようにうらなう。ひろく日本列島の東西にわたって認められるが、特に山梨県の全域、岐阜・愛知両県の一部などに著しい。地域ごとにうかがい石・試し石・重軽石などというほかに、うかがい地蔵・上げ地蔵・重軽地蔵などと、地蔵という名でよばれるものが多い。実際に自然のままの石だけでなく、地蔵などの形をとるものも少なくない。近世後期に著わされた木内石亭の『雲根誌』や寒川辰清『近江国輿地志略』(一七三四)などには、近江国の山村の天神石について記されているが、現に滋賀県甲賀市水口町の山村神社では、宮守が神前の石をもちあげて、大神の神意をうかがうならわしが伝えられる。南西諸島のビジュルなどの神石にも、それらと共通の性格を認めることができる。このたぐいの石は、神社や寺堂や路傍におかれるものと、特定の民家の屋内におかれるものとに分けられ、不特定の多数の男女がうらなうものと、特定の霊能者や信者だけがうらなうものとに分けられる。

参考文献　大島建彦「石占の伝承」(『道祖神と地蔵』所収、一九九二)

（大島　建彦）

おもちゃ　玩具　遊びのために用いる道具。「おもちゃ」という言葉は平安時代からすでにあった「もてあそび」「もちあそびもの」が語源で、室町時代の初めに京都の女房言葉として使われ始めた。「もつ」という言葉に接頭語と接尾語がついて「おもつや」となり、それが音便化されて「おもちゃ」になった。江戸時代には「てあそび」「もちやそび」とも呼ばれ、手玩・翫弄之具・弄具・玩物などの漢字表現がなされた。「玩具」という言葉は日露戦争のころ、明治政府の国語統一運動の中でつくられ、太平洋戦争中は「遊具」という言葉が使われた。だが一般には広く「おもちゃ」という言葉で通用した。玩具はきわめて種類が多く、大別すると直接子供の遊びの対象としてつくられたものと、信仰に関した縁起物とがある。前者には木そのものや木の実や草・草花など自然の素材をそのまま利用した手作りのものがある。これには子供がみずから作るものと、大人がつくって子供に与えるものとがある。これらは子供の遊戯と切り離すことのできないものであるが、その多くは子供たちの生活の知恵から発想されつくられている。もっとも素朴なものでは木の枝の端くれがある。これを弄び物として山村の子供たちは川に流す風がある。それは筏流しの模倣であり、木の端くれを束ねて坂道を滑らせて遊ぶ。これは成人した際の木馬下ろしの模倣でもある。また家具・大工道具・弓矢・人形などを手作りして遊ぶ。これらも大人の生活の模倣であり、成人したときに一人前としての仕事ができるための修練の道具でもある。また凧・独楽(こま)・羽子板・お手玉など手作りの玩具を作るが、これも年中行事と大きくかかわった子供の世界の表象である。女児のままごと遊びも盆飯・辻飯はもちろんのこと、山遊び川遊びの共同飲食の真似事であり、ままごとの玩具はそうした行為に欠くことのできない玩具であった。後者でいえば天狗・鬼・狐その他数々の仮面は神祭に登場してくる神わざの最も重要なものであり、鈴・笛・太鼓なども同類である。その他呪具・呪物が玩具として用いられる例も少なくない。全国各地に広く見られる各種の玩具はそれぞれの地方の風土と信仰の所産であり、

逆に玩具を通して地域文化の特色を見ることができる。こうした民俗的玩具のほかに、近世に入ると工芸的色彩をもつ精巧な玩具類が現われてくる。その一つが人形である。すでに伏見人形を原型として東北地方にまで土人形が流通し、それぞれの地域でそれをアレンジし、また独創性を加えた土人形が発達するし、張子人形・玩具の類も普及するが、御所人形・博多人形などの美術的価値をもつものも現われた。広義にいえばこれらの人形も玩具の中に包摂されるものである。

(岩井　宏實)

参考文献　有坂与太郎『日本玩具史』、一九三一、酒井欣『日本遊戯史』、一九三三

おやこ　親子　夫婦とならんで家族を構成する基本的な関係で、系譜上いわばタテのラインで結びつく。この関係は必ずしも生物学的な親子に限らず、養父母・養子関係も含まれる。さらに女性の結婚後における夫の両親との間に成立する親子関係のように婚姻を通じて成立する親子関係がある。これらの親子関係のすべては親族関係にある親子関係である。そのため、狭義には、親子を定義しようとするときに、「系譜上タテのラインで結びつく親族」というように、親族という用語を定義の中に含ませてもよい。しかしながら、民俗学は従来もっと広義の親子の関係に注目してきた。柳田国男は日本の東半分で親類のことをオヤコあるいはオヤクとよんでいる事実に注目し、親子という意味は、伝統的には、現在使用している意味よりもはるかに広い意味をもつことを指摘した。そして親子とは本来的には労働組織と深い関係にあると柳田は考えた。すなわち、コとは労働者を意味し、海で働くときはカコといい、山野では勢子(せこ)、また馬子(まご)、山子(やまこ)、友子(ともこ)など多様なコが存在する。このコを統率するのがオヤとみなした。この親子関係の本質あるいは本源は労働関係である、というのは柳田国男の学問上の解釈であり、この解釈は有賀喜左衛門にも受け継がれていく。ただ、この種の本質、本源論は十分な実証がむずかしく、現在のところ一つの解釈として位置づけておくべきだろう。しかし、柳田のこのような着眼点が研究を押し進め、親子という概念は親族関係にある狭い意味の親子関係にとどまらず、各地で広義の意味で使用されている親子の実態が明らかにされてきた。たしかに生みの親という用語がつい最近まで日常的に使用されていたのは「生み」以外の親が存在していた事実を暗に示しているといえよう。社会的親には出生時から順番にならべると取上げ親、乳親、拾い親、名付け親、成人時の烏帽子親や鉄漿付け親、結婚時の仲人親など多様な親がある。社会的親子関係は必ず儀式を通じて成立するが、それは社会的承認を必要とするからである。この社会的親は生みの親の力の及ばないときにさまざまな側面から子を援助することが期待されている。親子の特徴は次の三点にまとめることができよう。すなわち、第一に親というのは組織の統率者で子とは統率者のもとにいる構成員を意味する。生みの親も家族という組織の統率者と理解すればよい。第二に親子には狭義の親族関係のある親子(通常は家族を構成する)と社会的親子とでもよぶべき親族関係のない親子の二種類がある。第三に社会的親子関係の形成は親族的親子関係の組織構造に直接的な変化を与えず、それを支援する役割をになっている。

参考文献　柳田国男「家閑談」(『柳田国男全集』一二所収、一九九〇)、福田アジオ『可能性としてのムラ社会』、一九九〇

(鳥越　皓之)

おやぶん・こぶん　親分・子分　親族関係としての親子関係を変更することなく、それに加えて新たに家族外部において締結される親子関係に類似した関係。もともと親子関係をもたない者が一定の手続きを経て親子関係に類似した関係を結ぶことを一般に親子成りというが、この親子

成りによって成立する関係が親分・子分関係であり、また仮の親子関係、親方・子方関係、儀礼的親子関係ともいう。儀礼的親子関係はこうした関係が通過儀礼の際に結ばれることが多いことを意味している。親分・子分関係は養子縁組など、親子関係にない者どうしの間に新たな親子関係を設定する擬制的親子関係とは異なる。親分・子分関係が締結される契機には大別して二つある。第一は、出産・命名・成人・結婚・厄年など通過儀礼のさまざまな段階に結ばれるものであり、こうした親には取上げ親・名付け親・元服親・仲人親などがある。第二は、拾い親・草鞋親などのように通過儀礼に特に関係なく、子供が病気がちでよく育たない場合や、新しく村に転入してきた人が後見をもとめる場合に結ばれるものである。いずれの場合においても、親分・子分関係はある人間が新たな社会的状況に直面したとき、社会生活を順調におくるために結ばれる関係である。この意味では、親分は新たな社会的状況と子分の間の媒介者であり、また子分の生活の後楯となる援助者である。親分・子分関係を結ぶ社会的意義はつぎの三点にある。第一は、親分・子分関係が子分の側の社会的劣位状況の克服を目的としていることである。たとえば仲人親は、個人が結婚を経て新しい生活をおくるにあたっての不安と危険に満ちた状況を、仲人親の助言や経済的援助を得て克服することをめざす関係である。子供が病気がちであったり、親の厄年に生まれた子供にとる拾い親の場合に、特にこのような劣位状況が強調され、親を取ることにさらに呪術的意味も付加される。第二は、こうした社会的劣位状況の克服が、子分の所属する家族員(たとえば両親)によっては実現されず、したがって家族員以外の人を親にとることによって達成されると考えられていることである。この意味で親分・子分関係は家族を越えた関係として設定されることに特徴がある。このことはまた、子供に対する実の親の力の限界をも示している。第三は、親分・子分関係が何らかの意味における社会的上位者と下位者の間で結ばれること、したがって親分・子分関係はつねに上下の社会関係として設定されることである。しかしながら、どのような社会的地位の差を背景として親分・子分関係が締結されるかは、個々の村落の社会構造によって異なっており、この点において親分・子分関係は親族関係や階層関係などの村落社会構造と密接に関連している。村落構造との関連において親分・子分関係は、地主や本家など社会的上層に親分が集中する集中的構造と、多くの者は親分となり、特定の家族や個人に集中しない拡散的構造の二類型がある。

参考文献　喜多野清一「親方子方」(『日本民俗学大系』四所収、一九五九)、服部治則『農村社会の研究』、一九八〇、上野和男『日本民俗社会の基礎構造』、一九九二

（上野　和男）

おりくちしのぶ　折口信夫　一八八七—一九五三　国文学者・民俗学者・歌人・詩人・小説家。筆名は釈迢空(しゃくちょうくう)(創作活動に使用)。大阪生まれ。幼少のころより日本の古典にきわめて強い関心を示す。一九〇五年(明治三十八)国学院大学に進学。三矢重松・金沢庄三郎らの教えを受け、一九一〇年同大学国文科を卒業。その後一時帰阪して大阪府立今宮中学校の嘱託教員となるが、一九一四年(大正三)再上京。一九一五年に柳田国男の主宰する『郷土研究』誌上に神の依代についての論文「髯籠の話」を掲載したのを契機に同年柳田とはじめて対面し、以後、柳田を学問の師と仰いで民俗学的立場に立った独自の国文学の方法を模索してゆく。同年には、歌人島木赤彦との出会いもある。一九一七年から一九二一年までの間、『アララギ』の選歌欄を担当するとともに、同誌に和歌関連の論考を多数掲載する。一九二四年、短歌雑誌『日光』の創刊以後はその同人となって活躍。一九二二年に国学院大学の教授となり、一九二八

年(昭和三)以降は慶応義塾大学の教授を兼ね、終生その職にあって国文学・民俗学・芸能史・神道学などを講じた。一九二九年から一九三〇年にかけて、『古代研究』国文学篇・民俗学篇第一冊・民俗学篇第二冊の全三巻の論文集を刊行、自身の学の輪郭をはじめて世に示した。折口のいう古代は、日本人の過去の生活の上に現われた古代的要素を意味し、折口は自身の学問の目的をこの意味の古代の探求においた。国文学・民俗学の研究史上、折口が果たした重大な成果の一つは、日本の神の一つの形態としてまれびとと呼ぶべき神があることを考え主張した点にある。まれびととはごく稀に、時を定めてこの世に出現するひとにして神なるものを意味し、実際に神としての言葉を述べ動作を行う。折口は、このまれびとの言動が文学・芸能の起る元となったと説くことで、独自の日本文学・日本芸能の発生論を打ち立てた。また、まれびとの故郷としての他界の観念と、まれびとの出現の場としての祭の実態とに強い関心を示し、その関連の論文を多数発表した。国文学関係の論考では『万葉集』関係のものが最も多い。折口は生涯多くの旅をしたが、民俗学者としての意識を強く持って訪れた地域は、沖縄本島・宮古・八重山諸島、長崎県壱岐などの西南の島嶼地域と、長野・愛知・静岡三県の境界部の山間地域とであった。折口は生涯独身で過ごしたが、一九四四年、一九二八年以来居をともにして来た門弟藤井春洋が戦地に赴いたのを機に彼を養嗣子として入籍。しかし春洋は、翌年硫黄島で戦死した。最晩年の論考「民族史観における他界観念」(一九五二)は、日本における未完成の霊魂をも含めた霊魂の行方を探ろうとしたもので、ここには時代の限定(近代的な祖霊観など)を越えて古代に遡源しようとする折口民俗学の特徴がよく表われている。一九五三年、六十七歳で死去。『折口信夫全集』全三十一巻・索引一巻(一九五四―五七)、『折口信夫全集ノート編』全十八巻・索引一巻(一九七〇―七四)、『折口信夫全集ノート編追補』全五巻(一九八七・八八)などがあり、また『折口信夫全集』全三十七巻・別巻四巻(一九九五―)が刊行されている。

参考文献　折口博士記念古代研究所編『折口信夫手帖』、一九八七、西村亨編『折口信夫事典』、一九八八

（伊藤　好英）

おりもの　織物　経糸と緯糸をもって交錯させ、織物として製織したもの。この織物を製織するときは織機が使われる。おなじ組織であっても織機を使わないときは、織物ではなく編物である。この編物から織物への転換期には綟編の組織がみられる。この織機には弥生・古墳時代の原始機、古墳時代中期からのいざり機(地機)・高機・空引機が使われるが、これらの織機は畿内に分置された渡来人により、世襲され維持された。八世紀初頭には、これらの織機は地方にも伝えられ、中央に対して生産量の上で補助的役割を果たしたが、錦機・綾機・羅機が地方に伝えられ生産の拡大に貢献した。これらは中国明の新しい織り方により改革され、織機の構造に変化を生じた。それは朱子織であるが、綜絖操作(経糸を上下させ、緯糸を通す)が難しいので製織できず、多くの地域ではいざり機が優位を占めた。アイヌの場合では、このうち原始機を使うことになる。これで織り出されるのは、平織とその変化組織のみであり、その他の織り物はない。織物の組織には、平織・綾織・朱子織の三原組織に分けられるが、このほか、綟組織(紗・絽・羅)がある。ただこの分類は、現在の力織機によるものであり、歴史的には、中国から導入された機織技術に日本独自の名称が伝えられている。古代では唐の技術により飛鳥・奈良時代の経錦と緯錦・綾・羅、また南宋からは繻(朱)子・紗綾・縮緬などが堺を通じて西陣に導入され、新しい織物が生まれた。特に朱子織

(ダマスク)は十世紀ごろに生まれたもので、この時期に生産拡大されて、新しい組織がつくられたが、庶民の間には生産できなかった。使用される繊維は絹・麻・木綿であり、毛織物は、日本では、羊が飼育されなかったので、カモシカの毛などが代用された。木綿は熱帯植物で、飛鳥時代には製品が導入され、また平安時代には種子が崑崙人(こんろんじん)によりもたらされたが、移植に成功せず、戦国時代になり栽培が開始された。ようやく江戸時代中期になり庶民の間に普及をみた。麻はタイマ・苧麻(ちょま)が弥生時代から使われるが、上層階級では絹、下層階級では麻が用いられ、身分的には使用区分を異にしている。機自体には、綜絖・筬(おさ)を支えて置く中央枠を鳥居とよび、機織を神聖なものとしていて、その形をとる高機が多いし、また織初め(機卸し)の日を吉日に運んで織物の成否を祈る。また織初めには緯三越(本)の藁すべを打ち込むことがある。なお、作業能率は、いざり機と高機の比較をすると、後者で約三倍の能率がはかられ、また組織の複雑なものになると、能率は落ちることになる。特に絣あわせなどの場合、さらに低い能率である。→編物(あみもの)　→機織(はたおり)

参考文献　角山幸洋『日本染織発達史(改訂増補版)』、一九六八、同「布・編地の存在と衣服使用の可能性」(『服装文化』一四七、一九七五)
(角山　幸洋)

おろかむら　愚か村　町場から遠く離れたある特定の山里の人々の、もの知らず、ことば知らずなどによる愚行を笑いの中心にすえた話群の総称。これらの笑話は、南山話(福島県)、増間話(千葉県)、秋山話(新潟県)、佐治谷話(鳥取県)、日当山話(鹿児島県)など、実在する特定の地名と結びつけて呼ばれるのが普通で、全国各地に約四十例を数える。『日本昔話名彙』は笑話を三分類し、その一つに「愚か村」を置き、『日本昔話大成』は愚人譚の一つとして「愚か村」の章を設け、「飛び込み蚊帳」「床をとれ」など三十話型に分類している。宇井無愁『日本の笑話』の「おろか村ばなし」は六十五話型に分類している。各地の愚か村話と愚か者話は共通した話型が認められ、分類は必ずしも明確ではない。「葱を持て」では、薬味のネギと神社の禰宜(神官)を間違え、「手水(ちょうず)をまわせ」では、手水と長頭を間違え、「茶の実」では、茶の実と茶飲みの爺婆を間違えるなど、ことば知らずによる失敗を笑う。また、元結(または線香)を煮て食べる「元結素麵」や「蠟燭蒲鉾」などでは、食べ物知らず、食べ方知らずを笑う。山里を愚か村とするこれらの話は、近隣の地域との風俗習慣、ことばの違い、経済的交流などが深い関わりを持つ。山里でのウルシ・蠟・炭・杓子・箸・蒟蒻・葛粉などの生産物を買い求める商人や、屋根葺き職人などは、実在の地名・村名を話の中に取り入れ、山里での体験を誇張して各地の村里へ運んだ伝播者と考えられる。

参考文献　柳田国男「昔話と文学」(『柳田国男全集』八所収、一九九〇)、同「笑いの本願」(同九所収、一九九〇)、関敬吾『昔話と笑話』(「民俗民芸双書」、一九六六)、稲田浩二『昔話の時代』、一九七七、松本孝三「日本の愚か村話―その特質をめぐって―」(『日本昔話研究集成』四所収、一九八四)、日本民話の会・外国民話研究会編『世界の愚か村話』(「世界民間文芸叢書」別巻、一九九五)
(米屋　陽一)

おんみょうどう　陰陽道　令制官庁の陰陽寮を母体とし、平安時代に成立した学術・宗教の体系。おんようどうともいう。陰陽寮では主に中国伝来の陰陽五行説に基づく占術を職務としたが、平安時代中期には朝廷や貴族の攘災招福のために河臨祓(かりんのはらえ)や七瀬祓(ななせのはらえ)、高山祭・鬼気祭(きき)・泰山府君祭などの呪術祭祀を盛んに行うようになり、陰陽道の名称が成立するとともに、陰陽寮の一官名であった陰陽師も職種名化した。この時期に成立する陰陽道の職務は、占術、日時・方角の吉凶禁忌勘申、呪術祭祀の行使に分類できるが、それらの典拠は陰陽五行家説のみならず密教・道教・讖緯説などの諸分野に及んでおり、よって陰陽道が日本で体系化されたものであることを示している。陰陽師は六壬式占（りくじんしきせん）でさまざまな災害や怪異現象を占い、天皇や貴族はその占文に従って物忌を行い、厄難を除く祭祓を修したが、その種類は平安時代だけでも四十余りを数えた。また主に暦注に基づく日時の禁忌は朝廷の諸行事や人々の活動を拘束し、凶方を忌む観念は造作や出行に際しての方違の風習を生んだ。院政時代から賀茂・安倍両氏が陰陽寮の頭以下の主要官職を独占して陰陽道の世襲氏族となり、両氏は鎌倉・室町幕府にも奉仕したが、江戸時代に入ると安倍氏の後裔の土御門家は、陰陽道を天社神道（土御門神道）と称し、朝廷・江戸幕府の認可のもとに諸国に散在する民間卜占・宗教者に陰陽師の免許を与え統括した。また日や方角の吉凶、五行による相性の知識も、同中期から数多く出版された『大雑書（おおざっしょ）』などによって民間に普及し、民俗信仰の一要素となった。

参考文献　村山修一『日本陰陽道史総説』、一九八一、村山修一・下出積与他編『陰陽道叢書』、一九九一-九三、山下克明『平安時代の宗教文化と陰陽道』、一九九六、林淳・小池淳一編『陰陽道の講義』、二〇〇二

（山下　克明）

か

かいだん　怪談　恐怖を感じさせる不思議な話。幽霊や妖怪をはじめ超自然的な存在や現象と関わる内容のものが多い。柳田国男の『日本昔話名彙』では、派生昔話のなかに化物話の項目を設けてこの種の話を十五話型紹介している。「ちいちい小袴」「化物退治」「餅と白石」「婆の三つ疣」「蜘蛛の糸」「小間物屋と狸」「狐退治の失敗」「法印と狐」「狐狸の仇返し」「二度の威嚇」「上下二つの口」「猫と南瓜」「猫の秘密」「猫の浄瑠璃」「物食う魚」である。また「子育て幽霊」や「皿屋敷」のように土地に根づいた伝説として語り継がれている場合も少なくない。しかし、人の死や幽霊といった怪談に取り上げられやすい話題などは、それが話者の身近なところで実際にあった出来事として、ときには自身の体験談として伝えられることもあり、むしろ世間話として話される傾向が強いといえよう。「タクシーの怪談」「学校の怪談」「メカにまつわる怪談」など、怪談にまつわる話題はその時代や社会を映し出しながら現代社会のなかで生きている。怪異文芸をはじめ歌舞伎の怪談物や落語・講談などのなかには、民間に伝えられてきた怪談を背景にもつものがあり、またそうした文芸や芸能が口承の世界に影響を及ぼしてきた面も認められる。『日本霊異記』や『今昔物語集』など怪談や怪異に関する話を取り入れた説話集は古くからあるが、怪談を広く収録してまとめたいわゆる怪談集が板行されるようになったのは江戸時代で、話の収集も積極的

にはかられた。諸国話の形式を整えた『曾呂利物語』(一六六三)や、その影響を受けている荻田安静の『宿直草』(一六七七)には、当時民間に伝えられていたと思われる話を数多く収録している。浅井了意の『御伽婢子(おとぎぼうこ)』(一六六六)は中国小説に典拠をもつ怪異小説であり、義雲雲歩の『片仮名本因果物語』は因果にかかわる話を集めた唱導仏教系の怪談集といえる。また、夜間に数人の仲間が集まって怖い話をしあう百物語が一定の方式のもとに盛んに行われるようになった。これは百本の蠟燭をともし一話終るごとに一本ずつ消していくもので、最後の燈心を消すと化け物がでると伝えられている。本来は精神の鍛練や魔除け的な意味をもった習俗であったと考えられるが、次第に遊戯的な性格をおびていった。しかし、こうした怪談会を背景にして『諸国百物語』(一六七七)、『御伽百物語』(一七〇六)といった百物語怪談集が出版された。現在でも新潟県などから「百物語を語ると化け物がでる」という禁忌伝承が報告されている。怪談の生成や伝播については勧化本の刊行や説法僧の果たした役割も大きい。

参考文献　野村純一『昔話伝承の研究』、一九八四。高田衛・原道生編『百物語怪談集成』、一九八七。高田衛編『江戸怪談集』(「岩波文庫」、一九八九)、常光徹『学校の怪談―口承文芸の展開と諸相―』(「Minerva 21世紀ライブラリー」三、一九九三)、堤邦彦『近世仏教説話の研究』、一九九六

(常光　徹)

かいと　垣内　集落や開発地をさす語彙として広く分布する言葉。カイチ、カキウチ、カクチ、コウチ、カイドなどともいい、表記は垣内、垣外、垣中、垣土、垣戸、開戸などと書く。民俗語彙としての用法は多様で、近畿地方では集落またはその内部の小区分で互助の単位となっている村組をさすことが多く、共有山林を垣内山ということもある。岐阜県揖斐郡揖斐川町では奥山に対して人里近くをカイトという。東日本では村組をさすコウチ(耕地)・コウジの語が関東・中部地方に広く分布し、山陰地方でも村組をコウジという。大分県にも村組をカキウチというところがある。これら集落をさす用法のほか、関東などで往還から屋敷入口までの私用の道をカイド(ケエド)といい、東北では屋敷内の家の裏側(背戸)をカクチという。これらの集落・屋敷関係のカイトに対して、区画された耕地(特に畠)をカイトという、山林に設定した開墾予定地をいうなど農地をさすカイトもあり、さまざまに意味が分岐している。語源的には垣に囲まれた土地の一区画をいい、垣に内部を表わすウチがついたり(カキウチ、カイチ、カクチ、コウチ系)、場所を示すト(処)がついたり(カイト、カイド系)して成立した語と考えられる。万葉集にもカキツ(可吉都・可伎都)の花木が詠まれており、宅地の垣をさしたらしい。平安時代には原野の中に開発された畠で、猪鹿の害を避け、かつ所有権を明示するために垣根で囲ったものを垣内といい、当時からカイト、カキウチの両方の発音があった。民俗では岡山県北部で、山で牛を放牧するため畠や集落をカベとよばれる垣で囲ったのが垣内の元来の機能の一面を継承している。平安時代前―中期の文書にみえる垣内はほとんどが畠地で、居住を示す「宅垣内」もあるが例は少ない。十世紀の農家もウツギなどの垣で囲まれ、有力農民を垣を表わす「堵」を付して田堵(たと)と称したが、その屋敷を垣内といったかは不明。考古学の成果によれば十一世紀後半から村落の屋敷地の継続性が強くなることが判明しているが、平安時代末期の文書では「居垣内」「居内」などの語で有力農民の屋敷をさすようになった。領域を表示するため垣で囲むことは屋敷や集落全体を含めて多様に行われたと考えられる。中世になると百姓の居宅を示す垣内が史料上に多くみえ、人名を付して源内垣内・平五郎垣内などと称したり、領主の居館を殿垣内(とのがいと)と称することがあった。丹波国大山荘の

地頭中沢氏の居館跡は、現在「殿垣内」とよばれる地にあったことが発掘調査でほぼ確認された。鎌倉時代後期の若狭国太良荘の史料では名主（みょうしゅ）の屋敷墓を「垣中之墓」と記している。中世後期の畿内近国では荘園の中に成立してきた小集落が地名に垣内を付して○○垣内と呼ばれ、その中には現在の集落につながるものもある。現在の字名の中にも垣内を付すものが特に近畿地方に多い。また中世後期の大和では集村化が進み、防御のため堀をめぐらした環濠集落が多く成立した。現在ではこれらの集落を垣内とよぶことが多いため、史料上の荘園内部の垣内とあわせて、中世惣村史研究では惣村結合をなす集落でのち藩制村につながるものを、より範囲の広い惣郷・惣荘に対して垣内的集落ということもある。

参考文献　柳田国男「垣内の話」（『柳田国男全集』二〇所収、一九九〇）、直江広治「垣内の研究」（『（東京教育大学文学部紀要）史学研究』一六、一九五八）、戸田芳実『日本領主制成立史の研究』、一九六七、河音能平『中世封建制成立史論』、一九七一、水野章二「平安期の垣内」（『史林』六五ノ三、一九八二）、黒田日出男『日本中世開発史の研究』、一九八四　（勝田　至）

かかし　案山子　鳥獣の害から田畑の農作物を守る威しの総称。案山子の語源には「嗅がし」が考えられ、悪臭を臭わせて、鳥獣を追い払っていた。一般には、一本足で蓑笠をつけ、弓矢を持った人形として理解され、第二次世界大戦前の案山子の呼び方は、ソメ・威しが一般的であった。静岡県では、イッポンアシ、オドカシ、ソメニンギョウ、ヒトカゲ、ヤマビトなどがあった。中世においては、ソオズ、ソウズと呼ばれていた。添水（そうず）は本来、水を利用して自動的に音を出すしかけをさし、それが威しに利用されたものである。これらの名称由来には、音をたてる添水系の威し、悪臭を発する嗅し系の威し、人形や鳥形系の威しが入り雑じり、名称そのものが混乱してきた歴史的経緯が考えられる。たとえば静岡市井川では、焼畑を守る案山子のことを、シモ、オツジモ、ツルジモといった。くさい臭いを出す威しは、ヤツジモ（ヤキジモ）、ヤンジモといい、猪の皮をいぶしたり、クタシといって肉や内臓を腐らせたものをボロ切れなどにしみ込ませて、その臭気を焼畑のまわりに漂わせた。農作業のため、焼畑の中に入る時には、このヤンジモを一本抜いて出入りしたという。このように、シメ（標・注連）に連なるシモが案山子の古い

ナスで作った鳥形案山子　静岡県

シュロ皮で作った鳥形案山子　静岡県

呼び名にあることがわかり、出入りを見張る結界呪術の象徴物として人形系と嗅し系の威しがともに案山子の原型として使われてきたことがわかる。長野県では秋、収穫が済むと、案山子あげ・ソメの年取りといって、案山子に感謝する祭が行われていた。また、葬儀に際し、香川県佐柳島では墓の上に木偶人形を置いたり、人形を庭や辻や墓場に立てる例が各地にあるが、案山子とそれらの例は、深いかかわりがあったと考えることができる。

参考文献　大村和男『人形と仮面』、一九八二、野本寛一『焼畑民俗文化論』、一九八四、静岡県教育委員会県史編纂室編『田代・小河内の民俗―静岡市井川―』、一九八一
（大村　和男）

かがみもち　鏡餅　正月用の丸い供え餅。年棚か床の間に三方にのせて供え、これに橙、干柿、コンブ、モロモキ、ウラジロなどを添えるところが多い。銅鏡のように、かつては丸く平たい餅であったが、近年は厚くなり、これを二重ね、ところによっては三重ねにする。この鏡型は、心臓を象徴化したものといわれ、心臓に魂が宿るとみなすことから、各自の霊魂をかたどるものとして年神に捧げるのが、鏡餅の古い形であった。このように年神の力をかりて、魂の再生、更新をはかるという身祝いの餅であるため、家族一人ずつの丸餅を鏡餅の周りに置くところもある。この餅は正月十一日などの鏡開きに、家族でこれを食べるが、正月十五日、または二十日に下げるところもある。いずれも、神に供えたものを食べることにより活力を得ようとするのであり、魂の再生・更新をはかるという意味では、いまも変わらないといえよう。六月朔日の歯固めの行事に食べるところもある。この鏡餅をトシダマ（年玉）といい、島根県石見地方のように親や本家に贈るところも各地にみられた。各自の魂を与えることにより、つながりを強める意味が籠められていよう。鏡餅は、稲作にかかわる正月の儀礼として、年と稔（とし）とを結びつける意味から供える餅であり、稲米の精を象徴するこの供物の共食による神と人とのつながりにより、豊かな生活を願う、ハレの日の供物である。

↓餅

参考文献　柳田国男「食物と心臓」（『柳田国男全集』一七所収、一九九〇）、大島建彦編『餅』（「双書フォークロアの視点」一〇、一九八九）
（白石　昭臣）

かぐら　神楽　招魂・鎮魂の神祭に奏される芸能。神座を設けて神々を勧請し、その前で鎮魂・清め・祓いなどの祭祀を行なった。神楽の語源は、神座の約音とするのが定説である。神楽は人間の生命力の強化と復活をはかるための祭祀であるが、死者の霊や祖霊を鎮めまつるためにも行われた。死霊鎮魂の神楽は通夜や葬式などの葬送に、あるいは新盆や年回忌の折などに行われるのが通例であるが、今日では稀になっている。しかし、明治初年ころまでは、全国各地に広く行われていた。中世・近世を通じて、死霊鎮魂の神楽は大きな比重を占めていた。たとえば江戸時代の対馬では、霊祭神楽ともいうべき新神供養があり、先祖祭として年回忌に催されていた。対馬藩は島民の分限を越す大層の祈禱としてたびたびこれを禁止するほどであった。生者・死者いずれのためにしても神楽祭祀は、神を神座に迎えて祈禱や酒宴をした後、神送りするのが定式であった。

神楽は宮中の御神楽と民間の神楽に大別される。宮中の御神楽は内侍所の御神楽といい、平安時代中期の一〇〇二年（長保四）に成立した。現在も毎年十二月中旬に宮中賢所の前庭に庭火を焚いて行われる。神楽歌をうたうことが主で、舞は「早韓神」と「其駒」の曲にだけ人長舞を伴うにすぎない。神楽の進行役である人長が輪をつけた榊の枝を持って舞

う。一方、民間の神楽は民俗信仰にもとづく鎮魂の祭祀として早くから行われていたと思われるが、その実態が知られるのは中世以降のことである。中世の神楽は神仏混淆で行われ、山伏修験者や法者・巫女(みこ)などが携わっていた。山伏は祈禱の神楽歌・祭文などとともに湯立の行法や神楽舞・仮面舞(一種の猿楽能)などをもち伝えて、各地に神楽を広めた。法者は陰陽師系の宗教者で、法者や山伏は巫女(神子(みこ))と組んで村々の神楽祭祀を掌った。神楽祭祀には、仮面舞のほかに、寸劇・狂言・曲芸などもとり入れられ、多様な内容を含む神楽が生まれた。今日の神楽は鎮魂の祈禱よりも余興的、娯楽的な芸能に主体が移っているものが多い。民間の神楽は、その基本形態のうえから、巫女神楽・採物(とりもの)神楽・湯立神楽・獅子神楽の四種に分類されている。実際には湯立神楽の中に採物神楽や巫女神楽が行われたり、採物神楽に湯立が行われるなど、一つの神楽に他の神楽の要素が混在している場合が多く、また奏楽・唱歌・祭文を中心とした神楽もあって芸態は多彩である。㈠巫女神楽　神に仕える

山伏神楽　大償神楽　岩手県大迫町(花巻市)

栂尾神楽　宮崎県椎葉村

神　楽

巫女によって清めや神おろしや、さまざまな祈禱のために舞われる神楽。巫女舞ともいい、御子舞、神子舞、八乙女(八女舞・八少女舞とも)、内侍舞、命婦舞、市神楽、市舞などの名称がある。もとは巫女が神がかりして託宣を行う前に、鈴・扇・幣・榊・笹などを持ち、清めの舞や神おろしの舞を舞った。舞は順めぐり・逆めぐりに回って回り返す旋回運動を基本とし、旋回を繰り返しながら神がかりの状態になる。ルイス＝フロイスの『日本史』の中で、アルメイダは、一五六五年(永禄八)に見た奈良春日大社の若宮拝殿巫女が神がかりの舞によって託宣する様子を記している。それによると、神楽の目的は、施主(祈願者)の長寿・健康・富・名誉などの現世利益にあった。巫女神楽は祭礼のほか、こうした施主の祈禱のためにも舞われた。今日、春日・大阪住吉・島根出雲などの諸大社をはじめ各地に伝わる巫女神楽は様式化された美しい奉納舞になっており、神がかりによる巫女の託宣を伝える所は稀である。秋田県保呂羽山の霜月神楽の神子舞や岩手県宮古市黒森神社の神子舞の湯立託宣は神がかりの託宣の形をとどめる稀少な例である。一方、中世後期から近世前期にかけて、法者や山伏と組んだ神子は、法者の誦む祭文につれて神がかりしたり死霊鎮めの舞を舞った。神子と法者が連携した神楽は中国・九州地方に顕著に見られたが、寛文年間(一六六一—七三)以降、吉田神道の影響のもとに、神楽の場から退き、男性の社人による神楽が主流を占めるようになっていった。(二)採物神楽　神を勧請するための素面の採物舞と仮面をつけた神々や悪霊・鬼などが登場する仮面舞(一種の能)から構成される神楽。採物は舞うときに手に採る物で、本来は神座である。島根県松江市鹿島町佐陀大社に採物神楽の典型がみられるところから出雲系神楽の分類名もある。佐陀の御座替え祭は剣舞・清目・散供・御座・勧請・祝詞・手草の七曲からなる素面の採物舞と、神話や神社の縁起を能風に仕組んだ神能(仮面の舞)から構成される。この採物舞と仮面の舞とをあわせて演じる神楽は全国的に分布している。仮面の舞が特に神話に題材をとった岩戸開きや大蛇退治の曲に重きを置いているところから岩戸神楽・神代神楽などの名もある。中国地方の大元神楽や荒神神楽などでは式年の祭に神がかりの古儀を伝えている。四国の本川神楽・津野山神楽・池川神楽、九州の高千穂神楽・椎葉神楽・米良神楽・球磨神楽、中部・関東地方の太々神楽などいずれも盛んに行われている。太々神楽は、本来、神楽を奉納するときの報賽(神楽料)の多寡により、小・大・大々などの等級を設けた区別の名称で、のちに奉納神楽の美称ともなった。江戸時代初期に、伊勢の奉納神楽に始まり、やがてこの形式が諸方の神社に広まった。内容的には採物神楽であることが多い。江戸の里神楽は採物の舞や神楽歌を省略し、ほとんど黙劇に近い仮面劇を演じている。岡山県の備中、広島県の備後地方には近世前期まで、法者が弓で祭文を誦んで神子に死霊をよりつかせ、死霊を鎮め浄化する荒神神楽があった。(三)湯立神楽　湯立は祭場の中心にすえた湯釜に湯をたぎらせ、その湯を振りかけることによって穢れを祓い清める呪法で、神楽の中に取り入れられた。神子による湯立舞の方式は古く、『貞観儀式』に「御神子先廻㆓庭火㆒供㆓湯立舞㆒」とある。伊勢神宮外宮の御師の家で巫女によって行われた湯立神楽が知られている。伊勢では明治維新のおり絶えたが、湯立神楽の典型が伊勢にみられるとして、伊勢系神楽の分類名もある。湯花神楽・霜月神楽とも呼ばれる。秋田県横手市大森町保呂羽山の霜月神楽は湯立と湯清めの舞が主で、余興的な芸能の要素は少ない。霜月神楽・霜月祭の名称は霜月(旧暦十一月)に行われることが多いためである。愛知・長野・静岡県下山間部の花祭・霜月祭・遠山祭・冬祭などでは、湯立を中心に翁・鬼・山の神・道化など仮面をつけた者が登場して能風の舞を舞う。なお、保呂羽山周辺には明治初年まで御霊祭・後生神楽・菩提神楽・霊祭神楽などと呼ばれる修験による死者供養の神楽が年回忌や祖先祭に行われていた。㈣獅子神楽　獅子頭の呪力によって悪魔ばらい・火伏せ・息災延命を祈禱する神楽。獅子舞ともいうが、一頭二人立ちで、風流系一人立ちの獅子舞とは区別される。東北地方の山伏神楽・番楽や伊勢太神楽などがある。山伏神楽の名はもと山伏修験が携わったところから出ており、いまは民間の神楽組によって伝承され、青森・岩手・秋田・山形の四県に分布する。青森県の下北では能舞、太平洋側では山伏神楽・権現舞、日本海側では番楽・ひやま・獅子舞の名で呼ばれる。獅子と仮面舞(一種の能)とが結びついた神楽で、獅子頭を権現(神の仮託した姿)とあがめて、獅子頭をまわして家々をめぐり、悪魔払い・火伏せなどを祈禱し、夜はその集落の定められた民家の宿の一間を舞台として能を演じた。青森県八戸地方から岩手県下閉伊郡にかけての権現舞には、死者供養の墓獅子(墓念仏・神楽念仏)が行われており、百日忌・一年忌・三年忌や新盆などに、山伏神楽の組が仏壇の位牌の前や墓の前で権現の獅子をまわす。伊勢太神楽は代神楽・大神楽とも書き、伊勢のお祓いと称して獅子頭を奉じて各地を巡回し、辻や広場などで獅子舞のほかに放下(散楽風の曲芸)や狂言を演じる。三重県桑名市太夫町に神楽組がある。現在、全国的に分布する二人立ちの獅子舞の多くはこの太神楽の系統である。また獅子舞が近世の浄瑠璃と結びついて、一人立ちになった獅子を女形にして浄瑠璃の一段をみせる所もある。

民間神楽の舞台は神社の拝殿や神楽殿のほか仮設の舞台、御旅所の祭場、神主の家、あるいは神楽宿となった民家の座敷や土間などさまざまである。岡山県の備中神楽、広島県備後地方の荒神神楽などの式年祭では神殿と呼ぶ舞台を設ける。また神楽の舞台飾りも多種多様であるが、特に目をひくのは天井から吊される天蓋飾りや舞台の四周や注連縄などに張りまわされる切紙飾りである。採物神楽や湯立神楽のうち修験道や陰陽道の色濃い神仏混淆の神楽にはこれらは特に顕著である。天蓋飾りは、神楽により天蓋・白蓋(びゃっけとも)・玉蓋・湯蓋・雲・大乗・錦蓋・御笠など種々の名称がある。天蓋に結んだ引綱を操り揺り動かしたり、天蓋から五色の切紙を花吹雪のように散らす所もある。切紙飾りは、彫物・えりめ・切飾り・切抜き・切透し・四節・切子・ざぜち・ざんぜつ・造花などと呼ばれ、神名や神社名などの文字を切り抜いたもの、十二支の動物や四季の景物など、いろいろな絵模様を切り抜いたもの、文字と絵を組み合わせたものなど、その意匠・造型は神楽によって異なる。これら切紙飾りの造型は中世の修験による工夫とみられている。

神楽面は採物・湯立・獅子の各系統に使用され、神・鬼・人間・動物など多彩である。近世に能面や狂言面の影響を受けた比較的新しい仮面が多いが、中世にさかのぼる仮面もある。仮面の舞には、能が大成される以前の古い猿楽芸の形式を残すものがあり、芸能史的にも貴重である。

↓山伏神楽　↓湯立神楽

参考文献　上田正昭・本田安次編『神楽』(「日本の古典芸能」一、一九六九)、石塚尊俊『西日本諸神楽の研究』、一九七九、渡辺伸夫「太々神楽」(『講座日本の民俗』九所収、一九七九)、岩田勝『神楽源流考』、一九八三、牛尾三千夫『神楽と神がかり』(「牛尾三千夫著作集」一、一九八五)、岩田勝編『中国地方神楽祭文集』(「伝承文学資料集成」一六、一九九〇)、『本田安次著作集』一—七、一九九三—九五

(渡辺　伸夫)

かくれキリシタン　隠れキリシタン　江戸時代の切支丹禁教政策の下でひそかに信仰を守り続けたキリシタンとその末裔で、明治以降も秘密の

内に信仰を守った集団のこと。島原の乱以降表面的にはキリシタンは信仰を捨てた。しかし、キリシタン大名の高山右近の所領であった高槻(大阪府)の農村では、数軒のキリシタンが明治以降までその伝承を伝えるなどごくわずかに各地に名残があった。しかし、明確にキリシタン信仰を守り続けた集団は九州の大分県・長崎県・熊本県の三地域に集中的に残された。これらの地域では、たびたび江戸幕府などの弾圧が繰り返されたにもかかわらず、長崎近郊の浦上や西彼杵半島・平戸周辺、および熊本県天草島などにはキリシタンの集団がその信仰を保持し続けた。幕末長崎に港が開かれると、これらの集団の中から、カトリック教会に復帰する人々が現われたが、再度の弾圧の中で、隠れキリシタンとしての独特の信仰を守り続ける人々もあった。現在ではごくわずかな人々が、戦国時代以来の信仰を継承しているにすぎない。現存する隠れキリシタンの集団には、西彼杵半島と五島列島に分布する集団と、平戸と生月島に分布する集団の二系統が見られる(すべて長崎県)。西彼杵半島の大村藩領黒崎(長崎市)や、そこから移住した五島列島のキリシタンは、各集団ごとに日繰りと呼ばれるキリシタン暦を守って暮らしてきた。この暦を守る役目を帳方と呼び、洗礼を授ける水方とそれらの見習いである看坊と呼ばれる役職者を中心に信仰集団を形成していた。この集団には、かつて「天地始之事」と呼ばれる神話的な伝承が伝えられた。これはカトリック的な創世神話や終末論などの信仰に、東シナ海に広がる原初洪水型神話のモチーフなどが結びついて、独特な変化が加えられたものである。これに対して、平戸やその沖合にある生月島には、納戸の中に信仰対象となる画像や儀式のための道具を納めて、信仰を隠し続けてきた集団が見られる。この納戸神を守る人や家をツモトなどと呼び、洗礼を授ける役職者などとともに信仰集団を形成していた。修道士の修行用の鞭に由来するオテンペンシャを使って、家祓いをゴジンキンと称するなど、信仰の土着化が進んでいる。どちらの集団にもオラショと呼ばれる祈禱の言葉などが口頭で伝承されていた。明治以降、これらの伝承が記録され始めたが、その意味までは理解されていないものが多かった。キリシタン信仰を特徴づけるのは、生まれた子供に水授けと称して洗礼を行うことで、洗礼名が授けられた。洗礼の時に抱き親と呼ぶ代父母が立ち合い、死後はともにパライソ(天国)で過ごすと信じられた。死者の棺にはキリシタンであることを示す殉教者遺物などが納められた。葬式には仏教僧侶が呼ばれたが、同時にキリシタンの役職者が経消しとか経戻しなどと呼ばれる儀礼を行なって、キリシタンとしての死をまっとうさせようとした。

[参考文献] 古野清人『隠れキリシタン』(『日本歴史新書』五九、一九五九)、片岡弥吉『かくれキリシタン―歴史と民俗―』(『NHKブックス』五六、一九六七)、田北耕也『昭和時代の潜伏キリシタン』、一九七八、紙谷威広『キリシタンの神話的世界』(『民俗宗教シリーズ』二、一九八六)、宮崎賢太郎『カクレキリシタンの信仰世界』、一九九六

(紙谷　威広)

かご　籠　竹・枝木・蔓・藁・草を材料にして編んだ容器の総称。籠は古くには目の密なるものという意味で「かつま」「かたま」といい、何かをこめるという意味で「こ」ともいった。籠の一つに笊と呼ばれるものがあるが、これは米揚笊・味噌漉笊などのように目の詰んだ細かな編み目の、おもに水切りに使われるものが多い。材料の竹や枝木は大小に割ったり剝いだ篾で編むものがほとんどで、木の樹皮は大小に割いて用いる。また蔓や藁、草の茎は割らずに丸のまま用いるものが多いが、割いて用いるものも少なくない。木や草の葉、竹皮、紙縒で編んだものや針金で編んだものもある。また一九六〇年代以降急速に普及し始めたプ

メカゴ

背負籠

テル（魚籠）

籠（武蔵野美術大学民俗資料室所蔵）

ラスチック製の籠や笊は、編み目状に型抜きしたものであり、正確には籠とはいえないが、通常はそれらも籠と称している。籠の種類は数多く、用途によりまた地方により大小さまざまなものがある。背負籠・手提籠・腰籠や、頭上に頂く籠、天秤で担ぐ籠、牛馬に負わせる籠、自転車やオートバイの荷台につける籠など種々の運搬用の籠、葛籠（つづら）、養蚕に使う蚕籠や桑摘籠、茶摘籠、魚籠（びく）や生け簀、筌（うけ）、篩（ふるい）、衣類などの運搬や収納に使う行李や弁当行李（弁当箱）、飯籠、煮籠、塩籠、茶碗籠、炭籠（炭取）、脱衣籠（乱籠）、洗濯籠、屑籠、花籠、文箱（手文庫）、裁縫箱、果物籠、米揚笊や味噌漉笊、野菜や魚の水切籠や笊、蕎麦などの盛笊、編むというよりは籤を組んで作る虫籠や鳥籠などは全国各地で使われていた。そうした籠の素材のうちもっとも多く用いられるのが竹である。竹にはさまざまな種類があり、全国的にみるとマダケがもっとも多く用いられる。モウソウチクもよく使われ、地域によってはハチクも使われる。これらはいずれもマダケの仲間で太く大きく成長する竹だが、中部から関東・東北の山岳地帯や、平地でも岩手県以北になると成育が少なく、そうした地域では俗に篠・篠竹などと呼ばれるメダケ、ヤダケ、スズタケ、ネマガリダケなどの細い竹(これらを笹とする学者もいる)が用いられる。沖縄もマダケ類がほとんどなく、ホウライチク類やマチク類が用いられる。蔓で編んだ籠類も各地にあり、その素材にはマタタビ、ツヅラカズラ(ツヅラフジ)、山フジ、アケビ、山ブドウ、クズ、マクソカズラ、クマヤナギ、トウ、トウツルモドキなどが用いられる。このうちマタタビ、アケビ、山ブドウで作る籠類は、特に東北地方に多くみられた。トウは日本には成育しない、東南アジアからの輸入素材。トウツルモドキは沖縄の先島地方で用いられる。柳行李の素材となるコリヤナギのような枝木を用いるものには、東北地方に多くみられるイタヤカエデがあり、イチイ、ウルシなどもある。また杉皮を用いたものもあり、アダナシと呼ぶアダンの気根の繊維を綯(な)った細縄で編んだ籠が沖縄で作られている。稲藁で編んだ籠も比較的多く、イ、カヤ、ガマ、イワスゲ、アシ(ヨシ)、コシダ、ゲットウなどの草を用いた籠や網袋も各地で作られた。こうした自然素材を用いた籠や笊は、自製する場合もあるが、農家の副業として作られることが多く、一九五〇年代までは箕などを作りながら移動して歩く、さんかと呼ばれる人たちもいた。また町場には専業とする職人もいた。しかし、一九六〇年代以降の合成樹脂を用いたプラスチック製品の急速な普及や、生活様式の変化による需要の減少もあって、現在ではそうした副業・専業者も数少なくなっている。→笊(ざる)　(工藤員功)

かさ　笠　かぶりものの一種。さしがさ(傘)と区別して、かぶりがさともいう。ふつう藺草やスゲ・竹など植物性の材料で、低円錐型に作り、紐などを付けて、頭にかぶる。一般に屋外の労働で、雨除け・日除けとして、男女ともに用いられ、時には、外出の折に、顔を隠すためにも使われた。笠の歴史は古く、中国の古典『詩経』に初見され、日本でも早く『日本書紀』や埴輪など出土品にも多くみられる。平安時代には、頂部に巾子(こじ)と呼ぶ、突起のある綾藺笠(あやいがさ)が、武士の旅行、流鏑馬(やぶさめ)や田楽法師に用いられ、また女子の外出には、広く市女笠が使用された。鎌倉・室

笠

編み笠

三度笠

ヒノキ笠

コバ笠

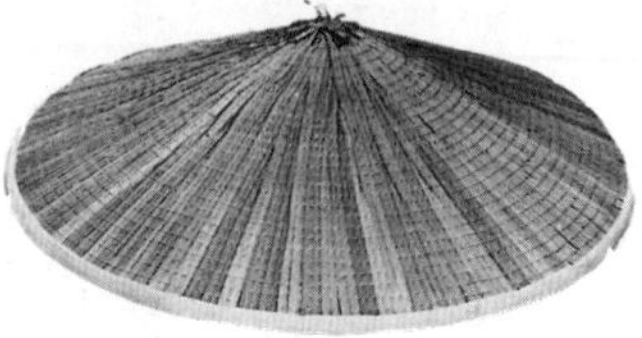
菅笠

ビロウ笠

町時代になると、男子も外出の折に、藺笠・菅笠など笠を着用することが多くなり、さらに江戸時代に入ると、ますます広く行われ、男女にわたって各種のものが用いられた。しかし、明治以後は、種々の西洋式の帽子が普及したため、都会では、あまり用いられなくなった。笠は、その作り方により、編み笠・組み笠・縫い笠・押え笠・張り笠の五種があり、これに油・渋・漆など二次的加工を加えて、塗って仕上げる塗り笠がある。編み笠は、藺草・稲藁などの茎で、円錐型・円錐台型・帽子型・円筒型・漏斗型・二つ折り型に編んで作り、一般に、編み笠・藺笠と呼ばれる。平安時代の綾藺笠、江戸時代の熊谷笠・十符編笠・目狭笠・深編笠・忍び笠・一文字・富士颪・天蓋(虚無僧笠)・六部笠などは、代表的な編み笠である。日笠として広く日本全土に分布し、特に男性は、葬送・祭礼・盆踊りなど特殊な場合に着用した。組み笠は、竹・ヒノキなどの削り片で、円盤型・半円球型・円錐型に組んで作る。その組み方に、平組みと網代組みとがあり、一般にヒノキ笠・網代笠と呼ばれ、笠当に小型のものは台輪、大型のものは枕・耳輪を付ける。江戸時代の網代笠・綾笠・騎射笠は、多く竹の組み笠であった。古くは大和大峯の修験者が着用したが、その分布は、近畿・中部の農山村が中心で、日除け・雨除けとして、主に男子が着用した。縫い笠は、スゲ・麦藁などで、円盤型・円錐型・円錐台型・帽子型・半円球型・褄折型・桔梗型に縫い綴って作る。一般に菅笠と呼ばれ、平安時代の市女笠・桔梗笠、江戸時代の殿中・三度笠・褄折笠・ざんざら笠・加賀笠などは、スゲの縫い笠であった。その分布は、全国的で、広く雨笠として男女が着用した。押え笠は、竹皮・ビロウの葉などを竹の骨組みの上からかぶせ、円錐型・帽子型・半円球型・褄折型・桔梗型に押え止めて作る。一般に竹皮笠はタケノコガサ、バッチョーガサ、蒲葵笠はコバガサ、ビロウガサと呼ばれる。江戸時代の竹子笠・はちく笠・路地笠・蜻蛉笠、駕籠屋笠、薩摩笠などがそれである。その分布は西日本が中心で、晴雨兼用として着用された。張り笠は、布・紙・皮などを竹の骨に、円錐型・半円球型・褄折型・桔梗型に張って作る。江戸時代の陣笠のほか、明治・大正時代に人力車夫・郵便配達夫などが使用した饅頭笠などがある。塗り笠は、渋・漆・油などを塗ったもので、江戸時代に塗り笠・葛籠笠・陣笠・韮山笠などがあった。なお、笠は、隠れ笠など、古くから神聖な呪具としての伝承も多い。

(宮本 瑞夫)

参考文献 宮本馨太郎『かぶりもの・きもの・はきもの』(「民俗民芸双書」、一九六八)

かざまつり 風祭 八朔の前後に農作物を守るために風除けを祈願する行事。かぜまつりともいう。二百十日の厄日の前に、風の害がないようにと、日を決めて祈願する。旧八月一日の八朔の日を目安にしている地域もある。村人が鎮守の社に参詣し、風除けのお札をもらい、酒で共同飲食する。東北地方では西風祭と称して、男女二体の人形を作って村境まで送っていく地域もあった。関東地方では、旧七月中に獅子舞を奉納する地域や、四月の榛名山参りの前後に風祈禱をするムラもあったという。近畿地方では、風籠りや風日待を行なっている。一方、風の神をムラの鎮守などにまつり、それに祈願する地域もあった。富山県下には吹かぬ堂ともいう風神堂が十数ヵ所もある。群馬県北部では、二百十日前のある日、各家から金銭を出し合って、法印に御幣を切ってもらい、鎮守の風神に供え、酒を飲み合うことがある。また、伊勢の風の宮、奈良の竜田神社の風神、信州の諏訪大社の諏訪明神、そして諸国の穴師神社などは風神をまつるものとしてよく知られている。諏訪大社では神宝の薙鎌を立てるが、中部・北陸地方でも鎌を外に出して風を防ごうとする民俗がみられる。こうした伝統的な農耕儀礼は、一九六〇年代を境に滅失してきた。

参考文献 倉田一郎『農と民俗学』(「民俗民芸双書」、一九六九)、早川孝太郎「農と祭」(『早川孝太郎全集』八所収、一九八二)　(鈴木 通大)

かしまおどり　鹿島踊り　相模湾西海岸の神奈川県小田原地方から静岡県賀茂郡東伊豆町までの二十二地区に分布する、海からミロクを迎える集団踊り。ただし現在の伝承は十七地区である。特別な由来は伝えられていない。鹿島事触(ことぶれ)が関与した踊りだと考えられている。鹿島踊りの担い手は若い衆で、これを継承することは一人前の村人となるために欠かせない条件である。白の浄衣か浴衣を着て、右手に扇、左手に黄金柄杓、金銀の鏡、そして幣束の特徴ある採物(とりもの)を手に、サオドリ(列形)になったりモウオドリ(円形)になったりと、隊形を変化させる美しい踊りである。踊り手に二十五の定数があるともいわれるが、必ずしも定数の踊りではない。踊りを伝えている神社は多くが漂着神をまつる神社で、祭礼には鹿島踊りが供をして神輿が海岸へ渡御する。「誠やら〇〇が浦へ、みろくお船が着いたとせ、ともへには伊勢と春日の、中は鹿島の御社」と踊ることから、神を迎える踊りだと意識されている。しかし、祭礼はムラの要所要所で踊りながら海岸へ向かうという、悪霊を送って海から新たにミロクを迎える形式であり、神の送迎の芸能としての機能をもっている。同類の踊りは房総半島に弥勒踊りとして伝わる。また、同名異態の踊りが東京都奥多摩、長野県飯田市、静岡県島田市や志太郡大井川町などにも伝承されている。

神奈川県湯河原町吉浜の鹿島踊り（提供西海賢二）

参考文献 永田衡吉「鹿島踊の考察―もうひとつの浄土信仰―」(『民衆宗教史叢書』八所収、一九七一)、宮田登『ミロク信仰の研究(新訂版)』、一九七五、吉川祐子「相模湾西海岸の鹿島踊」(『静岡県史研究』四、一九八八)　(吉川 祐子)

かじや　鍛冶屋　鉄を打ち鍛えて刀剣・刃物・馬具・農具・碇・釘などを製作し、あるいは修理する職人の総称。鉄の加工には鋳造と鍛造があるが、鋳造を行うものが鋳物師(いもじ)、鍛造を行うものが鍛冶屋である。鍛冶屋の仕事は、火炉で鉄を加熱し、金床にのせて鎚で鍛え、わかし付けによって鍛接し、センで刃を研ぎ出し、焼入れを行うもので、刃金(鋼)と地金(軟鉄)の利用方法によって、技術上に地域的な相違があり、製作する製品によって、刀鍛冶・刃物鍛冶・農鍛冶などといい分けている。近世城下町には鍛冶町がおかれて町住みが基本となるが、やがて農村で鉄製農具の使用が増加するとその修理再生が必要になり、農村を回って直し仕事に従事するようになった。一般には町方鍛冶が一定範囲の権利を与えられて回村していたが、遠方まで長期間にわたって出職するようになった例もある。出職鑑札を所持して尾張・美濃一帯に出かけていた愛知県知多半島の大野鍛冶、琵琶湖東岸に出ていた紀州鍛冶、瀬戸内海の島をめぐった鞆(とも)鍛冶などがその例として知られる。このなかには出職先が固定して、村方に鍛冶小屋を設けて長期間滞在するようになることも

愛知県安城市の鍛冶屋

あって、明治時代以後に出職先に移住してしまった場合も少なくない。こうした回村出職の主な修理品は鍬先であったが、これを先掛けなどと称した。先掛けは広く習慣的なものとなっており、西日本では春秋の彼岸の道具改め・道具修理の時期に行なっていたようであるが、東日本では暮れから春先にかけてがその時期で、この時期に鍛冶屋を訪れると、ごく近年までたくさんの鍬先が集まっているのをみることができた。また、低湿地の新田開発が遅くまで継続した越後平野では、農家が鍬を所持せず、毎年春先に鍛冶屋が鍬先を貸し付けて、秋に回収する貸鍬の慣行があったが、これも頻繁に修理再生を行う必要から生じたものと考えられる。また、林業地域では材木の運搬に必要な鳶口が重要な道具であり、明治時代以後、鳶口は土佐鍛冶が作った製品が広く普及したが、この鳶先の修理・再生が不可欠であったために、鳶先の修理・焼入れを専門に行う鍛冶屋がたくさん生まれた。また、山鋸も絶えず目立て・刃焼きを繰り返す必要があり、このための鍛冶屋も必要であった。その一方で、鎌のように使い捨ての方向に発達した製品もあり、この場合には、やがて各地に鍛冶産地が形成されて、広域販売が行われるようになる。その代表的な例は越前鎌・播州鎌・越後鎌・土佐鎌などで、市売りばかりでなく行商に依存する場合も少なくなかった。現在は、調理人が用いる庖丁など高級刃物を作っていることが多く、産地として阪南の堺などが知られている。また、鍛冶屋は特別な技術を所持するものとして説話の対象になり、国東の宇佐神宮の縁起、真野（まの）長者譚などが知られるが、鍛冶祭文なども伝承しており、奄美諸島・沖縄のように鍛冶神信仰の名残を伝えてきたところもある。→金屋子神（かなやごがみ）

参考文献　朝岡康二『日本の鉄器文化―鍛冶屋の比較民俗学―』（「考古民俗叢書」、一九九三）

（朝岡　康二）

かぜ　風　風は農村・漁村を問わず日常生活と深い関わりを持っている。日本では古くから風を単なる自然現象ではなく、神格化したり霊的なものと考えてきた。神が出現するときには風を伴うと考えられ、たとえば大師講には大師講吹き、愛知県尾張国府宮の裸祭には儺追い（なお）風が吹くといわれる。暴風の被害から守るための風祭は各地で行われてきた。記紀には奈良県竜田神社の風神祭と同県広瀬神社の大忌祭がみえ、国家的行事として行われた。福井・石川県以北の日本海沿岸では北西風をタマカゼといい、それ以南ではアナジというところが多い。この風は不意に吹く突風として船乗りに恐れられた。柳田国男はこれについて、タマは霊魂であり、タマカゼは悪霊の吹かせる風の意であろう、竜田・広瀬神社は都(藤原京)から北西にあたり、悪風が北西から吹いてくるからであろうと説明している。信濃の諏訪神社も古代から風祭で知られている。西角井正慶によると、神宝の薙鎌(なぎかま)を立てて行い、各地の末社も鎌を立てて行う例が多かった。中部地方では第二次世界大戦前まで、台風の襲来時戸外に鎌を立てる呪(まじな)いが行われ、鎌は風を切る力があると信じられていた。富山県にはふかぬ堂という風神をまつる堂が十三ヵ所あり、これらの例祭は七月が最も多い。この地域には山越しに吹き下る南風がフェーン現象を起し、大気が乾燥してしばしば大火を誘発してきた。風の名称には方向による一般的な呼び方と、地域による特定の方言などがある。また同じ風向でも、地域によっては南東風を東風(こち)と呼ぶように、必ずしも正確な風向を示していないことがある。関口武は漁業者の使っている大部分の風名は、瀬戸内・西日本型、日本海型、東日本太平洋型の三群に区別されるという。現在冬の終りに吹く南からの突風は春一番と呼ばれているが、もとは北九州の漁師の間で使われていた。夏から秋にかけても突風が起ることがあり、瀬戸内や太平洋沿岸ではハヤテと呼んで漁師に恐れられている。海上生活者の風に対する関心は陸上生活者の比ではないが、農民の関心もそれほど低くはない。農業では、籾播き・田植え・稲刈り・稲干しなどの際、風との関係が深い。籾播きには籾を均等に播くために風のない時間を選んだり、田植えには風を背に受ける位置で作業をすることが多い。稲刈りには風で傾いた稲の下にもぐらないように、右手から風が来るような方向から刈り取っていた。稲架もときには局地の風向を考えて置かれることがある。風を防ぐための施設には、農作物に対する耕地防風林や作物の風上側に藁などを立てる防風施設、家屋に対する屋敷林や生垣および稲架のように藁を架ける一時的な風除けがある。日本家屋は蒸し暑い夏を過ごすため、風通しを最優先して建てられている。冬の季節風を利用して風の強い地方では、切り干し大根、甘藷の切り干し、干し柿、蒟蒻芋(こんにゃくいも)干し、ダルマ作り(群馬県)、材木の乾燥などが行われた。→風祭(かざまつり)

参考文献　柳田国男「風位考」(『柳田国男全集』二〇所収、一九九〇)、田口竜雄『風祭』、一九四一、同『続風祭』、一九四一、関口武「風の地方名の研究」(柳田国男編『風位考資料(増補)』所収、一九四二)、吉岡郁夫「気象」(名古屋民俗研究会編『西春町史』民俗編一所収、一九八四)、同『民俗学と自然科学』、一九九〇

(吉岡　郁夫)

かそう　火葬　遺体処理方法の一つで、火によって遺体を焼く葬法。土葬と比べて短期間のうちに死体を破壊し骨化することから、火の払浄力が死者に対する穢れの観念や死霊への恐怖心を少なくするという。愛知県西部の木曾川流域では、火葬するには藁八束と濡れ筵二枚が必要などといわれる。深さ四〇～五〇センチほどの穴を掘り、藁二把を縦に並べ、その上に割り木を置いたりして棺を安置する。棺の回りにも割り木や藁を置き、一番上から濡れ筵をかぶせる。点火は棺の下に敷いた二把の藁に火をつけ、するとこの藁が最初に燃えて風穴となり順番に燃え広がっていく。滋賀県坂田郡米原町(米原市)の榑ヶ畑では、マクラという二本の丸太の上に棺をのせ、割り木四荷(八束)を側に立てかけ、その回りを濡れ筵三枚で包んで火をつけた。焼き方はところによって工夫がなされ、炭を棺に入れたりするところもある。一晩かけて火葬にされたが、焼くというよりも蒸し焼きにするのだという。途中で喪主がハカミマイ(墓見舞)をすることになっていた。野天で行うところもあったが、火葬施設として火屋(ひや)を伴っていた例もある。日本における火葬は『続日本紀』の記述から七〇〇年(文武天皇四)に僧道昭が遺言によって火葬したのが

はじまりとされるが、それ以前においても大阪府堺市陶器千塚のカマド塚のように火葬は行われていた。また、『万葉集』にも衛生上の見地から火葬をしていたとみられる歌がある。持統・文武天皇などの火葬採用は仏教葬としての意味よりも薄葬を推進するためのものであり、それがやがて殯(もがり)を衰退させることとなった。平安時代末期以降、次第に納骨信仰が盛んになり仏教的な意味付けがなされてくる。近年の日本における火葬率は、一八九六年(明治二十九)が二六・八%、一九五五年(昭和三十)が五四・〇%、一九八四年が九四%と推移してきた。火葬が急激に普及する以前の火葬地帯は、秋田・山形両県の境の海岸部、新潟県の巻町(新潟市)あたりから富山・石川・福井県の大部分、愛知県西部から滋賀県の琵琶湖周辺、大阪・和歌山県の一部、島根県の山間部から広島・山口県の大部分、四国や北九州の一部であった。 →葬法(そうほう)

参考文献 堀一郎「祖霊及び死霊信仰と他界観念(三)—火葬慣行と両墓制との連関—」(『民間信仰』所収、一九七七)、藤井正雄「葬制からみた霊魂観・死後観」(『(大系)仏教と日本人』九所収、一九八六)、塩入伸一「葬送の変遷—特に火葬の受容を中心として—」(『仏教民俗学大系』四所収、一九八八)、新谷尚紀「火葬と土葬」(林屋辰三郎編『火』所収、一九九六)

(蒲池 勢至)

かそう 家相 屋敷地の形状と家屋の間取り・向き、付属建物との位置関係などから、その家の吉凶禍福を判断する考え方。中国の風水説の陽宅風水説に強い影響を受けているが、経験的な知識や民間信仰も混淆している。家相は、(一)時間の吉凶—疫年・三隣亡などの月日の吉凶、(二)時間と連動する方位の吉凶—金神・土公神や年回りの吉凶など、(三)固定化された方位の吉凶—鬼門、住居の吉凶など、(四)個人の生年に規定される時間と方位の吉凶、三年塞りなどの四つの点から判断される。家相では、方位を十二支であらわし、東北方位の艮(うしとら)を鬼門、西南方位の坤(ひつじさる)を裏鬼門と呼ぶ。鬼門の方位に便所などの不浄物を建てると、その家は滅びるなどといわれている。一般に、家相判断が行われるようになったのは、十八世紀になってからと推定され、大坂・京都・江戸周辺では、十八世紀末ごろから大流行し、家相を専門に判断する家相見も出現した。家相判断の方法などが書かれた家相書は、十八世紀末から出版されはじめ、江戸時代だけで、数百種類もの家相書が出された。家相書は、地主や神主・修験などの宗教者が所有し使用していた。家相判断をした際に描かれた家相図は、十八世紀中期ごろから出現した。もともとは、屋敷地の形状、立地状況などの地相を重視していたのが、建造物とその室内設備を重視するようになっていった。家相は、近世においても疑問視されていたが、明治以降、建築学の発達により、科学的に根拠がないと否定され、迷信として排除されてきた。しかし、現在なお、家相見や易者・神主・大工などが家相判断をし、間取りの選定に大きな影響を与え続けており、不幸の災因論としても語られている。 →風水(ふうすい)

参考文献 渡邊欣雄・林在海・石田透実『東アジアの風水思想』(「季刊自然と文化」三六、一九九二)、宮内貴久「家相観からみた民家」(『日本民俗学』一九六、一九九三)、牧尾良海『風水思想論考』、一九九四

(宮内 貴久)

かそか 過疎化 定住人口の減少に伴い、従来の生活パターンが維持できない状態になること。過疎の語は、一九六〇年代に始まる高度経済成長に伴い、次第に顕在化してきた人口減少地域に生起する種々の問題に関して、一九六七年(昭和四十二)の「経済社会発展計画」(三月閣議決定)にはじめて登場し、同年十月の経済審議会地域部会中間報告において、都市部での過密問題に対する意味で、「人口減少のために一定の生活水

準を維持することが困難になった状態」と定義された。したがって過疎は、渡辺兵力がいうように、まず第一に地域人口の減少があり(これを人口論的過疎という)、ついでそれに伴い地域生活や地域経済の存続が危うくなる状態が出現する(これを地域論的過疎といい、これはさらに社会的過疎・経済的過疎に区分される)という二段階の動きとして捉えられる。高度経済成長の初期段階では農山漁村の人口は過剰気味であり、都市部の労働力需要は農山漁村にとって福音であったが、農山漁村と都市地域との間に所得をはじめとする生活水準格差が拡大するに従い都市地域へ人口が急激に流出し、過疎化した。その過程は、たとえば東北日本では通年出稼により家計収入を補ってでも従来の暮らしを維持しようとする傾向が強かったのに対し、西日本では早くから挙家離村による人口流出が顕著であったように全国一様ではなく、またその要因も、経済条件のほかに生活志向性や風土性とでもいうほかないような歴史的、文化的条件が関与して一律ではなかった。のちに過疎地域の代名詞ともなる山村は確固たる生産基盤に乏しく、種々の生業を複合的に営んで生計の維持を図ってきた結果、機を見るに敏な性格や機動性の高さを備えるに至り、むしろ高度経済成長の時流に乗って都市部へ転出する様相も呈した。特に一九六三年(昭和三十八)に全国を襲ったいわゆる三八豪雪の被害が甚大であったことと、家庭燃料が薪炭からガスや石油へと切り換わるいわゆる燃料革命が進んで山村の主要生業となっていた炭焼きが市場を失い衰退したことが大きかった。こうして一九六〇年代中ごろに始まった過疎化の動きはわずかの間に広がりを見せ、八〇年代に入りようやく緩やかになったものの九〇年代以降は再加速している。一九七〇年には過疎地域緊急対策措置法(第一次過疎法)が成立し、都市との地域格差是正を目標に公共施設・道路・医療体制の整備を中心とした過疎対策事業が講じられた。さらに八〇年に第二次、九〇年(平成二)に第三次、二〇〇〇年(平成十二)に第四次過疎法が成立し過疎対策事業はなお続けられている。過疎化は民俗にも大きな影響を与え、たとえば祭をはじめ種々の伝承行事や民俗芸能の担い手が減り、衰退・消滅したものも少なくない。また地域全体の高齢化が進んで飲用水の確保や生活道路の保全などの日常生活維持に欠かせない仕事の継続が困難になり、集落再編のために移転をした所も見られる。過疎地域は就業機会が乏しく若者は職を求めて都市へ転出し、親が家に残る例が少なくないが、子供たちが故郷に戻る可能性は小さい現状にある。そのため墓を旧来の共同墓地から自宅の敷地内に移設し累代墓に作り変えるとか、旧来の地域協同性が失われるなどの変容が進んでいる。一方で、地域の個性を見直し新たな産業育成や都市との交流事業を興して地域活性化を図るムラおこし運動も生まれ、地域再生に向け努力している所もある。

[参考文献] 渡辺兵力「過疎概念と過疎問題」(『山村地域人口流動の諸問題』所収、一九七〇)、今井幸彦『日本の過疎地帯』(「岩波新書」青六七八、一九六八)、米山俊直『過疎社会』(「NHKブックス」九九、一九六九)、坪井洋文『民俗再考―多元的世界への視点―』、一九八六、松崎憲三『現代社会と民俗』、一九九一、山本努『現代過疎問題の研究』、一九九六、湯川洋司『山の民俗誌』(「歴史文化ライブラリー」二三三、一九九七)、叶堂隆三『五島列島の高齢者と地域社会の戦略』、二〇〇四

（湯川　洋司）

かぞく 家族　夫婦・親子・兄弟姉妹などの関係を中心に形成された社会単位。家族は一定の人的構成をもつ社会集団として定義されるが、その人的構成に不可分に結びつく固有の機能(性、生殖、社会化、経済など)を有するという点で、生活共同を伴う共住集団としての側面も家族を定義する上で重要な要素と考えられる。しかし、通文化的に見た場合、

家族の構成員を相互に結びつける婚姻や縁組、血縁関係のあり方は、社会ごとに違いが大きい。また、法制度と慣行、集団の形態と機能、階層差・時代差・地域差などに目を向けると、一つの社会でも家族をめぐる諸現象は著しく複雑多岐にわたっている。家族を一般的に、かつ簡潔に定義することは難しいとよくいわれるのは、そのためである。日本の家族に関して特に扱いが微妙なのは、家族と家（いえ）という問題であろう。家族が構成員の死亡・交替により一定期間で消滅していくのに対して、家の方は世代をこえて存続すべきものとされ、そこには家産や家業、あるいは家風、家柄などの観念が伴うという場合も少なくない。そうした相違をふまえれば、家と家族を分析上区別するという見方から、家を家族の一形態とみなす見方まで、実にさまざまな立論が可能になってくる。その中で最も有力なのは、成員構成からみた家の典型を一子残留による直系家族とする見解である。実子のうちの一人（特に長男）、場合によっては養子が配偶者を迎えて家の跡取となり、それ以外の子供たちが分家・婚姻・養取などで他出していけば、家とその相続財産、祖先の祭祀などは、親から嗣子へと超世代的に受け継がれることになる。しかし、日本の家族を、すべてこの典型的な家のモデルだけで理解することはできない。かつて東北地方の一部には、構成員として相当数の傍系親族やときには奉公人まで含む、いわゆる大家族が存在した。男子の多子残留傾向がみられた飛騨白川の大家族もよく知られている事例である。また、西南日本を中心に広く分布する隠居制家族も、やはり直系家族の概念にはそぐわない。隠居の慣行にはいくつかの型があるが、家族形態の上で重要なのは親子二世代の夫婦が一つの棟に同居しないという原則であり、そこでは特に居住面において、夫婦を中心にした家族構成が志向されているわけである。さらに南西諸島の場合には、奄美の家族が概して小家族志向を基調とするのに対して、沖縄本島の南部・中部では、門中（ムンチュウ）の観念に基づいて直系家族を貫く父系血縁の絆が排他的なほど強調される。日本の社会には多様な家族像が存在することを十分に認識すべきであろう。これまで日本民俗学における家族研究は、主として農山漁村の伝統的な家族を対象にして進められてきた。今日では日本社会の変化に伴って、研究者の関心もそうした従来の方向から大きく推移してきているのが実情である。隣接する文化人類学や社会学をはじめとして、近年進展の著しい社会史、ジェンダー論、異文化間比較などの分野での研究動向とも歩調を合わせながら、新しい家族研究の展望が模索されている。

→家族類型（かぞくるいけい）

参考文献　柳田国男「家閑談」（『柳田国男全集』一二所収、一九九〇）、有賀喜左衛門「先祖の観念」（『有賀喜左衛門著作集』七所収、一九六九）、竹田旦『「家」をめぐる民俗研究』、一九七〇、有賀喜左衛門「家の歴史」（『有賀喜左衛門著作集』一一所収、一九七一）、村武精一『家族の社会人類学』、一九七三、蒲生正男『（増訂）日本人の生活構造序説』、一九七八

（笠原　政治）

かぞくるいけい　家族類型　家族を成員の構成、婚姻・居住・相続などの規則といった一定の基準で類型化したもの。家族をいくつかの類型または形態に分けて理解する試みは、これまで民俗学・文化人類学・社会学などの分野において盛んに行われてきた。よく知られているのは通文化的比較研究に基づくマードック Murdock, G. P. の理論で、そこでは、夫婦とその未婚の子供たちからなる核家族が人間社会に普遍的な家族形態とされ、核家族の複合形態として、一夫多妻婚および一妻多夫婚による複婚家族と、親子・兄弟（姉妹）関係の組合わせによる拡大家族の二つが指摘されている。また中根千枝は、子供たちが結婚によってすべて独

立する小家族、兄弟(姉妹)の連帯に基づいて複数の息子(または娘)が親元に残留する大家族、親子の継承線を重視して一子だけを残す直系家族、という家族構造の三つのモデルを提唱している。日本の家に代表される家族形態は、その中で直系家族の典型とみなされるわけである。しかし、これらの通文化的な理論だけで、日本における家族の多様なあり方、地域的差異を十分に把握できないことは明らかであろう。日本の家族に関する類型論としては、これまでに鈴木栄太郎・大間知篤三・蒲生正男・森岡清美などの所説があった。特に鈴木の夫婦家族・直系家族・同族家族という三類型論は、それ以後の家族研究に強い影響を及ぼしてきたものである。研究者によって立論の根拠はさまざまであるが、今日の民俗学で最も広く受け入れられているのは、成員の構成という点から日本の家族を夫婦家族・直系家族・傍系家族(あるいは複合家族、同族家族)の三つに区分する見方である。現代の日本で主流なのは一組の夫婦を中心に形成される夫婦家族であるが、それに対して従来の研究では、直系家族が家制度の理念を体現する家族形態として重視されることが多かった。ただし、主として西南日本など、隠居制家族や末子相続がみとめられる地域では、伝統的に夫婦中心の家族構成が志向されてきたようであり、さらに隠居制家族の中にも、地域によっては居住や相続の面で直系家族に近い形式をとる場合もある。類型論では割り切れない地域差にも十分に目を配る必要があろう。また、多子残留に基づく傍系家族としては、第二次世界大戦前の東北地方(岩手・青森県など)や飛驒白川のいわゆる大家族制がよく知られているが、それらの事例を日本の家族の一類型とみなすべきかどうかについては議論の余地もある。中根のように、白川の大家族に顕著な直系家族の構造を見い出すという立場も存在する。類型論は家族研究に不可欠な理論ではあるが、当然家族に関する限られた範囲の事柄しか明らかにしない。たとえば、婚姻・独立・死亡など、家族周期に基づく構成員の推移や、家族の歴史的変化などの問題について、家族の類型論で説明できることは少ない。その点を認識しておくことも研究上は重要であろう。

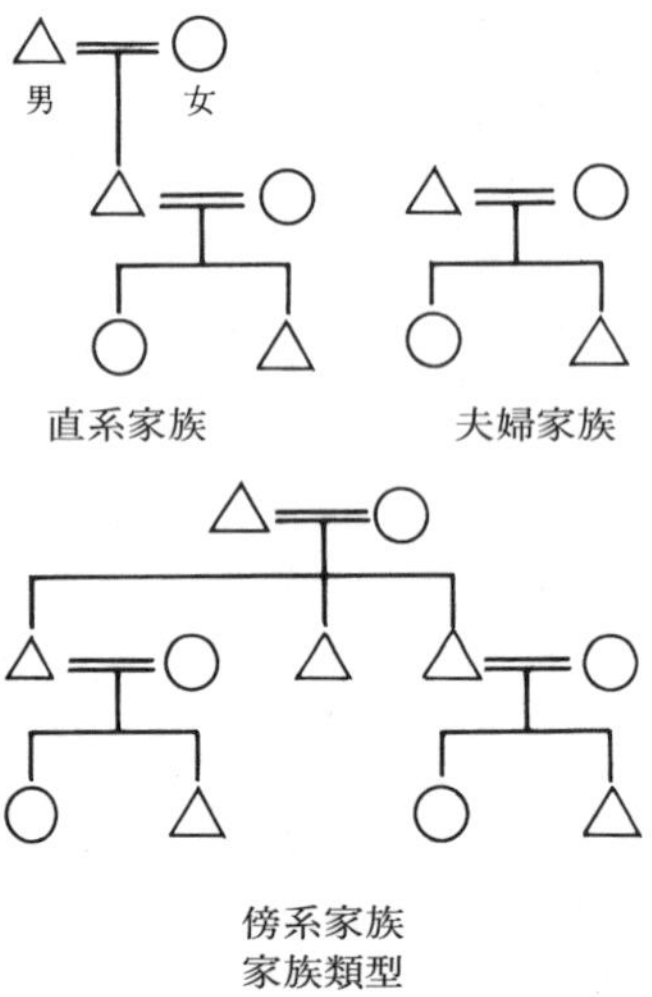

家族類型

参考文献　中根千枝『家族の構造―社会人類学的分析―』、一九七〇、鈴木栄太郎「日本人家族の世代的発展における周期的律動性について」(『鈴木栄太郎著作集』三所収、一九七一)、森岡清美「家族の形態と類型」(『社会学講座』三所収、一九七二)、大間知篤三「家の類型」(『大間知篤三著作集』一所収、一九七五)、G・P・マードック『社会構造―核家族の社会人類学―』(内藤莞爾訳、一九七八)、蒲生正男『(増訂)日本人の生活構造序説』、一九七八

(笠原　政治)

かためのうお　片目の魚　社寺などの池にすむ魚が片目であるという伝説。源義家の部下の鎌倉権五郎景政が眼の傷を池の水で洗ったところ、

その池の魚がみな片目になったという。また、行基が若者にむりやり魚を食わされるが、池に吐き出すと生き返って泳ぎだした。それから池の魚が片目になったという。ほかにも、落城のとき城主の姫君が懐剣で目を突いて身を投げたので、堀の魚は片目になったというのもある。武将の眼の傷による感染、宗教者による放生、悲劇的人物の入水の結果、などのタイプに分かれるが、いずれも片目になった理由を説く伝説である。柳田国男は、伝説地が社寺の池に多いことや、またそれ以外の場所でもそこの魚の捕獲を固く禁ずることなどから、祭の際の神の供物としてほかの魚と区別するために片目を潰したのであろうと説いた。そして、植物で目を突き片目となる神の伝説とも関係させて、古い昔、神の眷属にするために人を殺す風習があり、その人をほかと区別する意味で片目を潰し、片脚を折ったのであろうと述べる。その後そうした風習は絶えたが、片目の魚、片目の神といった伝説として残ったのだと推論した。しかしこの柳田の考えは、フレーザーの『金枝篇』の影響によるものとされ、かつて日本の歴史に実際あったかどうか疑問視する意見もある。『古事記』『日本書紀』や『出雲国風土記』に登場する天目一箇命(あまのまひとつのみこと)も、そうした片目の神のように説かれるが、鍛冶屋の神であろうとの説もある。なお、池の湧水の成分が窒素ガスを多量に含んでいる場合に、それで目が気泡のようになり、片目に見えるとする科学的なとらえ方もある。
(花部 英雄)

参考文献 柳田国男「片目の魚」(『柳田国男全集』六所収、一九八九)、同「一目小僧その他」(同)、谷川健一「青銅の神の足跡」(『谷川健一著作集』五所収、一九八四)

かたりもの　語りもの　口頭で演じられる物語、またはそれを演じる芸。散文口調で語られる昔話・笑話・落語などに対して、より韻律的、旋律的に語られる物語を特に語りものという。語り手は普通、座頭や瞽女(ごぜ)などの芸人・芸能者や下級の宗教者である。中・近世の『平家物語』、幸若舞、説経節、浄瑠璃などが代表的な語りものだが、物語草子として現存する中世物語(広義の御伽草子)の類も、もとは宗教者や芸能者の語りものとして行われたものが少なくない。ただし、明治・大正期までの用例では、義太夫節の演題・出し物をさして「今日の語り物は云々」といっている。語りものを口承文芸の分野名として転用したのは柳田国男である。それは欧米のオーラル＝リテラチュア(口承文芸)研究の一分野とされたオーラル＝エピック(口誦叙事詩)ないしはオーラル＝ナラティブ(口誦物語)の翻訳語だったろうが、柳田によれば、語りものは、その音律・句法においてかつての民間神話のおもかげを伝えたものであり、一定の土地で信じられる伝説、話型という形で民間神話の内容をいまに伝える昔話とともに、日本の固有信仰や神話にさかのぼる手がかりになるという。また、語りものには、大別して二つのタイプがある。一つは、一定の旋律様式のくり返し(またはその変型)によって物語が叙事的に進行するタイプであり、もう一つは、複数の旋律型(大別すればコトバとフシ)の組み合わせによって物語が場面構成的に進行するタイプである。前述の『平家物語』、浄瑠璃などは、後者のタイプに属し、前者のタイプに属すものには、瞽女唄や口説き、また八木節・江州音頭・河内音頭などがある。一九三〇年代にアメリカ人のミルマン＝パリーは、ホメロス詩の研究と、南スラブのエピックのフィールド調査から、口誦詩がテキストを用いずに口頭的に組み立てられる仕組み(いわゆる口頭的構成法)を発見しているが、それらはいずれも単一旋律型の物語詩である。日本でより一般的なコトバ・フシ型の語りものには、別の観点からの研究が必要になるが、パリーがホメロス詩の文体分析に新局面をひらいたように、コトバ・フシ型の語りものの分析は、『平家物語』をはじめとする日本の物語・語りものの文体分析に新局面をひらくものと思われる。なお、柳田が口承文芸研究を本格的に開始した一九三〇年前後は、浪花節が大流行していた時代である。柳田は、常民の文芸という観点から、浪花節を意図的に研究対象から除外しているが、しかし近代の国民的心性の形成に浪花節が果たした役割には無視できないものがある。浪花節とその周辺芸能、特に幕末から近代に流行した祭文・チョンガレ・浪花節の研究は、文学・芸能史はもちろん、社会史・思想史のレベルでもっと注目されてよい問題である。柳田以来、昔話を中心に進められてきた日本の口承文芸研究は、今後、浪花節以下の近代のオーラル＝リテラチュア研究に移行していく必要がある。

参考文献　柳田国男「物語と語り物」(『柳田国男全集』九所収、一九九〇)、佐々木八郎『語り物の系譜』(「笠間選書」、一九七七)、『(岩波講座)日本文学史』一六、一九九七　（兵藤　裕己）

カツオ　カツオ　スズキ目サバ科に属する外洋性の高度回遊魚。日本においては、早春に産卵場の南方海域から黒潮(日本海流)に乗り太平洋岸を北上して三陸沖まで達し、秋口には産卵のため「戻りガツオ」となり南下する。カツオは群れをつくる習性があり、密集の状態をトロミと呼ぶ。また、海鳥や流木、サメ・鯨などの浮遊物に付いて泳ぐ習性があることから、それらがカツオを探索する指標となる。漁法は一本釣りが中心で、以前には建切網や刺網でも漁獲され、近年では大型旋網(まきあみ)も普及している。一本釣りでは、カツオの習性を利用して、散水によって攪乱させて擬餌針などが使用される。また、活餌のイワシなどをイケスで蓄養することも重要な作業である。漁船の動力化と大型化に伴い、漁場が拡大し航海期間も長期化している。乗組員構成は船頭(漁撈長)や船主を中心とする親族的、地縁的な社会関係に依拠している。一本釣りには手労働の技能体系があり、技能と経験に基づき船頭を頂点にした船内階層が形成されている。カツオ漁には大漁や航海の安全祈願に多様な儀礼があり、これらの船上儀礼と釣りの場であるトリカジは豊漁招来としての意味を持つ空間である。また、縁起かつぎも顕著であり、カツオのホシ(心臓)に特別な霊力があるとしたり、女性の乗船を忌避したりする。これらのカツオをめぐる民俗は、他の魚種に比べて独自性が強く、黒潮沿岸地域にはその類似性も多く、黒潮文化論の有力な指標となる。カツオを原魚とする鰹節は日本の伝統的な保存食品だが、ほぼ同様の製法がインド洋のモルディブにもあり、また、日本向けに南太平洋のソロモン諸島などで製造されている。

参考文献　伊豆川浅吉『日本鰹漁業史』(「常民文化研究」八五・八六、一九五八)、西川恵与市『土佐のかつお一本釣り』、一九八六、若林良和『カツオ一本釣り―黒潮の狩人たちの海上生活誌―』(「中公新書」一〇二一、一九九一)、同『水産社会論―カツオ漁業研究による「水産社会学」の確立を目指して―』、二〇〇〇　（若林　良和）

がっしょうづくり　合掌造　飛驒白川郷(岐阜県)と越中五箇山地方(富山県)に発達した民家の形式。急勾配で巨大な草葺き屋根が特徴で、その屋根を支える構造を合掌と呼ぶことからこの名称がある。屋根の形は切り妻が多いが、五箇山では入母屋、岐阜県高山市荘川町では寄せ棟のものもある。間取りも白川郷では平入りが一般的であるのに対して、五箇山では妻入りが多いという違いもみられる。巨大な屋根裏は三層四層になっていて蚕室として使われた。一階の囲炉裏で屋根裏全体を暖め、またその換気を図るために屋根裏の床はすのこ張りとなっている。合掌造の成立時期と要因については、この地方の大家族制度、豪雪、養蚕業などが挙げられるが、いずれもそれだけでは十分説明できず、未だ定説は得られていない。もっとも有力なのは江戸時代後期に養蚕業の隆盛に伴って、屋根裏を蚕室として拡大するために発達したとする説である。この場合に合掌造の典型とされる切り妻屋根の解釈をめぐって論争がある。すなわちそれが寄せ棟や入母屋から発達したとする説と、もともとこの地域に切り妻屋根が存在したとする説である。前者は合掌造の分布する中心地域に切り妻が多く、周辺部には入母屋や寄せ棟のものもみられ、寄せ棟から切り妻に改造された合掌造民家が存在すること、後者はこの地域にマタダテと呼ばれる切り妻屋根を伏せただけの古い住まいあるいは納屋が存在することをその拠り所としている。

参考文献　白川村教育委員会編『白川村の合掌造集落』、一九八七

（安藤　邦広）

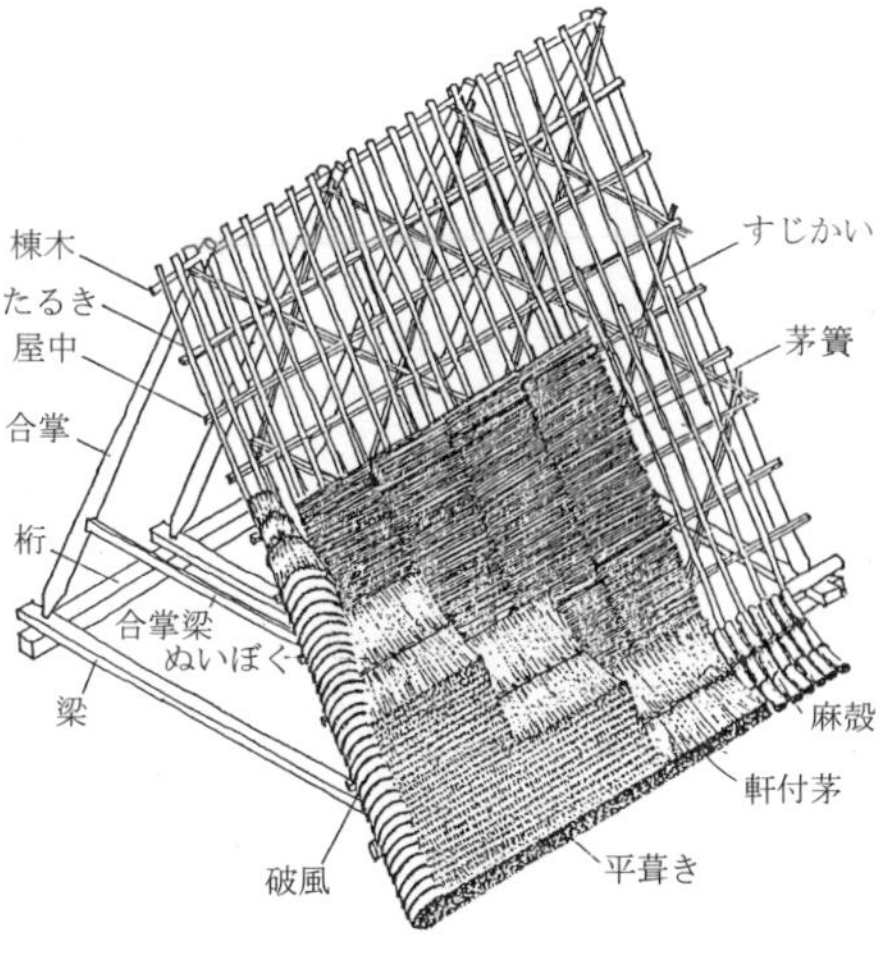

合掌造屋根　富山県平村（南砺市）

かっぱ　河童　河川の淵、沼池などの水界を住処とし、人畜に種々の怪異をもたらすと信じられている妖怪の一種。実在視するむきは昔からあったが動物学上未確認である。河童伝承はほぼ全国的に分布し、地域ごとに種々の民俗語彙でよばれてきた。語彙とその形状の系統には人身・動物・水神・妖怪の四系がある。人身系は関八州を中心にカワワラワ、カワッパ、カッパ、九州でガワッパ、ガラッパ、ガッパとよび、人間の子供の姿を想定している。動物系は陸奥でのメドチ、ミズチ、越前・越中から紀伊にかけてガメ、ドチ、中国・四国でエンコ（ー）、日向でヒョースベ、ヒョースボとよび、おのおの水蛇・スッポン・猿・鳥に仮託している。水神系は津軽でスイコ、越後でシイジン、スジンコ、肥後でセコ、大隅でスジンドンとよび、妖怪系は中国でゴンゴとよんでいる。近世には名称・形状ともにまちまちだったのが次第に標準化され、河童という名称とともに小童の背恰好（せいかっこう）で背中に甲羅があり頭頂に水を容れる皿状の凹みがあるという河童像が一般化した。近世には百科全書や各地の地誌類、随筆などに広く河童記事が収録され、『和漢三才図会』、一八五五年（安政二）に赤松宗旦が著わした『利根川図志』あるいは各地の河童写真（写実的な絵）を集成した安部竜の『水虎説』などでその姿態が紹介された。これには餓鬼のように痩せ細った人身像、眼光鋭く虎のように尖った嘴（くちばし）をして甲羅を負った人とも獣ともつかぬ人身像、亀と猿とを合体させたような動物像、海獣のような像などが描かれており、凄まじい人身像は見る者を戦慄せしめ、怖い存在だったことを印象づけている。一方世間には河童話が流布し、それらは、人に憑いて狂乱の状態に陥れたり、人を水中に引き入れて肝を取ったりする恐ろしい話がある。河童は肝または尻子玉を好むと信じられ、溺死人の肛門が開いているのはそれを抜かれた証拠であるとされた。一方、人畜に悪戯をしようとして失

敗する愛嬌のある話もある。厠の下から人の尻に手をやり、気丈夫な婦人のために腕を斬り取られる、水辺に繋がれている馬を水中に引き込もうとして逆に陸へ上げられて人に捕えられるなどの失態を演じて詫びをする。許してもらう条件として、今後決して悪戯をしないと誓うとともに、金瘡膏の処方、接骨・相撲の秘法、鮮魚などを贖ものとする。これらの話は特定の人物や家に付随して伝承されている。河童の好物に肝・尻子玉のほかにキュウリとナスがある。旧六月中旬の祇園祭(天王祭)前後には全国各地において川祭・川神祭・エンコ(ー)祭などの名のもとに、初成りのキュウリまたはナスを献じて河童をまつる行事が行われる。河童は水の精霊であり、まさに水を恵んだり人の命を奪ったりする通力を持っている。五、六月ころと十二月朔日が水神の日としている地方が多い。九州ではガラッパは冬になると山に上がってセコ(山童)になるとされており、田の神と山の神の交替説を裏書きしている。

参考文献　柳田国男「妖怪談義」(『柳田国男全集』六所収、一九八九)、折口信夫「河童の神様」(『折口信夫全集』一六所収、一九六七)、石川純一郎『(新版)河童の世界』、一九八五
(石川純一郎)

かとく　家督　一門や家の長あるいはその地位。その権限や跡を継ぐべき子を意味することもある。鎌倉時代においては、武士の一門・一族などの家長を家督と呼び、多くの場合一門の軍事的統率者として地位を有していた。所領は一跡・跡式と呼ばれ、庶子分割相続が一般的であり、家督と跡式(財産)は分離されていたが、室町時代に至ると、嫡子が単独で所領(跡式)を相続するようになる。そして、家督は家を受け継いだ嫡子と同義になり、さらに嫡子が単独で相続する遺産・遺領という家産そのものを意味するようになった。江戸時代になると、家督と家産の結びつきはいっそう強くなり、家督のなかに家産概念が包括されてしまう。柳田国男は、カトクのトクを得米のトクつまり土地の収益と理解し、家に属するトクだから「家トク」と呼んだとし、家産と家督を同一視する。しかし、家督の概念はより包括的であり、武家の家禄、農民の田畑、漁民の漁業権、商家の暖簾・商号、家元制の家芸は家業(職)と結びついた家産であり、家業と結びついた家名や家柄・家風さらに家の祭祀主宰者としての地位など、家に付随するすべての財産や家格・権限・特権などを包括的に家督と呼んでいる。なお、家に属する財産をカトクと呼ぶのが西南日本に数多く分布するのに対し、嫡子をカトクと呼ぶのは東北地方に比較的多く分布している。

参考文献　柳田国男「先祖の話」(『柳田国男全集』一三所収、一九九〇)、中田薫『法制史論集』一、一九二六、石井良助『日本相続法史』(「法制史論集」五、一九八〇)
(森　謙二)

かどづけ　門付け　家々を一軒ずつ祝福してまわる芸能者、およびその芸能をいう。本来訪れる宗教的意味合いから、時期が定まっていた。もっとも多いのは年のあらたまる新春で、万歳・春駒・獅子舞・鳥追い・えびすまわし・女太夫・大黒舞などが訪れたが、暮れには節季候、節分には厄払い・懸想文売り、五月や九月には猿まわしなどである。東北地方の農閑期に訪れる権現舞、正月のえんぶり・田植え踊りなどもその範疇である。記録的には平安時代後期に荘園の散所民が領主の屋敷を訪れ祝言を述べた千秋万歳が古い。年頭にあたり言葉の呪力により、きよめを行なった。知恩院本『倭漢朗詠注上』によれば、正月七日までに卯杖か子の日の小松を手にして、乞食法師の態で訪れたという。中世には鳥甲をかむり、仙人風の装束を着て、連れの小鼓の伴奏によりめでたい祝言を申したようである。本来特定の檀那場をまわっていたが、室町時代末期には正月の民家の門口にたち、万歳として一般化する。中世後期に

は各地の戦国武将などを檀那とした舞々（声聞師）があちこちの正月の城下で演じ活躍した。のちに門付けをする猿まわしも、平安時代には飼馬の祈禱者として存在しており、武家の屋敷が多くなる鎌倉時代以降には、下級の宗教者として活躍するが、未だ門付けをするまでには至っていない。町衆の経済力が安定した中世後期になると、人々の言葉の呪力で汚れを払い、祝福することを目的とした宗教者的色彩の濃い下級芸能者の姿が見え始める。室町時代初期の『庭訓往来』には、市町の見世棚の周辺を徘徊した者として、猿楽・田楽・獅子舞・琵琶法師・傀儡・県巫女・傾城・遊女・夜発などが挙げられている。本来彼らは特定の檀那場を持っていたはずであるが、この時期になると不特定の都市住民を対象に活動するようになる。また多くの場合、芸能の演じる時節が限られていたこともあり、江戸時代には芸能の質自体がすっかり零落する。芸能の目的自体がきよめや厄払い、祝福などであったこともあり、演者の大部分は差別された人々であったため、京都では悲田院の与次郎、江戸では弾左衛門や車善七の配下となって活動した。ただし江戸の場合万歳は徳川家が三河出身であった縁で、三河時代の舞々が、もともとの檀那である武将を頼って上京したため三河万歳が独占し、獅子舞も伊勢神宮の札を配った伊勢の太神楽などが独占した。京都でも傀儡は西宮戎神社を本拠とした神人が独占していた。それら宗教的背景を持った芸能者の間隙を縫って、季節ごとの祝言の趣向を凝らして多くの門付けが活動したのである。特に江戸時代には願人坊主・鐘勧進などの寄付集めや、すたすた坊主・粟島坊主などの代参などを標榜した者や、門説経・祭文語り・虚無僧など多種多様の門付け芸が生まれた。なお大道を舞台として不特定多数を相手に芸をする大道芸と、家の門口をまわる門付け芸とは、その種類や方式に若干の違いがある。

参考文献　宮尾しげを・木村仙秀『江戸庶民街芸風俗誌』（「江戸風俗資料」一、一九七〇）
（山路　興造）

かどまつ　門松　正月に門口に立てる一対あるいは一本の松。御松様とか門神様と呼ぶ所もある。「松迎え」といって十二月十三日や年の暮れに、山から伐ってくる所が多い。門松の様式については、三本の竹の上端を斜めにそいだものに松を添え、根もとを割木で囲んであるもののほか、二本の松に注連縄を張り渡し、あるいは割木を根もとに束ねて、それに長い松を立てるものなど、いろいろの地方色が見られる。門松の代わりに、屋内に松を立てる所もある。神棚に小さな松を立てる地方もあるが、東北地方では、土間に大きな松を立ててこれを拝み松と呼んでいる所もある。門松といっても松だけではなく、竹、榊、ナラ、ツバキ、栗、樒などの常緑樹を用いたり、全く門松を立てない地方や家もある。氏神様が松で目を突いて失明したから松を植えないなどそれぞれに禁忌伝承があり、その地方の古い民俗を示している。今では正月の飾り物のように思われている門松も、本来は年神来臨のための依代だった。門松にヤスと呼ぶ藁製の食器を結びつけ、あるいは直接うどんなどをかけて、食物を供える地方も多い。門松の根のほうに割木を並べて結わえるのは、同様の割木を大晦日に焚いて炉の埋め火にして正月中、絶やさない例からみて門松をささえるためではなく神聖な火を創る年木の意であろう。門松飾りのある松の内の期間は、四日・七日・十五日などと所によって違うが、七日や小正月の火祭に下げて焼くところが多い。本来年神をまつる期間と一致していたものであろう。

参考文献　柳田国男「年神考」（『柳田国男全集』一六所収、一九九〇）、同「新たなる太陽」（同）、文化財保護委員会編『正月の行事』一・二（「民俗資料叢書」四・六、一九六六・六七）、文化庁文化財保護部編『正月の行事』

三・四(同一二・一三、一九七〇・七一)　(内田　賢作)

かなやごがみ　金屋子神　中国地方を中心に金屋(鉄屋)・鉄山師・鑪師・鍛冶屋・鋳物師など、和鋼和鉄の冶金加工に従事する人々の間で広く信仰され、まつられていた火の神、製鉄の神の称。金鋳護神ともいう。金屋子信仰は中世から近世初頭にかけて、各地を移動しながら製鉄を行なっていた金屋集団が守護神像を持ち歩いていたことから、この名が付いたという説もあるが、近世前期、永代たたらと呼ばれる山内に、高殿(覆屋)をもつ天秤鞴炉が長期(五〜十年)にわたって操業されるようになると、その守護神に金屋子神がまつられるようになった。出雲国能義郡西比田村(島根県安来市広瀬町)の金屋子神社の成立がそれで、祭神は金山毘古・金山毘売両神とし、漂泊の末に定着という伝承をもち、その神職は製鉄の技術伝授をも行なっていたとされる。信仰のあつい鉄山師・鑪師の間では、この金屋子神社を本社と仰いで安芸・備後・美作・播磨・伯耆・石見など諸国の各地に、分社・末社を勧請し、合わせて二十五社以上に及んでいる。また、各地の永代たたらでは、高殿のなかの元押立柱の後隅に土を三段に盛って金屋子の御山といい、その最上壇の屋根に三本の幣帛を挿し、山の周囲に小幣帛七十五本を立てていたが、のちには柵を設けてまつるようになったという。金屋子神は犬や血、女性を嫌う女神と信じられており、それをまつる神職も単に祭祀するだけでなく、鉄山を巡って信仰による現世利益を説き、製鉄技術の相談に応じ、鉄山職人の確保をはじめ鉄山繁栄のために製鉄仲間結集の核として、その組織化にも大きな役割を果たす存在であったとされている。

参考文献　石塚尊俊「金屋子降臨譚」(『民俗学研究』三、一九五三)、窪田蔵郎『(増補改訂)鉄の民俗史』、一九八六　(土井　作治)

かまど　竈　民家の土間などに設けられる火所。クドとかヘッツイなどと呼ばれ、煙管を持ちはがまとセットで使われる。土を練って藁などを加えたもので成型するが、レンガを用いたり風呂桶と合体させるなどのさまざまな改良竈が考案された。特に一九五〇年代後半に最高潮に達する生活改善運動のなかでは台所改善が一つの中心になり、炊事場改善組合が結成されるなどして献立の改善とともに竈の改良が図られていった。今日では湯立神楽などの祭事に使われるものはあるが、民家ではあまり日常的には用いられない。かつては竈と囲炉裏が民家の主たる火所で、煙が民家のカヤや藁の屋根を内側からいぶして長持ちさせる効用もあった。物の煮炊きには竈が主として用いられ、囲炉裏の方は暖房と照明を目的とするような変化があった。ふだん使われる竈のほかに、奈良県橿原市畝傍などではカザリクドとかニワクドといって一族がまつりごとに集まり、餅や強飯を作るのに使われる一回り大きな竈があって、それは火を清浄に保っておくためであったと考えられた。分家することを「竈を分ける」といったり、一カマド、二カマドと家を数えたり、本家をホンケカマドというように、竈が独立のイエを示す用法もみられ、竈がイエを象徴することがうかがえる。火は穢れを祓うことができ、一度穢れ

竈　茨城県つくば市
(提供宮内貴久)

るとそれが火を通して伝わると考えられる。結婚の際に嫁が婚家に入ってまず竈のまわりをまわって座敷に通されるのは穢れを祓い婚家の竈神の保護の下に入るためで、家族に死者が出るとその家の竈は使わずに庭に臨時の竈を作るのは火によって穢れが伝わるのを防ぐためである。喪家に連なる人々は、死者に供えた枕飯と同じ竈で作ったものを食べて喪に服した。囲炉裏と同じように家族に死者が出ると竈の灰を取り替えたり、竈を壊して作り替えたりもした。嫁入りの際の嫁の所作については婚家の屋敷に入るときの火渡りと関連づけて、里の人間でもなく婚家の人間でもない曖昧な立場を、火によって婚家の人間に転換し新しい身分を獲得する、というように火の媒介者としての機能で説明することもできる。昔話の中では卑しい身分のものが竈の火の番をしてのちに出世したとか、家に泊めた人が竈のそばでした大便が黄金に変わりその人を神としてまつったとか、大みそかに火種を消してしまった嫁が死体を預かるという条件で火種をもらうと翌日には死体が黄金になっていたというように、竈の媒介によって高貴なものに変わる様が描かれている。鹿児島県甑島の小正月に地主の竈の前で予祝の言葉が唱えられたり、各地で節分に大豆の焼け具合で一年の天候を占ったりする。いずれも神意をうかがう占いが行われ、それが竈の前でなされることは竈が異界とつながっていることを示している。命名の前に死んだ子供は竈の下に埋めるという例も、魂を異界に戻すということであろう。　→囲炉裏(いろり)　→火の神(ひのかみ)

[参考文献]　坪井洋文「いろりと火」(『日本民俗学大系』六所収、一九五八)、飯島吉晴『竈神と厠神—異界と此の世の境—』、一九八六、野村みつる「生活改善と民俗の変貌」(佐野賢治他編『現代民俗学入門』所収、一九九六)

(古家　信平)

かまどがみ　竈神　竈を中心に家の火所でまつられる神。単に火や火伏せの神というだけでなく、農作の神、家族や牛馬の守護神、富や生命を司る神など生活全般の神としても信仰されており、地域ごとに民間宗教者の関与や火所の分化によりその呼称や祭祀方法は多様である。竈神のほか、オカマサマ・釜神サマ・荒神サマ・普賢サマ・ロックサマ・土公神・オミツモン・火の神・ヒョートクなどと呼ばれ、竈の近くに神棚を設けて神札や幣束を納めてまつるのが一般的であるが、東北の陸前地方では新築時に木製や土製の大きな面を竈の前などに大工や左官に作ってもらったり、近畿では普段使わない大竈の上に荒神松を供えたり、沖縄

竈神　宮城県河北町小福地(石巻市)

などでは原始的な竈を象徴する三つの石を海から拾ってきて竈の背後に据えて竈神の神体にしている。なおオカマサマと荒神の両神を同じ家でまつっている場合には、荒神が新しい火の神として強い力をもち、農作神としてのオカマサマが火所から離れ天井裏などに移動することもある。一方、西日本では、荒神が農作神と火の神の二つの性格を兼ねていることが多いという。元来、家とは火所のある独立した建物や部屋を意味し、一つの火を囲んで一緒に暮らす人々が家族であった。このため、竈や囲炉裏などの火所は家自体や家の神の象徴ともみられ、家を起すことを「カマドを起す」、分家を「カマドを分ける」、破産を「カマドを潰す」などといった。また家族とくに家長や主婦が死亡したときには、竈の改火をしたり囲炉裏の灰を新たにかえたりするところもあった。逆に子供や牛馬が生まれると竈神に参って家族の成員としての承認を受けたり、花嫁が入家式の時にも竈神をまず拝んだりした。旅や外出の際に竈神に参れば無事であるといい、子供が泳ぎに行くときも竈の墨を顔に塗っていくと河童に取られないともいった。このほか、田植えが終ると竈に稲苗三束供えたり、稲刈や麦刈の際には初穂を供える民俗もあり、竈神は農作の神としての一面を有していた。竈神は、神無月に出雲に出かける例と家に残って留守神となる例とがあり、このころに竈神をまつるとともに祭の後に田の神と同様に山と里を去来する信仰が結合した伝承ではないかと思われる。沖縄では、中国からの影響で年末に竈神が天帝のもとに昇天するという伝承もみられる。竈神には、産神問答型の竈神起源話が存在しており、古くは『大和物語』の芦刈説話に同様の竈神の由来が語られ、中国その他にも類話が広く分布するところから中国からの伝播が考えられている。この話は炭焼小五郎話としても語られており、鍛冶屋などの金属加工民がもち伝えた説話ではないかとも指摘されている。一方で、東北地方の竈神には竜宮童子型の竈神由来話も語られており、門松を提供した礼に竜宮から貰った醜い童子の顔を死後に模して作ったのが竈神であるという。

参考文献　郷田洋文「竈神考」(『日本民俗学』二ノ四、一九五五)、和歌森太郎『神ごとの中の日本人』、一九七二、窪徳忠『沖縄の習俗と信仰』、一九七四、飯島吉晴『竈神と厠神―異界と此の世の境―』、一九八六

(飯島　吉晴)

かみ　神　人間の認識を超えて、幸いとともに災厄をもたらす無限定な力で、人間に畏怖と不安を喚起するもの。この力を整序して人間が方向性を与えるのが祭で、災厄を幸いに転化する。カミをまつる時は精進潔斎しお祓いして清浄になり、出産・血・死の穢れを避け、米・酒・海の幸・山の幸を供え、好みである舞踊・音楽・詩歌を奉納し、土地や宝物を献上して祈願を行う。その結果、カミが喜んで作物の豊饒や健康の安泰の願いを叶えると信じた。唯一神や体系化・儀礼化された「神」に対して、柔軟で流動性に富み草木虫魚・山河大地に宿るものを「カミ」と表記して区別することが多い。本居宣長は「何にまれ、尋常ならずすぐれたる徳のありて、可畏き物」を迦微としたが(『古事記伝』三)、カミの定義として理解しやすい。カミは「尊きこと善きこと、功しきことなどの、優れたるのみを云に非ず、悪しきもの奇しきもの」を含むという。人間の尺度で計れず、道徳や理性を超え、善神悪神を含み、高貴も卑しきもカミであると、対立を併存し包摂するだけでなく、相互の転換を示唆する。また人間に憑依して託宣したり、一体化する。山川草木悉くものいうといわれたように、雷・風・木霊のような自然現象、虎や狼や鳥などの動物、樹木などの植物、海・山という自然、鉱物など無生物、道具類もまつられてカミとなる。主な特性は、多数であること、姿・形な

く、浮遊する、場所やものについて領有する、強い力をもつ恐ろしいもの、人格化することなどである。

タマという浮遊する霊力や非人格的な力が、次第に人格的意志が強調され他の霊力と区別されてカミとなるともいう。漢字では霊や魂、霊魂である。タマは具体的な活動を通じて存在が認識され、動植物や人間に付着・憑依して生命力を与え、個性が発動される。折口信夫はこれを外来魂（がいらいこん）とした。人間の死は身体からタマが離れ、遊離魂となることで起る。人霊は遊離魂でもあり、生霊（生きている人間の魂）と死霊（死んだ人間の魂）があり、人霊はまつられず人神はまつられる。外来魂は来訪神に変貌し境界の時間に現世を訪れて人々を祝福して去るが、折口はこれをまれびとと呼んだ。古代では鎮魂とはタマフリ（魂振り）でタマを身体につけて威霊の働きを活発化させたが、次第に外来魂が内在魂とされ、遊離魂を身体の中腑に鎮めるタマシズメに変化したという。タマは両義的で和魂（にぎたま）（温和で恵みを与える）と荒魂（あらたま）（荒々しく動き災厄をもたらす）があり、霊威は鎮めまつることで荒魂から和魂へ、守護霊へ転化するとされた。タマが善と悪の二方面に分化してカミとオニになるという。カミとモノに分化し、自然の力の中で悪意を持つモノを遠ざける状況も生まれた。『万葉集』では鬼をモノと訓じているが、モノはカミの一面で、大物主神や大物忌神という祟り神にもなる。モノノケは霊魂、特に荒魂が力を発揮する現象でタタリ（祟り）ともいい、恐怖感や畏怖感に転じて特定の個人に対する悪意に満ちた働き掛けの意味となる。カミの意向にそむくこともタタリをもたらす。願望を言葉で発し、その魂の力で成就させる言霊の信仰が生まれ、祝詞や呪咀の働きが重視された。一方、津田左右吉はカミの本体はミで、霊威ある有形無形の呪力を持つ祭祀対象で擬人化されて神名を持つとした。原田敏明は非人格的存在から人格的存在へという説を批判し、畏敬に値する神秘的なものがカミでモノと区別できないとした。松村武雄はカミの同義語にチとタマがあり、人間の生命維持や自然運行の促進の基本要素はチで、血・乳・風である。チはカミと、タマはカミと同一系列だが、チとタマは異なるという。カミは族長や村長の権威を背景にもつ霊威、タマは融通無碍で人々を生かす霊能で、カミは成員が族長を通してタマを認識する集合表象で、タマの分化ではないという。

カミは元来は不可視で、風や雷など自然現象として示現し、木・石・火などの自然物や、鏡・玉・剣・御幣などの依代に宿り、人に憑依して託宣する。具体的な事物・現象・局面で観念されていたが、仏像の影響で神像が作られて可視化が進む。仏殿にならって社殿が作られて小祠と併存し、明神や権現という尊称が現われる。明神はアキツカミ、アラカミと訓じ、顕神とも記す。権現は変化・化身・権化の意味で本地垂迹説に基づき仏の垂迹として理解された。阿弥陀・薬師・大日・地蔵・観音はカミと習合し、神の本地となって仏・菩薩像として可視化され崇拝対象となる。仏像は当初は蕃神（あたしくにのかみ）と認識された。神社には神宮寺、寺院には鎮守社が設置されて神仏習合が進んだ。古来の神祇信仰は仏教と遭遇し、神道としての自覚化が進み、禁忌を設けて穢れを排除して、カミから神への変容を促した。女性は血穢のため神事から遠ざけられ、男性の神官組織が整備された。仏教も神道の影響を受けて仏像や菩薩の秘仏化が始まり、山岳仏教と修験道が女人禁制を確立した。カミと神は共存し、中世以降は有力な神社の諏訪・八幡・伊勢・山王・白山・稲荷などの神が各地に勧請される。一方、固有名詞で呼ばれない内神・地神・荒神・産土神・オシラサマは土着性を維持する。明治維新の神仏分離以後、国家神道により多くの神々は記紀の神に同定され、高低の神階制に組み込まれた。無名のカミよりも有名な神が信仰を拡大した。しかし、カミは出産を守護する山の神や産神のように、神社の祭神とは異なって死穢や血穢の忌避が少ないまま残り続ける。神とカミは複合し、たとえば伏見稲荷は正一位で神階と神格を認可する統合神だが、狐霊や土地神、使役霊や憑物にもなる。カミの使わしめである動物の猿・鹿・鳩は、山王・春日・八幡などの神の眷属に組み込まれる。

カミは基本的にはアニミズムと呼ばれる霊的存在への信仰に根ざしている。その内容は多様であるが、㈠自然を主体として、山・海・太陽・月などの自然や雷・雲などの自然現象、植物や動物など、㈡社会集団を主体として、屋敷・村落・地域・血縁・地縁の守護に関わるもの、㈢生活の特定の側面に関わって機能分化した、疫神・産神・縁結び・田の神・狩猟神・農業神・納戸神・厠神・竈神など、㈣人間との連続性があり、死後に先祖からカミになる祖霊、生き神と呼ばれる巫女や教祖、権力者（豊臣秀吉・徳川家康など）・御霊・義民など政治性と霊力を帯びた人神などがある。柳田国男は祖霊が山に鎮まって山の神、春には農耕を守りに里に降り田の神となり、秋の収穫後に山に帰るという循環性を強調した。神霊の集結する聖地である山を基盤に発芽・生長・増殖を繰り返す自然界の生命力と、死と再生の季節の循環が原動力となって霊魂の生長と変化を促してカミの去来を円滑に進め、自然とカミと人間が微妙な境界性と連続性を保つ世界観が生成された。堀一郎は秩序を維持し統合的機能を発揮し、家や村に拘束され閉鎖性がある氏神型と、不慮の死を遂げた者や異常死者の霊、怨念の神霊化が強力な霊威を持って広域に広がり、個性的、開放的で時には分裂を導く人神型を区別した。後者の典型は平安時代の貴族社会で強力に発現した御霊で祖霊と対照的である。祟りを及ぼす怨霊で、まつり手がないので悪意に満ち、憑依で意志を伝達する恐るべき存在になる。虫送りの害虫も御霊の祟りとされる。しかし、災厄をもたらすものをまつれば柔和になり人間を守護して利益を与えて危機から逃れる。荒々しいカミは力強さの証で、慰撫してその力を大いなる恵みに転化させる。行疫神が歌舞音曲で慰撫される祇園祭、荒魂の和魂への転化による鎮め、大黒天とえびすのような荒ぶる外来神のまつり上げと福神化、近世以降の疱瘡神や貧乏神の歓待と神送りなどである。まつり上げが主体であるが、他方ではまつり棄ても生じ、まつられないかまつり方が不十分な場合、カミは祟りや破壊的行動を示す。まつり上げると守護霊・福神・祖霊となり、まつり棄てると怨霊・御霊・悪神・妖怪になる。悪神の代表は疫病神で、鎮めるために人形に災厄を仮託して神送りをする。人間がカミを創出する側面が強く、社会不安と連動して流行神が作り出される。

家の先祖もカミとされ、社会構造と密着した祖霊でもある。『日本書紀』は御霊をミタマと訓じ、天皇家の先祖代々の霊を意味した。民間の先祖はミタマと呼ばれて家でまつられ、時間の経過とともに個性を消滅させ三十三回忌の弔い上げで御先祖様に昇華し、子孫を守護する家のカミとなる。子孫の生活を見守り、時に応じて現世を訪れ子孫と交流すると信じられた。先祖と死者のすべてを含む一切の死霊を意味する言葉が祖霊である。盆に去来するホトケは仏教が死霊を管掌する以前のタマの変化である。仏教の影響でホトケは仏（覚者）と霊魂（祖霊・死霊）の双方の意味を持つ仏教と民俗を媒介する概念となり、ミタマ、カミ、ホトケが渾然一体の霊魂観が形成された。盆行事は魂祭で生霊と死霊を慰める目的があった。仏教の関与で新しい死霊のミタマを精霊と呼ぶ。かつては正月も魂祭であったが、私事として避ける傾向が生じた。正月に訪れる年神もミタマの変化で常設の神棚とは別に年神棚が設けられ、盆の精霊棚と同形式である。近世は寺檀制度で仏教が家と結び付きを強め、葬祭や仏事を管理して先祖供養や死霊追善に比重を置き、家をまつり手とする行事が一般化し、祖霊化には家永続が条件となった。位牌は儒教の祭祀で祖霊をよりつかせる神主（しんしゅ）の影響があり、霊魂を招きよせる形代が先祖の霊をまつる位牌となり、仏壇は仏教の管理下で安定する。仏壇や位牌は家のカミの祭壇に、先祖は子孫を守る家の氏神から村落の守護神になる。原田敏明はこれに対し、村氏神という地縁性を重視した。

カミ観念は生業の違いで異なる。祖霊信仰は定住稲作農耕民の世界観を基礎に生まれ、家を基盤とするが、焼畑農耕民は家を単位としない。平地民の田の神は山と里を往復するが、焼畑民のカミには去来性がない。山の神は女性であるが、焼畑民の場合、豊饒多産で生殖能力が高く出産の血穢を忌避しない。山間部では狩猟などで動物の血に馴染んでいたからであろう。平地民の祭は水田稲作の種子播きと収穫に連動するが、山地は一定せず、杣や炭焼きは十二月中旬、マタギは六月中旬である。山地民のカミが水田の守護神に変化し、外来性ゆえに大きな力を発揮した可能性は高い。非農業民は独自の守護神を持つ。木地屋の小野宮惟喬（これたか）親王、鍛冶師の天目一箇神（あめのまひとつのかみ）、鋳物師の金屋子神（かなやこがみ）、漁民の船霊（ふなだま）や漂流死体をえびすとしてまつる信仰、大工の聖徳太子など、職能に誇りを抱き独自のカミを仰ぎ優位を保つ。都市化という生業の変化が現代の新しいカミを生成しつつある。　↓氏神（うじがみ）　↓産土（うぶすな）　↓神（かみ）がかり　↓カムイ

[参考文献]　柳田国男「先祖の話」（『柳田国男全集』一三所収、一九九〇）、折口信夫『古代研究』（『折口信夫全集』一―三、一九六五・六六）、宮田登『生き神信仰―人を神に祀る習俗―』（『塙新書』三五、一九七〇）、堀一郎『民間信仰史の諸問題』（『日本宗教史研究』三、一九七一）、宮田登『神の民俗誌』（『岩波新書』黄九七、一九七九）、五来重他編『神観念と民俗』（『講座日本の民俗宗教』三、一九七九）、宮田登編『神と仏』（『日本民俗文化大系』二、一九八三）、新谷尚紀『ケガレからカミへ』、一九八七、岩田慶治『カミと神―アニミズム宇宙の旅―』（『講談社学術文庫』八六四、一九八九）、高取正男『神道の成立』（『平凡社ライブラリー』、一九九三）、佐々木宏幹『仏と霊の人類学―仏教文化の深層構造―』、一九九三、小松和彦『憑霊信仰論』（『講談社学術文庫』一一一五、一九九四）、宮家準『日本の民俗宗教』（同一一五二、一九九四）

（鈴木　正崇）

かみがかり　神がかり　トランス trance（意識の例外状態を指し、変性意識と呼ばれる。小刻みに震えたり、のたうちまわったりする場合もあれば、通常と少しも変わらないように見えたりする場合もあるなど、その状態はすこぶる幅がひろい）状態において、霊的存在が身体に憑入（ひょうにゅう）したり、付着したり、あるいは身体の外側から影響を与えたりする現象。神憑り・神懸りとも書く。この意味からすれば、神がかりは憑依と同義であるといえるが、憑依にはトランスを伴わない場合もあり、また人間以外の事物にも憑依現象は見られるから、神がかりよりも憑依の概念のほうが広い。従来、神がかりといえば、神霊が身体に憑入する現象と解されてきた観があるが、現在では、従来よりも広い概念で用いられ、そこには広狭二義の理解が見られる。通常、神がかりの現象が生起した後に神意を伝達するが、神意の伝達を欠いている単なる神がかりもある。シャーマンの神がかりには四つの型が見られる。まず、(一)神霊が身体に侵入し、人格転換を起こして神自身として振舞い、直接話法で神意を伝える場合であり、憑入型と呼ばれる。この型は、狭義の神がかりと解されている。次に、(二)身体に付着した神霊と会話を交わし、その内容を神意として間接話法で伝える場合であり、憑着（ひょうちゃく）型と呼ばれる。さらに、(三)身体の外側から神霊の影響を受けて、神霊の姿や声を目・耳にしたり、心

に浮かんだりした事柄を神意として間接話法で伝達する場合であり、憑感(ひょうかん)型と呼ばれる。憑着型と憑感型の境界は、実際にはすこぶる微妙であるため、両者を合わせて広義の憑感型とも呼ばれる。この型㈡・㈢は広義の神がかりと解されている。右の三型のうち、憑入型はファースR. Firth の分類における霊媒 medium にあたり、憑着型と憑感型は彼の予言者 prophet に相当するが、憑感型だけを示すシャーマンも存在しているので、この場合には見者 seer 型と呼ばれる。また、㈣憑着型と憑感型の中には霊的存在を目や耳にしながら、神霊を自在に操作して他者に憑入させる力能をもつ者が存在する。これは憑着型・憑感型の特殊型であるが、特に精霊統御者 master of spirits 型と呼ばれ、憑着型・憑感型と区別して扱われている。たとえば、木曾御嶽講の御座(おざ)たては、前座(まえざ)と中座(なかざ)の二人の行者が組んで執行される託宣儀礼として知られるが、この場合、前座は、広義の神がかり(精霊統御者型)において中座の身体に神霊を憑入する役割を担当し、中座は狭義の神がかり(霊媒型)において神意を伝達する役割を担当する。こうした精霊統御者型と霊媒型のコンビ型は、修験道の憑祈禱(よりぎとう)(験者(げんざ)と憑坐(よりまし)のコンビ型)や、修験道の影響を受けている儀礼で展開されていることが多い。福島県の羽山ごもり、島根県の大元神楽、岡山県の護法飛びなどはその例である。こうした憑祈禱形式の儀礼が執行される場合、霊媒型の役割を担当する人物は必ずしもシャーマンである必要はなく、むしろ霊媒的性格を具えている普通の人が担当することが多い。他方、単独で神がかりになる者の中にはシャーマン化過程の人も含まれる。これらの人は、㈠、㈡、㈢のいずれかの神がかりを経験するのが常であるが、これは意図的な神がかりではなく、しかも当該社会で神がかりと認定されないことが少なくないという特徴が見られる。 ↓託宣(たくせん)

参考文献　佐々木雅司「我国における巫者(shaman)の研究」(『精神神経学雑誌』六九ノ五、一九六七)、萩原秀三郎『神がかり』(『民俗写真集フォークロアの目』一、一九七七)、佐々木宏幹『シャーマニズムの人類学』、一九八四、宮家準編『山の祭りと芸能』下、一九八四、宮家準『修験道思想の研究』、一九八五、牛尾三千夫『神楽と神がかり』(『牛尾三千夫著作集』一、一九八五)、佐々木宏幹『聖と呪力の人類学』(『講談社学術文庫』一二五一、一九九六)

(佐藤　憲昭)

かみだな　神棚　住居内において、神札を納める施設。伊勢の御師(おし)が配布した大麻を置いた棚が起源とされる。当初は、大麻と一緒に更新することによって住居内の穢れなどを排出し、清浄な空間を作る機能が期待されていた。やがてそこに神の存在が意識されるに及び、宮殿型の祠を備えた神棚が登場した。そして神をまつる象徴的な施設となり、氏神や有名神社の神札も納められるに至った。なお神棚の建築上の痕跡は残存することが少なく、現在確認されている年代の確実な最古の神棚は、京都府下の旧家で見つかった十八世紀中ごろのものである。しかし、民俗儀礼からみると、天井から吊した棚に古い形態を認めることができる。その一例として、兵庫県淡路島の南部に残っている厄年棚があるが、厄年棚には穢れの排出という神棚の古い機能もみることができる。近畿地方などの頭屋儀礼において作られる、氏神を屋内に迎えてまつる臨時の棚も古い姿を伝えるものである。神棚を設置する部屋は座敷が多いが、居間とする事例もかなりみられる。床の間に祠を置いて神をまつる形態は新しい段階に属する。土間でまつる荒神や、居間でまつることが多いえびす・大黒などは、生活に密着した身近な神々である。これらをまつる神棚は縁起棚とも呼ばれ、伊勢の大麻や氏神の神札をまつる神棚とは別に設けられる。

神棚　厄年棚　兵庫県津名郡五色町（洲本市）

参考文献　大河直躬『住まいの人類学―日本庶民住居再考―』(「イメージ・リーディング叢書」、一九八六)、森隆男『住居空間の祭祀と儀礼』、一九九六　（森　隆男）

かみわざ　**神態**　神に関すること、神のすることを敬していう。神事・神業とも表記し、かむわざ・かんわざとも訓む。『日本書紀』神代天孫降臨章の一書に「天児屋命（あめのこやねのみこと）は神事の宗源を司る者なり、故れ太占の卜事を以て仕へ奉らしむ」(原漢文)とみえ、また『延喜式』中宮職には「凡そ六月・十二月の神今食（かむいまけ）、十一月の新嘗祭の神態畢りて、後日平旦に、神祇官、御殿を祭れ」(原漢文)とあり、『古語拾遺』にも「神代よりはじめて、中臣・斎部の神事に供奉すること」(原漢文)とあり、もと神祭の意味。『万葉集』九に「吾妻に他も言問へ此の山をうしはく神の昔よりいさめぬ行事（わざ）ぞ」(原万葉仮名)とあり、また『日本書紀』神代下に「今より以後は、吾、汝の俳優（わざをき）の民と為らむ」(原漢文)とあるように、古くワザとは、神事など深い意味や重大な意図をもった行事や身振りの行為をいう。後代にその意味の拡散もあって特にカミワザという表現で、神事そのものをはじめ神事芸能や神事相撲など神徳や神意にかかわる祭事をも広く指すようになった。おおよそ神祭を神迎え・神遊び・神送りの三部構成とすれば、神遊びはほぼ神態に等しい。神職が奉仕する神事から神楽や神事能ばかりでなく、競べ馬・流鏑馬・相撲・玉せせり・綱引きなど神占いの競技や神輿洗い・神輿渡御など祭礼行事の多くも広く神態とみなされる。神威を帯びた神聖な所作や行事の総称である。

参考文献　柳田国男「日本の祭」(『柳田国男全集』一三所収、一九九〇)　（薗田　稔）

カミンチュ　**神人**　沖縄本島を中心に村落祭祀を担当する神役の総称。女性神人は男性神人に比し儀礼上の地位は高く最高は祝女（ヌル）(ノロ)であるが、神人の種類と名称はさまざまである。ユタ(民間呪術者)とは区別されるが、時にはこれを含めることもある。祝女ら神人は琉球王国の編成が進む過程で、旧来の民俗宗教が再編成された祝女制度のもとで公的地位が与えられたと考えられる。祝女は神の霊威を生まれながら持つ(サーダカウマリ)とされ、また村落の草分け宗家との出自関係がある。祝女の配下には根神（ニーガン）のほか多くの女性神人がおり、祭祀上の役割を分担している。根神と対をなすのは男性神役根人（ニッチュ）で、オナリ神信仰にもとづき姉妹と兄弟の関係にある。一方久高島のように三十歳から七十歳までの女性すべてが神人となり、年齢により三段階にわかれ村落祭祀を担う地域もある。宮古・八重山でこの祝女以下の神人たちに対応するのはツカサ、サス(女性)、カンマンガー(男性)である。八重山の女性神役も沖縄本島のように特定の出自関係で選ばれるが、宮古では一定の年齢以上の女性の中から神籤(チンベー)で選ばれる。神かがり専門の神役もいる。また儀礼に際し久米島の君南風、久高島のナンチュ、宮古北部のウャガンなどのように聖なる木の枝や葉の冠をつけるのが見られる。祝女制度が廃止されて久しく、生業や社会生活の著しい変化は神人の地位の相対的低下、継承の困難をもたらしている。→祝女(ヌル)

（植松　明石）

参考文献　鳥越憲三郎『琉球宗教史の研究』、一九六五、東京都立大学南西諸島研究委員会編『沖縄の社会と宗教』、一九六五、宮城栄昌『沖縄のノロの研究』、一九七九

カムイ　カムイ　アイヌ語で神を指す言葉。神とは人間が素手ではわたり合えず、真似することもできない、人間をはるかに上まわる特別な能力(霊力)を持つもので、その総称である。具体的には多くの陸海獣・鳥類・魚類・昆虫類・爬虫類・両生類・有毒植物・希少植物・巨木・山川渓谷などの地理的要素、自然現象、死者や廃棄された器物を含む浮遊霊などがそれにあたる。私たち人間も十人十色といわれるように、個々人の能力や性格に違いがあるが、それは、個々人のもつ霊力の差異に由来し、加えてその個人の守護霊(すなわちカムイ)の助力の度合もある。こうした人間の霊力の違いは神も同様であって、たとえば同じ樹木であっても、年数や環境によっては生育に大きな差があり、まして種が異なれば当然のこととなる。一般的に神の存在(任務)は人間をはじめとする弱者をいたわり、強者である神同志の意志を共通化して安定した平和を持続することにある。その一方で神は任務の執行が正当であるという可否、あるいは絶対的な支持や声援を弱者から受ける必要があり、時には調整や大幅な軌道修正をも迫られる。その提言は弱者の代表である人間が神祭という儀式を通じて行うことになる。神祭の内容は、広く神への感謝と祈願が中心となるが、事情によっては抗議もし、神としてまつることを止め、他の神々に訴えて地位や名誉を剝奪し適切な処置を乞い、蘇生を認めないこともある。神にとって人間は弱者で容易な存在であるが、誠実な人間が真剣に想いをもって訴える言葉(言霊)には、どの神の行動をも阻止させたうえに、いやおうなく従わせる力量をもっている。神と人間の関係は対であるだけでなく、協力しあい支えあうことで安定した世界を維持できるものとしており、「神が神として居られるのは人が居るからであり、人が人として居られるのは神が居るからである」というアイヌ語の格言に象徴されている。しかし、双方は奢りやなまけ・欲望に満ち、いじめやからかい、不幸に陥れようとする悪い心も持ちあわせていて、相互に戒めのために報いや罰を与えあうことが必要となる。それだけに人間は、日頃から神の偉大な能力を認めて敬い、真摯な態度と深い尊敬の念を抱き、可能な限り何ごとにも誠意をもって対応するように努力しなければならない。人間は神と違って持続力に欠け、ついつい気を抜き堕落しがちであることから、アイヌの人々はなまけ心を最も嫌う。だからといって一時の休みもなく気を張りつめているわけではなく、またそういうことも不可能であるから、神と対応しなければならない大小の儀礼の時だけは意識を集中させることになる。しかし、人間は急変な切り換えができないことから、日常の生活態度や礼儀作法は細部にわたって実に厳しく、叱りつける言葉、罵倒する単語は予想以上の数量で伝承されている。さらには、神に対する人間の言動に問題があれば大衆に訴えて、それ相応の償いまでもさせるが、このような徹底した行為

の原点には、不幸や不運はみずからに起因するものとする思想があるからである。

参考文献　藤村久和『アイヌ、神々と生きる人々』（「小学館ライブラリー」、一九九五）　（藤村　久和）

かめのこうばか　**亀甲墓**　かめこうばかともいう。沖縄で造られる、外形が亀甲状になっている墓。一般にカーミナクーバカと称する。型式には二通りあって、一つは丘を掘り込んで築造する様式で、他は丘を削りとって石を巻いて天井を作り土砂をかぶせて造る様式である。前者は伝統的な掘り込み墓の技術を踏襲し、後者は城門や石橋のアーチの技法を

沖縄県具志川村（久米島町）久米島の亀甲墓（提供萩尾俊章）

採り入れたものである。沖縄の亀甲墓は中国華南の墓式の影響を受けたもので、もっとも古いものは那覇市首里石嶺町にある伊江御殿家の墓（一六八七年（康熙二十六）築造）で、それより少し時代が下ったものに首里末吉町にある羽地朝秀の墓がある。また、久米島の上江洲家の先祖墓の一つである「木のさく原墓」も亀甲墓で、一七〇一年か一七〇五年のいずれかの年に築造されたものであるという。その他に、中城村久場の護佐丸の墓や、首里石嶺町にある読谷山御殿家の墓などもかなり古い時代のものである。亀甲墓は破風墓より後代に現われており、構造上も類似した点が多い。琉球王国時代は破風墓とともに庶民の築造を禁じたので、一般に広く流行したのは明治中期から大正・昭和初期にかけてである。亀甲墓は俗に母胎をかたどったものであるといい、人は死ぬと再びもとのところへ戻るという帰元思想のあらわれといわれている。その各部の名称にしても、人体の各部の名称を採用しているものが少なくない。亀甲墓の分布は南は与那国島から北は伊平屋島まで広く分布している。鹿児島県奄美諸島の与論島以北には亀甲墓は見られない。同型式の墓は台湾や華南系華僑の住んでいるタイ、ベトナム方面まで延びている。

参考文献　名嘉真宜勝他『沖縄・奄美の葬送墓制』、一九七九　（名嘉真宜勝）

かめん　**仮面**　人間や動物の顔面をまねた造形物。多くの場合、人間が顔面に着けてこれを被い隠し、他の特定の人格あるいは霊的、神的存在を表現するために使う。仮面の種類には、きわめて多様なものがあるが、民俗的な使われ方に注目して分類してみると、大きく次の四つの類型に分けることが可能であろう。一つは、来訪神の仮面である。沖縄のアカマタ・クロマタやアンガマ、吐噶喇（とから）列島の悪石島に伝わるボゼ、あるいは甑島のトシドン、秋田男鹿地方のナマハゲなどがあげられる。その形

霜月神楽の面　長野県遠山

朝伊名面　鹿児島県与論町

弥五郎ドン　鹿児島県
曾於市大隅町岩川八幡

甑島のトシドン　鹿児島
県下甑村(薩摩川内市)

仮　面

状は、頭全体をすっぽりと被う、いわゆる大面形式のものと、顔面のみを被う小面形式のものとがある。特に、大面があるのはこの類型の仮面の特色といえよう。材質は、多くが木製であるが、ボゼなどのように、竹籠に紙を張って作ったものもある。この仮面行事は、日本列島全体に点々と分布し、遠く、東南アジアの仮面行事と共通する要素が多く、注目される。追儺の行事に現われる鬼の仮面も、この亜形とみなすことができる。大分県国東地方の修正鬼会の鬼の仮面などがこの代表的な例である。二つ目は、民俗芸能における仮面で、代表的なものには、神楽面がある。現存する神楽面のほとんどが戦国時代以後のもので、その多くが能面を転用したものである。しかし、中には古形の能面もあり、伎楽や舞楽、追儺の仮面の影響もうかがわれる。南九州の日向神楽、山陰・中国地方の出雲神楽、あるいは三信遠地方の雪祭や花祭、東北地方山形県の黒川能の仮面などが代表的な例である。岩手県毛越寺の延年や秋田県大日堂の舞楽、石川・福井地方に伝わる延年や能、京都壬生寺の壬生狂言などは、能楽成立以前の仮面芸能として注目される。奄美や沖縄の豊年祭の芸能では能面の影響をほとんどうけない地方的な容貌の紙製の仮面が使われる。これは、これらの芸能が屋外で演じられるとともに、朝鮮半島の仮面芸能に通じることを推測させる特色である。仮面の第三の類型としては、祭礼行事に用いられる仮面がある。これには、大きく二つの類型を設定することができる。その一つは、祭礼行事の際、神幸行列の先導役として出現する仮面で、しばしばサルタヒコとよばれる。概して大ぶりなものが多く、南九州各地の大王殿とか弥五郎殿のように、竿や鉾などの先に掲げて行くものと、福井県若狭地方にみられる王の舞のように、人間が頭や胸に着けて行くものがある。これは伎楽の治道の影響ともいわれるが、さらに検討を要する問題である。第四の類型は、神社の入り口の柱などに掲げられているもの、東北地方の民家で竈の上に掲げられている竈神、あるいは、さまざまな祈願のために阿吽一対の仮面を奉納する奉納面など、人が顔に着けて変相するためのものではない、いわば動きを伴わない仮面である。日本における民俗仮面の研究はまだ緒についたばかりであり、全国的な資料の集積が必要である。

[参考文献] 野間清六『日本仮面史』、一九四三、ジャン＝ルイ＝ベドゥアン『仮面の民俗学』(斎藤正二訳、「文庫クセジュ」、一九六三)、山内登貴夫『民俗の仮面』、一九六七、向山勝貞「南九州における仮面の研究―その諸類型について―」(和歌森太郎先生還暦記念論文集編集委員会編『古代・中世の社会と民俗文化』所収、一九七六)、後藤淑『中世仮面の歴史的・民俗学的研究―能楽史に関連して―』、一九八七、同『仮面』(「双書フォークロアの視点」五、一九八八)、向山勝貞「仮面と神々」(大林太良編『海と列島文化』五所収、一九九〇)、同「田の神面の系譜」(隼人文化研究会編『隼人族の生活と文化』所収、一九九三)
(向山　勝貞)

かもん　家紋　家名または苗字の標示として用いる図象。家の格式を尊重してきた日本社会では、家系や苗字の象徴として用いられてきた。特に近世の武家社会ではこれが重んぜられ、各家の道具類や衣服など対社会的な一切のものに用いられ、その数は数千にも及ぶ。庶民の間でも、祖先の位牌、墓碑・提燈、一閑張の燈函、紋付と呼ばれる礼服などに用いられている。家の紋章の起りは、十一世紀前半に公家の車や輿に用いられたのがはじまりとされており、その後戦国時代ころまでは武士の合戦における旗紋として発達し、近世になって家格の象徴となった。庶民の間では、まず名主・庄屋や苗字帯刀御免の家から用いられ始め、江戸時代中期には苗字のない家でも家紋は持つようになり、次第に祭礼や祖先祭祀などの場面に組み入れられていった。また、✳(ガゼジルシ)や⊠

（ツヅミ）など、占有標である家印をその起源とする家紋も少なくないと考えられる。このように家紋は、家意識の一つの表現形態であるが、民俗学においてはあまり取りあげられてこなかった。神奈川県北部の山間では、家紋を表紋と称するのに対して家印を裏紋と称するように、家紋が公的な場に用いられることが多く、時や場によって家印や女紋と機能的に使い分けることが行われている。そして現代、家制度の崩壊とともに家系と家紋の関係もくずれていき、礼服などには必ずしも家紋ではなく装飾を目的とする優美な紋章が用いられるようになってきている。

↓家印（いえじるし）

参考文献　柳田国男「北小浦民俗誌」（『柳田国男全集』二七所収、一九九〇）、倉田一郎『経済と民間伝承』、一九四八、荻野三七彦「紋章」（大藤時彦・大場磐雄・西岡虎之助他編『郷土研究講座』三所収、一九五八）

（宇田　哲雄）

かゆうら　粥占（かゆうら）　小正月に粥を用いてその年の農作物の豊凶・天候などを占う年占（としうら）の一種。粥の中にその年の月の数だけ細い竹管・葦管などを入れ、中に入った粥や小豆の分量で占ったり、粥棒と呼ばれる柳やヌルデの棒に割り目を付け、粥の中に入れ付着する量の多少で判断する。『日本霊異記』に「依₂世俗法₁、問₂飯占₁」とあるのは粥占と同様の占いと考えられる。この行事の多くは、地方や地域の中心となる神社で神事として、正月十四日夜から十五日早朝にかけて行われ、その結果を参拝する氏子に知らせる方式となっている。東日本では、村落共同または一族の本家筋でその年の豊凶を占ったものと推測される。埼玉県秩父地方など各家で行なっているところもあるが、家々の結合が緩んで占う結果が多様化し、自然にその行事価値が衰退したと思われる。一方、西日本では、個人として行うのではなく、氏神で作凶占を行う例が多い。粥占は管粥祭・筒粥神事などの名で呼ばれており、主なものとして群馬県富岡市貫前神社、埼玉県児玉郡金鑚神社、千葉県館山市安房神社、愛知県豊川市砥鹿神社、長野県諏訪市諏訪神社（下社）、大阪府東大阪市枚岡神社、兵庫県淡路市伊弉諾神社、奈良県天理市大和神社（旧暦）、和歌山市伊太祁曾神社（旧暦）、島根県出雲市出雲大社などが著名である。また、枚岡神社では、粥占に伴ってその燠（おき）（カシの木）をその年の月の数だけ取り出し、その燃え方、焦げ方によって一年各月の晴雨が占われた。滋賀県東近江市高木町の白鳥神社の管焚きでは、稲、麦、大豆、茶、大根、イモ、タマネギ、マツタケの豊凶と降雨の多少を占い、同市種町の白鳥神社の御管神事では早稲・中稲・晩稲・大麦・小麦・イモ・大豆の豊凶が竹管に入った小豆粥の量によって判定され、神社から村人へ知らされる。

↓年占（としうら）

参考文献　柳田国男「新たなる太陽」（『柳田国男全集』一六所収、一九九〇）

（明珍　健二）

からす　烏　スズメ目カラス科カラス属の全身黒色の羽毛の鳥。日本に生息している烏にはハシボソガラスとハシブトガラスとがある。ハシボソガラスは日本列島では九州以北、北海道までの広い範囲で市街化のあまり進んでいない農耕地や山地、漁村などに生息している。ハシブトガラスは鹿児島県種子島・屋久島以北から北海道までの広い範囲で主として大都市など市街地にも適応して公園や住宅地の高木などで繁殖している。ハシボソガラスは全長約五〇チセンでその名のとおり細いくちばしで小さな動物類を餌としているため都市化が進み環境が変わると繁殖できなくなり、その生息範囲がせばめられている。ハシブトガラスは全長約六〇チセンで太いくちばしをもち、市街地のゴミ捨て場などをあさって餌をとることができ、現在日本の各地で繁殖しているのはこのハシブトガラスである。このほかにミヤマガラスとコクマルガラスが冬鳥として九州に飛来し、ミヤマガラスは渡り鳥などと呼ばれている。烏は全身黒色の羽毛であまり人を恐れず餌をむさぼり大きな鳴き声で鳴くところから、不気味な鳥としてまた同時に神秘的な鳥として考えられてきた。記紀神話では天照大神の使者として神武天皇を先導した八咫烏の伝承がよく知られており、中世の説話集『宇治拾遺物語』には陰陽師安部晴明が飛来して糞をしかけた烏を式神(陰陽師が使役する神で呪詛に使われることが多い)と見破った話、絵巻物『福富草紙』には烏が神の使いのミサキと考えられていたことなどが記されている。神の使いと考えられていることをよく示すのは御烏喰神事とか烏喰神事と呼ばれる神事や烏勧請と呼ばれる正月行事である。御烏喰神事は烏に供物を食べさせる神事でそれにより神意を知ろうとするものである。安芸の厳島神社、近江の多賀大社、尾張の熱田神宮などの例が有名であるが、西日本各地の村落の氏神の祭でも行われている例がある。烏勧請は正月の山入りや鍬初めの行事の中で行われるもので東北地方から関東地方など東日本の各地に多く伝えられていた。山入りでは山の神の使いの烏に餅などを投げ与えたりして一年の無事を祈り、鍬初めでは田の中に早稲・中稲・晩稲と三つの供物をおいて烏を呼び先にどれを啄むかによってその年の当たり作を占った。これを烏占いともいった。烏との関係が深いのは紀伊の熊野神社で、中世以来、起請文の料紙に烏を多数刷り込んだ熊野神社の牛玉宝印が多く用いられた。現在でも熊野那智大社では正月に若水を汲んで牛玉宝印を刷っている。各地の神社や寺堂で祈禱して刷られた牛玉宝印をうけてきて農家で田の水口に立てて鳥害除けや豊作祈願としている例はいまも多い。また、烏鳴きが悪いと人が死ぬといって不吉な前兆とみたり、口の両端がただれるのをカラスノクチマネなどといって、烏が不思議な力をもつとする観念は根強く伝えられている。真黒な鳥で餌づけされない賢い鳥の習性から、神の使いであると同時に不吉な死の鳥でもあると両義的に認識されてきている。一方、日常生活の中では、「カラスが鳴いたら帰ろう」などといって、子供たちの夕方の帰宅の合図とされている例もあり、親しまれている鳥でもある。

参考文献　南方熊楠「牛王の名義と烏の俗信」(平凡社「南方熊楠全集」二所収、一九七一)、大林太良『稲作の神話』、一九七三、新谷尚紀「人と鳥のフォークロア―民俗世界の時間と構造―」(『ケガレからカミへ』所収、一九八七)

(新谷　尚紀)

からすかんじょう　烏勧請　正月行事や事八日、収穫儀礼などで烏に餅や団子などを食べさせる行事。烏呼びともいい、家ごとの年中行事として行われているものと、神社の神事として行われているものがある。後者は御烏喰神事とか烏喰神事などといわれ、広島県厳島神社や滋賀県多賀大社、愛知県熱田神宮など西日本各地の神社に伝えられていた。前者の家ごとの年中行事として行われているものは、東北から九州まで全国各地に伝えられていた。岩手県岩手郡西根町(八幡平市)では第二次世界大戦中まで旧暦で一月十六日の朝早くポッポの鳥に餅をやるという行事があった。前日の十五日の晩に七つの丸餅を作り、翌朝早く一家の主人が藁で作った年縄にその丸餅を挾みそれを持って近くの山へ行き、木に吊してくる。その時集まって来る鳥に「ポッポ、ポッポ」といいながら餅を小さくちぎって投げてやると烏がそれを食う。万が一、烏がこれを食べないと不吉なしるしといった。餅の残りを少し持って帰って焼いて食べたが、これは男だけが食べ女は食べてはいけないものとされていた。全国各地の事例を整理してみると次のような傾向を指摘できる。第一のタイプ、正月の山入りの際に行われるもので、供物は餅、呼び方はロウロウ、シナイシナイ、ポウポウなど奇声を発するもの、与え方は投げ与える、行事の理由としては厄病除けや災難除け、吉凶判断で、分布は東北地方北部。第二のタイプ、正月の鍬入れの際に行われるもので、供物は餅や米、呼び方はオミサキオミサキ、カラスカラスなど連呼するもの、田んぼに早稲・中稲・晩稲と餅や米を三ヵ所並べて置いて鳥がどれを先に啄むかによって作占いをする、分布は北関東に濃密。第三のタイプ、春と秋の事八日の行事の中で行われているもので吊しておいたり置いておいたりして鳥に食わせ、それによって厄払いとか疫病神送りとする、東北の一部と中国・四国の一部とに限られた特徴的な分布がみられる。第四のタイプ、秋の収穫儀礼の中でみられるもので、供物は餅・団子・イモなど、鳥の害を除けるためとか、田の神への供物だなどといっている。このタイプは九州にみられる。このような伝承も第二次世界大戦中の食糧難を期に廃れていったものが多い。なぜ鳥に餅などを食べさせるのかについては、いくつかの解釈がある。一つは、鳥が稲穂をもたらしたとする穂落神話に対応するもので鳥にその功績に報いるために初穂を食うことを慣行として許したもので、それがのちに収穫儀礼や予祝儀礼として定着したという解釈である。もう一つは、山の神や田の神など神への供物を捧げる行事であり神の使いとしての鳥に食べさせることが目的となっているという解釈である。さらにもう一つは、事八日の厄払いのように鳥に餅や団子を食べさせることによって人々の穢れを祓うのがこの行事の基本であるという解釈である。

参考文献　柳田国男「烏勧請の事」(『柳田国男全集』二四所収、一九九〇)、出口米吉「烏崇拝の遺習」(『東京人類学雑誌』二二ノ二五七、一九〇七)、大林太良『稲作の神話』、一九七三、新谷尚紀『ケガレからカミへ』、一九八七

（新谷　尚紀）

かれい　家例　ある特定の家や一族が、その家・一族や同族に特有なものとして伝承してきた行事や禁忌。土地によってカレイ、カルイ、エンギといった語で示され、「うちはそういうカルイなんだ」などといわれる。たとえば新潟県佐渡の海府地方では、大歳に家族が寝ている時、主人が礼服を着てえびすに金を供え、臼に注連をはって箕・杵・供物をのせ、唱え言をする。その作法をカレイといい、さいたま市では、子供の帯解きを二度行うというカルイを持つ家がある。このように家の特色ある行事や、正月や盆の供物の如何や供え方などの作法もカレイと呼ばれている。なお、先祖が暮れに落ちのびてきて、餅をつけなかったなどという伝説とともに伝承されてきた、正月に餅を搗かない、食べないといった餅無し正月をはじめとする食物禁忌やキュウリを作ってはいけないといった作物禁忌などもカレイと呼ばれる。分家が本家の家例を継承することも多い。このような家例の民俗は、地域的に見ると関東地方のように多く存在するところとそうでないところがある。家例は、もともとまつる神が異なり、家の行事についても他と違えたいという意識から特色づけられていたものが、行事が統一されるに従って逆にその家の特色を保つために旧慣が保存されたのだという。また、社会が変化する中で村人に家柄を誇ったり家格を重んずる意識が強く浸透していくことに伴って、これが家の格式を示すものとして強調され、特有なものや他と区別するための禁忌という形態のものが現われたと考えられる。　↓作物禁忌　↓食物禁忌　↓餅無し正月

参考文献　柳田国男「先祖の話」(『柳田国男全集』一三所収、一九九〇)、折口信夫「年中行事―民間行事伝承の研究―」(『折口信夫全集』一五所収、一九六七)、宇田哲雄「家格と家例―埼玉県浦和市大字北原の家例―」(『日本民俗学』一七六、一九八八)、同「家例としての禁忌習俗の発生」

（同一九九、一九九二）

（宇田　哲雄）

かわびたり　川浸り　十二月一日の行事。カワビタリノツイタチといって餅をついて特別の行事をする所が多い。カワッペイリノツイタチとかカワッペイリ、カピタレなどと呼ぶ地域もある。福島県下ではこの日にカワイリモチとかカピタリモチと呼ぶ小豆餅を搗いて食べる。川にあやまって落ちたときは「小豆餅食った」というと助かるともいわれ、子どもの水難除けと考えられており、カピタリモチは水神に供えるのだという。栃木県下でもこの日餅を水神に供えるといって、川に供える。茨城県ひたちなか市上高場ではカワッペリモチといわれ、これを川に投げ入れる。川の中から餅を拾い上げて食べると風邪をひかないとも伝えられている。同じひたちなか市では川入りといっているところもあり、カエルにあげるのだといわれている。これらの行事で共通しているのは、川へ餅を投げ込むことで、水神に供える行事であるという点である。水神の祭は夏と十二月一日の年に二回ある。夏の水神祭は除疫したり水害がおこらないようにという願いがあり、それに対し、十二月一日の水神祭は田仕事がすべて終了した後に行われることから、田の神と水神の性質の類似が指摘されている。たとえば、ひたちなか市で一年中田圃にいて虫を食べ、虫害から稲を守ってくれているカエルにあげるために餅を川に流すのだといわれていることなどは、この行事と田の神信仰の関連がうかがえる。

参考文献　宮田登・萩原秀三郎『催事百話―ムラとイエの年中行事―』、一九八〇、『岩瀬村史』民俗編、一九九五

（菊池　健策）

かわりょう　川漁　河川湖沼など内水面での漁業の総称。鮭・マス類、ワカサギ、アユ、コイ、フナ、鰻、ドジョウ、シジミなどを捕獲するが、関東以北では鮭漁、関東以西ではアユ漁が特に盛んである。中国などの川漁がコイ系の魚種を中心とし周年漁獲が可能なのに対して、日本では遡上魚に高い価値が付けられており、こうした漁では魚の生態に左右されて漁期に季節的な制限が生ずる。海面での漁業に比較して一般に小規模であり、漁民の数も少なく、漁村を形成することはまずない。農山村の集落内に他の生業に従う人々と混住することが多い。遡上魚を専門的に獲る人びとには広範囲な移動を季節的に行うことが前近代にはしばしば見られた。この場合、移動先の定着民から漂泊者のような目で見られることもおこった。また、漁師は殺生をする職業として忌避されたことも多く、一般に川漁師は農民とは異なる職種の民として区別されていた。さらに、川漁師内部でも、アユ漁地帯などでは、アユ漁師を本漁師とし、その他の小河川・湖沼の漁業に携わる人びとを雑魚漁師として一段低いものと見る傾向が強かった。こうした価値観は同一水域内で見られるので、地域差とか川の大小や流域の違いとは関わりがない。また、漁獲物の商品価値とも連動しないことは、アユ漁師と鰻漁師との間にきびしい上下観があることからも推測される。川の漁法は多岐にわたっている。遊漁者はおおむね釣りであり、職漁師には網漁が多いが、ほかに多くの伝統漁法が各地に残されている。(一)手でつかみ捕りしたり簡単な道具で挟みとる原初的な漁法も行われている。これには川の石や金槌などでたたいてショック状態にして捕えるものや、寒中に体を近づけてコイを捕える鯉抱（こいだき）など特殊な技術を伴うものもある。特定の時期に流れをせきとめる瀬干しや掻（か）い掘りなども簡単なつかみ取りであり、現在禁止されているタデの葉、サンショウ、クルミの皮の汁、石灰などを川に流す毒流しなども最後はつかみ取りである。(二)釣針などで引っかけたり、魚杈（ひし）などの刺突具で突きさす漁の類は陸の狩猟の延長と考えられる。釣りは現在でももっとも一般的な漁法で、遊漁者には釣りのみしか許可されてい

ない川が多い。ただ、一本釣りは生業にするには効率が悪く、延縄(はえなわ)のように一度に多くの針を使うことも工夫されている。おとりアユを使った友釣りは釣りの変形である。㈢網ですくったりからめる漁法は「一網打尽」という言葉があるように多くの魚介類をとることができる。四手網や投網(とあみ)などは職漁師の主流をなす漁法である。㈣落とし穴的な陥穽(かんせい)漁具を使う漁法も多い。普遍的なものは筌(うけ)漁で、筌は全国的に分布し、ウエ、オケ、ドウ、モジリ、モンドリなどさまざまの呼名がある。大河川のアユ漁に使われる簗や、湖沼の魞(えり)などもここに含まれる。㈤動物に魚を捕らせる漁は日本では鵜飼いしか見られない。これより派生したものに、鵜が魚を網に追い込む漁や、実物の鵜ではなく鵜の羽根を用いて魚を脅す鵜縄漁などがある。かつては川いっぱいに鮭やアユが遡上する姿が全国で見られ、内陸部では魚といえば川魚という状態が続いていたが、ダム建設や河川の改修による川相の変化によって魚が減り、専業漁民は急激に減少している。現在では河川で漁をする人の多くは兼業者か遊漁者であり、旧来の漁業権保有者も遊魚券の販売によって放流魚を買う資金を得ている情況である。 ↓鵜飼い(うかい)

参考文献 最上孝敬『原始漁法の民俗』(「民俗民芸双書」、一九六七)、伊東久之「河沼の漁撈」(『講座日本の民俗学』五所収、一九九七)

(伊東 久之)

かんがい 灌漑 農作物の生育に必要な水を人為的に供給することであり、水源から農地まで水をひく一連の過程をふくむ。この過程には、水利権や水の価格などをめぐる社会経済的側面、水路や施設構造に伴う技術的側面、水の信仰や儀礼などの民俗的側面など多面的な要素がひそんでいる。灌漑水利慣行は日本の農村社会の組織構成や人びとの価値観にまで深く影響を与えていると玉城哲は主張し、これを水社会と表現した。水社会とは自然の賦存条件以上に水を必要とする農地(水田)を過剰に開発してしまった水不足社会である。水不足ゆえに「水の一滴は血の一滴」とまでいわれる水争い(水論)を各地で惹起させ、その過程で、取水・分水・配水をめぐるきわめて複雑な水利慣行による秩序化がはかられてきた。分水や配水の秩序化は、時間によるものと施設によるものとがみられた。時間によるものの代表が番水であり、一定の時間と順序によって秩序正しく引水する方法である。時間標準としては、昼や夜を単位にすることが多いが、中には、線香の燃えつきる時間を単位とする方法(線香番)なども知られている。施設的分水としては、取水口の水路の幅や深さなどにより子細に慣習化されていた。水利慣行秩序は、各時代の土地所有制度や政治支配制度そのものと密接にかかわってきたが、日本の水社会は、近世的な水利秩序に起源をもっている。中世末から次第に成長してきた村落(惣)やその連合組織を基盤とした水利組織は、明治維新以降でも、慣行水利権を行使する母胎として法的にも認められていた。水利組織の基本的性格は、水の利用者と水路の補修などの管理者とが、社会的に一致していた自主管理組織であった点にある。また宮座や祭など、神観念と強く結びついていた水利組織も多い。灌漑に伴う技術としては、河川水・溜池・地下水など、水源の違いによりさまざまな工夫がなされてきた。河川の取水口の堰には一文字堰・箕の手堰・袋堰などがあり、川底から取水する底樋や伏樋もある。地下水や河川水・湖水の揚水技術も各種みられるが、平安時代に中国から伝播したといわれる水車(踏車)や、竜骨車・竜尾車・はねつるべなど、人力による揚水具は、最近まで利用されていた。灌漑に伴う儀式や民俗行事も、水口祭・雨乞いなどがみられるが、雨乞いの内容を子細にみると、雨をもたらす神を喜ばせたり、怒らせたりするための論理が埋め込まれていて興味深い。旱魃がひどい時には、子供たちが土瓶で稲の一株ごとに水をかけて歩く土瓶灌漑なども第二次世界大戦後までなされていた。水不足や水争いを経験してきた人びとにとっては、ダムの建設や逆水灌漑(重力に反して揚水する灌漑)などにより水不足が緩和されることは、積年の願いでもあった。一九六〇年代以降の構造改善事業により、水資源開発がすすみ、水利用秩序は大規模化、専門化し、旱魃被害も減った。村落社会のような地域集団の果たす役割は次第に減少し、土地改良区などがそれにかわってきた。と同時に、水の商品化がすすみ、灌漑用水の需要を押し上げ、それが排水の増大や河川や湖沼などの水域の富栄養化問題(水質汚濁)を惹起し始めた。　→水利慣行(すいりかんこう)

参考文献　宝月圭吾『中世灌漑史の研究』(『畝傍史学叢書』、一九四三)、喜多村俊夫『日本灌漑水利慣行の史的研究』総論編、一九五〇、萩原竜夫「水利と宮座」(『神々と村落』所収、一九七八)、高谷重夫『雨乞習俗の研究』、一九八二、玉城哲『水社会の構造』、一九八三
(嘉田由紀子)

かんけいむかしばなし　完形昔話　柳田国男が日本の昔話の分類のために用いた用語。派生昔話と対をなすものとして設定されている。アールネ以来本格昔話と称されているものにほぼ対応するが、神話的な英雄の一代記の面影を残した完形昔話が発生の順序として先にあったという仮説を立て、そこからの派生という形で昔話の歴史的な変遷をたどろうとした点において、分類上の意義は異なっている。一九三五年(昭和十)から一九三六年にかけて、柳田は『昔話研究』誌上において、昔話の分類はその発生の順序によるべきであるとの視点からこの概念の規定を行い、一九四八年刊行の『日本昔話名彙』で、完形昔話と派生昔話の二分類案にもとづく類型の記述を行なった。柳田が想定した完形昔話において、主人公は「例外もなく非凡の人物であり、神の恩寵が特に厚く、もしくは福運のまわり合せが極端に好くて、普通ではとうてい望めない財宝を獲得し、または身の毛立つような危難をうまく遁れる」。そして、「その人間一生の大事業が完成して、もはやなんら語るべきものを残さぬところまで到達して、話はめでたしめでたしをもって」終る。柳田は、このような完形昔話を神話の英雄始祖伝承の名残と考え、また、この本来の形から一つの話の種(趣向)を分離独立させたものが派生昔話になると想定した。柳田が完形昔話の項目として挙げているのは、「誕生と奇瑞」「不思議な成長」「幸福なる婚姻」「まま子話」「兄弟の優劣」「財宝発見」「厄難克服(かくなんこくふく)」「動物の援助」「言葉の力」「知恵のはたらき」である。　→本格昔話(ほん)

参考文献　柳田国男「口承文芸史考」(『柳田国男全集』八所収、一九九〇)
(川森　博司)

かんじき　樏　雪中や凍った雪道、田や湿地に埋れないために、藁沓・ゴム長靴の下へ付けてはく、木枝や竹を輪やすだれ編みにした履物。鉄板を丁字や十字、一文字に打ち爪を付けたものは、鉄(かね)樏という。雪国で雪中にはく樏はその構造(製作法)からおよそ三種ある。単輪の竹を輪としたものは九州北部から中部地方に分布しユキワ、あるいはカンジキという。主に平地での雪踏みや屋根の雪おろしにはかれ、爪のある複輪型は硬い氷雪上で滑らないために多く山仕事や狩猟に北・東日本ではかれた。すだれ編み型は新潟県蒲原地方に多く分布し、雪踏み、歩行、深田の稲刈りにもはいた。雪中の樏は、ヨーロッパではピレネー山脈、アジアでは韓国の江原道(カンウォンド)で見られ、アメリカには二枠型が多いが、ニューメキシコ州タオス町が使用の南限である。日本は熊本県八代郡泉村(八代市)が南限であり、いずれも単輪型である。世界の使用地の南限でもある。千葉・埼玉・東京にはカンジキという輪樏型・枠小型の田下駄があ

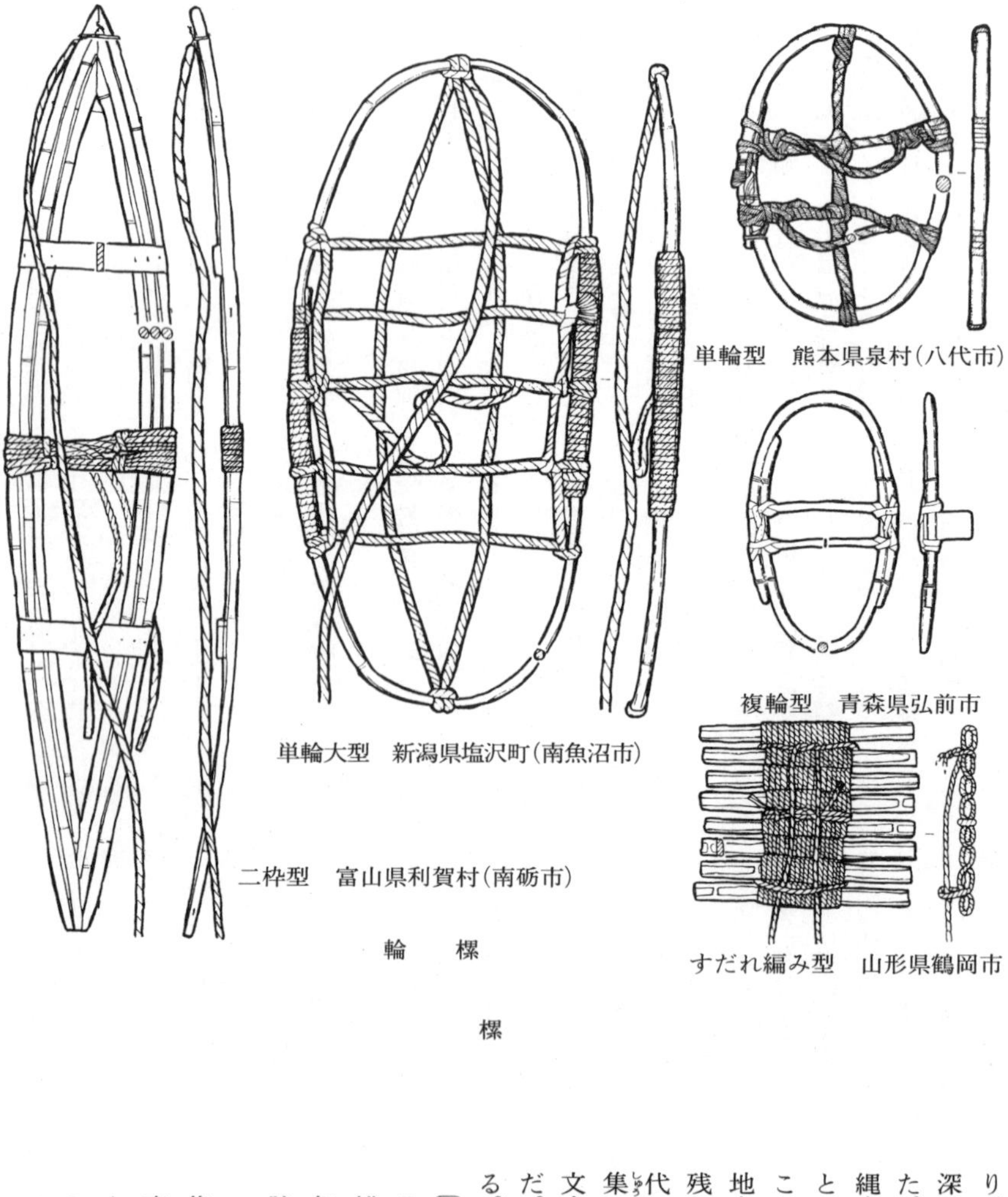
二枠型　富山県利賀村(南砺市)

単輪大型　新潟県塩沢町(南魚沼市)

単輪型　熊本県泉村(八代市)

複輪型　青森県弘前市

すだれ編み型　山形県鶴岡市

輪　樏

樏

り、新潟や福島では雪のカンジキを深田の稲刈りに埋らないためにはいた。今のところ樏の出土はないが、縄文時代の雪中の狩猟には樏が皮沓とともにはかれたものと考えられる。これらの名残りが、雪の少ない関東地方などの田下駄にカンジキの名を残したものであろう。鉄樏は江戸時代に鍛冶屋により作られた。『山家集』(平安時代末期)に「かじき」の文字がみられ、古くはカジキと呼んだ。橇は充て字で、そりの意味である。

→田下駄　→履物

参考文献　鳥居龍蔵「カジキ及びその名称の分布」(『東京人類学会雑誌』一〇四、一八九四)、高橋文太郎『輪樏(わかんじき)』、一九四三、勝部正郊「中国山地における雪輪」(日本常民文化研究所編『民具論集』二所収、一九七〇)、氏家等「北東アジアにおけるカンジキの発生と伝播」(北海道開拓記念館編『北の歴史・文化交流研究事業』所収、一九九五)

(潮田　鉄雄)

き

きおく　記憶　一定の社会集団によって共有される過去の出来事や経験の保持、またその想起の過程および過去の認識のあり方。主に社会学などで定義される。個々人が抱く個別の記憶とは異なり、それと峻別するために、集合的記憶、社会的記憶、公共の記憶といった術語が用いられる。記憶をめぐる論議は民俗学がこれまで対象としてきた民間伝承の概念、あるいは近年論じられるフォークロリズムの問題と一定程度、接点を持つことは確かである。しかし民俗学では従来、記憶の問題を方法的な論議の対象としてきたとは言いがたく、したがって民俗学として独自の記憶の定義的説明は困難である。過去とは客観的に存在するのではなく、現在の状況に応じて選択的に想起され意味を与えられて再構成されており、それゆえ社会集団のアイデンティティを構成する上で集団によって担われる記憶が果たす役割は大きいとされる。たとえば戦死者の英霊を合祀する靖国神社のあり方は、慰霊と祭祀行為を通じて近代日本の戦争をどのように社会的に記憶していくのかを端的に示すものであり、戦前・戦後のナショナリズム、あるいは日本とアジアとの関係がはらむ問題の一面がここに集約されている。なお、これまで民俗学が対象としてきた聞き書きによる声を媒介とした語り、あるいは技や感覚といった身体的知も、その集団が担う記憶の問題として今後、検討しなおすべき課題となるだろう。　→民間伝承　→フォークロリズム

参考文献　小関隆「コメモレイションの文化史のために」(阿部安成他編『記憶のかたち―コメモレイションの文化史―』所収、一九九九)、小松和彦編『記憶する民俗社会』、二〇〇〇、岩本通弥「方法としての記憶」(同編『現代民俗誌の地平』三所収、二〇〇三)
(矢野　敬一)

ぎおんまつり　祇園祭　京都市八坂神社(祇園社)の祭礼。本来旧暦六月の行事だが、現在は月遅れの七月に約一ヵ月間かけて行われる。なかでも山鉾の巡行は有名で、都の文化を代表するものとして各地の祭礼に影響を与えた。その歴史は平安時代にさかのぼる。都の疫病流行は怨霊のたたりが原因とされ、御霊をまつり、それを鎮めて災厄から逃れようとする御霊会が平安京とその周辺で盛んに行われた。なかでも牛頭天王は特に強い力を持つとされ、さらには蘇民将来と巨旦将来という兄弟の物語と茅輪の呪力に関する信仰が加わって祇園信仰が成立した。人々は疫病の流行がおこる夏の訪れを前に、牛頭天王をまつり、怨霊を慰撫し鎮めて疫病の原因を除こうとした。これが祇園御霊会である。十世紀末には大嘗会の標山に似せた作り物や散楽空車などが出てにぎわい、平安時代末以降は田楽が中心となる。室町時代には下京町衆の財力により毎年趣向をこらした囃子物と山鉾が工夫された。応仁の乱で中絶するが、復興後はいっそう勢いを増し、山鉾の装飾品は豪華絢爛を極めた。現在も、この時期の盛況とほぼ同じものを目にすることができる。山鉾はおよそ三日がかりで組み立てる(鉾建て・山建て、七月十日ごろ)。巡行の順番は籤を引いて決める(籤取り式、七月二日)が、前の祭先頭の長刀鉾、しんがりの船鉾、後の祭先頭の北観音山、しんがりの南観音山の四基は順序が固定していて「籤取らず」である。鉾町は八坂神社西、鴨川の川向こうに位置し、その結界は四条麩屋町の角に定められている。鉾には稚児が乗るが、現在では生稚児が乗るのは長刀鉾だけで、ほかは稚児人形

である。稚児は鉾の前面中央にいて左右に禿を従える。ただ、鉾上で演じられた羯鼓稚児の芸能はほとんど省略されており、むしろ吉符入りの日に神社の能舞台で舞う羯鼓芸にその姿が残っている(稚児舞披露、七月五日)。稚児を出す家と鉾町との間で結納を交わしたり(六月吉日)、五位の位を授かるために乗馬して土踏まずのまま社参したり(お位もらい、七月十三日)、それ以後は別火して潔斎生活にはいるなど、稚児には伝統的儀礼が多い。神事の中核は三基の御輿の渡御で、四条河原で祓い清められ(御輿洗、七月十日夜)、山鉾巡行のあと四条の御旅所に渡御する(神幸祭、七月十七日夕)。還御は七日後で、氏子区域を回り神社へもどる(還幸祭、七月二十四日夕)。一九六六年(昭和四十一)まではこの還幸祭の日にも山鉾の巡行があり(後の祭)、山鉾巡行は御輿の渡御・還御に先立つ囃しものであったともいえる。参詣者は「蘇民将来子孫者也」と記す護符の付いた粽を受けて疫病除けとする。祭礼が終了すると境内の疫神社で茅の輪くぐりが行われる(夏越祭、七月三十一日)など、疫病除けにはじまる夏越の神事の伝統が残されている。祇園祭は都市的な夏祭として祇園祭・天王祭の名で各地に伝播した。また、単に山車屋台を繰り出す祭の原型ともなっている。関東地方への伝播にあたってその中継点となった愛知県津島神社の存在と、その御師たちの活動は重要である。

岩戸山　鶏鉾

祇園祭

参考文献　祇園祭編纂委員会編『祇園祭』、一九七六、福原敏男『祭礼文化史の研究』、一九九五
(伊東　久之)

きがん　祈願　神仏などの超自然的存在に対して、好ましい状態が実現するよう懇請すること。多くの場合、礼拝・奉納・禁欲その他の儀礼行動を伴う。好ましい状態の実現をめざす超自然的対応という点では呪いとも共通するが、呪いにかかわる超自然的存在がもっぱら低位の霊的存在や非人格的な力で、人間の側はそれを操作・統御することによって目的を達成しようとするのに対し、祈願と呼ぶ場合には高位の存在に対して懇願的態度をとる点に両者の一応の違いが認められる。この区別は、フレーザー Frazer, J. G. が呪術と宗教の関係について行なった議論であって、その意味で、呪いと祈願の関係は呪術と宗教の関係に対応しているといえる。もっとも、こうした区別はあくまで理念的なものである。たとえば、竜神に降雨を祈願する雨乞いで同時に太鼓を叩き水をまく類感呪術が用いられたり、参拝して仏に願を訴えるだけでなく仏像を縛

りあげて強請する願掛けの習俗があったりと、現実にみられる態度はしばしば境界的かつ複合的である。また、祈願は具体的な利益を求める実利的行為であり、その意味ではすべての祈願が呪術性を内包しているともいえる。祈願は、㈠主体、㈡願意、㈢対象、㈣儀礼からなる。祈願をその主体によって分類すると、個人ないし家の福利を願い、私的行為として行われる個人祈願と、地域社会全体の利害にかかわり、村落など地域社会の行事として行われる共同祈願とに分けられる。願意は人間の願望の数だけ種類があるといえるが、日本の伝統的社会で広く行われてきたものとして、雨乞い・風祭など天候の平穏を願う祈願、豊作祈願・大漁祈願のように生業の成就を願う祈願、疫病除けや諸病の平癒祈願など病の予防・治癒を願う祈願、安産祈願・厄払いなど人の一生の順調な推移を願う祈願、縁切り・縁結びなど人間関係の好転を願う祈願等々をあげることができる。出征兵士の無事を祈る弾除け祈願や入学試験の合格祈願など、近代社会に新しく登場した祈願もある。祈願対象は氏神・檀那寺にとらわれず、「ご利益がある」「霊験あらたか」とされる神仏、ことにそれぞれの願意に応じた神仏が広く求められる。大漁祈願のえびす、疫病除けの祇園、航海安全の金毘羅などは全国的な信仰であるが、このほかに地域ごとに特定の祈願に特化した多くの神仏が存在し、ときに流行神的現象をも呈する。近世後期の江戸や上方では『願懸重宝記(がんかけちょうほうき)』(一八一四)と題する祈願のための神仏案内も出版された。一方、祈願はただ願の成就を神仏に祈念するだけでなく、ほとんどの場合、具体的な儀礼行動を伴う。これにはあらゆる宗教儀礼が用いられるといってよく、礼拝・参詣・参籠・奉納・読経・受符・苦行・禁欲等々の行為が祈願に伴って実修される。特に祈願の手段として発達した儀礼も多く、神前・仏前に百ぺん足を運ぶお百度参り、願意を記した板絵を奉納する絵馬、禊の意味を超えて何度も冷水を浴びる水垢離、茶・塩など特定の飲食物を一定期間断つ断ち物などはその代表である。底を抜いた柄杓や穴あき石などの呪物を神仏から借り受け、願が成就すると倍にして返すという行為も、祈願のためにしばしば行われる。祈願は呪い(まじない)とともに現世利益的性格の強い民俗宗教の重要な一部分を占め、状況儀礼として事にあたって随時行われると同時に、年中行事や通過儀礼にも多く組み込まれている。

↓共同祈願(きょうどうきがん)　↓呪い(まじない)

参考文献　井之口章次『日本の俗信』、一九七五、五来重他編『巫俗と俗信』(『講座日本の民俗宗教』四、一九七九)、日本仏教研究会編『日本宗教の現世利益』、一九七〇

(小嶋　博巳)

ききみみ　聴耳　鳥の言葉がわかる頭巾などで幸せになる昔話。信仰心の篤い爺が氏神のお稲荷様から聴耳頭巾をもらう。頭にかぶると、鳥が話しているのが聞こえてくる。その話は長者の一人娘の大病の原因についてで、それを聞いた爺がなおしてあげたため、たくさんのお礼をもらって金持ちになった。あるいは殿様の病気をなおしてお姫様と結婚したなどの話になっている。狐や蛇、蟹などの動物を助けてそのお礼にとか、鯛や亀を助けて竜宮に行って聴耳をもらったと語る話も多い。また阿倍の童子丸の話になっているものも多い。これは「狐女房」の話で、母である狐から聴耳をもらう。そのために鳥の言葉が聞けるようになり、占いがよく当たったという話である。「狐女房」の話に聴耳の話が結びついたものであろう。鳥が言葉を話して人を助ける話は「瓜子姫」や継子の話にも見られるが、聴耳の話では特に鳥が多い。鳥は神の使いとも思われてきた鳥で、神の知恵を授けてくれた話ともいえよう。室町時代末期ないし近世初期の絵巻『蛙の草紙』は、男が村はずれの辻堂に泊まって蛙の声を聞き、長者の姫の病気を治し、長者の聟になる話である。聴

耳の話は世界に広く分布している。日本では鳥の言葉がわかる話が多いが、ヨーロッパでは動物の言葉がわかる話になっている。

参考文献　柳田国男「鳥言葉の昔話」(『柳田国男全集』八所収、一九九〇)

(長野ふさ子)

きじや　木地屋　轆轤(ろくろ)を用いて木製の椀・丸膳・盆・鉢など、主として丸物とよばれる木地物を製作した職人。轆轤工・轆轤師・木地屋・木地師という名称が用いられているが、そのほか木地屋の作業を象徴的に表わした木地挽き・木地くりなどともよばれていた。轆轤工は宮廷や大きな寺院の建設が続いた古代にあって、朝廷、もしくは大寺院のもとで調度品・飲食具・容器・仏具などの製作に従事していたが、律令国家が弱まってくると、荘園領主や地方豪族に雇われ、また各地を移動して飲食器や容器・神器などを製作するようになっていった、という説が有力である。また近世以降は木地屋という名称が多く使われるようになったが、それは各地に漆器産地がつぎつぎと形成され、塗師の下請け業としての木地作りが中心になったことと関係が深い。木地屋が各地を移動するようになったのは、中央政府の力が弱くなったことのほかに、根元の地といわれている近江を中心とした山地帯に、良質な原木が不足していったことがあげられる。木地屋が使った主な原木はケヤキ、トチノキ、ブナなどである。木取りに使っていた道具はヨキ・鉈・手斧(ちょうな)などが主なものであり、柾目の通った素性のいい木でないと仕事がはかどらず、いい製品ができない。しかも百年余りを経た大木が好まれた。このような原木は限りがあり、良質の原木が得られる他の山地帯に移らざるを得なかった。木地屋の移住は、材料のあるところへいって製品や半製品を作り、それを消費者のもとに届けるという、職人の古い姿を残している。木地屋の存在は、少なくとも十五世紀には、近畿・北陸地方を中心にして、東は関東・東北、そして西は四国・中国地方と、ほぼ全国的な規模で展開していたらしいことが、数少ない文書からうかがい知ることができる。轆轤という同一の名称、同一の機能を持った特別な工作用具を携え、その加工技術も特色があることから、それぞれの地域で独自に発生した技術ではないことは明らかである。近世における木地屋の所在地と氏名・人数・移動の状況が滋賀県神崎郡永源寺町の君ヶ畑と蛭谷から発見された氏子狩り帳などによって明らかにされるようになった。明治以降、国家による山林の管理が始まり、かつ国有林と民有林の管理が厳しくなり、木地屋の活動が制限されていく。また手引きの轆轤から水車、ついで電力による動力轆轤が普及し、また材木の伐採、搬出用具や技術が進歩するにつれて、山中で仕事をする意味が薄れていった。原木を伐採して里まで下ろし、里の工場で木取りから仕上げまでできるようになったからである。また教育制度が浸透するにつれ、子供の教育の必要性から、山から平地に下りてくる木地屋が多くなっていった。そして遅くまで活動していた東北地方においても、昭和時代前期には多くの木地屋が山を下りている。　→轆轤(ろくろ)

参考文献　宮本常一『山に生きる人々』(『日本民衆史』二、一九六四)、須藤護「奥会津の木地師」(日本生活学会編『民具と生活』所収、一九七六)、橋本鉄男『ろくろ』(『ものと人間の文化史』三一、一九七九)

(須藤　護)

きつね　狐　狐は古代以来、特殊な霊力を持つ動物とみなされてきた。『日本書紀』においてすでに、白狐の出現は瑞兆と判断され、『日本霊異記』(九世紀初期)には、人と狐の婚姻の話が収められている。さらに平安時代の半ば以後になると、狐妖譚も知られるようになった。『今昔物語集』(十二世紀初期)には、狐に化かされてその巣穴を美女の邸宅と思っていた男の話が出てくる。いずれも中国における狐観の影響のもとに成立したと推定されるが、日本土着の要素を完全に否定することもできない。平安時代末には、霊力を持つ狐が神または神使と認識される例も現われた。『玉葉』『山槐記』によれば、一一七八年(治承二)五月に、初斎宮の近くで武士が霊狐を射殺する事件があった。『玉葉』は、「是尊崇之神」と記している。京都周辺におけるこの種の狐信仰が伏見の稲荷と結びついたのは、中世に入ってからのことであろう。『稲荷大明神流記』(十四世紀)には、京都船岡山の狐一家が稲荷山に入り、稲荷の眷属になった、という挿話が書かれている。そののち稲荷の立場から狐観が整理され、この動物は神狐と野狐に区別されて、前者は神使の地位を得たが、後者は人に憑いて苦しめる妖獣として忌まれることになった。稲荷行者をはじめ諸派の祈禱僧・陰陽師は、狐憑き落としの役割を引き受けただけでなく、人に野狐を憑ける呪法をも行なっていたらしい。『看聞御記』『康富記』などの一四二〇年(応永二十七)九月の条は、足利義持に狐を憑けた医師・陰陽師・僧侶が処刑された事件を記録する。伏見稲荷と関係した狐信仰・呪術は、行者などをつうじて各地に拡散し、特にもともと狐信仰が広まっていた東日本で大いに勢力を伸ばした。こうして屋敷稲荷がつくられ、近世に入ると江戸において稲荷は、多様な現世利益をもたらす流行神として多大な信仰を集めるに至った。稲荷は、中世から近世にかけて発展するにつれ、農耕神から商工業の神、さらには娯楽産業の神へと幅を広げて行く。狐の声を近未来の事件の予兆とする俗信は、稲荷以前の狐信仰の名残だろう。江戸などの大都会、また屋敷稲荷をまつる東日本の農村では、狐憑きはしばしば稲荷との関連で発生し、しかも症状も良性の場合が少なくない。ところが元来狐信仰の素地が弱かった山陰・南四国・東九州などの一部において、憑き筋とよばれる家系が想定され、それが村落における社会的緊張の原因となった。狐に関する昔話は、大きく二つの型に分かれる。一つは「叺狐」のような狐と人の騙しくらべを主題とする型であり、あと一つは「狐女房」などの動物報恩譚である。いずれにおいても狐はそれほど危険な存在とはみなされず、妖狐の伝統が現代の昔話に入りこまなかったことに、注目しなければならない。 →狐憑き

参考文献　石塚尊俊『日本の憑きもの―俗信は今も生きている―』、一九五九、吉野裕子『狐―陰陽五行と稲荷信仰―』(『ものと人間の文化史』三九、一九八〇)、直江広治編『稲荷信仰』、一九八三、中村禎里『狐の日本史』古代・中世篇、二〇〇一、同『狐の日本史』近世・近代篇、二〇〇三

(中村 禎里)

きつねつき　狐憑き　憑物の一つで、狐が人間にとり憑くとする信仰、その現象をいう。憑くとされる狐は、群馬・栃木・埼玉・東京など関東地方ではオサキ狐、新潟・長野・静岡・愛知・岐阜など中部地方ではクダ狐、島根の出雲地方ではヒト狐(人狐、ニンコと読むこともある)、佐賀・長崎・熊本・鹿児島などの九州西部ではヤコ(野狐)といわれ、そのほかただ狐といわれる事例は東北地方、中国・四国地方、九州地方に広くみられる。このうちオサキ狐とクダ狐は単にオサキ、クダといわれることも多い。ただし、これらの動物は名称では狐であるが、実体はネズミ、イタチ、オコジョなどに似た小動物が想定されている。実在の動物というより想像上の動物と考えられ、後ろ足で立って額に手をかざして見るなどということがオサキ、ヒト狐でいわれる。また、それらの動物は、野山の狐や稲荷神社の狐が憑くとすることもあるが、多くは特定の家に飼われている、所有されていると信じられ、そういう家、またその家の者を狐持ちという。狐持ちの人が誰かに恨み・妬み・憎しみなどの

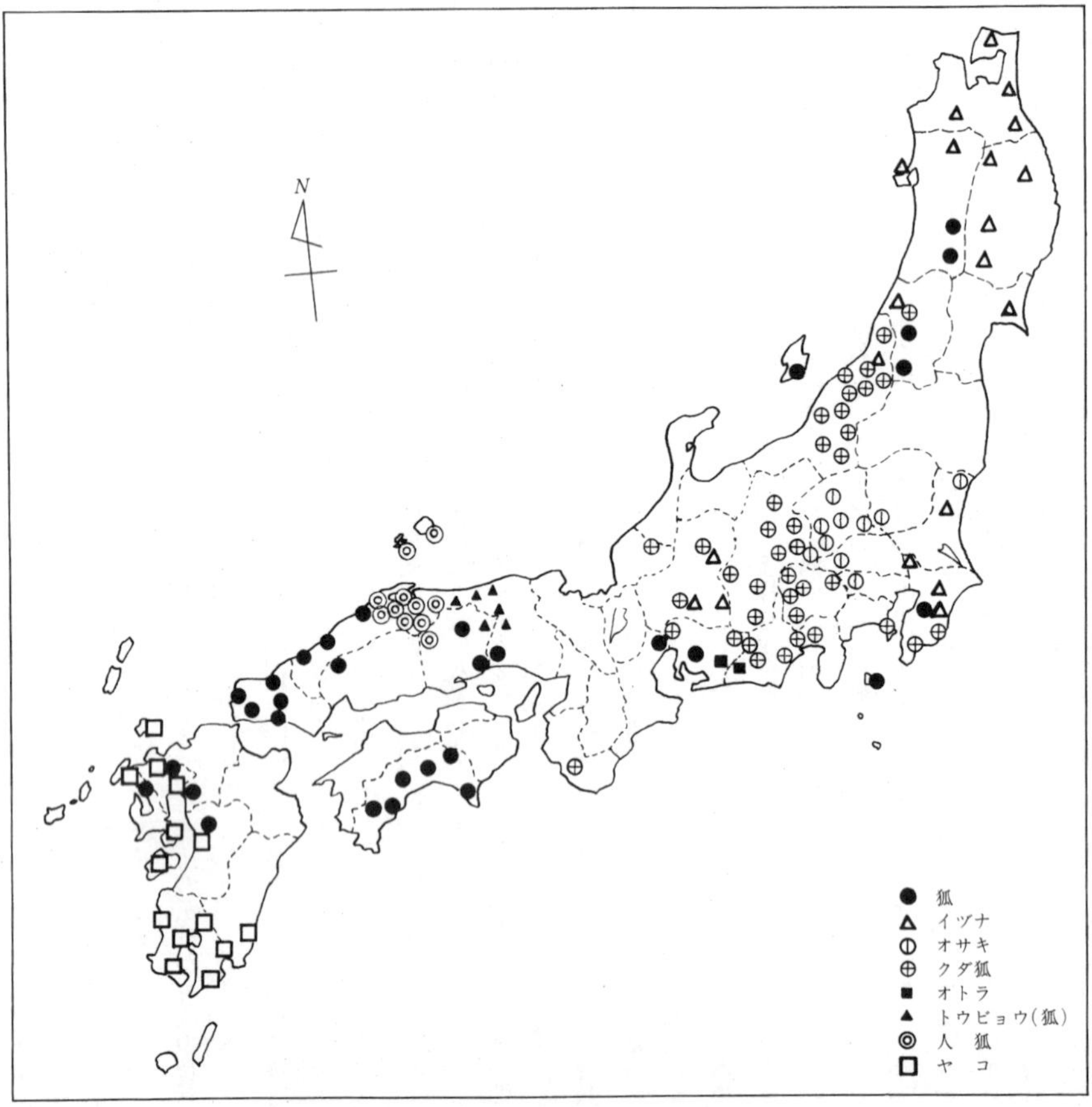

狐憑き分布図（石塚尊俊『日本の憑き物』より）

気持ちを抱くと、その家の狐がその心を察して、相手の家に行き、誰かにとり憑くと信じられている。狐に憑かれると、狐の真似をしたり、油揚げを食べたいといったり、あるいは知っているはずのないことをいったり、予言したりするといわれる。ひどい場合は錯乱状態になり、死ぬことすらあると信じられている。狐に憑かれた場合、憑いた狐を追い出す憑物落としの儀礼を行うことがある。行者・神官などの宗教的職能者に依頼することが多いが、家族でトウガラシをいぶしたり、棒で叩いて狐を追い出そうとすることもあり、ときには叩きすぎて殺してしまったという事件が起きることがある。トウガラシとか剃刀などを持っていると狐憑きの予防になるともいわれる。狐憑きは、医学的にみれば多くが精神的な病気であり精神医学からの研究も必要であるが、同時に、精神的な病気が文化・社会的に表現されていることを忘れてはならない。つまり、狐憑きの信仰は、霊的存在が人に乗り移るという古くから日本にある観念、また狐という動物に対する信仰や象徴的な意味づけを基盤としているのであり、また特定の家の狐が憑くということは、さまざまな社会的関係を背景に狐憑き事件が起きるということであり、日本の社会構造や家の観念と切り離して考えることはできない。狐憑きの信仰は、医学の未発達あるいは医療機関のほとんどない時代や地域で、病気の原因を説明するものとして一定の役割を果たしていたということもできる。なお、日本の狐憑きは、世界的にみれば霊的存在が人間にとり憑き、精神的、肉体的な病気にするという精霊憑依信仰 spirit-possession の一例であるが、その邪悪な霊が特定の家、家筋に所有されているということでは、他の文化における精霊憑依信仰と異なる。また狐憑きの原因が恨みや妬みであるとする点は、他の社会の妖術信仰 witchcraft とよく似ているが、妖術信仰では邪悪な力は妖術使い(西欧では魔女)がもっているのに対して、日本では本人ではなく狐がもっているところが異なる。→憑物(つきもの)

参考文献 石塚尊俊『日本の憑きもの―俗信は今も生きている―』、一九五九、吉田禎吾『日本の憑きもの―社会人類学的考察―』(「中公新書」二九九、一九七二)、喜田貞吉『憑物』、一九八八、谷川健一編『憑きもの』(「日本民俗文化資料集成」七、一九九〇)

(板橋 作美)

きとう 祈禱 神仏などの崇拝対象に祈ることで種々の願いの成就を期する行為。その意味で、祈禱は普遍的かつ基本的な宗教行為であるといえる。手法は、おおむね太鼓や鉦を打ち鳴らすなどして、呪文・経文を唱誦したり、弓や刀、あるいは数珠その他の道具を使用する形をとる。日本では、密教の発展とともに広まったという経緯から、加持あるいは加持祈禱といった語とほぼ同義に用いられてきた。密教的加持は、本来、真言行者が即身成仏をめざして身口意の三密修行をする出世間の行法であった。それが次第に信者の俗世的願いに応える形で祈禱を行うようになり、その結果、宗派の社会的展開が促されたともいえる。さらに密教的加持は日蓮宗や修験道に受容された。近世になると吉田神道とも交渉を持つ。吉田神道は道教・陰陽道の要素も取り込みつつ、橘家神道のような祈禱を最重視する流派を生む母胎ともなった。橘家の祈禱法は、蟇目・鳴弦の法などの弓祈禱に代表され、古代の神話的要素と儒家神道を介して入ったとみられるツツシミなどの儒教的要素を意味のモチーフとしたものといえる。これら既成宗教の祈禱法は、また在俗の先達や行者・祈禱師などの巫者にも変形・変質を伴いつつ受容されていった。さらに新宗教の儀礼的モチーフとしても大きな役割を果たしてきた。日蓮宗においては、現在でも冬期百日間の荒行を通して伝統的な祈禱法の指導が行われ、例年百数十名の入行者を数えている。同宗ではとりわけ、教会・

結社と称される小規模寺院や講社を主管する僧侶や先達・行者らに、祈禱中心の活動をしている例が多い。

参考文献　大法輪編集部編『呪術・祈禱と現世利益』、一九八三、長谷部八朗『祈禱儀礼の世界―カミとホトケの民俗誌―』、一九九二

（長谷部八朗）

きぬ　絹　蚕の繭からとった繊維、また製織されたもの。蚕は桑、その他に寄生する野生の害虫であるが、人工的に屋内で飼育するように改良し、中国で家蚕化に成功したのは、紀元前六千年前のことで、野蚕と家蚕の区分ができた。野蚕（天蚕ともいう）は、エリ蚕・柞蚕などの種類がある。日本では古代に在来のものが知られ、家蚕と混在していた。野蚕は、現在でも各地で盛んに飼育されているが染色性はよくない。その吐き出した繭をつくる糸をとり、繊維として利用することは、中国で発明された方法であり、家蚕としての技術が確立することになる。この家蚕は、桑を与えて屋内で飼育することで家蚕化することになった。日本では、家蚕は弥生時代の鉄遺物に付着して出土している。『古事記』には、仁徳天皇が、三つに変態する虫を見学したことの記事がみえ、この虫が珍しかったことを伝えている。絹は、蚕の噴門から吐き出す液体が、表面を膠質のセリシンで固め、切れ目なしに伸長する。通常は繭を熱湯につけ、繊維を解舒したのち糸を引き出し枠に巻き取る。ただ日本では湿気が多いので糸はすぐに乾燥せず、あげ返し（再度糸を大枠に巻き直す）を繰り返さねばならない。明治以後は、同じ太さに繊維を統一している。もし太い糸が必要になるならば、この糸を引き揃えにしたので、適当な太さの糸が得ることができる。現在では糸に撚りをかけるため、撚糸機を使うが、古代の絹糸には撚りがかけられていない。蚕の生育には、温暖な気候が必要で、古代では、春蚕だけであったが、近世には、寒暖計の発明もあり、年間三回（春蚕・夏蚕・秋蚕）となった。絹糸を製造するには、桑、養蚕、製糸、製織の段階を経ることになるが、桑の栽培を専業にし販売する業者も存在した。養蚕は屋内飼育するが、蚕を飼う部屋が生活空間を占めるため改造を余儀なくされた。繭で仲買に売ることもあるが、自家で座繰製糸をしたし、共同製糸することもあった。明治以後には、機械製糸が導入され、製糸の近代化がはかられた。それに伴って座繰から改良された二つ座繰が、また改良座繰（通称ダルマ）がつかわれた。これらの絹は、麻と品質の上で区別され、麻に比べて絹の生産は、桑の栽培と、養蚕に支えられたが、絹の使用の階級的規制により、地方での庶民生産は養蚕までで、絹生産は行われなかった。そのために廃物利用として玉繭・双子繭・屑糸繭などで糸が造られ、その結果、紬が庶民の間につかわれた。つまり農家の養蚕生産では、糸の段階までであり、それを高級織物の生産地である京都の西陣へ昇せ糸として送ることになる。ただこのような糸（和糸）は、品質の上では唐糸には劣っていた。そのために養蚕の副業として各地で絹布がつくられたが、それには結城紬があり、庶民にも着用が許された。→養蚕

参考文献　角山幸洋『日本染織発達史（改訂増補版）』、一九六八

（角山　幸洋）

きもの　着物　着るもの、すなわち衣服のすべてを意味する語。しかし近代以降は外来の西洋型の衣服を洋服と呼ぶのに対し、在来の日本の衣服を和服または着物と呼び分けてきた。着物（和服）は長着・羽織・半纏などの表着をはじめ、帯や下着、かぶりものや履物などの総体としてあるが、中でも表着の長着を着物と呼ぶことが多い。着物（長着）は身頃・衽・袖から成る衣服で、長い丈と垂領と呼ぶV字型の衿、前身頃に打ち合わせのための衽を持ち、前で深く打ち合わせて帯などで固定する。着

物は大陸から導入された衣服の和様化の中で下着として用いられた小袖が室町時代以降表着となり、袴をはかずに着流す着方の広がりとともに衣服の中心となったといわれる。女性の場合は対丈だった着丈が腰でははしょる着方や裾をひく着方により長くなり、袖にも袂袖・振袖などの女性用の長い袖丈が生まれたが、基本の形をほとんど変えることなく今日に至っている。布の織り幅（約三六センチ）をそのまま使った直線裁ちで、横幅が身頃二幅、袖一幅と一定し、着丈も標準寸法に仕立てるなど着る者の体型にかかわらず一定の形と寸法を持つ点に特色を持つ。身体との関係性からみると、衣服には布をほとんど仕立てることなく身にまとう形式と洋服のように個別の身体に添わせて立体的に仕立てる形式があるが、日本の着物はその中間に位置するといえよう。したがって、着物を仕立てるのに必要な布の量も一反（約一一メートル）という形で定量化され、機織から販売まで一反が基本単位となり、一反から一枚の着物を裁つことを本裁（ほんだち）といい、それを単（ひとえ）か裏布を付けた袷（あわせ）に仕立てることが裁縫の基本であった。たたんでの収納、染め返しや縫い返し、洗い張りといった着物の管理の方法もこの形と深く関わって発達した。晴着と褻着（けぎ）というようにハレとケを着分けることが行われ、白無垢・紋付・留袖・訪問着など晴着専用の衣服が生まれる一方、野良着などの仕事着には、巻袖・細袖・半袖など機能性の高い多様な袖型や異なる刺子、裂織（さきおり）、剝ぎ合わせなど衣料を再利用する織り方や仕立て方、性差の少ない無地や縞を基本とした色柄など特色ある形も見られ、着物の構成要素の一つである衽（おくみ）を欠いた短い丈のものが多い。従来の着物の成立を小袖の表着化としてとらえる中では小袖以前の衣服、特に農山漁村の人々の衣服は見えてこないが、野良着にみた衽なしの前割衣はその成り立ちからみても着物の原型を思い起させるものであり、小袖成立前の衣服を考える手がかりとなろう。

→仕事着（しごとぎ）　→晴着（はれぎ）

参考文献　村上信彦『服装の歴史』、一九五五、加藤百合子「きものと化粧」（『日本を知る事典』所収、一九七一）、深作光貞・相川佳予子『続「衣」の文化人類学』（「21世紀図書館」、一九八三）、高田倭男『服装の歴史』、一九九五

（中村ひろ子）

きやり　木遣り　伐り倒した木材を鳶口などの道具を用い人々の力を合わせて運材・集材する作業。運材法には、人が担いだり背負ったりする方法から牛馬に曳かせたり、木馬（きんま）や修羅（しゅら）を使う、さらには川を流し送るなど、地形や費用などを考慮して種々の方法がとられてきた。人力によるのが適当な場所では、複数の人間が力を合わせて重い丸太をドットコやツルなどの道具を用いて動かすために人々の呼吸を合わせる必要があり、一団の頭が掛声を掛けた。それが木遣り唄の誕生に結びついた。一般に木遣り唄といえば、人力を集めて重いものを動かすときに歌われる唄を総称しているが、もともとはこうした木遣り作業から生まれたと考えられている。社寺建立に際し、木材を曳く氏子や檀家に対して、社寺の縁起を唄にして一同が掛け声を掛けるところで綱を引いて木材を動かす方法が取られて木遣り口説きが生まれた。長野県諏訪大社で七年目ごとに行われる御柱祭は柱とする大木を大勢の男たちが命を賭けて曳き出す勇壮な祭であるが、ここで歌われる木遣り唄には「集まりたまえ四方の神、お山の神さま、お願いだ」などの文句があり、危険な作業に対する神の加護を願う意味が含まれている。

（湯川　洋司）

きゅうこうしょくもつ　救荒食物　凶作や飢饉その他で日常の食料の不足しているときに代用する食物をいう。その内容は凶作・飢饉の程度に応じて、次の三段階がある。まず第一段階は、農作物をできるだけ節約し、飢饉に備えて備蓄している食料を食べ、これからでも栽培可能な植

物(大根・カブ類ほか)を植える。第二段階は、日常食として用いられていた山野の野生食料などを食料に加える。第三段階は、食べられるものをすべて食べる段階である。救荒食物と呼ばれているものは、時代や地域によってかなりの差があり、日常食が備蓄されて救荒食物として使われることも多い。またある地方の日常食物が他の地方では救荒食物であったり、過去に日常食物であったものが江戸時代には救荒食物とされたり、かつて救荒食物とされた葛粉やわらび粉などが現在では商品価値をもつなど、厳密な定義があるわけではない。備蓄される食品は、米、アワ、ヒエ、蕎麦、キビなどの穀類や、ジャガイモ、サツマイモなどのイモ類、ワラビ・葛の澱粉類、トチやドングリ類、ソテツの実、干した大根の葉、コンブ・荒布(あらめ)・ヒジキなどの海藻類などである。これらは、かて飯や、餅や粥にして食べることが多かった。タンパク質源として、大豆は味噌や納豆にして保存したり、干した魚を保存することも行われた。信州においては塩の保存も重要であった。山野の野生食料としては、ユリ根、ヤマイモ、トコロ、ワラビ、ぜんまい、コゴミ、ヤマウド、フキ、ミズ、シオデ、ギボシ、リョウブなどがある。食べ物が不足している状況では、カボチャ、スイカ、ゴボウ、大豆、小豆の葉、ブドウや葛の葉、野バラ、サイカチ、梅、桃の葉、藤の若芽などを食用にしたり、松皮餅、藁餅なども作られた。また、ヌカや麩(ふすま)類、澱粉粕や豆腐粕も食用にされた。サツマイモ、ジャガイモは、江戸時代に飢饉の対策の一つとして栽培・普及が始められ、サツマイモは青木昆陽の『蕃藷考(ばんしょこう)』(一七三五)、ジャガイモは高野長英の『救荒二物考(きゅうこうにぶっこう)』(一八三六)の果たした役割が大きかったといわれる。北海道や青森県では、ジャガイモは輪切りにして乾燥させた切りイモや、雪で凍結させ解凍後自然乾燥させた凍(しば)れイモや凍(し)みイモにして保存し、粉にして団子にして食べられた。一方、サツマイモは生のまま穴に貯蔵したり、澱粉にしてから貯蔵したり、薄切りを乾燥させる方法が取られた。トチの実は、湯で温めて割り皮をむいて幾日か水に浸したのち、煮て灰汁を入れてあく抜きをし、つぶして煮たり、干して粉にして粥に炊き込んだり餅などにした。ワラビの根は、たたいてしぼり水でなんどもさらして澱粉をとり、なべに湯か水を入れ弱火で練り固めた根花餅(ねばなもち)などが作られた。　（五島　淑子）

参考文献　『日本食文化全集』、一九八四―九三

ぎょうしょう　行商　交易の一形態で、販売者が直接品物を購買者の居住地まで持参し販売する方式。活動範囲は、鮮魚売りのように販売者の居住地近くのみを回るものから、富山の薬売りのごとく全国に足を伸ばすものまで、多様である。陸上に限らず、家船のように水上を行くものもあった。発生は古く、記録上ではすでに六世紀半ばに存在が見出される。活動が目立つようになるのは平安時代後期からだが、その存在形態は二つあった。一つは定住者型で、奈良や京都の商人が地方へ巡回に行くものである。いま一つは漂泊者型で、諸国を遍歴する聖が勧進の一環として行なったり、海民が海産物を捌いたりしたのが、代表例である。担い手は、前者はほとんど男だが、後者は女が行うケースも多い。女性行商人は販女(ひさぎめ)と呼ばれ、承平年間(九三一―三八)に成立した『和名類聚抄』には「比佐岐女」と記されている。行商人の動きが活発化するのは応仁の乱前後のことで、そのころには漂泊者型も大半は定住をするようになり、振売り・連雀商人などと呼ばれた。民俗例として確認されるのは、この系譜を引くものと考えられる。行商に関わる伝承は多岐にわたるが、注目点の第一は、彼らが単なる物売りとはみられておらず、南九州の塩売りのように特別な霊力の持ち主とされる事例が少なくないことである。これは、交易という行為そのものが元来神事と表裏一体であっ

たことに由来する。第二には、情報伝達が未発達な時代、彼らが庶民への重要な情報提供者となっていたことが挙げられよう。外の世界を広く見聞きしては定期的に訪れる行商人の話は、限られた世界しか知りえぬ者にとって何よりのニュースと認識されたのである。留意するべきは、この行為も、彼らが霊的存在とみられていたから可能とされたことだろう。彼らの話は、そもそもは祝言であった。見知らぬ世界の話はそれの延長線上のこととしてとらえられ、何時しかむしろそちらが心待ちにされるようになったのである。第三は、その交換形態が独特の原理に基づいていることである。交換には、経済的交換(市場交換)と儀礼的交換(贈与交換)があり、各々の原理に基づいて行われるが、行商を支える原理は両者の中間的な性格を有するといえる。具体的には、「ものが目的」との市場原理が働く一方で、人間関係が重視されるという、両面的な性格が見出される。交易のなかにはむしろ相互接触を避けるものもあるなかで、行商は人間関係が最も重視される交易形態だといえる。今日、行商は、常設店舗に恵まれない地域においては、なお日常生活品の供給者として重要な役割を担っている。これらは、トラックにさまざまな品物を積んでいく「小さなデパート」形式のものが多い。また、富山の薬売りのように、伝統の延長線上で活動を続けているものもみられる。

[参考文献]　柳田国男「行商と農村」(『柳田国男全集』二九所収、一九九一)、北見俊夫『市と行商の民俗―交通・交易伝承の研究(二)―』(「民俗民芸双書」、一九七〇)、瀬川清子『販女』(「女性叢書」、一九七一)、桜田勝徳「背後農村との交渉」(『桜田勝徳著作集』一所収、一九八〇)、豊田武「日本商人史中世篇」(『豊田武著作集』三所収、一九八三)、胡桃沢勘司『西日本庶民交易史の研究』、二〇〇〇

(胡桃沢勘司)

きょうだいぶん　兄弟分　実の兄弟姉妹でない者が互いに約束し合って兄と弟、姉と妹などの関係になぞらえる民俗。兄と弟の場合が最も多く、ついで姉と妹、稀には兄と妹、姉と弟という事例も見られる。山形県西田川郡温海(あつみ)町(鶴岡市)浜中のケヤキキョウダイは姉と妹に、伊豆諸島神津(こう)島のキョウタイブン、アイダーには兄と弟、姉と妹のほかにわずかながら兄と妹、姉と弟になぞらえるものもある。発音は一般にキョウダイブンで、文字では兄弟分で代表する。その約束を兄弟契り・兄弟成りなどと称して、兄弟盃などの儀礼を伴う場合も珍しくない。約束し合うとはいえ、あくまでも慣行上の擬制であって、戸籍など法律上の身分関係はない。たとえば義兄弟にも兄弟分と一致する例が認められるが、婚姻や養子縁組によって形成されたものは除かれる。慣行としての兄弟分には大別して二種の類型が認められる。第一は親方系兄弟分で、同じ親方(親分)を取った子方(子分)どうしが、親方取りの新旧や年齢の上下によって兄分・弟分となるものである。たとえば島根県隠岐島では、成人に際してカナオヤを迎えたカナコ、カナムスメが、同時に兄弟分・姉妹分の盃を交わしたといわれる。第二は親友系兄弟分で、ツレ、ドシ、ケヤクなどと呼ばれる同輩の親友どうしが、互いの友情を一層深めるために兄弟分の盟約を結ぶものである。青森県津軽地方には、この種の親友系兄弟分の慣行が広く、両親や親族・友人たちの列席のもと、兄弟盃を交わして、晴れて兄弟分の関係に入る。二人一組が通例で、時には大勢の者が集団状・連鎖状に加わることもある。この地方では、かつては互いの皮膚を傷つけ合って固い契りを結んだそうで、血盟の秘儀を思わせる伝承が残っている。津軽地方では、兄弟分の交際は一生にわたるもので、祝儀・不祝儀における互助だけでなく、田植えなど労働の加勢にも励むといわれ、「親兄弟に話せぬことでも兄弟分には打ち明けられる」間柄だそうである。全国的に、兄弟分は青少年期に形成されるのが一般で、

以後一生にわたって親密な交際をつづけていく。とりわけ成年に達してから、婚姻の媒介に活躍する例が多い。親分・子分（親方・子方）が親子になぞらえ、主従すなわち縦型の人間関係を形成するのに対して、兄弟分は対等、すなわち横型の関係を結ぶことになる。したがって、親分・子分が個人の交際から発し、家族全員から家どうしの結合に発展する場合が多いのに対して、兄弟分は個人的な色彩が濃く、当人どうしの交際に終始し、せいぜい家族の間にまで広げられる程度である。そして、兄弟分の交際は、当人どうしが死ねば打ち切られてしまい、子や孫の代にまで引き継がれることは少ない。そのために親分・子分や年齢集団（特に若者組）などと比較して、兄弟分は全国各地に分布しているとはいえ、地域社会に果たす意義は相対的に低いと見られる。

参考文献　竹田旦『兄弟分の民俗』、一九八九、八木透「家島の兄弟分慣行と妻訪い婚」（竹田旦編『民俗学の進展と課題』所収、一九九〇）
（竹田　旦）

きょうどうきがん　共同祈願　村落全体にかかわる具体的利益を目的に、村落社会の行事として行われる祈願。一般に、雨乞い・日乞い・風祭・漁祈願・虫送り・疫病送り・道切りなどをさす。祈願というが、神仏に対する祈願というよりも災厄をもたらす悪しき霊的存在に向けた対抗・鎮送の呪術的措置とみるべきものも含めることが多い。共同祈願の中心は、天候の安定を乞うもの、生業の成就を祈るもの、流行病の蔓延を防ごうとするものである。そのなかには一年の決まった時季に定期的に行う年中行事と特別な状況下で臨時に行う状況儀礼とがあり、同種の儀礼が年中行事としても、また状況儀礼としても行われるということも珍しくない。たとえば道切りは災厄の侵入を防ぐ目的で注連縄などをもって集落の入口を象徴的に封鎖する儀礼であるが、毎年同じ時季に春祈禱や夏祈禱として行う例と、疫病流行の際に臨時に行う例とがある。雨乞いや漁祈願・疫病送りなども同様である。なお、祈願のなかには、特定の個人ないし家に属する事柄を社会全体で祈るものがある。千度参り、勢祈禱あるいは千垢離などと称して、重い病人の回復を願って村落や村組の成員が集団で宮参りをしたり水垢離をとったりする習俗がそれである。こうしたものを合力祈願と呼んで個人祈願と共同祈願の中間に位置づける意見もあるが、これも共同祈願に含めることもある。共同祈願は村落の行事であるから、通例、村氏神の祭礼や村仕事と同様に構成員各戸の参加が義務づけられている。　↓雨乞い　↓風祭　↓祈願　↓道切り　↓虫送り
（小嶋　博巳）

きょうゆうざいさん　共有財産　村落ないしは村落内部の小地域集団で共有する財産。土地や山・林野・田畑・溜池・放牧地などの不動産。水車や郷倉・集会所・風呂などの諸施設。冠婚葬祭や庚申講など各種講における共同飲食のための膳椀や机・椅子・座布団などの道具。漁村における網や船、祭礼時の山車や神輿、葬式時の遺体を運ぶ輿など、村落で生活するために必要なさまざまなものがある。共有の山野は入会山、モヤイヤマ、ナカマヤマ、ソウモチなどと呼ばれており、建築用材や薪炭材・肥料・飼料・屋根のカヤなどの採集地として利用された。利用にはさまざまな制限が設けられ、平常は立入を禁じ口開けを設けたり、樹種を限ったり、利用目的を燃料・肥料に限定したりして共同の利益を守っている。共有の田畑には村落で所有するツジ田・ムラ田、村落内部の小集団の持つモヤイ田・講田などがある。共有田の収益は村落の雑費などをまかない、屋根のカヤ採取や、信仰関係の行事をまかなう費用を出すためにも利用された。しかし、明治政府が実施した地租改正や町村制の施行により、共有の山野や田畑は大幅に減少したが、共有地は人々の生

活を維持してゆくために必要であり、名義上村落の資産家数人の共有地として村人の使用を認めたり、各村落の共有地を行政村の所有とし、旧村の利用権を従来どおり認める例などさまざまな工夫がなされた。だが、その後の都市化は共有林野の必要性を減少させ、私有化への道を開いた。その結果、共有林野は各個人に分割されたり、公共施設用の用地として寄贈されたりして減少していった。水車や風呂などの共同設備は、村落内部の個々の家が協同で設立し交替で利用した。これらの共同設備も都市化の進展により急激に減少している。共同風呂は個人風呂へと変わった。精米・製粉用の水車は機械精米へと変わり機械の共同購入が盛んになり、一時は組合を設立して相互の利用を計ったこともあったが、農協のライスセンターが一九七五年(昭和五十)以降顕著な伸びを見せたため、機械の共有化の意欲は失われていった。共同飲食のための膳椀など道具類は、村落あるいはその内部集団としての村組や葬式組の共有物として、膳椀小屋とか倉などに保管されている。庚申講や地神講などの定期的な集りに必要な道具類は各々の講の財産として保管され、葬式の時の輿は葬式組あるいは檀家の所有となる。これらの膳椀類は一部ではまだ活用されているが、都市近郊の人口急増地域や山間・離島などの過疎地域などでは共同飲食の機会がなくなったり、かつての講の集りが旅行などに転化したことにより、膳椀を利用しなくなった地域も多い。葬式時の輿も葬儀屋の進出や火葬の普及により利用が減少している。共有財産の減少と私有化傾向が顕著な中で、神輿や山車の共有化が近年増加している。町内会や自治会、商店会などが購入し、祭礼のみならずさまざまなイベントで利用される。神輿や山車の巡幸が華やかなイベントの象徴となり、地域住民のコミュニケートを深めるための機会を提供している。

[参考文献]　橋浦泰雄「協同労働と相互扶助」(柳田国男編『山村生活の研究』所収、一九三七)、最上孝敬「土地共有」(同)、福田アジオ『日本村落の民俗的構造』(『日本民俗学研究叢書』、一九八二)
（畑　聰一郎）

ぎょぎょう　漁業　水界に棲息する魚・貝・藻類を採捕する漁撈を基礎とした産業。近年は水産業といいあらわすことが多い。営利を目的とした経済活動の一つである漁業は、日本では最も古い産業として考えられる。漁獲物は、主食とはならないため、早くより交換品として扱われ、また商品経済として流通してきた。四方を海に囲まれ、水産資源に恵まれてきた日本では、これを生業(なりわい)とする漁民や漁村が各地で早くより成立し、多くは農業との兼業の中で鮮魚や塩蔵魚あるいは加工食品や魚肥などの生産販売を伴って地域的に発展してきた。漁業には、その基礎となる漁具・漁法によって、伝統的に網漁業、釣・縄漁業、特殊漁業の三つがあり、船の発達とともに漁場を拡大してきた。このうち網漁業には魚類を網の目で刺し採る刺網、魚群の上から掩(かぶ)せ採る掩せ網、タモのように魚を掬い採る掬い網、魚を網で引き寄せて採る引き網、定置網のように魚が回遊してくる場所に網を建て待ち伏せて採る建網など大小さまざまなものが存在するが、網の大規模化は進んでも、採捕する原理があまり変わらずに今日に至っているものが多い。また釣・縄漁業には、カツオの一本釣りにみられるような竿を用い、竿の先から釣糸をたらし、釣糸の先につけた針で魚を採る竿釣り、竿を用いず、直接、手から釣糸をたれる手釣り、一本の縄に多くの釣針のついた枝縄を出し、これを海中に流して船で引きながら魚を採る延縄(はえなわ)などの種類があり、往昔より今日に至るまで、原理的には変わらない漁具・漁法で続けられてきている。特殊漁業には、網や釣・縄に含まれないさまざまな漁法が含まれる。これらの中にはモリやヤスなど刺突具を使用し、海上より箱メガネなどにより魚の動きをみて突き採る見突き漁や海中に潜って突き採る潜り突き漁などの突き漁や、海女や海士による搔爬具を用いての潜水漁、魚の習性を熟知した上で筌などの陥穽具を用い、これに陥った魚を採る筌漁や籠・箱・壺漁などがある。これらの特殊漁業の技術には、狩猟と未分化ともとれる原初的なものも多く見出される。明治期以前において漁業は、船の構造や操船技術が未発達であった関係で、ほとんどの地域で沿岸海域を漁場として操業してきた。多くの漁村では江戸時代において、自村の地先海域は、いわばその村に所属する専用漁場として慣行化され、この海域を中心に漁業が行われてきた。こうした中で、日本の各地に先進的漁業地帯が出現し、大規模な網漁業などを発展させてきた。明治期以後、船の大型化や堅牢化、あるいは動力化が進む中で、沖合漁業や大資本経営の遠洋漁業が伸展し、漁獲物の流通機構の整備と相まって、近代漁業が成立した。今日の漁業は、地域経済の枠にとどまらず世界市場に直結する国際化の中で、栽培漁業の増大や埋立てや汚染による沿岸漁場の縮小など新たな問題に直面しているといってよい。

参考文献　清水弘・小沼勇『日本漁業経済発達史序説』、一九四九、山口和雄『日本漁業史(新版)』、一九六〇、平沢豊『漁業生産の発展構造』、一九六一、高桑守史『日本漁民社会論考―民俗学的研究―』、一九九四

(高桑　守史)

ぎょそん　漁村　海や河川、湖沼などの水界に接し、そこに棲息する魚貝類や海藻を採取することを生業の中心とする村落。山村や農村と対比される。日本は四方を海で囲まれているという立地から、長い海岸線をもち、海村は東西を問わず点在する。海岸線に沿って立地している海村でも、過去の歴史的経緯や自然環境などの理由から、海に背を向け、成立当初より漁業に携わらぬ村落も多い。また何らかの理由で、それまで行なって来た漁業から別の産業に転換し、現在、漁業に従事しない村落もある。しかし多くの村落では早くより眼前の海の資源である魚類や貝・藻類を採取することを生活の糧とし、漁村としての多様な形態を各地で展開させてきた。日本の漁村の多くは、農業の傍ら、地先海域に季節的に回遊してくる魚類や、根付け、磯付けと呼ばれる磯魚や貝・藻類を採取する半農半漁的形態をとるものであるが、整備された漁港を中心に、年間を通して漁業に従事する純漁村も多くみられる。こうした純漁村では、地先海域の外に広がる沖合を漁場とする沖合漁業を早くより発達させ、副食としての自家消費用の鮮魚のみならず、近郊の大都市を市場として、高級魚の販売や加工、半加工食品、あるいは魚肥などの生産・出荷が行われてきた。それ故、純漁村であればあるほど、地域の中に、漁業従事者のみならず、種々の関連職業に従事する人々や作業施設を保有し、機能的にも景観的にも町場の様相を呈している場合が多い。一方、半農半漁村では、農民たちによる規模の大きな集団漁撈が各地でみられ、定置網や地曳網などの大網を村落で所有し、農閑の漁期に限って、組織的に漁業に従事し、漁獲物の分配にあたっては、これに参加した者に平等に分配されることが多かった。このような村持網に参加する権利を農民の身分によって制限している漁村もあった。明治以降半農半漁村、純漁村とにかかわらず、漁業協同組合が地区ごとに設立され、現在は生産・販売・金融・消費など生活全般にわたって指導的に漁民の生活を支えている。多様に展開する漁村の分類について、種々の試みがみられるが、青野寿郎は、農漁業生産額の比率を指標として㈠純漁村、㈡主漁従農村、㈢半農半漁村、㈣主農従漁村、㈤純農村、㈥漁業市場の六つに分類し、羽原又吉は江戸時代の海村を、同じく生業形態の比重により㈠地方―(a)地方＝純農、(b)海辺地方＝主農従漁、㈡浦方―(c)端浦＝半農半漁、(d)本(立)浦＝純漁の四つに分けている。また桜田勝徳は、㈠沖合漁業村(B

村）、㈡B村的定置漁業村、㈢海藻貝類採取を含む地先小漁業村（A村）、㈣A村的定置漁業村、㈤カキ、ノリなどの養殖村の五つに分類し、沖合漁業村（B村）と地先小漁業村（A村）の対比を試みている。日本の漁村は、村落ごとに漁具・漁法をはじめとした漁撈形態に個性があるといわれるが、それは、水域の自然環境や村落の立地条件、歴史的な地域経済のあり方などに規定され、現出していると考えられる。

参考文献 羽原又吉『日本漁業経済史』、一九五二－五四、青野寿郎『漁村水産地理学研究』一・二、一九五三、宮本常一『海に生きる人びと』（『日本民衆史』三、一九六四）、桜田勝徳『漁村民俗誌』（『桜田勝徳著作集』一、一九八〇）、同「漁人」（同二所収、一九八〇）、高桑守史『日本漁民社会論考―民俗学的研究―』、一九九四

（高桑 守史）

ぎり 義理 人間関係を維持するために守らなければならない社会規範。古くは物事の正しい筋道を意味する言葉で、道暁の『沙石集』（一二八三）には、「仏法の無量の義理をふくめり」とある。中世末期の『日葡辞書』には、「礼儀正しさ・律儀さ」という意味も出ている。ともかく当初は人の踏み行うべき道といった個人の修養にとどまるものであったが、江戸時代に入って義理が儒教と結びつくと、種々な人間関係における絶対的な倫理とされるようになった。特に町人社会で生活感情を含む共有の感覚として重視され、実践された。義理は社会規範として、外面的、制度的に人間を束縛する性格を持っていたから、人間が本来持っている情愛などの人情と対立・葛藤する場合があった。ただ、近松門左衛門の作品（たとえば『心中天の網島』）にみられる義理は、制度的な関係を維持するために、いやいやなされる義理の実践ではなく、みずから納得したうえで悲劇を選択する内面的、自発的な義理である点に注目しなければならない。一方、民俗的には、義理は社会規範というより、世間並みのつきあいを意味する言葉であった。義理には、親類縁者のあいだにおけるものと、ムラ全般にかかわるものとがあった。それが具体化するのは、前者の場合、冠婚葬祭や年中行事などにみられた。愛知県佐久島（幡豆郡一色町）では、モンビといわれる年中行事や節供の日ごとに仲人を訪れて挨拶するのがギリといわれる。神奈川県青根村（津久井郡津久井町）では、香典の借りを「ギリがある」といった。後者の場合は、田植え・屋根替え・道の修復といった場面で見られた。愛知県振草村（北設楽郡東栄町）では、無償で仕事をすることをギリとかオツキアイという。このギリを受けた側では、近い将来、借りた義理を同じ量の労力で返さなければならなかった。ここにみられる互酬性は義理の一大特色である。こうした村の慣習をよく守る人が義理堅いと褒められ、人の手本とされた。和歌山県上山路村（和歌山市）では極端に義理堅い人のことを義理イチマキの人とよんだ。人の死は人間にとって最大の出来事であったから、葬式のつきあいは最も重要視された。多くの場所で単にギリといえば、葬式の訪問を意味するのはそのためである。滋賀県栗太郡で親類以外の会葬者をギリフガイというのも、物のやりとり以上に訪問見舞が義理の古い形であったことを示している。相互に顔を見せ合うことが生きていくうえで基本的に重要だったからである。

参考文献 守随一「村の交際と義理」（柳田国男編『山村生活の研究』所収、一九三七）、今井淳「町人の倫理思想」（金子武蔵編『新倫理学事典』所収、一九七〇）、和歌森太郎『庶民の精神史』（『和歌森太郎著作集』七、一九八一）、同「日本人の生活と習俗」（同一二所収、一九八二）、同「村の制度と倫理」（同）

（布川 清司）

きんき 禁忌 感染すると災厄を受けるため、神聖なもの、不浄なもの、危険なものなどに接触することを禁止したり避けたりすること。ポリネ

シア語のタブー taboo, tapu の訳語。禁忌を侵した場合は当事者はもちろん、関係者にも災厄が及ぶと考えられていることも多い。禁忌は日本古来の忌みに相当するが、忌みは物忌と忌みとに分けられ、前者を積極的禁忌、後者を消極的禁忌と区分することも一般的である。しかし本来は物忌も忌みも同一の心理にもとづくもので、忌・斎という漢字があてられていたが、中世以降は祭典準備として必要なイミを物忌と称するようになったと考えられている。神祭における物忌は、死や出産などの穢れや汚穢なものに触れることの禁止を前提として、各種の行為が制限される一方で、心身を清浄に保つために積極的な行為がとられる。たとえば島根県美保神社の祭を主掌する一年神主の場合、仏事に一切かかわらない、人ごみに入ること、旅行すること、みだりに人と面会することなどの禁止というように日常生活が制限され、その上で一日一回潮かきをして社参しなければならない。物忌の方法は三種に大別することができる。その第一は、精進宿・精進堂などに「忌籠る」方法であり、第二は垢取(こりとり)り、潮かきなどと呼ばれる禊(みそぎ)形式である。これに人形(ひとがた)や幣帛(へいはく)による祓形式も加えることができよう。第三は火を更新することであり、聖なる火を焚き、別火の生活を行うことである。物忌ではこの三種の方法の全てを伴う場合が少なくない。一方、最大の穢れとされる死や、出産・月経に際して、強い忌みが課せられる。とりわけ死忌みは、逆さ水・一本箸をはじめ日常の生活で禁止される行為が行われ、かつては喪屋住まいという隔離の方法もとられていた。隔離された生活は出産・月経などでも行われていたが、これは一般的にいわれる不浄のためではなく、むしろ聖なる事柄故に隔離されたとみることの方が妥当な見解であろう。死や出産は神祭と同様非日常的な世界と考えられてきたために、強い忌みが要求されたのであるが、忌は出産・月経ばかりではなく、特定の日・時・場所・方角・行為・言葉・数・物をはじめ日常生活全般にわたってみられ、通常「何々であるから、何々してはいけない」「何々すると、何々になるので、何々をしてはいけない」という形をとる。こうした禁忌は、語呂合わせや連想、感覚的なものから、道徳や経験に基づくもの、信仰に関連したものなどさまざまな理由によって成立し維持されてきたのであるが、神道・陰陽道・修験道などの宗教的職能者の関与、暦の普及なども無視することができない。→忌(い)み

参考文献　柳田国男「忌と物忌の話」(『柳田国男全集』一三所収、一九九〇)、竹内信常『日本人のタブー』、一九七一、井之口章次『日本の俗信』、一九七五

(宮本袈裟雄)

きんりんぐみ　近隣組　村落や行政区・自治会などの地域社会内の家々を一定戸数ごとに区分して構成される近隣組織。竹内利美の設定した用語。社会関係の積み重ねにもとづいて村落社会の内部を地域区分する村組に対して、近隣組は家並・構成戸数という基準によって構成される。村組・近隣組ともに、近隣(住居の近接性)という契機をもとにした家々の結びつきであることから、地縁組織とも呼ばれた。近隣組は生活上の必要によって作られたものではなく、行政の必要によって設定されたものである。江戸時代の藩制村の中の五人組、明治初期の隣保組織再編に際して設けられた伍長組、一九四〇年(昭和十五)に戦時体制協力のために全国的に組織された部落会・町内会の中の、上意下達機構の末端としての隣保班(隣組)、現在の町内会・自治会の班や組などがこれにあたる。それぞれ、藩行政・地方自治行政の必要によって作られたものである。第二次世界大戦後、一九四七年に廃止された町内会・部落会が名称などを変えて実質的に存続した中で、近隣組も存続しつづけ、現在も町内会・自治会の中の班や組として機能している。近隣組には行政の末端組織と

しての機能、および近隣組織としての相互扶助的機能とがある。前者は班長・組長という役職を通して自治会・町内会の中に公的な位置を占め、後者は葬式の際の手伝いなど、家々の互助協力活動という私的な側面に関与している。→組(くみ)　→村組(むらぐみ)

参考文献　福田アジオ『日本村落の民俗的構造』(『日本民俗学研究叢書』、一九八二)、竹内利美「村落社会と近隣組織」(『竹内利美著作集』一所収、一九九〇)

(山本　質素)

く

くいぞめ　食初め　生児がはじめて大人と同じ食べ物を食べる民俗。成長の節目の一つである。食初めには、子ども用の茶碗・箸・膳を親元から贈り、箸で食事をする一人前の人として取り扱われる。箸揃え、ハシイワイ、ハシハジメという地方もある。食初めは百日目ころで生児の首がしっかりすわる段階に行う。「百日の一粒飯」ともいい、また食べ物に恵まれ授かりが多いようにという願いを込めて百八日・百十日にクイノバス(食い延ばす)という地域もある。三重県熊野地方では七日目・十一日目にオドリゲ(大泉門)をそり、そこに堅く山盛りにしたクビツギメシをのせ、祖母が一口かみくだいて子の口につけて食べる所作をし、丈夫に育つことを祈願した。食初めの膳は産飯や七夜の膳と同じように小豆飯であるが、川石を「石のおかず」としてのせて尾頭付きの魚をつける。特に食初めの魚はカナガシラ、イシモチなど頭の固いものをつかい、山村ではあらかじめ求め干物にしてそえた。石のおかずは広く分布し石のように固い丈夫な歯がはえる呪(まじな)いといわれる。三重県度会郡南伊勢町南島ではこの石はモモカ(百日)の宮参りに氏神に納め、帰りは近所で「茶を呼ばれ」てから家に入るという。食初めの席には産婆・女仲人・嫁の母親・既婚の姉妹など限られた女たちが集まり、それぞれが一粒でも子の口にいれるようにした。

参考文献　柳田国男編『山村生活の研究』、一九三七、瀬川清子『食生活

の歴史』、一九九六、新谷尚紀『生と死の民俗学』、一九九五　（岡田　照子）

くさぶき　**草葺き**　草で葺いた屋根のこと、あるいはその民家。茅葺きともいう。材料として使われる草としてはススキがもっとも多く、ヨシ、カリヤス、チガヤなどのイネ科の多年草のほかに、小麦藁、稲藁などの穀物の殻、あるいは笹など手近で大量に入手できる草が使われた。屋根を葺く草を総称してカヤと呼ぶが、もっともよく使われるススキをカヤと呼び、ススキで葺かれた屋根を茅葺きと呼ぶこともある。それに対応してヨシ葺き・藁葺きなどと材料で区別して呼ぶ場合もある。草葺きを維持するためには広大な採草地が必要で、そのための茅場が確保されていた。人口密度が高く耕地化が進んだ関東や近畿の平野部では茅場の確保が困難になり、その代用品として小麦藁で葺くのが一般的であった。ススキやヨシが三十年から五十年の耐久力があるのに対して小麦藁は十年から二十年、稲藁は三年から五年が限界である。草葺き屋根の形には寄せ棟・入母屋（いりもや）・切り妻・かぶと屋根がある。寄せ棟は日本全国に広くみられ、入母屋は近畿地方を中心に西日本に多い。切り妻は飛驒白川郷、大和・河内地方、甲府盆地などの地域に限られている。かぶと屋根は養蚕業の盛んな東北や関東と中部地方の山間部に分布し、屋根裏を蚕室として拡大し、またその換気と採光を図るために、寄せ棟や入母屋から発達した形式である。草屋根を支える小屋組にはオダチ組(たるき構造と呼ぶこともある)と叉首組(合掌組と呼ぶ地方もある)がある。オダチ組は梁の上にたてた束で棟木を支える構造で、その束をオダチと呼ぶことからその名称がある。叉首組は梁の上に三角形に部材を組み、その先端をX形に交差させてそこで棟木を受ける構造である。オダチ組は近畿地方に多く、叉首組は日本全国に普遍的にみられる。また年代の古い民家にオダチ組が多い。今日の草葺きは草の根元を下に向けて葺くのが一般的で、これとは逆に穂先を下に向けて葺くのを逆葺きと呼ぶ。逆葺きは葺き方が簡単で薄く葺くのに向いているが、耐久性に劣る。それに対して根元を下に向ける葺き方は技術を要するが、厚く葺くのに向いていて耐久性に優れる。『万葉集』には逆葺きという言葉がみられ、また長野県諏訪大社の穂屋などの古い習俗を伝える建物も逆葺きとなっている例が多い。さらに中世の絵巻物などに描かれた町家の屋根も逆葺きと思われる例も目立つ。それに対して近世民家の草屋根は、沖縄を除くと根元

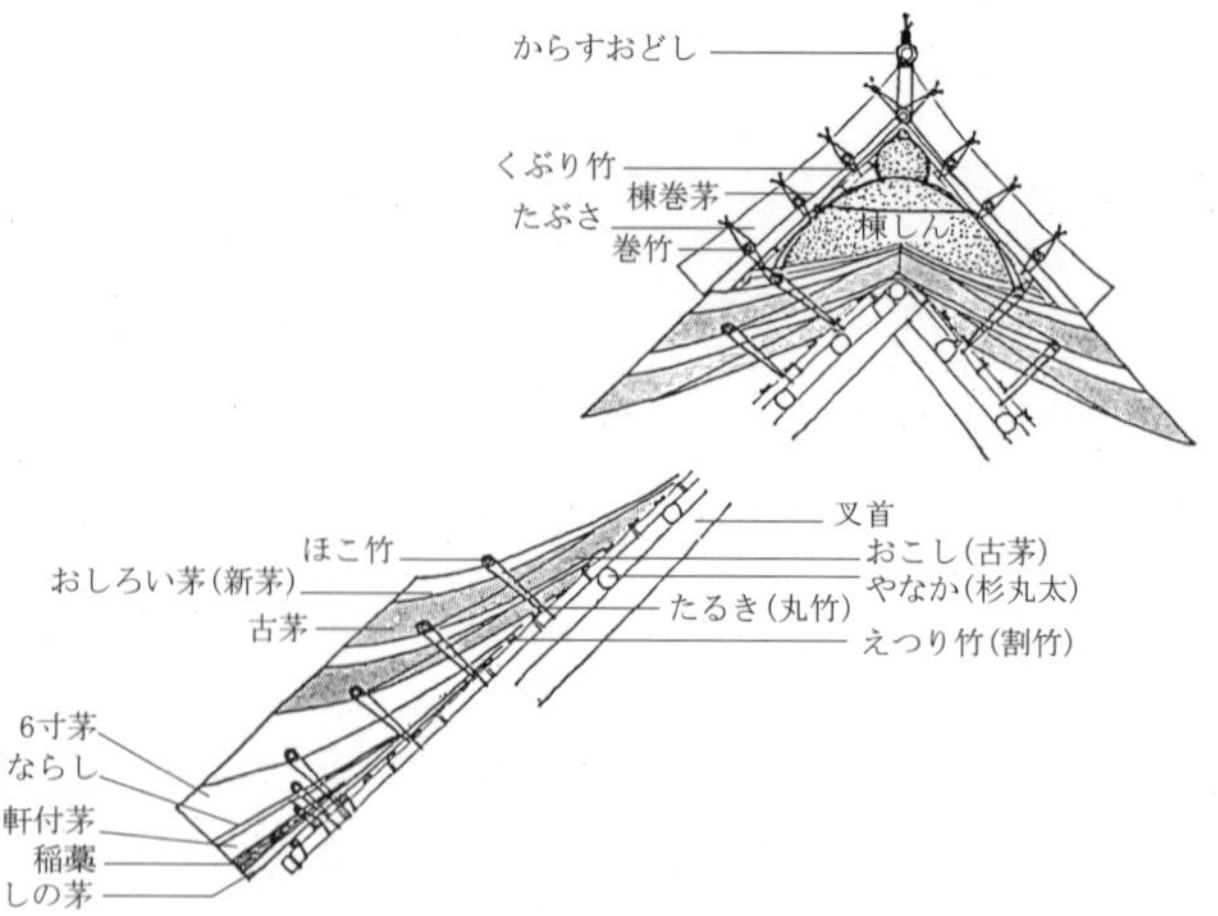

草葺き屋根断面図

を下に向ける葺き方となっていて、逆葺きは稲藁で葺く場合や仮設の小屋などに限られている。古代の逆葺きという言葉は逆さでない葺き方が存在したことをも示し、地域や階層によってそれが違っていた可能性も考えられる。また沖縄や南方の民家が逆葺きであるのに対して、アイヌの住まいであるチセは根元を下に向ける葺き方であることから、根元を下に向ける葺き方を北方の文化、逆葺きを南方の文化とする考え方もある。

参考文献　安藤邦広『茅葺きの民俗学—生活技術としての民家—』、一九八三、石田潤一郎『屋根のはなし』(「物語・ものの建築史」九、一九九〇)、安藤邦広・山下浩一・乾尚彦『住まいの伝統技術』、一九九五
（安藤　邦広）

くさわけ　草分け　村落を開発したと伝えられる家。クサキリ(草切)、シバオコシ(柴起し)、シバキリ(柴切)などともいう。近世に開発された新田村落の場合には、草分けと呼ばれる特定の家々がその村落を開発したことを歴史的事実として確認でき、しかも実際に近世を通して名主・庄屋以下の村役人を世襲的に独占していたことが多い。しかし、日本各地に見られる草分けの大部分は、伝承として語られたり、主張されたりするもので、実際にそれらの家々の先祖が村落の開発者であったことを確定できるわけではない。伝承としての草分けは、各地で同じような内容で伝えられていることに示されている。その代表的な伝承が七軒百姓とか七人百姓である。ムラを開発したのは七人であったというもので、村落の開発は七人ないしは七軒でなければならないという人々の観念を表現している。また、草分けの家々は落武者としての伝承を伴っていることが多いが、それも自分たちを貴種に結びつけようとする観念の所産と理解される。草分けは歴史的事実として確認ができなくても、現実には特定の家々の村落内での権威を保証し、多くの場合氏神祭祀や林野利用において特権を保持する根拠とされてきた。草分け伝承は日本各地に伝えられているが、その伝承の地域差は明らかにされていない。

参考文献　柳田国男編『山村生活の研究』、一九三七
（福田アジオ）

くちあけ　口明け　動・植物資源の採取が規制される磯や林野の共同利用地において、採取が解禁されること、またはその解禁日をいう。口明けは採取対象ごとに設定されるが、磯については磯の口明け、林野については山の口明けというのが一般的である。口明けによって利用が規制される採取対象は、漁村では磯などに定着している貝類・タコ・海草類などで、農村では林野の草や木の実などであった。これらの全く無制限な採取は、人々の競争を激化させて乱獲を促し、ともすると採取対象が未成熟なうちに根こそぎにされてしまい、資源の枯渇を招く危険性があった。特に採取対象が自家用だけでなく、商品価値を持つとその傾向は一層強まった。そのため、需要に比して相対的に希少となる採取対象については、一定期間利用を制限して保護し、さらに一斉に採取を始めることで、過度の競争を抑制して成員間の資源利用の公平を期したのである。口明けの日以降は、全く自由に採取できる場合もあったが、さらに採取回数や採取量、採取人数などを制限する場合もあった。口明けによって採取を行う権利を有するのは、利用規制を行う村落の成員に限られたのはいうまでもない。口明けは、毎年一定の期日が決まっている場合も多いが、村落の責任者が、採取対象の成長状況などを検分して決定する例も多い。口明けが決まると、触れを回し、その時刻に太鼓を叩いて知らせ、一斉に採取に向かうという慣行は、磯でも山でもよく見られた。

参考文献　最上孝敬「土地共有」(柳田国男編『山村生活の研究』所収、一九三七)、同「漁場使用の制限」(柳田国男編『海村生活の研究』所収、

一九四九）、橋浦泰雄「協同慣行」（同）　（飯島　康夫）

くちさけおんな　口裂け女　世間話の一話型。一九七九年（昭和五十四）の初夏のころ、子どもたちの間に突然取沙汰された噂。多くの場合、彼女は子どもにむかって積極的に「わたし、美人？」と声を掛けた。時節はずれの白い大きなマスクをしていた。答えに窮する相手の前で、女はマスクをはずす。すると、女の口は大きく耳元まで裂けていた。逃げる子どもたち目掛けて、女は凄まじい勢いで彼らを追い回したというのが当初の在りようであった。話は北は北海道から南は沖縄にまで拡がり、マスコミが取り上げて、大きな話題になった。発生源は岐阜とも名古屋だともいわれる。確定は不可能であろう。口裂け女の話が、噂、もしくは噂話の一類として間もなく終焉してしまえば、ことさら問題にはならない。しかし、この話柄は何故かその後も引き続いて尾を引き、しかも年を追ってモチーフを固める方向に進んだので、それがために説話化への姿を整えたことから注目されるに至った。具体的には「昔話」の特性たる「三の構造」を借用し、説話としての成長を示し始めたからである。たとえば、その後、彼女は三人姉妹の末子であり、住居は三鷹、三宿、あるいは三軒茶屋。追い掛けられた場合には呪言として「ポマード、ポマード」と三回唱える。もしくはあらかじめ彼女の好物のべっ甲飴を三つ用意していて、それを三回に分けて投げればよい、等々、明らかに逃走話としての要素を備えてきた点にあった。しかして今日現在、これの類話はほぼ沈静した。

参考文献　野村純一「話の行方―「口裂け女」その他（日本）―」（『口頭伝承の比較研究』一所収、一九八四）、同『日本の世間話』（「東書選書」一三八、一九九五）　（野村　純一）

くちよせ　口寄せ　巫女や霊媒などが、死霊や生霊、神霊を招き寄せ、自身にあるいはよりましに憑かせてその意を語ること、あるいは口寄せの業をなす者。葬式を済ませた後、四十九日・百ヵ日・周忌、盆や彼岸などに死者の霊を寄せるものは死口・仏おろしと呼ばれるが、死後百日までに行われる場合は新口とし、それ以後を古口として区別する。また、生死不明のために葬儀、埋葬を執行できない者の霊を寄せるものは生口、神霊を招来するものは神口・神おろしと呼ばれる。東北地方でイタコ、オカミン、関東地方ではアズサミコ、九州ではイチジョウ、沖縄・奄美ではユタと呼ばれた民間の巫女などが、死者との交流を望む遺族、家族の不幸や病気の原因、未来の吉凶、禍福、その年の天候や作物の出来、不出来について神の告知を求める人々の依頼に応じて口寄せを行なってきた。巫女が、梓弓を鳴らし、呪文・祭文を唱え、榊や幣などの採りものが揺れ出すと神・霊が降りたとして、死者の霊と依頼者との間で問答が交わされる。巫女の口を通して死者がこの世に遺した思いを語り、遺家族は、苦しむことなく成仏しているかいないかを問い、生きている者たちの近況を伝える。口寄せは一人で行う場合もあるが、二人一組で一方が審神者（さにわ）役をつとめる場合もある。口寄せは語り物の発生因の一つともみなされているが、巫女の語りを通じて、人々が死者の体験を共有し、継承するための場でもあった。一八七一年（明治四）の戸籍法の公布により身分制戸籍編成が否定され、座頭や瞽女の記載が戸籍から消滅した。また一八七三年に教部省から出された法令では、梓巫・市子・憑祈禱などが人民を眩惑させるものとして禁止されている。こうした明治以降の政府のさまざまな禁圧にもかかわらず、戦時、戦後に戦死者の遺族によって盛んに行われた。下北恐山にある円通寺で七月に催される地蔵講会では、イタコの口寄せが行われ、多数の参詣者を集めることで知られる。

参考文献　宮家準『生活のなかの宗教』、一九八〇、川村邦光『巫女の民

俗学―「女の力」の近代―』、一九九一　（井桁　碧）

くまのしんこう　熊野信仰　紀伊半島南端部の熊野三山（熊野三所とも）を中心とした信仰。熊野権現が熊野に鎮座した由来を記す『熊野権現御垂迹縁記』は散逸したが、一一六二年（応保二）甲斐国熊野社領の国衙収公事件の際に作成された勘文集である「長寛勘文」に引用され、中国の天台山から渡来して各地を転々とし、熊野に鎮座したと伝える。本宮（熊野坐神社）、新宮（熊野速玉神社）が成立し、十一世紀後半から滝を神体とする熊野那智神社が加わって以後、共通の神々をまつり、熊野三山・熊野三所権現と総称されるようになった。吉野・熊野の山岳地帯は早くから聖地として信仰されていた。興福寺の僧永興は紀伊国牟婁郡熊野村（和歌山県）で修行して呪力を身につけ、病を治して菩薩と仰がれた、弟子の法華持経者は熊野川上に至って身を投げたが、三年間にわたり『法華経』読誦の声が絶えなかったと伝える（『日本霊異記』）。平安時代になると、吉野・熊野は天台・真言の修行者の修業の場として、仏教色の濃い聖地となる。特に園城寺は熊野の修行者を輩出し、園城寺検校たるものの必須条件とされた。また、彼らは先達とよばれて、熊野の信仰を勧め、人々を熊野詣に導いた。本宮の本地は阿弥陀仏で、新宮の本地は薬師、那智の本地は千手観音とされ、本宮も証誠殿とよばれて浄土往生が証明される場所と信じられ、浄土願生者が参詣した。那智の海辺から、観音の浄土である補陀落浄土への往生を願って舟に乗り、帰らぬ人は補陀落渡海を果たしたと考えられた。熊野権現は託宣の神でもあった。『保元物語』に鳥羽上皇が参籠し、巫女の託宣で死期を知った話があり、人びとは、現世と後生の予告を願って参籠し、熊野の巫女に神の降臨を頼んだり、夜どおし参詣して神の夢告を得ようとした。鎌倉新仏教とよばれる宗派にも影響を与えた。時宗の祖一遍の「信不信を撰ばず浄不浄を嫌わず」との確信は権現の神託によるものであった。以来時衆は熊野の信仰をひろめる役割を担う。室町時代後期から江戸時代に、和歌山県新宮市神倉山のふもとの妙心寺を拠点にして諸国を遍歴した熊野比丘尼は、「熊野曼荼羅」や「観心十界図」を絵解きして、縁起や地獄極楽の様相を節をつけて語り、信仰を勧めた。『神道集』の「熊野権現事」は、殺された母の遺骸から乳を飲んで育ち、のちに蘇生した母とともに熊野に飛来して神とまつられたと伝え、御伽草子『熊野の本地』として流布する。熊野権現は女性を穢れた存在として忌避してきた多くの山岳霊場の神々とは異なり、血穢の女性を嫌わなかった。説教節『をぐり』に、全身異形に変じた小栗が土車に乗せられて熊野に行き、本宮湯の峰で元通りの身になった話は、救済を求めて熊野に赴く病者や障害者たちの共通の願望であった。熊野詣は先達や熊野比丘尼の活動によって、道俗男女、貴賤を問わず流行し、人まねの熊野詣、蟻の熊野詣などといわれるほどであった。彼らが歩いた地域には熊野権現が勧進され、全国的にひろまった。

[参考文献] 五来重編『吉野・熊野信仰の研究』（『山岳宗教史研究叢書』四、一九七五）、萩原竜夫『巫女と仏教史―熊野比丘尼の使命と展開―』、一九八三、豊島修『熊野信仰と修験道』、一九九〇　（西口　順子）

くみ　組　個人および家を単位にした結合。特に居住の近接性によって結びつく家々の結合・連合組織をさす。日本社会には、子供組・若者組・娘組・長老組など、個人の性や年齢、家族内や村落内での位置を基準にした組織や、特定の機能を担う消防組などがあるが、これらが単に組と呼ばれることはほとんどない。村落社会において組と呼ばれるのは、近隣組織のうちの村組や近隣組、町内会・自治会の中の組などである。組は、葬式・病気・災害・田植え・稲刈り・井戸替え・屋根葺きなどに際しての相互扶助の単位、共同祭祀や各種の信仰的な講が組織される単位となる。日常生活の中で多くの機能を担う組であるが、もっとも重要な一機能によって、葬式組・無常講・祭組・ユイ組などと呼ぶ所は多い。村組は地域社会での生活の必要から生まれ、生活・生産・信仰面で大きな機能を果たす。一方、江戸時代の五人組、明治期に再編された伍長組、第二次世界大戦中に組織された隣保班(隣組)などは、行政上の必要から組織された組である。日本社会の組的結合は居住の近接性を基礎にした強力な結合原理の一つであるため、政治的に利用されやすい。たとえば隣組は防空や物資配給などの特定機能を担うものとして全国的に組織されたものであるが、戦争遂行に協力するため、日常生活を強く規制する側面をもつ組織であった。現代の自治会や町内会の中の組・班も行政末端の機能を担うとともに、選挙時などに力を発揮する組織としての側面ももっている。　→近隣組　→葬式組　→村組

参考文献　最上孝敬「村の組織と階層」(『日本民俗学大系』三所収、一九五八)、福田アジオ『日本村落の民俗的構造』(『日本民俗学研究叢書』、一九八二)、竹内利美「組と講」(『竹内利美著作集』一所収、一九九〇)

(山本　質素)

くもつ　供物　神祭での儀式や法会・供養の場で供えられるもの。ソナエモノ、オソナエ、ゴクなどとも称される。神社では、神饌・神供といわれ、例祭などには幣帛(幣物)も献ぜられる。ミケ、ミキという場合に、前者は食物である御饌、後者は御酒であり、両者で神饌とも呼ばれる。「百味の御食」は、もともと大法会の節に仏前へ供される種々の供物の意。奈良県談山神社の嘉吉祭(十月十一日)では山野の収穫物となっている。供物は飲食物が主であるが、内容・形式・供え方など行事の時・場所・対象により異なり、地方的特色もみられる。供物は一定の形式・順序に従って供えられ、その行為が祭礼行事となったり、主たる供物をもってその名称とする場合もある。また、祭・行事の終了後に、それを参加者が共同飲酒をすることで仲間意識が高められたり、神威を得たと観念されたりする。ここでは祭の供物を中心に記しておく。㈠祭礼行事・名称の例　香取神宮(千葉県)の大饗祭(十一月三十日)では、真薦で編んだ三十三個の行器に白飯を盛り供える。北野天満宮(京都市)の瑞貴祭(十月四日)には、御旅所にて瑞貴御輿と甲の御供とが献ぜられる。芋茎を枠組みとし、新穀・蔬菜・果物・草花で飾った御輿で、滋賀県三上神社などにも類例がある。㈡供物の種類　酒は代表的なもので、一夜酒・甘酒・白酒・濁り酒・黒酒などみられ、清酒は新しい。食物では米が主で、洗米や蒸飯、あるいは盛りつけを大きくした高盛の例もある。餅も形態や種類は多様であるが、鏡餅が一般的である。米を蒸さずについた粢もある。餅米以外にアワやキビが材料となったり、また大きなものを牛舌餅と称したり、重ねて供えられることも多い。非飲食物もあり、石清水八幡宮(京都府)の供花神饌は各月を表わす景物十二台となっている。㈢調理・供え方　神饌の場合に、生で供える生饌(丸もの)と調理した熟饌とに区分されるが、鯛・鰒・海藻などの乾物もある。供える器も多様で、折敷・三方・行器のほか、柏葉・藁苞を用いる例もある。容器類を利用する以外に、掛魚のように懸ける場合、散供と称して撒いたり、そそいだりする供え方もある。滋賀県の日吉大社の祭では琵琶湖中へ散供される。また厳島神社(広島県)の御鳥喰神事のように海上に浮かべた飴餅を鳥についばませる行事がある。供物が見知らぬ内に無くなったり、食されたりすることで豊凶を占うということも見られる。㈣供物の禁忌など　供物の準備段階や保管の時に別室を設けたり、担当者以外の関与を忌避することもある。また、祇園・津島系の神社ではウリ類を供しないとい

う慣例も見られる。一方で、山の神にオコゼを供えたり、稲荷への油揚げなど、特定の神と結びついた供物もある。

参考文献 岩井宏實・日和祐樹『神饌—神と人との饗宴—』、一九八一、神社本庁編『神社祭式行事作法典故考究』、一九六四 （桜井 治男）

くわ 鍬 刃床部に柄を取り付け、打ち込んで耕起や土木工事の土掘り、あるいは畦立てや土をさらえるのに用いる用具の総称。使用目的に応じて、刃床部の大きさ、厚さそして重さ、また柄の長短などが変わる。機能と根本的に関わるのは柄角(刃床部と柄がなす角度)である。耕起用の打ち鍬では約六〇度、うね立てやうね間の土をさらえるような作業に使われる引き鍬では約三〇度である。柄角が小さくなると柄は長くなり、柄の手元の地上高が大体腰の高さになる。中間的なものの柄角は約四五度で、打ち引き鍬と呼ばれる。柄が極端に短いものがあるが、これはしゃがんだ姿勢で使われる。打ち鍬では、刃幅は広く刃床部は厚く重めに作られ、打ち込むときの慣性力を利用して土中に深く貫入する。しかし、粘土質の土地の耕起では刃幅を狭くして打ち引き鍬の形状になり、打ち込んでから引き、さらに深く貫入させるようになっている。刃幅を狭くするだけでなく、刃先を内側に湾曲させ両端がとんがった形状の鍬があるが、これも粘土質の土に貫入しやすくした工夫である。刃床部は、大きく分けて二種類あり、風呂と呼ばれる削り出した木に鉄製の刃先をかぶせた風呂鍬と、刃床部全体が鉄製の金鍬がある。刃を又状にした備中鍬や、刃床部に窓を二つあるいは四つあけた窓鍬も金鍬の種類である。鍬は鋤やいろいろな農具とともに中国の長江(揚子江)流域から弥生時代に伝えられた。それらはすべて木製であったが、当時は年中湛水の湿田であり木製の鍬でも用を足せた。五、六世紀のころ鉄製農具が伝えられ風呂鍬が普及した。やがて七、八世紀のころになると長床犂が普及して耕起に犂が使われるようになっていったが、室町から戦国時代にかけて施肥がひろまりだすと、長床犂よりも深く耕せる鍬が再び耕具の主役となり、近世を通じて集約的な鍬農耕が展開するという、世界的に特異な段階が続いた。こういった時代を象徴しているのが大蔵永常『農具便利論』(一八二二)である。そのなかの「諸国鍬之図」には二十四地方二十七種類の鍬が図示されている。それらのうち寸法がわかるものについて柄角と柄長を示したのが極座標のグラフである。打ち鍬ないし打ち引き鍬と引き鍬の二つのグループが明確に示される。この時代、鍬は耕起用だけでなく種々の分化がみられた。万能や草削りと呼ばれる除草専用鍬、黒

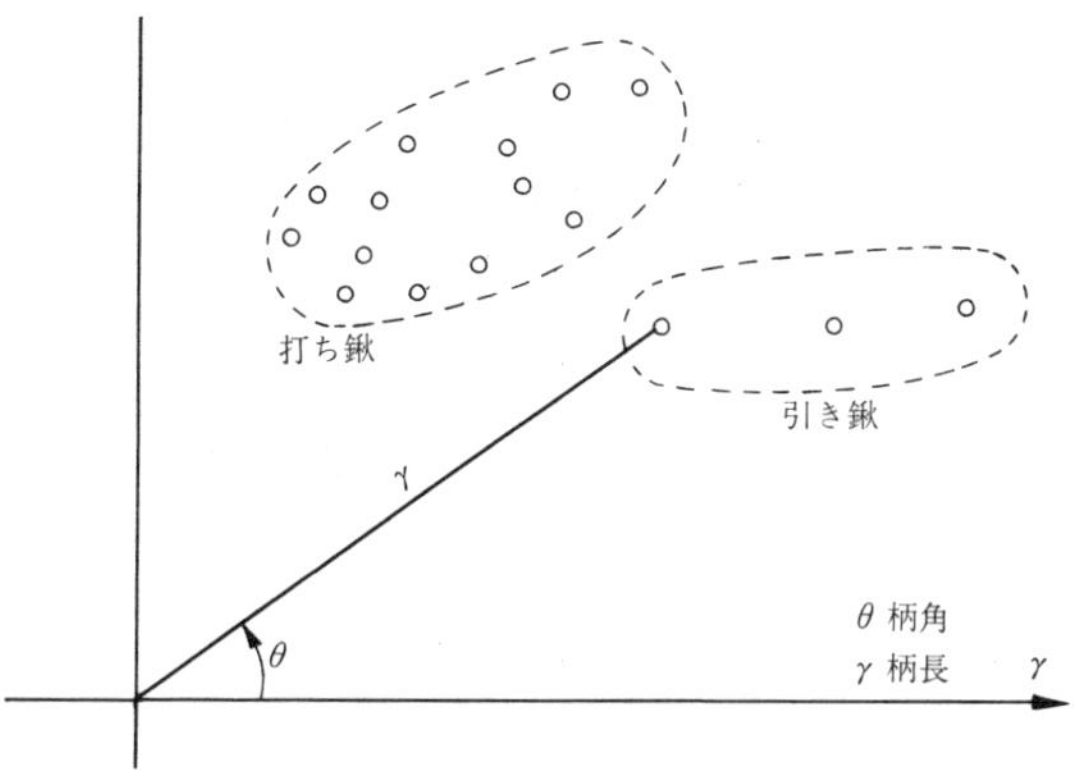

『農具便利論』にみえる鍬の柄角と柄長の関係

鍬と呼ばれた土工専用の風呂鍬、鶴はしと呼ばれる金鍬などである。近代に入ると近代短床犂が開発され鍬は再び脇役となった。昭和に入り、風呂鍬は次第に姿を消していった。なお、馬鍬（耖、代掻き用具）や大鍬（美濃地方の無床犂）などのように、鍬でないものに「鍬」が使われている。本来中国では「鍬」は臿（踏鋤）を意味していた。踏鋤の刃先が日本に伝えられ、鍬の刃先に転用された。はじめは鍬と理解されていたのが、八世紀のころから次第に鍬となった。馬鍬などはかつての用法の名残である。

参考文献　飯沼二郎・堀尾尚志『農具』（「ものと人間の文化史」一九、一九七六）、佐藤次郎『鍬と農鍛冶』、一九七九

（堀尾　尚志）

鍬

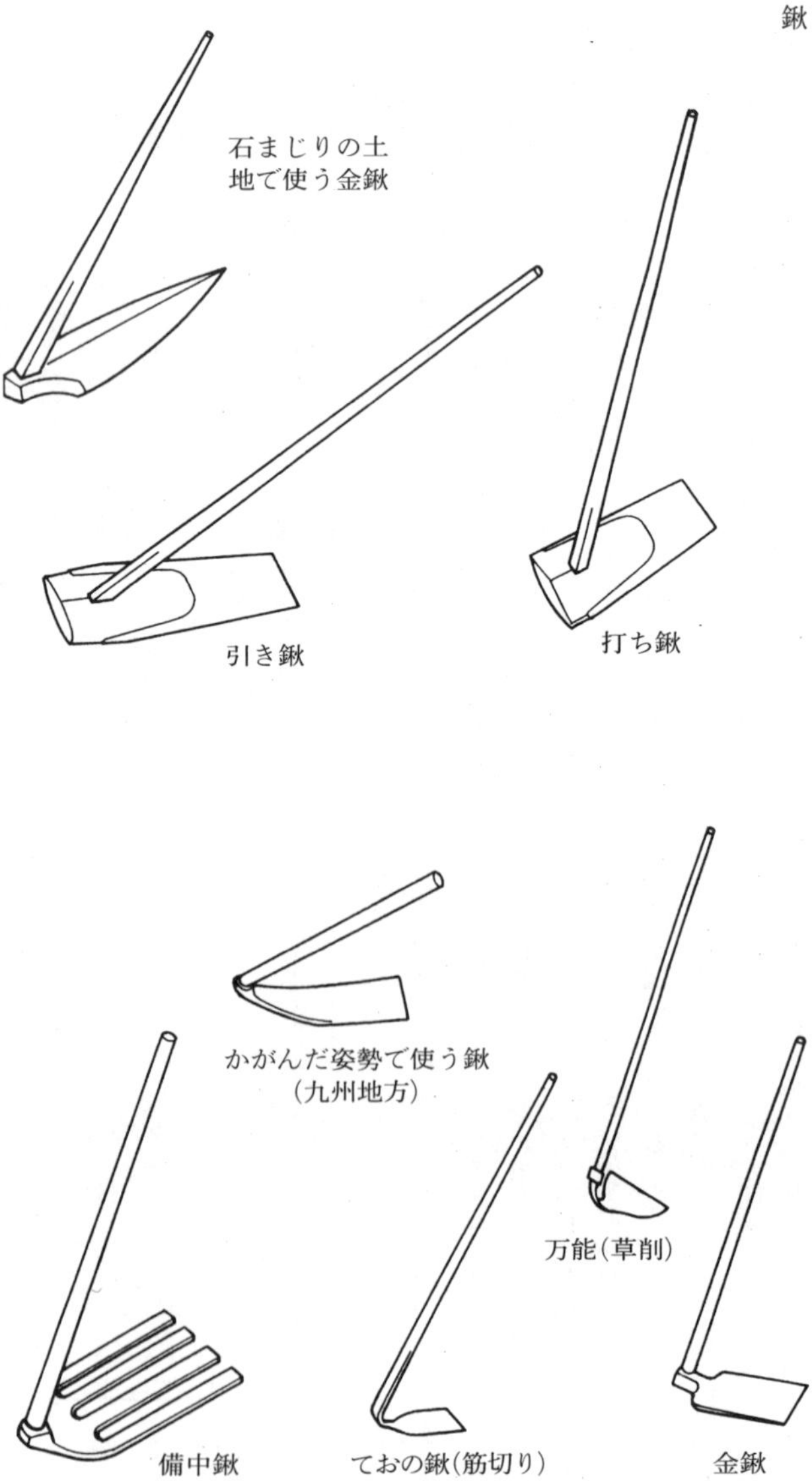

け

けいやくこう　**契約講**　山形県・宮城県・岩手県などの地域社会における地縁的、互助的共同組織。その伝統は江戸時代にまでさかのぼり、五人組制度の遺制とみなす視点もある。村落的自治組織を担う村契約から特定の目標をもつ契約まで種々の形態があり、こうした特徴への関心から韓国の契との比較研究も行われている。東北地方にあって、いわゆる同族的結合とは対照的な非血縁的組織原理が窺われる点で注目される。家を単位とする成員構成をもち、総会時には原則として戸主が出席する。過疎化、あるいは生活圏の拡大以前は、戸主層の契約講、後継者層の青年団など年齢集団体系の一部でもあった。特に三陸海岸部漁業村落は性別の年齢集団体系をもつことで知られ、戸主・若者重層型の組織形態を示す。町場や家格差のある村落では有力家の代表が契約組織を運営したり、新分家・新転入者は別の新しい契約組織を同地域内に発足させた、入り組んだ組織状態もみられる。単に、契約、あるいは契約会・契約組などの類似名称のほか、隣接の福島県では一忌組の名称で同様の社会的機能を示す。契約講の成員は、相互に葬式時の手伝い(男性の墓掘り、女性の弔問客接待など)、茅葺き屋根の葺き替えなどの際の労働交換をしたり、火災・自然災害で失われた家屋の再建のために共有山林から木材を伐り出して使用する権利をもっていた。火葬・仕出し料理の普及、保険制度が発達した今日でも、親睦・郷土芸能保存などの目的で機能している例がみられる。

参考文献　田村浩『五人組制度の実証的研究』、一九三六、高橋統一他「契約講の社会人類学的研究(一)」(『社会人類学年報』四、一九七八)、福田アジオ『日本村落の民俗的構造』(『日本民俗学研究叢書』、一九八二)、高橋統一『村落社会の近代化と伝統』、一九九四

（松本　誠一）

ケガレ　ケガレ　穢れという一般的な語をもとに一九七〇年代以降に民俗学で設定された分析概念。汚穢・不浄をあらわす点では共通するものの、その概念規定は論者によってまだ差異がある。歴史的に汚穢・不浄を意味するケガレの観念があらわされている早い例は『古事記』の伊邪那岐・伊邪那美の黄泉国訪問譚である。死の国を訪問した伊邪那岐が死の穢れに触れてしまったことに対して「吾はいなしこめしこめき穢き国に到りてありけり」(原漢字)といって「筑紫の日向の橘の小門の阿波岐原に禊ぎ祓ひたまひき」(原漢字)と禊祓えを行なっている。そこにはケガレとは死に接触することであるという感覚が根源的なものであることが示されている。その後、称徳天皇の詔勅に穢れの文字が頻出する。和気清麻呂が別部穢麻呂と名替えされた例だけでなく天皇への反逆心を「穢」と表現する詔勅が目立つ。そして、嵯峨天皇から淳和天皇の時代に撰進・施行される『弘仁式』において「触穢悪事応忌者」と表現されて公式に規定されている。それによれば、「人死限卅日、産七日、六畜死五日、産三日、其喫宍及弔喪問疾三日」とあり、死・産・喫宍・問疾が触穢とされている。そして、名詞としての「穢」の用例は『日本後紀』八三六年(承和三)九月十一日条が初見で、それ以後平安貴族社会における触穢思想の複雑な展開がみられた。この間、玄昉の請来と伝えられ天平時代以降に流布した『陀羅尼集経』九にみられる烏枢沙摩解穢法印や『大日如来剣印』の加持三業法にみられる解穢法の記事によれば、穢観

念の形成に密教の影響があったことを考慮しなければならない。民俗の中では、死の穢れを黒火・黒不浄、産の穢れを赤火・赤不浄といい、沖縄では産の穢れを白不浄といっている。産の忌みは死の忌みより重いとされる傾向が強く、同じ村落社会の事例においてもそうである。たとえば高知県幡多郡大月町の漁村では漁師たちは産火を非常に嫌う。死人は仕方がないが、産人は絶対に船に乗せてはならない。妻が妊娠すると「あしあみをきらう」といってその家の船は漁獲があがらなくなるのが普通で、逆に「すばえる」といって漁が気味悪いくらい当たることもあるがそんな場合生まれてくる子供が病弱だという。出産後七日間はヒがあかないので産婦は家から一歩も外へ出ない。最近は病院で出産するからよいが、かつては出産が始まったら産婦と姑を残して家族はみんな本家か分家の家に泊まりにいった。七日目がシオバライ(潮払い)でこの日に海水で家屋を清めてヒがあけ家族も帰宅し近隣を呼んで祝いをする。そして、三十三日目の宮参りで産の忌みは完全にあける。死の忌みは七日目がヒアキでそれ以後普通に仕事をするようになるが、四十九日までは死者は家にとどまっていると考えられ祭壇の位牌と遺影に供物をそなえ火を絶やしてはいけない。新盆の三年間は特別扱いで位牌を囲んで浜辺で亡者踊りをする。そして三年目の盆に燈籠流しをして完全に死者を送る。ケガレに対する忌みの重い期間は産も死も七日間という点が共通しているが、その後は産よりも死の方が長い。しかし、禁忌の緊張度かららいえば産の忌みが強い。そして、死の穢れの場合容易に逆転する現象がみられる。死者の食物を象徴する四十九餅を拾って持っていると海で悪い霊に取り憑かれないとか、弔旗を褌にすると縁起がよいとか、船に死人を乗せたら漁獲があがるなどという。このようなケガレに対する忌みの相違については死の場合が不可抗力的であるのに対し、産の場合は可抗力的であるために、不可抗力的な死の穢れの場合、その極限的状況において忌むべきケガレの逆転的解釈が行われているのだとみる説がある。民俗におけるケガレの強調はこのほかに、一つには神事祭礼における精進潔斎、二つには罪穢れと刑罰・禊祓え、三つには貴賤視と差別の局面においてみられる。神事祭礼における精進潔斎は禊祓え・斎戒沐浴・忌籠りが中心で、神事祭礼の担当者にそれが課される。罪と穢れを同一視する考え方は『延喜式』所収の「六月晦大祓」の祝詞に天つ罪、国つ罪を列挙しそれらを祓え清めるとしているところからもうかがえるが、本居宣長以後この考え方は定着している。貴賤視と差別をめぐるケガレ観念は元来貴族の触穢思想の展開と深い関連をもつものと考えられ、職能としての斃牛馬処理・皮革産業・肉食などが死体処理と「宍食い」に由来し、また治安警察・犯罪処理が罪穢れと刑罰・禊祓えに由来し、諸芸能活動が人々の厄を負いそれを払う役割に由来するものと考えられる。総じてケガレを祓え清める職能である。

穢れをケガレと表記して民俗学の分析概念として用いる動きが現われたのは一九七〇年以降で、それは柳田国男の設定したハレとケという概念をめぐる議論の中から出てきたものである。ハレとは冠婚葬祭などの非日常的な時空で、ケとは労働を中心とする日常的な時空であり、両者の循環のリズムの中に民俗生活をとらえることができるとしたものであったが、このハレとケをフランスのデュルケムの聖俗二元論にあてはめる考え方がおこり、またそれに対する批判も行われて、このハレとケに対してもう一つケガレという概念を設定する考え方が提出された。波平恵美子はハレは清浄性・神聖性、ケは日常性・世俗性、ケガレは不浄性をそれぞれ示す概念であるとして、ハレに対立する概念がケガレであり、日本の民間信仰の多様性は、このハレ・ケ・ケガレの相互の関係の差異によって生じるものであると論じた。しかし、波平はハレ・ケ・ケガレの観念の内容について検討することを避け、むしろ儀礼の上でこの三者がどのようにからみ合っているかが重要な問題であるとした。それに対して桜井徳太郎はハレとケの媒介項としてケガレを設定し、ケガレは稲の霊力であるケが枯れた状態、つまりケ枯れであり、そのケガレを回復するのがハレの神祭であるとして、ケ→ケガレ、ケガレ→ハレ、ハレ→ケという循環論を主張した。しかし、このケガレをケ枯れ(毛枯れ)とする解釈に対しては国語学からただちにケガレの語源は「ケーガレ」ではなく、「ケガーレ」であるとして疑問が提出された。宮田登は桜井の着想を支持しながら、ケを毛(稲の霊力)であるとともに気(人間の生命力)を意味する概念であるとして、ケガレはケのサブ＝カテゴリー(補助概念)であると位置付け、ケ→ケガレとケガレ→ハレとを対置させることによりケガレが境界領域として存在していることを指摘した。しかし、それは当時同じく社会学で話題を呼んでいたP・L・バーガーのカオス・ノモス・コスモス論を参考にしたものとも考えられる。それらに対し、新谷尚紀はケガレの概念規定の必要性を主張しそれを死であると定義して、生命活動の中で必然的に再生産される不浄なもの、感染力があり放置しておくと死をもたらす危険なものを包括してケガレと概念化することによって、そのケガレが祓えやられたとき、ケガレが人々の手を離れても無化することなく不気味さを増幅させ、やがてケガレの価値の逆転現象がおこりケガレが縁起物へと転じ、そこからついには神々が誕生するというメカニズムを主張する論を提出した。それによれば、葬儀の棺担ぎ役が脱ぎ捨てた草履を拾って履くと足が丈夫になるとか馬糞を踏むと足が早くなるなどという汚いものが縁起物にかかわる民俗に注意すべきだとして、死穢そのものである水死体がえびす神にまつられる例、村境の道祖神が忌むべき兄妹婚伝承を伴いながら正月行事などで火中に投じられる例、記紀神話の天照大神(あまてらすおおみかみ)はじめ三貴神が伊邪那岐による死穢の禊祓によって誕生した例などがあげられている。なお、アメリカのメアリー＝ダグラスによれば、不浄dirt; pollutionという観念は物事の体系的な秩序づけや分類の副産物であり、中間領域にあるものや変則的なものは分類や秩序を乱すものであるために区別立てされたものを脅かすものとして不浄とみなされるのだと説いている。フランスのルイ＝デュモンも、インドのヒンドゥー社会について同じく浄・不浄の対立的枠組でそれをとらえ、カースト社会は浄・不浄のイデオロギーによって階層的に規定されていると論じた。それに対して、関根康正は、M・ダグラスやL・デュモンのいう「不浄」は、秩序中心という境界の外部からケガレを眺めた産物であり、二項対立という構造主義的、客観的体裁をもつが、その実は特権的視点から見下した固定的、実体論的概念であると批判した。関根のいう「ケガレ」とは、ケガレという境界状況の内部に身を置く、つまり境界線上に止まって、その内外発生の瞬間を生き続けると表現できる真の構造主義的視点の所産であり、「ケガレ」は自己自身の主体的問題として語る限りにおいて差別を脱することができるとのべている。

参考文献　中田薫「古法と触穢」(『国家学会雑誌』三一ノ一〇・一一、一九一七)、原田敏明『日本古代宗教』、一九四八、岡田重精『古代の斎忌—日本人の基層信仰—』、一九八二、波平恵美子『ケガレの構造』、一九八四、桜井徳太郎『結衆の原点—共同体の崩壊と再生—』、一九八五、新谷尚紀『ケガレからカミへ』、一九八七、三橋正「「弘仁・貞観式」逸文について—『延喜式』穢規定成立考—」(『国書逸文研究』二一、一九八九)、高橋貞樹『被差別部落一千年史』(「岩波文庫」、一九九二)、山本幸司『穢と大祓』(「平凡社選書」一四四、一九六二)、M・ダグラス『汚穢と禁忌』(塚本利明訳、一九九五)、関根康正『ケガレの人類学―南インド・ハリジャンの生活世界―』、一九九五、宮田登『ケガレの民俗誌―差別の文化的要因―』、一九九六、門馬幸夫『差別と穢れの宗教研究―権力としての「知」―』、一九九七、辻本正教『ケガレ意識と部落差別を考える』一九九九、服部早苗他編『ケガレの文化史―物語・ジェンダー・儀礼―』、二〇〇五
（新谷　尚紀）

けんちくぎれい　建築儀礼　家屋・社寺などの建築過程で行われる一連の儀礼。作業の順調な進行と安全を祈り、最終的には建築物の完成を祝うとともに、諸々の災禍を避け、繁栄を祈るのが主な目的である。伝統的なものでは(一)用材の選定と伐採、(二)用地確保、(三)地固め、(四)仕事始め、(五)柱立て、(六)棟上、(七)屋根葺き、(八)家移りなどの機会に主要な儀礼が行われる。主に建築担当の大工棟梁が主宰し、陰陽道などの影響を強く受けた秘伝書により儀式がとり行われる場合がある。古代の建築儀礼は『古事記』や『日本書紀』の「新室楽」「室寿」などにうかがわれ、伊勢神宮の遷宮に伴う山口祭・木本祭・鎮地祭などや、諏訪大社の御柱祭における諸行事には、古くからの建築儀礼の要素が多く含まれている。各地に伝承された建築儀礼には、(一)用材確保では、選定・占有に伴う儀礼、斧などの用具の清浄を保つ儀礼、『万葉集』の「鳥総(とぶさ)立て」を彷彿とさせる伐採樹の梢を切株に挿し立てる儀礼、伐採や木貰いの許可を山の神に求める儀礼などがある。(二)用地の地霊を鎮める儀礼が一般に地鎮祭と呼ばれ、鎮め物として鏡・刀・矛・銭・人形などの形代を地中に埋める例がある。(三)地固めは、地搗き・地祝いなどともいい柱の基礎を固めるもので、地搗き用の棒や石には特徴的な用具が見られ、地搗き唄に合わせて賑やかに作業が行われる。一種の呪術的作業でもあることは、地搗き棒に御幣が付けられたり、南九州で仮装をした婦人たちが登場するサイヨウメンと呼ばれる例などにうかがわれる。(四)仕事始めは、手斧(ちょうな)始め・小屋入りなどといわれ、大工が主な柱の墨付けをして儀礼的に削る作業などを行う。(五)柱立ては最初の柱を立てる儀礼で、本来の建前はこのことである。今日では棟上と同時に祝う場合が多いが、あらかじめ仮柱を敷地の隅などに立てることもある。(六)上棟式は建築儀礼の中心的存在で、すべての柱が立ち、棟木や梁が上り、屋根下地板がはられて、未完成ながら家屋空間が確立した段階といえる。幣串・竜柱などと呼ばれる柱を中心に屋根上に祭壇を設けて大工道具や供物を並べ、主な関係者が上って祝詞奏上・槌打ち・餅撒きなどが行われたあと宴会が催される。祭具に魔除けの弓矢・鏡・櫛・剃刀・髢(かもじ)・紅白粉など女性の化粧用具を用いる所が広く、その由来として大工の女房や娘の犠牲話を伝える。東北地方の一部に、化粧道具のほかに人形をまつる所もあり同様の説話を伴う。奥会津地方などには火伏せなどと称する陰陽形を棟に吊す習慣がある。棟上の晩、家主夫婦などが板囲いだけをして仮泊することもあり、家屋空間に悪霊が住みつくのを防ぐ呪(まじな)いとされる。(七)屋根葺きは、はじめての普請ばかりでなく、葺き替えのときにも祝い、火伏せの呪術などを伴う。(八)今日の竣工式に近いのが家移り祝いで、最初に持ち込む品物を定めている地方が多く、火・水・万年青(おもと)・神棚などがある。呪言を唱えつつ主な柱に粥を塗りつけてまわる習慣も残る。家屋ばかりでなく築橋や造船にも建築儀礼と共通した内容が見られ、いずれにも用材となる樹木と、その生まれ故郷の山や森の精霊に対する意識が背景にうかがわれる。

参考文献　神野善治「建築儀礼と人形―河童起源譚と大工の女人犠牲譚をめぐって―」(『日本民俗学』一四六、一九八三)、下野敏見「建築儀礼の特色と問題点」(『日本民俗学』一五〇、一九八三)、神野喜治『木霊論―

家・船・橋の民俗―』、二〇〇〇

（神野　善治）

こ

こう　講　ある目的を達成するために結ぶ集団。講の性格から宗教的講、経済的講、社会的講の三つに大別できる。その名称は仏教用語に由来し、当初は仏教講究の研究集会、仏教儀礼執行の法会を指していたが、平安時代中ごろ以降、法華信仰が高揚し世俗社会に流布するにつれて法華経を講説する八座講会が行われるようになり、今日の講の源はほぼその法華八講に求めることができよう。法華八講の盛行は神社祭祀、諸信仰にも影響を与え、中世には経済的な金融組織としての頼母子講や無尽講が成立している。近世になると頼母子講・無尽講は庶民の間で、相互扶助のための組織として定着するが、それは定めた期日に仲間が集まって掛金をかけ籤引きで落札融資をするという形態であり、農民・商人・職人など、庶民の間で盛んに行われている。さらに近世には社会的講も盛んになり、労働力交換のためのゆいやモヤイ講、葬式のための無常講、世代別に組織する子供講・若者組・老年講、女性が結ぶ女人講、大工・鍛冶・博労などの同業者たちが結ぶ講をはじめ、さまざまな種類の講組織がみられるようになった。同信者が結ぶ宗教的講には各種のものがある。日蓮宗信徒が結ぶ題目講・身延講、浄土真宗の報恩講、浄土宗のお十夜講、あるいは御嶽教が組織する御嶽講、扶桑教が組織する扶桑講をはじめ、仏教諸宗派、旧教派神道十三派など宗派・教団が組織する各種の講がある。その一方で、地域社会に生活基盤をおく農山漁村の人々が日常生活の安泰と豊穣豊漁を願って結ぶ講にはその種類も多い。農山漁村の講は、自然信仰の系譜に属する水神講・海神講・月待講・日待講、生産活動に伴い豊穣豊漁を願う田の神講・船霊講・山の神講、仏教信仰に基づく観音講・薬師講・地蔵講・不動講・大師講、道教の系譜に属する庚申講、名社大社の神を勧請した稲荷講・伊勢講、有名な諸社寺に参詣するための参詣講などに分けられ、種類も多く、飲食を伴い、慰安・娯楽の機会となっている場合も少なくない。地域社会と講組織との関連においてみると、地域社会内で完結する講と外社会の諸社寺へ参詣する講とに大別できる。前者の場合は、さらに氏神をまつる氏神講をはじめ地域社会全体で組織する講、地域社会内の村組、近隣組と一致している講、念仏講・天神講のように世代別に結成されている講に分けられるが、地域社会の組織と一致している講の場合は信仰にとどまらず、各種の相談ごとや取り決めをするなど社会的機能をもっていることも少なくない。地域社会外の諸社寺に参詣する講は、概してその距離によって形態が異なり、日帰りで行ける場合は講員全体で参詣する総参りの形態をとることが多いのに対して、宿泊を伴う場合は数名が毎年交代で参詣する代参講の形態をとる場合が多い。さらに一生に一度行けるかどうかという遠方の参詣の場合は一緒に参詣した仲間がそれを記念して定期的に講の集まりをもつ場合もみられる。また参詣講の場合は御師・山伏・行者などの宗教的職能者の関与、結び付きが認められる場合も少なくない。→伊勢講(いせこう)　→えびす講　→契約講(けいやくこう)　→頼母子(たのもし)　→天神講(てんじんこう)　→富士講(ふじこう)

参考文献　桜井徳太郎『講集団の研究』(『桜井徳太郎著作集』一、一九八八)

(宮本袈裟雄)

こうしょうぶんげい　口承文芸　基本的には言語行為にもとづいて、口頭で伝承されてきた文芸、あるいは文芸性の豊かに備わっているもの。対立概念は、記載文芸。本来は無文字社会における所為をベースにしていたと認識してよい。伝説・昔話・世間話、さらには謎・諺・唱え言・命名、これらが散文伝承として対象になる。一方、ここに器楽類の伴う例として叙事詩・語りもの・口説き、また民謡・童唄などが韻文伝承として対象に据えられよう。口承文芸の学問としての歴史は新しい。柳田国男はそれをいって『口承文芸史考』(一九四七)の冒頭に「口承文芸とは何か」を置き「新名称」として、「始めて口承文芸という名を用いた人は、仏蘭西(フランス)のポォル＝セビオという民俗誌家であった。今から五十年ほど前にこの人が、la littérature orale ということを唱え出した頃には、まだどこにもそんな語を使っていた者はなかったと、自分がいうのだから信用すべきであろう」と記した。それにもかかわらず、民俗学の生成・成立、もしくはそれの進展とともに、この分野への関心と認識は急速に高まった。理由は従前の文学概念、すなわち文学とは文字を媒体とした特定個人の創造的営為であるとする考え方に対して、一方でこちらは必ずしも文字に拘泥・拘束されず、しかも不特定多数の群れの中から扶育・助長され、しかもそれは時を経て周期的に再生産されて行く、いわば常民の文芸といった具合に捕捉したからである。こうした見解に導かれて、日本ではほかにアイヌ語族間に伝えられる長篇叙事詩ユーカラにもとづく金田一京助の諸論考をはじめ、折口信夫・筑土鈴寛(つくどれいかん)らがつぎつぎに多くの業績を挙げるに至った。しかしてその後、口承文芸研究はやがて文字もしくは文字社会との相渉という面からも新たな機能が再認識されるようになった。基本的には常に口から耳へといった、口頭による言語伝承を尊重しつつも、現実にはしばしば文字とのかかわりは無視し得ぬと見做されたからである。たとえばさかのぼって『古事記』序には稗田阿礼(ひえだのあれ)をいって「人と為(な)り聡明にして、目に度(わた)れば口に誦(よ)み、耳に拂(ふ)るれば心に勒しき」(原漢文)と記している。このごとくいったん「目に度」った中身を、改めて「口に誦」む、つまり発言する。要はあえて口頭にのぼせ、言葉に発する点に大きな意味を求めるといった認識、理解に達したからである。そしてこの事実は、琵琶法師の弾じ、語る『平家』に文字テキストがあり、太平記読みにもこれまたテキストがある。おしら祭文や奥浄瑠璃とてもその例外ではないといったことからも一層諾われる現実なのであった。かくして、口承文芸の領域は、文字と無文字、これに音声の問題を加えて、今後なお豊饒な世界が拓かれると思われる。

参考文献　柳田国男「口承文芸史考」(『柳田国男全集』八所収、一九九〇)、金田一京助『アイヌ文学』一―五(『金田一京助全集』七―一、一九九三)

(野村　純一)

三宝荒神護符　山形県朝日村滝水寺大日坊

こうじん　**荒神**　家や地域共同でまつられ、祟りやすい荒ぶる性格とともに祭祀者を庇護する強い力を持つ神。荒神信仰の性格は多様であるが、火の神や火伏せの神として屋内の火所にまつられる荒神を内荒神と称し、これと区別する意味で屋敷神、同族神、集落神社など屋外でまつられる荒神を外荒神とも称する。祭日は、不動明王の縁日と同じ二十八日とされる傾向がある。内荒神は、家の中心である竈を守る神であるが、稲作儀礼においては、去来する作神ともされる。また、子供の額に魔除けとして塗りつける荒神墨や、竈の上に鶏の絵を貼る夜泣きの呪いなど、子供の育成にも深く関わる。民間では内荒神を三宝荒神とする傾向が見られる。偽経の『无障礙経』に基づくとされる如来荒神・麁乱荒神・忿怒荒神の三宝荒神は、修験でひろくあがめられる神格であり、羽黒山峰中勤行式では、まず、三宝荒神の宝号と真言が唱えられる。当山派は炉中の三本の磐石を有相の本尊の一つ、床柴燈本尊とするが、これも三宝荒神の信仰と関わる。内荒神を三宝荒神とする信仰の展開には地神盲僧が関与したとされる。九州・山口には、地神盲僧が、四季土用に家々を廻檀し、盲僧琵琶を弾じて竈を祓う荒神祓えが展開する。土用経・竈祓・釜祭とも称され、線香や幣束などを供えた竈の前で、盲僧が琵琶を弾じ、経を唱える。地神盲僧が伝える五郎王子譚によれば、堅牢地神は、釈迦の舎利を埋葬する際に出現した万物の本地たる三千世界の大地の主、四方四節を治める地神王としての四人の兄王子と、四季の土用と中央を司る五郎の王子ともされる。五郎王子の話は、盲僧が四季土用に荒神祓えを行う由来をも語り、その成立には、陰陽道や修験道の影響が指摘されている。いざなぎ流御祈禱では、荒神はきわめて複雑な神格を有するが、荒神の出生話の一つとして五郎王子譚が語られ、五郎王子を、「大地を枕に天を踏まえ土用を領して鎮まる」大荒者とする。集落や家の祓いの儀礼であるいざなぎ流荒神鎮めに際しては、太刀鎮めのほか、大黒柱や、神社境内の古木を中央たる荒神木として、五穀など神供を蛇縄で巻き込む。屋敷神や同族神としての外荒神は、荒神森など森神の形態でまつられる傾向がみられる。祭場の毀損や祭祀の怠慢に対して行為者の疾病を引き起し、激しく祟るとされるなど地主神的性格を持つ。中国地方では、七年、十三年、三十三年などに一度、式年による荒神神楽が行われる例があり、最終日の竜押しの神事では、藁の竜蛇が神主に巻きつけられ、その後、竜蛇は鱗を打たれて、舞台に吊された白蓋に結びつけられる。これを、祖霊への浄化の契機を迎えた新霊が白蓋で祖霊へと生まれ清まる祖霊加入儀礼とみなし、その背景に焼畑耕作民の山中他界観を指摘する見解もある。また、同地方では、伯耆大山を中心として、牛馬守護神としての荒神も展開する。九州中部では、南天が屋敷神としての外荒神の神木とされる例が多く、特定の祭祀者もない祟り神としての荒神藪が見られる。荒神藪は、竈屑やゲドウなど、聖物や憑霊の捨て場ともされる。→竈神　→火の神

参考文献　中山太郎『日本盲人史』、一九三四・三六、直江広治『屋敷神の研究—日本信仰伝承論—』、一九六六、牛尾三千夫『神楽と神がかり』(『牛尾三千夫著作集』一、一九八五)、成田守『盲僧の伝承—九州地方の琵琶法師—』、一九八五、宮家準『修験道思想の研究』、一九八五、飯島吉晴『竈神と厠神—異界と此の世の境—』、一九八六、三浦秀宥『荒神とミサキ—岡山県の民間信仰—』、一九八九、徳丸亞木「「信仰民具」と神祭りの場」(『日本民俗学』一九一、一九九二)、中野幡能編『盲僧』(『歴史民俗学論集』二、一九九三)、永井彰子『福岡県史』四六解説、一九九四、村田熙『盲僧と民間信仰』(『村田熙選集』一、一九九四)、高木啓夫『いざなぎ流御祈禱の研究』、一九九六

（徳丸　亞木）

こうじんかぐら　荒神神楽　中国地方の備後や備中の山間部で、田畑と山林の境、藪や森にまつられる荒神を家や仮設の舞殿である神殿に招いて行う神楽。地元では荒神舞という。地域名をつけて備中神楽・備後神楽と呼ばれることもある。五穀豊穣・無病息災・家内安全を祈って歌舞を奉納する。荒神は火の神や竈神・作神・牛馬の神、地霊の様相を持つ土公神とも習合している。数戸から十数戸を単位とする名が祭祀主体で、地頭・名頭・篠塚などと呼ばれる家を中心とし同族祭祀の様相もあった。

荒神神楽神がかり　広島県西城町(庄原市)

十三年、三十三年などの式年で霜月ころに執行する。年番大神楽や大神事ともいう。備後の比婆郡(広島県)では四日四夜で、頭屋での神遊びの前神楽、神殿での本神楽、頭屋での神送りの灰神楽からなる。神殿は田畑に特設した仮小屋で、採物舞の七座神事と神迎えの後に、仮面を使った演劇風の能舞となる。明け方に藁の竜を祭場に入れ、王子舞で地霊を鎮めて竜を清めた後に荒神の舞納めに入る。神柱が布を振り、太鼓で囃されて神がかって託宣する。祭祀の執行者は神職と農民の神楽社(明治以降に舞を習得)である。江戸時代初期までは仏教的知識を駆使する法者や太夫が修験や陰陽師の影響を受けて行なっていた。法者が囃して神子が神がかる男女併存の形式で、神への祈願とよりましを駆使した悪霊祓いを執行した。祖先の霊を呼び出して生者と対話する「冥途の物語、涙の見参」、念仏や『法華経』の功力で死霊を供養して浮かばせる「取神離し」「着せ替え」も行なった。吉田神道や国学の影響を被り、神仏分離でさらに大きく変貌した。石見の大元神楽(大元舞)とも共通点が多い。

参考文献　岩田勝『神楽源流考』、一九八三、牛尾三千夫『神楽と神がかり』(『牛尾三千夫著作集』一、一九八五)、鈴木正崇『神と仏の民俗』(『日

本歴史民俗叢書」、二〇〇一）

（鈴木　正崇）

こうしんしんこう　庚申信仰　庚申の日の信仰。種々の信仰集団が消滅する今日、庚申信仰は近年まで広く全国各地で行われていた。その記念に造立された庚申塔は各地で見られ、その数は庚申塔だけにとどまらず、道標を兼ねる庚申塔が造立されることも多いことから、庚申信仰が広く普及していたことも確認されている。庚申信仰の代表的なものが庚申講であり、講の開催方法は全国各地でまちまちであるが、一般には年六回の庚申の日ごとのところ、あるいは初庚申・終庚申の二回だけのところが多く散見される。なかでも七庚申の時は火事が多いなどという。集まるのは夜に集中している。本来は徹夜をするものであったが、今日ではほとんどが夜半までで終了している。庚申講の結成状況は家単位で加入したり、血縁でまとまっているところも見られるが、南関東などではニワや組という単位で組織されているところも多い。宿となるのは庚申堂・社寺などがあてられていたが、最近は、公民館などを利用することが多くなっている。庚申をまつってお神酒・餅・小豆粥などの精進料理を供える。祭神の庚申を仏教では青面（しょうめん）金剛、神道では猿田彦だと説明され画像化しているが、他の神仏を見いだすこともできる。たとえば蚕神・作神・治病神などがそれである。庚申講に参加する人々は戸主が多いが、参加するものは入浴して身を浄めたあと祭神を拝し、『般若心経』や庚申の真言をよむなどのお勤めをすませ、あとは農作物などの雑談をする。こうした庚申信仰は室町時代以降、京都の町衆をはじめとして、関東地方にその類例が多い庚申待に代表されるように、中世の石刻文書と称される板碑などには十五世紀の後半になると庚申待板碑あるいは結衆板碑として散見される。この期を一つの境目として発達してきたことが確認される。しかし、庚申の夜の徹夜行事そのものはすでに平安時代初期には日本に存在していた。徹夜をする理由は、大害をなす三尸（さんし）という虫が人間の腹中にいて庚申の夜、人が眠ると体内から抜け出して天帝にその人の日頃の罪過を告げに行く。すると天帝は人を早死させてしまうので長生を願うなら眠らずに起きているようにという道教の教えによっている。一般に庚申信仰が拡大してきた室町時代中期以降、日蓮宗系をはじめとする僧侶たちによって『庚申縁起』などが作成され、月待・日待の習俗と結合して仏教的な庚申待に転化して、次第に一般化していった。それと軌を一にして庚申塔の造立も見られるようになった。近世に入っては僧侶だけでなく神道による独自の庚申信仰の展開をみせ全国に拡大していった。庚申の日には守らねばならないことも多かった。もしもこの夜に子供を授かると、その子は盗人や不具者になるとまでいわれている。そのほか食べ物も肉類を避けなければならないという禁忌もある。また、庚申信仰は信仰行事だけでなく特徴的にあげられるのが経済的な頼母子講の性格もあったことである。それは庚申無尽などと称して、かつては農具を買い求めたりして抽選によって講員に分配する地域も広範に見られた。

参考文献　櫻井徳太郎『民間信仰』（「塙選書」五六、一九六六）、下出積與『道教―その行動と思想―』（「日本人の行動と思想」一〇、一九七一）、同『道教と日本人』（「講談社現代新書」四一一、一九七五）、窪徳忠『庚申信仰の研究』、一九八〇、櫻井徳太郎『講集団の研究』（「櫻井徳太郎著作集」一、一九八八）

（西海　賢二）

こうでん　香典　葬儀の際に、喪家に贈られる金銭や物品などの贈与品。香奠とも書くが、奠は神仏に物を供える意で、香料・香銭などと同じく死者に手向けられる香華の料を意味する。しかし、この用語が普及する以前には、クヤミ、ギリ、ツナギ、ヒデ、ヒヂなど地方によってさまざまな名称が用いられていた。葬儀の贈与には、死の忌みのかかる親族の香典、葬儀の執行に協力する近隣や村内の香典、それ以外の一般会葬者の香典など、死者との関係によってさまざまなものがあり、その意味合いも一様ではない。現在では、関係の如何を問わず金銭の香典が一般化しているが、近親者や村人は金銭に加えて米・餅・赤飯などを贈る例が多く、以前はこれらの食品が香典の主体であった。近親者の贈る香典は、忌みのかかる親族が別火の食事をとるために持ち寄る飯料が原義とされ、長崎県壱岐では死者の血族のみがとる別火の食事を火の飯とよび、そのために持ち寄る米一升をヒデという。九州各地で香典をヒデと呼ぶのは、親族の香典の性格をあらわすものとみられる。親疎の度合いに応じて一升トムライ・二升トムライなどと格差をつけたり、親の葬儀には一俵香典を贈る例などが各地にみられる。一方、親族以外の会葬者の食事は別鍋、庭竈で調理される形が古く、村人が一定額を一律に贈る村香典はそのための食料を持参したことに由来するといわれている。また、香典には葬儀という不時の出費に対して喪家の負担を軽減し、同時に他日の援助を期待する相互扶助の意味合いもある。贈られた香典を香典帳に記録するのはこのためである。忌みの観念が弱まるに従って一般会葬者も喪家で食事をとるようになり、親族の贈与もまた増大する葬儀の出費を負担する合力的な意味合いが強くなった。現在の香典は、実質的な合力援助というよりも喪主や家族への見舞として贈られており、葬儀は互いのつきあい関係を表明する重要な機会となっている。なお、香典の半額程度の品物を返礼として贈る香典返しは、忌中明けの共同飲食に餅や饅頭を供することから派生したと考えられている。

参考文献　倉田一郎「香奠の今昔」(『民間伝承』一〇ノ七・八、一九四四)、有賀喜左衛門「不幸音信帳から見た村の生活―信州上伊那郡朝日村を中心として―」(『有賀喜左衛門著作集』五所収、一九六八)
(中込　睦子)

こうぼうでんせつ　弘法伝説　真言宗開祖の空海(七七四―八三五)を主人公とした伝説。日本の伝説の主人公では弘法大師が最も多い。いいつたえにおける弘法清水をその典型として、杖立伝説や箸立伝説、喰わず芋や再栗(ふたたびぐり)などの救荒食物の救済者としての伝承などが多岐にわたって、全国各地に点在しているほかに、歴代の高野山にあった真言僧が書き足してその説話の数や量を膨ませてきた九十三種の大師伝説がある(『弘法大師全集』全十巻に拠る近世末期まで書き継がれた伝記には、時代とともに奇蹟奇瑞の説話が増えつづけてきている)。いいつたえにおける水と救荒食物の救済者としての伝説に比べて、伝記伝説の方は三鈷投擲・桂谷降魔・宮中壁字・清涼宗論など多種多様でその成立過程の軌跡は重なっていない。いいつたえにおける弘法大師を主人公とした伝説の占める数は『日本伝説名彙』の概数においても三千二百十三のうち百八十五で、五・七五％の多きを数えられるし、蕨・芋・菜その他の救荒食物においては四十四例中十九の四四・二％で約半数に近い数が大師を主人公としている。この異常な多さは、中世庶民仏教(平安時代の皇・貴族中心の顕密八宗の自力難行による往生思想が、法然の念仏一行による他力易行の浄土門の啓蒙によって、急速に庶民化していった時宗・一向宗などの仏教)化による波が農村に浸透する過程において、行商人や宿飯業者としての客商売のかたわら念仏を唱導した高野聖(贋の僧たちを含めて)や時衆系念仏の性格を持つ高野山に流れ込んで来る雑宗性を具えた高野聖とか高野山に入れないで高野聖を自称した高野聖(時宗系念仏聖)が、文字も読めないし、歴史も知らないような農民に弘法大師を自称詐称して廻国した結果であろうと思われる。特に、湧水と救荒食物に大師伝説が多いのは、中・近世の飢餓に喘ぐ農山村の関心事がこれらの生活必需の二大物資であったことを語っている。水と食物のいいつたえに対して、伝記伝説の方は宗教奇瑞譚や医療の奇蹟、名筆伝説が多い。伝記の初期は、偽書とされる『御遺告』四種の伝空海自筆とされる平安初期のものに始まって、中世でほぼ伝記の全奇瑞譚を網羅する『弘法大師絵詞』や『高野大師行状図画』などに至るまで、説話が分類されて一つ一つが四字題名(たとえば虚空書字・灑水生樹・稲荷来影・入定留身など)の伝説として独立してくる。そしてそれらの一説話が『今昔物語集』一一ノ九・二四、同一四ノ四〇や『三宝絵詞』『古今著聞集』『沙石集』や『平家物語』一〇「高野巻」などの文芸作品に転載される。これらの奇蹟の説話伝説が民間のいいつたえとほとんど重ならないのは、それぞれの伝承の担い手やその受容層が知識人層と農村に分離していたため、と思われる。前者の伝記伝説は宗祖弘法大師を高邁化するための高僧貴顕層へ流出した譚である。後者は時衆系念仏聖を含む庶民化真言宗(顕密八宗の真言宗が、高野聖による日本総菩提所という納髪・納骨をすすめた庶民化した宗派)の喧伝を兼ねた贋者を混じえた高野聖の全国行脚による大師譚に、民間におけるまれびと神や貴人が訪れるとした大師講などが重なったものを弘法大師主人公譚が吸収してしまった口碑の類である。また、四国巡礼の発祥にも、この後者の民間信仰の拡がりは関連するものと考える。→杖立伝説

参考文献　渡辺昭五「弘法絵伝の絵解き説話と伝説」(『就実語文』三、一九八二)、同「弘法大師の伝説」(『説話文学研究』二〇、一九八五)、同「稲荷信仰と弘法伝説」(『朱』三〇、一九八六)、同「大師の伝記伝説と民間口碑」(『弘法大師信仰』所収、一九八八)、同「弘法大師名筆伝説の行方」(『大妻国文』二七、一九九六)、同「弘法大師を騙った高野聖」(『芸能文化史』一六、一九九八)

(渡辺　昭五)

こうやひじり　高野聖　平安時代末期以降、高野山を拠点にして諸国を遊行回国し、高野山の因縁を唱導・勧進しながら弘法大師信仰をひろめた宗教者。高野聖の発祥は、九九四年(正暦五)の大火とそれに続く高野山を再興した祈親上人定誉に求められ、小田原聖教懐がその勧進にあたった別所聖を統率し組織化した。一〇九一年(寛治五)には白河上皇の高野詣があり、別所上人を対象とする荘園の寄進があるなど、初期高野聖は教懐の浄土院を中心とする小田原聖と覚鑁上人の往生院谷聖集団から構成されていた。中期高野聖は一一九五年(建久六)、高野山に入った明遍の蓮華三昧院を中心にした蓮華谷聖集団や五室聖、臨済宗の心地覚心(法燈国師)を元祖とする萱堂聖などがあり、そのうち萱堂聖集団は禅的要素のほか、踊り念仏や『刈萱物語』にみられる唱導と芸能に優れた特徴をもつ。さらに心地覚心と深い関わりをもつ一遍上人智真が、一二七四年(文永十一)に高野山に入り、やがて時宗化した高野聖集団が千手院谷にできた。これが後期高野聖で、以上の三大高野聖が鎌倉時代末期まで高野山の中心的存在であるとともに、彼らの宗教的、経済的活動は高野山の繁栄と全国的納骨信仰を展開させた。しかし南北朝時代に高野山の密教復興運動が起り、高野聖の真言帰入が強制され、一六〇六年(慶長十一)には幕府の命により真言宗への転宗が定められた。近世の高野聖は遊行・勧進の取締りのなかで世評も悪かったが、庶民信仰との関わりで存続し、踊り念仏などの念仏芸能の地方伝播への功績は大きい。また廻檀による配札と高野参詣を勧め、納骨と高野山の宿坊制度を維持してきたことも見逃すことはできない一面である。

参考文献　柳田国男「俗聖沿革史」(『柳田国男全集』一一所収、一九九〇)、五来重『増補高野聖』(『角川選書』七九、一九七五)

(豊島　修)

ごえいか　御詠歌　五・七・五・七・七の短歌形式で詠じられる和讃。

和讃は漢文で記した漢讃に対してできた語で、和文で庶民にわかるように記された仏教賛嘆の韻文で、七五調で構成されている。御詠歌はそれをさらに短くして短歌形式にしたものであるが、またの名を札打ち和讃といわれるように、巡礼の札所札所で詠まれている。御詠歌は西国三十三ヵ所の巡礼歌に始まるとされ、三十三ヵ所に一つ一つの御詠歌がある。作者は西国三十三ヵ所を定めた花山法皇と伝えるが、個々の霊場御詠歌には平安時代末期にさかのぼれるものがある。釈教歌や和讃の影響を受けて中世に一ヵ寺ごとに成立して最終的に一霊場一御詠歌と定まったのは江戸時代の初期と考えられている。西国三十三ヵ所にならって、坂東三十三ヵ所、秩父三十四ヵ所、四国八十八ヵ所などの巡礼、巡拝が盛行し、各所の御詠歌ができた。巡礼地の御詠歌以外にも善光寺の御詠歌や地蔵・観音・薬師の御詠歌、長文の和讃のあとに返歌形式でつく御詠歌などがある。民間では御詠歌は巡礼ばかりではなく、念仏講や葬式の無常講などでも詠じられる。御詠歌の詠唱法は大和流が古いとされるが、近代に入ると真言宗の金剛流、禅宗の梅花流というように宗派ごとに流派を作り詠唱法を整備し、寺院が普及をはかるようになった。→西国(さいこく)巡礼(じゅんれい)　→遍路(へんろ)

参考文献　権藤円立「御詠歌和讃詠唱の史的考察」(『仏教と民俗』四所収、一九五九)、武石彰夫「御詠歌源流考」(『仏教歌謡の研究』所収、一九六九)

(坂本　要)

ごおうほういん　牛玉宝印　和歌山県の熊野三山をはじめ、石川・福井・岐阜県境の白山、滋賀県の多賀大社、福岡・大分県境の英彦山など各地の社寺で出す「某寺牛玉宝印」や「某社宝印」と書いた災厄除けの護符。牛玉とも略され、また牛王宝印とも表記される。修正会や修二会などの新春の祭で作られ、信者に授与される。本来は木の印に朱をつけて額などにおして授与するもので、京都の東寺や近江・大和の村の寺社にはまだそうした習俗も残っているが、一般には紙に前述のような字を書いたり、刷ったりしたものに朱印をおして授与することが行われている。牛玉とは、その朱にまぜた牛黄のことをさすという説もあるが、必ずしも牛黄が用いられるわけではなく、信じがたいとする考えもある。牛玉宝

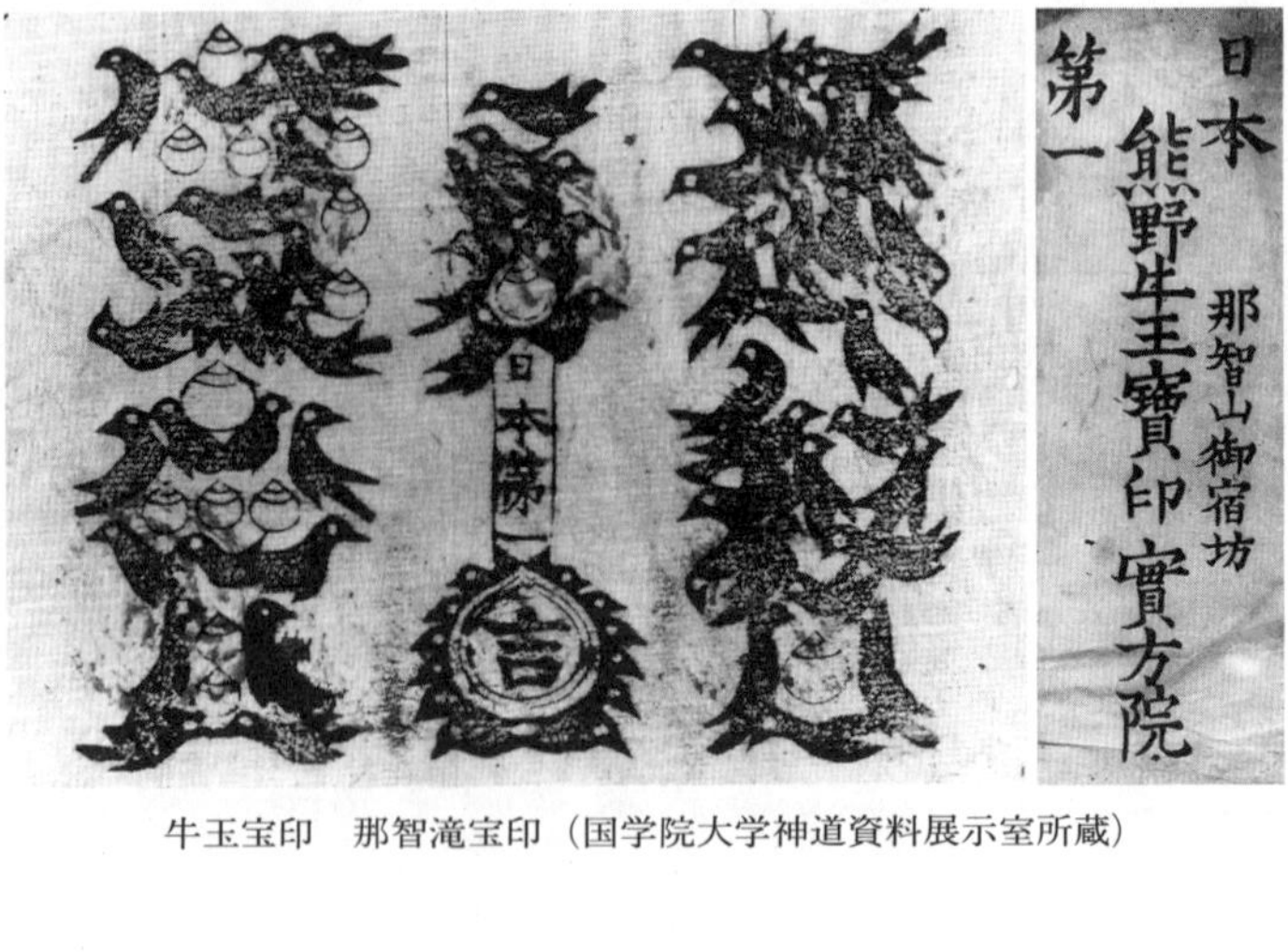

牛玉宝印　那智滝宝印（国学院大学神道資料展示室所蔵）

印は家の戸に貼ったり、木の枝にはさんで田の苗代に立てられてお守りにされるが、中・近世には、起請文とよばれる誓約の文書の料紙に用いられることも多く、その場合には、起請文の文面を料紙の裏のほうに書くので、「宝印を翻す」などという。護符に用いられたものは残らないので、古い牛玉宝印はいずれも起請文の料紙として現代に伝わっている。現存最古の牛玉宝印として知られているものは、『東大寺文書』の中に残る一二六六年(文永三)の起請文二通で、奈良市東大寺二月堂と熊野の那智滝のものが使われている。中世後期以後の牛玉宝印でもっとも一般的なものは熊野三山のいわゆる熊野牛玉で、烏と宝珠で「熊野山宝印」や「那智滝宝印」の字を表わしている。

田に立てられた牛玉宝印　滋賀県野洲町(野洲市)　(提供福田アジオ)

参考文献　相田二郎「起請文の料紙牛王宝印について」(『相田二郎著作集』一所収、一九七六)、町田市立博物館編『牛玉宝印—祈りと誓いの呪符—』(特別展図録、一九九一)、千々和到「「書牛玉」と「白紙牛玉」」(石井進編『中世をひろげる』所収、一九九一)、同「祈りと誓いの形木・牛玉宝印」(網野善彦・石井進・谷口一夫編『考古学と中世史研究』四所収、一九九五)

(千々和　到)

ごがつぜっく　**五月節供**　五月五日を中心とする祝い日で、端午節供ともいう。古来五月五日を祝う端午節は中国の民俗として日本の貴族社会に受け入れられた。中国では邪気を祓うために行なった端午節だが、日本でも五月は、重要な神祭月(カミサマヅキ、イワイヅキという)、物忌月(サツキイミ、ツツシミヅキ)としてさまざまな行事を伝えている。また、日本の五月節供は、ショウブゼック(菖蒲節供)と称されるほどにショウブにかかわる行事が多い。ショウブやヨモギを屋根にさし、菖蒲酒を飲み、菖蒲鉢巻をして菖蒲湯に入る。さらに子供たちの菖蒲打など、これらはみなショウブを用いて邪気を祓うという大陸渡来の民俗と通じる点がある。しかし、前夜にショウブを葺いた屋内に女性が籠るフキゴモリ(葺き籠り)の民俗などは、日本古来の五月忌、すなわち五月が重要な神事としての田植え月であることによる物忌み・忌籠りであったと解される。このフキゴモリは、愛知・三重・岐阜など中部地方に多く聞かれる呼称で、それは女の家を造って籠ったことの可能性を物語る。そしてまさに、オンナノイエ(女の家)というこの夜をさす名称が各地にその

五月節供のショウブとヨモギの屋根上げ　静岡市

痕跡をとどめており、また近松門左衛門の『女殺油地獄』にもその記述があることはよく知られる。女の家の伝承は、田の神の奉仕者として重い役目をになっていた女性たちの厳重な物忌みの名残ともみられるものであった。かつて静岡県の安倍川流域には、この日に未婚の女性たちが岸辺に出て朴葉(ほうば)飯をつくるカワラメシ（川原飯）の行事があり、伊豆地方の菖蒲たたきでは、子供たちが女性の尻を打ってまわるという民俗も伝えられていた。その他、菖蒲行事の主役が女性であった形跡も多々見られ、いずれも五月（田植え月）と女性との密接な関連を示唆している。このように、本来五月節供は、ことに女性と縁の深い節供であったのだが、それが久しく男の節供とされてきたのには、中世以来の武家社会でのこの日の民俗形成が大きくかかわっていた。すなわち菖蒲行事で知られる菖蒲節供を、武人好みの尚武節供に読みとって、菖蒲冑や菖蒲刀を製し、勇ましい印地打（石合戦）や凧揚げも行われ、さらには武者人形や幟（武者絵や紋入り）などが屋内外に飾られた。元禄年間（一六八八―一七〇四）の文献によると、この日は「染帷子(そめかたびら)を着て、礼儀を勧む」「男子を寵愛の余りに兜を作り、家々の紋を付けて幟を樹(た)つる」とあり、男子の祝い日として定着していたことを示している。もっとも、男の節供を飾る武者人形は神送りの形代(かたしろ)、幟は神を招くための招代(おぎしろ)（あるいは忌籠りの標識）、石合戦や凧揚げの競技も、重要な神祭である田植えにあたっての年占(としうら)（豊凶占い）というように、いずれも日本古来の祭祀の発想をふまえての男の節供行事への変化・変容であったともいえる。なお、西日本の一部に、この五月五日の節供を御霊会(ごりょうえ)らしき名称で呼んでいた地域があるのは注目される。広島県ではこの日をゴレエ、ゴリョウエ、愛媛県でもゴレィと呼ぶところがあり、いずれも御霊の祭をうかがわせる呼称なのだが、なぜかそれらしい行事の実体は伝えられていない。長崎県対馬でも、やはり五月五日をゴガツゴリョウ（五月御霊）といっていたが、ここでは初児の生まれた家で催す祝宴のことであった。→石合戦(いしがっせん)

参考文献　柳田国男「女の家」（『柳田国男全集』一二所収、一九九〇）、竹田旦「五月節供」（民俗学研究所編『民俗学手帖』所収、一九五四）、直江広治『祭りと年中行事』、一九八〇

（富山　昭）

こくぞうしんこう　虚空蔵信仰　虚空蔵菩薩をめぐる信仰。宇佐八幡の虚空蔵廃寺にみられるように日本に仏教が伝来した当初から伝えられた菩薩であり、その伝来には新羅系渡来氏族秦氏の力が与かっていた。広大無辺の功徳を包蔵することが虚空のようであるとするこの菩薩は教理上からは虚空蔵法による福徳増進、一種の暗記法である虚空蔵求聞持法(ぐもんじほう)

による智恵増進、災害消除のために辛酉年に修された五大虚空蔵菩薩に依拠する金門鳥敏法により修され、民間でもこれに沿った信仰が展開していった。虚空蔵菩薩の使令とか、乗り物だとして信者やこの菩薩をまつるムラや一族が鰻を食べない禁忌、丑・寅年生まれの守り本尊信仰がよく知られており、寺院行事としては虚空蔵菩薩をまつる寺堂に十三歳になった男女児が知恵貰に参る十三参りが各地で行われている。このほか、作神・蚕神・漆工職祖神・鉱山神・産神・漁業神などとしても信仰されている。虚空蔵信仰は空海による虚空蔵求聞持法勤修の伝統をつぎ、主に真言系修験・寺僧を中心にして護持されてきた。岐阜県郡上郡美並村粥川谷の人々は現在でも鰻を捕獲したり、食べないなどの虚空蔵信仰の民俗を色濃く残すが、その信仰は虚空蔵信仰をもって高賀山に依拠した修験者と里人の水神信仰を媒介にして成立した伝承と考えられる。このように虚空蔵求聞持法に関連する十三参り・星宮、また密教的浄土観の発現である十三仏とその最終仏としての虚空蔵菩薩の定着などの信仰は、真言系修験・寺僧と民間との交渉の内に醸成されてきたと考えられる。

参考文献　中村雅俊『虚空蔵信仰の研究』、一九八七、佐野賢治編『虚空蔵信仰』(『民衆宗教史叢書』二四、一九九一)、佐野賢治『虚空蔵菩薩信仰の研究―日本的仏教受容と仏教民俗学―』、一九九六
(佐野　賢治)

こさずけ　子授け　子供が授かるようにと神仏などに妊娠を祈願すること、また、それらの神仏のもつはたらき。子授けを願って神仏などに詣でることは、今も広く行われている。家の永続を願う家族制度のもとでは、特に跡継ぎをもうけることが強く求められていたので、さまざまな妊娠祈願が行われてきた。祈願の対象となる神仏は、安産・子育て祈願の対象と重なるものが多く、各地の子安神・子安地蔵・子安観音、広い信仰圏をもつ塩釜や淡島、関東北部に多い産泰、あるいは地域の氏神や道祖神などと、多種多様である。地蔵への願掛けは特に多くみられ、子孕み地蔵・子種地蔵・世継ぎ地蔵などと呼ばれるものもある。石が成長し、小石を生むという古来の信仰から、海や川で拾ってきた子産石などと呼ばれる小石を拝んだり、神社にまつられている子持ち石・子孕み石などの名のある石を、抱く、なでる、腰掛ける、またぐなどして祈ったりもする。樹木に祈願することも行われ、抱き松・子授け松・子授け銀杏・子持ち桜などと呼ばれるものもあって、木を抱いたり、周りを回ったり、樹皮を削って飲んだりする。産婦にあやかる願いを込めて、産婦の下着をもらい受けて身につけたり、産飯をもらってきて食べたりする風習もあり、また、他人の胞衣(後産)をまたぐと身ごもるという俗信は広く知られている。なお、貰い子をして育てると実子に恵まれるという伝承も、全国的である。→子安神

参考文献　『日本産育習俗資料集成』、一九七五、大藤ゆき『児やらい』(『民俗民芸双書』、一九六八)、新谷尚紀「境界の石」(『生と死の民俗史』所収、一九八六)
(中島　恵子)

こしまき　腰巻　女性が腰から脚部にかけてまとう布。オコシ、ユマキ、ユモジ、シタノビ、シタヘボ、トウサギ、ハモジ、ハダソ、ハダセ、ハダスイ、キャフ、シタノモノ、ヘコなどさまざまな呼称があり、関東地方ではフンドシとも呼ばれる。また、志摩の海女は潜水の際に腰布をまとい、これをナカネという。一般には肌に直接まとう下着とされ、夏は晒の二幅物、冬は大幅のネルが多く用いられる。いずれも上端に細い紐を付け、腰に巻いた上から紐を締めて固定する。女子がはじめて腰巻をつける年齢は七歳というところが多く、これをユモジ祝いと称して成女式に位置付ける。また、初潮を迎えた女子には赤い腰巻をつけさせると

ころもある。野良仕事においては、外衣の腰巻も用いられた。埼玉県では、ノラジバンと称する腰切りの短着で野良仕事を行うとき、水田では下衣に股引を着用するが、畑では木綿絣や浴衣地などの腰巻を着けた。鹿児島県では、野良仕事の長着が短着へ変化したことで外衣の腰巻が誕生した。その原形はメダレ、マンダイと呼ばれる前掛であり、短着の着用で下体を覆う腰巻が露出したために従来一幅であった前掛が三幅半や四幅と広くなり、腰全体を覆う腰巻へと発展したものである。こうした外衣の腰巻は、第二次世界大戦中にモンペが普及したことで衰退していった。

参考文献　神奈川大学日本常民文化研究所編『仕事着』(『神奈川大学日本常民文化研究所調査報告』一一・一二、一九八六・八七)、潮地悦太郎『人生の習俗』、一九八六、小野重朗『生活と民具』(『南日本の生活文化』三、一九九三)

(宮本八恵子)

こしょうがつ　小正月　一月十五日を中心とする前後の期間。一月一日を中心とする大正月に対して一般に小正月と称する。小正月という語は東日本で多く用いられ、ほかにワカドシ(若年)、十五日正月、女正月などの呼称がある。十五日は太陰太陽暦では満月にあたり、モチ(望)の正月、モチドシ(望年)とも呼ばれた。柳田国男は、田植え月直前の満月の日を重要な境目と考え、実際の農作業開始期にあたる四月ころが一年の初めであろうとする四月十五日年初説をとった。中国から暦法が導入されることにより、一年の初めが四月十五日から一月十五日に移動したと推測し、正月行事に農耕儀礼的要素が濃いのはそのためであると考えた。小正月行事の主な特色は、㈠小正月の訪問者、㈡害鳥獣を防ぐ呪術、㈢火祭行事、㈣農作物の予祝儀礼、㈤卜占儀礼、の五つに便宜上分類できる。まず、㈠小正月の訪問者には、十四日の晩は異様ないでたちで家々を訪問するナマハゲ、カセドリ、コトコトなどの行事がある。扮装した村人が家々を廻って祝福を述べる。これら異形の来訪者は正月神であり、異界からこの世へと定期的にやってくると考えられてきた。㈡害鳥獣を防ぐ呪術には、鳥追い行事やモグラ送りなどがある。各地の鳥追い行事は子供組の管轄である。東北や関東地方では鳥追い、西日本ではモグラ送り、狐狩りなどの行事が多い。㈢火祭行事は、道祖神信仰と深い関わりがある行事で、ドンド焼き、左義長、サイト焼き、三九郎焼きなど地方によってその呼称が異なる。火祭は、年神祭に用いた松や注連飾りを焼き、年神祭の終結を示す行事である。㈣農作物の予祝儀礼として、餅花、粟穂・稗穂、庭田植などがある。餅花は、関東地方では繭玉と呼ばれる。繭形に餅を丸めて木の枝に挿し、繭がたくさん取れた状態を表現した。綿を生産した地域では綿団子・木綿玉と呼ばれる。その形は綿の花や実の形である。このほかに農具の模型を作って座敷などに飾った。削り花・削り掛けは山間地方では豊饒を祈る様式に富んだ飾り物となっている。㈤卜占儀礼をみると、十五日の朝は小豆粥を食べる家が多い。吹いて食べると田植えのときに風が吹くという俗信もある。筒粥・射的などの年占神事も各地の神社で行われている。火祭の際の綱引きもこの分類に含まれる。このほか、小正月には木の実の豊かさを祈る成木責めの呪術や、水祝いと呼ばれる新婚夫婦に水を浴びせる祝いなどがある。なお、小正月の終りは一般には二十日で、二十日正月などと呼ばれる。この日に餅花や繭玉をおろす風があった。

参考文献　柳田国男「民間暦小考」(『柳田国男全集』一六所収、一九九〇)、和歌森太郎「年中行事」(『和歌森太郎著作集』一二所収、一九八二)、田中宣一『年中行事の研究』、一九九二、藤原修『田の神・稲の神・年神』、一九九六

(板橋　春夫)

ごぜ　瞽女　語りものや俗謡、はやり唄をうたって渡世した盲目の女性。「ごぜ」は盲御前の略。瞽は盲人を意味する漢字であるが、語りの伴奏に鼓を用いたことからこれに瞽女の字を採用したのであろう。遊行遍歴を旨とし、門付けを行い、大道や社寺門前で、あるいは家々に上がって語りものや唄いものをうたった。室町時代の『七十一番職人歌合』には、琵琶法師とつがいになり、地面に坐して『曾我物語』を語る姿が描かれている。その脇に草履と杖が置かれているから、常には歩く遊行芸人であったことを示す。貴人の邸宅に上がって唄の芸能を披露したことは十五世紀の『看聞御記』や『実隆公記』にうかがわれる。当時は敵討ち話や戦語りを得意としたが、社寺の縁起や本尊の霊験も語った。だが、いまだ集団としての組織だった行動はしていない。近世にはいり、諸藩では身障者が芸で身を立て自活できるよう城下町などに屋敷を与えて保護し、諸役を免除したから、次第に町方に瞽女仲間の集団が形成された。駿府、甲府、信州諏訪・飯田、越後高田、越中高岡などの瞽女仲間がそれで、いずれも瞽女頭がいて組内の瞽女を統轄した。やがて村里にも瞽女の組織化、集団化が行われた。越後の長岡瞽女は、瞽女頭が代々山本ごいを襲名し、長岡に瞽女屋敷を構えたが、そのごいに統治される派内の瞽女は藩主牧野家の領内や牧野家が幕府から管理を任されている預り所の村々に居住し、最盛期の明治中ごろには中越全域から下越の一部にかけておよそ四百人に達した。中・下越地方には長岡瞽女のほかに刈羽瞽女・三条瞽女・新飯田瞽女など大小多くの里方集団が生まれている。瞽女唄の伝承は徒弟の形で行われた。組によっては十八年、二十一年という長い年期をもうけ、厳しく生活を規制した。無事に年が明ければ年明きぶるまいを行い、花嫁姿になって祝言の杯を交わした。これが終れば出世し、お歯黒をそめ、丸まげを結い、親方になって弟子がとれた。瞽女が伝承し口演した唄の領域は広く、曲目は多彩であった。瞽女唄の本領は語りものの段物であり、「葛の葉」「小栗判官」「山椒太夫」のような説経祭文を三味線の旋律にのせて哀調切々と語った。そのくずれた口説きもあり、また都会で盛んになった常磐津・清元・新内・長唄・端唄も取り入れ、各地の民謡やはやり唄、それに独特の門付け唄、万歳その他の祝い唄がある。これらの唄を習得した瞽女は、季節を定め、手引きを先頭に師弟が連れだって村々を巡歴し、昼は門付け、夜は泊まり宿に人を集めて公演し、多くの娯楽を提供した。遠隔の地まで足をのばしたが、特に越後瞽女の活動は広範囲で、関東・東北地方から一部は北海道に渡った。瞽女は単に唄芸人としてだけでなく、その来訪は縁起がよ

門付けをする長岡瞽女　新潟県湯之谷村(魚沼市)

いとして歓迎され、生業・産育・治病のうえで信仰的機能を強く期待された。人の求めに応じて拝みや祓い、呪(まじな)いのたぐいを積極的に行う瞽女もあった。瞽女にはこのように宗教性が色濃く残されており、その修業形態の類似からみても、瞽女は盲目巫女の流れをくむものと考えられる。

[参考文献]　中山太郎『日本盲人史』、一九三四、加藤康昭『日本盲人社会史研究』、一九七四、斎藤真一『越後瞽女日記』、一九七五、新発田市教育委員会編『阿賀北ごぜとごぜ唄集』(「新発田市民俗資料調査報告書」、一九七五)、鈴木昭英他『伊平タケ聞き書　越後の瞽女』、一九七六、佐久間惇一『瞽女の民俗』(「民俗民芸双書」、一九八三)、鈴木昭英『瞽女—信仰と芸能—』、一九九六
(鈴木　昭英)

コタン　コタン　アイヌ語で集落のこと。アイヌの集落は、河川の鮭産卵場付近や海岸に立地していた。集落の戸数は約十戸と小規模である。集落周辺の天然資源が衣食住など生活に利用され、各集落の住人による漁撈・狩猟・採集活動の範囲はイウォル(領域)という。長期的にはアイヌの集落分布は和人の進出に伴い変化してきた。渡島(おしま)半島南西部の和人地(和人専用の領域)の拡大とともにアイヌの居住地は北方へ後退し、蝦夷地(えぞち)においては河川沿いのアイヌの集落が海岸部に集合することがあった。遊動生活を営む世界の狩猟採集民に共通する特徴の一つに集団の流動性があり、集団の構成員が短期間のうちに頻繁に入れ替わる。アイヌは、定住性が高く遊動しないために、世界の狩猟採集民のなかでは例外とみなされた。しかし、定住性が高いとされるアイヌ社会においても、二種類の集団の流動性が確認されている。江戸時代末期の東蝦夷地の三石(みついし)場所(日高管内三石郡三石町)のアイヌにおける集落レベルの流動性の原因は、新婚夫婦世帯の独立と双系的な居住形態に求められる。集落を構成する家は流動的に変化していたが、家と家の構成員は密接な親族関係で結ばれていた。

[参考文献]　アイヌ文化保存対策協議会編『アイヌ民族誌』、一九七〇、H. Watanabe: The Aine Ecosystem, Environment and Group Structure (1972). 遠藤匡俊『アイヌと狩猟採集社会—集団の流動性に関する地理学的研究—』、一九九七
(遠藤　匡俊)

コックリさん　コックリさん　神意判断、占い法の一つで、狐狗狸さんとも書く。長さ三〇センチほどの三本の棒を三脚状に束ねて机上に置き、その上に盆や飯櫃のふた、風呂敷などをのせたものを用いる。一般的には三人で行い、片手を盆の上に軽く乗せ、「コックリさん、コックリさん、おいでください」などと唱え、装置が動きだすと神が降りてきたとみなす。「はい」の場合は右に傾き、「いいえ」の場合は左に傾くようにというような約束を神と交わした後、失物や恋愛、運勢などについてさまざまな質問をする。文字・数字を記した紙に鉛筆や硬貨などが用いられることもあり、近年の流行時には、コックリさんが実行者に憑依して言葉を発したり、本人の意図とは無関係に手が動いて文字を書くともいわれた。起源は定説化されていないが、一八九〇年(明治二十三)ごろから大正にかけて最初に流行したコックリさんは、元来シャーマニズム的色彩の強い日本の宗教文化の中で、フランスやイギリス、アメリカで流行し玩具として導入・販売されたウィジャ盤やプランセットの影響を受けたものとされている。コックリさんについては、最初の流行時に井上円了は迷信を否定する立場から一種の集団催眠と断じたが、近年の流行に至るまで、霊の実在を信じる立場から喧伝する者もいる。他方精神医学の領域から、病的状態を誘発する危険性を指摘する者もおり、さらに、コックリさんが流行した、社会的、時代的背景の分析の試みもなされている。

参考文献　一柳広孝『「こっくりさん」と「千里眼」—日本近代と心霊学—』(「講談社選書メチエ」二五、一九九四)
(井桁　碧)

こども　**子ども**　社会的に一人前として承認される成人加入儀礼を経ていない者や擬制的親子関係の中で子方・子分に属す者。古くはわらわとしたオカッパ頭の髪型からワラベ、ワラワとも称した。必ずしも年齢の低さや血縁の親子関係にはよらない。また子どもは、大人や親など他者との対をなす関係概念として、弱い、小さい、未成熟、従属、依存の側に属するものと規定され、一人前の人間ではないということでジャリ(砂利)やガキ(餓鬼)など非人格的な呼称でも呼ばれた。子どもは、関係概念だけに、一体どの範囲までを法的に子どもとするのかは時代や地域によって異なる規定がなされてきた。しかし、かつては公的には七歳から十五歳までを子どもの範囲とする場合が一般的だったようであり、これはちょうど今日の義務教育期間に相当する。古代の『大宝令』では口分田の給付対象は六歳以上の者と規定され、また戦国時代の『今川仮名目録』や江戸幕府の『御定書百箇条』などでは十五歳以下の者が犯罪を犯した場合には罪を不問かまたは軽くするという規定がなされていた。十八世紀初期の貝原益軒の『和俗童子訓』にも、「七歳、是より男女、席をおなじくしてならび坐せず、食を共にせず」と説いており、民間でも「七つ前は神の子」とか「六つまでは神のうち」といわれていた。数えで七つとは満で五歳くらいであり、かつて幼児死亡率の高かった時代には一応七つまで生き延びればあとは順調に育つとみられていた。それだけ、七つ前の子は死と隣り合わせの存在だったのであり、特別な葬法をしたり、村境の地蔵に再生まで預ける形で地蔵っ子と呼んだりし、人よりもむしろ神に近い者とされていた。七つになると正式に氏子入りしたり子供組に加入してムラの正式の正員として承認されたのである。また女子は十三歳、男子は十五歳で成人式を経ると、娘組や若者組に加入し、子どもから大人の仲間入りをし、村仕事では一人前の人間として扱われ、性交渉や婚姻も可能になった。子どもは、いわば神と人の中間の存在であり、やがてなる大人の見習い期間でもあった。このため、子どもは何でも大人の真似をしようとするところがあり、その結果子どもの遊びや行事にはかつて大人が真面目に行なっていた古い信仰や行事が保存され無意識の記録係として過去保存者の役割を果たしていた。一方で、子どもは神の代わりにムラの家々を訪れて祝福して歩いたり、小正月や盆を中心とする子供組の行事のなかでは異界からの神霊を接待したり罪・穢れを払ってムラを浄化したりする役割も演じた。また祭礼などでは、稚児やヒトツモノとして着飾って馬に乗り神のよりわらの役割をすることも少なくなかった。これは子どもがより神に近い存在として神聖視されていたためであるが、実際に神霊が憑依しやすく、また罪や穢れに大人ほど敏感でないという点もあげられる。近代には資本主義経済の発展とともに、子どもは子どもとして扱われ学校に隔離・管理されて、大人社会とのつながりや自由も次第に薄れて均一化し、子ども独自の文化も失われていった。→稚児(ちご)

参考文献　柳田国男「家閑談」(『柳田国男全集』一二所収、一九九〇)、同「小さき者の声」(同二二所収、一九九〇)、同「子ども風土記」(同二三所収、一九九〇)、飯島吉晴『子供の民俗学—子供はどこから来たのか—』(「ノマド叢書」、一九九一)、本田和子『異文化としての子ども』(「ちくま学芸文庫」、一九九二)
(飯島　吉晴)

こどもぐみ　**子供組**　集落などの地縁社会を単位として結成される子供の集団で、年齢集団の一つ。小学校や中学校などの校外組織としての子供集団もあるが、それらとは別に、伝承的な民俗行事を担当するために結成されるいろいろの子供仲間を総称して、子供組という。若者組のように恒常的に組織されているものではなく、それぞれ主催する行事ごとに結成されるのが普通である。仲間に加わる子供の年齢の上限は、だいたい十五歳ないし十八歳で若者組に加入する年齢ぐらいを境にすることは共通している。下限はだいたい七歳から九歳ぐらいであり、小学校入学の年齢に相当する。伝統的な考え方による少年期がちょうど義務教育の期間に相当するため、その在籍期間が子供仲間の範囲とする傾向が見られる。そのため子供組の活動も、PTAや学校の指導管轄下におかれやすく、自主的な活動を行いにくくしている。かつては、若者組の指導を受けながらも、最年長者を頭としてこれが仲間を統括して行事を主宰した。次年の補佐役以下新参の見習い格まで、それぞれ年序別に名前を付けていたり、年齢別に二、三グループに分かれていたりするが、それぞれの組織を持っていた。この仲間への加入・脱退について、一定の作法を行なっているところも少なくない。行事ごとに結成されるものではあるが、毎年それぞれの行事には同じ組織がかかわり、成員は交替しても組織の集団は持続してゆく。かかわる行事は地域ごとに異なり、小正月の火祭・鳥追い・モグラウチ・盆火行事・山の神祭・天神祭・水神祭・牛神祭・亥子行事・虫送り行事などを主としきわめて多様である。これらの行事は古い民間信仰に基づくものであるが、行事の意味が忘れられ、一般的な生活との関連が薄れてしまったものが多い。一つの子供組には中心的な担当行事があり、この行事を中心として付随的に幾つかの行事を担当するのが普通である。また集団として村祭などにも参加する。長野県松本市では小正月の火祭であるサンクロウ行事を基本として、鳥追い・青山様・盆火・村祭の舞台(山車)ひき・蚕玉様祭にあたり、大阪府和泉地方では牛神祭を主として、小正月のとんど・七夕・夏祭の山車ひき、あるいは神輿かつぎ・亥子などに関係する。子供組の行事として、特に小屋を作ってこもる行事は特徴的で、小正月の火祭や鳥追い・盆行事にも、山の神祭や天神祭、虫送りなどにも見られる。村祭などに参加する場合は祭の付随的な存在としてではあるが、集落の重要な行事を支えるものであって、いずれは一人前の村人として地域社会を支えるための準備として位置づけられるものである。子供組は年齢序列による社会組織の下部組織として位置づけられ、一種の教育機関としての役割を果たすものであった。　→年齢集団

参考文献　竹内利美「子供組について」(『民族学研究』二一ノ四、一九五七)、関敬吾「年齢集団」(『日本民俗学大系』三所収、一九五八)、長野県教育委員会編『子供組の習俗―南佐久地方における年齢階梯制の記録―』、一九八〇

（倉石　忠彦）

ことようか　**事八日**　二月八日と十二月八日の行事。中部地方以東では両日にほぼ同様の行事が行われるが、西日本では十二月八日に集中している。事八日の行事を両日とも行う地域では、二月八日をコトハジメ(事始め)、十二月八日をコトオサメ(事納め)と呼ぶ所が多いが、東京など関東の一部で逆に呼ぶ例がある。コトを一年の行事と解釈するか、正月を中心とした祭祀期間と考えるか二つの解釈があり、いずれの呼び方が妥当か定め難いが、二月八日と十二月八日は対応するのが本来の形であったと考えられ、この両日が物忌を要する特別な日として強く意識されていたことは確かである。事八日には各地で各種の神や妖怪の来訪が伝えられており、厄病神の到来を恐れる伝承は東日本の広い範囲にみられる。栃木県では二月と十二月の八日にダイマナコ(大眼)という一ツ目の厄病神が、東京周辺では一目小僧、神奈川県ではミカリ婆さんという妖怪が来るとされている。これらの妖怪を防ぐために、目籠を高く掲げ

る、ヒイラギを戸口に刺す、グミの木を囲炉裏で燃やすなどの魔除けを施す。また、山入りや遠出を慎む、静かに過ごして早く寝る、履物を外に出さないなどの禁忌を伴う例も多い。厄神送りの習俗もみられる。愛知県北設楽郡では二月・六月・十二月八日にヨウカオクリといってコトの神の藁人形を村境まで送る。事八日に去来する神を福神や農神とする例もある。宮城県には十二月八日に出雲に出かけた厄神様が二月八日に種子を買って帰ってくるという伝承がある。茨城県では笹神様あるいは大黒様が二月八日に稼ぎに出て十二月八日に帰って来るという。ここでは家々で掲げる籠は魔除けではなく宝を受ける容器と考えられている。また、長野県・群馬県などでは二月八日の行事が道祖神祭となっている例がみられ、関東周辺には事八日に訪れる厄病神の帳面を道祖神が燃やして災難を逃れるという伝承がある。事八日に針供養をする習俗は全国的に分布しており、折れ針を豆腐に刺すなどして針仕事を休み、淡島神社にお詣りをする。北陸地方では十二月八日に針千本という魚が浜に上がるという伝承がある。十二月八日は八日吹きで天候が荒れるとするところが西日本各地にあるが、これも事八日に神の出現があることを示すものといえよう。西日本では二月八日の行事が少ないが、愛媛県では二月八日をイノチゴイ(命乞い)と称し、イモや魚の混ぜ飯を藁苞(わらづと)に入れ、カヤの箸を添えて屋根に上げる。これを鳥がくわえていくと幸いであるという。同様の行事は西日本各地でみられるが、多くは二月・三月の春事(はること)として行われており、二月八日の行事との習合が考えられる。このほか、山梨県では二月八日をオヤイワイ、十二月八日をコイワイと称して家族が共食する日とする。二月八日の行事には、茨城県のエリカケモチや静岡県のヨウカモチなどのように、子どもの無事成長を祈る日とするものもある。十二月八日の行事では、東北地方でヤクシバライなどと称し年間の医薬代や借金の決済日とするものや、岡山県・広島県・愛媛県の嘘つき祝いのように一年中の嘘の罪滅ぼしをする日という例がある。事八日の習俗は多様かつ複雑な様相を呈しており、その位置づけについては、コトの神の性格や、団子や目籠などの行事物や標示物など、さらに多方面からの詳細な検討が必要であろう。

事八日の目籠　福島県（提供高木誠一）

（高橋　典子）

参考文献　柳田国男「年中行事覚書」(『柳田国男全集』一六所収、一九九〇)、文化庁編『日本民俗地図』一、一九七九、大島建彦編『コト八日—二月八日と十二月八日—』、一九八九

ことわざ　**諺**　人間や人生に対する批評や教訓、あるいは経験的な知識などを効果的に表現した短句。諺の多くは人々の生活経験のなかから生まれたもので、人間関係の真実や現実を浮き彫りにする簡潔な言葉に凝縮されていて説得力をもつ。本来、諺は言(こと)の技(わざ)、つまり広く言語の技芸をさすとされるが、しかし単なる言の技ではなく、はやくからタトエが固定した表現として発達し、諺と同義語として認められてきたように、比喩を中心とした特別の効果を発揮するものをいう。また、諺がおびている言語技術の特色について、「秋になると、むやみに食いたくなる」

といっただけでは諺とは認められないが「秋になればほいと腹になる」といえば、なるほどと思わせる効果をもった諺で、人の心をうごかす文芸であるとの指摘もされている。そして、短い文句で鮮やかな印象を与えるには「三月の海は静かだ」というような漠然とした言い方をさけ、「三月の海なら尼でも渡る」と、目に見えるものと結びつけて、具体的で調子のよい言葉で表現することが肝心だと説いている。諺の対象は人間生活のあらゆる場面に及ぶ。分類案もいくつか示され、三つに分ける方法もある。㈠攻撃的な諺。相手の弱みをねらってやりこめるもの。身体の特徴、性格、知力、体力、経験などを対象とし、皮肉な比喩や形容をもって攻撃や批判をする。「お盆に目鼻」の類。㈡教訓的な諺。道理や処世訓的なものを教え伝える。「口と財布はしめるがごとく」の類。㈢経験的な知識を伝える諺。生活に必要な経験的知識を諺にしたもの。天候の変化や潮の干満など自然現象に関するものや、仕事の時期、手順など生業をはじめさまざまな習俗に関するものなど。「月の上りに日の下り」「ごまの遅まきあずきの早まき」の類。諺のなかには、その場にいる者を笑わせるだけの娯楽性のつよいものもあり、その機能は多岐にわたっているが、背景には人々の日常生活の経験が蓄積されている。諺のなかには「朝蜘蛛に夕百足」のように俗信の諺化したものもあれば、「古屋の漏りがおそろしい」(新潟)は昔話に由来する。「飛んでもふぐ」は「這っても黒豆」と同じで強情を張る者のことだが、千葉県浦安市ではこの諺の起りを説く民話が伝承されており、口承文芸と結びついて定着している。ある特定の場面で発話される諺は、その場の状況を瞬時にすくいとって投げ返すことで聞き手に影響力をもつが、その働きはあくまで場の関係性のなかで機能する。調査に関しては、諺を収集しその文句を解説するだけでなく、それらの諺が生活のどのような場面で使われるのか(使われてきたのか)、人間関係を含めた具体的な状況を視野にいれて捉えていく必要がある。諺の用法や意味、通用する範囲、諺の発生に関するメカニズムや衰退の要因などを明らかにしていくなかで、現代の生活における諺の働きを総合的に追及していくことが求められている。

参考文献　柳田国男「ことわざの話」(『柳田国男全集』二三所収、一九九〇)、大藤ゆき「諺の教育的役割について」(『日本民俗学会報』六、一九五九)、大島建彦『咄の伝承』(「民俗民芸双書」、一九七〇)、武田勝昭『ことわざのレトリック』(「ニュー・レトリック叢書」、一九九二)、山田厳子「ことわざの効力―定型と笑い―」(『世間話研究』五、一九九四)、穴田義孝『ことわざ社会心理学』、一九九六

(常光　徹)

こびき　木挽　杣人(そまひと)が伐採した木材を鋸などを使って製材する作業、またその作業従事者をいう。木挽の用いる道具としては、寸法を決める指金、墨壺、木材を挽き割る大鋸(おが)あるいは弓鋸などがある。大鋸は鋸身が広く一定の厚みを挽く場合に有利である。大鋸は縦方向あるいは横方向に挽き、通常一名で作業を行う。大径木を挽く場合はやや不利で、こうした場合柄を長くつけた大鋸を用いる。大鋸は大型であるところから刃先のみに焼きを入れ(ちょんがけ)、大工の使う全鋼の鋸とは異なる。弓鋸は大径材を挽く場合に有利で大径木の製材には適している。通常縦挽で、木材を横木に立てかけ、あるいは台上に載せて二名で製材する。製材は直線で挽くが、ケヤキなど優良材で乾燥に伴って反る可能性のある場合には木取りに際し曲線に墨付けを行なって曲線に製材することもあった。木挽の稼業地は伐採現場近くの山地で行う場合と、町で運搬されてきた丸太あるいは大型角材を製材する場合がある。伐採現場近くで稼業する場合はケヤキのような重量物を軽くさせ、運搬しやすくする利点がある。たとえば大黒柱を現地で製材し、陸上を橇(木馬)で、または流

送する杉・ヒノキにシモリギにならないような配慮をして運んだ。また町場での木挽は材木商の配下で作業を行なった。現在でも銘木を製材する場合に大鋸を用いて製材することがある。
（中川　重年）

ごへい　御幣　幣束を敬っていう語。多くは白の和紙、時には金、銀、五色の紙を細工し竹や木の幣串にはさんだもので、神霊が憑依する神体としたり、神前に供えたり、罪・穢れをはらう祓いの用具としたりする。和訓ではオンヌサだが、古訓ではミテグラ、民間ではオンベともいう。ヌサについては、『古事記』仲哀天皇段に「国の大奴佐」をもって大祓えをしたとあり、『万葉集』では幣をヌサと訓ませている。神に奉献する幣物を総称する語の幣帛もミテグラと訓み、御幣も本来は幣帛の一種であった。ミテグラは御手座で手にもって移動する神座の意味とする説(柳田国男)や、満座・満庫の転訛とする説もあるが、記紀や『古語拾遺』では幣・神幣・御幣という表記もある。『古事記』神代の天岩戸の段には、天香山からの真榊に玉と鏡と和幣を取り懸けて、これを「布刀御幣」としたとある。幣帛の品目や数量には祭祀により神社によって異なるが、『延喜式』によれば木綿や紙・玉・布帛・衣服・武具・神酒・神饌なども含まれた。のちに木綿・和幣などという布帛や、紙垂を串に刺した幣束・御幣を指すものに限られるようになった。民俗的には「御幣かつぎ」「おんべ振り」などの語句もあるが、諏訪大社の御柱祭では木遣りの歌い手がヒノキの削り掛けを幣束にしたオンベを手にして御柱行事の音頭をとる。

参考文献　柳田国男「日本の祭」(『柳田国男全集』一三所収、一九九〇)
（薗田　稔）

こめ　米　日本人が主食と考えている穀物。作物である稲の籾から籾殻を除いた部分をいう。籾殻(内外穎)を除去した状態を玄米、さらに玄米を搗精して果皮・種皮・糊粉層ならびに胚を含む表面部分を削り取ったものを精米または白米、除去された部分を糠という。米は小麦に次いで世界で二番目に収穫面積の多い穀物である。また栽培の開始も今から七千ないし八千年前にさかのぼり得ると考えられている。したがってこの間に世界各地で多数の品種が作り出され、現在その数は十二万ともいわれている。玄米の形と関係している籾の長さと幅により短粒(A型)・大粒(B型)・長粒(C型)に分け、稲の生態型である日本型(ジャポニカ)・ジャワ型・インド型(インディカ)におおむね対応させることができる。玄米の形のほか、果皮の色(赤米などの着色米)、香成分(香り米)、胚乳デンプンのアミロース含量(モチ、ウルチ)も品種の重要な特徴を形成する。低アミロース含量(二〇%以下)の米が好まれる東アジアでは炊き干し法(米に吸水させたのち煮込み、余分な水分がなくなるまで加熱する)により、中アミロース含量の米が多いヨーロッパ諸国では湯炊き法(米を油で炒めた後、大量の湯中で煮込む)により、また高アミロース含量(二五%以上)のコメが好まれる東南アジア、南アジアおよびアメリカでは、湯取り法(米を大量の湯中で煮た後、重湯を捨てる)によって調理され食用に供される。日本では縄文時代後期からの稲の栽培が確認されているが、初期においては焼米ないし強飯が主要な調理法と推測されており、平安時代中期からは米を煮て食べる方法(湯・粥・姫飯・固粥)が主流になってきた。しかしながら日本人が不自由なく白米を食べることが可能になったのは一九五〇年代になってからであり、それ以前は麦・雑穀・イモ類・野菜類を主食とするか、ないしはこれらを米とともに炊き込んだかて飯ないしは粥(雑炊)が一般であった。このほか携帯保存用の干し飯も戦争に際しては大量の需要があり、また粉にひいて団子や煎餅、粢などの用途も現われた。このほか魚や肉類を保存するため飯の乳酸発酵を利用したナレズシは日本のみならず南中国から東南アジアに分布する。また麹の製造とこれを利用した米の醸造酒は東アジアおよび東南アジアに分布するが、日本と朝鮮半島のみはウルチ米を原料とし、他はモチ米を原料とする違いがある。一方米にある種の霊力を認めたことにより、旅行の平安祈願や稲作予祝の散米行事、墓への供物としての洗米、病人の枕元での振り米、出産の際の力米などが日本で見られるのみならず、アジアやヨーロッパにも類似の用例が見られる。これらには生米を用いるが、水とともに粉にひいた粢(しとぎ)はもっぱら神供に用いられた。さらにモチ米から作った餅は単なる保存食にとどまらず、食することによって身体的精神的な力が付与される、ないし霊力を持つと考えられていたことは、はじめての誕生日の誕生餅ないし一生餅あるいは正月の力餅など、人生の節目や年中行事に餅をついて家族や親戚近隣で共食する民俗が普遍的に見られること、餅を矢の的にして遊んだ長者の没落譚などの昔話からも明らかである。 ↓赤米(あかごめ)

参考文献　柳田国男「食物と心臓」(『柳田国男全集』一七所収、一九九〇)、盛永俊太郎他『稲の日本史』(『筑摩叢書』一三三・一三四、一九六九)、篠田統『米の文化史』、一九七〇、大貫恵美子『コメの人類学―日本人の自己認識―』、一九九五
(宮川　修二)

こもりうた　子守唄　本来的には子どもを寝かせるための唄である眠らせ唄をさす。そのほかに遊ばせ唄と日本独自の子守奉公人の境遇を唄った唄も存在した。眠らせ唄の主流は「ねんねんころりよ、おころりよ、坊やのお守りはどこへ行った、あの山越えて里へ行った」の歌詞に代表される「江戸子守唄」で、全国に変容して伝播している。その歌詞は尻取り唄形式でストーリー性をもって展開している。音楽的には二拍子型で下行導音をもつ近世邦楽調の都節音階が多い。他には「お月さんいくつ」や愛媛県大洲地方の「ねんねんや、ぼろろんや」などがある。遊ばせ唄は、最初は大人の側が一方的に遊ばせるために唄っていたが、子どもの口にものぼるようになり、童唄の範疇に入る。ただ大人の感覚で唄われる唄は子どもが唄う唄への転換が起りにくく、民謡と童唄の中間に位置する。「おおやぶ、こやぶ」は大人が幼児に顔を触れさせて遊ばせ、そのうちに眠りを誘っていく。また「籾すり、こんご」は子どもと向い合って座り、両手を握り交互に引っ張り合って遊ぶが、民謡に近い唄である。これらの唄は親・祖父母と幼児との直接的な対応・接触を成立させる重要な役割を果たしていた。柳田国男は遊ばせ唄を「子守唄の第二種、幼児の聴いて居るもの、むしろ目覚まし唄」と分類している。子守奉公人は、遊び盛りの貧農の少女が借金の代償として雇われていくケースが多かった。そこでは幼児を寝かしつけることはもちろんだが、奉公先に対する反発、自分の身内でない幼児への面当て、違う境遇の同世代の少女への嫉みなど、彼女たちが子守を媒介として唄う唄は、眠らせ唄や遊ばせ唄とは全く異なる性格を有していて、当時の社会全体が作り出した貧困と差別の構造的なひずみの一現象でもあった。島原地方の子守唄では、「はよ寝ろ泣かんで」といいつつ、内容は自分の境遇を赤裸々に吐露したストーリーに彩られている。また「五木の子守唄」は、編曲され三拍子型のリズムでマスコミを通じ流行し、学校教育にも導入されているが、本来は「おろろん、おろろん、おろろんばい」の唄のように、音楽的には二拍子型でヨナ抜き短音階に通じるものであった。子守唄は本来、幼児に対して愛情が注がれ健やかな成長を願って唄われる。中国地方の子守唄は「つらにくさ」といいつつも、後で「まめなよに」で締めている。そして現代は幼児を取り巻く客観的状況が大きく変化し眠らせ唄しか唄われなくなってきているとともに、唄が地域性を喪失し均一

化してきている。諸民族の間で唄われてきた子守唄は、固有の音楽的特徴と表現法を有している。

参考文献 柳田国男「民謡覚書」(『柳田国男全集』一八所収、一九九〇)、北原白秋『日本伝承童謡集』一、一九四七、松永伍一『にっぽんの子守唄』、一九七六、同『子守唄の人生』、一九七六
(岩井　正浩)

こや　小屋　母屋に付属する別棟建物の総称。コンエ、コウイ、コウエンなどとも呼ばれる。小屋の種類と形状には地域差があるが、総じて母屋に比べて規模が小さく、倉などを除けば構造も簡略な場合が多い。簡略とはいえ、生業や地域環境と無関係ではあり得ず、むしろその特徴が小屋に集約され、消長は母屋に先立って現われる。屋敷内の小屋は、当然のことながら自家の日常生活に供されるもので、納屋・倉・物置小屋・薪小屋・灰小屋・便所小屋・井戸小屋・漬物小屋・カマヤ・隠居室など、実に多様である。これらは主に物品収納を目的にするが、仕事の場や肥料供給の場としての側面を持つとともに、火災や不浄から内なる者の安泰を願って別棟の小屋としたものもある。その意味で、小屋の機能は重層的である。屋敷内にある特定用途を持つ便所小屋や灰小屋などは、近年消滅したり、作業場や母屋に吸収されつつある。一方、屋敷外のムラ、ノラ、ヤマにある小屋は、地域社会共有と私有のものとが混在する。前者では用水小屋・水車小屋・消防小屋などが広く見られる。地方によっては産小屋や月小屋などと呼ぶ建物があり、別火の生活をさせた。後者では作小屋・出作り小屋・山小屋・炭焼き小屋など、主に私的生活に関係し、かつ使用時期が限定される。ノラやヤマにある小屋は、共有私有にかかわらず、重層的機能を持ちながらも、比較的その設置目的が明確なものが多い傾向にある。また、小屋にはさまざまの信仰が伴い、別棟のカマヤは火の清浄を願って、穢れある者を竈から離したものであろうし、先に述べた月小屋や作事小屋は、小屋籠りによって不浄を祓うことができると考えられたのである。

参考文献 牧田茂「小屋」(『日本民俗学大系』六所収、一九五八)、野本寛一『軒端の民俗学』、一九八九
(三井田忠男)

こやすがみ　子安神　子授けや安産・子育てなどの祈願をする神。子安という名称は『竹取物語』に燕の子安貝として登場し、また『三代実録』にも美濃国児安神という記述があり、古い時代から伝承されてきた名称であることがわかる。子安神は、木花咲耶姫(このはなさくやひめ)を祭神とする子安神社のほか、子安荒神・子安稲荷などとなって信仰されたり、あるいは観音・地蔵などと結びつき、子安地蔵・子安観音として全国的に分布している。西日本では、子安観音が多く、堂や神社にまつられ、決まった祭日にそれぞれ参詣される。東日本では、子安地蔵や子安様としてまつられ信仰されている例が多い。一般に地蔵は、子どもと遊ぶのを喜び、それをとめたりすると罰をうけるなどともいわれ、子どもをかばい助けるという信仰が強くみられる。そのような地蔵の性格とも結びついて、子授け・子育ての神仏として信仰されている。山形県小国町の大宮小易神社は、安産・子育ての神として、新潟県などからも参詣する人が多い。関東地方、特に茨城県から千葉県にかけては、子を産む年ごろの既婚女性たちが安産を祈願する子安講が盛んに行われている。子安講は子安神としての地蔵や観音をまつる女性たちの講で、古くから子を守る神として信仰し、子授け・安産の祈願をしてきた。自然石や石塔をまつっている所もあるが、子安観音・子安地蔵として、子を抱いた女神像や仏像を、寺や堂または神社などにまつっている所もある。関東地方北部を中心に福島県や長野県などでは、十九夜・二十二夜・二十三夜などに講を行い安産を祈願する例が多い。十九夜講や子安講では、講の行事として犬供養を

行い、安産祈願を行なっている所もある。

参考文献　『日本産育習俗資料集成』、一九七五、文化庁編『日本民俗地図』五、一九七五　（菊池　健策）

ごりょうしんこう　**御霊信仰**　不慮の災難で非業の死を遂げたり、生前の遺恨を晴らせぬまま憤死するなどして祟りをなす死者の霊を御霊といい、それを鎮めまつることでその霊威にあやかるなど御霊をめぐる信仰。御霊の初出文献は『日本三代実録』とされ、八六三年（貞観五）五月二十日条に、空海が祈雨の法を修したと伝えられる京都市神泉苑で、御霊会が開かれたとある。そこには、崇道天皇（早良親王）・伊予親王・藤原夫人・観察使・橘逸勢・文室宮田麻呂の六人の名があげられ、疫病がはやって多くの死者を出したのは、冤罪で死んだかれらの御霊によるものとされている。御霊会は、その鎮魂をはかるための回向法楽の法会であった。同様に、疫病の流行を牛頭天王の祟りが原因として、それをまつり、怒りを慰めるために催されたのが、京都八坂神社の祇園御霊会であった。まつることで牛頭天王を防疫神に変え、その神威による疫病鎮静化を期したのである。疫神送り的なこの祭礼は、現在は風流化し、山鉾の巡幸を中心とする夏祭として知られる。このように、神霊も、その怒りを買ったときは社会的な災厄を懲罰的にもたらすとして、御霊の一つとみなされていたことが、祇園御霊会の例からわかる。しかし、御霊は概して、不幸な死に方をしたまま充分に慰霊・供養を施されていない死者の霊をさすといえる。それも、単に怨霊であるというだけでなく、社会的影響力を持つ権力者や指導者が憤死した場合に、その死が関係者の病気や死と結びつけられたり、地震・落雷・疫病などの災厄と関連づけられたりして語られたときに、怨霊は御霊視され、御霊信仰が形成されやすい。やがてそこで、御霊会のような慰撫・鎮静の法会が開かれたのである。やがて御霊は、こうして儀礼的に慰めるだけでなく、祭神としてまつられるようになる。神泉苑の御霊会で鎮めの対象となった六所御霊、あるいはそれに吉備真備や菅原道真を加えた八所御霊をまつる神社は、全国的にみられる。各地の若宮・今宮は、元来、御霊の祟りを鎮めるために造られたものである。愛媛県宇和島市の和霊神社は、政敵に殺された宇和島藩の家老山家清兵衛を祭神としているが、かれの死後天災地変が相ついだため、その祟りではないかとされて、土地の八面大荒神に若宮としてまつられたのがはじまりである。神奈川県鎌倉市の鶴岡八幡宮の裏手には、隠岐に配流され非業の最期を遂げた後鳥羽院をまつる今宮が建てられている。神にまつられた御霊は、その霊威の強さゆえに流行神化する場合がある。和霊神社も農業・漁業民の信仰を集め、四国・中国地方に信仰圏を広げた。このように御霊信仰は、怨霊を鎮めるだけでなく、祭神化することで福神に転化し受容、定着してきた。その意味で御霊信仰は、日本の神信仰の特徴的な一面を構成してきた人神信仰と深く結びついた信仰といえる。御霊をみたまと読む場合は、神霊や霊魂の尊称を意味する。たとえば、御霊代は神霊の降臨・憑依する依代をさし、御霊祭（御魂祭）は、暮から正月にかけての先祖祭のことである。

参考文献　五来重・桜井徳太郎・宮田登他編『神観念と民俗』（『講座日本の民俗宗教』三、一九七九）、柴田実編『御霊信仰』（『民衆宗教史叢書』五、一九八四）　（長谷部八朗）

こんいん　**婚姻**　特定の男女が夫婦になること。すなわち男女間の持続的な性的、経済的、社会的結合を指す。一般には結婚という。民俗における婚姻の概念は、婚姻に際して行われる儀礼・習俗・慣行・俗信および、当事者ならびに双方の家族・親族を含めた関係性・権利・義務などを包含する一つの社会的事象であり、人が一生の中で体験するもっとも重要な通過儀礼の一つである。これまでの婚姻を対象とした民俗学研究には、大きく二つの流れが見られた。一つは、婚姻をめぐるさまざまな儀礼・習俗のもつ意味やその起源を探ることを目的とした研究であり、いま一つは、婚姻を家族や親族などの人間関係が最も大きく変化する機会として捉え、その変化の様子を構造的に分析することを目的とした研究である。前者は儀礼中心の民俗研究であるのに対して、後者は家族や親族などを中心とした社会関係との関連を重視した民俗研究であるといえる。これら二つの研究視角は、ある意味においては質的に異なるものであるが、理想的には相互の関連を考慮した複合的視野にたっての研究が望まれる。かつて柳田国男は、日本の民俗社会には聟入りの儀礼をもって開始される聟入り式の婚姻と、嫁入りの儀礼をもって開始される嫁入り式の婚姻の二種が存在するとし、歴史的には前者から後者へと変化してきたという説を提唱した。のちに大間知篤三と有賀喜左衛門は、前者を聟入婚、後者を嫁入婚とよび、いわゆる日本の婚姻の二大類型論を築いた。さらに有賀は、若者と娘が親方本家の労働組織への参加を目的とし、親方の裁量と世話を前提として成立する婚姻を親方取婚と定義し、先の二類型に加えた。一方大間知は、伊豆諸島の事例にもとづいて、嫁の聟の家への初入りで開始されるが、当分の間の夫婦の寝所すなわち婚舎は嫁家におかれるような婚姻を足入れ婚とよび、聟入婚から嫁入婚への移行の過渡的な婚姻形態として位置づけた。さらに婚姻開始以後の婚舎がネヤド(寝宿)におかれるような婚姻を寝宿婚とよんだ。今日の婚姻研究では聟入婚・嫁入婚・足入れ婚を含めた三類型論として一般に理解されている。日本の聟入婚においては、初聟入りの後一定期間聟の妻問いが行われ、やがてある機会に夫婦がそろって聟家へ引き移るという例がほとんどである。ゆえにいわゆる聟養子婚や、飛驒白川郷(岐阜県)などの一部地域において見られたような、終生聟が嫁の家へ通ういわゆる終生妻問婚とは基本的に区別されるべきものである。また聟入婚は夫の妻問いを伴うがゆえに、村内婚を前提とした婚姻であったといえる。一方嫁入婚は、嫁入りの儀礼をもって開始され、当初から婚舎すなわち夫婦の寝所が聟の家におかれるという形式の婚姻で、歴史的には、中世の武家社会において行われるようになった婚姻であるとされている。その背景としては、女性労働力の価値の減少、儒教倫理に基づく男尊女卑的価値観の浸透などが考えられる。いわゆる家父長制の普及によって、身分や家の格式を重視し、自分の家の格に見合った家の者を婚姻の対象とする必要から、それまでの村内婚ではなく、村外婚の形式をとることが必要となった。このような婚姻は、基本的に男家中心の傾向が強い婚姻であるといえる。嫁入婚はやがて庶民階層へも普及し、特に近世以降近年まで日本の代表的な婚姻形態として定着する。そこでは、婚姻は家と家の結合であるという意識が強調され、結婚する当事者同志の意志よりも、主として聟方の父親の意志が重視される傾向が強く、仲人を介してのいわゆる仲人婚の形態をとることが一つの特徴である。嫁入婚では配偶者の選択は仲人による紹介から始まり、やがて見合いへと展開する。中には見合いもなく、当人同志は婚姻の披露を目的とした、いわゆる祝言の当日にはじめて顔を合わせるということもありえた。嫁は祝言当日に正装をして聟の家に引き移り、この時に盛大な披露が催される。この日から聟の家が夫婦の婚舎となり、以後基本的に婚舎が移動することはない。また嫁の生家への依存は希薄である。嫁は聟の家への引き移りと同時に婚家の家風に馴染むことが要求される。婚家では二世代の夫婦が同居をするために、嫁と聟の母親すなわち姑との間に緊張関係が生じやすく、嫁の忍従が家族関係維持の重要な要件となることも多い。場合によっては、嫁は使用人的な扱いを受けることもあり、家風に馴染めない、子を産めないなどの理由で、強制的に離縁させられるということもあった。なお多くの民俗事例においては、形式的には嫁入婚の形態をとりつつも、両家の関係は比較的対等で、当事者の意志が尊重されることも多い。嫁の生家への依存も強く、嫁は主婦になるまで自分の荷を生家に留め置いたり、長期かつ頻繁な嫁の里帰りが行われたりする例もある。さらに隠居慣行を伴う嫁入婚もあり、その意味では、歴史的、民俗的にきわめて多様な形態を見せる婚姻を、嫁入婚という一つの類型として捉えることには問題があるといえる。一方、聟入婚と嫁入婚の中間的形態としての足入れ婚は、嫁が聟の家へはじめて正式に訪問する儀礼によって開始されるが、当分の婚舎は嫁の家におかれるという形態の婚姻で、聟入婚と同様に妻問いを伴う婚姻である。その他多くの点において、足入れ婚は聟入婚と共通する部分が多い。聟入婚や足入れ婚などの妻問い形式の婚姻存続の背景には、女性の労働力を特に重視するという経済的な要因と、隠居慣行に象徴されるような、親子二世代の夫婦が同居を忌避するという家族制的な要因とが考えられる。

このような婚姻類型論の問題として、第一に、聟入婚から足入れ婚、さらに嫁入婚へ変化したという変遷説は、あくまで歴史的視座にたっての理論的解釈であり、必ずしも現実の事例研究に即した類型論であるとはいえないという点が指摘できる。実際に一つの地域においてこのような婚姻形態の変遷が見られた例は稀である。またこれはあくまで日本の民俗文化を一元的に理解しようとする立場に依拠した解釈であり、日本の民俗文化の多元性が問われている今日、このような類型論自体も検討されねばならないといえる。第二に、これらの類型論では婚姻を家族や親族などの社会関係の変化との関連において捉えようとする視点は反映されにくい。そのためには婚舎の移動の有無、婚出者の生家への依存度とその関係性、婚出者の移動終了後の家族構成、隠居制の有無などを指標として加えた新しい類型論を構築する必要があろう。

日本の婚姻は、本来何段階もの儀礼を経て最終的に確定するものであり、それ相応の期間を要するものであった。すなわち古式の妻問い形式の婚姻においては、男女の出逢いから個別交際に発展し、双方の親の承認儀礼を経てやがて聟の家に嫁が引き移るまでには長い場合には数年以上の年月を要した。それが嫁入婚の形式に近づくにつれてその期間が縮小され、ついには一日ですべての婚姻儀礼を取り行なってしまうという形式に変化してきたものと考えられる。また、婚姻はあくまで社会的な男女の結合であり、日本においては家相互の結合と不可分であったため、その決定には双方の親もしくは親族、村落などの承認を必要としたが、古くは若者仲間の承認がもっとも重要視され、親はのちに形式的に承諾を与えるという場合も多く見られた。ところで、今日の婚姻に見られる諸儀礼は近年新しく行われるようになったり、あるいはかつての儀礼の形式や意味が大幅に変化したものが多い。たとえば見合いは遠方との婚姻が普及したことによって必要となった儀礼であり、結納も今日のような形式が一般化するのは新しいことである。結納は本来ユヒノモノとよばれ、婚姻によって新たに結ばれる家相互の結合の確認を目的とした儀礼であったものが、聟方から嫁方へ金銭・物品などを贈って婚約を確定するための儀礼へ変化したと考えられる。このような贈答は、本来聟入りの際に行われるべきものであったろう。

聟入婚のみならず嫁入婚においても、聟入り儀礼のもつ意味は大きい。初聟入りと称して聟がはじめて嫁の家を訪れ、嫁の親と正式に対面する儀礼がいつ行われるかによって、その婚姻の性格をある程度知ることができる。一般には「朝聟に夕嫁」などといわれ、初聟入りは婚礼の前に行われるのが古い形態であり、それが徐々に婚礼後に行われるようになったものと考えられてきた。婚礼後の三日帰り（さんにちがえ）の際に、はじめて聟が嫁の家を訪れるという報告もよく聞かれるが、これなどは初聟入りの意味が嫁入り儀礼の陰に隠れて忘れられ、形式のみ残存してきたことを物語っているといえよう。ただし北陸地方から若狭周辺にかけての地域のように、ウッチャゲなどと称する初聟入りの儀礼が、もともと婚礼後に行われていたと考えられる例もあり、地域によって必ずしも初聟入りの時期が婚礼前であったとはいえない。嫁入り当日、嫁が自家を出る時と聟家に入る時には種々の呪術的な儀礼を伴うことが多い。出立ちに際して行われる茶碗割りや藁火を跨ぐ行為、また入家に際して行われる草履捨てや水を飲ませる儀礼には、葬送儀礼との類似性が見られ、嫁の帰属が変わることによって生ずるさまざまな矛盾や葛藤を回避するための呪術的な儀礼であると考えられる。また婚礼は、今日では神社や教会などの宗教施設において行われることが一般的であるが、かつては婚礼に宗教的色彩が見られる例は稀で、いわば親類や村人の前で新しい夫婦を披露することが主たる目的であった。また聟の家で行われる披露は、嫁の顔見せが主たる目的とされ、このような場合には聟が不在であることも多かった。

嫁は聟の家への引き移り以後も、その生家と緊密な関係を維持する。出産だけは生家へ帰って行うという例もあり、子供が小さいうちは聟の家に比べて嫁の家の影響を強く受けるという例も多い。北陸地方は「嫁は八束藁かづくまでフリヤの難題」という諺に象徴されるように、フリヤすなわち嫁の生家の負担が著しく重いことで知られているが、この地方ではセンタクガエリなどと称する、長期かつ頻繁な嫁の里帰りの慣行が見られる。また山形県と新潟県の一部地域では、シュウトノツトメと称する、婚姻後一定期間聟と嫁が毎夜嫁家を訪問するという慣行があり、かつての嫁とその生家との関係の一断面をうかがい知ることができる。さらに東北の年期聟の習俗に見られるように、嫁の労働力のみならず聟の労働力をも嫁の家に一定期間吸収せんとする要求があったことも無視できない問題である。これら主婦権の譲渡や労働力の問題は、妻問い形式の婚姻の発生と存続の要因とも深い係わりがあり、婚姻の問題を考える際に非常に重要な意味を有している。　→足入れ婚（あしいれこん）　→見合（みあい）　→聟入婚（むこいりこん）　→嫁入婚（よめいりこん）

参考文献　柳田国男「婚姻の話」（『柳田国男全集』一二所収、一九九〇）、瀬川清子『婚姻覚書』、一九五七、有賀喜左衛門「日本婚姻史論」（『有賀喜左衛門著作集』六所収、一九六八）、大間知篤三「婚姻の民俗学」（『大間知篤三著作集』二所収、一九七五）、江守五夫『日本の婚姻―その歴史と民俗―』（「日本基層文化の民族学的研究」二、一九八六）、天野武『結婚の民俗』、一九九四、江守五夫『婚姻の民俗―東アジアの視点から―』（「歴史文化ライブラリー」四八、一九九八）、八木透『婚姻と家族の民俗的構造』（「日本歴史民俗叢書」、二〇〇一）

（八木　透）

こんしゃ　婚舎　婚姻開始後の夫婦が生活の拠点とする場所・建物・居室。あるいは夫婦がともに夜を過ごす場所と限定的に規定することもできる。婚舎という語は、柳田国男以来民俗学の婚姻研究において広く用いられており、大間知篤三・瀬川清子らの著作を通して術語として確立した。婚舎のあり方はその婚姻の性格を知る上で重要な指標となる。婚舎のあり方を考える際に注意を要するのは、自由恋愛から婚姻へと発展する過程の中で、いかなる機会に婚姻が開始されたとみなすかという問題である。いわゆる未婚者と既婚者の区別が曖昧であったかつての民俗社会の婚姻においては、やはり若者仲間・宿親、あるいは男女いずれかの両親による婚姻の承諾の儀礼をもって婚姻の開始とみなすのが妥当である。すなわち婚舎とは、あくまでも夫婦が生活の拠点とする場所を意味し、婚姻前の男女の性の営みの場とは区別して考える必要がある。一般に嫁入婚では、婚姻当初から夫家が婚舎となり、原則的にその移動は見られない。また聟養子婚の場合には、嫁入婚とは逆に、婚姻当初から妻家が婚舎となる。一方聟入婚や足入れ婚などの妻問式の婚姻においては、婚姻当初は、妻家が婚舎となるが、初子の誕生や夫の両親の隠居などの機会に、婚舎は夫家へ移される。そこでは世代交替を契機として婚舎も移動するのであり、それが妻問形式の婚姻の大きな特色でもある。このように、婚舎を家単位として考えると、夫もしくは妻家の二種に大別することができる。しかし屋敷内のどの居室が婚舎に当てられるかという、より狭義に婚舎を捉えると、嫁入婚の場合でも、婚姻当初は夫家内のヘヤと称される新婚夫婦のための居室や付属小屋などが婚舎に当てられるという例が多く、やがて若夫婦が夫の両親から戸主権と主婦権を譲られると、以後は主人夫婦の寝室である納戸とよばれる居室へ移るという例が多い。つまり嫁入婚でも、厳密には世代交替を契機として婚舎が移動する。特例ではあるが、若者や娘の寝宿が婚舎に当てられる例もある。これは寝宿婚とよばれる特殊な婚姻形態である。

[参考文献] 瀬川清子『婚姻覚書』、一九五七、『大間知篤三著作集』二・四、一九七五・七八、八木透『婚姻と家族の民族的構造』(「日本歴史民俗叢書」、二〇〇一)
(八木　透)

こんなばん　こんな晩　因果応報を説く怪談の一つ。旅の六部がある百姓家に泊まる。家の主は、深夜ひそかに六部を殺害し所持金を奪う。家は富み、やがて男の子が生まれるが、この子はいくつになっても口をきくことができない。ところが、ある月夜の晩「しっこがでる」という。庭で小便をさせていると、子どもの顔が六部の顔になり「お前が、おれを殺したのもこんな晩だったな」とつぶやく。日本海側に沿って濃密な分布を示しながら、東北地方から中国、九州地方にかけての広い範囲に及んでいる。昔話として語られるだけでなく、土地によっては、ある特定の家の盛衰にまつわる世間話として伝えられている。被害者に六部が多く登場するのは、かつて諸国を巡った六部自身がこの話を持ち歩き、各地に種子を蒔いていったためであろう。実際、一七六二年(宝暦十二)四月に芸州広島の町中で、廻国中の六部が懺悔話として語った記録が残っている。同型の話は、一七二六年(享保十一)刊の『諸仏感応見好書』(しょぶつかんのうけんこうしょ)という仏教説話集にもみえており、因果応報の思想を色濃くもつ本話の素性がうかがえる。近世には広く人口に膾炙し多様な語られ方をしていたと考えられる。ラフカディオ=ハーンの『知られぬ日本の面影』や、夏目漱石の『夢十夜』に「こんな晩」を素材にしたと思われる作品のあることはよく知られている。また、現代風に姿を変えた話が、若者たちのあいだで語り継がれている。

[参考文献] 野村純一『昔話伝承の研究』、一九八四、常光徹『学校の怪談―口承文芸の展開と諸相―』(「Minerva21世紀ライブラリー」三、一九九三)
(常光　徹)

こんぴらしんこう　金毘羅信仰　讃岐国象頭山(香川県仲多度郡琴平町)にまつられる金毘羅大権現(金刀比羅宮)を中心に、特に近世中期以降、全国的に流布し展開した信仰の総称。その神格については、薬師十二神将の一人、宮毘羅大将に比定し、さらにその起源を古代インド神話に出現する、ガンジス川に住む鰐を神格化したといわれるクンピーラ神に求める説をはじめ、多様な仏教的、神道的解釈が為されてきたが、現存する妥当な史料上の金毘羅の初見は、一五七三年(元亀四)の銘のある金毘羅宝殿棟札である。それによれば、象頭山松尾寺に同寺別当金光院の住職宥雅によって金毘羅王赤如神の御宝殿が造営されたと記されている。この時期、すなわち天正―慶長年間(一五七三―一六一五)にかけて、一山はその性格および体制を大きく変化させていく。宥雅に続く宥厳、さらに金剛坊宥盛と歴代の金光院住職は、山内におけるその支配権を強めると同時に、その配下に修験の多聞院が加わるなど一山は修験色を強めた。中世、小松荘の墓寺的存在であった松尾寺は、次第にその影を潜め、代わって霊威強大な金毘羅神、そしてそれを支えた金光院が前面に立つことで、江戸時代中期以降の隆盛の基礎が形成されたのである。こうした歴史を反映してか、その信仰を考える場合も二つの視点が必要である。内部あるいは土着の信仰とそれを基礎にさらにそこから展開していった外部の信仰である。両者は密接に絡み合っているが、たとえば、地域の気象を司る象頭山や峰続きの大麻山の守護神としての水神・蛇神・竜神・雷神・風神・農耕神、十月という祭日に関係した留守居神などの側面は前者に関わるであろうし、一方奉納された膨大な絵馬や流し樽が物語る海難救助の神、その象徴としての金の御幣、さらに天狗信仰や数多くの霊験譚に代表される流行神(はやりがみ)の側面は後者に関わる。同様に、信仰の中核を担った金毘羅祭礼も二種の構成をもつ。近世後期に成立した『金毘羅山名勝図会』によれば、旧八月晦日の口明神事に始まり、十月十六日の精進屋焼却に終る一連の過程は山麓で行われる神事と、山上の本社での神事の二種に大別される。山麓での行事とは、精進屋の建立、潮川神事、御幣(オハケ)建てを経て、忌籠り、指し合わせと称して上・下両頭屋において、翌年の頭人を選定することが中心となっており、農村を母体とした古風な頭屋祭に位置づけられる。一方、山上行事は、山上出仕と称され、細かな儀式を伴った本社への参詣祭式を主題としている。その際、古くは本社(金毘羅神)に先立ってまず番神所(三十番神)に参詣したとされ、三十番神こそ法華八講様式に従った金毘羅以前の祭礼の祭祀対象ではなかったかと推測される。

参考文献　松原秀明「金毘羅信仰と修験道」(「山岳宗教史研究叢書」一二所収、一九七九)、守屋毅編『金毘羅信仰』(「民衆宗教史叢書」一九、一九八七)、近藤喜博『金毘羅信仰研究』、一九八七、唐木裕志「中世の宗教と文化」(『町史ことひら』一所収、一九九六)
(白川　琢磨)

コンブ　コンブ　褐藻(かっそう)類コンブ科に属する海藻の総称。コンブという一種類があるのではない。ひろめ・えびすめ・海帯などの呼びかたもされた。一般には昆布と表記される。総称でコンブとよばれる属中には、マコンブ、ホソメコンブ、ミツイシコンブ、ゴヘイコンブ、カキジマコンブ、エンドウコンブなどがあるが、日本の沿岸には約六属二十七種類があるとされる。このうち食用としてよく利用されるのは七種類ほど。マコンブ、ミツイシコンブ、ホソメコンブ、リシリコンブ、ナガコンブ、トロロコンブ、ネコアシコンブなどの名が知られている。日本での産地は北海道がほとんどだが、中でもマコンブは函館や噴火湾の沿岸のものが良質であるなど、種類によって産地に差がある。ホソメコンブやリシリコンブは北海道でも日本海沿岸方面の西岸地帯、ミツイシコンブは襟裳岬の一帯、ナガコンブは根室から釧路にかけてが産地になっている。このほか、本州の東北地方でもマコンブやホソメコンブが採取され、青森県をはじめ、岩手県・宮城県などでも産出されるが、少量で、品質は北海道産のものにくらべるとおとる。採取時期は七月から八月にかけての夏季。いずれの地域でも口明け(解禁日)や採取日を決めている。コンブは二年ないし三年生の多年藻なので、二、三年を経過して成長した帯状の長い葉が岩礁上より三メートルから一〇メートルにも繁茂している場所での採取となり、水深も同じほどある。採取方法は裸潜水作業により、カマ(鎌)で刈りとる方法(もぐり漁)や船上から長い棹の先にカギやカマを縛りつけて刈りとったり、ネジリと呼ばれる漁具(下の方が十文字になっている)でねじり取るほか、カギをつけた漁具を綱に縛り、船上より投げ込んで引いたりして採取する方法もある。平山屛山(びょうざん)の筆による『蝦夷(えぞ)国屛風図絵』(市立函館図書館所蔵)にはアイヌがアツシを着たまま泳ぎ、左手にカマをもってコンブ採取をしている姿が描かれている。また、菅江真澄の『ひろめかり』にも東北地方の様子が図説されている。コンブ製品は天日乾燥をさせただけのものがほとんどだが、加工品としての種類も多い。天日で乾燥し、一定の長さに切って束ねたものを長切りコンブの名で呼ぶ。加工品として名高いものにトロロコンブがあり、主に大阪方面で加工される。コンブが調理用の出汁(だし)として需要が多いのはコンブの成分中にグルタミン酸やヨード、カルシウムなどを多く含んでいるためである。今日でも阪神方面での需要が多いのは歴史的に近世以後、北前船が摂津(せっつ)方面より下関を通過し、日本海沿岸を北上して北海道に至る海上交通の航路の発達により特産品の大量輸送が可能になった結果である。沖縄県も消費量が多い。また、近世における長崎輸出の海産物の総称である俵物(たわらもの)のうち、清国に輸出された諸色(しょしき)のうちには、するめ・鰹節・寒天とならんでコンブも元禄期以降盛んに輸出された商品であった。

参考文献　羽原又吉『日本昆布業資本主義史―支那輸出―』、一九四九、宮下章『海藻』(「ものと人間の文化史」一一、一九七四)

(田辺　悟)

こんれい　婚礼　婚姻成立過程で行われる儀礼。婚姻をめぐる種々の儀礼を総称して用いられる場合と、婚姻成立のための特定の儀礼に限定して用いられる場合とがある。おおむねそれぞれの時代と地域で、婚姻をめぐるもっとも重要な儀礼を特に婚礼と称していたという傾向がうかがえる。日本の婚姻は、本来何段階もの儀礼を経て最終的に確定するものであり、長い期間を要するものであった。すなわち聟入婚や足入れ婚のような妻問い形式の婚姻においては、婚姻の開始から最終的に確定するまで数年以上の年月を要することも多かった。ゆえに古式の妻問形式の婚姻では、夫がはじめて正式に妻家を訪問し、妻の両親に婚姻の承諾を得る儀礼、すなわち初聟入りや、伊豆諸島において見られたような、妻が夫の両親から婚姻の承諾を得る儀礼、すなわちアシイレなどの儀礼が、簡素なものではあるがもっとも重要な意味を持ち、それらが婚礼とよぶに相応しい儀礼であった。嫁入婚においては、すべての婚姻の儀礼を短期間に凝縮して行うという傾向が見られ、嫁が生家から聟の家へ移動し、到着後に夫婦の契りを象徴する夫婦盃(めおと)や、嫁と聟方親族との親子盃や親

1950年代の京都府長岡町(長岡京市)の婚礼(提供前田照男)

類盃が行われ、その後親族を中心とした披露の宴が行われる。これらの一連の儀礼が婚礼であると解されることが多く、一般にそれを祝言などと称することもある。そこでは嫁の引き移りとその披露がもっとも重要視された。現代社会では、神社や教会、あるいはそれらを模した宗教施設において夫婦関係を誓い合う、いわゆる結婚式を行い、引き続いて大勢の客を招いて、いわゆる結婚披露宴を行うという例が一般的である。これら一連の行事を婚礼と理解する傾向がうかがえる。そもそも婚姻に神道やキリスト教などの宗教的な色彩が加わるようになるのは決して古いことではなく、一般の人々に普及するのは第二次世界大戦後しばらくのちのことである。しかし近年ではそのような宗教的婚姻儀礼が婚礼のもっとも重要な部分であると認識されることが多いことからも、婚礼の意味は時代とともに常に変化してきているといえよう。 ↓婚姻 ↓初聟入り

参考文献 柳田国男「婚姻の話」(『柳田国男全集』一二所収、一九九〇)、瀬川清子『婚姻覚書』、一九五七

(八木 透)

さ

さいがい 災害 異常な自然現象や人為的原因によって、人間の社会生活や人命がうける被害。人類は古来より、それぞれの地域の地形や気候などの自然条件に応じて、人手を加え、生活の場をつくりあげてきたが、その過程でさまざまな災害に出会ってきた。災害には洪水・地震・雪崩・台風・旱魃などがある。そのような地域の災害の記憶を集合的に記録する手段が、地名や伝説など、ひろい意味での伝承といえる。日本は、地形が急峻で雨量が多く、また造田のために、水を利用する各種の開発が行われてきたことから、水に関する災害が多く、それに伴う伝説や地名は多い。人間の生活とかかわらないところでおきる自然現象の変化は災害とはいえない。そのような意味で災害は、自然と人間の関係性をあらわす概念でもある。災害の発生する要因としては、純粋に自然条件だけに起因するものと、自然条件と人為的条件とが相まって発生する場合の両方があり得る。純粋に自然条件で発生するものの典型が地震である。一方河川の水害などは、大雨というような気候条件に対して、河川堤防のつくり方というような人為的条件によって、災害が発生したり、回避できたりする。さらに、同じような災害が発生しても、その被害の程度となると、人為的要素がさらに強く影響する。特定の災害がたとえ純粋に不可抗力的であっても、その原因を探ろうとする意識が社会の中には生まれてくることが多く、ここに民俗学的に災害を研究する意味の一つ

がある。なぜある災害が、ある特定の場や特定の社会集団に対して発生したのか、特にそのことで被害を大きく受けた当事者は、何らかの説明体系を欲する。そのような説明体系の在り方を研究するのが災因論といえる。地震に対して、ナマズの活動を結びつけるような場合や、水害に対して、人間が蛇に邪悪なふるまいをしたとか、水神さんのお告げに従わなかったという類の解釈である。一方で、人間社会は、ある災害が起きてしまった時に、あるいは起きそうな時に、どうにかしてその災害をさけようとする。災害に対処する方策を研究するのが回避論といえるものであろう。人びとはさまざまな智恵を出して、想定される災害の原因をとりのぞこうとする。そこで、旱魃時の雨乞い行事や、稲の害虫に対する虫送りなどの行事が発達する。科学的にいうと、いずれも災害回避には効果はないと判断されるであろうが、それぞれの社会集団の中で精神的な安定性をたもつという社会文化的意味は重要であろう。また災害による被害を大きくするのも小さくするのも、社会的な制度や集団構造にもかかわっている。このような視点を災害社会論といえる。日本では古代より、飢饉の時の社倉や義倉などの相互扶助組織が発達しており、それが現在の保険制度にもつながっている。近年、災害対策は、国家や行政への依存度がますます高まっているが、地域社会には、水害や火災など、恒常的におそう災害に対処するための緊急対策装備(水倉)や組織(堤防委員・河川係など)、また緊急連絡のための情報網(半鐘・太鼓)なども発達しており、これらの方面からの研究も今後深められる必要があろう。

参考文献 千葉徳爾『地域と民俗文化』、一九七七、高谷重夫『雨乞習俗の研究』、一九八二、笹本正治『蛇抜・異人・木霊―歴史災害と伝承―』、一九九四、嘉田由紀子『生活世界の環境学―琵琶湖からのメッセージ―』、一九九五、野本寛一・福田アジオ編『環境の民俗』(「講座日本の民俗学」四、一九九八)、笹本正治『中世の災害予兆―あの世からのメッセージ―』(「歴史文化ライブラリー」三、一九九六)
(嘉田由紀子)

さいぎょう　西行　一定の場所に居を構えず、同業種の職場を渡り歩く職人のこと。渡り職人・旅職人・旅人・飛び職人などともいう。鎌倉時代初期に活躍した歌人、西行が生涯にわたって旅をして諸国を遍歴したところから、各地を廻って仕事をして腕を磨くこと、あるいはその職人をこう呼ぶようになったといわれる。そこには、旅と修行によって悟りを求める仏僧と、自分たちの修業の姿を重ねあわせる視点も認められる。年季奉公が終るとさらに腕を磨くために各地の親方を訪ねて廻り、自分の親方とは違った技術を身に着け、またその技術を売りものにして雇ってもらうことができた。腕一本で渡り歩き、「西行は腕が良い」との言葉はよく聞かれる。これが職人の習慣として容認されてきたことは、受け入れる側にも次のことが義務づけられていたことからもわかる。どの職種でも、必ず一宿一飯の世話をすること、断わる際には草鞋銭(わらじせん)を渡すことである。草鞋銭は次の家までの旅費の意味である。西行には、訪れる側(西行する職人)にも迎える側(親方)にも一定の作法があった。一番重要なことは初対面の際の挨拶で、これを「仁義を切る」といい、これがきまりどおりにできないと相手にしてもらえない場合もあった。

参考文献 遠藤元男『日本職人史の研究』三、一九八五、花部英雄『西行伝承の世界』、一九九六
(三田村佳子)

さいごくじゅんれい　西国巡礼　近畿地方の著名な観音寺院、三十三ヵ寺をめぐる巡礼。その巡礼地を西国三十三ヵ所と呼び、現行の経路は那智の青岸渡寺(和歌山県東牟婁郡那智勝浦町)を第一番として、ほぼ右回りに近畿地方を一巡する。日本の巡礼の基本的なスタイルはこの巡礼に

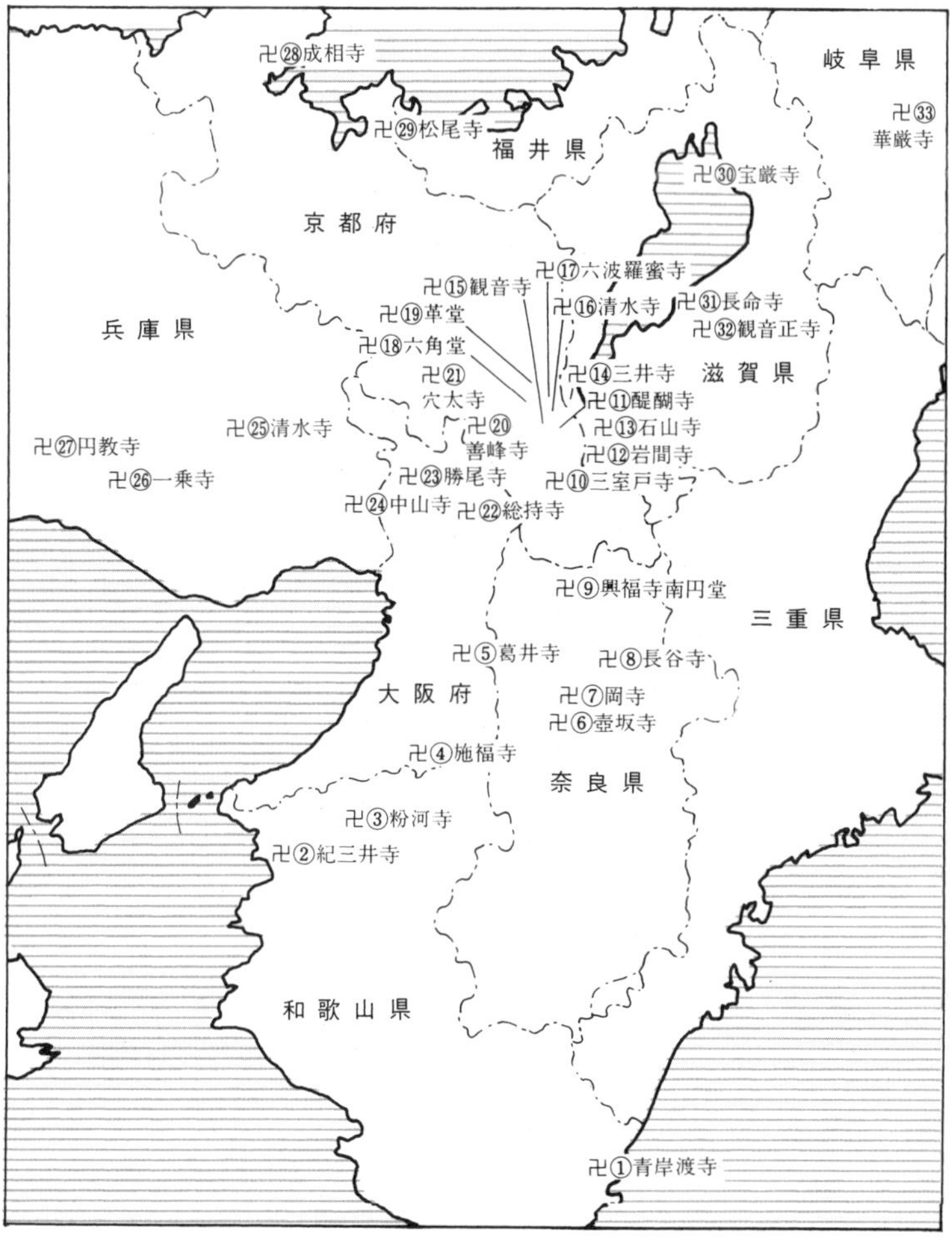
卍㉘成相寺
卍㉙松尾寺
福井県
岐阜県
卍㉝
華厳寺
卍㉚宝厳寺
京都府
卍⑰六波羅蜜寺
卍⑮観音寺
卍⑯清水寺
卍㉛長命寺
卍⑲革堂
卍㉜観音正寺
兵庫県
卍⑱六角堂
卍㉑
穴太寺
卍⑭三井寺
滋賀県
卍⑪醍醐寺
卍㉕清水寺
卍⑳
善峰寺
卍⑬石山寺
卍㉗円教寺
卍⑫岩間寺
卍㉓勝尾寺
卍㉖一乗寺
卍⑩三室戸寺
卍㉔中山寺
卍㉒総持寺
卍⑨興福寺南円堂
三重県
卍⑤葛井寺
卍⑧長谷寺
大阪府
卍⑦岡寺
卍⑥壺坂寺
卍④施福寺
奈良県
卍③粉河寺
卍②紀三井寺
和歌山県
卍①青岸渡寺

西国巡礼　西国三十三番札所

よって形づくられた。開創については花山法皇に仮託する伝承が広く流布してきたが、史実とは認めがたく、『寺門高僧記』が記す平安時代後末期の三井寺の行尊あるいは覚忠の巡礼をもって史料上の初見とする。当時の聖・修験者が盛んに行なっていた聖地遍歴のうちの特定のルートが踏襲され、固定化したのがこの巡礼であろう。したがって、初期にはもっぱら修行僧の行うものであって、ことに寺門配下の熊野系の聖・山伏たちとの関係が深かったようである。花山法皇伝説も彼らの生み出したものであろう。やがて室町時代中期になると民衆の巡礼が盛んになり、同時に東国人の利便を図った現行の番次や、西国という呼称、札所ごとの巡礼歌(いわゆる御詠歌)が登場する。江戸時代中期以降は物見遊山的な性格も強くなり、特に東国からの西国巡礼は伊勢参宮を兼ねての上方見物でもあった。西国巡礼を成年儀礼の一部としていた例は京都府下などに知られ、また死者供養のために西国三十三ヵ所の御詠歌を詠唱する習俗も各地にみられる。近畿地方では、熊野系の聖の末流とみられる西国巡礼の行者(三十三度行者)が第二次世界大戦後まで巡歴を続けており、三十三ヵ所観音の開帳をしつつ、代参や死者供養の依頼に応じていた。
→巡礼

参考文献　速水侑『観音信仰』(『塙選書』七二、一九七〇)、新城常三『新稿社寺参詣の社会経済史的研究』、一九八二、浅野清編『西国三十三所霊場寺院の総合的研究』、一九九〇、小嶋博巳編『西国巡礼三十三度行者の研究』、一九九三、真野俊和編『講座日本の巡礼』一、一九九六

(小嶋　博巳)

さいじつ　祭日　祭が行われる日。祭日は、神社の由緒をはじめ、さまざまな事情によって決められているが、季節的にみると、春と秋に祭が集中している。これは、春の農耕開始と秋の収穫という農耕社会に特徴的なサイクルと関係があり、春の祭は豊作祈願のための予祝儀礼、秋の祭は収穫に対する感謝を意味する。日の決め方には、初午や酉の日といった干支によるもの、満月の十五日や上弦(八日)・下弦(二十三日)といった月の満ち欠けで、新暦に移行したり、一ヵ月遅れで祭を行うなどの、さまざまな形態があらわれた。また今日では、参拝者の便宜をはかり、休日に祭を行う例も少なくない。現在、日常生活において、祭日という休日と祝祭日を連想させ、祭日という言葉が単独で使われることはあまりない。第二次世界大戦前は、一九二七年(昭和二)の勅令「祭日及祝日」により、四祝日と元始祭・新嘗祭をはじめとする七祭日が定められた。しかし一九四八年、国民の祝日に関する法律により、皇室の祭祀と関わりの深い国家の祭日は姿を消し、祝日のみとなった。その過程で、元始祭が元日、新嘗祭が勤労感謝の日などに変化し、一般には、祭日という言葉が有名無実となっている。

参考文献　柳田国男「祭日考」(『柳田国男全集』一四所収、一九九〇)、有泉貞夫「明治国家と祝祭日」(『歴史学研究』三四一、一九六八)、古川貞雄『村の遊び日—休日と若者組の社会史—』(『平凡社選書』九九、一九八六)

(岩井　洋)

さいもん　祭文　祭儀の場で、迎える神仏の由来、儀礼の過程などの内容が盛り込まれ、独特の節を伴ったもの。本来は法会修法にあたり祈禱願意を述べたもので、修験者の関与により祭文と呼んだ。古祭文は漢文で書かれ、陰陽道の影響が濃く見られる。『続日本紀』にみえる七八七年(延暦六)の「祀天神於交野祭文」の天神は中国の昊天上帝のこと。(一)一一〇一年(康和三)の「北斗御修法祭文」は北斗七星、(二)一一一三年(永久元)の「北辰祭文」は北極星をまつることで天災地異を祓おうと意図したもの。(三)一一一七年の「地神供祭文」は今も修験者が行なっている

地神や屋敷神の祭と連続するという説がある。㈣年号不明の「祭慈恵大師尊霊祭文」は大江匡房(一〇四一―一一一一)作で、慈恵大師は元三大師として今も信仰を集めている㈠㈡㈢㈣は『朝野群載』所収)。愛知県奥三河の花祭や、中国地方の神楽で唱えられる祭文は、中世のものを今に伝えるとされる。花祭の「中付花の次第祭文」は花祭の本尊、白蓋や百綱などの由来を語る。「花のほんげん祭文」は来世の地獄の苦を免れ、浄土に生まる功徳を説き、かつては七年目ごとの白山行事の浄土入りにも唱えられていた。これらを中世的な宗教歌謡という。中国地方の神楽で読まれる「土公祭文」は地霊鎮め、「六道十三仏ノカン文」は死霊を鎮めるためのもの。「松供養」は生者が一度他界を通過し、現世に戻る過程が説かれ、花祭の「花のほんげん祭文」ともつながる内容である。中世的な色彩を残すものに、山伏や陰陽師が神や仏の本地や鎮座の由来・霊験を説く祭文と、唱導芸能としての説経とが結び付いた説経祭文がある。宗教的な内容に、親子や男女の愛情が盛り込まれ、神仏の救済による結末で、転変起伏のある演劇性、文学性が加味された。それらには「小栗判官照手之姫」「苅萱道心石童丸」「八百屋お七小姓吉三」などがある。説経は本地物や霊験譚などの宗教性を保持しながら、僧形や半僧半俗のものによって長く語り継がれた。また宗教性を脱皮することで古浄瑠璃へと成長してゆく。津軽イタコが伝えてきた「お岩木様一代記」は、あんじゅ姫が岩木山の神になる物語で、歌説経の「山椒太夫」との類似が指摘されている。イタコなど巫女が読む祭文は、蚕神の由来を説く「おしら祭文」が知られるが、「山の神の祭文」は山の神と竜宮の乙姫の婚姻が語られ、マタギの間に伝わる祭文、山伏神楽の山の神舞の謡、高知県香美郡物部村に伝わる、いざなぎ流と称する民俗宗教の太夫が伝えるものとも内容が一致する。近世以降三味線の普及により歌祭文が流行し、浄瑠璃に取り上げられ、祭文松坂などの瞽女歌にもなった。また貝を吹いて読むデロレン祭文(貝祭文とも)は、浪花節へと成長していった。祭文は口承で伝えられてきたから、流転変容を繰り返しながら、民俗の中に深く根を張って今に生き続けている。

参考文献　『早川孝太郎全集』一・二、一九七一・七二、五来重『日本庶民生活史料集成』一七解説、一九七二、荒木繁・山本吉左右編『説経節』(「東洋文庫」二四三、一九七三)、小松和彦「「いざなぎの祭文」と「山の神の祭文」―いざなぎ流祭文の背景と考察―」(「山岳宗教史研究叢書」一五所収、一九八一)、岩田勝編「中国地方神楽祭文集」(『伝承文学資料集成』一六、一九九〇)、山本ひろ子『変成譜―中世神仏習合の世界―』、一九九三、神田より子「祭文語り」(『山形県の民俗芸能―山形県民俗芸能緊急調査報告書―』所収、一九九五)、小山一成『貝祭文・説経祭文』、一九九七、宮古市教育委員会編『陸中沿岸地方の神子舞報告書』、一九九七

(神田より子)

さいれい　祭礼　信仰に基づく神事に観客が加わって、見る者と見られる者が分離し、饗宴・喧騒・風流などの華やかさが増大した祭。柳田国男は『日本の祭』(一九四二)の中で、祭礼は「華やかで楽しみの多いもの」「見物が集まってくる祭が祭礼」と定義した。祭の本質は神を降臨させて、それに対する共同祈願を行うことにあるが、祭礼では社会生活の複雑化の過程で、信仰をともにしない見物人が発生し、他方では祭の奉仕者の専業化を生み出す。その特色は神輿の渡御や美しい行列にあり、風流(思い付き。新しい意匠を競い、年々目先を変えていくのが本質)が加わるという。祭礼は主に都市で発生し、見る者と見られる者の分離、信仰の共同性からの離脱、個の析出の模索、客体性の対象の生成(風流)を現出した。風流は、山車・屋台・鉾・神輿・鳳輦・笠・傘・山・人形・一

つ物など多彩な造り物や演出となり、見立ての発想も取り入れた。京都の祇園祭はその典型で、九七四年(天延二)に疫病を祓う御霊会として始まり、御旅所を設けて本社との間を往還した。京域外の本社から京内に神輿が神幸し、一定期間止まって還幸する祭が、北野祭・松尾祭・今宮祭・稲荷祭として成立した。祇園祭は神幸祭と山鉾巡行を中心に行列奉仕者の衣服や持ち物に華美な装飾が施されていった。山鉾の懸衣は西陣錦やゴブラン織りなど絢爛豪華さを誇った。祭礼についての議論は社会変化を組み込んでおり、都市の拡大や村落間の交流が、匿名の観客という地域の儀礼体系に参加しない存在を生み、儀礼の構成力の拘束を越えた外部からの視点が導入される経緯を明らかにした。→祭(まつり)

参考文献　西角井正大「祭礼風流の文化(山鉾考)」(『国学院雑誌』八一ノ一一、一九八〇)、岡田荘司『平安時代の国家と祭祀』、一九九四、福原敏男『祭礼文化史の研究』、一九九五
(鈴木　正崇)

さおとめ　早乙女　田植えのなかで稲苗を植える作業を受け持つ女性。ソウトメとかショトメともいい、栃木県那須地方にはサツキオンナ(五月女)という言い方もある。田植えは男の仕事とする地方、男女にこだわらない地方もあるが、全国的には女の仕事と考えている所が多い。田植え作業には苗代での苗取り、植え代掻き、苗の運搬と分配、苗植え、食事の準備と運搬などがあって、それぞれの仕事の分担が性別や年齢によって決まっていた。こうしたなかで早乙女は苗取りと苗植えを行い、その姿は仕事着にお太鼓の帯を締め、襷がけに新調の菅笠を被るなど着飾って田に出るので、ひときわ目立った存在だった。このような姿から早乙女はサ・オトメで田の神をまつる役目をもち、五月節供の女の家の伝承は田植えを控えた早乙女の忌籠りであるという説がうまれた。田植えは、灌漑水の関係で一時期に集中するので、ユイなど家々が共同して行うのが一般的で、特に着飾ってユイに出る女性のみを早乙女と呼ぶところもある。また、他所の女性を早乙女として雇うことも盛んで、自家の早乙女をイエソウトメ、雇う早乙女をタビソウトメ(旅早乙女)と区別することもあった。旅早乙女は自家の田植えを早く済ませて集団的に移動しており、茨城県南部では鹿島女といって鹿島地方から来る旅早乙女を雇ったし、長野市の善光寺平では西山など周辺地域から来る早乙女を雇った。

参考文献　倉田一郎『農と民俗学』(「民俗民芸双書」、一九六九)、野本寛一『稲作民俗文化論』、一九九三、『龍ヶ崎市史』民俗編、一九九三
(小川　直之)

さかき　榊　現在ではツバキ科の常緑樹を指しているが、元来は常緑樹の総称として用いられていた。賢木・坂木・竜眼木とも書く。そのため地方によっては現在でも南天など他の常緑樹をサカキと呼ぶところがある。榊の字が用いられるように、玉串をはじめさまざまな神事に用いられる。京都府の賀茂祭における榊取・榊挿しをはじめ、福岡市筥崎宮での仲秋祭前の榊挿し、大分県宇佐八幡宮の春・秋例大祭の物忌前の柴挿しなど、いずれも榊が斎戒を必要とする祭場を明示し、清浄を保つ意味を有している。また奈良市の春日若宮御祭では、神幸の折に絹垣(きぬがき)に移した神霊を、榊を手にした神人が幾重にも囲んで移動する。榊が神の依代としての性格をも持ち合わせているのである。各地の祭礼において幟幡の頂きに榊が取り付けられるのも、こうした祭場の明示、依代としての働きがあるためである。一方、神楽の採物としても榊は使用される。宮廷の御神楽では神楽歌の中に採物歌として榊も含まれている。民俗芸能として神楽でも榊を手にして舞うものは多く、やはり物忌の印として用いられる。また、愛知県の花祭および長野県天龍村坂部の冬祭などでは、

榊鬼という名の鬼が登場する。鬼に続いて登場する禰宜が手にした榊を鬼にあてて問答を行うのである。この時、榊は神と精霊、神と人との問答を可能にする媒介になると考えられよう。（久保田裕道）

さかずき　盃　酒を飲む容器。杯とも書き、酒の杯の意で盞とも書く。もともと浅く平たく口辺の広いもので、古代においては素焼土器であった。『西宮記』には朱器を飲具とした例もあるが、平安時代にはまだカワラケ(瓦笥)が一般的であった。中世に至ってサカヅキの名は朱塗の木杯をいった。この木杯も浅く平たいもので、冷酒を飲み回す集団的な飲酒であったため、大杯であった。それは多く朱漆塗でときには蒔絵をほどこした装飾的なものもあった。近世の都市生活において遊里を中心に新しい酒宴方式が生まれてくると、銘々杯、つまり個人専用の小杯が必要となり小型の木杯がつくられるようになった。しかしなお大杯の回し飲みの方式ものこり、小杯も多くは献酬の形式をとった。こうしたなかから陶製の小杯が生まれ、杯も盃の字があてられるようになった。それが猪口で燗酒の飲酒の普及と相まって一般化した。（岩井　宏實）

さぎちょう　左義長　正月に行われる火祭。サギチョウ、サギチョ、サギッチョなどと呼ばれるほか、トンド、サイトヤキ、三九郎焼きなどと呼ぶところもある。マツヤキともいう。北陸地方以西の西日本ではサギチョウと呼ぶところも多い。正月の火祭の機会は十四日および十五日が多いが、九州などでは七日に行い、オニビなどと呼ぶところもある。左義長の歴史は古く、平安時代における正月十五日あるいは十八日に行われた火祭を「三毬杖」「三鞠打」と記している。三本の竹や木を結んで三脚にして立てた姿から名付けられたものという。徳島県などでは盆にも同じような火焚きの行事があってこれもサギチョウと呼ぶ。しかし、一般的には正月飾りを各戸から貰い集めて一定の場所に積み上げて焼く行事をいう。中心に神木などと呼ぶ芯棒を入れて高く巻き上げたり、小屋を作って子供たちがその中に籠って飲食を行うところもある。多くは子供の行事として行われ、これを機会に子供組が組織され、最年長者の指揮のもとに小正月の行事を行い、活躍するところも多い。この火祭に書初を燃やして字が上手になることを願うところは多く、そのほか厄払いをしたり作占いをしたりすることもある。これは年神を送る正月行事の性格を有するとともに、小正月の神祭ともかかわっているからであると思われる。また、中部地方などでは道祖神祭とも考えられており、多様な性格が見られる。　→とんど

左義長　東京都町田市鶴川

参考文献　和歌森太郎「年中行事」(『和歌森太郎著作集』一二所収、一九八二)　（倉石　忠彦）

さくがみ　作神　農耕をつかさどる神の一つで、ことに稲の豊穣を祈念する神。普通名詞として使われる場合は田の神と同義語。地方により農神・作り神・亥子神・地神・丑の日様・サンバイ様・荒神・えびす・大黒などさまざまな呼称の神がこれに該当すると考えられている。また新潟・長野・山梨県のあたりではサクガミ様と呼んでおり、民俗語彙でもある。作神は稲作の作業が始まる春に、家もしくは山から田に下りて農

耕を守護すると考えられており、その後も播種・田植え・稲刈りなど稲作の重要な折り目ごとに来臨するとされる。長野県などでは十月十日の夜に案山子に蓑笠を着せて土間に据え、供え物をしてその労に感謝する風があり、作神はこの日を境に帰るという。この地方では作神が案山子の姿をしていると考えられていたことを示すものといえよう。このように作神には去来伝承を伴う場合が少なくなく、山と田、あるいは家と田、家と山などの間を行き来する神であると考える土地が多いことを表わしている。播種の際に山から花を迎えてまつる各地の水口祭、福島県田村郡滝根町(田村市)で行われている田植えが完了した時に田の代(田んぼ)に楢の木を立てる田の神様の行事、あるいは収穫時に田から迎えた案山子を土間にまつる長野県内に顕著な案山子上げの行事など、年中行事の中には背後に作神を迎えまつる儀礼を持っていると思われるものが数多く認められる。このことから稲作は作神の守護のもとになされるべきものと観念されていたと考えられる。また石川県奥能登地方におけるアエノコトで、祭壇に種子籾俵を据えて神祭をすることからもわかるように作神を稲そのものの霊、穀霊とみる見方もある。加えて眼や耳・足など身体に不具合を有する伝承は正月神と共通し、両者が深い関係にあることも類推できる。 ↓田の神

参考文献 郷田洋文「家の神去来の信仰」(『日本民俗学』四ノ四、一九五七)、倉田一郎『農と民俗学』(「民俗民芸双書」、一九六九)、西谷勝也『季節の神々』(「考古民俗叢書」二、一九七〇)、鈴木昭英「山の神と里神」(『講座日本の民俗』七所収、一九七九)、直江広治「田の神と稲荷」(『講座日本の民俗宗教』三所収、一九七九)
(岩崎 真幸)

さくもつきんき 作物禁忌 特定の家・同族、またはムラに限って特定の作物を栽培する行為を忌む俗信。これは、通常、家の先祖やムラの氏神などとの関わりを説く由来とともに伝承され、これに違反すると罰があたったり、病気になるといわれている。また、これはこの食物の食用をも禁ずる食物禁忌を伴うこともある。禁忌の対象となる作物は、サトイモ、サツマイモ、八ツ頭、カライモ、小豆、黒豆、キュウリ、メロン、白瓜、スイカ、青瓜、ヒサゴ、冬瓜、夕顔、ヒエ、キビ、アワ、麦、オカボ、蕎麦、トウモロコシ、ゴボウ、ショウガ、ゴマ、サンショウ、ハス、ネギ、トマト、辣韮、ケシ、アシ、ニンニク、ナタネ、ジャガイモなど五十品目にも及ぶ。その中でも全国的に見られるのは、キュウリ、ゴマ、麻、キビなどで、キュウリの場合は、切口が祇園の紋に似ているためとか、神が蔓に足をひっかけて眼をついたからなどといっており、祭の期間中は食べてはいけないとするところもある。作物禁忌については、従来、この作物が元来神供であったとする説、外来産が多いとの指摘、キュウリ禁忌と天王信仰との関連を説くもの、氏神や御霊神への断ち物祈願とする説がある。しかし、畦つけのヒエを作らないなどその栽培法を規定した例があることから、忌まれるのは作物そのものではなくそれを栽培する行為であると考えられる。したがって、禁忌作物の地域における生計維持上の重要度や、これに類する食物禁忌や動物禁忌などとも考え併せる必要があるであろう。また、禁忌を守る社会が限定されていることから、他家・他系・他村から自己を区別し特徴づけることにより、社会変化の中でその秩序を維持しようとした先祖や氏神に象徴された自分の家やムラを重んずる意識の一つの表現形態であるとも考えられる。しかし、これらの禁忌は、第二次世界大戦後徐々に守られなくなってきている。 ↓家例 ↓食物禁忌

参考文献 河上一雄「栽培植物禁忌研究への予備的考察」(『日本民俗学会報』五六、一九六八)、宇田哲雄「家例としての禁忌習俗の発生」(『日

本民俗学』一九一、一九九二)、安室知『餅と日本人―「餅正月」と「餅なし正月」の民俗文化論―』、一九九九

(宇田　哲雄)

さけ　酒　(一)果物や穀物を原料にして酵母でアルコール発酵を行なった致酔飲料。日本における最初の酒は果実の酒であった。果実には、酵母によって発酵してアルコールとなるための糖分をはじめから含んでいるから、器があり、採取してきた果実(ヤマブドウ、キイチゴ、ニワトコなどの漿果類)をそれに入れて潰しておけば、数日後にはアルコール発酵が起って酒になる。漿果の表面には多量の酵母(一グラム中に約数万個)が付着しているので、発酵が起る。井戸尻遺跡(長野県)や三内丸山遺跡(青森県)など縄文中期や晩期の遺跡から出土する土器に漿果の種子が付着していることから、そのような酒があったという見方が最近では有力で、さらに古い時代にまでさかのぼるとする見解もある。果実の次の酒は穀物の酒で、最初はアワ、ヒエ、根茎、ドングリなどの雑穀であった。ただし、穀物には発酵される形での糖はなく、デンプン質であるので、それを糖化してブドウ糖にする必要がある。糖化酒の最初は、口で噛んで唾液中の糖化酵素で糖化し、それを容器に吐きためて空気中から落下してくる酵母で発酵させる口噛の酒であり、そのうちに蒸した穀物に偶然カビが生えたので、それを用いたカビ糖化酒が起った。互いの発生は特定されていないが、縄文晩期には行われていたのではないかという説もあるほど古い。その後、口噛の酒は消えて麴と飯(蒸米)と水とで仕込む酒に統一された。その仕込み方法も、奈良・平安を経て室町時代初期までは濃厚甘味な酒を醸すための醞方式(原料である蒸した米・米麴・水を一度に仕込む方法)であったが、それ以降今日に至るまでは酘方式(原料である蒸した米・米麴・水を添仕込・仲仕込・留仕込の三回に分けて仕込む方法)である。日本の酒はその歴史上、長く日本酒(清酒)のみであったが、江戸時代中期から南方では焼酎も嗜まれるようになり、明治時代に入るとビールやワインなどの洋酒も少しずつ飲まれるようになった。日本酒や焼酎の需要が圧倒的に多かったが、第二次世界大戦後以降、特に経済成長を経て日本酒の需要は次第に減少し始め、ビールがそれに代わって台頭し、ウイスキー、ワイン、ブランデーといった洋酒も大いに飲まれる風潮となった。しかし最近では、日本酒や焼酎の品質を向上させ需要の拡大をはかったこともあって、再び国民酒としての地位を取り戻し始めている。

参考文献　小泉武夫『日本酒ルネッサンス―民族の酒の浪漫を求めて―』(『中公新書』一二〇四、一九九二)

(小泉　武夫)

(二)民俗にみる酒は単なる嗜好品ではない。かつては、酒を飲む機会は神祭の日に限定されており、酒は神に供えるものであった。また、酒は決して一人で飲むものではなく、必ず人々が一堂に集まって飲むものと決まっていた。現在でも神事や人生儀礼あるいは人の接待などに酒はつきものである。神に供えられる酒はお神酒と呼ばれる。人生儀礼や宮座行事などの場では儀礼的に冷酒が飲まれる。そしてその後の饗宴の場では、燗をした酒が飲まれることが多い。儀礼の場での酒の飲み方は自由ではなく、座した者が一つの盃を回しながら、あるいは順番に酒をつがれて一人ずつ飲む例が多い。たとえば、三々九度では新郎と新婦が一つの盃から交互に酒を口にし、夫婦の固めを行うほか、新婦と義父母との間で盃を取り交わして親子の契りを結ぶなどする。このように人と人との新しい関係を結ぶ時に酒が用いられる。また、宮座の行事においては、トウヤの指示によって始めの盃からトリの盃まで盃の順番に名称をつけて二十一回もの盃を座中に回す例(三重県名張市黒田)や「一献差しあげます」「二献」「三献」の順番に簡単な酒肴を口にしながら盃を回す例もあ

る。ここでは酒が単なる飲み物として存在するのではなく、酒をつぎ、同じ盃を用いてそれを飲むことが儀式の一部となっており、座の人の連帯を強化している。また葬儀では、墓地にいる穴掘りの人足に喪主が一升酒を差し入れたり、野辺送りから帰った人に葬家の庭で酒を出して清めたりすることが行われる。酒には墓地や死者の忌み、穢れを清める機能があることがわかる。このように民俗のなかにみる酒には、新しい人間関係の締結と連帯の強化、死穢の払拭など多様な機能が存在する。「酒は百薬の長」という一方、「酒は飲んでも飲まれるな」というように人が酒に飲まれることを警戒する諺もある。これは儀礼という場から自由な饗宴に場が移った時に、酒の飲み方が難しいものであることを示している。そして酒の飲み方がきれいな人は尊敬され、汚い人はだらしがないなどといわれ、人物評の一つの基準にもなっている。

[参考文献]　柳田国男「木綿以前の事」(『柳田国男全集』一七所収、一九九〇)、和歌森太郎『酒が語る日本史』(「河出文庫」、一九八七)
(関沢まゆみ)

さけ　鮭　広義にはサツキマス、サクラマスなどマス類を除く降海型のサケ科サケ属の総称であるとともに、狭義には日本のサケ類の中で最も漁獲高の多いシロザケ(鮭Oncorhynchus keta)。河川でふ化後数ヵ月で降海し、三〜五年海洋を回遊し、母川へ産卵のために遡上する。鮭が豊富に捕れる地域では、秋から冬にかけて人々の日常食として、また他地域へ販売される特産品として経済的に重要視された。そのため、それぞれの川ごとに、また上・下流という川の状態に応じた多くの伝統漁法が発達した。たとえば山形県最上川流域では、上流部ではヤス・鉤などの刺突具、投網(とあみ)、モンペ網など個人的、小規模な漁法が主流であるが、中流部になると小型の簗(やな)や、二艘の船の間に網を張ったイクリ網が用いられ、河口部では数十人がかりの地曳網が用いられた。また海浜部では、岸に寄ってきた鮭を陥れる建網が仕掛けられた。鮭は肉はもちろんのこと、氷頭(ひず)・腎臓など軟骨・内臓も食され、ほとんど全身が可食部といっても過言ではなく、地方色豊かな郷土料理に利用されている。また、鮭皮は青森県下北半島などでは長靴に加工された。これは北海道のアイヌ文化の影響と考えられる。東日本では正月魚や田植え魚などの儀礼食としても利用されていた。関東地方では、結婚後最初の正月に、婚家から嫁の実家へ鮭を歳暮として贈る習わしもある。鮭は他の魚類に比べ、それにまつわる口承文芸・儀礼・信仰が豊富である。「鶴女房」の亜型である「鮭女房」、弘法伝説の類例である「弘法と鮭」伝説、「鮭の大助(おおすけ)」などを中心として、地方的なバリエーションをもった伝説が伝えられている。特に独特の構造的な話型を持つ「鮭の大助」は、中世の物語草紙『精進魚類物語』にも描かれていて、その歴史的な深度は注目に値する。完型の「鮭の大助」の話は山形県最上川中流域に確認されるが、これを禁漁日と付会する伝説は新潟県・山形県・秋田県など東北日本海側を中心に伝承され、太平洋側には岩手県気仙川でわずかに報告されるのみである。日本における鮭儀礼の中では初鮭儀礼が最も重要視されている。新潟県・山形県・秋田県などの日本海側では、漁期の最初に捕れた鮭をハツナ、ハツイヲと呼び慣わし、儀礼を行なっている。初鮭儀礼は、初鮭の分与、神への供物という儀礼的所作を中心に展開され、同様の儀礼がアイヌやアメリカ北西海岸の先住民族に見られることから、北方文化の影響が取りざたされている。さらに鮭はその伝承の生成と伝播に修験系統の宗教者が関わっていた点で注目される。たとえば鮭を引きつけるとする石の伝承が岩手県津軽石川・新潟県魚野川・山形県月光(がっこう)川など鮭漁の行われる河川で濃厚に伝えられており、伝説化されるばかりではなく漁業神の神体ともされている。この民俗の生成と展開に、修験系統の宗教者が大きく関わった可能性がある。さらに、石の伝承は東北の鮭漁地帯でかなり高い頻度で語られる「弘法と鮭」伝説にも取り込まれている。この伝説には自然界の諸事象をその法力で統括・支配する者として漂泊の宗教者が登場するが、伝説の中に見られる石の信仰をこの漂泊の宗教者が儀礼化し、実際に担っていたことが指摘できる。また、鮭儀礼の中には鮭を炭化するほどに焼いて、お守り・伝統薬として用いる鮭の黒焼き技法が見られ、これは中近世の文献にも登場する。このような技術は本来的に修験者のような宗教者が保持していたのであり、それをみずからの儀礼の中に取り込み体系化していったものと考えられる。鮭を神体、あるいは神聖視して祭祀に利用する神社・仏閣は、日本海側では福岡県遠賀川上流域の嘉穂郡嘉穂町上大隅の鮭神社、太平洋側では千葉県栗山川上流の香取郡山田町山倉神社まで、鮭の遡上する地域に広く分布している。

参考文献　大林太良「北太平洋地域の神話と儀礼における鮭」(『北海道立北方民族博物館研究紀要』一、一九九二)、菅豊「サケをめぐる宗教的世界」(『国立歴史民俗博物館研究報告』四〇、一九九二)
（菅　豊）

ざさん　坐産　上体を起して正座したり、よつんばいになったり、あるいは前に置いたこたつや、藁束によりかかったり、天井から吊した力綱にすがるなどの姿勢で分娩すること。伝統的な出産姿勢。出産がウミオトスと表現されることや人体の骨盤の傾斜度などから考えて、この姿勢は人類の原初的な分娩姿勢であったと思われる。それに対して、近代西洋医学を採用した明治政府は日本最初の助産専門職である産婆の養成教育において、仰向けや横向きなどの寝産を基本姿勢とした。坐産・寝産の両姿勢体験者たちは一様に坐産の優秀さを指摘しているし、「寝ると血が足りなくなる」などと民俗では七日間～二十一日間は横臥させなかったが、以後出産は寝て産むものへと変わった。一九六〇年代に入ると、世界的に女性自身による身体の自主管理運動が起り、日本の出産にも、呼吸法や坐産、夫の参加などによる産婦の自律的出産を理念とするラマーズ法出産が持ち込まれ、主体的な出産を模索する産婦や助産師・産科医の間で広まっている。坐産姿勢は分娩が楽かどうかにとどまらず、産婦と産科医が同じ目の高さになるという利点があり、両者の関係を平等化する指標となり、新たな女性解放運動が展開される発端へと発展した。

→産婆(さんば)

参考文献　三森孔子「お産の学校」(お産の学校編集委員会編『お産の学校』所収、一九七九)、吉村典子『お産と出会う』、一九八五、同『子どもを産む』(「岩波新書」新赤二二〇、一九九二)
（吉村　典子）

ざしき　座敷　畳を敷いた接客のための部屋で、人生儀礼や年中行事などの儀礼の場ともなる。本来の意味は、名称に示されるように、中世に出現した、畳を敷きつめた部屋をさす。近世になると武家のほか、藩の役人を接待する上層農民や富裕の町人の住居にも設けられるようになった。しかし一般の農民や町人の住居に座敷がみられるようになるのは、近世後期以降である。柳田国男は、最上層の農民や町人の座敷が母屋に出現するのは、それまで別棟であったものが取り込まれた結果であると指摘した。その年代は、建築学の成果によると十七世紀中ごろである。しかし座敷での応対を要する客をもたない一般庶民の場合は、別の出現過程を検討する必要がある。すなわち座敷に相当する位置に、実際に客を迎えたとみるには狭すぎる部屋をもつ事例があることから、当初は神まつりなど宗教上の機能をもった部屋として出現したと考えられる。庶民の住居における座敷出現の過程については、間取り形式と関連させながらさらに詳しい検討を加える必要があろう。座敷は儀礼の場として重要な役割をもっており、住居の中にあって日常生活の場とは区別された空間となっている。まず、屋外に向けて比較的開かれた空間であるといえる。このことは葬式の際の出棺や、婚礼の際の嫁の出立ち（でたち）の作法に認めることができる。盆棚や頭屋儀礼における仮屋の設置など外から訪れる神々を迎える際にも、座敷のもつこのような性格が浮き彫りにされる。また縁は座敷に付属する設備として導入されたが、これは屋内と屋外の境界的空間であり、来訪する神々の性格に応じて応対の仕方を変えることを可能にした。さらに床の間や違棚などは、これを背にする位置が最上席であることを示し、空間上に上下の秩序を作り上げている。これは出席者の上下の格を重んじる儀礼において、席を決定する際に重要な装置となる。客間として使用されるときは、上客の応対の場となる。親しい客の応対は一般的にデイと呼ばれる下手の部屋で、主人が上座に座った形で行われる。しかし座敷では客が床の間を背に座ることになる。住居空間にはオモテとウラ、カミとシモの二方向の秩序が認められる。座敷の位置は、一般的にオモテとカミの条件を満たした部屋が当てられる。オモテ側は男性の所管する空間であり、座敷で行われる儀礼や祭祀は男性、特にその家の男主人が司ることになる。近代以降の都市の住居では、玄関横に洋風の応接間を作るようになり、接客作法にも変化をもたらした。座敷のように食事から就寝までという密度の濃い応対が行われなくなったのである。大正時代から建てられるようになった仕舞屋（しもたや）型住居においても座敷の形態をもつ部屋が設けられたが、実際にそこに多人数の客を迎えることは想定されていない。婚礼や葬式などの儀礼は外部の専門の施設で営むようになったからである。

[参考文献]　柳田国男「明治大正史世相篇」（『柳田国男全集』二六所収、一九九〇）、宮田登『女の霊力と家の神―日本の民俗宗教―』、一九八三、森隆男『住居空間の祭祀と儀礼』、一九九六
（森　隆男）

ざしきわらし　**座敷わらし**　岩手県を中心に東北地方北部に分布している精霊もしくは妖怪の一種。わらしは童子のこと。ほかにも座敷ボッコ・座敷小僧・座敷坊主・座敷娘・蔵ワラシ・蔵ボッコなどの呼称があるが、童子もしくは童女の姿をしている点が共通する。座敷に出現することから座敷わらしというが、出現する場所は座敷とは限らず、蔵や納戸などという例も聞かれる。人に危害を加えるということはないが、赤ら顔、おかっぱ頭など異形の風体をしていることや、枕返しなどのいたずらをすることから畏怖される存在でもある。ことに旧家に住むといわれ、姿や気配が認められるうちは家が繁栄するが、出奔したり姿が見えなくなると零落するという信仰があり、妖怪というよりも家の盛衰をつかさどる守護霊のようなものと意識している土地もある。また、泉や川の淵から出現するという伝承もあって、水界の小童もしくは河童との関連も想起される。

[参考文献]　折口信夫「座敷小僧の話」（『折口信夫全集』一五所収、一九六七）、千葉徳爾「座敷童子」（『民俗学研究』三、一九五二）、内山清美「ザシキワラシの分布と形態」（『民俗学評論』一四、一九七六）、佐々木喜善『奥州のザシキワラシの話』（『佐々木喜善全集』一、一九八六）
（岩崎　真幸）

さしこ　**刺子**　衣服を補強するために、表裏二枚の布を重ねて刺し縫いを施したもの、またはその刺し縫いの技法のこと。古くは正倉院や法隆寺の刺納（しのう）袈裟に刺子の原型がみられる。刺納の袈裟は、施しを受けた布片や棄てられたボロをとり集め、綴り合わせてつくられていた。消耗の激しい仕事着の破れや傷んだ部分を刺納袈裟のように布片で綴れ刺したことから始まり、貴重な衣類をできるだけ長持ちさせるためにあらかじめ補強する目的で刺し縫いを施す必要があった。綴り縫いあるいは単純

なぐし縫い(直線縫い)から、次第にその縫い目が模様化して種々の模様刺しを生み出し装飾化した。杉刺し・矢羽刺し・山路・花十字・柿の花刺し・鷹の羽刺し・銭型刺し・枡刺し・麻の葉など身近なものをモチーフにして、全面にあるいは身頃・肩・背中など傷みやすい部分を一針一針丹念に刺した。仕事着だけではなく、股引・前掛・手甲・脚絆・足袋・かぶりもの・風呂敷・雑巾・ふきんに至るまで刺子が施された。刺子は東北地方に多くみられるが、全国各地に分布している。江戸時代中期の『守貞漫稿』に「貧賤の者は麻布の刺児を着て夜着を凌ぐ」とある。青森県の津軽こぎんや南部菱刺は、麻布の布目を拾って刺す幾何学模様の美しいものであるが、貴重な木綿糸で麻の布目をふさぎ寒さを凌ぐ保温のための工夫でもあった。現在手縫いの刺子はほとんどみられないが、わずかに柔剣道着などに刺子がみられる。

参考文献　宮本馨太郎『かぶりもの・きもの・はきもの』(「民俗民芸双書」、一九六八)、徳永幾久『刺し子の研究』、一九六九
(近江恵美子)

ざっこく　雑穀　ヒエ、アワ、キビ、もろこしなどの夏作物として栽培されるイネ科穀物類。そのうちヒエやアワは縄文時代にもあったとされる。ヒエとアワは常畑・焼畑の基幹作物であり、大麦とともに庶民の主要な食糧で、少量の米に大麦や雑穀、小豆などを混ぜて炊いた飯は三穀飯などと呼ばれた。二毛作が可能になった中世では米は領主の、麦は百姓の取り分とされたが、江戸時代には米は年貢、あるいは商品となり、大麦やヒエ、アワなどは同じく商品であっても庶民の食糧とされた。しかし、その当時も米を主食とする者を優越視し、雑穀を食べる者は蔑視された。雑穀という名称は中世ではみられず、近世の文書にみられる。近代でも米を食べることを至福とし、麦や雑穀は貧しい者の食物という価値観は変わらなかった。大正時代に祖母に「百姓が米を食ってどうする」とどなられた話もあり、米を作る農家自身も米はみずからの食糧とは考えなかった時代が長く続いた。日本人の米食志向は一九六〇年代まで続き、日本文化は稲作文化という固定観念を持ち続けた。青森県佐井村や岩手県久慈市の小袖の漁村では男は米の飯を、女はヒエ中心の飯を食べた。これをオトコメシ、オンナメシといい、山梨県でも息子にはトウモロコシの粉の焼餅を、娘には食べにくいヒエの焼餅を食べさせた。嫁ぎ先の家がヒエの焼餅を食べるなら、それに馴れる必要からで、他の地方にも同様な食物における男女間の差別があった。同じ穀類でありながら、米への優越観と麦類・雑穀への差別意識は国家支配の歴史であり、また、それに馴化された人々の歴史であった。だが、蔑視された雑穀は神聖な食物としても意識された。正月の鏡餅や雑煮は、新年にあたっての五穀豊穣・家内安全の象徴である。この鏡餅や雑煮に粟餅や稗餅、黍餅を用いる例は全国的にみられる。米とともにこれらの雑穀も重要な折目の食物であったからこそ、年神に供えられ、雑煮として食べたのである。一月七日の七草粥には五穀としてアワやヒエなどを入れ、他の農耕の儀礼食にも用いられた。古代から新嘗祭にアワが捧げられるのをはじめ、神祭の供物にされた。静岡県森町の日月神社の祭事では粟オコワが供えられる。このアワは頭屋が栽培し、次年の頭屋に引き継がれていく。これはアワの種を年々保持しているわけで、稲種のスジと同じである。滋賀県野洲市南桜の野蔵神社の神事もアワとキビの種を継承している。雑穀はイザナキ、イザナミの御柱、オオゲツヒメ型神話、筑波山の来訪神、沖縄の島立てなど神話にも登場し、米とともに重要視された。文化論としては焼畑農耕文化と位置づけられてきたが、常畑の雑穀農耕を見直すことも必要である。

→アワ　→ヒエ

参考文献　伊藤幹治「農業と日本神話」(『日本神話研究』三所収、一九七〇)、

守田志郎『文化の回転―暮しの中からの思索―』、一九七八、坪井洋文『稲を選んだ日本人―民俗的思考の世界―』(同九、一九八二)、増田昭子「雑穀の優劣観」(田中宣一・松崎憲三編『食の昭和文化史』所収、一九九五)、木村茂光『ハタケと日本人―もう一つの農耕文化―』(『中公新書』一三三八、一九九六)、増田昭子『雑穀の社会史』、二〇〇一、木村茂光編『雑穀―畑作農耕論の地平―』(『ものから見る日本史』、二〇〇三)

(増田　昭子)

サトイモ　サトイモ　サトイモ科の栽培植物。里芋とも書く。日本列島に広く栽培される。ヤマノイモとともに、日本における古層の畑作物と想定されることが多いが、サトイモの存在を考古学的に立証することはまだできていない。また、日本における稲作以前の農耕を考える上で、タイモ栽培が水稲栽培に先行したのではないか、という想定もあるが、植物学者の中尾佐助は随伴雑草が異なることなどから否定的な見解を述べている。サトイモの栽培品種群は、染色体を三組もつ三倍体品種と、二組の二倍体品種に大別され、前者は九州以北に多く、後者は南方系で屋久島以南に多い。三倍体品種はすべてコイモ群に含まれ、二倍体品種群としてオヤイモ群・センクチ群・ミカシキ群・ヤツガシラ群・タケノコイモ群などが知られている。水田に栽培されるものをタイモ、ミズイモなどと呼んで区別する習慣もあるが、植物学的には同種であって、奄美以南ではセンクチ群、屋久島以北ではミカシキ群を指すことが多い。以上の栽培型変種のほかに、匍匐枝(ほふくし)を長く伸ばして移動していく能力をもつ野生型変種もあり、人里や放棄水田などに自生している。サトイモと間違えやすいものに、外国から導入されたアメリカサトイモ、もっぱら葉柄(ずいき)を食べるハスイモ、暖地に自生するが食用にならないクワズイモなどがある。サトイモは『豊後国風土記』に白鳥が餅になり、さらに芋草になり、冬であるのに花と葉が栄えた、と記されているように、日本で古くから親しまれた栽培植物で、『万葉集』には「宇毛(うも)」と記されている。サトイモが祭事などで重要な役割を果たしている民俗例は数多い。岐阜県関市生櫛の住吉神社の祭で、燈を消した拝殿で蒸したサトイモを打ちあうイモブチマツリが行われる。京都の北野神社の秋祭は、ずいき祭ともいい、ずいきを野菜で作った神輿の垂木にする。滋賀県蒲生郡日野町中山のノガミマツリでは、集落が東西二手に別れて、サトイモのずいきの長さを競いあうイモクラベがある。八月十五日夜を芋名月としてサトイモ(あるいはサツマイモ)を供える地方は多く、鳥取県伯耆地方では芋神様の祭といい、長崎県対馬では、この日は誰の畑から芋を盗んでも咎められないという。鹿児島県屋久島の楠川では、正月に子芋を多くつけたサトイモを子孫繁栄の祈願を込めて床の間に飾る。沖縄県宮古郡多良間島では、旧六月に芋プールという芋の豊年祭をとり行なっている。また、サトイモを洗っているところへ通り合わせた旅の僧にサトイモを与えることを惜しんで石芋などといったために、本当に石芋、えぐ芋になってしまったという伝承も各地にある。坪井洋文は、正月に餅を食べない地域が日本各地に点在している事実に注目し、その多くは餅の替りにサトイモなどのイモを儀礼食にしていると指摘している。また、いわゆる照葉樹林文化論の中で、粘り気の多いサトイモ料理が好まれる理由としてモチ米などの粘り気の多い食物への強い嗜好の歴史があるのではないかとされる。→イモ

参考文献　上山春平・佐々木高明・中尾佐助『続・照葉樹林文化―東アジア文化の源流―』(『中公新書』四三八、一九七六)、坪井洋文『イモと日本人―民俗文化論の課題―』(『ニュー・フォークロア双書』二一、一九七九)、安渓貴子「サトイモの来た道」(劉茂源編『ヒト・モノ・コトバの人類

学』所収、一九九六）　（安渓　遊地）

さとがえり　里帰り　嫁入婚において、婚出した女性が一時的に実家に戻ること。単に里帰りという場合には、婚礼後数日以内に行われる初里帰りをさす地域もあるが、広義には盆・正月などの節日の里帰り、衣類調製のために行われる長期里帰り、婚家と実家との間を定期的に往来する形の里帰り、出産のための里帰りなどさまざまな形態が含まれる。婚礼後の初里帰りは、ミツメ、ミッカガエリ、ハツアルキなどとよばれ、通常婚礼後三日目または五日目に行われる。聟や姑などが初里帰りに同行する地域は多く、聟と嫁の両親または両家親族の間で親類成りの挨拶が交わされる。石川県や富山県では、婚礼に先立つ朝聟入りを行わず、婚礼後の初里帰りが聟と嫁の両親との初対面の機会となる。本来、里帰りと聟の初入りは別の儀礼と考えられるが、里帰りに聟が同行する場合には両者を兼ねて行う例が少なくない。初里帰りの後も、盆・正月・節供・祭礼などの年中行事や田植え上がり、刈上げなど農作業の節目ごとに里帰りが行われる。これをチョウハイ、セツギョウ、ツクリアガリ、ナツズキなどとよぶ。嫁は餅や赤飯・塩鮭・塩サバ・小麦粉・牡丹餅などをもって里帰りし、実家からも相応の返礼がなされる。新婚一年目の里帰りには嫁聟が同伴する例が多く、これをシュウトレイなどとよび、その後も嫁のみの里帰りが相当年数続くのが一般的である。衣類調製のための里帰りも全国的にみられる慣習で、センタクガエリ、ハタしにいく、ツヅレサシにいくなどといわれる。春の田植え前や秋の収獲後を中心に多いところでは年間数十日にわたって長期に里帰りし、嫁自身と子供の衣類や布団の洗濯・補修・新調をする。この間嫁の衣類は実家の負担でまかなわれ、これは嫁が主婦となるまで続く。北陸地方では、このセンタクガエリと並行して、嫁が二日交替、三日交替などと日を定めて定期的に婚家と実家を往復する慣行がみられる。これをヒートリ、バン、ナイシャトル、ハンブンハタラキなどとよぶ。この里帰りは数年ほどで終る場合が多いが、結婚当初は実家での生活が婚家での生活と同等の比重をもって行われ、「花嫁は三年道の上」などとも表現される。出産、特に第一子の出産は今日でも実家方で行うのが一般的で、出産直前に里帰りし、忌明け、宮参りをまって生児とともに婚家に戻る。婚家で出産した場合には、出産後に嫁が生児とともに里帰りする例が多い。こうした里帰りの慣習は、嫁入りの儀礼を経て婚家の成員となった嫁が、なお相当期間にわたって実家と強い結び付きをもっていることをあらわしている。現実的には、婚家において劣位にある嫁の保護・休養をはかる意味においてさまざまな里帰りが行われてきたといえるが、その背景には娘の労働力を確保しておきたい実家方の要請や、婚家における主婦権をめぐる嫁姑の対立を回避し、主婦権譲渡まで嫁を実家方にとどめおこうとする家族の構造上の要請があると考えられる。民俗学ではこうした点から、これらを聟入婚の遺制とする解釈が行われてきたが、他方で、里帰りを通じて婚家と実家にいわば両属する形の嫁が、両家の結合の媒介者としての機能を果たしているとみる見方もある。　↓センタクガエリ
↓初聟入り

参考文献　柳田国男「聟入考」（『柳田国男全集』一二所収、一九九〇）、瀬川清子『婚姻覚書』、一九五七、長谷川昭彦「嫁の里帰り慣行」（姫岡勤・土田英雄・長谷川昭彦編『むらの家族』所収、一九七三）、大間知篤三「婚姻の民俗学」（『大間知篤三著作集』二所収、一九七五）、清水昭俊「家」（原忠彦・末成道男・清水昭俊『仲間』所収、一九七九）　（中込　睦子）

さとかぐら　里神楽　広義には宮中の御神楽以外の民間の神楽をいい、狭義には一般的に江戸の里神楽を意味する。平安時代には宮中における

内侍所御神楽に対して、宮中の楽人が石清水八幡宮（京都府八幡市）、賀茂神社（京都市）などの諸社に赴いて奏す神楽や諸社伝来の巫女舞のことをいった。全国各地の民間の神楽はその様式上から㈠巫女神楽、㈡出雲流神楽、㈢伊勢流神楽、㈣獅子神楽の四種に分類されているが、同種に分類される神楽であっても大小異同が著しく、また各種の要素が複合しているなど、民俗芸能の神楽は複雑な様相を呈している。巫女神楽は巫女舞ともいうが、かつて巫女がつとめの一つとした神がかり・託宣の要素は現在ほとんど失われており、舞は様式化している。伊勢流神楽は湯立神楽・霜月神楽ともいい、祭場に湯釜を据え、その周囲で神楽舞を舞うことに特色がある。愛知県から長野県にかけての山間部を中心に、花祭・霜月祭などの名称で数多く伝わる。出雲流神楽は西日本各地に広く分布し、最大の神楽群をなしている。出雲佐太神社（島根県松江市）の佐陀神能が一つの典型を示すように、神楽は素面の採物舞と神話・神社縁起などを劇化した着面の神能から構成される。獅子神楽のうち東北地方の山伏神楽・番楽は叙事的、叙情的な語り物的な詞章に基づく能風の神楽で、太神楽は伊勢・尾張の太神楽の流れを汲む神楽獅子舞である。江戸を中心とした里神楽は、神社や村落に伝わる神楽と異なり、おもにかつて神楽師と呼ばれた専門の神楽社中が、神社側の要請に応じて祭礼に神楽を演じる。記紀神話を神楽化した演目を主体とし、能やお伽噺から摂取した演目も加えているが、内容や形態の上から出雲流神楽に分類される。江戸の里神楽は黙劇で演者は舞と所作で演目の筋を展開し、従者などの役柄でもどきと呼ぶ道化が活躍する。楽器は大拍子・太鼓・締太鼓・笛・鉦を用い、祭囃子も演奏する。神楽社中による神社祭礼を彩る神楽であるから、洗練された華やかさがある。　→太神楽　→巫女舞　→山伏神楽

参考文献　芸能史研究会編『神楽』（『日本の古典芸能』一、一九六九）、『本田安次著作集』一―七、一九九三―九五
（高山　茂）

さとしゅげん　里修験　農村や都市に定住し宗教活動をする修験道の一形態。里山伏ともいわれ、法師・別当・山伏・法人・法印などと呼ばれた。近世の古文書には百姓山伏と記されていることも少なくない。修験道は古代から中世にかけて聖護院門跡を中心とした天台系本山派、三十六正大達を中心とする真言系当山派（のちに正大達の数は減少、醍醐寺三宝院中心）の二派が成立し、中世から近世にかけて教線を全国に広める。その一方で東北の羽黒修験、九州の英彦山修験のように古代以来の霊山に依拠した修験も集団化し独自性を主張するようになる。そうしたなかで里修験の形態が成立したといえる。修験者は元来、山岳修行者、祈禱師・呪術師という二面の性格をもち、漂泊性の強い存在であったが、里修験は里に居住し、漂泊性という点では、都市と農村との修験者では異なるとはいえ、いずれも山岳修行者としての性格を弱めるのと反比例する形で祈禱師・呪術師としての性格を強め、農村に居住する修験者のなかでは修験者であると同時に農民でもあるという者も少なくなかった。里修験は治病・除災のための加持祈禱を基本としてさまざまな宗教活動を行なっている。その内容も幾つかに分かれ、㈠自分の家でまつる本尊（不動明王など）の祭祀と臨時に依頼される加持祈禱、㈡祈禱（願）檀家を形成し荒神祓えや家祈禱のために定期的に廻檀する、㈢地域社会がまつる鎮守や氏神、堂・小祠の別当をつとめ祭祀を執行するなどのほか、山伏神楽や法印神楽にみるように、神楽を行う者も少なくはなく、妻や娘が巫女となっている例もみられる。

参考文献　宮家準『修験者と地域社会―新潟県南魚沼の修験道―』（『慶応義塾大学宮家研究室報告』二、一九八一）、宮本袈裟雄『里修験の研究』、

一九六四

（宮本袈裟雄）

さなぶり　さなぶり　田植えが無事に終了したことを感謝する、田植え終いの稲作儀礼。この田植え終いを東北地方から関東地方にかけてサナブリと称し、四国地方から九州地方にかけてはサノボリと称している。中国・北陸地方の一部ではしろみてなどといわれる行事がある。サナブリはおそらくサノボリの転訛であろうと考えられている。この日は、田の神が田植えの終了を見とどけて天へ帰る日といわれていたが、近年では、多くの地域で田植え後の休日の意味に解釈されている。家の田植えの終了時に行う家のさなぶり(家サナブリ)と、村全体の田植えが終了した時に行うもの(村サナブリ)とがある。一方だけ行う地方と両方行う地方とがある。前者を小サナブリといい、後者を大サナブリというところもある。高知県幡多郡のサナブリ様は、ムラ全体の田植えが済むのを待って日を定めて、家に近い田圃を一つ選んでそこに餅を供えて田の神祭を行う。広島県比婆郡では、サナボリは半夏生の朝で、大釜の上に甘酒を供えて田の神を送るといい、島根県出雲地方では小豆飯を炊いて大きなマキの葉に入れたのを膳にのせ、カヤ箸を添えてサバと酒で田の神を送るという。北九州の山村では苗三把と箸三本に赤飯・ワカメを荒神に供えてサナボリを行う地域もある。長崎県五島列島では、田植え終いの祝いをタノボリといい、ムラ全体の田植えが終った後に行う。埼玉県東葛飾郡あたりでは、田植え終いの祝いはワセアゲ、ナカサナブリ、ホンサナブリの三度の饗宴があった。兵庫県多可郡では、ウエサノボリといい、村中の田植えが終ると、日を定めて神をまつり、仕事を休んで飲食する。鳥取県伯耆地方では、しろみての日に、男女が水を掛け合う民俗があった。秋田県仙北郡では、田植えの最終日をヨテウエといい、御馳走として必ず身欠アユの煮物と餅が出る。長野県上伊那郡では、田植えの終った日の晩に農具を洗って供物をあげるほかに、苗を根のまま洗って風呂の湯に入れ、入浴させる民俗があった。これをネギ湯という。しかも、神酒すずの口にも苗を飾り、苗を浸した酒を飲む。また、長崎県対馬では畑作の農事が終った後がサナブリといい、岩手県下閉伊郡でもヒエの蒔き終いなどをサナブリといい、三日間の休みがあるという。このことから、サナブリという名称は必ずしも稲作だけでなく、畑作にも用いられていることがわかる。いずれにしても、田植えが終った後に行われる。サナブリの日には餅とか団子・小豆飯などをつくって、お神酒とともに苗を供えた神棚にあげたり、農具を洗ったりする。そして、田植えを手伝ってくれた人びとを家に招待して御馳走し、仕事を休むのが一般的である。餅などの供物をあげることからも、田植えを無事に終えたことを感謝する行事であるといえよう。

参考文献　柳田国男「新たなる太陽」(『柳田国男全集』一六所収、一九九〇)、同「狐塚の話」(同)、有賀喜左衛門「田植と村の生活組織」(『有賀喜左衛門著作集』五所収、一九六八)、西谷勝也『季節の神々』(『考古民俗叢書』二、一九七〇)、伊藤幹治『稲作儀礼の研究—日琉同祖論の再検討—』、一九七四、早川孝太郎「農と祭」(『早川孝太郎全集』八所収、一九八二)

（鈴木　通大）

さる　猿　霊長目のなかで狭鼻猿類に分類され、カニクイザル、タイワンザルなどと同じくマカカ属に属するニホンザルを通常さす。第四紀の間氷期に大陸から渡ったニホンザルは、沖縄県・北海道・茨城県・長崎県を除き、北は青森県下北半島、南は鹿児島県屋久島まで広く分布し、基本的には群れ生活を行い、霊長類としては中位の大きさであり、尾の短い特徴をもっている。日本の霊長類学はニホンザルの個体識別と餌づけと長期観察によりめざましい発展を遂げたが、出発点は宮崎県辛島や大分県高崎山のニホンザルの調査であった。ニホンザルの社会の解明は、初期には柳田国男の『孤猿随筆』(一九三九)などのヒトリザルの由来への関心などにみられるように、猿に関する猟師などの伝承文化が影響を与えた。信州の猟師は猿の頭目をサキヤマとかメミと呼び、二番目の頭目をソエサキと呼んでいた。焼畑のある地域では猿追いといって人を雇って猿の害を防ぐこともしていたが、概して山の隣人とは敵対関係にはなかった。猟師が猿を撃つのを忌避したのは、撃つと合掌して情けを乞うからだといい、この伝承は各地で聞かれる。しかし一方では猿の、特に頭骨の黒焼きは産前薬として重宝された。餌づけで観光資源となったニホンザルはその後、人間と猿双方の生活圏の拡大などで猿害などを引き起し、現在大きな問題になっている。ニホンザルは古くから日本の民俗文化と深いかかわりをもつ動物であり、縄文時代や弥生時代には食料として貝塚で出土するし、古墳時代には埴輪のモチーフにもなっている。古代や中世における猿と人とのかかわりにはいくつかの様相があり、それらが猿に関する民俗文化の淵源となって相互に習合し複雑なものになっている。『古事記』や『日本書紀』に登場する猿田彦は天界と地上を媒介する猿神であった。近江の日吉山王(ひえさんのう)信仰は中世から近世初頭に大流行するが、この信仰のなかでは猿は神の使わしめの役割を担っている。山王信仰でまつられるオオナムチの本地は釈迦であり、これは古くからある山の神の手先としての猿神の信仰を比叡山天台宗の学僧がとりいれたものと思われる。この天界と地上の媒介という役割は、村落の内と外の境界で外からの侵入に対しての排除と内側を守る神仏の信仰とも習合し、庚申や塞神あるいは地蔵とも結びついた。特に道教の広がりによって流行した庚申(かのえさる)信仰では、庚申の夜、三尸(さんし)の虫が天界で人間の悪行を告げるのを防ぐため、夜明かしする習俗が始まり、猿と申の音の共通によって庚申塔に「見ざる、聞かざる、言わざる」の三猿が彫刻されることになったとされる。もう一つの大きな猿に関する信仰は、猿が馬頭観音や猿厩信仰など牛馬を守る霊力をもつものとされたことである。これは近世に猿引き(猿まわし)が厩で牛馬の健康を祈願する厩祈禱をしたこととも関連している。これらの猿や河童と駒引きの民俗はユーラシア大陸に広くみられ、石田英一郎は『河童駒引考』(一九四八)に膨大な事例をあげている。近世になると信仰と結びついた猿の姿も少なくなり、昔話の「猿聟入り」に典型的にみられるようにトリックスターやスケープゴートに貶(おとし)められていく。人間の畑を手伝う報酬として娘聟になる約束が、娘の計略で失敗するモチーフであるが、身のほど知らずの教訓として引き合いにだされる笑われ者になってしまう。　→猿聟入り(さるむこいり)

参考文献　長尾宏也『山郷風物誌』、一九三四、松山義雄『猿・鹿・熊』、一九五一、宮地伝三郎『サルの話』(「岩波新書」青六〇三、一九六六)、飯田道夫『猿―よもやま話―』、一九七三、広瀬鎮『アニマルロアの提唱―ヒトとサルの民俗学―』(「ニュー・フォークロア双書」一五、一九八四)、中村禎里『日本動物民俗誌』、一九八七、大貫恵美子『日本文化と猿』(「平凡社選書」一五四、一九九五)

(篠原　徹)

ざる　笊　竹や木を細工に合わせた太さに割った籤(ひご)で編んだ籠の一種。籠と笊の区別は明確ではないが、笊はおもに食物の水切りに使うものを指す場合が多く、細い籤で莫蓙目編みとか笊編みと呼ばれる目の詰んだ編み方をしたものが多い。古くは笊籬と書き、そうりと呼んだ。それが転訛して、ざると呼ばれるようになったというが、北陸や西南日本ではソウケ、ソーケ、九州ではショウケ、ショケ、沖縄ではソーキ、ジョーキなどそうりに近い呼称が一般的である。また、愛知・愛媛、京阪地方ではイカキ、イカケが一般的で、これは飯かきからきていると思われる。

米揚笊　埼玉県入間市

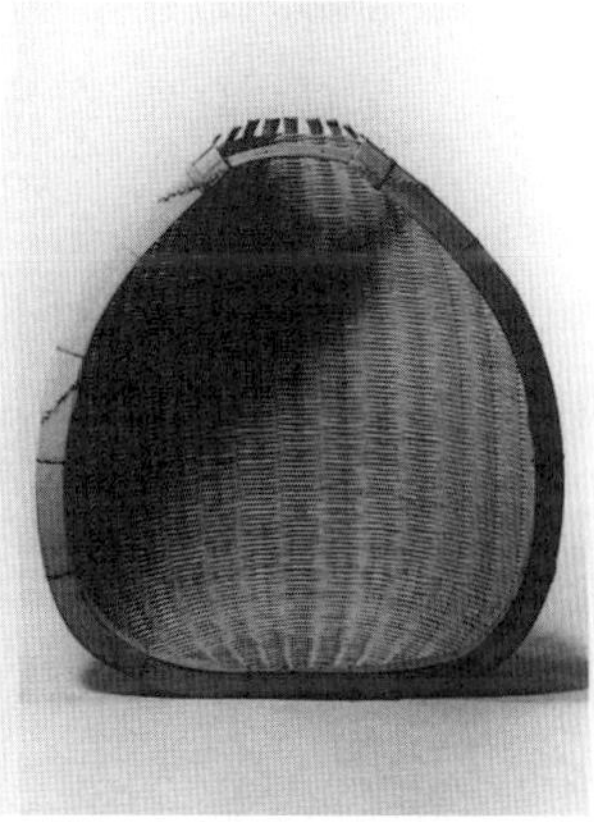

シオケ　京都府加茂町

笊（武蔵野美術大学民俗資料室所蔵）

代表的な笊が米揚笊で、地域により浅い肩口付き・円形・楕円形・三角形、円形の深い鉢型などさまざまな形があり、かつては各家庭で使われていた。米洗い用の桶や米揚笊で研いだ米の水を切り、炊飯用の釜や鍋に入れるのであるが、一九五〇年代後半以降、内釜がそのまま米研ぎの器に使える電気炊飯器の普及や核家族化の進行につれ、次第に使われなくなった。今も水につけた餅米を蒸籠(せいろ)に入れる際や、食堂や給食センターなど業務用では使われるが、近年ではプラスチックや金網製の笊が多く見られるようになった。現在もよく使われる野菜や魚の水切り用の笊もプラスチックや金網製のものが一般的になっている。ほかに麦揚笊・餡漉笊・糊取笊などがあり、かつては豆味噌を漉す味噌漉笊も多く使われた。また、ゆで麵の揚笊・温笊(あたためざる)・盛笊は今も比較的よく使われている。

（工藤　員功）

さるむこいり　猿聟入り　異類との婚姻を語る昔話の一つ。爺が畑を耕して(田に水をかけて)くれたら娘を嫁にやるといってしまう。猿はあっという間に畑を耕してくれる。家に帰って困ったお爺さんが娘三人に相談すると、一番下の娘が承知し、猿のもとに嫁ぐ。娘は里帰りの時、餅をついてくれと猿に頼み、猿は臼を背負って行く。途中に桜の花が咲いている。娘にいわれるまま猿は臼ごと桜の木に登り枝が折れる。猿は川に落ち、娘の身を案じる歌を歌いながら流されてしまう。臼を背負うのは東北地方の話に多く、中部から西では水瓶を背負った猿が嫁入りの途中に川に入って死ぬ話になっている。娘のために一生懸命な猿の姿は哀れであるが、ほとんど笑話として語られている。中国には猿にさらわれて洞窟でともに暮らし子をなしたが、逃げて帰ってきたなどの口伝えの話や、猿との間の子がのちに名をなしたという話がある。日本にも猿の子ができたという話が数少ないが残されている。すばやく畑を耕したり、田に水をかけてくれる猿の姿は、神の力を感じさせ、猿(神)が祖先だったと語る話だったとも考えられている。構造が共通する「蛇聟入り(水乞型)」からの変化ではないかという指摘もある。また、山遊びといって、三月や四月のころ山に行って花を取ってくる行事がある。田植え前の予祝行事で、桜を取る場面から関連性も指摘されている。つまり、猿を水に沈めることは、水界(異界)へと送ることにも通じることから、神である猿を迎えまつり、水界へ送った話との解釈も成り立つ。角川源義は、『古事記』の大山守命が、宇遅能和気郎子にはかられて、船から落とされ、辞世の歌を詠みながら流されていく姿が、猿聟の姿と共通しているとみた。

参考文献　柳田国男「童話小考」(『柳田国男全集』九所収、一九九〇)、直江広治『中国の民俗学』(「民俗民芸双書」、一九六七)、福田晃「「猿聟入」の地域的類型」(『昔話』八、一九七九)、小松和彦「猿聟への殺意」(『日本昔話研究集成』四所収、一九八四)、角川源義「悲劇文学の発生」(『角川源義全集』二所収、一九八七)

(長野ふさ子)

さんいくぎれい　産育儀礼　妊娠・誕生・成長の過程で行われる儀礼。肉体的にも社会的にも不安定な存在である子供が丈夫に育ち、この世の存在として承認してもらうために種々の儀礼が行われた。儀礼は誕生前からあり、妊娠五ヵ月の帯祝いは全国的で、産神をまつり仲人や近親者が集まって共食することがみられ、これによって胎児は丈夫に育ち社会的に生存権が予約されたことになる。かつて帯祝いがすんだ子は間引きしないと考えられていた。産月には出饗・出振舞などの儀礼がある。出産するとすぐ産飯を炊いて産神に供え、産婦・生児・産婆・親戚、近隣の女性たちが共食し神の加護を願い出産を祝う。三日祝い(三ツ目)は生児にはじめて袖のある着物をきせたり、産湯をあびせ人間としてのあつかいが始まる。七夜には名前がつけられ社会の中の個としての人間が位置づけられた存在になる。地域によって異なるが、七夜以後、百日目までの間に宮参りがあり、子供が氏神の氏子となり地域社会の一員としての第一歩をふむ。この時美しい衣服をつけさせ親戚を訪問し近隣や子供たちに飲食をふるまう。宮参りは生児の忌がはれる日でもある。このように出産直後の儀礼は概して頻繁に行われるが、これは特に不安定な存在である生児が危機をのりこえるようにとする意図と考えられる。百日目の食初めは生児が大人と同じ食物をたべ始める儀礼で、その後初節供・初誕生の儀礼というふうにようやく生児は成長の折目を迎える。初誕生には子の将来を占うエラビトリの習俗は広く行われている。その後三歳・五歳・七歳の儀礼には衣服や結髪の形などをとおして子供の成長が段階的に示される。「七つ前は神の子」と広くいわれているように、七歳までは霊魂と身体がまだ遊離しやすく、子供はこの世の人間ではあるが誕生以前の世界にも近い境界的存在と考えられていた。子供が尸童や子供神になるなど宗教上の特別な役目をもっていたり、七歳以前に死亡した子供が本葬式をされず、また特別な童墓に埋められたりするように再生を願うと思われる民俗が多いのもこれと関係する。産育儀礼はこのように呪術的性格が強く一種の鎮魂儀礼ともいえるものが見られるが、新たな段階への統合の儀礼も目立つ。儀礼の際に共食や贈答を伴うのも特色で、それによって地域社会と強く結びつかせようとしていること、幼児期にさまざまな人との間に仮の親子関係を結びその呪術的庇護の力を願ったことは取上げ親・乳親・名付親・拾い親・守り親などにみいだせる。産育儀礼の多くは次第に消失したり簡略化されている。一方、保育園・幼稚園・小学校などによる教育が一般化され、入園・入学は成長の段階を示すものとなり服装にも表わされる。地域社会との結びつきが弱く、呪術的性格は排除され、均質・序列化を求める新たな子供像がある。
→帯祝い →食初め →七夜 →宮参り

参考文献 『日本産育習俗資料集成』、一九七五、大藤ゆき『児やらい』（「民俗民芸双書」、一九六八）、飯島吉晴『子供の民俗学―子供はどこから来たのか―』（「ノマド叢書」、一九九一）

（植松 明石）

さんか さんか 定住せず、山川を舞台に竹細工ならびに川漁などを生業として生活をおくる漂泊民に対する一般的呼称。「山窩」とも書く。里人からの呼称は東北南部でテンバ、関東でテンバモノ、関東から西南日本にかけての広範な地域でミナオシ、ミヅクリ、東海・近畿でポンス（ケ）、ポン、東海・近畿・中国・四国でオゲ、中国でカワラボエト、九州でミヅクリカンジン、ヤマノモンといい、彼らの自称または仲間の呼称は関東でノアイ、播磨でショウケンシ、ケンシ、仲間言葉をサンショコトバといった。さんかは岩窟・土窟を住処とすることに基づいた命名らしいが、他に天幕を張ったり、小屋掛けをしたり、社寺の床下に宿ったりと地域や集団により居住形態が異なっていた。「山窩」という漢字は明治初期における警察吏の考案というのが定説になりつつある。無籍者は犯罪を犯しやすいということで、警察の取締り対象とされ、猟奇的な事件があると彼らの仕業と考えられた。一方、彼らも交易のとき以外は里人と交わらず、出自や内輪の生活を秘すことと、その生態の特異さ、風貌の鋭さとが相まって、里人に畏怖感を抱かしめた。里人からの呼称の大部分は彼らの生業に関するものである。ミナオシ、ミヅクリは農家にとって重要な用具である箕の修理や製造をいったもので、竹を主材にこれに藤蔓と桜の樹皮を編み込んだ精巧かつ堅牢な細工を得意とし、籠・ささらなど多様な竹細工を職業としていた。ポンス（ケ）は鼈を捕獲することからの命名で、彼らは亀類に限らず川魚・鰻を採食し、かつこれを里人にひさぐなど川漁を得意としていた。竹細工と川漁とは程度の差こそあれ主要な生業であった。ただし、いずれも山村民や河川沿岸住民も生業として従事していて、さんかの独占するところではなかった。さんかの実体は無籍を基とした漂泊生活にあった。彼らは里近くの人目につきにくい山陰や川辺に数家族がそれぞれセブリと称するテント張りの小屋を建てて数日ないし数ヵ月滞在して商売しては何処へか去って行く。細工用の鋭利な刃物をウメアイといい、この小刀がさんかの象徴であり、独特の形をした炉鈎とともに他の類族とを分別する特徴だとされている。一説には全国的な支配組織のもとに国ごとの組織があって統制を行い、独特の文字を有するなどともいわれているが実証性に乏しい。ただし、彼らには地域集団ごとに不文律の掟と仲間言葉を有し、一定の統率がはかられていたようであり、掟を破った者には厳しい制裁が加えられたとも伝えられている。

参考文献 乙益重隆「山の神話・その他」（『列島の文化史』二、一九八五）、谷川健一編『サンカとマタギ』（「日本民俗文化資料集成」一、一九八九）

（石川純一郎）

さんがくしんこう 山岳信仰 山岳および山中の社寺仏閣を中心に展開する信仰。山岳は、古代以来神霊の籠る場所とみる崇拝対象として、また宗教者たちの霊的、呪的能力を高める修行道場として信仰されてきたが、その一方で里の人々からは、山人・鬼・天狗・山姥などの異形の者、魑魅魍魎の棲む異界、死後の霊魂が赴く他界と観念されてきた。また信仰を発展させてきた山岳は里から眺望することができ、農民の間では山岳の残雪によって農作物の種子播きの時期を知る習俗、漁民の間にあっては山あてと称して海上での位置を知る習俗、雲のかかり具合、風の吹き方と結びつけて天気を占う習俗などを伝えていることも少なくない。

とりわけ富士山に代表されるようなコニーデ型の広い裾野をもつ山岳は秀麗な山と観念され、津軽富士(岩木山)・上毛富士(榛名山)をはじめ各地に何々富士の名で呼ばれる山岳も少なくはなく、いずれも信仰対象とされてきた。山岳信仰は山岳と結び付いた宗教(神道・仏教・修験道)などによって、仏教の山・神道の山・修験道の山のようにいくつかに類型化することもできるが、多少の差があるとはいえ、修験道の影響を受けなかった山岳は皆無と称しても過言ではない。そうした山岳信仰と諸宗教との関係は縁起類にみる山岳開山・中興伝承にもうかがうことができ、比叡山の最澄、高野山の空海、白山の泰澄、日光山の勝道をはじめとする仏教徒、箱根山の聖占仙人・利行丈人、石鎚山の寂仙・上仙、伯耆大山の密勝・仏覚、伊豆山の松葉などの神仙を開山と伝えているほか、日光山・立山・高野山・伯耆大山のように狩猟者が開山と関係するタイプがあり、狩猟民マタギの間には日光権現や弘法大師から殺生を許されたという『山立由来記』が伝えられている。山岳信仰の歴史をみると、火山の噴火が与える神秘感・畏怖感、農民にとって不可欠な水源、死者の魂が赴く他界とする原始以来の山岳信仰を基礎として、大和三輪山にみる神体山、神奈備の山とする信仰が成立する一方で、呪術師・行者・聖などが修行の道場とするようになり、最澄・空海による山岳仏教の導入によって、山岳信仰は一層隆盛する。そして古代末から中世にかけて、吉野山を拠点とする真言系当山派、熊野三山を拠点とする天台系本山派が成立した。その過程で、葛城山の役小角(役行者)が修験道開祖とする信仰、金剛蔵王権現が成立するとともに、上皇や公卿の御嶽(金峯山)詣・熊野三山詣の隆盛と相まって、吉野金峯山・熊野三山が山岳のなかでも卓越した存在になり、熊野三山から大峯山・吉野山に至る修行の経路が成立し、修験道の根本道場となった。中世は修験道の最盛期と称してもよく、本山・当山の二派のほか、出羽三山・(英)彦山をはじめ各地の霊山が修験の霊場であったが、近世になると山に依拠する修験者たちは御師化し、相模大山・武蔵三峯山をはじめ広範な地域に檀那を得て信仰圏を形成する。しかし明治初年の神仏分離・修験道廃止によって山岳信仰も大きな打撃を蒙るが、第二次世界大戦後、かつての修験系霊山で修験道を復興したところも少なくない。こうした山岳信仰史のなかで、近世の富士行者・御嶽行者の活躍、いくつかの圏を描くことができる信仰圏、幼年期・青年期・老年期に認められる初山の習俗や雨乞いのための登山等々の注目される民俗が少なくない。→大峯信仰　→熊野信仰　→浅間信仰　→白山信仰

参考文献　五来重『山の宗教―修験道―』、一九七〇、村山修一『山伏の歴史』(「塙選書」七一、一九七〇)、宮家準『修験道儀礼の研究』、一九七一、戸川安章『出羽三山修験道の研究』、一九七三、『山岳宗教史研究叢書』、一九七五―八四、和歌森太郎『修験道史の研究』(「和歌森太郎著作集」二、一九八〇)、宮家準『修験道思想の研究』、一九八五、同『大峰修験道の研究』、一九八八、宮田登『山と里の信仰史』(「日本歴史民俗叢書」、一九九三)、修験道修行大系編纂委員会編『修験道修行大系』、一九九四

(宮本袈裟雄)

さんそん　山村　山地環境に適応した暮らしが営まれている山間村落。地形的特色によるだけでなく、山地特有の生業やこれに伴う山の神信仰をはじめ、山地独得の民俗を保持する村落をいう。交通機関に恵まれないため長らく平地社会に知られず、川上から木地椀が流れ着いたことではじめて発見されたなどの由来を伝える所もある。平家をはじめとする落人伝説が語られたり隠れ里に比定されたりしたのは、そうした山村の隔絶性を反映したものとみることもできる。しかし歴史的には、山村は農村や町場などの平地社会から孤絶していたのではなく、むしろ外の社

会と生活上深くかかわることで存続してきたといえる。山の斜面や頂近くの日照が良く水も得やすい地に集落を構えて日常生活を営む一方、周辺の林野における焼畑や狩猟、山菜・木の実・薪などの採集のほか、木材や鍬柄・臼・屋根板、木炭・紙、茶・キノコなどの山の産物を農村や町場に送り出して現金収入を上げるなど、多彩な仕事を組み合せて暮らしを立ててきた。林野の入口には山の神がまつられ祭や儀礼が施されたように、山の神信仰は山の自然とともに生きる山村民の精神を象徴してきた。しかし山地固有の生業に基づき山間村落が独自の価値を誇ることができたのは大筋では中世までであり、社会的な富を米により測る石高制が導入された近世以後、山間村落は辺境として位置付けられるようになった。さらに明治政府が行なった官民有区分に伴う林野に対する規制などの強化がこれに拍車をかけた。たとえば大正時代まで白山麓の焼畑山村民が冬になると平地農村に袖乞いに出た慣行に示されるように、山村は自然条件の厳しさや経済的基盤の脆弱性から逃れられず、それゆえ時代の変化に応じながら生きる道を選ばざるをえなかった。山村の語は明治時代にすでに使われていたが、この語が世間の耳目を集めて一般化したのは昭和恐慌期のことであった。山村がこの時期に疲弊の激しかった山間村落を指して使われ、零細村のイメージを生んだ。同じころに実施された山村調査の報告書『山村生活の研究』(柳田国男編、一九三七)には、狩猟、木挽、屋根板割り、臼作り、木地製作、紙漉き、松脂かき、鑪、灰焼き、煙硝作りなどの山の資源を加工する山村特有のさまざまな仕事が姿を消したり衰えたこと、ボッカなどの人力に頼る素朴な運搬業が馬車や自動車の導入により衰退したこと、調査対象となった山村の多くが奥まった農村にすぎなくなっていたことなどが示されている。これ以降、山村の生活は実質的には山間地農村化し、春から秋にかけての自給的な農耕と冬季を中心にした山仕事や出稼による現金収入を相互補完的に組み合せて生計を立てる方向を強めた。しかしそれでもなお保持され続けた山地環境に応じた暮らしぶりは、一九六〇年代中ころに始まる過疎化により急速に失われていった。それとともに杉やヒノキなどの造林地は手入れが行き届かず荒廃林化し、さらに働き手の流出や高齢化に伴いかつての山村生活を支えたさまざまな技術や知識が失われようとしている。山林崩壊にとどまらず山村崩壊の危機を迎えている現状にあるが、他方ではムラおこし運動などを通じて山村再生を図る動きが興りつつもある。
→過疎化　→山仕事

参考文献　藤田佳久『日本の山村』、一九八一、千葉徳爾『近世の山間村落』(「愛知大学綜合郷土研究所研究叢書」二、一九八六)、成城大学民俗学研究所編『昭和期山村の民俗変化』、一九九〇、湯川洋司『変容する山村—民俗再考—』、一九九一、白水智『知られざる日本—山村の語る歴史世界—』(「NHKブックス」一〇三〇、二〇〇五)
(湯川　洋司)

さんそん　散村　農家が一軒ずつ離れて不規則に分散し、家の回りの土地を利用している集落。集村に対する語で散居村ともいう。扇状地の水田地帯が多く、岩手県胆沢平野・富山県礪波平野・静岡県大井川扇状地・島根県簸川平野などが知られているが、小規模なものはほかにも多い。これらは豊富な河川水を背景に扇状地の微高地を核として徐々に広まった。その場合、地形的な制約が少なく、またどこでも水を引くことができたので散村化が可能であった。模式的には開拓予定地のまん中に居を定めて周辺を水田化したものである。家の回りに水田があるので栽培管理が行き届き、また、収穫物を運びこむのにも便利である。孤立している家を風から守るために風の強い側に屋敷林を設けている。胆沢平野のエグネ、関東平野のクネ、礪波平野のカイニョ、簸川平野の築地松などがこれである。家屋が互いに離れているので近隣関係は疎遠のように見えるが、ムラ組や隣近所のつきあいは親密で、ムラのまとまりは強固である。一九六〇年代以降、圃場整備によって今までの不整形で小さな田は大型化し、曲がりくねった細い道や水路は直線化して大型機械による大規模経営が行われるようになったが、一面、工場の進出と住宅団地の造成による混住化社会となって、散村は景観・生活ともに大きく変容している。

参考文献　長井政太郎『東北の聚落』、一九五六、村松繁樹『日本集落地理の研究』、一九六二、『砺波市史』、一九六五

（佐伯　安一）

富山県礪波平野の散村

さんば　**産婆**　明治政府が採用した正常産の助産をする女性の職業名。産婆には二種類あり、一種は民俗で、自身の出産体験などから取上げの方法を会得し、地域内で出産の世話を行なったいわゆる取上げ婆さん（従来の産婆）である。その一つに、とりあげた子の将来の幸福を象徴する女性として親戚筋の中でも人望の厚い長命な子福者が依頼され、無報酬で母子の安全を祈り、とりあげた子には生涯にわたる敬愛を受けた女性があり、もう一つとして出産の際わずかな報酬（簡単な食事や食品等）で実際の世話や汚れ物の始末等のために雇われた女性があった（男性もいた）。一八七四年（明治七）に文部省が布達した日本最初の近代的医療法規である医制では、この従来の産婆たちにも、簡単な産婆講習で仮免許を交付すると定めた。もう一種は医制や産婆規則（一八九九年）などに基づいて創設された産婆養成機関において、所定の期間近代西洋医学的知識に基づく教育を受け、開業免許を受けた女性（新産婆）である。医制では産婆は四十歳以上とあり、助産の資格に自身の出産や育児体験の有無が重視されていたことが想像されるが、その後の産婆規則では二十歳以上となり、若い出産未体験の女性たちが、学習によって新産婆に養成されることとなった。こうして、新産婆は新しい衛生教育を受け、地域の若者に嫁入した助産の専門家として、産婦を指導し報酬を得る職業婦人となった。業務範囲は正常産で、医師の指図によらねば異常産に手出しはならないとし、産科器械の使用や投薬は禁止されている。その後この規定は産婆に対する行政の見方の根幹となった。明治政府は一九〇〇年代に入ると本格的に新産婆の養成と普及に力を入れ、将来の兵士として有用で健全な小国民の誕生を意図した。明治の進歩的な産科医たちが描写する「従来の産婆」の評価は非常に低い。しかし受け入れ側の社会的評価は反対に「新産婆」を危ぶみ従来の産婆への信頼が厚かった。産

科医たちにとっては、伝統的な日本の助産に対するものの見方に組み込まれた従来の産婆のやり方は日本医療の近代化を妨げる迷信に満ちた打破すべきものと映ったと考えられる。一方、産婦たちの新産婆への拒否と戸惑いは、当時の人々が助産や医療など身体の介助に関しては、机上の知識よりも体験による同じ感覚の共有を重視していたということを示している。このように新旧の身体観のへだたりは、行政や進歩的産科医の推奨、新産婆自身の努力等によっても、新産婆の全国的な普及が第二次世界大戦末期まで進まず、受け入れが進み難かったことの意味を説明している。つまり、社会一般の子産みなどに対する伝統的なものの見方に組み込まれた出産観や育児観が、いかに新しい近代西洋医学的価値観と相容れないものであるか、特に、その顕著な表われである坐産から寝産への分娩姿勢の強制移行は、産婦を産む主体から産婆に出産させてもらう客体へと変えた。　↓取上げ婆さん

参考文献　木戸麟『産婆手引草』、一八八六、白木正博『白木助産婦学』、一九三三、蒲原宏『新潟県助産婦看護婦保健婦史』、一九六七、緒方正清『日本産科学史』、一九八〇、吉村典子『子どもを産む』（『岩波新書』新赤二二〇、一九九二）、新村拓『出産と生殖観の歴史』、一九九六、吉村典子編『出産前後の環境―からだ・文化・近代医療―』（『講座人間と環境』五、一九九九）

（吉村　典子）

サンバイ　サンバイ　主に中国地方で用いられる語で、田の神のこと。田植えにあたって降臨し、稲の成育を司る稲霊と考えられた。サは稲霊を意味すると解釈され、田植え月をサツキ、田植えにあたる女性をサオトメ（早乙女・五月女）と呼んだ。広島県北部の神石郡神石高原町豊松では、山の神は正月に家に入って歳徳さんとなり、二月亥子に田に下ってサンバイサンとなり、十月亥子に山に帰るとする。サンバイサンが田に下るときの行事を、サンバイマツリ、サンバイオロシ、サビラキ、サオリなどという。広島県帝釈地方では、三バイの神オロシといい、田植え前の吉日、田の一角に苗を植えて、苗束三束を畦に置き、カシワ（イイバ）の葉に飯を盛り、カヤの箸を供えてまつる。そのほか葉のついた三本の栗の木を畦に立て、正月の注連の残りで飾る。十二本のカヤの箸に小幣を挟んで田の中に円形に立て、その外側に十二株の苗を植えるなどした。一般にサンバイは、苗三把、代つくりの農具であるエブリやカカシ（案山子）を依代とするとの考えが強い。サンバイオロシは、古くは種子播きの時一度であったであろうが、苗代・田植え法の普及など技術の発展によって、苗代祭・水口祭・種子下ろし・田植え初めなどに分化し、サンバイアゲも、田植えの終り、半夏、収穫時、案山子あげなどと多様化している。サンバイは、ロックウサン（土公神）や七夕でもあるとの説がある。島根県・広島県などの田植え唄の冒頭には、サンバイオロシが歌われるが、唄によって、サンバイの生まれは「天竺」とか「余間の寺」などとし、また「宮の方」から芦毛の馬に乗っておりるなどと多様な性格をみせる。安芸地方では、大田植の唄を宰配する音頭とりのこともサンバイサンといい、その両手にもって拍子をとる先を割った竹のことをサンバイ竹という。　↓田植え　↓水口祭

（藤井　昭）

さんばそう　三番叟　能の『翁』を構成する舞。現行の『翁』は千歳舞・翁舞・三番叟舞の三種の舞から成るので式三番ともいう。三番叟の舞は狂言方の芸で和泉流では三番叟、大蔵流では三番三と表記する。叟というのは老翁という意味である。また翁面が白色または肉色であるのに対し、三番叟面は黒いので黒キ尉、黒式尉とも呼ばれる。翁面、三番叟面とも切顎になった特殊な形式の面で表情も近似しているが、三番叟面には庶民的な風貌があらわれている。三番叟は色が黒く庶民的な表情をし

秋田県仁賀保町(にかほ市)釜ヶ台番楽の三番叟

ていて、舞に農耕に因んだ型の名称があるので、農耕儀礼と関連した存在で、五穀豊穣を寿ぐとする見方もされている。一一二六年(大治元)、天台僧正忠尋著と伝わる『法華五部九巻書』の式三番の次第に「三番」とみえるが、確実な史料としては鎌倉時代の『弘安六年春日臨時祭礼記』に「児、翁面、三番猿楽、父允、冠者」と記したものがもっとも古い。この時代の式三番は児による露払の舞を含まず翁、三番猿楽(三番叟)、父允・冠者(延命冠者)という形式だったようである。ここにみられるように、三番叟は古くは三番猿楽といった。三番叟という名称が定着していったのは、中世の末から江戸時代初期ごろにかけてのことである。三番叟の舞は前半の「揉ノ段」と後半の「鈴ノ段」の二段構成になっている。三番叟の舞は「三番を踏む」ともいうように、足拍子を踏むことが多い。翁舞が終って翁帰り(翁役のシテが退場すること)がすむと、賑やかな揉出シの囃子が奏され、三番叟役が立ち上がって直面で「揉ノ段」を舞う。これは溌剌とした活発な舞で、揉というのは体を揉んで舞う意味であろうとか、稲のモミに因むのであろうとかいわれている。「揉ノ段」には烏飛びという跳躍的な型も含まれる。この前段の舞が終ると、三番叟役は後見座に戻り、三番叟面を着ける。三番叟役は面を着けることによって、三番叟という神格を持った存在となるのである。面箱持と問答をして鈴を受け取った三番叟は、鈴を振りながら舞う後半の「鈴ノ段」に入る。これは前段とは対照的な荘重な舞で、種子下ろし・種子播きなどの型がある。能の三番叟は歌舞伎舞踊に入って独自の展開をみたが、各地の民俗芸能にはさまざまな三番叟の舞が伝承されている。様式・内容の上から大別すると、現行の『翁』の系統を引くものと、これとは全くといっていいほど異なったものとがある。前者には人形芝居の三番叟も含まれる。後者の三番叟は各地間での異同が大きく、多様な姿を呈している。三信遠地方(愛知・長野・静岡県境一帯)の花祭・田楽・おこない、兵庫県加東郡社町上鴨川住吉神社の宮座神事、東北地方の山伏神楽・番楽・黒川能などに登場する三番叟は、能大成以前の古猿楽の時代の要素をとどめているといわれる。三番叟は三番目に登場する老翁という意味であるとか、田の神であるサンバイと関連しているとかの説があるが、成立や名称の由来については明確にはわからない。しかし三番叟は猿楽能の成立と本質に関わる重要な存在である。

参考文献　本田安次『翁そのほか』、一九五八、新井恒易『能の研究―古猿楽の翁と能の伝承―』、一九六六、後藤淑『能楽の起源』、一九七五、山路興

造『翁の座―芸能民たちの中世―』、一九九〇、天野文雄『翁猿楽研究』（「研究叢書」一六二、一九九五）　（高山　茂）

さんびきししまい　三匹獅子舞　一人の演者が獅子頭を被り、腹部に鞨鼓風の太鼓を抱いて一匹の獅子の役を演じる一人立の獅子が、三匹一組になって獅子舞を上演する民俗芸能の総称。現地では単に獅子舞と呼ばれたり、ササラと呼ばれたり、さまざまな名称で呼ばれている。たとえば房総地方では、腰に付けた太鼓の形状にちなんで鞨鼓舞と称している。関東地方を中心に、甲信越・東北・北海道において八百ヵ所以上に分布しているとされ、若干の例外を除けば西日本にはほとんど見られないという明確な分布の偏りが見られる。二匹の雄と一匹の雌の獅子が、太鼓を叩きながら、笛や歌と風流笠を被った子供の簓の演奏にあわせて舞うが、ヒョットコや鬼の面を被った道化や露祓いの天狗などの役が加わったり、万燈傘が立てられる場合もある。上演の機会は、集落の寺社の祭礼、雨乞い、彼岸のお祓いなどさまざまで、獅子舞の構成や演目についてもかなり多様性が認められるが、隠れた雌獅子を二匹の雄獅子が探し回る雌獅子隠しと呼ばれる演出が、多くの獅子舞において共通に認められる。中世末から近世初期にかけて京都を中心に流行した風流踊りの一派として成立した原型が関東地方に伝わり、そこからさらに東日本に広範に伝わったとされるが、秋田の佐竹氏と道地ささら、福井県小浜の酒井氏と雲浜獅子といった大名の移封に伴う伝播や、共通する由来書の存在など、伝播交流を巡るさまざまな興味深い問題の所在が近年指摘されている。　→獅子舞

参考文献　本田安次『田楽・風流』一（「日本の民俗芸能」二、一九六七）、古野清人『獅子の民俗―獅子舞と農耕儀礼―』（「民俗民芸双書」、一九六八）、吉田智一『獅子の平野』（「フォークロアの眼」五、一九七七）、山路興造「三匹獅子舞の成立」（『民俗芸能研究』三、一九八六）、笹原亮二『三匹獅子舞の研究』、二〇〇三　（笹原　亮二）

し

シーサー　シーサー　沖縄で広くみられる獅子像。地域によりシーシと呼ばれる。二種の形態がある。一つは、主として地上に据えられる大型のシーサーで、城門、墓陵、集落の入口や要所、村境に設置される。いま一つは、主に民家の屋根に設置される小型のシーサーである。両者は機能的に魔除けの目的をもつ点で同一であるが、ここでは後者を屋根獅子と呼んで区別しておきたい。前者の大型シーサーの代表例としては、那覇市首里崎山の御茶屋御殿と東風平町富盛のシーサーがある。いずれも十七世紀末には設置され、火難をもたらす八重瀬嶽に向けて据えられた石獅子である。ほかに浦添ようどれ・末吉宮・玉陵や各地の村落に残る石獅子がある。石材の多くは琉球石灰岩であるが、玉陵の石獅子のように製作年代が十七世紀以前のものには、中国の輝緑岩製のものがある。この種のシーサーは、沖縄本島周辺で数多く残っているが、宮古・八重山地域ではみられない。屋根獅子には石製・漆喰製・陶器製・木製などがある。明治以降、瓦葺きの民家が増えるにつれ、屋根に獅子像を据えて魔除けとすることが一般に普及した。したがって、漆喰製の屋根獅子はムチゼークー（漆喰大工）など瓦を扱う職人により据えられた。近年では屋根のみならず装飾用に玄関や門柱に据えている例も多くみられる。シーサーを据える形式には一対と単体の二通りある。一対のシーサーは主として城門か墓陵にみられ、単体のシーサーは村境に設置されるものが多い。屋根獅子は伝統的に単体である。近年、鉄筋コンクリート製の住宅が普及するにつれ、屋根獅子の代わりに、一対のシーサーを門柱の上に置く例が増えている。一対は開口・閉口の形態で、阿吽を表現したものが多い。これは雌雄を区別する指標にはなりえないが、ある時代には雌雄を意識して獅子を製作した形跡がある。

参考文献　長嶺操『沖縄の魔除け獅子』、一九八二、窪徳忠『中国文化と南島（新訂版）』（「南島文化叢書」一、一九九五）

（荻尾　俊章）

御茶屋御殿のシーサー

屋根獅子　沖縄県久米島

しお　塩　塩化ナトリウムを主成分とした塩辛い味の物質。必須栄養素であるとともに、浄めに用いるなど、日本人の精神生活に欠くことのできない物質でもある。古代日本では、石塩・戎塩・白塩・堅塩・黒塩・舂塩・破塩・熬塩・煎塩・木塩・鹹塩・辛塩・藻塩などの名称があり、塊状のものから粉状、液状のものまでさまざまな形態の塩があったと考えられる。近世になると、壺に入った焼塩が食卓塩として流通するようになり、特に堺の壺塩は有名であった。毎日、尿や汗に混じって排出されるので、大人で最低一〇〜一五グラムの塩を摂取する必要がある。一九三二年(昭和七)の全国調査の結果をまとめた渋沢敬三編『塩俗問答集』(一九六九)によれば、一人当りの一年間の消費量が約一一キログラムのところが最も多い。動物性食品の摂取が少ない割に、味噌汁や漬物などの塩気の多い副食物で大量の穀物を食べていたからである。東北地方は積雪時の副食物として塩蔵品を盛んに食べたため、今でも塩の消費量が多い。食生活の変化のために塩の消費量は低下しているが、現在でも日本人は塩の摂取量が多い。日本では岩塩は採れず、塩泉から生産したわずかな例を別にすると、主に海水から塩を生産してきた。海水から九七％の水分を除去する必要があり、製塩には手間がかかった。そのため、塩は入手しにくい貴重品であった。塩を粗末にすると罰があたるとか目がつぶれるといって、大切に扱った。特に山間部では塩分を含んだ水を捨てないのが原則で、野菜を煮たり、牛馬に与えたりした。日本人は、古くから塩を神聖な物質と考えており、神への供物として必ず塩を供えている。また、塩には不浄を払う力があると考えていた。祭の場や祭具、神棚などを浄めるのに塩が用いられ、相撲の土俵・闘牛場・住まい・囲炉裏・竈・井戸などの浄めにも使用される。葬式から戻った時、家に入る前に塩を撒く民俗は現在も盛んに行われているし、毎朝の掃除の後に入り口に盛り塩をする商家も今なお残っている。海の潮水を竹筒や小瓶に汲んで、神前に供えたり、浄めに振りまいたりするように、古くはこのような浄めには潮水が用いられたといわれ、海辺での禊との関連も推測できる。また、塩には何らかの力があるとも考えられ、佐賀県では丈夫な子供のいる家の塩をひ弱な子供に与えると元気に育つといい、その子を塩替え息子と呼んだ。健康のために塩水や塩湯を飲んだり、海水を沸かした潮湯に入浴する民俗もあった。波の花という呼称は塩の忌言葉であるが、女房言葉あるいは夜間に用いる夜言葉としても使用された。イオン交換膜製塩法によって純粋な塩化ナトリウムが製造されるようになるまで、海水を煮つめて作られた塩には、マグネシウム塩やカルシウムなどの夾雑物が含まれていた。これを苦汁と呼び、塩籠などで塩から滴り落として、豆腐作りの時の凝固剤や肥料、水田の除虫、地固めなどに用いた。

参考文献　日本塩業大系編集委員会編『日本塩業大系』、一九七八-八二

（段上　達雄）

しぐさ　しぐさ　歴史的、文化的に無意識に形成されてきた立ち居振舞いや身のこなし方。E・S・モースは『日本その日、その日』(一九一七)の中で日本人の歩き方にはリズムがないという。それは日本人の歩き方が腕を振り、腕の反動を使った歩き方ではなかったからであり、能役者が腰を落とした姿勢で立ち、上下動や揺れのない姿勢ですり足で歩くことと同じである。足だけを動かして歩くとナンバという右足と右肩、左足と左肩が同時に出る歩き方になり、しっかり腰を据えないと肩が大きく揺れる。腰をしっかり据えて歩くということは、下半身に重心を置く歩き方であり、しぐさにおいても下半身が重要となる。武士の身構えの重心は臍下丹田(へその下、下腹部)といわれるように、くまなく全身に力を配分することであり、下半身に重心がある。また、相撲でもしこを踏

むように下半身に重心がある。上半身に重心を置く欧米人のような肩を上げる、口と首をまげる、両手をひろげるというしぐさを日本人はしない。視線においては日本人は目上の人の命令を聞く際、目をそらさないが、それ以外は目をそらすことがよいとされる。相手の目をじっとみることは、「面を切った」「ガンをつける」といい、よくないことであった。

参考文献　野村雅一『しぐさの世界―身体表現の民族学―』(「NHKブックス」四二九、一九八三)、三浦雅士『身体の零度―何が近代を成立させたか―』(「講談社メチエ」三一、一九九四)、野村雅一『身ぶりとしぐさの人類学―身体がしめす社会の記憶―』(「中公新書」一三一一、一九九六)

(野沢　謙治)

じごく　地獄　現世で罪を犯した者が、死後に堕ちて種々の責苦を受ける三悪趣・五趣・六道・十界の中の最低の世界。梵語のナラカを音写して奈落迦・奈落とも。閻魔大王が支配し、牛頭・馬頭などの獄卒が罪人を責め苛むという。夙く初期仏典の『法句経』にみられるが、のちの『長阿含経』『正法念処経』『倶舎論』などでかなり整理され、八熱(八大)・八寒・孤独といった地獄があり、特に八熱地獄の一つ一つに十六の小地獄(別処)があって、これに根本の八熱地獄を加えて百三十六地獄があるとされるに至った。中国の冥界思想と習合して閻魔の支配する地獄が想定される。日本では、奈良時代の東大寺二月堂本尊光背にも毛彫りの地獄絵が見られ、『日本霊異記』に冥府巡歴譚が掲載されているが、極楽思想と相まって地獄が強く意識されるのは、平安時代中期の、厭離穢土・欣求浄土を説いた『往生要集』以降のことである。『枕草子』や『栄華物語』に十二月下旬の仏名会に地獄絵屏風が使用されたとあり、浄土信仰の隆盛の中で地獄絵・極楽絵が盛んに作られ、地獄への関心と堕地獄の恐怖感が高まり、火山活動を地獄の様相と見立てる庶民信仰が生まれ、幽明二世界を自由に往来して亡者を救うといわれる地蔵信仰が活発化した。また、平安時代末期の末法思想や不安な世情が、『地獄草紙』に反映している。鎌倉時代以降地獄絵が大いに作られ、一般民衆の教化宣揚のために絵解された。しかし、江戸時代には、地獄を象徴的、譬喩的に説くようになったため、童蒙でさえその存在を信ずる者はきわめて稀だった。その反面、口碑伝説の世界には地獄めぐりの物語が数多く伝わっている。地獄思想が日本の文化・社会に与えた影響は、計り知れないものがある。

参考文献　岩本裕『極楽と地獄』(「三一新書」、一九六五)、山辺習学『地獄の話』(「講談社学術文庫」五六一、一九八二)、石田瑞麿『地獄』(「法蔵選書」三三、一九八五)、『地獄百景』(「別冊太陽」六二、一九八八)

(林　雅彦)

しごとうた　仕事唄　さまざまな作業の際にうたわれる唄の総称。労作唄・作業唄・労働唄ともいう。必ずしも作業中とは限らず、作業の前後や休憩などにもうたわれるものが少なくない。草刈唄のように作業地へ行く道々でうたわれる例もある。仕事をしながらうたうことは、作業のリズムやテンポにあわせて唄で調子をとることによって、作業の効率化をはかった。自分で速さを加減する以外に、たとえば田植え唄の音頭取りなどは田植えのはかどり具合をみてうたう速さを調節した。多人数の作業では、唄によって人々の動きを統一させる(地搗き唄・木遣り唄など)。また唄は作業成就の祈願的内容も有するが、それ以上に作業の単調さ・辛さをいやして元気を出させるものであった。この種の歌詞は直接的に辛さを嘆くもの、悪口を吐露するもの、男女の恋心を託すもの、軽口で笑いを誘うものなどさまざまで、仕事唄にはこうした歌詞が多くみられる。山の中などでは互いに自分の居場所を知らせるためにうたった(木挽き唄など)。その他、昔は唄の長さが時間を計る一つの要素にもなった(酒造り唄)。一連の仕事では仕事の内容や手順に合わせて、それぞれの工程の唄をもつ場合がある(酒造り・茶作り唄など)。一方、同じ唄が替え唄で異なる仕事唄に転用されることも多い。民謡の多くは仕事唄であるが、近代の機械化に伴ってうたわれる機会は急速に衰退した。現代は宴席などの室内や民謡歌手による舞台での唄に変容して残されている。町田佳声(嘉章)は、一つの仕事に従事しているとそれぞれの職業に応じて一種の仕事声(職業声)ができ上がると指摘している。

参考文献　町田佳声『日本労作民謡集成』(ビクターレコード解説)、一九六四　(大貫　紀子)

しごとぎ　仕事着　仕事を行う際に着用する衣服。ノラギ、ノラシギモン、ヤマギ、ヤマギモン、オキギモンなどの呼称がある。古くは、男女ともにふだん着を兼用することが多く、仕事時には日常に着ている長着を尻はしょりし、袖に襷を掛けて前掛を締め、腕に手甲、脛に脚絆をつけ、頭に手拭を被って働く支度にととのえた。こうしたふだん着の兼用からのちに独立した仕事着が誕生し、気候風土や地形、労働の内容に応じた働きやすい形態ができあがっていった。第二次世界大戦前まで、関東・甲信越・北陸から東北地方にかけての東日本では上下二部式が多く用いられた。二部式とは上衣と下衣に分かれたツーピース型の衣服で、上衣にはミジカ、コシキリ、ハンキリ、ハンテン、ハンコ、コギノ、コギン、ジバンなどと呼ばれる腰切りの短着、下衣にはタッツケ、カルサン、サルバカマ、ユキバカマ、モッペ、モンペイなどと呼ばれる山袴や股引を着用した。また、女は、畑仕事において短着と腰巻を組み合わせる者も多かった。西日本では、男のあいだでこそ短着に股引、パッチ、山袴という二部式が定着していたが、女は遅くまで一部式の長着を用い、長着の丈を腰のあたりでからげて短くし、裾から腰巻をのぞかせた。山間部や雪の多い地域では長着の上から山袴を着用したが、それ以外はだいたいが長着のみであった。東日本が山袴や股引を用いる密閉型とするならば、西日本は解放型ということができよう。西日本において女が二部式の衣服を着用するようになったのは、第二次世界大戦中にモンペと腰切りの標準服ができてからのことである。仕事着の素材は、明治以降には木綿が広く普及し、紺無地や縞や絣が用いられた。木綿の原料となる綿は、江戸時代に入ると畿内や瀬戸内海沿岸で盛んに栽培されるようになり、その後、東海・関東へと広がっていった。また、明治時代には輸入の紡績糸も出回るようになり、庶民の衣生活に木綿が定着していった。しかし、綿糸の入手が困難で綿の栽培もままならぬ寒冷地や山間部では、遅くまで麻布や藤布の使用が続いた。麻布や藤布で仕立てた単物の短着はコギン、コギノ、コギヌと呼ばれる。青森県では日本海交易で運ばれた貴重な木綿糸を使い、保温と補強を兼ねて麻布のコギンに刺子をほどこした。これを南部地方ではヒシザシ、津軽地方ではコギンザシ、サシコギンという。刺子の技法は、紡績糸や毛糸の普及に伴って次第に色使いや意匠に工夫を凝らし、装飾美に優れたものとなっていった。また、衣服の再生法として、着古した布を細く裂いて緯に織り込み、裂織の仕事着をこしらえることも各地で行われた。なお、第二次世界大戦後には衣生活の洋装化が進み、仕事着も従来の地域性豊かなものから画一化された作業服へと変わっていった。　→野良着

参考文献　瀬川清子『きもの』、一九七二、『仕事着』(『神奈川大学日本常民文化研究所調査報告』一一・一二、一九八六・八七)、中村ひろ子「仕事着から衣を考える」(『女性と経験』一三、一九八八)　(宮本八恵子)

しごとはじめ　仕事始め　正月に仕事の模倣をする行事。農村では、屋

内作業の仕事始め、農作業の仕事始め、山仕事の仕事始めの三種類がある。屋内作業では、藁打ち始めで、藁を叩いて草履を一足こしらえるとか、藁縄を綯う。農作業では、その年の恵方であったり、一番よい田畑などに鍬を持参して、そこに松の枝などを立てて餅や洗米などを供えてから、三鍬ほど打ってくる。これを、鍬初め・さく入れ・田打正月・農立てなどとも称している。山仕事では、薪などを伐りに行ったり、小正月行事の若木・繭玉・削り掛けなどに用いる木を伐りに行く。また、御幣・酒・餅などを持参して山の神をまつる行事でもある。さらに、漁村では船起しとか乗り初めと称して、船を沖に出して漁の模倣をする。商家では、初荷・帳祝いという行事がある。帳祝いとは、明治時代までは大福帳を使っていたので、新しい帳面を氏神に供えたりすることである。また、商家をはじめ、農家でも十一日を蔵開きと称して、この日まで蔵を開けなかった。その他にも、書初め、縫い初めなどがあり、これも一種の仕事始めである。いずれにしても、正月は本来、物忌の期間であり、また一年の縮図であるという考え方が根底にあり、これらの行事には、この一年を無事に過ごしたいという切実な願いが反映しているといえよう。（鈴木　通大）

しざい　私財　個々の家族員が家族全体の家計とは別に個人的に取得し個人的な使途にあてる財産。しんがい、へそくり、ホマチ、ホッタ、マツボリ、ヨマキ、ワタクシ、ハリバコギンなどさまざまな名称でよばれ、家長公認の財の給付から内密の蓄えまでさまざまな内容を含む。家族内で個人の持ち物とされているものには、個人が日常使用する身の回り品や衣類とその容器、履物、夜具、個人用の食器、嗜好品、個人として経営する田畑、家畜、漁場、そこから得られる収益、現金などさまざまなものが含まれる。しかし一般に私財という場合には、家族員が家業や家計の枠外で行う個人的な稼ぎによって得られた所得をさしており、そのための生産手段を含めてしんがい、ホマチなどの用語が用いられる。私財の取得方法には、家長の管轄する家産や家計の一部を個人用に割り当てる場合、家業の余暇や家産の余禄を個人用として確保する場合、家産や家計の一部を内密に個人的な使途に転用する場合などいくつかの方法がある。前二者は家長から公認された一種の給付で、個々の家族員は私的用途にあてるため、または分家の資とするために私財を稼ぐことが公に認められていた。東北や北陸の各県の大規模な農家に見られるしんがい田・ホマチ田などはその代表例で、生家に同居する次三男や住込みの奉公人などに若干の田畑を与えて休日や余暇に耕作させてその収穫を各自の私財とした。岐阜県大野郡白川村の大家族では、農繁期の五日目ごとに設けられたしんがい日（公休日）に家族員はそれぞれのしんがい田・しんがい畑を耕作し、また農閑期にも藁細工、狩猟、駄賃つけ、山桑の採取などのしんがい仕事をしてその収益を私財とした。また、女性たちにも苧績・糸紡ぎ・機織などの家内仕事の余禄を私的に蓄えることが広く認められていた。女性の私貯を意味するハリバコギン、ツギバコガネ、オゴケゼニはそれらが針箱やオゴケ（苧桶）に蓄えられたことに由来し、今日隠し金の意味で使われるへそくりももともとはこうした糸紡ぎに由来する「綜麻苧（紡いだ麻糸を巻いたもの）繰り」の意とされる。また、新潟県佐渡では嫁いだ娘にシンガイウシやしんがい田を持参財として持たせる慣習があるが、これらも実家の管理する財産の一部を娘に給付したもので、傍系の家族員のしんがい、ホマチと同様の意味をもつ。一方、こうした私財給付のみられないところでは、家族員が生活の便宜上内密の蓄えを持つ例が多く、この場合は第三の方法がとられた。東北の水田単作地帯など、家長が厳格に金銭の出納を管理するところでは、主婦が自家用の穀物や野菜・鶏卵の余分を密かに売却して工面した隠し金をホマチとよんでいる。私財を意味するしんがい、ホマチ、ホッタは、もともとは新開、掘りマチ（マチは田の一区画）、掘り田すなわち開墾地に由来する用語といわれ、白川村では川原に開いたしんがい田を開いた者のものとする文字通りの新開がみられた。のちにはさまざまな農間稼ぎのしんがい仕事が行われるようになったが、しんがい日を設けることからもわかるようにこれらはいずれも内密のものではなかった。これが非公認の私貯を意味するようになり、ついには私生児を意味するシンガイゴ、ホマチゴにみられるように不正な隠しごととみなされるに至った理由について、柳田国男は、大家族制度が解体し小家族の分立に伴って私財の給付を受けるべき傍系成員が含まれなくなり、公認の私財制度の存在理由が失われたにもかかわらず、貨幣経済の進展に伴い家長の管理する家計では個人の生活需要を満たせなくなり、表向きは不要なはずの私的蓄えが必要となったとしている。夫婦別産制で有名な沖縄糸満漁民の間では、妻もまたワタクサーと称する私財をもっているが、今日の共稼ぎ夫婦や兼業農家の家計はこれに近い形となり、私財の観念も従来とは大きく変様しつつある。

参考文献　瀬川清子「主婦権と私金」（『民間伝承』一一ノ三、一九四六）、有賀喜左衛門『大家族制度と名子制度―南部二戸郡石神村における―』（『有賀喜左衛門著作集』三、一九六七）、江馬三枝子『飛驒白川村』、一九七五、中込睦子「家族と私財―私財の諸形態―」（『比較家族史研究』六、一九九二）

（中込　睦子）

ししまい　獅子舞　獅子頭を被って行う芸能で、その種類は二人立ちと一人立ちの二系統がある。二人立ちの獅子舞は二人またはそれ以上の人が獅子頭についている幕の中に入って舞うもので、百人以上の人が中に入って舞う百足（むかで）獅子というものもあり、全国的に広く分布している。一人立ちの獅子舞は獅子踊り・鹿踊りともいわれる。一人が獅子頭に幕を下げて被り、腹の太鼓や羯鼓を打ちながら舞い、背中に神籬などをつける。東日本以北に多く分布していて、三頭・五頭・六頭・八頭・十二頭などからなる。この獅子に二人から四人の花笠がつくこともあり、風流の獅子ともいわれる。獅子舞の起源を考えるときに有力な証拠となるのは、七四七年（天平十九）の『法隆寺資財帳』などに残る伎楽の仮面類である。伎楽は西域におこり、仏教文化とともに日本に移入された楽舞である。奈良の正倉院に残る七五二年（天平勝宝四）の銘のある師子は最も古いものの一つで、東大寺の大仏開眼供養の伎楽の折に、音楽に合わせて練り歩いていたものである。このころは「師子」という字が使われていた。師子は伎楽や舞楽の序曲として演じられ、四天王寺の舞楽に今もその面影を見ることができる。獅子には唐獅子・狛狗・竜・麒麟など架

獅子舞　岩手県宮古市花輪

空の動物、ライオン・虎など日本にいない動物、また鹿・猪・熊などがある。獅子頭の多くは、実在の動物の像を真似たものであっても、写実的というよりは、人々の空想によってつくられたものである。中世になると、旅わたらいの宗教職能者や芸能者が、人間の生活をおびやかす悪霊を鎮める威力をもつという信仰を獅子頭に付与することで、獅子は「おかしら様」と呼ばれて神格化され、神聖視されていった。これらは伊勢のお頭神事によく伝承されている。現在全国的に広く分布しているのが伊勢と尾張に発した大神楽の獅子で、放下芸(曲芸)を演じながら獅子を舞わす。また東北地方の山伏神楽の権現様と称する獅子は各家々の竈や屋敷を祓い、獅子に頭を噛んでもらうと無病息災になるという信仰もある。一人立ちの獅子は東京・千葉・埼玉などに広く分布している雄二頭、雌一頭からなる三匹獅子舞と、岩手・宮城に多く見られる八頭立ての鹿踊りがある。中でも東京都大田区厳正寺の水止舞は竜との類似から、雨を呼ぶものともされ、雨乞いの折に演じられたが、雨が降り過ぎて洪水になり、雨を止めるために行われるようになったという伝承がある。↓三匹獅子舞　↓太神楽

参考文献　古野清人『獅子の民俗―獅子舞と農耕儀礼―』(『民俗民芸双書』、一九六八)、芸能史研究会編『日本芸能史』一、一九八一、『まつり』四二・四三(獅子舞特集号、一九八四)、本田安次『風流』一・二(『本田安次著作集』一〇・一一、一九九六・九七)
(神田より子)

しじゅうくにち　四十九日　死後四十九日の忌明けの法事のこと。もともとは仏教の輪廻説にもとづくもので、死の刹那を死有、次の生までの期間を中有、次の生の刹那を生有といい、中有は中陰ともいい、七七の四十九日の間をいう。この四十九日間の中陰の期間に極楽往生ができるかどうかが決まると考えられ、遺族は忌み慎みの生活をして七日ごとに一七日、二七日と法事と墓参を続ける。その期間が終る七七日めの四十九日を満中陰という。歴史的にみれば、七七日の設斎の記事は七〇二年(大宝二)に亡くなった持統天皇の葬儀におけるそれが初見で、以後代々の天皇の喪送記事にも七日ごとの寺院における設斎誦経が記されている。平安貴族の間でも七七日の四十九日までは鈍色の装束を着して心喪を表現しており、その忌みの明ける四十九日の法事は葬式のあとの最も重要な行事で、貴族の日記類にも仏像や経典を並べて盛大に営んだ記事が散見される。民俗の中でも四十九日の中陰のうちは遺族にとっては重い忌みの期間で、初七日までは毎日、それ以後は七日ごと、朝夕の墓参りをして板塔婆を立てたり墓前で火を焚くという例が多い。家の祭壇でも位牌を安置し写真を掲げて家族と同じ食膳や団子などを供え、線香の火は四十九日の間は決して絶やしてはいけないとしている例が多い。土葬の場合は遺骸は墓地に埋葬されているが死者の霊魂は家でもまつられ四十九日間はまだ屋根のあたりにいると考えられている。四十九日の満中陰は、中陰明けとか忌明けともいって僧侶を頼み親族や近隣を招いて法事と食事を行う。火葬の場合、この日に納骨する例が多い。家族はこの日から生臭(魚)を食べることができる。また四十九餅といって餅を搗いて関係者が分けて食べる例も多い。最近では、会社勤めの関係で、葬儀の終了後に、初七日の法事と、それに続けて四十九日の法事とを済ませてしまう例も増えてきている。なお、元来仏教の四十九日の中有はその期間に現世への転生の機会を得るということも含むものであったが、民俗では必ずしも転生の観念は根づいていない。転生のための期間というよりむしろ古代の殯の習俗に関連するもので、遺族の一定期間の忌籠りとして定着したものと考えられる。↓忌明け

参考文献　圭室諦成『葬式仏教』、一九六三、井之口章次『日本の葬式』(『筑

摩叢書」二四〇、一九七七)、藤井正雄『仏事の基礎知識』、一九八五、五来重『葬と供養』、一九九二、新谷尚紀『日本人の葬儀』、一九九二
（新谷　尚紀）

しせいじ　私生児　結婚していない両親の間に生まれた子。子供は父母の社会的に認められた結婚(必ずしも戸籍上の入籍を意味しない)によって出生することが当然であると見なされている社会では、結婚以外の男女によって出生した子は、多かれ少なかれ非難の対象となった。日本各地で私生児に対して用いられた呼称を、その意味から大別すると以下のようである。㈠自生の子　テンヅコ(天道の子)、フッセゴ(野生の子)、カゼノコ(風の子)、㈡父なし子　イキリダマ(無精卵)、タネナシゴ、テテナシゴ、オヤナシゴ、㈢夫なし子　ゴケンコ、ゴケッコ、ヤマメゴ(後家ないしはヤモメの子)、シラハゴ(お歯黒せずに産んだ子)、㈣隠し子　シンガイゴ、カクシゴ、ホリタゴ、マツボリゴ、ナイショゴ、㈤妊娠の場所　ハタコ、マヤゴ、ノゴ、ヤブコ(畑・厩・藪などでの妊娠による)、㈥妊娠の契機　ヨバイゴ、ウキヨノコ(浮気の子)、㈦淫乱な女性の子　ショケゴ(ショケは米を入れる籠で男出入りの多い意)、ジンキチゴ、ヨクナシゴ(簡単に男性と交渉する女性の子の意)など、㈧男性の立場から　オトシゴ(オトスは男性が女性を思い通りにすること)などである。私生児の母親の立場は未婚・既婚、あるいは未亡人の三種がある。また私生児が生まれる機会もさまざまで、恋愛が結婚にまで至らなかった場合、あるいは地主が貧しい奉公人や小作人などに近付く場合、時には公然の暴行や祭礼などによる無礼講のような場合もあったであろう。しかし理由が何であれ、社会的制裁は常に私生児を産んだ母親に向けられていた。私生児を産んだ母親に対する制裁のもっとも極端な事例は、かつて岩手県の旧都南村(盛岡市)で行われていたというテテナシマツリである。これは父親のない子が産まれると、藁で一・二メートルほどの人形を三体作り、ムラの若者たちがこの人形を担いで笛太鼓で囃しながら、夕方から翌朝まで村内を巡回したという。人形は父母と子供をかたどったもので、この祭の間、その母親は尻をまくり叩きながら、自宅の周囲を三回廻らなければならなかったという。この祭を行わないとムラが貧乏するとのことであった。一方、男性に対する非難はほとんどなく、能登ではむしろ「男はオトスのが手柄」であった。男性が制裁を受けるのは、相手を頻繁に変える場合、あるいは既婚者の女性と関係を持った場合だけである。相手をあまりに頻繁に変えれば社会的信用を失うであろうし、有夫の女性と関係を持てばマオトコとして夫の怒りを買うであろう。しかし姦通事件は女性により厳しく、「物種盗んでも子種盗むな」という諺もあった。私生児の出生は本来きわめて私的なことであるが、テテナシマツリに見られるように、その後の処理にムラが関与してくるのは興味深いことである。

参考文献　『日本産育習俗資料集成』、一九七五、橘正一「妊娠・出生・育児に関する俗信―岩手県紫波郡飯岡村―」(『民俗学』一ノ五、一九二九)、竹田旦「私生児観の変遷」(『史潮』五七、一九五五)、天野武「私生児の民俗」(『日本民俗学会報』四五、一九六六)、青柳まちこ「忌避された性」(『日本民俗文化大系』一〇所収、一九八六)
（青柳まちこ）

じぞうしんこう　地蔵信仰　仏教の一菩薩で、現当二世にわたり衆生を救済するという地蔵に寄せる信仰。梵名クシティガルバハは大地と胎蔵の意義を有し、その菩提心の堅固さ、慈悲の深さが大地の徳を象徴しているという。仏説には釈迦入滅後、弥勒菩薩出世までの五十六億七千万年の無仏世界に住して、六道輪廻に苦しむ衆生済度の付託を受け、縁なき衆生までも救済する菩薩であると説かれ、『地蔵十輪経』『地蔵本願経』『占察善悪業報経』の地蔵三経に信仰の特色が示されている。地蔵信仰

の日本への伝来は奈良時代のこととされ、当時の仏教界・貴族社会にあっては単独で信仰されることはなかったが、平安時代中期以降の末法思想と浄土教信仰の勃興により来世的地蔵信仰が民衆の間に広く浸透し、地蔵を専一に念じる信仰が生まれた。『地蔵菩薩霊験記』や『今昔物語集』中の地蔵説話における聴聞衆と等身大の人間の体験談と、源信の『往生要集』はじめ、その影響下になった地獄絵と観心十界曼荼羅に描かれた地獄の有様は民衆に衝撃を与えるとともに信仰心をかきたてた。地蔵縁起の地獄の責苦を罪人に代わって受ける地蔵の献身は、中世以降現世における身代わり地蔵として武士はじめあらゆる階層の人々の信仰するところとなり、民衆の現世利益への期待は各地に地蔵霊場を出現せしめ、地蔵像の造立が相ついだ。その数たるや無量、冠せられた名字も多種多様で、人生・傷病・除災招福と、呪的祈願にわたるあらゆる功徳と俗信とを網羅し尽くしており、親しみ深い菩薩として民衆に広く信奉されていたことをものがたっている。民間には個人祈願と併行して講組織による地蔵信仰が行われて来た。講中は月の二十四日の縁日または前日の二十三日にムラの地蔵堂や講宿に会し、地蔵和讃や念仏を唱えて地蔵菩薩像や画像を拝み、共同飲食をする。その原型は地蔵悔過（けか）や地蔵会にあるといわれるが、民間の地蔵講は教団や寺院を離れた地域社会における女人中心の信仰集団である。畿内・近畿の地蔵盆における地蔵祭は辻祭や塞の神・道祖神祭の変化したものといわれ、近年は子ども主体の祭となっている。町内ごとに辻に化粧地蔵を据えてまつり、百万遍数珠を廻したり飲食を楽しんだりする。京都市には街道口に配した六地蔵廻りの信仰習俗がある。これは境の神との習合になるもので、やがて賽の河原の信仰へと展開し、地蔵は子どもの守護菩薩として登場した。地蔵をめぐる民間信仰はきわめて複雑な様相を呈しているが、古い土着の信仰がその仏教的信心の素地をなしている。昔話「笠地蔵」は地蔵の慈悲心を基調とする一方で客人神（まろうどがみ）の来訪を、「地蔵浄土」（「団子浄土」）は異郷訪問をモチーフとしている。浄土は理想郷の仏教的表現で、ともに境に立つ菩薩・地蔵の性格と適合した語りものとなっている。

参考文献　真鍋広済『地蔵菩薩の研究』、一九六〇、速水侑『地蔵信仰』（「塙新書」四九、一九七五）、大島建彦『道祖神と地蔵』（一九九二）、石川純一郎『地蔵の世界』、一九九五

（石川純一郎）

じぞうぼん　地蔵盆　八月二十三日から二十四日にかけて、京都市を中心に近畿各地で行われる、地蔵尊をまつるさまざまな行事。曲亭馬琴の旅行記『羇旅漫録（きりょまんろく）』の一八〇二年（享和二）の項には、「京の町々地蔵祭りあり」と記述され、江戸時代後期の風俗を記した「丹後国峯山領風俗問状答」には、二十四日を地蔵祭とも愛宕（あたご）祭とも呼んだとあり、近世後期においては京都の愛宕大権現の本地仏である勝軍（しょうぐん）地蔵を媒介として、地蔵信仰と愛宕信仰が表裏一体となって、各地に流布されていた状況がうかがえる。地蔵盆と呼ばれ、地蔵信仰のみ表面化したのは、神仏分離後の明治以降と推定できる。八月二十四日の地蔵盆に、愛宕火とか万燈（まんとう）、地蔵さんの火などと俗称される火祭が催されるのは、神仏習合時代の名残といえよう。特に京都では六地蔵巡りが盛んで、伏見区大善寺伏見六地蔵、南区浄禅寺鳥羽地蔵、北区上善寺鞍馬口地蔵、山科区徳林庵四ノ宮地蔵、西京区地蔵寺桂地蔵、右京区源光寺常盤地蔵の六地蔵すべてを二十四日中に巡り、青・黄・赤・白・黒の五色の幡（はた）と、だんだら模様の幡と六枚揃えて玄関先に吊すと、死者供養と無病息災・厄除けの呪具となると信じられてきた。一九五五年（昭和三十）ころまでは、炎天下を避けて日暮れの六時に出発して六地蔵を廻り、翌朝六時ころに帰宅する人が多かったという。子供たちは地蔵盆になると、町内の入口や辻に安置

された延命地蔵尊や子安地蔵尊などの前に集まって、百万遍念仏の大数珠繰りをしたり、供物の菓子や果物を貰って楽しい一時を過ごす。地蔵尊は子供を守護する仏となり、道祖神や境神とも習合して主に子供たちによってまつられてきた。

参考文献　桜井徳太郎編『地蔵信仰』(『民衆宗教史叢書』一〇、一九八三)、田中久夫『地蔵信仰と民俗(新装版)』、一九九五、林英一『地蔵盆―受容と展開の様式―』(『近畿民俗叢書』一一、一九九七)、大森恵子「愛宕信仰と地蔵尊―但馬地方を中心にして―」(『年中行事と民俗芸能―但馬民俗誌―』所収、一九九八)、同「但馬地方の地蔵盆と地蔵信仰」(同)

(大森　恵子)

しちごさん　七五三　十一月十五日に、五歳の男児、三歳と七歳の女児が神社に詣でる、都市を中心に発達した通過儀礼。現在では満年齢で行われることが多いが、数え年で行われることもある。関西では十三歳になった子供が寺へ参る十三詣りも広く行われていた。その起源としては、子供の成育儀礼の一段階としての氏子入りの習慣と関係があると考えられる。七歳前後に氏子入りとして札を与えられ宮座帳などに記入された。また、江戸時代には中国の元服の影響を受けて、男女三歳を髪置き、男児五歳を袴着、女児七歳を帯ときとして祝う習俗が普及し、両行事が習合して今日の七五三の原型が形成されたと考えられる。髪置きは時代によってはクシオキやカミタテと呼ばれ、祝い日も十一月とは限らなかった。袴着と帯ときは古くは五歳・七歳に固定されておらず、性別も判然としなかった。日取りが現在のように十一月十五日となったのは、江戸幕府五代将軍綱吉の子徳松の祝いからという説や、陰陽道でいう一陽来福の十一月の吉日とされる鬼宿の日という説、あるいは古来より霜月の十一日に祭が多かったからという説などがある。七五三は幼児の成長期の重要な段階に、氏神参拝して守護を祈るとともに、神からも地域社会からも社会的人格を承認される儀礼である。しかし地域社会の紐帯が弱まるとともに、明治神宮などの大規模な著名神社へ参詣が集中するようになり、氏神との関係は希薄になりつつある。日取りも十五日前後の週末に集中するなど、次第に本来の意味が変化し、核家族化に伴う家族儀礼の傾向を強めつつある。

参考文献　柳田国男「社会と子供」(『柳田国男全集』一二所収、一九九〇)、大藤ゆき『児やらい』(『民俗民芸双書』、一九六八)、石井研士『日本人の一年と一生―変わりゆく日本人の心性―』、二〇〇五

(石井　研士)

しちふくじん　七福神　福徳をもたらしてくれる七体の神々。七種の神がほぼ現在のえびす・大黒天・毘沙門天・大弁財天・布袋和尚・寿老人・福禄寿となったのは江戸時代後期以降のことで、江戸時代前期には猩々や南極老人・吉祥天女などの名前も加えられることがあった。神々を恐ろしい存在と考えずに、福徳の授与者とするような考え方は室町時代以降に顕在化してくる。室町時代の狂言『えびす大黒』の中にえびすと大黒天が一対の福の神として登場し、あるいはまた、えびすと毘沙門天などが祈願の対象として併記されたりする。これら複数の神々を対象とする信仰が七福神として確立したのはめでたい吉数としての七が選ばれたためと、巡拝する対象数としても適切だったためであると考えられる。江戸時代中期には、宝船に七福神の乗った画像が町人の間でもてはやされたようである。幕末の『守貞漫稿』によれば、正月二日の夜にこの宝船の絵を枕の下に入れて寝るとよい夢を見られると信じられた。しかし、この絵も本来は悪い夢を食うという意味で、獏の絵が描かれたものが使われていたが、七福神を乗せた宝船に変わったものであるという。折口信夫は、季節の変わり目に災いを流す習俗があったが、このような考え

方が海の彼方の世界に悪い夢を追い払って、宝船によって福徳をもたらすという信仰に変わったと理解している。町人の活躍した江戸時代を通じて七福神詣りが流行し、その後も各地に広まって、正月などの七福神詣りの盛行につながっていると考えられる。↓えびす　↓大黒天　↓弁天信仰

参考文献　紙谷威広「福神と厄神」(『講座日本の民俗宗教』三所収、一九七九)、大島建彦『疫神とその周辺』(「民俗民芸双書」、一九八五)、宮本袈裟雄編『福神信仰』(「民衆宗教史叢書」二〇、一九八七)、宮田登『江戸のはやり神』(「ちくま学芸文庫」、一九九三)　(紙谷　威広)

しちや　七夜　生後七日目に行われる祝い。オヒチヤ、ヒトシチヤ、ナヅケシチヤなどともいう。地方によっては七夜を父親の忌明きというところもあり、三重県などでは七夜の前日にヒガエスルといって、神棚・仏壇をはじめ台所道具まできよめた。父親の忌明けを待って生児の命名式を行なったものと考えられる。生児に名前をつけ、産婆や親戚を招いてナビラキ、ナビロメの祝いをするところが多い。名前をつけることにより、生児は一人の人格のある人間として認められた。一方、七夜をアラビアキ、アカビアケなどともいい、早いところでは産婦の第一段階の忌明けの日と考えられ、産婦の床上げをするところもあった。淡路島では別火をやめ、他家から火をもらってきて家の火と一緒にするヒアワセを行い、団子汁を作って七夜の客にふるまった。これ以後、産婦は家族のものと食事を一緒にすることができた。コヤアガリ、ヒトウブヤなどというところもあり、産室の注連をはずしたり、産婦の床に使った藁を川へ流したりして、愛知県海部郡では産婦が日光にあたってもよいといった。産婦とともに生児の忌みも一段階晴れるので、産婆や祖母が生児を抱いて竈神・水神・便所神などにお参りをするところもみられる。この機会が生児の初外出となる。七夜で産婆の手伝いも最後となるので、膳を整えてもてなし礼をする。産神も七日で帰る。↓雪隠参り

参考文献　大藤ゆき『児やらい』(「民俗民芸双書」、一九六八)、鎌田久子・宮里和子他『日本人の子産み・子育て―いま・むかし―』(「医療・福祉シリーズ」三三、一九九〇)　(倉石あつ子)

しつけ　躾　広い意味では、人がみずからの行動の仕方やものの見方、感じ方に関して内面化し習慣化していくことを指す。しつけという語に、身を美しくする「躾」という和製漢字があてられるようになったのは、中世以降で武家社会に始まるものだろうと柳田国男は述べている。躾という和製漢字が用いられる場合には、身のこなしや礼儀を具体的、個別的に順序だてて指導することをいう。しかし、柳田の指導のもとに、日本民俗学では「しつけ」の問題を狭い意味の「躾」に限定せず、武家社会の教育や、近代の学校教育の範囲を越えて、広く一般の日本人の間にある子どもや若者に対する教育の仕組みや方法を抽出するという視点に立って研究をすすめた。民俗学における「しつけ」の研究成果によれば、現在、一般に「しつけ」という言葉は、子供に日常生活における行動様式や生活習慣の型を身につけさせること、いわゆる行儀作法を体得させることに用いられる。だが、本来はもっと意味が広く、シツケ糸、作物のシツケ(苗を植えること)、シツケ奉公、シツケ約束などの用語からもわかるように、作りつける、矯め育てること、つまり、人の性質を矯め直しながら、一人前の社会人に仕上げることであった。しかも、年上や目上の者が「教え込む」ということを指すだけでなく、人がそれぞれの生活技術を体得し、社会人として立つ態度を自得していく過程をも意味した。生活技術の体得とは、単に仕事や技術の能力の訓練だけではなく、衆人が承認する交際、生活の仕方振り、労働、交際、生活の見方、倫理、

信仰などの習得をも意味した。近代、特に第二次世界大戦終了までは、子どもや若者に対する躾は両親、祖父母、兄・姉、オジ・オバなどとともに、地域社会や職業集団が、ことば・態度(後姿を含む)で示していたが、戦後には、特に家庭での躾は母の役割として期待される度合が強まり、一九八〇年(昭和五十五)ごろから父親の責任の見直しが問われている。

参考文献　柳田国男「女性生活史」(『柳田国男全集』二八所収、一九九〇)、我妻洋・原ひろ子『しつけ』(「ふぉるく叢書」一、一九七四)

(原　ひろ子)

しとぎ　粢　水に浸して柔らかくした白米を臼で搗いて粉にし、水で練って餅や団子状にしたもの。地方によってはカラコ、シラコモチ、シロモチ、ヒトミダンゴなどと呼ばれる。また、洗米をさして粢ということもある。粢はハレの日の食物として、山の神祭や節供、棟上祭などのとき神に供える。めでたい日だけでなく、人が死んだときには死者の枕元に粢を供えることもある(枕団子)。神仏に生の粢を供えるとともに、人も粢を生で食べるのが本来の食べ方であった。これは生米を咬んで食べることとも関係がある。のちに生米を食べる習慣の衰退とともに、粢も人の嗜好にあわせてその姿を変え、煮たり蒸したり焼いたりして食べられるようになった。作り方の改良に伴いその名称もいろいろと変化し、粢は別種の食物のように考えられるようになったが、それでも粢がハレの日の主要な食物であることは古今を通じて変わっていない。粢が神への供物として選ばれてきた理由の一つはその形にある。思いのままに形を整えることのできる粢は、供える人の心持ちを自由に現わすことが可能である。このため粢は理想的なハレの食物として現在に受け継がれている。

参考文献　柳田国男「木綿以前の事」(『柳田国男全集』一七所収、一九九〇)、同「食物と心臓」(同)

(太郎良裕子)

じびきあみ　地曳網　引網漁具の一種。袋網の両端に付いた一対の袖網とその両袖網の先端に付けられた長い引綱から成る。水底を網で引くため、漁場は岩礁のない平坦な水域に限られる。沿岸近くに来遊した魚群を発見すると、浜から網船を繰り出し、魚群の沖合で陸岸に対して半円形状に投網する。袖網の先端に付けた引綱を陸岸まで曳航し、陸岸で待機している人々が引綱を曳いて魚群を次第に袋網内に追い込むように網を陸岸に向けて移動させ、網を陸岸まで引き寄せて漁獲する。網船一艘で引く場合は片手廻し、二艘の場合は両手廻しと呼び分ける。中世末期

千葉県いすみ市玉前神社の地曳網絵馬

ごろには大坂湾周辺ではイワシなどを漁獲対象にして盛んに行われていたが、近世のイワシ需要の増大を背景としたイワシ漁場の開発に伴い、九十九里浜・陸奥東海岸・筑前沿岸・肥前天草などに伝播し、近世の代表的な漁法となった。九十九里浜には弘治年間(一五五五—五八)に紀州漁民により伝えられたが、干鰯(ほしか)需要の増大に応じて発展を遂げ、当時の様子は佐藤信淵『経済要録』(一八五九)に「九十九里の如く両地引を用るは甚鮮し、故に此地の大網は往々一挙千金を得ること有り、漁業の第一たる所以なり」と記されている。網を海岸まで引き寄せるのに時間を要することや、投網後は魚群の動きに対して柔軟に網を操作しにくい漁法であることから、漁獲量の増大は漁具の大規模化により図られていたが、曳子の確保が困難になったことに加えて、漁場が沿岸域に限られたために魚群の海岸近くへの回遊が減少すると次第に衰退し、明治期に入ると沖合での操業が可能な巾着網やそれをさらに改良した改良揚繰網に取って代わられた。

参考文献　二野瓶徳夫『明治漁業開拓史』(「平凡社選書」七〇、一九八一)

(小島　孝夫)

しめなわ　注連縄　神聖な場所であることを標示し、不浄なものや邪悪なものの侵入を防ぐために用いられる縄のこと。標縄・七五縄・七五三縄をはじめとして多くの表記がある。また、その形態もさまざまであり、形によって、前垂注連・大根注連・牛蒡注連(ごぼうしめ)・輪飾りなどの呼び名もある。通常、藁を左からない始め、一定の間隔ごとに紙垂(垂・四手とも表記)と呼ばれる紙片や布を垂らす。七五縄・七五三縄という表記は、七本・五本・三本の順に藁を垂らすことに由来している。『古事記』や『日本書紀』には、尻久米縄(しりくめ)や端出之縄(しりくへ)という表記がみられる。これは藁の末端(尻・端)を切らずに、そのままにしておくことに由来するといわれる。また、『万葉集』には、一定の区域を占有するという意味で、シメという言葉が使われており、標・印・縄などの表記がみられる。このことから、注連縄は空間の所有・占有を標示すると同時に、清浄と不浄、あるいは聖と俗を区別するものと考えられる。注連縄が用いられる場所は、一般に神前・社殿・祭場・鳥居・神輿・神棚などであり、祭の期間中のみ注連縄をかける場合と、伊勢・志摩地方にみられるように、一年中かけている場合がある。注連縄の多くは、現在では装飾的な意味あいが強くなっており、とりわけ、正月に神棚・門・戸口・床の間・井戸・竈などにかけられる注連縄は、装飾を伴うことから、注連飾りと呼

三重県伊勢市二見ヶ浦の注連縄

ばれる。また、朝鮮のクムジュル（禁縄）やウェンセキ（左縄）をはじめ、東南アジア一帯にも、注連縄に相当するものがある。（岩井　洋）

しもつきまつり　霜月祭　農作業の終了に伴い、新穀の収穫感謝をする行事。旧暦十一月に行われる祭をいうが、今は新暦十一月の祭もいう。柳田国男は九月中に稲の収穫が終り、十月の神無月は次の大事な祭を迎えるための斎忌の期間ととらえ、十一月の霜月の祭を民間新嘗祭の残留と位置付けた。特に霜月二十三夜は、大師講など稲の収穫に伴う物忌の祭を行う例が多いことをあげ、このころに冬至があることを踏まえて、一年の循環の一区切りの日と考えた。またこの時期は収穫儀礼だけではなく、穀母が身ごもる日を予知し、人間の生殖にとっても必要な機会と考えた。この考え方に基層の部分で共通するのが折口信夫の農耕の周期と、暦法以前の生活感覚が一致していたという発想で、作事始めが年のはじめにあたり、収穫をもって一年が終るという。折口はそこから年の替わり目ごとに他界から訪れる霊魂を身に付けて、新しく生まれ変わる信仰があったという。そして年の替わり目に他界から新しい魂が訪れ、人にたまふりをして、衰えた魂を新しい魂に切り替えて復活する。年の替わり目に行われる魂の復活の儀礼が冬祭の信仰の本義だという。こうした柳田や折口の考え方をよく表わしているのが、霜月ころに能登半島の北東部で行われる稲作の収穫と、年初の予祝を行うアエノコトである。この祭には新穀収穫の感謝とともに、田の神の婚姻・新生を暗示する呪術的な意図が象徴されている。また秋田県横手市大森町波宇志別神社の保呂羽山霜月神楽と、愛知県北設楽郡、長野県下伊那郡、静岡市、静岡県榛原郡などいわゆる三信遠地方で行われている花祭や霜月神楽がある。これら霜月神楽の特色は、湯立をして神々に湯を献上し、氏子たちも清まることにあり、湯による清めによって鎮魂が行われる。この霜月の神楽は、頭屋に斎庭を設え、ここに竈を築いて釜に湯を沸きたぎらせ、その湯を勧請の諸神に献じ、頭人をはじめ、祭に集まった人たちも同じ湯を受けて清まり、なお巫覡（ふげき）が神がかりして神々の託宣を乞い、頭人の鎮魂を行う神事であるとされる。また霜月の神楽には、生まれ清まりの考え方がある。かつて年少の子供が湯立の湯を浴びることを産湯の次第と称し、また六十歳を過ぎた大人が浄土入りをするという擬死再生の思想があったという。こうした霜月に神楽を行う地域は西日本にも広く分布しており、年の替わり目にあたり、人も新たな魂を身に付けて、ともに新たな復活を願ったもので、柳田や折口の発想とも重なる儀礼といえよう。

霜月祭　花祭の鬼

参考文献 柳田国男「稲の産屋」(『柳田国男全集』一所収、一九八九)、折口信夫「大嘗祭の本義」(『折口信夫全集』三所収、一九六五)、同「年中行事―民間伝承の研究―」(同一五所収、一九六七)、堀一郎「奥能登の農耕儀礼について」(『日本宗教史研究』一所収、一九六二)、本田安次「霜月神楽之研究」(『本田安次著作集』二所収、一九九三)、同「湯立神楽とその信仰」(同六所収、一九九五)

(神田より子)

シャーマニズム **shamanism** 変性意識状態(一般にトランス trance と呼ばれ、通常意識が変化した状態、忘我・脱我・恍惚など)において霊的存在(神霊・精霊・死霊など)と直接に接触・交流することにより、託宣・予言・卜占・治病・祭儀などを行う人物(シャーマン shaman)を中心とする呪術・宗教的形態。

〔語源と用例〕シャーマンの語はエヴェンキ(ツングース)族の「興奮、高揚状態にある人」を意味するサマン saman から来ている。かつては北アジア、シベリアの諸民族に特有の宗教者と見られたこともあったが、人類学的、民族学的調査・研究が進むにつれて、類似宗教者と類似宗教形態は世界各地に分布することが明らかになり、今日ではシャーマン、シャーマニズムの語は広く用いられるに至った。中国ではシャーマンにあたる語として主に巫(女性)と覡(男性)を、シャーマニズムにあたる語として薩満教を用いるが、日本では巫覡・巫祝・卜者・巫女・神子・御子などの語が古くから使われ、最近では巫者の語により男女のシャーマン的人物を、またシャーマニズムの語によりその宗教形態を指すようになっている。東北地方のイタコ、ゴミソ、カミサン、オナカマ、ワカ、各地の行者・祈禱師・卜占師などと呼ばれる宗教者、南西諸島のユタ、カンカカリャー、スンガンカカリャー、モノシリ、ムヌチーなどはシャーマン的性格をもつと見られている。

〔最近の主な学説〕シャーマンが他の呪術・宗教的職能者と異なる点は、霊的存在へのかかわり方における直接性にある。ところが、この直接的なかかわり方にさまざまな型があるため、どの型をもってシャーマンとみなすかをめぐり、研究者間の見解・学説に差異が生じ、現在においても定説を欠く。シャーマンが変性意識状態になって神霊や精霊などと直接に接触・交流する仕方には大別して二通りあることが知られている。脱魂 ecstasy 型と憑霊 possession 型である。前者においてシャーマンは多くは守護霊または使役霊の助けをかりてみずからの魂を霊界(他界)に移動(飛翔)させ、神霊・精霊に供物を届け、その忠告・指示を得、死者の魂を運ぶなどの役割を果たす。天上・地上・地下の三界を中心に何層もの世界観を明瞭に具えていることが多い。この型のシャーマニズムは狩猟採集民族の間に発達している。後者においてシャーマンは霊界の神霊・精霊を直接招き呼んでみずからに憑依させ、みずから神霊・精霊として振るまうか、神霊・精霊の姿形を目にし、その声を耳にして役割を果たす。祖先崇拝や偶像崇拝が見られ、牧畜農耕民族の間に広く分布する。

実際には脱魂型のシャーマニズムにも憑霊儀礼が伴うことがあり、憑霊型のシャーマニズムにも脱魂の観念が見られることが少なくない。エリアーデ Eliade, M. が脱魂をもって人類の原初・太古的経験とし、シャーマニズムの特質は脱魂経験にあり、憑霊は副次的現象であると主張して以来、脱魂型のシャーマニズムこそが真正のシャーマニズムであり、憑霊型は霊媒信仰 spirit-mediumship として区別して扱われるべきであるとする研究者も少なくない。最近ではハーナー Harner, M. やウォルシュ Walsh, R. のように、脱魂型のシャーマニズムをネオ＝シャーマニズムと呼んで現代人の間に普及させようとの動きがある。これに対して脱魂型も憑霊型もシャーマンが霊的存在に直接接触・交流する際の二型として捉え、両者を等しくシャーマニズムと捉えようとする視点は、シロコゴロフ Shirokogorov, S. M. やハルヴァ Harva, U. 以来現代のウォーレス Wallace, A. F. C. やルイス Lewis, I. M. に至るまで継承されている。またウォルシュは狭義のシャーマニズムとして脱魂型を、広義のシャーマニズムとして脱魂・憑霊両型を位置づけようとしている。脱魂型のシャーマニズムを特別視する論者は、この型のシャーマンは変性意識になって霊界を訪ねてきても体験内容を自覚し、記憶していることを強調し、他方憑霊型ではシャーマンが神霊・精霊により全身心を占拠されるため、事後に記憶が欠けている点を挙げる。しかし、この見解は正しくない。

〔日本シャーマニズムの諸相〕日本の呪術・宗教者のなかにも脱魂型のシャーマンに類する人物がいたらしいことを示す資料がある。『日本霊異記』に「五色の雲に挂りて、沖虚の外に飛び（後略）」と記される役小角や『道賢上人冥途記』に「命、過ギ出デテ崛外ニ立ツ」と描かれる沙門道賢などには脱魂体験や飛翔体験を見てとることができる。現代の沖縄のシャーマン的宗教者ユタ（カンカカリャー）のなかには変性意識や夢において霊界（他界）を訪問した経験の持ち主がいる。ただし、こうした霊界訪問は多くはユタのシャーマン化（成巫）過程における宗教経験であり、ユタになってのちの儀礼的役割としてではない。脱魂型のシャーマンは儀礼的役割として霊界に赴くのである。このように日本のシャーマンは性格的には概して憑霊型に属するといえよう。この憑霊型は大別して二つの亜型に区分できる。一つは神霊・精霊がシャーマンの身体のなかに入り（憑入）、人格が霊格に変じ、第一人称で自己表現するもので、死霊に成り変わって語るイタコやスンガンカカリャーなどはその例である。他は神霊・精霊がシャーマンに憑入せず、姿を見せ声を聞かせる（憑感）型で、シャーマンは神意を第三人称で表現する。ユタや各種行者にもこの型は少なくない。前者ではシャーマンの身体から神霊・精霊が離脱すると、当人はその言動を記憶していないことが多いが、後者ではシャーマンと神霊・精霊とは距離をおいて交流しているので、神霊・精霊が立ち去っても、当人はその言動を自覚し、記憶している。したがって、外国の研究者が主張する脱魂型シャーマン＝霊的存在との交流内容を自覚・記憶／憑霊型シャーマン＝霊的存在との交流内容を無自覚・無記憶という図式は修正を要しよう。ファース Firth, R. の分類用語を用いるなら第一人称型は霊媒 medium、第三人称型は予言者 prophet と呼ぶことができよう。予言者の語の代わりに見者 seer を用いることもある。多数の資料によれば、シャーマンに成りたてのころは一方的に神霊・精霊に統御され、そのいうなりに動いたが、経験を積むにつれて彼我間を自覚しつつ交流することが可能になるという事例は少なくない。霊媒（憑入）型から予言者（憑感）型への移行である。時と場合により両型を使い分けるシャーマンも見られる。さらに予言者型のシャーマンのなかにはいくつかの使役霊（眷属）を有し、これを自由に駆使して役割を果たす者がいる。『宇治拾遺物語』にみえる「鬼神を駈使ひ、得ること自在」であった役小角、護法童子を駆使して他人の病気を治したとされる心誉僧正、その眷属を憑人に憑依させて託宣を得る修験者の憑祈禱などその例である。

このように神霊・精霊を駆使し統御することにシャーマンの特色を見いだしたシロコゴロフはシャーマンを精霊の統御者 master of spirits と呼んだ。脱魂型のシャーマンはみずからの魂を霊界に飛行させるとき、使役霊を使ってこれを実現させる。憑霊型のシャーマンも予言者型は既述のように使役霊（眷属）を使用して役割を果たす。したがって精霊の統御という行為は脱魂型にも憑霊型にも共通に見られるのであり、前者だけを特異視することはできない。

多くのシャーマニズム研究者は、ある人物のシャーマン化には大別して二つの方法があり、一つは召命型、他は修行型であると指摘する。前者は神霊・精霊の選びによるシャーマン化(成巫)であり、選ばれた人物はさまざまな心身異常(巫病)を経験する。後者はみずからの意志でシャーマン化を試み、修行を重ねて神霊・精霊との直接接触・交流を図る。両者とも先輩シャーマンの指導のもとに修行過程を経ることが多い。これら二つの型は日本のシャーマン化にも見られる。南西諸島のユタやカンカカリャーの多くは召命型の過程を経てシャーマン化するとされるのに対して、東北地方のイタコ、ゴミソなどは修行により変性意識状態を作りだして神霊・精霊との直接交流を実現することが多い。現代日本のシャーマニズムは大きな変動期にある。イタコのような霊媒型が衰退している観がある一方、予言者型(見者型)が特に都市部において増加しているとされる。それは憑霊型シャーマンのうち、第一人称で振る舞う者が減少し、第三人称で言動する者の増加を意味する。後者には仏教僧侶、神主、各種の行者、新宗教の指導者などが含まれ、総じて知的程度が高い。これまでの日本のシャーマニズム研究は概して霊媒型シャーマンを中心に行われてきた観があり、そのため予言者型(見者型)シャーマンは視野に入らないことが多かった。今後の研究課題である。　→イタコ　→巫女(みこ)　→ユタ　→よりまし

参考文献　堀一郎『日本のシャーマニズム』(「講談社現代新書」二五六、一九七一)、同「日本のシャーマニズム―日本人の精神構造を探る―」(『民間信仰史の諸問題』所収、一九七一)、桜井徳太郎『日本のシャマニズム』、一九七四・七七、桜井徳太郎・大林太良・佐々木宏幹他『シャーマニズムとは何か―国際シンポジウム・南方シャーマニズム―』、一九八三、佐々木宏幹『シャーマニズムの人類学』、一九八四、R・ウォルシュ『シャーマニズムの精神人類学―癒しと超越のテクノロジー―』(安藤治・高岡よし子訳、一九九六)

(佐々木宏幹)

しゃにち　社日　春分・秋分にもっとも近い前後のつちのえ(戊)の日をさす。古くこの時期に行われた中国における土地の守護神(社)のまつりや豊穣を祈るまつりの観念が日本に伝わり、重要な農耕の折目と合致、さらには土地神すなわち地神の信仰と結合して、全国的に重要な節日とされるに至った。社日の民俗で注目されるのは、この日の田の神祝いの伝承で、関東をはじめ広く「お社日さんは田の神」だといい、それゆえ春秋の社日の祝いを欠かさない。なかでも注目されるのは、田の神や作神が春の社日に来て秋の社日に帰るという去来伝承が長野県・愛媛県などの各地にあることで、農神去来の古い信仰がうかがえる。また、春秋の社日に地神をまつるところが多くあり、社日を地神の祭日として説く、地神信仰と社日観念の習合がもたらされている。社日には地面をいじらない、外での仕事をしないといったこの日の物忌感覚もこれらに由来するし、地神講による地神の祭がこの日に行われるのも同様の理由による。その他、山梨県や静岡県には、社日詣と称してこの日に鳥居のある神社を七社詣でる風がある。老人たちが中風にならぬよう、粗相をせぬようにと願いつつ連れ立って近隣の神社をめぐって歩く。さらに九州北部には、春の社日に海から海水や砂を取って来て、家の内外を清める社日シオイ(潮斎)と呼ぶ民俗もあった。

参考文献　宗懍『荊楚歳時記』(「東洋文庫」三二四、一九七八)、直江広治『屋敷神の研究』、一九六六、西谷勝也『季節の神々』(「考古民俗叢書」、一九七〇)

(富山　昭)

しゅうかくさい　収穫祭　農作物の収穫の際に行われる一連の儀礼。日

本の農業は稲作を基調にしているので、ほとんどの収穫祭が稲作行事で占められている。収穫祭は、穂掛けと刈上げ祝い、扱上げ祝いの三つの過程からなる。穂掛けは、稲の刈りはじめに初穂をすこし刈り、これを田の隅や家の柱に掛ける行事である。八朔(はっさく)(旧八月一日)や八月十五夜などに行うところが多い。刈上げ祝いは、稲刈りの終了時に行われる。その時期は地域によって異なり、東北地方では、旧九月の九日、十九日、二十九日のクンチに、関東・中部地方では旧十月十日の十日夜(とおかんや)に行われる。近畿・中国・四国地方では、旧十月の亥の日に、北九州では旧十一月の丑の日に行われる。いずれも、神棚や床の間、土間、庭のウスの上に、大根や稲束・赤飯・餅・野菜・魚などを供えて田の神をまつる。大根や稲束は、田の神の依代であろう。大根は東北地方や関東・中部地方の一部に、稲束は北九州の行事にみられる。福岡県嘉穂郡や佐賀県神埼郡、三養基郡の一部では、十一月の丑の日に田の神が田から天、または田から家を訪れる日といい、農家では稲刈りの日に刈り残した数株の稲を刈り取り、これを重い重いと担いで家に帰り、土間のウスの上に赤飯や魚などと一緒に供えて田の神をまつる。刈り残した最後の稲束には、稲魂としての田の神が宿っていると考えられていたらしい。十日夜では、子どもたちが藁で太い縄をこしらえ、それで地面を叩いてまわる。亥の日にも、子どもたちが家々を訪れ、庭で藁を縄で固く巻いて把手をつけたもので地面を叩き、餅などをもらう行事がある。扱上げ祝いは、脱穀後の祝いで、これがすむと収穫祭がすべて終ることになる。沖縄や奄美の収穫祭も初穂祭と刈上げ祭からなり、旧五月から九月にかけて行われる。初穂祭は、沖縄本島や八重山では、旧五月に女性祭司が初穂をウタキ、ウガン、ワンと呼ばれる聖地に供えてまつる。一般の家でも、この日をシツマ、シチマ、シキョマ、スクマ、シュクヮーと呼んで、田から初穂を二、三本取り、これを柱に掛け、新米を炊いて先祖や火の神に供えてまつる。奄美大島南部の加計呂麻島では、初穂祭はアラホバナと呼ばれ、女性祭司によって行われていた。一般の家でも、ウチキヘー、ウチケヘーといって、田から初穂を二、三本取り、モミをそのまま、あるいはむいたりして古米に入れ、ご飯を炊いて先祖に供え、残った稲穂を柱に掛けておく。刈上げ祭は、沖縄本島や八重山では、旧六月から旧九月にかけて行われている。初穂祭と同じように、女性祭司が聖地で収穫感謝祭を執り行うが、その際、来年の豊凶を占う綱引や舟漕ぎ競争などが行われる。奄美の刈上げ祭は、アラセツ、シバサシ、ドンガという一連の行事からなるが、その折、八月踊りや若者たちによる相撲が行われている。→穂掛け(ほかけ)

参考文献　酒井卯作『稲の祭』、一九五八、杉山晃一「農耕儀礼―米―」(泉靖一・中根千枝編『現代文化人類学』四所収、一九六〇)、倉田一郎『農と民俗学』(「民俗民芸双書」、一九六九)、伊藤幹治『稲作儀礼の研究―日琉同祖論の再検討―』、一九七四、早川孝太郎「農と祭」(『早川孝太郎全集』八所収、一九八二)
(伊藤　幹治)

しゅうぎ　祝儀　出産祝い・成人祝い・婚礼・新築祝いなどの祝事一般をいう。特に婚礼だけを祝儀・御(ご)祝儀・本(ほん)祝儀、一方、葬式を不(ぶ)祝儀と呼ぶところも多い。また、祝事に招かれた者が贈る米・酒・肴などのさまざまな品物や金銭、ハナなどという祝事の心付けやチップの類、さらに祝いの挨拶も広く祝儀という。祝儀は本来、神をまつり、神と人とが共食する場であったと考えられる。したがって、贈り物としての祝儀についても、行器(ほかい)、飯台(はんだい)などと呼ばれる日常生活で使用しない贈答専用の容器を用いたり、生臭物であることを示すのしをつけたり、水引をかけたり、ナンテンや笹などの葉を添えたりするなど神への供物と類似した贈答の形式があり、細かな心くばりがされている。のしを印刷するなどした金銭を贈る際の専用の袋が祝儀袋である。祝儀として、オヤモト（親元）などの近い親族が米一俵を贈るところがあるように、贈る家・人とそれを受け取る家・人との社会関係の種類（親族関係・近隣関係・職場関係など）やその親疎に基づいて、祝儀の品物や金額に一定の目安があるのが普通である。これらの祝儀の贈り主の氏名、品名や金額を記載した帳面類を祝儀帳・祝儀控などといい、長く保存している家も多く、返礼を行うときの参考に用いられている。　→贈答(ぞうとう)

[参考文献]　伊藤幹治・渡邊欣雄『宴』（「ふぉるく叢書」六、一九七五）、伊藤幹治・栗田靖之編『日本人の贈答』、一九八四、中野豈任『祝儀・吉書・呪符―中世村落の祈りと呪術―』（「中世史研究選書」、一九八八）、神崎宣武『おみやげ―贈答と旅の日本文化―』、一九九七　（竹本　康博）

しゅうけんろん　周圏論　同心円状のより周辺部に分布する民俗事象はより古態を示すという仮説。柳田国男は一九二七年（昭和二）「蝸牛考」を著わし、カタツムリの全国的な方言を整理し、デデムシ系・マイマイツブロ系・カタツムリ系・ツブリ系・ナメクジ系・ミナ系の六系統と別に新しいツノダシ系とに分けた。その分布状況が遠くの一致、近くの不一致という傾向を示していることから、「若し日本が此様な細長い島で無かったら、方言は大凡近畿地方をぶんまわしの中心として、段々に幾つかの圏を描いたことであろう。従って、或る方面の一本の境線を見出して、それを以て南北を分割させようとする試みは不安全である。同時に南海の島々と奥羽の端とを比較して見ることが至って大切であり、又土佐や熊野や能登の珠洲の如き半島突角の言語現象は、殊に注意を払ふべき資料であると信ずる。何となれば我々の想像の円周は、往々にして斯んなあたりを、今一度通過して居るかも知れぬからである」と、当時の方言区画説的考えを批判している。柳田の方言周圏論は、国学者本居宣長の『玉勝間』にみられる見解、農業経済学者チューネンの『孤立国』の理論、当時のフランスの言語地理学者A・ドーザの理論、フィンランド学派のカールレ＝クローンの民俗学理論などを参照して形作られたとされる。あたかも池に石を投げ入れた時の水紋の発生のように、中心からつぎつぎに波紋が周辺に広がり、同心円状をなし、やがては消え行くごとく、方言の発生・伝播・衰亡の過程を論じた柳田の周圏説は空間差を時間差に置き換える民俗学の理論として、やがて民俗事象一般にも適用されていくようになった。同心円の外側の民俗事象が古く、内側のものが新しいのは文化変遷の遅速によるとする民俗周圏論的考えは、言葉や文化はまず中央で発生し、中央からの距離の遠近によって、その到達に差が出、中央に近いところでは新しいものが伝わっているのに、それが伝わっていない外側では一段前の姿が行われるという周圏的分布を示すというのである。しかし、民俗の伝播は一律でなく、受容する側の論理による変化をうけ、必ずしも中心の文化が原型どおりには伝わらないこと、また、単なる通過点ではなく周圏的分布を示す民俗事象の一地域における存在の意味が問われていないこと、つまりは中心部の古い姿と周辺部の姿はたとえ同一の性格・形態を示していたとしてもその持つ意味は違うとの批判が展開された。なかでも、鹿児島県下の全集落調査に基づき、小野重朗は民俗の同心圏分布は形骸伝播によると考え、一回の伝播でも形成されるとし、伝播過程における地域の主体的性格を問題とし、民俗周圏論に検討をせまった。このように民俗事象一般に無限定にこの説を適用することには問題がある。現代の情報化社会においても、アホ、バカを表わす言葉の周圏的分布が有意性を持って報告されるなど、周圏的分布の解釈については検討の余地が残されている。

参考文献 千葉徳爾「民俗周圏論の検討」(『日本民俗学会報』二七、一九六三)、小野重朗「民俗分布の同心圏構造について」(同三七、一九六五)、『日本民俗学会報』六〇(特集民俗学の方法論、一九六九)、福田アジオ『日本民俗学方法序説』(『日本民俗学研究叢書』、一九八四)、松本修『全国アホ・バカ分布考―はるかなる言葉の旅路―』(『新潮文庫』、一九九六)

(佐野 賢治)

じゅうごや 十五夜 旧暦八月十五日の夜のこと。その夜の月を仲秋の名月、芋名月、豆名月といい、全国的に月見の夜とされる。宮城県本吉郡歌津町払川ではススキ、ハギを飾り、イモ・団子・果物を供えて月を拝む。茨城県新治郡八郷町下青柳では月光のさす縁の机に赤飯やサツマイモ、サトイモ、枝つきの栗や柿を供え、ススキの穂も飾る。この夜、月が冴えると麦が豊作だという。全国各地で供物は箕(み)に入れる例が多いが、月に供えた団子や餅を子供が盗む習慣がある。中部九州から沖縄にかけての十五夜行事は多彩で、鹿児島県薩摩半島の知覧町門之浦では本綱につけた小綱を横に引いて蛇行形になし、同町中福良では藁笠を被った子供たちがソラヨイの掛声とともに大地を踏んで回り、枕崎市下薗や山口では綱引き前に少年組と青年組が抗争し、南さつま市坊津町泊などでは十五夜踊りをする。同県大隅半島の南大隅町佐多では引綱のほかに上げ綱を作って月に供え、子供たちが十五夜歌を歌ってから綱を引く。屋久島南部では蛇形の上げ綱を月に供え、月が中天に上るまで口説き歌を歌いながら引綱を揺すって蛇行形にし、最後に綱引きをする。奄美大島では瀬戸内町油井(ゆい)その他で豊年祭を催し、綱引き・相撲・芝居・八月踊りなどする。油井では綱引きの途中仮面神が現われて綱を切るがすぐつないでまた引く。沖縄県では八月十五夜のほかに六月ウマチー、六月カシチー、盆などに綱引きをする。那覇市・与那原町は六月二十六日に、

お月さんの供物 鹿児島県坊津町(南さつま市)

十五夜の横引き 鹿児島県知覧町

糸満市は八月十五日に行う。昔は那覇市も八月十五夜に引いたという。綱引きの勝負で豊作を占う年占は全国各地で見られ、綱引ずり・綱かつぎによる清めや相撲・雨乞いの趣旨なども各地に見られる。沖縄ではムラの東側は雄綱を、西側は雌綱を作ってそれをつないで引く所が多い。十五夜行事は全国的にみられる月見と西南日本で行われる綱引きが二大特徴をなし、月見はサトイモやアワなどの畑作物や栗などの山幸の収穫祝いを背景にし、月の満ち欠けと蛇の脱皮による死と再生のモチーフを基本にした雨乞い豊饒・不老長寿の二つの祈りを内容としている。綱引ずりや綱かつぎは竜蛇によるムラの清めや家の清めであり、横引や上げ綱は竜蛇の現出である。『朝鮮歳時記』の「潔河戯」、中国でいう「抜河」は綱引きのことだが、河は水霊の竜蛇を意味する。六世紀の中国の年中行事書『荆楚歳時記』の「施鈎の戯」「両頭に分つ」は雄綱・雌綱の綱引きのことで、韓国・沖縄・枕崎市山口などに広く伝承されている。ソラヨイで四肢を踏み大地に感謝するのは相撲の起源を示唆している。西南日本で十五夜綱引きを中心として盆綱引き、沖縄の六月の綱引きなどがあるのに対し、中国・朝鮮や本州・北部九州では一月十五日に綱引きをする所が多い。前者は仲秋の満月という自然暦重視の南方系文化で、後者は暦と王権を背景にした北方系文化と見ることもできる。 ↓綱引(つなひき)き

参考文献　直江広治「八月十五夜考」(『民間伝承』一四ノ八、一九五〇)、文化庁編『日本民俗地図』一解説、一九六九、N・ネフスキー『月と不死』(岡正雄訳、「東洋文庫」一八五、一九七一)、小野重朗『十五夜綱引の研究』(「常民文化叢書」八、一九七二)、下野敏見「十五夜綱引の源流—門之浦のヨコビキに寄せて—」(『東シナ海文化圏の民俗』所収、一九八九)、平敷令治「沖縄の綱引—備え、怒り、祈り—」(『沖縄の祭祀と信仰』所収、一九九〇)

(下野　敏見)

じゅうさんぶつ　十三仏　死者の追善供養のために営まれる十三仏事に配当された仏・菩薩。十三仏は、順に不動明王・釈迦如来・文殊菩薩・普賢菩薩・地蔵菩薩・弥勒菩薩・薬師如来・観音菩薩・勢至菩薩・阿弥陀如来・阿閦(あしゅく)如来・大日如来・虚空蔵菩薩をいう。十三仏事は初七日から七日ごとの中陰回向(えこう)の四十九日、百ヵ日、そして毎年めぐってくる故人の亡くなった忌日の正当(祥月命日)のうち、特定の年に営まれる一周忌・三回忌・七回忌・十三回忌・三十三回忌である。中陰の元基は『ウパニシャッド』のピンダ(piṇḍa の祭である供餅祭 Piṇḍodaka)にあり『阿毘達磨倶舎論(あびだつまくしゃろん)』の中陰説をもとに『地蔵本願経』などの説によってインド古来の習俗を展開させたもので、儒礼による卒哭忌(そっこくき)(百ヵ日)、小祥忌(一周忌)、大祥忌(三回忌)を加え、中国において十仏事が成立した。十仏事の成立に呼応して冥途で死者の罪業を裁く十人の王が立てられたのが、十王思想である。日本に入って中国の十仏事に七回忌・十三回忌・三十三回忌を加えた十三仏事が十二世紀から十四世紀にかけて成立した。さらに十七回忌・二十五回忌を加えた十五仏事が生まれるのは十六世紀以降のことである。十三仏事にそれぞれの本尊仏を配当した十三仏信仰は、特に密教系宗派で故人を成仏に導く仏として通夜や忌日に十三仏曼荼羅の掛け軸を掛けて回向する習俗を生んでいる。民俗信仰の十三塚・十三仏板碑・十三仏塔の建立は十三仏信仰の流れの影響の下で生まれている。

参考文献　圭室諦成『葬式仏教』、一九六三、渡辺章悟『(追善供養の仏さま)十三仏信仰』、一九八九、藤井正雄『祖先祭祀の儀礼構造と民俗』、一九九三、佐野賢治『虚空蔵菩薩信仰の研究—日本的仏教受容と仏教民俗学—』、一九九六

(藤井　正雄)

じゅうさんまいり　十三参り　十三歳になった男女児が厄落とし、開運・知恵授け・福貴のために虚空蔵に参る行事。京都法輪寺、茨城県東海村村松虚空蔵堂、福島県柳津町円蔵寺虚空蔵堂など、主に近畿や東北地方南部の虚空蔵寺堂にみられる。京都地方などでは、この時に女子は四つ身から本裁の着物を着ることから、地域の成人儀礼が知恵増進・開運、十三に関係深い虚空蔵菩薩の利益に結び付き、虚空蔵寺堂の行事に収斂されていったと考えられる。岡山県美作地方の大山山麓の村々では十三参りと称し、十三歳になる男子がはじめて大山に参り、帰路、竹皮に包まれた大山飴を近所に配る習俗があった。一方、美作東部・備前北部の村々では美作市真木山長福寺虚空蔵、津山市黒沢山万福寺虚空蔵に十三歳の男子が十三参りをするように、男子が十三歳で霊山に登拝する民俗を基盤として、虚空蔵寺院の寺行事となっていった。その後、十三参りの方は知恵貴として、正月十三日に十三歳の男女児ともに参るようになっていった。このように十三参りという言い方でも地域での十三祝いをさす場合と虚空蔵寺堂での十三参り行事をさす場合があり、やがては虚空蔵寺堂の十三参りに限定されて使われるようになっていく傾向が認められる。十三歳は成人の前段階として大事な年回りであり、女子の十三歳がまた、女子の厄年でもあることからこの年に行われた十三祝いが寺院行事としての十三参りに展開していったので、同じ十三参りでも京都などの都市と東北などの農村とではその成立・内容に差異がある。一時的に十三参りが盛行した山形県の米沢地方では飯豊山や出羽三山への成人登拝習俗の衰微段階で、十三参りが成立し、寺行事化していったことがわかる。

参考文献　中村雅俊『虚空蔵信仰の研究』、一九八七、藤田稔「虚空蔵尊と十三参り」（『東海村史』民俗編所収、一九九二）、佐野賢治『虚空蔵菩薩信仰の研究—日本的仏教受容と仏教民俗学—』、一九九六　（佐野　賢治）

じゅうしゅつりっしょうほう　重出立証法　民俗事象の比較によって変遷過程を明らかにする方法。「我々の重出立証法は即ち重ね取り写真の方法にも等しいものである」と柳田国男が『民間伝承論』（一九三四）において比較研究法と同義語として使用している語である。しかし、柳田自身は重出立証法に関する具体的な例示をしておらず、従来はゴム Gomme, G. L. の『歴史科学としての民俗学』（一九〇八）の所説に基づいて重出立証法の解説が行われてきた。その図式では、同種の民俗事象が集められたら、それをいくつかの類型に分け、それぞれの要素に分析する。今仮に、次の四グループに分けられるとする。㈠a・b・c・d・e・f・㈡a・b・c・d・g・h・㈢a・b・g・h・i・j・k・㈣g・h・i・l・m・この四例を重ねると、㈠㈡はa・b・c・d・を、㈢㈣はg・h・i・を共通にしている。㈠㈣は何ら共通の要素を持たないが、㈡㈢を間に介すと、同一系列に属する伝承であることが推定される。このようにある民俗資料を並べて比較してみると幾分か重なる部分があり、そのずれた部分にまた他の一部が重なる。たとえていえば、はじめておたまじゃくしとカエルを並べられるとまったくの形態の違いからその親子関係はわからないが、その間の足が出ていたり、尻尾が取れていたりするそれぞれの段階の姿を見ればその関係がわかるというものである。重出立証法はこのようにある民俗事象について全国各地の類例を集め、それらをいくつかの類型に分類し、その類型間の異同や分布の相違からその民俗事象の変遷過程を明らかにする方法であり、横の分布を縦の変遷に置き換える方法といえる。しかし、理論的にも実際の運用においても重出立証法の不備が指摘された。中でも、福田アジオは各類型間にいかに序列をつけるのか、類型間の序列はいかなる意味で変遷となるのか、類型間の変遷の要因を明らかにできない、民俗の相互連関した変遷を明らかにできないとの観点から、重出立証法・比較研究法では民俗の変遷や歴史は明らかにできないとし、個別分析法を提唱した。また、桜井徳太郎らにより、地域社会を限定しての運用、民俗資料の類型化の予備的作業法としての有効性など重出立証法を修正的に応用していく議論もなされた。たしかに、燈火の変遷にしても、現代社会において蛍光燈が主流を占めながらランプ、蠟燭は災害時や野外活動に使われ、電燈はトイレをはじめ入切の激しい場所に使われるなど、その機能面などから見ると一系的な変遷はうなずけない。民俗事象を民俗母胎から切り離して比較する点は大きな不備といえるが、一民族内の民俗要素の比較にはその有効性を発揮しうるといえよう。また、伝承資料の性格から、実年代を想定しえない民俗学にあって、重出立証法と周圏論の組合せによって民俗の変遷を明らかにしうる方法としては、事例的研究からの検証が待たれる。　→周圏論　→比較研究法

参考文献　『日本民俗学会報』六〇（特集民俗学の方法論、一九六九）、井之口章次『民俗学の方法』（『民俗民芸双書』、一九七〇）、千葉徳爾「いわゆる「郷土研究」と民俗学の方法」（『愛知大学総合郷土研究所紀要』一八、一九七三）、福田アジオ『日本民俗学方法序説』（『日本民俗学研究叢書』、一九八四）、桜井徳太郎「歴史民俗学の構想」（『桜井徳太郎著作集』八所収、一九八九）　（佐野　賢治）

しゅうぞく　習俗　無意識的な規範的行動様式を示す言葉。慣習・風習・仕来り・慣行などとほとんど区別せずに用いられる。概念語として用いられることはない。『続日本紀』にあらわれた習俗の語は、為政者から見て理を解さず民を惑わす迷信といった意味に用いられている。現在の用法では法的な規範性まではないが、社会心理的強制を伴う点で倫理的規範性がある。こうした慣習などとも言い換えられる用法に対して、習俗には信仰・儀礼に関連するものに適用される傾向がある。民俗はある地域で集団の規制力をもって超世代的に継承されるものであるから、当然その背後に規制が働くとはいえ、たとえば産育習俗といった場合には、その信仰や儀礼の側面に力点が置かれ、社会的な規制についてはあまり触れられることはない。柳田国男の意見によって行なった調査報告をまとめた『日本産育習俗資料集成』（一九七五）の妊娠の項には、子授けの祈願・呪法、妊娠の判断と告知、安産祈願、帯祝い、妊婦の心得と胎教、食物と禁忌、妊娠に関する俗信・禁忌・呪法、胎児の性別判断、避妊・堕胎・間引き、石女と未婚女の項目によってまとめられている。ここから調査の依頼状にあった「妊娠、出産及育児ニ関スル行事、伝説、習俗等」で指し示す習俗の範囲が、信仰（俗信）・儀礼であったことがうかがえる。

参考文献　平山和彦『伝承と慣習の論理』（『日本歴史民俗叢書』、一九九二）　（古家　信平）

しゅげんどう　修験道　日本古来の山岳信仰が、仏教・道教・神道などの影響のもとに平安時代後期に一つの宗教形態をとるに至ったもの。この宗教は山岳修行と、その結果獲得した超自然的な験力を用いて行う呪術宗教的な活動の二つの局面を有している。日本には古来山岳を神霊、特に農耕を守護する水分神が籠る聖地として崇拝する信仰が存在した。また霊地とされた山岳で修行した呪術宗教者が治病・除災などの超自然的な力をもつ者として畏怖されていた。彼らはその力を用いて、山中の諸神諸霊を操作したり、託宣などの巫術的な活動を行なったりしていた。彼らの多くは半僧半俗の優婆塞や仙人で、中央では、葛城・吉野・熊野などの山岳を拠点とした。なかでものちに修験道の開祖に仮託された葛城山の役小角は飛鳥時代末期の代表的な山岳修行者の一人で鬼神を使役

大日岳岩場での山伏の修行

大峯山寺での山伏の出立勤行　奈良県天川村（提供鈴木正崇）

修験道

したと伝えられている。吉野山の比蘇寺に籠って虚空蔵求聞持法を修する自然智宗を始めた元興寺の僧神叡、熊野の法華持経者永興、金峯山で修行した広達、室生寺を開いた賢璟など南都の僧侶たちも山岳修行を行なった。また地方の諸山も日光の勝道、白山の泰澄、彦山の法蓮などの山岳修行者によって開かれた。平安時代になると最澄・空海による山岳仏教の提唱もあって、天台・真言の密教僧たちの山岳修行が盛んになっていった。比叡山の回峰行を始めた相応、吉野の金峯山で修行した真言宗小野流の祖聖宝、大峯山中で修行中に他界を遍歴した道賢（日蔵）、呪験力に秀でた大峯修行者浄蔵などは特に有名である。

こうしたことからやがて山岳修行によって験力を獲得し、加持祈禱に秀でた密教の験者たちを、験を修めた者という意味で、修験者と呼ぶようになっていった。中央の修験者は主に大和の大峯山で修行したことからその北に位置する金峯山、南の熊野が修験道の拠点として栄えていった。そのほか、中央では葛城山・笠置山・比叡山・園城寺・上醍醐など、地方では日光・白山・立山・伯耆大山・羽黒山・彦山などにも修験者が存在した。一〇九〇年（寛治四）正月、白河上皇の熊野詣の際に先達を務めた園城寺の僧増誉は熊野三山検校に補せられた。爾来、熊野別当が支配する熊野三山やそこに依拠した修験者は、その職を重代職とした園城寺に統轄された。そして、十五世紀中期に園城寺末で増誉の開基とされる聖護院の門跡、満意が熊野三山検校に補されて以来、この職を重代職とした歴代の聖護院門跡が熊野修験を包摂し、本山派と呼ばれる修験の教派が形成された。なおこの熊野修験は熊野で宿坊・祈禱などにあたった御師のところに各地の檀那（信者）を導く先達でもあった。吉野の金峯山には大和を中心とした諸社寺の修験者があつまった。室町時代になると法隆寺・高野山・内山永久寺・三輪山平等寺など、大和を中心とした近畿地方の三十六余の寺院に依拠した修験者が、大峯山中の小笹に本拠を置き、大峯山の峰入りを再興したとの伝承を持つ聖宝を祖師と仰いで、当山正大先達衆と呼ばれる独自の組織を作りあげた。この修験者たちは諸国を回国遊行する性格をより強くもっていた。一方本山派では熊野三山検校の良瑜(一三三一―九七)が大峯山で深仙灌頂、葛城山で葛城灌頂を開壇し、また十五世紀後期に同じく熊野三山検校で聖護院門跡の道興(一四三〇―一五〇一)が諸国を巡錫するなどして富士村山修験、五流修験など諸霊山に依拠した修験者を包摂した。そして足利尊氏によって熊野三山奉行に任じられた京都東山の若王子社別当の乗々院の協力のもとにその組織を固めていった。また天台宗の比叡山では回峯行者の参籠所であった葛川息障明王院を拠点とした葛川修験が成立した。

このようにして修験道の形態が確立するにつれて、熊野・金峯山・白山・羽黒山・彦山などの諸山では縁起がまとめられていった。特に金峯山と熊野の縁起をあわせて編集した神仏習合的色彩の強い『両峰問答秘鈔』『修験指南鈔』、白山の『白山記』、羽黒山の『羽黒山縁起』、彦山の『彦山流記』などは代表的なものである。また一方で彦山の修験者即伝らによって、衣体・峰入り・灌頂などの切紙を編集した教義書が作られた。『修験三十三通記』『修験修要秘決集』などはその代表的なものである。このほか、役行者の伝記『役行者本記』なども作られている。これらによると、修験道では大峯山中で守護仏の金剛蔵王権現を感得し、摂津の箕面山の滝穴で竜樹菩薩から秘印を授かった葛城山の山岳修行者役小角を開祖としてあがめ、その跡に従って、大峯・葛城などの霊山で峰入り修行をすることを旨とする。その際大峯山は金剛界・胎蔵界から成る曼荼羅、葛城山は法華経二十八品のそれぞれを納めた霊山で、修験者は、全体として金胎の曼荼羅や不動明王をかたどった頭巾・篠懸・結袈裟などの山伏十二道具を身につけて、この山中で十界修行をし、その最後に正灌頂をうけることによって即身成仏することを教義の主眼としている。こうしたことから特に修験道では依経を立てたり、一宗一派にかたまることはないとしている。

戦国時代末には本山派の各地の有力修験は聖護院から年行事の職を与えられて霞と呼ばれる一定地域の修験を支配し、戦国大名もこれを公認した。これに対して当山正大先達衆は廻国して各地に袈裟下と呼ばれる弟子をつくって、その活動を支援する形態をとっていた。こうしたことから本山派と当山正大先達衆の配下との出入が相つぎ、当山正大先達衆は、聖宝が開基した醍醐三宝院の外護のもとにその打開をはかろうとした。江戸幕府も本山派、特に聖護院の力をおさえるために、醍醐三宝院と当山正大先達衆を当山派として公認した。そして一六一三年(慶長十八)には、『修験道法度』を定め、本山・当山を各別とし、それまで諸霊山に依拠して全国各地を遊行することが多かった修験者を地域社会に定着させ、本山派か当山派のいずれかに所属させた。また、吉野金峯山・羽黒山・戸隠山など主要な修験霊山は日光輪王寺末とした。醍醐三宝院では当山十二正大先達衆を支配するだけでなく、彼らの配下の修験を直接支配することを試みた。そのために一六六八年(寛文八)に三宝院門跡高賢は大峯に峰入りし、以後本山派と同様に門跡の一代一度の峰入りが恒例化した。さらに聖宝が吉野山鳥栖の鳳閣寺で恵印灌頂を開壇したとの伝承にもとづいて、修験の恵印法流をととのえていった。また三宝院門跡は当山正大先達配下の修験に直接諸官位などの補任を行い始めた。そして鳥栖の鳳閣寺の名跡を江戸に移し江戸鳳閣寺を諸国総袈裟頭として当山派法頭三宝院門跡の当山派修験支配の代官とした。この結果、江戸時代を通じて当山派の修験は江戸鳳閣寺と当山正大先達衆の二重の支配を受けることになったのである。

里修験と呼ばれる地域社会に定住した修験者は村や町の祠堂の別当となり、日待・月待、荒神・庚申などの祭の導師、加持祈禱、調伏、憑物おとし、符呪や呪い(まじない)などの呪術宗教的な活動を行い、庶民の現世利益的な希求に積極的に応えていった。なおこれらの修法の大部分は密教の修法や道教の符呪などを、目的に応じて適宜に簡素化したものである。このように当時の修験道には種々の宗教の要素が見られることから雑宗とも呼ばれた。江戸時代には、幕府の教学や法要重視の政策もあって、室町時代に作られた教義書の注疏の類や峰入りの作法、諸供作法、勤行集などが数多く作られた。そうした際、本山派と当山派の主導権争いが行事・注疏・儀軌に及び、両派が競って盛大な門跡峰入りを行なったり、相手を論駁するための書物を作ったりしていった。なお一七〇七年(宝永四)、当山派の聖宝に理源大師の諡号が、一七九九年(寛政十一)には、本山派の聖護院に対して役小角に神変大菩薩の諡号が授けられている。この時代には、修験者の影響を受けた庶民たちの講による山岳登拝が盛んになっていった。大坂や堺の商人たちの大峯登拝の八島役講・富士講・木曾御岳講・出羽三山講・石鎚講・彦山講などは代表的な例である。一八六八年(明治元)、明治政府は神仏分離令を出し、権現をまつる修験霊山を神社とし、地域社会の鎮守の別当をつとめる修験を復飾・神勤させた。さらに一八七二年修験道は太政官布告によって廃止され、修験者は本寺所轄のまま天台宗・真言宗に所属させられた。しかし明治末ごろから両宗に所属した修験者の間で覚醒運動が始まり、峰入りの復活、教義書の出版、機関紙の刊行などがなされ、修験道は次第に活力を取りもどしていった。そして第二次世界大戦後には相ついで修験教団が独立した。特に天台系の修験でこの傾向が強く、本山修験宗・金峯山修験本宗・修験道(旧五流修験)などの教団が成立した。一方旧当山派は真言宗醍醐派として存続している。ただ戦前に同派に属していた解脱会や真如苑は独立した。また、このほかにも阿含宗など修験系新宗教が出現した。→大峯信仰(おおみねしんこう)　→里修験(さとしゅげん)

参考文献　村山修一『山伏の歴史』(『塙選書』七一、一九七〇)、宮家準『修験道—山伏の歴史と思想—』(『教育社歴史新書』日本史一七四、一九七八)、和歌森太郎「修験道史研究」(『和歌森太郎著作集』二所収、一九八〇)、宮本袈裟雄『里修験の研究』、一九八四、宮家準『修験道組織の研究』、一九九九

(宮家　準)

じゅじゅつ　呪術　超自然的な存在や力(呪力)を動員し利用してさまざまな目的を達成・実現しようとする行動と観念または信仰。呪術はmagicの訳語で、語源は古代ペルシャの祭司magiまたはmagusであるとされる。日本では呪い(まじない)がこれに相当する。ある人を恨み災厄を与えるためにその人を表わす藁人形を作り、これに呪い釘を打ったり呪い針を刺したりする行為や、ある人の病いを治すためにその人の身代わりの人形を作り、これを病人の身体に擦りつけてその悪運や憑依霊を転移させた後に焼却する行為は、広く見られる。前者はある人に不幸や災厄を与えることを目的とした呪術であり、黒呪術black magicと呼ばれる。後者はある人の不幸・災厄を除くことを意図した呪術であり、白呪術white magicと称する。このように呪術は望ましいことであれ望ましくないものであれ、ある目的や意図を実現しないではいられない個人や社会の強い願望の表現である点に特色がある。初期の呪術研究に大きく貢献したフレーザーFrazer, J. はさまざまな呪術を二つに大別して類感呪術(模倣呪術)と感染呪術(接触呪術)とした。前者は「類は類を呼び、結果は原因に似る」という類似の原理に基づくもので、雨乞いのため水をまき太鼓をた

たく行為は、降雨(水まき)と雷鳴(太鼓たたき)の模倣であるとする。後者は「いちど接触したものは、離れたのちにも影響し続ける」という感染・接触の原理に立つもので、他人の毛髪を焼き持ち物を破ったりすることで、相手に災厄が及ぶと感じるなどである。既述の藁人形に釘を打つ行為は類感呪術であり、身代わり人形を病人の身体に擦りつける行為は感染呪術であるといえよう。類感呪術は対象に対して人形などを用いて間接的に関わるのに対して感染呪術は直接に(たとえ人形などを用いても)働きかける点に差異があるともいえる。たとえば山桑などの枝に餅や団子を沢山つけて、繭の多産を期待する繭玉は類感呪術であり、果樹の幹に刃物をあて「生《な》るか生らぬか、生らねば切るぞ」と脅かす成木責は感染呪術である。前者では繭玉に擬して実際の繭の力の発現を促しているのであり、後者では樹霊に直接働きかけてその発動を願っているのである。フレーザーは、呪術の原理はある行為Aと求める結果Bとの間に因果関係があると考えることにあるが、しかしA—B間には合理的関係は認められないとして、呪術を擬似科学pseudo scienceと呼んだ。フレーザーその他は呪術と宗教を峻別しようとしたが、その後この考え方は修正され、今日では両者は排他的な選択肢としてではなく、両極を示す変数として捉えるべきだとの主張が広く受けいれられている。たとえばグードGoode, W. G.の「操作的態度は呪術の極において最も強く見られ、懇願的態度は宗教の極において見られる」などである。現在では呪術—宗教的magico-religiousの語がよく使われている。→呪《まじな》い
参考文献　J・G・フレーザー『金枝篇』(永橋卓介訳、一九五一・五二)、吉田禎吾『呪術』、一九七〇、W・R・コムストック『宗教—原始形態と理論—』(柳川啓一訳、「UP選書」一六二、一九七六)、佐々木宏幹『宗教人類学入門』(「講談社学術文庫」一一六一、一九九五)
(佐々木宏幹)

しゅしょうえ　修正会　民俗に基盤をもつ正月の仏教法会。年頭に罪穢を祓って豊作を祈願する正月行事が仏教化したもの。おこないともいわれ、かつては神社でも修された。元日から三日間または七日間、あるいは八日から七日間行われたが、今は短縮されている。修二会《しゅにえ》と並び称され、修正会は主として壇供の花餅や鏡餅をかざって、前年の収穫を感謝し新年の豊作を願い、修二会ではさらに造花と稲の穂に擬した削り掛けをかざり、豊作を予祝する。ともに潔斎が重視され、精進潔斎して豊作を祈願するのがおこないであった。修正会・修二会での僧徒の行法は悔《け》過《か》が中心であった。悔過とは仏に罪過を懺悔することで、悔過法は罪障の消滅を求め、「風雨順時」「五穀成熟」「兆民快楽《ちょうみんけらく》」(『続日本紀』七六七年(神護景雲元)正月八日条)を祈る儀式で、本尊によって吉祥悔過・薬師悔過・十一面観音悔過などいろいろあり、奈良時代から盛んであった。この悔過こそ民族固有の宗教観念たる慎みと禊祓の仏教的表現であり、年頭における悔過のおこないによって「五穀成熟」などの福にうるおうことができると信じられたのである。奈良時代では「正月悔過」、平安時代には「修正月」の名称で文献に出てくる。『三宝絵』(九八四)は「修正月」として法会的な名称で挙げてないが、これはインド・中国に先蹤をもたない、日本での成立のものとみていたからであろう。修正会に対応する朝廷の行事が御斎会《ごさいえ》であるが、『年中行事絵巻』の図によれば御斎会にも豊作の予祝儀礼のあったことがわかる。正月には一年の平安や豊作・招福を祈願する呪術的な民間儀礼が集中しているが、修正会とこれらの習合が特に結願日にみられることが多い。神木《しんぎ》を裸体の群集が奪いあう岡山市西大寺町西大寺の会陽《えよう》、牛玉《ごおう》札を裸で拾いあう大阪市天王寺区四天王寺六時堂のどやどや、裸踊りの後、堂内高く吊された繭玉(餅)を奪いあい、延命・良縁を求める滋賀県八日市市辺町法徳寺薬師堂の

裸祭、裸で「頂礼(ちょうらい)、頂礼」といって両手を上げて揉みあい、柳の牛玉を拾って苗代に立てる京都市伏見区日野の法界寺の裸踊り、牛玉杖で本尊の後背を打つ京都市東山区の清水寺牛玉、大分県下の天台宗寺院に多い修正鬼会などがそれである。鬼が登場するものには、別火で精進した鬼が大松明を振り回して悪霊を退散させる奈良県五条市の念仏寺陀々(だだ)堂の鬼走り、田占のあとに赤鬼・青鬼が登場して鏡餅を割る兵庫県加古川市の鶴林寺の鬼追いなどがある。また佐賀県藤津郡太良町の竹崎観音堂の修正会は鬼祭として知られる種子播き踊りがある。また、近江にはおこないと称する宮座行事が多く、シュウシと称する神事も少なくないがシュウシは修正会と関係があると推定されている。湖北の村里ではおこないが、ほとんど神社で行われるのに対し、湖南(甲賀郡)では寺おこないがみられる。 →おこない

参考文献 井上頼寿『近江祭礼風土記』、一九六〇、五来重「修正会・修二会と民俗」(『講座日本の民俗宗教』二所収、一九八〇)、同『宗教歳時記』(『角川選書』一三四、一九八二)、中沢成晃「修正会・修二会と餅・花」(『仏教民俗学大系』六所収、一九八六) (伊藤 唯真)

しゅしょく 主食 日常の食事のなかで主要な食品、または中心となる食べ物を意味する。厳密な定義ではないが、エネルギー源となる主要な食品で、一種あるいは数種の組み合わせということもできる。世界的にみて現在栽培されている三大主食料は、米・麦・トウモロコシである。穀類が主食料として選ばれるのは、単位重量あたりのエネルギー量が多く生産量も多い、保管・貯蔵が容易であり、輸送が便利である、さらに調理加工が簡単であり、味が淡白で飽きがこないという理由による。日本人の主食の変遷は次のように考えられるであろう。狩猟採集社会であった縄文時代は堅果類(ドングリ、栗、クルミ、トチ)が主食であった。弥生時代に入って稲作が導入されて米が主食となる。その後、十四、五世紀から十九世紀にかけて、雑穀の栽培が盛んになり、米と雑穀が主食として重要な意味をもってくる。十九世紀以後は米・雑穀にサツマイモが加えられ主食が多様化した。近世の農民にとって、階層差、地域差、季節による違いはあっても、平均すると米は雑穀とともに重要な食料であったと考えられる。別の立場では、イモ類と雑穀類(麦、蕎麦、アワ、ヒエなど)が、いつの時代にも多くの日本人にとって重要な食べ物であり、農民は米を作っても食べることができず、米は上流階級の食べ物であったと考える。その根拠として正月を餅で祝う習慣が普遍でなく雑穀やイモ類が重要であることが示されている。主食としての米は、エネルギー源であるとともにタンパク質の供給源でもあり、米に集中した食事をすることになりやすい。江戸時代の後期には精白の技術が進み、ビタミンB_1不足により江戸わずらい(脚気(かっけ))が発生し、明治になっても脚気は国民病であった。文化的側面からみると、「めしを食べる」ないし「ごはんを食べる」ということが、主食を意味すると同時に食事を意味する言葉としても使われる。主食を意味する言葉を食事と同義語で用いるのは、東アジア・東南アジアに限られている。穀類の摂取量は減少傾向にあり、一日一人当たりの摂取量は、一九九四年(平成六)で二八〇・九グラム(うち米は一九二・四グラム)である。

参考文献 坪井洋文『稲を選んだ日本人―民俗的思考の世界―』(『ニュー・フォークロア双書』九、一九八二)、石毛直道「米食民族比較からみた日本人の食生活」(中鉢正美編『生活学の方法』所収、一九八六)、厚生省編『国民栄養の現状』、一九九六 (五島 淑子)

しゅっさん 出産 母胎内で約十月十日(とつきとおか)(二六六日)、胎内成長をほぼ完了した胎児が、母体の生理的活動と自身の活動との相互作用によって母

胎外に産み出され、さらに胎盤が排出されること。分娩ともいう。分娩の始まりは少量の血性おりもので知覚される。子宮口が開き始めたために起るもので、これをオシルシという。現代の妊産婦は近代的医療施設に入院して緊急時にも対応できる助産体制のもとで出産することが一般的となったが、それでも出産に未知数の危険を感じ、安産札や神仏祈願を求める人も多い。民俗的には第二次世界大戦の敗戦ころまで全国一円に、産婦が産後二十一日～七十五日間、サンヤ、ウブヤ、タビゴヤなどとよぶ小屋や別家、母屋の土間などで、別火で煮炊きしてくらした。出産は出血を伴う神が最も嫌悪する赤不浄の状況を引き起し、産婦は神の加護のない危険な、しかも生と死の境の中途半端な魔につけ込まれやすい状況に陥るとみなされた。そこで危険や悪影響が家やムラに及ばぬよう、穢れた産婦や誕生した子、夫など出産に係わった人々は、それぞれに一定期間別家に籠り別火で調理し、その間に穢れを祓うさまざまな儀礼を重ねて穢れを薄め日常に復帰した。柳田国男は出産を死と再生の境界領域にあるものとみなし、かつ死とは反対にサンヤが産婦たちの別火から共同の場への復帰に至る儀礼を備えている点に民俗の祈りを見ている。次に出産時の援助態勢では、産婦の実母や実姉妹など実家の女性たちが行う地方と、産婦の夫や家族など婚家の役目とする地方があった。前者のうち漁業に従事し村内婚が強かった瀬戸内の島嶼部や福井県敦賀では、里帰り出産や婚家での産婦の世話、サンヤなど産婦の援助のすべてを実家が引き受けた。また、夫たちが国有林の伐採など危険な山仕事を生業とする地域（四万十市藤の川など）では、実家や近隣の女性が援助した。それに対して四国の畑作を生業とする山村地域では後者が支持され、山地特有の数百メートルも離れた隣家や産婦の実家からの援助をあてにせず、産婦を後ろから抱えて出産を介助する夫を中心とした家族全員の協力態勢を基本としていた。また、全国的に、第一子の時には妊娠中の帯祝いやその他のふるまいを実家が受け持ち、出産も実家で行い、第二子以下は婚家で産むという習慣を持つ地方が多い。近年、出産予定日間近の妊婦に陣痛誘発・促進剤を用いて分娩を早める病産院が多いのは、サンヤなど生理現象への不可侵性を大切にした民俗の知恵が忘れられたためだろうか。

参考文献　柳田国男「食物と心臓」（『柳田国男全集』一七所収、一九九〇）、大藤ゆき『児やらい』（「民俗民芸双書」、一九六八）、瀬川清子『女の民俗誌―そのけがれと神秘―』（「東書選書」五八、一九八〇）、牧田茂『神と女の民俗学』、一九八一）、波平恵美子『ケガレ』（「民俗宗教シリーズ」一、一九八五）、同「民俗としての性」（『日本民俗文化大系』一〇所収、一九八五）、吉村典子『子どもを産む』（「岩波新書」新赤二二〇、一九九二）、同編『出産前後の環境―からだ・文化・近代医療―』（「講座人間と環境」五、一九九九）

（吉村　典子）

しゅふ　主婦　既婚女性で一家を切り盛りする女性の一般名称。通例は家長の妻があたる。工業化に伴い、雇用労働力として生産に従事する夫に対して家事一切を引き受ける妻の主婦役割が成立し、日本においても明治以降主婦という用語が一般化した。民俗学における主婦概念の特徴は、家制度を支える地位役割として家長と対比的に捉えた点にあり、近代以前の家族にまで適用される概念となっている。家長が家全体の財産の管理や生産労働にかかわる家族員の役割の決定などの主導権を持つのに対し、主婦は家長を補佐し家族の私的領域の生活管理を行う。食物の管理配分、衣料の調達・調整およびそれらに関わる家計の管理、家事や育児やその他の労働を誰がいつどのように行うかなどの決定と監督などを主として家内部の支配・管理を行う、女性家族員では最高の地位にある者と考えられていた。二・三世代の家族員が同居し、家族が生産活動の単位でもあった農漁村などでは、消費と生産の調整をとりつつ両者を管理するのが主婦の大きな仕事であり、権限であった。主婦となるのは、既婚女性のなかでも一家にただ一人であり、他の女性はその裁量に従うことが求められ、東北地方などではエヌシ(家主)と呼んだ。主婦の呼び名には尊称が用いられる地方が多く、ユワルジ(家主)・イエトジ(家刀自)などのほか、尊称であるオカタが変化したカカなどの呼び名もみられ、主婦がかつて高い地位にあったことをうかがわせる。主婦の地位を具体的に表わすものとして、囲炉裏の座名がある。家長の座であるヨコザとともに、主婦の座であるカカザだけは決まっているという所が少なくない。台所を背後に控えた座がカカザ、エヌシザなどと呼ばれる主婦だけが座ることのできる座席であり、嫁や娘は座ることができなかった。主婦はカカザに座って食物を分配したことから、しゃもじが主婦権の象徴とされている。主婦から嫁へ主婦権が譲渡されることを、シャモジワタシなどと呼んだ。柳田国男は大家族の主婦に典型的な主婦像を見いだしたが、大家族から小家族へと家族が縮小するにつれて、主婦の地位と役割の範囲も縮小したと述べている。日本は十九世紀末からの急速な近代工業化によって多数の雇用労働者を生み出したが、そうした社会の変化に伴って主婦のあり方も変化し、稼ぐ夫とその夫を内から支える妻という西欧型の主婦が大多数となった。主婦という地位は社会的な価値観ではかれないので、主婦を評価するとき、多くは夫の社会的地位や子供をどう育てたかといった「良妻賢母」度が問題にされることが多い。一九六〇年代に高度経済成長期を迎え多くの主婦がフルタイムあるいはパートタイムで働きに出るようになり、一九七〇年代に入ると有償の仕事を持たない主婦を専業主婦と呼び分けるようになった。専業主婦の家庭内労働は、社会的生産労働とは認められず無報酬であるために、無報酬労働に従事する主婦の価値も低いものとみなされる傾向にあった。一九五五年(昭和三十)、六〇年、七二年と三次にわたって繰り広げられた主婦論争も、主婦の身分と労働をめぐってのものであった。現在でも主婦と家事労働とは不可分の関係にあり、フルタイムで働く主婦にとって仕事と家事の両立や、年代によって生ずる育児・介護といった負担の大きい労働が問題となっている。主婦の負担を軽減させるためには、男性の協力はもちろんだが、社会的な援助制度が整備されることが望ましい。

参考文献　柳田国男「家閑談」(『柳田国男全集』一二所収、一九九〇)、瀬川清子『婚姻覚書』、一九五七、中込睦子「民俗学における「主婦」概念の受容と展開—瀬川清子の主婦論を中心に—」(竹田旦編『民俗学の進展と課題』所収、一九九〇)、倉石あつ子『柳田国男と女性観—主婦権を中心にして—』、一九九五

(倉石あつ子)

しゅりょう　狩猟　野生の鳥獣を銃器その他の猟具を用いて捕獲する行為。猟師が独りで行う単独狩猟と、集団で行う共同狩猟とがあり、おもに前者は鳥や小形獣を対象とする小物猟、後者は大形獣を対象とする大物猟の場合に採られる形態である。一般に共同狩猟を行う組は近隣の気の合った連中の集まりであるが、東北地方におけるかつてのマタギ組は家系により半ば世襲的に組織された狩猟専業集団であった。小物猟はキジ、ヤマドリなどの陸鳥、カモ、タシギなどの水禽、ノウサギ、リス、ムササビ、狐、狸、テンなどの小形獣を対象とし、鳥類は鷹(鷹狩)をはじめ、網・鳥黐(とりもち)・機辟(きへき)・銃、小形獣は陥穽(かんせい)・罠・押(おし)・銃をもって捕獲する。その他積雪期のノウサギ狩りにはワラダなり柴木などを頭ごしに飛ばし、脅えて雪穴に潜り込んだところを、すかさず駆けつけて手摑みにする猟法が行われている。大物猟は熊・猪・鹿などの大形獣を対象とし、

罠・陥穽・押・槍・銃をもって捕獲する。その他鹿が盛る晩秋には鹿笛を吹いて牡鹿を誘き寄せ、銃撃する猟法がかつて行われた。小物猟・大物猟にかかわらず銃猟には多くの場合猟犬を使役する。鋭敏な嗅覚によって鳥獣を捜して狩り出したり、足留めしたりする。猟師が伝統的に使役して来たのは日本犬の雑種で、獲物の捕獲は猟犬の功績に負うところが大きい。関東以西の猪・鹿狩りには潜行・待ち撃ち・吠え留め・巻狩りのいずれの場合も猟犬を使役する。共同狩猟における獲物の分配は参加者全員が公平に山分けするが、猟犬も一人前の分け前にあずかる。熊のイ(胆嚢)と獣類の毛皮は仲間の相談により仲買人に売り渡し、金銭で分配する場合がある。かつては手柄を立てた者に獲物の頭部とか毛皮の一部分を褒美として与えた。獲物を料る(解体する)前後に捕獲儀礼を営み、山の神または狩猟神をまつり獲物の慰霊を行う。その体内から取り出した弾丸をシャチダマと称し、猟運が授かるといって珍重した。猟師はシャチダマとは別に鉄弾を常に携帯し、魔除けとした。また山中を山の神が支配する聖域とみなして言動を慎み、里言葉(里詞)を禁じて山言葉(山詞)を用いるなど、清浄を保つためにさまざまの禁忌習俗を厳守し、折にふれて水を浴び、垢離を取って身を清める。山言葉には矢先・初矢・矢立など弓矢にかかる語彙があり、中世以来の狩猟用語が残存している。また、狩猟儀礼にも中世の巻狩り以来の伝統的な作法を残している。生まれてはじめて猪・鹿を射留めた者の祝いは矢口祝い・矢開きなどと称され成人儀礼にも通じている。一方、猟師の山中での物忌・捕獲儀礼の際に唱える文言・真言、狩猟神および祖神にかかる伝承や狩猟文書には山岳宗教の影響が反映されている。

参考文献　千葉徳爾『狩猟伝承研究』、一九六九、石川純一郎「狩人の生活と伝承」(『日本民俗文化大系』五所収、一九八三)、千葉徳爾『狩猟伝承研究』総括編、一九八六、永松敦『狩猟民俗と修験道』、一九九三

（石川純一郎）

しゅりょうほう　狩猟法　野生鳥獣を捕獲殺傷するための技術・方法。狩猟形態ともいう。狩猟では、捕獲対象となる鳥獣の種や生態によってさまざまな方法がとられる。おおむね鳥獣を獣道などで待ち伏せるか、積極的に追い込むか、あるいは餌による誘引や繁殖期に雌を囮にしたり、雉笛や鹿笛のように雌の鳴き声に似せて疑似音で雄を誘い込むといった方法、さらに獲物に可能な限り接近して捕獲しようとする方法がとられる。しかし、捕獲の目的によってその方法は異なってくる。単に自家用の生活資源として捕獲する場合と交換・交易、換金を目的として捕獲する場合である。たとえば交換・交易の資源として毛皮を目的に捕獲しようとする場合、可能な限り毛皮を傷つけずに捕獲しなければ価値が下がる。そのため、毛皮捕獲を目的とする場合には罠や網が多用された。しかも、獣の場合は毛皮を傷つけない圧殺式の罠が利用されることが多い。また、農耕地やその周辺などで行われる害獣駆除のための鳥獣捕獲の場合は、駆除と同時に資源獲得のための捕獲をも目的としたものがあり、この場合にはくくり罠や挟み罠(ワイヤーや捕獣器など)が用いられた。狩猟の方法は、待ち伏せ猟・追い込み猟・誘い込み猟・忍び猟(追跡猟も含む)の四つに大別できるが、それぞれの猟法が現実には単独には成立せず、幾つかの猟法を組み合わせることで成り立っている例が多い。たとえば、春の熊狩りで行われる巻狩りは追い込み猟であるが、猟が始まる時点では獲物の痕跡(足跡や食痕など)を探し出し、獲物の居場所を絞り込まなくてはならない。この方法は、忍び猟や追跡猟の方法をとる。獲物がいることを確認すると射手と追手(勢子)に分かれ、獲物を取り囲む。このとき、尾根の上の熊が逃げてくると予想される獣道に射手がつ

狩猟法の分類

〔狩猟対象の動物種による分類〕

- 鳥猟
  - 鷹狩
  - 鳥黐猟
    - 餌差
    - 流縄
    - 置き餅など
  - 網猟
    - 霞網
    - 無双網
    - 鴨網(谷切り網・投網など)
  - 罠猟
    - ゴモチ
    - クワリ
    - クビッチョ
    - 籠伏せ
    - 圧板(オシ・オソ・オスなど)
  - 吹矢猟
  - 弓猟
  - 銃猟
- 獣猟
  - 投柴猟(ワラダ猟・ベェ打ち・バイ投げなど)
  - 罠猟
    - 箱罠(イタチオトシ)
    - ワッカ・ジャンプ・ハサミ
    - 圧板猟(オソ・オシ・ヒラ・ウッチョウ)
    - 落とし穴猟(オトシ)
    - 仕掛け鉄砲
      - ウジ鉄砲(据銃)
      - 仕掛け弓など
  - 弓猟
  - 網猟(イタチ網・鹿網・兎網など)
  - 銃猟
    - 忍び手打ち・ウジ待ち
    - 巻き狩り(追い込み猟)など

〔捕獲原理による分類〕

- 追い込み猟――巻き狩り・投柴猟・網猟など(人間もしくは犬などが獲物を追い込んで捕獲する猟法。また道具を用いて獲物を威し、追い込んで捕獲する猟法)
- 待ち伏せ猟――ウジ待ち・仕掛け弓・仕掛け鉄砲・罠猟・網猟など(獣道などで獲物の通るのを待ち伏せて捕獲する猟法)
- 誘い込み猟
  - 餌を用いずに誘う猟(キジ笛・鹿笛など音色で誘ったり、雌を囮にして誘い込んで捕獲する猟法)
  - 餌を用いて誘う猟(ゴモチ・イタチオトシなどの罠を使い誘い込んで捕獲する猟法)
- 忍び猟・追跡猟(銃・弓・吹矢などを使い、単独で行う例が多い)

〔狩猟目的による分類〕

- 攻撃的な猟(毛皮や肉などの換金を目的とした積極的、専門的な猟)
  - 巻き狩りなどの追い込み猟
  - 奥山に仕掛けられる罠
  - 待ち伏せ猟・忍び手打ち猟
  - 餌を用いずに誘う猟など
- 防御的な猟(集落・耕地などに侵入しようとする野生動物を追い払い、または捕獲する猟法や防御策)
  - 捕獲を目的とする防御策(鳥罠・霞網・落とし穴・小動物用罠・鼠捕り・モグラ捕り)
  - 捕獲を目的としない防御策(シシガキ・猪除け堀・かがし・案山子・鳴子・威し筒・威しテープ(縄)・番犬など)

き、沢から追手が射手のいる尾根（獣道）へと熊が向かうように追い上げる。そして、獣道に沿って逃れてくる熊を射手が迎え撃つのである。つまり、最初は追跡猟の方法で始まり、追い込み猟となり、最終的には獣道での待ち伏せ猟となる。野鳥の場合でも獣道に準じる鳥の飛ぶコースがあり、そのコースでの待ち伏せ猟があった。多くは網を使用する方法で、霞網猟や鴨の谷切り網猟、投げ網猟などがそれである。鴨は日中安全な場所で休息しているが夕方に餌場へと移動し、採食した後、明け方に休息場所へ戻る。ところが、休息場と餌場の往復には同じコースをとり、しかも低空で移動する。この移動コースを鴨の群が通過する際にコースを横切るかたちで伸縮する網を広げ、捕獲する。これは鴨の移動の習性を利用した待ち伏せ猟である。鳥猟では、囮を用いて誘引し、接近したところを網で捕える誘引と待ち伏せを合わせるかたちの方法が多く見られる。

参考文献　堀内讃位『写真記録日本伝統狩猟法』、一九八四、田口洋美『越後三面山人記—マタギの自然観に習う—』、一九九二、同『マタギ—森と狩人の記録—』、一九九四　　（田口　洋美）

じゅんれい　巡礼　複数の宗教上の聖地をつぎつぎに参詣していく行動。巡礼はイスラム教やキリスト教をはじめとして世界的に存在する宗教習俗である。日本には巡礼とならんで参詣と呼ばれる行動があるが、両者はその旅行の様式において微妙な違いがある。参詣は、一般に特定の社寺からの働きかけによってなされ、したがって旅行形態もその社寺をめざした往復移動が基本になる。それに対して巡礼は、一部の巡礼を除いては特定の社寺や教団が関与する場面がきわめて限られており、旅行の形態も複数の参拝地を順次巡っていくことが主になる。また日本では巡礼は、多く仏教の領域内で行われる。ただ参詣と巡礼の違いは絶対的に固定したものではない。世界的にもこの二つの形態がみとめられるが、宗教組織の関与の方向や程度には地域や国によって大きな違いがある。巡礼の語は平安時代から使用されている。初期には単に多数の聖地を巡るというほどの意味でしかなかった。平安時代末に畿内を中心に西国三十三観音巡礼霊場が作られたころから、ある一定の原理と秩序に従って構成される霊場の巡拝という観念が成立してくる。そしてそのような霊場の構成原理に着目すると、日本の巡礼は、本尊巡礼・聖蹟巡礼・地方巡礼の三種に大別される。本尊巡礼では一定の本尊をまつる寺院や仏堂を巡っていく。日本で最初に成立した西国霊場も観音菩薩を巡拝対象とする巡礼である。参詣地の数も経典に典拠を求めて三十三というのが普通である。そのほか地蔵・阿弥陀・薬師・不動・七福神などの本尊巡礼があり、それぞれにほぼ固有のおとずれるべき参詣地の数が定まっている。室町時代にさかのぼる六地蔵巡拝を別にすれば、大部分は近世以降に考え出された巡礼である。聖蹟巡礼では参詣寺院の歴史的な由緒に従って巡っていく。これを代表するのは弘法大師のゆかりの寺を巡る四国八十八ヵ所巡礼（遍路）である。弘法大師が創建したとか中興したという縁起を有する点で共通するだけなので、本尊も宗派も別々である。この種類にはほかに日本六十六ヵ国の中心寺社を巡る六十六部巡礼や、宗教の祖師にゆかりの寺を巡る、真宗の二十四輩巡拝、浄土宗の法然上人二十五霊場、日蓮宗の二十一ヵ寺霊場などの祖師巡礼がある。最後の地方巡礼とは、おもに西国観音霊場や四国霊場が地方に移植された巡礼である。特に四国巡礼の移植霊場の場合、その参詣地は弘法大師の寺蹟や伝説とはなんの関係ももたない寺院仏堂であるということになる。これもほとんどは近世に全国各地に移植されて成立した巡礼霊場であるが、小豆島霊場のように独自の発展をとげて今日に至ったものもある。近世以降の民衆の宗教心意や文化の中で大きな役割を果たし続け、またそれぞれの所在地においては、巡礼者をめぐる独特の民俗を生みだしてきた。

参考文献　前田卓『巡礼の社会学』、一九七一、近藤喜博『四国遍路』、一九七一、真野俊和『旅のなかの宗教―巡礼の民俗誌―』(「ＮＨＫブックス」三六四、一九八〇)、新城常三『(新稿)社寺参詣の社会経済史的研究』、一九八二、真野俊和編『講座日本の巡礼』、一九九六

(真野　俊和)

しょうがつ　正月　一年の最初の月、およびその月に行われる行事。正月行事は元日を中心とする大正月と十五日を中心とする小正月の二つに分かれる。大正月は年神を迎える大切な時期であり、小正月には予祝儀礼を中心とする多くの行事が集中している。大正月と小正月の関係は、農耕の予祝儀礼としての小正月が本来的なもので、その一部が大正月に移行したとする説と、畑作的な大正月が本来的であり、稲作的な小正月はのちに追加されたとする説などがある。民俗学的には小正月が本来的なものとする説が有力である。しかし、現代社会においては年頭の大正月が優先している。農山村では小正月の儀礼行事が残されているものの、都市部では小正月行事の多くが廃れている。大正月には年神へ餅を搗いて供えるが、一方で餅を食べない、供えないことを家例(いわゆる餅無し正月)とする家や村も少なからず存在した。現在では餅無し正月の多くが雑煮に統一化の傾向にあり、雑煮を食べないで過ごす事例は珍しく特殊なものと見られがちになった。しかし、この餅無し正月の伝承は稲作文化優位の民俗の中にあって、畑作文化の残存形態を示すものとみる考え方もある。正月に年神をまつるために設置した年神棚は、毎年新しく作り替え注連縄を飾る。また、暮れに山から迎えた若木の松を門松として飾る。若木は年神の依代としての役目があり、門松は正月が過ぎると取り外す。取り外した松飾りはドンド焼きの時に燃される。その煙に乗って年神が帰るとも伝えている。このように年神は去来すると考えられていたのである。正月行事は数多くの儀礼や行事で構成される。一例として群馬県勢多郡北橘村(渋川市)今井家の正月行事の主なものを見ると、若水汲み・年賀式(一日)、初荷初買い(二日)、お棚さがし・お寺の年始・味噌たき(四日)、山始め・六日年越(六日)、七草(七日)、蔵開き・作立て(十一日)、飾り替え・ドンド焼き(十三日)、小豆粥(十五日)、藪入り(十六日)、十八粥(十八日)、えびす講・二十日正月(二十日)などがある。それぞれの行事には細かいしきたりがあり、十二月の煤掃き、お松伐り、注連縄作り、餅搗きなど正月に関連する行事がいくつもあり、有機的な連関がみられる。また正月と盆を比較すると、七日(なぬか)盆と七日正月、精霊棚と正月棚、盆花採りと松迎えなど、いくつかの点で儀礼が類似しており、正月行事には予祝性がみられ、盆行事には収穫に関わる儀礼が顕著である。現代の正月行事は、都市部の住民は餅やおせち料理をデパートなどで買い求め、初詣も氏神とは関係なく有名神社へ出かけている。正月は家でのんびりする機会と考える人も増加している。年の改まりという意識も含めて正月行事の多くが高度経済成長期を境に大きく変化している。なお、南関東では休み日をショウガッと呼ぶ所が多い。

参考文献　柳田国男「新たなる太陽」(『柳田国男全集』一六所収、一九九〇)、折口信夫「年中行事」(『折口信夫全集』一五所収、一九六七)、今井善一郎『習俗歳時記』、一九七五、坪井洋文『イモと日本人―民俗文化論の課題―』(「ニュー・フォークロア双書」二、一九七九)、田中宣一『年中行事の研究』、一九九二、石井研士『都市の年中行事』、一九九四、高木博志「初詣の成立―国民国家形成と神道儀礼の創出―」(『幕末明治期の国民国家形成と文化変容』所収、一九九五)、藤原修『田の神・稲の神・年神』、一九九六

(板橋　春夫)

しょうじん　精進　仏教用語で、精根こめて進むこと。しかし一般には仏教・神道・民俗宗教のそれぞれの場面で少しずつ異なった意味で使用される。仏教における精進とは大乗仏教の説く徳目の一つで俗縁を断って潔斎し、仏門に入って修行に励むことをいう。そこから魚鳥獣の肉を食わないという意味が派生する。神道においてもほぼこれに準じて、尊い神社に参詣するにあたって特に身を慎んで斎戒することをいう。中世には大神宮参詣にあたって清浄を旨とする精進の条々が定められ、また大和金峯山の蔵王権現参詣の際の精進はとりわけ厳重で、特に御嶽精進とよばれた。民俗宗教における精進もほぼこれらの用法からの派生であるが、具体的には頭屋にあたって忌みの生活に入ることであったり、忌籠りをすること、さらには祭そのものであったりする。具体的にショウジンという語を含む習俗をこれまでの報告例のなかからあげてみる。高知県山間部では祭の前に肥料や灰をかつぐことを忌み、これを肥精進といった。神社の祭にさきだって忌籠りに入ることを精進入りと称するのは近畿・中国地方に多くみられる。山梨県大月市では障子祭といって、各家で障子を張り替える祭が行われるとの報告がされているが、これも精進からの転化であろう。また鹿児島県奄美群島でいうショウジとは祭礼の際の禊のほか、死者の沐浴とか葬式の帰途に海で手足をあらうことでもあった。

参考文献　柳田国男「日本の祭」(『柳田国男全集』一三所収、一九九〇)、同編『山村生活の研究』、一九三七、倉林正次『儀礼文化序説』(「儀礼文化叢書」一、一九八二)
（真野　俊和）

じょうみん　常民　民俗の担い手として、柳田国男によって提唱された概念。柳田は、この言葉を明治末から晩年に至るまで使用していたが、そのうちでも特に使用回数が多かったのは第二次世界大戦敗戦前までの昭和前期で、とりわけ一九三五年(昭和十)ごろまでの五、六年間に使用頻度が高かった。初期のころは常人や平民といった他の類似語との併用が多かったし、その後も常民という言葉のみ用いていたのではなかった。しかも、客観的にも、また柳田自身の発言からしても、その概念の意味するところには変化があった。時には、平民や農民とほぼ同義に用いたり、晩年には文化概念として説いてもいた。つまり、人が(民俗)文化をになう程度を問題にする考え方である。そのため、常民概念の内実については、柳田の晩年から今日に至るまで長年にわたって論議がくり返されてきた。論議の大筋としては、第一に、常民を平民や庶民と同義とみなす解釈があげられる。常民は身分階層を示す実体概念だとする見方である。第二には、実質的には農民を意味する概念だとする見解であり、第一の解釈より以上に実体概念としての理解度が強い。第三は、常民ということばは身分階層などの実体を指示するものではなく、文化概念だとする解釈である。晩年の柳田は、常民という語の使用理由について、イギリスのコモン common に習って使用したのであり、常民には「皇室の方々も入って」いるとした。柳田とは別に、やはり常民という語を用いた渋沢敬三もまた、庶民や大衆という語は「見おろしているような気」がするのでコモンピープル common people を常民と直訳し、アチック＝ミューゼアム＝ソサエティーを第二次世界大戦中に常民文化研究所という名称に改めたとのべている。しかし、同じ英語のコモンに依拠した熟語だとしても、渋沢の説明では実体概念であるか文化概念であるか、その点不分明である。それに対し、皇族も常民の範疇に含まれるとする柳田の説明は明らかに文化概念としてのそれである。竹田聴洲の解釈はさらに明快である。常民という概念は個別科学としての民俗学の基礎的概念だと高く評価し、常民の意味するところは「常の民」ではなく「民の常」だという。すなわち人間の生活文化は常と非常との両要素からなり、その常を対象として研究するのが民俗学の独自の在り方を示すものだとする。またさらに庶民・無知識層・村落のみではなく、上層・知識階級・都市にも常民性は存在するとし、後者のうちでも特に都市の民俗研究が不可欠だと主張する。一方、第二の立場をとる福田アジオは、柳田が常民の語を多用した時期のその内実は、上層と下層をのぞく「本百姓」ともいうべき農民だとし、多用の時期が農村恐慌から民俗学の成立時期にあたることの意義を重視する。それゆえ常民概念のその後の文化概念化に対しては、目標の拡散化、民俗学の形骸化として否定的評価を下すのである。

参考文献　「還暦祝賀記念論文執筆者招待会席上座談話集」(『渋沢敬三著作集』三所収、一九五六)、「(座談会)日本文化の伝統について」(柳田国男『民俗学について―第二柳田国男対談集―』所収、一九六五)、福田アジオ「常民概念と民俗学」(『日本民俗学方法序説』所収、一九八四)、竹田聴洲「常民という概念について」(『竹田聴洲著作集』八所収、一九九三)

(平山　和彦)

しょうめい　照明　燈火(ともし火)燃焼光源照明のこと。現代の電熱は放電ハロゲン照明につながる。照明とは元来、仏教用語で照明といい光源の輝きを表現する意味もある。燈火は人類が生活に必要な光源を人工的につくったあかりをいう。原始時代より人類とともに歩んで来た火は、暮らしの中で暖房・炊事・照明そして産業用に分化発展した。仏教の伝来(五五二年)により寺社での供養三具足となった燈・花・香の一つが献燈であり、屋内外の荘厳な仏具の燈明が次第に貴族社会より一般庶民に入り生活に必要な調度品の一つとして燈火具を生み文化を発達させた。燈火具には各時代で使用者の階級による格差が生じ、用途・機能に応じた多種多様な燈火具が漸次改変され出現していった。その最盛期は江戸時代も中期から明治時代にかけてであり、ここにいう燈火は燈火具による火のあかりで広義の洋燈(石油ランプ)・ガス燈までが含まれる。燈火は道具以前の焚火(庭燎)・炬火(松明)に始まり、燃え易い松根などを焚いたヒデ鉢や松燈蓋などの薪火より、動物油(魚油・獣油)や植物油(樹木実・草木実)の油による燈芯の毛細管現象利用の燈火具となり、燈台・燈籠・短檠・行燈・八間・秉燭・瓦燈・カンテラ・洋燈などが使われた一方で和蠟燭(主に黄櫨実の固形油脂)による蠟燭用燈火具の燭台・提燈・手燭・雪洞・龕燈などが広く普及し油火・蠟燭を兼用できる改良燈火具も現われて庶民には貴重な燃料を無駄なく有効に利用する工夫もされた。これらの火の道具は、その時代に相応した都市の形態や社会状勢により出現・改良・別種となって変遷している。これらは量産できない手造り品のため貴重な民俗資料となっている。燈火具にはまた貧富の格差もみることができる。上層とされる宮廷・寺社・武家などの物は、世襲技術を継承した一流の細工師による御用調度品で重要文化財(美術工芸品)の対象であるのに対して、下層の庶民のそれは素朴で実用的な生活必需品で、民俗有形文化財(民具)として位置づけられる。特色あるものとしてあかりを求めて遊興した傾城町(廓)の玉菊燈籠や誰哉行燈、静岡県の秋葉参詣道に建立された秋葉燈籠は今に名を残したあかりである。照明は民俗上、儀式・祭事の燈火として古くから伝承されて来た。松明・篝火・提燈火は神を導くものとして、盆のあかりは祖霊を迎える案内火として今の盆提燈(以前は盆燈籠)になった。年中行事の祭礼に華やかさを添える道具立てとして山車に飾る提燈や雄大な青森のねぶた祭、秋田の竿燈の乱舞などが各地で引き継がれているが、これらは燈火のよろこびの表現である。農村での虫送りの松明は悪霊の駆逐と浄化を願った行事である。嫁入りに門口で火を焚き、送迎用には家紋入り箱提燈を使ったのも火の浄化力を嫁に託した意味もあった。明治時代に入り輝く洋燈の出現で暗いともしび照明が次第に消滅していった。

参考文献 内阪素夫『日本燈火史』、一九一七、照明文化研究会編『あかりのフォークロア』、一九七六、飯野貞雄『日本あかり史考—焚火より洋燈まで—』(「信州の民俗コレクション」、一九八二)、森浩一編『技術と民俗』下(「日本民俗文化大系」一四、一九八六)、宮本馨太郎『燈火—その種類と変遷—』、一九六四

(飯野　貞雄)

箱提燈

短檠

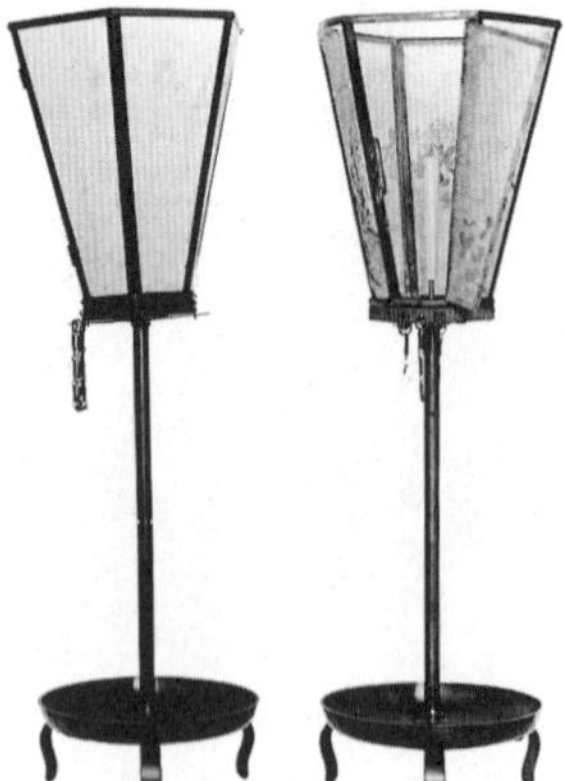
雪洞燭台

角行燈

照明器具

しょうりょうながし　精霊流し　盆に川や海に供物を流して先祖を送る習俗。盆に迎えた先祖の霊は、その供物を送ることによって他界に帰って行くと信じられている。送る前には団子や餅・素麵を土産として供え、盆棚に供えられた精進料理・野菜・果物・菓子・花・ナスとキュウリでかたどった牛馬などとともに盆茣蓙に包んで送る。供物を送る場所は山の中、辻、墓場、川、海とさまざまであるが、全国的に川や海に流すところが圧倒的に多く、川や海から先祖を迎えると意識している地域ばか

りでなく、山から迎えると意識している地域でも川や海に流して先祖を送る。東北地方では供物を菰で編んだ莫蓙や葦で編んだ簀に包んでコンブで結わえて流している。三重県志摩市阿児町安乗では、餓鬼棚に精霊さんの杖と呼ばれる竹三本が括られており、精霊送りの時には波打ち際にこの杖を立てて、その足下に仏壇の供物と餓鬼棚の供物を置き、松根を焚いて拝んでから送る。供物をのせる精霊舟を菰や竹や麦藁などで作り、川や海に流すところもみられる。新盆の家々が共同で大きな精霊舟を作り、村中を練り歩いたのち流すところもあり、これは精霊送りとともに疫病・害虫・悪霊などを追い払う厄払いの性格を併せもつものである。盆の間吊していた燈籠を流して霊を送る地方もみられる。近年では環境に対する配慮から、各家の供物は一ヵ所に集められてゴミ収集車に回収されるところが増えたが、その一方で観光化された精霊舟送りや燈籠流しが盛大に行われている。

精霊流し　三重県阿児町(志摩市)

参考文献　喜多村理子「盆と節供」(『講座日本の民俗学』六所収、一九九八)

(喜多村理子)

しょくじ　食事　生命維持のために物を食べること。同時に、人間の生活基盤である家族やムラなどの秩序維持のための食事規範と様式を食制という。古くは食事をケといい、同時に食物や盛る容器も意味し、そこから一日の食事をアサゲ、ヒルゲ、ユウゲといった。平安時代には朝夕の二食で、労働の激しい者などが間食をとったという。次第に間食が固定化して中食(昼食)になり、中世から近世にかけて一日三食が定着した。近代の農村の農繁期には早朝食、朝食、昼食、夕食、午前・午後の間食、夜食の七食の例もみられたが、毎食が飯ではなく、イモ類や焼餅・団子、また茶だけのこともあった。朝食、昼食、午後の間食、夕食の四食に飯を食べる所もある一方で、朝食と昼食は飯、夕食は残り飯の雑炊やイモ・団子汁・煮込みうどんなど粉物を食べた所も多い。イモや粉物が主食の一部であったのは農閑期の冬場も同様で、一日や季節に応じて食い分けをした。米や麦などを残す工夫を米カバイ、食いのばすという。農村でも米の飯を食べる例は少なく、大麦や雑穀を混ぜた飯が多く、米も二、三等米を自家消費にあてた。米を買った町場では水気の多い粥や茶漬を食べ、米の消費を押さえた。食事呼称は間食に地域的差が多く、ケンズイ、ヨツヂャ、コビル、ナカマ、チャノコ、ユーナゴなど種々ある。食事は、腹を満たすものであると同時に共食の場でもあった。ムラの祭に伴う直会や寄合などの食事の意味は共食することにあった。ハレの日の多くは、特定の場で、特定の飲食物をとる風習があり、それには必ず共食が伴った。ケの日にも共食の意識はあり、「同じ釜の飯を食った仲」として人と人との繋がりを意識した。家族も同じ意識で、不在の人には蔭膳（かげぜん）を供えてその無事を祈るとともに、個人的理由で食事の席に欠けること、自分だけで食う小鍋立てなどを嫌った。食事時の席は戸主・祖父・祖母・長男・男子・女子の順に厳しく決められており、家族内の秩序を表わしていた。主婦は食事の管理と分配の都合で席が決まった。この管理と分配の権限は主婦権といわれ、家における義務と権利の象徴とされたが、実際には、長野県や山梨県では若い嫁には膳などなかったし、佐賀県藤津郡太良町の若い嫁はヘッチゴゼン（ヘッツイの縁が膳）であった。「嫁の早食い」は家族の盛りつけと子供たちの世話をしながら一番早く食事を終えることを求められたことを意味した。早食いの嫁に膳がないのは当然のことと考えられていた。戸主や祖父母、長男は米の飯中心に、主婦や女子は麦飯やカテ飯・三穀飯（さんごくめし）など雑穀の多い飯で、食事の内容にも差別があった。タマス（タマシ）とは漁業や狩猟時の収穫物を居合わせた赤ん坊にも一人前として分け与えた民俗をいうが、ここには食物を分け与えるという思想があった。農村地区である鹿児島県大島郡喜界町では前年取れた稲籾を盆用の食料としたが、それをボンタマスといい、また、分配をタマスオチュイといった。漁業や狩猟のみならず、魂・賜物・年玉などに関係するタマとともにタマスの民俗は、食物を社会的に分配する考え方や方式を研究する上で今後の大きな研究課題であろう。

参考文献　柳田国男「食物と心臓」（『柳田国男全集』一七所収、一九九〇）、瀬川清子『食生活の歴史』、一九六八、佐賀の食事編集委員会編『聞き書 佐賀県の食事』（「日本の食生活全集」四一、一九九一）、湯川洋司『変容する山村―民俗再考―』、一九九一

（増田　昭子）

しょくもつきんき　食物禁忌　特定の食物に限ってその食用を忌む俗信。大きく見て、㈠特定の社会に限っての食用の忌み、㈡特定の日を限っての食用の忌み、㈢異常な状態にある者の食用の忌み、㈣食作法の忌み、㈤食い合せの忌みなどがある。家・一族・ムラなどの特定の社会に限定されて伝承されてきた食物禁忌は、食物が動植物を加工や調理したものであるから、それを飼ってはいけない、栽培してはいけないといった動物禁忌や作物禁忌などを伴う場合も多い。なかでもいわゆる餅無し正月といわれる餅禁忌が全国的に存在している。先祖が落ちのびてきたのが年の暮れで餅を搗くことができなかったからなどといい、正月の餅を搗かずまた食べなかったり、搗いておくが三箇日などある期間食べないなどという。これについては、稲作文化体系（餅正月）とそれに先立つ畑作文化体系（芋正月）の接触の過程で、畑作文化が稲作文化を原理的に拒否し自己固有文化を持続しようとした現われであるとする説がある。しかし、餅の代わりに御飯を食べる例や、必ずしも餅に対してイモが用いられていない例もある。またこれが稲作優越地に多く分布していることから、むしろ餅無し正月は餅正月を基盤として成立しており、稲作による単一化が進行する過程で、正月儀礼本来の複合的性格が際立ったものであるとも指摘されている。またこれは、他家・他系・他村から自己を区別し特色づけようとした家やムラの意識の現われとみることもできよう。特定の日を限って食用を忌むものとしては、年中行事や儀礼の日にいわれるものが多く、餅を搗いた日はこれを焼いて食べてはならないなどがいわれている。また暦法とともに日に吉凶があるという考えが浸透していき、瓜や粥を食べない日をまもっているところもある。異常な状態にある者の食物禁忌としては、葬式や出産の忌みに関わるものが多く、葬

式や忌籠りの際は肉や魚を食べない、妊産婦については、安産と産後の肥立ちへの配慮からか、あくの強い食物は食べてはいけないなどという。また熱心な願のあるときや神仏への信仰が強いときは、断ち物祈願として、酒や煙草・茶などある特定の食物の食用を忌むとするものがある。食作法の禁忌については、赤飯を茶漬けにして食べると婚礼に雨や雪が降るといい、また葬式で行うことから、一つの食物を二つの箸でつまむことは忌まれるなどがある。日常生活に最も広く見られる食い合せに関する禁忌は、二種類の食物を同時に食べると身体に害があるというもので、医学の進歩に伴って飲食法による養生のことが注目された鎌倉時代ころからいわれ、『庭訓往来』『拾介抄』『簾中抄』『養生訓』など古くからの書物の中にみえており、これが庶民に広まったものが多いと思われる。たとえば、鰻と梅、カニと柿、酒とからうり、塩と熊、粥と飴、餅と冷水、コイと生ネギ、蕎麦とタニシ、うどんとビワ、ゴマとニラ、キュウリと油あげなど数多く存在している。　↓家例　↓作物禁忌

参考文献　坪井洋文『稲を選んだ日本人―民俗的思考の世界―』(「ニュー・フォークロア双書」九、一九七九)、宇田哲雄「家例としての禁忌習俗の発生」(『日本民俗学』一九一、一九九二)、安室知『餅と日本人―「餅正月」と「餅なし正月」の民俗文化論―』、一九九九　（宇田　哲雄）

ジルイ　ジルイ　先祖を共通にする子孫の家々の関係もしくは集団を示す民俗語彙。地類と表記することが多い。主として南関東から中部地方にかけて分布する。ジルイとほぼ同じ意味でジシンルイ(地親類)、ジミョウ(地名・地苗)、ジエン(地縁)、ジワカレ(地分)などの言葉が使用されている。東京都多摩丘陵から横浜市にかけてはジシンルイが顕著で、神奈川県中部ではジルイやジワケ、そして相模川の西側ではジエンが主として用いられているが、明確な使用地域があるわけではない。また山梨県ではジワケが顕著であるが、ジルイも用いられている。ジルイは通例二、三軒の家々で構成される集団か、二軒の家が相手の家をその語で呼ぶ関係であり、大きな同族にはならない。概していえば、山梨・長野など中部地方では小規模な集団として存在し、東京・神奈川など南関東地方では二軒の家の相互関係であることが多い。いずれの場合も、ジルイは先祖を共通にすることを伝承し、しかも先祖が屋敷や耕地をほぼ等しく分けあって独立したことを強調する。実際に屋敷・耕地の配置がほぼ等しい大きさで並んでいることが多い。また世代をさかのぼって家の成立過程を確認すると、近世前期に兄弟が屋敷を等分し、耕地も地目・等級ごとに等しくなるように分割している事例が多い。ジルイ、ジシンルイ、ジミョウ、ジワケなどの呼称は土地を分けあった関係であることを表示するものであり、しかもその分割が本家から分家への分与ではなく、対等な土地分割であったことをジ(地)の表現に込めているものと推測される。ジルイの家々が互いに葬儀・婚礼などに際して援助・手伝いをする生活互助組織として機能している。南関東のジルイの場合、婚礼の接待役、葬儀執行の責任者として活躍するので、必ず一軒のジルイが存在しなければ各種儀礼を執行することができない。先祖が土地を分けあった二軒の家は相互にジルイになるが、そこからのちにさらに分出した家は本家をジルイとするのが原則である。家々の増加過程でジルイの意味は変化し、土地を分けあったことによる意味付けは後退し、本家・分家の生活互助組織という面が強調されるようになった。

参考文献　松崎かおり「ジシンルイの結合形態とその変容―神奈川県秦野市堀山下を事例として―」(『日本民俗学』一八二、一九九〇)、福田アジオ『近世村落と現代民俗』(「日本歴史民俗叢書」、二〇〇二)　（福田アジオ）

しろわけ　代分け　漁業における漁獲物の分配計算。漁獲物分配はシロワケのような正規の配分法が中心であるが、かつてはカンダラ、トウスケ、マッカなどと呼ばれる盗み魚の慣行が、黙認されている場合も少なくなかった。漁獲物の配当をシロといい、その勘定をシロワケというのは、和歌山県から三陸沿岸にまで及んでおり、同様の言葉は愛知県知多郡南知多町日間賀島のブ(歩)、南紀地方のアタリ、九州などにみられるタマス、メエテなど枚挙にいとまがない。分配方法も漁撈形態などに応じてさまざまで、たとえば漁撈が村落全体で経営される地下網などでは人頭割り、戸数割りでムラ内に平等に分配される。また、実際には漁に参加せずとも、見ているだけでも配当を受けるところもあり、鹿児島県喜界島(大島郡喜界町)ではこれをミダマスという。限られた専業漁民によって行われ、網や船など漁具を共有し、実際の漁撈活動も共同で行う場合は、その従事者によって平等に分配されるが、漁具を個人的に提供する場合は、フナシロ、アミシロの名で所有者に余分に配当することが多い。さらに、網主・網子・水夫など、親方・子方の主従関係によって取り結ばれる階層的組織を基盤とした場合、諸経費を親方が負担する代わりに、漁獲物の何割かを留保する先取権が親方に認められており、その後で子方に分配される。子方の分配は担った仕事の難易・量・熟練度などによって差がつけられることもある。また、一部を歩合制にし、実働者の労働意欲を高める工夫がなされている。現在でも岩手県宮古市津軽石川の鮭漁では、賃金のほかに毎回の収益の数%が歩合となり、実際の網の上げ下ろしを行う漁夫が一人分(一)、漁の責任者であるダイボウが一人半分(一・五)、船長が一人二分(一・二)などと配分の比率が決められている。現代の資本制漁業経営においても、このような歩合などの分配のあり方は継承されている。

参考文献　最上孝敬「漁獲物の分配」(柳田国男編『海村生活の研究』所収、一九四九)

(菅　豊)

しんい　心意　人々の行動をその背後で規制する、無形の精神文化。心性ともいわれる。柳田国男の民俗学の中で究明されるべき究極の目標とした。一九三三年(昭和八)の「郷土研究と郷土教育」で、民間伝承の資料は眼に映じ写真に撮られる有形文化、耳ある限りは誰にでも採集し会得しうる言語芸術、人が心のうちで願い望み、もしくは黙って避けたり控えたりしている日々の心持ちをさす心意現象の三つに分類されている。翌年の『民間伝承論』では心意現象の内容を趣味・憎悪・気風・信仰などとし、人々が長く心の底にもち伝えている生活の理想、生活方針を指導しているもの、幸不幸の標準、道徳律の根本箇条など、当時未開拓であったことがらを含めている。兆・応・禁・呪の四つの漢字によって表わされる知識と技術あるいは感覚と判断とでもいうべきものをまず解説し、これとの関連で心意現象のいくつかの具体的な内容を取り上げている。たとえば、昔からの変遷を重ねてきた幸福感のよってきたるところは、知識の差からであるとともに兆の今昔の差を示すものともいえるという。そして、禁忌は結果を畏怖してあえて行為をなさないことであり、呪術技法には願掛けやお百度のように行為として見える部分もあるが、心意とは行為の背後の目に見えない心の問題なので、外部のものにはわからないとした。そのため、郷土の人々の心情感覚を自身の言葉で表現することが求められた。この概念は柳田が歴史を明らかにするために、計画的に記録された文書記録から日記や文学作品に書かれた偶然記録へ拡大し、さらに採集による民間伝承の記録にもっぱら依拠する歴史研究の方法を採用したことと関連している。問題とされた心意現象の成立の時点は不明瞭で、時代の枠組みには収まり切れないものであり、これらに関する文献資料は不完全で民間伝承の存在価値もそこにある。民俗語彙を手掛かりとした資料操作も、心意の究明という目的に即したものであった。その後、心意は心性ともいいかえられて、その理解が民俗学の目的の一つと主張されるようになった。調査方法論では、心意は旅行者には容易に採集できないから、長期間滞在するか、綿密な調査項目表のもとに鋭い注意力を働かさなければならないとか、より理想的な調査法として各分野の研究者が集まって常に討議しながら共同調査する型が提唱された。同時に聞き取りの相手である伝承者も言語や心意に鋭敏な感覚をもつものに出会うことがよい民俗資料を集めるための決定的な岐路とされた。ただ、地域社会の住民の心意の核にあるものを求めようとする方法によっては、ムラを越えて普遍的に均等な力で及んでいる近代国家の作用はとらえにくいとの批判もある。

参考文献　平山和彦「民俗の調査法」(『日本民俗学講座』五所収、一九七六)、福田アジオ『日本民俗学方法序説―柳田国男と民俗学―』(『日本民俗学研究叢書』、一九八四)、宮田登『(新版)日本の民俗学』(『講談社学術文庫』六九五、一九八五)
（古家　信平）

じんじゃ　神社　神道の信仰にもとづいて神々をまつるために建てられた建物、もしくはその施設の総称。古く社・宮・祠・杜とも呼ばれ、一般に大別して氏神型と崇敬神型の神社に分けられる。前者は一定の地域と住民を守護する閉鎖的な共同体祭祀を中心とし、後者は祭神の霊験や神徳が強調されて地域を超えた講や崇敬者の祈願や参拝を集める神社で、前社に比べ数は少ないが、いずれも著名で有力な神社である。施設としては、神が鎮座する本殿、祭神を礼拝し祈願する拝殿、これらを囲む瑞垣、参拝者が水で心身を清める手水舎、神域の入口に立つ鳥居があり、ほかに祭神への供物を整える神饌殿と幣殿、神宝を納める宝殿、神楽を奏する神楽殿、神職が執務する社務所などがあって、全域が樹叢に包まれた清浄な境内を保つよう心がけられる。今日では社や宮も一般には神社とその社殿をさして区別がないが、平安時代ころは厳密に区別された。だがそれ以前は両者の区別が曖昧で社と杜の表記が混用されていた。『延喜式』神名帳によると、宮とある神社は伊勢の太神宮(内宮)と度会宮(外宮)および荒祭宮・滝原宮・月読宮・伊佐奈宮・高宮の別宮五社、伊勢以外では香取神宮・鹿島神宮・八幡大菩薩筥崎宮・八幡大菩薩宇佐宮の計十一社に限られており、所載二千八百六十一社のほとんどは社の名しか許されていない。『万葉集』や古風土記(播磨・肥前)には社や杜をともにモリと訓む例が多い。宮のはじめは、祭の執行に仮屋を設けたものが、やがて恒例の祭祀が新嘗に祈年が加わり、さらに春夏秋冬の四度から月並の十二度、それに二十四節気が加わって祭の数が増えるにつれ仮屋(やしろ)が常設の宮になった。神社が社殿化されることは、一面では地方的な古代祭祀が次第に中央の体系的な国家祭祀に系列化されて、いわば神社の神道化が全国的に波及することにもなる。平安時代には神祇制度も整備されて、畿内を中心に諸国の有力神社には神祇官や国司を通して神階の授与や班幣・奉幣が事あるごとに進められ、『延喜式』神名帳にみるような官幣・国幣の社格制度がやがて地方にも波及して諸国神名帳や一宮・総社の制度が成った。平安時代末期に固定した二十二社も正式な官社制度ではないが、当時の畿内の有力大社を特に国家的祭祀の対象にした例である。中世の武家政権も鎌倉の鶴岡八幡大菩薩や諏訪大明神を中心に『貞永式目』にみるような神事を先とする治政を旨とし、近世の徳川政権もまた初代家康を伊勢の天照皇太神に対応する日光の東照大権現にまつって体制鎮護の要としてきた。中世から近世にかけては村落の発達に応じて全国に一万ほどから九万にも達する神社の増加が考えられる。明治初期に神仏分離と神社の国家管理を進めた政府の調査では、当時全国の神社数は旧村の数、十八万余りにほぼ同じだという。政府が比較的正確に調べた一九〇六年(明治三十九)では、その数十九万三千余社であった。ところが、この年から明治末年まで政府が断行した神社合祀の政策で、その数十一万余に整理された。一九四五年(昭和二十)の終戦時で十万六千百三十七社であったが、同二十二年二月二日から宗教法人として設立された神社本庁に参加した神社は八万七千二百十八社、他は別の包括団体に加わるか単立法人となった。

参考文献　原田敏明『神社』、一九六二、明治神社誌料編纂所編『明治神社誌料』、一九七五、神道大系編纂会編『神道大系』神社篇、一九七八―九二、神社新報政教研究室編『(増補改訂)近代神社神道史』、一九八六、上山春平他『日本「神社」総覧』、一九九二
(薗田　稔)

じんじゃごうし　神社合祀　神社を政策的に他の神社へ合併させ、祭神を合併した神社で合祀して祭祀すること。江戸時代にいくつかの藩で試みられたが、歴史的に注目されるのは、明治末期に内務省神社局が主導して全国的に実施された合祀政策である。その規模は一九〇三年(明治三十六)から一九一四年(大正三)の十年間に限っても、府県郷村社が六千社余り減少し、無格社は六万五千社余り減少した。全国で約十九万社の神社が約十二万社になった。無格社は半減した。その後も若干の復祀によって回復した神社もあったが、合祀は続いた。明治維新政府は神社を「国家ノ宗祀」と位置づけ、国家神道化政策を指向したが、その政策は後退していった。それに対して神社界は神社の「国家ノ宗祀」としての制度的確立を目指した運動を展開した。それは一九〇〇年に内務省社寺局を廃止し、内務省六局中首位に神社局設置として結実し、ついで官国幣社経費の国庫支出と、府県郷村社への公費支出を目標にした。神社合祀と関連するのは後者で、一九〇六年に「府県社ニ対スル神饌幣帛料ノ供進」をすることができうるという勅令が出された。さらに同年にそれを推進するために「社寺合併跡地譲与」を可能にする勅令が出された。そのことによって神饌幣帛料の公費供進を進める一方、その神社への合併・整理する方策が可能になった。政府は神饌幣帛料指定社についての基準は由緒、境内地建物の完備など大枠を提示したにすぎない。具体的基準設定は各府県の裁量にまかされていた。そこで合祀に積極的な地方長官のいる府県ではその率は高く、そうでない府県では低いというばらつきが生じた。府県郷村社の減少率が五〇%以上で、無格社の減少率も八〇%以上という高率な府県は三重県・大阪府であり、それについで高いのは和歌山県・愛媛県などである。それに対して京都府・福島県・熊本県などは減少率は非常に低い。三重県はモデル県として県令で「境内設備規定」と「基本財産造成並管理規定」を示し、強制的に合祀を推し進めた。神社合祀を推進する論理は当初は神社崇敬を高めるというものであったが、一九〇八年に戊申詔書が出され、地方改良運動が内務省地方局の主導で始まると、神社は行政市町村の団結強化のための施設と位置づけられるようになる。「神社中心説」である。そのために神社は一町村一社への合祀と、さらに神社名の町村名への変更も試みられていく。行政イデオロギーによって強圧的に遂行されていった場合も少なからずみられた。神社が行政の一つの設備ととらえられていった。こうした政策に対して各地で反対運動も起り、南方熊楠・柳田国男なども反対の論陣を張り、議会内でも反対の動きが高まっていき、政府に一九一〇年には強制的でないといわせるに至った。しかし、その後も合祀は進められていった。神社が民衆的神社信仰に支えられているものから、神社を公共団体の営造物へと変容させていったといえる。一町村一社へと合祀さ

れた場合には、その氏子は伝統的生活共同組織であった村落を基盤にしたものではなく、行政市町村住民が単位となり、さらに公的儀礼としての神社参拝もその神社で行われるようになり、その地域での中心的位置を占めるようになる。一方では大正時代末期より三重県などでは強制的合祀によって整理された神社の復権の動きも各地で見られた。それは官僚的論理によって村人の生活組織の結節点としての神社観を容易に切り崩すことができなかったことを示している。

参考文献　米地実『村落祭祀と国家統制』、一九七六、森岡清美『近代の集落神社と国家統制』、一九八七、桜井治男『蘇るムラの神々』、一九九二

（孝本　貢）

しんそうさい　神葬祭　神道式で行われる葬儀のこと。神葬・神道葬祭などとも称されるが、今日では神葬祭との表現が一般的。神葬祭が民間に広く行われだしたのは明治以降のことである。江戸時代における宗門改・寺請制度のなかでは、復古思潮とともに神職において神道独自の葬祭式執行の要望が起っていた。しかし仏教側からの反対運動もあり、基本的には認められなかった。伊勢・賀茂などの大社の神主以外には、吉田・白川両家の支配下にあった神職の場合、独自の葬儀式伝授を受けていた。なかでも吉田家の許状を受けた神職本人と嫡子は離檀のうえ自葬が可能であった。寛政から天保期に神葬祭運動が全国的に展開され、幕末の津和野藩では神職がことごとく改式した。一八六八年（明治元）、神職は家内に至るまで神葬祭に改めることとなり、一八七二年には自葬を禁じ神官僧侶への依頼が制度化され、一八八二年に国家の宗祀たる神社の神官が葬儀に関与することを禁止し、府県社以下神社の神官は当分従前どおりとされた。神葬祭の実施は地域的に異なり、函館、秋田、会津、茨城、福井、岐阜県白川・恵那、山口、鹿児島などに多く、平田派国学や旧藩主、大教宣布運動の影響もある。個別の家にとどまらず一族や一村すべてが神葬祭へ転換した例も見られる。神葬祭の儀式内容は必ずしも一定しておらず、地域の葬儀習俗とも関わっている。産土神社の帰幽奉告の儀や、位牌とは異なり白木の霊璽に故人の御霊を遷し、死後の供膳を重視するなど、仏式葬儀との異なりが見られる。また、神職ではなく専門の司式者がたずさわる神葬祭の執行形態もある。神葬祭の淵源を記紀神話などに求め、日本固有の葬儀式とみなす解釈もある。

参考文献　国学院大学日本文化研究所編『神葬祭資料集成』、一九九五、桜井治男「地域社会における神葬祭の受容とその展開」（『宗教研究』二六四、一九八五）、牟礼仁「神道葬祭文献目録稿」（『皇学館大学神道研究所所報』四五、一九九三）

（桜井　治男）

しんぞく　親族　広義には血縁と婚姻によって結びつく関係の総称として用いられるが、狭義には血縁に基づく関係のみに限定して用いられる。広義の親族研究の対象は、家族・血縁関係・出自集団・親族名称・婚姻など、親族にかかわるすべての課題をふくんでいる。狭義の親族研究は、自己を中心にみた血縁諸関係や親族名称などに限定されている。したがって後者にあっては、出自集団や系譜にもとづく超世代的関係などは対象にふくまれていない。親族カテゴリーは大別すると二つになる。その一つは、個人からみた血縁諸関係である。つまり、個人からみて父および父方傍系血縁と、母および母方傍系血縁との双方にかかわるものである。すなわち、双系（方）親族関係である。具体的には、日本社会の親類がそれである。親類関係は個人と世代が異なるごとにその範囲は少しずつ異なり、世代をこえて持続する団体的性格を形成することはない。他の一つは、ある個人と祖先との関係を定めて、そこに出自の関係を認識するような親族カテゴリーである。具体的には、民俗学や社会学などが

規定する同族(団)がそうである。つまり本分家関係にもとづく集団である。前者の親族概念を「個人に基づいた親族カテゴリー」とよび、後者を「祖先に基づいた親族カテゴリー」とよぶことができる。日本の親族組織には地域性がある。大間知篤三は論文「家の類型」において、東北日本型と西南日本型とに分けた(ただし、南島地域はふくまれない)。前者は家の長男継承が優越し、ときには次男以下の傍系世帯をふくむいわゆる傍系家族。あるいは拡大家族を形成する性質をもつ。他方西南型は、世代別、別棟制のいわゆる隠居制家族や西九州にみられるような末子相続制などのように、基本家族あるいは小家族が分立する性格をもっているとみた。これら家の特質の指摘は、同時に両地域における本家分家集団の規模や機能の差としてとらえることの可能性を示唆している。すなわち、東北地方においては、マキあるいはエドゥシなどとよばれる本家分家集団の規模も概して大きく、その結合は経済的にも祭祀的にもつよい結びつきがみられる。他方、西南地方では、中部地方のジルイ、東海地方のイットウなどとよばれる本家分家集団は、概して戸数が少なく、その機能もきわめて限定されている。奄美群島、沖縄本島およびその周辺離島、宮古群島、八重山群島の四方言民俗文化域をふくむ。南島地域の親族組織に関しては、四地域ごとの変差は大きい。総括的にいえば、奄美地域はハロウジなどとよばれる双系的親族関係が優越し、沖縄地域では、ピキまたはハラ(腹)・門中(ムンチュウ)などとよばれる父系氏族集団が優越し、また宮古地域と八重山地域は、父系から双系にかけての偏差がきわめてつよい。親族と婚姻規定制の関係では、琉球までふくむ日本列島の出自にまたは系譜にもとづく集団は、外婚制とか内婚制などの婚姻規定をもたない集団である。これを社会人類学ではアガミー agamy とよんでいる。韓国の門中や漢族の宗族などの明確な父系外婚氏族とは異なる。アガミー的出自集団の形成の解明は充分に行われていない。

参考文献　村武精一『家族の社会人類学』、一九七三、蒲生正男『(増訂)日本人の生活構造序説』、一九七八、村武精一編『家族と親族』、一九八一

(村武　精一)

しんぶつしゅうごう　神仏習合　仏教が日本に土着化する過程において、在来の神観念を仏教教義によって解釈し始めたことから生じた仏教と神観念との重層的、複合的状態。神仏混淆ともいう。近代以前の日本においては、仏教と神道が交渉を重ね、複雑に習合化してきた歴史が長期にわたって存在したが、一八六八年(明治元)の神仏分離令によって仏教と神道の分離が強行され、それぞれが異質な体系をもつものだという近代的な宗教観に立つことではじめて、「近代以前には、本来異質であった宗教体系である神道と仏教とが習合化してきた」という歴史認識が生じた。また仏神ではなく神仏という語の順序にも、神道を優先する近代日本的な歴史観が浸透している。以上のような用語の成立事情から見て、説明概念としての神仏習合は欠陥をはらんでおり、論者によってその内実や時代性に統一が見られないが、大まかに二つの見解が並立している。一つは、歴史学からのもので、奈良時代中期から仏教の地方進出に伴い、護法神や神身離脱を託宣する神が出現し、平安時代になると本地垂迹(ほんじすいじゃく)説が普及し、さらに密教の流行によって神仏習合化は一段と進行し、中世においてピークを迎えるというものである。中世宗教史のテーマである御霊信仰・八幡信仰・山岳霊場・寺社縁起・仏家神道など多岐にわたる事項が神仏習合の内実として語られる。もう一つは、民俗学や宗教学からのもので、神棚と仏壇が同じ家にまつられている現象や宮参りや七五三の時には神社に参拝しながらも、葬式は仏式で行うといった一般化した慣行についても、神仏習合の用語で説明されることが多い。

参考文献　村山修一『神仏習合思潮』（「サーラ叢書」六、一九五七）
（林　淳）

しんぶつぶんり　神仏分離　平安時代以来、神社と寺院は神仏習合であったものを、神社と寺院をそれぞれ独立させた政策。江戸時代と明治時代に行われた。江戸時代は儒教的合理主義で神道と仏教を分けた。このような思想を展開したのは藤原惺窩・林羅山・新井白石・熊沢蕃山らの儒学者たちであった。それを政策として展開させたのは一六六六年（寛文六）の会津藩主保科正之・水戸藩主徳川光圀・岡山藩主池田光政であった。いずれも領内のほぼ半数の寺院を破却し、寺院とつながる多くの神社を廃止している。水戸藩は一六六六年、領内の寺院二千三百七十七ヵ寺の内千九十八ヵ寺、約四六・二%を破却、廃寺とし、領内の数多い小社を破却、一六九六年（元禄九）には一村一鎮守制をしいた。さらに神仏習合的色彩の強い八幡社七十三社を廃止、鎮守社の別当寺をはずし、神体が阿弥陀・観音など仏教的であるものをやめて幣・鏡などにとりかえている。岡山藩においては、神社の別当寺を廃止、領内寺院千三十六ヵ寺のうち祈禱的色彩の強い五百九十八ヵ寺を破却した。これは全体の約五八%にあたる。一方領内神社総数一万五百二十八の内、産土神と寄宮七百八十二社、約七・四%を残してあとはすべて廃止し、ほぼ一村一社となっている。さらに領内の民衆を寺請から神道請にかえ、約九八%の人々が神道請証文に改変させられた。しかしこれらの神仏分離政策も藩主が替わるとまた寺請にもどった。一八六八年（明治元）、明治政府が行なった神仏分離政策はほぼ全国に及び、当時全国に存在した寺のほぼ三分の二が破却されたとされるほど大規模なものであった。明治政府の宗教行政担当者が平田国学者たちであったため神道国教化政策をすすめる上で、清浄なる境内地から不浄なる寺院を追放するという政策をとり、それは廃仏毀釈運動として展開していくことになった。その時の神仏分離の様子は、村上専精・辻善之助・鷲尾順敬編『（明治維新）神仏分離史料』や、国会図書館所蔵の『社寺取調類纂』に詳しく報告されている。明治政府は中世後期以降、民衆の信仰結社であった伊勢講・金毘羅講・出羽三山講・富士講・大山講などもすべて廃止し、民衆信仰の在地の担い手であった修験（山伏）も一八七二年廃止し、還俗・帰農させ、江戸時代の民衆信仰の根絶をはかった。

参考文献　圭室文雄『神仏分離』（「教育社歴史新書」日本史一一三、一九七七）、安丸良夫『神々の明治維新—神仏分離と廃仏毀釈—』（「岩波新書」黄一〇三、一九七九）、圭室文雄「神仏分離史料と社寺取調類纂」（『新編明治維新神仏分離史料』一所収、一九八四）
（圭室　文雄）

しんるい　親類　婚姻や養子縁組を契機に結ばれる家・家族間の社会関係。日常的には親族関係者一般を指す用語であり、個人間の社会的な血縁・系譜関係を基準にした人類学的用語としての親族や民法の法定親族の規定とは内容を異にする。民俗語彙としての親類には血縁・姻戚関係者が含まれるが、具体的にはある家からの代々の婚出者とその家族（婚出先）、婚入者の生家とその家族が親類の主要な部分であり、さらにそれらの家の親類をマタシンルイ、ツキシンルイと呼び、これも親類を構成する部分とされる。家の系譜関係の認識をもとに構成される同族については、これを親類の中に加える地域もあり、別個の存在として捉える地域もある。日本社会の親類が家族単位、家単位に捉えられるという特徴は、家が制度的に否定された現在においても変わりはない。親類の範囲は、自己を起点として認識されるという意味で、親族と同様に視野的構造をもつため、家・家族ごとに親類の範囲が異なり、持続的な集団としての性格をもつことは少ない。また一つの家族においても結婚式に招く親類と葬儀を知らせる親類の範囲は異なるのが通例であり、親類の認識の仕方は機会ごとに恣意的かつ流動的である。親類を指す用語はイッケショ（一家衆）、ユイショ（結衆）、オヤコ、オヤグマキ、イトコ、シンルイ、エンカ（縁家）、ハロウジなど地域的に多様であり、それぞれの社会・経済的条件の中で独自の内容をもつ。親類関係は、それを媒介する当事者個人の死亡や婚姻の解消、縁組の解消によっても変動する。同族内の役割関係が超世代的に継続されるのに対して、親類間での役割関係は限定世代的で、二、三世代を越えて継続することは少ない。重要な役割を果たしていた中心部分の親類が、世代交代とともに周縁部へ、さらに親類の枠外（他人）へ移行するという性格は親類構成の一つの特徴である。葬式親類は親類の内でもっとも周縁部に位置する親類を指している。このような親類を相対的に区分して、近い・遠い、濃い・薄い、重い・軽いのように表現することがある。オモシンルイとヒラシンルイ（新潟県両津市）、イチシンルイとニシンルイ（同岩船郡朝日村）、イチバンオヤコとニバンオヤコ（京都府加佐郡大江町大江）などの例は、親類内の役割関係の疎密が量的、質的な差として認識されていることを示している。日本社会が近代化する過程で同族結合が弛緩し、弱体化してきたかわりに親類関係が顕在化してきたと捉えるのではなく、親類関係は地域社会を構成する単位としての家の間に社会関係を設定し、親類関係を媒介する個人の生活を安定させる独自の機能をもち、地域社会内の同族組織や近隣組織と併存してきたと捉えることが妥当である。

↓親族（しんぞく）　↓同族（どうぞく）　↓ハロウジ

参考文献　柳田国男「家閑談」（『柳田国男全集』一二所収、一九九〇）、蒲生正男「親族」（『日本民俗学大系』三所収、一九五八）、及川宏『同族組織と村落生活』、一九六七、光吉利之「親族の構造と機能」（『講座家族』六所収、一九七四）、喜多野清一・正岡寛司編『「家」と親族組織』、一九七五

（山本　質素）

す

すいしゃ　**水車**　車を回転させる装置。みずぐるまともいう。流水の力によって、田に水が自然に入らない場合などに揚水する灌漑用と、製粉などを行う動力用の装置に分けられる。灌漑用は水路に設置し、車周に取り付けたバケットによって水を汲み上げ、樋に流して田に入れる。この灌漑用水車について、古くは八二九年(天長六)の太政官符に良峯安世がつくったことがみえ、『徒然草』亀山殿の御池段に記述されている。現在では、福岡県朝倉郡朝倉町の重連水車群が有名である。動力用は車周に取り付けた水受板に水を受けて主軸を回転させるもので、小屋のなかで主軸を杵に連動させ、埋めた臼の中の穀物を杵で搗いて、精白・製粉などを行う。この水車に類するものにバッタリ(添水)がある。一方に水受槽、もう一方に棹に杵を付け、支柱にすえる。流れの水を樋に受け、その水が水受槽に満ちると重くなり、小屋の中の杵が持ち上がるが、やがて水が水受槽からこぼれると杵が下がって臼の底を打つ。水車に比べ、軽便なものである。動力用の水車については古くは『日本書紀』六一〇年(推古天皇十八)春三月条に、高句麗から渡ってきた僧曇徴が碾磑をつくったという記述がみえ、六七〇年(天智天皇九)是歳条に、水碓をつくって冶鉄をしたと記されている。江戸時代中期以降、各地で個人ないし共同での利用から、酒造の精米、菜種の製油などの営業に盛んに用いられた。しかし、大正時代になり電気の普及によってその利用が減少していった。

参考文献　黒岩俊郎・玉置正美・前田清志編『日本の水車』、一九八〇、向山雅重「信濃のバッタリ」(『日本民俗文化大系』一四所収、一九八六)
(芳井　敬郎)

揚水水車　福岡県朝倉町

すいじん　**水神**　水にかかわる多種多様な神の総称。記紀神話には水の霊を意味するミヅチなる言葉がみえるが、水の霊威に対する信仰が古い時代から存在したことは想像に難くない。農耕、ことに水稲栽培を主たる生業にしてきた日本では水の確保は死活問題であり、それゆえ水稲耕作に結びつく水神信仰はきわめて重要な位置を占める。この場合、水神は田の神と同一視されることがあり、田の神祭は苗代の水口で行われることが多い。水神は具象的にはしばしば蛇神の姿をとるが、これは水稲栽培を生活基盤とする東シナ海をめぐる地域に共通する文化的伝統であった。たとえば、日本の三輪山型神婚説話、中国の蛇郎君説話など人間の女と蛇の婚姻を基本モチーフとする説話は、稲作社会の族長・首長層が、その権威の源泉をみずからが水神＝蛇神と血がつながっていることに求め、権威の正統性を語った神話の名残だとする説がある。高知県長岡郡大豊町で田の神であるオサバイサマを蛇であると伝承しているのも、水神を蛇神と考える伝統の系譜を引くものであろう。竜蛇を水神とみなす考えは雨乞い神事などにもみられる。水神は蛇のほかにも、鰻・魚・クモなどの姿をとるとされる場合もある。水神は水稲耕作にかかわって田の神と同一視されるほか、山中の水源地に水分神（みくまり）としてまつられる場合には山の神と同一視される。また、飲料水・生活用水を供給する井戸や泉、川などにも水神がまつられることがある。水の妖怪である河童が水神であることを想定させる伝承は多いが、河童とは水に棲む童の謂である。水神は女神、ことに少童をもつ母神として表現される場合があるが、こうした母子神信仰から派生した水神少童が、河童という形象につながったものとみられる。母子神信仰は世界的にみられ、したがって日本の水神をめぐる問題は、世界的な文化史的位置づけの問題とも深くかかわることになる。年中行事のなかで水神がまつられるのは夏季に多い。六月の祇園・津島など天王信仰にもとづく行事が代表的であるが、これは都市において疫病などが発生しやすい時期に、災厄をはらう目的で営まれたものである。このほかにも五月節供・六月朔日・七夕・盆・十五夜などの行事にも水神祭祀としての要素は繰り返しみられる。ことに、盆行事の際に、南四国で川で祖先・無縁仏とともに水神のために火を焚いたり、北部九州や茨城・千葉県で綱引きをするなど、盆行事が水神祭祀としての性格を持つことを窺わせる要素は各地でみられる。こうした事例は、盆行事を単に祖霊概念の枠組みだけでなく、水神祭祀としての側面からも理解する必要があることを示している。夏季に限らず、十二月一日には水神に餅をささげ、川になげる川浸り餅の行事が広く行われていた。また、河童の来る場所に刃物を置き忘れたために、それ以後河童は来なくなったという伝説、針を身体につけられたために美男に化けて女のもとへ通っていた蛇が死んだという説話（三輪山型神婚説話）などにみられるように、水に縁のある神や精霊は金物を嫌うという伝承も一般的である。

参考文献　石田英一郎「桃太郎の母」（『石田英一郎全集』六所収、一九七〇）、国分直一『東シナ海の道—倭と倭種の世界—』、一九八〇、鈴木満男『環東シナ海の古代儀礼』、一九九四、吉成直樹『俗信のコスモロジー』、一九九六

（吉成　直樹）

すいりかんこう　水利慣行　農業用水の取水・配水・排水など一連の水利用過程において、一定の社会的承認を得て長期的に反復・継続して行われている特定の水利用方法やそれに関わる行為。社会的承認とは、具体的には、その水利用が直接影響を及ぼす他の水利集団や個人の黙示的あるいは明示的承認である。水利慣行は、農業用水をめぐる対立・共同という緊張関係の中で、水利用を秩序化し円滑化するために歴史的に形成された制度といえる。いったん成立した水利慣行は、その用水に対する正当な利用権の根拠となるので、容易に変更されず、水利秩序は固定化される傾向を持つ。しかし、長期的には水利集団間の力関係や水の需給関係の変化、あるいは政治権力の介入など、さまざまな要因によって水利秩序は変動する。それに伴って水利慣行も変更されざるをえないが、

新しい水利秩序が安定するまでには、水利集団間に激しい対立が起きる場合もある。稲作を基底とする村落においては、用水獲得は生産活動を維持し、村落を再生産させるための重要な条件であったから、しばしば水利組織は村落組織と重なり合って機能してきた。そのため村落が水利慣行の主体や単位となることが多く、用水規制は村落の規制として発動された。しかし、水利形態や水田の存在形態などの地域の諸条件によって村落の水利への関わり方は必ずしも一様ではない。水利慣行は、㈠水源からの取水に関するもの、㈡用水の分配に関するもの、㈢排水に関するもの、㈣用水施設の維持管理に関するもの、㈤水利組織の運営などに関するもの、㈥水利費用に関するもの、㈦水利権の売買など用水権の所属に関するものなどに大別できる。㈠には、河川灌漑における堰の設置や構造など取水方法に関する慣行や溜池灌漑における樋抜きの慣行などが含まれる。また、下流の村落が、堰や水路のある上流の村落に米や酒肴あるいは金銭を贈るいわゆる井料米の慣行も取水慣行の一つとして考えられる。㈡は、水利慣行の中心となるものである。用水の分配の順位として古く開かれた田の引水権が優先される、いわゆる古田優先や、上流の田の引水が下流よりも優先される上流優先などの原則は広く見られる。また、地域内の水田は平等の引水権をもつという原則が看取される慣行もある。用水の分配方法は、大きく時間分水と施設分水に分けられる。時間分水では、一定時間、単位地域に水を集中的に回す番水がよく知られている。施設分水は、分水する水路の幅や分水口の大きさ、あるいは水深を定めて一定率の水量を分けるやり方で、測定のために分木などを用いる。また、用水分配に関する慣行には、旱魃時の措置が含まれる。上流の堰を一時切り放して水を下流に回す慣行や、水田の畔を切り払って水を流す掛け流しの慣行などがそれである。旱魃時の措置は地域によりさまざまであるが、そこには日常潜在化している水利集団間の関係や用水に対する考え方が顕在化する。㈢は、上流の水田の排水が下流地域の湛水障害につながるという関係の中で形成されたもので、下流の村落に対して金銭を支払う慣行などがある。㈣は用水路の浚渫など施設維持の普請や共同労働についての慣行であり、㈤は用水系に対応して形成される水利組織の構成員や役職、議決方法や権限に関する慣行である。㈥は用水に関する費用の負担率や徴収方法などの慣行が含まれる。㈦では、やや特殊な例として香川県の水ブニ(水田一筆ごとの引水権の持分。必ずしも水田面積に比例しない)や兵庫県淡路島の水券(特定水源の用水利用権を明文化した証券。売買対象となる)など、土地の所有権とは独立して存在する水利権に関する慣行などがあげられる。→溜池

参考文献 喜多村俊夫『日本灌漑水利慣行の史的研究』総論編、一九五〇、渡辺洋三『農業水利権の研究(増補版)』、一九五四、金沢夏樹『稲作の経済構造』、一九五四、千葉徳爾「土地開発と灌漑慣行」(和歌森太郎編『淡路島の民俗』所収、一九六四)、斎藤卓志『稲作灌漑の伝承―水田景観の民俗―』、一九八七、玉城哲「水田稲作と「むら社会」」(網野善彦他編『日本民俗文化大系』八所収、一九九五)

(飯島 康夫)

すき 犂 牛馬に引かせて田畑を耕す道具。スキとはもともと手で使う在来型スコップの鋤を指す言葉で、牛の引く犂は奈良時代以来カラスキと呼ばれ区別されてきた。犂をスキと読むのはもともと九州地方の方言で、一八九〇年代を中心に九州の馬耕教師が全国を遊説して広めた犂が、農政当局者や農学者に深耕犂として高く評価されたことから、スキという言葉が広まったものと考えられ、標準名としては歴史性と鋤との区別の良さからカラスキと呼ぶのが妥当であろう。犂は世界的に見れば一頭引き犂と二頭引き犂があるが、日本に伝わったのは一頭引き犂で、地面

二頭引き長床犂(中国甘粛省嘉峪関魏晋墓壁画)

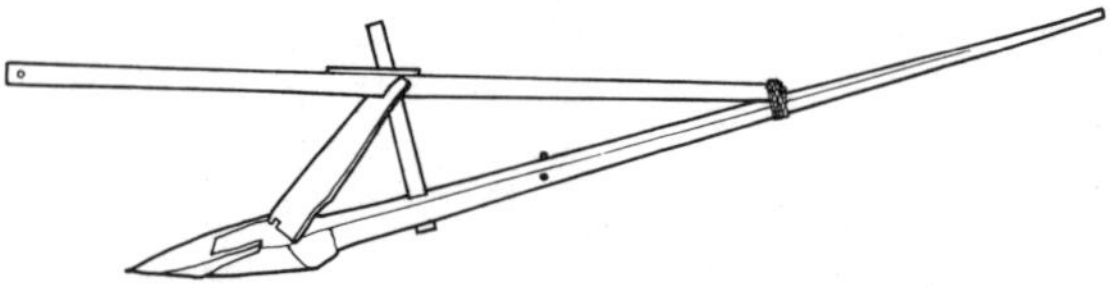

有床化した長体無床犂(埼玉)

近代短床犂

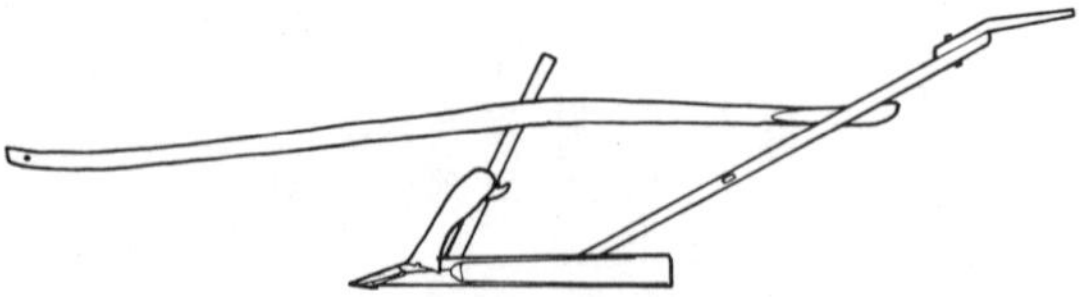

直轅長床犂(兵庫)

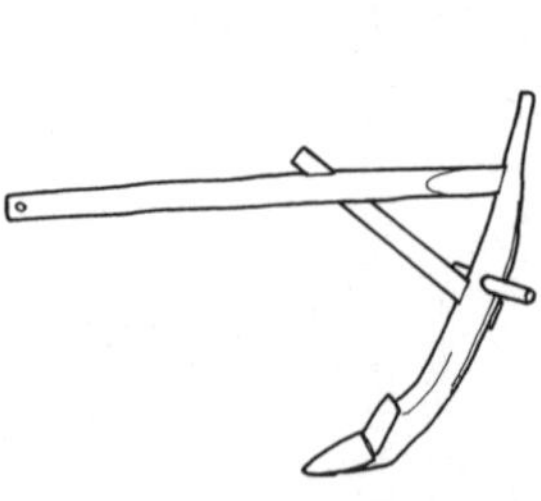

短体無床犂(佐賀県の抱持立犂)

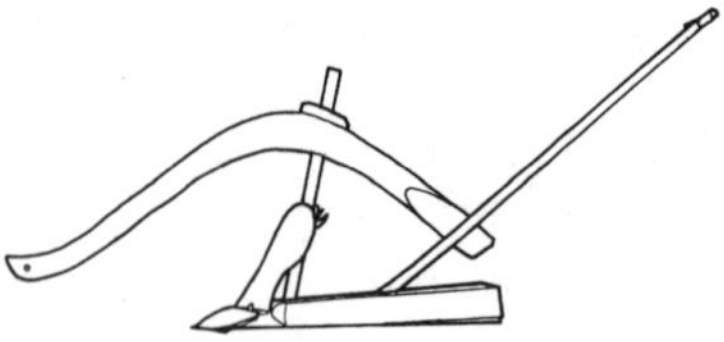

曲轅長床犂(大阪)

を擦る犂床の有無や長さから無床犂（むしょうり）、短床犂、長床犂（ちょうしょうり）に分けられる。無床犂では北九州の抱持立犂（かかえもったてり）のような犂体の短いものが代表格のように扱われているが、関東地方のオンガのような犂体の長いものなど、全国的にはさまざまな形態があって操法も異なることから、犂体の長短によって短体無床犂・長体無床犂などに大まかに区分するのが有効であろう。無床犂系のなかには犂先部分が曲がって有床犂化したものも見られる。長床犂では引き棒の働きをなす犂轅の大きく曲がった曲轅長床犂、ほぼ直線の直轅長床犂がある。歴史的には古墳時代後期から飛鳥時代にかけて朝鮮半島からの渡来氏族が牛とともに無床犂を持ち込み、その後、大化改新政府が唐の曲轅長床犂を導入して普及をはかったと想定され、さらにそのあとで百済・高句麗の滅亡に伴う難民が無床犂を持ち込んだことが、各地の犂の多様な形態を生んだ原因と考えられる。北九州や離島には、その後の朝鮮半島との交流を通して何波かにわたって無床犂が伝来した可能性がある。近代に入って、福岡県の林遠里の率いる勧農社の育てた馬耕教師をはじめとする九州の馬耕教師たちが、一八九〇年代を中心に全国を遊説して抱持立犂による馬耕を広めた結果、犂耕の空白地帯であった東北地方にも犂耕が定着することになった。この流れの中で安定の悪い無床犂の改良が進められ、一九〇〇年（明治三十三）熊本県の大津末次郎が在来の短床犂を基本に改良を加え、三〇センチほどの犂床に鉄製床金を付け、犂へらは鋼板製の曲面犂へら、犂柱は鉄製ボルトで耕深調整機構を備え、犂轅と犂身は鉄製ジョイントで繋いだものを㋙（まるこ）犂の商標で特許申請をし、近代短床犂の基本型が成立した。また長野県の松山原造はレバーの操作で耕土の反転方向を左右どちらでも変えられる双用（そうよう）犂（り）の実用化に成功した。これらの近代短床犂は熊本県の東洋社、福岡県の磯野製鋼所・深見鋳造所、三重県の高北農機、長野県の松山株式会社などの全国的メーカーのほかに各地に中小メーカーが成立して、全国的に普及した。長床犂については、学界では犂床が長いために浅耕しかできない上に牽引抵抗が大きく、中世の粗放な名主経営には適合的であったが近世に入ると小農経営の鍬による深耕に対抗できずに廃れたといわれてきたが、これは机上の議論であり、加賀藩や薩摩藩では長床犂の改良・普及が行われた可能性が高い。また資力のない小農経営では牛の使用は無理といわれてきたが、平野の村と山間の村が組んで一頭の牛を使う預け牛の制度や村内での牛の共同飼育によって小農が広く牛耕を行うようになったのも近世以来のことである。つまり近世には長床犂は分布を広げ農村に深く浸透していたのである。大正以降に近代短床犂が普及しても近畿地方ではなお長床犂は使われ、大阪近辺では第二次世界大戦後も長床犂と近代短床犂を使い分けていた農家が多く、耕耘機の出現まで現役の農具であった。長床犂の抵抗の大きさを強調するのは視覚から受ける印象に惑わされたもので、無床犂も深耕すればそれだけ牽引抵抗は大きくなる。長床犂は実用上必要な深さは耕起できる上、直進性や定深走行、定姿勢走行の性能に優れたきわめて安定のいい畜力耕耘機であり、麦の畝立ては近代短床犂よりきれいに仕上がるとして重宝されていた。

参考文献　飯沼二郎・堀尾尚志『農具』（「ものと人間の文化史」一九、一九七六）、大日本農会編『日本の鎌・鍬・犂』、一九七六、河野通明『日本農耕具史の基礎的研究』（「日本史研究叢刊」四、一九九四）、同「民具の犂調査にもとづく大化改新政府の長床犂導入政策の復原」（『ヒストリア』一八八、二〇〇四）

（河野　通明）

すき　鋤　手または足の力で土にさし込み、土を反転させたり、掘り上げたりする農具。犂（すき）との混乱を避けることもあって踏鋤（ふみすき）と記すことが多い。ショベルのこと。掘棒はもっとも原始的な農具であるが、やがてこの先端に金属がかぶせられ、腕で突くのを補うように足をかけるところが加えられたものが鋤の原形と考えられる。犂が導入される前の段階をよくスキクワの農耕などというが、鋤は鍬に比べると補完的な耕具である。鍬はそれほどの熟練を要せず使えるのと、各種の土性に適合させやすく、特に打ち込みの際、その慣性力を利用できる利点がある。一方、鋤は手足の力の入れ具合に熟練を要するが、粘土質の田畑では深く耕すのに便利であり、水路や池の掘削では必需の用具であった。大蔵永常(おおくらながつね)『農具便利論』(一八二二)に記されている「関東鋤はね付」という鋤は、三度踏み込んでコ型に切れ目を入れたあと底をすくって四角な土塊を切り出し、これを鋤に乗せてはね上げるのでこの名前が付いた。熟練すれば、上方向へは三メートルほど、横方向へは六メートルも投げることができた。踏鋤ではないが、石をこじ起したり、ものを砕くための専用鋤もあった。これは足をかける肩がない。あるいは植木職専用の鋤も作られていた。いずれの鋤も、風呂と呼ばれる木の刃床部の先に鍛鉄の刃先をはめたもので、風呂と柄は一体で作られている。特に重作業用の鋤では、風呂と刃先に帯鉄をまきつけて補強したものがあった。近代になって風呂と刃先を一体の鋼鉄製とし、それに木製の柄をさし込む形のものが主流になった。滋賀県湖東地方で使われていた江州鋤は、柄が風呂と同一平面にあるのでなく、表側にずらせて取り付けられている。これも三度踏み込んでコ型に切れ目を入れたあと底をすくって土塊を持ち上げるが、柄が土に接していないため底を平らにすくいやすい。この地方は地下水位が高く、排水溝を切る必要から発達したものである。風呂鋤を作る職人がいなくなり鋼製の刃床部のものが売られているが鋤の重さのつり合いが悪く使いにくいという。なお、この鋤は『農具便利論』にもすでに記されている。

江州鋤

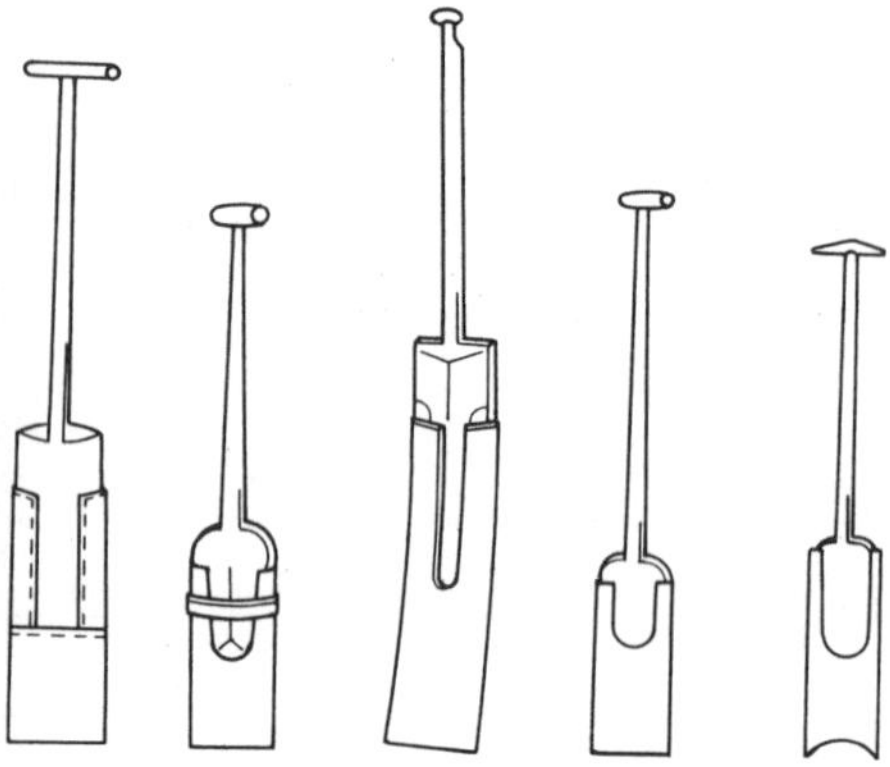

『農具便利論』にみえる鋤
左より、砂地の畑用(大坂)、植木屋用(大坂)、京鋤、石起しや土塊砕き用(大坂)、関東鋤

参考文献　飯沼二郎・堀尾尚志『農具』(『ものと人間の文化史』一九、一九七六)
(堀尾　尚志)

すし　鮨　一般的には酢と調味料をまぜ合わせた飯に、魚貝や菜などを加えた食物のこと。ナレズシという魚肉と塩と穀物(多くは米)を漬け込み自然発酵させた保存食は、東南アジアに起源があり、稲作とともに伝わり、これに漬け魚を意味する鮓という字が与えられ、のちに魚醤(うおびしお)(塩

辛)を表わす鮨という字と混用されるようになった。どちらも古代から用いられ、寿司と書かれるようになったのは近世以降である。最古の鮨の記事は『養老令』賦役令に税として納める「鰒鮓・貽貝鮓・雑鮨」とみえ、平城宮跡出土の木簡や『延喜式』には諸国からの貢納物として三十近い国から都へ送られていたことが知られる。このナレズシは保存期間が長く遠距離輸送に耐えたから献上品として重宝され、武家や公家の食卓を飾り、ハレの日の料理として行事や儀礼に供され、神前にも奉納された。室町時代までは主として鮨に米を用いるのは発酵を早めるためであり、魚肉を副食として食べたものが、あまり長く発酵させずに飯を粒のままに残して一緒に食べる生成れという鮨に変わることで、魚とご飯の主食料理とされるようになった。現在の代表的な鮨である、握りずし・ちらしずし・巻ずしなど酢で味付けした飯に魚貝など添えたものは早ずしともいわれる。これは醸造酢が発達した結果、自然発酵を待たずに酢を加えることですぐにできる大発明であった。この発案者は延宝年間(一六七三―八一)に御殿医だった松本善甫だとか、握りずしは文政年間(一八一八―三〇)ごろに江戸の与兵衛とかの説もあるが確証はない。酢飯を箱に詰め、上に魚をのせて押してつくる押しずしができ、その一切れを笹で巻き、さらには握るといった進化がなされたと考えられるが、江戸では握りずしが繁盛し、明治・大正時代になると関西は箱ずし、関東は握りずしと分かれた。現在ではマグロが好まれるが、江戸時代は下魚といわれ、すし種(ねた)には用いられなかった。天保年間(一八三〇―四四)にマグロの大漁があり、醤油漬けにして「づけ」といったのが始まりで明治になり一般化したという。トロも大正七(一九一八)、八年ころに客がいい出した言葉で、それまでは脂身だから「あぶ」といっていたらしい。第二次世界大戦前まで腹身のトロは背身より安値だったというから人々の味覚も変わる一例といえよう。また地方により作り方も変わり、一例をあげれば稲荷ずしは関西では三角、関東では四角の油揚げ、海苔巻は関西は海苔を焼かず、関東は焼海苔と地方色の多い食品である。冷凍設備が発達する一九六〇年代から握りずしは全国的な店舗食品に発展し、日本食の代表になったが、元来は家庭料理に起源があり、それが各地に郷土食として残り、年中行事や氏神の祭礼、家庭の行事などの御馳走となっている。

参考文献　篠田統『すしの本』、一九六六、『日本の食生活全集』、一九八四―九三

(矢野　憲一)

ずじょううんぱん　頭上運搬　頭の上に載せて物を運ぶ運搬法。道具を必要としないことや狭い場所でも可能だという特徴を持ち、最も原始的な運搬法の一つと考えられており、これから前額背負運搬、両肩背負運搬と発展したという図式も想定されている。また、ささぐ、いただく、かべるという動詞からもわかるとおり、特別な物を運搬するときに用いられるという場合もあったと考えられる。この運搬法はアフリカ、インドなど世界各地で現在も見られるが、日本では島嶼や沿海部の交通の発達していない地域に比較的残存していて、いただきさんと呼ばれた魚の

頭上運搬　高松市男木島

行商人や柴売りの大原女などで知られるように女の運搬法としても重要な部分を担った。男は下肥を一貫にして棒で運んだという瀬戸内の男木島・女木島(高松市)でも、女は頭に載せたという。瀬戸内などの島嶼や海岸に多く残ることについては広島県三原市幸崎町の能地の魚売りとの関連が指摘されている。能地漁民は家船(えぶね)で漁業をして、それを売りさばいた。黒い着物に三巾前垂という装束にハンボーをかべる姿が能地の流れをくむからと説明する集落が瀬戸内各地にあった。運搬量については、瀬戸内海の高見島・佐柳島(ともに香川県仲多度郡多度津町)では女が米一俵運んだといい、同じ瀬戸内の魚島(愛媛県上島町)や鹿児島県薩摩半島では普通二十貫は運んだという。頭に載せる際の緩衝材のワ(輪)は藁・竹皮などでドーナツ型に編んだものを使用するか、布などで臨時に作る。韓国では今でも頭上運搬が多用され、輪はトアリ(タバリ)という。

参考文献　小野重朗『民具の伝承―有形文化の系譜下―』(「常民文化叢書」一一、一九五五)、木下忠編『背負う・担ぐ・かべる』(「双書フォークロアの視点」七、一九八九)
(織野　英史)

すてご　捨子　親が子どもを捨てること、またはその遺棄された子どものこと。こうした実際的な捨子とは別に、四十二の二つ子など儀礼的に子どもを捨てる習俗がある。『帝国統計年鑑』によれば、明治初・中期までの日本には捨子が多く、松方財政による不況の一八八五年(明治十八)には千三百六十四人の捨子が記録されている。以後その数は徐々に減じていくが、今日並みの百人前後に落ち着くのは大正末年以降のことであって、昭和初年までは新聞に赤ん坊差し上げますという人事広告が頻繁に掲載されているように、その養育観は今日のものとは大きく異なっていた。柳田国男や有賀喜左衛門は、捨子は間引きや堕胎とは異なり、その死を望むものではなく、親権や養育義務を一方的に他人に移す行為であり、一種の養子入りの方法であったと解釈した。当時の家は労働力としての貰い子や養子奉公人のみならず、多数の住込み奉公人や徒弟を抱えており、捨子を受容する基盤として非親族的成員を取り込める開放的な家が存在していた。明治初年の長野県では、被官制度の維持された地域には捨子が少なく、それが崩れ非親族の奉公人を取り込めなくなった社会経済的に変動の大きい地域に、捨子の届け出が多いことが明らかにされている。明治中期以降の捨子の減少は、より社会経済的変動が進み、子飼奉公人を雇い入れる富農や商家が減る一方、義務教育制度の浸透などから、養育責任を生みの親がすべて負うようになった育児観の変化がその要因といえる。一方の儀礼的な捨子は、親の厄年に生まれた四十二の二つ子や、鬼子と呼ばれた歯の早く生えた子や異様な容貌の子ども、また病弱な子や子育ちの悪い家の子などを、一時的に辻や川に捨て、あらかじめ頼んでおいた知人や通行人に拾ってもらう習俗で、この拾い手を拾い親・辻親として命名や将来の庇護を依頼した。これは厄といった親の悪条件が子に移らぬよう一旦親子の縁を切って子どもの健全な成長を願う呪術的な性格を有する。捨てられる子どもが普通の子とは何かしら違ったスティグマ(聖痕)を負っている場合、異常な誕出・成長は親や先祖の悪業の表われと観念されやすいため、家の災いを取り除く一種の厄落としとして、その繁栄を保証する贖罪の意味も持っていた。こうした儀礼的な捨子は、日本に限らず世界的に広く存在するが、またそれは神話や昔話に登場する捨子の話とも関連する。オットー＝ランクの精神分析学的研究でもみるように、英雄誕生の神話は世界的に捨子として描かれるが、日本でも武蔵坊弁慶をはじめ、役行者(えんのぎょうじゃ)・伊吹童子・金太郎・頭白上人など、山中などに捨てられた子どもが山姥や動物に育てられたのち、異能を発揮して活躍する話がある。記紀の蛭児やスサノオ、また熊野の本地もその類話であって、また酒呑童子もその原義を捨て童子とする説が有力である。

参考文献　柳田国男「赤子の塚話」(『柳田国男全集』七所収、一九九〇)、千葉徳爾「棄児の話」(『伊那』五六ノ五、一九五六)、有賀喜左衛門「捨子の話」(『有賀喜左衛門著作集』八所収、一九六九)、岩本通弥「泣き虫子虫はさんで捨てろ―民俗的世界からみた捨子―」(『月刊百科』二二一、一九八二)、オットー＝ランク『英雄誕生の神話』(野田倬訳、一九八六)

(岩本　通弥)

すみ　炭　木材を焼成し炭化させたもの。燃料として用いられるほか、工業原料や研磨材などの用途もある。古くは製鉄や鋳物などの用途や上層階級の使用に限られていたが、都市生活の発展に伴い近世より一般に使用されるようになった。炭には製炭法により白炭と黒炭の二種類がある。白炭は石を積み上げた窯で焼き、炭化すると窯の外に出してスバイと呼ばれる灰と土を混ぜたものをかけて消火する。表面の樹皮がはがれ、灰をかぶっているため灰白色で堅い。着火温度が高く火付きは悪いが、高温で火持ちがよい。養蚕では蚕室の保温や繭の乾燥、製茶では茶葉の乾燥を行うホイロなどで大量に消費されたほか、蒲焼や焼鳥などの調理に用いられる。ウバメガシを焼いた紀州の備長炭は最上のものとされている。黒炭は粘土で作られた窯で焼き、原木が炭化すると窯を密封することで消火を行う。そのため、原木の形状のまま炭となり、色は黒く質も軟らかい。着火温度が低いため、火を起すのに簡便であるが火持ちは悪い。主に家庭用燃料として七輪で煮炊きや炬燵・火鉢での暖房、茶の湯などに使われる。関東の佐倉炭や大阪の池田炭などが有名である。原木はともに広葉樹が用いられ、特にナラ、カシ、クヌギなどの樹種が良質の炭となる。栗・松などは一般には適さないが、鍛冶屋が用いる鍛冶屋炭はこれらの樹種が用いられた。懐炉灰は、懐炉の燃料となる小形の木炭でキリやオガラから作られる。また、第二次世界大戦中は、木炭自動車の燃料となるガス炭が大量に生産された。

参考文献　樋口清之『日本木炭史』(『講談社学術文庫』一〇七六、一九九三)、同『木炭』(『ものと人間の文化史』七一、一九九三)

(永島　政彦)

すみやきちょうじゃ　炭焼長者　福分を持った女性との結婚で貧しい炭焼きが長者になる話。いくつかの型があるが、初婚型といわれるものは、殿様の娘が炭焼きの妻になれという夢を見る。それで貧しい炭焼きを探して妻になる。食べ物がないので妻が小判を渡し、米を買いにやると夫は途中で池に浮かぶ鴨(サギ、ガン、オシドリ、コイなど)に小判を投げつけて帰る。妻が小判のことを教えると、そのようなものは炭を焼くところにいくらでもあるという。妻が行ってみると本当にたくさんの黄金があり、二人は長者になる、などといった内容の昔話である。炭のことをイモジという地方があるように、もともと鍛冶屋や鋳物師などがそれを使い、その製造にもたずさわっていた。この炭焼長者の話もそのような人々の間に伝承され、伝播していったと考えられる。中国・朝鮮半島などの周辺諸国にも類似の話があり、冶金術とともに日本へ伝えられたのであろう。日本全国に分布し、炭焼藤太の話として伝説化して各地に伝えられている。たとえば大分県大野郡三重町の内山観音縁起になったり、津軽藩主の系図にも組みこまれている。『肥後国誌』『寛永諸家系図伝』『炭焼小五郎一代記』『真野長者一代記』『吾妻昔物語』などをはじめとして文献にも散見する。炭焼きの名は、五郎・五郎兵衛・小五郎・藤五郎・藤次郎・藤太・藤平・喜藤治・権・権五郎・吉次・庄作・長次郎・友蔵・小二郎・三弥・ふうぞう殿・くすかき三郎などさまざまにいう。金売り吉次の物語は義経伝説と深く関係している成功譚だが、その吉次の父が炭焼藤太である。金売りの徒は踏鞴を持ち歩いて鋳物を作り、炭をも焼いた。この伝説の伝播には金売り（鍛冶・鋳物師）たちが関与していると考えられる。

参考文献　柳田国男「炭焼小五郎が事」（『柳田国男全集』一所収、一九八九）、伊藤清司「民間説話と儀礼」一（大林太良他編『民間説話の研究―日本と世界―』所収、一九八七）、同「金属文化と民間説話」（『昔話　伝説の系譜』所収、一九九一）
（田畑　千秋）

すもう　**相撲**　日本古来の伝統的競技。角力・捔力・角觝とも書くが、いずれも「すもう」（古くは「すまひ」）と読み習わしてきたのは、大和時代に中国の「すもう」が相撲・角力などの文字とともに渡来する以前から日本固有の「すもう」が行われていたからであろう。現行の相撲には大相撲のような競技相撲のほかに祭儀相撲がある。たとえば、兵庫県養父市奥米地の水谷神社の秋祭にはネッティずもうといい、二人が向かい合い高く足を挙げて足踏みを繰り返し、最後に肩を抱き合って跳び廻る。奈良市奈良坂町にある奈良豆比古神社での相撲は神主から授かった榊の枝を「ホーイホーイ」の掛声に合わせて上げ下げしながら拝殿の周囲をゆっくりと歩き廻る。また滋賀県蒲生郡日野町小井口の野神祭には野神をまつる村境の塚の上で、子どもが二人ずつ向かい合い行司の合図で手を叩いて万歳をする。このように民俗の信仰行事の中で伝承されてきた祭儀相撲は、足踏みをするだけとか手を叩くだけ、あるいは肩を抱き合うだけで競技をしないのが特徴で、したがって土俵もない。またこれを行う人も宮座衆・講中、あるいは祭の頭人とか神人といった村落の信仰行事を司る人々である。こうした儀礼的な相撲は各地に見られるが、とりわけ西日本に多い。相撲は素舞であり、足踏みをするところに本来の意味がある。このことは日本の相撲の起源を語ったとされる『日本書

奈良市奈良豆比古神社の相撲

兵庫県養父市水谷神社のネッティ

祭儀相撲

紀』垂仁天皇紀の当麻蹶速と野見宿禰の相撲にもみることができる。二人は「各足を挙げて相蹶む。則ち当麻蹶速が脇骨を蹶み折。亦其の腰を蹈み折きて殺しつ」(原漢文)とあり、相手を殺してしまうほどの力強い足踏みであったという。相撲ではしこ(醜足)と呼ばれるこの足踏みは、悪霊や死者の荒魂を踏み鎮めて、社会を安全にする呪的足踏みで、もとダダといい、のちに仏教化して反閇と呼ばれたものにあたり、日本の祭儀と芸能においてもっとも神聖な動作としてながく伝承されてきたものである。しこが悪霊鎮送の呪的動作として行われている間は宗教者の演じる神態であったが、悪霊を払う力が強ければ強いほど大きな神の恩寵が得られるという信仰から呪力と体力が同一視されるようになって力競べが始まり、次第に競技化されていった。しかしその呪術性ゆえに農作物の豊凶を占う年占や雨乞い、地鎮にも用いられ、朝廷の節会の行事としても取り上げられたものと思われる。奈良時代末期ころから始まった相撲節には毎年諸国から相撲人を召し、左右に分かれて競技が行われていた。この相撲節に舞楽が行われるようになったのも仮面をつけて地を踏み蹴る動作が相撲と同じように災禍を払う呪的な力をもつものだったからであろう。相撲節の廃絶後は社寺の勧進活動の手段としても用いられてきた。この勧進相撲の伝統を継承するといういまの大相撲での力士の揃い踏みや横綱の土俵入りも天下国家の悪魔を払う一種の宗教行事である。

参考文献　和歌森太郎『相撲今むかし』、一九六三、同『相撲の歴史と民俗』(『和歌森太郎著作集』一五、一九八二)、山田知子『相撲の民俗史』、一九九六
(山田　知子)

すわしんこう　諏訪信仰　長野県諏訪市・茅野市(上社)、下諏訪町(下社)にある諏訪大社を中心とする信仰。諏訪神は政治的次元では記紀の記述にあるように、軍神・先導神としての役割が強調されたが、内なる信仰圏においては神の子孫で現人神である大祝に、帰属した氏族の末裔として神事を司る神長らが奉仕し、地域の豊穣を保障する信仰として伝えられた。諏訪大社上社の神はタケミナカタ(普賢菩薩)、下社の神はヤサカトメ(千手観音)とされ、併せて諏訪神と呼ばれたが、一五一八年(永正十五)下社大祝らが上社との争いで滅び、記録・伝承の大半を失った。年間七十余度の神事・祭祀の負担は、古くは領田に依ったが、室町時代中期に神領が収奪されて一時衰えた。近世の社領は上社千石、下社五百石で、経費の大半を、寄付・御符料・旦那廻り・湯花神楽によって賄った。年間神事のほとんどは新年初頭の祭に基礎を置くが、十二月晦日に御室(半地下の穂屋)で神長が豊穣予祝の神御左口神を降ろし、正月一日、御左口神・年の神と現人神の大祝が対面して盃を交わす。この時、蝦蟆を捕え串焼きにして神・祝らが共食し、先王であった蝦神の魂を身に入れ、生命を新しくする習わしがある。次に大祝の身替わりに信仰圏の大祝道を巡る六人の神使の道選びが、萩組で決められた。萩組とはススキの成穂を束ねたもので、これを打ちつけて、飛び散った実を数え、数が二度重なると良いとされた。十五日には作柄を決める筒粥の神事、十七日は悪霊・災難を祓う歩射が催され、神長が占手という紙の面形をつけ、小弓・小矢で一つの矢は海竜王、二の矢は山の神、三の矢は大明神に奉ると述べて的を射た。諏訪では祭事の規格を一丁四立(一町歩の神田と酒を入れた大瓶四本で賄う神事)などの呼名で表わしたが、この規式は『延喜式』祝詞の記述と一致する。このほか、大祭では七十五頭の鹿頭を木串に刺して贄とし、大祝の前には桝に盛った白米を供えた。諏訪信仰の中核は、荒霊を饗応し、和霊に導く礼法で、天武天皇の時代、荒御霊を四本の柱で封じ、伊勢神宮に準じて式年遷宮を行う社に定められた

という。これは、現在まで御柱神事として伝えられている。三月の酉の日の御頭祭(大御立座神事・酉の祭)は年間最大規模の神事で、信濃国に所領を持つ御家人が御頭役を勤め、祭の費用を負担した。神使は少年の役で、御左口神を憑けた杖、サナギの鈴(筒鈴)を振って土地の精霊を呼び覚まし、歳の収穫を約束させた。八月一日には下社で春宮から秋宮への遷座祭があり、御霊代に随う青柴の柴舟に、地霊を憑けた翁・媼を乗せ、途中は相撲の態で揺らし傾けながら道行し、秋宮を三巡りしたあと停止、境内で三番の神事相撲を演じた。同月の二十七日には、諏訪神の荒ぶる力で、天変地異を鎮めるための御射山祭が行われた。このように古代の遺風が民俗の慣行と複合して伝承したことに特徴があり、豊富な残存資料から、今後さらに研究上の視点が拡大され、深められる可能性がある。

参考文献　『諏訪史料叢書』一・二、一九二五・二六、『年内神事次第旧記』(『新編信濃史料叢書』七所収、一九七二)、金井典美『諏訪信仰史』、一九八二

(武井　正弘)

せ

せい　性　日本における性の民俗学的研究は、性器や性行為を象った図像やしぐさを魔除けや小正月や田植えの時期の農耕予祝儀礼で豊饒の象徴に使うという性器信仰を別にすれば、ヨバイや寝宿などの若者組や若者仲間による村落内の婚姻前の性の自主管理を中心になされてきた。十三～十五歳ごろの若者入り後、男が寝宿のない所では勝手などで一人で寝ている娘の家に行くといったヨバイは、結婚につながる特定の異性との馴染の関係を作る機会として捉えられてきた。他村の若者と性的関係をもった娘への若者組による仲間はずしや村外婚の婚礼の妨害などの制裁も、「村の娘は若衆のもの」といわれる若者組による村内の娘の性への支配の示威と解釈され、ヨバイや寝宿の衰微も、村内婚から村外婚へという近代における変化に伴う、村の若者組による性と婚姻の管理から家による管理への推移によって説明される。つまり、従来の研究は、(一)親が婚姻を決めるようになる以前は、若者たちが自主的に村内で恋愛による結婚相手を決めており、(二)村内婚の規範の下で若者組は村内の娘たちの性を統制していたと結論していた。ヨバイに代表される性民俗は、明治以降の都市の上層文化での性規範との対比で客体化され、その意味は、対比される上層文化の性の捉え方によって変わり、大正の研究初期には都会にない野蛮でエキゾチックな風習として興味を引いた田舎の性民俗は、都市上層階級の性が近代に始まる恋愛による結婚に直結するも

のとされた場合は、若者組による統制は因習的な女性支配と意味づけられたり、逆に第二次世界大戦後になって、上層階級の性が儒教的な家制度によって管理されたものとされると、性民俗は若者たちの自主的な恋愛による性関係という意味が与えられるようになる。しかし、いずれも対比による一面的な捉え方であり、若者入り後から結婚までの過渡期に限られていた若者組による性の統制から外れた性習俗は見落とされがちだった。ヨバイは遊びで結婚とは別だといわれていたり、男女とも村の外の者との性関係を好む傾向があったことや、神社の祭礼日に不特定の男女が一緒に寝るというザコネの習俗のように、家や若者組や村の統制から外れた性関係があったことが軽視されていた。また、アナバチなどと呼ばれる娘のはじめての性交の相手が村の長老や他村の親族や堂守など若者仲間外の者だった例や、若者もヨバイが盛んなころでもはじめての性交は町での買春によっていた例など、はじめての性交を潜在的な婚姻相手以外の者としていたことの意味も考慮される必要がある。今後の研究には、婚姻との連続性だけでなく、時と場合によって意味づけが異なる性の多様な実践の間の相互関係を見たり、性器信仰ともつながる、性の意味の差異が場や時の境界を特徴づけることを見るといった総合的な視点が求められよう。　→寝宿(ねやど)　→ヨバイ

参考文献　瀬川清子『若者と娘をめぐる民俗』、一九七二、石川弘義・野口武徳『性』(「ふぉるく叢書」二、一九七四)、波平恵美子「民俗としての性」(『日本民俗文化大系』一〇所収、一九八五)、岩田重則「ヨバイと買春」(『日本民俗学』一八六、一九九一)、森栗茂一『夜這いと近代買春』、一九九五

(小田　亮)

せいぎょう　生業　生計を維持するために行われる仕事。職業が指し示す内容よりも幅広く、収入に直接結びつかなくとも日常生活を支える上で欠くことのできない仕事をも含めていう。また個人や家を単位とした労働行為をいう場合が多く、この点で産業とも区別される。民俗学においてこの用語を積極的に使い始めたのは、渋沢敬三を中心としたアチック＝ミューゼアムであり、その編集にかかる『民具蒐集調査要目』(一九三六)に「生業に関するもの」として生業の語が用いられているのは早い使用例である。そこでは農具、山樵用具、狩猟用具、漁撈用具、紡織色染に関するもの、畜産用具、交易用具、その他の八つに関係民具を区分する形で具体的にその内容が示された。この『民具蒐集調査要目』の分類は、民俗資料が文化財に加えられた一九五四年(昭和二十九)の文化財保護法の改正に伴い告示された「重要民俗資料指定基準」に引き継がれ、「生産・生業に用いられるもの」という一項が明記された。以来、生業という用語は文化財保護行政の場で急速に普及し、一般化した。その内容は、具体的には種々の農耕活動、漁撈活動全般、木材伐採・炭焼きなどの山樵、狩猟、生活上有用な動植物の採集活動、鉱石採掘・製錬、製塩、養蚕、動物飼養、染・織、手細工、種々の職人仕事など、さまざまな仕事を含んでいる。これらは村落生活において営まれてきた仕事が中心になっており、従来民俗学が取り上げてきた生業の内容とほぼ重なっている。たとえば、柳田国男の『郷土生活の研究法』(一九三五)に収められた「民俗資料の分類」では生業とはいわないものの、「生活資料の直接取得方法」として自然採集・漁・林・狩・農を挙げている。民俗学における生業研究は、民具に関する調査研究分野において積極的に開始された経緯もあり、農耕や漁撈活動をはじめとする個々の仕事に関する作業呼称、具体的な手順や仕方、用いられる道具や知識など、仕事のもつ技術的側面を記述するところに主たる関心が注がれてきた。また仕事の遂行に伴う共同労働慣行、農地や漁場をめぐる社会的慣行、これとかかわる信仰など

に重点が置かれて、生業そのものを正面から捉えようとする視点は十分には展開しなかった。しかし一九七〇年代ごろから、生業の内容や推移に留意しながら村落生活のありようを理解しようとする研究視点が次第に強まるとともに、生業に対する関心が高まり、そこから生業のありようを軸にして、地域社会がもつ特色や生活構造、住民の生き方・生活志向性などを問うようなところまで深まりを見せた。言い換えれば、一定地域の生活を生計維持活動である生業に基づき総合的に把握しようとする姿勢が強められたのである。さらに近年は、地域の生活環境や風土を論ずる場合に生業への目配りや理解は欠くことができないまでになっている。また都市を対象にした民俗研究の広がりに応じて伝統的な職人や工場労働者である職工が伝える仕事に注目した調査研究も現われるようになり、民俗学の重要な研究分野として位置付けられるに至っている。

参考文献　最上孝敬他『生業と民俗』(『日本民俗学大系』五、一九五九)、民俗文化財研究会編『民俗文化財の手びき―調査・収集・保存・活用のために―』、一九七九、高桑守史『日本漁民社会論考―民俗学的研究―』、一九九四、野本寛一・香月洋一郎編『生業の民俗』(『講座日本の民俗学』五、一九九七)

(湯川　洋司)

せいじょしき　成女式　少女から一人前の女性への移行、転身を認知する儀礼。通過儀礼の一つ。男性の成年式と対応するものであるが、女性においては月経開始を儀礼の条件としている。また初潮年齢を十三歳と見立て、神詣でや鉄漿(かね)付けなど、この年齢を基準として行う場合も見られる。少女は初潮をみて成熟を確認されることにより、社会的責任を負う個人もしくは集団の構成員となる。成女式の様子は各地いろいろであるが、腰巻を身に着けるなど服飾の変化、鉄漿付けや南島の入れ墨など身体装飾的変化、神詣でや親戚・村人へ婚姻適齢期披露をするなどの諸要素を含む点は全国的に共通する。現在では、これらの民俗は影をひそめたが、娘の初潮に赤飯を配る親の姿もあり、成女式の心意を継承している。

参考文献　大間知篤三「成年式」(『日本民俗学大系』四所収、一九五九)、瀬川清子『若者と娘をめぐる民俗』、一九七二、野村敬子「「成女戒」と「おとめ」」(『日本民俗研究大系』四所収、一九八三)

(野村　敬子)

せいねんしき　成年式　子どもから大人への転換点に行われる通過儀礼。成人式とも、女性の場合は成女式ともいうが、村落社会ではその折の印象的な行事にちなみ、男子の場合、元服・烏帽子(えぼし)祝い・褌祝い・ヒタイトリ(額取り)、女子の場合はユモジ祝い・鉄漿(かね)祝い、その他、双方にあたるものとして十三参りなど、地方によりさまざまな名称で呼ばれていた。成年式の時期は、男子では数えの十五歳ごろで、この儀式を経ることによって労働・行政・婚姻の各面で原則的には一人前の村人として認められた。家族や親族のあいだで成年式を行なった直後、若者組や寝宿へ加入することが多かったとみられるが、なかにはそれら集団への加入式そのものが成年式を意味するものもあった。いずれにしても、このころからヨバイも行うようになるので、成年式を経ることは、婚前性交渉の公認をも意味したとみられる。明治初期の男子の成年式では、はじめて褌を締めるなどのほか、幼児名から成人名への名替えをしたり、髪型を変えるなどのことがあった。褌祝い・烏帽子祝いといった名称はそのことに由来するものである。一方、女子の成年式は数えの十三歳ごろか、あるいは初潮を機に行われた。その際にはじめて腰巻を身につけたり、鉄漿すなわち、お歯黒で歯を染めるなどのことがあった。女子は成年式を経ることによって婚姻の有資格者として認められるとともに、若者によるヨバイの対象とされた。つまり婚前性交渉の公認である。男子のそれと異なり、労働や行政面での評価がうかがわれないのは、行政面はもとより、共同労働などにおいても、かつては女性の公的な労働が軽視されていたことの表われである。なお男女双方とも、成年式の折に、実の親とは別に元服親・烏帽子親・鉄漿親などと呼ばれる擬制的な親を介添え人、保証人として依頼し、当人はその擬制的な子になるという慣習も全国的に広く行われていた。そして擬制的な親と子の交際は実の親子と同等か、あるいはそれ以上のものとして長く続けられた。以上の成年式はいわば定型的なものであるが、これ以外にも、男子の霊山登拝であるとか、道祖神祭、三河の花祭、対馬の盆踊り、女子の花摘み、盆竈行事、伊勢参り、伊豆諸島の山の神祭、あるいは男女双方の歌垣等々の中には、明らかに成年式としての性格をもつもの、あるいは成年式の要素がうかがえるものがあり、注目を要する。これらはいずれも屋外行事であるから、屋内での成年式の前後に挙行される場合もあろうし、単独でなされたものもあろうが、詳細は必ずしも明らかではない。日本における民俗としての成年式も、その形態はきわめて多様性に富んでいるのである。
↓十三参り　↓成女式

参考文献　大間知篤三「成年式」(『日本民俗学大系』四所収、一九六二)、江守五夫「成人式の原義」(『(新装版)文化人類学』所収、一九六七)、平山和彦「成年式と一人前」(『(合本)青年集団史研究序説』所収、一九八八)
(平山　和彦)

せいねんだん　青年団　公民教育を目的に日露戦争後に町村を単位として結成された青年団体。団員は小学校卒業から二十歳(もしくは二十五歳)までで小学校長または市町村長その他の名望家を指導者とした修養団体。若者組はムラにおいて祭礼執行、村人足などの労働、婚姻媒体の団体として存在してきて、おのおのの活動を通じて年齢秩序に基づく村人を育成する教育機能をもってきた。それに対し、青年団は若者組の活動機構を継承しながらも、性や娯楽に関する関与を少なくし、図書館などの国民教育に関する事業や勧業方面の事業、夜警、衛生、軍人支援などの市町村自治に関する事業を主として行うようになった。青年団と若者組との歴史関係については、青年団支部との連続性・包摂性について関心がよせられてきた。また、青年団の果たしてきた役割についても、国民統合の視点から、公民教育機関か、ファシズム体制を支えた軍事教育機関か、その歴史的評価については分かれている。↓若者組

参考文献　熊谷辰治郎『大日本青年団史』、一九四二、萩原進『群馬県青年史』、一九五七、『大日本青少年団史』、一九七〇、佐藤守『近代日本青年集団史研究』、一九七〇、長野県下伊那郡青年団史編纂委員会編『下伊那郡青年運動史』、一九七〇、日本青年団協議会編『日本青年団協議会二十年史』、一九七一、平山和彦『青年集団史研究序説』、一九七八、多仁照廣編『山本滝之助日記』、一九八五-八八、『財団法人日本青年館七十年史』、一九九一、八潮市編『八潮の青年会史料』、一九九五、岩田重則『ムラの若者・くにの若者』、一九九六、多仁照廣『青年の世紀』(「同成社近現代史叢書」五、二〇〇三)
(多仁　照廣)

せいめいさい　清明祭　沖縄において清明節に行われる墓前祭。起源は中国にあり、近世以降沖縄にも伝えられた。シーミーともいう。沖縄における本来の墓前祭は、正月十六日と七月七日であったが、近世に上級士族の間で儒教風、中国風の祭祀が導入された。記録の上では、北京の国士監に留学した蔡文溥が編纂した『四本堂家礼』(『蔡氏家憲』)に、一七二八年(雍正六)蔡氏一門が清明祭を一門の行事にしたとある。明治の廃藩置県後、身分制度の廃止によって士族の風俗習慣が一般平民にも浸透していく中で、清明祭も沖縄本島全般に広がったと考えられている。

ただし、現在でも本島北部の一部で清明祭を行わない地域があるし、宮古では一部の旧家が行うのみで、八重山では士族系の門中単位で行われる。清明祭を行わない地域では、正月十六日と七月七日が墓前祭となっている。また、清明祭を行う地域でも、正月十六日と七月七日の墓前祭を合わせて行う地域がある。宗家の祖先の墓前で門中の成員によって行われるカミウシーミー（神御清明）と家族単位のウシーミーは区別して行われる。既婚女性は、夫方祖先の清明祭と父方祖先の清明祭の双方に参加する点で中国とは異なる。清明祭の供物は、中国渡来人を始祖にもつ久米系門中では、豚肉・鶏・魚のウサンミ（御三味）のほかに餅の重箱と豆腐・蒲鉾・天麩羅などの重箱が供えられる。神酒を供え、線香を焚き、紙銭を焼いて拝んだ後、墓前で共食する。

参考文献　小川徹『近世沖縄の民俗史』（「日本民俗学研究叢書」、一九八七）、平敷令治『沖縄の祖先祭祀』、一九九五

（小熊　誠）

せおいうんぱんぐ　背負運搬具　背中全体で重量を掛けて荷を背負う運搬法に用いる道具で、非常に効率良く運搬することができる。頭縄による前額背負、胸（首）縄による胸背負、肩縄によるランドセル方式の両肩背負の三種があり、これらに枠・箱・籠・臾（もっこ）・畚（ふご）という容器が結び付いて、背負運搬具を構成する。日本で最も多いのは肩縄によるランドセル方式で、前額背負は北海道のアイヌ、奄美・沖縄に見られる。胸（首）縄方式は東北・北陸に見られる運搬法である。背負縄には運べる荷の大きさに制限がなく、また道具自体の重さがわずかだという長所がある。このため、かさ張る草や藁などの運搬によく用いられた。木枠が付いたものが負子（背負子・背負梯子）である。これは背負縄に、荷の制限をあまり付けないまま、固定能力を増した運搬具で、薪や炭俵・石など比較的

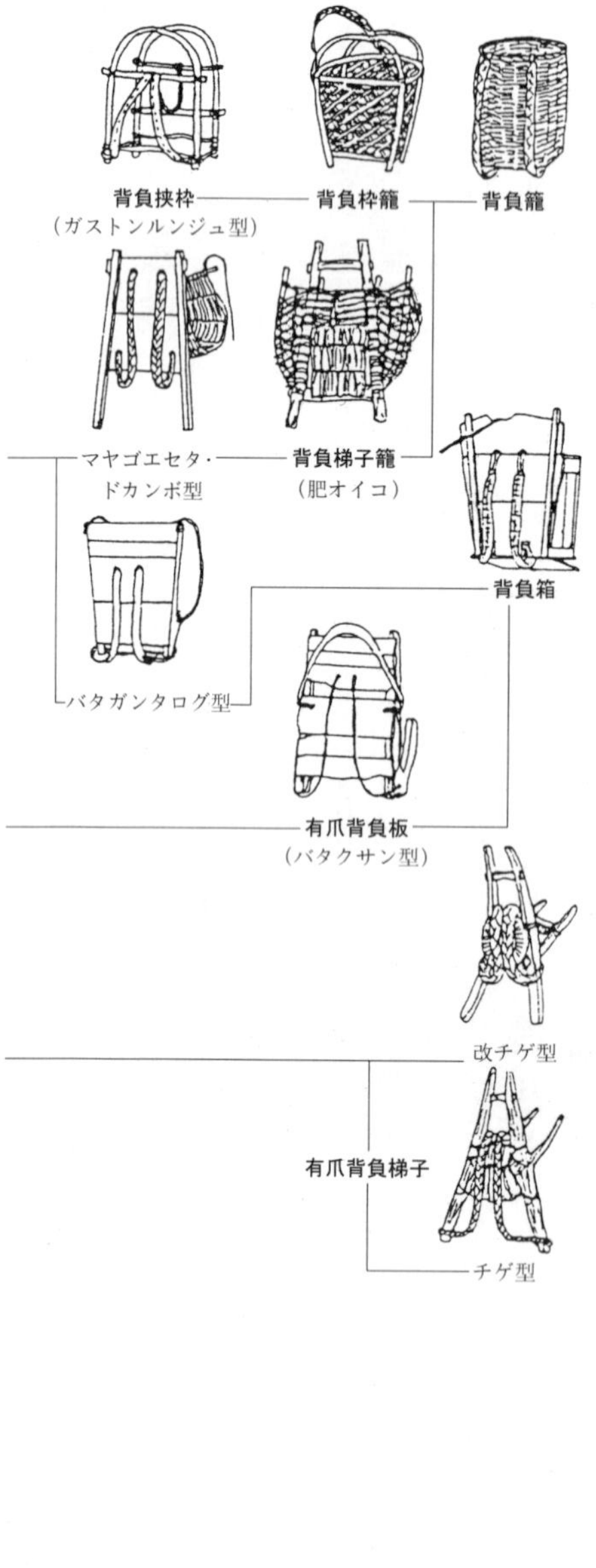

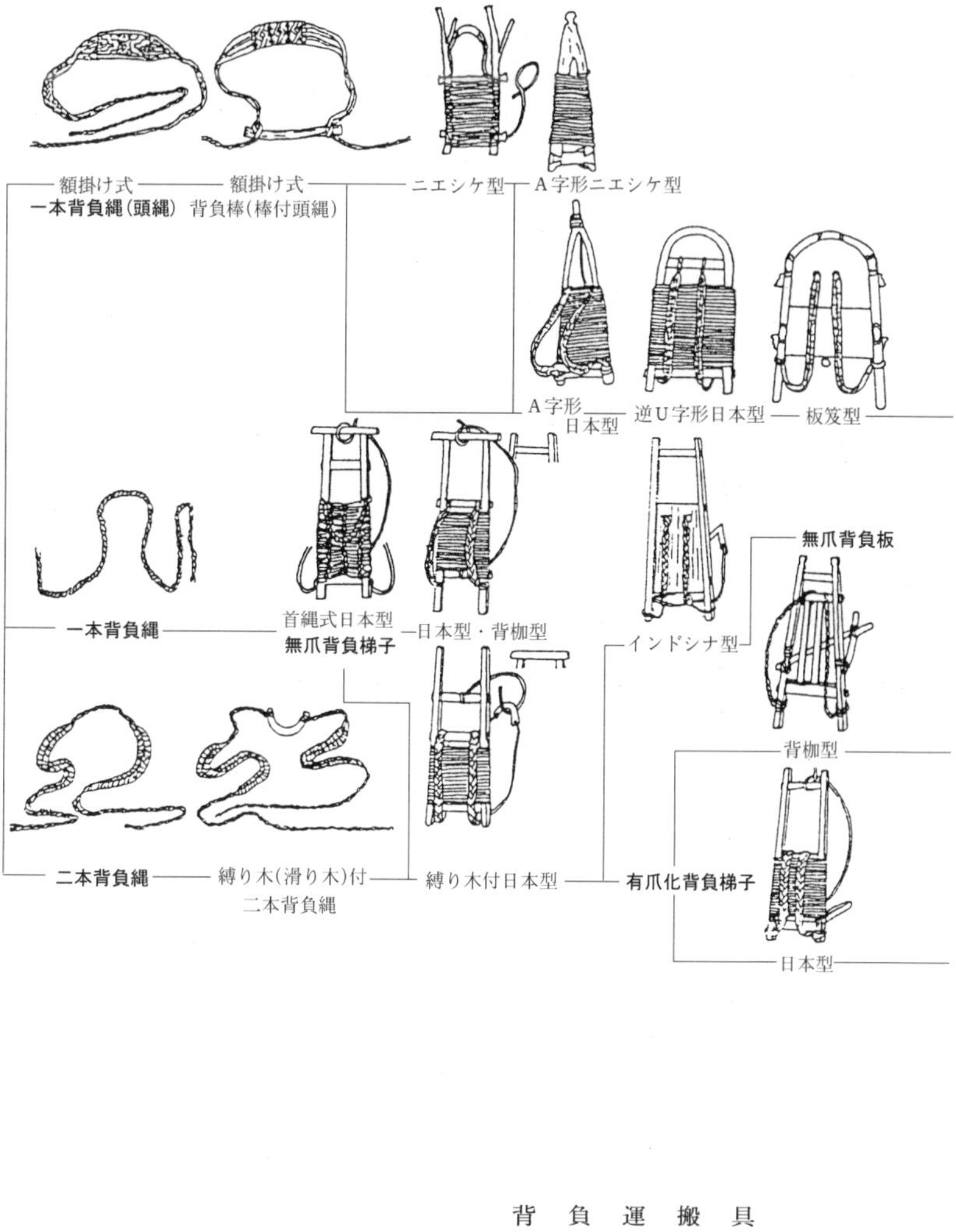
額掛け式
一本背負縄(頭縄)
額掛け式
背負棒(棒付頭縄)
ニエシケ型
A字形ニエシケ型
A字形日本型
逆U字形日本型
板笈型
一本背負縄
首縄式日本型
無爪背負梯子
日本型・背枷型
インドシナ型
無爪背負板
背枷型
二本背負縄
縛り木(滑り木)付二本背負縄
縛り木付日本型
有爪化背負梯子
日本型

背　負　運　搬　具

重いものの運搬も容易にした。中国の背架(ベイチャ)やインドシナ半島北部のキーは日本のものに似ているが、朝鮮半島には股木を使ったチゲがある。豊後のものはこの近似種である。負子の呼称から修行僧の笈(おい)から成立したという説もある。木箱が付いた背負箱は鉱山や道路工事などで石などの運搬に用いたりした。底の開閉ができるものも多い。籠は葛・樹皮・竹など素材も多種であり、また編み方や形・大きさも多様である。円筒形や四角形のもの、円錐形のものなどがある。これらのうち大半は同じ容器を前後に担げば担ぎ運搬具となる。円錐形で粗い編み方をしたものには堆肥などの運搬に用いられた肥籠があり、これを背負臾として区別する場合がある。畚は主に稲藁製や小麦藁製で浅いものから深いものまで多様である。

参考文献 小野重朗『民具の伝承―有形文化の系譜下―』(「常民文化叢書」一一、一九六五)、木下忠『背負う・担ぐ・かべる』(「双書フォークロアの視点」七、一九八九)、下野敏見『日本列島の比較民俗学』、一九九四、織野英史『背負梯子の研究』、一九九九
(織野　英史)

せきはん　赤飯　モチ米に小豆を混ぜて蒸籠(せいろ)で蒸(ふ)かした赤色の飯。赤米を用いた名残であるという説もある。モチ米以外にもアワ、キビが用いられた地方もある。誕生祝い・初誕生・七五三・成人式・結婚式には赤飯が付き物であることはよく知られている。赤飯は祭礼・人生儀礼・年中行事などのあらゆる場面で使われ、現代社会では入学式・快気祝い・就職祝いなどの節目にも用いられる。祭礼に用いられる赤飯は豊饒感謝を表現する。群馬県利根郡片品村花咲の猿追い祭は、祭の中で赤飯を投げ合う場面がある。埼玉県児玉郡神泉村(神川町)の飯台行事では赤飯を境内所狭しと投げ散らす。いずれも豊饒を感謝する祭である。赤飯の味は画一的ではない。群馬県利根郡新治村(みなかみ町)の小池祭は、マケと呼ばれる同族の先祖祭で、藁製小祠の前で赤飯のやりとりが行われる。同じマケ内でも赤飯は家によって微妙に異なっており、色と味によって作った家を識別できるという。赤飯の作り方は家ごとに世代を超えて伝承されていくことが認められる。また、群馬県の一部では現在でも葬式当日の念仏に際して赤飯が用いられる。凶事の赤飯の例は、北は青森県から南は熊本県まで、全国各地に類例があり、吉事の赤飯と区別するために黒豆を入れたり、赤色に染めないなどの事例がみられる。福島県・茨城県では白強飯が用いられた。赤飯を葬式に出すのは、忌明けを象徴するにふさわしい食品であったとも考えられる。

参考文献 盛永俊太郎他『稲の日本史』(「筑摩叢書」一三三・一三四、一九六九)、鎌田久子「斎日の飯」(『女性と経験』一五、一九九〇)、田中宣一編『食の昭和文化史』、一九九五、板橋春夫「葬儀と食物―赤飯から饅頭へ―」(国立歴史民俗博物館編『葬儀と墓の現在―民俗の変容―』所収、二〇〇二)
(板橋　春夫)

せけん　世間　世の中、身の回り。俗世間ともいう。本来は変化・転変などを表わす意味のサンスクリット語を漢訳した仏教用語。仏の世界に対する人間界、絶えず移り変わる世俗の世界を表わしていたが、現代日常用語での世間は、自分と直接・間接に関わりのある人々、およびそれらの人々が住む範囲であり、自己の活動空間を表わす。「世間が広い、狭い」という表現は、知人や関係者が多い、少ないこと、活動範囲が広い、狭いことを評価する言葉である。具体的には親族・仲間・友人・学校・会社・近隣・地域社会などの一部が重なりあって、個々人の世間が構成される。世間の大きさ・範囲は人によって異なることになる。生活の大部分が村落社会内でおくられていた時代には最大の世間は村落社会であったが、多様な生活様式がみられる現代になると、一人ひとりの世

間の大きさ・範囲が多様になるばかりでなく、世間に対する依存度(行動の基準や関心の対象ともなる度合いなど)も多様化する。世間の目を判断基準にした親の説教が効力を持たないことが多いのは、親と子それぞれの世代の世間認識・世間への依存度が異なっていることに一因がある。世間は現代人の行動の共通基盤になり難いのである。現代はマスコミなどによって情報の共有(情報への接触)が広範になり、日本全体を世間と捉えることも可能になった。しかし、世間は明確な集団としての性格を持たない。世間は人間関係の集積体であって、個人を単位として成立・構成される社会や集団とは異なる概念である。社会において個人の利害関係を調整するのは法や規則であり、個人はそれに従うことで社会の秩序が維持されるが、世間には義理や恩、慣習、人並み・世間並みというあいまいな基準があり、それを体現化する世間の目や口(批判的な周囲の視線や評判)が、それを受け止める個々人の行動を規制する。噂話や世間話なども世間での行動基準になるのである。たとえば犯罪に対して、社会は法律にもとづいて罰するが、世間は陰口や噂話などを通して罰することになる。大きな世間に対する小さな世間は身内となるが、「世間に顔向けができない」と非難するのは当事者の周辺の家族・親族や小地域社会などの身内であることが多い。世間を構成する仲間・身内とそれ以外の他者を区別するとき、仲間はずしや差別など多くの社会的問題が世間の内外に生じる。世間の内側には仲間意識の裏返しとしての差別意識があり、世間の基準に従わない者に対して仲間はずしが平然と行われる。社会とちがって世間は、人権や個人の自立・尊厳などに無頓着だからである。また世間の外側に広がる空間は見知らぬ人々が住むタビ(旅)である。行動が規制されていた世間の内側とは異なり、タビでは自由に振る舞うことができるために「旅の恥はかき捨て」的な行動が生まれる。タビは他人との競争に勝ち、富を獲得して立身出世するための場でもあった。本来、世間の外側に住む人は身内・仲間ではないと捉えるために、現代社会の構成員であるはずの在日外国人などに対しても、世間においては他者として区別・差別するなどの問題が生じている。

参考文献　米山俊直『日本人の仲間意識』(「講談社現代新書」四四七、一九七六)、井上忠司『「世間体」の構造―社会心理史への試み―』(「NHKブックス」二八〇、一九七七)、阿部謹也『「世間」とは何か』(「講談社現代新書」一二六二、一九九五)、同『「教養」とは何か』(同一三五八、一九九七)、同『学問と「世間」』(「岩波新書」新赤七三五、二〇〇一)
（山本　質素）

せけんばなし　世間話　昔話、伝説とともに民間説話の一類。ただし、前二者に比較してこれの研究は余程立ち遅れている。理由は世間話の概念規定そのものに未確定要素が多いからである。このために『日本昔話大成』や『日本昔話通観』、あるいは『日本伝説大系』のごとく、当該分野における話種、話型の確定と、それにもとづく分類整理、そしてそれに発するところの体系化への出立が依然不能であることによる。昔話の場合のようにきちんとした分類・整理ができなくて、要は話の「住民基本台帳」が不備であり、話の「住民登録」が未だ行われていないためである。それにはまず、世間話は町の噂、もしくは単なる一過性の噂話とは異質の存在であり、そこには常に、文学的な要素の付帯することを条件とする基本姿勢を認識する必要がある。それなくしては世間話は「口承文芸」の一類に位置付けることはできないであろう。具体的な方法の一助としては時空を超えて、そこに特定のモチーフを抽出し、さらにその原質を普遍化しうるものかどうかに掛かると思われる。たとえば、かつて永井荷風は『断腸亭日乗』にこの類のものを多く書き留めていた。「噂のきき書き」「町の噂」「巷の噂」「街談録」「流言録」「風聞録」「見聞録」「近日見聞録」がそうである。その中、一九三八年(昭和十三)九月六日には次のようにある。「神田須田町の街頭に広瀬中佐の銅像と共に杉野兵曹長の銅像の立てることは世人の知る所なり然るに杉野は戦死せしに在らず其後郷里浦和に居住し此程老齢に達し病死せしと云杉野翁の孫なる人現に浦和に在り近隣の人々も杉野翁の事をよく知り居れりと云」(「噂の噂」)とある。これは紛れもなく、当時の「噂」であった。しかし、歴史に残る戦の中で著名な主人公が忽然と失踪し、その後、時を経て再びその名を喧伝されるのは『義経記』の常陸坊海尊はもとより、当の源義経も『御曹子島渡り』に復活していた。近くは西南戦争後の西郷隆盛や、いまになお伝わるチャンドラ＝ボースなど、いずれもそのモチーフを踏襲するものである。これからして、現今大いに人気のある話の一つ。ある女性に父親のわからない三歳の男児がいる。彼女は青函連絡船からこの子を海に突き落とす。三年後、彼女はまた別の三歳の女児を連れて船に乗る。船が青森に近づいたとき「その女の子は母親に向かって『押さないでね』といった」とする事例は、さかのぼってはラフカディオ＝ハーンの『日本海に沿って』所載の「オトッツァン！ ワシ、ヲ、シマイニ、ステサシタトキモ、チョウド、コンヤ、ノ、ヨーナ、ツキヨ、ダッタネ」の一言や、夏目漱石の『夢十夜』の「もう少し行(ゆ)くと解る、丁度こんな晩だつたな」の文言に通じている。要は互いに通底するモチーフを共有している。したがって、今日他にいう「現代伝説」「都市伝説」の類語も、先行する例話からの借用モチーフ、あるいはそれらからの再生産という具合に理解すれば、いずれは一過性の噂や噂話と、一方、民間説話としての世間話との区分も確実に認識しうると思われる。

参考文献　世間話研究会編『世間話関係文献目録』、一九六八、長野晃子「世間話の定義の指標―世間話は伝説、昔話とどこが違うか―」(『世間話研究』二・三、一九九〇・九一)、野村純一『日本の世間話』(「東書選書」一三八、一九九五)

(野村　純一)

せっく　節供　節の日に供える食物、またその行事のこと。節の日とは、一年のうちの折り目、節目の晴れがましい行事日のことで、この日に神まつりをして供物を供えたところから節供と呼ぶようになった。節供である行事日に作る供物をおせちと呼び習わしたが、その行事日が正月に集中したために、正月に作る料理をおせち料理と呼ぶようになった。そのために現代社会では、正月に食べる重箱に詰めた豪華な料理だけをおせち料理という。節の日は、神まつりが済んだ後に人々が一緒に食事をする機会をもったところから通常の日と区別され、次第に単なる区切りの日となり、節供に代わって節句の字があてられるようになった。現在は「節句」の表記が一般的であるが、「節供」の表記こそ本来の意味を適切に伝えているといえよう。江戸時代初期に人日(正月元日)、上巳(三月三日)、端午(五月五日)、七夕(七月七日)、重陽(九月九日)の五節供が定められ、目上の家へ祝賀に行くべき日とされた。しかし地方によっては、正月二十五日を終い節供、六月一日をムケの節供、八朔をショウガの節供、十月亥の子を亥の子節供と呼ぶなど、五節供以外にも節供の用語を使用する例は多い。このように節供の使用例を見ていくと、節供は行事日の総称として認識されていたことがわかる。現在、節供の用語は、雛節供と端午の節供にその名をとどめ、正月のおせち料理が節供の語義をわずか今に伝える。

参考文献　柳田国男「年中行事覚書」(『柳田国男全集』一六所収、一九九〇)、田中宣一『年中行事の研究』、一九九二

(板橋　春夫)

せっちんまいり　雪隠参り　生児がはじめて外に出る際の儀礼の一つで、自分の家の便所や近所三軒の便所に参ること。多くはお七夜の日に行う

が、三十日前後の宮参りの日に行うところもある。コウカマイリ、オヘヤマイリ、オシチヤマイリなどともいわれる。雪隠参りは関東地方を中心に、新潟・長野・山梨・福島などで行われている。参り方は地方によって多少違うが、産婆や祖母が生児を抱いて便所に連れていき、散米・塩・御神酒などを供え、子どもの無事な成長を願う。生児の額に紅で犬の字を書いたり、頭におむつをのせていくところもある。群馬県・長野県では橋を渡らずに三軒の便所に参らなければならないとするところが多く、便所を借りられた家では麻一把をお祝いに贈った。栃木県では生児に便を食べさせるまねをするところもある。便所とともに井戸・竈・ウルシの木などに参るところもあり、これらの場所は子どもにとってすべて危険な場所であるため、生児に危険を知らせる躾の一端としての儀礼であるという解釈もみられる。一方、便所をどういう空間と考えるかによって、雪隠参りの解釈は異なる。雪隠・川・橋・井戸・竈などは異界とこの世を繋ぐ象徴的境界領域である。特に便所は農耕の再生に必要な下肥が蓄えられる場所でもあり、そのエネルギーを生まれたての未熟な霊魂をもつ生児に付着させ、人間界により確実に定着させることを願ったという解釈もある。 →七夜 →便所 →便所神

[参考文献] 倉石あつ子「家の神と便所神」(『信濃』三一ノ一、一九七九)、井之口章次「産神そして厠神」(『日本民俗学』一三〇、一九八〇)、飯島吉晴『竈神と厠神―異界と此の世の境―』、一九八六 (倉石あつ子)

せつぶん 節分 立春の前日。太陽暦では二月の三、四日ころであるが、旧暦では正月がこのころになるために両者の行事に混乱が見られる。節分の夜を大年、歳の夜などというところがあり、立春を年の改まる日とする考えがあったことがうかがえる。この日には全国各地の神社や寺院で追儺の行事が行われる。中国で行われていた行事が日本に伝わり、文武天皇の時代以降宮中で行われたものである。節分に豆をまく行事は、京都では室町時代に始まり、「鬼は外」の唱え言もすでに行われていた。豆まきは普通は節分の行事として知られているが、大晦日に行なっているところもある。豆まきの後に、豆を自分の年の数より一つだけよけいに食べるとよいといったりするのは、年を一つ重ねる日だったことをものがたっている。節分の夜には豆を用いて豆占が行われる。豆を囲炉裏の灰に十二粒並べ、その焼け具合で一年の各月の天候を予想する。新しい年のことを予想することから、節分の夜は年末、とする考えがうかがえる。豆占の豆を保存しておいて、夏になると雷除けとして食べたり、病気を治すために使用するなどと豆が重要視されているのは、豆は神に供える供物であったためと考えられる。また、節分の夜にはイワシの頭を大豆やヒイラギの小枝にさして、火であぶってから家の入り口にさす、ヤイカガシも行われる。

[参考文献] 宮田登・萩原秀三郎『催事百話―ムラとイエの年中行事―』、一九八〇、和歌森太郎「年中行事」(『和歌森太郎著作集』一二所収、一九八二) (佐藤 良博)

せんげんしんこう 浅間信仰 富士山に対する信仰のうち浅間神社を中心とする信仰をいう。古代より富士山は神そのものであって、登拝する山ではなく、あくまで見る山であり、遥拝する時代が長く続いた。古代においては確認されるだけでも十回余りの噴火を繰り返しており、その噴火も富士山を畏怖する山として登拝するものではないものとしていた。そのため山の霊を鎮静させるため、祠堂を建立し常住して祭祀者を置くようになったのである。祭神は「火を噴く山」(アイヌ語)の意をもつ「アサマガミ」であるとされた。アサマは、浅間山のアサマを指すといわれている。浅間神社は中部地方・関東地方を中心に広く分布している。な

かでもその最たるものが静岡県富士宮市宮町の富士山本宮浅間大社である。ほかに静岡市、駿東郡小山町、山梨県笛吹市一宮町、富士吉田市上吉田、南都留郡富士河口湖町などにある。これら浅間大社・浅間神社は古代末期より、富士の信仰者たちによって開創され、後年、これらの信仰者たちは御師(おし)として定着して御師集落を形成した。なかでも富士山本宮浅間大社は、駿河国の一宮と称され、全国千三百余の浅間神社の総本宮として仰がれている。鎌倉・室町時代には武将の崇敬が篤く、源頼朝・北条義時・足利尊氏・武田信玄などが、荘園を寄進、社殿を修造するなどした。江戸時代を迎え、浅間信仰は一般庶民を中心とした信仰が展開していった。江戸時代の中期以降、とりわけ一七三三年(享保十八)に江戸の身禄(みろく)行者が七合目五尺で生きながら死んでいく、入定を決行したことにより、浅間信仰は江戸を中心に多くの信仰集団としての富士講を簇生(ぞくせい)させている。また、身禄行者の教えは男女の和合をはじめとして女性の社会的立場をある程度認める信仰体系を形成していったことにより、江戸時代中期以降には富士講にはかなりの女性信者もみられるようになった。最盛期の十九世紀には誇張もあるが江戸市中で八百八講の富士信仰集団が見られたという。さらに静岡県側の村山口、須走口、山梨県側の上吉田・河口などに宿坊を構えた御師の一部と富士講が師檀関係を結ぶことにより、信仰圏は一層拡大した。それに伴って女性の登山も御縁年(六十年に一度の庚申年)に限って二合目までの登拝を認めるなどの処置をとり、ますます信仰圏は拡大していった。その点ではほかの山岳霊場に比して富士登山は女性の信仰登山が見られるという特徴がある。このほかに富士山を背景にして成立した浅間信仰の普及の典型としてこれも関東地方中心に築造された浅間塚(富士塚)が見られ、この富士塚をめぐる独特の登拝習俗も認められる。現在でも東京都には二十余りの富士塚が確認されており、ここでは七月一日のお山開きには本山を模した行事が行われたり、東京都葛飾区水元の富士神社および富士塚では今日でも近隣の七つの浅間神社を参詣する七浅間参りなどが行われている。

→富士講(ふじこう)

参考文献　桜井徳太郎編『山岳宗教と民間信仰の研究』(『山岳宗教史研究叢書』六、一九七六)、鈴木昭英編『富士・御嶽と中部霊山』(同九、一九七八)、岩科小一郎『富士講の歴史―江戸庶民の山岳信仰―』、一九八三、平野栄次編『富士浅間信仰』(『民衆宗教史叢書』一六、一九八七)、『上吉田の民俗―富士吉田市上吉田―』(『富士吉田市史民俗調査報告書』九、一九八九)、『富士吉田市史』民俗編二、一九九六、西海賢二『民衆宗教の祈りと姿―マネキ―』、一九九七

(西海　賢二)

せんこつ　洗骨　埋葬あるいは風葬のあと数年をおいて、遺骨を取り出し、水あるいは酒で洗い清める習俗。第二次葬の一種。沖縄諸島では方言でシンクチ(洗骨)といい、奄美諸島ではカイソウ(改葬)という。これと似た習俗としては、白骨を取り出して、再び埋めたり、岩窟や洞穴内あるいは墓室内に移すだけの移骨がある。洗骨は、韓国、中国大陸(特に福建と広東の漢族および貴州・広西・四川・雲南の少数民族)、台湾、ミクロネシア、パプア=ニューギニア、メラネシア、ポリネシア、南北アメリカの原住部族など、環太平洋地域に広く分布した習俗であった。沖縄諸島の骨蔵器を用いる洗骨習俗は中国福建の影響をうけている。沖縄では一九六〇年代に火葬が普及し、今では洗骨はごく一部の離島で行われているにすぎない。第一次葬では、墓室の入り口近くに棺を安置した。次に死者が出ると、古い棺を墓庭に出して洗骨をし、遺骨を骨蔵器に納めて、墓室内の階段状の棚の然るべき位置に置いた。それから、新しい棺を墓室の入り口近くに、いわば墓の番人のような位置に置いた。

それで墓室入り口の棺をウジョーバン(御門番)という。現在は火葬であるから、ウジョーバンは最後に置かれた、火葬した骨灰の入った骨蔵器である。洗骨の際には遺骨に直射日光があたらないように黒い傘をさした。洗骨を行うのは、死者の身内の女性であった。棺を墓室から出したり、骨蔵器や新しい棺を墓室に安置したり、墓口の開閉を行うのは男性である。骨蔵器を沖縄でジーシという。仏像や経典を納める厨子(ずし)にちなんだ名称である。骨蔵器には木製・焼き物・石造りがあり、蓋の内側と身部正面には死者の氏名・死去年月日・洗骨年月日が記される。沖縄本島南部の門中で共用する門中墓には、棺を安置する墓と洗骨した骨を納める墓は別で、墓には洗骨した白骨を厨子に納めずに、墓室内部の所定の場所に次から次へ山積みにする例もある。近代まで宮古・大神・池間・伊良部・来間の島々では洗骨習俗は一般的ではなかった。奄美地方では、石塔の下に棺を埋め、洗骨後の白骨を石塔の背後の甕あるいは家型の骨蔵器に納めた。沖永良部島と与論島、加計呂麻島の一部では今でも洗骨を行う。日本本土には南島(奄美・沖縄)と同様の洗骨習俗はなかった。

[参考文献] 源武雄「宮古島の民俗―産育と葬祭を中心として―」(『南島論叢』所収、一九三七)、凌純聲「東南亜的洗骨葬及其環太平洋的分佈」(『中国民族学報』一、一九五五)、国分直一「日本及びわが南島における葬制上の諸問題」(『民族学研究』二七ノ一、一九六三)、名嘉真宜勝「沖縄の洗骨習俗―分布・呼称・時期について―」(『日本民俗学会報』五八、一九六八)、伊波普猷「南島古代の葬儀」(『伊波普猷全集』五所収、一九七四)、斎藤忠『東アジア葬・墓制の研究』、一九八七、平敷令治『沖縄の祖先祭祀』、一九九五

(平敷 令治)

せんぞ　先祖　家族・親族など特定の集団において、現存成員と系譜的なつながりを有する先行世代の死者の内、一定の儀礼的な手続きを経て崇拝・祭祀の対象とされるようになったもの。古代日本においては、先祖はとおつおや・さきのおやと訓まれていたと考えられ、せんそ・せんその訓みが広く一般に用いられるようになったのは中世以降といわれる。同義語である祖先は、明治以降 ancestor の訳語として採用され学術用語あるいは法制度上の用語として定着しており、用法上先祖との区別はない。しかし、日常的には先祖あるいは御先祖さまなどといわれるのが一般的で、先祖頭・先祖畠・先祖正月など先祖を冠した民俗語彙も各地に数多い。とおつおやという訓みに端的に示されているように、先祖は、そのもの存在なくしては現存の成員は存在し得ない「究極のおや」、すなわち系譜の本源ととらえられ、現成員(子孫)とその集団は先祖にその存在の根拠をおいていると観念される。しかしながら、現存の成員と系譜的なつながりを認められる先行世代の死者のすべてが、無条件に先祖として認められるわけではない。先祖となり得る死者とそうでない死者とは区別されるのみならず、死者が先祖として認められるためには子孫によって施されるさまざまな儀礼的手続きを要すると考えられている。日本社会では、先祖の観念は家制度と不可分に結び付いており、先祖となり得る死者は家の創設者以来の代々の当主夫婦のみとされ、家の先祖は家の継承者たる子孫の手によって祭祀されるのを原則とする。したがって、現存の家成員にとって同じく祖父母・曾祖父母であっても、家を異にする母方の死者は家の先祖の範疇には含まれず、また、過去に家の成員であったとしてもまつり手となるべき子孫を残さず早世したものは通常先祖には含まれない。

先祖は大別して、個性のある、すなわち固有名詞で呼ばれる先祖と、個性を失って一つの集合体として認識される先祖とがあり、一般に死者は前者から後者へという過程をたどると考えられている。この点を葬墓

制、年中行事、氏神祭祀などのさまざまな民俗から体系化して示したのが柳田国男である。柳田によれば、日本人にとって死とは霊魂がその入れ物である肉体から分離することであり、亡骸である肉体を捨てて霊魂をまつることが葬送儀礼の意味であるとされる。死者の霊魂（死霊）は死の穢れを帯びた恐ろしい存在であるが、子孫の供養をうけて時とともに浄化され、一定期間を過ぎると清められた祖霊となってカミの地位へと上昇する。この過程は、同時に死者としての個性を失って集合的な霊体へと融合する過程でもあり、最終年忌は死者が個人としてまつられる最後の機会となる。柳田によれば、この浄化の過程は本来できるだけ短期間に終了すべきものとされたが、のちに仏教的な年忌供養が導入されると故人に対する供養の期間は次第に長期化し、三十三回忌、五十回忌を弔い上げとする形態を生じたとされる。最終年忌以降死者は仏事供養の対象から外れ、故人を象徴する墓や位牌は破棄される例もみられる。こうして集合的な祖霊に融合した死者の霊魂は身近な山に鎮まり、盆や正月など時を定めてお精霊様（しょうらいさま）・年神となって子孫のもとを訪れ、また、農作業の節目ごとに降臨して子孫の生活と農耕をまもる田の神・山の神となる。さらに、村を守護する氏神の本質も祖霊としてとらえられるとし、柳田は日本における神と人との交流を先祖観を核として一つの体系にまとめ上げた。

一方、先祖のなかには、このような形で個性を失って祖霊に合一する死者たちのほかに、時を経てもなお個性を失わずに祭祀の対象とされるものもある。先祖という言葉には、代々の家継承者いわゆる先祖代々を意味する場合と、家の創設者すなわち初代先祖をあらわす場合の二通りの使い方がある。このことはすでに柳田の注目しているところであり、日本人にとって家を創設しあるいは継承する主要な動機は、このいずれかの意味において「先祖となる」願望に基づくものと解釈されている。この意味で先祖は家制度の精神的な支柱ともいうべきものであり、先祖は家の究極の象徴ということができる。とりわけ家の創設者である初代先祖は、歴代先祖につらなる系譜上の起点としてひときわ崇敬をよせられ、開祖・始祖として特別な祭祀の対象となる場合がみられる。さらに家格や家の由緒が重視された農村社会においては、実際に系譜をたどりうる歴史的始祖を歴史上の著名な貴族や武将などと関連付けてみずからの家を権威づけようとする傾向も生まれ、観念的、神話的始祖を系図上に創出する場合もみられた。近世以降地域の有力層を中心に盛んに作られるようになった家の由緒書・家譜・系図などはこのような意識の所産であり、この場合の先祖は柳田によって描き出された集合的で没個性的な祖霊とは異なる先祖のあり様を示している。有賀喜左衛門は、個別の家の先祖とは別に、家創設の由緒をたどって本家先祖を同族の家々で祭祀するものを出自の先祖とよんでいるが、これもまた始祖・遠祖への遡及の観念に基づくものと考えられる。

日常用いられる先祖の語には、個性をもった個別的な先祖と没個性的で集合的な先祖の二つの形態があり、さらに前者には最終年忌以前の、現成員にとって身近な死者と家の由緒にかかわる歴史的始祖あるいは観念的、神話的始祖がいわば未分化な状態で含まれており、人々はこれらを文脈に応じて使いわけているということができる。これらの中で民俗学がとりわけ注目してきたのが個性を失った集合的な先祖（祖霊）の観念であり、柳田以降祖霊および死者の祖霊化を検証すべくさまざまな報告が蓄積されてきた。たとえば伊豆利島の位牌祭祀の報告は、死者から個別的な先祖、さらに集合的な祖霊へという過程を具体的に示す事例として注目されている。利島では死者の位牌は初七日に仏壇の最下段、三七日に三段目、七七日に二段目と順次引き上げられ、百日に「先祖様に並ぶ」といって最上段の先祖棚の列に加えられる。それまで新ボトケとよばれてきた死者はこれ以降新先祖とよばれ、さらに古先祖として供養を重ねられて最終年忌(五十年)を迎えるとオクダマサマとなって屋敷周辺に鎮まるとされる。利島の例ほど明確な形をとらないまでも、忌中明けまでの死者を生仏(なまぼとけ)とよぶ群馬県吾妻郡の例や、五十年忌を過ぎると先祖は地の神になるという静岡県遠州地方の例など、同様の伝承は各地に数多い。ドーアの示した近親ボトケと先祖ボトケ、オームスの示した死霊と祖霊などの先祖のカテゴリー区分も、基本的には柳田の理解を踏襲したものである。これらの研究によれば、死者は生者の通過儀礼に対応する「死後の通過儀礼」を経て先祖への途をたどるとされ、生者は死者を先祖としてまつりまたみずからも先祖となることによって、生者の世界と死者の世界とが連続し循環する構造を形作っていると解釈される。この循環のコースから逸脱したもの、すなわち子孫を持たず先祖となる途を閉ざされたものが無縁仏として概念化される。

柳田に代表される先祖論は、家を超歴史的かつ日本社会に普遍的な家族の存在形態ととらえ、その枠組みの中において先祖を理解しようとする立場をとる。これに対して近年とくに注目されているのは、近現代における先祖観の変容と先祖観の地域的な差異ないし多様性の問題である。近代以降の産業化、都市化は、日本社会全体の流動化を促し農村家族とは異なる都市家族を出現せしめたが、さらに第二次世界大戦後の民法改正、高度経済成長による社会構造の転換を経て夫婦中心の家族理念が浸透するのに伴って、それまで先祖祭祀を担ってきた家制度は変質・崩壊をとげつつある。こうした家族の構造変化に伴って、日本人の先祖観も大きく変化してきていると指摘する研究者は多い。各地の位牌祭祀を調査分析したスミスによれば、現代の都市家族においては、先祖は祭祀・祈願の対象から私的な愛情表現の対象へと変化してきており、遠祖を含む父系的な先祖に対する「家中心的先祖祭祀」から妻方を含む双系的な先祖に対する「家族中心的先祖祭祀」へと変化しているという。同様に系譜的な先祖に対する義務的、規範的な先祖祭祀から、追慕・愛惜の対象となる近親の個人に対する任意的な先祖祭祀への変化、また子孫を守護する先祖から子孫によって思慕される先祖、さらに場合によっては子孫を処罰する先祖(現世の不幸の説明原理としての先祖)へという先祖観の変化などが指摘されている。一方、日本社会に存在する多様な家族形態を、変動の結果としてではなく地域的な偏差としてとらえる立場からは、日本人の先祖観そのものの地域的な多様性を指摘する見方も提出されている。特に注目されるのは、家の枠組みをこえて妻方・母方先祖をまつる慣習が、近代的な都市家族のみならず農村社会においても広く認められる点である。たとえば関東から中部地方にかけて分布する位牌分けの場合、死者の位牌は子供たち全員に分与されて個別にまつられるため、それぞれの家では代々の家継承者の位牌に加えて妻方・母方の両親の位牌をまつる形となる。こうした妻方・母方の先祖祭祀は、一つの家が複数の寺と寺檀関係を結ぶ半檀家(複檀家)や母方の紋章を継承する女紋などの民俗とも相通ずる面を持ち、従来一般的と考えられてきた家の先祖祭祀とは異なる先祖観、系譜認識に基づくものと考えられる。こうした多様な先祖観が家族の内部構造とどのように関わるかについては未解明な部分が多いが、少なくとも家の永続化を志向する意識とは異なる家族理念に基づく先祖の観念が日本社会に広範に存在してきたことをうかがわせる。家の連続性への志向とこうした妻方・母方先祖の祭祀の並存状況をどのように理解するか、また家の連続性を必ずしも志向しない

家族の形態における先祖観の実態の解明は、今後の大きな研究課題である。→位牌分け →祖霊 →無縁仏 →屋敷先祖

参考文献　柳田国男「先祖の話」(『柳田国男全集』一三所収、一九九〇)、R・P・ドーア『都市の日本人』(青井和夫・塚本哲人訳、一九六二)、有賀喜左衛門「日本における先祖の観念―家の系譜と家の本末の系譜と―」(『有賀喜左衛門著作集』七所収、一九六九)、坂口一雄『伊豆諸島民俗考』、一九八〇、R・J・スミス『現代日本の祖先崇拝―文化人類学からのアプローチ―』(前山隆訳、一九八一・八三)、伊藤幹治『家族国家観の人類学』(『歴史と日本人』六、一九八二)、森岡清美『家の変貌と先祖の祭』(『社会科学叢書』、一九八四)、上野和男「日本の位牌祭祀と家族―祖先祭祀と家族類型についての一考察―」(『国立歴史民俗博物館研究報告』六、一九八五)、H・オームス『祖先崇拝のシンボリズム』(『シリーズ・にっぽん草子』、一九八七)、孝本貢『現代日本における先祖祭祀』、二〇〇一

(中込　睦子)

せんぞさいし　先祖祭祀　子孫が先祖(もしくは祖先)とよばれる特定の死者を崇拝し、さまざまな具体的な諸儀礼によってまつること。先祖祭祀の前提は、先祖の生活が現在の人々の生活に深く関係しているという基礎認識であり、先祖が子孫にとって好ましい存在と考えられるのが一般的であるが、逆に災いや祟りなどの不幸をもたらす好ましくない存在として認識される場合もある。先祖は一定の条件をもつ死者であり、死者一般とは区別される。先祖としてまつられる基本的条件は子孫をもつことである。そのためには成人し、結婚し、子孫を儲けることが必要であり、さらに事故や自殺などによる異常死をとげないことが重要である。先祖は長く祭祀の対象となるが、異常な死をとげた死者は短期間のうちに祭祀対象から除外されて無縁化するとされる。先祖祭祀の主要な施設・装置としては、位牌・墓・屋敷神などがある。位牌や石塔墓は近世以降、庶民の間で一般化したが、位牌は最近の先祖をまつる装置であり、一定期間の祭祀ののちに焼却、墓への埋納などの方法で処分される。石塔はかつては個人もしくは夫婦単位の建立が一般的であったが、近世以降は家族単位の石塔が普及した。また、家の初代創設先祖が屋敷神として祭祀される例もある。日本の先祖祭祀には次のような特徴がある。第一は、先祖の性格には二種類あり、死者は先祖祭祀の諸儀礼を経て個別に認識される先祖から、個別には認識されない集合的な先祖へと段階的に変化することである。その境界は三十三年ないし五十年の死者の最終年忌であり、これを境にして祭祀の方法も異なる。第二は、先祖は死後も子孫の近くにとどまり、先祖と子孫が年忌・盆・墓参りなどによって頻繁に交流を繰り返すことである。特に、日本各地で盛んに行われる盆行事は、個別に認識しうる先祖を子孫のもとに迎えて、料理その他でもてなし、そしてまた他界に送りとどける行事であり、先祖と子孫の交流を象徴する行事である。第三は、先祖は基本的に家族を単位としてまつられ、家族によってまつるべき先祖が厳格に規定されていることである。最近の「○○家先祖代々」の位牌や石塔はその象徴である。日本人の考える先祖は個人個人の先祖ではなく、家族(家)の先祖である。これらのなかで先祖祭祀と社会組織、特に家族や親族組織との関係はきわめて重要である。これまでの先祖祭祀研究は、単系親族組織である単系出自集団との関係を中心に展開されてきた。日本における家族単位の先祖祭祀は、単系的な先祖祭祀の一形態であり、また同族組織を単位とする先祖祭祀も家族の集合体としての単系的親族組織にかかわる先祖祭祀であった。しかしながら、単系的な親族組織を欠如したり発達させてこなかった社会においても先祖祭祀が活発に行われており、このなかには主として西南

日本の家族や都市家族のように父系単系的な先祖の祭祀のみならず、妻(母方)の先祖をも含む双系的な先祖祭祀の伝統をもつ社会もあった。これは誰を先祖とするかの観念の差異を意味しており、日本の先祖祭祀の地域的差異も顕著であった。また、最近においては、家族単位の遠い先祖まで祭祀する先祖祭祀から、ごく近親の先祖のみに限定する先祖祭祀への変化のなかで、妻(母方)の先祖をも含む先祖観念も認められる。いま、日本の先祖祭祀は、複数家族の先祖を合祀した墓や子孫をもたない人々の墓などあらたな形態も続々生まれつつあり、変貌のさなかにあるのが現状である。

参考文献　柳田国男「先祖の話」(『柳田国男全集』一三所収、一九九〇)、有賀喜左衛門「日本における先祖の観念」(『有賀喜左衛門著作集』七所収、一九六九)、R. J. Smith: Ancestor Worship in Contemporary Japan (1974). 森岡清美『家の変貌と先祖の祭』(「社会科学叢書」、一九八四)、『国立歴史民俗博物館研究報告』四一(特集家族・親族と先祖祭祀、一九九二)、竹田聴洲『民俗仏教と祖先信仰』(「竹田聴洲著作集」一・二、一九九三)

(上野　和男)

センタクガエリ　センタクガエリ　嫁が衣類の修繕や調達のために季節を選んである程度の期間、生家へ里帰りすること。センタクあるいはセンダクとは、衣類のことやその修理あるいは裁縫することをいう地域が多い。センタクヤスミ、センタクアルキなどと呼ばれる季節的な長期里帰り慣行は、能登半島・佐渡島など、特に日本海沿岸地域を中心に広く見られる。福井県若狭地方では、年間季節ごとに農閑期を選んで数回にわたって嫁はセンタクガエリを行なった。一回の里帰りの期間は数十日に及ぶ。生家に里帰りしている間に、嫁は自分と子どもの衣類やふとんの修繕や調達を行なった。生家へ帰る際に、婚家からハンマイと称する里帰り期間中の食い扶持としての米や金をもらったが、実質的には衣類などの調達は生家が負担していた。子どもが生まれた後には、その子どもたちを連れて生家へ帰った。嫁が準備すべき衣類は自分と子どものもので、夫に関しては婚家で姑が行なっていた。このような里帰りは嫁が三十三歳を迎えるまで続いた。これらの慣行は婚姻後の嫁の生家の負担や、嫁となった女性の所属の問題、婚家での主婦権の問題との関連が考えられる。婚姻後、嫁は公的にはその所属を婚家に移しているが、嫁の生活にとって生家はなくてはならないものとなっている。一九五〇年代に、これらの慣行は見られなくなっており、内婚率の高さ、移動性の低さにより支えられていたと考えられる。→里帰り(さとがえり)

参考文献　中込睦子「若狭地方における里帰り慣行と主婦権」(『シリーズ比較家族』三所収、一九九四)、植野弘子・蓼沼康子編『日本の家族における親と娘―日本海沿岸地域における調査研究―』(「アジア研究報告シリーズ」二、二〇〇〇)

(蓼沼　康子)

せんゆうひょう　占有標　占有を宣言し、帰属を明確にする標示。通常、土地などの空間所有とその土地上に生ずる産物の所有は一致するが、共有地のように帰属が曖昧な土地や、個人所有地であっても、その空間上の土地利用や産物利用が所有者以外にも社会的に容認され利用されている場合に、所有関係を超越して物を事実上支配・利用する状態を占有という。宮崎県椎葉地方では共有の山のカヤを刈り取る前に、数本のカヤの頭を結んでシメと呼ばれる占有標を付ける。こうするとシメの上手のカヤを刈り取るという意志表示になる。また、焼畑や木の伐採時には、自分の占有するところに木を二、三本切って立てかける。これをサギッチョウをしておくという。長野県下伊那地方では、蜂の巣などを見つけた場合にツトと呼ばれる草を丸めてしばったものを吊しておけば、決して他の者がこれを取ることができなかった。私有地においても、燃料にする松などの落ち葉かきが土地の所有者以外にも認められている慣習は全国に広く見られるが、岩手県気仙地方では所有者が山の周囲にマンガンタテという占有標をつけると、その中では落ち葉かきができなくなるという。占有意識、占有標の表現形態はそれぞれの個別的な社会規範に基づいており、それをその社会の成員が共通理解することによってはじめて占有の実効性が保証されるといってよい。

参考文献　最上孝敬『原始漁法の民俗』(「民俗民芸双書」、一九六七)

（菅　豊）

そ

そうぎや　葬儀屋　葬儀に関する物品やサービスなどを提供する業者。最近では葬儀屋という呼称を避け、葬儀社・葬祭業者ということが多い。江戸時代にはすでに龕師、龕屋、棺屋、桶屋など、棺や輿、葬列道具などを製造し、喪服とともに販売、損料貸を業とする人々がいた。だが本格的には、葬儀社という名称が使われ始める明治二十年代以降である。葬祭業者の起源を全国的にみると、棺や葬具、造花製作から転じたもの(カンヤ、ガンヤ、オケヤ、ハナヤなど)、葬列手配から転じたもの(カゴヤ、ソウレンヤ、コシヤ)、食品や雑貨など葬儀必需品の販売から転じたもの(乾物屋・雑貨屋・呉服屋・菓子屋)などが多い。基本的には葬具提供業であった。明治期の東京・大阪・名古屋などの都市では、専門の人足を使った葬列が行われ、その人足手配が葬具の提供とともに業務の中心であった。都市部では大正期ころより葬列が廃され、霊柩車が使用され始めた。第二次世界大戦以降、物品だけでなくサービスの提供も行う総合業者として、葬具店などの名称から葬儀社という名称に変更する業者も多い。ここでは納棺や死亡届の代行、料理・引出物の受注、司会などサービスの提供も行うようになる。また地域社会の側でも、過疎化・高齢化によりやむなく業者を利用するだけでなく、その利便性のため積極的に導入する場合も多い。こうした地域の需要を巧みに察しながら業者は成長し、結果として葬式組の機能を代替するようになり、実質的な互助組織としての葬式組は衰退した。火葬の普及により、規格化された棺や可燃性の葬具を用いたり、葬列を廃し告別式形式の葬儀になると業者提供の祭壇を飾るなど、火葬化を期に業者が介在するようになることもある。近年、斎場を設けたり、仏壇・墓地墓石の販売など葬儀関連の業務拡大がみられ、互助会や農協・生協なども葬祭業を展開している。葬祭業者は、祭壇や清めの塩など、民俗を取り入れて商業ベースにのせたり、物品やサービスだけでなく葬儀に関わる知識も提供するようになってきた。また死の観念の多様化から、散骨やいわゆる無宗教葬、葬儀の生前予約、エンバーミングなどにも業務を拡大している。

参考文献 井上章一『霊柩車の誕生(新版)』(『朝日選書』四〇二、一九九〇)、村上興匡「大正期東京における葬送儀礼の変化と近代化」(『宗教研究』六四ノ一、一九九〇)、山田慎也「死を受容させるもの—輿から祭壇へ—」(『日本民俗学』二〇七、一九九六)、同「葬祭業者を利用することとは—互助から契約へ—」(新谷尚紀編『死後の環境—他界への準備と墓—』所収、一九九九)、木下光生「近世葬具業者の基礎的研究」(『大阪の歴史』五七、二〇〇一)、山田慎也「越境する葬儀—日本におけるエンバーミング」(篠原徹編『越境』所収、二〇〇三)
（山田 慎也）

そうしきぐみ 葬式組 葬儀における合力扶助のための組織。シコウ、シンコウ、トキコウ、ムジョウコウ、コウチュウ、トブライグミなどと呼ばれ、十戸前後から二、三十戸で形成される。村組や近隣組が葬儀に際して葬式組として機能する場合が普通であるが、念仏講・無常講・大師講などの信仰集団によって形成されることもある。ただし、岩手県二戸郡の大家を中心に別家・名子により形成された村落では、大家の葬式は組ではなく別家・名子が手伝う。系譜関係の家々が葬儀の互助の中心となるのは東北地方の事例に多く見られる。葬式組では、一定戸数を保つために編成替えの行われることも多い。葬式は村ハチブには含まれないといい、葬儀における互助は村落では最も重要なものと認識された。死者の地位や家格などによって大きい葬儀を行う時には、複数の組を合わせた編成をとる場合もある。このような場合、葬式を出す家が属する組は夫婦ででる二人手伝(二人呼び・家内呼びなどともいう)で、他の組は男だけ出る一人手伝(一人呼びともいう)となる。葬式組の仕事は、告げ人・葬具作り・炊事・穴掘りといった裏方が多く、香典などの受付をする帳場は最も重要な役目とされる。また女性は食事の用意をしたり、供え物を誂える。一方、葬儀の中心となる告別式や野辺送りは同族・親族関係の家が主となる。穴掘りや葬具作りを野働き、帳場や炊事・接待を内働きと呼んだりするが、千葉県安房郡天津小湊町では前者をソトヤクといって組内が、後者をウチヤクといって親族が担当する。葬儀の采配は村組・葬式組の場合と親戚が行う場合とがある。近年は死者の所属する会社や学校などが葬儀の扶助に加わったり、中心となることも多く、また葬式組に代わって葬儀屋や新たな社会関係が葬式組の機能を担うようになった。葬儀屋の進出で装具作りなどの必要がなくなり、仕出し屋ができたことで、家での料理の手間が省けた。さらに葬祭場の誕生で家で葬式を出さないこともあり、葬式組の仕事はきわめて限定されるようになった。こうしたことから、新たに村入りしても葬式組に入らない家や、新開地では葬式組そのものが存在しない状況もおこっている。

参考文献 有賀喜左衛門「村落の生活組織」(『有賀喜左衛門著作集』五所収、一九六八)、竹内利美「村落社会に於ける葬儀の合力組織」(『竹内利美著作集』一所収、一九九〇)
（斎藤 弘美）

そうそうぎれい 葬送儀礼 死者を葬り送る一連の儀礼。民俗の中では、具体的な死体の処理と観念的な死者の霊魂の送りという両方の作業が並行して行われている。葬儀の順序は、死亡の確認から納棺まで、葬儀の式から埋葬(火葬)まで、埋葬(火葬)から忌明けまで、忌明けから弔い上げまで、の四段階に区切ってとらえることができる。死亡の確認から納棺までの間には、臨終の際の末期(まつご)の水、急いで別火で炊く枕飯もしくは枕団子、死者を西向き北枕に寝かせる枕直しなどの儀礼がある。蒲団の上には魔除けの刃物をおき、枕元には枕飯を供える。近隣の家から手伝い人たちが集まり葬儀の準備をする。男は葬具作りや墓穴掘り、女は台所の賄い仕事などを分担する。通夜には家族は文字通り死者のそばで徹夜したり死者のそばで寝るという例が多い。その間ずっと線香や蠟燭の火を絶やしてはならないといわれる。納棺に先立ち、身内の者たちによる湯灌が行われ、白い死装束を着せる。最近では病院での死亡がほとんどとなり、末期の水や湯灌など省略される例が多くなっているが、枕飯や蠟燭の火を絶やさぬことなど従来通りに伝承されているものも少なくない。この間の儀礼では死体の保全と死者の霊魂の鎮めと魔除けが中心となっている。次に葬儀の式から埋葬(火葬)までの間には、僧侶による読経、引導渡し、参列者の焼香などが行われ出棺となる。葬列を組んで野辺送りが行われる。この読経・引導渡し・焼香が家で行われる場合とその他に庭や墓で行われる場合とがあり、それらを内葬礼・庭葬礼・墓葬礼などと呼んでいる。埋葬(火葬)では穴掘り当番の人たちが埋めてくれる前に必ず近親者が最初に土を一握りかける(火をつける)という例が多い。最近では、葬儀社の進出と霊柩車の普及により葬列を組んでの野辺送りは見られなくなった。また、公営の火葬場の設置により急激に火葬が普及してきて、火葬も専門の職員の手に委ねられるようになってきている。次に、埋葬(火葬)から忌明けまで、さらに忌明けから弔い上げまでの儀礼についてみると、墓直し・寺送り・初七日・四十九日など、死者の霊魂の鎮送の徹底のための儀礼、そしてその後は、年忌供養・弔い上げなど、死者の霊魂との交流のための儀礼が中心となっている。これらの葬送儀礼をそれに関与する人間の立場からみると、血縁・地縁・無縁という三者に分類できるとする見解がある。血縁的立場とは家族・親族で、ヨトギ・湯灌・納棺など死者に直接接触する行為や儀礼を行う。血縁という生の密着関係が死の密着関係ともみなされ死者と同様に死の穢れがかかるとされて彼らには忌みが要求されている。地縁的立場とは近隣の家々の者で、知らせ、葬具作り、台所の賄い、墓穴掘りなど葬送の実際上の作業を担当している。この地縁的立場には、組や講などと呼ばれる葬儀執行のための近隣組織が村落内部に作られている場合と必ずしもそれが固定していない場合とがある。無縁的立場とは、僧などで彼らは専門職能者として読経・引導渡しなどを行うが、死の穢れや忌みからは自由である。最近、活動範囲を広げている葬儀社もこれと同じ立場と考えられる。

参考文献　井之口章次『日本の葬式』(『筑摩叢書』二四〇、一九七七)、土井卓治他編『葬送墓制研究集成』、一九七九、新谷尚紀『日本人の葬儀』、一九九二

（新谷　尚紀）

そうぞく　**相続**　特定個人の死亡・隠居などによって発生する財産・権限・地位・身分などの移転・譲渡を指す。一八九八年(明治三十一)に施行された明治民法では、戸主の死亡・隠居などによって起る財産・権限・身分などの譲渡を家督相続、家族員の死亡による財産の譲渡を遺産相続と呼び分けた。家督とは、元来は一家を監督することで、転じて諸種の権限を持つ家長の地位を意味するようになったといわれる。そして家督相続には、系譜・祭具・墳墓などの相続が重視された。ただし庶民層では、家督相続・遺産相続の区別を必ずしも明確にせず、合わせて家の相

続とすることが多かった。一九四七年(昭和二十二)に改正された現行民法では家の制度が否認され、すべて死亡による遺産相続に統一され、諸子均分相続と規定された。そして生前の財産譲渡は贈与と呼んで区別されることとなった。また移転・譲渡の内容に注目して、財産の場合には相続の用語を、権限・地位・身分などの場合には継承(または承継)の用語を採ることもある。相続形態の分類では、だれが、いつ、どのような方法でといった諸点を採り上げるのが便利である。だれが相続するかの点では、長子相続・末子相続などに分けられる。長子相続は一般に長男子によるもので、歴史的に古い時代から他の方式に卓越して発達してきた。その要因として、これが家を構造面で支える直系家族を早く形成することが指摘されている。ところが、男女にかかわらずはじめての子に相続させる初生子相続が、東北地方を中心に関東地方にも分布し、俗に姉家督と呼ばれた。労働力の早期補給に目的を置いて成立したものらしい。西南日本に散在する末子相続は、夫婦家族をたてまえに長男以下の男子を順次分家や養子に出すことによって導き出されるものである。さらに相続人をあらかじめ長子・末子などと定めておかず、成長した者の中から被相続人が一子を指定する選定相続(優子相続ともいう)も見られた。ただし、これら末子相続・選定相続・姉家督などの方式は、男子中心・長子中心の原則に立った明治民法に反するために、明治末年以降衰退していった。なお女子だけの家庭では、長女子に聟養子を迎え、これに相続させる事例が広く行われ、この方式では家系に女系を交えることになる。いつ相続するかの点では、生前と死後に大別される。生前とは、一般に隠居に基づくものである。しかし、隠居の慣行は地域によってさまざまで、必ずしも家長権のすべてを譲渡して引退するとは限られない。たとえば隠居分家の慣行では、隠居者が分家を予定する諸子のために従前にも増して一層の働きをしなければならぬ例もあった。相続方法の点では、単独相続と分割相続に分類される。鎌倉時代以降の武家社会では、長男子による単独相続が発達し、総領相続の呼称が現われた。ただ庶民社会では分割相続を願う傾向が見られ、近来の長男子相続でも次男以下に若干の財産を分与する長男子優待相続が一般である。なお、末子相続や選定相続では分割相続、とりわけ均分相続をたてまえとしていた。

参考文献　竹田旦『民俗慣行としての隠居の研究』、一九六四、竹内利美『家族慣行と家制度』、一九六九、竹田旦『「家」をめぐる民俗研究』、一九七〇、内藤莞爾『末子相続の研究』、一九七三、青山道夫・竹田旦・有地亨他編『相続と継承』(「講座家族」五、一九七四)

（竹田　旦）

ぞうとう　贈答　贈り物のやりとり。贈答は、歳末の歳暮や盆の中元のほかに、正月・節供・彼岸その他の折目や誕生・結婚・葬式などの通過儀礼、病気見舞い、旅行などの際に行われる。贈与交換とも呼ばれ、物を売る、買う、支払うという市場交換と違って、物を与える、受ける、返すという人格的な行為で、世界の諸民族のあいだにひろくみられる。日本人の贈答は、贈り物の与え手と受け手の釣り合いを重視する傾向が強い。近世以降、誕生祝いや婚礼、葬式、年忌などの際に、贈り手の名前や贈られた品物の数量、金銭の額を記録して、将来、同じような機会にこの記録を参考にして、ほぼ同じ分量の品物や同額の金銭を返すという慣習が定着している。この記録は、祝儀帳とか不祝儀帳と呼ばれているが、いずれも与え手と受け手の釣り合いをはかるために生み出された社会的装置といってよい。こうした装置は、日本の社会だけにみられる慣習ではない。フィリピンやパキスタン、メソアメリカなどにもみられる。欧米の社会では、一般に贈り物のなかで食物の占める割合が低いが、日本の社会では、贈り物に食物が多く用いられている。贈り物は本来、神に対する供物で、その供物は神と神をまつる人々によって共食されるが、それが祭に参加する人々の共食になり、さらに変化して、人々のあいだの物のやりとりとなったという説もあるが、贈り物に食物が多く用いられるのは、日本人が実用的な価値を重視していることを示唆している。ところで、贈り物を与えることと贈り物をやりとりすることは、本来、別のことである。前者は贈与、後者は交換と呼ばれる。贈答という言葉が、日本の社会でひろく用いられているのは、贈り物には返礼を伴うという、義理と呼ばれる社会的規範によるところが大きい。若者たちのあいだで行われるバレンタインデーの贈り物とホワイトデーのお返しなどは、こうした義理を巧みに利用しての、企業によって仕掛けられた新しい型の贈答といってよい。いまでも香典を受けることを「義理を受ける」、贈答を固く守ることを「義理堅い」といわれるように、義理は贈り物に対する借りや借りのお返しと考えられている。贈り物をもらうと、贈り手にありあわせの物を返した慣習なども、義理によるところが大きい。これは、オウツリとかオタメと呼ばれ、お返しに果物や菓子、半紙、マッチなどが用いられたが、そこには、贈り物にはお返しによって感謝を示さなければならないという、義理と呼ばれる社会的な規範がはたらいている。現代社会の贈答の特徴は、贈り物のほとんどが市場で取引される商品によって占められ、贈り物のやりとりが商品交換と重なりあっていることである。　↓義理　↓つきあい
（伊藤　幹治）

参考文献　柳田国男「民間伝承論」(『柳田国男全集』二八所収、一九九〇)、和歌森太郎「村の交際と義理」(『和歌森太郎著作集』九所収、一九八一)、伊藤幹治・栗田靖之編『日本人の贈答』、一九八四、伊藤幹治『贈与交換の人類学』、一九九五

ぞうに　雑煮　正月三箇日に食べる餅入りの羹。食べ方には地方色があり、中に入れる餅には、搗いた餅をちぎって丸餅にするところと、伸して四角に切った角餅のところがある。おおむね三重県・滋賀県と石川県の手取川以西は丸餅であるのに対し、愛知県・岐阜県と石川県の手取川流域以東は角餅の傾向にあって、雑煮の餅型はほぼ西日本と東日本に分けられる。また、餅は香川県では餡入りの丸餅を入れ、熊本県でも同様な餅を入れることもある。その汁には醤油仕立てと味噌仕立てがあり、滋賀県・奈良県・和歌山県・大阪府・京都府・福井県・徳島県・静岡県など、近畿地方とその周辺では味噌仕立て、その他では醤油仕立ての傾向にある。醤油にしても味噌にしてもこれらは羹の一種だが、鳥取県や島根県、長崎県では善哉にするところがあり、石川県の能登でも小豆汁で食べるところがある。地方差がありながらも現在の雑煮は餅を入れた羹であるのが一般的である。こうした雑煮は、たとえば『山内料理書』(一四九七)には「夏肴くみ之事」として、その初献に雑煮があって「もししろうりなく候はば、山のいも以下にて入よ、越瓜、もちい、いりこ、まるあわび、四色をたれみそにてによ」、一五〇四年(永正元)の奥書をもつ『食物服用之巻』にも初献の膳に「餅、まるあはび、いりこ、やきくり、やまのいも、さといも、大まめ、汁たれみそ」の雑煮が記されている。これらは来客のもてなしの膳で、必ずしも年頭の食物ではない。一六〇三年(慶長八)の『日葡辞書』には「ザウニ」は正月に出される餅と野菜とで作った食物と記され、十七世紀初頭には年頭の儀礼食になっているのがうかがえるが、右のように十五世紀末から十六世紀初頭の記録では、雑煮は正月に限定されていない。また、東大寺鎮守八幡宮の神人松屋家の茶の湯の記録である『松屋会記』(一五六二)では、二月二十四日条の二の膳に「汁、サウニ　山ノイモ、シセン」とある。雑煮はヤマノイモとシセン(クワイ)の汁であるが、三の膳の後にサトイモ、ゴボウ、シ

セン、餅が入ったホウサウ(烹雑)が出されている。餅の入った羹は烹雑ともいったのである。群馬県太田市尾島町の『長楽寺永禄日記』(一五六五)には、正月三箇日、四・七・十一・十三・十四・十六日、二月一・三・五・八日などの本膳の二献目に「ザウニ」が燗酒とともに出されており、ここでも雑煮は正月三箇日に限定されていない。全国各地の伝承では、年神などへの供物あるいは食物として、カンとかオカンと呼ぶサトイモや大根の煮物、あるいは餅を入れない雑煮が用いられている。カン、オカンというのは羹の意味であり、これからすれば餅が入らない正月の羹と、来客へのもてなしである雑煮・烹雑とが十六世紀後半に結びついて現在の雑煮ができたのであり、餅無し正月の伝承もこれ以後の成立になる。

参考文献　都丸十九一「餅なし正月と雑煮」(『日本民俗学』一七四、一九八八)

(小川　直之)

そうほう　葬法　遺体処理の方法。インドにおいては、水葬・火葬・土葬・林葬を四葬といって行われていたことが道誠編『釈氏要覧』(一八七五)下にみえている。このほかに、風葬・洞窟葬・曝葬・樹上葬・台上葬・墓室葬・鳥葬・ミイラ葬などという用語も使用されるが、死体を捨てる、破壊する、保存するといった遺体処理の方法や、死体の置かれる状態から名付けられている。日本においては土葬・火葬・風葬が行われ、樹上葬・水葬もかつてあったのではないかとされている。土葬は棺を土中に埋葬するもので、一九五〇年代ころまで一般的な葬法であった。墓穴は近隣組織の回り番の者によって掘られ、棺を埋めるまで魔物が入らないように傍らで番をしたりした。埋葬後には墓上施設として、タマヤ、ヤカタ、モンガリなどという家型のものを置いたり、幡の竹で弓状に交差させたオニガキ、オオカミハジキ、また剣先のようにした竹をさしたイガキ、息つき竹などをつくった。家型のものは、殯(もがり)の残存ではないかといわれる。火葬は古代から行われてきたが、十二世紀ころから次第に広まり、納骨信仰が盛んになるにつれ浸透したと考えられる。火葬の特徴としては、短期間で肉体を焼却し骨化することができ、死の穢れの観念をはやく弱めたとされる。風葬は遺体を筵に包んだり棺に納めて、地上に置き風化させるものであるが、沖縄や奄美大島などで行われ、天然の崖下や洞窟などが利用された。また洗骨改葬は棺を墓室に置いたり浜辺などに仮埋葬した後、再び取り出して遺骨を洗い甕に入れて再葬するものである。水葬は中世から近世にかけて行われた補陀落渡海(ふだらくとかい)などもその一種と考えられるが、土葬の遺体埋葬地が河川敷や海辺の場合も各地に多く、死体が簡単に流される状態であったので水葬との関係が指摘される。樹上葬は、『南島雑話』の祝女(ヌル)の葬法として記録と図が載せられており、また本土においては山形県村山盆地や石川県河北郡の骨掛けなどとの関連があるという。幼児の葬法は大人とは別にされ、奈良県の大和盆地では墓地の一角などに子墓として子ども専用の埋葬地を設けたり、家の床下などに埋められた。流れ仏といわれる溺死者や、産死者には、特別な葬法がとられた。このようにさまざまな葬法が行われてきたが、これらは日本人の霊魂観念や死者の霊魂がどこに赴くかという他界観と密接に関係し、また生者・死者・死霊の関係から生み出されたものである。両墓制との関連からみれば、土葬の埋め墓における遺体処理は死体遺棄ともいうべきものであって、遺体は本来尊重されるものでなく遺棄すべきものであったという遺棄葬・風葬との関連が論議されてきた。火葬については、中世墓地の発掘によって実態が次第にわかりつつあるが、土葬に並行して火葬が行われていたのではないかとみられる。近代になって明治政府は、一八七三年(明治六)七月に火葬禁止令を布告した。この太政官布告は、地方の火葬地域において必ずしも守られたとはいえず、一八七五年五月には火葬禁止解除令が布告されている。しかし、このころに火葬から土葬へ葬法を変化させた村もあった。　→火葬(かそう)　→墓制(ぼせい)

参考文献　土井卓治・佐藤米司編『葬法』(『葬送墓制研究集成』一、一九七九)、藤井正雄「葬制からみた霊魂観・死後観」(宮家準編『民俗と儀礼』所収、一九八六)、五来重『葬と供養』、一九九二、大林太良『葬制の起源』(『中公文庫』、一九九七)
(蒲池　勢至)

ぞくしん　俗信　非科学的あるいは非合理的であるとして低い価値しか与えられないが、深層において人々に受け入れられる論理構造を持っており、日本の民俗文化を明らかにするための手掛かりとなる生活知識。長い経験によって帰納した知識ともいわれ、禁忌・占い・予兆・呪(まじな)い・民間療法・妖怪変化・幽霊などが含まれる。「○○すると○○になる」といった言い回しや、妖怪変化のありかたなど俗信の具体相は多様で、意味の共通性を背景とした置き換えが容易になされうる。そのため今日においても生活者の経験に適合した事物に入れ替えて、再生産され続ける。

俗は雅に対する語であるが、俗信という用例は漢語にもなく、この用語は柳田国男による造語と思われる。柳田は明治以降に流入した西欧近代科学思想が、合理主義の名の下にさまざまな信仰習俗の価値を低下させていった風潮に批判を込めて、「俚諺と俗信との関係」(一九三二)や口述を筆録編集した『郷土生活の研究法』(一九三五)で民俗学研究の最終目標として俗信をあげ、第三部の心意現象で最も注目すべきこととしている。心意現象は「生活目的」「知識」「手段と方法」に分けられ、兆と占を知識の部門に、禁と呪を手段と方法に配当する構成となっている。具体的には、そのことがいまだ現われない前に未来のことを推測する基礎となる兆、願いがかなうように念じて行う卜占、兆候があってからそれを封じて災いをなくそうとする呪、してはいけないという不行為をいう禁である。兆に対する事後の知識を応、兆の現われたものが験であり、「笑の本願」(一九三五)では兆・応・禁・呪とし、占を除いている。さらに、関敬吾との共著『日本民俗学入門』(一九四二)では、兆占禁呪と妖怪・幽霊、医療をまとめて心意現象に包括した。つまり、これらをふまえてこそ人々が目当てにして生きてきた目的が明らかになるのであり、そのために郷土人の参加を要請したのである。心の中の願いや何もせずにじっとして過ごす日々の気持ちを、郷土人がみずからを客体化することによって体系化しうると考えた。

俗信の枠組みをこのように述べたところ、柳田自身はすでに民俗を地域とのつながりでとらえることよりも、一国の民俗文化を究明する方向に向かっていた。国民相互間における精神的な結合帯すなわち心と心のつながりというものは、時間と空間を超越して個々人の精神生活を結合していると述べ、すべての日本人が伝承的な道徳や習慣の桎梏(しっこく)の中に立っており、無意識に記憶を後世に伝えるものであるという。禁忌に関する全国から集まってきた資料を見た柳田は、そこに非常に共通した点を見いだし、禁忌を犯したときの報いについても法則性があることを認めている。また、消えてなくなっているかに見えたものでも、ある事件に再会することによって鬱然として現われることがあると述べ、雨乞いや風祭などと共通する心意のもとに表出した事象として千人針を指摘した。柳田が俗信を提起したときには調査項目を明示し、資料の整理に至るまで指示したが、それは俗信資料を用いた研究目的が以上のように明確に設定されていたためである。しかし、その後はこれだけを一つのまとまりとした資料の収集・整理は進められていったが、俗信そのものが定義されることはなかった。便利な資料集として、研究者各自がそれぞれ必要に応じて妖怪・幽霊・憑物などの報告を利用してきたといっても過言ではない。あえて定義が試みられた場合でも、俗信は民間信仰・迷信との相対的な区分がされるだけに終始した感がある。『民俗学辞典』(一九五一)の項目として出され、俗信研究では定義として最初に取り上げられることが多い堀一郎の規定では、俗信は古代の信仰および呪術が宗教にまで高められることなく民間に退化しつつ残存したもの、また、宗教の下部的要素が民間に脱落し退化沈潜した広義の信仰慣行であり、かつては完全であった習俗の断片で、組織をなさず呪術宗教的な心意現象である。同じく堀の執筆になる民間信仰の項では、俗信を民間信仰の一部でその変形ととらえ、迷信の項では、俗信のうちで特に社会生活上のはなはだしい実害を及ぼしているものとして、憑物や丙午(ひのえうま)を具体例としている。つまり、民間信仰を最も大きな概念とし、そこに俗信が包括され、さらにその一部として迷信が位置づけられていた。

客観性あるいは合理性を保つ根拠として俗信の対極に科学が位置づけられるが、野村昭はそこに着目して俗信を科学的な検証を経ていないにもかかわらず、先験的に信じられている知識・技術・因果論であるとしている。観察・実験・調査などによる科学的な実証の手続きが何も取られていないために、そこにみられる法則や因果律は恣意的にならざるをえないという。こうした因果関係に俗信の要点があるとして、一九四七年(昭和二十二)に発足した文部省迷信調査協議会の一員であった日野寿一は、人生の吉凶禍福に関し、因果関係のないものをあると認める判断の錯誤を迷信、すなわち社会的に有害な俗信と規定している。区分が相対的であるのに加え、科学を対極に置いた非合理性に着目するこれらの規定に、堀一郎の宗教現象は合理の世界を越えたものである、という指摘を顧みると、非合理性が俗信のみに限定される特性とは言い切れない点がある。非体系的で断片的とはいうものの、現実の調査において禁・占・兆・呪に相当するような資料だけを調べ出すことは困難であって、実際には衣食住の生活、年中行事や通過儀礼などを聞くなかで記録している。このことから資料化にあたって、文脈から切り離して意図的にバラバラな状況に追いやっているように思われる。また、板橋作美は非体系的で断片的という言葉が半世紀ほど無批判に使われてきたとし、これらは俗信自体がもっているのではなく、むしろ研究者の側の見方にあるとして、文化記号論からの解釈を試みている。禁忌や予兆などの根底に基本的な構造があり、そこから具体的な表現形が生みだされるとみるのであり、日本文化という限定を越えた普遍性追求への道も模索されている。さらに、定義に関連して俗信研究では柳田が俗信の語は意を尽くすには狭すぎると述べていることを考慮し、心意現象として妖怪・幽霊などが包括された積極的な意図についての検討も必要である。

井之口章次は兆占禁呪のうち、占と呪は積極的な技術であり、占では災に見舞われたときの真実の探求として天体の運行の異変をたずねることや、子供の病気の具合をみるために道祖神の石の軽重を感じ取ったり、未来の予測としてのさまざまな生児の性別の判別法をあげる。呪では「伝染病がはやったときにおにぎりで体をふき海に捨て、神様に代わって伝染病になってもらうため神棚にもあげる」という鎮送に相当するもののほか、感染・報復など十八に分類される。消極的な知識とする兆と禁は共通する因子をもっていると考えられ、いずれも四つに分類できる。「地震は天変地異の兆」のように直観的に連想の及ぶもの、「朝坊主(朝僧侶に会うと葬式を連想し縁起が悪い)」というように一段階へだてて連想につながるもの、「下帯が湿るときは雨が近い」というように経験知識によるもの、「耳鐘が鳴ると同年者が死ぬ」というように心霊的現象によるものである。禁も兆と同様に、直接連想として「食べてすぐ横になると、牛(または犬)になる」「ぶどうや藤を屋敷内に植えるものではない。植えると家運が下がる(房や花が垂れ下がる植物だから)」、間接連想として「屋敷内にビワの木を植えない(葬式でビワの葉を飾りに使うから)」「棕櫚の木は庭に植えない(寺の鐘つき棒にするから)」、経験知識によるものとして「(住居を建ててはいけない場所として)尾先谷口宮の前」、心理的原因によるものとして一家に妊婦が複数ある相孕みなどがある。鹿児島県奄美地方では子供が生まれるとすぐにイヤンハティーをさすといって、軒先に竹串をさしたり囲炉裏の灰にはさみをさしたりする一種の呪いを行なっていた。神が決める生児の運(イヤンハティー)はしばしば悲劇的なものであるため、それを決めないうちにさすのだという由来を語っているが、一方は軒先に、他方は囲炉裏であるのは、ともに他界と現世を結ぶ霊的な通路にあたると考えられているためである。これを意味の共通性を背景とした置き換えとみることができ、日本本土各地の節供にショウブを軒端にさすことなど、この種の多様性を見いだせる。

現代社会においても、依然として霊の存在や神がかり、占い、不可思議な現象に対する関心は衰えていない。宮田登がいうように、都市のなかで、「魔所」とよばれるところも他界との境界領域であり、そこにこもっている霊的なものが妖怪の姿をとって出現し、都市民の創造力をかき立てることになる。それを探っていくと、カミ・聖地・妖怪・怨霊といったものを生み出してきた日本人の精神構造をとらえることも可能になってくるのである。

↓民間信仰　↓迷信

参考文献　文部省迷信調査協議会編『俗信と迷信』(「日本の俗信」二、一九五二)、原田敏明「俗信」(『日本民俗学大系』七所収、一九五九)、井之口章次『日本の俗信』、一九七五、真野俊和「兆・占・禁・呪―俗信の民俗―」(『日本民俗学講座』三所収、一九七六)、宮本袈裟雄「民間信仰」(『民俗研究ハンドブック』所収、一九七八)、藤井正雄「禁忌・呪い」(『講座日本の民俗』七所収、一九七九)、小嶋博巳「「俗信」覚書―概念の再検討に向けて―」(『民俗学評論』二三、一九八三)、野村昭『俗信の社会心理』(「社会心理学選書」八、一九八九)、宮田登『妖怪の民俗学』(「同時代ライブラリー」、一九九〇)、関一敏「俗信論序説」(『族』二七、一九九六)、板橋作美『俗信の論理』、一九九八

(古家　信平)

そとば　**卒塔婆**　木の墓標や、供養のために墓域や霊場などに立てる、木製の葬具・供養具。語源は梵語のストゥーパ stūpa、塔婆とも音訳される。広義にはインド・中国・朝鮮の仏塔、日本の多重塔、宝塔、五輪塔などが含まれるが、一般的には単に塔とよばれる三重塔などの建造物とは区別する。日本での木製卒塔婆はすべて葬送と追善供養を目的としている。卒塔婆という名称や現行の形状が五輪状になっているところから、仏教によってはじめてもたらされた宗教文化のように思いがちであるが、特徴的な材質や機能に注意すると、日本人が古くから神や霊魂をまつるときに依代として立てた常緑樹が仏教化して、木の卒塔婆になったとみてよい。現に、弔い上げのとき、枝葉がついた生木のウレツキトウバを墓に立てる習俗が各地にみられるが、この塔婆は死者の霊魂が祖霊へと昇華するときの依代である。梢や幹を切り取って樹皮を削り、供養文などを書くと、それは棒型塔婆となる。さらに整形すると六角塔婆・角柱塔婆などの加工塔婆になる。『餓鬼草紙』には、頭部が方錐形で、その下の額の部分が階段状に切り込まれた角柱塔婆が描かれている。さらに身部を凹めて板状とした板碑型塔婆(碑伝型塔婆)が派生する。角柱

塔婆の方錐形頭部や切り込みを五輪の退化とみるか、梢を切り取ったあとの整形とみるか検討の余地があるが、やがて明らかに五輪を頂部に彫りつけた角柱五輪塔婆が現われる。地輪の部分が長くのび、ここに経文・陀羅尼（だらに）・戒名・供養の趣旨などが書かれる。日本の卒塔婆はこの段階で形態的にも仏教と直結する。角柱卒塔婆が扁平となったのが板塔婆（平塔婆）、それがさらに薄く小型になったのが経木（きょうぎ）塔婆（片木（へぎ）塔婆）である。

『今昔物語集』二七に民衆が埋葬した後に木製塔婆を墓標にたてたことが出ている。おそらく角塔婆であろう。現行の民俗には、葬儀の際、七本の小型板塔婆または経木塔婆を用意し、墓標の周囲に全部を立て七日ごとに一本ずつ倒したり、逆に七日ごとに一本ずつ立てに行くところがある。前者は死霊の封鎖、後者は供養に重点を置いてのことであろう。また死霊の鎮魂にも塔婆が使われた。卒塔婆に水をかけたり、卒塔婆流

七日ごとに挿し立てる七本塔婆　奈良市（提供新谷尚紀）

墓地に並ぶ卒塔婆　埼玉県新座市（提供新谷尚紀）

卒　塔　婆

しを行うのは、水によって死者の生前の罪・穢れを浄め、得脱往生（とくだつおうじょう）させようとするものであって、これも塔婆に霊魂の依代という宗教性があるからである。

参考文献　圭室諦成『葬式仏教』、一九六三、五来重『葬と供養』、一九九二

（伊藤　唯真）

そば　蕎麦　タデ科の一年生草本で、ユーラシア大陸東部が原産地である。蕎麦の種実などが北海道から九州までの縄文時代の遺跡から多数発見されていることから、この時代から食用になっていたと考えられる。古代には救荒食物として奨励されたという。寒冷地や荒地にも栽培ができ、特に山村での栽培が盛んであった。また、栽培に要する期間が短く、種子を蒔いて七十五日たてば食べられるといわれ、春蕎麦・夏蕎麦・秋蕎麦の年三回の栽培も可能であった。焼畑の基幹作物としても重要視された。蕎麦飯・蕎麦粥など粒食もあるが、石臼による製粉作業が簡単であるためか、粉食が多い。蕎麦掻・蕎麦団子・蕎麦餅・蕎麦焼餅などのほかに、蕎麦粉を飯の炊飯時にふり入れて増量材とした。岡山県宇戸村（井原市）ではソバネリといって、蕎麦粉と甘藷（サツマイモ）やカボチャなどを練り合わせて食べた。日常食として多く用いられる一方で、客などのもてなしの料理、つまり御馳走の一つになったのが一般に蕎麦といわれる蕎麦切りであった。蕎麦切りの名は長野県木曾郡にある定勝寺の一五七四年（天正二）の文書に、仏殿等の修理工事に「ソバキリ」を振舞ったとあるのが最初であるという。江戸の市中には蕎麦屋がたくさん出現し、庶民の食物として有名になった。浮世絵などによれば、現在のザルソバと同じ形式ができ上がっていた様子がわかる。儀礼食になった例も各地で見られる。大晦日のミソカソバを筆頭に、静岡県の天竜川沿いの村では山の神祭のソバモチ、岡山県総社市の霜月祭の蕎麦切りなどがある。福島県南会津郡舘岩村では田植えや屋根葺きの時の間食、村の寄合時に蕎麦のハットウを食べるのが習慣であった。岩手県では年忌供養に蕎麦切りを使った。注目すべきは元旦に雑煮（餅）を食べず、蕎麦切りを食べる餅なし正月で、群馬県などに多く見られる。邑楽町篠塚のあるイッケは三箇日とも朝蕎麦の縁起で、蕎麦切りを食べ、餅を食べない。儀礼のほかにも引っ越し蕎麦などにみられるように祝い事にも用いられた。このように儀礼食、祝いの食品となっている蕎麦であるが、アワやヒエ、キビなどの雑穀と異なる点がある。『古事記』のオホゲツヒメ神話や『日本書紀』のウケモチノカミ神話にみられる農耕起源神話には、この二神の死体から五穀が発生し、日本の農耕が始まったとされる。五穀には、アワやヒエ、キビは二書のうちのいずれかにみられるが、蕎麦は入っていない。平安時代も同様で、五穀のうちに蕎麦の名はなく、近世初期の農書『清良記（せいりょうき）』にもない。東京都西多摩郡檜原村では、蕎麦は草だから、五穀に入らないのだという。アワやヒエ、キビはイネ科植物であるが、蕎麦はタデ科植物である。いずれにしても庶民の食料として多く用いられながら、農民も他の穀類と異なった認識を蕎麦に対して持っていたのである。蕎麦の茎が赤いことに関する昔話は、二つの類型がある。「瓜子姫」「天道さんの金の綱」型では、天から蕎麦畑に落ちた山姥の血が茎にかかったからとされ、「弘法と蕎麦」型では、蕎麦は弘法を背負って川を渡ったので、寒さのため茎が赤くなったとされる。後者は麦とともに弘法大師にちなむ作物由来話である。

参考文献　大林太良『稲作の神話』、一九七三、坪井洋文『イモと日本人—民俗文化論の課題—』（「ニュー・フォークロア双書」二、一九七九）、新島繁・薩摩夘一編『蕎麦の世界』、一九八五、都丸十九一『歳時と信仰の民俗』（「民俗叢書」、一九八六）、木村茂光『ハタケと日本人』（「中公新書」

一三三八、一九九六)、木村茂光編『雑穀—畑作農耕論の地平—』(「「もの」から見る日本史」、二〇〇三)　（増田　昭子）

そま　杣　樹木の伐採従事者。樵・伐採夫。古く杣は森林を指しており、特に古代では寺社あるいは宮殿の建設用材林のことを指していた。森林から木材を生産する場合、樹木の伐採は杣が、運材は日傭（ひよう）、製材は木挽が行い、分業を行う。しかし地域によっては杣と日傭の仕事を同一人がすることもしばしばみられた。樹木の伐採時期は盆あるいは秋の彼岸以降、二月いっぱいまでが切り旬とされる。この時に伐採すると、耐久性、光沢ともに良好な木材が得られる。特に落葉樹の場合では葉が完全に落ちきる寸前が最も良いとされている。伐採はヨキ(斧)または鋸を用い、倒れる方向にヨキを用いて受け口を作り、反対方向からヨキまたは鋸で切る。十分な受け口を作らない場合、木材の繊維を引き抜くヌケあるいは割れが入ることがある。伐採にあたってはキヨメのために酒・塩などを供えることもある。また切り株にソヨゴなどの常緑樹の小枝をさして樹木の再生を祈願することもある。杣は庄屋(杣頭)を中心とした集団(組)を構成しており、山地での長期の生活を営んでいた。現在では、森林組合などの作業班などがこの役割を担っている。

参考文献　山村民俗の会編『杣と木地屋—木に生きる杣人の暮らし—』(「シリーズ山と民俗」二、一九八九)　（中川　重年）

そめいけいしょう　祖名継承　何らかの関係にある先祖の個人名の全部もしくは一部を継承して子供に命名すること。その方法を祖名継承法とよぶ。祖名継承法にはさまざまな方法があり、どのような先祖からどのような方法で名前を継承するかによって、家族や親族組織において持つ意義が異なる。また、特定の先祖の名前を継承することは、その先祖との親密な関係を意味するから祖先の観念や祖先祭祀とも関連する。祖名継承法は日本のみならず世界で広く行われている命名法の一種であるが、日本で最も盛んに行われている。日本以外では中国西南部や東南アジア北部諸族の父子連名制が知られている。日本の祖名継承法には基本的に二つの型がある。第一は、父系単系型の祖名継承法である。この型の祖名継承法は、家族の相続者である長男が父方の先祖、特に一世代上の父の名を継承する型であり、次三男や女子は対象とはならない型である。この型の祖名継承法は日本各地で広く行われており、直系型家族制度(家)にもっとも適合する祖名継承法である。この型には下位類型として襲名型・一字継承型・名乗頭（なのりがしら）型などがある。襲名型は先祖の名をそのまますべて継承する型であり、家族の象徴である名前を代々の家族の代表者が継承する型である。商家にもこの型の祖名継承法が見られる。一字継承型は先祖の名の一部を継承する型であり、多くは先祖の名の一字を継承する。継承する一字は「善」「幸」「勘」などその家族の命名上の象徴であり、この一字を見れば所属する家族が明らかになるから、継承される一字は姓と同じ機能をもつ。名乗頭型は沖縄の士族の間で行われていた祖名継承法であり、男子全員が父の名前の上の一字(名乗頭)を継承する方法である。これが超世代的に繰り返されるから、名乗頭は共通の先祖の子孫であることを意味することになる。第二は、双系型の祖名継承法である。この型の祖名継承法は、基本的にすべての子供が父方母方双方の祖父母から、名前を継承する型である。長崎県五島では祖名継承法を名取りとよび、これによらない拾い名と区別している。祖父母からの継承を基本とするが、子供はすべて異なる先祖から名前を継承する原則や、同性間で継承する原則、必ず生きている人から継承する原則があるから、子供が多い場合には父方母方のオジ・オバから名前を継承する。この型では名前は家族を越えて継承されるから、家族の象徴の意味はない。むしろ、双系的な親族関係と適合する祖名継承法である。祖名継承法をささえる観念は、名前が霊魂の象徴であると考え、その名前が人の死とともに朽ちた肉体から離れて、新たに誕生した肉体に付けられることによって霊魂が再生するという再生観であり、特定の先祖との関係を強調する先祖観であると考えられる。

参考文献　中田薫「古法制三題考」(『法制史論集』一所収、一九二六)、原田敏明「名と不滅観」(『宗教研究』五ノ二、一九二七)、上野和男「日本の祖名継承法と家族」(『政経論叢』五〇ノ五・六、一九八二)、蛸島直「沖永良部の祖名継承」(『日本民俗学の展開』所収、一九八八)
(上野　和男)

それい　祖霊　清められた先祖の霊魂。ホトケと呼ぶ穢れた死者霊は、個性のあるものとして仏教の管轄下にあるが、子孫の供養を受けてやがて清められカミとなって個性を失い、祖霊すなわち祖先一般の集団霊としてのカミとなるという信仰がみられる。位牌も寺に納めるか川に流してしまうのは、その象徴的な行為をあらわしている。また、地方によっては、三十三回忌の最終年忌をすませると、先祖になって屋敷の一隅にまつってある祠に帰ってくるともいわれている。また、九州大分県の姫島などでは、ホトケは弔い上げの五十年忌にはカミとなって昇天するので、個人墓を倒してしまう塔倒しの行事がみられる。倒された墓石は海岸の防波堤に用いるなどしている。仏教の年忌の展開は、亡くなった者の霊魂が年忌や盆・彼岸での供養を受けて穢れを薄くし、次第に清まった強い霊魂に昇華していくという観念があって、最後には祖先神に合一するという、日本固有の霊魂観を基盤にしている。日本の祖霊信仰の定着化にも、仏教の用意した理論的裏付けが大きな影響をもっていたであろうと考えられる。つまり、今日の先祖観は仏教と民間習俗との相互作用の産物からなっているということである。柳田国男は、常民の祖霊信仰について次のように述べている。死者が出た場合、日本では葬儀に始まって七日の中陰法要、百ヵ日忌・一周忌・三回忌・七回忌・十三回忌と営んでいくが、弔い上げ、トイアゲ、トイキリなどと呼ばれ、その年忌供養をある一定の年限をもって打ち切る習俗が全国的にみられる。その打ち切りの年は場所によっては四十九年目、あるいは五十年目とされる所もあるが、多くの場合三十三年目である。三十三回忌までの死霊は、ホトケまたは精霊などと称され、その個性を没してはいない霊である。三十三回忌には生木を切り込んだ杉の梢(うれ)付ないし葉付塔婆などを立て、この時点で死霊はその個性を失い、祖霊という集合的な霊体に合一される。祖霊とは、穢れたホトケ・精霊とは異なって清まったカミであり、多くの場合、生前の居住地からあまり遠くない山にあって子孫を見守るものであるとされ、この点で祖霊が田の神であるという連関がみられる。死霊が追善供養を重ねながら浄化・没個性化して、最終年忌ののちカミとなった祖霊は、毎年時期を定め子孫の家を訪問し、家の繁栄を守護する存在に変わる。その代表的な時期が七月の盆行事であり、また、春秋の彼岸会の行事である。また、盆・彼岸には、子孫の手厚い供養をうけて祖霊への歩みをつづける新精霊・精霊が先祖霊とともに訪れて浄化されていく。以上にみる柳田説は、年忌を祖霊化(先祖化)の過程の節目ととらえて、霊(ホトケ)が清められ、没個性化して祖霊(カミ・祖先)に至るとするもので、その体系化は祖霊神学ともいわれる。

参考文献　柳田国男「先祖の話」(『柳田国男全集』一三所収、一九九〇)、藤井正雄『祖先祭祀の儀礼構造と民俗』、一九九三
(藤井　正雄)

た

たあそび　田遊び　新春や田植え時期に、稲作の理想的な耕作過程を模擬的に演ずる予祝行事。御田（おんだ）・春田打・お田植祭などとも呼ぶ。伊勢神宮の『皇太神宮儀式帳』（八〇四）に、二月の鍬山祭として忌鍬で神田を耕し種子を蒔き、田儛を奏した記録がある。また鎌倉時代初期の『皇太神宮年中行事』には「以レ藁殖レ田遊作法」とあり、今日東北地方で雪の上に藁を差して田植えの真似をする庭田植などの行事が、原初的形態とも思われる。しかし稲作行程の模擬芸能として、「田遊」の文字が文献に登場するのは、鎌倉時代末期、一三三三年（元弘三）の年号がある静岡県小笠郡浜岡町の笠原庄一宮に関する文書で、修正会（しゅしょうえ）に神楽（巫女舞）などとともに田遊びが行われている。東海地方から関東にかけての地には、現在も社寺の修正会に田遊びが伝承されているが、その特色は長い詞章を唱えつつ象徴的な模擬的動作を演じることで、詞章などの類似から考えて、その伝播には鎌倉幕府の所領に対する勧農政策があったことが考えられる。東京都板橋区の徳丸・下赤塚、横浜市鶴見区杉山神社（廃絶）、静岡市日向、静岡県志太郡大井川町藤守、藤枝市滝沢、浜松市引佐町寺野・神沢・川名、袋井市法多山、天竜市懐山、浜松市水窪町西浦や、愛知県新城市鳳来寺をはじめとする三河の山間村など、この種の田遊びを伝承した所は非常に多い。なお徳丸に伝承された曲を例示すれば、「町歩調べ」「田打ち」「田耕ひ」「代掻き」「草すき」「田ならし」「足踏み」「種まき」「寄するまじきもの」「鳥追ひ」「田廻り」「春田耕ひ」「田掻き」「草すき」「ならし」「田植」「米坊」「やすめ太郎次」「田の草取り」「稲刈り」「倉入れ」で、この内「やすめ太郎次」は、男女の生殖行為を真似て見物を笑わせる。秋の豊穣を予祝するかまけ技である。一方近畿地方では、御田とかお田植神事などの名で呼ばれる所が多く、東日本とはその芸態において一線を画す。文献的にも早く、奈良春日大社の神主の『中臣祐定記』一二四六年（寛元四）正月十八日条に、「今日可レ有二田殖之義一」とある。田殖といっても正月十八日であるから一種の模擬的な田遊びで、興福寺膝下の所領の郷民に対し、春日大社が行なった勧農の神

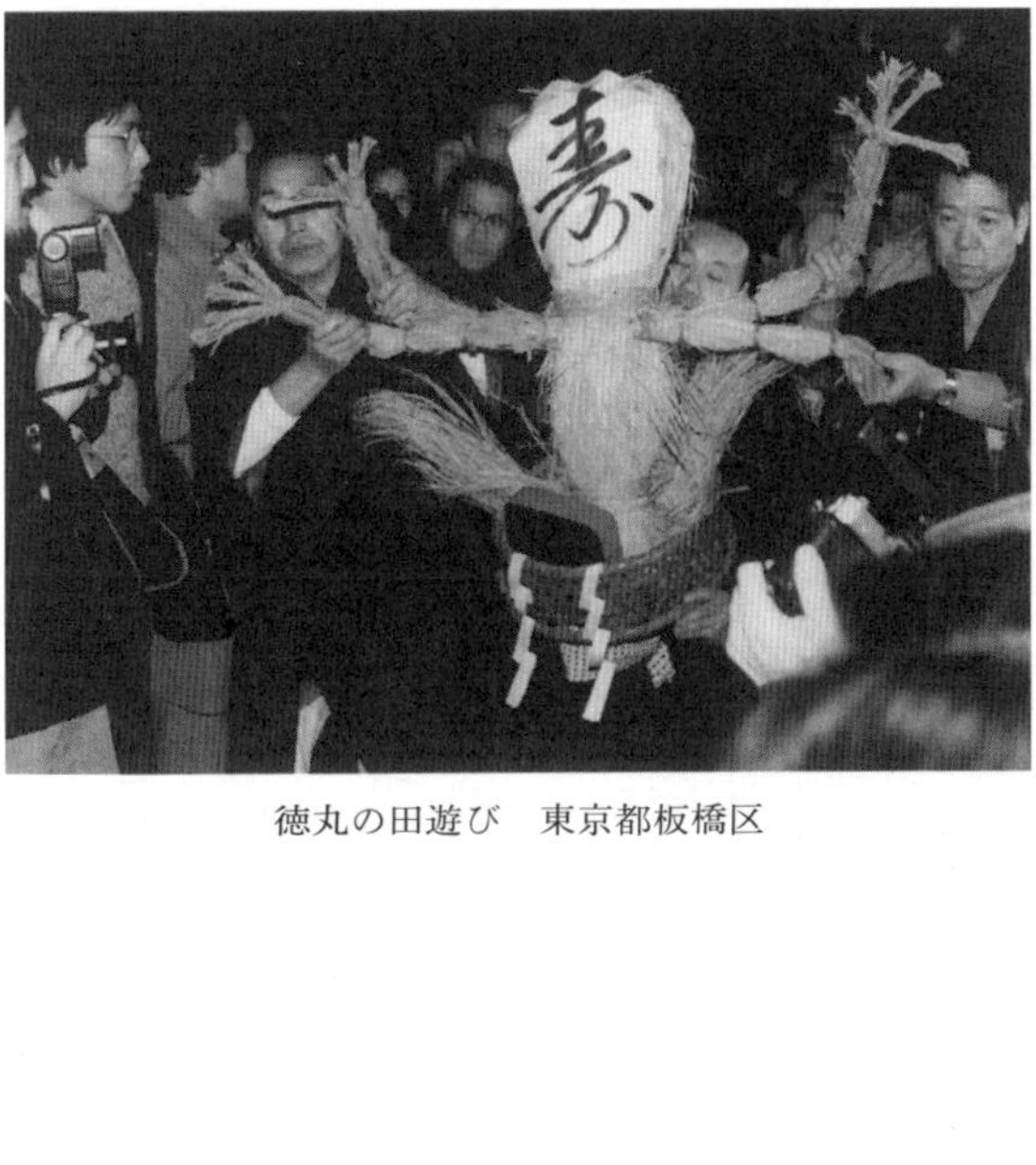

徳丸の田遊び　東京都板橋区

事であろう。近畿地方の田遊び系芸能の特色は、その演出が中世に郷民の間に流行した猿楽狂言の影響を受けていることである。稲作の行程が翁面をつけた田主役や、農民たちの即興的な会話体で進行し、面を付けた牛役や、少年が扮する早乙女なども出る。奈良県磯城郡川西町六県神社の「おんだ」では、「水見廻り」「牛使い」「施肥」「土こなげ」「田植」「安産の神事」「福の種まき」などの曲が演じられる。なおこの狂言風に仕組んだ田遊びは、静岡県の三島市の三島神社や、福島県都々古別神社など全国的広がりもみせている。またこの予祝の模擬演技を、田植え時期に演じる所もある。東北地方に広く分布する正月の田植え踊りなども、広い意味での田遊びの一種である。→庭田植

参考文献　本田安次『田楽・風流一』(「日本の民俗芸能」二、一九六七)、芸能史研究会編『日本庶民文化史料集成』二、一九七四、新井恒易『農と田遊の研究』、一九八一、黒田日出男『日本中世開発史の研究』、一九八四

(山路　興造)

だいかぐら　太神楽　江戸時代の初期に伊勢や熱田神宮の御師などが獅子を舞わして諸国をめぐり、大神宮のお祓いと称して家ごとに悪魔払いの祈禱舞を行なった神楽。大神楽・代神楽とも書く。神札を配布、神社の境内やムラの広場などに筵を敷いて獅子舞とともに放下芸(室町時代に出家姿の者が各地を演じて巡った歌や曲芸)や滑稽掛け合いを演じてみせた。現在太神楽と称するものには、次のような三系統の芸能が伝承されている。一番目は「伊勢の太神楽」で、山本源太夫を代表とする太夫村(三重県桑名市)系六組、阿倉川(同四日市市)系一組の七組で組織されている宗教法人伊勢大神楽講社による活動である。伊勢の太神楽組は現在でも四、五人の集団で西日本各地の檀那場を一年中回檀し、各戸めぐりと広場での獅子舞と放下芸を演じてみせる形式を守り続けている。彼らが伝えている演目は、獅子舞が八演目(鈴の舞・四方の舞・跳の舞・扇の舞・吉野舞・楽々の舞・剣の舞・神来舞)、放下芸八演目(綾採の曲・水の曲・手毬の曲・傘の曲・献燈の曲・玉獅子の曲・剣三番叟・魁曲)である。二番目の系統は「江戸の太神楽」で、彼らの多くは太神楽曲芸協会に所属して、寄席のいろものとして曲芸を演じることを中心に、祝儀の宴席などに招かれて獅子舞を演じるなどの活動をしている。江戸太神楽が古くから伝承してきた演目は「太神楽十三番」(曲撥・曲鞠・傘の曲・長撥の曲・羽子板相生の曲・花籠鞠の曲・相生茶碗・五階茶碗の曲撥・水雲井の曲撥・天鈿女の舞・鹿島の舞・末広一万燈の建物・悪魔除獅子)と称する十三演目である。伊勢の太神楽と江戸の太神楽の演目名(内容)の違いからも明らかなように、芸態的にもかなりの違いを示している。三番目の系統は、全国の町や村の氏神の祭礼に、氏子の青年などによって奉納されている二人立ちの獅子舞とその余興芸である。これらの数限りない各地の太神楽は、伊勢太神楽や江戸太神楽などの専業者の一団が、毎年同じ時期にめぐって来る芸を習い覚え、各伝承地独特の芸

江戸太神楽「花籠鞠の曲」

態をもった太神楽に練り上げたものである。伊勢太神楽の本拠地である三重県には、太神楽発生以前から伝承されている伊勢市山田の御頭神事や、丑・辰・未・戌歳の三年に一度の獅子舞がある。それらは椿大神社(山本流)、伊奈富神社(稲生流)、都波岐奈加等神社(中戸流)、久久志弥神社(箕田流)の四山の獅子舞と呼ばれるもので、旧正月七日から三月三日まで、南は津市から北は四日市辺まで回檀していた。これらの地域は、伊勢大神楽講社が檀那場としている地域ではないことから、のちに発生した伊勢太神楽が意識的に四山の獅子舞のめぐっていた地域を回避した可能性があるという。

参考文献　中村茂子「大神楽の発生と展開および万歳周辺の芸」(三隅治雄編『大衆芸能資料集成』二所収、一九八二)、大高弘靖・大高宣靖『(水戸藩御用)水戸の大神楽』、一九八四、北川央「旅する舞人・伊勢大神楽—現代に生きる「奇跡」の遊行宗教者たち—」(『宗教と現代』一五ノ四・五、一九九四)
(中村　茂子)

だいかぞく　大家族　常識的には家族員数が多く、かつ複雑な構成形態の家族をさし、しばしば小家族と対比して用いられる。また、夫婦家族(核家族)に対して直系家族や複合家族(何人もの既婚子を同居させる家族)の中で、人数の多いものを大家族と規定する見解などもみられる。しかし、そこでの大小なり多寡を区分する人数の基準があいまいであり、学術用語としての適正を欠いている。大家族として注目される構成上の特徴は、世帯主(戸主)との親族関係の比較的薄い者や、親族関係のない者まで含むという複雑な形態である。その結果、しばしば多人数の成員を包含することにもなるのである。近代に入って親族集団としての家族の考え方が西欧から導入されると、右の構成上の特徴との整合性をめぐって論議が交わされることになる。日本にはこの家族概念の導入以前から家という独特の制度があった。この家制度は、超世代的連続を優先とする家産にもとづく家経営体であり、生活共同体である。この伝統的な慣習上の家制度に着目して、いわゆる大家族の問題を明らかにした研究者の一人に有賀喜左衛門がいる。有賀によれば、大家族は家の一形態であるとみなされる。すなわち、家の形態は、単一の家(戸主および戸主直系の尊・卑属のみが配偶者をもつか、もちうる形態)と、複合の家に大別される。後者は、戸主直系のみならず傍系や奉公人・使用人らも配偶者をもつ形態であり、通称大家族といわれるものに相当するというものである。この複合の家は、第二次世界大戦の前までの日本の村落や都市の商家などに分散的にみられたが、特に東北や中部地方の農山村に比較的顕著であった。そこでは、家内労働力を多く必要とする大規模な家

合掌造の下の大家族　岐阜県白川村

経営をもつ本家親方という特定の家であったり、経営基盤である土地の分割抑制による分家創設の制限といった特殊事情など、さまざまな条件によって複合の家が出現していた。この複合の家の典型は、岩手県石神(岩手郡安代町)の大家(オオヤ)の例にみられる。明治初年のこの大家では、当主・長男夫婦のほかに、次・三男夫婦と四組の奉公人夫婦、およびそれらの子が同居し、一つの家を構成していたケースである。同じく大家族として著名な、岐阜県大野郡白川村中切地区の諸集落に集中的にみられた家の場合には、やや性格が異なる。ここでは傍系や養い子(奉公人の一種)は結婚後も生家(または養家)にとどまり、夫が妻のところに通うという妻問婚の形をとり、生まれた子はマカナイゴとして原則的に母親の家で養育するという、複合の家の形態である。一九〇〇年代初期の成員膨張のピーク時には、三十人から四十人を越え、しかも、そうした家が集落の全戸にほぼ共通して現出している点に特徴があった。これらの複合の家に関する従来の研究では、強大な家父長の統制下の賦役制という、封建的家族としての性格が強調されていた。しかし、詳しく見ていくと、複合の家は、それをとりまく内外の条件に適合し、家の存続や成員の生活を維持するための機能を組み込んだ構造であり、固定的なものでなかった。それは生活集団としての柔構造を基本とする家の一形態として理解することが、より現実的である。大家族は、こうした視点から再考することが期待される。

参考文献　戸田貞三『家族制度』、一九三七、有賀喜左衛門『日本家族制度と小作制度』(『有賀喜左衛門著作集』一・二、一九六六)、江馬三枝子『飛騨白川村』、一九七五、柿崎京一「資本制成立期の白川村「大家族」の生活構造」(『村落社会研究』一一、一九七五)、小山隆『山間聚落の大家族―越中五箇山・飛騨白川村の実証研究―』、一九六八
(柿崎　京一)

だいく　大工　家屋などの建築を担う木工職人。番匠(ばんじょう)ともいう。大工の語も幾多の変遷を経ており、古代には「おおきたくみ」と読んで「大匠」(中国の建設担当役所の最高官「将作大匠」の略)と同様の意味で、日本でもすでに『続日本紀』に七世紀の記録がある。中世になると官名とは別に建築事業にあたるさまざまな職種ごとに、その工人たちの長となる者を指すようになり、たとえば、番匠・瓦葺・瓦造・鋳物師などそれぞれに「大工(だいこう)」がいた。建築関係の木工職の長が番匠大工である。近世になり建築関係の木工職を番匠あるいは大工(だいく)と呼ぶのが一般的になると、大工の長を示す言葉として棟梁の名が登場する。今日でも各地の職人呼称には、建築関係ばかりでなく桶大工・家具大工・水車大工などがあり、木工以外でも、たとえば漁網を仕立てる職人を網大工という例がある。また、木工職が宮大工・車大工・船大工・櫓大工などさまざまに分化した結果、一般の家屋建築にあたる大工は家(や)大工とも呼ばれる。日本の家大工の技術を特徴づけるのは、柱や梁などを構造材とする軸組工法の技術である。このために複雑な組み手が用いられ、刻みの技が重要になる。大工道具は、墨掛道具と定規類、鋸(のこぎり)、鉋(かんな)、鑿(のみ)、錐(きり)、玄能と槌、釘締(くぎしめ)と釘抜、毛引、釿(おの)とまさかり、その他雑道具の十種に分けられるが、必要にして充分な編成としては合計百七十九点、必要最小限でも七十二点といわれている。いずれの場合も鑿と鉋が主体で、日本の家大工技術の特質を示すものといえる。大工棟梁は、建築の設計から施工までの全過程を統率したが、準備段階の材木の調達と木割り、木組みのための作業に多くの労力を要し、棟上の作業などは地域の人々の共同労働(ゆいなど)に、都市では鳶職に負うところが大きかった。農山村では一般の農民にも、ある程度の大工技術を持ち、小屋ぐらいなら自分で造れた者が少なくなかった。特に大工技術を持つ者が多い地方では、周辺の村や町に出稼に

行くことが慣例になり、次第にそれぞれの地方の大工集団として知られるようになった。越中大工・長州大工・気仙大工など多くの例がある。また、専門の大工職人として活動する場合にも、西行などと称して各地の棟梁のもとを渡り歩いて修業するのが普通で、このような大工の存在が口承文芸の主人公となり、話の伝播者となる場合が多かった。社寺の堂塔などを建造する宮大工(堂宮大工)には、規矩術の修得を前提にした高度な技が要求され、秘伝書を伝えるなどして格式が高い。特に大屋根の構造や、その重量を支える軒下の精緻な組み物などに優れた技を見せ、また彫刻にも腕をふるった。名工も生まれ、江戸時代の左甚五郎などは伝説化して全国にその足跡を残す。日本の伝統的木造船(和船)を造る船大工は、摺り合わせ・接ぎ合わせの技などによって大板を造り、これを曲げ、組み合わせて基本構造とする技が、家大工の技と際だって異なる。これらの作業に用いる船鋸類・釘差鑿(つば鑿)類など船大工特有の道具類がある。しかし、家大工・船大工のいずれの技も、木材資源の豊富な日本の風土から生まれた特徴的なもので、材木となる樹の霊や、その母なる山の神への畏怖の念をその信仰や儀礼の中に秘めている。なお、大工の職能神として聖徳太子が広く信仰対象となっているのは、聖徳太子が日本の寺院建築の祖と考えられていたからで、大工仲間は太子講を組織してまつる。柳田国男は太子が大師と同様に神霊を意味し、これを迎えた信仰が背景にあったことを示唆している。聖徳太子のほかにも飛騨の木鶴神など、地方的な信仰形態にも注意しておきたい。→建築儀礼 →太子講

参考文献 磯貝勇「大工」(『日本民俗学大系』五所収、一九五九)、大河直躬『番匠』(「ものと人間の文化史」五、一九七一)、神野善治「建築儀礼と人形—河童起源譚と大工の女人犠牲譚をめぐって—」(『日本民俗学』一四六、一九八三)、労働科学研究所編『わが国大工の工作技術に関する研究』、一九八四

(神野 善治)

たいこおどり 太鼓踊り 太鼓や羯鼓(胸に着ける小型の鼓)を打って群舞する民俗芸能の総称。太鼓を伴う踊りは全国的に分布するが、西日本一帯に広く分布する風流系の太鼓踊りをさすことが多い。それらは、踊り手たちが太鼓や羯鼓を腹のあたりにくるように肩から下げ、両手の撥で打ち、作り花や飾りのついた竹などを背負って踊るのが特徴的である。踊る目的はさまざまである。雨乞い踊りは雨乞い祈願やその返礼に踊る

ザンザカ踊り 兵庫県大屋町大杉(養父市) (提供大森恵子)

もので、それぞれを大踊・小踊と区別するところもある。盆踊りに太鼓踊りを踊るところもあり、武士の戦勝記念に始まったという伝説をもつものもある。また、害虫駆除や疫病防除の目的で踊る場合もある。太鼓の音は特に重要な意味を持ち、太鼓踊り・かんこ踊り・羯鼓踊りなどといった一般的な用語を踊りの名称にするところも多い。太鼓を打つときの口唱歌の頭の部分をとってチャンココやザンザカ踊りを名称にするところもある。宮崎県周辺では太鼓の姿から臼太鼓踊りという。太鼓以外には笛・銅拍子・スリザサラ（摺り筅）などの楽器を用いる。また、多くは中世末に起源を持つ小歌を伴うので小歌踊りの一種でもある。持ち歌は十曲や二十曲といった多数のレパートリーをもち、鎌倉踊り・花の踊りといった代表曲名を踊りの名称としている場合もある。踊りの一行は行列を組んで道行をし、家々の庭や寺社の境内で適当な数曲を踊って次の場所へ移動する。踊り場へは入り端の曲で練り込み、曲によって一列に並んだり、円陣を組んだりして踊る。二重の円を作って側踊りと中踊りとが別の動作で踊ることもある。時折見せる跳ねる動作や前かがみをする所作で背中の竹などが大きくしなって見せ場となる。ハネ踊りやハネコミといった名称はこうした芸態の特徴をつかんだ命名である。曲と曲の間に、次の曲名や口上を述べて進行役を巣たす新発意の役がつくところも多い。背中に背負う挿しものは神籬と考えられ、大きく揺れる長い竹をシナイという。これにつける飾りものは大団扇・御幣・矢旗・作り花・幟など、地域によってさまざまである。竹を背負わずに花笠などをかぶる地域もあるが、いずれにしても意匠に優れた風流と呼ぶにふさわしいものがほとんどである。こうした平均的な風流系の太鼓踊りとは別に、小歌を伴わない楽打が福岡県から大分県周辺に分布する。やはり福岡県・佐賀県周辺の浮立（風流）は背中に背負い物をしない。また、踊り手が太鼓を下げるのではなく、大太鼓を中央に据え、数人が踊りながら打つまわり太鼓の系統が東京都西多摩郡の鳳凰の舞、福岡県嘉穂郡桂川町のまわり太鼓ほかに分布する。さらに、東日本の三匹獅子舞に代表される一人立ちの獅子踊りも太鼓踊りの一種にかぞえられる。沖縄では手に持った片面皮張りのパーランクーという小太鼓を打ち鳴らしながら踊るペッソー（遊び太楽）が広く分布する。

参考文献　本田安次『風流』一（「本田安次著作集」一〇、一九九六）

（伊東　久之）

だいこくてん　大黒天　七福神の一つ。食物神、さらには稲作の神としてもまつられる。本来、大黒天はインドの神で仏教信仰とともに伝わった。古代寺院では食厨の神として食堂にまつられていたと考えられる。一般的には、えびす・大黒として農家などの台所にまつられる神で、俵の上に座った姿で描かれたり彫刻されていたりする小さな像である。春と秋の二回のえびす講に生の魚を腹合わせにした供物が供えられてまつられる。春には稼ぎに行き、秋には稼ぎから戻るとも称される。農耕神としての神の去来信仰が加わってこのような伝承が生じたとされる。米俵を担いだ姿から大国主命と習合して、広く信仰されるに至ったと考えられる。各地に大黒天をまつる甲子講が組織されていたり、水田のかたわらに大黒天の石碑が建てられるなどの信仰もある。一方では中世以来、えびすとともに商業神としての信仰を獲得し、大黒舞などと呼ばれる民間宗教者の手によって広く木像などが売り歩かれて広まった。木食僧などの仏教修行者による彫像も各地に残されている。このような信仰の展開が複雑な伝承を生み出したものと考えられる。

参考文献　紙谷威広「福神と厄神」（『講座日本の民俗宗教』三所収、一九七九）、長沼賢海「大黒天考」（宮本袈裟雄編『民衆宗教史叢書』二〇

所収、一九六七）

（紙谷　威広）

だいこん　**大根**　アブラナ科に属する一年生または二年生根菜。一般に根は多汁・多肉・長大で白色のものが多いが、紅や紫のものもある。原産地については諸説が多く明確でないが、古く中国大陸を経て日本に伝わったと考えられている。日本では最も古い野菜の一つで『延喜式』には栽培のほかに利用についても触れられている。大根は四季を通じて栽培されるが、晩秋に収穫される大根が昔から一般に広く愛用され、民俗を規制してきた根菜である。この大根は秋口に種子播きされ、時季的には旧暦十月十日の十日夜（とおかんや）などの行事を済ませてから収穫する大根で、品種としては練馬・宮重（みやしげ）・聖護院（しょうごいん）大根などをあげることができる。古くから重要な野菜であったので各地で品種の分化が進み、限られた地域で栽培されてきた在来品種の地大根は急速に姿を消していった。秋大根の場合は八月中旬に種子をまき、間引き・土寄せ・追肥などの作業を行い、収穫は地域により差はあるが、旧暦十月十日過ぎに行われる。この日関東地方北西部から甲信越にかけての内陸部に集中して十日夜の行事が行われ、子供たちが藁鉄砲で地面を打つ。この日を東北地方から新潟県・長野県の一部にかけて大根の年取り・大根の年越などと呼び、大根の首がのびる、大根畑に入らぬ、この日が終ってから大根をぬくというところが多い。大根を供え、食べるというところもあり、大根の収穫儀礼の要素が濃い。旧暦十一月二十日のえびす講に大根をそのまま供えたり、けんちん汁に入れて儀礼食に用いるところも多い。二股大根を神への供え物とする事例は全国的に見られ、素朴なものとしては収穫の際に形のいい二股大根を地神へ供えるといって近くの木につるす方法から、奥能登に伝承する田の神祭のアエノコトのように田の神に二股大根を供える例もある。正月の年神棚への供え物として、あるいは長崎県や熊本県などにみられる正月の幸木という特別な飾り物にも正月の主要な食物としてつるされる。正月三箇日の儀礼食としても大根はサトイモとともに不可欠なものであり、サトイモと大根を一緒に煮たイモズイモノや大根を入れた雑煮が食される。日常的な食べ方としては沢庵などの漬物用や切干しなどの保存食にするほか、かつては澱粉含量の多い大根が冬期の煮物用として大切なものであった。葉も食料として用いられ、かつて北陸から東北地方の雪国では乾燥した大根葉を入れた混飯がつくられた。干した大根葉をヒバといい、ヒバを入れたヒバ湯に産後の女性が入る風があった。婦人病に効くという。

参考文献　青葉高『野菜—在来品種の系譜—』（「ものと人間の文化史」四三、一九八一）、高松圭吉・賀曾利隆『食べものの習俗』、一九八二）

（大舘　勝治）

だいさん　**代参**　遠隔地の神社や寺院を信仰する人々が講集団を結成し、毎年定期的に代表者が参詣する方法。これには信仰の対象である霊場側の指導者との繋がりが顕著である。この指導者として各霊場には御師・先達、近代であれば先導師などが存在していた。各霊場によってその起源はまちまちであるが、古くは御師・先達が地方の信者をまわり、守り札や祈禱札もしくは縁起物などを配り歩いたが、江戸時代になって五街道をはじめ交通事情が比較的よくなると、一般庶民の旅が容易になり、信者たちの方から霊場へ出かけることが多くなった。それでも今日に比較すれば交通事情は悪く、経費もかかるので信者すべてが毎年特定の社寺に参詣することは不可能であったから、代参という方式が編み出された。そのため受入れ側の霊場では、村落内部に代参講をつくることに専念した。代参者は毎年籤引きなどで選出され、講員の数だけ祈禱札などを持ち帰り、講員に配った。代参講が村に帰ると下山日待と称して講ごとが開催されることも多く、この会合が村寄合になっている地域も少なくない。この寄合は単に旅行したという満足感だけでなく、代参者自身が旅で得た情報なども知らせることができる貴重な場であり、その点では代参による旅の方式は個人の人格形成に一役を担っていたことも注目される。

参考文献　櫻井徳太郎編『山岳宗教と民間信仰の研究』(『山岳宗教史研究叢書』六、一九七六)、新城常三『(新稿)社寺参詣の社会経済史的研究』、一九八二、宮本袈裟雄『里修験の研究』、一九八四、櫻井徳太郎『講集団の研究』(『櫻井徳太郎著作集』一、一九八八)、宮田登『山と里の信仰史』(『日本歴史民俗叢書』、一九九三)

(西海　賢二)

たいしこう　太子講　職人の講の一つ。聖徳太子を職能神として信仰する同業の職人たちが、特定の期日に集まって、太子をまつり、飲食しながら親睦を深めたり、価格や賃金協定などの取決めをしたりする。聖徳太子をまつる職人の職種は、桶屋・下駄屋・指物師・曲物師・木型屋・鳶・大工・左官・瓦屋・屋根葺き・建具屋・畳屋・井戸屋・杣・樵・鍛冶屋・石工など、木工・建築職人を中心として非常に幅が広い。聖徳太子は歴史上の人物であるが、後世、太子を理想化して超人的な聖王とみなす信仰が生じ、太子講・聖霊会を通じて一般に広がっていった。それが木工・建築関係の職人の守護神となった経緯は明らかではないが、その時期は中世から近世にかけてといわれ、俗信としては、聖徳太子が法隆寺を建設したから、あるいは曲尺を発明した人物であるから、などといわれている。多くは、聖徳太子の忌日といわれる月の二十一日、あるいは二十二日前後に太子講を行う。その際、宿にかけられる掛軸の画像は、ほとんどがいわゆる「孝養像」である。これは太子が十六歳の時、父の用明天皇の病気平癒を願い髪をみずらに結って柄香炉を持つ姿である。聖人と考えられてきた太子信仰の上に、仏教が広まるにつれて弘法大師などの大師とも重ねられ、地域によっては太子講と大師講が交錯する結果となっている。

参考文献　堀一郎「職業の神」(『日本民俗学大系』八所収、一九五九)、遠藤元男『建築金工職人史話』(『日本職人史の研究』五、一九八五)

(三田村佳子)

だいししんこう　大師信仰　大師号をもつ高僧に対する信仰の意だが、通常、弘法大師空海に対する信仰をいう。大師号は、高徳の僧に朝廷が贈る諡号で、最澄の伝教大師、円仁の慈覚大師に始まり、良源の元三大師、法然の円光大師などもよく知られるが、超宗派性と民衆性においては弘法大師に勝るものはない。全国津々浦々に分布するのは、超自然的な力を発揮する来訪者として弘法大師を登場させる伝説で、厚遇したお蔭で水の乏しい土地に清水を湧かせてもらったという弘法清水、反対に冷遇の報いでイモが食べられないものになったという食わず芋の伝説などを典型とする。唐から麦の種子をもたらした文化英雄として語る伝説もある。また、村落や組の行事として大師講を営むところは真言宗地域に限らず、三月二十一日の正御影供(命日)を寺参りや農休みの日とするところも多い。弘法大師の修行の跡をたどる四国遍路では、万事を大師信仰で意味づけるとともに、巡礼者に交じって今も大師が四国を巡歴し続けているとする。験力とカリスマ性にすぐれた宗教者が「弘法大師の再来」「今弘法」「今大師」などの称号を得る例も少なくない。弘法大師信仰がこのように大きく展開した契機の一つは高野山に生まれた入定信仰で、空海は弥勒の出現を待って生身で入定しているとし、さらには今なお衆生済度のために諸方を行脚していると考えるようになった。この信仰の伝播には高野聖が関係したとみられている。他方、大師信仰のなかには霜月二十三日の大師講のように非常に古い来訪神信仰とみられる要素もあり、柳田国男は、訪れる神を神の子の意味で大子(おおご)と呼んだのがのちにダイシとなり、仏教の大師と結びついたと推定する。祖師崇拝と民俗的神観念との結合の上に展開した信仰といえよう。→弘法伝説(こうぼうでんせつ) →遍路(へんろ)

参考文献 斎藤昭俊『弘法大師伝説集』、一九七四—七六、日野西真定編『弘法大師信仰』(『民衆宗教史叢書』一四、一九八八)、川崎市市民ミュージアム編『弘法大師信仰展』(特別展図録、一九九六) (小嶋 博巳)

ダイダラぼうし ダイダラ法師 巨人伝説の主人公。同系の名称に、ダイダラボッチ、デエラボッチ、ダイラ坊、大太法師、大道法師、デーデーボなどがあり、関東・中部地方を中心として東日本に多く分布する。もっこで山を運んだ、それが落ちて山になった、足跡が池・沼・泉になったなどと伝え、こうした超自然的行為から、大昔の正体不明の巨人とされたり、法螺話や大話の題材のようにも扱われる。一方、坊・法師という言葉から伝説的な僧にあてはめ、大力・乱暴で有名な弁慶の話になることもある。しばしば、山を背負うのに藤蔓を用いたといい、藤に関する由来譚が付属する。また、伝説にちなむ代田(だいた)(東京都世田谷区)、太田窪(だいたくぼ)(さいたま市)などの地名が各地に残る。一般に、この伝説にちなむ地形は地域の特徴となるもので、巨人が運んだ山も富士山・筑波山など信仰を集める山が多い。池・湿地・湧水も生産上重要な意味を持ち、この伝説は、人々の生活の舞台となる土地の形成を説くものであったらしい。風土記にも同様な説話がみられ、古代にあったと想定される、巨大な神による国土創成神話に連なる伝説と考えられている。また、この巨人が二つの山を較べたり、一方の山の頂上を欠いたとする話もあり、山同士が高さを競う山の背くらべ伝説や蹴裂(けさく)伝説との関連が注目される。なお、ダイラ、ダイダラの意味は不詳だが、柳田国男は古代の貴人や神の名に含まれるタラ、タリなどの言葉に注意を向けている。

参考文献 柳田国男「大人弥五郎」(『柳田国男全集』六所収、一九八九)、同「ダイダラ坊の足跡」(同)、大林太良「房総のデーデッポ伝説」(『神話と民俗』所収、一九七九)、『季刊自然と文化』一〇(特集巨人と小人、一九八五) (齊藤 純)

たいりょういわい 大漁祝い 漁業において、通常の漁獲量より特異的に多く漁獲された際に行われる儀礼。その方法は、漁撈形態、対象魚種などによって異なる。漁撈儀礼は、漁の開始を祝う前漁儀礼、初捕りを祝う初漁儀礼、漁の終了を祝う終漁儀礼などの定期的な儀礼と、豊漁祈願など漁獲状況の推移に応じて行われる不定期的な儀礼とに分けることができる。定期的な漁撈儀礼は時間的に固定化されており、一年間ではほぼ一回性をもつのに対し、不定期的な儀礼はその出現する時間が流動的で、さらに状況の推移次第では複数回、連続的に行われることもある。大漁祝いは、本来的にはこの後者の不定期的な漁撈儀礼である。たとえば岩手県宮古市津軽石川では、鮭が一日に百尾捕れるとヒャッポンイワイ、三百尾でサンビャッポンイワイ、千尾でセンボンイワイといって、大漁の時にはそのつど漁師たちに祝儀がふるまわれている。また、沖縄県宮古島の宮古島市では、カツオ漁一回の漁期で一万尾以上釣り上げると大漁祝いが行われていた。この時、魚の形をした菓子を船の上からまき、さらに木製のカツオの魚形でカツオ釣りの模擬儀礼を行う。大漁祝いは漁の総決算時、すなわち終漁儀礼として行われることもある。この儀礼をマンイワイ、マイワイ、マンゴシイワイと呼ぶ地方は広く分布し、千葉県安房郡千倉町では、豊漁の年には漁期の最後にマンイワイを行い、赤手拭と背中に縁起の良い絵柄を施した万祝着(まいわいぎ)を、船の乗り子たちに贈っていた。これらの儀礼の名に付いている「マン」「マ」という語は、豊漁祈願マンナオシの「マン」などと同じく運を意味する言葉と考えられる。

参考文献　関敬吾「漁撈と祝祭」(柳田国男編『海村生活の研究』所収、一九四九)　（菅　豊）

たうえ　田植え　苗代で育てた稲苗を田に植えること。広義には苗代からの苗取りや代掻きなど、苗植えに伴う一連の作業を含む。北陸から東北地方ではサツキ、近畿地方ではシツケ、関東地方などではウエタともいい、稲作の過程で重要かつ労力がいる作業の一つである。田植え時期は、現在では奄美・沖縄地方以外はおおむね五月上旬から六月中旬の間で、寒冷地ほど早く行う傾向にある。しかし、稲の品種改良や苗代様式・灌漑施設などの改善が進むまでは、現在より半月から一ヵ月遅く、旧暦でいえば五月中・下旬が盛時だった。気候が異なる鹿児島県奄美地方では旧暦二、三月、沖縄では旧暦十二月に田植えを行なった。五月のこと

田植えをする女性　茨城県（提供湯川洋司）

人力で苗を補植

田植え機による苗入れ

山間部の田植え　山口県（提供湯川洋司）

をサツキというのは、この月が田植え月だったからである。田植えの開始はコブシの開花、山の残雪の形など各地方ごとに目安になる自然現象が伝えられたり、暦の十二支で吉日を選んだり、苗忌みといって苗代に播種をした日から三十三日・四十二日など一定日数が過ぎてから行われたりした。田植え終いについても、半夏(はんげ)半毛・半夏半作などといって半夏生を目安にしたり、神社の祭などを目標としたりした。田植え作業は、動力田植機が普及する以前はすべて手植えで、その方法は、明治時代後期以降は正条植えが警察権力を背景としながら強力に普及され、全国的に平準化されていった。しかし、正条植えが一般化する前は、一文字植え、ころび植え、廻り植え、車田植えなど各地にさまざまな植え方があった。九州地方ではモンツケなどといって稲苗の根に肥料を付けて植える方法、東北地方などには苗代田には田植えをしない通し苗代の慣行もあった。こうした推移をたどる一方、田植えにあたっては水田状況への適応が技術伝承として伝えられている。たとえば稲苗に冷たい灌漑水が直接当たらないように、田の畦の内側に小水路を造り、水口から入る水をここで暖めてから田に引くことは各地で行われたし、東北・中部地方では水口には冷水に強いヒエを植えた。水が多い湿田では通常より長い稲苗を作って植えることも広く行われた。田植え作業で注目されるのは、男女による作業分担が決まっていたり、手植えの時代には他家などとの共同や互助が顕著だったりしたことである。また、田植え開始時には初田植、終了時にはサナブリなどという儀礼があるとともに、作業自体にもさまざまな禁忌伝承があって、神祭的色彩が強いのも特色である。田植えの共同・互助は、灌漑水との関係で適期が限定されることによっており、これには大田植のように本家・親方百姓の田植えに分家や子方が賦役的に参加する場合と、モヤイ・ユイのように近隣や親戚が対等の立場で行う場合がある。また、別に旅早乙女など、他所からの出稼者を雇う慣行も各地にあった。男女の分業では、女が苗代からの苗取りと苗植え、男が代掻きと苗運搬を行うのが一般的で、特に苗植えを行う女性を早乙女(さおとめ)と呼ぶところは広い。

参考文献　有賀喜左衛門『村の生活組織』(『有賀喜左衛門著作集』五、一九六八)、早川孝太郎「稲作の習俗」(『早川孝太郎全集』七所収、一九七三)、野本寛一『稲作民俗文化論』、一九九三

(小川　直之)

たかいかん　他界観　人間の死後に霊魂が行く世界や神霊の住まいする世界についての観念。現世に対する他界で、あの世や異界ともいう。死後の他界は霊魂が肉体から分離して他界で存続するという霊肉二元観を基礎にしている。いわゆる両墓制の基礎になる霊魂観や、赤子が他界からの霊魂の再生と見做されること、霊魂が肉体から抜けると死に至るという見方である。ミタマ(死霊)は近くの山に登り子孫を見守り続け、正月や盆には家を訪れ、春秋の彼岸には供養を受けるなど、他界と現世は連続的で頻繁に交流すると信じられた。年忌供養を経て死霊は次第に個性を失い三十三回忌で弔い上げをしてカミ(祖霊)になる。山に葬地が設けられる場合もあったが、死霊の行く山として、恐山・月山・日金山・立山・朝熊(あさま)山・高野山・妙法山・弥谷(いや)山は名高い。これが山中他界である。『今昔物語集』に描かれた立山のように、平安時代以降は仏教の浄土教と習合して、山中に地獄や極楽浄土があるとされた。十～十一世紀に山中への納骨や納髪が始まり、骨とタマが山岳を介して結び付く。山岳は水源地で恵みをもたらし物を育む一方で、死霊が鎮まるという両義性を帯びた場となる。そこは神霊や仏・菩薩の居地とされ、修験道は山で擬死再生の修行や仏と一体になる即身成仏を願う峰入りを行なった。中世の熊野修験は海上に観音の浄土を想定し補陀落渡海で到達を目指し

た。これは海上他界である。記紀には高天原、黄泉国、根の国、常世、妣の国、海神宮などの他界が記され、山中や海上のほかに、天上や地下の他界もあり後世まで残る。山岳は天上と地上、洞窟は地上と地下、島は海上と地上を繋ぐ他界相互の接点の聖地となり、生死・善悪・正負の要素が同居する。沖縄ではあの世をグショウ、海上他界はニライカナイやニーラスク、天上他界のオボツカグラを信じた。一方、観念上の他界に対して身近な場所に現実上の他界が設定される。自然界の山・海・湖・川・島・森・原野などを神霊の住む他界とし、接点である山麓・浜辺・湖畔・岬・峠・河原・村境・橋・坂・辻などを祭場とする。家でも便所や井戸は他界の入口とされた。山の神、海神、水神、荒神は境にまつられ、村境や辻には道祖神、塞の神、庚申、地蔵が多い。墓地も境界で賽の河原や三途の川と呼ばれる場所もある。辻や境は盆の精霊の送迎、施餓鬼、念仏行事、虫送り、疫病送り、悪霊祓いが行われる。道切り、勧請縄掛け、大人形などで魔物の侵入を防ぐこともある。ムラの内と外が現世と他界に見立てられ、境に幽霊や妖怪が出現する。ムラの外には蓮台野や姥捨てと呼ばれる老人が置き去りにしたとされる身近な他界もあった。内と外の境界は両義性を帯びて対立し相補する。外から訪れる漂泊民・芸能民・遊行者・鋳物師・木地師・乞食・聖・巫女・修験者は他界の属性を持ち異人と見做され、村内の定住民は畏怖と賤視、憧憬と恐れの感情を抱く。巫女は死霊を呼び出して生者と対面し、他界の実在性を認識させた。漂泊民は境界に住みついて葬送儀礼に携わり差別視された。年の変わり目には他界から異形・仮装の来訪者が訪れる行事があり、本土では小正月、沖縄では六月の豊年祭や九月の節という境界の時間に出現して祝福を与え、規範を諭して去っていく。これが折口信夫のまれびとである。一日のうちにも黄昏時や逢魔時など昼と夜の境の薄暮に幽霊や妖怪が訪れる時間があり、他界との交流が開かれた。他界は混沌に満ちた想像力の源泉で、現世を相対化して生き方を再考させる機能を果たしていた。↓常世　↓ニライカナイ

参考文献　柳田国男「海上の道」(『柳田国男全集』一所収、一九八九)、折口信夫「民族史観における他界観念」(『折口信夫全集』一六所収、一九七七)、桜井徳太郎編『聖地と他界観』(「仏教民俗学大系」三、一九八七)、谷川健一『常世論―日本人の魂のゆくえ―』(「講談社学術文庫」八九七、一九八九)、五来重『葬と供養』、一九九二

(鈴木　正崇)

たくせん　託宣　神がかりや夢の中で、神意を告げ知らせること。神託ともいう。狭義の神がかり(憑入型)は、神自身として神語(神の言葉、神のお告げ)を語るが、当事者には意識がないため、神語の内容を覚えていない点に特色がある。他方、広義の神がかりは、身体に付着した神霊と会話をしたり(憑着型)、神霊の姿や声を目・耳にしたり、心に浮かんだりした事柄(憑感型)を神意として伝えており、当事者には意識がある点に特色がある。通常、託宣は狭義の神がかりで生起すると解されていることが多い。だが、広義の神がかりにおいても託宣儀礼が執行されることもある。新潟市の女性シャーマンの中には、神に変身する一方で、自己に意識があるため、神語を耳にしている者がいる。この場合、神語を聞いても、自己の意思を介在できず、神の命ずるままに語り、かつ振舞うのだという。儀礼終了後、耳にした事柄を覚えているので、この段階で託宣の内容を解説する。狭義の神がかりで託宣をする場合、正神か邪神かを審らかに見抜き、さらに神語を解説するなどの役割を担当する審神者の存在は、古代より歴史を貫いて現在に至っている。神がかりと並んで、夢もまた神霊との直接交流の回路である。夢の中で脱魂型(他界に飛翔して神霊と直接交流する型)、憑入型・憑着型・憑感型などが

生起し、神霊の意思が告知される。→巫女

参考文献 渡辺勝義「本田親徳」の神道行法にみる「審神者」の宗教的機能について」(『西日本宗教学雑誌』一一、一九八九)、西郷信綱『古代人と夢』(「平凡社ライブラリー」、一九九三)、佐々木宏幹『聖と呪力の人類学』(「講談社学術文庫」一二五一、一九九六) (佐藤 憲昭)

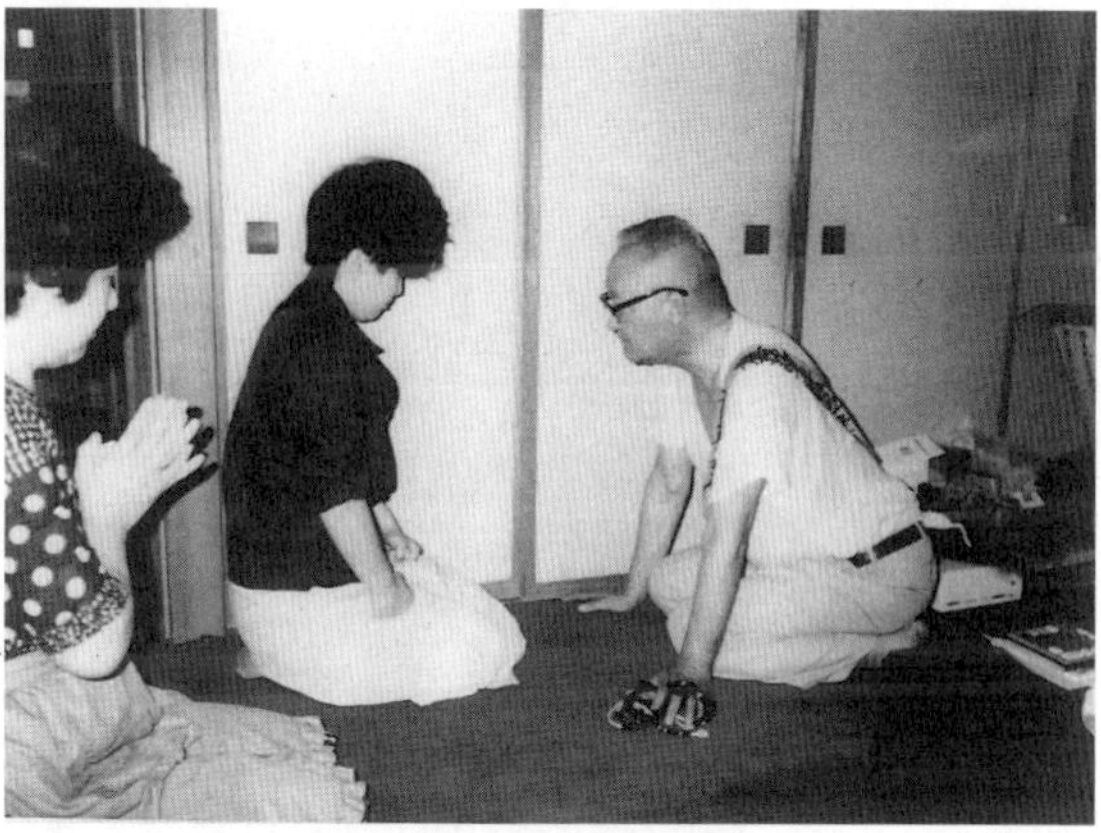

託宣 守護神の憑入した霊媒(左)とシャーマン

たけざいく 竹細工 竹を素材として作るさまざまな細工物の総称、またそれを作ることをもいう。細工には物干し竿・釣竿・自在鉤・火吹き竹・水筒・竹箒・竹梯子・尺八・笛・矢・花器・竹馬などのように竹を割らずに円のまま加工したものや、網針・編針・竹箸・竹杓子・竹篦・竹串・竹釘・簓・茶筅・竹刀・物差・簀・簾・御簾・熊手・竹トンボ・竹独楽などのように竹を割ったり削ったりして作るものもあるが、最も多いのが竹を割ったり剥いだりした籤で編む籠や笊の類である。これには用途により、また地域により、大小さまざまなものがある。枯れ葉を入れて背負う木葉籠、魚を活かしておく生簀籠、収穫物などを入れて背に負う背負籠、腰籠・手籠・岡持・弁当籠・飯籠・苗籠・魚籠・漏斗・虫籠・箕・篩・竹行李・文庫・花籠・屑籠・米揚笊・菜笊・味噌漉笊・盛笊・水嚢などである。編み方は四目編み・六目編み・茣蓙目編み(笊編みともいう)・網代編みが、縁の作りは巻縁・当縁が、基本的なもので、底編みは西南日本が菊底、中部以北は網代底が多い。細工にはほかに馬簾・竹皮草履・笠など竹皮を利用したものや、和傘・扇子・団扇などのように和紙とともに加工するものもある。細工に用いる竹は、全国的にみるとカラタケ(唐竹)、ニガダケ(苦竹)ともいうマダケ(真竹)が最も多く、マダケと同じ仲間のモウソウチク(孟宗竹)、ハチク(淡竹)も使われる。マダケは寒冷地になるに従って少なくなり、関東や中部や北陸の一部や、東北・北海道ではヤダケ、メダケ、スズダケ、ネマガリダケといった俗にシノ(篠)とかシノダケ(篠竹)と呼ばれる細い竹を用いるところが多い。一九六〇年代以降のプラスチック製品の普及や、車の普及、住まいの変化などによる急速な暮らしの変化に伴い、こうした竹細工の多くが減少しつつある。

参考文献 水尾比呂志『日本の造形』二、一九七〇、室井綽『竹』(「ものと人間の文化史」一〇、一九七三)、佐藤庄五郎『図説竹工芸』、一九七四、工藤員功『暮らしの中の竹とわら』、一九八八、日本民具学会編『竹と民具』、一九九一、『竹―暮らしに生きる竹文化―』(淡交別冊・愛蔵版一三、一九九五) (工藤 員功)

竹細工（武蔵野美術大学民俗資料室所蔵）

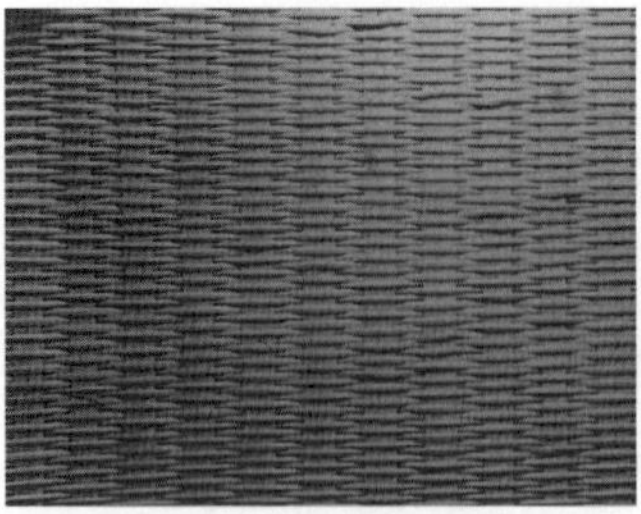
莫蓙目編み

四目編み

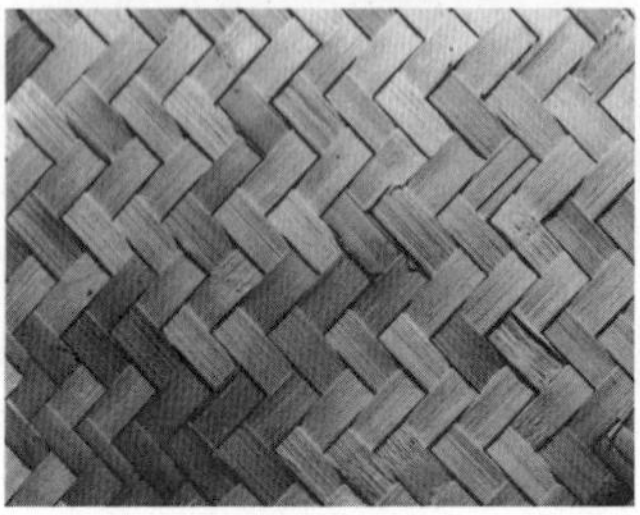
網代編み

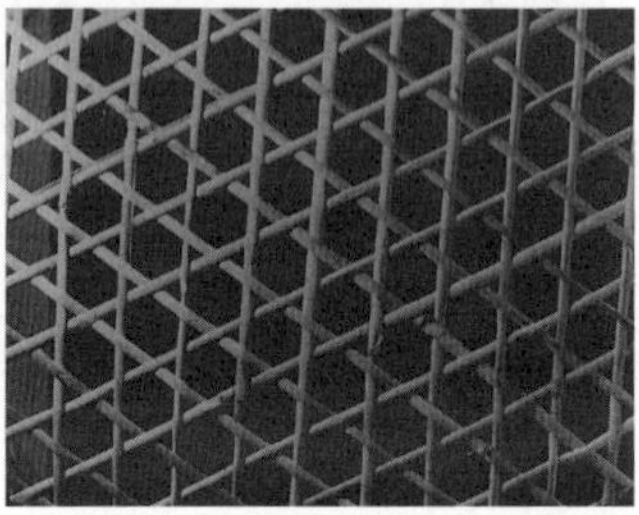
六目編み

編み方

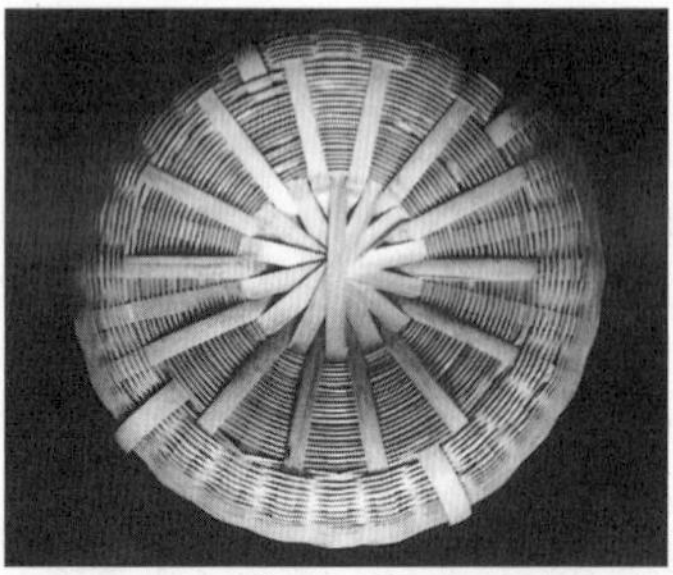
菊　底

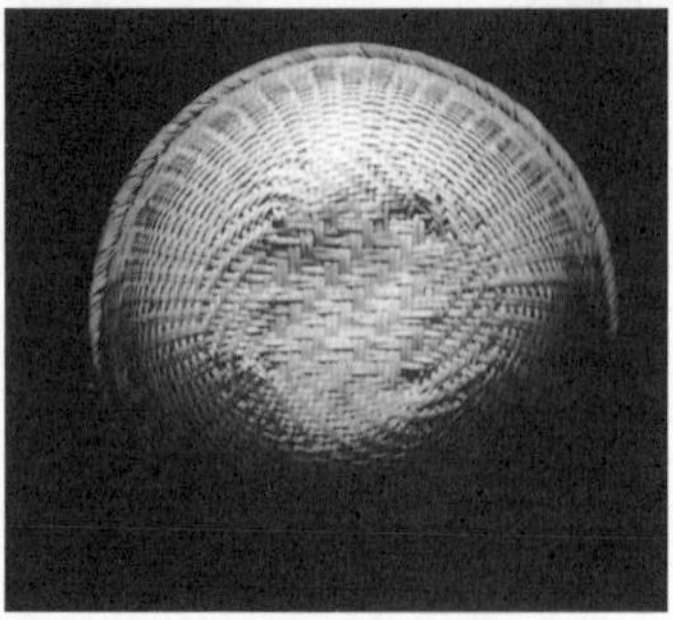
網代編み

底編み

巻　縁

当　縁

縁の作り

たげた　田下駄　深田の代掻きや稲刈り、湿地・川原・沼地で行う蘆刈りや蓮根掘りなどに際して用いる履物。弥生時代中・後期の静岡県の内中遺跡・登呂遺跡・山木遺跡から板型田下駄、枠型・輪樏（ワカンジキ）型田下駄の足板、下駄型無歯田下駄などが出土している。板型は現在のナンバ、枠型・輪樏型は大足、下駄型はアシイタにあたる。枠型・輪樏型は当時田植え前の残り藁の踏み込みに、下駄型は苗運びの畦歩き、板型は秋の湿田で稲の穂刈りに埋没を防ぐためにはかれたものと思われる。田下駄は形態から、枠大型・箱型・下駄型・輪樏型・すだれ編み型・台型などがある。枠大型や箱型は多く春の代掻きや肥料としての草の踏み込みの際に用いられ、そのほかは湿田での稲刈りや川原の蘆刈りなどの際に埋まらないためにはかれた。関東地方に広く稲刈りに使われた輪樏型、枠小型の田下駄はカンジキという。雪の多い新潟県や福島県では雪中のカンジキを稲刈りにもはくことから、カンジキは雪中や深田に埋まらない履物の意であろう。板型のナンバは四孔をあけて縄緒で足を結束する田下駄で、ほかの田下駄が鼻緒式であることと異にしている。田下駄と思われる下駄型無歯が中国の長江(揚子江)の南の慈湖遺跡(寧波市、紀元前三〇〇〇年)から出土しており、ほかに出土を聞かないので、江南から稲作が田下駄とともに伝わった。田下駄は一九六五年(昭和四十)ごろまで一般に使用。

参考文献　潮田鉄雄『田下駄図集』千葉県篇、一九六七、同「田下駄の変遷」(日本常民文化研究所編『民具論集』一所収、一九六九)

(潮田　鉄雄)

田下駄

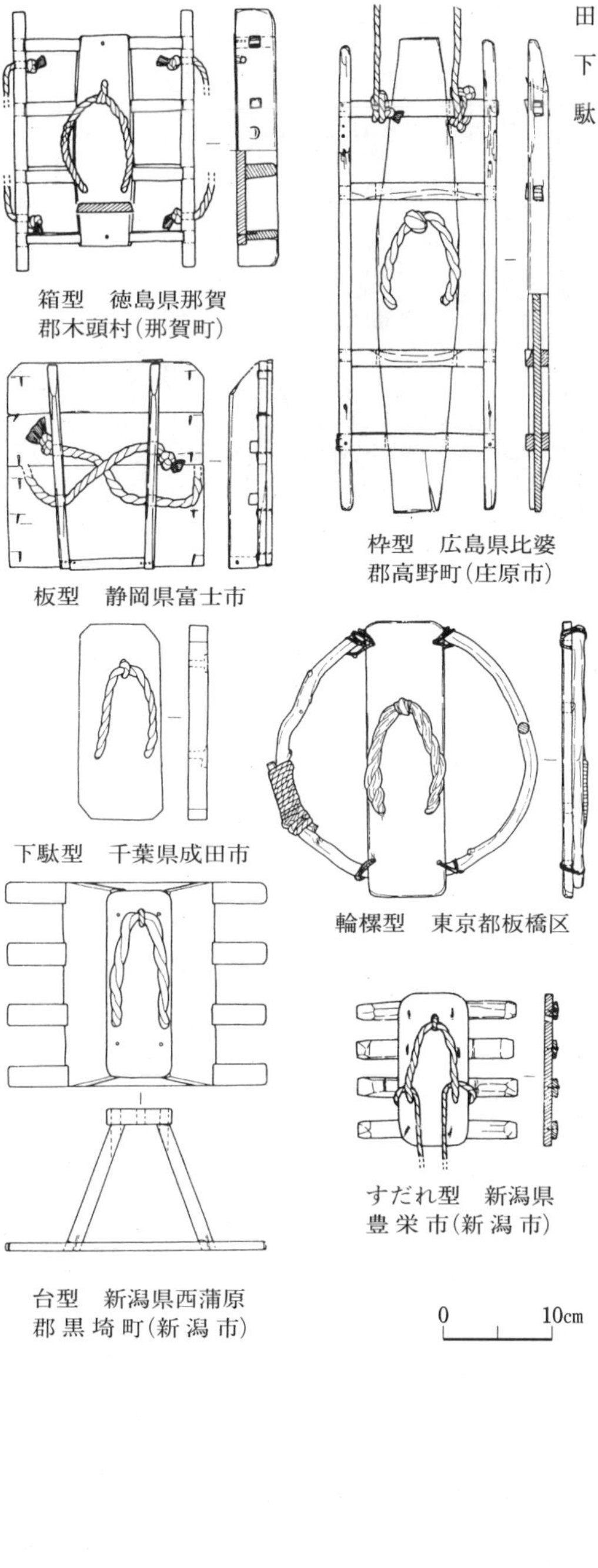

箱型　徳島県那賀郡木頭村(那賀町)
枠型　広島県比婆郡高野町(庄原市)
板型　静岡県富士市
下駄型　千葉県成田市
輪樏型　東京都板橋区
台型　新潟県西蒲原郡黒埼町(新潟市)
すだれ型　新潟県豊栄市(新潟市)

だし　山車　祭礼にあたって、種々の飾り物をほどこして風流をこらし、曳いたり担いだりして練る屋台の総称。その名称は山車、ダンジリ(檀尻・地車・車楽)、太鼓台、鉾、山、軸、山笠、曳山、屋台など地方によってさまざまである。このうち京都祇園祭の山・鉾は代表的なもので、江戸の神田祭、大坂の天神祭、名古屋の東照宮例祭など近世都市には山車を伴う祭礼が多く、周辺の町や村にも大きな影響を与えた。「だし」という言葉は、屋台などから飾り物を高く掲げる「出し」からきたと推測される。それに山車という字をあてるのは、祭に神霊を招く作り山に

福岡市博多祇園山笠

滋賀県長浜曳山祭の曳山（提供中島誠一）

高山秋祭の布袋台のからくり人形

岐阜県高山春祭の屋台

山　　車

由来する。その古い例は、九九八年(長徳四)の祇園会に、無骨という雑芸人が祇園社頭に作り山の曳きものを渡そうとした事件が初見である(『本朝世紀』)。その原型となったのは大嘗会に際して大嘗宮の前にすえる悠記・主基二つの標山であった。その後、幾多の変遷を経過するが、祇園祭の山は円い山の形を作り、松などの木を立て、その前で人形もしくは神体が物語の一齣を示す。もう一方の鉾は、武具としての鉾が中核で、採物としての鉾に御霊を依らせて神泉苑に送ろうとしたことが起源である。鉾は次第に風流化して傘鉾や鉾車に進化した。現在の鉾車は中央にそびえ立つ真木が地面近くまで貫通して鉾の名残を示している。先端に月や長刀などの鉾頭がつくものと、船鉾のような船形のものとがある。鉾は曳き車で、祇園囃子で囃し、かつては羯鼓稚児が舞った。また、風流傘のみの傘鉾もいったん滅びたが復元されている。こうした山鉾は地方に伝わるにつれてさらに複雑になる。地方の祭で鉾を立てるところはほとんどなく、柱と破風屋根の屋形をもつ曳き車の形式が多い。山車上で演じられる芸能も稚児舞から歌舞伎まで時代の変遷がある。愛知県津島神社の川祭はだんじり船という形をとり、祇園祭のような羯鼓稚児が健在である。滋賀県長浜市の曳山は山車の上で本格的な子供歌舞伎が演じられる。埼玉県秩父祭の屋台は歌舞伎を演じるときに両翼を張り出して三間舞台とする。同所には笠鉾があることも注目される。一方、山の系譜上にある山車でも祇園祭のように山を築くことはまれで、人形が主題を示すだけの場合が多い。また、山は本来は担ぐものであったことがうかがわれる。舁山と曳山とがみられ、明治以前の愛知県津島祭や同熱田祭礼では山車のほかに大山という何層にも重ねて天にそびえる山が存在していて「出し」の意義を端的に示していたが、大山は失われて山車のみになった。関東の旧城下町などに広がる山車は上層に人形を乗せ、下層で囃すものが多いが、中には大山の系譜をひくものがある。→祇園祭　→屋台

参考文献　祇園祭編纂委員会・祇園祭山鉾連合会編『祇園祭』、一九七一

(伊東　久之)

たたり　祟り　神霊・精霊・死霊・祖先その他の霊的存在が人間に対して災厄を与える現象およびその災厄のこと。元来はタツ・アリで、神の示現を意味する語であった。一般に、祟りは人間による禁忌の侵犯や供養・祭祀の欠如・不足などに対する霊的存在側からの制裁ないし要求の表現であると解釈されている。災厄の内容は、死・病気・怪我・家の衰退、その他個人的あるいは社会的な種々の苦悩で、こうした災厄の原因が科学的、合理的なものに求められないときに、祟りの観念が持ち出されてくる。祟りかどうかの判定は、災厄を被った本人の夢や当該社会に伝承される判断基準によってなされる場合もあるが、民間宗教者によって祟りであることが判示されることも多い。災因が祟りであると判明した場合、次には祟りの解消がなされることになる。これは、霊に対する謝罪、禁忌侵犯状態の修復、供養、まつり上げなどによって可能であるとされ、種々の儀礼が行われる。これについても当該社会に伝承されている方法に従う場合と民間宗教者が介在する場合とがある。祟りの語は古代から存在するものだが、現在、この語は共通語としての位置を占め、各地域においては土地の言葉としてサワリ、カラミ、シラセなどを用いていることも多い。この場合、祟りとの微妙な意味の相違の検討が課題となろう。なお、祖先の祟りについては、日本を含む東アジアにおいてはこれを認めたがらない傾向があると指摘されてきたが、近年、社会構造との関連から、祖先の祟りへの認識に男女差がある場合があるとする仮説がR・ジャネリら人類学者によって提示されている。

参考文献　折口信夫「「ほ」・「うら」から「ほがひ」へ」(『折口信夫全集』一六所収、一九六七)、真野俊和「たたり・怨霊・異人—個と社会の葛藤をめぐって—」(『民俗宗教』二、一九八九)、R・ジャネリ・任敦姫『祖先祭祀と韓国社会』(樋口淳他訳、「Academic Series New Asia」一二、一九九三)

(島村　恭則)

だっこく　脱穀　穀粒を茎から分離すること。さまざまな方式がみられる。脱穀機具は古くは二本竹の棒の間に穂を挟んでしごく扱箸、竹もしくは鉄製の歯の間に穂を挟んでしごく千歯扱きが用いられ、明治末年から足踏式回転脱穀機が普及し、昭和初期から動力回転脱穀機、第二次世界大戦直後から自動脱穀機、そして自走式脱穀機(バインダー、コンバイン)というように変化してきている。現在は自動・自走式のものが大部分を占め、足踏脱穀機は一部で種子籾用の脱穀に用いられる程度になっている。稲の脱穀は容易でなく、古くは稲積みから少量ずつ家に持ち帰り外庭や屋内の土間で脱穀することが一般的であった。千歯扱きでも一回でこぎ落とすことはできず、こいだ稲束を裏返してもう一度こがねばならなかった。それにかなりの力も必要であった。下に筵などを敷き千歯扱きを用いて田で脱穀することを熊本ではノコギといい、この方法が普通であった。さらに能率的な足踏式回転脱穀機が普及するようになってからは刈り取り後の田で行うことが一般化した。足踏式回転脱穀機は二人用のものが多く使用されたが、小規模な田では一人用のものが使われることがあった。これを田に運んで作業した。この場合、籾が周辺に飛び散るのを防ぐため、前方に使わなくなった幟を縫い合わせて作った幕や古くなった蚊帳をたらした。明治期の神力・旭などの品種は比較的脱粒しやすいものであったが、足踏式回転脱穀機が一般化した大正中期以降に育成された品種の多く(農林一号など)は脱粒しにくいものであった。これは脱穀に脱粒しやすいものでなければならないという必要がなくなり、むしろ脱粒しやすいと運搬中などに籾が落ちて無駄が多くなるという理由からであった。麦の場合は、ハダカは終戦後しばらくまで先端の尖った丸い棒状の歯で、稲(裸麦)用に比べ歯と歯の間隔が広い千歯扱きがみられた。鉄製のものが多かったが、竹製のものでもこぐことが可能であった。小麦は高さ二尺ほどの木枠に丸太を並べた台や臼などに束にした麦を打ち付けて脱穀していた。その際麦粒が周囲に飛び散らないように台や臼のまわりを戸板や薦などで囲って行なった。それから足踏脱穀機、昭和初期から動力脱穀機が使われるようになった。アワの場合は、鎌で穂をちぎっていった。鹿児島県鹿児島郡十島村では竹を二つに割ってその端で穂をちぎることがみられた。ソバや大豆は、竹の棒の先端に回転する短い棒をつけたもので叩いて脱穀した。大豆の脱穀には足踏脱穀機を用いることもあった。

(安田　宗生)

たなばた　七夕　七月七日に行われる年中行事。牽牛星と織女星が天の川を渡って会うという伝説や少女が星に技芸の上達を願うという、奈良時代ころに中国から伝えられた乞巧奠(きこうでん)に由来する伝承が七夕行事の表層をなしているが、その基層には水神を迎える祭儀が存在していた。折口信夫によれば、タナバタとは「棚機つ女(たなばため)」であり、水辺のかけづくりの棚で機を織りながら水神の訪れを待つ乙女というのがその意味であるという。七夕とは本来、乙女と水神の聖婚をモチーフとする古代祭儀であったと考えられる。南西国には、六日の晩に、結婚するまでの娘たちが宿に集まって夜を明かすことを織り明かしと呼び、また七日には河童(あるいは水神)がいるから川に行ってはいけないという伝承があるが、これら二つの伝承を重ね合わせると機を織りながら水神の訪れを待つ乙女という構図の面影を認めることができる。七夕には夏の畑作物や稲の収穫の祭、あるいは収穫予祝の祭という農耕儀礼としての性格も広くみられるが、こうした性格も七夕が水神の祭儀であったことと深く関係しているものと考えられる。七夕の日には水に関する伝承がきわめて多い。女性が髪を洗ったり、水浴びする日とする伝承は全国的に存在し、また牛馬を洗うとする伝承も近畿地方や中国地方などに分布している。このほか井戸浚いをしたり墓掃除をする日という伝承も多く、さらに長野県などには油のしみた道具を洗うと良く落ちるとする伝承さえある。七夕には雨が降ると良い、七夕には必ず雨が降るとする伝承も関東から東海にかけて分布し、これとは逆に雨が降ると悪いという伝承も近畿・中国・四国にかけて分布している。こうした水をめぐる伝承は、この七夕の日を七日盆と呼ぶ地域が広く存在することから、祖霊を迎えて行う盆の望の日の祭を神聖なものにするために、水の潔斎が行われていたことの名残であるというのが定説である。しかし、東アジアの水稲耕作文化領域を視野に入れると、この日の水をめぐる伝承の問題はそれほど単純ではなく、正月の若水汲みに関係するものと考えられる。四国をはじめとする地域の七夕の水をめぐる伝承には、水によるよみがえりに基づくとみられる伝承があり、またこの日の水が天に由来することを示唆する天人女房の話が付随しているが、中国華南の七月七日に汲む七月七水にも同様の伝承が伴っている場合がある。ことに華中、江南では華南の七月七水に相当する行事は六月六日に行われるが、ここでは女性が髪を洗うばかりか、犬や猫も洗う日であるとされる。こうしてみると、さまざまな七夕の水をめぐる伝承が、盆の準備段階の禊に由来するというのは二次的なものであり、本来、正月の若水に対応する行事、生命の水、蘇りの水の表象に基づく行事が存在していた可能性を考慮する必要がある。

[参考文献] 折口信夫「水の女」(『折口信夫全集』二所収、一九五五)、大林太良『正月の来た道―日本と中国の新春行事―』、一九九二、鈴木満男『環東シナ海の古代儀礼』(「Academic Series New Asia」一三、一九九四)、吉成直樹『俗信のコスモロジー』、一九九六

（吉成　直樹）

たにしちょうじゃ　田螺長者　田螺の姿で生まれた主人公が、機知と策略を用いて妻を獲得し富み栄える昔話。子のない老夫婦が神仏に祈願したところ田螺を授かる。何年たっても成長しないが、ある日口をひらき「嫁をもらってくる」といって長者の家を訪ねる。屋敷に泊まった田螺は、その夜、持参の米を嚙んで寝ている長者の娘の口もとにぬりつけ、翌朝、米が盗まれたといって騒ぐ。娘の口もとを見て怒った長者は、娘を田螺に与える。娘を連れ帰った田螺は、その後若者に変身して結婚し幸せに暮らす。田螺のほかに蝸牛・なめくじ・蛙などが登場する例もあるが分布範囲が限られており報告数も少ない。田螺が富を獲得する主人公に形象化された背景には、農耕社会のなかで、水をなかだちにして人間と深い交渉の歴史を持ち、水神的性格をもつ存在に注目すべきであろう。嚙み砕いた米を娘の口元にぬるモチーフは、『御伽草子』の「一寸法師」にも描かれており早くから成立していたことがわかる。若者に変身する方法には、田螺を叩く、踏みつぶすといった破壊的行為による場合、湯や水に入って変身をとげる場合、あるいは、娘が田螺を懐に入れて神仏に参詣し、その願いがかなって若者になる例などがある。いずれの場合も、娘が変身の手助けをする援助者としての役割を果たしている。本話のように、動物が人間に変身して結婚し富み栄える話は日本では珍しい。田螺の登場する話としては、ほかに「田螺と狐」「田螺と烏の歌問答」などがある。

[参考文献] 柳田国男「桃太郎の誕生」(『柳田国男全集』一〇所収、一九九〇)、大島建彦「昔話の伝承」(上田正昭・大林太良・大島建彦他『日本の民

俗』所収、一九七四)、常光徹『学校の怪談―口承文芸の展開と諸相―』(「Minerva21世紀ライブラリー」三、一九九三)

（常光　徹）

たねもみがこい　種子籾囲い　種子籾を収納する屋外の施設。滋賀県湖西地方で集中的に見られるほか、奈良県天理市、山口県阿武郡、新潟県中蒲原郡・北蒲原郡などでも作られた。屋敷の前やその周辺の畑地などに作られた。大きさは収納する種子籾の量によって異なり、四本の杭(丸太)で支える構造。作る目的は(一)脚柱を高くして大切な種子籾を鼠の害から守る。(二)床を高くしたり床に隙間を作って通気性を良くし、乾燥しやすい状態にして保存するなどである。構造は四本の杭、二本の桁、五～八本の床によって構成されている。材料の丸太はクリ材が最もよく、外皮を剝いで使用すると虫がつかず十年ぐらいは使用できる。ネズミヨケとして、杉やカヤの枝を脚柱の頭部と床の下部に細縄で縛る。十一月ころ作り、翌年三月末に籾を取り出し、種子浸けし苗代田に播く。四本脚の施設に収納するほかに柿の木などの樹木の股の部分に収納する方法もある。種子籾やミョウサ(よく実らなかった青米)を俵や叺(かます)に入れ、宅地内の立木の股にのせる。屋根として藁束の片側を広げたテンガイ(ワラボッチ)をのせた。高さ一・五～二メートルぐらい。滋賀県高島市今津町伊井では、種子籾囲いは籾種子ガコイ・籾グラなどと呼ばれていた。新潟市沢海で、ヒエ、アワ、キビなどの雑穀の種子も一緒に入れる例や、北陸・東北地方、日本海側に作られていた魚網を格納しておくアミニオなども、関連する資料として注目される。

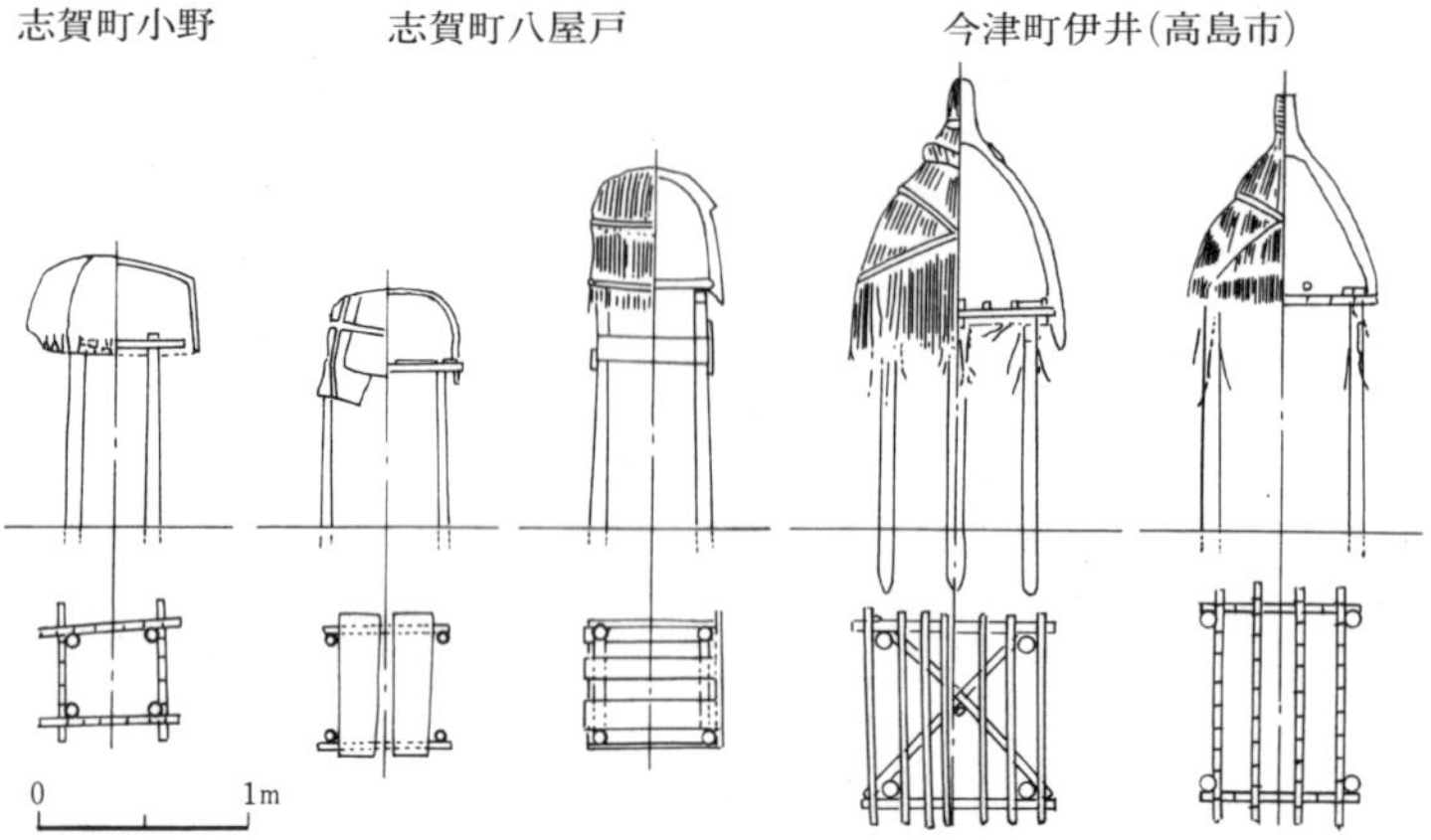

琵琶湖岸の種子籾囲い

参考文献　酒井和男「滋賀県湖西の種籾囲い」(『民具マンスリー』六ノ七、一九七三)、同「山口県阿武川流域の種籾囲い」(同九ノ三、一九七六)

（酒井　和男）

たのかみ　田の神　稲作を守護する神。また、全国各地で稲の豊作を祈願する神の総称にもなっている。田の神と呼ばれる所が多いが、東北地方では一般的に農神・農神様といわれ、山梨県や長野県南部ではサクガミ(作神)、新潟県の一部では作神あるいは農神様といわれている。近畿地方では作り神、神奈川県ではジジン(地神)、瀬戸内海周辺ではジガミ

（地神）などといわれている。また、漁撈神でもあるえびす・大黒を田の神と考えている地域もあり、さらにサンバイ、ソートクなどと呼ばれる田の神も存在する。田の神は、このように名称としても統一的なものはなく、しかも複雑な神格をもっている。田の神の神体としては、一般的に具象的な姿をみることができないが、鹿児島県では田の神殿といわれる石像や祠が田の神の具体的な神体としてまつられている。福岡県嘉穂郡や佐賀県神埼郡あたりでは、霜月丑の日に田の神が田から天、田から家へ赴く日と伝え、この日、稲刈りの日に刈り残しておいた数株の稲を刈りとる。それを一荷にして重い重いと担いで家に帰り、土間の臼の上に、飯や赤飯、魚などとともに供えて田の神をまつるという。これは、最後の稲束儀礼といわれる型で、山口県・香川県・愛媛県・兵庫県などの地域でもみることができ、能登半島にみられるアエノコト行事に酷似している。田の神は常在している神ではなく、去来する神と考えられているので、稲作の耕作過程に従って送迎されているといえよう。去来信仰は、田の神だけではなく日本の神々に共通している性格であるといわれている。田の神にみられる神の送迎は一つの型を表現しているが、それは一年を単位として捉えると三つの段階に分かれている。一つは、田植え当日における送迎である。田植えの朝に田の神を迎え、田植えが終ってから、夕方に送る。二つ目は、田植え耕作中における送迎である。これは一般にサオリといわれ、いわゆるサの神降ろしで、サンバイオロシ、サワウエなどともいわれる。また、このサオリに対して、さなぶり、サノボリといわれるサの神を送る行事もある。三つ目は、春になると田の神を山から里（田）に迎え、秋になるとふたたび山に送るという。この間、田の神は里にとどまって田を守護すると信じられている。しかも、柳田国男によれば、田の神は里あるいは田にあっては稲作を守護し、やがて山に帰って山の神になると考えられている。また、能登のアエノコト行事にみられるように田の神は正月九日に野に下り、家と田の間を去来するとも考えられた。十一月五日に家に帰るといわれ、鹿児島大隅地方では二月丑の日に山から田に下り、十一月丑の日に田から山へ帰るといわれ、田の神が山の神に変身したように考えられる。これら時を定めて里に下り、豊かな実りをあたえる神は、元来は家々の先祖（祖霊）ではなかったと説かれている。いずれにしても、田の神信仰は日本における神観念と深く結び付いていたといえよう。　→アエノコト　→作神（さくがみ）　→さなぶり　→サンバイ

参考文献　柳田国男「新たなる太陽」（『柳田国男全集』一六所収、一九九〇）、同「狐塚の話」（同）、西谷勝也『季節の神々』（「考古民俗叢書」一一、一九七〇）、伊藤幹治『稲作儀礼の研究—日琉同祖論の再検討—』、一九七四、早川孝太郎「農と祭」（『早川孝太郎著作集』八所収、一九八二）、石塚尊俊『神去来』、一九九五
（鈴木　通大）

たのもし　頼母子　互いの金品の融通を目的とする民間の救済的互助組織。田の実・頼む・頼み申すから派生した語彙かといわれ、憑子・頼子などの字もあてる。中世前期にはすでに存在したといわれ、近代まで代表的な民間金融制度であった。無尽・沖縄の模合も同様の組織である。かつては布団・牛馬・膳椀など購入する品目をあらかじめ定め、順次取得した講金でそれらを調達するものや、屋根を葺くための材料と労力を提供し合う屋根無尽も多かったが、現在は現金掛けの頼母子講がほとんどである。困窮した特定の人物をオヤに立て、それを優遇しその救済を目的とする親有頼母子と、講員相互の扶助を目的とする親無頼母子がある。売り掛け・買い掛けの多い木材業・漆器業などの同業者、成年式・厄年をともに迎える同級生、パートや行商の職場を同じくする主婦同士

など親密な人間関係にある数名から十数名が集まって、一定の期日に一定の掛け足(掛け金額)を払い込み、抽選・入札などの方法で集計金全額を一人が受け取る。頼母子における入札は、講金全額を借金するにあたって支払ってもよい利子の価格を意思表示する競争で、最高値を示した人物が講金取得権利を得る。この権利を獲得することを落札という。その人物は以降の抽選・入札権利を持たないため、必ず講員全員が取得する。全員が受け取ったところで講は満了を迎え解散する。落札時期の遅早によって割返し金(利息)額に高低差が生まれること、三、四番目に高い落札額には花籤という特別賞を用意するなど、若干の射幸性も含んでいる。最近では、厳密な入札制度をとらず、金銭を積み立てて祭礼の運営費用にあてたり、講員の旅行資金とするなど、経済的救済を目的とするよりは、講員の親睦団体に変化する傾向にある。　↓講(こう)

参考文献　三浦圭一「中世の頼母子について」(『史林』四二ノ六、一九五九)、松崎かおり「経済的講の再検討―「輪島塗り」漆器業者の頼母子講分析を通して―」(『日本民俗学』一九三、一九九三)
(松崎かおり)

たび　旅　居住地を離れて遠方の土地を訪れる行為。タベ(たまわれ)とかタビ(他火)という語源が示すように、旅は、古くは苦行ともされた。弥生時代以降、日本人の多くは、ムラに代表される一定の生活圏内に定住して生活を営んできた。一方、不定住、つまり移動を余儀なくされる人々の群れもあった。狩猟・漁撈・行商・旅芸などの生業をもって移動する者、また定職をもたずに流浪する者たちである。むしろ、古くは、そうした移動生活をなす旅人が主流であった。古代から中世にかけて、一遍や西行など遊行僧(ゆぎょうそう)(聖)に誘われて信仰の旅が発達した、特に一遍の影響は大きく、たとえば『一遍上人絵伝』には、彼に従って大勢の人が旅に出ている様子が描かれている。一遍は、時宗の開祖であると同時に、旅の開祖としてもよかろう。そこから同行二人とか骨のぼせといった旅を派生させている。同行二人の旅は、まず熊野に向けられ、蟻の熊野詣といわれるほど民衆を熊野に向かわせた。当時は、道中の設備が不十分であり、特に熊野は不便の地であった。しかし、信仰の旅は、かえってその不便さを「馬にて参れば苦行ならず」といって尊び、徒歩参拝を定法として広めたのである。遊行僧たちは、いわば旅の仕掛け人であった。それがのちの先達や御師に展開するとみてよいだろう。その後、旅が急速な発達をみせたのは江戸時代である。参勤交代の制度とあわせて幕府の交通政策が迅速に進められ、街道や宿駅が整備されて旅がしやすくなった。そして、庶民も盛んに旅に出るようになった。とはいえ、彼らは無条件に旅が許されたわけではない。ムラ社会からの離脱をさまざまに規制されていた庶民にとって、旅に出る方便としてもっとも有効だったのが、国家安泰や豊作祈願をするための寺社詣であった。もちろん農閑期の旅立ちであり、さらにムラ社会を代表して、あるいは講に参加しての旅であった。つまり寺社詣と団体行という大義名分をもつことで、支配者も黙認せざるをえなくなったのである。なかでも、「一生に一度は伊勢参り」といわれたように、伊勢参宮が爆発的な人気を呼んだ。特に、御師が管理した伊勢講は、その宿泊から祈禱・参拝・みやげまですべて定められているという点において、伊勢参宮団体パッケージツアーといえる。団体旅行の形態は、何も昨日今日に生じた現象ではない。江戸時代の旅から共通するものであり、日本人における旅の習俗の特性、としてよいであろう。

参考文献　宮本常一『庶民の旅』、一九七〇、神崎宣武『観光民俗学への旅』、一九九〇
(神崎　宣武)

ためいけ　溜池　灌漑のために利用される人工的な池。堤ともいう。降

雨量の少ない瀬戸内地方・近畿地方などに多くみられる。溜池は土を積み上げて作られた堤、池から水を出すための樋、水が堤を越えないよう設置された余水吐、取水口などの要素によって構成される。また立地によって谷の下方を堤でしめ切った谷池、四周を堤で囲んだ皿池に分類できる。日本の溜池の発生については、『古事記』『日本書紀』などにも記載があるが、最古の溜池の一つといわれる大阪府大阪狭山市の狭山池では、築造時期が七世紀初めであることが考古学的に検証されており、特に堤を築く技術については渡来系のものである可能性が指摘されている。元来が少雨地域に作られたものであるため、溜池には強固な水利組織、複雑な水利慣行が伴うものが多い。奈良県の広大寺池は聖徳太子によって作られたという伝承を持つが、地元の村には水利権がなく、遠く離れた大和郡山市稗田が強い権利を持っている。先にあげた狭山池では、近世には五十以上の村からなる水利組織があり、水割符帳という帳面に従って厳密な番水制が保たれていた。溜池に関する儀礼として、年頭や田植え前に樋をまつる樋祭、池祭といったものがある。雨乞いの儀礼なども池で行われることが多い。古い溜池には行基・聖徳太子・空海といった人々によって作られたという伝承を持つものが多く、それにちなむ祭祀が行われている溜池も多い。

参考文献　末永雅雄『池の文化』(「百花文庫」二一、一九七二)、喜多村俊夫『日本灌漑水利慣行の史的研究』各論篇、一九七三、森浩一編『池』(「日本古代文化の探究」、一九七七)　(市川　秀之)

たる　樽　容器の一種。箍でしめた木製の結樽は『一遍上人絵伝』(一二九九)にもみえており、その始用は鎌倉時代を降らない。樽は桶と同種の容器であるが、桶との相違点は、樽には固定蓋があるという点で容器の大小を問わない。かつて生活用具・生産用具・流通用具として重要な民具であった。酒・醤油・酢・油・味噌など液状物を主として収容するが、まれに空気圧を利用した浮樽なども存在する。今日のガラス、金属、プラスチック、ポリエステル、セラミックといった新素材が導入される以前は杉材を主とした木質素材の樽もしくは、陶磁器が一般的であった。樽の用途は多岐にわたっており、二次的に漬物桶としても使用される。酒に関する樽は、祝勝・婚礼・棟上などの祝儀・祭祀・日常的にと、貯蔵・運搬・携帯・販売など用途に相応した各種の樽が存在する。通常酒樽に縛樽があり、四斗樽(大樽)・二斗樽(半樽)・一斗樽(斗樽)などがある。樽の蓋部を鏡と呼び、鏡開き・鏡割はこれに由来する。鏡板面に酒詰用の穴栓があり木栓を天星、酒を出す呑口は側面板下部に取り付け、この種の別称を薦被という。酒器では、角樽・兎樽・柳樽・竹筒樽・指樽・片手口樽・鏡樽などがある。酒造用具では大砲・水樽・暖気樽など。このほか洋酒(ウイスキー、ワイン、ビールなど)の樽がある。製樽用具の主なものに、刃物類(正直台・内セン・外セン・面廻セン)、鉋類(口切・グリ・目違取・内鉋・尻払・内面取・ロモミ・小口切)、仮輪類(口仮輪・腰仮輪・金輪)、槌類(中槌・小槌・コンコン槌)、そのほかブンマワシ・締木・殺棒・立棒などがある。

参考文献　仲村恒明「桶―昭和期における終焉の民具―」(『近畿民具』一一、一九八七)、同「食文化の変化と桶」(『民具研究』一〇六、一九九四)、灘酒研究会編『灘の酒用語集(改訂版)』、一九九七　(仲村　恒明)

たわら　俵　薦を円筒状に縫いあわせて胴とし、その左右から桟俵を被せ、藁縄でしばって成形される袋状容器。米麦・大豆・イモ類・塩・海産物などを貯蔵・運搬するために広く用いられた。収納物の別により米俵・芋俵・炭俵などと呼び分けられるが、米麦や種子籾用には稲藁、木炭用などには葦や茅などが用いられた。種子籾俵は、鼠を除けるため、太縄で梁から吊して保存された。全国的に規格化が定着して以降は四斗俵と五斗俵が多く用いられたが、近世までは地域ごとに大きさが異なり、俵の容量が年貢の量を意味していた。たとえば、江戸時代に四斗五升俵が使用されていた地域では、米一石の収穫に対し、四斗五升の上納米が取り立てられた。平安時代や鎌倉時代の俵は『信貴山縁起絵巻』や『石山寺縁起』にみられるが、いずれも、形状や製作方法は近世のものとほとんど変わらない。機械編みが普及する以前までは、木製の薦編み具を用い、夜業として米俵づくりが行われた。米俵は富の象徴でもあった。田の面積、上田や下田などの田の質も、たとえば「五俵穫りの田」などと表現された。また、米俵をになえるようになることをもって、一人前の証とする民俗もみられる。予祝の飾り物として米俵状の苞をつくり、小正月の供物とする地域も多い。大俵を二組に分かれた若者衆が引き合い、豊作を祈念したり感謝する祭もある。俵の左右に被せられる桟俵は、俵の中身がこぼれ落ちるのを防ぐため、また、俵の形を整えるための円形の蓋である。直径およそ三〇㌢内外で、稲藁でつくられる。円形の木製台に乗り、まわりながら編まれる。その編み方には、並べ組み・菊花組みなどがある。各地の呼称も、サンダラボッチ、タワラッパワシ、タラバス、サンバイシ、バセなどと多様である。道祖神への供物を載せる皿、疱瘡送りや流し雛の船などにも用いられることから、藁座の意味を有していると考えられる。

参考文献　宮本馨太郎『民具入門』(「考古民俗叢書」五、一九六九)、中村たかを『日本の民具』、一九八一、宮崎清『藁』一(「ものと人間の文化史」五五ノ一、一九八五)、同『図説藁の文化』、一九九五
(宮崎　清)

だんご　団子　米その他穀類の粉をねって丸くした食品。多くは蒸して食べるが、その形状、加工法、食べ方には種類が多い。団子の名称は、ダンゴのほかに各地さまざまで、ダンス、ダンシは青森県・岩手県・秋田県・山梨県に、アンブは新潟県に、オマル、オマルモノ、マルメモン、マルコなどは新潟県・長野県・滋賀県や四国、鹿児島県喜界島・沖縄県石垣島などに、ボチ、ポチは岐阜県・愛知県にみられ、長野県ではオツメイリともいう。柳田国男は、団子を「滋賀県の田舎などでは、餅団子をツクネモノといった」のは「本来が生粉の塑像」で、ツクネル、つまり捏ねあげた名残だといい、「一方に粢が国固有の古い食物である以上、これを外国から学ぶべき必要はあり得ない。新たに採用したのは言葉だけで、それはたしかに丸いから団子といった」といって、粢と団子の関係を述べた。すなわち、粢は団子より古く、団子は「丸く作った粢だけを意味していた」とする。また、丸いからオマルなどの名称もあるといい、逆に「山梨でもカラコの白餅だけを、特にオダンスという村もある」、粢に「秋田県の鹿角地方ではシロコダンゴという名がある」としている。厳島神社(広島県)の御島廻式の粢はシトギダンゴという。滋賀県愛知郡愛東町(東近江市)では祭礼の宵宮にヨミヤダンゴと呼ぶヨモギ入りの餅を作る。東京近辺では団子をダンゴモチ、新潟県では焼餅をアンブという。このように団子を餅と粢、あるいは焼餅から区別することは容易でない。柳田国男は沖縄のモチと団子を念頭におきながら、横杵の発達で可能になった現在の餅とそれ以前のモチを区別し、粉を材料とするモチ、すなわち粢と団子の歴史を解明しようとした。彼岸や盆、二月十五日の涅槃の日、地蔵講、枕団子など仏事の食物・供物として印象づけられているが、小正月の団子挿し・繭玉団子、十五夜・十三夜などの供物にもなっている。収穫時のこぼれた米で作った土穂団子、十二月のススハキダンゴは各地で作った。秋田県鹿角市のシロコダンゴは彼岸に、香川県高見島(仲多度郡多度津町)のオシロイモチは生団子で庚申の

日に、東京近辺では事八日やオカマサマの日に作られた。愛知県下津具村(愛知県設楽町)ではアワやキビの団子は節日などに用いた。長野県では生団子は死者の団子だからと嫌った。団子はこうした特定の日だけではなく、普段にも食べた。愛知県では団子をボチといい、大根・サトイモなどとともに味噌汁に入れたし、東京都の多摩地方にもツミイレ・煮団子・団子汁などといい、夕食の主食にした。こうした粉物と野菜中心の夕食は全国的なもので、その材料は砕米・屑米・粃などの米のほかに挽割の大麦、小麦、アワ、キビ、ヒエ、シコクビエ、蕎麦、モロコシ、トウモロコシ、サツマイモ、小豆、トチの実などであった。米の場合は粒食できない砕米や屑米、粃などの利用法としての夕食の団子汁は大きな意味をもっていた。→粢(しとぎ)

参考文献　柳田国男「木綿以前の事」(『柳田国男全集』一七所収、一九九〇)、瀬川清子『食生活の歴史』、一九六八

（増田　昭子）

ち

ちからいし　力石　若者が力試しに用いた石。バンモチイシ、サシイシなどともいう。力石の名称はすでに近世初頭の『日葡辞書』に項目とし

力石　埼玉県和光市

てあり、「力試しをする石」という説明もつけられている。力石は全国的に分布するが、特に関東地方・東海地方に顕著に見られる。一般に河原から拾ってきた大きな楕円形の石で、氏神境内や若者宿の前庭などに置いて、若者がそれを持ち上げたり、担ぎ上げたりして力比べをした。石には単に力石と彫られていたり、その重量や寄付した者の名前が彫り刻まれていることも多い。刻まれた重さは三十八貫目・三十貫などであり、七十貫目に及ぶものもある。また、年月が彫られているものもある。古いもので十七世紀後半、大部分は近世末以降のものである。力石を担ぎ上げることができれば一人前として認められたので、若者たちは休みには練習し、それを競った。また、持ち上げることが不可能な巨石を起すことを競うものもあった。力石が実際に意味を持ったのは若者組の活躍した時代であり、明治末・大正初年に青年団に再編成されて以降は、その機能を失い、石のみが神社境内に放置され、石の呼称も明らかでないことが多い。

（福田アジオ）

参考文献　高島慎助『三重県の力石』、一九九八

ちご　**稚児**　成人式前の子ども。社会的には稚児の性差はないとされるが、前近代の寺院・武家・公家社会における召使いの少年をさすこともある。中世には、成人式前の子どもは童名・垂髪や童髪・童装束など、名前・髪型・服装などの点で、髻を結い烏帽子を被る成人男子とは明確に異なり、一人前とはみなされていなかった。もともと寺院における稚児は、沙弥になる前の修業中の童男・童子とよばれる従者・雑役者であり、その役割には扈従労働、見習い労働、舞童に代表される寺院行事への参加、僧侶の性愛の対象などがある。女人禁制の寺院では美形の稚児が同性愛の対象となることが知られている。比叡山には「一稚児二山王」という言葉があり、もともとは最澄が比叡山にはじめて登ったとき、最初に稚児に会い、ついで山王に会ったと伝える故事であるが、後世には僧たちが山王権現よりも稚児を第一に愛し尊んで、男色にふけったことをあざけっていう言葉にもなった。武家社会の稚児としては軍陣における武将の愛玩対象として知られている。近代社会でも男子寄宿舎などに稚児の話が多く聞かれるように、稚児は一般に男色の対象となる少年をさすようになった。また、神社の祭礼・寺院の法楽などの際、舞ったり、行列に加わって練り歩いたりする子どもも稚児という。たとえば、氏子の中から両親が健在であるなどの条件の整った稚児を選んで一定期間潔斎を行わせる。祭の当日は化粧し、着飾り、騎乗して行列の主役となる。祭の間、清浄に保つため地面に足を触れさせないなどの特別な扱いをうける場合もある。この背景には、神が稚児の姿、童形で出現する小さ神

祇園祭長刀鉾の稚児

という神観念があり、稚児は神そのもの、あるいは神の依代とされ、神祭の主役になる。河童(水神)や少童神(海神)に童の文字が用いられるのも、これらの神が稚児と同様に、この世の秩序を逸脱し、この世と異界との仲介をなすと考えられているからである。また祭の場に臨んで、稚児に神霊が憑りついて託宣などを下すとされる事例もある。このような稚児は神と人を媒介する役割を果たし、人よりも神に近い聖なる存在とみなされてきた。現在、祭礼・法会などにおいて親に伴われて参加する稚児行列や祭礼の供物頭上運搬役の少女などは儀礼を飾る風流という性格が強い。↓ヒトツモノ

参考文献 黒田日出男『境界の中世 象徴の中世』、一九八六、飯島吉晴『子供の民俗学—子供はどこから来たのか—』(「ノマド叢書」、一九九一)、土谷恵「中世寺院の児と童舞」(『文学』六ノ一、一九九五)
(福原 敏男)

チセ チセ アイヌ語で家屋の意味。狩猟小屋は、クチャとかクチャ＝チセといい、漁撈小屋は、イヌン＝チセと呼ぶ。屋根・壁を葺く材料の

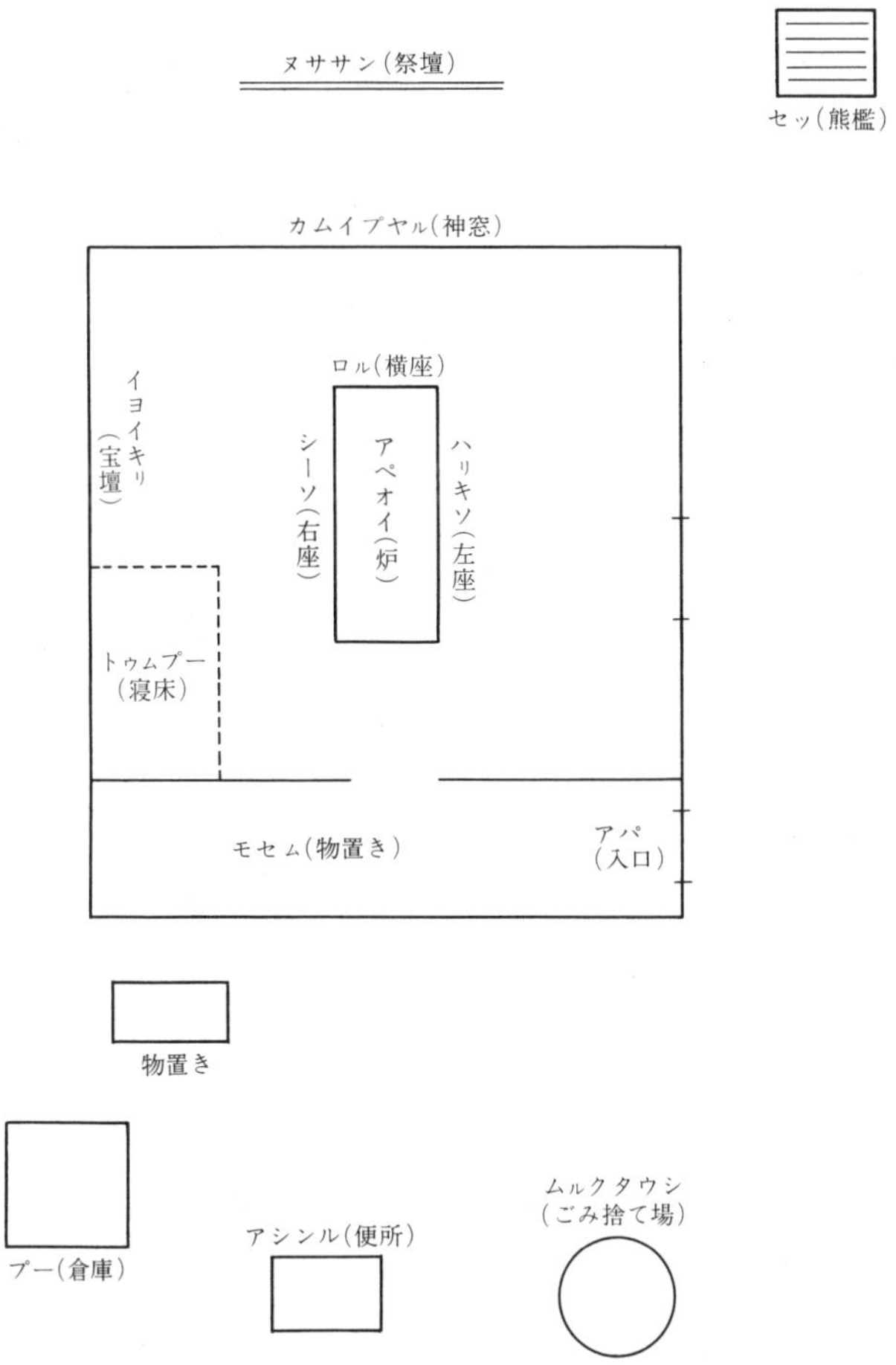

チセの内部(『アイヌ民俗調査』1より)

違いにより、笹で作ったウラシ＝チセ、カヤで作ったムン＝チセ、木の皮で作ったヤラ＝チセの区別がある。新築の際、敷地を神から借り受けるという考えから、外で焚き火をして敷地の神への祈りを行う。家ができあがると、新しく切った炉でチセ＝ノミ（新築儀礼）を行う。その後、屋根裏のチセ＝カムイ＝サンペ（家の神の心臓）めがけて矢を射る。これをチセ＝サンペ＝トゥカン（家の心臓に矢を射る儀礼）という。家の間取りは、一軒一部屋が伝統であり、中央か、少し上手に炉があり、炉の上手（横座）をロルと呼び、ロルにあるカムィ＝プヤラ（神窓）から向かって右をシソ（右座）と呼び、左をハリキソ（左座）と呼ぶ。右座の壁際は、セッまたはトゥムプーという夫婦の寝床で、床面より一段高くなり、竿に茣蓙をたらして仕切りとする。神窓は、多くの地域で上流に向けて作られる。その反対側が入り口で、モセとかモセムという片屋根の物置きが付随している。家自体が神であるとの考えがあり、静内の真歌などではチセ＝カッケマッ（家の女神）と呼ばれている。家に住むことは、家の女神のウプソル（懐）の中で生活することである。死人が出たときには、小さな家を庭先などへ別に建てて、カソマンテ（家送り）をする地方が多い。
（大島　稔）

ちのわ　茅の輪　チガヤで作った輪のこと。束ねたカヤの大きな輪をくぐることを茅の輪くぐりという。六月晦日の夏越《なごし》の祓《はらえ》の際に、神社の鳥居の下や境内にこれを据え、参拝者がくぐると、病災を免れるとか身体についた穢れが祓われるという信仰がある。茅の輪が災厄を除く呪術的な力を有しているという信仰は、すでに奈良時代の『備後国風土記』逸文の「蘇民将来」にみえる。蘇民将来と巨旦将来という兄弟がいた。あるとき武塔神が宿を乞うたところ、裕福な弟の巨旦将来はこれを拒否したが貧しい兄の蘇民将来はこれに応じ手厚くもてなした。数年後に神が子を率いて蘇民将来の家を訪れ、その家族に茅の輪を腰につけさせてから、神力をもって疫を起し他をことごとく滅ぼし、これからも茅の輪を腰につけたら疫病から逃れられるといったという。このほかにも茅の輪についての歴史上の記録は数多い。茅の輪を用いた茅の輪くぐりの神事などは、天王《てんのう》と呼ばれる京都八坂神社、愛知県津島市の津島神社など祇園系の神社に多く行われ、疫病など夏季の災厄を避ける信仰と強く結びついている。

茅の輪　福島県相馬市八坂神社

参考文献　民俗学研究所編『年中行事図説』、一九五三
（岩崎　真幸）

ちまき　粽　ウルチ米やその粉を笹の葉などに包んで蒸した、五月五日の節供の食物。『延喜式』にもみえ、古くからの食物であった。関東の

五月節供には柏餅が多く用いられるが、これは江戸時代からである。粽は包む葉が地方によって異なり、名称もまちまちである上に、形も違う。笹の葉以外に真菰(まこも)、カヤ、ヨシなどを使う。山形県米沢市や福島県南会津郡では五月節供に笹の葉で三角形に作り、ササマキと呼んで、マメゴ(黄粉)をつけて食べた。南会津では笹の葉は解毒作用があるので、食べた後、戸口に貼ると魔除けになるという。愛知県の日間賀島では五月節供にススキに包んだ粽を作り、タネマキと呼び、年中床の間に掛けておき、男の子はこれを見てから外出すると、災いがないという。奈良県天川村でも五月節供に粽をこしらえたが、一つだけ残して家の中に吊っておくと、マムシが家に入らぬといった。これをルスチマキという。徳島県の祖谷山では化物に誘われた子供の命が節供の粽によって助かった話を伝えている。粽に魔除け・除災の意味があるのは、京都の祇園祭に各家々の門にまつる円錐形の粽と同様である。柳田国男は鏡餅や握り飯とともに粽が三角形であることを、「人生の大事を表徴している」として人間の心臓になぞらえたものと論じている。

(増田　昭子)

参考文献　柳田国男「食物と心臓」(『柳田国男全集』一七所収、一九九〇)

ちめい　地名　土地の名。広義には伊勢湾・木曾川など、土地以外のすべての地理的存在の名も含む。地名の起源と発達という観点から、柳田国男は、まず土地利用の目印として鏡岩とか川合などの自然地名が、ついで土地を開墾して、大野・山田・治田(はるだ)(墾田(はる))などの利用地名が生まれ、次に土地を個人や団体が占有することから、人名や団体の名をつけたり領主の居住地の名で領地の名を呼んだりする占有地名の段階に進むと説明した。さらに土地の所有が複雑化すると、上・東などを冠して区別する地名を生ずる。これを柳田は分割地名と呼んだ。占有地名に人名があてられ、または地名を姓氏として名乗るので、人名と地名との深い関係が成立する。日本の地名の歴史は漢字使用の歴史でもある。古代の地名では、国策として好字の使用が進められた。『続日本紀』七一三年(和銅六)五月甲子条の風土記撰進の詔では、諸国に対して「郡郷名に好字をつけよ」(原漢文)と命じている。好字をつけよとは語源にかかわらず良い字をあてよということである。また、『延喜式』民部上でも、「諸国部内の郡里等の名みな二字を用ひ必ず嘉名を取れ」(原漢文)と規定している。これは古代中国の地名が二字を原則としているのにならい、また対外的に恥ずかしくない好字で飾った地名にしようとの、大陸文化模倣の国策であった。古代日本の地名はことごとく二字化されることになった。和泉(いずみ)などは、二字にするために、読まない「和」の字を加えた。このような結果、古代地名は、表記と読みとの間に隔たりが多くなり、多くの難読地名が発生した。「飛ぶ鳥のアスカ」のような枕詞の字が地名の方へ移って、飛鳥(あすか)と読まれるようにもなった。近代の地名変化の一つの型に合成地名がある。これは複数の地名から一部の字を合わせて一地名にするものである。愛知県稲沢市などは「稲の沢」ではなく、「稲葉」と「小沢」の二村合併時に旧村名から一字ずつを合わせて作られた。一九六二年(昭和三十七)公布・施行の「住居表示に関する法律」に伴い地番整理とともに、都市の町名の統廃合・名称変更が盛んに行われ歴史的地名の多くが失われた。地名保存運動がおこり、一九六七年には「できるだけ従来の名称に準拠すること」を盛り込んだ「住居表示に関する法律の一部を改正する法律」が公布され、一九八五年には「旧町名の継承」の方法などを規定した抜本的な改正が行われた。地名には国字が多い。全国的な字には峠・畑・畠・俣・辻・栃などがあり、地方の国字(地方字)には圷(あくつ)・杁(いり)・垰(たお)などがある。また、関東の谷(や)、九州の原(はる)のような地方訓がある。なお、地名に関する辞典には、吉田東伍『増補大日本地名辞書』全八巻(一九六九-七一)、『角川日本地名大辞典』県別四十七巻・別巻二巻(一九七八-九〇)、『日本歴史地名大系』県別五十巻・索引二巻(一九七九-二〇〇五)などがある。

[参考文献] 柳田国男「地名の研究」(『柳田国男全集』二〇所収、一九九〇)、鏡味明克『地名学入門』、一九八四、千葉徳爾『新・地名の研究(新訂版)』、一九九四、吉田金彦・糸井通浩編『日本地名学を学ぶ人のために』、二〇〇四

(鏡味　明克)

ちや　茶　常緑の低木でツバキやサザンカの仲間だが、その葉を加工して飲用する。茶樹は中国西南部が原産地とされ、日本を含む東アジアで広く栽培されてきた。茶の製品の種類は茶自身がもっている酵素の働きの程度により、熱処理して酵素を殺した不発酵茶(緑茶)、途中で熱処理する半発酵茶(ウーロン茶)、不処理の発酵茶(紅茶)となるが、蒸した葉を漬け込んでバクテリア発酵させた後発酵茶(こうはっこうちゃ)もある。明治以降日本でも、輸出を前提にウーロン茶や紅茶の製造も試みられたが、現在生産されているのは抹茶・蒸し製煎茶・釜炒り茶・番茶などの緑茶で、一部に阿波番茶、土佐の碁石茶などのような後発酵茶もある。日本史上では平安時代初期に宮廷で茶が愛好された記録があるが、現代に直接つながるのは、鎌倉時代に栄西が宋から導入した茶である。それは中国での流行を反映しており、新芽を蒸し、揉まずに焙炉で乾燥させ、その粉末を茶筅で泡立てて飲む抹茶法であった。この茶は寺院や武士の間に広まり、室町時代には闘茶として普及し、やがて精神的な要素を強め茶道へと発展していく。茶道にみられる狭いにじり口を経て茶席に至るという構成には、空間的にハレとケとを区分する民俗的な意識も影響している。しかし、庶民が利用した茶は、抹茶とは製法や飲み方が異なる番茶が主であった。狂言に「天道干しのいとま乞わず」という名の粗雑な茶がみえるが、これは茶葉を蒸し、そのまま天日干しにしたものと考えられ、愛知県の足助町や四国の一部には類似の製法が伝えられている。番茶は現在でも西日本の各地の自家用茶に見られ、釜で炒った生葉を筵や笊の上で揉んで天日に干し、煮出して利用するのが普通である。製法からも利用方法からも、番茶が抹茶の普及型と見ることには無理があり、記録に見えない別な経路から日本列島に入り、庶民の暮らしに密着して、禅的な日常茶飯という言葉を文字通り日常あたり前、という意味にしていったと考えられる。番茶は飲用のほかに、茶粥や茶漬など基本的な調理法として広く利用されてきたため、間食のことをチャと呼ぶなど、茶という言葉が軽い食事の代名詞となった。そのため、茶がイエの食を管理する主婦の権能の象徴ともなり、九州全域や新潟県・福島県の一部で結納の際に茶を贈る習慣や、神奈川県・静岡県東部などで結婚式のあとに嫁が近所に挨拶の印に茶を配るなどの民俗を生んだ。また、墓地に茶を植えたり、棺桶に茶を入れる習慣から、茶が境界区分の標識となると考えられ、それは盆の期間を中心に旅人に茶を接待する四国各地の茶堂や、全国の峠の茶屋での接待にもつながっている。このような多面的な茶の役割や番茶の製法は、東アジア各地の事例と類似しており、茶にかかわる民俗研究にはそれらとの積極的な比較が不可欠である。なお、和紙を張った焙炉の上で蒸した葉を揉むという蒸し製煎茶製造技術は、近世中期に開発された。この手揉み技術者は静岡でお茶師と呼ばれ、開港以後に重要輸出品となった茶の品質向上に工夫をこらし、青透流などとみずから流派を名乗って弟子の養成に努め、他県の産地へも技術指導に赴いた。彼らが明治後半に完成させた技法が現在の機械製茶の基礎となっている。

[参考文献] 千葉徳爾「茶の民俗」(『季刊植物と文化』九、一九七三)、守屋

毅編『茶の文化』、一九八一、大石貞男『日本茶業発達史』、一九八三、中村羊一郎『茶の民俗学』、一九九二、同『番茶と日本人』(『歴史文化ライブラリー』四六、一九九八)

(中村羊一郎)

ちょうしそうぞく　長子相続　英語 primogeniture の訳語。長子が被相続人の地位あるいは財産を包括的に承継する相続。逆に、末子が相続をする形態を末子相続 ultimogeniture という。長子とは男女を限らないが、普通は男子のことである。日本の初生子(姉家督)相続は長子相続の一形態である。長子相続は古くから世界中に広く行われてきた慣行であるが、石井良助は古代社会に発現した長子相続と封建社会のなかで発現した長子相続では異なった性格をもつとする。つまり、古代社会の長子相続は宗教(祭祀)的、政治的地位あるいは官職の地位の承継と結びついており、財産相続はそれほど重要性をもたなかった。封建社会の長子相続は軍事的性格をもち、封的勤務と封地(土地)の承継が結びついてきた。日本では鎌倉時代に惣領制と結びついた長子相続制が確立するが、近世になると武士の社会では家相続が封禄の承継として現象するため、長子単独相続が確固たる原則になった。江戸時代の家相続は、家長の地位の承継であるが、家長の地位と家の財産(家産)は密接に結びついていたので、実質的には長子が単独で家の財産を承継するようになった。このように長子による単独相続が行われるところでは、長子と長子以外の兄弟の関係は主従関係として現われることが多く、兄弟間における長子の特権的な地位が認められた。しかし、農民階層においては百姓株の承継が単独相続であっても必ずしも長子相続が普遍的ではなく、西南日本では末子相続を含めた非長子相続が広範に行われていた。明治政府は一八七三年(明治六)七月二十二日太政官布告第二六三号において長男子による家督相続制を規定した。この布告は当初は華士族の家督相続を規定したものとされたが、一八七四年に庶民にも適用されることになった。しかし、この布告によって長男子相続が実施されたというより、嗣子(長男)の免役を定めた徴兵令の改正を通じて次第に他の相続方式が動揺し、明治民法の施行(一八九八年)により長男子相続が庶民階層にも現実化したといえるだろう。

(森　謙二)

参考文献　石井良助「長子相続制」(『法律学大系』二所収、一九五〇)

ちんじゅ　鎮守　土地ないし施設を霊的な疫災から守護する神。鎮主とも書く。鎮安守護の意で鎮守府・鎮守使など一般に形容語としたが、日本では平安時代以来独立の成語として鎮守神を指す。もと大乗仏教の護法善神の思想により寺院の守護神として勧請したもので、興福寺の春日明神、高野山の丹生明神、比叡山の山王権現、東寺の鎮守八幡宮など多くは寺院の建立以前からの地主神(じぬしがみ)を改めてまつった。これには本来、強力な来訪神が在地の神霊を慰撫し服属せしめる方式が生かされており、鎮守神としての奉斎がおのずから他の諸霊を制する神威を高めることになる。その後、鎮守神祭祀が一般化し、一国鎮守・王城鎮守・家宅鎮守などの信仰が普及した。古くは『本朝世紀』九三九年(天慶二)四月十九日条に「鎮守正二位勲三等大物忌明神」の称号がみえ、『本朝文粋』の願文にも「鎮主熱田宮」とある。『神道集』には「信濃国鎮守諏訪大明神」と記し、『源平盛衰記』に厳島神社を「安芸国第一の鎮守也」としている。『上野国神名帳』に鎮守十二社と複数を挙げる例もあり、『二十一社記』にも「王城鎮守とて廿一社を定置」とある。城内鎮守として有名なのは、一五九〇年(天正十八)に徳川家康が江戸城内の旧祠山王権現を鎮守として紅葉山にまつり、のちに赤坂山王(日枝神社)を建立した例がある。また『江戸砂子(すなご)』(一七三二)には、富岡八幡宮に「当社四隅鎮守」

として丑寅(東北)の鬼門にえびす神など境内の四方に鎮守神をまつったことを記している。なお平安時代から地方の荘園に領主の鎮守神を盛んに分祠したことで次第に村落にも鎮守信仰が普及し、近世には氏神や産土神をも鎮守と称するようになり、今日では鎮守とか鎮守の森が地域の氏神の社を指すようになったが、やはり鎮守には土地や建物を守護する地縁的な神格の意味が強く、その点で氏神や産土神の血縁的な神格の表現と微妙な違いが残っている。 →氏神(うじがみ)　→産土(うぶすな)

参考文献　萩原竜夫『中世祭祀組織の研究(増補版)』、一九六二、国学院大学日本文化研究所編『神道要語集』宗教篇一、一九七七
(薗田　稔)

つ

つうかぎれい　通過儀礼　人の誕生から死に至る過程で、人生の節目にとり行われる儀礼。広義には、場所から場所への空間的移動、時間帯から時間帯への時間的移動、社会的な地位の移動などを含む。〔通過儀礼に関する理論〕通過儀礼を体系的に論じたヘネップ Gennep A. v. は、これらの諸儀礼には分離・過渡・統合という三つの段階を伴う共通パターンが存在し、社会体系における変化が処理されているとしている。通過儀礼は参加者に、神話的世界と人間界の秩序を確認させる機会であるとともに、受礼者にとっては集中的な社会化の場ともなっている。通過儀礼の過程で社会的な地位の変化が見られ、その認知には村落の成員のみならず祖霊・カミなどがかかわる。儀礼の進行の中で㈠日常的時空間からの分離、㈡非日常的時空間における儀礼の過渡、㈢日常的時空間への統合という三つの段階が見られる。日常生活から隔離され、カミまたは祖霊と時空間を共有しつつ、神話的原初にさかのぼって宇宙観・祖霊観を確認する場である。それを象徴的に示すために、祭場の境界標識、音曲・唱文などによる時間の分節化、衣装・仮面・香料などによる日常的秩序の逆転などのモチーフが用いられている。儀礼的時空間への分離と日常性への回帰は「死と再生」に比定されることが多い。こうした三つの段階の移行は一つの儀礼について見られるだけでなく、一つながりの儀礼群の中に段階的移行が存在する例もある。グラックマン

Gluckman, M. は政治組織が解体して新たな均衡状態を回復する社会動態過程の解明にヘネップのモデルを援用している。ターナー Turner, V. は、この方向をさらに進めて独自のコミュニタス論を展開した。日常的な秩序における垂直的な構造は、儀礼が作り出す境界領域における無構造的共同状態(コミュニタス communitas)の共通体験により維持されているとしている。

以上のような広義の通過儀礼から出発した儀礼論が存在する一方で、狭義の通過儀礼を人の誕生から死に至る過程で、人生の節目にとり行われる人生儀礼であると特定してヘネップの仮説を検証する作業も進行している。日本における通過儀礼について坪井洋文は、死後の死霊・祖霊期も含めて通過儀礼の一環とみなすことを提唱している。それに従えば、誕生から産育過程を経て成人・結婚に至る成育段階、婚姻から葬送儀礼に至る成人段階、葬儀から祖霊化に至る死霊段階、祖霊化から子孫としての再誕に至る祖霊段階という円環的な通過儀礼の体系が想定される。祖霊段階にかかわる通過儀礼は他界観と関係しており、仏教との習合など、宗教複合のあり方により、時代的、地域的な変異が顕著である。

〔通過儀礼の段階的区分〕日本の民俗社会の通過儀礼は人の成長の段階に応じて以下のような形をとっている。

㈠成育段階の通過儀礼(出生儀礼・成育儀礼・成人儀礼・婚姻儀礼)
㈡成人段階の通過儀礼(厄年祝い・年祝い)
㈢死霊段階の通過儀礼(葬儀・年忌供養)
㈣祖霊段階の通過儀礼(先祖祭)

㈠成育段階の通過儀礼　(1)出生儀礼・成育儀礼　妊娠・出産や月経は穢れ(赤不浄)とされ、カミとの接触を忌む慣行が見られる。また、産屋・産室によって日常的な場からの隔離が行われる。産湯には血穢(けつえ)を除去する機能があるが、十九盥(たらい)・二十一日盥などや日数で浄化の程度が数えられる。床上げまでは産婦が別火生活をするという禁忌や宮参りの禁止によって穢れが明示される。一方、新生児の穢れと不安定な状態は、拾い親の儀礼、七夜の祝い、名付親との親子成り、十一日目の初外出などの通過儀礼によって克服される。「七歳までは神の子」とされ新生児は氏神と特別な関係をもっており、出産の忌明けとともに、宮参りが行われる。男児は生後三十二日、女児は三十三日目に行われる所が多く、氏子として認知される。生後百日前後で食初めの儀礼が行われる。満一歳を迎えた幼児の初誕生の祝いでは、一升餅を幼児に背負わせる慣行がみられる。さらに子供の前に筆・硯・物差・裁縫道具などをおいて選ばせることによってその子の将来の職業を選ばせるなど、社会化の予祝となっている。帯結び・帯付けと称される三歳の祝いはかつては女児に限定されず、帯を使う衣装に替える成育の区切りであった。男子五歳の袴着の慣行は、五月五日の菖蒲の節供に固定化された。七歳をもって男女ともに子供の段階に移行する。七所モライという子供が隣家で雑炊をもらい回る慣習のように社会的認知の節目となっていた。子供は神の領域から人の領域に移行するとされ、男女ともに氏子入りの儀礼が行われた。子供組は小正月行事に代表される道祖神の祭祀組織として機能を持ち、成人後の若者組の予備的な訓練の場となっていた。女子の子供組は一般的ではないが、三月の雛送りの際、女児が川原などに竈を用意し死霊に対して供物を料理するママゴトの慣行は広く見られる。(2)成人儀礼　かつて十五歳程度を画して男子は若者組、女子は娘組に入り、結婚するまで共同生活を行う慣行が見られた。それぞれ若者宿・娘宿などの合宿所を構え、村内の治安維持・消防・災害救助などの村落生活で重要な役割を果たした。一般的に若者組への加入によって、村人として一人前とされた。加入条件としては田畑を耕作する能力や、俵・力石を持ち上げる筋力が課された。また宮籠りや隔離空間での訓練・秘儀伝授なども課されていた。女子については、初潮に際して成女式の意味をもつ鉄漿(かね)付け祝い・ユモジ祝いなどが行われた。親族の年長者から赤い腰巻を与えられ、歯に鉄漿付けをすることによって一人前であることが明示された。男子については伝統的武家社会で元服・烏帽子着などの成人儀礼がみられたが、村落社会では霊山への山登りによる修行経験が成人式の機能を果たしていた。これらの成人儀礼では、元服親・鉄漿付け親との関係で儀礼的親子関係が結ばれていた。⑶婚姻儀礼　婚姻儀礼によって所帯をもち、子供の養育に責任をもつ立場に転換するが、その前に若者組・娘組などからの離脱が行われる。家としての独立性をもった後のつきあいは戸主・主婦としての責任を伴うものとなった。

㈡成人段階の通過儀礼　⑴厄年祝い　結婚後の戸主・主婦としての成人階梯の段階で、中年組・老年組(男性)、嫁組・主婦組・婆組(女性)などの年齢階梯的な組織を通した村落運営への関与がみられる。自警団・行政組織・宮座などの機能をもつこれらの組織の役職に就任することは、重要な通過儀礼でもあった。個人としては男子二十五歳、四十二歳、女子十九歳、三十三歳などの身体的な変化の節目を厄年として意識した。厄年には重い災厄に見舞われるとし、神への祈願によって厄払いをし、厄の明けた時には知人・縁者を饗応する慣行が見られた。⑵年祝い　還暦後の年祝いには幼児の成育儀礼に類似する祝賀の意味が強く見られる。六十一歳(還暦)、七十歳(古稀)、七十七歳(喜寿)、八十八歳(米寿)などがあるが、八十八歳では天寿を全うしたとして、生仏・生菩薩として祝う慣習も見られた。

㈢死霊段階の通過儀礼　⑴葬儀　人の死によって死者をとりまく領域は死の穢れによってみたされた「殯(もがり)の時空間」に入る。青竹・藁・簾・紙により殯の空間の領域を示す標識がたてられ、人は服装・髪型などで服喪を明示し禁忌事項を守る。古くは邸内に喪屋を建て、棺をそこに安置した。古代の墳墓祭祀以来、親族縁者による殯の別火生活は数ヵ月以上にわたるものがみられた。服喪者による祭祀が行われるのと平行して死者は三途の川を渡って黄泉(よみ)の国への旅を行うとされ、死者には旅装束が施された。渡し賃としての六文銭が頭陀袋に入れられるなどの習俗は現在に残っているが、仏教的な他界観の導入に伴い、「西方浄土への往生」という異質な来世観と重層化している。⑵年忌供養　時間とともに死の穢れの浄化が進むが、死体の白骨化とともに年忌供養によって段階区分が行われる。日本各地に分布している両墓制の習俗も死霊段階の進行を示す指標の一つである。埋め墓は、ふつう人里はなれた場所におかれる。一方、死者の霊魂をまつる詣り墓は、寺の境内など生活空間に隣接してつくられる。詣り墓には穢れはなく、墓が家の象徴的中心になっている。火葬が一般化する以前埋め墓から詣り墓への移行は、十三年忌・十七年忌などを期して行われた。最終的な祖霊化は三十三年忌・五十年忌など弔い上げの法要によって締めくくられたがこれをカミアガリと呼ぶ地方もある。

㈣祖霊段階の通過儀礼　⑴先祖祭　弔い上げの後、死霊は個別の死霊として意識されることがなくなり、集団的な祖霊としてまつられる。祖霊は、山の神・田の神と同定されることも多く、先祖祭・年中行事・農耕儀礼によって子孫にまつられ、子孫の繁栄を保証する。祖霊はまた人の誕生にも深いかかわりをもっている。出産の場にあらわれる産神が祖霊とされているばかりでなく、新しく生まれる子に宿る霊魂は実は祖霊であるとされている事例もある。

〔赤不浄と黒不浄の平行関係〕日本社会の通過儀礼を、人の誕生から死に至るまでに限定させず、死後の他界観念まで含めて考えた時、日本の民俗社会に見られるいくつかの平行的パターンがより良く理解できる。たとえば月経・出産の赤不浄に関連する産屋・別火などのいくつかの慣行は、死に伴う黒不浄に関連する喪屋・別火などの慣行と類似性をもっている。老人に対して行われる年祝いは、成育段階の通過儀礼と平行的である。また、成育段階の通過儀礼は、死霊段階での年忌供養と類似性をもち、そこでは他界への再生の意味付けがなされている。こうした、一定のパターンの確認は日本の民俗社会のもつ固有の構造を考える手がかりとなる。

参考文献 柳田国男「先祖の話」(『柳田国男全集』一三所収、一九九〇)、同「氏神と氏子」(同一四所収、一九九〇)、棚瀬襄爾『他界観念の原始形態』、一九六六、坪井洋文「日本人の生死観」(岡正雄教授古稀記念論文集刊行委員会編『民族学からみた日本』所収、一九七〇)、芳賀登『葬儀の歴史』、一九七〇、R・エルツ『「死」の民俗学』(内藤莞爾訳、一九七二)、ターナー『儀礼の過程』(冨倉光雄訳、一九七六)、ヘネップ『通過儀礼』(綾部恒雄・綾部裕子訳、「文化人類学ゼミナール」三、一九七七)、飯島吉晴『子供の民俗学―子供はどこから来たのか―』(「ノマド叢書」、一九九一)、藤井正雄『祖先祭祀の儀礼構造と民俗』、一九九三、新谷尚紀『死と人生の民俗学』、一九九五、浅野久枝「日本人の生死観」(佐野賢治他編『現代民俗学入門』所収、一九九六)

(小野沢正喜)

つうこんけん 通婚圏 婚姻による婚舎形成のために当事者の一方が、他の当事者へ居住地を移す地理的範域をいう。多くの人々が都市への大移動を始める以前の農村では、人々は誕生から死を迎えるまで同じ村落に居住し続けることが多く、嫁あるいは聟を迎える形態を取っていた。村落の内部から迎える場合を村内婚、村落の外部から迎える場合を村外婚と呼ぶ。古くは婚姻の相手の選択に対等の家柄を選ぶことが一般的であり、一般村民は村内から配偶者を求め、村落の支配層では、家柄のつりあいをとるために村外から求めることが多かった。だが、江戸時代以来一般村民でも村外から配偶者を求める村落がかなり見られ、この村外婚の村落と、一部支配階級を除き村内から配偶者を求める村内婚の村落とは、社会関係や親族関係、相互扶助などにかなりの差異が認められる。この二つの型の村落を歴史的な先後関係として捉えるのではなく、各村落の置かれた自然条件や社会環境を含めて考察する必要がある。婚姻は家結合の媒介項であり、通婚圏は親類の所在分布を示す。村外婚の村落にあっては、各家の交際や互助協力関係は、村内の本分家および地縁関係の各家と、村外に分布する親類縁者に任され、本家と配偶者の実家がそれぞれの中心となる。村内、村外の親族とのネットワークの形成により、村外社会に対してより開放された社会ということができる。一方、村内婚の村落にあっては、各家の交際や互助協力関係は、村内親族および地縁集団がその核となり、寝宿のヤドナカマ、ヤドのオヤ、あるいは若者組などが関係した。結婚相手との出会いは村内に限定されるが、当人の主体的意思が尊重され、当人同士の合意によって結婚に至る場合が多い。また嫁の地位は比較的高く、配偶者の実家とその兄弟姉妹との関係が深い。村内婚の村落は村外社会に対してはより閉鎖的であり、ネットワークは村内内部で完結されている。

参考文献 竹内利美「通婚圏についての一考察」(新明博士還暦記念論文集刊行会編『社会学の問題と方法』所収、一九五九)、合田栄作『通婚圏』、一九七六、川口洋「近世非領国地域の通婚圏について」(『歴史地理学』一二四、一九八四)

(畑 聰一郎)

つえたてでんせつ　杖立伝説　高僧や貴人が旅の途中に持っていた杖を大地に挿したところ、それが根づいて大木となったとする伝説。杖立杉・杖桜・杖銀杏など木の伝説のほかに、村落などの境界(産土信仰圏の境界)となる坂や峠の地名として伝存している場合もある。たとえば、杖突坂(三重県四日市市采女)や箸立峠(福岡県朝倉郡)や箸折峠(和歌山県田辺市中辺路町)などである。今日のごとく、神社として神が里に常在する以前の原始古代社会では、神(祖)霊は他界である山上や水平線の彼方から、一年の稲作の変り目である播種期・苗代期・田植期・苗の成長期・稲の結実期(後来文化盆行事と重なる)・収穫期(秋祭)などの折目ごとに訪れてくるものと考えられ、その際に生木を挿して神聖な霊域(屋代→社)をしつらえた。その霊木がそのまま大樹化して神域となる標示と化した場合は多かったに違いない。その種の神域の起源の伝説に付加される伝承が、これらの高僧行脚の折の杖立伝説とか箸立伝説である。神域には常に憑り木や標としての霊木を伴うことが多く、杖立木の根もとには涸れない泉の所在する場合も少なくない。寺社の開祖としての旅人僧の伝承となっている例(兵庫県明石市の人丸神社の盲杖桜など)もある。主人公には、弘法大師や西行法師のほかに、行脚の某上人や善知識という例が多い。古い例では『常陸国風土記』行方郡条の夜刀神と箭括氏麻多智の土地占有に関わる杖立伝説や、『肥前国風土記』杵島郡舟つなぎ坑、『出雲国風土記』意宇郡の総記、『播磨国風土記』宍禾郡御方里、揖保郡枡田里や同郡粒丘の条などに記されている。

参考文献　柳田国男「神樹篇」(『柳田国男全集』一四所収、一九九〇)、赤坂憲雄「杖と境界をめぐる風景杖立伝説」(『境界の発生』所収、一九八九)

(渡辺　昭五)

つか　塚　土や石、あるいは木の枝を人工的に積み上げたり、盛った信仰的構築物の総称。塚は築を語源としているように高く築いた場所という意味である。壇とか森と呼ぶ地方もあり、その性格は祭場・祭壇である場合を主としながら、死者供養・境界指標・辟邪・厄除け・修法壇を示している。戦死した十三人の武将をまつったとの伝説を伴う十三塚の発掘事例などからも埋葬の跡は認められず、実際の死体を埋葬した塚は墓として別に扱われてきた。塚信仰の背景には平地より高い所には神霊が寄り付きやすいとの信仰がある。もともと神社の社の字源は土をまつる、つまりは塚をまつることであった。中国における社の古態はモンゴル族のオボ(石堆)に想定できると考えられているが、オボもその中心はポプラなどの樹木である。天から地上への神霊の垂直的来臨の依代として石・樹木・塚が拝され、さらにその総体として森や山が拝された。この意味で塚は疑似的な山ともいえ、山登りに石を携えて山に供えたり、ケルンを築くと山の神が喜ぶとする伝承にも重なる。千葉県下総地方の出羽三山講中により築かれた梵天塚や茨城県南部に見られる大日塚は出羽三山を象ったものとされている。また、塚の多くが村境に築かれた。兄妹婚伝説を伴う双体道祖神に柴を折って供え、それが塚のようになっている例もあった。悪霊のムラへの侵入をさえぎる、塞の神としての道祖神信仰はやがて地蔵信仰と習合し、賽の河原の石積みの場所ともなった。村境の塚の中から赤ん坊の泣き声が聞こえるという赤子塚の伝説が語られるのも、「七歳までは神の子」といわれ神と人の境に存在する子供の性格に起因している。村境はムラの内外だけでなく、この世とあの世との境としても意識され、二つの世界を繋ぐ地蔵や子供に係わる場所となったのである。さらにそこには地母神信仰の発現も認められ、塚が地中から地上、天に向かう神霊の方向性をうかがわせる場所となっている。土中入定した行者をまつる行人塚も命の再生の場としての塚の性格をよく示している。行人塚・山伏塚と呼ばれる塚が各地に残り、七人塚などは彼らが殺され埋められたとの伝説を伴っており、これは御霊慰撫を目的とし、築造に彼らが関与したことを逆に物語る。一般的に近世に至ると庚申塚が庚申塔に変わるように塚から石塔への移行が認められる。この間にあって塚上に石塔が立つ折衷型も残っている。

参考文献　柳田国男「民俗学上に於ける塚の価値」(『柳田国男全集』一五所収、一九九〇)、宮本常一『野田泉光院』(「旅人たちの歴史」一、一九八〇)、佐野賢治「十三塚と十三オボ」(桜井徳太郎編「日本民俗の伝統と創造」所収、一九八八)
(佐野　賢治)

つきあい　つきあい　人と人、または家族と家族の間で言葉や物を取り交わし、あるいは時間や場を共有することによって互いの絆を強めようとする交渉の形式。交際・社交のこと。近所づきあい・親類づきあい・友達づきあいなどの言い方にみられるように、一般には社会的に対等なもの同士の互酬的な交渉をさすが、本家・分家の間での儀礼化されたやりとりを本分家のつきあいと称したり、村の共同作業への出役を村づきあいとみなしたりする用法もあり、広義にはさまざまな交渉形式が含まれる。つきあいの具体的な方法には、挨拶・贈答・訪問・饗応・互助協力などさまざまなものがあるが、「つきあいで○○する」という言い方がされるように、物の供与や労力提供そのものの実質的効果が期待されているというよりも、これにことよせて互いの関係を確認したり、より強固なものにしようとするところにつきあいの本質がある。つきあいが地方によってギリ、ジンギなどとよばれるのも、これを適切に行うことが人間関係を維持するために不可欠であり、社会生活の規範として求められることをあらわしている。つきあいの機会は、日常の生活や労働の場面から、盆・正月などの年中行事、冠婚葬祭や新築、災害などの取り込みごとまできわめて多岐にわたる。そうしたつきあいのあらゆる場面にみられる最も基本的なものは挨拶で、日常の朝夕の挨拶、訪問や贈答に伴う挨拶、儀礼的な場面での口上など、その時と場合に応じた適切な挨拶をすることが一人前の社会人の条件とされる。贈答・訪問・饗応の機会も数多いが、いずれも食を通じて互いの結び付きをより強いものにしようとする意図を含むもので、しばしば相伴って行われる。贈答品としてはさまざまなものがあるなかで、節日の贈答や祝儀・不祝儀の贈答、見舞では、それぞれの機会ごとに定まった食品を贈る習わしがあり、また贈物には必ず返礼を伴う。訪問に際しても贈答とともに酒食の接待が行われるのが通例である。贈答や饗応は、一つ火で煮炊きしたものをともに食べ、酒をくみかわすことで分かちがたい結びつきを得られるとする共食の観念に裏打ちされており、縁組や新しい成員の仲間入りなどに際してもこの手続きは欠くべからざるものとなっている。一方、つきあいには、困難な状況にあるものを実質的に援助する意図のもとに行われるものもある。葬儀や婚礼では客として招かれ饗応を受けるのみならず、その執行のために労力を提供しさまざまな役目を負うのも大切なつきあいと考えられている。こうした援助や協力は、同時に他日の見返りを保証する貸し借りであり、贈答や饗応と並んで互いの絆を深める重要なつきあいの一つになっている。これらのつきあいの相手は、親族・近隣・村内・友人・知人・職場の関係者や取引先など、個人がもっている社会関係のすべてに及ぶ。その中から、機会に応じて適切な相手を選び、適切な方法で過不足なくつきあいを行なっていくのが義理堅い者であり、これらを怠ることは不作法な、あるいは信頼関係を損なう行為として社会的な非難をあびる。この意味でつきあいは、普段さほど意識されていない互いの位置関係を再確認する機会であり、かつこれを相手方のみならず社会全体に公表する機会にもなっている。香典や祝儀の金額が話題に上り、また会食のメンバーや座順がしばしば紛争の種になるのはこのためである。濃密な人間関係を前提として行われてきたつきあいも、生活圏の拡大や生活の多様化によって急速に変化しつつあり、従来のつきあいを煩わしいもの、簡素化すべき因習として変えていこうとする動きが近年強まっている。こうしたつきあいの動向を視野にいれつつ、日本社会においてつきあいの何が継承され何が変化していくのかを見きわめていくことが今後の研究の課題といえよう。　→挨拶(あいさつ)　→贈答(ぞうとう)

参考文献　柳田国男「食物と心臓」(『柳田国男全集』一七所収、一九九〇)、同「毎日の言葉」(同一九所収、一九九〇)、守随一「村の交際と義理」(柳田国男編『山村生活の研究』所収、一九三七)、桜井徳太郎・北見俊夫『人間の交流』(『日本の民俗』四、一九六五)、野口武徳・福田アジオ『約束』(『ふぉるく叢書』八、一九七七)、和歌森太郎「日本人の交際」(『和歌森太郎著作集』一二所収、一九八二)、伊藤幹治・栗田靖之編『日本人の贈答』、一九八四

(中込　睦子)

つきごや　月小屋　生理中の女性が家族から離れて生活するための建物。関東地方から西の、主に海岸地帯に多く分布し、その名称もタヤ、タビ、ヨゴレヤ、ヒマヤ、ベツヤ、カリヤなど多様な例が報告されている。月小屋と出産のための産小屋が別々に設けられた所もあるが、両者の区別がなく、月小屋が出産のための産小屋にあてられたという事例もある。愛知県設楽町では明治時代まではブンヤあるいはベツヤと称される月小屋があり、女性は月経になると昼は田畑に出て働くが、夜はそこで食事をし、寝泊まりした。また同県南知多町篠島では、かつては出産のための産小屋と月経時のためのカリヤという二種の小屋があったが、明治後期からは両者が合体し、そこで食事だけをして夜は自家に帰って寝たという。このような忌小屋はほとんどの地域で大正時代までに廃絶した。伊豆諸島最南端の青ヶ島では大正末期までは島内の集落にそれぞれタビ小屋が設けられていたが、以後各戸ごとに畑や庭の隅に設けられるようになり、それは一九五〇年代まで残ったという。月小屋の習俗は、生理中の女性の血は赤不浄などと称されて、穢れとされ、家族と火を分ける必要があったために別小屋に籠ったものと思われる。しかし一方で、女性の生理や出産を神聖視する伝承もある。女性の生理や出産の血が穢れとして忌まれるようになったのは、中世後期以降に庶民階層に普及した『血盆経』の影響が大きいとされている。月小屋がいつごろから存在したかは明らかではないが、少なくとも中世に月小屋が存在したとすれば、その意味は決して穢れとしての女性を隔離するためではなく、肉体的、精神的にも不安定な状態にある女性を安静に保つために、日常の暮らしから遠ざけるという目的があったのではないかと考えられる。近年でも女の子に初潮があると一人前になったとして、赤飯を炊いて祝うという慣習が一般的に聞かれるように、今日においても女性の生理がすべて穢れであるとされているわけではない。女性の血や出産に対する認識は歴史的に変化したと同時に、常に両義的な価値を有しており、一義的に解釈することは問題であろう。　→産屋(うぶや)

参考文献　大間知篤三『伊豆諸島の民俗』二(『大間知篤三著作集』五、一九七九)、瀬川清子『女の民俗誌―そのけがれと神秘―』(『東書選書』五八、一九八〇)

(八木　透)

つきもの　憑物　広くは神霊・精霊・動物霊、人間の生霊・死霊などの霊的存在が人にとり憑き、のりうつるとする宗教的観念や現象、あるいはそれらの霊的存在をいい、憑依や憑霊とほとんど同じ意味でつかわれる。しかし、ふつうは、狐などの動物霊またはある種の生霊がとり憑く

とする信仰のみをいい、世界的にみれば精霊憑依信仰 spirit-possession の一つである。この狭義の憑物では、憑くのは邪悪な霊で、憑かれた人は肉体的または精神的な病気になると信じられており、その点で神などの善霊が憑くシャマニズムなどとは異なる。また、日本の憑物信仰の場合、憑く霊的存在は特定の家、家系に保有されているとする、いわゆる憑物持ち、憑物筋という観念を伴っており、その点で、他の文化の精霊憑依信仰とちがっている。憑物信仰は、ほぼ日本全国にみられるが、石塚尊俊によれば大きく三つに分けられるという。一つは、近畿地方とその周辺で、そこでは狐や狸が憑くという信仰はあるが、憑物筋の考えはない。第二は東北と南九州で、狐を憑けたり犬神を使うとされる家があるが、一村に一、二軒程度と数が少なく、多くは祈禱師である。第三は北関東から中部地方の一部、中国・四国・東九州などで、ときには一村の半数以上が憑物筋の場合もあるほど数が多い。憑くとされるものでは狐系統がもっとも多いが、呼び方はさまざまである。東北地方ではイヅナが多く、関東北部ではオサキ、中部地方ではクダ(クダ狐)などといわれる。中国地方ではヒト狐とかニンコ(人狐)といわれ、九州ではヤコ(野狐)といわれる。犬神は中国地方の一部、四国・東九州でいわれる。中国・四国でいわれるトウビョウは蛇の憑物である。中国地方にはゲドウ(外道)の信仰もある。岐阜県などで信じられたゴンボダネ(牛蒡種)、沖縄のイチジャマは人間の生霊である。その他、猫・猿・河童などがいわれることもある。ただし、トウビョウと生霊以外は、鼠やイタチのような小動物が考えられていることが多い。憑物は人に憑くだけでなく、近隣の家から財産を盗み、憑物筋の家を富ませるとも信じられている。また、憑物筋の観念が深刻な社会問題となっている。憑物筋は血縁関係、姻戚関係によっても伝染するとされ、結婚のときに忌避されるからである。憑物信仰を学問的研究の対象としてとりあげるようになったのは明治以降で、憑依症状については精神医学が早くからとりあげてきた。民俗学では柳田国男が「おとら狐の話」(一九二〇)で論じている。柳田は憑物信仰を、過去の信仰の零落したものと考えた。その後、民俗学における憑物研究を集大成したのは石塚尊俊で、『日本の憑きもの』(一九五九)を著わし、憑物筋とされる家が村の最古の草分け層でも新しい家でもなくその中間の第二期入村者であり、新来者に対する先住者の恐怖やねたみが憑物筋発生の原因ではなかったのかと論じた。ほかに、社会経済史の観点から速水保孝は、憑物筋が発生したのは江戸時代中期以降であり、その時代が農業中心の経済体制から貨幣・商品経済への転換期であり、その流れの中で急速に村の経済的、政治的な力を獲得した新興農民に対する旧支配層の反感に宗教職能者の暗躍が加わって、憑物筋が形成されたのではないかとした。また、吉田禎吾の社会人類学的、機能主義人類学的な研究もみられる。吉田は『日本の憑きもの』(一九七二)の中で、憑物信仰を社会構造との関係の中でとらえようとし、憑物信仰が不幸の説明原理としての心理的機能や社会秩序維持などの社会的機能をもつことを明らかにしようとした。　→狐憑き(きつねつき)

参考文献　速水保孝『出雲の迷信』、一九七六、喜田貞吉『憑物』、一九八八、谷川健一編『憑きもの』(『日本民俗文化資料集成』七、一九九〇)

(板橋　作美)

つけもの　**漬物**　動植物性食品の素材を塩漬、発酵させたもの、および塩漬けした材料を熟成した酒糟・味噌・酢・醤油・糠などに漬け込んだもの。基本的にはすべて塩漬から各種漬物へと加工される。漬物は、塩がかなり自由に入手できるようになった時代以降に発生したもので、現在のところ確たる証拠は発見されていないが、かなり古い時代と思われる。奈良時代にはすでに塩で漬けた野菜が食べられていたが、平安時代の『延喜式』に漬物についてかなり細かく記載されているところから、当時、漬物が多く食べられていたと判断できる。しかし、漬物が盛んに作られるようになるのは、製塩が大規模に行われるようになった江戸時代になってからである。食品の保存法としては、塩が十分に入手できるまでは、主として乾燥や、乾燥を伴う燻煙が主たる方法であったが、塩による漬物法の発見は、食文化や食生活全体に大きな変化をもたらした。たとえば、漬物を肴にして酒を飲むという楽しみ方などである。漬物の全盛期は江戸時代初期で、種々雑多な漬物が市場に現われたようである。『江戸流行料理通』には香の物の種類が多く収載されている。たとえば、春の部では、若大根の当座漬・古茄子醬油漬・大根味噌漬・京菜黒胡麻塩漬・新沢庵・とうたち菜辛子漬・二年子大根・とも葉大坂漬・生姜味噌漬・百一茄子麴漬・もりぐち大根かくあへ・胡瓜味噌漬・干大根五分ぎり・茄子胡瓜大根生姜古漬かくあへ・天王寺蕪味噌漬・辛子菜などが出ており、夏では十一種、秋では十五種、冬では十四種紹介されている。これをみれば、今日の漬物の大部分がこの時代すでに広く食べられ、売られていたことがわかる。甘味のある漬物では、味醂漬のほか、砂糖の生産・輸入が始まり、これを用いることができるようになったためか、甘露梅などの砂糖漬もみることができる。また、塩漬したものを強く乳酸発酵させる漬物の紫葉漬は平安時代からみられるが、すぐき菜を乳酸発酵させたすぐき漬も江戸時代中期より食べられている。沢庵漬は糠漬け大根の一種だが、これも江戸時代に作られたものである。漬物は、今日より江戸時代の方がはるかに豊富であったことがうかがえる。今日では漬物といえば野菜が主である。しかし、漬物の歴史が始まった当時は、野菜はもちろん、海や山からとれる魚貝・獣肉など、多くのものを漬物として貯蔵していた。たとえば、現在のすしは、本来は魚の漬物である。塩蔵しておいたものが、素材に含まれる酵素などにより蛋白質の分解が起り、熟成してうま味を呈する漬物となったことが考えられる。それが仏教伝来以来、肉や魚を敬遠する傾向が強くなり、漬物は野菜に重点がおかれるようになったようである。日本の漬物は、気候と大きな関係がある。塩には、保存性や酵素作用などを抑制する作用があるが、これは温度と関連が深い。極寒や高気温の場合には、酵素作用が停止するか、過剰発酵のため、塩漬の漬物は成立しない。そのため、塩漬した後、調味料に漬けるなどの方法がとられる。日本の例では、塩漬発酵漬物は南は山口県、北は青森県あたりの範囲内に限られる。他は、調味料漬物が主体となる。南九州のつぼ漬け、北海道の麴漬などがそれにあたる。漬物は、日本の場合、米飯に合うものとして、塩漬を主体としたものが中心であった。しかし、食生活が洋風化し、穀物離れが進むに従い、漬物は添え物としての地位に低下した。また、販売の上から、袋詰めのものが多くなったが、袋に詰めたものが発酵すると破裂するので、塩漬したものに化学的な調味料や食品添加物を使用した、調味料漬の一種といったものが主流になった。しかし、こういったものでは、本来のものとは風味や歯ざわりの異なるものが多い。

参考文献　石橋四郎編『和漢酒文献類聚』、一九三六、時雨音羽『塩と民族』、一九四三
（河野　友美）

つじ　辻　二本以上の道が交わった場所。ただ山頂などの高所を辻と呼ぶ地方もあり、語義には時代的な変遷がある。辻には、境界性と公共性という二つの特性がある。境界の場としての辻は、他界への出入口として認識され、祖霊や妖怪との出会いの場となった。辻で行われる行事には盆行事が多い。辻まで先祖の霊を送迎するという地方は多い。また近

畿地方では盆の間、辻に無縁仏が集まるといわれ、辻に花を立てたり茶を供えたりする。岐阜県下では盆の十四、五日に女の子が集まって辻に竈を置き共同飲食をする辻飯という行事があるが、これも無縁仏をなぐさめるためだといわれている。辻は不思議なものとの遭遇の場でもある。兵庫県の淡路島では辻に出る妖怪をツジノカミと呼ぶが、他の地方でも辻で妖怪に出会ったり、また狐や狸にだまされたりという話は多い。以上のように、辻は人々にとって自分たちの世界と、他の世界との境界の場であり、そこを通るときには日常とは異なった心意をもたざるをえない特別な場所であった。辻にまつられる神には、このような辻の霊的な性格を反映し、境界にあって外界からの厄災を防ぐ地蔵・道祖神・塞の神などが多い。辻祭についての記録は『本朝世紀』など平安時代の史料にもみられる。また辻は諸霊が集まる場所であることから、占いや芸能の場となることもあった。近世にはツゲの櫛を持って道祖神を念じながら辻に立ち、通行する人の無意識に発する言葉から吉凶をみる辻占が行われた。辻で相撲や縄引が行われることが多かったのも、一種の年占の意味があったのであろう。また大道芸のことを辻芸ともいうように、辻は芸能の場でもあった。辻は多くの人が集まる場であり、大衆芸能の場としてふさわしいが、辻の霊的性格を考えれば、原初的には辻につどう霊を鎮めるために芸能がなされたと考えられるだろう。多くの人が通る辻は、また商業の場でもあった。金沢市では辻が市場の意を指し、また各地の市神は辻に設けられることが多かった。城下町などにおける札の辻は、辻のもつ公共性を象徴している。商業が盛んとなるにつれて、辻は他界との境界といったイメージのほかに、にぎやかな中心的な場としての性格を持つようになったとも考えられるが、市もまた中世以前には境界の場に設けられ霊的な意味を付加された空間であったことを考えれば、辻と市の間には共通の性格をみることもできよう。また村の庄屋を辻本という地域は多く、中国地方では村の公共の仕事を辻仕事・辻の事などと呼ぶこともある。簡単な村の寄合を辻寄合という地域も多い。村の中にある辻は日常的な住民の集合の場所であり、共同作業の時にも、一旦辻に集合し作業にかかることが多い。辻は村の広場としての性格を有していた。→市(いち)

参考文献　笹本正治『辻の世界—歴史民俗学的考察—』、一九九一

（市川　秀之）

つしましんこう　津島信仰　愛知県津島市にある津島神社に対する信仰。かつては津島天王社の名で知られ、主として中部から東日本に三千余の津島社が勧請されている。京都の祇園社(八坂神社)と並ぶ天王信仰の中心をなす。津島神社の創建年代は不明で、『延喜式』には記載がないが、平安時代末期の史料にはその名が記されており、そのころから知られるようになった。しかし津島神社がもっとも発展したのは、戦国時代、安土・桃山時代以降のことであった。織田氏が津島を領したが、織田信長は氏神として津島神社を尊信し、豊臣秀吉も社領を寄進し、社殿を修復した。彼らにとって津島は、交通の要路にあり、重要な経済的基盤としても機能していた。一方、一六〇八年(慶長十三)の『大吉御檀那帳』によれば、上野・越後・越中・越前・甲斐・信濃・飛騨・美濃・遠江・三河・尾張・伊勢・志摩・近江・山城・丹波・播磨・紀伊・伊予・豊後の二十ヵ国に檀那がいた。江戸時代に津島御師(おし)が廻国し、神札を配り、牛頭天王(ごずてんのう)と疫癘退散の信仰をひろめるため講社を組織し、檀那場の拡張につとめた。神札は「お禦(ふせ)ぎさん」と呼ばれ、正月前と夏季に津島信仰のある地域から代参によって神札をうけに参宮する慣習が「お禦ぎ迎え」と称されている。四月上旬には講社大祭がひらかれ、太々神楽が奉納さ

れている。また天王祭が、七月第四土曜日から日曜日にかけて行われ、天王川に車楽船(だんじり)や市腋船(いちえ)が渡御する。深夜に神葭(みよし)放流神事といって、厄祓いの秘事が行われる。津島神社門前には、あかだ・くつわという米粉でできた揚菓子が有名で、食べると疫病に罹らないといわれる。

参考文献　『津島市史』資料編三、一九七一　（林　淳）

つなひき　綱引き　藁で大綱を作り、地域を東西・南北、上下などに二分したり、在と浜(農村と漁村)のようにムラが対抗して綱を引きあう行事で、豊作や健康を祈願する。勝敗は神意の表われとされ、山方の勝ちは豊作、海方の勝ちは豊漁など豊凶を占うことが多い。年占の競技と見れば、舟漕ぎ・物奪い・相撲・競馬と共通性を持つ。ただし、南九州には子供組が綱を引いてムラを回り、最後に綱で土俵を作って相撲をとるだけの所がある。勝負を競わない場合や、勝つ方があらかじめ決まっている地域もある。東北では小正月、関東の千葉・茨城、西日本や北九州は盆行事、南九州や奄美では八月十五日(中秋の名月)、沖縄では六月か八月の吉日や満月に行うことが多い。小正月の綱引きは新年の年占の様相がある。秋田県大仙市苅和野では、正月十五日に行われ、上町が雄綱、下町が雌綱で市神を奉戴する。祈願の後、陰陽の綱頭を結び付け合図とともに引き合いが始まる。勝った方は市を開設する権利を得たという。この時、嫁は実家の側の綱を引く。秋田県湯沢市三関や大仙市大曲の寺町では月遅れの二月に行われる。近畿では盆の行事が多く、仏の出立ちを送る意味を持つ。鹿児島県川辺郡知覧町では、綱引きの後に子供たちが裸に新しい褌をつけ頭にアンガサという藁の帽子を被ってソラヨイと唱えて踊るが、これは来訪神とも見られる。南九州では綱引き直前に綱を蛇のように巻いて積み、子供がその中に入って月を拝んだり、輪の中にサトイモ、サツマイモ、アワ、稲を供えて豊作を祈る所がある。綱は蛇で竜神や水神への祈願がこめられ、脱皮や生命力に託しての再生観もある。綱を竜や蛇と見て切ったり、引き回して穢れをつけて川や海に流すなど、綱は幸福をもたらすとともに災厄を祓う様相があり両義性を持つ。社会構造の違いに注目すれば、南九州は子供組と青年組の対抗が多く年齢階梯制と関連があり、奄美では女組と男組の対抗で女性の勝ちが望まれて、九州とは異なる女性の男性に対する霊的優位をとく社会との関連がある。沖縄本島の宜野湾市大山では、六月十五日前後の土・日曜日に行う。南のメンダカリと北のシンダカリに分かれ、おのおのが性器

十五夜の綱引き　鹿児島県枕崎市

をかたどった綱を作る。御嶽(ウタキ)での祈願の後、棒を差し込んで雌雄を合体させて綱を引く。豊作祈願とお祓いが目的だという。沖縄県石垣市四箇(しか)では六月の吉日に収穫を感謝し、豊作を祈願するための豊年祭のプーリィが行われ、綱引きも組み込まれる。東西に綱が引かれ、東から西への五穀の授与、旗頭の行列に続き女性だけの綱引き、アヒャージナが行われる。西の勝ちが願われ、これは世曳き、つまり東方の理想世界から豊饒(世)を島にもたらすユークイ(世乞い)である。女性の力で世(ユー)を引き寄せる願いで、勝敗は最初から決まっている。鳩間島や波照間島でも西方の女性側が勝つ。綱の材料は稲藁が主で、畑作地帯ではカヤや蔓を使う。左ないが多く綱自体が神聖視され、触るだけで健康になるという言い伝えもある。稲作地帯と畑作地帯で微妙な差異をみせながら、類似する世界観を表現する場合もある。

〔参考文献〕松平斉光『祭』、一九四三・四六、青柳真智子「綱引についての一考察」(『石田英一郎教授還暦記念論文集』所収、一九六四)、小野重朗『十五夜綱引の研究』(「常民文化叢書」八、一九七二)、伊藤幹治『沖縄の宗教人類学』、一九八〇

(鈴木　正崇)

ツバキ　ツバキ　ツバキ科の常緑高木で暖地に自生するが、人為的な植栽や品種改良も盛んである。海石榴・山茶などとも表記されるが国字の椿が一般化している。青森県や秋田県の椿山に注目したのは柳田国男であった。柳田は北のツバキは天然のものではなく、人為的な伝播によるもので、八百比丘尼(はっぴゃくびくに)のごとき諸国巡遊の人々がこれにかかわっていたことを示唆した。青森県夏泊崎の椿山には南の船乗りが椿油を求める恋人のためにツバキの実を伝えたという要素を含む伝説があり、秋田県男鹿半島の椿山にも海路伝播を暗示するように能登山という名がつけられている。男鹿半島の真山では玉串としてツバキの枝を使う。木偏に春をもってツバキを示してきた日本人の心意の中にはツバキに対する季節的共感があった。古代、宮中の正月行事に使われた卯杖・卯槌にはツバキの木が使われたという。また、東大寺では、修二会に際して二メートル余のツバキの枝に、タラの木を芯にして赤・白・黄の和紙で作ったツバキの造花をつけ、二月堂の内陣に飾る。奈良県磯城郡川西町六県神社御田祭の模擬苗はツバキの葉である。宮崎県西都市上揚では一月十四日に麦ドキと称して、ソノ(屋敷周辺の畑)の麦畑一枚ずつに、先端に餅を刺したツバキの枝を立てた。早春に咲く赤い花とともに、光沢に満ちた常緑の葉も活力の象徴として意識されていたのである。静岡県熱海市初島の畑にはツバキの生垣がある。これは、防風垣・区画垣の機能を果たすものではあるが、何よりもツバキの実を採取利用するためのものであった。ツバキの実から油を搾るのである。ツバキ油は髪油として広く知られているが、初島のツバキ油は髪油としてだけではなく、熱海・伊東の温泉旅館でテンプラ油として珍重された。初島にはツバキ油を売って正月用の金とした時代があったという。ツバキの木を屋敷垣にする地もある。静岡県御殿場市印野では富士おろしを防ぐためにツバキを屋敷垣にした。ツバキの木は火伏になるとも伝えたが、その実を利用したことはいうまでもない。一方、ツバキの花がまるごと落花するところから「首が落ちる」として屋敷に植えてはいけないと伝える地もある。和歌山県熊野地方ではツバキの葉に煙草を巻いて喫する風があり、ツバキの葉を焙って腫物の薬に使う地方もある。「紫は灰さすものぞ海石榴市(つばいち)の八十の衢(ちまた)に会へる子や誰」(原万葉仮名、『万葉集』三一〇一)とある。紫の染料は紫草の根のしぼり汁に灰を加えて作るのであるが、その灰としてはツバキの木の灰が最も媒染効果があるとされた。静岡県志太郡岡部町三輪(みわ)の神神社では六月四日に茅巻を作る際、ツバキの木の灰汁に餅をひたす。ツバキ

の灰は防腐効果をもたらすと伝えている。池田末則は、奈良県内に「椿井」(ツバイ)という地名が約二十例あるとしている。椿井とは、文字通り、周囲にツバキの木が植えられている井戸のことであり、それは、奈良・滋賀県・三重県などで現在も見ることができる。井戸の周囲にツバキの木を植えた理由は、常緑で美しく密な葉を持つツバキの木によって井戸を蔽い、井戸の清浄を保ち、夏季の冷温を保たんとしたためと考えられる。

参考文献　柳田国男「椿は春の木」(『柳田国男全集』二所収、一九六九)、池田末則『地名伝承論―大和古代地名辞典―』、一九九〇　(野本寛一)

つみだ　摘み田　水稲の直播き栽培のことで、この呼称は東京都・神奈川県・埼玉県など関東地方で伝承されている。マキタ(蒔き田)ともいったが、『百姓伝記』(一六八一―八四)、『本朝食鑑』(一六九七)、『地方凡例録』(一七九四)、『和訓栞』(一八六二)にも「摘田」と記され、江戸時代には水稲の直播きが広く摘み田の名で知られていた可能性がある。九州地方では実植え・実蒔きなどといった。『地方凡例録』では摘み田は棒などで田に穴をあけ、そこに種子籾を摘み入れる方法、蒔き田は「苗代に蒔くごとく」蒔く方法としているが、『地方凡例録』に記された方法は一般的とはいえない。各地に伝わる農法では種子籾を堆肥や灰などの肥料と混ぜ、これをツミオケやツミザルに入れて持ち、田に点播するのが通常の方法だった。摘み田という呼称は種子籾と肥料の混合物を手で摘んで点播することに由来している。摘み田が行われたのは、台地・丘陵地の谷やその辺縁の田で、この方法の存続理由としては湿田あるいは灌漑水が十分でないという、稲作にとって悪条件があったことがあげられている。大宮台地や多摩丘陵地域では一九六〇年代まで行なったところもある。しかし、全体的には明治時代末から次第に植え田となって、現在では行われていない。神奈川県や埼玉県などでは、種子播き終了後、摘み田正月などの儀礼があり、焼き米が作られるとともに、ムラ一斉の休日が出された。また、摘み田鳥と呼ぶ鳥が鳴いたら種子播きを行うといった伝承もある。

参考文献　小川直之『摘田稲作の民俗学的研究』、一九九五、高島緑雄『関東中世水田の研究』、一九九七　(小川直之)

つや　通夜　死亡後、葬儀執行までの間に行われる儀礼。死亡した日から葬式の前夜までの夜、あるいは葬式の前夜のみ、さらには葬式の夜以降何日間かの夜にも行われる所もある。これを表現する民俗語彙で全国的に広くかつ多く分布するのはツヤ(通夜)とヨトギ(夜伽)である。葬式前夜に、喪家に親戚・近隣・組・講・村人・友人知人などが食物・供物・香典などを持参したりして訪れ、御詠歌・念仏・百万遍・題目、僧侶の読経などを行なって死者を弔う。会食し、死者と身近な人のほかは夜半までに辞去し、その後はごく身近な人が死者と添い寝したり、身近な人が死者を寝かせてある部屋で一晩中起きていて、死者について語り明かす。線香や蠟燭の火を絶やさず、猫を遺体に寄せつけない。飛驒高山で第一夜の通夜を病人伽・内伽といい、生臭を食べ、本通夜といわれる翌日の通夜で精進料理に変わるが、この変化が死の忌籠りの生活に入る時と考えられる。山梨県北都留郡丹波山村で、通夜に妻や子は死者に供えた食物、菜や汁・団子などを食べて死者と食い別れをするなど、死者との最後の夜をともにする意味もある。和歌山県田辺市本宮町野竹では、通夜に参加した親戚は、葬式前夜だけでなく七日間にわたって喪家で起居し、籠って外歩きせずに、七日シマイの習俗を経て、八日目に他人から贈られた重箱で食事をし、自家の火替えをしてから焚いたものを他人に食べてもらい、はじめて帰宅することができたという。通夜に始まる死の忌籠りの生活がこの間続いていたことがわかる。

参考文献　大間知篤三「御通夜について」(『民間伝承』三ノ一二、一九三七)、井之口章次『仏教以前』、一九五四、新谷尚紀『日本人の葬儀』、一九九二

(小松　清)

つり　**釣り**　鉤(はり)や糸を使って魚を釣る技術。古くは釣鉤のことを釣りともいって釣り漁の代名詞ともされた。約一万年前に鮭・マスなどの河川漁撈が起ったと推定されているが、漁撈の開始が釣りであったかどうかは確認されていない。日本では、すべての漁業は縄文時代に始まっていたと考古学的な知見からいえる。海岸に暮らす人々の生業の大半は漁業であり、原始時代に大きな足跡を残した釣り漁も、歴史時代になると稲作や畑作の発展によって食料の獲得手段の主体から外れてくるが、連綿として現在まで続いていたことは確かである。歴史時代では中世までの記録は少ない。江戸時代の中期初頭になると、釣具の改良と造船技術の発達を基盤に、都市の発達から、庶民の需要が新鮮な魚を求めるようになったことが釣り漁を促進させている。それに趣味の釣りという考え方も見られるようになる。明治時代中期からは、大量捕獲を目指す近代釣り漁となっていく。地域によって釣られる魚種の違いから、北陸から東北の日本海岸で長い形の鉤が、太平洋沿岸に角形の鉤が、西日本に丸形の鉤が分布するという大まかな釣具の分布が見られるのも釣り漁の特色である。釣りの基本的な形態は一本釣りである。腕一本の一本釣りといって小舟に揺られて漁をする漁師の姿が描かれる。天下御免の一本釣りともいい、どこででも漁をしても良いということを意味している。それに較べて、延縄(はえなわ)は釣り漁の中でもっとも発達したものである。

参考文献　日本学士院・日本科学史刊行会編『明治前日本漁業技術史』、一九五九、渋沢敬三『日本釣漁技術史小考』(『渋沢敬三著作集』二所収、一九九二)

(立平　進)

て

でづくり　**出作り**　焼畑を含めた耕地が遠隔地に造成された時、効率化をはかって営農地に住居をかまえ、そこで生活すること。その慣行は白山麓で盛んであった。白山麓の石川・福井県側には、一九三〇年(昭和五)ごろには出作り住居が約八百戸あった。特に石川県側に多く約五百五十戸、そのうち石川郡白峰村(白山市)は約三百二十戸を占めていた。白山麓の焼畑では、耕地を数年間利用した後、二十年以上の長期に及ぶ休閑をする。焼畑の安定経営のためには広面積の休閑地が不可欠で、必然的に山地に出作り地を求めることになった。焼畑作物の栽培期間山地で生活する場合を季節出作り、一年を通して生活し続ける場合を永住出作りという。出作りは焼畑のほか、養蚕・製炭、鍬の柄や雪掻板(かきいた)(除雪具)作りなども行う、複合経営であった。一戸ごとの独立性が強いが、出作り群で農作業・屋根葺き替え・葬儀などで相互扶助もみられた。製炭業がエネルギー革命で打撃を受けたことと、さらに林道が発達し遠隔地の耕地であっても自動車により往復可能となり、白山麓の出作りは急激に衰退した。

参考文献　佐々木高明「白山麓の出作り―その盛衰と実態―」(『尾口村史』三所収、一九八一)、橘礼吉「白峰村の焼畑・出作り」(『白峰村史』三所収、一九九一)

(橘　礼吉)

てぬぐい　**手拭**　洗面・入浴などで、顔・手・身体をぬぐうための木綿(もめん)

の布。古くは、タナゴヒ、テノゴヒとも呼び、その長さは一定せず、用途によって適宜に切って使用したが、近世以降は、ほぼ九五㌢(鯨尺二尺五寸)に定まった。布地も晒し麻布の白地であったが、近世以降、麻布は原料が高価だったので、代わって、木綿が広く用いられるようになった。またいろいろに染色加工した手拭も行われるようになり、芥子玉絞り(しらみ絞り)・半染め・紅染め・藍染めなど、染め上がりのきわめて精巧な日本独特な手拭染めの技法が発達した。このほかに、錦紗・縮緬の手拭が歌舞伎や舞踊界で用いられ、またハンカチーフのような普通の手拭の半分の長さの半手拭が花柳界などで用いられていた。一方、手拭は、鉢巻・頰被り・置手拭など、かぶりものとしても利用されることが多かった。布で頭を包むことや、鉢巻のように頭を巻くことは、古くから行われていた民俗であるが、これには労働の折に、髪などが乱れるのを防ぐためと、神事などの礼装の意味とがあり、これに手近な手拭が利用されたのである。鉢巻は、頭の鉢に手拭などの布を巻く民俗で、古くは、抹額または末額とも呼んだ。鎌倉時代以降は、武士が出陣の時に、精神を引き締めると同時に、烏帽子の脱げ落ちるのを防ぐために締めたので、鉢巻は長く武装の一つと考えられていた。江戸時代になると、額のところに金具を付けたり、内部に鎖を仕込んだ鉢巻も作られた。これに対して庶民は、ありあわせの手拭を利用して鉢巻を行い、細長く折り畳んで頭に巻き、額のところで結ぶのをムコウハチマキ、後頭部で結ぶのをウシロハチマキ、しごいて撚りをかけ、結ばずに額に挟み込むのをネジリハチマキといった。幕末の伊勢辰の錦絵『手拭かぶり各種』によると、テッカ、ヒョットコ、ヤゾウ、ワカシュ、アネサンなど、二十九種もの手拭かぶりが描かれている。鉢巻をする民俗は、ごく近年まで各地で行われていたが、たとえば、頭痛その他の病気や出産の折に鉢巻をしたり、端午の節供に男児がショウブの葉を鉢巻にしたりした。このほか、ヒッシュ、アカテヌグイなどといって、伊豆諸島の婦人たちは、儀式や神仏の参詣の折に、赤・紫・浅黄などの六尺(一・八一㍍)の布を二つに折った鉢巻をした。これらの民俗は、いずれも鉢巻に一種の霊力を感じているといえよう。鉢巻は、現在もなお、祭礼・芸能・生産の場で、重要な意義を持っている。また手拭は、かぶりもののほか、帯・目印などとして利用されることもある。たとえば、祭礼や花見などの団体行動に揃いの手拭を掛けて目印としたり、商店では年賀や広告用、芸能界では祝儀用として、それぞれ意匠を凝らした名入りの手拭を配ることなどが、現在も広く行われている。しかし、近年は、タオル、ハンカチーフなどが、手拭にとって代わりつつある。

参考文献　宮本馨太郎『かぶりもの・きもの・はきもの』(「民俗民芸双書」、一九六八)
(宮本　瑞夫)

てら　寺　礼拝対象である仏像を安置し、僧尼が居住して修行に励み、教えを説く道場。寺刹・仏寺・僧院・道場は寺の別名。寺を「てら」というのは礼拝所を意味する朝鮮語のchyŏlの転訛、ないし長老を意味するインドのパーリ語theraの音写に由来するともいわれるが定かではない。寺はもともと中国で外国の使者を接待する役所の意であったが、『僧史略』上によると、後漢明帝の六七年(永平十)鴻臚寺にインド北方の大月氏国から仏像・経巻を携えてきた摩騰・法蘭の二僧を住まわせたのが、精舎の意に用いられるようになったといわれという。寺院は寺と同義であるが、院とは寺のなかの垣をめぐらした小院をいうことから建物の総称でもある。また坊というのはおおくの僧房のある区域をいい、刹とは幡竿の意で、寺堂の前に幡竿を建てる風があったことからとされている。寺院の体裁が整うのは聖徳太子の四天王寺や法隆寺の造営からのことである。のちに寺は山号・院号・寺号の三号で呼ばれるようになる。山号はもと寺院は山中にあったことの名残とされる。平地にあっても浄土宗総本山の知恩院は華頂山知恩(教)院大谷寺というのはその例である。各宗とも寺は本末関係をもって展開された。ほとんどの寺は、切支丹摘発を目的とした宗門改・寺請に始まり、一六七一年(寛文十一)全国の村・町単位の宗門人別改帳作成が制度化されて檀家制度が制度として確立されて以降、寺檀関係によって維持された。寺と檀信徒とを固く結び付けた要因として、墓の果たした役割は大きかった。すでに死体尊重の思想と礼拝対象としての位牌とをもっていたので、設墓は当然の帰結とみることができる。浄土宗寺院が墓を媒介として成立する例もおおい。原田敏明は奈良県下の浄土宗寺院は御坊聖による墓寺であったといい、竹田聴洲は寺と墓との主体性という指標をもって墓地の方へ寺の成立が吸収される形の墓寺と、逆に寺の方に墓地がひきよせられる形の寺墓とに大別して、身分・地域の相違、墓の形態分化を越えて寺と墓との強い相互吸収性を論じている。分類としては、機能的には檀家の先祖代々の慰霊をもっぱらにする回向寺と加持祈禱をもっぱらにする祈禱寺の別をたてたり、経済的指標から、檀家からは寺を檀那寺・菩提寺と呼び、このほかに修行寺・観光寺・宿坊寺などと機能的に区別していう。

参考文献　原田敏明「浄土宗の伝播」(『宗教と民俗』所収、一九七〇)、『竹田聴洲著作集』一・二、一九九三

(藤井　正雄)

でんがく　田楽　一般には新春に予祝として演じられる田遊びを含めて、稲作に関する芸能の総称。その芸態は必ずしも一様ではなく、㈠田植えを囃す楽、㈡専業田楽法師による芸能、㈢風流田楽に分けるのが実体の把握には都合がよい。㈠は囃し田・花田植などとも呼ばれ、田植えにあたって神を勧請し、田を植える行為を厚みのある太鼓・笛・すりささら・銅拍子などの楽器で囃し歌をうたう芸能の名称。平安時代の『栄華物語』『長秋記』などにすでに記録がある。中世までは一般にみられた田植えの方式であり、今日でも広島県・島根県などの山間部に伝承され、早乙女が歌大工(サンバイともいう)と掛け合いで中世の面影が残る田植え唄をうたい、男たちがそれを囃す。『栄華物語』にはこの時に用いる太鼓を「でむがく」とは呼んでいるが、行事全体を田楽の名では呼ぶことはない。ただしこの田植えの楽を貴族たちが賞翫の対象とするに至り、㈡の田楽法師や猿楽者が、田植えの囃しに加わるようになり、芸態に混乱が生じた。田楽は歴史的には、㈡の僧形の専門芸能集団が演じる芸能のことで、その芸態の中心は薄手の腰太鼓打五～六人、びんざさら(編木)五～六人、笛一人、小鼓一人、銅拍子一人などの構成で、楽器を奏しながら隊形を変えつつ躍る田楽躍で、ほかにも大陸渡来の散楽芸能である品玉・刀玉・高足・一足などの曲芸を演じた。平安時代中期にはすでに獅子舞・王の舞・細男・巫女舞などとともに社寺の祭礼に活躍しており、その芸態が舞楽などと同様に対称的な隊形で、幾何学的な動きを見せリズミカルに躍ること、主要楽器に渡来楽器と思われるびんざさらを用いることなどから考えて、この芸能の成立は㈠の田植えを囃す楽とは直接関係がなく、散楽系の渡来芸能であったと思われる。中央では新座・本座など専門の座が成立しており、鎌倉時代末期には、猿楽の能をとりいれた田楽能も演じた。室町時代中期には田楽能の方が本芸となり、猿楽芸団と互いに競いあったが、末期には猿楽座に押されて中央から姿を消した。現在、地方の民俗芸能として、岩手県西磐井郡平泉町の毛越寺、長野県下伊那郡阿南町新野の雪祭、和歌山県東牟婁郡那智勝浦町の那智大社、奈良市春日大社、島根県隠岐島美田八幡宮(隠岐郡西ノ島町)など六十余ヵ所に形骸化しながらも伝承される。㈢は平安時代の末法思想や

政治的意図により、下級貴族や院の武士などが、㈠の田植えの楽に出る田主（たあるじ）や早乙女・昼飯持（ひるまもち）や、㈡の田楽法師の田楽躍や曲芸を真似て、都大路を熱狂的に練り歩いた特殊な芸能で、一〇九六年(永長元)を頂点に爆発的に流行した。その様子は『洛陽田楽記』や当時の公家の日記である『中右記』などに記される。この芸系はのちに残らなかったが、わずかに祇園御霊会に朝廷が出した文殿（ふどの）の役人による歩田楽（かちでんがく）に面影を残した。

↓田遊び（たあそび）

参考文献　能勢朝次『能楽源流考』、一九三八、『まつり』五(特集田楽の研究、一九六三)、同六(特集田楽躍、一九六三)、本田安次『田楽・風流一』(『日本の民俗芸能』二、一九六七)、新井恒易『(続)中世芸能の研究—田楽を中心として—』、一九七四、伊藤磯十郎『田楽史の研究』、一九八六
(山路　興造)

福島県いわき市の御宝殿の田楽

愛知県設楽町田峯の朝田楽

てんぐ　天狗　山の神、山の妖怪の一種。通常、大天狗・小天狗と称されているごとく、天狗に対するイメージには二種類ある。前者の大天狗

は鼻が異常に高く、山伏のような服装をして高下駄をはき、羽団扇を持って自由自在に空中を飛翔する。祭礼における神幸行列の先頭にいる天狗(猿田彦)も大天狗に属しているといえよう。一方小天狗は背に翼を備え、鳥の喙をもつ。天狗のイメージは次第に形成されてきたものであり、平安時代末の『今昔物語集』には、必ずしも形が定まったとはいえないさまざまな天狗が記されている。それが中世の『太平記』では「天狗山伏」と記されているように山伏と一体化するとともに、謡曲『鞍馬天狗』では、彦山の豊前坊、白峰の相模坊をはじめ各地の霊山に棲息する天狗が登場し、中世末から近世に成立したという『天狗経』には愛宕山太郎坊、比良山次郎坊、鞍馬山僧正坊をはじめ全四十八の大天狗が列挙されている。つまり天狗伝承の隆盛は修験道の隆盛と時期を同じくするものであり、柳田国男の挙げた天狗の気質(清浄を愛する、執着心の強さ、復讐を好む、任俠の気質)は、中世修験道がもつ気質が反映されたものといえる。こうして大天狗・山伏型の天狗が形成されたのであるが、それは古代において山の妖怪の主役であった鬼の位置を天狗が奪ったことを意味している。また図像的にみて、鼻高は伎楽面の一つ胡徳面、鳥類型の天狗は仏教の迦楼羅像の影響を受けて成立したとする考えもある。一方民俗的世界の天狗伝承は、天狗を山の神とする信仰のほか、山中の怪異伝承・神隠し伝承として語られるものが多い。山の怪異伝承としては、山中において深夜に鋸や斧で木を伐り倒す音が聞こえるという「天狗倒し」「狗賓さんの空木倒し」、どこからともなく石が飛んでくる「天狗の礫」をはじめ「天狗笑い」「天狗太鼓」「天狗のゆすり」など各種のものがあるが、怪異伝承にみる天狗には具体的なイメージがない。しかし子供や若者が突然姿を消し、数ヵ月あるいは数年後に戻るという「天狗隠し」(神隠しの一種)は、「天狗の止木」「天狗松」などと称される一種の神の依代と結びつけられて語られることが多く、空中を自由自在に飛行できる点が強調されている。怪異伝承・神隠し伝承にみる天狗は恐れ畏怖される存在であるが、隠れ蓑笠型の昔話に登場する天狗は、人間よりも劣った存在として描かれている。

参考文献　知切光歳『天狗考』上、一九七三、五来重「天狗と庶民信仰」(『新修日本絵巻物全集』二七所収、一九七八)、宮本袈裟雄『天狗と修験者―山岳信仰とその周辺―』、一九八九
(宮本袈裟雄)

てんじんこう　天神講　一月・二月ごろ、子供の仲間によって行われる講。一般的には、学問の神様、菅原道真をまつるための講であると解釈されているが、そこに、御霊信仰としての天神信仰を認めることは難しい。信仰の形態としては、一年に一、二回程度の天神講の際に、天神社と呼ばれる小祠への参詣、天神様の掛け軸をかけ、習字の上達、勉学の向上などを祈願する程度であり、強い信仰がみられるわけではない。むしろ、民俗としての天神講の重要性は、天神信仰としての側面にあるのではなく、子供によって行われてきた社会伝承としての側面であろう。天神講は、特に、関東地方から長野県、山梨県、静岡県東部・伊豆地方に濃厚に分布しているが、おおむね十五歳を上限とする子供(ほとんどの場合、男女とも)が、宿や天神社などに集まり、食事をして遊ぶ。いわゆる子供組の行事といってよいが、静岡県伊豆地方では宿をとる場合が多く、宿の家の主婦が食事などの準備をするため、ほかの子供組の行事、たとえば当該地域のドンドヤキなどと比べ、最年長者の指導性は弱くなっている。埼玉県秩父郡小鹿野町や吉田町などでは、一月二十四日夜から翌朝にかけてが天神様の祭で、コーチ(耕地)の天神様に子供たちが集まり、ひと晩泊まって遊んだという。このように、天神講と呼びながら、天神信仰としての性格が弱いため、古い天神信仰が子供の世界に

残存したというような視点ではなく、宿をとったり、天神様に泊まるという民俗の実態から、その意味を解いて行く必要があるだろう。

（岩田　重則）

でんせつ　伝説　事物や地名などの起り、由来などを説明する話。口碑ともいう。一般にはイワレ、イイツタエなどと称され、土地に根差した形で伝承されてきた。日本の民俗学的伝説研究を確立した柳田国男は、伝説と領域を接するほかのジャンルとの比較を通しながら、その輪郭を明らかにした。すなわち、㈠伝説はこれを信じる人がいる。㈡伝説には必ずその記念物がある。㈢伝説の説明には決まった形式がない、という三つの要点を挙げた。これは伝説の定義ではないが、伝説をとらえる場合の便利な指標となっている。伝説の源流は神話にあるとされ、その神話が祭祀において語られなくなった時に機能分化が起り、信じられる部分が伝説として残ったとする。伝説が信じられるものであることは、記念物があること、叙述形式がないこととも関わって、伝説の本質を表わしている。伝説が事物に結びつき、聞き手に応じた表現をとるのは信憑性を高める装置でもあり、本来的に信じてもらうことを強く要求しているからである。昔話が童幼の個的な情操の涵養の一面を担うのと対照的に、伝説は集団の一員としての社会性、アイデンティティの獲得を第一義とする。これは両者の機能の違いであって、伝説はいわばかつての村落社会における成人の不可欠な知識であったといえる。一九一三年（大正二）に高木敏雄が示した伝説の分類は、モチーフ・趣意に偏したと柳田に批判され、また分類基準が曖昧なこともあって、その後利用される機会がなかった。柳田は伝説の対象となる目的物による分類を提唱し（「木思石語」、一九二八）、それを一九五〇年（昭和二十五）の『日本伝説名彙』によって具体的に示した。それによると全体を「木」「石・岩」「水」「塚」「坂・峠・山」「祠堂」の六部立てとし、各部にさらに下位項目を設けた。この柳田の整然とした分類方法は伝説を発生的にとらえようとする意図に拠っている。神話からの一次的発生の伝説が、のちに家の没落などで管理者を失った段階で、旅の宗教者（座頭・巫女・旅芸人など）がこれに歴史的人物名を冠して新たな装いを施した。この歴史化、合理化を二次的発生ととらえるが、しかし前代伝説は地名や事物の名前として残っていると洞察する。この地名、事物の名を伝説名に用いて分類するというのが、柳田の伝説名彙の方法であった。しかし、柳田の分類は、一方で伝説のことばを冷遇することになった。この二次的発生の伝説のことばを復権しようとする動きが、関敬吾や臼田甚五郎の分類案に見られる。そうした流れの中に『日本伝説大系』全十五巻が編まれた。これは伝説をその性格から「文化叙事伝説」「自然説明伝説」とに大別し、前者はさらに主題に基づいた下位項目を設け、後者は柳田の『日本伝説名彙』を踏襲した。日本の伝説研究は、初期には高木敏雄・松村武雄・島津久基らの比較研究や文学研究もあったが、次第に『旅と伝説』（一九二八創刊）誌上を中心に、柳田主導の一国の伝説の発生的研究に染まっていった感がある。昨今の伝説研究の停滞を打破する意味でも、比較研究や文学・歴史との接点を広げた研究が望まれる。

参考文献　柳田国男「伝説」（『柳田国男全集』七所収、一九九〇）、同「伝説のこと」（同）、高木敏雄『日本伝説集』、一九一三、福田晃「伝説の分類と定義」（『歴史公論』八ノ七、一九八二）

（花部　英雄）

てんとうねんぶつ　天道念仏　福島県から茨城県・栃木県・千葉県にひろがる民間念仏。春先に行うところが多い。四本の竹で櫓を組み注連縄を張り、中央に梵天をたて、供え物をし、梵天を中心にして、右まわりに「テントウだ、念仏だ」の念仏を唱えて踊る。この形態は千葉県北部に多いが、栃木県の南那須郡や鹿沼市では湯殿山の行者姿で念仏を唱える。この念仏は一月から三月彼岸にかけて集中し、テントゥすなわち太陽を拝んで豊作を祈るものと解釈されている。しかし、大日如来をテントゥであるとしたり、出羽三山講が取り行なったり、念仏が終ると梵天を出羽三山碑や大日塚に収めたり、四十八尊の唱えをすることから羽黒修験の影響が強いとされる。出羽三山の信仰や大日信仰と念仏が結びついたものと考えられる。

参考文献　尾島利雄「天念仏と念仏踊り」(『栃木県民俗芸能誌』所収、一九七三)、坂本要「六座念仏の講と行事」(『社会人類学年報』五、一九七九)、船橋市教育委員会編『船橋の天道念仏』、一九八〇

(坂本　要)

天道念仏　さんじもさ踊り　福島県白河市

てんとうばな　天道花　四月八日に長い竹竿の先にツツジ、シャクナゲ、ウツギなどの花を付けて庭に立てるもの。また、八日花・夏花(げばな)・立て花ともいう。その花はツツジ・藤などで、これを高い竹竿の中間に花束を棒状に取り付け、竹竿の先端に花束を十字架状に取り付ける。棒状の花を星に、十字架状の花は月に供えるものという。また、竹の中ほどに、竹のカゴ(シングリ)・イッカケ(笊)を吊すところもあり、三本足の蛙や雨蛙が入ることを吉とした。この天道花は九日の日に倒した。この天道花を立てる風習には、これにつくハナノツユをよろこび、露の多くついた年は雨が多いなどの占いの意味も認められる。また、水口に立てる水口祭の花とも関連があり、この風習は稲作との関係が強く存在していると思われる。

参考文献　「シンポジウム仏教と民俗学」(『日本民俗学』一一八、一九八〇)

(浦西　勉)

てんにんにょうぼう　天人女房　白鳥処女説話として世界的に分布している異類婚姻話の一つ。男が水浴びをしている天女の羽衣を隠す。天女は天上へ戻れない。男は天女を家へ連れ帰り、妻にする。子どもが生まれる。子どもの歌から天女は羽衣を発見する。羽衣を着た天女は天上へ戻る(離別型)。男は天女に教えられた通りに夕顔や瓜などを植え、それに登って天上へ行き、天女と会う(再会型)。天女の父親が男に、森の伐採・播種・収穫に関した難題を出す。男は最後に失敗し、大洪水となり天女と別れる(再会難題型)。男と天女は星になって年に一度、七月七日だけ会うことになる(七夕結合型)。離別型の中で子どもを天上に連れて行かない話は、始祖伝説となることもある。また、沖縄では北斗七星の

由来としても語られている。これらと同類の話は中国にもあり、難題型は山岳少数民族、七夕型は北京市・山東省、七星由来は沿海部に色濃く分布している。天人女房については、男の職業が狩人・樵・漁夫という非農耕民の場合が多く、天上での難題が農耕に関することなので、非農耕民と農耕民との接触通婚の時代を背景にしているという考え方や、羽衣の隠し場所が奄美・沖縄などで稲を積んだ空間となっているところから、穀霊信仰と深く結びつくとする考え方がある。また、天上での生産的世界が焼畑農耕社会であるところから、天上界を焼畑民的世界、地上界を稲作民的世界と位置づけ、天人女房には、焼畑農耕民の平地民化への過程での異文化接触の事実が投影されているともいわれている。

参考文献　郷田洋文「天人女房譚に於ける農耕儀礼的背景」(『国学院雑誌』六一ノ五、一九六〇)、臼田甚五郎『天人女房その他』、一九七三、君島久子「東洋の天女たち」(梅棹忠夫他編『民話と伝承』所収、一九七八)、関敬吾「昔話の歴史」(『関敬吾著作集』二所収、一九八二)、坪井洋文『民俗再考―多元的世界への視点―』、一九八六、君島久子「天女始祖型洪水説話の周辺」(『日本伝説大系』別巻一所収、一九八九)

(大島　広志)

と

とうげ　峠　尾根越えの道を上りつめた地点。その道は最短コースを通るため、尾根が撓んで低くなった鞍部の峠を越えることになった。峠のほか、タオ、トウ、コエ(越え)などとも呼ぶ。タオは『日葡辞書』にみえ、『古事記』には「山の多和より御船を引き越して逃げ上り行でましき」(原漢字)とある。タオもタワも同様に撓むから出た語と見られ、塞の神などの神がまつられている所が少なくない。そのため従来、「畏みと告(宣)らずありしをみ越路のたむけに立ちて妹が名告りつ」(原万葉仮名、『万葉集』三七三〇)のように、峠の神への祈りなしには通れないとした手向けの行為が峠の語源とも見られたが、むしろタワ越え、タオ越え、あるいはトオ越えがつづまってトウゲになったと考えられている。峠をめざして上る間は目の前は山々に遮られているが、峠に至れば向こう側の世界が見え始めるところから、峠はこちらとあちらを分ける境界として強く意識されてきた。たとえば、筑豊の炭鉱で働く男女が結婚を許されない場合に、福岡平野に抜ける八木山峠を越えて決行した嫁盗みが八木山越えと表現され成功を収めてきた事実に、峠のもつ境界性が具体的に示されている。そうした境界性は、峠にさまざまな恐ろしい伝説や怪異談を生む下地ともなった。峠に棲む山姥が牛方を襲う牛方山姥の昔話はその現われの一つである。その一方で、峠は人の往来や物質の輸送が活発に見られた場所でもあった。江戸時代後期の旅日記である『筆満可勢（まかせ）』によれば、秋田・岩手県境に位置する生保内（おぼない）峠では南部側から秋田側へ荷物を持って峠へ上り置いておけば、秋田側から来た人足が同様にして荷を入れ替えて持ち帰ることで荷の交換が果たされたという。これは一種の無言交易でもあり、類例はほかにも見られた。そうした流通機能によりながら多くの人々が峠を往来するとともに、人が住み着き、やがて集落を形成して賑いを見せた峠もあった。四国山地西部の愛媛県喜多郡内子町（旧肱川町）中津の峰峠（みねんとう）は、内子町内子の木蠟生産に使われたハゼの実や、同町（旧五十崎町）の和紙作りの原料になったミツマタなどの山の産物が、馬背に載せられ駄賃持ちにより運ばれた峠であり、旅館・飲食店をはじめ、蹄鉄鍛冶屋・床屋・時計修理店、さらには骨接ぎ・山伏までも居住し町のような様相を呈した。しかし、昭和時代に入り、自動車が走る道路が峠下に開かれて以来急速に衰えた。自動車利用が一般化した今日では廃された峠道は数多く、それゆえ峠口の集落は行き止まりのような印象を与えるが、武州・上州・信州の国境となった三国峠を通って、武州側の埼玉県秩父市中津川から信州側の南佐久郡川上村へ買物に出かけたり、両者間に嫁入りや婿取りも行われたように、峠の両側の集落が生活上強く深く結びついていた例は案外多い。峠は境界性をもつと同時に、異なるものたちを結び付ける働きも持っていた。

[参考文献]　柳田国男「峠に関する二三の考察」（『柳田国男全集』二所収、一九八九）、上野英信『地の底の笑い話』（『岩波新書』青六二九、一九六七）、北見俊夫『旅と交通の民俗―交通・交易伝承の研究(一)―』（『民俗民芸双書』、一九七〇）、山村民俗の会編『峠路をゆく人々―山村の交易・交通と運搬―』（『シリーズ山と民俗』三、一九九〇）、飯野頼治『山村と峠道―山ぐに・秩父を巡る―』（同一三、一九九〇）
（湯川　洋司）

どうぞく　同族　本家・分家の系譜関係によって構成される家々の連合。同族を意味する民俗語彙としてはマキ、バルイ、ミョウ、カブ、ヨリキ、イッケ、イットウ、ジルイ、ドウゾクなど多様な用語があり、その民俗語彙によって意味されている内容も地域によって多様性をもっていて、たとえば同じイッケという用語を使っていても、厳密な意味での同族とは呼びがたい例も少なからずある。地域による多様性は親類と区別のつきにくい組織であったり、地主に従属する小百姓集団を意味したりする。同族研究の初期段階においては、同族と親類との区別が研究者の間でも明確ではなかったが、及川宏や喜多野清一らによる実証的な研究の結果、現在では、民俗語彙での使用ではともかく、専門用語としては同族と親類とは概念的に明確に異なるものと理解するようになった。この両者の概念上の差異は以下のとおりである。同族は本家と分家とのあいだの家相互の本支（本末）の系譜関係によって結びついている家々の連合である。

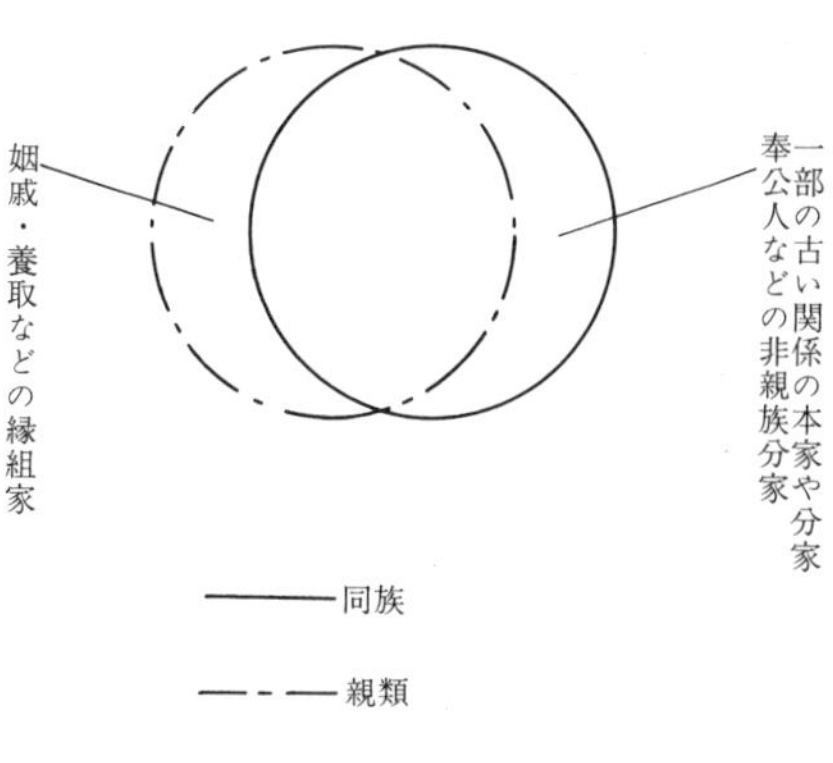

同族と親類の重なりとズレ

本家の構成員と分家の構成員との間の親族関係（いわゆる血縁関係）によって結びついているという定義をしないところに同族の特徴が如実にでている。すなわち、本家と分家との関係は家相互の関係であって、家構成員という人間相互の関係ではないのである。たしかに本分家の成立の契機は家構成員の親族関係であることが多い。たとえばある同族は三代前に本家を長男が継ぎ、分家を次男が創設したというような伝承がある。その成立の時点では本家と分家の構成員の間には長男・次男という親族関係（兄弟関係）が成立していた。しかしながら、それからたとえば相互の家で五代が経過したとしたら、相互の家の構成員の間にはもはや親族関係があるとはいえないほど親族としての関係は遠くなっている。しかし、家相互の関係においては、本家から直接分かれた分家として相互にたいへん近いのである。その近いという意味は家の本支という家の系譜関係において近いのである。また、奉公人など、もともと本家の構成員と親族関係のない人も、認められれば、分家を創設することもできる（非親族分家）。したがって親族関係の有無は同族であるか否かの概念上の判断基準とはならないのである。一方、親類も同族と同じようにその構成単位は個人ではなく家である。しかしながら、A家とB家が親類だというとき、A家の構成員とB家の構成員との間に親族関係があることが条件である。親族関係はいわゆる血縁関係（養取も含まれる）と婚姻関係によって成り立っているから、親族関係は自己（エゴ）からみると父方母方の両方に双方的（バイラテラル）に広がっている。同族もその構成員のあいだに親族関係があることもあるからそのときはその家は同族であって親族でもあるということになる。つまり、図に示すように同族と親族は一部が重なり、一部がずれることになる。

同族は一軒の本家を中心にして数軒の分家から成り立っているが、この同族内相互のあいだに、冠婚葬祭などを通じて一定程度の秩序化された関係が維持されていれば、それを同族組織とよび、さらに本家と分家のあいだに、上下的な支配・被支配の主従関係が認められるときには、特に同族組織と区別して同族団とよぶならわしが研究者の間にある。同族が親族関係を機軸において存在していないとするならば、なにを機軸において存在しているのかという問いが多くの研究者を同族研究、特にその特徴が顕著にみられる同族団研究に向かわせた。それらの研究のうち、説得的な説明の一つは有賀喜左衛門によってなされた経営体説である。それは結果的には同族（団）の機能を説明することになった。すなわち、同族団が成立・維持されうるのは、農家を例にとれば、ふつう本家が安定した農業経営を行なっており、分家が本家の農業経営に依存するという形態をとったばあいである。安定した農業経営は、一定程度の土地の集積を前提とする。その結果、典型的には本家とは地主であり、分家とは小作ということになる。漁家のばあいだと、網元や船元のような資本を集中できた家が本家となったり、商家のばあいも本家に経済力があると本家と分家とのあいだに上下・主従の関係をもつ強固な同族団が成り立つ。それに対し、本家が経済力があまりなく、経営の中心となり得ないばあいは強固な同族のまとまりはなく、ゆるやかな家々の連合だけがみられることになる。そのようにゆるやかになってしまうと、どこが本家か明らかではないという例もみられるようになる。伝統的には東北日本農村では強固な同族団が観察でき、近畿などの西南日本ではとりあえずはお互いに同族であることを認め、冠婚葬祭でのつきあい程度のゆるやかな同族組織がみられる傾向にあった。農村では第二次世界大戦後の農地改革によって、本家の経営基盤である広大な農地が失われたことによって、同族団はほぼ完全になくなり、それ以降、同族組織だけがみられるようになった。すなわち同族(団)のありようは、本家経営のありように大きく左右させられるといってよい。そのため、分家の創設は単に次男や三男がいたら機械的に創設されるというものではない。あくまでも本家の経営の発展にあわせて分家が創設される。それは同族団そのものが一個の経営体であり、そのために経営の原則に基づいて分家が創設されるからである。父系親族組織の原則に基づくものではない。そこで本家経営に発展がなければ、次・三男は村内か村外において独自の生活のみちを歩むことになる。また反対に、本家経営の発展がみられれば、子飼奉公人(ふつう元服前にその家の奉公人として入ったもの)が分家にだしてもらえるばあいもある。この分家は非親族分家である。

　このような有賀喜左衛門の本家を軸とした上下・主従の支配関係をもつ経営説では、十分に説明できない現象が同族にはみられる。同族を構成する家々は同じ姓をもっていること、必ず家の本末の系譜がみられること、つまりある家がある家から分かれたという家をつなぐ縦のつながりがあること、同族祭祀といって、同族の家々が集まって先祖祭祀を行なっていることなどで、このような現象に着目して、喜多野清一は同族の本質は家相互の系譜にこそあるという主張をした。喜多野は次のようにいっている。「系譜は家の出自に関するものであり、自然そこには系譜の本源とそれからの分岐という事実に従うところの上下の関係が生じ、この本分間に営まれる生活慣行に一種の主従関係を付与することは看過さるべきではありませんが、これも系譜関係を基礎としていえるものであって、その基礎に根拠をおく上下・主従の関係と、然らざるものとを区別して考えることは、同族結合の本質を理解する上で大切なことであると思うのであります」。この喜多野の家の系譜の本源とそれからの分岐という考え方は社会人類学で理論的に発達した父系出自patrilineal descentという考え方と類似しているようにみうけられるが、一方は家という制度体を単位にしており、他方は始祖と結びつく人々という人間を単位にしているところが根本的に異なる。なお、第二次世界大戦後の同族団の衰退に伴い、村落内では親類の社会的機能が目立つようになってきた。また、韓国でも同族という用語が使用されているが、その用法は日本と一部重なりを示しつつもかなり異なる。韓国では同族とは、同祖意識をもっている同姓同本(同じ本貫)の父系親族集団をさす。そして韓国の同族は生活の共同というよりも、共同の祖先に対する祭祀がもっとも大きな機能となっている。また中国の漢民族のあいだでは韓国の同族に近いものとして宗族がある。↓ジルイ

参考文献　有賀喜左衛門『農村社会の研究』、一九三八、喜多野清一「同族組織と封建遺制」(日本人文科学会編『封建遺制』所収、一九五一)、及川宏『同族組織と村落生活』、一九六七、鳥越皓之『家と村の社会学(増補版)』(『世界思想ゼミナール』、一九九三)
（鳥越　皓之）

どうそじん　**道祖神**　境の神の総称。ドウソジンと呼ばれる神のほかサエノカミ、サイノカミ、ドウロクジンなどと呼ばれる神をも含むことが多い。これらの神々の存在は全国的に認められるが、いずれも同じ神であるとの前提によって報告されることが多いので、その関係や分布は必ずしも明確ではない。ドウソジン、サエノカミなどは全国的にみられるが、ドウロクジンは、本州中央部および高知県などにおいて多く分布し、近畿地方や東北地方にも見られる。道陸神・道禄神・道六神などと表記されるが、室町時代成立の真名本『曾我物語』では「道鹿神」が鹿島大明神の第八の王子であるとしている。『古事記』に登場する道返大神・塞坐黄泉戸大神などがサエノカミの古い姿であるとされるが道祖神と表記されていない。平安時代の『和名類聚抄』には「道祖、佐部乃加美」

と「祖神、太無介乃加美」とが併記されているが、ここにも道祖神の記載はない。「道祖」という表記は、『今昔物語集』にみられ、サエノカミと訓じられた。「道祖」だけでサエノカミと訓じたが、次第にこれだけではサエノカミと訓ずることができず、「神」の字を添えて「道祖神」と表記されるようになった。ドウソジンはこれ以後の呼称と思われる。また、これは境において旅の安全を祈って供物を供えることなどから、「道祖」と「祖神」とが同一の神と認識されたことによるものとも思われる。境には荒ぶる神がいて旅人を悩ますという信仰は風土記にもみられるし、現行の民俗にも存在する。碑や祠などがなくても峠には境の神がいるといって供え物をするところもある。どこを境と認識するかはそこに生活する人々の空間認識に基づくが、みずからの生活世界を維持するために境を設定し、そこで道切りの儀礼を行なったり、祭や流行病の時に注連を張ったりすることが多い。そのような境を特別視し、そこにまつられているさまざまな神を一括して道祖神とするのである。したがって、村境に立てられる大人形や鹿島人形なども、境界の神であるから道祖神であるとすることがある。その形態は碑や祠であることが多く、自然石の場合もある。碑は、神名を刻んだ文字碑であることも、神像を刻んだものであることもある。碑に刻まれた神名は古典に記された境界にかかわる神名や、地方名に漢字をあてたものなど多様で、道祖神・塞神(さいのかみ)・岐神(ふなどがみ)・道俣神(ちまたのかみ)・衢神(ちまたのかみ)・道神・久那戸神・道陸神(どうろくじん)・道禄神・猿田彦大神・幸神その他がある。神像は単体・双体のものがあり、いずれも僧形・神形の両者がある。それは性別不詳であったり、男女が対になったものであったりする。特に男女双体像は性的な側面を強調するものがあり、近親相姦説話が付随するものがある。本州中央部においては兄妹相姦説話がみられ、北九州には父娘相姦の説話が伝えられている。また、長野県には厄神の去来伝承とかかわる説話を伝えるところもある。伊豆地方に多い丸彫り単体像は椿の枝を担いでいると説明されるものもある。これらは年中行事や共同祈願、あるいは個人祈願にかかわる儀礼の対象とされることが多い。時間的、空間的な境界にかかわる神としてその信仰内容や行事が多様であるために、性格や歴史的展開については明らかでないことが多い。

双体道祖神　長野県真田町

参考文献　柳田国男「石神問答」(『柳田国男全集』一五所収、一九九〇)、和歌森太郎「歴史と民俗学」(『和歌森太郎著作集』一〇所収、一九八一)、倉石忠彦『道祖神信仰論』、一九九〇、大島建彦『道祖神と地蔵』(『民俗叢書』、一九九二)、神野善治『人形道祖神―境界神の原像―』、一九九六、倉石忠彦『同祖神信仰の形成と展開』、二〇〇五
（倉石　忠彦）

どうぶつむかしばなし　動物昔話　動物を主人公とする昔話をいい、動

物の由来や葛藤を語る。柳田国男は『日本昔話名彙』(一九四八)で昔話を完形昔話と派生昔話に分けているが、後者の鳥獣草木譚がそれに相当する。関敬吾の『日本昔話大成』では、三分類された動物昔話・本格昔話・笑話のうち動物昔話がこれにあたり、動物葛藤・動物分配・動物競走・動物競争・猿蟹合戦・勝々山・古屋の漏・動物社会・小鳥前生・動物由来の十項目に分類する。動物昔話は、本格昔話に比してその構造が単純である。同じ動物と人間との交渉を語るものでも、本格昔話における動物の場合は、異類婚姻・動物報恩などのように、動物は超自然的存在として異常な能力を持ち、その信仰的な一面が人間世界と深く関わった形で話される。それに対して、動物昔話における動物たちは自然な存在として、何よりも動物それ自体が主人公として語られている。昔話によく登場する動物として、雀、ホトトギス、ヒバリ、フクロウなどの鳥類、蛇、蛙、ミミズ、カニなどの小生物、犬・狼・猿・狸・狐・カワウソ・兎・熊・猫などの哺乳動物があげられよう。由来を語るものとしては、たとえば「雀孝行」「水乞鳥」「時鳥と兄弟」「片足脚絆」といった小鳥前生話、「梟紺屋」「雲雀と借金」といった鳥の羽根の色や鳴声の由来をいうものがある。「時鳥と兄弟」のホトトギスは古来、あの世とこの世を往来する鳥として「死出の田長(たおさ)」といわれ、ヤマイモを食べるころに夜通し鳴く声が哀しい伝承を育んできたといえる。小鳥の前生話は日本人の霊魂観とも関わるものであろう。また「雨蛙不孝」はその親不孝だった前生を語りつつ、雨が降るころになると鳴き出すという習性を説き、「かせ掛け蚯蚓」「蚯蚓と土」「蚯蚓と蛇の眼交換」「犬の脚」などもその形態や習性の由来を説いたものである。また、「蕨の恩」のように、蛇と行きあった時の呪文として伝承されるものもある。一方、動物の葛藤を語るものとしては、「雀の仇討ち」「猿蟹合戦」「勝々山」「尻尾の釣り」「犬と狼と猫」「拾い物分配」「猿と蛙の餅争い」などの話が全国的によく知られている。それらの昔話には、たとえば、狡猾者・正直者・愚鈍な動物などが登場し、動物相互の関わりの中で反目や怒りや哀しみ、喜びや笑いが描かれるが、その行動や感情はわれわれ人間社会の模様をそのまま反映したものといえよう。南西諸島には、本土のそれとやや趣の異なる話も伝承されている。沖縄県八重山諸島に伝わる「雲雀と生き水」は、昔、神が人間に生き水を与えようとヒバリに運ばせたが、途中でこぼし、それをハブが飲んでから脱皮をするようになり、わずかに残ったのを人間の爪と歯にかけたので生え代わるようになった。蛇の脱皮と再生および人間の死の起源を説く話で、正月の変若水と関わり、神話的要素が強い。また「猿の生き肝」は南西諸島に猿が棲息しないにもかかわらず、濃い密度で伝承されており、空想の中での昔話の広がりがみられる。動物たちが人語を操り、時には人間とも声を交わす、いわば荒唐無稽な伝承世界の背景には、その話の面白さだけでなく、人間と動物との長い関係の中で、動物の存在に霊的なものを感じ取ってきた人間が、その話を通して子供たちに人間の心のありようを語る教訓譚的な意味を託してきたのだともいえよう。↓異類婚姻話(いるいこんいんばなし)

参考文献　柳田国男「口承文芸史考」(『柳田国男全集』八所収、一九九〇)、福田晃「鳥獣草木譚の意義—時鳥と兄弟をめぐって—」(『昔話の伝播』所収、一九七六)、関敬吾「日本の昔話—比較研究序説—」(『関敬吾著作集』六所収、一九八二)、真下美弥子「鳥獣草木譚の自然」(福田晃・岩瀬博編『民話の原風景—南島の伝承世界—』所収、一九九六)

(松本　孝三)

とうみ　**唐箕**　人工的に風を起し、穀物を精選する農具。唐箕の名の由来は、従来の箕の仕事を能率よくしたことを意味するが、それとともに発祥の地が中国であることとも関係している。中国では唐箕のことを颺(よう)

扇・田扇・扇車などと呼んでいるが、その形態が文献に登場するのは、元の王禎が編纂した『農書』(一三一三)から、日本の文献に唐箕が初出するのは『会津農書』(一六八四)からである。日本に現存する唐箕には、年号を記しているものが少なからず存在する。その中で最も古い年号を有する唐箕は、京都府船井郡八木町から発見された一七六七年(明和四)のもの、このほかに江戸時代の年号を有するものは六十数点を数えている。このような絶対年代の判明する唐箕を比較すると、形態の面で地域的な特色がみられ注目される。その大きな違いは近畿地方を中心とする西日本型と関東地方を中心とする東日本型の唐箕があるということである。その相違点は次の通り。(一)太鼓部芯棒の受け板が東は短く、西は柱のように長い。(二)落下量調節装置の操作が東は側面、西は正面で行う方法。(三)二つの選別口が東は正面と背面に分離、西は正面に並列する形をとっている。以上が年号を有する唐箕を基本にした地域的特色であるが、しかしながら年号の有無にかかわらず、日本の各地からは特異な形態の唐箕が存在していることが報告されている。それは会津地方にみられる半唐箕、奥三河のX脚型唐箕、播磨の通し付唐箕などである。今後、これらを含めたより綿密な地域分類、さらには変遷過程の研究が必要とされている。江戸時代初期に使用され始めた唐箕は各地へかなり浸透していくこととなるが、全国的な規模で農家に普及するのは明治期になってからである。大正から昭和初期になると自動脱穀機や自動籾摺機を利用するようになり、手動の唐箕は不用化していった。

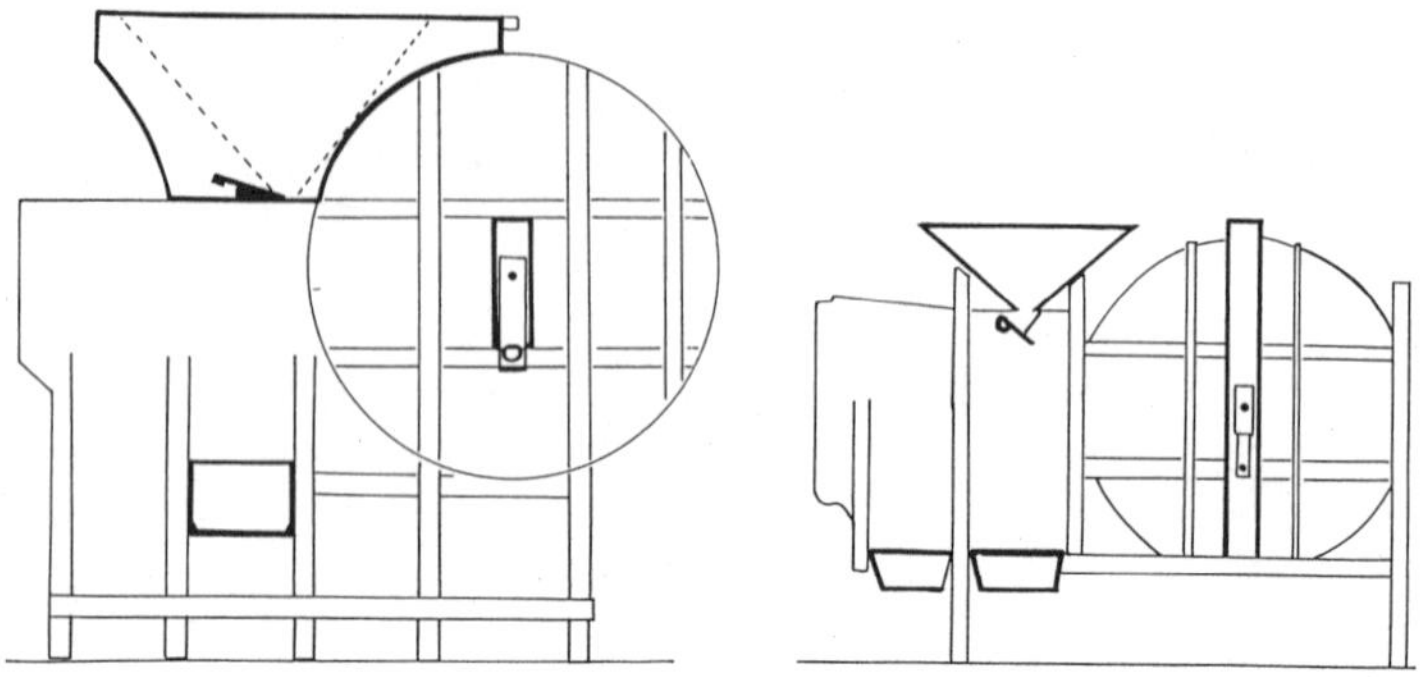

東日本型　　西日本型

唐　箕

参考文献　小坂広志「紀年銘を有する唐箕について―東日本を中心に―」(『日本常民文化研究所調査報告』六、一九八〇)、佐々木長生「会津地方における脱穀・調整農具」(同)、角山幸洋「唐箕の原型を求めて」(『近畿民具』四、一九八〇)、小坂広志「畿内の唐箕と伝播」(『近畿地方の民具』所収、一九八二)、大島暁雄「上総唐箕」(『上総掘りの民俗』所収、一九八六)、町田市立博物館編『多摩の民具―江戸時代の農具―』(特別展図録、一九九一)、近藤雅樹「紀年銘唐箕の形態分類」(『国立民族学博物館研究報告』一

六ノ四、一九九一）　（小坂　広志）

とうや　頭屋　神社の祭や神事、講などの行事に際して、一定の任期でその主宰をしたり、準備や世話をする中心的な人、またその家。多くの場合男子がつとめる。頭屋の呼称や制度は全国的に分布しているが、西日本に比較的多く、近畿地方では宮座の制度の中にみられる。頭は、歴史的にはある事柄の主宰者や責任者を意味し、やがて頭役・頭人・頭屋という呼称が生じたが、近世以降、当番制・交替制に重点がおかれるようになってから当・当人・当屋という表現も使われるようになった。地域によっては禱屋などとも表記される。頭屋をさす別の呼称には、島根県美保関町などの「頭屋神主（一年神主）」のように、祭祀の主宰者である神主として呼ばれるもの、奈良市大柳生町などで「明神さん」と氏神の分霊そのものの名前を呼ばれるもの、三重県名張市黒田など「御供家」と供物を用意するという役割で呼ばれるものなどがある。頭屋をさす呼称が多様であるように、頭屋の役割も頭屋神主のように祭の主宰者としての重い位置付けから、行事の日だけの単なる当番という軽い位置付けまで幅広いことが特徴である。これについて、近畿の宮座における頭屋を調査・分析した原田敏明によれば、頭屋は氏子全体の代表として氏神に奉仕する存在であるとともに、氏子内部に対しては氏神の権威を背負って神そのものとして臨むものであったが、近世以降専業神職の成立、神事の複雑化などにより、頭屋は今日のような神職の補佐役、神事の舗設を主な役割とするようになったとされる。頭屋の順番は、宮座の場合には座員の出生順や入座順のように個々人の条件によるもの、家並び順、古来より決められている一定の家順のように家を単位としたもの、抽籤によって決める場合などがある。頭屋は、清浄な状態を保つために、頭屋期間中毎日の潔斎をはじめ、死の穢れに触れない、獣肉を食べない、女人禁制の生活をする、などの禁忌が課せられる場合が多い。そのため、近親に死者が出ると頭屋の交替も生ずる。頭屋宅では、門口への竹立てと注連張り、庭先への柴立て・幟立てなど神の依代や斎場の意味を持つ施設を設置し、室内には御幣や神号掛軸などの神霊をまつり、潔斎の場としての清浄を保つ。頭屋の任期は通例一年で、祭の終了後、次の頭屋との間で頭渡しが行われる例が多い。頭屋制度は広義に理解すれば、村の行事などの機会や負担を均等化するという意味も持っている。蒲生正男は、神社祭祀の執行を中心としながら、村落運営全般に、長期的にみて各戸の平等を貫くような構造を持つ近畿周辺の村落を、頭屋制集落として類型化した。→宮座（みやざ）

参考文献　原田敏明『村の祭祀』、一九七五、蒲生正男「日本のイエとムラ」（『世界の民族』一三所収、一九七九）、原田敏明『村の祭と聖なるもの』、一九八〇、肥後和男『宮座の研究』（「肥後和男著作集」一期七、一九八五）、堀田吉雄『頭屋祭祀の研究』、一九八七　（関谷　龍子）

どうれいかんかく　同齢感覚　同じ年齢の者同士が共有する特別の感覚。宮城県栗原郡金成町では、同齢の者が死ぬと耳フタギ餅を行う。鍋のフタに餅をつけて「いい事聞くように、悪い事聞かないように」といいながら耳にあてる。このように、同年の者が死んだ時、急いで餅を搗き、これを耳にあてて凶報を聞かぬようにするが、これを耳塞ぎとか年違（としたがえ）といっており、全国的に分布している呪法である。この時搗く餅を耳フタギ餅とかトシタガイ餅・トシマシ団子などと称しているが、餅を搗いて早く年を一つとり、同齢者の負う忌みから逃れようとする儀式である。このような同じ村落内の同齢者に対する特別な感覚は、出産や年祝い・婚姻など吉事にも見られ、「祝い負けする」という理由で互いに祝い合うことを避けるのである。一方、同齢者相互が特別に親しい関係となり、積極的に吉事や凶事に参加する例も多い。たとえば愛知県知多郡東浦町では適齢期の未婚の若者が死ぬと、同年のツレが中心となり初七日まで七日間村内七カ所の地蔵を巡回するナナハカという習俗がある。また近畿地方や九州では同年講とか同年会などの組織があり、同齢者が亡くなると野辺送りに参加したり、葬儀の手伝いを積極的に行う。年に一度必ず同齢者で集まって宴会をしたり、祝儀には同齢者を必ず呼ぶという地域もある。このように同齢者に対する感覚は、一方に耳塞ぎのように忌避・退去する行動となる反面、他方にナナハカや同年講のように参画・接近する行動となる場合があり、相反する民俗が認められる。いずれにしても同齢者に対して特別な感覚があることは承認できよう。

参考文献　大藤時彦「耳塞餅」(『日本民俗学のために』六所収、一九四七)、竹田旦『兄弟分の民俗』、一九八九

（畑　聰一郎）

とおかんや　十日夜　旧暦十月十日に行われる刈上げの行事。甲信地方から群馬・埼玉の諸県、および栃木・茨城にかけての北関東一帯で行われる。九州・四国、さらに関西から中部地方にかけて広く西日本一帯で行われていた旧暦十月亥の日の亥子と対応している。千葉・東京・神奈川は亥子地帯である。埼玉県南部には「十日夜、十日夜、亥子のボタモチ生でもよい」の唱え言葉の所もあって、分布上の接点ともなっている。この日の夜、子どもたちがモグラ追いといって、藁を巻いてこしらえた藁鉄砲で地面を叩いて回る。藁鉄砲の音を聞いて畑から大根が抜け出すともいう。藁鉄砲は柿の木などに掛けておくと、成りものがよく成るという。長野県では案山子の年取とか案山子上げといって田の案山子を縁先や内庭に飾り、餅や牡丹餅、団子などを臼や桝、箕などに盛って供える。案山子や田の神の家来の蛙が餅を背負って山に帰るともいう。栃木・茨城・福島県などではこの日を刈上げとか地神祭といい、田の神が仕事を終えて帰る日だといっており、この日が稲作終了後の神送りの日だったことを示している。また、大根の年取などといって、この日まで大根を取らないとか、この日は大根畑に入らない、えびす・大黒に二股大根を供えるなどの大根に関する伝承は東北地方まで広がり、この日は純白で保存食としても有用な、古くからある冬野菜として、どこの神祭にも供える。大根の収穫祭でもあった。また、畑作地帯ではこの日が麦蒔きの蒔き上げの日とされ、鍬や振り馬鍬などの畑作道具をきれいに洗って、蕎麦や牡丹餅などを供えている。→亥子(いのこ)

参考文献　宮本常一「亥の子行事」(『民俗学研究』二所収、一九五二)、文化庁編『日本民俗地図』一解説書、一九六九、『関東の歳時習俗』(『日本の歳時習俗』三、一九七五)、森正史「亥の子」(『講座日本の民俗』六所収、一九七八)

（内田　賢作）

トートーメー　トートーメー　沖縄で先祖、あるいは先祖をまつる位牌のこと。沖縄本島とその周辺離島では、主に沖縄位碑(ウチナアイヘー)と一般に呼ばれているものが採用されている。位碑立ての中に上下・左右に位碑を安置できるようになっている形式のものであり、上下二段に区分され、中央に帰真霊位と刻まれている。上段は男性の先祖、下段は女性の先祖をまつり、夫婦は上段・下段同じ位置になるようにあわせる。元来沖縄では月、先祖をトートーメーと呼んだが、現在ではもっぱら先祖の意味で使われることが多く、先祖の位牌の別称ともなっている。トートーメーは尊御前(尊いお方)が訛ったものといわれる。位牌を大切にしてまつり、次の世代へと受け継いでいく民俗はほぼ沖縄全域にみられるが、なかでも沖縄本島とその周辺離島(特に本島中・南部)などの、門中(ムンチュウ)が確立・整備化されている地域では、以下に述べるような四つの位牌祭祀および位牌継承に関する禁忌が存在しており、住民にも禁忌にふれるようなまつり方

や継承を回避しようとする姿勢が強くみられる。㈠チョーデーカサバイ（兄弟重牌）　同じ仏壇の位牌立てに兄弟の位牌を並べてまつってはならない。この禁忌は息子のうち一人(長男)だけが生まれた家に残るのを原則とする考え方と結びつく。なんらかの事情でチョーデーカサバイが生じた場合、次世代に複数の男子がいれば、通常次男以下が分家する際に傍系の位牌を継承するなどの方法で禁忌と現実の間の矛盾を解消しようとする。㈡チャッチウシクミ（嫡子押し込み）　長男を排除して次男以下が生家を継承してはならないし、夭逝した長男の位牌を生家から排除してはならない。原則として生家の継承や財産相続は長男が優先される。出生順が重要視されるので、たとえば同父異母間に産まれた子供たちのなかで出生順が早ければ、庶出子が継承者となる場合もある。㈢タチイマジクィ（他系混淆）　異なる門中の者が養子や聟養子として位牌を継承して、一つの家に複数の系統がまつられる状態を作ってはいけない。この状態を避けるためには、同じ門中内から養子をとるのが良いとされており、特に兄弟の次男以下を選ぶのが最適とされている。㈣イナグガンス（女位牌・女元祖）　生家を女子が聟養子を迎えるなどして継ぎ、位牌を継承することや女子が家を創設し初代先祖になることは認められない。男系血縁重視の沖縄本島とその周辺離島社会においては、強い忌避の対象である。したがって、娘しか産まれなかった場合は、娘はすべて嫁に出し、あらためて同じ門中内から男系血縁に連なる者を養子として迎え跡継ぎにする。この男系血縁を排他的にまで強調した位牌継承の方法については、一九八〇年(昭和五十五)に地元新聞が取り上げて以来、男女平等を主張している現行民法と男系優先の慣習法、霊的職能者としてのユタを中心とする超自然主義と現代的な合理主義、過疎化と人口移動による核家族化の進行と直系家族を指向する門中イデオロギーなどの諸点を中心に社会問題として広く関心を集めている。

トートーメー　沖縄県国頭郡（提供福田アジオ）

参考文献　大胡欽一「上本部村備瀬の社会組織」(『沖縄の社会と宗教』所収、一九六五)、松園万亀雄「沖縄の位牌祭祀その他の慣行にみられる祖先観と血縁観について」(『現代諸民族の宗教と文化』所収、一九七二)、琉球新報社編『トートーメ考』、一九八〇、上原エリ子「位牌継承をめぐる禁忌と回避」(『沖縄民俗研究』六、一九八六)

（喜山　朝彦）

とこのま　**床の間**　近世以降の住宅の座敷飾りの一つ。中世住宅の押板に起源をもつ。民家では書院造風の接客座敷に造りつけられる。そのもっとも整った形式は、床(とこ)と棚をならべ、床と鍵型に縁側もしくは外側に面して書院を配置する。床・棚・書院の座敷飾り三要素がそろっているのは上層の家であり、一般には、付書院・平書院など書院がないもの、棚を伴わないもの、棚・書院がなく床(床の間)のみのものなど省略した形式のものが多くみられる。床の間は、民家にかぎらず和風住宅の空間を秩序づける重要な要素であり、床の間がある座敷がその家の上手になる。床と棚の境の柱を床柱という。床の前面下方に床框(とこがまち)、上方に落掛(おちがかり)が入る。床のユカ面は、床畳または床板とし部屋のユカ面より床框の高さ(セイ)分だけ高くする。落掛は内法より少し高い位置に入る。壁面は土壁・紙貼り・貼壁四分一廻しなどとし、壁面の上方に蛭釘(ひるくぎ)を打つ。天井は竿縁(さおぶち)などとする。床柱・床框・落掛にいわゆる銘木を用いることが多いが、これは新しい形式であったり、数奇屋風のものであり、古いものでは柱など普通の角柱とするのが一般である。床の間の壁面に一幅または三幅の掛け軸を掛け、ユカ面に花瓶・香炉・卓などを飾る。床の間の形式は、本床・蹴込床(けこみどこ)・踏込床・琵琶床・鎧床(よろいどこ)・洞床(ほらどこ)など多くの変化がある。座敷に床と仏壇とをならべて造りつけるものも多い。なお、床と仏壇の位置関係は、床を外側、仏壇を内側とする場合が多いが、これとは反対に床の間を内側に置くものも古い家にしばしばみられる。床の間が普及する時期は、民家に四間取り(田の字型)が成立する時期とほぼ一致する。四間取りの成立は書院造で行われる接客方法が民家に取り入れられ、書院造風の接客座敷が整ったことを意味しており、床の間が造られることとなった。したがって、大庄屋、宿駅の本陣など上層の家では江戸時代初期、一般には江戸時代中期以降、明治時代にかけて普及する。比較的新しい上層の家では、床の間は一ヵ所でなく数ヵ所にあるのが普通である。たとえば、越後平野の大地主層である笹川家住宅は文政年間(一八一八—三〇)の建築であるが、床の間は玄関の大床、書院座敷の床の間をはじめとして九ヵ所にある。床の間と座敷に関するタブーに、いわゆる床差(とこざし)がある。床差とは、座敷の天井竿縁が床の間の方向を向いている形式をいう。床差は床刺しに通じるという。しかし、このタブーは東北地方の一部や九州ではみられず、沖縄ではむしろ床差をよしとしている。天明年間(一七八一—八九)建築の大阪府の仲村家住宅の座敷は床差であるから、このタブーがでてきたのはそう古くないことがわかる。

（宮澤　智士）

床の間　三重県町井家

参考文献　太田博太郎『書院造』、一九六六、同『床の間』(「岩波新書」黄六八、一九七八)

とこよ　**常世**　古代日本人の他界観念を表わす代表的な語。『古事記』『日本書紀』『万葉集』、風土記などにみえる。これらの文献中の用例から、常世を他界観念(異郷意識)の問題として掘り起したのは、柳田国男・折口信夫の研究であった。しかし『古事記』神代に「常夜往く」とあるように、常世の原像は絶対の闇の国、死の国であったと折口は強調する。今日では常世と常夜は上代特殊仮名遣いの違いから別語とされ、常夜から常世に転化したとする語源説明は成り立たない。しかし折口の論の焦点は、豊穣と生命力、暗闇と死とが交錯する混沌とした異郷の様相にあり、それは常世から訪れるまれびとの神として純化しきらぬ性格に繋がる問題でもあった。折口は異郷意識を日本人の精神史の問題として早くから論じたが、そこに具体像を提供したのは、沖縄のニライカナイの信仰であった。論の形成過程に批判もあるが、日本人の他界観念・神観念の根本に関わる問題として今日もなお考えるべきところを残しているといえよう。　→他界観　→ニライカナイ

参考文献　折口信夫「妣が国へ・常世へ―異郷意識の起伏―」(『折口信夫全集』二所収、一九六五)、同「古代生活の研究―常世の国―」(同)、同「民族史観における他界観念」(同一六所収、一九六七)、鈴木満男「マレビトの構造」(『文学』三六ノ一二・三七ノ一、一九六八・六九)、皆川隆一「常世」(西村亨編『折口信夫事典』所収、一九八八)　(高梨　一美)

とじ　**杜氏**　酒造業における酒造職人の呼称で蔵人の長(親爺)。「とうじ」ともいう。杜氏は季節労働者で、毎年冬期になじみの酒造蔵に出向き酒造りの最高責任者として酒造りに従事した。蔵人とは、酒造に従事する季節従業員の総称であり、その職階を責任度と給与の面から順序づけると、兵庫灘五郷では杜氏・頭・大師・上酛廻り・下酛廻り・釜屋・道具廻しなど、一九六七年(昭和四十二)ごろからは杜氏・杜氏補任・こうじ主任・酒母係・蒸米係・整備係・係員などとなる。杜氏を中心に酒造従事者の集団を形成し、特定の地域から特定の酒蔵に出向く場合が多い。丹波地方の蔵人を丹波杜氏と呼び、兵庫灘五郷の酒造りに従事することで有名。但馬杜氏は但馬地方の蔵人が近畿地方を中心に、中部・中国・四国地方にわたり就労した。このほか越後杜氏は、関東・中部地方を中心に広く全国にわたって就労している。青森県の津軽杜氏。秋田県の山内杜氏。岩手県の南部杜氏は東北地方を中心に関東・北海道をはじめ福井・兵庫県にも就労している。山形県置賜ほかの最上杜氏や、長野県の小谷・飯山・諏訪杜氏。静岡県の志太杜氏。石川県の能登(珠州・松波・門前)杜氏。福井県の越前・大野糠杜氏、特に大野糠杜氏は大野地区からの酒造従事者で過去に精米作業にも就労したことから精米杜氏の名が残っている。岡山県の備中・寄島・成羽・笠岡杜氏。島根県の出雲・石見杜氏。広島県の広島・西条・安芸津・竹原・三次杜氏。山口県の山口・熊毛杜氏。愛媛県の越智郡・西宇和郡杜氏。高知県の高知杜氏。福岡県の芥屋・久留米・城島・瀬高・柳川杜氏。佐賀県の肥前杜氏。長崎県の生月・小値賀杜氏などがある。

参考文献　仲村恒明「兵庫灘の酒造用具」(『民具マンスリー』一八ノ三、一九八五)、灘酒研究会編『灘の酒用語集(改定版)』、一九九七

(仲村　恒明)

としうら　**年占**　一年の吉凶を占うこと。作物の作柄を占うものと、その作柄と密接な関連をもつ天候を占うものとがある。年占の年というのは、もともと米を意味しており、結局は米の出来不出来を占うものであった。したがって年占の時期は、年のはじめの小正月が多く、ほかに節分・盆などにも見られる。方法は豆を年の数だけ並べて、その焼け具合によって、白く灰になるのは晴れ、黒く焦げれば雨というように天候を

占う豆占。粥を煮るときに、十二本の竹の筒を入れて、それに米粒の入る量によって出来具合を判断したり、あるいは棒を粥の中に入れ、付着した粥の粒で判断する粥占がある。現在は粥占神事・筒粥神事として神社で行われているものが多いが、以前はムラや家で行われていた。粥は病人食ではなく、元来は特別なハレの食事として神に供え、人間が一緒に食べるものであった。ほかにも餅を三つ用いて、白米のつき具合によって早・中・晩種の稲作の吉凶を占う年見、炭火を十二個並べて、これを十二ヵ月にみたて、炭の燃え尽きる状態によって月々の天候を判断する置炭がある。今日競技と呼ばれて勝ち負けを争うものも年占行事に由来するものが多い。人々が漁民と農民との二組に別れて、大漁か豊作かを占う綱引きや、さまざまな毛色の馬をかけさせて、何色の馬が勝つかによって豊凶を占う競馬がある。ほかにもどちらが勝つかによって神意を問うものとして、相撲・羽根つき・凧揚げ・舟競争などがある。

→粥占(かゆうら)

（佐藤　良博）

としおとこ　年男　正月行事を司る者。正月迎えの準備からその祭の全般を取り仕切る役で、若男(わかおとこ)・節男(せちおとこ)ともいう。年男としてどういう役割を果たすかということが大切なので、はっきりした期間があるわけではない。岩手県下閉伊(しもへい)郡では大正月は年取から一月八日までをいい、十五日から二十二日までを小正月というが、若水を迎える役にあたる男を年男という。年男の仕事は、煤払い、山への門松迎え、注連縄作り、年棚の設営といった準備から、年取の晩の祭事、元朝の若水汲みや年神の供物のあげおろしなど広い範囲にわたる。特に供物の世話は重要なものであった。みたまの飯と呼ばれる民俗は関東地方北部から東北地方にかけて顕著なものだが、正月の一定期間仏壇に供えて扉を閉じてしまう形態の場合には、年男しかその存在を知らないといった事例さえある。年男はその家の主人があたるのが基本だが、長男や奉公人が務めることも少なくなかった。一般的に東日本においてこうした傾向が見られ、正月三箇日の食事の支度を女にさせることを忌む地域が多い。それに対して、中国地方や九州など西日本には女性が年男の役目を果たしている所もある。節分や年越しに豆をまく人を年男というのも同じ意味からきているが、神社や寺院では厄年の人をあてて厄落としの意味合いを持たせている。近年は人寄せに、名の知れた人が年男や年女として登場するようになった。

参考文献　佐々木勝「正月行事と司祭者」(『朱』三〇、一九八六)

（佐々木　勝）

としがみ　年神　正月に迎えまつる神。正月様、年神様、歳徳神様などという。年神は恵方からやってくるといわれ、通常の神棚とは別に恵方へ向けた年神棚を設けた。この棚は一般に正月棚と呼ぶ。年神のトシは、稲の収穫をトシが終るといったように古くは稲の稔りを意味した。トシは一年の単位であり、一年は一稔とする考えがある。年神をまつるのは年男の役目で、暮れに恵方の山へ入って松を伐ってくるのが重要な仕事とされた。この山入りを松迎え、正月様迎えと称し、迎えた松は門松や年神棚に飾られ、門松は年神が来訪する際の目印である依代とされた。床の間に米俵を飾って年神の神座としたり、正月に山から迎えた松を田植え儀礼に用いる例などから年神には農神や祖霊の性格が認められる。また、「お正月は来る来る、前の山の腰まで、お正月は来る来る、赤城山の麓まで(下略)」と、群馬県赤城山麓地域で歌われた正月唄にみるように、「お正月」すなわち年神は、その年の恵方から大晦日に来訪し人に幸福をもたらす福神と考えられてきた。鹿児島県下甑島では仮面を付けて蓑を着た異装の来訪神トシドンが各家を訪れ、子どもを脅かした後に年玉を与えていくが、年玉は丸餅のことで、これをもらって年を一つ取った。現在、お年玉は子どもに与える正月の金銭を指すが、かつて年神棚へ供えた餅やミカンなどの供え物を年玉と呼んだ地方は多い。これらを食べると、家や一族の繁栄をもたらす年神の強力な生命力にあやかれるとされた。

参考文献　平山敏治郎『歳時習俗考』、一九八四、田中宣一『年中行事の研究』、一九九二
（板橋　春夫）

としだな　年棚　正月に迎える年神をまつる棚。年徳棚とか恵方棚ともいう。煤はきの後でその日に作る所が多い。板の四隅の穴に荒縄を通して天井からその年の恵方に向けて吊したものや、梁から下げた棒に回転式の棚を取り付けたものなどがある。大きさは、三〇センチ四方のものから畳大のものまでさまざまで、一枚板のものや、障子のように板を組んだもの、割り竹や篠竹を新藁の縄で編んだものなど形態もいろいろである。また、新年にあたって特別の棚を設けず常設の神棚の一部を使用する場合や俵・桶などを祭壇（年神をまつる装置）にする所もある。簡便な物では、床の間に年神の掛け軸を掛けてまつる所もある。いずれの場合でも注連縄や白幣を張り、松を飾って、鏡餅やお神酒・雑煮・塩などを供える。また、前に竹竿を吊って干柿・かち栗・するめ・コンブ・ごまめ・半紙・手拭・炭・ミカンなどの縁起物や貰った荒巻鮭・大根などを下げて供物とする。年棚には年神のほか、先祖の霊を神の基本と考える祖霊信仰に基づき正月に迎える祖霊かと思われるオミタマサマを併せてまつる所もある。一つの棚を年神とオミタマサマとに二分してまつる場合と、年神とオミタマサマ用の小さな二つの棚を向き合わせにする場合がある。年棚の飾りは十五日までそのままにしておいて、小正月に繭玉団子や削り掛けに飾り代えて、正月終いの二十日正月に片付ける所が多い。年棚の設営や供物を供える仕事は、古くは年男たる家長の仕事とされていた。

年棚　埼玉県秩父市

参考文献　文化庁文化財保護部編『正月の行事』四（『民俗資料叢書』一三、一九七一）、文化庁編『日本民俗地図』一解説書、一九七一、『関東の歳時習俗』（『日本の歳時習俗』三、一九七五）
（内田　賢作）

としでんせつ　都市伝説　都市的な状況を背景として発生する語りの一分類。アメリカの民俗学者ブルンヴァンが、消えるヒッチハイカーの話やねずみフライの話などを指す用語として積極的に用いたurban legendsの翻訳語である。現代伝説という言葉も、ほぼ同じ対象を指すものとして使われる。これらの話は、現代社会のおもに同年代の人々の集団のな

かて、友達からの又聞きという形で、「友だちの友だち」程度の人たちに「実際に起きたこと」として語られる。しかし、その出来事の当事者には結局たどりつくことができないのが通例である。話の内容は、現代的な都市生活と伝統的な生活様式の間でわれわれが共通にいだく不安に訴えて、「ひょっとしたら」という形で好奇心を刺激していくものが多い。そして、これらの話の伝承には、マスメディアが関与して、仲間うちでのひそやかな語りとの相乗効果をなしながら、非常に速く類型的な話が全国的に広まっていくという特徴が見られる。日本では、一九七九年(昭和五十四)に爆発的に流行し、その後も長く語り継がれた「口裂け女」や一九八九年(平成元)から九〇年にかけて流行した「人面犬」の話などがその例であった。都市伝説に見られるはやりのテーマやモチーフは、その時々の人々の関心のありかを示す指標と考えることができるが、そこに伝統的な話の類型やモチーフとの連続性が見られることも多い。研究方法としては、現代の話の背後に伝統的な類型の存在を探る通時的な方向と、現代社会のなかでのこれらの話の社会的機能やそこに反映される現代人の意識のあり方を探る共時的な方向の二つがある。日本の民俗学においては、世間話という研究領域の延長線上に位置づけられるが、都市伝説という枠組みは、特に高度経済成長期以降、日本全土に都市的な状況が浸透したなかでの若者たちの伝承を主題化していくうえで、重要な切り口となっている。　↓噂　↓世間話

参考文献　J・H・ブルンヴァン『消えるヒッチハイカー―都市の想像力のアメリカ―』(大月隆寛・菅谷裕子・重信幸彦訳、一九八八)、R・W・ブレードニヒ編『悪魔のほくろ―ヨーロッパの現代伝説―』(池田香代子・真田健司訳、一九九二)、池田香代子・大島広志・高津美保子他編『ピアスの白い糸―日本の現代伝説―』、一九九四

(川森　博司)

トシドン　トシドン　鹿児島県下甑島の各村落および種子島の野木ノ平・鞍勇・平山、屋久島の宮之浦などで大晦日に五、六歳の幼児のいる家を訪問する仮面来訪神。歳殿とも書く。下甑島ではトシジイサン、トシノイ(歳直し)サマ、トシトイサマともいい、種子島ではトシトイドン、屋久島ではトイノカンサマという。トシドンの面は厚紙を切り、鬼面を描いて作るが、下甑島瀬々野浦では明治ごろは赤風呂敷を頭から被って目と口だけあけ、小袖の長着物を着た。あるいは糸で目をくくり、鼻の穴

トシドン　鹿児島県下甑村(薩摩川内市)

に突っ張りをして、着物は裏返しにして現われた。手打のトシドンは厚紙の面に長い三角状の鼻をつけ、鋭い目や恐ろしい口を描き、顔のまわりにはソテツの葉やシュロの皮をつける。夕食がすんだころ、突然馬のいななきがして、戸板を叩く音がする。トシドンが雨戸を少しあけて、「子供ァおいか、おいか」という。トシドンの来訪を今か今かと待っていた幼児はその恐ろしい姿に驚いて親のひざ元へいく。トシドンは幼児の一年間の行動を述べ、反省させ、善行を誓わせたのち、トシダマと称する大きな餅を与える。トシドンは青年たちが神に扮して幼年(男女)の者の心を一段上の少年少女の心に転換させる役目を果たす。トシドンは首切れ馬に乗って天道からいつも見ているという。

[参考文献] 下野敏見「おとずれ神—南日本の来訪神をめぐって—」(『南西諸島の民俗』二所収、一九八二)、同「原始のカミの出現」(『カミとシャーマンと芸能—南九州の民俗を探る—』所収、一九八四)、新谷尚紀「人と鳥のフォークロア」(『ケガレからカミへ』所収、一九八七)、小野重朗「正月の準備」(『鹿児島の民俗暦』所収、一九九二)

(下野　敏見)

としみんぞく　都市民俗　都市を対象とした、あるいは都市を視野に含めた民俗学的研究の総称。一般に都市民俗学と称され、一九七〇年代後半より、それまで村落一辺倒であった民俗学において、この分野の開拓が盛んに唱えられ、研究が活発化した。都市民俗学台頭の要因とその意義は、それまでの固定化した既成の民俗学に対し、アンチテーゼ的な機能を果たしたことにあり、既成の方法論や調査論・記述論に対し、その前提となる概念規定などに再検討を促すものであった。都市民俗学を標傍したのは、都市と現代を同義語とみて、当時の民俗学が現代科学と規定した柳田国男の研究姿勢とは掛け離れた過去の復元のみに陥っていることに対する批判にあった。初期の都市民俗学の主張は、ムラの解体に伴う民俗の都市化や、都市にもそれなりの伝承があるといった都市に根生いの民俗の発見であったが、一九九〇年代に至って、民俗学自体の認識論や方法論に大きな転換がもたらされるに従い、その研究は多様化するとともに、都市すなわち現代、あるいは近代、国家などを視野に含めた研究に移行していった結果、ことさら都市を標傍する意義が薄れ、都市民俗学と自称する研究は少なくなった。当初の都市民俗学は宮田登の主導の下に進められたが、その研究が近世都市江戸からの連続として、後述するような境界論と世間話の二つを軸に象徴論的に展開されたのに対し、従来の民俗学的方法を踏襲した都市のある地域を対象とした民俗誌的研究からも、伝統的都市における色彩の問題といった都市生活者の感覚を扱おうとする研究や、年中行事の分析から団地生活者の生活のリズム(時間論)を探る研究なども生まれてきている。しかし、都市民俗学的研究の最も大きな特徴の一つは、こうした地域を民俗の伝承母体として対象としたような伝承母体論からの解放にあった。都市社会の特質を考えた場合、住民の移動が激しく、またムラのようにさまざまな社会関係が累層化し地域内で完結しているわけでもない都市に対し、町内会などといった、地域的限定の加わった視角は、最初から限界のあることが予想されたゆえ、宮田の研究以来盛んに行われた都市の空間論的な研究では、伝承母体論を超えた、都市全体を俯瞰した象徴論的な傾向が認められる。こうした研究は当時流行した文化人類学的な中心・周縁論の影響から、境界という周縁に着目したものであったが、その後、河原や結界、また辻や広場などの独自の研究も展開していった。これらは各テーマを史料を駆使し歴史民俗学的に追究したものとも評価されるが、近年の新たな傾向としては、むしろ都市の中心性に注目するものが増えてきている。その一つが盛り場論であり、なぜ人々が都市に集まるのかといった、都市の魅力や都市らしさの追求に関心が置かれ、また盛り場とは同じ求心的空間としては対称関係にある行楽・観光を扱った研究や、都市の魅力をムラの過疎化との関連で捉える研究、あるいはムラ起しマチ起しの問題を扱った故郷論も、大きくいえばこの流れのなかにあるといえよう。都市民俗学以前から行われてきた都市の祭礼研究も、基本的には同じ視角のなかにあったが、近年、人類学の王権論や歴史学の天皇論・都城論の進展とも関連して、権力すなわち中心との関わりで都市を捉えようとした研究も現われてきている。次の変化や近代に求める視点も同様であるが、こうした権力や政治を問題とする傾向は、今後ますます増えていくことが予想される。

　これらに対して都市民俗学のもう一つの大きな流れは、柳田国男の『明治大正史世相篇』(一九三一)の継承を目指した、日本文化の社会変動論的な研究であり、ここでは都市と農村といった対比でなく、それらを連関させた、日本文化全体の都市化や近代化、あるいは西欧文明との接触による文化変容の問題がテーマに据えられている。日本民俗学の体系化に努めていた昭和初期の柳田には、『都市と農村』(一九二九)、『明治大正史世相篇』などの都市を扱った著作があるが、都市民俗学が提唱された当初、そこから注目されたのは「日本の都市はもと農民の従兄弟に由って作られた」という都市・農村の文化的親縁関係の深さや、土の生産から離れた都会人の心細さや帰去来情緒といった言説ばかりであった。それはレッドフィールドの民俗社会論とも絡み合って、都鄙連続体論として一括されてしまったが、柳田都市論の読み直しが進んだ今日、その理解の偏りが指摘される。「蝸牛考」(一九二七)以降の柳田の民俗学は、むしろ積極的に都市を中核に据えているのであって、たとえば「聟入考」(一九二九)では「都市の生活が始まってからは、新しい文化は通例其中に発生し、それが漸を以て周囲に波及し」といったように、柳田は外国文化(帰化文明)の窓口である中央都市の影響を重視し、都市を「旧慣因習」を変革し、新たな「文化の基準」を作り上げ、それを地方に普及させる装置として位置付けた。常に都市との関連を考慮しながら、一国民俗学として体系化したのであり、文化統合や社会変動の核として都市の役割を把握していたものであった。すなわち都市を中核とした文明史的把握の結果、柳田はみずからの疑問の根源であった「遠方の一致」を捉え直したのであり、新たな「文化の理法」として柳田は都市を発見したといってよい。こうした柳田都市論の新たな解釈は、都市を存在するものとしての都市 city から、現象として生起する都市的なもの urban への視角の転換ともなり、空間的な都市から都市すなわち現代へと議論を移していった。それは民俗学の認識論・調査論にも少なからず影響を与え、調査自体も、集団を捉えるためになされるのではなく、都市環境における個人の都市的な生活世界、その生きている現実を描くことが目的とされていく。現象学的社会学から方法として提示された口述の生活史やライフヒストリー論における歴史とは、歴史学でいうような時系列的な歴史ではなく、日常の生活世界の経験として構造化される、物語 story としての歴史(歴史叙述)のことを指している。民俗学においてはその意図が充分生かされたとは言い難いが、今日多くの民俗誌において、従来は捨象されてしまった個人の内面描写も含めて、個人史が記述されるようになった。

　こうした方法の提言とも軌を一にしていると思われるが、以上とは方法的に大きく性格を異にするものは、アメリカン=フォークロアの影響を濃厚に受けた、語りそのものに注視し、分析する方法であり、一九八〇年代後半より、現代の大衆文化や消費社会を直接視野に入れた研究として盛んとなっていく。語りそのものへの注目は、口承文芸の一分野である世間話の重視として、宮田の都市論のなかにもすでに現われていたが、一九八〇年代後半の都市伝説の研究の導入とともに提唱された方法は、語りや世間話を、都市空間という別な枠組みに還元させるのではなく、語りを語りとして、コミュニケーションの回路のなかで分析する、パフォーマンス論的な見方であった。すなわち断片的あるいは曖昧な情報(噂話)も、口から口へと話が伝えられる過程で、詳細なディテールや合理的説明(民衆的想像力)が加えられていくことで、ある一定の確定された意味の段階を獲得していくと同時に、口述の伝承は、そのコミュニケーション過程の創造的な語り継ぎの過程によって、全く別なものへと組み替えられ、変化してゆく。そうしたフォークロアの生成過程、いかにどのようにして話が作られていくかを、そのコンテクストのなかで解読しようとするのが、この新しい見方の方法であった。こうした視角は、これまで民俗学ではごく当り前に考えられてきた自明の理論や認識を、より根源的に問い直す動きともなったが、こうした現象学的な発話レベルの分析ではないにせよ、学校の怪談など、話(都市伝説)の生成に関した研究が活性化していく。一方、これらとは別な形で、現代の大衆文化や消費社会を追求した研究には、少年少女漫画の分析をはじめ、新聞の人生相談欄や婦人雑誌の記事の分析、写真を資料とした研究なども現われてきている。こうしたマスメディアを直接資料対象とする新しい動向は、従来民俗学が扱ってきた口頭伝承に代わって、今後ますます強まっていくことが予想されるが、都市民俗学の名称は消えたとしても、村落を対象とした研究も、こうした意味での都市を視野に含まず議論することは困難になりつつあり、その境界はきわめて曖昧となりつつあるのが、その現状といえよう。↓都市伝説

参考文献　柳田国男「明治大正史世相篇」(『柳田国男全集』二六所収、一九九〇)、同「都市と農村」(同二九所収、一九九一)、服部銈二郎『盛り場—人間欲望の原点—』、一九八一、宮田登『都市民俗論の課題』、一九八二、J・H・ブルンヴァン『消えるヒッチハイカー—都市の想像力のアメリカ—』(大月隆寛・菅谷裕子・重信幸彦訳、一九八八)、岩本通弥・倉石忠彦・小林忠雄編『都市民俗学へのいざない』一・二、一九八九、岩本通弥「都市民俗学の現在」(『(韓国中央大学校日本研究所)日本研究』六、一九九一)

(岩本　通弥)

となえごと　唱え言　目に見えない神霊などに願いをこめて唱える言葉。口承文芸の一種で、諺と歌謡との中間にあり、わらべことばやわらべうたなどの形態に通ずるもの。その多くは、定型句が、主に五音・七音を中心とした一定の音調で反復されて、うたのように唱えられる。深く信仰に結びついた言葉で、言霊信仰をその起りとし、言語の技によって超自然の力をも動かそうとするものであり、諺の古い形態をとどめているとみられる。俗に呪文といわれるものも、神霊にむかって唱えられるが、個人の秘伝に属し、人に知られぬように唱えるもので、口承文芸の範囲には入らないとされる。これに対して本来の唱え言は、ある集団に受け継がれた社会共有の知識で、だれにでも聴かせ、必要に応じてくり返されたものとみられる。しかし、両者は混同して用いられ、一般には、呪文も唱え言と呼ばれることが多い。唱え言の目的は、招福と災厄の防除や対症などにあり、暮らしの中には、さまざまな唱え言が伝えられてきた。それらは、神事や年中行事の多くに伴って用いられる。「雨たもれ竜王のう」と雨乞いをしたり、虫送りには「実盛殿の御上洛、稲の虫はお伴せい」などと唱えたりする。正月行事などでは、七草の日に「七草なずな唐土の鳥と(下略)」と唱え、小正月の予祝行事に、成木責、ハラメウチ、モグラ打ち、鳥追いなどに伴う唱え言がくり返され、節分の

「福は内、鬼は外」などの例もある。古い信仰に基づく唱え言は、いまでは、その数も少なくなり、多くは子どもによって受け継がれている。

↓諺(ことわざ)

参考文献　柳田国男「口承文芸史考」(『柳田国男全集』八所収、一九九〇)

（中島　恵子）

とむらいあげ　弔いあげ　一周忌、三回忌など死者のために行われる一連の年忌供養のうちの最終年忌のこと。トイアゲ、トイキリ、トイオサメ、マツリジマイ、アゲホウジなどともいう。三十三回忌とする地方が多いが、五十回忌とする地方もある。平安時代の貴族の場合には「御果て」というのは一周忌であった。それが現行の民俗のように一周忌以後も、三回忌、七回忌、十三回忌などと死者個人の年忌供養が続き、最終年忌を三十三回忌もしくは五十回忌とする、というように延長されてきた背景としては、中世の仏教の民衆化や近世の寺檀制度の整備など歴史的な諸事情が考えられる。柳田国男は、この三十三年というのは、その死者を記憶している孫たちがちょうど四、五十歳代となって一家を経営し、先祖をまつる年代であり、それ以後の次世代の者たちにはその死者を直接知る者がいなくなる時期にあたっていたのだと解釈している。この三十三回忌、三十三年忌の弔いあげは文字通り最終の年忌供養であり、これで死者は先祖の仲間入りをするとか神様になるなどといって、個人としての供養はこれ以後は行われなくなる。そこで、他の年忌供養とは異なる儀礼が行われる。それは、杉塔婆とか枝付き塔婆、ウレツキ塔婆などといって、杉や柳など枝葉の付いた生木を材料にしてそれを削り経文や戒名を書いた塔婆を立てる、また、トウタオシなどといって最終年忌の死者の石塔を倒して廃棄する、また、仏壇でまつっていた位牌を下ろして、焼却したり、墓地に埋めたり、寺に納めてしまう、などである。これらのうち枝葉の付いた塔婆を立てる例は近畿地方をはじめ全国各地に広くみられ、最もよく知られた習俗である。石塔を倒す例は大分県や長崎県などでよくみられるが、その他の地方でもみられ、また、位牌を下ろしてしまう例も近畿地方をはじめ東北地方まで広い範囲でみられる。ただし、石塔や位牌は一定の費用をかけたものであるためか、廃棄してしまうまでには至らないという例も多い。この最終年忌によって個性を喪失した死者はその後、盆の行事などで先祖さんとか精霊さん(ショウロサン)などと呼ばれて季節を限ってあの世とこの世の間を去来すると考えられた。そして、この弔いあげにより供養される死者からまつられる先祖へという一つの変換が漠然と考えられていたようである。また、この民俗の中には、貴族や武士、また豪農、豪商、芸事の家元など、その家を継承する先祖代々を系図や祖名継承などによって記憶し、その個々人の存在とその蓄積に大きな価値を見出す考え方とは異なり、死者や先祖の個々人の存在を忘却するのも自然であるとする一般農山漁民の社会における考え方がうかがえる。

参考文献　井之口章次『日本の葬式』(「ハヤカワ・ライブラリー」、一九六五)、田中久夫「仏教と年忌供養」(『仏教民俗と祖先祭祀』所収、一九八六)、五来重『葬と供養』、一九九二、新谷尚紀『死・墓・霊の信仰民俗史』(「歴博ブックレット」八、一九九八)

（新谷　尚紀）

とらがいし　虎が石　虎子石・寅子石・虎石・虎ヶ石などと呼ばれる石にまつわる伝承。虎の斑点・皮、あるいは猛虎の嘯(うそぶ)くような形をした石をいうが、一般に女が石に化したという伝承としても知られる。虎という名称から多く『曾我物語』の大磯の虎の連想が働き、たとえば静岡県駿東郡足柄峠の虎子石は、曾我兄弟の仇討ちのとき十郎の恋人である虎御前が心配でたまらず、この地に至り、遥かに富士の裾野を眺めながら、その一念が石と化してしまったと説く。大阪府堺市南半町東の臨江庵近くには、虎御前がここで石に化したという虎が石がある。また、福島県信夫郡岡山村（福島市）のものは、そこに大磯の虎がやってきて、石の面を麦の葉で撫でれば思う人の俤（おもかげ）が見えたとも伝える。また、神奈川県中郡大磯町の延台寺にある虎御石は、子供に恵まれない大磯の山下長者が虎池弁財天に願掛けして美しい小石を得、生まれた女の子を虎と名付けるが、虎女の成長につれて小石も成長、十八歳のころには菱餅型の大石になったという石の成長を伝える。一方、これらの石には、大磯の虎ヶ石のように、美男が持てば軽く持ち上がり、醜男が持てば上がらないとか、長野県上水内郡上駒沢町（長野市上駒沢）の虎御前石のように雨乞いに霊験があり、雨が降ると石の重さが十倍になるとか、静岡県富士市厚原の虎ヶ石の、洗って祈願するといかなる病気も治癒するとかいった伝承もある。それらは古い時代の石占の面影を伝えるものといえ、特定の行法を持った巫女がそれに従ったものと見られる。全国に残る虎ヶ石・虎石などの遺跡は、もともとは大磯の虎に関係なく、トラ、トラン、トウロなどといった廻国の巫女の足跡を反映したものであろう。長野県上水内郡戸隠村の比丘尼石は、昔一人の尼僧が女人禁制の山に登り、神罰によって石に化したというが、それは立山や白山の登宇呂の尼あるいは融の尼の話と同様、姥石の伝承と関わるものといえる。

〔参考文献〕柳田国男「曾我兄弟の墳墓」（『柳田国男全集』七所収、一九九〇）、同「老女化石譚」（同一一所収、一九九〇）、大島建彦「長野県下の曾我伝説」一—三（『西郊民俗』五八—六〇、一九七二・七三）、同「能引寺の虎御前」（『文学論藻』四八、一九七三）、福田晃『曾我物語の成立』、二〇〇二）

（松本　孝三）

とりあげばあさん　取上げ婆さん　出産の介助をして、出生児を取り上げる女性のこと。職業として助産する産婆や助産婦とは異なりムラの中の経験豊富な人、器用な人、あるいは人柄のよい人などが頼まれて助産をする。このような人は老婆であることが多く、特に群馬県などのように老婆に取り上げられると長生きするという地方も多い。一八七四年（明治七）以後、職業人として産婆が、一九四七年（昭和二十二）からは助産婦が出現したが、それ以後も一九五〇—七〇年代まで、取上げ婆さんに取り上げてもらった人はいた。取上げ婆さんは単に出産の物理的な介助をするだけではなく、呪術的な意味があると考えられている。取上げ婆さんが葬式の時の泣き婆さんも務めるという岡山県の事例や、宮参りや誕生祝いなどの出生児の成長儀礼や婚礼に取上げ婆さんが出席したり、正月に年玉を子に与えるという事例が各地にみられることからも、取上げ婆さんがあの世とこの世の霊魂の移動、あるいは魂の成長に関与する女性であったという呪術的側面がうかがえる。実際の出産に立ち会わなくても取上げ婆さんを依頼し、その子供とは親子として一生つきあい、子供は婆が死ぬときは湯灌をしたり棺を担いだりする事例もあり、婆と子供の間での生命力のやり取りもある。また、取上げ婆さんが親として、子と子が所属する社会をつなぐ重要な役割を持つこともある。

〔参考文献〕『日本産育習俗資料集成』、一九七五、柳田国男「社会と子ども」（『柳田国男全集』一二所収、一九九〇）、同「産婆を意味する方言」（『定本柳田国男集』一五所収、一九六九）、大藤ゆき『児やらい』（「民俗民芸双書」、一九六八）、鎌田久子「ウバの力」（『日本民俗学』九八、一九七五）、竹内利美「生育習俗と親方子方慣行」（『竹内利美著作集』三所収、一九九一）、浅野久枝「とりあげること　おくること」（『信濃』四四ノ一、一九九二）、荒井和美「北信地方の擬制的親子関係—長野県下水内郡栄村の事例—」（『日本民俗学』一九二、一九九二）

（浅野　久枝）

とりおい　**鳥追い**　年頭にあたり害鳥を追い払って農作物の安全と豊穣を祈る行事。害獣を追い出す狐狩りやモグラ送りと同じ趣旨の予祝儀礼である。主として東日本で小正月に子供たちを中心に行われてきたが、今はその多くが廃止された。地方名でトリボイ、カラスオイ、ヨノドリオイなどともいう。秋田県平鹿郡の村々では、かまくらといわれる雪むろを作り、子供たちが正月十五日にそこに行って籠り、その後地域の家家を訪れて挨拶をし、鳥追い唄をうたった。新潟県の魚沼・頸城の山間地ではホンヤラドウ（トリオイドウ、ユキンドウ）という雪むろを作り、子供たちはそこに入って餅やミカンを食べて楽しみ、その後鳥追いに出かける。拍子木や太鼓などをたたき、鳥追い唄を唱えながら村中を歩きまわる。この地方では、雪で高い櫓（トリオイヤグラ）を築き、その上にあがって鳥追いするところもある。東北地方には杉や藁で小屋（トリオイゴヤ）を作り、子供たちがそこに入って飲み食いし、やがてその小屋に火をつけて焼き、大声で鳥追い唄をうたうところがある。これは鳥追いが火祭のサイノカミ焼きと習合したものであろう。鳥追いの行事は、大勢で鳴り物をはやしたて、害鳥を罵倒し、あるいは懲らしめて追い出す趣旨の唄を唱えるのが基本である。追われる鳥は雀、烏、カモ、サギなどさまざまであり、送り先は仮想の島または佐渡ヶ島のような実在の島であったりする。家の門ごとに訪れる農村の鳥追い行事は、近世に京や江戸などの都市で、職業化して行われ、編笠姿の女性が三味線や胡弓を携えて鳥追い唄をうたいながら門付けして歩く芸人の鳥追いや女太夫を出現させた。

参考文献　橋浦泰雄『月ごとの祭』（「民俗民芸双書」、一九六六）

（鈴木　昭英）

とりもの　**採物**　神事において、神を招くために手に持つもの。平安時代に内侍所御神楽と称され宮中で行われた神楽の中から、歌謡だけを抜き出して記録した「神楽歌」には、榊・幣・杖・篠・弓・剣・鉾・杓・葛の九種が採物歌として納められている。この神楽歌は㈠採物（神おろし）、㈡前張（神あそび）、㈢星（神あがり）という構成となっていて、このことから採物は神おろしあるいは神迎えの道具とされたと考えられる。このうち幣は神に差し上げるものという意味で、実際には絹や木綿などの織物が多かった。また幣・榊・鉾は、まずこれを持って清めの舞を舞い、その後この採物に神が宿る神座とされた。このうち鉾は両刃の剣に

岩手県宮古市牛伏の七つ踊りの扇

宮崎県西都市銀鏡神楽の御幣と鈴

採　物

柄をつけたもので、単なる武器ではなく、神を招くために用いられたもので、『日本書紀』では天岩戸の神話で天鈿女命が持ったとある。杓は瓢とも書き、瓢簞やふくべのことで、二つに割って水を汲むために用いたりもするが、神霊の容器とする信仰は広く、『古事記』によれば小さな神少彦名は瓢簞から生まれたという。篠は巫女が手にして神がかりとなる道具で、能の狂い物『隅田川』や、歌舞伎の『保名』でもこれを手にすることで異常心理を表わすという約束となっている。剣・弓は悪魔を祓う武器であり、そのうち弓は神霊を招き、悪鬼を退散させる採物で、巫女が口寄せのときに使う梓弓はその代表である。剣は神楽のなかで荒神による悪魔退治などに用いられ、岩手県の早池峰山の山伏神楽では真剣を使う。仮面異装の鬼が山づとの杖を手にして祝福に訪れる神楽舞は日本各地にあるが、特に広島県の荒神神楽の杖は再生と豊饒を表わすものとされる。これら以外にも出雲佐多大社の御座替の祭では神職が茣座を手に採って舞を舞うが、これも神の御座としての採物である。また東北地方の巫女が祭文を唱えながら遊ばせるオシラサマと称する木の人形も採物といえる。採物と混同しやすい手草は、折口信夫の「上世日本の文学」によれば、物忌の印として手にとるもので、採物は霊魂をゆり動かすことで、その霊魂を身に付ける道具へと用途を広げたものという。採物は神霊の降臨を願うもので、これを持つことで神が宿るとされ、神の依代としての機能をもつ。そこから神事に起源をもつとされる諸芸能において、主役を務めたり、指揮の役の者が手に携えるものを採物と呼んだ。またそれを持つ者にも神の依代としての性格を付与する。一方これを手にして振ることで、神霊を発動させる祭具・呪物としての機能も同時に内包している。形の大小や性質により、霊魂あるいは神々を迎えるための依代か、または神霊の発動を期待する呪物かのどちらかが強くあらわれると考えられ、そこから神の正体も予測し得るものとなっている。

参考文献　C・ブラッカー『あずさ弓』(秋山さと子訳、「岩波現代選書」三八、一九七九)、高取正男『民間信仰史の研究』、一九八二、岩田勝「しはんぢょうの杖」(『神楽源流考』所収、一九八三、本田安次『神楽』二(「本田安次著作集」二、一九九三)
(神田より子)

とんど　とんど　小正月の火祭行事。ドンド、ドンドヤキ、ドンドンヤキなどとも呼ぶ。このほかオンベヤキ、サイトヤキ、サギチョウ、ホッケンギョウ、サンクロウなどと呼ぶところもあり、小正月の火祭行事の呼び名は多い。トンド、ドンド系の呼び名は全国的に見られるほか、サイト系は関東地方以北に、ホッケンギョウ、オニビ系は九州地方に、サギチョウ系は北陸・東海地方以西に多く見られる。そのほか地域性の濃い呼称もありサンクロウは長野県の中信地方にのみ見られるものである。それぞれの呼称の意味は明確ではないが、正月に行われる火祭に対する人々の印象は強く、生活環境や行事の位置づけなどによって地域的な特徴がみられる。火祭の意味についても一様ではない。正月飾りの処理を行うとともに、正月の神送りとして考えられることが多い。しかし、火祭を行うために山から若木を迎えてくる所もあり、そうした所では大正月にまつる神とは別に改めて若木とともに山から神を迎えてまつる行事としての一面を持っている。関東・中部地方を中心として道祖神祭として行われるところもある。この行事には子供組の活動が顕著に見られ、若者組と争うところもある。鳥追いなどの行事が付随することもある。また、厄落としの行事が行われるところも多く、この火でモノヅクリの団子などを焼いて食べると病気にならないとしているところも多い。火の燃え方や心棒の倒れ方でその年の作を占うこともある。こうした望の正月における神祭や年初の年占行事などさまざまな要素が、この行事に含まれているため、その性格や意味が地域ごとにかなり錯綜している。↓左義長(さぎちょう)

参考文献　柳田国男「新たなる太陽」(『柳田国男全集』一六所収、一九九〇)、和歌森太郎「年中行事」(『和歌森太郎著作集』一二所収、一九八二)、倉石忠彦『道祖神信仰論』、一九九〇、田中宣一『年中行事の研究』、一九九二

(倉石　忠彦)

な

なおらい　直会　祭に参加した人たちが供物をさげて食べる宴、また祭が終り神事の禁忌から解き放される慰労の宴。神事には、禁忌をまもって供物を供え、奉斎する者たちもその場に参加して神と人との饗宴がある。特定の司祭者によって神事が進行する場合、まず供物を供えて神事をすませ、ついでその奉斎者たちによって宴がひらかれる。その場に供物をさげてともに食べることによって、直会に神人(じにん)共食の姿をとり入れることになる。供物は神と司祭に供されたあとは、一定の場所に埋めて処理することもあるので、神事のあとでひらかれる宴は、禁忌に拘束されない食物をとり、日常生活にたちもどる契機とすることもある。新穀の収穫を祝う新嘗祭では、その前に神に供える神嘗祭があり、ついで新嘗祭があり、これらを終えてから直会として豊明(とよのあかり)節会がひらかれる。五節(ごせち)の舞・催馬楽(さいばら)・ひんたたらと称する乱舞などあり、華やいだ宴になる。頭屋儀礼の場合に、何十人分もの膳を神前に供える例がある。これは神と祭祀構成者の人数分の膳を供えたもので、直会として供物を食べるのは、神人共食の内容が宴に含みこまれた姿であろう。神事の場では、定められた食品が用いられることが多いが、直会にはその制約がない。このことが直会に出される食品や品物が贅沢な内容となり、これをさけるためにその献立の品目を定めて、現代での行事の宴に継承している例も多い。

参考文献　倉林正次『饗宴の研究』祭祀編、一九六七　（上井　久義）

ながしびな　流し雛　人間の穢れを移して身代わりとして川に流すための人形あるいはその行為。雛流しともいい普通は年中行事として行われている。人形に人間の形代としての役目を負わせることは古くから宮中、民間を問わず広くあったようで、平安時代には天皇の災いを負わせた人形を、七瀬の祓えといって七ヵ所の河海の岸で流していたし、鎌倉幕府でもこれに準じた人形禊を行なっていた。『源氏物語』須磨の巻に光源氏が巳の日の祓えに等身大の形代を海に流したことが書かれているが、次第に禊祓えの特別の日にまとまってきた。特に陰暦三月の初の巳の日(上巳)が物忌日とされ、いつしか三日に固定していった。鳥取県八頭郡用瀬町の流し雛は有名で、千代川の河原で着飾った少女たちによって行われる。丈一〇チほどの紙製の男雛女雛が桟俵に乗せられて流される。紙製とはいえ男雛は金色の烏帽子と袴、女雛は紅色の着物に金色の帯という可憐な姿で、菱餅、桃花の小枝、椿の花、雛菓子、田螺などが供えられている。万一岸辺に引っ掛かると一家の災厄が流れないとして忌み、翌日まで流れずにいると妖怪になって戻ってくるという。五月人形も古くは流したが江戸時代後期から明治にかけて、雛が立派になって三月雛ともども流さないようになった。六月祓えの紙の撫物人形も流し雛である。流し雛を神送りの神の形代とする見方もある。

参考文献　柳田国男「神送りと人形」(『柳田国男全集』一六所収、一九九〇)、折口信夫「偶人信仰の民俗化並びに伝説化せる道」(『折口信夫全集』三所収、一九六六)、永田衡吉『日本の人形芝居』、一九六九　（西角井正大）

ながれかんじょう　流灌頂　産死者・水死者をはじめ不慮の死、変死を遂げた者の供養のために行われる、水辺での儀礼。川施餓鬼の一種。仏教的には、灌頂幡や塔婆を川や海に流すことによって魚類や無縁を救済するなどと説明されるが、原拠は未詳。仏教儀礼として各宗で作法が定められており、これらは民間における執行方法にも影響を与えているが、もともと中世に民間で行われていたものを取り入れて、作法が成立したとみられている。流灌頂、川施餓鬼、アライザラシなどと称され、やり方として最も多いのは、川に棒を四本立て、経文などを書いた白か赤の布を張り、道行く人にひしゃくで水を掛けてもらうというもので、布の文字や色があせて消えるくらいになると、死者が成仏できるという。また、塔婆を立てて水を掛ける、塔婆に結んだ縄を水にさらす、塔婆を川に引き流す、縄を川に引き流してほどいたり洗ったりする、棚を設けて櫛や鏡・遺髪などをのせ、水を掛ける、死者の着物に水を掛ける、といった方法もあり、これらが複合して行われることもあった。その意味としては、死者が冥土の火の山を越えるときに熱くないようにとか、産死者は血の池地獄にはまるから、そこから救い上げるためなどとされる。「産で死んだら血の池地獄、あげておくれよ水施餓鬼」といった俚謡を伴うこともあり、流灌頂には、『血盆経』信仰の影響が認められる。水を掛けるという行為については、水掛け着物との関連も指摘されている。なお、産死者が減少したこともあって、現在民間で行われることはほとんどない。

参考文献　井之口章次『日本の俗信』、一九七五、北嶌邦子「流れ灌頂研究」(『東洋大学短期大学論集日本文学編』一九、一九八三)、佐々木孝正『仏教民俗史の研究』、一九八七　（高達奈緒美）

なこうど　仲人　婚姻の成立にあたって、嫁方・聟方の双方の仲介役となる者。チューニン、ナカド、セワニン、ゴシナンサマなどともよばれる。今日では仲人は一組というのが通例であるが、嫁方・聟方に一組ずつ仲人を立てる慣行も各地にみられ、これを両仲人・相仲人という。また、実質的な仲介役を果たすものをハシカケ、シタヅクロイ、クサムスビなどとよび、これとは別に婚礼の席にすわる座敷仲人・盃仲人を立てる場合もある。仲人の形態や役割、仲人を依頼する相手は地域によりさまざまであるが、大別すれば婚姻成立に実質的な役割を果たすものと、すでに確定した婚姻において形式的、儀礼的な役割を演ずるものとに分けられる。一般に村内婚を基盤とする婚姻形態では、婚姻当事者はすでに旧知の間柄であり、配偶者の選択は当事者の自主性に任されている場合が多い。婚姻の成立にあたって親の意向が反映される場合は少なく、親はすでに成立している仲を承認するのみである。このような婚姻形態では、事実上の仲介は若者仲間などによってなされるため、仲人の役割は形式的、儀礼的なものにとどまる。仲人は聟方の叔父夫婦など近い親族の者が務め、寝宿の存在する地域では宿親が仲人を務めることもある。しかし、いずれも仲介役というよりは婚姻の立ち会い人または新夫婦の相談役といった意味合いが強い。聟入婚の地域では、聟の近親や同輩などが初聟入りに付き添うのみで格別仲人を要しない地域もあった。仲人の役割が重視されるのは遠方婚を主体とする嫁入婚の場合で、このような婚姻形態では配偶者の選択に当事者の意志が介入する余地は少なく、婚姻は家と家との縁組という形をとる。婚姻の成立にあたっては、家格のつりあいや嫁・聟としての適格性が重視され、当事者の意志よりも親の意向が強く反映される。このため、両家の仲介役としての仲人の役割は大きく、「仲人草鞋千足」「仲立ちは逆立ち」などともいわれるように縁談成立のため奔走する役目を仲人が果たす。仲人は、見合の席に立ち会い、縁談が成立すれば酒入れ、結納から婚礼当日の嫁迎え、盃事、披露宴、婚礼翌日の嫁の挨拶回りまで婚姻儀礼のすべてに関与する。結婚後も、新夫婦の後見役として家庭内の問題について相談にのり、新夫婦の側からも盆・正月の付け届けを欠かさぬものとされる。仲人は仲人親として新夫婦との間に仮親関係を結ぶほか、千葉県では新夫婦の子供との間に取上げ親と取上げ孫の関係を取り結ぶ所もある。このように仲人は、両家の仲介役のみならず、その婚姻の正当性を保証する証人、新夫婦の社会的後盾となることが期待されており、本家や親方・地主など地域の有力者に仲人を依頼するのが通例である。実際の仲介役が家格などの点でこれにふさわしくないと判断される場合には、しかるべき地位の者を別に座敷仲人に立てることもある。今日でも職場の上司に仲人を依頼する例が多いのはこのためである。→見合(みあい)

参考文献　柳田国男「婚姻の話」(『柳田国男全集』一二所収、一九九〇)、有賀喜左衛門「日本婚姻史論」(『有賀喜左衛門著作集』六所収、一九六八)、蒲生正男「日本の婚姻儀礼―伝統的社会の女性像に関する一考察―」(『日本歴史民俗論集』三所収、一九九三)

(中込　睦子)

なごしのはらえ　夏越の祓え　旧暦六月晦日に神社で行われる祓え。大祓えとして、十二月晦日に行われる行事と一対と見做されている。鳥居の下に大きな茅の輪を作り、この輪をくぐり抜けることにより、身の不浄を祓い落とすことができると考えられていた。このほか、人形や形代に、家族の名前や年齢を書き、撫物として神社に納め、これを川に流す。また人形ではなく、人みずからが川や海に浸り、さらに人だけでなく牛馬などの家畜も水浴させるところがあった。これもまた、身の不浄を禊祓によって除去するところにその目的があった。→祇園祭(ぎおんまつり)　→茅の輪(ちのわ)

参考文献　『日本民俗研究大系』三、一九八三、近藤直也『ハライとケガレの構造』、一九八六

(近藤　直也)

なぞ　謎　言葉の中にその意味以外の内容を含ませて答えさせる言語遊び。なんぞ・なぞなぞなどともいう。「千人小僧の綱引き(答えは納豆)」

や「立てば低くなり、座ればたかくなるもの(答えは天井)」や「上は算術下はぶらんこ(答えは時計)」のような二段式のものと、「破れ障子とかけて何と解く、ウグイスと解く、その心は春(貼る)と解く」や「千両役者とかけて何と解く、夕立と解く、その心はふりも良ければなりもいい」のような三段式のものに大別される。二段式のものは、主に子供によって伝承されて来たものが多い。それに対し、三段式のものは、語呂合わせに基づくものや人情の機微を主題にしたものが多く、主に大人によって伝承されて来たと考えられる。また、三段式のものは江戸時代になって発達したが、江戸時代に落語家が寄席で謎解きをした記録があり、伝承には落語家などの芸能者が深く関与していたと推測される。謎と諺は、口承文芸のなかの異なるジャンルに属しているが、その根底には共通点がある。謎では、たとえば「要るとき要らないで、要らないとき要るもの(答えは風呂の蓋、刀のさや)」というように抽象的なものを示して、具体的なものを答えさせる場合が多いのに対し、諺では「糠に釘(効果がない)」というように具体的なもので抽象的な観念を示す場合が多く、方向は異なるが、具体的なものと抽象的なものとの比喩が共通の原理として存在する。特に三段式の謎は、諺との共通性がさらに明確である。たとえば「女心と秋の空」という全国的に広く聞かれる諺は、「女心とかけて何と解く、秋の空と解く、その心は変わりやすい」というように三段式の謎にそのまま置き換えることができる。秋田県では「なぞ、なぞ、なんぞ」というと、これに対して「なかなか」とか「たてろ」と応じて謎解きを始めたという。「何ぞ」とか「何ぞ、何ぞ」と問いかけるところから謎と呼ばれるようになったと推測される。また謎が解けないときには「あげて聞きましょ」ということになっている地方も広く見られた。神の託宣など、そのままでは理解できない言葉をさまざまに解釈したのが、謎の起源ではないかと推測されているが、あるものをそのままではなく比喩的に表現する点は忌言葉や唱え言とも共通点がある。謎を集成した書物が江戸時代には多数出版されており、口承の謎との間に密接な関係があったと推測されるが、こうした事情は現在も同様だと思われる。たとえば、二段式の謎を集めた子供向けの謎の本は現在もたくさん出版されており、新聞や雑誌のコラムなどに三段式のものが掲載されているのを見かけることも多い。

参考文献 柳田国男「なぞとことわざ」(『柳田国男全集』二三所収、一九九〇)、鈴木棠三『ことば遊び』(「中公新書」四一八、一九七五)

(大嶋 善孝)

なづけ 名付け 新生児に名を付けること。新生児には産室に居合わせた人や取上げ婆がすぐに仮名を付けることがある。名がない間に雷に遭うと耳が不自由になったり(福岡県)、一週間名がないと口がきけなくなる(熊本県)、先にヤマノモノに名付けられると命がない(長野県)、名のない間に地震があると不祥事がある(千葉県など)など、名がない状態は危険と考えられている。そのため命名したら早く世間に知らせて、社会的に承認されねばならない。その儀礼が名付け祝い、名びろめなどの儀礼である。三日目・五日目・七日目、三十日、半年などとさまざまであり、男女によって違うこともあるが、七日目に付ける事例が多い。産屋の忌明け後に命名することも多いことから、名付けの日が産穢の期間と関わりがあるとする説がある。名付け祝いには親族や近所の人を招待するが、取上げ婆や産婆が出席する地域は多く、特に取上げ婆が子供を抱いて、名を書いた紙を出席者に披露する事例も多い。大阪には正月に寺で名を読み上げ、男児には「偉いやっちゃー」とほめ、女児の場合は笑う、という所もある。名付ける人も重要で、親族・祖父母・両親のほか、神官・僧侶・民間宗教者や、取上げ親や拾い親などさまざまであり、中には道で行き逢った人や、行商人などの村の外部の人が名付けることもある。名付けた人とは名付け親として一生つきあう例も少なくない。名前の意味を考える上で見落とせないのは往来の人に付けてもらう事例で、名付け岩の前で往来の人に名付けてもらう伊勢の話は近世随筆にもみえ、このほか佐渡にもツジクレといって、道の辻で逢った三人目の人に付けてもらう事例もある。これはナツケイシと呼ぶ小石を河原などから拾ってきて名付け祝いの膳に供える習俗とも関係し、道祖神の管轄するあの世とこの世の境から名前と霊魂をもらってくる、と解釈されている。道で逢った人がオサイ・才太郎など道祖神にちなむ名をつける長崎県壱岐島の事例もその類例であろう。このほかにも、名を書いた紙を親が籤のように引いたり、生児自身あるいは幼児・兄弟に選ばせたりする例も多い。名前はどこからか頂くもので、名付けることで霊魂が宿り人格も備わると考えられていた。そのため名前自体も人格と関わりがあり、病弱であったり、事故に遭った場合名を替えることもあった。鉄や岩などの堅い物の名や男女反対の名、二人分の長い名を付けると丈夫で長生きをし、へその緒を首に巻いて生まれた子には袈裟男・今朝吉、逆さ子にはサカエ、サカギクなどとすれば丈夫に育つという。弱い子を形式的に捨てる習俗があるが、この場合は拾い親が「捨」「外」などの字を付けて命名することが多い。名前の力はその子本人だけの問題にとどまらず、その子を末子としたいときにはスエ、トメの字を、次に男の子を望むなら産まれた女児にアグリなどの名を付ける。また、神仏祈願をして授かった神中子(かみもうしご)には神の名を一字もらったり、親や先祖の名をもらう祖名継承の習俗もある。あの世からこの世へ生まれ出た新生児の名付けに見られるように、個人と新たな社会とを、社会的および呪術的に結ぶために名付けは必要なことと考えられているが、新生児のみならず、子供から大人へ、あるいはこの世の人からあの世の人へ(戒名)など、社会的立場が変わる(新たな社会へ所属する)ときにも名付けの行為が行われる。すなわち、名付けは、個人と新たな社会、あるいは社会と社会、あの世とこの世をつなぐために重要なことと考えられていた。 →祖名継承(そめいけいしょう)

参考文献　『日本産育習俗資料集成』、一九七五、柳田国男「赤子塚の話」(『柳田国男全集』七所収、一九九〇)、同「社会と子ども」(同一二所収、一九九〇)、最上孝敬「親方子方」(柳田国男編『山村生活の研究』所収、一九三七)、大藤ゆき『児やらい』(『民俗民芸双書』、一九六八)、原田敏明「命名と改名」(『宗教と民俗』所収、一九七〇)、大間知篤三「呪術的親子」(『大間知篤三著作集』四所収、一九七八)、高橋六二「名付け祝いと初宮参り」(『日本民俗研究大系』四所収、一九八三)、竹内利美「生育習俗と親方子方慣行」(『竹内利美著作集』三所収、一九九一)
(浅野　久枝)

なつまつり　夏祭　夏季に行われる祭。高温多湿の日が続き、疫病がまん延しそうな時期になると、病気や災いをひき起すことが多い。そこで各地の神社では、これを祓いさる夏の祭が行われる。特に都市部で盛んとなり、祭には町ごとに鉾や人形など趣向を凝らした山車が飾られ、競い合って氏子圏を巡行することで夏の祓えとした。古代では毎年六月・十二月の晦日に麻・刀・人形を用いた大祓があり、罪や穢れを祓った。都市において御霊(ごりょう)信仰が盛んになると、蘇民将来の故事にならって茅(ち)の輪による祓えも行われ、夏の祭礼が祇園御霊会の形態をとって各地で伝承されることになった。神前に大きな茅の輪をたて、氏子たちがこの輪をくぐりぬけて神社に参拝することで災害から免れるとされている。また小さな茅の輪で身体を祓ったり、神社から受けた人形(ひとがた)に穢れを託して流しすて、災いから身を護る。その季節が夏から秋に越すころであるこ

夏祭　大阪天満宮天神祭の鉾流神事（提供山村善太郎）

とから、夏越の祓えと称したり、邪神を祓いなごませるのでなごし、茅の輪をくぐることから輪越神事などという。一般には夏季に行われることから夏祭というが、大阪では七月一日に勝鬘院本尊の開扉があり、これを愛染まつりと称し、浪花夏祭の最初とされている。大阪天満宮の天神祭がこの代表的なものである。七月二十四日に、神官・神童らが祓いの人形を包んだ菰と木製の鉾を鉾流橋の上手から堂島川に流し、参加者は茅の輪をくぐって神社にもどる。二十五日は、神輿の船渡御があり、人形が飾られた御迎船が加わって華やいだ祭となる。　↓祇園祭　↓夏越の祓え　（上井　久義）

ななくさ　七草　一般に春の七草（芹・薺・御形・はこべら・仏の座・鈴菜・すずしろ）をさすが、民俗行事としては七日正月に七草などを入れた粥を食べる行事をいう。七草を大正月終了後に供え物をおろして食べる直会の行事と考えることもできるが、病疾を祓うに効ありとされるなど除災儀礼の性格が強い。七草全部を入れることはむしろ稀で、たとえば七草と呼ぶ草があり、また七草とは薺だとする地域が多い。人参・サトイモ・大豆・柿など七草以外の七種のものを入れたりするところもある。文献上の初見は八〇四年（延暦二十三）の『皇大神宮儀式帳』。「七日、新菜御羹奉レ作、太神宮幷荒祭宮供奉」とあり、当初は粥ではなく羹（吸い物のこと）であったが、室町時代以降はほぼ現行の形になった。中国風俗の影響が強く、『荊楚歳時記』は正月七日が人日で「七種の菜をもって羹をつくる」（原漢文）とし、同夜には邪気の象徴である鬼鳥の過ぎることが多いために、人家で床や戸を打ちこれを払う風習があったと記すが、日本でも六日の晩、または七日の早朝に七草を刻む時、大きな音をたてることに力点が置かれ、その際「唐土の鳥が日本の土地へ渡らぬ先に七草なずな（後略）」などの詞章を唱える。初春の若菜摘みの風習と結合して平安時代には定着。しかし『延喜式』など平安時代の文献にある「七種粥」とは、正月十五日に供御されるもので、米そしてアワ、キビ、ヒエ、葟子、ゴマ、小豆などの雑穀を主としていた。これと七草粥を結びつけ、元来は固有の風俗とする説もあるが、必ずしも明らかでない。

参考文献　山中裕『平安朝の年中行事』（『塙選書』七五、一九七二）、酒向伸行「七草考」（『生活文化史』三、一九八四）　（藤原　修）

ななふしぎ　七不思議　一定の地域内にみられる不可思議な事態を七つ数え挙げて示すこと。鈴木牧之『北越雪譜』の初編巻之上「雪中の火」には、「世に越後の七不思議と称する其一ッ蒲原郡妙法寺村の農家炉中の隅石臼の孔より出る火、人皆奇也として口碑につたへ諸書に散見す」とある。その後、一八九〇年(明治二十三)刊行の『温古の栞』は「越後の七不思議とは古来より人口に膾炙する処其説区々なれど」とした上で「燃る水、燃る土、海鳴、土鳴、神楽、白兎、鎌鼬とす」と記した。こうしてみると「古来より人口に膾炙」してきたはずの「越後の七不思議」といえども「其説区々」であったのがわかる。おそらくはお国自慢、あるいは観光十選とか百選に似て、出入りは盛んであったに違いない。江戸の「本所七不思議」は、無燈蕎麦・送り拍子木・片葉の葦・足洗邸・送り提燈・置行堀・狸囃子であった。しかもそれらは昨今もなお再生産されている。子どもたちに人気のある「学校の七不思議」がそうである。ただし、時空を超えてここに通底するのは数を「七」に整えることにあった。これは「七塚」「七人塚」、あるいは「七つ石」など、かつての斬死・刑死・惨死・客死といった「非業の死」と、それへの慰撫・慰霊にもとづく、いわば一種の聖数信仰に原因があるものと理解される。

参考文献　『怪奇・謎日本と世界の七不思議』(「別冊歴史読本」二八、一九八三)

(野村　純一)

ナマハゲ　ナマハゲ　年越しの晩に神が来臨して祝福を与える行事。男鹿半島において、十二月三十一日の夜か一月十五日の夜に行われている。ムラの若者らが鬼のようなナマハゲ面を被り、藁製のケラミノやケダシ・脛巾を着けて、素足に藁沓を履き、手に木製の出刃庖丁を携えて家々を訪れる。冬の囲炉裏に長く暖をとっていると、手足に火型・火斑ができる。これを日本海沿岸においてはナモミ、ナガメ、ナモミョウ、ナゴミ、アマミなどと呼んでいた。新しい年にあたって古い火型を剥ぐことが祝福の一つとされた。その剝ぐ対象は子供らや初嫁・初聟とされた。それは新年に向けて怠け者を懲らしめたり、注意を促したりという訓戒の意味も含んでいた。ナマハゲには伝承上三つの起源説がある。一番目は武帝説で、漢の武帝が五匹のコウモリを従えて男鹿半島に飛来し、ナマハゲになった。二番目は異邦人説で、漂着した大兵肥満の紅毛碧眼の外国人を怪物としてナマハゲとした。三番目は修験者説で、修験道の霊場だった男鹿半島の山伏らをナマハゲと考えた。ナマハゲに類似した行事は日本海沿岸に分布している。秋田県内にも海岸地帯を中心として類似の行事に能代市のナゴメハギ、雄和(秋田市)のヤマハゲ、豊岩(秋田市)のヤマハゲ、にかほ市象潟町のアマノハギなどがある。また、岩手県や三陸地方には、ナモミハギと呼ばれる同様の行事がある。男鹿のナマハゲ

ナマハゲ　秋田県若美町(男鹿市)

は一九七八年(昭和五十三)に国の重要無形文化財に指定された。

参考文献 吉田三郎『男鹿寒風山麓農民日録』(『アチック・ミューゼアム彙報』一六、一九三八)、稲雄次「能代のナゴメハギ」(『東北民俗』三〇、一九九六)、同『ナマハゲ(新版)』、二〇〇五 (稲 雄次)

なりきぜめ 成木責 柿などの実の成る樹木を、鉈や鋸などの刃物でおどかして、秋の稔りを約束させる小正月の予祝行事の一つ。木責め・木おどし・なれなれともいわれる。主として柿の木に対して行われることが多いが、ナシや桃・アンズなどに行うという地域もある。二人一組で行われる儀礼で、一人が鉈などの刃物を持ち柿の木などに向かい「成るか成らぬか、成らねば切るぞ」と唱えながら切るまねをしたり少し切ったりする。そうするともう一人が「成ります、成ります」と答えながら、木に小正月の小豆粥を塗りつける、というのが一般的な形で、小正月の行事としてほぼ全国的に分布している。大人の行う行事であるが、子どもの遊びとなった地域もある。また、福島県の会津地方のようにサツキといわれる庭田植を行うときに同時に行なっている地域もある。成木責では、小正月の他の予祝儀礼とは異なり、「成るか成らぬか、成らねば切るぞ」と問答し威嚇して木の霊に豊饒を約束させる形をとっている点が特徴といえる。このような予祝儀礼はフレーザーの『金枝篇』にも記され、ヨーロッパ各地に日本の成木責と類似した予祝儀礼が分布していることが知られている。成木責に見られる問答形式は、「猿蟹合戦」の昔話にも同様の形式がみられる。

参考文献 『長野県史』民俗編五、一九九一 (菊池 健策)

なわしろ 苗代 田に植える稲苗を作る場のこと。オヤダ(親田)・ナエマ(苗間)・ノトコ(野床)・ノシロ(野代)などとも呼び、毎年同じ田に作った。稲作では「苗半作」「苗代半作」などといって、稲苗の出来具合がその後の稲の成育状況を大きく左右し、収穫にも影響した。苗代を親田と呼ぶのは稲苗作りの重要さを示しているのであり、この田にはできるだけ条件の良い場所が選ばれた。日当りと水利の便がよい乾田で、家に近い所が理想的だった。日当りはいうまでもないが、水利の便が良いと成育途中で昼間は水を抜いて地を暖め、夕方に水を入れて地面の熱が抜けるのを防ぐことができ、成長を促すことができた。苗代が家の近くにあれば、こうした水の掛け引きが行いやすかったし、突然の雷雨などのときには急いで水を入れて苗床が雨に打たれるのを防げるなど、行き届いた管理が可能で、成育度の揃った苗ができた。このような条件が揃った田は少ないため、おのずから各家の苗代は特定の場所に集中し、しかも例年同じ田が使われることになった。中部地方や東北地方には通し苗代といって、決まった田を苗代とし、ここには苗を植えないという慣行があった。これも苗代の条件を充たす田が少ないことと、苗半作ということから地力の保持を意識しての慣行と考えられる。苗代への種子播きは、品種改良に伴う早植えが広まる前は四月下旬から五月下旬の間で、山の残雪の形や特定の花の咲き具合、渡り鳥の鳴き声などを目安にして、苗代田一面に種子籾をばら蒔くのが古くからの方法だった。しかし、一八九六年(明治二十九)三月に発布された害虫駆除予防法および一九〇三年に出された農事改良に関する農商務省諭達によって、通し苗代を止め、短冊苗代にすることが指導されるようになった。短冊苗代への指導は、短冊幅などを定めた府県令に基づいて警察権力を背景として行われ、四尺幅前後の短冊を苗代田に作って種子籾を蒔く方式が広まった。四尺前後というのは短冊の両側から手を伸ばして害虫駆除ができる幅だった。これによって苗代は平床から次第に短冊型が一般的になった。一九五〇年代前半から寒冷地を中心に早播き・早植えのための保温折衷苗代が普及し、さらに陸苗代などといって畑に短冊型に苗床を作って種子籾を蒔く苗代が広まった。加えて新品種の導入によって寒冷地や秋の洪水常襲地での早植えが可能になった。これらによって田植え時期は、水苗代である短冊苗代の時代までに比べ一ヵ月以上早まり、生産暦が変貌した。その後、動力田植機が使われるようになり、現在のような専用箱での苗作りに変わった。保温折衷苗代以後衰えたが、水苗代の時代には苗代作りが終るとシメモチ・苗代粥・畝割粥など、特別な食物を作ったり、竹や木の枝を苗印として立てる儀礼が行われたりした。また、種子播き後には水口祭などという播種儀礼が行われていた。

参考文献　早川孝太郎「稲作の習俗」(『早川孝太郎全集』七所収、一九七三)、加藤治郎『東北稲作史―東北稲作機械化前の技術と習俗―』、一九八三、野本寛一『稲作民俗文化論』、一九九三
（小川　直之）

なんど　納戸　家の中で他人の侵犯できない最も私的な部屋。ヘヤ、オク、ネマ、ネベヤ、ウチマなどと呼ばれ、衣類や穀物など貴重な家財の収納場所のほか、主人夫婦の寝間として使用された。家屋の中では最も閉鎖的で暗い部屋で、時には産室や病室、さらに遺体を最初に安置しておくのに使うこともあった。また飛驒白川郷や越中五箇山などでは、チョウダイという古風な呼び方をし、書院造の帳台構えと同様な位置に設けられていた。かつては、入口の敷居を高くして中を掘り下げて籾殻や藁を敷き詰めて寝間としていたが、のちには藁を入れた藁布団を万年床として使用した。部屋の開口部はほとんどなく、内鍵も掛けられるため、人が暗闇の中で大地と接触して生活していたころの住まいの原感覚をよくとどめていた。納戸は、他人の犯すことのできない私的空間であり、親しい人でも普段ここには入れなかった。納戸には、その家の家族を守護する霊威が宿るという信仰もみられ、寺院の本尊を安置した背後の後戸に尊い霊威が宿っているとする信仰の系譜をひくものと指摘されている。実際、中国地方を中心に正月に米櫃や種子籾俵を祭壇にして年神・田の神・女の神などの性格をもつ納戸神をまつる風習があり、納戸に最も立派な正月飾りをする家もある。正月のほかは、農作業の節目に簡単にまつるだけで普段は特別なことはしない。納戸神には田と家を去来する伝承もあり、主婦が納戸神の祭祀を司るなど家の神の古い姿をとどめている。文献上の納戸は古くは納殿と称し、宝物・衣類・調度などを収納した屋内の物置部屋で、寝殿造の塗籠の系譜をひく三方を壁で囲まれた閉鎖的な収納空間。物を多く納める大納戸と日常使うものを納める小納戸に区別することもある。かぐや姫を月からの使者から隠した部屋も、塗籠であった。『家屋雑考』(一八四二)には「納殿、納戸はおなじ、古くはヲサメドノといひ、納戸は、やゝ後の称なり、金銀、衣服、調度の類、何によらず納めおく所なり、禁中にては、後涼殿の内にあるよしなり、源氏藤壺の巻に、くらづかさ、をさめどのに物を尽くして、いみじうせさせ給ふなどみえたる是なり、納戸といふ名は、室町将軍の頃より専ら見えたり、高貴の御納戸には、押板などありて、客人をも通さるべき構えなり」とある。江戸幕府では将軍の衣服調度を管理し、諸侯旗本からの献上品や将軍の下賜する金銀諸物の出納を司る役職を納戸役と称し、若年寄支配の納戸頭も置かれた。なお、鼠がかった藍色を納戸色といった。

→納戸神

参考文献　竹内芳太郎「屋敷・間取り」(『日本民俗学大系』六所収、一九五八)、大阪建設業協会編『建築もののはじめ考』、一九八六、高取正男「民俗と芸能―芸能未発の部分―」(芸能史研究会編『日本芸能史』一所収、一九八一)
（飯島　吉晴）

なんどがみ　納戸神　納戸にまつられる神。納戸神は、中国地方、特に

兵庫県宍粟郡、鳥取県東伯郡、岡山県真庭・久米・勝田郡、島根県隠岐島などに濃く分布し、東日本ではオカマサマ系統の神がこれに対応している。その祭祀形態はさまざまで、納戸の一隅にお札を貼ったり簡単な神棚を設けてまつるほか、隠岐島の島前(どうぜん)では正月に種子籾を入れた米櫃を祭壇にしてまつる。普段は特にまつることはないが、正月、三月の苗代、五月の田植え、秋の穂掛けや刈上げ、十月の亥子といった正月や農作業の節目などに榊や御神酒をあげ飯や餅を供えてまつる。納戸神はトシトコサンとも呼ばれるように、正月にまつる年神とも同一視され、正月飾りも床の間よりも大きく立派なものを納戸に飾る。隠岐や長崎県五島列島の宇久島などでは、納戸神は田の神ともされ、春秋に納戸と田とを去来する伝承がみられる。また兵庫県佐用郡上月町では、納戸神はオクノカミと呼ばれ、女の神で作神であると信じられており、毎月一・十五日にまつるほか、正月には年棚に米・餅・柿・栗などを供え、亥子には升に餅を入れて供えるという。納戸神は正月の神、田の神、作神、女の神のほか、子供の神、婦人病の神、夫婦神、安産の神などともされ、主に人や稲の多産豊饒にかかわる神で、穀霊を本体とするのではないかという説もある。納戸神には産の忌は嫌わないが、穀物などが減るのを嫌ったり、多産だが恥ずかしがりやで暗いところを好むという伝承もある。納戸神は田の神の性格を基本に家族の命運や稲の豊饒・富・福運など家の盛衰にかかわる神であり、祭場や祭祀形態などの面で家の神信仰の古い形を示すものといえる。

参考文献　石塚尊俊「納戸神をめぐる問題」(『日本民俗学』二ノ二、一九五四)、高取正男「民俗と芸能―芸能未発の部分―」(芸能史研究会編『日本芸能史』一所収、一九八一)、飯島吉晴『竈神と厠神―異界と此の世の境―』、一九八六、石塚尊俊『女人司祭』、一九九四、鈴木正崇『神と仏の民俗』(「日本歴史民俗叢書」、二〇〇一)

（飯島　吉晴）

に

にいぼん　**新盆**　死後一年以内あるいは三年以内の新しい仏の霊を迎えてまつる盆。ニイボン、アラボン、シンボン、ハツボン（初盆）など、呼称はさまざまである。死後何年も経過した先祖の霊は盆月の十三日から十五日ころまでまつるのに対して、新盆の場合はそれより長く、かつ丁寧にまつることが一般的である。新仏が帰って来る時の道しるべとして、盆月の一日か七日に親戚や近隣が集まって家の前に高燈籠を立てるが、これを二十日過ぎ、あるいは晦日まで立てておく。切子燈籠を軒先に吊るす地方もある。濃い親戚から家紋の入った岐阜提燈などが贈られ、祭壇の前に飾る地方も多い。新仏は他の先祖とともにまつるところ、床の間・座敷・縁側・軒下などに特別の棚を設けて、他の先祖とは別にまつるところなど、まつり方も地方によりさまざまである。盆の期間中に親戚や近隣が素麺・砂糖などの供物を持って新盆見舞いに訪れるが、この時に「新盆でお淋しいことです」と挨拶する。これは新盆以外の家々が、「結構なお盆でおめでとうございます」と挨拶を交わし合うことと対照的である。盆の間に行われる大念仏・火祭・精霊舟・燈籠流しなど地域共同の行事は、新盆の家を中心にして行われることが多い。このように親戚や近隣が新盆見舞いに訪れたり、地域共同で祭祀することについては、死者に対する哀慕の情からばかりでなく、新しい精霊は荒々しく祟りやすいため血縁・地縁の人々によってまつり慰める必要があるからと考える説もある。

参考文献　田中宣一『年中行事の研究』、一九九二

（喜多村理子）

にじゅうさんやまち　**二十三夜待**　月待講の一つ。月待は特定の月齢の夜に行われる忌籠りの一種で、講の人たちが集まって念仏を唱え飲食したりしながら月の出を待って月を拝む。講の人たちが集まる宿は、現在ではまわり番でつとめることが多くなっている。二十三夜待は特に多く行われているが、二十三夜の月の出は遅いので深夜まで講が続くことになる。二十三夜講を略して三夜待・三夜講・三夜様などともいっている。もともとは毎月行うものであったと思われるが、多くは特定の月だけ行うようになっている。千葉県印旛郡地方では、十一月二十三日を霜月三夜といって餅を搗いて祝ったといわれている。多くは女性の講であるが、福島県西郷村では二十三夜は男の月待といわれている。二十三夜講では月天子・月読命（つきよみのみこと）・勢至菩薩などをまつり、念仏を唱えたりする例が多いが、一方ではお三夜様というばかりで神や仏の名がまったく出てこないという例もある。もともと月そのものが神体であったと考えられる。月の満ち欠けは日時の推移を知る手段であり、それだけでも信仰の対象になっているが、女性の生理と結びついて安産の信仰が加わったものもある。農耕や漁撈などは、太陽や月・雨・風などの気象条件に強く影響されるので、それらをまつって恩恵を受けようとする信仰がおこる。太陽を拝む日待や水神・風神などと同様に自然神信仰から出発した講である。

参考文献　萩原秀三郎・宮田登『催事百話―ムラとイエの年中行事―』、一九八〇

（菊池　健策）

ニソのもり　**ニソの杜**　福井県大飯郡大飯（おおい）町大島に所在する三十二ヵ所の森神信仰の聖地。地名を付して、浦底の杜、瓜生（うりょう）の杜、清水（すず）の前の杜、大谷の杜、オンジョウの杜、畑の杜、サグチの杜、新保の杜、上野の杜、

井上の杜などと呼称されるが、ふだん地元では「モリサン」「ニンソー」と呼んでいる。霜月二十二・二十三日の祭日以外は決して近づいてはならない禁足地とされ、タモ(タブ)や椎の巨木、椿・ヤブニッケイなどの照葉樹が生いしげり、神さびた社叢を形成する。神木の下に小祠が安置されているものも多いが、数ヵ所のモリは照葉樹林だけの原初的な形をとどめている。リゾート開発によって破壊されたり、祭祀組織の変動によりすでに祭が途絶えたままになっているものも一部に見られ、存続が懸念される。大島の二十四名(苗)の島の開拓先祖をまつるとされ、古墳や墓地に隣接するモリも多い。毎年、ニソ講、モリ講、モリマツリと呼ばれる霜月祭が行われ、神田のニソ田から収穫した新米の小豆飯やタガネ(粢)を藁苞にのせてモリの神に供え、豊作を感謝する。モリの一角にカラス口・カラスグイと呼ばれる烏勧請の場をもつものもあり、烏が御供を食べると「オトがあがった」といい安心する。「オト」は「御頭」であり、頭屋輪番制のなごりであろう。小祠のなかには「奉勧請大聖権現」「大上宮」と記した神札があり、若狭に普遍的に点在するダイジョコ(大将軍)信仰の波及が認められる。

参考文献　安達一郎「若狭大島採訪記」(『南越民俗』九、一九三九)、鈴木棠三「若狭大島民俗記」(『ひだびと』一二ノ三―五、一九四四)、安間清「ニソの杜」(『民間伝承』一四ノ二、一九四九)、直江広治「「ニソの杜」信仰とその基盤」(和歌森太郎編『若狭の民俗』所収、一九六六)、金田久璋「同族神の試論的考察」(『民俗学論叢』一一、一九九〇)、佐々木勝『屋敷神の世界―民俗信仰と祖霊―』、一九八三

(金田　久璋)

にょにんきんせい　女人禁制　山岳霊場や寺院、神祭の場などの特定の場所を聖域として、結界を設けて女性の立入りを禁止すること。仏教では、女性は罪深く、仏道修行の妨げとして、結界内への立入りを禁じた。中国では隋代に廬山化城寺、唐代に雅州開元寺は女人の入寺を許さず、また、五台山の竜池に比丘尼・女人が近づくと雷電風雨が起り、毒気にあたって死亡したと伝える。日本で女人禁制が知られるのは、僧尼令で尼の僧寺・僧房への立入りを禁じている。奈良時代末から平安時代初期に山林修行が盛んに行われるようになると、僧侶の修行の妨げとして聖俗を峻別する結界を設けて女性の入山を禁じた。『本朝神仙伝』に、吉野金峰山で女性修行者である都藍尼が禁制を犯して金峰山に入ったために罰をこうむったとある。立山や白山でもトウロ尼と称する尼姿の女性が結界を越えたために石にされたという。また、空海の母が息子に会うために高野山に登ろうとしたところ、結界に阻まれて果たせなかったという伝承がある。柳田国男はこれらの伝承から、仏教以前の山の神をまつる巫女の姿を見ている。神の住む山から仏教的聖地への転換過程で、巫女たちは山を追われたという。女人禁制は必ずしも厳重に守られたとはいえず、平安時代中期になると、結界を侵犯した女性や、山内に居住する尼もあった。海住山寺(京都府相楽郡加茂町)・勝尾寺(大阪府箕面市)などでは、例外規定を設けて、僧の近親で扶養義務のある老齢の女性は居住可能とし、夜宿・参籠が許された。女人禁制を標榜する比叡山でも、一五七一年(元亀二)の織田信長による山上焼き討ちのとき女・子どもが殺されたといい、女性の居住もあったようである。女人禁制の成立理由について、柳田は、必ずしも女性の山岳登拝を禁止したのではなく、女人結界は足弱の女性のために設けられたものではないかと考えた。以後、(一)女性特有の生理をけがれた存在とみなす女人不浄観・穢れ観が仏教の女性忌避と結びついて聖域から排除したとするもの、(二)仏教の戒律の護持のため、修行の妨げとするもの、(三)本来男女を問わない聖域への立入り禁止にはじまり、次第に女性に限定されていったとするもの、

など諸説があるが確定していない。寺院の場合はともかく、神祭の場合、女性による神祭もあり、さらなる検討が必要であろう。山岳寺院の女人禁制は一八七二年(明治五)に廃止されたが、現代でも、大峯山は禁制を守り、神祭でも、女性を排除するものもある。大相撲の土俵上や土木工事の現場などでは女性の立入りを嫌っているが、後者については女性の職場進出に伴い、解放されつつある。

参考文献　西口順子『女の力—古代の女性と仏教—』(「平凡社選書」一一〇、一九八七)、宮田登『山と里の信仰史』(「日本歴史民俗叢書」、一九九三)、牛山佳幸「「女人禁制」再論」(『山岳修験』一七、一九九六)、鈴木正崇『女人禁制』(「歴史文化ライブラリー」、二〇〇二)

(西口　順子)

ニライカナイ　ニライカナイ　奄美から八重山に至る琉球列島の村落祭祀の儀礼で表現される世界観のなかで、人間の住む世界と対比される他界、別の世界。ニライ・カナイは対語であり、ニルヤ・カナヤ、ギライ・カナイ、ミルヤ・カナヤなどの異なる表現もある。地域によって単にニライ、ニレー、ニーラン、ニッラ、ニローなどと表現されることもある。稲やアワなど主要な穀物の収穫を終え、新たなる農耕のサイクルへのはじまりすなわち年の変わり目に、ニライカナイから人間の世界に神がやってきて、ユー(幸福・豊饒)をもたらしてくれるという信仰が、琉球各地の祭祀、農耕儀礼の際の神歌や儀礼に見られるが、その信仰の表出は地域によって異なる。八重山諸島の石垣島川平(かびら)のマユンガナシ、西表島の古見などのアカマタ・クロマタの祭祀のように、仮面や草木をまとった異装の神が出現し村落内の家々を訪れ、呪術的所作を行い呪言を残していく形態もあり、また、竹富島のユークイや、沖縄本島北部の一地域のウンジャミ(海神)祭祀のように、具象的な神の出現はなく、神の去来は村人や神役たちの儀礼的所作や神歌などによって象徴的に表現される場合もある。ニライカナイがどの方向にあるかについても、地域によって差異があり、琉球王国編纂による祭祀歌謡集『おもろさうし』のなかには、ニライカナイが東方の海のかなたにあるという観念とむすびつくものがみられる。しかし、ニライカナイの方位は村落の地理的条件によって左右されるものであり、沖縄本島の西海岸にある村落では西の海に向かってニライカナイの神を送る儀礼を行なっている。また、宮古諸島の多良間島では、人は死後、ニッラ(ニライ)の神の座に就くという観念があるが、根の深い草の表現として、根がニッラまで届いているという。そのことはニッラが地底にあるという観念を示すものである。また、海底と思わせるような伝承もあり、ニライカナイの方位、ありかについては、かなりの振幅性がみられる。ニライカナイが神の在所であり、そこからさまざまな豊饒がもたらされるという観念、理想郷としての観念だけでなく、ときには悪しきもの、災いをもたらすものの住むところという伝承もあり、その両義的な意味は琉球列島の来訪神信仰の解釈に重要な鍵となる。なお、ニライカナイに対比されるものとして、オボツ・カグラという天上世界を志向する神観念・世界観を示す語彙が『おもろさうし』など祭祀歌謡のなかにみられることも忘れてはならない。→アカマタ・クロマタ

参考文献　植松明石編『神々の祭祀』(「環中国海の民俗と文化」二、一九九一)

(比嘉　政夫)

ニワ　ニワ　母屋の前庭および母屋内の土間。前者をソトニワ、後者をウチニワと呼んで区別している所もある。前庭をカドと呼ぶ地方は多く、広島県にはカドニワの呼称がある。岐阜県ではヒノリバと呼んでいる。土間については、島根県や鹿児島県でウスニワの呼称があるが、これは主として臼を使用する作業場であったことに由来する。前庭は穀物の乾

燥や脱穀など農作業の場になる。土間には唐臼や藁打石が据えられ、雨天の日や冬期の屋内作業の場になる。土間が裏まで通っている住居では裏側に竈が設けられており、炊事の場になる。前庭は作業場という実用的な役割のほかに、儀礼の場としての役割を果たす。まず神霊を迎える場として、盆には祖先の霊を迎えてまつる盆棚、正月には年神を迎える門松が設けられる。京都府南部から奈良県北部にかけてみられる正月の盛砂も、前庭に年神を迎えるためのものである。近畿地方を中心に分布する頭屋儀礼において頭屋の前庭に設けられる御仮屋も、氏神を迎えてまつる施設である。また死者を家から送り出す儀礼の場にもなる。関東地方の北部では出棺の際、前庭に臼を伏せて棺を置いたり、棺を三度回す。前庭で藁火を燃やしたり、死者が生前使用していた茶碗を割ることも広くみられる。さらに正月の春駒や獅子舞など、季節の節目に家を訪れる芸能者たちは、屋内に入ることなく前庭で所作をする。カドは、本来は住居を取りまくかなり広い空間を意味する言葉であったが、ニワも同様である。埼玉県入間郡ではニワバタケの呼称が残っており、屋敷つづきの畑をさす。東北地方でみられる小正月の庭田植も、前庭や住居前の田で行う予祝儀礼である。土間が儀礼の場となる事例もある。かつて近畿地方の中央部を中心に分布していたニワカマドは、正月にニワに新しい竈を築いて煮炊きし、皆で飲食する儀礼であった。兵庫県淡路島の北部では作神であるジノカミを土間でまつっており、この神は、正月二十日に田へ出て九月二十日に家に帰って来ると伝承している。庭木については多様な禁忌がみられる。松やナンテンが縁起の良い木として歓迎されるのに対し、藤は家運が下がるといって嫌われる。柿など実のなる木も避ける所が多い。庭木に多様な禁忌が存在することは、それが植えられているニワが神聖な空間であり、神との関わりがある場所と意識されていたことを示している。以上のように、ニワは作業の場としての実用的な役割とともに、祭祀や儀礼の場として重要な役割を果たし、来訪する神霊や宗教者との交流の場になっている。この理由はニワ、特に前庭が屋敷の中にありながら外部との境界的な空間であることに求めることができる。土間もまた、このような前庭の性格を屋内に持ち込んだ空間といえる。その他、関東地方の一部では、村内の区画をニワやニワバと呼ぶところがある。また芸能を演じる場をさすこともある。今後は生業の違いが、ニワに対する観念にどのような影響を与えるのかなどについて検討を加える必要がある。

参考文献　網野善彦「中世「芸能」の場とその特質」(『日本民俗文化大系』七所収、一九八四)、朴銓烈『「門付け」の構造—韓日比較民俗学の視点から—』、一九八九、福田アジオ「日本の村落空間と広場」(『国立歴史民俗博物館研究報告』六七、一九九六)

(森　隆男)

にわたうえ　庭田植　東北地方や北陸地方で、小正月に模擬的に行われる田植えの行事。本来の田植えと区別して庭田植という。家の前すなわちニワ(庭)の雪の上に籾殻を敷いて田とみなし、藁を束ねたものを稲にみたて、蓑笠を身につけ田植えを行う仕草をする、あるいは豆殻を束ね豆を植える仕草をするあるいは、稲や豆など五穀豊穣を小正月にあらかじめ祝うものである。福島県会津地方では、藁でカボチャやユウガオの実などを形作り、これを木の枝にかける。このように豊作になってもらいたいと願いをこめて行う。会津地方では田植えをサツキとよんでいるところから、庭田植もサツキとよんでいる。庭田植はその家の主人が行うのが本来の姿であるが、それが変化して村の青年たちや子どもたちによって行われ、芸能化したものもある。東北地方にみられる青年が早乙女に女装して舞う田植え踊り(早乙女踊り)なども、庭田植の変化した予祝行事とみられる。また、正月早々に神社境内で行われる御田植神事などとも関連があるといえる。中部地方では、庭田植の行事がさらに変化し、職業化した者（旅芸人）が家々をまわり、歌を歌い舞を演ずる。旅芸人の来ない土地では、近所の男の子が「小苗打ちにまいった」といい、女の子が「ショットメにまいった」と唱えて家々を訪れる。これらの行事に共通する点は、歳徳神に豊作を祈願し、模擬的に田植えを行うことにより豊作にあやかろうとするものである。

参考文献　倉田一郎『農と民俗学』（「民俗民芸双書」、一九六九）

（佐々木長生）

にわとり　鶏　キジ目キジ科の家禽。東南アジアで野生種のセキショクヤケイが家畜化され、すでに弥生時代後期には日本へ渡来している。鶏飼育の目的は、時を告げる報晨、闘鶏、愛玩、卵・肉などの食用の四つに分けることができる。鶏は明け方に決まって鳴き声をあげ、丑の刻（午前二時）に鳴くのを一番鶏、寅の刻（午前四時）に鳴くのを二番鶏とし、時間を知る目安として利用された。さらに『古事記』の天の岩屋戸神話に描かれるように、その報晨性は太陽の再生信仰と結びつき霊鳥視されている。鶏鳴を元旦に聞くと長寿を保ったり、富貴になるとか、魔を追い払うなどとされ、そのため神聖なものとして昔話などでも重要な要素となっている。たとえば「地蔵浄土」「灰坊太郎」「継子の椎拾い」「鶏報恩」「馬と犬と猫と鶏の旅」など、鶏鳴により鬼や化け物を退散させたり、危機から脱出する型の話が多く伝えられている。さらに、石や地中、川の淵から黄金の鶏の鳴き声が聞こえるとする鶏石・金鶏山・金鶏塚・鶏淵にまつわる金鶏伝説など、鶏・鶏鳴を要素とする口承文芸は枚挙にいとまがない。このように鶏を霊鳥とすることは、鶏・卵を食用禁忌とするところが各地にあるなど多くの民俗事象からうかがえる。闘鶏もその一つで、日本では平安時代に宮廷貴族の間で遊技として広まり、民間に流布したが、本来、年占という神事性を持つものとされる。この神事性は、現在でも和歌山県田辺市の闘鶏神社や、兵庫県加西市北条の住吉神社の闘鶏神事に引き継がれている。さらに鶏の鳴き声で死者、特に水中の死体の所在を知る方法は各地で行われた。愛玩動物としての発展は比較的新しく、近世初頭にシャモや大唐丸・チャボなどの外来種が日本に導入された以降のことである。それらが日本在来種や小国（しょうこく）などと交配、あるいは独自に品種改良された結果、鳴き声を楽しむ声良（こえよし）鶏、その容姿を愛でる尾長鶏などの愛玩に特化した鶏が登場した。現在、日本人の食生活において鶏卵・鶏肉は頻繁に利用されている。これは近代の大規模養鶏技術と高生産外来品種の導入以降のことであり、それ以前は食品としては高価なもので、生産地である農村部においても大半が売却され、自家消費はハレの日を除いてほとんどなかった。近世にはすでに農村から都市へと運搬され、商品として流通していた。農村部では農業の副業として少数の鶏を物置や軒先に設えた簡単な鳥屋で飼育し、米や雑穀の屑を餌として育てていた。昼間は放し飼いにしていたが、この一見粗放的に見える飼養形態も、農耕との関係性において完全に粗放的ではありえなかったと考えられる。沖縄県島尻郡玉城村などでは、稲刈り後の一定の期間、干している稲籾を食い荒らさないように放し飼いを禁止する、トイバット（鶏法度）という厳密な社会規制が存在したという。

参考文献　山口健児『鶏』（「ものと人間の文化史」四九、一九八三）

（菅　豊）

にんぎょう　人形　人体を象（かたど）った作り物。ニンギョウと音読みするようになるのは室町時代になってからで、それまではヒトガタ。人形のほか偶人、人像、木人などをあてる。蒭霊（すうれい）と書いてクサヒトガタと訓んだが、草類で造ったヒトガタに霊性を感受していたことを物語る。縄文時代以降古代に至るまで土・石・木などを素材とした偶人の出土例は全国的だが、単なる愛玩でなく霊的対象物であったと考えられている。手足を欠いたり、妊娠状態を表わす土偶などから病災除けや豊穣、子孫繁栄などの祈禱の形代、あるいは呪咀目的など人間の運命の身替わり的役目を負わされていたらしい。また神の形代という可能性もある。平安時代初期に祓えの贖料として宮中儀礼として用いられていたことが『延喜式』木工寮によって証明できるが、遺跡出土遺物などからみて平安時代以前の人形呪術の風習を制度化したことを物語る。現代まで知られたり、伝わった呪性人形は次のように分類できる。しかし、時代とともに単目的から多目的化したり、目的転換したりした例もあるだろう。㈠祓えを目的とする贖料人形―『延喜式』の金銀鍍金人像。天皇の身体を小竹・カヤで計って作る等身大の六人部(身度部)ヒトガタを賀茂川に流した。巳の日の祓えとして鳥取県八頭郡用瀬町の流し雛や、六月祓えの半紙製のヒトガタも同じ思想。㈡本来は流されるものが、人形が立派になったため保存され、子供の誕生に贈られる祝儀人形―桃の節供の雛人形や端午の節供の武者人形。㈢子供の順調な成長を願う守護人形―天児・這子と呼ばれるもので子供の枕辺に置き、夜中に子供の魂が抜け出して遠くに遊びに行く(死を意味)のを防ぐ。天児・這子が遊離魂と遊んでくれるとの考え。㈣成女戒の標とした七夕人形―長野県松本地方。㈤雨乞いや晴乞いのために出す祈禱人形―埼玉県秩父郡皆野町の出牛人形では雨乞いに菅丞相の人形を出す。晴乞いのテルテル坊主は一般的。㈥学業の向上を願う祈願人形―各地の泥製の天神(菅原道真)像。㈦神意を宣り祝福を授ける祝福人形―オシラサマあそび、えびすまわし、三番叟まわしなど芸能的な祭文呪技を伴う。愛知県知多半島のカラクリにみる山猫や鉢叩きなどは珍しい例。㈧豊年予祝する田遊び・田楽人形―滋賀県の油日神社のズイコは彫像人形で立派な男根を動かせる。十六世紀初頭の作。東京都板橋区の田遊びのヨナボは藁製。甲府市小瀬町の天津司人形は杖頭の田楽人形。㈨非業の死を遂げた人物の怨霊を送る御霊人形―実盛人形・鹿島流し・ネブタ流し・弥五郎送りなどで、稲虫送り・疫神送り・豊穣祈願に用いる。㈩風祭・田実祭に対応する八朔人形―藁馬に乗った武者人形。⑪神を迎えるために山車や舟に飾る山車人形・お迎え人形。⑫人を呪うための呪咀人形―丑の刻参り。⑬その他案山子・田の神など。

→案山子　→流し雛

参考文献　柳田国男「人形とオシラ神」(『柳田国男全集』一五所収、一九九〇)、折口信夫「偶人信仰の民俗化並びに伝説化せる道」(『折口信夫全集』三所収、一九六六)、永田衡吉『日本の人形芝居』、一九六九、西角井正大「偶人劇の成立と変容」(『日本民俗研究大系』六所収、一九八六)、網野善彦他編『傀儡・形代・人形』(「音と映像と文字による大系日本歴史と芸能」一一、一九九一)

(西角井正大)

ぬ

ぬかふくこめふく　**糠福米福**　日本の継子話の一つで、東日本以北に広く分布する。継母が継子の糠福に穴のあいた袋をもたせ、実子の米福には新しい袋をもたせて栗拾いにいかせる。糠福はいつまでたっても袋がいっぱいにならず、山姥の家にいき、山姥の頭のシラミを取ってやり、つづらをもらう。継母は糠福にヒエを搗いておくようにいいつけ、自分は米福をつれて芝居見物(祭)に出かける。鳥がきて仕事を片づけてくれ、糠福も山姥にもらったつづらから着物を出して着替え、芝居見物に出かける。糠福は見初められ、駕籠に乗せられて嫁にもらわれていく。ヨーロッパのシンデレラは灰にまみれて働く娘だが、日本の糠福は糠にまみれている。朝鮮の「コンジ(豆福)・パッジ(小豆福)」と同じ命名である。実子と継子の名は他に紅皿と欠皿、紅皿と糠福などがみられる。援助者は山姥のほか、死んだ実母、鳥、鬼、神などがある。真の花嫁選びは日本では美人くらべ、歌詠みくらべ、木の枝に雀を止まらせるなどといった課題によって行われ、靴による花嫁探しは以下のような二、三の例外を除いて存在しない。青森県北津軽郡の話では、主人公が祭で靴をなくし、殿様が拾って落とし主を探すが、援助者として牛が登場するなど、海外から伝播した可能性が高い。山口の話では継娘はシンデレラの靴の代わりに簪(かんざし)を落とす。

参考文献　水沢謙一「「ぬかふく・こめふく」の昔話について」(『昔話ノート―採集と研究―』所収、一九六六)、関敬吾「糠福米福の話」(『関敬吾著作集』四所収、一九八〇)

（斎藤　君子）

ヌル　**祝女**　奄美・沖縄諸島で村落祭祀を司る女性祭司の長。ヌールとも発音、伝統的にはヌルクミー(のろくもい)・ヌルガナシーと尊称を付して呼ばれた。歴史的表記は「のろ」(『おもろさうし』など)、漢字は祝を宛てることが多く、村落の祝と宮廷の君とは王国の女性祭司の二大区分であった(『中山世鑑』など)。琉球王国の時代、祝女は聞得大君を長とする王国の祭司制度の末端に位置付けられ、王府から就任の認可や役地の給付を受け、同時に祭祀内容の統制を受けた。その伝統を受け継ぐ祝女を公儀祝女という。現代では祝女のありかたも多様化しているが、伝統的な公儀祝女の特徴を以下にあげる。(一)大概複数のシマ(村落)に一名で、シマごとにいる根神以下の祭司を束ねて祭にあたる。たとえば、本島北部・田港(タンナー)の祝女は田港・屋古(ヤフ)・塩屋(サー)・白浜を伝統的な祭祀圏(現在は七に増加)とし、主要な祭司を率いて順繰りにシマを廻り祭祀を行う。(二)田港祝女(ヌル)のように出身のシマ(村落)名を冠して呼ばれる。王国時代の辞令書や由来記も同様で、男性の村役人の呼称との共通性を指摘する説がある。(三)原則として特定の旧家やその父系親族集団の女子に受け継がれる。父系を辿る場合が多く、伯(叔)母から姪への継承が典型的だが、稀に母から娘へ母系で相続した所もあった。十七世紀半ばまで王府から交付された辞令書には、元の祝女の娘・妹・姪・孫などの例がある。嫁継ぎは近代になって増えた継承法である。(四)国頭地方では祝女不婚の伝承が根強いが、古い辞令書にも娘の例があり、祝女が子を持つことは事実として忌避されなかった。(五)祝女殿内(ヌルドゥンチ)の祭祀、祭具、祝女地などを代々受け継ぐ。祝女殿内はヒヌカン(火の神)と祝女の位牌などをまつる祠で、祝女の住居に付設する場合と別個の場合がある。原型は祝女の住居の火の神(竈神)だったと考えられている。伝領の祭具には玉ガファラ(祭時に付ける玉を連ねた首飾り)・ジファー(簪)・神衣裳(祭衣)などがある。祝女地は王国時代、祝女に給付された田畑(のろくもい地)の後身で、田植え神事など農耕儀礼の舞台となる祭祀田を含む場合があり、役地の前型をうかがわせる。(六)村落祭祀、公共の祈願の担い手であり、原則として個人の祭祀・私的祈願に関わるべきでないという意識が強い。(七)原則として終身勤める。昭和前期まで祝女の葬儀には祭司たちが神衣裳を付けて参列し、ウムイ(祭式歌謡)を謡うなど特殊の儀礼があった。墓も区別して祝女墓を設けた所もある。このような公儀祝女の様態は近代化の進展とともに徐々に揺らぎ始め、祝女の祭祀圏の崩壊、祭具・財産・伝承知識の喪失、従来の系譜に依らぬ祝女の誕生などがおこり、近年では後継者不足が深刻になって祭司組織の存続を脅かしている。今日、祝女をめぐる宗教的状況は社会や生活様式の変化、ユタの介入などにより流動化し、現状の緻密な観察と動態的把握が求められる。また第二次世界大戦前から蓄積された膨大な調査資料の活用、かなり様態の異なる宮古・八重山の女性祭司(ツカサ、サス)との本格的な比較検討も今後の課題である。歴史方面では、祝女は王国の統一以前地方に割拠した按司のおなり神として成立したといわれるが、この時代の具体像は不明の部分が多く、グスクの発掘調査などによる研究の進展が待たれる。

[参考文献] 植松明石「女性の霊異をめぐる覚書」(谷川健一編『(叢書)わが沖縄』四所収、一九七一)、宮城栄昌『沖縄のノロの研究』、一九七九、渡辺欣雄『沖縄の祭礼—東村民俗誌—』、一九八七、高良倉吉『琉球王国史の課題』、一九八九、高梨一美「神に追われる女たち—沖縄の女性司祭者の就任過程の検討—」(大隅和雄・西口順子編『巫と女神』所収、一九八九)

(高梨　一美)

ね

ねずみじょうど　鼠浄土　正直爺の幸運を、隣の欲深爺が真似て失敗する隣の爺型の昔話。囲炉裏端の鼠穴に落ちた団子のお礼に、爺を鼠の家に招待する。尻尾につかまり目をつぶっていると、鼠の立派な家に着く。そこで大勢の鼠が、「孫ひっこ(曾孫)やっしゃご(玄孫)、ぞんぞりご(曾曾玄孫)の果てまでも、猫の声ぁ聞きでねぇ、テッタンパッタン、テッタンパッタン」と餅搗きをしている。爺は御馳走の後、餅をたくさん土産に貰って帰る。隣の爺はこれを聞いて、真似るが「ニャォーン」といってしまう。すると辺りは真っ暗になり、出口を求めて必死で土を掻いているうちにモグラになってしまう。明暗のはっきりした昔話で、全国的に報告例が多い。団子の行方を追って穴の中に入ると地蔵がいたとする「地蔵浄土」とは同じ構造であるが、「鼠の餅搗き」が「鬼の博奕打ち」に入れ替わっている。鼠浄土の昔話の原形を、大国主命(おおくにぬしのみこと)の根の国訪問とする説もあるが、『古事記』には「鼠の餅搗き」の条がない。鼠の土産に銭や小判、宝物といった例も多いが、それよりも搗いた餅や米の方が本来的のように思われる。柳田国男は、鼠の住む国とされる根の国を地下の世界と固定せずに、南島のニルヤ、ニライカナイなどの海上の国と同じものととらえ、ニルヤが稲を繁茂させて人間の力と幸福を、豊かにするとし、そのニルヤの神のミサキの機能を鼠が担っていると説いている。鼠浄土の鼠と米(餅)とのつながりの説明として説得力がある。

参考文献　柳田国男『海上の道』(『柳田国男全集』一所収、一九八九)、五来重『鬼むかし—昔話の世界—』(「角川選書」二〇九、一九九一)

(花部　英雄)

ねやど　寝宿　未婚の若者や娘たちが寝泊まりするための施設を指す総称。一般には若者たちの宿は若者宿、娘たちの宿は娘宿と称される。これらの呼称は、寝宿も含めてすべて学術用語であり、いわゆる民俗語彙としては、トマリヤド、ワカモノヤド、ヨナベヤド、ワカシュウヤド、ニセヤド、ヘヤ、コヤド、ネド、ネンヤ、マワリヤド、ヤガマヤーなど各地域においてきわめて多くの呼称が聞かれる。寝宿は村内のだれかの家の一室を借りてそこへ寝泊まりに行く場合と、作業小屋やムラの会所などの独立した家屋を宿にあてる場合とがあるが、後者は若者の寝宿に多く見られる形態で、娘の寝宿はだれか信頼のおける主人のいる家を借りる場合がほとんどである。寝宿は古くは日本の広い地域で見られた民俗であった。どちらかというと西南日本の海に近い地域に多く見られるが、東北日本や内陸地域にも広く分布している。寝宿は近年は急速に衰退し、特に娘の寝宿は若者たちの宿に較べて早くに消滅した。寝宿にはほぼ同世代の者たちが複数で寝泊まりし、その人数は地域によって異なり、二、三人という場合から多い場合は十数人が一緒に泊まるという例もある。成人儀礼前の子供が宿へ出ることはなく、成人儀礼を経て寝宿へ泊まりに出るようになり、婚姻によって宿を退くのが通例である。しかし寝宿婚とよばれる婚姻のように、稀に婚姻後も夫婦がしばらくの期間寝宿に寝泊まりするという例も見られる。しかし基本的に寝宿とは、成人儀礼を経た男女が婚姻まで、家族から離れて同世代の者たちとの共同生活を営むことを目的としたものである。寝宿は、若者の宿では一人前の村人になるための修練や経験の場となり、また娘たちの宿では、夜なべ仕事をしたり宿の主人から裁縫などのさまざまな手仕事や、結婚生活の智恵や躾を習うということもあるが、特に明確な目的を持たずに、単に仲間と自由な会話をしたり遊んだりするという例も多い。何よりも寝宿の果たした重要な役割は、娘の寝宿が若者たちのヨバイの対象となったことである。特に若者仲間の結束が比較的強固な地域では、村内の男女の恋愛と婚姻は若者たちの監督下におかれていることが多く、未婚の男女は自由な意志で未来の伴侶を見つけ、寝宿をその恋の舞台として利用した。その意味で寝宿は婚姻の媒介としての機能を濃厚に有していたのである。たとえば伊豆三宅島では、昭和初期には、娘に初潮があるとハツヨゴレまたはハツカゴといい、鮨などの御馳走を作って盛大に祝い、また村の若者たちにもふるまった。三宅島には村内にたくさんの娘の寝宿があり、娘の親は寝宿親のしっかりした家、あるいは本人の好む家に頼んで娘を泊まりに行かせた。若者たちの宿もあったが、ここに泊まるのは一年のうち一晩か二晩だけで、あとはほとんど娘の寝宿へ泊まりに行ったという。寝宿親は若者たちの往来に常に注意し、娘との恋の顚末を婚姻に至るまで温かく見守りながら、時には厳しく説教をすることもあったという。ゆえに寝宿で結ばれた夫婦は生涯仲むつまじかったといわれている。このように、宿親は宿子のよき相談相手となり、実質的な仲人役を務めるという例も見られた。寝宿で寝泊まりする若者や娘と宿の主人とが、寝宿を退いた後も生涯親しくつきあい、いわゆる擬制的親子関係を結んで後々までオヤとコの関係を維持するという例も多い。また同じ寝宿に寝泊まりする仲間をヤドホーバイなどといい、親兄弟にも話せないさまざまな悩みを相談できる仲間として親しくつきあう。また宿を退いた後も、生涯兄弟姉妹同様の関係を続けるという例もある。

→若者宿(わかものやど)

参考文献 有賀喜左衛門「日本婚姻史論」(『有賀喜左衛門著作集』六所収、一九六八)、瀬川清子『若者と娘をめぐる民俗』、一九七二、大間知篤三「寝宿婚の一問題」(『大間知篤三著作集』二所収、一九七五)

(八木 透)

ねんちゅうぎょうじ 年中行事 (一)一年ごとに、同じ日もしくは、暦によって決められた日に繰り返される一連の行事。多くは儀礼や式典を伴う。暦が日本に入ったのは六〇二年(推古天皇十)とされるところから、暦の上の日を決めて行事が行われたのはこれ以降と考えられる。六〇六年「この年より初めて寺毎に、四月八日、七月十五日に設斎せしめき」、六一一年「夏五月五日菟田の野に薬猟したまふ」などの行事が『日本書紀』に初見する。以降正月七日の宴、十七日の射礼、三月三日の曲水の宴などが順次行われるようになる。正月七日の宴はのちに白馬の節会とされる行事である。『養老律令』(七一八)の雑令の中に「正月一日、七日、十六日、三月三日、五月五日、七月七日、十一月大嘗日を節日と為(せ)よ」(原漢文)とあり、この七日が行事の日として定められた。宮廷の年中行事は天智・天武天皇によって、おおよそが形作られ、天平勝宝年間(七四九―五七)には確定したが、平安時代になると『弘仁儀式』『貞観儀式』『延喜式』と儀式が細かく規定され、饗宴性も強まり宮廷年中行事は完成する。年中行事の語は漢語にはなく、平安時代以前の文献には、歳時・歳事・四時・月令などの語が散見する。年中行事の語が用いられたのは年中行事障子からとされる。これは平安時代以降現在まで宮中で執行されているもので、その年に行われる年中行事を月日を追って書いた衝立を置き、告知するものである。平安時代には清涼殿の上戸の前に立てた。『年中行事秘抄』の殿上年中行事障子事に八八五年(仁和元)にこの障子を立てることを始めたとある。年中行事はこのように宮廷の公事としての意味で使われた。宮廷年中行事は正月・新嘗祭などの古来の行事をとりいれているものの、その基本は中国の隋や唐の皇帝儀礼を範として、暦の知識を媒介に陰陽道の影響が色濃く出ている。それに仏教行事や神社の祭礼および民間の行事をいれて構成されている。しかし、この時代それぞれの摂家や寺社でも年中行事が形成され、それぞれの公私の年中行事が存するようになる。

一方、民間ではこのような公の暦ができる以前から月の満ち欠け、季節の移ろい、作物の成育にあわせて行事や儀礼が展開されていたと考えられる。たとえば月齢の朔月と満月にあたる一日、十五日をもの日(モンビ)として休み日とすることは神を迎える物忌の日からきているとされる。さらに一日・十五日の中間の日の八日や二十三日に祭や講が集中するのも月の満ち欠けを基準とした行事の取り方を表わす。このように現行の民俗にみるような暦を用いない月日の数え方、それにそった行事があったとされる。農耕儀礼は作物の成育にあわせた儀礼であるが、民間の年中行事の多くは、この農耕儀礼とくに稲作の農耕儀礼によって構成されている。正月は作物の豊作をあらかじめ祝う、予祝儀礼が集中している。小正月の物作りや餅花が好例であるが、この時に豊穣をもたらす性的儀礼も多い。春の行事の多くはサオリという田の神迎えに解釈される。天道花といって山に花をとりにいく行事や、卯月(四月)八日に田に入らないとすることが、一連の田の神迎えとされる。夏になると行われる八朔の行事をたのみの節供として初穂儀礼ととる。多くの秋祭、浄土宗のお十夜、日蓮宗のお会式、浄土真宗の報恩講などの仏教行事にも収穫祭の性格がある。収穫祭は十一月二十三日の新嘗祭に代表されるのだが、本来の正月は収穫祭に続いてくるという考えがあった。とすると二十四日に霜月祭があったり霜月大師の伝承があったりするのは年越の正月を迎える意味があったと考えられる。ただし農耕は稲作だけではなく、畑作や稲作以前の主食だったと考えられているイモの収穫祭の残存があるとされる。亥子や十日夜に子供が地面をたたく儀礼を畑作物の種子を播く播種儀礼の一つとしたり、七夕に麦饅頭を食べる、盆に畑作物である青物を飾る、あるいは小麦で作る素麵を飾りに用いるのは畑作の収穫祭の一面があるとされる。よりはっきりするのは十五夜の月見でここでは芋名月といってサトイモをそなえる。これら夏から秋にかけての年中行事に畑作農耕儀礼をみるものである。このように暦に定められた年中行事も多くは農耕儀礼が移行して定着したものととらえることができる。民間年中行事をささえるもう一つの要素は祖霊祭祀である。祖霊は正月と盆に去来する。盆と正月は同様の年二回祖霊を迎える行事であったが、正月は歳神を迎えるおめでたい行事に盆は死者を迎えるといった陰気なものに、仏教の影響もあって分化したというのが柳田国男や折口信夫の考えであった。また民間の年中行事は盆と正月のように、同じことを二回繰り返して一年を二分する構造をもっていた。

　年中行事には宮廷年中行事と民間年中行事の双方が習合して現在に至る形を作ってきた。日本民俗学は、この年中行事の成立と定着については農耕儀礼還元論を前提とした論で終始してきた。すなわち年中行事は一部民間行事を取り入れながら宮廷で成立したが、それが民間に定着するにはもともと宮中年中行事に時期を同じくして行われる農耕儀礼があったからだという考えである。たとえば五月五日の節供はもとは中国の風習であるが、日本では古来この日に女の家といって女の人が家に籠る事例が見られたことから、これらの行事は女子による田の神迎えが移行して定着したのではないかとする柳田国男の解釈(『家閑談』、一九四六)がそれである。このような解釈の可否は別にして年中行事の成立と定着に関しては、宮廷年中行事を民衆に喧伝、伝播させた人を特定することが課題となる。現在明らかになってきつつあるのは、暦をつかさどった陰陽師の働きで、特に中世から近世にかけての民間陰陽師の活動が大きいとされる。宮廷を離れた陰陽師は伊勢神宮や出雲大社のような有名神社の神社暦の作成に関与して、暦注をつけていく。この暦注には雑書(ざっしょ)という手引きのような本が何種類も作成された。そこには吉凶・方位・夢占などの占いから、八十八夜・土用のような雑節といわれる年中行事も記されている。このような暦の売買をつうじて新たな年中行事が形成されていったことも考えられる。もう一つ年中行事の課題は日本の近隣地区である沖縄・朝鮮・中国との比較である。これら近隣地区との異同を明らかにすることによって、伝播や混淆の問題への展望が得られる。盆と中元節を例にとると、もともと盆は『盂蘭盆経』という仏典をもとにした行事なのだが、この経が伝播する過程にさまざまな民間信仰を巻き込んでいく。まず中国では地官をまつる中元節と習合し、地獄観念を肥大化させて、この季節に中国南部では目蓮戯(もくれんぎ)などの地獄芝居が上演される。台湾では中元節のある旧暦七月は地下からいろいろな悪霊がでてくるとされ、吉事は控える。中元節に新亡(しんぼう)の人の霊を送り、孤魂という日本でいう無縁仏のような霊を迎える点は似ている。朝鮮では中元節はなく、仏寺の行事としてのみある。沖縄では盆行事もあるが、八月踊りなどの収穫祭としての要素が強い。日本ではいろいろな要素がいわれるが、新亡と祖先と無縁仏という三つの霊をまつる。また畑作物収穫祭としての一面も指摘されている。これらの違いは仏教・儒教・道教の盆の取り扱いの違いにより受け入れに差がでていることが考えられるが、祖霊祭、新亡供養、無縁供養に東アジア共通の観念があったことも考えられる。ほかに正月十五日、三月上巳、清明節、五月端午、七月七夕、九月重陽、冬至、除夜など、中国で行われている節日との比較を問題にしなければならない年中行事は多い。現在、盆・正月を除いて、年中行事は希薄になりつつあるといわれるが、近代に入り交通の発達に伴って、盛んになった初詣、第二次世界大戦後流行したクリスマス、最近のバレンタインデーなど新たな年中行事も誕生している。このように年中行事の一つ一つは成立は別々で、行事の流行りすたりがあり、統一がとれないように見えるが、盆と正月の行事に類似点がみられるとか、春送り出した神を秋に迎え入れるといった、春と秋、冬と夏の行事には対称性が見られる。

→節供(せっく)

参考文献　橋本万平・小池淳一編『(寛永九年版)大ざっしょ』(「岩田書院影印叢刊」一、一九九六)、遠藤元男・山中裕編『年中行事の歴史学』、一九八一、和歌森太郎「年中行事」(『和歌森太郎著作集』一二所収、一九八二)、所功『平安朝儀式書成立史の研究』、一九八五、田中久夫「端午の節句考」(『年中行事と民間信仰』所収、一九八五)、倉林正次『饗宴の研究―儀礼編―』、一九八七、中村喬『中国の年中行事』(「平凡社選書」一一五・一三四、一九八八・九〇)、同『中国歳時史の研究』(「朋友学術叢書」、一九九三)、田中宣一『年中行事の研究』、一九九二
（坂本　要）

(二)沖縄の年中行事の特徴は、一定の時間単位を基準にして定期的に繰り返される集団活動だという点である。時間単位は一年に一度が多いがそれのみでなく、また集団活動も宗教儀礼を伴う活動が主だが、それのみではない。一七一三年(康熙五十二)、琉球王国によって編纂された『琉球国由来記』には、王府の行事を「公事」とし、地方の行事を「各処祭祀」「年中祭祀」として載せている。「公事」はいわば王府の年間スケジュール、「各処祭祀」「年中祭祀」は拝む対象や祭場を中心とした各村の年間スケジュールだった。暦による行事は多いが、十八世紀当時は稲、麦、アワ、イモその他の作物の農耕儀礼による行事が多く、行事日は作物の成長に合わせて、王府ないしは地方の日撰見(ヒューリミー)(日選び)によって年ごとに決められることが少なくなかった。近現代の沖縄の年中行事には、なお年ごとに日選びを行う行事が少なくないが、おおかた旧暦にもとづいて日を定めた行事がほとんどである。正月行事や新設の行事など若干の行事は、本土の行事に合わせて新暦でも行われるようになった。暦日による年に一度の行事だけでなく、月に二回行う家庭内の火神(ヒヌカン)や位牌の祭祀、年二回行う彼岸祭や屋敷浄化の儀礼、年三回儀礼を行うシマクサラシ(玉城村)、観音や関帝の祭祀などもある。また三年や五年に一度行われる遠祖祭祀は本島にかなり普及しており、その他数年に一度行われる行事が沖縄各地に散見される。十二年に一度の午年に行われた久高島のイザイホーは、特に名高い。

参考文献　崎原恒新・山下欣一『沖縄・奄美の歳時習俗』、一九七五、小川徹『近世沖縄の民俗史』(「日本民俗学研究叢書」、一九八七)、崎原恒新『ハンドブック沖縄の年中行事』、一九八九、沖縄タイムス社編『おきなわの祭り』、一九九一、比嘉政夫『沖縄の祭りと行事』、一九九三
（渡邊　欣雄）

ねんぶつおどり　念仏踊り　踊り念仏が芸能化・娯楽化し、曲調や踊り歌・囃子詞(はやしことば)・芸態のうえに念仏や和讃の残存形態が見受けられる芸能。念仏踊りは盆や忌日(きじつ)・彼岸・命日などに、死者供養(新精霊・祖霊・無縁仏・政治的非業の死者・戦死者など)のために踊られ、念仏芸能とも総称できる。各地の念仏踊りの開始由来は、非業の死を遂げた者の御霊(ごりょう)を供養するためという点で共通しており、勧進聖(かんじんひじり)が大念仏会や御霊会を催してその地にかかわりがある怨霊(御霊)をまつり、その祟り(日照り・長雨・虫害・死亡・風害・災難・病気など)を鎮めようと勧進活動を展開した結果と考えられる。芸能的念仏による聖の教化(きょうげ)活動は祖霊・死霊

供養と五穀豊穣祈願を一体化させて、田楽系念仏踊りを数多く成立させる要因ともなった。後に、念仏や和讃の死者を供養する文句に代わって、恋歌や叙情歌や数え歌などが取り入れられるようになり、特に恋歌は五穀豊穣を願う呪的歌謡として、田楽系の念仏踊りの文句に好んで使用されるようになった。南北朝の動乱が終ったころ、造った人形を美しく飾って、村人が念仏を唱えながら鉦鼓を叩いて行道する念仏拍子物(はやしもの)の有様が、『看聞御記』(かんもんぎょき)に記されている。『看聞御記』の一四三一年(永享三)七月十五日条に、「即成院念仏躍例の如し、所々念仏躍地下計会に依て略す云々」とあり、盆の芸能として念仏踊りが踊られたことがわかる。十五世紀中期ころが、踊り念仏が芸態のうえで風流化し、念仏踊りが成立した時期と考えられる。逆修関係の六斎念仏の供養碑や、『看聞御記』などから、室町時代末期から安土桃山時代にかけて風流化が急激に進行し、立念仏(直立したままで唱える念仏)から変化した念仏踊りが出現した状況がうかがえる。近世初頭に出雲阿国(おくに)が念仏踊りを京都で演じて、歌舞伎踊りと呼ばれるようになったが、北野の舞台で阿国が鉦を叩きながら念仏を唱える姿と、その念仏に引き寄せられて登場する名古屋山三の亡霊が『歌舞伎草子』に描かれている。阿国の歌舞伎踊りは霊を弔う念仏の呪術性を主題とし、舞踊化・演劇化されたものと推定でき、念仏踊りの本質を示している。盆の期間に踊られるさまざまな趣向を凝らした風流踊りや風流太鼓踊りは、宗教儀礼である踊り念仏が娯楽化して念仏踊り(風流大念仏)へと変遷し、さらに風流化が進んだ結果、形成された民俗芸能と推定できる。この種の芸能は、愛知県鳳来町の放下大念仏や島根県佐田町の須佐切明神事、佐賀県伊万里市脇野の大念仏、長崎県嵯峨島のオーモンデーなどである。脇野の大念仏は、弘安年中(一二七八―八八)に京都の壬生寺より詠唱念仏が伝えられ、これに合わせて踊り始められたと伝承される。脇野の大念仏の芸態は、踊り手の胸に太鼓を付けて踊る太鼓踊りであり、頭上には白布を垂らした大型の幌笠を被るので、風流笠型の民俗芸能にも分類できる。楽器は太鼓と鉦・笛で、太鼓役と鉦役が交互に入り混じって、円陣をつくり踊りながら八周する。一周ごとに踊りの所作が異なり、特に第五周目には「南無阿弥陀仏」と六字の名号を唱えつつ、ゆったりしたリズムで踊る。念仏を繰り返す回数によって、「三遍返し」「五遍返し」「七遍返し」「九遍返し」の四種の呼称がある。第七周と第八周目には、「まくり笛」といって速いリズム

念仏踊り　愛知県鳳来町(新城市)の一色放下大念仏

で笛が吹かれ、太鼓や鉦も急テンポで連打され、大念仏は終了となる。これらの部分に、かって大人数で念仏を詠唱した融通念仏の名残が継承されており、念仏踊りの古態も伝えている。

参考文献　仏教大学民間念仏研究会編『民間念仏信仰の研究』資料編、一九六六、五来重編『日本庶民生活史料集成』一七、一九七二、芸能史研究会編『日本芸能史』四、一九八五、大森恵子『念仏芸能と御霊信仰』、一九九二、五来重「念仏芸能の成立とその諸類型」(『仏教民俗学大系』五所収、一九九三)

（大森　恵子）

ねんぶつこう　念仏講　念仏を唱える講。無常講・往生講ともいう。通夜や葬式に念仏を唱えるのを本来の機能とするが、寺堂や路傍にまつられている仏の供養、安産祈願などはば広く諸祈願を行なっている。おおかたムラ単位、もしくはそれより狭い村組単位で行われている。女人講や老人の講が任にあたっている所が多い。百万遍のように、南無阿弥陀仏を唱えるほか、光明真言や和讃や御詠歌を唱えるものも念仏講という。元来は念仏を唱え往生を願う、同信者の結社で、中国では四世紀末に慧遠が廬山で結成した白蓮社のような堅い結束を強いた。日本では十世紀末に源信ら二十五人が結成した二十五三昧講が有名であるが、これは死者に特別な儀礼を施すために結成された往生講である。ムラに葬式を目的とした念仏講が組織されるのは中世以降で、民間に定着しつつあった聖の影響が大きいとされる。念仏講は音頭取り・法眼(ほうがん)といわれる人を中心に数珠繰りを行なったり、太鼓や伏せ鉦で調子をとるなどして始まる。各宗派の勤行経典に和讃や御詠歌を唱える所が多い。関東では各種和讃が、関西では西国三十三ヵ所の御詠歌が主である。関東の例では葬式には善光寺和讃、安産祈願には十九夜和讃を唱える。念仏講は老人組・婦人会などの組織とかさなっており、同性、同年代のものが定期的に集まることから、信仰とは別の遊山講としての機能がある。千葉県北部では、十五夜講・十九夜講・二十三夜講などの女人講が世代別に組を作り、遊山講と称し念仏を唱えており、最も年長の人の講は念仏講になっている。

参考文献　坂本要「祖先崇拝と葬式念仏」(『葬制墓制研究集成』三所収、一九七九)

（坂本　要）

ねんれいかいていせい　年齢階梯制　人間が年齢という階段を昇っていくという意味をこめた用語で、社会成員を年輩により幾つかの階梯に区分し、上位の年齢階梯が下位のそれを統率して社会的な統合をはかる制度。原語 Altersklassen に年齢階級の訳語を避け、年齢階梯制の訳語を用いたのは、社会科学者に無用の疑惑をおこさせないための江守五夫の配慮にもとづく。一般に成人式以後の男子により編成され、その社会的な地位ないし、行動基準がその属する階梯によって規定される。特に若者たちの年齢階梯はそれ自体強く凝聚した年齢集団(若者組)を構成し、厳しい内部規律に服する場合が多い。子供が一、二の年中行事で仲間を形づくったり、娘が気の合った数人で寝宿に泊まり、若者と交遊することもあるが、このいわゆる子供組や娘仲間が年齢階梯制の一環をなすとは考え難い。年齢階梯制は人類学上、成人男性の組織とみなされている。年齢階梯制は日本では主として西南部にみられ、伊豆半島において最も顕著に発達した。たとえば、静岡県賀茂郡三浜村伊浜地区(南伊豆町)では若衆組・中宿老・大宿老・年寄衆の四階梯に区分されるが、それと同時に若衆組が内部的に小若衆・小中老・中老・頭脇・親方に再区分されていた。もっとも、このような細密な階梯区分は日本ではむしろ稀で、若衆・中老・年寄といった三階梯区分が最も多い形態といえよう。人々は年齢が長ずるに従って順次、上の階梯に上昇していく。ただ、若者入り(成人式)が数年に一度挙げられるところでは、一緒に仲間入りした者

若者組内部の階梯区分

年齢	年齢階梯		役員
	(宿　老)		……組　頭
35歳	親　方		……頭
32歳	頭　脇		
29歳	中　老		
27歳	小中老		
25歳	使い上り	小若衆	…頭　役(小若衆の)
19歳	走り使い	小若衆	
17歳			

年齢階梯制

年齢	年齢階梯
	年寄衆
60歳	大宿老
50歳	中宿老
40歳	宿　老
35歳	若衆組
17歳	

(静岡県南伊豆町伊浜)

若者組の年齢組的編成

大　老	25～27歳 23～25歳
中　老	22～24歳 20～22歳
兄　組	19～21歳 17～19歳
若　組	16～18歳 14～16歳

滋賀県栗太郡瀬田町南大萱の「若中」では、3年に1度14歳から16歳までの青年が一緒に加入し、これを「名替入」という。彼らは末端の「若組」を形づくるが、同時に、それまで各組にいた者がそれぞれ昇進し、「大老」にいた者は「若中」を脱退する。

たちが仲間(年齢組)を構成し、終始同じ年齢組に属するのであり、この特殊な形態は日本では滋賀県から石川県にかけての地帯で見られ、近接の民族では台湾先住民の間で見出された。年齢階梯制のもとでは人々はこのような年齢諸階梯に配置されるので、家族や親族は封鎖的な集団として存立しえない。たとえば若者は若者宿で、親は未成年の子とともに母屋で、祖父母は隠居屋で、それぞれ別々に生活の大半を過ごし、その対人称呼もこの居住形式に照応している。日本西南部の太平洋岸にみられるこの現象を、江守は世代階層制と称し、年齢階梯制から派生した一つの親族形態として把えた。東北地方(主に太平洋岸)に分布する契約講は世代別に構成されており、世代階層制の一環をなすものとも考えられるが、男性の講に対応して女性の講も形成されているので講組との関連も考慮される必要があろう。また年齢階梯制は家族や親族の成員を年齢諸階梯に分属せしめ、そのことにより人々を家族的利害関心から解き放ち、村落や部族全体のための行動を促す作用を演ずる。まさにそれ故に好戦的な部族は年齢階梯制や少なくとも若者集団を軍事組織に再編したし、日本の会津藩の軍制は年齢階梯制的に組織され、薩摩藩の兵児二才も若者組を改編したものにほかならなかった。大正初年に軍部が青年団を在郷軍人会の下部組織に位置づけようと計ったのも、同様の意図によるものであろう。また第二次世界大戦後、「村ぐるみ」で闘争せねばならない非日常的な場合にも、全村民が少年行動隊から老年行動隊に至る年齢階梯制的な闘争組織に組み入れられたのである。　→宮座　→若者組

参考文献　大日本聯合青年団編『若者制度の研究』、一九三六、大塩俊介他「伊豆伊浜部落の村落構造」(『人文学報』一二、一九五五)、関敬吾「年齢集団」(『日本民俗学大系』三所収、一九五八)、竹内利美「東北村落と年

序集団体系」(『東北大学日本文化研究所研究報告』別巻四所収、一九六六)、江守五夫『日本村落社会の構造』、一九七六、肥後和男『宮座の研究』(『肥後和男著作集』一期七、一九八五)

(江守　五夫)

ねんれいしゅうだん　年齢集団　年齢を主要な組織原理として形成される集団。年齢は、世代・性別・血統などとともに、生得的な属性であり、集団や序列形成の基準として用いている社会が少なくない。年齢自体が生物学的に普遍的属性であっても、社会的に利用されるか否かは、文化の次元の問題であり、年齢を社会組織原理として重視しない社会もある。その利用の仕方は、東アジアをとってみても一様ではなく、日本国内でも地域性・時代性が認められる。通常ムラなどの地域ごとに結成され、男子のみの場合が多い。加入年齢は、子どもから大人まで社会によりさまざまである。年齢集団には、年齢が関わっていれば、友人関係や一時的集団をも含む広義の用法もあるが、ここでは、年齢が主要な組織原理となっている永続的集団のみを指すことにしたい。たとえば、宮座の中には成年に達してはじめて加入を認められ、跡継ぎ息子の成人とともに引退するものがあるが、成員権はその所属する家により決まっているので、年齢は補助的要素にすぎず、年齢集団とはいえない。また、韓国や沖縄のように、年齢秩序が社会全体に重視され、年齢の上下による礼儀作法など厳格であっても、個人相互の相対的関係を律するにとどまり、一定の年齢とむすびついた年齢集団が生成しない場合もある。年齢組織として典型的なものには、年齢階梯と年齢組がある。年齢階梯とは、一定の年齢に達すると、その年齢に相応する階梯に所属し以後歳をとるにつれ上の階梯に上がっていくものである。これに対し年齢組というのは、一定の年齢に達するとその年齢または年齢幅に応じた組が結成され、一生その年齢集団が継続するものである。近代的な制度でいえば、学校の学年は年齢階梯であり、各学級は在学中は集団であるが、卒業とともに解体してしまう。ただし、卒業後も同級会として存続してゆけば永続的な年齢組といえる。日本の、若者組などにおいては年齢階梯制が顕著で、個人は年齢とともにそれぞれの階梯を通過して行く。その間、同じ階梯のものは、仲間として一時的な集団を形成するが、若者組を卒業してしまえば解散してしまう。これに対し、子供組として結成され、それが終生組仲間として親密なつきあいが続くような年齢集団は日本では比較的少ない。厄年の祭礼の折りに結成される連と称されるグループなども、解散せず次の厄年まで続くものは一応年齢集団に相当するが、普段の生活での機能は微弱である。いずれのタイプにせよ、日本の伝統的な年齢組織は、明治以降、国家からの干渉、生業形態の変化、進学や就職による青年層の都市への流出により、一部は青年団など新しい組織に組み込まれ変質しながらも存続しているものもあるが、多くは壊滅状態にある。しかし、地方によっては、奉納舞踊ないし芝居などのために結成される集団やそれと照応した村の役員組織などに、年齢階梯的特徴が認められるものがある。また、年齢の序列感覚の強いところでは、こうした永続的組織はなくても、同年者に特別な親近感を感じ特別な関係を結んだり、韓国の契(ケー)のように年齢以外の要因を主にして形成される集団においても結果的に同年齢層のもので占められる場合がある。これらは、個人を中心とした関係であったり、一時的なグループであったりして、年齢集団とはいえないが、関連した組織形態として注目に値する。→若者組(わかものぐみ)

参考文献　瀬川清子「同齢習俗について」(『民族学研究』一二ノ一、一九四七)、平山和彦『青年集団史研究序説』、一九七八、末成道男「対馬西浜の盆踊りと年齢階梯制」(『聖心女子大学論叢』五七・五八、一九八一)、同「年齢層序制」(『人類科学』三七、一九八四)

(末成　道男)

の

のうこうぎれい　農耕儀礼　稲や麦、アワなどの穀物を中心とする農作物の生産過程の節目に行われる行事。稲作儀礼と畑作儀礼からなるが、米を主食にしてきた日本では稲作儀礼が農耕儀礼の中心になっている。稲作儀礼は、春の種子播きから田植え、秋の収穫にかけて行われるが、春と秋に山や天、家と田のあいだを去来すると伝えられる田の神をめぐって行われる。種子播きの折に行われる播種儀礼は、苗代の水口や畦に榊や柳、栗などの枝または桜や山吹などの季節の花をさし、これに焼米や洗米を供えて田の神をまつる。新潟県古志郡では、苗代に立てる榊をタノカンサマ(田の神さま)とかタノカンサマノヤドリキ(田の神さまの宿り木)と呼び、長野県北安曇郡では、種子播きがすむと柳の枝を三本か五本取り、これを水口や田の中央に立てるが、その枝は田の神さまの腰掛けと呼ばれている。どの枝も田の神の依代であろう。田植え儀礼は田植え開始と田植え終了の二度にわたって行われる。前者はサオリ、サビラキ、後者はサノボリ、サナブリなどと呼ばれ、田の神である「サの神」の送迎祭である。いずれも田の水口や畦、あるいは家の神棚や床の間、土間、庭に三把の苗や餅、ご飯、ワカメ、昆布などを供えて田の神をまつる行事である。収穫儀礼は穂掛け儀礼と刈上げ儀礼からなる。穂掛け儀礼は、八朔(旧八月一日)・八月十五夜などに、初穂をすこし刈り、これを田の隅に掛けたり、家の柱に掛けたりする。刈上げ儀礼は神棚や床の間、土間、庭の臼の上、納戸や倉の種籾俵の上に、大根や稲束、小豆ご飯、餅、野菜、魚などを供える。これは収穫を田の神に感謝する行事で、大根や稲束、種籾俵は田の神の依代であろう。稲作儀礼には、このほかに一月初旬から中旬にかけて行われる予祝儀礼や虫送り、鳥追い、雨乞いなどがある。畑作儀礼はあまり発達していないが、その痕跡を伝える行事が各地にみられる。島根県大原郡の一月十九日の夜の麦正月や福岡県宗像郡の三月三日の麦ほめ節供は、麦の豊作を祈願する行事である。島根県の一部では麦の刈入れがすむと、村のお堂に集まって麦念仏をするという。また、八月十五夜を芋名月とか豆名月と呼ぶところも多い。沖縄では、稲作儀礼や畑作儀礼が、御嶽とかウガン、ワンと呼ばれる聖地で女性祭司によって執り行われている。稲作儀礼は旧九月から十一月に行われる播種儀礼と旧五月から七月に行われる収穫儀礼を基調とし、田植え儀礼がほとんど行われていない。麦やアワを中心とした畑作儀礼が発達していて、旧一月から旧二月と旧三月に麦の初穂儀礼と刈上げ儀礼が行われているが、畑作地帯の宮古では、麦とアワの収穫儀礼は旧二月と旧四月に行われている。また、沖縄本島から八重山にかけて、甘藷の収穫儀礼がひろく行われるほか、宮古の一部では旧二月に豆類の植え付け儀礼がみられる。　↓稲作儀礼　↓予祝儀礼

参考文献　井之口章次「農耕年中行事」(『日本民俗学大系』七所収、一九五九)、倉田一郎『農と民俗学』(「民俗民芸双書」、一九六九)、伊藤幹治『稲作儀礼の研究—日琉同祖論の再検討—』、一九七四、早川孝太郎「農と祭」(『早川孝太郎全集』八所収、一九八二)

(伊藤　幹治)

のがみ　野神　奈良県や滋賀県に多くみられる、集落から少し離れた水路や池の脇、山麓などにまつられている神。奈良盆地では野神と称せられる塚およびそれをまつる行事を野神さんという。このような塚は、奈

良盆地では四十あまり確認されている。多くは集落の少し離れた水路の脇、池の脇にヨノミ（榎）などの木のある塚を野神さんという。祭礼の日は、五月五日が多く（一月遅れの六月五日の場合もある）、行事内容は子供組が中心で麦藁で作ったジャ（蛇）を持って、この野神さんの塚まで持ち運ぶ。道中、行き交う人やその年結婚などめでたい家にて、このジャで祝うこともある。またその時、農具（鋤・鍬・馬鍬・唐鋤などの小さな模型）や牛馬を描いた絵馬を奉納する場合、粽を供える場合が多い。また、子供が中心となるその宿ではワカメ汁を必ず食べるという風習もある。このように野神に対する信仰の定まった儀礼が存在する。この信仰は、これから始まる稲作との関係、特に水との関係によるものが背景にあると考えられている。また、滋賀県の湖東・湖北の村では、村はずれか山麓の大木を野神とよんでおり、かなりの分布をみる。蒲生郡竜王町橋本では、二ヵ所に野神がまつられており、五月五日に飾り付けた牛を引いて御供を持って参るのと、九月二の申の日に村の子供たちが野神の下で相撲を取る。滋賀県の野神は八月下旬から九月にかけて多くの祭礼が認められる。日野町中山で九月一日から十日まで行われる芋競べ祭も、野神祭と考えられる。中山東・中山西の二つの集落がサトイモの大きさを競べる場所が、野神をまつるところである。その他、近畿地方では、大阪・京都などにも、この信仰があり、農耕とりわけ稲作との関連で水の信仰と深いかかわりがあると考えられる。

野神祭　シャカシャカ祭
奈良県橿原市上品寺町

参考文献　保仙純剛「奈良盆地の「ノ神」」（『日本民俗学』三ノ三、一九五六）、奈良県教育委員会編『大和の野神行事』、一九九五・九六
（浦西　勉）

のこぎり　鋸　木材の挽切り、挽割りに使用する連続的な歯をもつ刃物。歯形によって縦挽きと横挽きの区別があり、鋸屑の排出機能をもつメトバシなど特殊な歯もある。古くは仕口の木口を挽切るための歯線が曲線の木の葉形鋸（横挽鋸）、挽割り板を作る枠付きの張り鋸（縦挽鋸、大鋸ともいう）、弦をもつ念珠挽鋸・櫛挽鋸などの細工用があったが、やがて幅の広い前挽大鋸が使われるようになって挽割材が広範囲に普及した。伐木には片挽きの手曲鋸を用い、材木の玉切りには両側に把手をもつ二人挽きの台挽鋸を使用した。町の大工は丸頭鋸（縦挽き）・胴付鋸（横挽き）・回挽鋸・畔挽鋸などを用いたが、明治時代以後は一枚で縦挽きと横挽きを兼ねる両歯鋸が普及した。これらは乾燥材を加工するものであるから、歯が堅く鋭利でなければならず、そのために焼入れ技術が発達した。和船は接ぎ合わせ構造を持つために特殊な鋸を多く利用し、目的によって使い分けていた。鋸の産地は近世以来播州三木の前挽大鋸が著名であるが、関東地方では越後の三条鋸が知られ、焼入れ技術の改良には会津の鋸鍛冶が関わっていたという。信州諏訪湖では氷を挽き出したから、のちに諏訪鋸が知られるようになった。鋸歯が磨耗すると能率が落ちるので、頻繁に目立てを行う必要があり、そのためのヤスリとハワ

ケが必需品であった。大工用など精密な鋸の目立ては専門の目立て職人が行なった。伐木・製材用の大形鋸は刃先だけに焼入れをしていたため、鋸目の焼きをたびたび入れ直す必要があり、林業地にはこの焼入れを受け持つ鍛冶屋がいることが多かった。

参考文献　吉川金次『鋸』(「ものと人間の文化史」一八、一九七六)

(朝岡　康二)

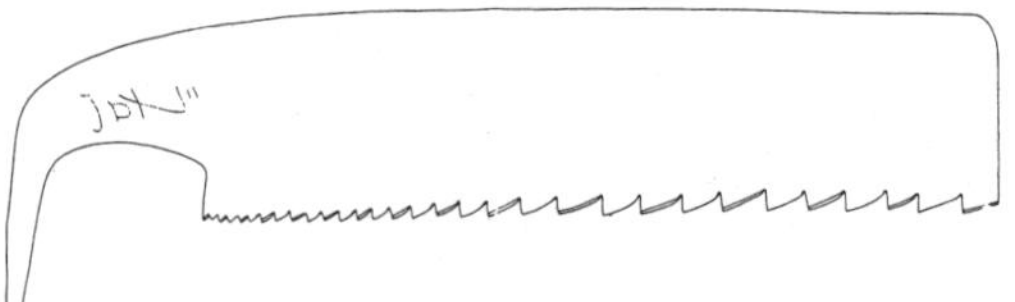

江戸時代の前挽鋸

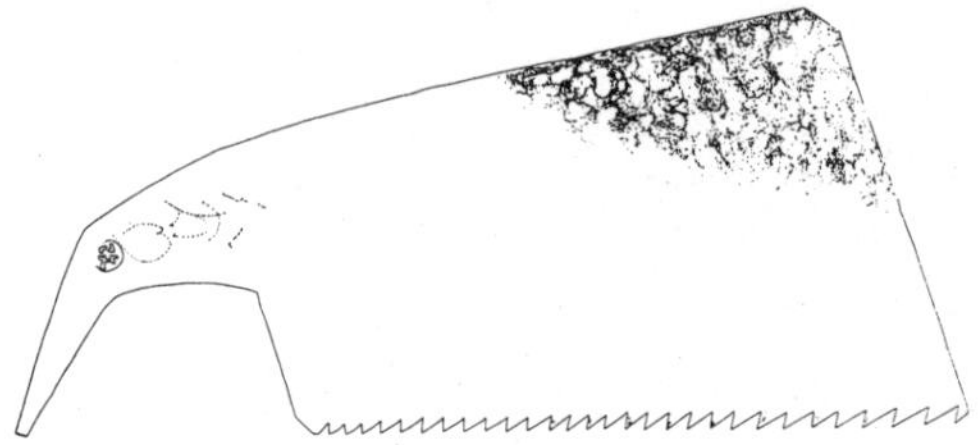

明治時代の前挽鋸

前挽鋸実測図　滋賀県(甲賀市水口歴史民俗資料館所蔵)

のらぎ　野良着　野良仕事を行う際に着用する衣服。ノラギ、ノラッキ、ノラシギモンなどという。また、田畑をさしてヤマともいうことからヤマギ、ヤマッキ、ヤマギモンの呼称も広くみられ、近畿・中国地方では袷(あわせ)仕立てのヤマギをヤマアワセと呼ぶ。野良着の形態は、東日本においては上下二部式が多く用いられ、上衣には腰切りの短着、下衣には山袴や股引を着用した。また、女のあいだでは畑仕事において短着と腰巻を組み合わせる者も多かった。西日本では、男は短着に股引、パッチ、山袴という二部式が用いられたが、女のあいだでは遅くまで一部式の長着が残り、長着を短めに着て裾から腰巻をのぞかせる者が多かった。第二次世界大戦中からは、地方を問わず女のあいだでモンペと標準服が用いられるようになった。野良着の素材には古くは麻布や藤布が用いられたが、明治以降は木綿の紺無地や縞、絣が広く普及した。野良着の準備は冬場の農閑期に行われ、女たちは農作業が一段落すると糸ごしらえを始め、機に掛けて布に織りあげ、春までに着物に仕立てたものである。また、傷んだ野良着にはつぎを当てて繕い、ほどいて縫い返しをしてその

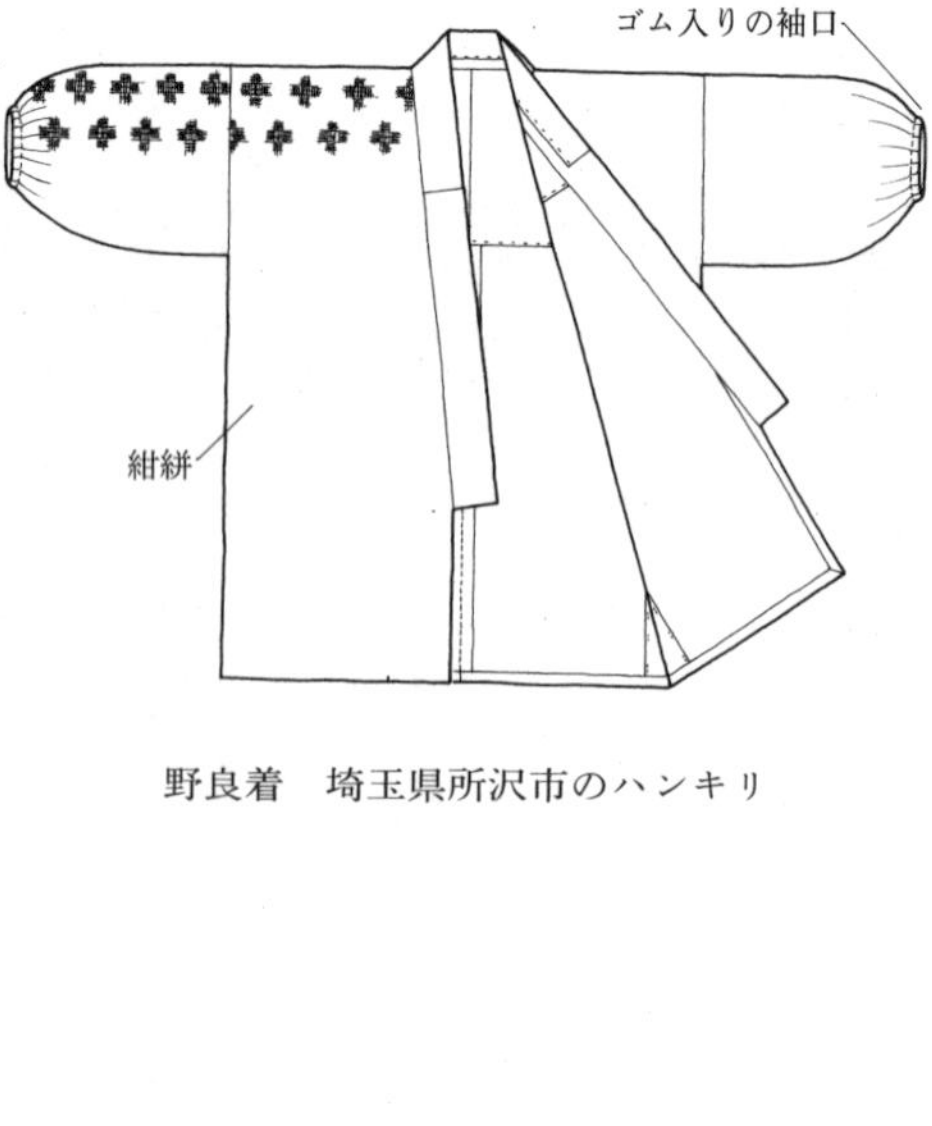

野良着　埼玉県所沢市のハンキリ

寿命を延ばした。稲作地帯では、新しい野良着を田植えにおろすところが多かった。田植えは農作業の大きな節目であり、ハレの意識を持って行われたためである。中でも早乙女の着物はタウエゴ、ゴガツギなどと呼ばれ、晴着に匹敵するものとされた。→仕事着（しごとぎ）

参考文献　『仕事着』（『神奈川大学日本常民文化研究所調査報告』一一・一二、一九八六・八七）　（宮本八恵子）

は

ハーリー　**爬竜**　沖縄で旧暦五月四日に行われる競漕行事。ハーリー（糸満市ではハーレー、八重山諸島の鳩間島ではパーレー）の起源については、十四世紀の閩人（びんじん）三十六姓による招来説や『琉球国旧記』『那覇由来記』には、長浜大夫が中国南京の爬竜船を模倣して造り、太平を祝すために那覇港で競漕したという説、中国の屈原の故事から出た行事であるという説などがある。しかし必ずしも中国からの伝来ではなく、農耕儀礼と深く結びつく要素も多分にあることがわかっている。糸満のハーレ

爬竜　沖縄県石垣市

ーは豊漁祈願行事として行われている。五月四日の午前十時ごろ、サンティンモーと称する高台に糸満神女、南山神女が祈願を行う。祈願の趣旨は、四方の神、海の神に対して西村・中村・南村の三組のハーレーに神の加護を祈り、また、神もそのハーレーに乗ってともに遊ぶことを請う。トゥクヤ(徳屋)という屋号の家から出る男神役をサンティンモーに残し、神女たちは白銀堂と呼ばれる拝所に移動する。サンティンモーの男神役が合図の旗を降りおろすと最初のウガンバーレーが行われる。競漕の後、白銀堂で勝った順に並んで輪になって神歌をうたい、その中の一人が神女たちと杯をとり交わす。その後、転覆ハーレー、アガイバーレーが行われる。五月四日以外の船漕ぎ儀礼は、国頭郡国頭村比地・奥・安波や同郡大宜味村謝名城・塩屋、同郡今帰仁村古宇利では旧暦七月のウンジャミ、旧暦七月の同郡本部町具志堅のシヌグ、八重山諸島の黒島・鳩間島では旧暦六月のプール(豊年祭)、八重山諸島の西表島祖納・干立・船浮では旧暦九月か十月のシチィ(節祭)等々に行われる。競漕よりも、沖合いからユー(豊作)を船に満載して島に戻って来るという観念が強い。

参考文献　白鳥一郎・秋山一編『沖縄船漕ぎ祭祀の民族学的研究』、一九九五　（大城　學）

はか　墓　死者の遺体もしくは遺骨が納められている場所およびその装置のこと。墓とか墓地と呼ぶのが一般的であるが、サンマイ、ラントウバなど地方によりさまざまな呼称もある。土葬の場合には遺体が土中に埋納されており、火葬の場合には遺骨が土中に埋納もしくは石塔下部に納骨されている。石塔が死者供養の装置として導入されるのは地域や階層によって異なるが一般的には江戸時代中期以降のことである。それ以外の墓の標識としては塚状に土を盛り上げるものや石を積み上げるもの、目印の石を置くもの、生木もしくは木墓標を挿し立てるものなどがある。個々の遺体の埋納場所を墓とすれば、墓の集合が墓地とか墓所であり、土地利用の上で一定の意味づけがなされている。墓の立地は多様で屋敷近くにある例、集落内の田畑の一角にある例、集落から遠く離れた山野や海浜に設けられている例、寺の境内に設けられている例などがある。また、土地利用の上からみると個人ごとに適宜地点を定めて散在的に埋葬する例、家ごとに墓地を設ける例、同族や村落で共同墓地を設ける例などがあり、村落の共同墓地の場合、家ごとの区画があるものとないものとがある。家ごとの区画のないものは近畿地方の両墓制の事例で多くみられ墓地は完全な共同利用でつぎつぎと古くなった埋葬地点は掘り返されて再利用される。集落と墓地の関係性からみると住居が散在的であれば墓地も散在的で、集中的であれば集中的という対応もみられる。古代平安京の外縁の鳥部野や化野、近世の大坂の七墓(千日、飛田など)、近現代の東京の青山霊園・谷中霊園や多磨霊園などは大規模墓地の例である。墓地は単に遺体やその一部が存在する場所というだけでなく、葬るという行為によって作り出された社会的装置であり、死穢として忌避される場か死者が眠る供養の場かという意味付けの差異はそれぞれの地域社会の死生観を表わしている。　→墓制

参考文献　『葬送墓制研究集成』四・五、一九七九、新谷尚紀『生と死の民俗史』、一九八六　（新谷　尚紀）

はきもの　履物　足にはいて立つ物の意で、下駄や草履・草鞋・足袋・沓・田下駄などがある。九州ではフミモノ、フンモン(踏物)という。履物は足の裏で押しつけてはくのでこの語が生まれたものであろう。仕事の功率を高めるために、足の道具として各種のはきものが発明・創作されてきた。気候や立地条件、生業形態などにより、北方狩猟民や牧畜民の影響を受けた、足の甲を包む閉塞性の靴やスキー・樏などの foot-wear

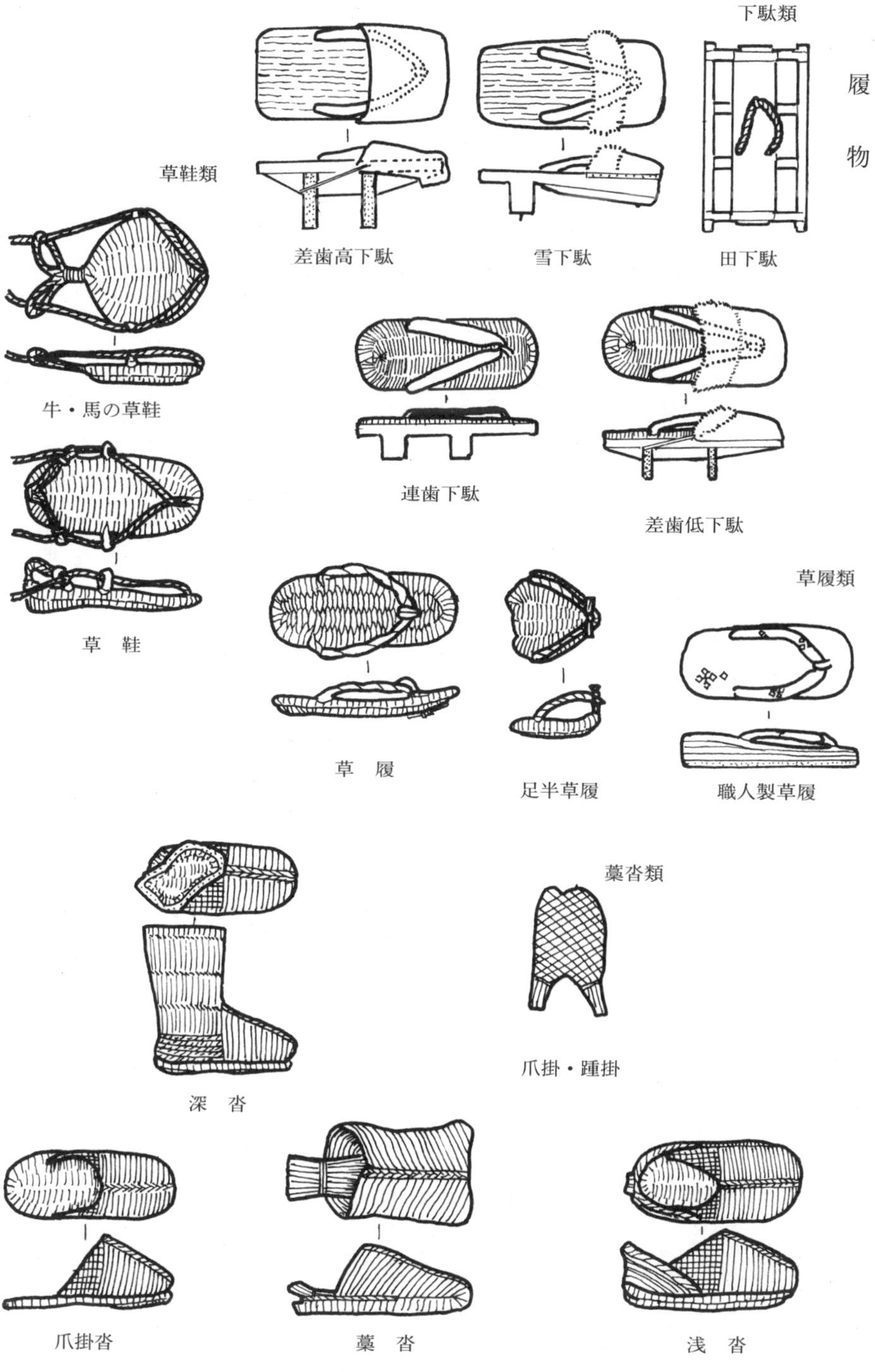
履物
下駄類
差歯高下駄
雪下駄
田下駄
連歯下駄
差歯低下駄
草鞋類
牛・馬の草鞋
草　鞋
草履類
草　履
足半草履
職人製草履
藁沓類
深　沓
爪掛・踵掛
爪掛沓
藁　沓
浅　沓

(足の衣服)と、南方稲作民の影響を受けた開放性の下駄や草履、草鞋などのfoot-gear(足の道具)に大別される。日本の履物を歴史的にみると、縄文時代は皮沓と樏が雪中狩猟に用いられたと思われる。弥生時代には中国南部の江南から稲作が伝わり、田下駄が肥料としての草踏みや湿田での稲の穂刈りにはかれた。古墳時代には進んだ古墳の築造技術とともに、クツの語も伝わり地方豪族に下駄がはかれた。奈良時代には隋や唐から閉塞性の各種沓が伝わり、貴族や地方豪族の儀式にはかれた。平安時代中ごろには、高下駄のアシダ(足駄)も用いられ、草鞋を鼻緒式に改良した草鞋が、さらに草鞋を簡略にした草履が創作され、一般庶民の労働や旅にはかれた。鎌倉時代には、草履の形をした草鞋の機能をもった半物草(のちの足半草履)と、これら鼻緒履物にはく指股を分けた革足袋が創作された。江戸時代初期に木綿が普及し、住居に畳を敷くようになると木綿足袋が普及する。中期になると和鉄生産が盛んとなり、より良い玉鋼が作られると、台鉋や胴付き鋸、溝挽き鋸などの工具が出現し、工作に難かしい桐が下駄材に採用される。差歯下駄や前のめりの下駄、中折れ下駄、ぽっくり下駄など各種の下駄が作られるようになると、京都や大坂・江戸など都会地に下駄屋街が出現し、鼻緒屋や職人製の草履も出現して、裕福な町人が下駄や草履を日常にはくようになった。開国とともに、欧米の靴も伝わり、日本でも洋靴が作られて、役人や貴族が靴をはくようになる。明治時代末期から下駄の生産を機械化した広島県福山市松永町では大正時代には雑木の下駄を量産できるようになり、庶民に下駄が普及した。第二次世界大戦後の欧風化生活は高度経済成長により一九五五年(昭和三十)ごろから、靴やサンダルが庶民にもはかれるようになる。今では、下駄や草履・草鞋・田下駄・藁沓など伝統的な履物は廃れつつある。一九一四年(大正三)に創作された地下足袋は、一九五五年ごろから脚絆を縫いつけた縫い付け地下足袋も出現させ、鳶職に用いられた。雪国では雪下駄をはく。下駄占いで、表が出ると晴れ、裏が出ると雨というが、裏はいつもぬれており、表が乾いているからである。→足半　→樏　→田下駄

参考文献　近藤四郎『はきもの』(「岩波写真文庫」一一八、一九五四)、潮田鉄雄『はきもの』(「ものと人間の文化史」八、一九七三)、同『日本人とはきもの』、一九七六

（潮田　鉄雄）

はくさんしんこう　白山信仰　白山に関する信仰。白山は、福井・岐阜・石川の三県にまたがる。最高峰の御前峰が二七〇二メートルと北アルプスの山山に比べればそれほどの標高ではないが、周囲にこれと匹敵するほどの高い山がないため、古代から霊山として信仰された。たとえば、すでに『万葉集』に「志良夜麻」として言及されており、『枕草子』では観音信仰の山と位置付けられていた。白山信仰にはいくつかの歴史的な背景がある。一つは、越前・美濃・加賀の三方の登拝口とともに独自の宗教施設を形成し、中世に至って各々権門寺院との本末関係を持ったため、白山全体にわたる姿を求めるのが容易でないことがある。すなわち、越前側は平泉寺、美濃側は長滝寺、加賀側は中宮寺、のち白山寺あるいは本宮寺を中心に、一種の一山組織(加賀側から始まった通称として「馬場」)を形成し、おおむね比叡山の末寺と化した。特に、加賀側では、比叡山の山王神道をまねた加賀馬場下山七社を形成していた。もう一つは、これら三方の登拝口の寺社の多くが、中世後半には浄土真宗の蓮如支配下の門徒衆による一揆に関わって退転したことがある。そのため、白山の三方の寺社組織の中心に位置していたと考えられる修験・衆徒が関わった儀礼、修行や彼らが依拠していた宗教的体系などは、現在ほとんど不明となってしまっている。そのような歴史的背景のもとで、知ることの

できる白山に関する信仰を、三つほど指摘できる。まず第一には、伝説的な開山泰澄（たいちょう）に関する伝説である。泰澄は、七一七年（養老元）越前側から御前峰に到達し、そこで十一面観音を感得、さらに別山で聖観音、大汝峰で阿弥陀を感得したという。この伝承の成立時期は必ずしも明確ではないが、十世紀中ごろまでさかのぼる可能性もある。この三つの本地は、中世にかけて白山三所権現として崇拝され、関連寺社の多くにまつられたし、泰澄自体も空海や役行者に相当するような行者として、北陸の寺社で開創者に位置付けられることが多い。第二には、かつての三方の寺社やその周囲に残る、芸能や祭礼である。加賀側や越前側は一向一揆の影響が大きかったが、美濃側のかつての中心長滝には、白山衆徒が行なっていた延年が今なお一月に行われている。このほか、美濃能郷白山の猿楽、越前水海の田楽など周辺施設に白山山内での芸能が伝播したと考えられる事例が、今も行われている。最後に、全国に白山神社が分布しているように、三方の麓を遠く離れた地域での白山信仰に関しては、被差別部落での白山信仰との関連を指摘する説もあるが、これは不明な点も多い。むしろ越前側白山麓に最初の拠点を作り、白山神社の分布に沿うかのように展開し、近世には鎮守神的な形で白山を信仰した曹洞宗教団との関わりが、今後の研究の一つの課題であろう。

参考文献　白山総合学術書編集委員会編『白山―自然と文化―』、一九九二、由谷裕哉『白山・石動修験の宗教民俗学的研究』、一九九四

（由谷　裕哉）

はくまいじょう　白米城　落城伝説の一つ。広く全国に伝承されている。敵方に包囲され、兵糧攻めや水攻めにされた城内の者が一計を案じ、白米を湯水のごとく使って馬の脚を洗ったり滝のように流して、いかにも水が豊富なように見せかけて危難を脱しようとするが、白米に鳥が群がったり、老女・娘・僧などの密告、あるいは水を求めて水辺にきた犬によりことの真相が露見、結局は落城するというもの。石川県能登地方の七尾城に伝わる話は、上杉謙信が北陸攻めの時、まず水路を断つが、城内では白い滝水が落下している。城攻撃は無理と引き上げにかかると無数の鳥がその滝に群がったため、ついに米とわかり落城した。また、香川県仲多度郡多度津町の天霧山城は長宗我部氏が讃岐へ攻め込んだ時、白米で軍馬を洗ったり谷間から水のように米を流して敵の目を欺こうとしたが、城から出て来て捕えられた尼の口から城中に水のないことが発覚、落城した。城に戻った尼は罪を問われて斬られ、それからそこを尼斬山といい、それが転じて天霧山となったと伝えている。白米城伝説の多くは中世以降の山城を舞台にその土地にゆかりの合戦や武将を結びつけ、悲惨な結末を語ることが多いが、話柄は類型的でありそのまま事実とは考えがたい。伝承地から出土する焼米などは神供とみられ、その出土地が、山上の聖地や城跡においてそこに集まり来る霊をまつり、鎮魂のための祭礼を営む霊場であったことを思わせる。この伝説の伝承と伝播には、そのような死者の鎮魂の語りを業とした物語僧・巫女などの存在を考える必要があろう。また同型の伝説は朝鮮半島や中国にもみられる。

参考文献　柳田国男「木思石語」（『柳田国男全集』七所収、一九九〇）、依田千百子「朝鮮からみた日本海域の神話伝承」（国学院大学院友学術振興会編『新国学の諸相』所収、一九九六）

（松本　孝三）

ばじょうこんいんばなし　馬娘婚姻話　蚕の由来を説く話の一つ。『日本昔話名彙』や『日本昔話大成』では、「蚕神と馬」という名になっている。ある家で飼っていた馬をその家の娘がかわいがり、馬と娘が恋をしてしまう。父が怒って馬を殺し、皮をはぐ。娘が悲しんでいると、馬の

皮が娘を包んで天に昇っていく。夢で娘から蚕を下ろすと告げられ、あるいは馬や娘の死んだ後に蚕がでてきたので大切に育て、それ以来蚕を飼うようになったという話である。もう一つは、夫(父)がいなくなったので、捜してくれたら娘を嫁にやるという。馬が聞いて捜してくる。帰ってきた夫が話を聞いて怒り、馬を殺す。後半は前者の話とほぼ同じである。前者は東北地方で多く語られ、オシラサマに結びついている話も多い。オシラサマのまつりでは、馬と娘の頭の形のものを振って神を下ろすことが行われ、イタコが蚕神の祭文を歌う。祭文はやや長く、話によって少しずつ細部も違っている。しかし、馬の名前がセンダンクリゲであるなど、昔話と共通する部分も多く、関わりがあったことをうかがわせる。四世紀ころの中国の小説『捜神記』の話も後者の話と共通しており、中国からの伝播も考えられる。馬は、神とも神の乗り物ともされてきており、受け入れられた背景には、神を下ろす際の、神と結ばれ神と一体化する心意が関わっていると思われる。蚕の由来を語る話にはほかに継子の話もある。

参考文献　柳田国男「大白神考」(『柳田国男全集』一五所収、一九九〇)、今野円輔『馬娘婚姻譚』(「民俗民芸双書」、一九五六)、大島建彦「昔話と民俗」(『季刊民話』六、一九七六)

（長野ふさ子）

はしらまつ　柱松　七夕や盆の時に大きな柱を柴草で立て、先端に御幣や榊をつけ、下から松明を投げて先端に点火する行事。火の燃え付く度合いで勝敗を争い、年占とする所もある。火あげ、火投げ、投げ松明、揚げ松明、ホアゲ、ハシライマツ、ホテム、柱祭、柱巻などと呼ばれ、若者が担い手のことが多い。盆に精霊を招く高燈籠や迎え火・送り火と同じ機能を持ち、火の呪力で悪魔退散を祈願する。畿内・信濃・周防などで行われる。修験道の影響が加わると、修行で得た霊力を競う験競べとなる。長野県の戸隠では夏峰結願で、七月七日(現在は八月十五日)に柱祭として三本の柱を三神に擬し、上端の柴に火を投げ上げて豊凶を占った。煩悩業苦を焼尽して修行の威験を顕わすとされ、柴燈護摩とも類似している。新潟県妙高市関山神社で七月十七日(旧六月十七日)に、山伏の子孫の若者が上と下の柱松に点火の競争をする。正月の祈年祭の柱祭もあり、山形県羽黒山の大晦日の松例祭はツツガムシに見立てた二本の大松明を広庭に引き出して焼く。これは冬峰の結願で、百日間の修行をした松聖の先途と位上の二人が験競べをして火付きの遅速で豊作か豊漁を競った。北九州では松会といい、福岡県の英彦山では二月十三―十五日であった。等覚寺(福岡県京都郡苅田町白山多賀神社)では四月十九日(旧二月)に獅子舞・馬とばし(流鏑馬)・田遊びの後、大幣を持った施主が柱に登り、祭文を読んで四方を祓い幣を切る。松は供養の意味があり山口県岩国市行波の神舞の松登りや荒神神楽の松の能では死霊鎮めがなされた。↓火祭

参考文献　柳田国男「柱松考」(『柳田国男全集』一四所収、一九九〇)、和歌森太郎「柱松と修験道」(『和歌森太郎著作集』二所収、一九八〇)

（鈴木　正崇）

はたおり　機織　織機により織物を製織すること。機織ともいう。織機によらない編成品は、織物とはいわず、編物という。つかわれる織機は、日本では、古代より原始機(弥生機・古墳機)、地機(中国貴州の少数民族が使用していた機)、高機(中国漢民族が絹を製織していた機)、空引機(紋織を製織するための機)などが中国から導入され、明治以後には廐機・力織機・自動織機が西欧から導入され、また最近では無杼織機(ジェット＝ルーム)などが、革新的で能率的な織機として出現している。織機は弥生時代の湿潤遺跡から断片が出土し、古墳時代中期には地機・

高機が伝えられたが、麻を製織する地機が各地に伝播し、絹を製織する機は、上層階級の衣服に使われるという着用制限もあって、全国への伝播はおくれた。江戸時代には、各藩は下級武士の救済、あるいは藩の独自経営のため、京都西陣より織工を招聘し、米沢織(米沢藩)、仙台平(仙台藩)などの生産品を生みだすことになる。織物を製織するには、いろいろな技術を必要とするが、機の性能により、基本的には平織・綾織・朱子織の三原組織に分けることができる。自家製機に使われる機は、現在は高機が一般的であり、それに在来の地機が加わるが、これらの機で製織できる織物には限界があり、平織とその変化組織、縞・絣・畝織までで、綾・朱子織は織り出されることはなかった。それを生む踏み木は、既成の機では、六ないし八本までにとどまっている。明治以後、欧州から技術導入されたジャカード機が、在来の空引機から転換して用いられ、またバッタン装置が、在来の高機に追加され、生産能率化が計られ全国的に拡大された。織物の長さと織幅は、当時の着用物に影響され最も合理的な寸法に決められるが、古代の律令制下の織幅は唐代の服制を模倣したもので、和様に移行するとともに装飾化が図られ、近世以後は藩の規制に従って織幅は次第に狭くなる。日本の服装は、直線裁ちであり、機織の途上で技術的に操作し、広狭にすること、あるいは変形することなどはなかった。民俗的には木綿が近世に導入され盛んに生産されることになるが、外国と比較して低技術の段階にとどまり、日本では庶民の衣料として生産された。熱帯植物である木綿の栽培地域は北に拡大し、真岡木綿の産地である栃木県真岡市あたりがその北限になった。それに外国では双糸撚にしているが、日本では手紡ぎで、すべて単糸のみであった。また中国の綿糸と比較して非常に繊維が太く、単に布を織るだけの実用的な存在だけで、装飾的な加工は染色に依存した。　→織物

(角山　幸洋)

機織　長野県上田市

参考文献　角山幸洋「日本の織機」(永原慶二・山口啓二他編『講座日本技術の社会史』三所収、一九八三)

はだかまわり　**裸回り**　正月に夫婦が裸で囲炉裏の周囲を回りながらアワやヒエの豊作を予祝する儀礼。現在まで五十例ほどが報告されているが、東日本の畑作地帯に濃く分布し、西日本では「おおぼがぶらぶら」という昔話として語られている。この儀礼の主要な構成要素としては、第一に大晦日・元旦・小正月・節分など一年の時間の替わり目に行われること、第二に夫婦が真っ裸で四つん這いになって行うこと、第三に夫が男根をもって「粟穂も稗穂もこのとおり」と唱えると、妻が女陰を叩

きつつ「叺に入ってこら割れた」と答えてアワ、ヒエの予祝をすること、第四に旧家筋の秘儀とされ神聖な性的儀礼になっていること、第五に囲炉裏や火所が儀礼の中心とされ、夫婦が三回同じ方向に巡ることなどが挙げられる。裸回りの儀礼は、イザナキ、イザナミによる国生み神話と比較されることが多いが、全国的に夫婦の唱え言が共通しており、古代にまでさかのぼることができるかどうかは疑問である。しかし、この年頭の性的儀礼が、日常生活での男と女という性的に分離した不連続な状態を脱して、男女両原理の統合という聖なる連続性を創出し、世界創造神話と同様の始原の時に一度回帰することを目的としたものということはできる。新たなはじまりの時に、夫婦で囲炉裏の火の周囲を裸で三回まわる裸回りは、単にアワやヒエの予祝儀礼というだけでは不十分で、カオスからコスモスへの変換を象徴する聖なる儀礼の一つとみるべきであろう。

[参考文献] 安田尚道「イザナキ・イザナミ神話とアワの農耕儀礼」(『民族学研究』三六ノ三、一九七一)、大島建彦「日本神話研究と民俗学」(『講座日本の神話』一所収、一九七七)、安田尚道「東北地方の裸回り」(『東北民俗』一五、一九八一)、三谷栄一「説話文学冒頭の第一話と農耕儀礼―イザナキ・イザナミのミトノマグハヒをめぐって―」(『国学院雑誌』八四ノ五、一九八三)、飯島吉晴「裸回りの民俗」(『天理教学研究』三〇、一九九一)
(飯島　吉晴)

はたさく　畑作　畑において水をたたえないで蔬菜・穀類その他の作物を栽培する農耕のこと。畑には常畑ないし熟畑と焼畑とがある。畑はその用途により普通畑・野菜畑・桑畑・茶畑・果樹園・その他に分けられる。普通畑をシラハタともいい、主に穀種とイモ類を栽培する。宮崎県椎葉村ではハタ(普通畑)にサエンバとソノの別があり、サエンバは屋敷の地続きにある一反どまりの菜園で、もっぱら日常消費のための蔬菜を栽培し、その地先にあるソノで穀類・イモ類を栽培している。福島県南会津郡下ではジョウバタケ(スエノとも)のうちでも地味の肥えた熟畑をセゼバタケと称して、麻苧(まちょ)を栽培し、そのあとにセゼモノすなわち蔬菜を作付けする。同じ普通畑でも選択的な経営がなされている。山地畑作農村や平地水田稲作農村における一般農家の普通畑経営は四反歩前後と経営面積が狭小であるが、その中で実に二十種にあまる作物の栽培を行なっており、いきおい小園芸ならざるをえない状況にあった。これに比して平地畑作地帯では経営面積が広大で商品作物の大量栽培がなされている。山地畑作地帯では焼畑で穀物を栽培して食料を補うなど普通畑と焼畑とは相補完する関係にあった。また焼畑跡地にはコウゾ、ミツマタや桑を植え、和紙原料の生産と養蚕とを営んで現金収入を計った。一時代前の代表的な産物は太平洋戦争後の生活様式および経済構造の変動によって終息し、東海地方以西の山地畑作地帯ではそれらに代わる換金作物として茶栽培の拡大を計るとともに食料生産としての畑作は縮小されるに至っている。小規模農家における畑作の衰退は全国的な傾向にある。水田の機械化が進んでいる一方で、小規模な畑の耕作は昔ながらの鍬・鎌による手作業にたよっている。畑作農村における食生活は麦、アワ、ヒエ、蕎麦などの穀物とイモ類を中心に営まれていた。特にサトイモは儀礼食として畑作文化の象徴ともみなされている。畑作儀礼は稲作儀礼ほど顕著ではないにしても小正月の予祝儀礼や仲秋の収穫儀礼が行われた。予祝儀礼には正月二日のウナイゾメ(静岡県佐久間町(浜松市))、若木バヤシ・鍬入れ(椎葉村)、十一日のハタシメ(佐久間町(浜松市))、サクノトシ(長野県天竜村)、十二日のミヤダゴ(椎葉村)、十四日の粟穂・稗穂(全国各地)、鳥獣放逐儀礼には正月十五日の鳥追い・猪追い(長野県駒ヶ根市)、収穫儀礼には仲秋の芋名月・豆名月(全国各地)がある。

参考文献　坪井洋文『イモと日本人―民俗文化論の課題―』(「ニュー・フォークロア双書」一一、一九七九)、石川純一郎「日向山地畑作農村における村落祭祀」(『国立歴史民俗博物館研究報告』一八、一九八八)、同「畑作(焼畑)農耕の技術と儀礼」(天竜川流域の暮らしと文化編纂委員会編『天竜川流域の暮らしと文化』下所収、一九八九)　(石川純一郎)

はつうま　初午　二月最初の午の日。一般的に稲荷神をまつる日。『山城国風土記』逸文に、稲荷神は七一一年(和銅四)二月七日初午に稲荷山三ヶ峰に鎮座したとある故事にちなみ、人々は五穀豊穣・招福・商売繁盛などを祈願して、全国各地で稲荷神を祭祀する。京都市の伏見稲荷大社では二月の初午になると、社殿に稲荷山の杉と椎の枝で青山飾りがなされる。これは、稲荷山の山の神を山麓の社殿に田の神として迎える神籬の役割を果たしているとおもわれる。全国から初午に福を求めて参詣する人々は、杉の枝にお多福面が付いた験の杉を買い求めるのが習わしであり、この枝が神籬となって、稲荷神を家へ招来することになる。近世には初午に伏見稲荷へ参詣することを福詣りと称し、帰路に土産として参道脇の店で五穀の種子や伏見人形・田炮(土器状の物を大・中・小と三枚重ねたもの)などを買い求めた。現在でも京都市では火伏せを願って毎年一回り大きな布袋像を初午詣の時に買い、台所の火の神の供物として七つ揃える習俗がある。不幸があれば布袋像をすべて壊し、新たに最小の像から揃えることになっている。初午に畑菜の辛子和えを稲荷に供え、家族も食べる。茨城県美野里町では、初午に大根・人参・油揚げ・酒粕を材料として、スミツカリを作り、藁苞に入れて稲荷祠に供え、屋根の庇へ藁苞を二つ投げ上る家もある。初午までにスミツカリを作ると、火災にあうとする俗信がある。兵庫県北部では養蚕が盛んなころは、初午に繭の豊作を祈願して繭団子や糸餅を作って稲荷に供え、そのお下がりを味噌汁に入れて食べた。各地の屋敷神稲荷も初午を祭日とする場合がほとんどで、神前には幟が立てられ赤飯・餅・油揚げなどが供えられる。初午に寺院では、稲荷神の本地仏とされる十一面観音像の御開帳や、諸願成就の祈禱が修せられる。→稲荷信仰

参考文献　直江広治編『稲荷信仰』(「民衆宗教史叢書」三、一九八三)、五来重編『稲荷信仰の研究』、一九八五、茨城県の食事編集委員会編『聞き書茨城県の食事』(「日本の食生活全集」八、一九八五)、大森恵子『稲荷信仰と宗教民俗』、一九九四　(大森　恵子)

はっさく　八朔　旧暦八月一日をいい、八朔節供ともいわれる。古くはこの日をたのむの祝いといい、宮中に米などを献上する例があったようであるが、民間習俗が取り入れられたものらしい。江戸幕府では八朔御祝儀といい、正月に準じた盛大な祝を行なった。一五九〇年(天正十八)のこの日に徳川家康が江戸入りしたことにちなむものといわれ、諸大名も白帷子姿で登城した。民間では概して稲の実りの前の豊穣祈願と、さまざまな贈答がみられた。中国・九州地方では作頼みが行われ、たのみの節供・たのもの節供などといって頼み・田実・田面などの字をあてている。鳥取県では田の畔で大声をあげ、「ホウタイマエ(穂賜え)」などと唱えて作頼みをする。熊本県では稲穂一束を神に供える所がある。瀬戸内地方では牛馬の労をねぎらって馬節供の祝いをし、餅を搗く。張り子の馬を飾ったり、糝粉細工の馬を贈ったりもする。西日本では八朔雛・八朔人形の贈答も広く見られ、嫁を里帰りさせたり、八朔踊りをしたり、八朔盆といって盆の終りの日としたりする例も多い。神社の八朔祭も各地で行われているが、伊勢神宮でも八朔参宮といって、この日に初穂を神前に供えている。このころは農作業の区切り目でもあり、いよいよ野

良仕事も忙しくなるので鬼節供・婿の泣き節供といったり、麦饅頭の食いじまいの日としたり、その饅頭を泣き饅頭と呼んだりする。岡山県ではサトイモの掘り始めで、初物のサトイモを神社に供える。関東地方では二百十日も近いので、八朔に風祭をする所が多く、農休みの祝宴をしたり、風除け札を神社から受けてきたりするが、風の神送りの習俗もよく見られる。このように、八朔は本来民間の農耕儀礼で、それが宮中・武家社会にも取り入れられていったようである。（長沢　利明）

はっぴゃくびくに　八百比丘尼　長寿伝説の一つ。漁師が珍しい魚を釣る。その魚は人魚の形をしていた。そこへ通りかかった坊さんが「庚申祭にこの奇魚を供えて祈ると、厄除けになるとともに福徳がやってくる」という。その奇魚を小さな娘が一切れ食べてしまう。その娘は八百歳の齢を得る。その後横穴に入って往生したと伝える。『康富記』一四四九年(宝徳元)五月二十六日条に、若狭国から「二百余歳の比丘尼」が上洛したとあり、当時この話は評判になり、衆人の関心を高めたようで『臥雲日件録』や『唐橋綱光卿記』などにも記録されている。若狭・能登・越後・佐渡・出雲・隠岐などの日本海側の地や、太平洋岸でも、土佐・播磨・安芸に、また内陸部では、尾張・会津にも伝えられている。『清悦物語』には、ニンカンという皮のない朱色の魚(人魚の肉という)を食したため四百年の齢を得て、源義経について詳細に語ったとある。また若狭の八百比丘尼も義経・弁慶の北国街道下りに出会ったという、義経伝説とのかかわりについても説かれている。折口信夫は女の唱導者によって、柳田国男は比丘尼によって、この伝説が伝播したとする。話の荷担者とされる八百比丘尼や女性唱導者の民間信仰に果たした役割は大きい。八百比丘尼とも、また肌が白かったので白比丘尼とも称されている。

参考文献　高橋晴美「八百比丘尼伝説研究」(『東洋大学短期大学論集日本文学編』一八、一九八二)
（倉田　隆延）

はつむこいり　初聟入り　婚姻の当事者である男性自身がはじめて相手方の女性の両親(家)を訪ね、正式に親子名のりをし固めの盃を交わす儀礼。単に初聟と称されるほか、新客、見参、打揚げなど地域により、さまざまな呼称がある。儀礼が挙げられる時期について、一時的聟入婚において婚姻成立後である例が確認されており、初聟入りは一律に、婚姻成立前に行われたわけではなかった。また、嫁入婚では、結納時に行われる例、嫁が引き移る日の日中に執り行われる例、嫁の初里帰りの際の例、嫁の引き移りから半年後、一年後などの例があって一様ではなかった。しかもその儀礼の実態は、ある行事に兼ねて行われるとか、とりたてて親子盃を交わす雰囲気のものではなかったなど、四角ばったものでなかったとする伝承例が少なくない。柳田国男は、初聟入りは元来嫁入りに先立って行われねばならぬ儀礼であって、嫁方が男性を聟として承認する意義があったと説いた。しかし実際の伝承ではそうした理解に逆行する変化をとげたとする資料が広い範囲に分布している。かえって聟方が婚姻を確定しようとする意義があったこと、などの理由から疑問視する者がいる。

参考文献　柳田国男「婚姻の話」(『柳田国男全集』一二所収、一九九〇)、大間知篤三『婚姻の民俗』(『大間知篤三著作集』二、一九七五)、江守五夫『日本の婚姻―その歴史と民俗―』(『日本基層文化の民族学的研究』二、一九八六)、天野武『結婚の民俗』(『民俗学特講・演習資料集』一、一九九四)
（天野　武）

はなまつり　花祭　愛知県東栄町・豊根村の十六ヵ所、同津具村下津具、静岡県佐久間町今田で行われている湯立神楽。地域では「はな」と呼ぶ。本来は霜月祭祀として冬至に合わせて挙行されたが、現在では十一月から新年にかけての催しとなっている。この祭は一九二〇年代の終り、早川孝太郎『花祭』によって紹介され注目を集めたが、明治以来の改廃に遭いながらも、呪禱・芸能の本質を失わず伝えられているところに特色がある。祭は神事、素面の舞、面舞、湯立、神返しの順で、夜明けに終了するが、このあと場を改めて、しずめの神事を実施する。昔の式は三十三番の次第で構成され、素面の舞が終るまで(午前零時)を前夜、以後を後夜と呼んだ。舞は五方(東・南・西・北・中央の順)に、同じ所作を三度ずつ三回繰り返す三三九度の型を舞うため、所要時間が長く、神歌と笛・太鼓のリズムで緩急をつける。舞の途中、観衆が舞台に舞いこんで囃すが、舞手はかまわず舞い続ける。本来は祈願の素面の舞には参入を許さず、後夜の鬼の舞のとき、周囲で囃して疲れさせ、西方の休み柱で休息すると、注連外に連れ出し、「鬼様出たぞ」と唄って、注連内への立ち入り・木の根祭(男女の自由交際)が始まったという。祭の主宰は紙雛に彫られたみるめの女巫、幣に形どられた切目の王子で、それぞれ水・火を司り、神遊びで招いた神々をもてなすのだが、これは象徴としての役割で、詞章はのこるが現在は実施されない。式舞は楽の舞、市の舞、山見鬼の舞、榊鬼の舞で、舞出しに四半畳の新筵の上で反閇を踏む。このうち市の舞は巫女舞を写したもので、美しい反りの型をみせたあと、はな(榊枝)をかざし、神憑きの態で観衆を叩き、手荒く祝福する。幼童が神の子として認知される花の舞は、神妻八乙女に替わって神おろしをし、献饌する態を組み立てた可憐な舞で、このあと山見鬼が斧で上中下と天地を割り開き、榊鬼が生命の証しの榊枝を禰宜と引き合い、負けると宝渡し(現在省略)、大地踏みをして悪霊を鎮める。花祭の鬼は土地の祖霊で、祭ごとに生命を更新する守護霊なので、人々は鬼様と敬称をつけて呼ぶ。湯立てはみょうど一同が御幣を持ち、湯釜を囲んで神讃えして巡り、湯を撥ね上げて神遊びさせる形式で、暁方の湯囃しでは若者が湯たぶさ(たわし)で湯を撥ね散らして清めるが、観衆もともに湯を浴びる。愛知県の伝承地域では、かつて花祭の母体である式年祭の大神楽を共同で実施した。一八五六年(安政三)を最後に絶え、内容・形態が不明だったが、一九七四年(昭和四十九)以降の文書資料発見で、ほぼ全容が解明でき、一九九〇年(平成二)豊根村花祭保存会の努力により、浄土入りの次第を再現できた。これは、現世の罪・穢れを滅すため、立願して白山(死者の国)に入り、苦しむところを仏神の加護で、鬼に救い出されて、この世に生まれ清まり、祝福を受けるという内容で、平安時代以来、日本の現世救済実現の方式を、修験道呪術を媒介として神・仏の加護祈禱の祭に仕立ててあり、その構成は立願祈禱の形式、救済を助ける鬼の出現、湯を浴びて清まる意味などが、より明確に認識されるように組み立てられていた。花祭は地域ごとに舞のテンポや服装・飾り付けなどが異なるが、伝承地域が多いので、神事・芸態の相互比較によって、他の芸能とも共通する天の祭・能・しずめなどの意味を探り、明らかにしていくことが可能であるだろう。

参考文献　芳賀日出男『花祭』、一九七七、武井正弘「花祭の世界」(『日本祭祀研究集成』四所収、一九七七)、『本田安次著作集』六、一九九五

(武井　正弘)

はまおり　浜降り　神体や御輿、あるいは人が海岸に出て、潮水を浴びる神事や行事。海水にはものを浄化したり再生させたりする力があるという考えに基づく。村落の祭礼としての浜降りは東日本の太平洋岸の諸社に広く見られるが、年中行事あるいは個人の浜降りは九州の西海岸から南西諸島にかけて顕著である。祭礼としての浜降りは岩手から神奈川にかけて色濃く分布する。宮城県や福島県の諸社の多くは旧暦四月八日

に、行列を作って御輿を海岸に出し、神体を潮水に浸けたり、桶に汲んだ潮水を振りかけたり供えたりする。毎年、あるいは十二年に一度の例が多いが茨城県常陸太田市の東・西金砂神社などは七十三年目ごとに挙行される。漂着神伝承も浜降りを行う諸社に共通する。祭礼としての浜降りは神体が禊をして蓄積した穢れを払拭したり、弱体化した霊力を再生させることに目的があると思われる。また九州から沖縄にかけては年中行事や個人の浜降りが多く、三月や五月節供の磯遊びに行う。鹿児島県奄美の加計呂麻島では四月午の日に仲間で浜に出、竈を作って飲食し一日中遊ぶ。また奄美や沖縄地方には小動物が屋内に飛び込んで来ることを凶兆とし、祓いのためにハマウリをすることも多かった。静岡県東部地方では葬儀後、もしくは三十五日に海岸に行き、位牌を流すことを浜降りという。毎朝もしくは月の決まった日に海岸に出、潮水や海藻・砂を持ち帰って家を清める西日本沿岸のオシオイ行事も浜降りの一種といえよう。

参考文献　藤田稔「浜降り祭考」(『茨城の民俗』六、一九六七)、小野寺正人「宮城県における浜降り神事について」(『東北民俗』六、一九七一)、大迫徳行「浜降り神事考―日吉神社浜降り神事を軸として―」(同)、佐々木長生・岩崎真幸・菊池健策『福島県における浜下りの研究』、一九七七

(岩崎　真幸)

はやし　囃し　声や楽器で歌舞を誘いこみ、調子に乗せ、時にはみずからその雰囲気に浸ることを指す。のちに囃すための楽器またはそれを奏する人(囃子方)をも指すようになった。奥三河の花祭は一晩中舞い続けられるが、舞い手が疲れると周りの観衆が「テーホヘ、テホヘ」と掛け声を掛け、みずから手を挙げ足を踏み鳴らして舞い手を励まし興奮の渦に巻き込む。この囃す、囃される行為が囃しの原形といえる。日本の民俗芸能における音楽は単純素朴なものから洗練されたものまで大半がこの囃し、囃される関係にある。壺を打つ、弓を鳴らす、地面を踏み鳴らして囃した動作が楽器の渡来以後楽器へと移行したと考えられ、古代には宗教的儀式の中で鎮魂(たましずめ)・招神(たまふり)に声や楽器が欠かせなかったことが楽器を持つ埴輪の出土や記紀の記述からうかがえる。楽器を伴う囃しとして、神楽囃子、祭囃子、各種歌舞に用いられる踊りの囃しなどに発展し、中世以後さまざまな踊りが派生し形態を整え芸能化していく。そういう中で本来の目的が薄れがちではあるが、いずれも神迎え、神送り、悪疫退散の祈願が込められているために、ドロドロと打ち鳴らして神を迎え、轟音とともに悪疫を追い払うのに相応しい楽器としての太鼓、時には神の声とも考えられる笛、それに鉦が重要な役割を果たしている。踊り手が持つさまざまな楽器も同じ願いを込めて打ち鳴らされるものであった。中部地方に分布する田楽には編木(びんざさら)、中国地方の囃し田や三匹獅子、雨乞い踊りには摺りざさら、五箇山のコキリコ踊りや新潟県柏崎の綾子舞にはこきりこと、それぞれの踊りには欠くことのできない楽器もある。このほかにも打楽器として各種の締め太鼓・鼓・銅鈸子・四つ竹・銅鑼などがあり、管楽器には竜笛・神楽笛・能管・法螺貝、弦楽器では三味線・サンシン・胡弓などが用いられ、いずれも伝統音楽の範疇を越えた構造と奏法の工夫がみられる。沖縄のエイサーでは指笛、裏声なども加わる。囃しの曲は踊りの動きに応じて緩急・強弱・挿入句の組み入れをしながら数種の短いパターンの反復、組み替えで構成されている。

歌の歌い出しや中間または終りに声をあげて歌の調子をとるための短い言葉を囃子詞(はやしことば)という。民謡の場合これを前囃子・中囃子・後囃子に分けられる。前囃子として付けられる「ハアー」や「ヤーレ」は歌い手自身が声の調子を整えるために付けられるが、歌い手以外の囃し手が調子

に乗せるために唱える場合が多い。地搗唄(群馬県)の「アーエンヤラヤレサノエ」のように掛声で歌詞の内容とは直接関連のないものもある。中囃子の例では貝殻節(鳥取県)の「ア、カワイヤノーカワイヤノー」、後囃子では伊勢音頭(三重県)の「ヤートコセー、コノヨイトコセー」のほか三崎甚句(神奈川県)など早口で調子の良い長い文句の後囃子、中には阿波踊り(徳島県)の「アーえらい奴ちゃ、えらい奴ちゃ」と旋律化してしまったのもある。労作唄の木挽唄では「ゴッシン、ゴッシン」と鋸の擬声音を後囃子に採り入れ、さらに越中おわら節(富山県)では三種の囃子詞が揃っている。ソーラン節・ホーハイ節・デカンショ節と囃子詞がそのまま曲名になったものなど民謡の囃子詞は多様である。

参考文献　小島美子「囃子と楽器」(三隅治雄編『民俗芸能』七所収、一九六九)、本田安次『田楽』二(「本田安次著作集」九、一九九六)

(城所　恵子)

ハヤマしんこう　ハヤマ信仰　東北地方南部を中心に分布する作神信仰の一つ。葉山・羽山・麓山・端山・早馬などの漢字をあてる。多くは里に隣接した身近な山を信仰の対象とし、そこにハヤマの神がまつられる。こうした身近な山を信仰対象とすることとあわせ、信仰全体に共通する特徴はお山かけと称してハヤマへの登拝を行う点、またそれに先立って別火・垢離(こり)とりなど厳重な精進潔斎のための籠りが存在する点である。また登拝や籠りには女人の参加を忌むのも共通する特徴である。祭日をみると福島県相馬地方では十月八日前後、磐梯山麓では九月十五日前後、信達地方では十一月十五日前後であることが多い。祭祀の形態は祭と称して参道に露店が軒を連ね、神輿渡御や一般の参拝者を集めて祭礼化してにぎわいをみせるもの、籠りと称して若者組などの年齢集団や信仰者をつのり、籠り屋・行屋などで別火し精進潔斎するもの、また宮城県南部のハヤマ信仰のように講の形態をとるものの三つに大別できる。福島市金沢の羽山籠りは、旧暦十一月十六―十八日の三日間、黒沼神社境内の籠り屋で別火生活の後、十八日未明、羽山に登拝する。籠りはカシキと呼ばれる祭祀集団によって運営され、その中心となる人物はオッカァと呼ばれる。籠りの最中には豊作を祈願し農作業の過程を模した予祝の儀礼が行われる。また相馬郡飯舘村大倉の葉山祭は、もとは旧暦十月十日(現在は十一月の第三土曜)が祭日で、福善寺を行屋として籠り、翌朝お山かけとなり、途中おふくでんと呼ぶ場所で田植え踊りが催された。この二つのハヤマの祭祀に限らず、多くのハヤマ籠りにはノリワラと呼ばれる神がかりして神託を行う巫者的人物が登場する。大倉の葉山祭では籠りの最中神がかりしたノリワラの先導で火づるぎ(火渡り)、その後翌年の吉凶や作柄などを告げる神託が行われ、金沢の羽山籠りでは籠り屋と羽山の山頂の双方で託宣儀礼がなされるが、人々の重大な関心事は羽山山頂において羽山大神がノリワラに憑依し託宣を下すかどうかに向けられる。また磐梯山麓の村々でのハヤマ籠りでは不特定の籠人の中に憑依者が現われ、これをノリワラといった。いずれの羽山信仰の場合でも、唱え言や火渡りなどの儀礼、先達などの呼び名などに修験の痕跡がうかがえ、また里修験が直接関与している例もあり、出羽三山信仰、これを広めた修験の影響は見のがせない。

参考文献　岩崎敏夫『本邦小祠の研究』、一九六三、同「山と日本人の祖霊観」(『山岳宗教史研究叢書』六所収、一九七六)、大迫徳行「葉山信仰」(『仏教行事歳時記』十一月籠り所収、一九八九)、佐治靖「羽山ごもりの救済世界」(『福島県立博物館紀要』六、一九九二)

(佐治　靖)

はやものがたり　早物語　早口で語られた短編の物語。早口物語・てんぽ物語・逆(かっちゃ)ま物語などともいい、単に物語ともいう。「そうれ物語語り候」と始まり、「…の物語」と終わる形式を持つところに特徴があり、座頭が本格的な語り物を語る前に、口慣らしとして覚えたものらしい。室町時代には、座頭が「平家」とともに語ったことが、『経覚私要鈔』『言継卿記』など僧侶や貴族の日記にみえ、江戸時代になると、東北地方を中心とした記録類に、その詞章が書き残された。『出羽国秋田領風俗問状答』では、物語坐頭が「平家」を語った名残に物語を語り、『北越月令』では、盲法師が「平家」を語った後、初心の盲人が「てんぽうがたり」を語る。これらは、正月の門付けであった。菅江真澄の『はしわのわかば』では、盲法師が『尼公物語』の浄瑠璃を語った後、小盲人が手を打って、「それ、ものがたり語りさふらふ。黄金砂まじりの山の薯蕷、七駄片馬ずつしりどつさりと曳込だるものがたり」などと語る。『ひなのひとふし』にも十編が記録された。その後、座頭の活動が終息するのとともに、早物語の伝承も途絶えたかと思われたが、山形県庄内地方の昔話調査に伴って、早物語が一般の人々の間で豊かに語り継がれてきたことが明らかにされた。その内容を見ると、祝言を語ったものと性に関わるものがきわめて多い。この地方の伝播には、山形県の内陸部から来た祭文語りが関与したのではないかと推定されているが、実態はよくわからない。

参考文献　安間清『早物語覚え書』、一九六四、矢口裕康『出羽の庄内早物語聞書—庄内弥右衛門の伝承—』、一九七七、石井正己「てんぽ物語論」（『物語研究』一、一九八六）、武田正『天保元年やかんの年—早物語の民俗学—』、二〇〇五
（石井　正己）

はやりがみ　流行神　何らかの理由で突然流行した神。地域社会を守るとされる産土神・氏神や特定の技能集団などがまつる職能神などとは異なって、これをまつる信仰集団も変動性が高く、流行する時と同様に急速に衰退することも多く、その結果として熱狂的な信仰が一時的に広がるが、わずかな痕跡しか残さない場合も多い。古代の志多羅神（常世神）のように、突然東海地方から京都まで広まる信仰もあり、それぞれの時代を通じて流行神の現象が見られたと考えられる。流行神が急速に信仰を獲得する過程は明らかではないが、特定の利益や霊験を説くことも多く、さまざまなきっかけを考えることができる。流行神の多くは夢や前兆によって、土中から神仏を発見したとか、海上から漂着するとか、天空から飛来したなどをきっかけにまつられたという縁起などが知られている。さらに、この神仏の祟りなどがあって、人々の間に急速に霊験が伝わるなどして、信仰を集めることになるようである。霊験話の伝播と神仏の流行神化にはシャーマン的な呪術宗教者の託宣がきっかけになることも多い。これらの流行神信仰の基盤には、多くの場合、神仏の祟りの克服と福神化の過程を見ることができる。災厄をもたらす畏怖すべき神は、まつられることによって福徳をもたらす神に転化するのである。また、近世の江戸などの都市では、多くの流行神がもてはやされたことが、『江戸神仏願掛重宝記』（一八一四）や随筆類などからも知られる。これらの流行神の流行は、神仏に対する個人的な祈願が盛んになっていったことを意味していよう。これは、共同の祈願では都市民衆の宗教的な願いには応じられなくなったことを示している。それと同時に、都市の神社や寺院の経済的な脆弱さを補うための、開帳興行などの宗教活動と、都市民衆の物見遊山の結びつきを見ることもできる。しかし、これらの流行神信仰の中には、一種の終末論的な傾向も現われていた。すなわち、飢饉の後の世直しを考えさせる弥勒踊りの流行やええじゃないかにつながるお蔭参りなどである。さらに、木食徳本などの入定行者への信仰などには、救世主を求めるメシアニズム的な傾向も感じられる。いずれに

しても、これらの流行神は急速なまつり上げとまつり捨てを伴う激しい変化が特徴的であり、永続性に欠けている。これらの信仰自体が時代の変動期に即応して展開・衰退するからである。↓疱瘡神(ほうそうがみ)

参考文献 宮田登『江戸のはやり神』(「ちくま学芸文庫」、一九九三)

(紙谷 威広)

はれぎ 晴着 ハレの状態のときに着する衣服および装い方の総称。単に上等な衣服の意味で使われることもある。礼服・式服・正装、あるいはイワイギモンなど晴着を総称するもののほか、ミヤマイリゴ、ヨメリゴ、セツゴ、マツリゴなど晴着を着る場面や儀礼に則した個々の呼称で呼ばれることも多かった。晴着を着る場面の一つは誕生・成人・婚姻・死などに伴う通過儀礼の折で、産着から死装束まで人は新たな状況・年令・地位などを迎えるたびに衣服を着替えた。テトウシ、オビトキ、ヘコワイ、エボシギなど通過儀礼を衣服にちなんで呼ぶことが多いのも、晴着に着替えることが儀礼に不可欠な要素であったことを示している。正月・盆をはじめとする年中行事や祭の折にも、身を浄め晴着に着替えて神を迎え、新たな時間や季節を迎えた。また、このような儀礼に伴うものではないが、よそゆきと呼んで常とは異なる空間に出向く折にも着替えをした。すなわち、晴着とは新たな時間・空間や状況を乗り越えるために常とは違う身なりになるための衣服であり、人が常とは異なるハレの状況にあることやハレの時間・空間にいることを表示するものでもあった。晴着といっても儀礼の当事者なのか儀礼への参加者なのかによっても異なるし、地域差もあってその表わし方は一様ではなかったが、次第に婚礼衣裳・喪服など儀礼ごとに専用の晴着が成立し、式服・正装と呼ばれるように全国共通の装い方に統一されてもいった。かつて晴着であることを表わすのに用いられたものの一つがかぶりものや、袖を通さずに頭に被る、肩に掛けるという着方である。カムリカタビラ、ソデカブリ、カケイショウなどとも呼ばれる被衣(かつぎ)や、フナゾコ、オカザキ、綿帽子、角隠し、鉢巻、笠(傘)などのかぶりものは被り方で違いを表わすことはあるが花嫁の装いや喪服に共通するもので、生児の初外出や宮参り、嫁の入家儀礼、祭礼などに広くみられた。また、晴着の上に身につけるほか、日常の衣服に被ることで晴着の装いに変えるものであった。白という色もハレであることを表わした。婚礼や葬儀に着用するシロ、イロ着、シロムク、シロギモンなどの女性の長着や男性の裃に白が用いられたほか、被衣やかぶりものも多くが白であり、喪服の肩や衿には白い布片がつけられた。祭礼・神事に欠かせない色でもあった。日常で使うことの稀な絹は、ハレを表わす衣料であるが、粗末な物でも新しいということにハレであることをみる感覚もあって、正月や祭礼には仕立て下ろしを身につけることを心がけた。このように儀礼の違いを越えて共通点をもっていた晴着だが、次第に吉凶で着分ける意識が生まれ、婚礼衣裳・喪服など儀礼ごとに専用の晴着が成立した。婚礼衣裳は上層階層を中心に紋付や羽織袴・打掛・留袖・振袖といった武家社会の装いを導入するなど早くから階層化に伴う差異が顕著になり、喪服も白から黒に変化した。今日も一枚の晴着を吉凶に併用する意識は残っているが、忌がかりしない者も喪服を着るように晴着を着る範囲がひろがりをみせる一方、正月や盆・祭に晴着を着るという意識は薄れるなど、晴着をめぐる様相には変化がみられる。

参考文献 瀬川清子「晴着とかぶりもの」(『日本民俗学大系』六所収、一九五八)、同「式服」(『日本民俗学』一一五、一九七八)

(中村ひろ子)

ハレ・ケ ハレ・ケ 柳田国男によって設定された生活のリズムを把握する二項概念。ハレ(晴)とは祭礼や年中行事、冠婚葬祭など特別な時間と空間、ケ(褻)とは日常的なふだんの労働と休息の時間と空間を意味する。このハレとケとの循環のリズムの中に日本の生活文化が分析できるとしたもの。ハレとケの提示は著書の随所にみられるものの特に柳田自身による明確な定義はない。ハレは晴着や晴れ舞台という一般的な語から、ケはふだん着を意味するケギ(褻着)や日常食を意味するケシネ(褻稲)などの民俗語彙から抽出された概念である。ハレの時空とは、具体的には神社の祭礼、正月や盆などの年中行事、出産や結婚や葬送などの人生儀礼、突発的な事故や事件などで、ふだんの日常的な生活とは異なり、特別な場所の設え、特別な衣服、特別な飲食物、特別な行為による非日常的な世界が設定される。晴着とは文字通り晴天の日の衣装のことで人目につく派手な衣装、互いに見る見られる関係が設定される状態である。ハレの飲食物とは、酒・魚・米・餅・菓子、また肉、それに寿司などかわりものと称される特別な料理の類で御馳走である。ハレの日は祭礼・神事が行われるとともに客事・呼び事も行われ、神の来臨や賓客の来訪がありその供応が行われる。そこでは、芸能や競技が行われ交流が深まり、陶酔が導かれる。御馳走への陶酔は飲酒により促進され、芸能や競技の陶酔は性の解放や喧嘩・暴力の陶酔へと展開し、脱社会の世界、遊びの世界を現出する。経済的には消費と蕩尽である。ハレの中核は陶酔にある。一方、ケの時空とは具体的にはふだんの日常的な生活で、朝起きて食事をし、昼間は働き、夜になったら休眠するという状態である。ハレが消費・遊興とすれば、ケは生産・労働である。柳田は、このハレとケの循環の中に稲作を基礎とする民俗の生活があったことを指摘しながら、それが近代化とともに特に都市生活の中でハレとケの区別が曖昧になってきたことを指摘している。服装も色彩鮮やかになり飲酒や魚食肉食も日常化してハレの日常化がすすんだという。このハレとケの概念について、一時期、聖と俗の対立というデュルケムの聖俗二元論にあてはめる考え方が有力であった。デュルケムの学説の基礎にあったのは、中央オーストラリアの一部族社会における生活実態で、乾季と雨季の交替の中で乾季における労働の生活(俗)と雨季における祭儀の生活(聖)とが明確に区別されていることから、聖と俗との二元的対立と規則的交替が、季節交替のリズムに対応してその社会生活に反映していると考えたものであった。しかしその後、日本の稲作社会では一年は労働と祭儀とに二分されているわけではなく、農作業の折目ごとに祭儀が繰り返し行われており、聖と俗との絶対的対立を説く聖俗二元論をそのまま日本のハレとケにあてはめることはできないとの指摘がなされた。稲作を基調として、春夏秋冬の祭礼や正月・盆などの年中行事が展開する日本の民俗におけるハレとケは絶対的対立の関係ではなく、たとえばケの住居空間が注連縄を張るなど特別な措置を施すことによってハレの場所へと転換するというような両者の相互補完的な関係を重視すべきであるとの見解が示された。そして、ハレとケを相互補完、相互転換する二項とみる考え方の延長線上にその媒介項としてケガレという概念をあらためて設定する考え方が提示され、ハレとケをめぐる問題は、ハレ・ケ・ケガレ論へと展開している。しかし、それに対する批判もあり、ハレとケという分析概念をめぐる問題は再検討の段階にある。→ケガレ

参考文献　柳田国男「明治大正史世相編」(『柳田国男全集』二六所収、一九九〇)、伊藤幹治「日本文化の構造的理解をめざして」(『季刊人類学』四ノ二、一九七三)、波平恵美子『ケガレの構造』、一九八四、桜井徳太郎『結衆の原点―共同体の崩壊と再生―』、一九八五、伊藤幹治「非日常的世界考」(『成城大学民俗学研究所紀要』一四、一九九〇)、宮田登『ケガレの民俗誌』、一九九六

(新谷　尚紀)

ハロウジ　ハロウジ　奄美・沖縄で親類を意味する語。奄美諸島と沖縄本島北部、久米島および宮古の池間島から報告されている。沖縄本島では親類の意味でウェーカーの語が用いられるが、ウェーカ、ハロージという対句が用いられることもある。パロージ、パラジ、ハラウズなどの発音上の変差がある。農業や家の普請など生活上の互助共同の機会に動員されて合力し、冠婚葬祭に参加して役割分担や加勢を行う。ハロウジの組織原理は、自己を中心として、双系的に親族の間に関係を拡大してゆくもので、その範囲はイトコ関係にあるものまでを中心とし、マタイトコ関係にある親族を少し遠くに位置づける。内部はフンシないしシジカタ(父方)とグエシチ(母方・妻方)に類別され、特定の場面で父方への偏重が示されることがある。自己の妻方もハロウジに含まれるが、自己の婚姻の当初は、姻戚はミーハロウジ(新しいハロウジ)という類別をうける。一方、ハロウジは一定の世代範囲内で祖霊祭祀にかかわる。奄美では三十三年忌で死者はカミ化=祖霊化するとされるが、この儀礼の際には、まつられる死者の兄弟姉妹と子および孫の参加が重要とされる。同時にこの儀礼には、儀礼を主催する自己(世帯主。死者の孫にあたることが多い)を中心とした双系的な親族も動員されるので、このときのハロウジには自己中心的な組織原理と祖霊中心的な組織原理が同時にあらわれる。　→ウェーカー

参考文献　大胡欽一「上本部村備瀬の社会組織」(東京都立大学南西諸島研究委員会編『沖縄の社会と宗教』所収、一九六五)、蒲生正男『(増訂)日本人の生活構造序説』、一九七八、加藤正春「双系社会の親族体系―与論島における親族再編成の構造―」(『南島史学』一七・一八合併号、一九八一)

(加藤　正春)

はんげ　半夏　夏至から数えて十一日目のこと。半夏生ともいう。夏至をチュウといい、その日から数えて十一日目をハンゲ、ハゲンという。ふつう七月二日ころになり、季節・気候の変わり目と意識され、全国で作物の植え付けの目安にした。島根県邑智郡石見町(邑南町)ではハンゲを田植え終いとし、田の神サンバイは畑に上がり、七日に山(焼畑)に行くといい、ハンゲ前に大豆を、ハンゲ後には小豆とアワを蒔けといった。東京都西多摩郡檜原村ではハゲンジイは畑や焼畑の神で、働きすぎて火事になった畑で焼け死んだので、この日は畑に入るなとか小麦餅を食べる日だとかいう。神奈川県平塚市でアワ蒔きの適期とされ、同県藤沢市ではハンゲ過ぎての田植えは一穂で三粒減ずるという。栃木県下都賀郡ではこの日は神を汚すので、田や畑の仕事をするなといい、この日までに田植えを終らせた。稲作・畑作・焼畑いずれも作物栽培の適期や禁忌、また、麦の収穫祭的要素が伝承され、その地域の自然環境と農業の関係を示している。この日、山口県でハゲダンゴといい、団子を食べた。鹿児島市桜島では半夏生は梅雨の上がった日でハゲッソといい、メンザンと呼ぶ小麦の団子を食べた。大阪府河内周辺ではタコを食べる習慣があり、ハゲダコという。小麦とモチ米を搗いたものをアカネコといって食べた。福井県ではハゲッショサバといってサバを食べた。タコやサバなど海のものを食べる日であったとの説もある。

参考文献　倉石忠彦「年中行事の中の方言」(『言語生活』三九七、一九八五)、増田昭子『粟と稗の食文化』、一九九〇、白石昭臣『イネとムギの民俗』、一九九四

(増田　昭子)

ひ

ヒエ　ヒエ　イネ科の一年生作物で、水田・定畑・焼畑で栽培された。岩手県和賀郡沢内村貝沢のある家では一九四一年(昭和十六)に水稲二反歩に対し田稗(たびえ)八反歩を栽培した。ヒエ田の伝統が強かったことがわかる。田稗は水田に苗代を作って移植した。ヒエは寒冷に強いので、水の冷える谷田の上部の田に植えた。最上部にはワセヒエを、次にオクテのヒエ、その次にモチ稲のワセ、以下モチ稲オク、ウルチ稲ワセ、ウルチ稲オクの順にした。寒冷地では山田の水口周辺のみにヒエを植え、他は稲を植えるという工夫もした。石川県石川郡白峰村(白山市)ではヒエを水田・定畑・焼畑で栽培した。焼畑のヒエは直播き、水田と定畑は水田の苗代で育てた苗を移植した。焼畑のヒエに比べて水田や定畑のヒエは穂が大きくなった。岩手県九戸地方では定畑に、肥と混ぜたヒエ種子を直播きした。焼畑では輪作の一年目にヒエを栽培する例が多い。ヒエの脱孚・精白に際しては、それに先立ち、焙煎するか蒸すかしなければならない。その後、臼で搗くか、石臼で碾くかで脱孚・精白する。その際、稗搗き節のごとき民謡も歌われた。食法としては稗飯・稗粥が中心で、それらは畑作地帯のケの食の中心だった。稗飯は地方・時代、家の経済状態などによって配合物・配合率が異なった。稗飯は囲炉裏の鍋で煮た。ヒエ六割に米四割ではじめ米を煮、まだ米に芯があるころヒエを入れ、煮えきったところで汁をこぼし、箸で穴をあけて空気を抜く(宮崎県西都市上揚、昭和初年)、米麦の飯が炊け、火を引く時に、その飯の上に粉にしたヒエをのせる。あげる時に塩一つかみを加えてかきまわす。米三合・麦六合・稗粉一升の比率だった(静岡県榛原郡川根町、昭和初年)、など多様である。収穫を終え、焼畑地の出作り小屋から里の家に帰る際に儀礼食としてヒエの団子や粢(しとぎ)を作る地があった。ヒエの豊穣予祝として、小正月にヌルデの木を使い、粟穂とともに稗穂の模造品(モノツクリ)を飾る地方もある。ヒエの種類の中にノギの長い、毛稗と通称される種類があり、神奈川県の足柄上郡では、猪がそれを嫌うとして焼畑の外周部に栽培した。アフリカのサバンナ原産と伝えられるシコクビエはイネ科ではあるが、穂が掌状に開き赤茶色の実をつける。穂の形状からカモアシ、ヤツマタ、マタビエなどと呼ばれ、唐稗(からびえ)・朝鮮稗・弘法黍などと渡来性を強調する呼称もある。福井・岐阜・石川・長野・静岡・愛知など中部地方山地や徳島県などで栽培された。荒蕪地に強い、多収穫性がある、精白減少率が低い、長期貯蔵に耐える、といった特色から救荒作物としても重視された。定畑では移植栽培が、焼畑では輪作最終年に直播き栽培が行われた。粉化して、団子または搔き粉にするのが一般的な食法である。ヒエもシコクビエも細粒の雑穀で山間地域で栽培されることが多かった。

参考文献　野本寛一『焼畑民俗文化論』、一九八四、増田昭子『粟と稗の食文化』、一九九〇、橘礼吉『白山麓の焼畑農耕―その民俗学的生態誌―』、一九九五
(野本　寛一)

ひかくけんきゅうほう　比較研究法　民俗学において、周圏論と並んで、主要な方法とされてきた研究方法。重出立証法は同義語である。比較というのは学問のみならず、自己を相対化するために必要な手段であるが、民俗学では全国各地より類似の民俗事象を採集し、これを類型化して、

それらを比較することによって生活の変遷を明らかにする資料操作法として用いられてきた。民俗学の研究目的をこのように生活文化の変遷を明らかにすることにおくと、まず民俗事象の先後関係を明らかにすることが必須の作業となる。民俗資料の中でも物質文化である民具をはじめ、有形の部分は近世農書、中世の絵巻物、原始・古代の出土遺物などを参考することによりかなりの部分においてその変遷を跡付けることができ、そこから農法・農業技術などの変遷を明らかにすることができる。しかし、民俗資料の中の無形の分野や、口頭伝承はその類型から前後関係を考えなければならない。同類の民俗資料を類型化し、その中の各要素の重なる部分とずれる部分を重ね写真の方式で連続化して変遷を明らかにするのが重出立証法であり、同類の民俗事象が同心円状の周圏分布をなすことから、空間差を時間差に読み替える方法が民俗周圏論である。民俗学はこの二つの方法を組み合わせることにより、民俗事象の変遷を実証しようとしてきた。比較研究法は美術史や考古学でいうところの様式史的方法typologyである。さらに考古学ではこれに地層の上層から下層の出土順で新旧が確定する層位学を合わせて編年をするのである。民俗周圏論ではこの層位学的基準を満たすことができない。A→B→Cの変遷は逆にC→B→Aかもしれないのである。美術史では作者銘や紀年銘のある仏像などを指標にすることにより前後関係特定の参考にすることがあるが、民俗事象にもたまたま史料に記載があり、参考にすることができるものがあるが、実年代的な変遷の証明には至らない。民俗学の目的は生活文化の型の変遷を示せばよく、また伝承資料は現在までの累積的な性格を特長とするので、歴史学に求められるような実年代の想定にこだわる必要はないという考えもある。また、比較研究法は全国を均質的にみ、一通過点としての地方を前提とするが、民俗事象は孤立的に存在するのではなく、生活の有機的繋がりの中で意味を持つものであり、一民俗事象の持つ意味をその地方、地域の歴史過程の中でまず位置付けなければならないとする批判がおきた。この立場から個別分析法が提唱され、比較研究法に対し地域民俗学の基本的な方法として示された。

→周圏論(しゅうけんろん) →重出立証法(じゅうしゅつりっしょうほう)

参考文献 高桑守史「日本民俗学方法論(一)」(上野和男・高桑守史・野村純一他編『民俗研究ハンドブック』所収、一九七八)、福田アジオ『日本民俗学方法序説』(『日本民俗学研究叢書』、一九八四) (佐野 賢治)

ひかくみんぞくがく 比較民俗学 他民族の民俗と比較することによって自民族の民俗・文化を研究する民俗学の一分野。柳田国男の『民間伝承論』(一九三四)に示されているように、比較という言葉は民俗学において二つの意味で用いられてきた。一つは比較研究法・重出立証法という資料操作法であり、もう一つは一国民俗学・日本民俗学に対する比較民俗学・世界民俗学である。前者の比較は全国各地から同種の民俗資料を集積し、それを類型化し、類型間の比較をして民俗の変遷を時間軸に沿って明らかにしていく方法であり、後者は空間軸、横並びの他民族の民俗文化との比較によって日本人らしさを明らかにしようとする方法論であるといえる。いずれにしろ、同一民族内の民俗文化の一元性・均一性をその前提としていた。民俗学は民間伝承を素材にして、日本人の民族性(エトノス)を明らかにしていく学問とする立場があるが、この場合、日本人を生物学的範疇である人種はともかくとして、民族・国民のいずれの範疇でとらえるのか、議論がなされなかったため、比較民俗学の用語法において混乱がみられた。一国民俗学との対照から、比較民俗学といえばその対象を国民国家である韓国や中国との民俗比較を考える。しかし、現代中国が五十六の民族からなることを考慮しただけでも漢民族の民俗との比較なのか、中国国民文化としての民俗の比較なのかわからない。このことからも比較民俗学は国内外を問わず、日本(大和)民族の民俗とアイヌ民族の民俗との比較のように、比較民族民俗学として自民族・自文化と他民族・他文化の民俗比較を通して自民族の民俗文化の特質を明らかにする比較民俗研究の方法論と考えるべきである。昔話の比較はもとより、シャーマニズム・死後結婚・仮面劇から背負梯子のような民具まで比較民俗学の個別的成果があがりつつある。↓比較研究法

参考文献　直江広治『民間信仰の比較研究―比較民俗学への道―』、一九八七、下野敏見『日本列島の比較民俗学』、一九九四　（佐野　賢治）

ひがん　彼岸　春分・秋分それぞれの中日とその前後三日間、あわせて七日間のこと。この期間寺院で彼岸法要が営まれるので彼岸という。太陽が真東からのぼり真西に沈むことから、民俗では太陽や日にちなんだ行事が多い。彼岸とは到彼岸で悟りの境地に至ることをさす。浄土教ではこれを阿弥陀のいる浄土に至った状態と解した。阿弥陀浄土が西方にあるところから、太陽の真西に沈む、春分・秋分の日没時に夕日を観想すると浄土にいけるとする日想観が成立した。唐の善導の『観無量寿経疏』の中に記されている。中国には立春・春分・立夏・夏至などの季節の変わり目に持斎(戒律を守り身心を清浄に保つこと)するとよいとする考えはあったが、この時に法会を営むことはなかった。法要として彼岸会は日本独自のものと見られている。『日本後紀』八〇六年(延暦二十五)条に「諸国分寺の僧をして春秋二仲月別七日、金剛般若経を読ましむ」(原漢文)としたのが初見で、平安時代には浄土教の高まりから、西方浄土へ往生を願う念仏聖がでて、大坂四天王寺西門に行者があつまり、彼岸の中日に夕日にむかって西行し入水するものが多数でたとある。民俗では、春分・秋分の日に日の伴をする。一日太陽にむかって祈願するもので、太陽のめぐる方向に沿って、東から南へ、南から西へ社寺を拝したり、鳥居を七つくぐるとよいとされた。この民俗は江戸時代に六阿弥陀詣とか七観音参りとして定着した。また巡礼が盛んになるのも彼岸の前後である。彼岸に仏教行事が集中し、墓参りも盛んになった。

参考文献　中村康隆「彼岸会と花祭り」(『講座日本の民俗宗教』二所収、一九八〇)　（坂本　要）

ひさべつぶらく　被差別部落　近世の身分制度のもとで最下層に位置付けられ、賤視されたえた・非人の系譜を負い、一八七一年(明治四)八月の部落解放令以降も、現在に至るまで、社会的、経済的、精神的に差別を受けてきた地域社会を指す語。未解放部落・同和地区とも称し、単に部落ともいうが、部落の呼称は村落一般を意味することも多い。また近代以降、第二次世界大戦までは一般農村と異なるという差別意識を含んで細民部落・後進部落・特殊部落などと呼ばれていた。被差別部落の人人は河川敷や低湿地あるいは山腹や谷間・坂下など、劣悪な立地条件の所に居住することを余儀なくされ、生業もいわゆる部落産業と称される皮革業・草履作りをはじめ日雇・土建業・廃品回収業・行商など、不安定な職種、経済変動に影響されやすい職種に就かざるを得ない場合が多く、同一人がいくつもの職種を経験している場合も少なくない。衣食住の民俗においては、作業場としてのムロ、間借りの生活、古くからの肉食、共同風呂、一張羅の衣類をはじめ特色ある習俗が伝えられているが、それらを含めて低所得、限られた収入、劣悪な生活環境のなかでのやりくり習俗に注目する必要があろう。年中行事や人の一生の儀礼においては基本的に一般の習俗と変わるところがないとはいうものの、簡素かつより実質的で、かくあるべきとする定型的なものが少ない。衣食住の民俗や儀礼などは基本的に消費生活に属し、被差別部落の不安定な職業と

低所得とに密接に関係しているところからして、形式的、建前の生活ではなく、本音の生活がその基本にあり、それ故に全体としては都市的な民俗を示しているといえよう。また通婚圏や生活圏が広いことも被差別部落の民俗がもつ特徴の一つと思われる。しかしながら、生活環境・経済的(生産・消費の両面)諸習俗のうち被差別部落の民俗の特徴と思われる多くは、差別によって余儀なくされていたものであることも忘れてはならない。その点で近代初頭の部落解放令が実質の伴わない名目的なものであり、その後も差別の解消のための有効な政策がとられてこなかったことはもちろん、明治民法の施行によって家制度の強化がなされたことも差別意識の存続を許してきた要因の一つとして挙げることができよう。被差別部落に対する差別は信仰習俗においても明確な形で表われている。その一つは、生活環境と同じように一般と被差別部落との墓を区別し被差別部落の墓を劣悪な場所に設けていたことであり、革門・革尼、僮婢・僮男などといった差別戒名、被差別部落の檀那寺が穢多寺と称されてきたこと、近世以来の被差別部落は枝村・枝郷であることが少なくないが、そうした場合村氏神の祭祀から外されてきたことなどを挙げることができる。このうち檀那寺に関してみると、西日本の場合、真宗寺院を檀那寺とし部落の精神的主柱としてきた所が多いのに対し、東日本では、近代以降に檀那寺を替えたとする伝承が少なくないことも注目される。また東日本の場合、被差別部落の氏神として白山神社をまつることが多いとされ、関八州・伊豆・甲斐・駿河、陸奥の一部を支配していた穢多頭の浅草弾左ヱ門と結びつけて歯の神と説く伝承や、子供を好きな神とする伝承が少なくないほか、産の神とする伝承もあり、加賀の白山信仰とともにハクサ(歯臭)・シラヤマ(白山、清浄)・キヨメ(清め)との関係にも注目すべきであろう。被差別部落の起源は近世幕藩体制における身分制度、つまりえた・非人を社会の最下層におき、身分・職業・居住を固定・世襲させたところに求められるのであるが、地域によって必ずしも一様ではなかった。たとえばえたと非人との関係も近畿地方では相互に独立した身分とされているのに対し、関八州では浅草弾左ヱ門の支配下におかれていた。また皮革業・履物業・膠の製造・燈心の生産などが主要な産業であり、牢番役・行刑役などを負わされてきたが、農業も出作地や小作地が多いとはいえ無視できないものがあり、斃牛馬の処理にしても、草場・旦那場・職場などと称された権利を持たない部落は取り扱うことができなかった。さらに被差別部落の成立についても一様ではなく、中世賤民との関連なども問題として残されている。近代以降、被差別部落の解放運動が行われてきた。初期のものは部落の努力と自粛の上に、一般の同情・融和を得ようとするもので限界があり、一九二二年(大正十一)に発足した水平社の解放運動、なかでも差別糾弾闘争は大きな影響を与えてきたといえよう。第二次世界大戦後、部落解放委員会(のちに部落解放同盟と改称)が結成されて行政闘争が展開された結果、一九六九年(昭和四十四)、十ヵ年の限時法である同和対策事業特別措置法が施行されるようになり、三ヵ年の延長ののち、一九八二年には地域改善対策特別措置法(五ヵ年間の限時法)、八七年より地対財特法(地域改善対策特定事業に係わる財政上の特別措置に関する法律)が施行されるなど生活環境の整備などが計られている。しかし、いまだ解決しなければならない問題も少なくはない。

参考文献　柴田道子『被差別部落の伝承と生活—信州の部落・古老聞き書き—』、一九七二、原田伴彦『被差別部落の歴史』(『朝日選書』三四、一九七五)、小林初枝『被差別部落の世間ばなし』、一九七九、宮田登『神の民俗誌』(『岩波新書』黄九七、一九七九)、乾武俊『伝承文化と同和教育—むこうに見えるは親の家―』、一九六八、中村水名子・坪井和子・多田恵美子『被差別部落その生活と民俗』、一九八二、宮田登『白のフォークロア―原初的思考―』(『平凡社ライブラリー』、一九九四)、乾武俊『民俗文化の深層』、一九九五、部落解放研究所編『被差別部落の民俗伝承―大阪・古老からの聞きとり―』、一九九五
（宮本袈裟雄）

ひとつめこぞう　一目小僧　全国各地で広く伝承されている妖怪で、一眼一脚として描写されることが多い。小僧という名が示すように、子どものような姿とするところもあれば、巨人とする伝承もある。関東では事八日(ことようか)にやってくる妖怪とされ、目の多い籠を軒先に掲げてこれを防ぐ。高知県山間部には山父・山爺という一目一本足の山の怪の伝承がある。山父は蓑のようなものを着ており、雪の後に飛び飛びに足跡を残すという。一目小僧と関連して一眼一脚の神の伝承も各地に分布している。山の神を一眼一脚とする伝承は全国的で、片足分の大草鞋(わらじ)を供える習俗なども各地に見られる。また、大師講のダイシと呼ばれる来訪神は片足という伝承があり、この日に雪が降るのはダイシの足跡を隠すためだとされる。片目神の由来を説く伝承は各地に分布しており、神あるいは武将がある種の植物で目を突いて片目となったため、その氏子たちの間でそれらの植物を栽培することを禁忌とする習俗がある。これはまた片目魚の伝承とも結びついている。さらに、御霊信仰から生まれた鎌倉権五郎(かまくらごんごろう)や、鍛冶神の天目一箇神などの片目の神の伝承は重要な問題を含んでいる。柳田国男(やなぎたくにお)は、古くは神祭に選ばれた神主を常人と弁別するために特別の植物で目を潰し片足とする風習があったとし、そこから一眼一脚の神への信仰が生まれたのではないかと指摘した。一目小僧の伝承の背景には、これら一眼一脚の神をめぐる古い信仰があると考えられる。
→片目の魚(かためのうお)

参考文献　柳田国男「一目小僧その他」(『柳田国男全集』六所収、一九八九)
（高橋　典子）

ヒトツモノ　ヒトツモノ　祭礼にあらわれる特別な扮装の童子や人形。文献には一物・一者などと記される。華美な装束に山鳥の尾をつけた風流笠などのかぶりもの、化粧などを施すが、特別な芸をすることはなく、肩車や騎馬で神幸行列に加わることが多い。その本質を神霊や祭神のよりまし・依代と考えるのが通説である。現行の民俗に伝承・文献・絵画資料を合わせると、西日本を中心に五十ほどの事例が確認できる。一人だからヒトツモノと称するという考えもあるが、実例をみると一人でない事例も多い。現在あるいは近年まで人がヒトツモノ役を行う例として

肩車されるヒトツモノ　兵庫県高砂市曾根天満宮秋祭

は、京都府宇治市県神社の大幣神事、奈良市春日若宮御祭、姫路市射楯兵主神社の一つ山・三つ山祭、同市大塩神社の秋祭、和歌山県紀の川市丹生神社の粉河祭、兵庫県高砂市曾根の曾根天満宮秋祭、同市荒井神社の秋祭などがあげられる。人形をヒトツモノとみなす現行事例としては和歌山県新宮市熊野速玉神社御船祭、茨城県下妻市大宝神社の秋祭がある。ヒトツモノは平安時代の比叡山の日吉山王祭、園城寺祭礼、祇園御霊会などにおいて、当時流行していた馬長童の影響を受け、田楽や流鏑馬などの祭礼芸能に組み入れられることによって成立した。もともとヒトツモノは祭礼の行列において、一回性・意外性を特色とする装飾的な目立つ出で立ちで人目を驚かす風流であった。

参考文献　柳田国男「氏神と氏子」(『柳田国男全集』一四所収、一九九〇)、萩原竜夫「まつりと象徴」(『神々と村落』所収、一九七八)、福原敏男「ひとつ物考」(『祭礼文化史の研究』所収、一九九五)　(福原　敏男)

ひとみごくう　人身御供　人を生贄として神にそなえること。人身供犠儀礼として古代ギリシャやアステカなど古代・未開社会の宗教にひろく存在したとされるが、かつての日本にも実在したかどうかは明確でない。南方熊楠が強く実在説を主張する一方、柳田国男は松浦佐用媛伝説などの検討を通じて水辺の神への信仰に付随する説話上のモチーフと解した。松浦佐用媛に限らず、出雲神話で八岐大蛇の人身御供とされたクシナダヒメや、『今昔物語集』で美作の中山神社の猿神に生贄としてそなえられた娘の例でも、遠来の英雄が邪神を滅ぼして彼女らを救出し、そののち人身御供の悪習は止んだと説明するのが定型である。建築や築堤にあたって土地の神、川の神の怒りを静めるため未婚の娘や放浪の宗教者を人柱として埋めたとする伝説でも、その効果によって以後は神の怒りが収まったとする。また一時上臈や一夜官女と呼ばれる祭では、未婚の娘が供物を供えるが、もとは彼女たち自身が人身御供にされたと説明することが多い。一方、愛知県稲沢市国府宮(大国霊神社)の儺追神事の由来では、かつて祭礼の際、通行人を捕えて神前に据えたといい、これをもとに現在は氏子のうちの志願者を儺追人と名づけて三日三晩の忌籠りを課したうえ裸にして追い立て、最後に背に餅を負わせて神社の境内外に追い払う。この儺追人の役割は、わが身に一年のすべての穢れと災いを負い、身代りとなって追放されることであり、人身御供の儀礼的意味を示唆している。

参考文献　柳田国男「人柱と松浦佐用媛」(『柳田国男全集』一一所収、一九九〇)、南方熊楠「人柱の話」(『南方熊楠全集』二所収、一九七一)、新谷尚紀「遠州見付宿の葬墓制と他界観」(網野善彦・石井進編『中世の都市と墳墓』所収、一九八八)、赤坂憲雄「人身御供譚の構造」(赤坂憲雄編『境界の発生』所収、一九八九)、高木敏雄「人身御供論」(『人身御供論』所収、一九九〇)、六車由実『神、人を喰う―人身御供の民俗学―』二〇〇三　(中村　生雄)

ヒヌカン　ヒヌカン　沖縄・奄美地方に分布する火の神の呼称。ところによって発音は若干異なる。民家で土間に三つの石を鼎状に立てて炉としていたところは、それ自体を神体に見立てていたが、竈の普及によって小さな石三つをその上に置いて信仰の対象とした。現在もガスコンロの後ろに三つの石を置き、香炉と皿に盛った塩、水を入れたコップを一緒に主婦がまつる。毎月旧暦の一日と十五日に供物を供えて必ず拝礼し、自己紹介に続き火の神を通してさまざまな神々を慰撫し、一家の繁栄を祈る。ブチダンの先祖をまつるのはその後である。主婦は毎月ヒヌカンに真情を吐露することで心の平安を得ている。火所の神ではあるが、奄美では火伏せの神の性格が強調され、沖縄地方ではそれよりも家の神として守護神的な性格が強い。折口信夫によって火の神のウトゥーシすなわち遥拝の思想が注目され、屋敷の神、床の神、山の神などに加え、ヒヌカンが海の彼方などの他界にあるとされるニライカナイへも中継ぎしていたと考えられる。中国の竈神は年末に天に昇って天帝に家族の善悪を報告し、年初にその年の運を持ち帰るといわれるが、沖縄のヒヌカンも同様の性格をもつのも、中継ぎの機能を示すものといえる。婚出の際には母のまつるヒヌカンの香炉の灰を婚家に移し、分家の際にも母親の香炉の灰をもって行って新たにまつり始める事例から、ブチダンが男系の継承線を示すのに対し、ヒヌカンとその祭祀は女系のそれを表わすといえる。こうした民家の火の神とは別に、第二尚氏王統の尚真王（在位一四七七—一五二六）のころに整った女神官体制では、聞得大君の下で三平等殿内と沖縄島を中心に各村落の祝女・根神の火の神がまつられ、神女がそれぞれの火の神を通して定期的に国王を礼讃していた。

沖縄県北部のヒヌカン

参考文献　安達義弘「琉球王府の中央集権体制と火の神信仰」（窪徳忠先生沖縄調査二十年記念論文集刊行委員会編『沖縄の宗教と民俗』所収、一九八八）、近藤功行「沖縄の老人ホームにおける死と儀礼」（『奄美博物館紀要』二、一九九二）

（古家　信平）

ひのかみ　火の神　家の火を扱うところにまつられる精霊的性格の強い神で、火そのものにかかわる火伏せの機能のほかに、家族の守護神、農作物の豊饒を約束する作神などの性格をもつ。火伏せの性格をもつ秋葉神社や愛宕神社などの神々が座敷の神棚で神札に象徴されてまつられるのに対し、民家の土間にまつられ、特に神札に表示されることはなく、そのための棚を設けることもないが、正月には注連縄を張ったり餅が供えられたりすることから、神霊の存在がうかがえる。神無月にも留守神として家に留まって家族を守護した。名称はところによってさまざまであり、陰陽師系の宗教者の影響の強いところでは土公神とされ、三宝荒神などと呼ぶところでは験力の激しい神として恐れられている。管理するのは主婦であることが多く、定期的に訪れた山伏などの民間宗教者によってまつられてきた。旅に出るときには旅程の安全を祈り、家の分立や継承と結び付けられて、分家を出すときに自在鉤を持たせたり、竈の灰を分けたりし、家の主人や主婦が死ぬと竈を作り替えたりした。家を数えるのにカマドを用いたり、分家することをカマドを起す、破産をカマドをつぶす、といわれるように家と不可分のものが火所であり、そこにまつられた神として神棚にまつられる神々に比べると、人々の生活に身近な存在といえる。沖縄県地方では出生を台所にまつる火の神に報告し、私生児でも連れて来て拝ませる。沖縄島北部では後産を埋めるのは火の神の背後の雨垂れの下であり、生児が笑いを絶やさないようにと周囲の人々が集まって笑いながら埋めるエナワライ（胞衣笑い）の習俗が見られる。関東地方南部では結婚式の際に嫁は婚家に入るとまず竈神を拝み、東北地方では嫁はいったん囲炉裏端にすわる。火の神が家の守護神と考えられているとともに、火は液体を気体にかえたり、固体を液体にかえたりというように、火そのものは形をかえずに、ものを変化させる媒介の役目を担っていることから、出生や婚姻という人の社会的立場の転換にあたって介在するのである。また、火の神は、厠神、納戸神など、家屋の私的な領域にまつられる神々と同様に、産の穢れを厭わず、異界のものをこの世のものへと転換する際の媒介をする。新潟県岩船郡朝日村では「雨垂れの下に荒神がいる」というが、雨垂れが霊的な意味における民家の内と外を区切る境と考えられることから、荒神が境界にまつられる神であり、また三宝荒神として火を扱うところにもまつられることがうなずけるのである。　→荒神（こうじん）　→作神（さくがみ）　→ヒヌカン　→火伏せ（ひぶせ）

参考文献　大林太良「太陽と火」（『日本民俗文化大系』二所収、一九八三）、飯島吉晴『竈神と厠神―異界と此の世の境―』、一九八六
（古家　信平）

ひぶせ　**火伏せ**　火の災厄を避けること。火除せ、火除けともいう。古くから出火を恐れ、火伏せに霊験ありとする神仏をまつるほか、家の火所にまつられる火の神にもその機能を認めてまつってきた。火伏せの神のうち日本各地に勧請してまつられるのは秋葉神社・愛宕神社・古峯神社で、代参講によって代表を派遣して火伏せのお札をもらってきて講員に配り、神棚に収めてまつった。近世に入って信仰圏が拡大した戸隠信仰においても、その霊験の一つに火除けが含まれ、火災が近くに起っても戸隠の札を前にして祈念すれば免れる、という話が流布されている。院坊の僧、山伏が配札の途中で村人たちの要求にこたえて呪法を用い活躍したことを物語るものである。また、屋敷神にまつられる稲荷にも、町内でまつられて全体の火除けの役割を果たすようになるものがある。火伏せの神札は座敷の神棚に収められ、ほかの神札とともにまつられるが、それらとは別系統のものとして、かつては民家の土間の近くにまつられてきた神霊がある。竈や囲炉裏にまつる火の神がそれで、そこに火伏せの願いを込めた。福島県伊達郡湯野村（福島市）では囲炉裏に三宝荒神が宿るといって毎朝線香を立てて拝み、茨城県真壁郡上野村（筑西市）では火伏せの神としてのオカマサマを土間の大竈の上の屋根裏にまつり、年の暮れに注連縄を張る家が見られる。正月に自在鉤に注連縄を張ることからうかがえるように、そこに神霊の存在を感じ、火伏せも期待していたのである。　→秋葉信仰（あきはしんこう）　→愛宕信仰（あたごしんこう）　→荒神（こうじん）　→火の神（ひのかみ）

参考文献　坪井洋文「住居の原感覚―喜怒哀楽の共有空間―」（『日本民俗文化大系』一〇所収、一九八五）、宮田登『山と里の信仰史』（『日本歴史民俗叢書』、一九九三）
（古家　信平）

ひまち　**日待**　特定の日に集まったりあるいは籠りをしたりすること。講が組織されて行われていることが多い。特に庚申、甲子（きのえね）、巳の日などに集まる日待はよく知られている。そのほかにも正月や五月、九月の一日と十五日も神祭の日で日待が行われた。日待の特徴は、月待講と同じように夜の行事であり、一夜眠らずに籠りして明かすこと、日の出を拝して祈ること、そしていくつかの禁忌を伴っていることである。日待はあくまで厳重な精進潔斎にもとづく籠りに本来的な意味があったと考えられている。日待にはいくつかの禁忌が伴う例が多く、それらは籠りの厳しさを物語るものが多い。たとえば日待に出席する者は出席前に必ず風呂に入らなければならないとか、庚申の夜は男女が一緒に寝てはなら

ないなどである。さらに日待の日には仕事をせずに休み、精進料理を食べることなどもそうである。このような民間の日待と同じように、山伏あるいは法師などが正月などにお札などを持って各家をまわり、祈禱したり、護摩を焚いたりする行事も日待といわれている。また、福島県会津若松市などでは、正月の初めに親類が集まって、夜明かしで飲食する行事があり、これも日待といっていた。各家では年始にあたっての大事な行事とされているところが多いが、山伏にとっても自己の檀那たちの組織化を確実なものにしたり、経済基盤を確保したりという目的もあったと考えられ、信者の籠りよりは山伏の呪法のほうが中心になっている。
（菊池　健策）

ひまつり　火祭　火を焚いて神霊・先祖・祖霊・精霊を招き、健康や豊作を祈願したり、悪霊祓いや供養をする祭。柴燈・ドンド・左義長・柱松、盆の迎え火や送り火、京都左大文字、秋田の竿燈、青森ねぶた、三河一色の大提燈など多様である。火は神霊の目標や祭の照明にもなった。修験は火の浄性を重視し柴燈護摩や火渡りをするなど積極的に関与した。正月は七・八か十四・十五日の鬼火焚き・ドンド焼き・左義長で正月飾りを燃やし火の具合や勢いで吉凶を占う。火に呪力を認め病気予防・健康祈願・火伏せ・虫除け・悪魔ばらい・疫病送りをする。小正月の道祖神の祭では子供が仮小屋を作って健康祈願や生殖力の増進を願い、終了後は焼却して神を送る。修正会結願の正月七日に火を燃やし鬼を退散させる。愛知県岡崎市滝山寺の修正会、福岡県太宰府市大善寺（太宰府天満宮）の鬼夜、和歌山県那智神倉山の御燈祭、岩手県水沢市黒石寺蘇民祭はこれである。鬼追いは奈良県法隆寺西円堂修二会でも行う。東大寺二月堂修二会は御松明ともいい火が重視される。一方、七夕や盆では柱松が火祭を伴い、神霊を招いて先祖・祖霊・精霊の供養をして点火の遅速で年占をする。戸隠山（長野県）・妙高山（新潟県）・英彦山（福岡県）の柱松は峰入り修行の際の出峰の験競べであった。柱松は高燈籠と類似し、京都周辺では愛宕の火祭と習合した。盆の火祭は正月に比べて仏教の影響が大きい。熊野那智大社での七月十四日の火祭では田楽が行われ、扇神輿が那智滝前に渡御し大松明が迎えて神霊供養と農耕予祝をする。山梨県富士吉田の八月二十七日の火祭は山仕舞である。夏から秋にかけては、阿蘇神社の摂社の霜宮神社で火焚神事がある。八月十九日に火焚殿に渡御し、少女が神前で六十日間火を焚き続ける。十月十六日に還御、十八日夕から火焚殿で火を焚き徹夜で神楽をする。夜明けころに巫女と少女は火の神楽という火渡りをする。京都では鞍馬火祭が秋の行事として名高い。冬は十一月八日の伏見稲荷のお火焚きでは崇敬者が奉納した火焚串を焼く。稲荷信仰を持つ鍛冶屋や鋳物師の間では鞴祭という。霜月の火祭は太陽にその力を感染させて、春を願う。陽光の復活は万物の生産育成を助ける。十一月二十三日の夜には埼玉県児玉郡神川町の金鑽神社で暗闇の中で火を鑽り出して疫病退散を祈る神事がある。火はすべてを焼き尽くすので浄化作用を持ち清めでもあり、奈良市春日若宮御祭の神送りでは火の粉を散らして道を清める。秋葉火祭は十二月十六日に行われ、火伏せの効験ありとして名高い。大晦日から元旦にかけては、山形県羽黒山の松例祭（歳夜）、京都の八坂神社の白朮祭、奈良県桜井市大神神社の繞道祭、広島県宮島厳島神社の鎮火祭では、新たに鑽り出した火を持ち帰り健康祈願をする。宮島は弥山の常火堂で行なっていた。祭の目的は、神迎え・神送り、先祖の送迎、豊作祈願、清め祓い、再生力の付与、験力の誇示などである。　↓柱松

参考文献　柳田国男「火の昔」（『柳田国男全集』二三所収、一九九〇）、『まつり』四（特集火とまつり、一九六二）、大林太良編『火』（「日本古代文化

の探究」、一九七四）

びゃっけ　白蓋　神楽の祭場の天井部に吊す丸型か角型の作り物。バッカイともいう。神降ろしや神がかりがこの下で行われる。中国地方で天蓋ともいう。九州では雲や御笠という所もある。花祭では釜上の湯蓋とビャッケを区別する所もある。陸前の名取で天蓋、陸中・羽後で大乗、秋田県横手市大森の保呂羽山の霜月神楽では白蓋という。伊勢神楽では真床覆衾（まどこおぶすま）といった。吉備ではビャッカイを神殿の棟木に吊り下げ、切紙で千道百道（ちみちももみち）が四方八方に引かれ、神々がこれを伝って御幣に鎮まる。土佐では白蓋を持って舞い、祈禱して天井に上げて神楽を始める。隠岐の島前神楽の玉蓋は五色の切幣、紙雛を四方に下げ、俵を置いて巫女を座らせ玉蓋を上下させて神をつける。島後の注連行も玉蓋を深深と降ろす。備中では動座加持という。石見では雲の穴から鬼神が出入りする。大元神楽では天蓋引きが神降ろし、高千穂では最後に雲下ろしで締め括る。起源は仏教の天蓋である。天蓋・白蓋・玉蓋は葬儀にも使われ、その下で死霊を再生させる儀礼装置と見られる。奥三河の花祭の原型とみられる御神楽では、白山（しらやま）を青柴で作って白装束で中に入る浄土入りを行い来世での再生を確証した。白には出産・成育・清めなどさまざまの意味が籠められる。修験道の擬死再生儀礼にも使用されて大きな影響を与えた。

参考文献　『早川孝太郎著作集』一、一九七一、神崎宣武『吉備高原の神と人—村里の祭礼風土記—』（『中公新書』七一三、一九八三）、山本ひろ子『変成譜—中世神仏習合の世界—』、一九九三、石塚尊俊「白蓋考」（『女人司祭』所収、一九九四）

（鈴木　正崇）

白開　愛知県豊根村三沢

ひよりみ　日和見　日和は天気のことであり、日和見は天気の様子を判断することをさす。日本には観天望気の技術が発達しており、日和見を職能とする人もいた。列島沿岸部の漁港の出入口には現在も日和山の地名が残っており、江戸時代に港入口の小高い丘に立ち、風の方向や潮の流れなどを見究める日和見役が存在していたことがわかる。かれらは易学や天文学に通じた藩の役人や、永年の勘を働かせる船頭たちであり、古くは特定の家筋に伝えられる秘法にもとづく日和見もあった。航海安全のための観天望気の技術を伴った日和見のほかに、南島には日和見人、ピューノシュ（日の主）などとよばれる男性神役もいる。日の主は物知りで記憶力がよく、特に毎年の祭日を決定する力をもっている。かれらの日取りを決める根拠は現在は暦書によっているが、それ以前は神秘的要素にもとづいていたと考えられている。トキという名称もある。琉球王国においては時を定めるのに占いの技術が用いられていた。時ユタの語もあり、トキが男性神役、ユタは神がかりする巫のことである。日和見が、暦をつくり、時間を管理する機能があることを示唆している。

参考文献　南波松太郎『船・地図・日和山』、一九八四、宮田登『日和見―日本王権論の試み―』(『平凡社選書』一四三、一九九二)　(宮田　登)

ひりょう　肥料　作物をつくるために耕地を肥やすもの。耕地の肥培方式には自然肥培と人為肥培がある。自然肥培は農耕の過程で結果的に耕地を肥培する方式で、たとえば焼畑では休閑中に山腹に堆積して腐熟した落葉や草木の焼却によってできた灰が結果的に作物の肥料分になる。休閑中にハンノキを植える林畑ではハンノキの根粒菌が耕地を肥やし、牧畑でも放牧中の牛の糞尿が肥料分となる。人為肥培は農耕の過程で意図的に肥料を施して肥培する方式で、施肥方法には耕地に肥料を施す耕地肥法と播種時に種子と肥料とを混ぜる播種肥法とがある。肥料は厳密には人為肥培に使われ、耕地を肥やし、作物を育てると意識されているもので、それは意図的に施されるのが特色である。しばしば洪水を起す河川の沿岸地域では、河川敷に溜まった泥を畑に客土することがあるが、これも広義には耕地の肥培法の一種で、人為肥培といえる。肥料はその調達方法によって自給肥料と購入肥料に分けることができる。自給肥料は自家で調製される肥料で、山野から刈り取ってきて田や桑畑に入れる刈敷、刈草を積み上げ風呂に使った水や台所からでる下水をかけるなどして腐熟させたり、家畜の糞尿と一緒になった踏草を腐熟させたりした堆肥、家の竈や囲炉裏などで燃やした藁や草木の灰、自家の便所に溜められたし尿を肥溜で腐熟させた下肥がある。灰は自家の竈や囲炉裏では限りがあるので、たとえば東京都の多摩丘陵地域ではハイヤキといって山で草木を焼いて灰を作った。また、下肥も自家の分では足りないので、周辺の町の家々から汲み取ってくることも行われた。購入肥料は肥料店から購入する肥料のことで金肥などと呼ばれ、これには自然物を調製した自然肥料と化学的に精製した化成肥料とがある。自然肥料にはシコイワシを干した干鰯(ほしか)、魚油を絞った粕の締粕、大豆から油を絞った粕の大豆粕、山から採掘した石灰、オビラメなどの海藻などがあり、江戸や大坂といった都市近郊では都市のし尿がオワイ(汚穢)船によって農村部に運ばれ販売されていた。化成肥料では明治時代末から過燐酸石灰や硫安などが使われ始め、現在では化成肥料が肥料の中心になっている。購入肥料の普及は、綿などの商品作物の導入と密接にかかわって進み、米麦といった主穀栽培を中心にする農業を営むところでは上層農以外への金肥の普及は遅く、昭和初期まで自給肥料が肥料の中心だった。耕地への施肥には元肥と追肥とがあって、水田稲作では耕起時に元肥、除草時に追肥が施される。畑作では常畑の施肥が重要で、一年二毛作、三毛作といった輪作には合理的な施肥様式ができている。また、小正月の予祝儀礼である粟穂・稗穂は庭の堆肥の上に立てるなど、畑作では肥料によって作物が成育するといった観念が儀礼にも表われている。

参考文献　古島敏雄『日本農業技術史』(『古島敏雄著作集』六、一九七五)、加藤治郎『東北稲作史―東北稲作機械化前の技術と習俗―』、一九八三、小川直之「畑作と稲作」(『名古屋民俗』二七、一九八三)　(小川　直之)

びんぼうがみ　貧乏神　貧乏を家々にもたらす存在とされ、貧しい老人の姿で出現すると考えられた神。伝承では、貧乏神は昔話などに登場するだけだが、江戸時代の随筆には実際に神としてまつられる例が記録され、井原西鶴の『日本永代蔵』では、貧乏神をまつり福徳を得たと描かれている。代表的な昔話では、怠け者の夫婦が貧乏神の存在に気づいて家出をしようとすると、貧乏神も一緒に家出の準備をするので、懸命に働いて豊かになるという筋である。また、貧しい夫婦が正月の準備もできずに、仕方なく大火を焚いて年を越そうとすると、その火の暑さで貧乏神が家を出ていって豊かになるという筋もある。さらに、貧しい夫婦がわずかな蓄えの中から貧乏神を饗応して豊かになるという筋書きもある。これらの昔話は「大歳(おおどし)の客」と称される型の昔話であるが、主として、新年を迎える年越に福徳と災厄とが交代するという、境界の時期に関わる物語となっている。その展開には、貧乏神が福神によって追い払われる場合と饗応を受けた貧乏神の力で豊かになる場合とがある。したがって、貧乏神は災厄と福徳をあわせ持つ両義的な存在と考えられる。正月を迎える年越の晩に、厄神を迎えて供物を供える厄神の膳が、各地に点在している状況から考えると、季節の変わり目である盆や正月を迎える際には、災厄をもたらす神を迎えて饗応し、追放する儀礼が行われていたことを想像させる。

参考文献　紙谷威広「福神と厄神」(『講座日本の民俗宗教』三所収、一九七九)、大島建彦『疫神とその周辺』(「民俗民芸双書」、一九八五)、小松和彦『福の神と貧乏神』(「ちくまプリマーブックス」一二一、一九九八)

(紙谷　威広)

ふ

ふうすい　風水　古代中国に発し現代東アジア・東南アジアその他にも影響の及んだ、環境判断と影響評価の方法論。風水の語は本来古代中国の自然観・環境観を指し、環境判断や測定術を指すものではないが、今日一般に風水説・風水地理説・風水思想・風水術の別称、あるいはそれらの総称として用いられている。中国殷・周代の卜宅、周・春秋・戦国時代の地理・相宅、漢代の堪輿(かんよ)などにその淵源が求められる。風水の語は漢代にみえるが、定義づけられたのは晋代郭璞(かくはく)の書だと仮託された『葬経』からである。風水とは『葬経』にあるように風と水であり、気の動きを操作するための地理的条件をいった。以後、「風水之法」は環境を整えることによって、いかに地気の好影響を確保するかの方法論を指すようになる。時代により風水術・相地術・堪輿学・地術などと呼ばれ、判断する専門家を風水師・地理師・陰陽師・地師・地官などと称した。今日の中国では、地域によって風水先生と呼ぶほか、地理先生、陰陽先生、陰陽生、南蛮子、あるいは道士と呼ぶ地方もある。風水看法の特徴は、㈠環境条件が人間や死者(祖先)に対して強い影響を及ぼし、㈡その影響が地形・水流・気候・地質・植生などの自然環境と、陰陽・五行・八卦・天干地支などの宇宙の運行との相関性をもって及び、㈢さらにその影響が、現世の人間や未来の子孫に対し吉凶禍福を伴って現われるとすることにある。だから環境からの好影響を得たいのなら、死者や人間に好影響を与える気(生気)を確保して、悪影響を与える気(殺気)を除去する環境と生活空間を構築する必要がある。かような判断に適う環境と空間、それが理想的な計画都市であり、樹林豊かな墳墓であり、吉方に向けられた邸宅だった。日本の家相や墓相も、このような発想に淵源が求められる。日本でも『日本書紀』に六〇二年(推古天皇十)、百済から僧観勒(かんろく)が来朝して「天文地理書」を献納したとあり、『令義解』には陰陽寮の陰陽師六人が占筮・相地を司るとある。さらに『日本書紀』には、皇都造営にあたりたびたび陰陽師が「看地形」(風水判断)を行なった記録がみられ、また『続日本紀』に七〇八年(和銅元)、元明天皇は中国の遷都の例にならい「卜世相土」(風水判断)を行なって、今日にいう四神相応の地に平城京を置くことを宣している。少なくとも江戸時代以降、風水はその名で日本でもかなり流布していたことが知られる。沖縄では十六世紀にすでに、家譜に風水判断のあったことが記録されているが、琉球王府の記録『球陽』や『琉球国由来記』によれば、十七世紀中葉、福建省に留学生を派遣して地理を学ばせその知識を導入している。沖縄では十八世紀以降二十世紀に至るまで風水判断は中国大陸出身の子孫である唐栄の士族に委ねられ、ほかの東アジア諸国同様に国策に用いられてきた。現代でも沖縄では、ほかの東アジア各地同様に墓相が重視され、墓地環境の好悪が子孫の禍福を支配するものとされている。子孫の繁栄・好景気・長寿はみな、墓地の好風水の影響によるものと説明される。また日本本土も含め家相は現世の禍福を左右すると考えられており、家屋建設前に風水師のほか易者やシャーマンまでが依頼に応じて判断している。

参考文献　渡邊欣雄『風水思想と東アジア』、一九九〇、渡邊欣雄・三浦国雄編『風水論集』(「環中国海の民俗と文化」四、一九九四)、牧尾良海『風水思想論考』、一九九四、何暁昕『風水探源—中国風水の歴史と実際—』(三浦国雄・宮崎順子訳、一九九五)、平敷令治『沖縄の祖先祭祀』、一九九五、宮内貴久「住居と世界観」(佐野賢治他編『現代民俗学入門』所収、一九九六)、渡邊欣雄『風水の社会人類学—中国とその周辺比較—』、二〇〇一

(渡邊　欣雄)

プーリィ　豊年祭　沖縄県八重山諸島における稲の収穫儀礼。旧暦六月に行う。『与世山親方八重山島規模帳』(一七六八)に「ほふり祭」とあり、プーリ、プーリィン、ポーリィなどと呼称する。プーリィは二つの要素から成り、今年とれた収穫物の神への感謝と来年の豊作予祝を内容として

石垣市大浜の豊年祭　神の乗った船を迎える(提供国吉真太郎)

いる。二日に分けて行い、一日目は御嶽(拝所)で収穫の感謝祈願をし、二日目は村中の者が集い予祝の儀礼をする。一日目は拝所でしめやかになされることから御嶽プーリィと呼び、二日目はムラをあげてにぎにぎしく行うことからムラプーリィという。御嶽プーリィはそれぞれの所属する御嶽で祈願をし、稲・アワのミシャグ(神酒)と泡盛を神前に供え、人々も飲む。ムラプーリィは村中の者が集まり予祝儀礼を行う。村により、旗頭・太鼓・巻踊りをして綱引きをするところ、舟漕ぎや種々の芸能をするところ、神(アカマタ・クロマタなど)を迎えるところがある。

↓アカマタ・クロマタ

参考文献　喜舎場永珣『八重山民俗誌』、一九七七　（石垣　博孝）

フォークロリズム　folklorism　民俗文化が本来のコンテクスト(文脈)を離れて見いだされる現象。また、擬似的な民俗文化がつくりだされる現象。フランスやロシアにおける、音楽・絵画などの芸術や文学への民俗素材の意図的な活用を意味する用語を、一九六〇年代にドイツ民俗学のハンス＝モーザーやヘルマン＝バウジンガーが発展させて概念化したもの。民俗文化の商品化や政治的な利用はもとより、民俗学の知識が民俗文化を保持する人々に自覚され、さまざまに流用される現象や、さらには町おこしイベントにみられる創作行事や郷土芸能の案出などの現象もフォークロリズムと呼ぶことができる。真正な民俗文化の存在を前提とする本質主義的な限界を有するが、現代民俗をめぐる複雑な状況を把握するためには有用な概念である。

参考文献　V. E. Gusev: Principal types of present-day folklorism, Folklorisms Bulletin (1980). R. Bendix: Folklorism—the challenge of a concept—, International Folklore Review. 6 (1988). 河野真「フォークロリズムからみた今日の民俗文化―ドイツ民俗学の視角から―」(『三河民俗』三、一九九二)　（八木　康幸）

ふくだんか　複檀家　複数の寺院と寺檀関係を形成している家。民俗語彙としては半檀家ということが多い。現在は関東地方や中部地方にごく少数の例が見られる程度であり、村落全戸やある地方で大量に見られることはない。しかもそれらはいずれも一軒の家として男寺・女寺が決まっており、葬儀に際して性によって決まっている寺に導師を依頼することで顕在化する。婚入してきた者は、その性によってどちらかの寺院の檀那になる。原則として個人ごとに檀那寺を記載する近世の宗門人別改帳のうち、十七世紀後半から十八世紀にかけての関東地方から九州地方までの広い範囲で帳面に複檀家の記載が見られる。その多くは子供全員が父親の檀那寺に属し、その寺檀関係を結婚その他による家の帰属が変更になっても生涯維持するものであり、またなかには男子は父親、女子は母親の寺を継承し、やはり生涯にわたって維持するものであった。そのために三ヵ寺以上と寺檀関係を結ぶ家も珍しくなかった。このような寺檀関係は近世中期には次第に少なくなり、家として男寺・女寺が固定した複檀家になり、また大部分は一家一寺の一般的な檀家の姿となった。複檀家は、一家一寺の寺檀関係が確立するまでの過渡的な寺檀関係といえるが、結婚などによる家の帰属関係の変更にもかかわらず親子関係が生涯維持され、しかも父と男子、母と女子という並行的な関係がかつては見られたことも示しており、日本の親子関係を考える重要な手がかりを与えてくれる。近年は、二ヵ寺と寺檀関係を維持することの経済的負担が重いため、複檀家を解消する傾向が見られる。

参考文献　大桑斉「半檀家の歴史的展開」(『近世仏教』二〇、一九八六)、福田アジオ『寺・墓・先祖の民俗学』、二〇〇四　（福田アジオ）

ふじこう　富士講　富士信仰を母胎とする講集団。近世初頭より、富士

火祭での富士講中　富士吉田市

行者によって始められ、特に一七三三年(享保十八)に食行身禄が富士山で入定を行なったことを契機にして、その後、江戸市中を中心に組織された。古代・中世のいわゆる修験者の苦行を重ねる行を中心とした山岳信仰から近世の山岳信仰の形態は大きく様がわりをして、一般庶民が自由に登拝をするようになったことで、それが人々に代参講を誕生させる結果となった。富士山は、いつでも庶民信仰の対象となった。特に関東農村を中心に富士講の結成をみ、特に江戸市中では爆発的な講の結成がみられ、小型模型の富士山である富士塚が多数築かれた。この富士塚には富士登拝のできない老若男女が多数登拝して、富士登山をしたのと同じ御利益を求められるとされていた。しかし、富士講は特に中期以降に爆発的な人気を博したものの、幕府により富士講という集団が拡大することを危険とみなされ、たびたび、富士講の結成が禁圧されることがあった。それでもなお、富士講は身禄行者以後の『三十一日の巻』などに代表される教理が整理されつつ発展し、武蔵鳩ヶ谷宿(埼玉県鳩ヶ谷市)には小谷三志による不二道が創出された。不二道の基本精神には男女平等的発想があり、同時期に創出されていった天理教(奈良県天理市)・金光教(岡山県浅口郡金光町)などとは性格を異にしていた。この男女平等の精神的核になったのは、身禄行者の娘ハナを後継者に選んでいることなど、女の穢れといった当時の常識を否定した面があった。これをもとに明治以後、扶桑教・実行教・丸山教などの神道教派が江戸時代以来の富士講を母胎にしつつ再編成されていった。しかし、国家神道の名のもと富士講は扶桑教などに半ば軒先を借りるような信仰形態が展開していった。そのため大がかりな祈禱や梵天は姿をけしたが、白装束で六根清浄を唱えながらの集団登拝をする姿は今日も伝えられている。また、江戸市中に多くの富士塚が築かれたが近年の宅地造成などの地域開発によって富士塚が消滅する所が多く、文化財の立場からも問題を生じているところが見られる。しかし、毎年のお山開き(七月一日)の集団登拝が東京でも数ヵ所確認されている。現在、富士登山を行う富士講は少なくなり、しかも月拝みやお焚きあげを行う講はより減少の一途を辿っている。また、吉田口(山梨県富士吉田市)・須走(静岡県駿東郡小山町)などの富士登山口で富士講を対象に宿坊(民宿)活動を行なっている御師(おし)も近年激減している。↓浅間信仰(せんげんしんこう)

参考文献　井野辺茂男『富士の信仰』、一九二八、岩科小一郎『山の民俗』(『民俗民芸双書』、一九六八)、鈴木昭英編『富士・御嶽と中部霊山』(『山岳宗教史研究叢書』九、一九七八)、岩科小一郎『富士講の歴史』、一九八四、平野栄次編『富士浅間信仰』(『民衆宗教史叢書』一六、一九八七)

(西海　賢二)

ぶっきょうみんぞく　仏教民俗　仏教にみられる民俗化の現象や、またその文化形態をいう。それは仏教と民俗の習合文化であり、民俗宗教化した仏教に顕著である。仏教と固有の文化とが相互に影響しあい、ときには仏教が土着文化に吸収されたり、また逆に仏教がそれを包摂したりなどして、ながい時間の経過のなかで民俗宗教化された仏教が形成されている。その分野は信仰・法会・行事・葬祭など多面的である。民俗宗教化した仏教の存在は、仏教の庶民化や定着をもたらした。また歴史の過程では消滅もしくは変化を余儀なくされるであろう土着文化も、仏教に付着することによって、その伝承をより確実になしえたと考えられる。この点、仏教民俗は土着文化、たとえば民俗宗教の原態などをうかがうことができる文化伝承体ともいえよう。

仏教民俗の担い手は、民間仏教の展開に大きな役割を果たした無名の庶民教化者であった。古代の沙弥・優婆塞・禅師・菩薩などにつながる民間教化者は、各時代にさまざまな名称で登場するが、聖という呼称が共通していた。聖の宗教者としての機能は予言・治病・除災・鎮魂など多方面に及んでいたが、その主なはたらきは神、死者などの霊魂をつかさどることにあった。荒ぶる死霊を鎮め、その祖霊への昇華にはたらきかけたり、死者のゆくえを教え、また人体に付着した悪霊を除いたりした。民間の仏教は、祈禱・治病・葬送・追善・祭祀などに関わった聖たちによって領導されていった。民間にあって神仏習合を推し進めたのも聖であった。天平時代に、沙弥道行は伊勢大神のために知識を結んで『大般若経』を書写し(『寧楽遺文』下)、また満願禅師は神身を離れたいと願う多度神のために神像を造って多度大菩薩と称した(『平安遺文』一)などはその早い例である。役優婆塞と行基菩薩は、祈禱による治病・除災の修験系聖と、念仏による鎮魂・祭祀の葬祭系聖との系譜的な祖型となっている。この系譜に連なる民間の宗教者は都鄙の寺堂や社祠などに拠って、呪験祈禱の聖や鎮魂・葬祭の聖として、滅罪・追善の諸法を修した。これによって仏教の民俗化が進み、滅罪や追善をめぐる仏教民俗が現われ、この民俗化された仏教を受け容れた庶民の仏教が展開した。この仏教に深く結びついていたのが祖先信仰である。仏教民俗はまた、祖先信仰や四季の農耕暦などとも密着して、多様な相貌を呈し、それらに関する仏教民俗資料も多岐にわたっている。

民俗化した仏教行事はおよそ三つの類型に分けられる。第一は民間の生活暦に密着し、季節の折々を代表するもの。修正会・修二会・涅槃会・彼岸会・仏生会・盂蘭盆会・十夜・大師講など。修正会・修二会は悔過(仏菩薩に過ちを懺悔する儀礼)によって滅罪を果たし、その年の農作を予祝する。彼岸会は農耕開始期にあたり、太陽をまつり、祖霊の加護を祈る。盂蘭盆会では祖霊・死霊の祭祀が懇ろに行われ、特に新精霊のために施餓鬼を行う。十夜は亥子・十日夜の民俗を基盤に死者の追善と初穂米の供進を特徴とする。大師講は新嘗の習俗をもとに収穫祭での先祖まつりを本質としている。祖先祭祀と農耕儀礼は日本人の信仰を特色づけるもので、右の仏教行事はこれらと結びつくところがあって、宗派とは関係なく習俗化することが可能であった。第二は、仏・菩薩の縁日、または祖師・開山の忌日に因んで庶民の信仰をひろく集め、なかには民間行事そのものとなったり、特色ある民俗を色濃くまとい付かせているもの。薬師八日・観音十八日・地蔵二十四日・不動二十八日など。越後長岡では、薬師は四月八日に山へ登り、十月八日に麓の寺に降りてくるという。柳田国男が想定した田の神・山の神の去来に対応する薬師の昇降観であり、仏と民俗神を同じようにみる観念がうかがえる。忌日の行事としては聖徳太子の聖霊会、蓮如のレンニョッサン、良源の元三忌、親鸞の報恩講、天台大師の大師講など。史実では説明できず、また裏づけられない伝承が付随していることが多い。親鸞が小豆粥を好んだとか、蓮如が命日に野山へ出て遊んでくれといったという伝承があるが、これは特定日の食習や野山行きの習俗と結びついてできたものである。大師講の霜月粥も新穀がとれたあとの神をまつる食制が反映しており、新穀感謝祭・祖霊祭の期日が天台大師の忌日に近いところから、天台大師と理解されたが、これには天台僧の教化があったであろう。しかし大師さまは片足で、足の指がなく、すりこぎのようになっているデンボ（手足の不自由なものの意）で、大師講の晩に降る雪をデンボ隠しの雪というように天台大師では理解しきれない伝承が残っている。また空也の忌日が歳末に近いところから、新春を迎えるための滅罪と暮れの亡者供養をかねた四十八夜念仏・三昧巡りの念仏行事を成立させた。第三は、寺院外の世俗の民俗がそのまま寺院行事となったり、また法会・行事の一環に民俗儀礼がとりこまれたがために、寺院行事自体や民俗そのものがながく伝承されてきたもの。修正会・修二会の結願日に、鬼追い・鬼踊り・裸踊りなどが行われているが、これらは邪鬼の退散、除災招福、豊凶の占いなどをなすものである。また京都珍皇寺の六道参りなどは、精霊迎えの習俗がそのまま寺院行事となっているが、これらは寺院を場とした民俗行事である。

源信・法然・親鸞などによって教学的に成立した念仏も民衆の間に伝わっていく過程で民俗化した。浄土宗や天台宗真盛派などで行われている十夜念仏は宗派側では経典に拠るものと説くが、その習俗からみれば、十日夜や亥子行事と習合した新穀感謝と祖先祭祀、死者追善の念仏行事である。民俗化された念仏は、㈠死霊・亡魂の鎮送・追善、㈡年中行事化された虫送り・雨乞いなどの農事祈禱、㈢息災除難などの機能をもつ。㈠は葬送・中陰・彼岸・盆・十夜・年忌などに百万遍念仏・大念仏・六斎念仏・踊り念仏などで行われる。㈡は虫送り・虫供養・夏祈禱・雨乞いなどとして行われ、百万遍形式のものが多い。関東地方にみられる天道念仏は春に行われる豊穣祈願の念仏である。また書かれた名号も呪符・護符として用いられ、百万遍念仏の祈禱札「利剣名号」などは田畑などに立てられた。㈢の念仏も各地にみられ、百万遍念仏の形態をとる場合が多い。このような民俗念仏は寺院仏堂の年中行事のなかに入りこんでいる場合もあるが、講や村などの行事として機能することが多い。疫病の流行しやすい時期、稲の生育期、盆の季節などでは重要な行事となっている。年中行事のなかに現われた仏教民俗を概観したが、そのいずれにおいても除災・招福・祈禱・滅罪・追善などの儀礼的特色を単独で、あるいは複合的に帯び、また民間暦を成り立たせている農耕儀礼、祖先祭祀のいずれか、あるいは両者ともに強くかかわっていることがわかる。また仏教民俗には、民俗を骨髄として、その上に仏教的表皮を被っている例がほとんどである。

このような仏教民俗の資料は仏教文化の各領域にわたって広汎に伝承されている。仏教民俗学を提唱した五来重は研究対象を、㈠仏教年中行事、㈡法会（祈禱と供養）、㈢葬送習俗、㈣仏教講、㈤仏教芸能、㈥仏教伝承、㈦仏教俗信、㈧修験道と大別し、さらにそれぞれを㈠では⑴修正会・修二会、⑵日待・月待、⑶節分、⑷涅槃会、⑸彼岸会、⑹花祭、⑺練供養、⑻夏祈禱、⑼虫送り、⑽雨乞い祈禱、⑾盆、⑿十夜、⒀大師講、⒁寒行、㈡では⑴護摩供、⑵大般若転読、⑶土砂加持、⑷大法事・大法会・経会、⑸お砂踏み、⑹流れ灌頂、⑺仏立て、⑻口寄せ、⑼懺法、⑽護法飛び、㈢では⑴葬式、⑵年回供養、⑶墓地、㈣では⑴同族講、⑵地蔵講、⑶葬式講、⑷普遍講、㈤では⑴顕教系芸能、⑵密教系芸能、⑶浄土教系芸能、⑷芸能僧、㈥では⑴縁起、⑵奇蹟、⑶霊物、⑷唱導者、㈦では⑴願かけ、⑵呪禁、⑶禁忌、⑷予兆、㈧では⑴霊山・霊場・行場など、⑵聖・優婆塞・禅師・修験など、⑶密呪・心経・祭文・祓えなど、⑷不動明王・金剛蔵王、天狗・護法・前鬼後鬼など、⑸入峰修行・十界修行・正灌頂・柴燈護摩など、(6)曼荼羅・笈本尊・山伏神楽・山伏祭文などに細分している。しかし仏教民俗の領域はこれで尽きるものではなく、ちがった観点、たとえば寺院・仏堂・小祠・民間宗教者群・地域社会などに伝承されている資料のさらなる蒐集・考究が求められ、特に神仏分離によって今は姿を消した神社側伝承の資料を文献的に発掘して神仏習合形態の下での民俗、たとえば神社での仏生会・放生会などを幅広く復原することも課題となろう。

日本の仏教は、固有の宗教的伝統と接触・習合することによってみずからを民俗化して、外皮仏教・骨髄民俗の仏教民俗を表わしつつ、民間に定着した。固有の宗教文化・民俗もまた仏教と融合することによって歴史的に伝承されてきたといえよう。民俗世界が仏教に融けこんでいる歴史事実を無視することができない。仏教民俗には日本の基層宗教が露頭しているといってよい。仏教と民俗との習合には、それ自体に歴史的推移があり、またその過程ごとに習合の諸相があって、仏教の民俗化か、民俗の仏教化か截然としない面がある。たとえば修正会・修二会・御斎会は仏教以前からの年頭の予祝儀礼・豊年祈願祭の民俗が仏教行事化したものである。また浄土宗や天台宗真盛派の定例法要となっている十夜法要は『無量寿経』の所説に基づくと宗門では説明しているが、明らかに亥子・十日夜などの収穫祭の民俗が法要化されたものである。これらは民俗の仏教化の例である。また念仏はもともと阿弥陀仏への帰依観念が自動的に発現した信仰行為であるが、それが集団化され普及すると習俗化されて民間に定着し、上記のようなさまざまな民俗念仏となる。また浄土教の興隆とともに往生の儀礼が盛んになるが、来迎会などがのちに民俗行事となる。奈良県当麻町の当麻寺のそれは当麻れんぞとよばれて民俗化している。これなどは仏教の民俗化の例である。しかし、仏生会と卯月八日の行事には寺方と村方の行事が互いに影響しあって混然としている面があり、どちらか一方で説明しつくせない様相がある。どちらかに無理矢理に帰結させようとするのは実際的でない。両者の接近が習合であり、それが日本仏教を形成したとすれば、仏教民俗は仏教の日本化の一大指標である。

参考文献　五来重『仏教と民俗』(「角川選書」七四・九九、一九七六・七九)、五来重他編『講座日本の民俗宗教』二、一九八〇、『仏教民俗学大系』、一九八六—九二、佐々木孝正『仏教民俗史の研究』、一九八七、五来重『葬と供養』、一九九二、宮家準『日本の民俗宗教』(「講談社学術文庫」一一五二、一九九四)、伊藤唯真『仏教民俗の研究』(「伊藤唯真著作集」三、一九九五)、福田アジオ『寺・墓・先祖の民俗学』、二〇〇四

(伊藤　唯真)

ぶっしつぶんか　物質文化　生活の必要から創り出した用具や機械、工作物。material culture の訳語。精神文化に対する用語で文化人類学などで一般に用いられる。このなかには衣食住の用具から美術品や工芸品などの芸術作品まで、人間が文化的活動の結果生み出したすべての人工物が含まれる。物質文化研究の代表的な学問は考古学であるが、日本民俗学では民具研究として、民具の背景にある民俗伝承を手がかりに、技術文化・生活文化研究として行うことにより独自性を発揮している。物質文化は精神文化と一体となって存在する。人間はものを作るために道具を使うが、そこには明確な目的があり、使用効果が予測され、最適な素材が経験的に選択加工される。作られるものには、望ましい形態と仕組みが与えられて使用法が予定されている。この道具を作り使うことが技術であり、その一連の行為が仕事である。そこには当該社会集団の経験的な知識の総体が技術文化・生活文化の型として示されている。道具を精神文化を含めた一連の体系で理解することや、仕事の場における人

間と道具との関係性を理解することなどが必要である。技術は累積的、客観的、合理的であり、発明や発見によって変化し進歩する。外来技術の受容や借用が自由で、伝統的な価値意識からは比較的自由である。伝播や借用が容易に行われ模倣や複製が行われる。したがって、民具研究では民具がいつ作られたのかということよりも、民具に示される原型が重要視される。

参考文献　岡正雄「民具について」(『日本の民具』所収、一九五八)

(大島　暁雄)

ふなだま　船霊　船乗りや漁民の間で船に宿ると信じられてきた神霊。船の守護神的性格を持ち、航海安全や大漁祈願の対象となっている。船魂・舟玉などとも書き、地方によりフナガミ様・フナザイモン様・十二フナダマ様などの呼称がある。今では操舵室などに神棚を設けて祭壇とする例などを見るが、伝統的な木造船(和船)では帆柱を支えるためのツツ柱・ツツバサミなどと呼ばれる柱に四角の穴を彫り、船霊様のゴシンなどと称して神体に相当する品々を納めた。賽子(さいころ)二個・銭・男女の人形・毛髪・五穀などを入れる所があり、船大工が船おろし(進水式)に先立って満潮時に密かに封入する。紅白粉を入れたり、蓋に紅白粉で化粧するところもある。賽の目の合わせ方は、ほぼ全国共通で「天一地六、表三(見)合わせ、梶四あわせ(幸せ)、艪櫂五と五と、中に二(荷)がどっさり」などと語呂合わせの呪文を船霊をまつり込むときに唱える。銭十二枚は一年の月数というが、十二船霊や十二山の神というように山の神が十二という数に縁が深いことにも関連する。船おろしには山の神下ろし、山の神のダイオロシ、コケラオトシなどと称して、水際で三回にわたって海と陸の両方向に船を押し引きしたり、大きく揺らし、故意に横転させるという儀礼がある。進水式のあと港内を三度回って沖に出る今日の習慣もこれと関連があろう。コケラは木屑の意で、舞台のこけら落としと同様、山の神から授かった材木で築いた建造物から、竣工にあたって木屑を一掃し山の神の影響下から引き離す意味、あるいは材木に遺留する木霊を送りかえす性格を見てとれる。江戸時代に幕府や諸大名の御座船や、海運に活躍した回船の建造時に行われた儀礼は御用大工の手で格式高く整えられており、ここでも筒立てや船おろしが重視されて、秘伝書に基づき船大工の棟梁が船霊をまつり込める。祭壇には上記の品々に加え、酒樽・米俵などが豪華に並べられ、銭も十二貫文の束が供えられるとともに、櫛・鏡・髢(かもじ)・鋏など女性の化粧道具が並べられた例が知られている。家大工や宮大工が行う棟上・建て前などの建築儀礼との共通性がより明確に見てとれる。以上の船霊祭祀は造船儀礼の最終段階で船大工によって管掌されるものであったが、実際に船に乗る者にとっての船霊信仰の性格は、船体に宿る霊に対して守護を願う素朴な心意が多様に伝承されている。たとえば、船霊は女神とされることが多く、女性一人で乗船することを忌む習慣があった。しかし、男神あるいは男女の神としてまつる場合もある。時化にあって難船しそうになったり不漁続きのときには特に船霊に救助を願い、定例的には年頭の仕事始めや初出航に際して、航海安全や大漁祈願を祈ったもので、正月の船霊祭は、乗り初め、船祝いなどと呼ばれる。北陸地方などではキシュウ(起舟)がこれにあたる。船乗りや漁民からは、船霊はときに船を去ることがあると考え

船霊　香川県(瀬戸内海歴史民俗資料館所蔵)

られ、船から女人が降りる姿を夢に見た船頭が海難にあった話や、船霊様が「おいさみする」「しげる」などと称し、「チンチン」「リンリン」と鳴くような音が時化や大漁を知らせるという。不漁が続くと漁船の船霊の神体を入れ換える習慣もあった。

[参考文献] 牧田茂『海の民俗学』(「民俗民芸双書」、一九六六)、川崎晃稔「船霊と刳舟」(『日本民俗研究大系』五所収、一九八四)、神野善治『木霊論―家・船・橋の民俗―』、二〇〇〇
(神野　善治)

ぶよう　舞踊　舞、踊り、またはそれらを総括しての名称。舞踊の語は坪内逍遙の『新楽劇論』(一九〇四)など西洋文化の影響を受けて、それまでの舞や踊りを総合する概念として使われ始め、大正時代以降定着する。舞踊の類義語に舞踏があり、中国では舞踊の意に用いられる。日本では古代朝廷における儀礼的動作である拝舞や明治の文明開化で移入された鹿鳴館の舞踏会、現在の暗黒舞踏など限られた内容を指すために、舞踊という総括的名称を必要とした。そうした舞踊という語の誕生の経緯から歴史的あるいは民俗的に舞踊を論ずるには、舞踊より舞あるいは踊りの概念によることが便利で、舞や踊りの概念についての発言がまず民俗学の分野から起ったのは、こうした事情によるところが大きい。舞と踊りの区別については、近代以前に唯一、近世の国学者本居内遠の『賤者考』があり、「舞は態を模し意を用ふる故に、巧にて中々に賤しき方なり、踊は我を忘れて態の醜からむもしらず、興に発しておのづからなるが根元なる故に、却りては雅びて洒落なる方あり」とする。近代の日本民俗学においては、折口信夫が「旋回運動がまひ、跳躍運動がをどりであつた」とし、柳田国男は「踊は行動であり、舞は行動を副産物とした歌又は「かたりごと」である」とする。国学者の本質的直感は民俗学のなかで技法的にあるいは行動と関わって捉えられるようになる。また近年には新たな視点からの発言もある。舞を周囲から囃されて身体を動かすもの、踊りはみずからを囃して動くものとした。これらはいずれも民俗的な舞踊を材料としたものであったが、歴史的には能を舞といい、近世の歌舞伎は踊りで上方舞は舞、江戸は踊りで上方は舞、舞は貴族的で踊りは庶民的など、舞台の舞踊についても舞と踊りの概念は用いられている。これらは都市文化における舞と踊りの用法であり、また技法の面についていわれることであるが、民俗の世界においては舞と踊りとで関わる神の様態を異にし、そこに現出される世界の構造が異なる。つまり舞は巫女舞を原型として守護神的な神の来臨を仰ぎ、そのために結構された特定の場で一定の資格を有するものによって舞われ、神と媒介者と人との垂直的な世界を現出する。一方の踊りは祇園御霊会などに発して疫神などを地域から追い払うために移動することを本質とし、これが逆転して祖霊と関わる場合にもその移動性は失われず、地域あるいはその外という水平的な世界を現出する。なお舞と踊りの概念が日本の舞踊を考える際に有効であることは疑いないが、西洋移入のいわばダンスの訳語とは異なる舞踊の概念を、舞と踊りの文化の基盤の上に総合された新たな概念として求める必要があろう。　→踊り　→舞

[参考文献] 柳田国男「日本の祭」(『柳田国男全集』一三所収、一九九〇)、三隅治雄「舞ひと踊りの成立」(『国学院雑誌』五七ノ五、一九五六)、山路興造「舞と踊りの系譜」(『芸能』一八ノ三、一九七六)、郡司正勝『幻容の道』(「郡司正勝刪定集」三、一九九二)
(板谷　徹)

ブリ　ブリ　スズキ目に属する体長一メートルほどの魚。本州から九州にかけて、比較的沿岸に近い水域に棲息する。回遊魚で、春から夏は北上し、秋から冬にかけて南下をする。ブリは古くから食べられ、旬は一番脂がのる冬だが、大量捕獲・大量消費が可能となったのは近世以降のことで

ある。大量捕獲が最も盛んに行われたのは富山湾で、近世の漁具には定置網の前身である藁台網が用いられた。ブリは、成長の段階によって名が変わる出世魚の代表格とされている。呼称の変化には地域差があり、たとえば、関東ではワカシ→イナダ→ワラサ→ブリ、関西ではツバス→ハマチ→メジロ→ブリと、おのおの呼ばれている。いずれにせよ、めでたい魚とされていることには変わりがない。西日本で、この縁起の良さに基づき、年取肴の代表とされる。塩ブリに血を塗り付けたチギリを「新鮮に見える」として珍重したのは、関西や中国地方などである。年取肴は東日本では鮭が最も一般的だが、両者の境目、すなわちブリの東限はフォッサマグナにほぼ沿うとされている。具体的には信州松本・伊那地方だが、ここでは年越の際の食べ方は地域ごとに微妙に違っている。松本は茹で、伊那は酒粕で煮込み、飯田は焼いたのである。大晦日には単に食べるだけでなく、切り落とした頭や尾を年神やえびすに供えることも行われていた。

参考文献　山口和雄「近世越中灘浦台網漁業史」(『日本常民生活資料叢書』一二所収、一九七三)、胡桃沢勘司「鰤の正体」(『日本民俗学』一一九、一九七八)、渋沢敬三「日本魚名の研究」(『渋沢敬三著作集』二所収、一九九二)

(胡桃沢勘司)

ふりゅう　風流　人の目を驚かす意匠に眼目を置いた趣向の意。芸能に取り入れられて一つの様式とされた。風流の語は『万葉集』などでは「みやび」と訓じ、好き心・情けなどの意に用いられているが、平安時代には和歌や漢詩の心を意匠化し、作り物として趣向を競った。特に宴席を飾る島台や、疫神送りの神座である大傘の飾り、祭礼行列の出立ちの趣向などに顕著で、祇園御霊会の馬長児の飾りは、家産を傾けるほどであったといわれる。また一〇九六年(永長元)を頂点に、都大路を席巻した素人による田楽の盛業も、この時代の代表的風流であり、賀茂祭を見物するために仕立てられた物見車の風流は、その行き過ぎを取り締まる命令が何度も出されている。風流の趣向を競う傾向は、中世に入ると庶民の間で一層顕著になり、祇園祭の山鉾の意匠をはじめ、正月の松囃子、盂蘭盆会の囃子物、祭礼行列などで花開いた。この時代の庶民の祭礼が、集団ごとに互いに競い合うものであったことが、意匠の工夫に拍車をかけ、風流の一層の流行を促した。室町時代後期には、これらの傾向を背景に、集団による風流踊りが誕生するが、この踊りの特色は、風流傘を中心に踊り手自身が衣裳や持ち物・踊り歌に趣向を凝らし、社寺や辻・館などを掛けて踊り巡ることにあり、盂蘭盆会や、雨乞い・祭礼などにも盛んに演じられ、全国的に流行をみた。なお一六〇四年(慶長九)、豊臣秀吉七回忌の豊国神社臨時祭礼に京都町衆によって踊られた華やかな風流踊りの様子は、屏風絵に描かれて今に伝えられている。以上のように風流は一つの美の表現形式であり、芸能思潮の流れであるのだが、この語を冠した芸能も各時代に存在する。平安時代に一時的に起った風流田楽、室町時代の風流の作り物、風流囃子物、それが発展した風流踊り、念仏風流などであるが、室町時代の風流の作り物は各地の祭礼のなかで、山車・屋台・だんじり・曳き山・練物などとなり、人形や歌舞伎と結合するなどして、各地でそれぞれに発展した。また風流踊りや念仏風流からは江戸時代を代表する芸能である歌舞伎が誕生した。なお中世の寺院芸能である延年にも、劇的構成を持つ大風流・小風流と呼ばれる延年風流があり、ともに意匠を凝らして仮装した者が登場し、大平の御代を祝う舞を舞った。同じ中世芸能の猿楽にも狂言風流があり、『翁』に含まれて上演された。作り物を出し、頭に豪華なかぶりものをつけた神々などが登場する祝言性の濃い曲である。これら風流の名称を冠した芸能は、中央の芸能からは絶えてしまったが、民俗芸能としては各地に残る。佐賀県や長崎県の浮立をはじめ、全国的に残る多くの太鼓踊り・雨乞い踊り・念仏踊り・祭礼の山車などの趣向に、風流の精神は脈々と生き続けている。

参考文献　芸能史研究会編『日本庶民文化史料集成』二、一九七四、本田安次『田楽・風流一』(『日本の民俗芸能』二、一九六七)、同『語り物・風流二』(同四、一九七〇)、小笠原恭子『かぶきの誕生』、一九七二、青盛透「民俗芸能における囃子物の様式」(『民俗芸能研究』三、一九八六)

(山路　興造)

ふるやのもり　古屋の漏　動物昔話の一つ。古い一軒家に爺と婆と馬一匹がすんでいる。雨の夜に爺婆が「虎狼よりも古屋の漏りが何より怖い」と語る。狼が馬を食いに来ていたが、自分よりも怖いものがあると思い驚いて逃げる。ちょうどいた馬盗人が馬かと思って狼に飛び乗る。狼はフルヤノモリに捕まえられたと思い一晩中走り回り振り落とす。馬盗人は狼と知り穴に逃げる。狼は仲間に知らせ、猿は生け捕るために、確かめようと長い尻尾を穴の中に入れ、馬盗人にひっぱられて切られる。猿の尻尾はなぜ短いのか、顔はなぜ赤いのかの由来が語られる。この話は全国的に分布しており、二つの型に大別できる。一つは、狼の逃亡で終る型、もう一つは話例のような動物の由来(なぜ話)につらなって終る型で地域的な差はない。逃亡する動物は、虎狼のほか、猪・山父・穴熊・ヒヒ・化物などの場合もある。この話は日本ばかりではなく、朝鮮・中国・アジア諸国にも分布しており、古代インドの説話集『パンチャ＝タントラ』に類話がみえる。『奇談一笑』(一七六八)にも「屋漏可畏」としてみられる。「虎狼より漏りが怖い」という成句(たとえ、諺)は早くから知られており、この成句を媒介として全国的に広まったとする説もある。村はずれの爺婆の住む一軒家に注目し、共同作業のゆいからはずされて屋根も葺けないきびしい生活を背景にしていることなどを読みとることもできる。「古屋の漏」の勘違いに興味の中心が移り、笑話化の傾向が強まっている。

参考文献　柳田国男「桃太郎の誕生」(『柳田国男全集』一〇所収、一九九〇)、大島建彦「昔話とことわざ」(説話・伝承学会編『説話・伝承とことば』所収、一九九〇)

(米屋　陽一)

ふろ　風呂　日本の入浴形態には水浴・温浴・湯浴・蒸気浴・熱気浴があり、それぞれに入浴習俗や施設がみられる。入浴をさす語は、西日本で風呂、東日本で湯と地域差があった。フロはムロを語源とし、岩窟を意味するムロがフロに転訛して風呂の字があてられたという。風呂は岩窟などを利用した機密性の高い蒸気・熱気浴を本来意味していた。熱気浴施設は石風呂、蒸気浴施設は畿内の大寺院の温室や浴堂がある。ユは潔斎を意味する齋(ユ)を語源とし、入浴の目的からの呼称という。また、古くから温泉をユと呼んでおり、やがては湯浴の意味になったともいう。風呂は発汗をうながし、湯は洗い流す入浴法を意味し、別々の入浴施設であった。江戸時代に湯浴と蒸気浴をあわせた半湯半蒸気施設の石榴風呂が登場し、「フロ」と「ユ」の呼称が混同した。日本はアジアのモンスーン地域に位置し、夏は湿潤で蒸し暑く、冬は大陸からの寒気がおしよせ寒冷である。降雨量が多く水に恵まれ、火山国で温泉も多かった。『魏志』倭人伝に死穢を祓い清めるため沐浴したとある。仏教が日本人に入浴文化を普及させた功績も大きかった。仏教では布教や供養のための一般への施浴が盛んになり、やがては京都などの都市で銭湯へと発展したようである。銭湯は戸棚風呂など機密性の高い浴室から、石榴風呂となり、近代に今のような湯浴が登場した。共同浴施設には銭湯のほか、

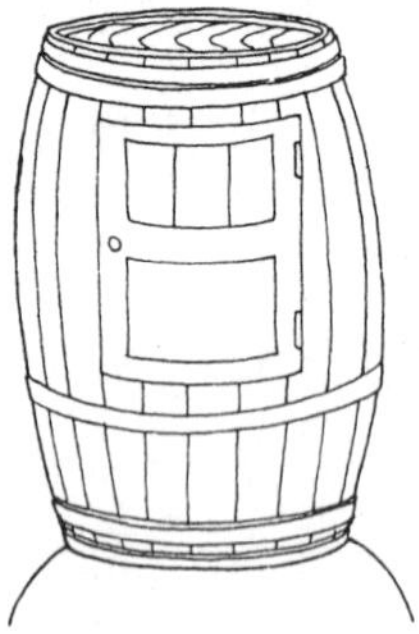

麦風呂(籠風呂の一種)

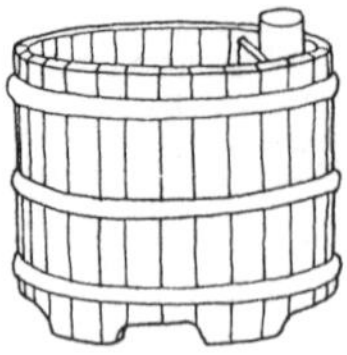

鉄砲風呂

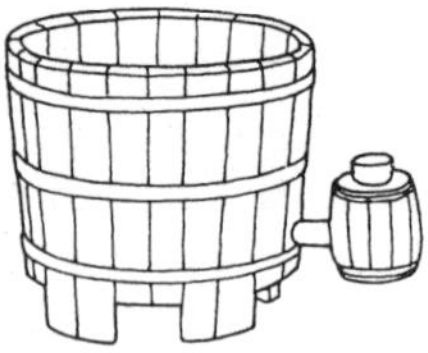

子持ち風呂

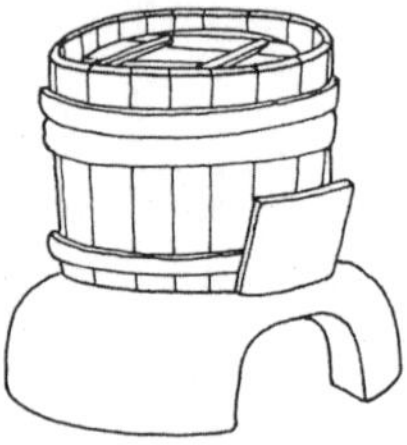

五右衛門風呂

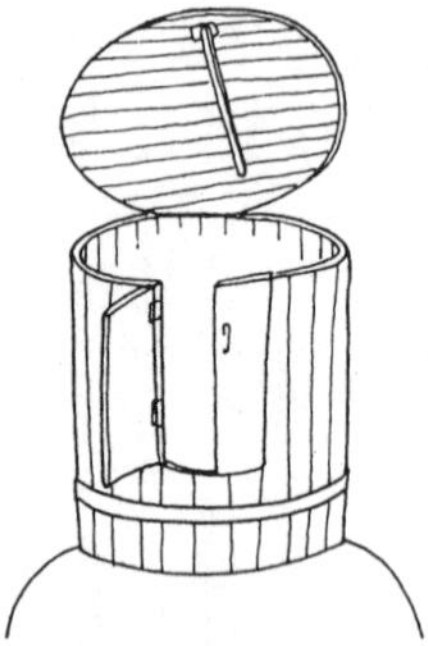

籠 風 呂

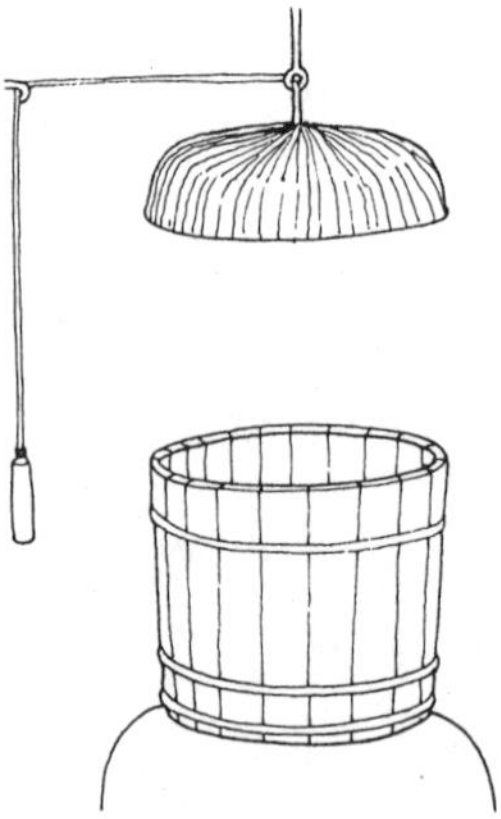

籠 風 呂

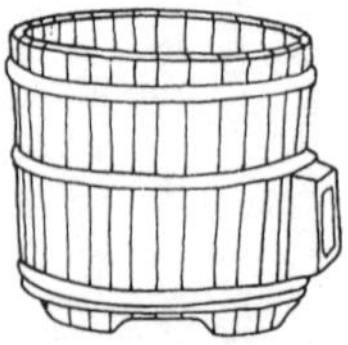

臍 風 呂

風　　呂

村落で管理運営する共同浴場もあった。個人浴には湯を浴槽に移したなかで湯浴みをする取り湯式の施設が儀礼用として古くからあった。今につながる個人浴施設は近世に入ってからで、結桶を利用した移動式の据風呂や固定式の五右衛門風呂などがあった。据風呂には熱湯を桶に入れ蓋をして熱気で温まる佐渡のオロケ、燃焼施設を桶の横から差し込んだ臍風呂、桶の中を二分して浴槽と燃焼施設をわける鉄砲風呂があり、次第に燃焼施設は外に取り付けるようになる。五右衛門風呂は桶の下に鋳鉄の板を置いて下から直接火を焚いて温める。個人浴槽にもオロケのように上から蓋をして入る、籠風呂などもあった。村落では内風呂を持つ家がかぎられ、貰い風呂が行われた。内風呂が普及した第二次世界大戦後も、水運びや燃料不足から、親戚や近所が互いに貰い風呂をすることもあった。据風呂を家々で回して、交代でわかすまわし風呂もあった。

参考文献　中桐確太郎「風呂」(『日本風俗史講座』一〇所収、一九二九)、藤波剛一『東西沐浴史話』、一九四四、全国公衆浴場業環境衛生同業組合連合会編『公衆浴場史』、一九七二、中野栄三『入浴・銭湯の歴史』、一九八四、吉田集而『風呂とエクスタシー―入浴の文化人類学―』(『平凡社選書』一五九、一九九五)、印南敏秀『石風呂民俗誌―もう一つの入浴文化の系譜―』(『東和町誌』資料編四、二〇〇二)

（印南　敏秀）

ぶんかじんるいがく　文化人類学　両大戦間にアメリカ合衆国で生まれ、第二次世界大戦後にはすでに市民権を得ていたcultural anthropologyの翻訳概念として、戦後の日本に輸入された学問領域。戦前の日本でも、民俗学とも重なりあいながら、土俗学・民族学・人類学・考古学などの分野で研究されてきた事柄が、研究対象としては文化人類学の対象に含まれる。文化人類学に対して、主として人類の形質上の多様性や進化を自然科学的な方法で研究する人類学anthropologyは、十九世紀以来欧米にあり、それに対して、人類の諸文化を、広汎な比較の視野で研究することを明示する意味で、「文化の(cultural)」という形容詞が冠せられたが、しかし同じ意味をイギリスでは「社会の(social)」という形容詞で表わしている(social anthropology、社会人類学)。これに対して人類の形質の面での研究を明らかにする意味で、その領域を形質(自然)人類学physical anthropologyと呼ぶこともある。いずれも、十九世紀に考古学遺跡や化石人骨の発見に伴って、人類の概念が時間的に深められ、同時に西洋の世界進出によって、空間的にも人類が具体的に認識されるようになった結果生れた学問領域であるといえる。この意味で、同じくギリシャ語の人anthroposに由来するカントの人間学Anthropologieが、まだ対象が時間的にも空間的にも真に人類としての拡がりをもたない、多分に思弁的なものであった状態とは、学問としての背景が著しく異なる。英・仏・独では、このような人類の認識の空間的拡大は、植民地支配と地理的探検に伴うものであったが、アメリカ合衆国では、アメリカ大陸先住民との交渉の深化によるところが大きかった。英米では文化の研究でも、文化・社会という形容詞をつけた、あるいはつけない人類学anthropologyが広く用いられたが、大陸ヨーロッパでは、人類諸民族の文化・社会の研究には、ギリシャ語の民族ethnosに由来するethnologie(仏)、Ethnologie(独)ないし、ドイツ語ではドイツ民族だけを対象とするVolkskunde(単一民族学)と区別して、Volkの複数形をあてたVölkerkunde(複数民族学)という語がむしろ一般的である。文化人類学は、戦前のウィーンで複数民族学を学び、戦後アメリカの文化人類学を吸収した石田英一郎が、一九五〇年代から日本の大学での講義や専修学科の創設を通じて日本に根づかせたといえる。石田が、東京大学教養学科に泉靖一らとともに創設した文化人類学分科は、石田が当時傾倒していたアメリカのクローバー Kroeber, A. L. らの総合人類学 general anthropology の教育理念を実現したもので、民族学・民族誌を中心に、形質(自然)人類学・先史学・言語学など実習も伴う広汎な分野の基礎学習が必修として学生に課せられた。このような総合人類学の方向をとらない岡正雄・馬淵東一らは、ほぼ同じ時期に、東京都立大学に社会人類学の講座を作った。総合人類学の教育は、その後の学制改革の波の中で、二十年ほどで事実上消滅したが、そこまでの総合性を基礎訓練として課さないまでも、文化人類学は何よりまず、その視野の総合性によって、ほかの学問領域と異なる特色をもち、特に現代の文化研究にとって民俗学とも相補う形で意味をもちうると思われる。その総合性とは、人類の文化についての、極大の知識と、極小の部分についてのしかし深い体験との総合である。それは、世界の大勢の中では弱小な部分についての、長期の住みこみ調査による個人的な体験に基づく精緻な理解を、一方で時間的にも空間的にも人類という最大の範囲での文化の知識の中に位置づけるという知的営為であるといえよう。社会学・経済学など社会科学が一般に定量的な立証法をとるのに対して、文化人類学は定量的にはとるに足らない弱小な集団についての、個人的な理解の定性的な深さによって、その結果を人類という視野に位置づけて解釈しようとするのである。周縁的な細部のもつ意味にこだわり、その定性的な理解を志すという点では、文化人類学は民俗学と一致する。ただ、その結果を、日本を対象とする民俗学においては、より広い視野ではどこにつなげるのか、日本史か、比較民俗(族)学か、社会学か、あるいはかつて柳田国男が将来出現することを希望した世界民俗学か。文化人類学との学際的交流の可能性も含めて、今後の日本民俗学がもつ重要課題の一つであろう。

参考文献　川田順造「日欧近代史の中の柳田国男」(『民俗学研究所紀要』二一、一九九七)
（川田　順造）

ぶんけ　分家　新たに分出された家、およびその呼称。その本源となる家は本家。また、家の構成員がそれまで所属していた家から分離して新たな家を創設する行為をいう。商家では暖簾(のれん)分けがその行為にあたる。明治民法では分家を単に戸籍を分かつことと規定したが、これは慣行上の分家とは異なるものである。日本の家制度のもとでは本家の継承は一世代一夫婦を原則とするので、同世代に属する相続者以外の成員は家から分家・養子・婚姻などで排出された。養子・婚姻が他の家を継承するのに対し、分家は新たな家の創設を意味した。そのため単に家を分けるだけで分家が成立するのではなく、他の家や属することになる村落などからの社会的承認を必要とした。創出された分家は本家と系譜関係で結ばれ、密接な生活連関をもつ家連合である同族を形成した。次、三男の血縁男子家族の分家創出が多くみられたが、家の原則からして奉公人など非血縁家成員の分家も例外ではない。分出形態としては、次、三男が両親を連れて、あるいは連れられて分家する隠居分家や娘が聟養子をとって分家する聟養子分家などがある。次、三男の分家や奉公人分家では、分家に際して本家に属する家産の一部である家屋・屋敷地などのほか、農家では農地、商家では家産のほか信用の象徴である暖簾などを分与された。こうした分与財だけではなく、家紋などの家の象徴の分有、氏神・寺院・墓地の共祭などによって本分家の間の系譜的連続性が明示された。基本的には、ワカレヤ、ブンケ、ベッカ、ベッケ、アラヤ、アタラシヤ、ニイヤ、シンタク、シンヤなど創出の本末関係や新旧を明示するもの、ジワカレ、カドワカレ、アゼチ、アイジ、ベッチなど土地分与を示すもの、ケライ、カマドといった本家への隷属関係を示すものなどが多い。

その他、イエモチ、カマド、インキョなどがある。分家を分出時の財産分与の有無によって区別し、本家から財産分与を受けるオヤガカリ分家と分与を受けないカセギトリ分家、モウケトリ分家とすることもある。現在でも分家の観念はひろく残っているが、職業・居住の自由が認められ経済的自立がすすみ、本分家間の相互連関は以上の分家慣行とは異なったものになっている。多くの場合、労働や財産に関わる庇護奉仕の関係の実質を薄めて、より精神的な関係へと転化している。↓隠居分家 ↓同族

参考文献 有賀喜左衛門『日本家族制度と小作制度』(「有賀喜左衛門著作集」一・二、一九六六)、及川宏「分家と耕地の分与―旧仙台領増沢村に於ける耕地均分の慣行に就て―」(『同族組織と村落生活』所収、一九六七)、竹内利美『家族慣行と家制度』、一九六九、松本通晴「同族の構造と機能」(『講座家族』六所収、一九七四)、藤井勝『家と同族の歴史社会学』、一九九七　(古川　彰)

ふんどし　褌　腰部を覆う長い帯状の布で、これを股間から腰部にかけて巻きつけ、下半身を保護する。「ふんどし」の語源には、褌をつける時に布が垂れおち、踏まないように股間を通す、また足を踏ん張って腰を下げて股間に通すという意味とする和歌森太郎らの踏み通し説のほか諸説がある。近世後期の『守貞漫稿』(喜多川守貞)には「貴人は白羽二重、士民は白晒木綿を本とし、長六尺呉服尺なり」とある。古くは麻が用いられたが、江戸時代には一般に木綿が用いられ、貴人は上質の布を用いたとある。褌はヘコ、マワシ、サイジなどの呼称があり、福岡県田川市の筑豊炭田では坑内で働く男子は六尺ベコという褌をしめた。晒し木綿を六尺の長さに切ったもので、浅葱や紺木綿などで作ったものもあったという。また能登の舳倉島では、かつて海女がアワビ、エゴ採りなどで海に潜る時、サイジという褌をした。サイジは長さ一尺二寸、幅九寸の二ツ折した木綿に黒糸でヤマバタ、ゲンロクなどの模様を刺してつくる。布の端を等間隔に糸でかがってたるみをもたせ、そのたるみに麻紐を通し、糸でくくりつける。麻紐のついている方を後ろにして腰に結びつけ、布を股間に通し、前で麻紐にはさんで固定する。越中フンドシは、長さ三尺ほどの布に紐をつけ、紐を腰に結び、布を股の後ろから前に通し垂らした。男子が一人前になったしるしに褌祝いなど成長を祝うところもあった。女性が生理中につける褌を京都府北部の丹後地方では、マタフンドシと呼び、嫁入り道具の一つであるコシバコ(腰巻箱)に入れて嫁いだ。男女とも褌をしていたが、いつごろどのような契機で男性は褌、女性は腰巻という使用が限定されるようになったかなど不明な点が多い。↓腰巻

参考文献 石川県立郷土資料館編『海士町・舳倉島』(「奥能登外浦民俗資料緊急調査報告書」、一九七五)、深作光貞『「衣」の文化人類学』、一九八三　(井之本　泰)

ぶんぱいさいし　分牌祭祀　父母の位牌を本家と分家で分割して祭祀する制度。父の位牌を本家(通常長男)が、母の位牌を分家(次男以下)が祭祀し、年忌供養などもそれぞれが担当する。長崎県五島列島で報告されて以来、鹿児島県甑島・吐噶喇列島など九州西南部、瀬戸内海島嶼部、三重県志摩半島、愛知県三河山間部、茨城県中部、福島県南部など主として日本の西南部の各地に分布することが報告されている。分牌祭祀の特徴は、通常一括して祭祀される夫婦の位牌が、分割され異なるまつり手によって祭祀される点にあり、葬儀から位牌祭祀・年忌供養・墓まで一貫して本家分家で分割する場合と、葬儀のみ、あるいは葬儀と位牌祭祀のみを分割する場合とがある。分牌祭祀は隠居制や隠居分家の分布地

域に主として分布することから両者との関連も指摘されているが、夫婦単位に別世帯を構成する隠居制と夫婦の分割とは必ずしも適合的であるとはいえない。分牌祭祀の動機については、財産分与には位牌分与も伴うとする説明と、分家創立の必要条件として先祖をいちはやく付与するためとする説明がある。いずれにしても分牌祭祀は、本家に対する分家の自立性を確保する意図を含む制度とみられ、本家分家間の対等性と適合的な祭祀形態である。分牌祭祀の分布地域では均分相続的傾向が強いという事実も、この見方を裏付けるものといえよう。　→位牌（いはい）

参考文献　竹田旦「分住隠居」（『民俗慣行としての隠居の研究』所収、一九六四）、佐藤明代「五島列島岸ノ上部落における分牌制についての一考察」（『ソキエタス』五、一九七八）、内藤莞爾「五島列島の分牌式家族慣行」（『日本の宗教と社会』所収、一九七八）、上野和男「父母の祖先祭祀の分割についての一考察―分牌祭祀を中心として―」（『国立歴史民俗博物館研究報告』五七、一九九四）

（中込　睦子）

へ

へび　蛇　蛇が非常に古くから日本列島において信仰の対象になっていたことは疑いない。縄文時代中期に、蛇を頭に巻きつけた女性の土偶が出現した。そののち蛇信仰は多様に発展し、この動物は山の神・水神・農耕神・死霊の象徴として崇拝され、あるいは畏怖された。蛇＝死霊観は仏教の六道輪廻説と習合し、軽微な罪を犯し死後に生まれ変わる動物として、蛇が指定されることが多い。現代の民俗においても、蛇は多方面で活躍する。大和大神神社の祭神は大物主であるが、『日本書紀』ではこの神は蛇の姿をとって示現するとされており、古代において大物主が蛇形の三輪山神であったことは間違いない。現在でも境内にある古杉の洞に住む青大将が、神使としてていねいに保護されている。『稲荷大明神流記』（十四世紀）は、稲荷山に狐が入る前は竜頭太という神がここで田を耕していた、と記す。つまり古くは、稲荷山の神は竜・蛇の姿の水田農耕神であったことが示唆される。現在農耕神としての蛇は、各地で藁蛇として残った。山陰地方の荒神・大元神の祭に際しては、男根を持った巨大な藁蛇が氏神社の境内の神木に巻きつけられる。この藁蛇は、農作の成功を保証するとともに、中有に留まる死霊を祖霊に弔いあげる媒介ともされた。藁蛇の祭が焼畑農耕を基盤にして成立したとする説もある。歴史のある時期に、一方では山の神から焼畑農耕神が派生し、他方では山の神の機能の一つである水の制御が農耕に結びついた。かくて蛇は、水田稲作の神としても力を発揮するに至る。藁蛇の材料は、もちろん稲である。水神としての蛇は、現在では弁財天の従者の蛇や宇賀神(うがのかみ)に造形される。もともとの宇賀神は穀霊であり、蛇の要素をひめていた。この神が中世以後、弁財天と習合して各地に流行し、安芸厳島・相模江の島・武蔵井の頭など海辺または川池のほとりにまつられた。弁財天と習合した宇賀神は、女神と蛇によって構成される場合もあるし、老翁の顔を持つ単独の蛇の例もある。弁財天の縁日は己巳の日であり、巳待ともよぶ。怨霊が蛇の姿で出現することは、『北野天神縁起』(十二世紀末)の菅原道真の怨霊が蛇の姿で現われる説話などから、うかがい知ることができる。もともと蛇神は祟りやすい神であったが、これが怨霊への恐怖と結びつき、やがて蛇は悪性の憑物とみなされるようになった。中国・四国地方の憑物筋の家が飼育して人に憑けるというトウビョウは、蛇とされる。大陸の蛇蠱の影響も否定できないが、日本の蛇・死霊信仰の伝統を引いているのだろう。昔話においては「蛇聟」「蛇女房」が有名である。いずれにおいても蛇は池・沼などに住み、特に水乞い型の「蛇聟」においては、蛇が田の水引きを助けることに注目しなければならない。

参考文献 白石昭臣『日本人と祖霊信仰』(「日本の民俗学シリーズ」三、一九七七)、石上七鞘『水の伝承』、一九七九、吉野裕子『蛇―日本の蛇信仰―』(「ものと人間の文化史」三二、一九七九)、阿部真司『蛇神伝承論序説』、一九八一、中村禎里『日本人の動物観』、一九八四

(中村 禎里)

へびむこいり 蛇聟入り 蛇と人間の娘との結婚を語る昔話。苧環型(おだまきがた)と水乞型がある。前者は、娘のところへ見知らぬ男が通ってくる。母親は男の正体を突き止めるため、男の着物の裾に糸を通した針を刺すように助言する。翌朝、糸をたどっていくと、岩穴に行き着く。中から、「自分は死んでも、娘の体に子種が宿っているからいい」「だが、菖蒲湯につかれば子どもはおりてしまう」という蛇の話し声が聞こえる。娘は菖蒲湯につかり、蛇の子をおろす。結末で菖蒲湯や菊酒など、年中行事の由来が語られる。『古事記』の三輪山神話では、男の正体は三輪山の神であったとされる。新潟の「五十嵐小文治」など、地方の旧家に伝わる伝説では、蛇との間に生まれた子の活躍が語られ、脇の下に鱗があるなどとされる。水乞型では、父親が日照りで困り、「田に水を引いてくれた者に娘をやる」というと、蛇が現われて田に水を入れる。姉娘たちは父親の話を聞いて怒るが、末娘は承知し、嫁入り道具にひょうたんと針をもらって嫁に行く。沼に着き、針を刺したひょうたんを水中に投げ入れ、蛇にこれを水中に沈めてくれというと、蛇は沈めようとしてもがき、針が刺さって死ぬ。伝説としては、蛇のところへ嫁入りした娘が里帰りしたときに家族に寝姿を見られ、二度と姿を見せなくなったとする話が各地にある。

参考文献 関敬吾『昔話と笑話』(『民俗民芸双書』、一九六六)、

(斎藤 君子)

べんじょ 便所 大小便を排泄する施設。厠(かわや)・雪隠(せっちん)・後架(ごか)・手水場(ちょうずば)・御(ご)不浄(ふじょう)などといわれ、現在ではトイレ・お手洗いが一般的呼び方になっている。厠は河屋であり、河の上に板をかけて排泄物を流すことであった。平安時代の寝殿造では一画に樋殿(ひどの)があり、大便用の清筥(しのはこ)や小便用の虎子(おおつぼ)が置かれた。禅宗寺院では、七堂伽藍の一つとして東司(とうす)という便所があり雪隠ともいわれた。室町時代の遺構である京都市東福寺の東司は、土間で中央の通路の左右に陶製の大便壺・小便壺が埋められている。禅宗寺院では日常生活が修行であるため、便所での作法が厳しく定められていた。便所内で笑ったり大声を出すことの禁止、便所に入る時、戸をたたき空きを確認するなど、現在の便所でのエチケットにも関係している。

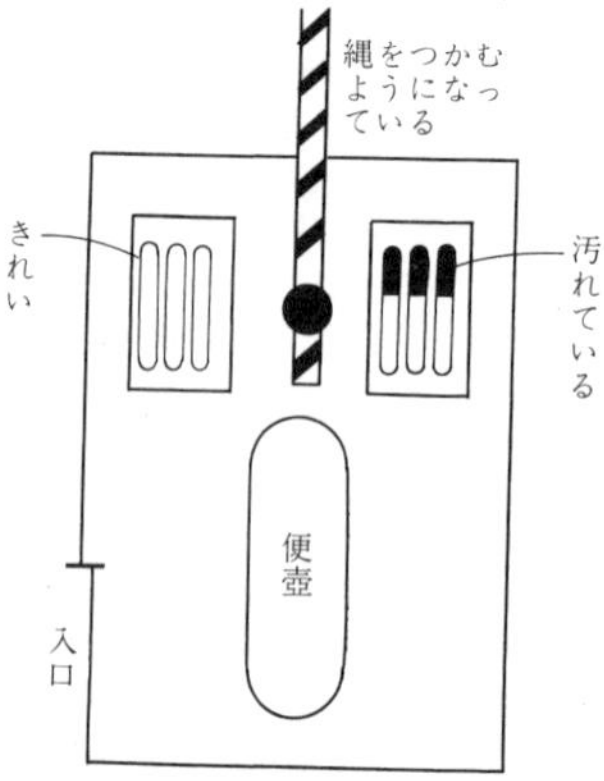

福島県檜枝岐村の便所模式図

中世後期になると汲み取り便所が普及するが、これは糞尿を肥料(下肥)として使用するようになったからである。当時の便所は板壁・板葺きの簡単なもので、地面に穴を掘り、板を渡したものであった。下肥の利用は近世に入るとさらに盛んになり、便所の溜めに台所や風呂の下水が入れられ、外便所が作られた。明治時代に入ると都市部では公衆便所が整備されるとともに、各家の便所には陶製の大便器、漏斗形の小便器ができ、大正時代には浄化槽がついた汲み取り式の「大正便所」ができた。昭和三十年代以降、下水道につながる水洗式便所が普及する。一方、郡部や農村部では近年まで外便所であった。沖縄では独立した豚舎を敷地の北西隅に設置するが、そこは同時にフールと呼ばれる豚便所であり、人糞が豚の飼料となった。このような豚便所は中国や東南アジアにもみることができる。尻ぬぐいに落とし紙が使用されるようになったのは元禄時代からであり、江戸では浅草紙が有名であった。一八九〇年代には白い鼻紙ができたが、まだ一般には普及していなかった。紙が尻ぬぐいに使用される以前は木の葉、藁、そしてチュウギ、ステギ、シリノゴエなどの木片・竹片が使用された。便所には便所神がいると信じられていた。大晦日の年取を便所の前で行なったり、赤ん坊を便所に連れて行く雪隠参りがあった。また、子供がひきつけを起した時、便所で子供の名を呼び、魂を呼び戻すのは便所があの世に関係したからであり、便所に河童があらわれるのは便所が妖怪の住む異界に連なっていたからである。また、便所の中の人に声をかけると鳥になってしまうというのは、便所が変身空間と考えられていたからである。便所を化粧室ということとも関係する。→雪隠(せっちん)参り(まい)

参考文献　野沢謙治「身体のフォークロア―糞尿・ツバ・裸・髪―」(『日本民俗学』一四一、一九八二)、飯島吉晴『竈神と厠神―異界と此の世の境―』、一九八六、荒俣宏・林丈二・阿木香他『日本トイレ博物誌』、一九九〇

(野沢　謙治)

べんじょがみ　便所神　便所にまつられる神。厠神・センチ神・カンジョ神などさまざまな呼び名がある。御札や雪隠雛と呼ばれる小さな人形を神体として便所の片隅にまつるところもあるが、具体的な神体をまつらないところが一般的である。便所神は美人できれい好きな女の神であるといわれているが、片手がないとか、盲目であるなどの伝承をもっていることが多い。長野県東筑摩郡明科町(安曇野市)では、六月五日を、三重県熊野市では月の十日・二十九日を祭日としているが、特定の祭日をもたない場合が多く、年取や小正月に供え物をしてまつる。便所神は多くの信仰要素を含んでいるが、箒神や山の神とともに出産の場に産神となって臨み、産婦や生児を守ってくれると考えているところは多い。そのため、妊婦が便所をきれいに掃除すると良い子が生まれると信じられていた。また、長野県岡谷市などのように同年の者が亡くなったとき、便所に膳をもっていって年取をしてくるなど、時間の更新をしたり事象の転換をはかってくれる神であると認識しているところもみられる。昔

話の「産神問答」では便所神が赤児の運命を決める役割を担うし、「三枚の御札」では人の危機を救う神として登場する。便所神の果たす機能は便所の構造と深く関わり、単なる排泄空間としての不浄な場所というだけでなく、井戸や竈などと同様に異界に通じる特殊な空間と考えられていたことがわかる。便所というこの世と異界とが交差する特殊空間にまつられる便所神は人の霊魂のこの世と異界との交通をも司ってきた神であった。→産神(うぶがみ)

参考文献　倉石あつ子「家の神と便所神」(『信濃』三二ノ一、一九七九)、飯島吉晴『竈神と厠神—異界と此の世の境—』、一九八六　(倉石あつ子)

べんてんしんこう　弁天信仰　音楽・学芸・福徳・財宝・水の神などと、多様な特性をもつ弁才天に対する信仰。弁才天は、もとは梵語でサラスバティーという古代インドの川の女神で、豊饒の神としてあがめられ、その川の流れの音から音楽・弁舌(知恵)の神として信仰されていた。仏教の天部の神にとりいれられて、妙音天・美音天・大弁才天女、あるいは弁才天などと漢訳され、略して弁天と称される。日本には、奈良時代に『金光明最勝王経』によってその功徳が知られ、弁才天像の造立も行われた。その後、真言密教の普及に伴って、次第に固有の民俗信仰との習合を遂げ、多種多様な信仰習俗をつくり出した。水辺の女神の市杵島姫命(いちきしまひめのみこと)などと習合して神社の祭神となり、また、弁天と同じく蛇を神使とする穀物神の宇賀神(うがのかみ)と結びつくものも多い。琵琶を弾く天女の像が広く民間では親しまれ、技芸の神として信仰されるほか、室町時代以降、福神としての神格が強調されて弁財天とも書くようになり、蓄財にも御利益があるとされ、七福神の中にもとりいれられた。本来の水の神としての特性から、池・湖・川・海などの水辺にまつられることが多く、なかでも相模の江ノ島、近江の竹生島、安芸の厳島とが日本の三大弁天として知られる。漁村においては漁の神として、農村では水利や農耕の神として信仰されてきた。使わしめの蛇の祟りを恐れて、屋敷神としてまつることも各地にみられる。なお、巳の日が弁天の縁日で、弁天をまつる巳待講も行われている。

参考文献　大島建彦「弁天信仰と民俗」(至文堂『日本の美術』三一七、一九九二)　(中島　恵子)

へんろ　遍路　四国の島内に設定された弘法大師ゆかりと称する八十八ヵ所の札所寺院を巡拝する者およびその行為。広義の巡礼の一形態で、四国遍路・ヘンドともいう。古くは『今昔物語集』や『梁塵秘抄』などに記された修行僧の巡礼に始まると推定されるが、弘法大師信仰に基づくか否かは、議論が分かれる。十六世紀にはすでに遍路が地域的にも階層的にもかなり広範囲に及んでいたことが確認される。また、遍路の始祖とされる衛門三郎伝説の成立も同時期と見られる。これは、強欲な長者が弘法大師に非道を働いたために懲罰を受け、前非を悔いて遍路となり大師を追う。ついには、死に臨んで許しを受け、再生を果たす話である。しかし、広く一般に普遍化するのは十七世紀末以降で、案内記の刊

遍路　愛媛県小松町(西条市)横峰寺付近(提供西海賢二)

遍路　四国八十八ヵ所札所

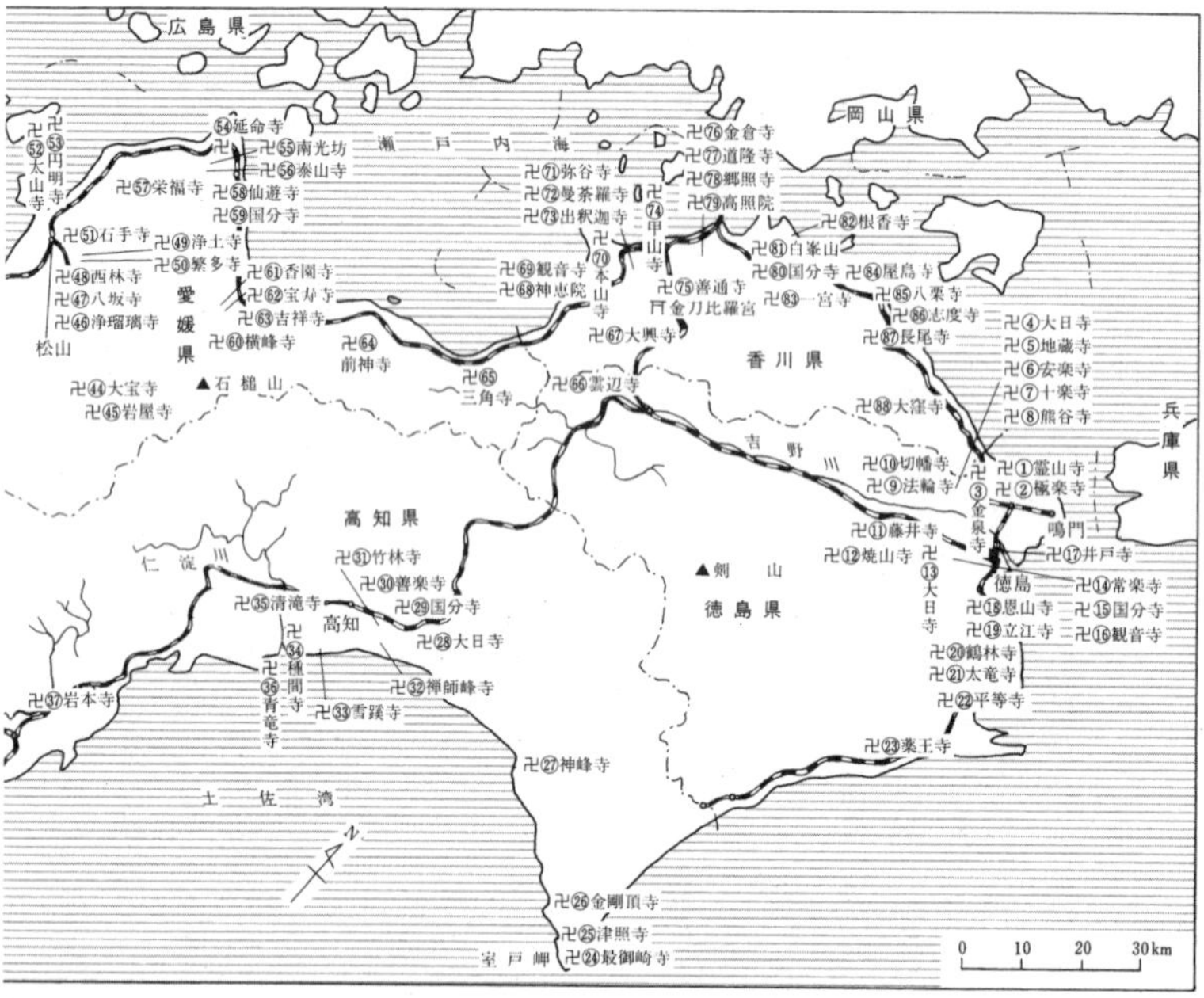

行や道標の建立とも関連する。そして、この時期の遍路が今日の遍路の直接的な起源ともなっており、納経帳・納札・札挟み・菅笠・杖などの所持品を有し、約四十日で一巡している。なお、着物は白装束に統一されていたわけではなく、縞の絣などが多かった。十八世紀半ばころまでは優遇されることの多かった遍路であるが、このことが逆に遍路に仮託した生活困窮者や「癩病」患者などの四国への流入が増え、次第に厚遇される者と忌避される者という二極分化を促すことになる。これらはオゲヘンド、ヨタテヘンドとかドスヘンド、ナリヘンドなどと呼ばれた社会的弱者の遍路で、幕末から明治初期には取締りの対象ともされ、土佐藩(高知県)はその典型であった。そのため、阿波国(徳島県)を打ち終えた遍路も土佐へは入国できず、国境で遙拝するなどしたのち讃岐(香川県)・伊予(愛媛県)の札所へ迂回を余儀なくされた納経帳も残存する。一方、遍路を受け入れる四国の地域社会でも、一般遍路への接待や善根宿、行き倒れ者の手当などが行われた反面、弱者は切り捨てられることも少なくなかった。また、遍路には通過儀礼的な一面があり、愛媛県松山地方の若者遍路や徳島県吉野川流域など娘の十ヵ寺参りが半ば義務づけられていた地域もみられた。↓西国巡礼(さいごくじゅんれい)　↓巡礼(じゅんれい)

参考文献　前田卓『巡礼の社会学』、一九七一、真野俊和『旅のなかの宗教―巡礼の民俗誌―』(「NHKブックス」三六四、一九八〇)、松山市教育委員会編『おへんろさん』、一九八一、新城常三『(新稿)社寺参詣の社会経済史的研究』、一九八二

(森　正康)

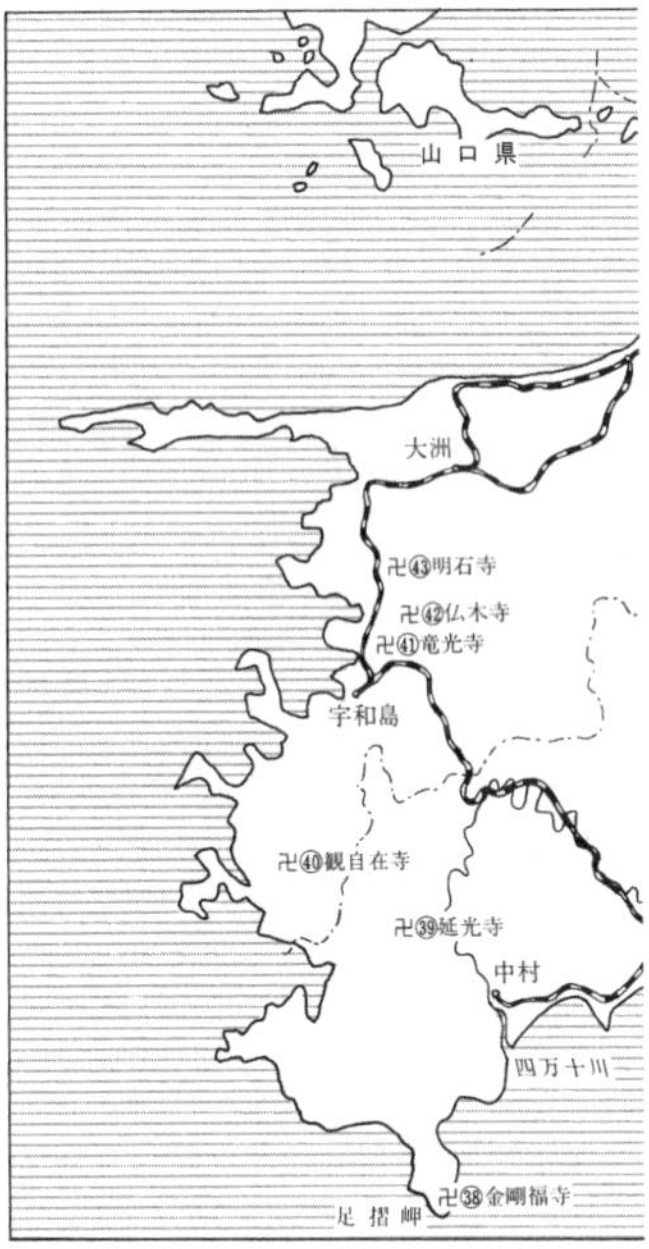

ほ

ほうい　**方位**　ある視野をもって分割された空間の認識体系。ある視野とは通常自分の視野であり、視野があることによって方向性をもった空間分割の認識体系となっている。したがって方位は、自分の位置の変化に応じて方位の秩序づけが変化し、空間分割もまた変化するのが通例だが、関東方面・関西方面、山の手側・下町側などの地区・地名、首都を中心とした上り・下りといった交通上の慣例語などは、視野が国家・都市・村落などの地域社会共通の基準にもとづいており、視野には大別して二様がある。すなわち自分の位置を基準とした視野による空間分割の体系と、個人を越えた本家・聖地・地域社会など、共通の基準点を視野としたそれとである。また方位には、自分がどの方向を向いているかによって異なる分割と、自分の向きにかかわらず共通した基準によって、分割されているものとがある。前者は前後、左右、上下などであり、後者は東西南北の四方のほか、浜手・山手などの地形上の位置が典型例である。方位はさらにどのような基準によって空間分割を行うか、基準の性質にもとづいて幾何学的＝等質的基準と、経験的＝非等質的基準に分けられる。前者は陰陽道や風水術の知識によりもたらされ、方位測定具（土圭、指南、式盤、羅盤、方位磁石など）と、さまざまな暦書を用いて判断されてきた。これには陰陽二元の方位から二十八宿の星座を配した方位までさまざまな分割基準があるが、主として民間に流布したのは、

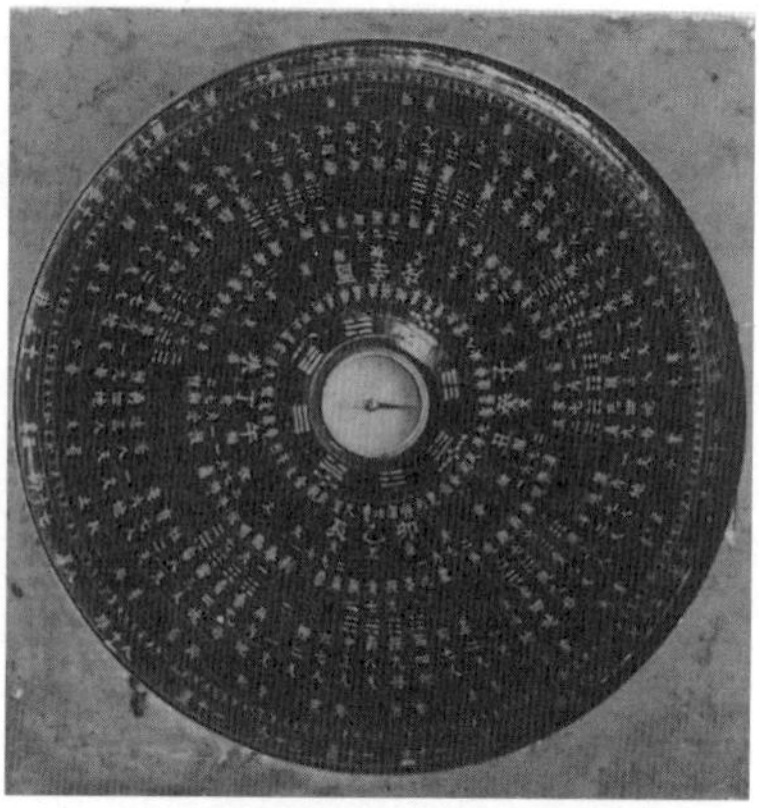

沖縄で用いられていた羅盤
（沖縄県立博物館所蔵）

東西南北の四元方位と子から亥までの十二支方位、時として乾・艮・巽などの八卦方位だった。多くは陰陽師や家相家などの専門家や知識人により普及したものである。また後者は人びとの生活経験に応じてしばしば実用的に分割認識されてきた方位で、知覚しうる自然や社会環境に基準を求めてきた。基準点の代表例は、太陽、星辰、地形、風向、聖地、故地であろう。東を「ひがし」と呼ぶのは「日向風」だとする説があるが、東が太陽や風向を原意とすることはほとんど忘れ去られている。沖縄の東＝アガリ、西＝イリこそは、太陽の動きを基準点とした方位認識だったことをよく伝えている。コチ（東風）やハエ（南風）などは風位を示す代表例で、各地でなお独特な風位が伝えられている。方位はまた、単に空間分割に基準を与えているだけでなく、多くは吉凶の意味づけを伴って認識されている。吉凶を伴う方位は、吉凶の固定した方位と時間に応じて吉凶の循環する方位、そして自然現象の変化により年々の吉凶を定めるような任意の方位とがある。的殺、暗剣殺、五黄殺、天一天上、金神、八将軍は、代表的な循環する凶方であり、なおまだ鬼門は艮(うしとら)に固定された凶殺方位として信仰が厚い。逆に歳徳神は吉方や恵方とされる。吉凶の方位は、結婚や葬式、家の新改築、あるいは折々の年中行事に特に意識された儀礼的方位として各地に伝えられ、また青竜・白虎など、色や動物その他と結合して、象徴的世界観をも形成している。↓恵方(えほう)

[参考文献]　大林太良編『神話・社会・世界観』、一九七二、鈴木正崇「南西諸島に於ける方位観の研究」（『人文地理』三〇ノ六、一九七八）、渡邊欣雄『風水　気の景観地理学』、一九九四、山田安彦編『方位と風土』、一九九四

（渡邊　欣雄）

ほうおんこう　報恩講　祖師・先師の恩に報いるため、その忌日に僧俗が参集して営む法要。中でも浄土真宗の宗祖親鸞に対する報恩講が名高く、これを御正忌(ごしょうき)・御七昼夜(おしちちゅうや)・御霜月・御講・御仏事ともいう。親鸞は一二六二年（弘長二）十一月二十八日、京都大谷で没するが、まもなく、関東門徒の間で、毎月二十七日の報恩お念仏が行われるようになる。本願寺第三世覚如は、親鸞滅後三十三年の一二九四年（永仁二）に『報恩講式』（『報恩講私記』『式文』）を作って報恩講の形式を確立し、その子存覚は一三五九年（延文四）に『歎徳文(たんどくもん)』（『報恩講歎徳文』）を著わした。そのころにはすでに十一月二十一―二十八日の七昼夜法要が営まれている。明治以降は、真宗十派の内、本願寺・高田・木辺派各本山では、太陽暦に読み替えて一月九―十六日、大谷・仏光寺・興正(こうしょう)・その他諸派の本山では十一月二十一―二十八日を踏襲し報恩講を行なっている。初日の初逮夜に始まり、七日目の結願日中で終了。期間中は親鸞作の『正信偈』『和讃』、本願寺第八世蓮如の『お文』（御文章）の拝読、法話が連日勤められ、親鸞の伝記である『御伝鈔』『報恩講式』『歎徳文』の読誦がある。東本願寺では結願日中に関東の大念仏を継承するといわれる坂東曲での

正信偈が勤められる。末寺住職・門信徒は、本山報恩講に参詣すべきものとされ、末寺や門信徒宅の報恩講は先取りして営まれるため、御取越ともいう。報恩講に伴う斎を御講料理といい、親鸞の好物だったという小豆汁や小豆・豆腐のいとこ汁が出される。これは、霜月収穫祭に翌年の豊穣予祝として用いられた小豆を真宗の伝説として説明したものである。円筒型の曲物で盛るモッソウの大盛り飯を食するのも、収穫祭に予祝行事がとりこまれたものである。口能登には十一月二十四日の霜月大師の話があり、この大師を親鸞だとするのは霜月大師と報恩講が同じ土壌から生まれたことを表わしている。末寺報恩講では満座相撲が行われたり、期間中に市が立つところもあり、報恩講は村落あげての一大行事であった。真宗以外では、毎月十二日の覚鑁忌に陀羅尼会が勤められる新義真言宗の報恩講がある。

参考文献　赤松俊秀・笠原一男編『真宗史概説』、一九六三、西山郷史『蓮如と真宗行事—能登の宗教民俗—』、一九九八
（西山　郷史）

ほうき　箒　ごみやほこりなどを掃くための道具。旧来の民家における、床張り・土間・外庭の区分に従って、座敷箒・土間箒・庭箒など、いくつかの種類に分けてとらえられる。そのような用途の相違に応じて、座敷箒にはキビガラやシュロなどの箒、土間箒には藁やホウキグサなどの箒、庭箒にはソダや竹などの箒というように、さまざまな材料による箒が使い分けられる。江戸時代後期の『守貞漫稿』に、「江戸には竹箒草箒をも担ひ売る、京坂には棕櫚箒の他は担ひ売ること稀なり」とあるように、それぞれ生産や販売の方式も異なっている。掃除の道具としての箒は、ものを掃きいれるとともに、ものを掃き出すのにも用いられるが、儀礼や俗信の上でも、赤子の魂を落ちつかせることができるとともに、長居の客を追いかえすこともできると考えられた。

参考文献　大島建彦・御巫理花編『掃除の民俗』（『三弥井民俗叢書』、一九八四）
（大島　建彦）

ほうげん　方言　言語の下位区分で、ある地域で使われることばの体系全体をいう。普通一言語はいくつかの方言に分かれる。そのうちでも標準語・共通語でないものを方言という。したがって、ある地域の方言は音韻・アクセント・文法・語彙などの要素すべてを指すし、また共通語と同じものも異なったものも含まれる。ただし一般には共通語にない個個の単語をさして方言という。暖簾などの方言土産で取り上げられるのは個々の単語である。「〜弁」ということば全体を指すことが多い。「〜訛り」は、発音の変化を指す。日本語の方言の成立時期は、未詳であるが、日本語が弥生文化とともに九州北部から東へ進出したとする説が有力である。方言が各地で独自に変化する分岐過程と、中央のことばの影響を受ける統合過程は歴史上、常に並立していたと考えられるが、近代以前には分岐過程が勝り、近代以降は統合過程が目立つ。江戸時代の藩の境と方言境界の一致は、東北地方の文法現象で際立つが、他地域でも見られる。日本語の諸方言は、日本語の歴史と関係づけて特徴づけることができる。沖縄方言については、奈良時代の万葉のことばとの関係がよく論じられる。九州方言については鎌倉時代ころのことばが残る。中国・四国方言は江戸時代の近畿方言の面影を残す。関東方言は江戸時代の江戸のことばを伝える。東北方言は中世のことばを残すとともに、新しい変化への萌芽も示す。これは京阪や江戸・東京からのことばが徐徐に各地の方言に伝わったと考えると説明がつく。京都から広がったとみられる言い方がいつごろ使われ始め今どこまで広がったかを調べて、方言の伝播速度をみた研究によれば、ほぼ年速一キロ程度であったと考えられる。一世紀に一〇〇キロである。移住・移封などによって周囲の方言

と異なった方言が生じたときに「言語島」という。江戸・東京のことばが周囲の関東方言から切り離される形で関西風なのも、江戸時代以来の関西からの移住による言語島の現象とみられる。能登半島の漁村、五島列島の一部、唐津の城下などには遠方からの移住者の方言が近年まで保たれていた。北海道やハワイにも方言の言語島が観察される。近代以降は方言は国民の統合の妨げとして撲滅の対象になった。現在は共通語化が進み、方言は貴重な存在ととらえられ、娯楽の対象とさえなっている。一方で分岐の過程を示す新方言が各地で広がっているのは、都市の民俗をはじめ、新しい民話・伝承が成立しているのと軌を一にする。子どもの遊びに関わることばも近代以降の変化が全国で盛んで、学区と方言との一致がみられる。なお、ガジュマル、ヤマセのような地方特有の事象や、ユイ、サナブリ、ハサなど都市で使われない民俗語彙は、本来共通語にないので、どこかの方言で表わすしかない。

参考文献　柴田武『日本の方言』(「岩波新書」青三〇七、一九五八)、日野資純・飯豊毅一・佐藤亮一編『講座方言学』、一九八二―八六、井上史雄『方言学の新地平』、一九九四、日本方言研究会編『21世紀の方言学』、二〇〇二

（井上　史雄）

ほうそうがみ　疱瘡神　疱瘡送りなどの儀礼で鎮めて送り出された神。疱瘡をもたらすと信じられ、恐れられた。また、人間の姿で出現し歓待を受けると疱瘡から守ってくれる福神に転化したものもある。疱瘡は種痘などの近代的な治療法が行われる以前はもっとも恐れられた病気の一つであり、多くの被害をもたらしていた。特に、伝染性の強い病気であるために、山に疱瘡小屋を作って隔離するなどの方法もとられたようである。さらに、積極的な治療の手段としては疱瘡送りなどの呪法が信じられてきた。これは病気の原因が災いをもたらす悪神にあるとされたものであり、その神を歓待して、災いを鎮めて異界に送り返せば、病気が治ると信じられたからである。また、これらの悪神を追い返すためにより強力な神として鍾馗の画像とか大草鞋を飾るなどの呪法も行われていた。しかし、近世の随筆類などには、異形の老人などを歓待した人が、疱瘡から守られるお札を授かったなどの話がしばしばみられる。この場合には、門口などに「軽部安右衛門宿」とか「紀州池上紀右衛門子孫」といったお札を張ることも行われた。これは、人の姿で出現した疱瘡神を饗応したために、疱瘡除けの呪法として授かったものだと伝えられてきた。本来畏怖すべき神が饗応や歓待によって福徳神化したものである。

参考文献　紙谷威広「福神と厄神」(『講座日本の民俗宗教』三所収、一九七九)、大島建彦『疫神とその周辺』(「民俗民芸双書」、一九八五)、宮田登『江戸のはやり神』(「ちくま学芸文庫」、一九九三)

（紙谷　威広）

ほかけ　穂掛け　稲の刈りはじめに初穂をすこし刈り、それを屋外の田の隅に掛けたり、屋内の柱に掛けたりする行事。収穫祭の最初の行事で、ホカケとかカリカケ、カケボ、カリソメ、ワセツキなどと呼ばれる。ホカケは西日本にひろく分布しているが、カリカケは長野県や新潟県、群馬県などにみられる。八朔(はっさく)(旧八月一日)や八月十五夜、秋の社日、二百十日の風祭などに行われ、初穂をすこし刈り、それを屋外の田の隅に竹やススキ、柳の枝などを立て、それに初穂を掛けたり、あるいは屋内の柱に掛けたりして、田の神や荒神、地神をまつるところが多い。こうした行事は、南島でもひろく行われている。奄美大島や徳之島では、穂掛けは旧六月の行事で、イネシキマとかシキョマ、シキュマと呼ばれる。奄美大島南部の加計呂麻島では、ウチキヘーとかウチケヘーと呼ばれ、家々では田に出かけて、初穂を二、三本刈り取り、それをモミのまま、あるいはモミをむいて古米に入れ、ご飯を炊いて先祖に供え、残った初

穂を床柱か中柱にさげておく。沖縄本島や八重山の島々では、シツマ、シチマ、シキョマ、スクマ、シュクヮーと呼ばれ、女性祭司がウタキとカウガンと呼ばれる聖地で豊作祈願を行うが、家々でも初穂を二、三本刈り取り、それをカマドや床柱に掛け、新米を炊いて先祖や火の神に供える。この日は、仕事をしたり、不浄なものに触れたり、稲の刈入れが禁じられている。→収穫祭(しゅうかくさい)

参考文献 井之口章次「農耕年中行事」(『日本民俗学大系』七所収、一九五九)、酒井卯作「南島における初穂儀礼」(『日本民族と南方文化』所収、一九六八)、伊藤幹治『稲作儀礼の研究―日琉同祖論の再検討―』、一九七四

(伊藤 幹治)

ぼせい 墓制 墓を造り営む制度全体をさす用語。墓とは死者の遺体が納められる場所およびその装置をいう。墓制は、葬法や墓地の設営方法などの側面から把握することができる。葬法の上では、日本でかつて最も一般的であったのは土葬で、遺体を土中に埋納する方法であるが、火葬もすでに縄文・弥生時代から確認されており、土葬と併存して古代から一部では行われてきた。また、沖縄をはじめ南西諸島では風葬が行われ、数年間の骨化の期間を経て洗骨や改葬が行われてきた。本土で広くみられた土葬の場合、個々の埋葬地点の保存を志向するか、それとも一定期間ののちその埋葬地点が古くなったら掘り返して次の死者の埋葬のために利用するか、の二つのタイプに分けられる。それは、墓地の設営方法に関わる問題でもある。墓地の利用と立地の上では、次の四つに分けてとらえることができる。㈠死者のあるたびに個人ごとに山野田畑の一角に埋葬する。この場合個別に墓が点在することになる。㈡家ごとに屋敷近くや山野の一角に墓地を設けてそこへ埋葬する。㈢同族単位もしくは複数の同族で山野の一角に墓地を設けてそこへ埋葬する。㈣近隣関係にある複数の家々で山野の一角に墓地を設けてそこへ埋葬する。そして、この㈣のタイプはさらにその近隣関係が一定の村落組織とどのように対応しているかによって村組単位の小規模なものから、複数の大字が共有する奈良県下の郷墓のように大規模なものまで、細かな分類が可能である。なお、奈良県の大和高原一帯では埋葬区画が男女別に分けられていたり年齢別に分けられていたりする例があり、宮座の長老を務めた者は特別に上段の区画に埋葬する例や子供だけ区別して子墓に埋葬する例もある。異常死者・行き倒れなどを区別して埋葬する例は全国的にみられ、伝染病死者は火葬にする例が多い。前記の㈠の場合には個々の埋葬地点は比較的ながく記憶されるが、㈡㈢㈣の場合には再利用が繰り返され個々の埋葬地点は特に保全の処置はとられない。そして、㈢㈣の場合、家ごとの区画割りがなく墓域全体を共同利用している場合と複数の家々がその墓地を家ごとに区画割りして利用している場合とがあるが、特に近畿地方の両墓制の事例における埋葬墓地に多くみられる前者の場合には個々の埋葬地点の保存はまったく志向されない。両墓制は埋葬墓地と石塔墓地とを別に設けるもので近畿地方に多くみられる。単墓制とは埋葬墓地に石塔を建てるもので、景観上は埋葬地点に施される墓上装置と石塔とが混在する。墓上装置としては塚(土盛りや石積み)、目印(枕石や生木)、設え(イガキや霊屋)、供物(食膳や花)、呪物(魔除けの刃物など)などの五つの要素が注目されるが、これらはいずれも時間の経過とともに腐朽し忘却に委ねられる。それらは死後一定期間の死者の忌籠りのための装置であり、死穢や死霊を封じ込める意味をもつもので継続的な死者供養の装置とは考えられない。死者供養の装置として造営されたのは石造墓塔つまり石塔であるが、それが一般化するのは近世中期以降である。石塔の型式は五輪塔や舟型光背型仏像碑から箱型や角柱型へ

と変化し、造立趣旨は菩提のためから霊位へという変化が追跡できる。また個人で一基とか夫婦で一基というのが一般的であったが明治から大正以降、家単位の先祖代々の大型の石塔が多く建てられるようになった。現在では無宗教的な自由な型式のものも多くなってきている。火葬の場合には、拾骨して納骨するのが一般的であるが、拾骨をせずに散骨する方法も古代には一部でみられた。近年まで火葬骨を放置したり散骨して墓を作らない例が近畿・中国地方の一部にみられ、これを無墓制と呼ぶ。納骨か散骨かの差には決定的な対立があるわけではなく、実態としては大部分拾骨か一部拾骨かという二つのタイプがある。大部分の遺骨を拾骨し納骨するタイプは概して東北地方などの伝統的な火葬地帯でみられ、骨の一部だけを拾骨して納骨し大部分の遺骨灰を放棄してしまうタイプは北陸・近畿地方などの伝統的な火葬地帯でみられる。納骨は石塔の普及以前は土中に埋納し墓標に木を立てたり石を置いたりするかたちが一般的であったが、石塔が普及するとその下部のカロートに納骨する方式が一般化した。それらは、同一家族の遺骨が同じ石塔の下部につぎつぎと納骨され集骨されていくものであるが、中部・北陸・東北地方の一部では家族の範囲を越えて親族や村落の範囲で共同納骨堂を設けている例もみられる。また、近畿地方などでは遺骨の一部や遺髪や爪などを高野山の奥の院へ納骨する高野納骨や、広く浄土真宗門徒の間では京都の大谷本廟へ納骨する本山納骨もみられる。一九六〇年代以降、地方自治体による火葬場の建設がすすみ、近隣の家々の互助協力による伝統的な土葬や火葬から新しい火葬場での職員の手による重油を用いる火葬の方式へと変化してきている。死後の供養と墓参は、四十九日の忌明けを経て、初盆や初彼岸に行われ、一周忌・三年忌・七年忌と年忌供養と墓参が継続される。そして、三十三年を弔い上げといって杉の葉のついた生木の塔婆を立てて故人の最終年忌とする例が多い。このとき石塔を倒す例も九州はじめ各地にみられる。墓参は現在では盆や彼岸に盛んに行われているが、歴史的にみると、貴族では平安時代中期以降にみられるようになったもので、藤原道長による木幡墓地への三昧堂の建立が一つの画期であった。卜部兼好の『徒然草』にも墓参に関する記事があり、中世以降には一般化してきたものと考えられる。しかし、墓地を死穢の場所とみる考え方も近畿地方の宮座祭祀の盛んな地域には根強く、現在でも墓参をしない地域が一部にはみられる。葬送から営墓へという一連の墓制習俗の多様性の中から見出されるのは、死者とその遺体に対する保存と忘却という両極端の志向ということができる。→無墓制 →両墓制

参考文献　森浩一編『墓地』(「日本古代文化の探求」、一九七五)、『葬送墓制研究集成』四・五、一九七九、新谷尚紀『生と死の民俗史』、一九八六、同『両墓制と他界観』(「日本歴史民俗叢書」、一九九一)、竹田聴洲『民俗仏教と祖先信仰』(「竹田聴洲著作集」一・二、一九九三)、森謙二『墓と葬送の社会史』(「講談社現代新書」一一五二、一九九三)
(新谷　尚紀)

ほぞんしょく　保存食　大量に収穫した穀類・野菜類・魚類などを長期間食べるために貯蔵した食品。保存するには乾燥と塩蔵とがあった。厳寒期のある地域では凍み餅(干し餅)や凍み豆腐(高野豆腐)などのように冷凍保存法もあった。保存食は不足時の食料を補うと同時に、遠距離地との交易にも有効であった。焼米・干飯・煎豆は乾燥による保存食で、携帯食にもなる便利な食物であった。野菜のうち保存食で大きな役割をもっているのが大根で、一冬食べる分として二、三百本も作った所もある。干して塩とヌカで漬ければ沢庵漬に、切って乾燥すれば切り干し大根になる。葉は収穫時に乾燥させてヒバ(干葉)にし、冬季の野菜のない時期にヒバ飯や味噌汁の実にしたり、塩漬した葉をカテ飯にしたりした。

ゼンマイなどの山菜やトチの実などの堅果類も乾燥保存した。フキ、ワラビ、キノコなどは塩漬にした。秋田県では山菜の塩漬をシオモノと呼んだ。漬物には塩漬・味噌漬・糠漬があり、野菜・山菜・魚・肉などの保存に利用した。塩漬の代表に梅干がある。近江の味噌漬牛肉は、すでに江戸時代に井伊家から江戸の将軍家への贈物になっていた。サツマイモも生で切って乾燥して保存し、粉にして薩摩団子や餅にした。長崎県など西日本に多いカンコロは有名である。加熱後に切って干した干し芋も間食に役立った。魚介類も古い時代から乾燥と塩蔵で保存していた。祝儀袋の熨斗になったノシアワビは本来保存食であったが、それ故に、軽くて添付に重宝なため、清浄な品物を表象することになった。祝儀につき物のスルメ・鰹節も同様である。ブリや鮭が年取り魚になるのは塩蔵のおかげである。ナレズシも塩蔵の一つで、本来は祭などハレの日の保存食であった。一夜干しも佃煮も保存食の代表で、イリコや鰹節、コンブ・干鱈などは遠方との交易の中心であった。川魚も串に挿して炉の火でいぶし、燻製にして保存した。穀類の保存は俵や叺（かます）に入れて蔵に積んでおくが、穀箱を使う地域もある。山形県では板蔵の中に三尺ごとに仕切りのある穀箱に米・麦・アワと穀類別に保存し、必要に応じて下部から取り出す仕組みである。稲積をニオといい、古くはニホが稲の保存とともに神をまつる祭場であり、新嘗のニヒ、供物を意味するニヘに関連し、さらに島根県や沖縄県では稲積も産屋もシラといい、「人の命の根即ち最も尊い穀物の霊の、誕生を斎ふ趣旨が」ここにあったと柳田国男は論じている。積雪地帯では大根やイモ類、ニンジン、ゴボウなどを穴に埋めて藁で囲った。これを大根ニョウというが、ニホと関連するであろう。大根・イモ類は炉のそばのムロや畑に掘った穴で保存した。この施設をイモドコ、イモアナ、イモツボ、イモガマなどという。飢饉のために貯蔵した食料は、籾米、アワ、ヒエ、小豆、芋がら、干葉、蕎麦粉、トチの実などの堅果類、乾燥したコンブの根などである。栃木県の足利郡では籾米・焼米・煎米、ヒエを十年間、干瓢・干大根・塩蔵野菜・梅干などを五年間貯蔵した。村単位では郷倉に保存した。

参考文献　柳田国男「月曜通信」(『柳田国男全集』一六所収、一九九〇)、倉田一郎『農と民俗学』(「民俗民芸双書」、一九六九)、成城大学民俗学研究所編『日本の食文化―昭和初期・全国食事習俗の記録―』補遺編、一九九五

(増田　昭子)

ぼん　盆　(一)食物や飲み物、また重要なものを持ち運ぶ縁の浅い底の平たい器。用途によって給仕盆・菓子盆・茶盆・洋酒盆・証書盆などがある。現在は金属製やプラスチック製のものが出ているが、かつては木胎漆器が一般的であった。形は円形・楕円形・長方形・半月形などがあり、その形態は変化に富んでいる。漆器盆の産地は福島県会津若松市・石川県輪島市・同県江沼郡山中町(加賀市)・静岡市・高松市などがあるが、なかでも滋賀県高島郡朽木村(高島市)の朽木盆は十六弁の菊花紋を描いた盆として知られている。

(須藤　護)

(二)旧暦七月に先祖霊や諸精霊を家々に迎えて饗応する行事。家々の行事としては正月行事とともに、年間でもっとも重要かつ盛大な年中行事で、夏場の代表的な歳事である。七夕もネブタ流しも、盆踊りや地蔵盆も、イキボン・鍋借り・精霊（しょうりょう）流しなどの諸習俗も、大文字焼きや百八燈などの火祭も、もともとは盆の一環としてなされるものであった。これら一連の行事の行われる旧暦七月の一ヵ月を盆月というが、その中心は七月十三日から十五日(時には十六日)にかけての三日間で、その初日を迎え盆、最終日を送り盆と呼ぶ。しかし、その日取りは地方によってさまざまで、東京などの大都市では概して新暦七月の行事となっているが、東

北地方などでは月遅れの新暦八月になされることが多く、明治時代の新暦化によって、そのようなずれが生じた。沖縄地方などでは今でも、旧暦七月に盆を行うのが一般的で、これをシチガチ(七月)と呼んでいる。地方出身者の多い東京では八月中旬ごろになると、故郷で月遅れの盆を過ごすための帰省ラッシュが始まり、新幹線や空港が混雑して高速道路も大渋滞となって、「民族の大移動」などと呼ばれるが、盆が終れば今度はUターン＝ラッシュとなり、八月の帰郷と夏休みということがすっかり結びついて定着している。盆には家々の先祖霊が迎えられるが、迎え盆の日の夕刻に門口で迎え火を焚いたり、家族で墓参をしたりしてそれを迎え入れる。家内での先祖霊の落ち着き場所が盆棚(精霊棚)で、青竹やチガヤの縄などで囲った棚上に仏壇の位牌を移して安置し、供物を供える。ナスやキュウリで作った牛馬もそこに置かれるが、先祖があの世への往復に用いる乗物だという。この一年間に亡くなったばかりの新仏のいる家々では、新盆・初盆といって特に念入りにその供養を行い、軒先に白提燈を吊るしたり、庭に高燈籠を立てたりする。盆中に僧侶が盆棚の前で行う読経供養が棚経で、親族や近隣家が焼香の挨拶におとずれることを盆礼・盆見舞というが、それが今日の御中元の贈答習俗となった。送り盆の日には送り火が焚かれるが、それが盛大な火祭や花火大会に発展した例や、川や海に精霊を乗せた藁船を流し送る精霊船の行事なども各地で見られた。先祖霊とともに家々にやってくる餓鬼・外精霊・無縁仏にも施しがなされるが、それも盆行事の重要な要素であって、寺院の施餓鬼法会も本来そのための行事であった。なお仏教では盆のことを盂蘭盆といい、梵語ウランバナ ullambana から来ているが、「倒懸(さかさ吊り)」の意味で、釈迦の弟子であった目連尊者が、餓鬼道に落ちて倒懸の責めに苦しむ母を救うため、僧侶らに施しを行なったのが盆の起源であると説明されている。それが中国の中元節の行事となってわが国にも取り入れられ、民間習俗とも結びついて今日の盆行事となったといわれている。

参考文献　柳田国男「先祖の話」(『柳田国男全集』一三所収、一九九〇)、新谷尚紀「盆」(新谷尚紀・波平恵美子・湯川洋司編『暮らしの中の民俗学』二所収、二〇〇三)

(長沢　利明)

ぼんおどり　盆踊り　盆に祖霊歓待と鎮送に踊る踊り。『看聞御記』には十五世紀半ばには念仏踊りが修せられたことがみえ、「盆ノオドリ」は十五世紀末に昼は新薬師寺、夜は不空院の辻でと『春日権神主師淳記』(一四九七)にあるのが古い。異類異形と日常の風姿でなく風流の装いだった。非日常の仮装が風流の本質である。盆には祖霊が子孫の生活ぶりを見に来るのだという。霊は粗相があると祟ると考え長居されては困るので数日の期限を設け、この間に歓待と送りの儀礼として盆踊りが踊られる。普通は村落単位で、たとえば愛媛県東予市丹生川では社寺や広場で老若男女が打ち揃って踊った。しかし、近年は校庭で踊っている。公民館という例もあって時代による踊りの庭の変更は特別のことでなくなった。愛知県北設楽郡設楽町田峯では念仏踊りと合体し新盆の家まわりをする。しかし、盆踊りは次第に往生願いや慰霊などの念仏系を脱して地域社会としてイベント風流化する。唄に恋唄やお国自慢が幅を利かし、美声が登場し、太鼓がリズミカルに響き、美しい手振りや軽快な足取りが見られるなど楽しく明るい雰囲気が支配するのは、祖霊に喜んで帰ってもらうためである。舞踊という語があるが、舞いは旋回運動を基とし神迎えの、踊りは上下運動を基とし神送りの意味を持つという。盆舞といわない理由である。盆踊りは風流の代表的存在で、全国津々浦々にあり、郷土的個性に彩られている。秋田県雄勝郡羽後町の西馬音内や島根県鹿足郡津和野町や鹿児島県与論島では覆面の踊り子が出るが亡者だといい、踊って昇天して行くと考えている。長野県下伊那郡阿南町の新野（にいの）では踊り神送りといって村境まで踊って行き、新盆の家の切子燈籠を燃して鉄砲を射って後も振り向かずに家路につく。徳島市の阿波踊りは典型的な練行形式でその独特な唄・囃子・衣裳・踊りで観光の目玉的存在になった。岐阜県の郡上（ぐじょう）踊りも校庭を埋め尽くすほどの大群集の活発な輪踊りで人気が高い。兵庫県淡路島の大久保踊りでは芝居種の口説き節で槍や刀などを持って男女打組みで踊る。沖縄本島のエイサーは踊り子自身が太鼓を抱えたり手にしたりして群行する。秋田県鹿角市の毛馬内では女たちは町の目抜き通りで留袖を着て踊る。箪笥の底物の虫干しのためという。大分県の鶴崎踊りでは振袖を着る者もいる。富山県の越中おわらは風の盆と称して風祭時期の九月初めに踊っている。 →風流（ふりゅう）

岐阜県郡上八幡の盆踊り

参考文献 柳田国男「新野の盆踊り」（『柳田国男全集』二四所収、一九九〇）、折口信夫「盆踊りの話」（『折口信夫著作集』二所収、一九六五）、『民俗芸術』一ノ七（特集諸国盆踊、一九二八）、同一ノ八（特集続諸国盆踊、一九二八）、小寺融吉「盆踊の研究」（『小寺融吉著作集』五所収、一九四一）、網野善彦他編『豪奢と流行─風流と盆踊り─』（『大系日本歴史と芸能』九、一九九一）、『本田安次著作集』一〇─一三、一九九六─九七 （西角井正大）

ほんかくむかしばなし　本格昔話　昔話の分類のために用いられる用語で、いくつかの挿話が組み合わさって発端・経過・結末という三段の構造をもつ複合形式の昔話のこと。アールネ・トンプソンの『昔話の型』におけるOrdinary Talesの訳語で、単一の挿話で構成されることが多い動物昔話・笑話（単純形式）に対する語。本格昔話のなかの事件の構成は、善と悪、美と醜などの二元的対立の形式をとることが多い。関敬吾が『日本昔話集成』全六巻（一九五〇─五八）をまとめる際に、アールネ・トンプソンの分類の大枠を踏襲して、日本の昔話を動物昔話・本格昔話・笑話の三つの部門に分類したことにより、日本の研究者の間にこの用語が定着するようになった。柳田国男が歴史的な発生論の視点から完形昔話と派生昔話の二分類を提唱したのに対し、関敬吾は、日本の昔話群を国際的な比較研究に対応させようとする視点から、欧米において一般化している本格昔話という用語を採用して分類を行なった。しかし、本格昔話という部門内部の分類は、日本の昔話におけるタイプやモチーフの特性を考慮した形のものとしている。『日本昔話大成』（一九七八─八〇）では、本格昔話は、婚姻・異類聟、婚姻・異類女房、婚姻・難題聟、誕生、運命と致富、呪宝譚、兄弟譚、隣の爺、大歳の客、継子譚、異郷、動物報恩、逃竄譚、愚かな動物、人と狐の十五項目に分類されている。 →完形昔話（かんけいむかしばなし）

参考文献 小沢俊夫『世界の民話』二二五、一九七八、関敬吾「民話」(『関敬吾著作集』五所収、一九八一)
（川森　博司）

ぼんだな　盆棚　盆に先祖や新仏の霊をまつるために設けられる祭壇。精霊棚・水棚とも呼ばれる。盆には先祖・新仏・無縁仏の三種類の霊が訪れるとされており、そのうち先祖は清まった霊のため室内の盆棚にて丁重にまつられるが、無縁仏は戸外や縁側や戸口に近いところでまつられ、新仏は荒々しい霊であるため無縁仏と同様に扱われると解釈されてきた。しかし近年は盆棚の形態と設置場所を全国的に調べることによって、三者のまつり方の相違は一地域内での相対的なものにすぎないことが明らかになった。全国的に最も広くみられる盆棚の形態は、棚の四隅に葉付きの若竹を立てて盆花を飾るもので、竹の上方には縄を張り渡して稲・麦・ササゲ・枝豆・ホオズキなどを掛ける。棚の上には真菰で編んだ薦または茣蓙を敷き、位牌を並べて、ナスとキュウリの牛馬、サトイモやハスの葉にのせたミズノコ(ナスとキュウリの賽の目、洗米)・鉦・線香立て・ミソハギを水に浸した湯飲みなどを置く。拝む時にはミソハギで水を振りかける。このほか、棚の周囲を葉で囲うもの、四本柱を組み立てて板を渡したもの、吊り棚、箕、台などさまざまな形がある。設置場所も先祖祭の場合は仏壇の脇・床の間・座敷など室内が多いが、地域によっては縁側・軒下・庭先・水辺などに設けられる。盆棚の設置場所がさまざまであるのは、盆の祭が家の外から家の中へと引き寄せられていった、その過程を示すものであると考えられる。→精霊流し

盆棚　東京都小平市

参考文献 伊藤唯真『仏教と民俗宗教―日本仏教民俗論―』、一九八四、喜多村理子「盆に迎える霊についての再検討―先祖をまつる場所を通して―」(『日本民俗学』一五七・一五八、一九八五)、高谷重夫『盆行事の民俗学的研究』、一九九五
（喜多村理子）

ま

まい　舞　舞踊そのもの、または踊りに対するその種類あるいは要素のこと。記紀には儛ともみえる。舞うは廻るを語源とするところから、折口信夫は舞を旋回運動であるとした。『古事記』の酒楽の歌に酒を作るに際してその周りで歌い舞ったことがみえ、歌舞は酒にタマ(生命力)を斎き込める働き(生命酒)をする。『日本書紀』允恭天皇条には新室の讌(宴)で天皇に対して皇后が舞い、その後に「娘子奉る」(原漢文)ことが当時の習慣であったと記される。舞うことも娘子を奉ることも等しく相手にタマを奉ることであった。タマの奉献を目的とする舞は神社のなかで神へ奉納される巫女舞となり、また祭や宴席で参会者が一人ずつ舞う順の舞、門付けに舞う権現舞・獅子舞・大黒舞などへとさまざまな展開をみせる。一方、民間のシャーマニズムのなかで神を巫女の身体に憑りつかせて託宣を得て神がかる巫女舞となる。ただし神がかりにおける舞は神が憑いて託宣する状態を獲得する手段で、近世の国学者本居内遠が舞について「態を模し意を用ふる」と指摘するのは、このような舞の意識的な性格をさしてのことである。神が憑依すれば意識を失った神がかり、つまり狂いとなる。神がかる巫女舞は神がからせる法者などと呼ばれる男性宗教者を必要としたが、やがて村落祭祀が男性宗教者の手に移るとともに神がかりは芸能化され、神の出現は仮面の舞に具象化され、神を招来するための採物舞が用意される。仮面の舞は中世の能に通じ、舞に物真似あるいは演じるという舞の新たな性格をつけ加えることになった。巫女舞をはじめとする神楽の舞には、憑依・奉納とともにもう一つ、死者あるいは悪霊を舞い浮かべて成仏あるいは退散させる機能のあることが葬祭神楽などの事例で知られる。なお舞一般に通底する特徴を挙げれば、舞い手に特別な資格が求められること、多くは一人で周囲に囃されて舞い、舞台化すると貴族的なものとなることである。↓踊り ↓神楽 ↓舞踊

参考文献　山路興造「舞と踊りの系譜」(『芸能』一八ノ三、一九七六)、板谷徹「「舞う」こと、その世界」(網野善彦他編『音と映像と文字による大系日本歴史と芸能』一所収、一九九〇)　(板谷 徹)

まがりや　曲家　形が鍵型になるなど、曲がりのある家屋の総称。ただ、曲家といえば、岩手県つまり南部藩(盛岡藩)の曲家が南部の曲家としてすぐおもいだされる。これは母屋の土間の前面に馬屋が接続して鍵型になるつくりの家屋である。このつくりでは、母屋と馬屋がつくる入隅の面が日当たりのよい南向きとなるものが多く、馬屋がもっとも条件の良い位置に配置されている。寒さが厳しく長い冬季に家畜としての馬を大切にしたあらわれであり、藩も曲家を奨励した。東北地方でも太平洋側に分布するこの曲家と、日本海側の豪雪地帯に分布する中門造は一見したところ非常によく似たつくりにみえる。しかし、両者の成立過程や構造はまったく異なっている。つまり、曲家は本来、別棟であった馬屋がのちに母屋に接続して成立した。これに対して中門造は曲り部分である中門が母屋から張りだして成立した。したがって、母屋と曲がり部分の構造的な結びつきは曲家で弱いが、中門造では強固である。また主出入口が、曲家では母屋にあるのに対し、中門造では中門の正面にあって、平面機能の上でも違いがある。しかし、両者とも、高い家格を象徴する

岩手県北上市民俗村の曲家　左側が本屋、右側が馬屋

つくりである点は共通している。南部の曲家の成立時期は、これまでの諸説を整理して、高橋宏一は十八世紀前半ないし中ごろまでとする。そののち普及し明治期まで建てられた。南部藩領にかつては多くあった曲家だが、農業の機械化が進み、農耕用に馬は使われなくなり、それに伴っていまではその大部分が取り壊され、公共で特に保存しているもの以外はほとんどなくなってしまった。

参考文献　小倉強『東北の民家』、一九五五、高橋宏一「南部曲家研究の展望と課題」(岩手大学人文社会科学部総合委員会編『文化の基礎理論と諸相の研究』所収、一九六二)

（宮澤　智士）

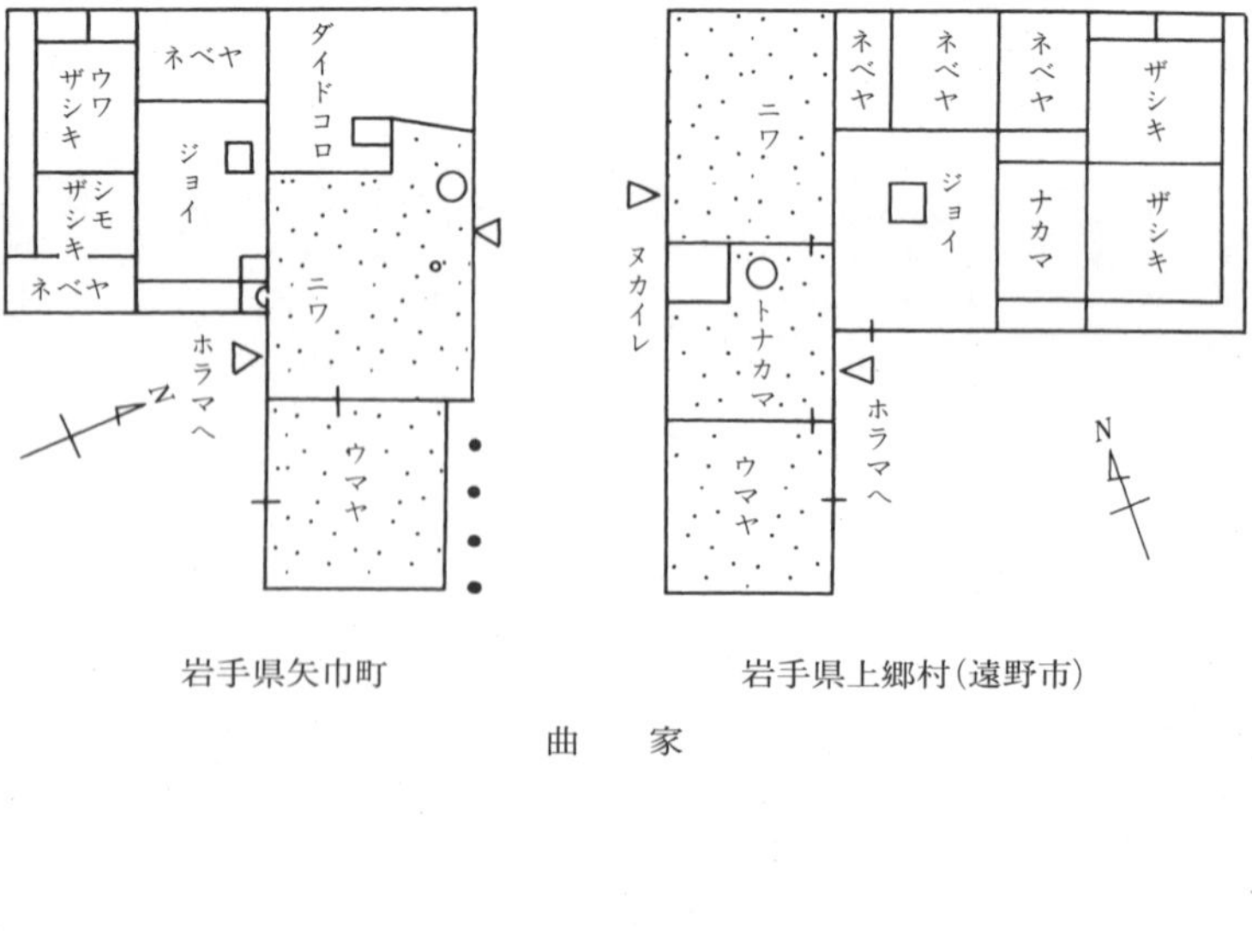

岩手県矢巾町　　岩手県上郷村(遠野市)

曲　家

まぐわ　馬鍬　耕起の後に水を張った水田の土を牛馬に引かせて掻き均す代掻き用具。江戸時代以前から九州から東北地方まで全国的に使われ

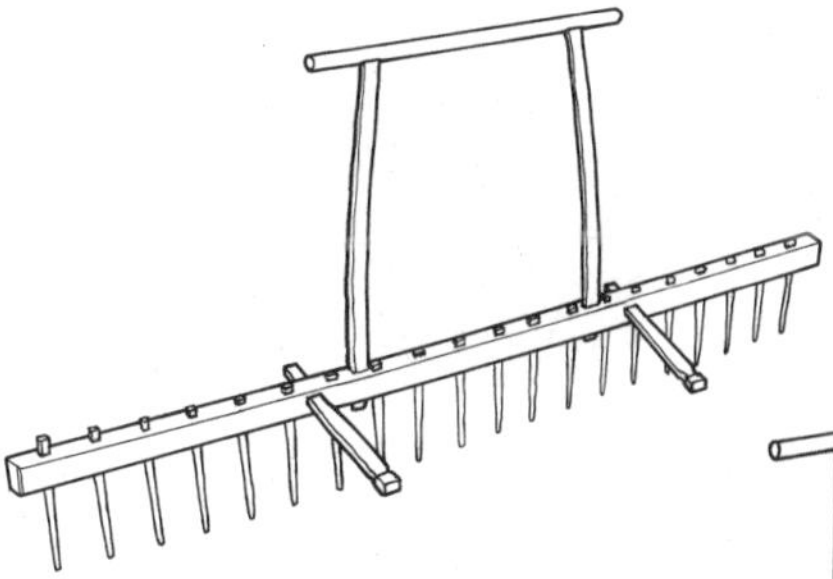

ナラシマンガ

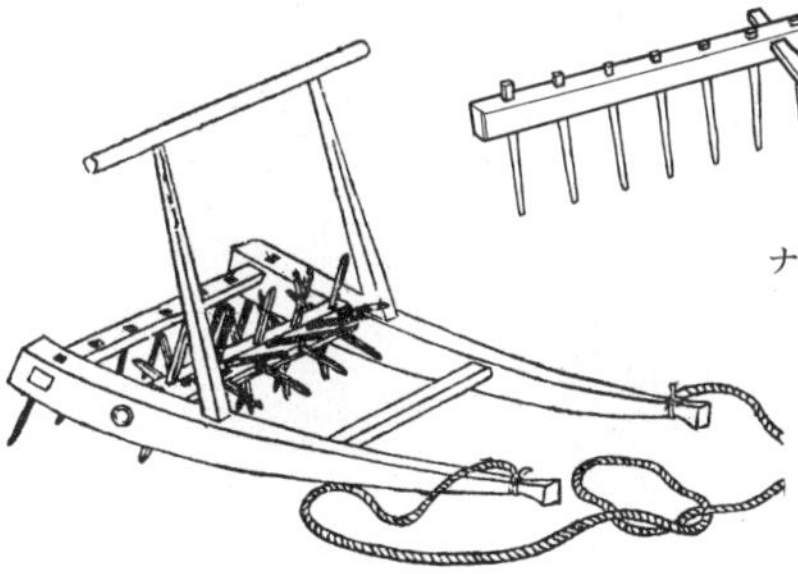

車馬鍬（『農具便利論』中より）

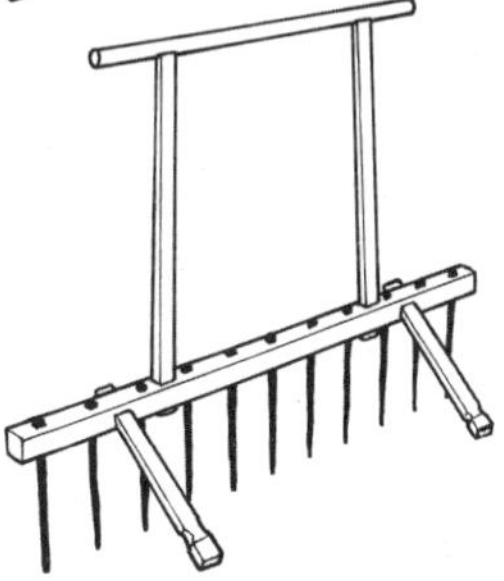

馬　　鍬

ていた。ウマグワが語源でウマングヮ、マグワ、マンガなどと呼ばれ、九州ではマガ、モウガと変化する。一メートル前後の台木に十本前後の鉄歯を打ち込み、両端から前方に牛馬に繋ぐ引手を伸ばし、上面には鳥居形の把手を立てる。これが馬鍬の一般的な形であるが、鉄歯の長さや把手・引手の形状に地域色が見られる。水田は水を張った後、数度にわたって馬鍬で掻き均し土塊を泥状に砕いて均すが、特に田植えの直前には台木が一・八メートル前後で歯数の多いナラシマンガを用いたり、普通の馬鍬に竹竿や板をくくりつけて幅広く均すことが行われた。馬鍬は東アジア・東南アジアに広く見られるもので、漢族が北方の畑作用砕土具を南中国の稲作地帯に持ち込んで改良したことから生まれたと考えられ、日本では古墳時代から出土することからして、倭の五王時代の交流を通じて中国南部から導入されたものと推定される。江戸時代後期には、畑地の砕土用として回転歯を取り付けた車馬鍬（くるままぐわ）が開発され、各地にひろまった。また近代になってからのものとしては、薙刀歯（なぎなたは）を前後に並べ、人が乗って体重をかける大型の飛行機馬鍬（ひこうきまぐわ）や、手で左右に振って土を砕くフリマンガがあり、いずれも畑地の砕土用として二毛作の普及とともに広く用いられた。

参考文献　河野通明「馬鍬の導入―古墳時代の日本と江南」（『日本農耕具史の基礎的研究』所収、一九九四）

（河野　通明）

まげもの　曲物、ヒノキや杉の薄板を曲げて桜の皮で綴じ合わせ、それに底板をはめこんだ容器。木製容器はその製作手法からみて、刳物・挽物・曲物・指物・結物の五種類あるが、その中で曲物が用途がきわめて広く、ハレ、ケを問わず生活全般にわたり、その種類は数限りない。それは技術的にみても他の木製容器にくらべて単純で製作が容易であったからである。曲物は鉈一丁さえあれば作れるといわれるほどである。曲物ははじめから底板が固定されていたのではない。古代の遺跡から出土した曲物には、側板だけで底板をとりつけた痕跡のないものが多く見受けられる。また円形の底板に側板の下縁部だけがごく狭くついて残っていて、両者は樹皮をもって数ヵ所綴じつけたものもある。すなわちはじめは平らな板の上に側板を載せただけのもの。次に底板を側板に沿って側板の口径より大きく円形に切り、随所に穴をあけて樹皮で側板と底板を綴じつけたもの。次に底板の側板の内径にあたる部分を厚くし、側板の接する部分から外側を薄くし、底板に側板がよく納まるようにした、カキイレゾコに似た仕様のものへとかわり、そこから漸次進歩して底板が側板の中に納まるようにして、ウチコミにしたり竹釘止めにする仕様が生まれたのである。短冊状の板を円筒形に並べて箍で締め、底板をつけた結桶や、蓋板を固定した樽が考案され、一般に普及するのは中世末以降のことであるから、それ以前の桶はすべて曲物であった。桶の「オケ」も麻を紡いで入れる苧笥（おけ）からきているのである。今日、日常的にみ

曲物

尾鷲メッパ

木曽のワリゴ

青森地方の蒸籠

衝重（丸三方）

水指

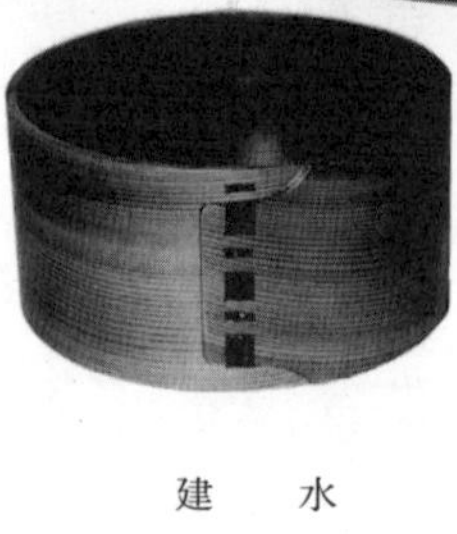

建水

られる曲物に柄杓と弁当入れとしての曲物がある。弁当入れはワッパ、メッパ、メンソウ、ガイ、ガエ、ガガなどと呼ばれ、なかでも円形のものはマゲワッパ、マルワッパ、コバチ、楕円形のものはヒズ、ヒツワッパ、ヨコメンツ、モッソなどと呼ばれる。大きさも飯が二食分一升もはいるものから大小さまざまなものがあり、特に大型のものは家庭の飯櫃として用いられた。円形のひずんだもの、すなわち楕円形のようになったものを一般にイビツというが、それは飯櫃(いびつなり)形からきた言葉で、飯櫃は多く楕円形の曲物であったからである。

参考文献　岩井宏實『曲物(まげもの)』(「ものと人間の文化史」七五、一九九四)　（岩井　宏實）

まじない　呪い　霊的存在や呪力などの超自然的要素を用いて自然や環境に働きかけ、何らかの願い事を実現させようとする観念および行為。禁厭(きんえん)とも書く。呪いには、呪い師あるいは呪術師などと呼ばれる呪術宗教的な職能者によって行使される場合と、一般の人々が地域に伝承されている呪法を用いて行う場合とがある。前者の役割は、僧侶・神職・民間巫者などによって担われることが多い。また、呪いは、田遊びや成木責などの予祝儀礼や虫送りのように年中行事化したものと、病気平癒や失せ物探しなどのような臨時に対処するためのものとに分けられる。呪いの手法は、真言・陀羅尼をはじめとする呪文を唱えたり、太鼓・鉦などの道具を用いて行われることが多い。雨乞いを例にとれば、太鼓や鉦を鳴らしたり、煙をたくなどの方法がよくみられる。この場合鳴物は雷鳴を、煙は雨雲を象徴しているといえる。このように呪いは、ある現象を、それと類似した内容を象徴的に表わす儀礼行為を実践することで現出しうるという信念・信仰に支えられている。フレーザーは、これを類感呪術と呼んでいる。一方、他人の毛髪を焼くことによってその人に危害を及ぼそうとするような、かつて接触していたものは離れた後も影響しつづけるといった性格の呪術を感染呪術と称する。こうした人や社会にマイナスの影響を与えるものを黒呪術、プラスになるものを白呪術ともいう。　→呪術(じゅじゅつ)

参考文献　J・G・フレーザー『金枝篇』(永橋卓介訳、「岩波文庫」、一九六六・六七)、吉田禎吾『呪術』(「講談社現代新書」二一八、一九七〇)、佐々木宏幹『シャーマニズム―エクスタシーと憑霊の文化―』(「中公新書」五八七、一九八二)　（長谷部八朗）

ます　枡　穀物や酒・醬油・酢・ウルシなどの体積を量る器具。基準とされるのが一升枡すなわち一・八リットルで、その十倍が一斗枡、十分の一が一合枡で、そのほかに二合五勺枡、五合枡、五升枡、七升枡などがある。枡は律令体制の確立によって全国統一の税制の租が実施されるに伴って、その量の基準が定められた。『大宝令』には大枡と小枡があるが、平安時代になると律令の度量衡制が崩壊し、穀物取引の際など買い入れるときは大枡を用い、売るときには小枡を用いて利をむさぼるものさえ現われた。そのため一〇七二年(延久四)の後三条天皇の宣旨によって宣旨枡が制定され、この枡が古代末期から中世において広く用いられた。ところが室町時代中期以降には守護大名や在地領主が制定した私枡が横行し、ふたたび度量衡制が混乱した。織田信長・豊臣秀吉の天下統一事業のなかで度量衡の統一が指向され、秀吉の天正の石直しの際、雑多な私枡を廃し、京都の商人の用いていた十合枡を基準枡とした。これが京枡である。江戸幕府も江戸枡座を設けて度量衡の整備を行い、京枡を方四寸九分、深さ二寸七分と定め、これを一升とした。江戸時代初期の数学者、吉田光由の著わした『塵劫記(じんこうき)』は方五寸、深さ二寸五分の古枡に対してこれを新枡と記している。この京枡ははじめ天領で使用させたがやがて全国に普及した。さらに一八七五年(明治八)明治政府も計量の混乱を恐れて、京枡をそのまま法定枡と定めた。枡はすべて木製で枡座の規定ではヒノキの柾目と定めているが、杉も用いられ、ところによってはサワラなども用いた。明治時代になって二升枡ができ七升枡がなくなり、また一斗枡は曲物の円形枡も出現し、さらに金属製箍締(たがじめ)の桶仕様で側面に二つの把手のついたものも現われた。穀物用の五合以上の枡は対角線状にツルカナモノ(弦鉄物)と称する弦鉄を渡すことが定められており、さらにサンカナモノ(算金物)と称して口縁部にも鉄板を貼り、タテカナモノ(竪金物)と称して合わせ木組の部分にも鉄片を貼って補強された。弦金物は斗掻をかけるとき平らに等しく掻きとるためのもので、算金物は口縁部の摩滅を防ぎ、竪金物は木組の緩みをなくするためのものである。酒・油・酢など液状のものを量る枡を木地枡という。それは斗掻をかける必要がないので金物はつけず木地のままであるのでその名で呼ばれる。なお地方によって特別な枡があり、京枡の三升分を一升枡とする甲州枡がもっとも有名で、武田信玄が定めたと伝えられ信玄枡の名でも呼ばれる。

[参考文献] 小泉袈裟勝『枡』(「ものと人間の文化史」四八、一九八〇)

(岩井　宏實)

マタギ　マタギ　秋田・青森県を中心に中部・東北地方の山間部に住み、専業的な狩猟技術を有する狩猟集団、もしくは個人。又鬼とも書く。集団内が役割によって階層化され、狩猟という行為自体が自然と人間との関係の舞台として意識(山の神信仰などとともに)され、さまざまな儀礼を伴いながら進行する。専業の者だけでなく、兼業の者も含む。マタギには、捕獲した獲物についてマタギ勘定という分配法があり、猟に参加した者は誰でも平等に分け与えられた。また、マタギの語は熊マタギ(熊狩り)、寒マタギ(厳冬期の狩り、主にカモシカ狩りを指す)、デアイマタギ(旅マタギ、渡りマタギとも。出稼の狩猟、または出稼狩猟者をも指す)、一人マタギ(集団による狩りを好まず犬を連れ単独で狩りをする人)、里マタギ(地マタギとも。出稼狩猟は行わず地元の猟場で猟をする人、その狩り)など、狩猟者や狩猟形態をも意味した。さらに秋田マタギ、阿仁マタギ、など地域や集落の地名を冠して狩人および集団を指す語としても用いられる。マタギの語はマタギ言葉(山言葉とも)と称される猟場に入った際に用いられる狩人たちの猟言葉・忌言葉・隠語であり、里での日常生活には用いられない特別なものであった。山言葉でのマタギとはさまざまな解釈があるが、「人間」を意味する語と考えられる。地域差もあるが山言葉で熊をイタズ、血をマカ、米をクサノミなどといい、女性をヘラマタギ(ヘラは女性性器)、一人前にならない見習いの狩人をコマタギ、そして狩人をマタギという。当然、猟場に入った人間は、成人した男性であり狩人であるからマタギといえば成人男子の狩人を意味した。新潟県奥三面では日常ではヤマビト、ヤマド、ヤマンド(山人)と自称しているが、猟場に入ればマタギといった。福島・新潟・長野などでは一般にヤマビトと称することが多く、マタギといえば秋田の狩人を指したという。しかし、特に一九五〇年代以降はマタギという語が次第に里言葉(日常語)の中に同化し、現在では中部・東北地方の大型獣(昭和に入って熊が主体、大正期まではカモシカが主体であった)を獲る狩人を指す語として広い範囲で用いられるようになっている。マタギには幾つかの流れがあるとされ、諸国での狩猟が許されたとする越境御免の巻物があり、『山立根本之巻』(日光派、万治万三郎を始祖とする流れ)、『山達由来記』(高野派、弘法大師に諸国での猟を許されたとする)などが知られている。このようなマタギが形成した集落をマタギ集落と呼んでいるが、前述した秋田の旅マタギなどが野生鳥獣の駆除の担い手として山間の集落に婿入りしたり雇われマタギとして定着し、狩猟法や習俗を伝え、次第に狩猟を生業の一部に組み入れてきた集落が多い。マタギ集落の形成は、近世初頭にまでさかのぼるとされ、農地の開拓に伴う鳥獣害の多発と鳥獣の肉や毛皮、あるいは漢方薬としての鹿角・熊胆などを換金交易できるだけの市場の整備が前提にあった。

参考文献　戸川幸夫『マタギ―狩人の記録―』、一九六二、武藤鉄城『秋田マタギ聞書』、一九六九、千葉徳爾『狩猟伝承研究』、一九六九-九〇、石川純一郎「マタギの世界」(梅原猛他『ブナ帯文化』所収、一九八五)、田口洋美『マタギ―森と狩人の民俗誌―』、一九九四
（田口　洋美）

まつ　松　マツ科マツ属に属するアカマツ、クロマツ、ゴヨウマツ、ハイマツなどの総称であるが、通常は二葉のアカマツとクロマツをさす。アカマツは丘陵から山地のいたるところに分布し、クロマツは海岸や崖に多く、いずれも常緑高木である。アカマツをメマツ、クロマツをオマツと称しているところは多いが、針葉の先がクロマツのほうがかたく、アカマツのほうが柔らかい。樹形も多少異なり、クロマツは枝が下垂し、アカマツはやや上向きになる。しばしば雑種であるアイグロマツを生じる。陽樹であるので、新しい土地によく生え、また酸性の痩せ地や花崗岩地帯の二次植生の重要な構成樹種である。西日本とくに瀬戸内海沿岸の二次林の代表的な樹種であり、もともとシイやアラカシなどの照葉樹林であった森林が人の開拓によって伐採されたあとにアカマツを中心にした二次林が成立し、成立したアカマツ林は絶えず人によって伐採されたので原生林に戻るような遷移が起らなかった。伐採は燃料の薪のために行われただけではなく、西日本の山地における鑪(たたら)製鉄の燃料や炭の需要があったからであり、アカマツ林の景観は人が作りあげてきたものである。アカマツもクロマツもきわめて重要な有用木で、建材・器材として鍛冶炭として、また根からは松根油をとっていた。また防風林や防潮林としても使われ、山形県飽海郡遊佐町の西浜山のクロマツ植林などはその典型である。白砂青松を日本の代表的な自然の景観と考えがちであるが、東日本のアカマツ林も近世の植林の比重がかなり高く、人が作り上げてきた景観である可能性もある。アカマツ林では落ち葉掻きをしてよく手入れされてきた。こうした林にはマツタケがよく生え、マツタケ山としても利用される。クロマツ林でもショウロなどの茸採りが行われ、松林は日本人の生活になくてはならないものになっていた。こうした生活上での重要性ばかりでなく、普遍的で常緑性を備えていることから、民俗的な儀礼のなかでも特異な地位を占めていた。その代表的な例が松飾りに使われる松であった。必ずしもアカマツやクロマツが使われるとは限らないが年末の特定の日に山に松を伐りにいくことを正月様迎えとか松迎えとか花迎えと称しているところがある。慶事に松竹梅として松が使われるのは、それほど古くからの習俗ではないだろうが一般的である。庭木としても盆栽としても使われ、松ほど日本人の生活と民俗のなかで親しまれてきたものはない。

参考文献　千葉徳爾『はげ山の文化』、一九七三、桜井満『花の民俗学』、一九七四、『遊佐町史資料』七、一九九一
（篠原　徹）

まっしそうぞく　末子相続　子供たちのうち一番最後に生まれた子供(通常は末男子)を相続人とする制度。相続人の出生順位を基準とする相続類型の一つであるが、相続開始以前より相続予定者が確定している長子相続(長男相続・姉家督)とは異なり、子供たちの分家・婚出・独立の過程の中で相続人が選択される要素を含む。末子相続を行なっている地域でも、実際には長男や仲兄が相続する例が相当数あり、むしろ複数の候

補者の中から相続人を選ぶ選定相続に近いとする見方もある。典型的な末子相続では、長男以下年長の子供から順次分家独立し、最後に残った末子が本家を相続する経過をたどるが、子供たちをいったんすべて独立させた後、末子が戻って家を継ぐ場合もある。また、長男にあとを譲った親夫婦が次男以下の子供をつれて隠居分家を繰返し、最後に末子と同居する場合も、事実上は末子相続に近い形となる。財産は兄弟間で均等に分割相続される傾向が強く、年長の子供たちが分家する際には各自の分割分が順次分与される。最後に残った末子が受け継ぐのは、末子分（これに親の隠居分を含む場合もある）の財産と家屋敷、先祖祭祀、親の扶養などである。したがって財産相続の上では末子優先の制度といえるが、相続されるものの中心は親の有していた本家家長としての地位身分とこれに付随する財産・祭祀権などで、家督の相続が主体である。ただし、末子相続における家督の相続は末子の特権というよりも親の扶養などの見返りという色彩が濃く、家の資産である家産・家業と家督を一体のものとして一括相続する長子相続の場合とはかなり性格が異なる。末子相続は中部以西の西日本に主として分布し、長野県の中信以南、和歌山県の海岸部、瀬戸内海沿岸、佐賀・長崎・熊本、宮崎県の一部、鹿児島県の本土全域などに広くみとめられる。財産の均分を伴うことから、周辺に開墾可能な土地があること、小型の漁船による小規模な漁業を主体とすることなど家産の分割を妨げない経済条件が背景にあると考えられている。末子相続の分布地域は同時に隠居制度や隠居分家など夫婦単位に別世帯を形成する家族制度が濃厚に見られる地域でもあり、家族の小規模化への志向性、親子相伝による家の永続を絶対のものとしない家族意識が末子相続の存続維持に深くかかわっていると考えられる。なお、末子相続は、長男による家督相続を規定した明治民法に抵触することから明治以降徐々に衰退したが、戸籍上隠居した父親が末子をつれて分家した形をとる父分家の便法がとられるなど慣行維持の努力が払われた。財産の分割を伴う末子相続では、財産の相続と家督相続は別個のものと考えられており、兄弟間に財産争いの生じる余地のなかったこともこの慣行が近年まで維持された理由と考えられている。

参考文献　中川善之助「末子相続」（『家族制度全集』史論篇五所収、一九三八）、竹田旦『「家」をめぐる民俗研究』（一九七〇）、内藤莞爾『西南九州の末子相続』（「村落社会調査研究叢書」二、一九七一）、同『末子相続の研究』、一九七三

（中込　睦子）

まつり　祭　神霊を招き迎え供物や歌舞を捧げて歓待・饗応し、祈願や感謝をして慰撫すること。原義は不可視の神霊が現われるのをマツ（待つ）こと、出現した神霊にマツラフ、奉仕することで、神霊の意に従い服従する意味であるとされる。タテマツルことでもあり、高貴な者に下位者が奉仕し、相手に恭順の意を示し侍座して上位に遇する。祭の本質は群れの共同の祈願にあり、神霊は霊威を増進し、人々は神の威力を享受する。日常生活と異なる緊張が強いられたり、逆に開放感に満ち溢れる節目となる。関連する集団の性格や状況が祭に大きく影響する。古代では国家の長がカミに奉仕して加護を求め、その意図を実現することがマツリゴトで、政治と祭が一体であったが、近代では政治とは分離された。しかし、権力は常に祭を利用して意志を貫徹する傾向があり、国家祭祀はその典型である。抽象的には、出現するカミを本居宣長に従って、人知を越えた「尋常（よのつね）ならずすぐれたもの」（『古事記伝』三）とすれば、カミという外部性を帯びた無限定な力に人間の側が一定の方向性を与えるのが祭ともいえる。この結果、自然の中にカミと人間の境界、関係性を明示する祭場が生成される。祠や社が建てられ、祭日という特定の時間

にカミが現われるという認識が生じる。祭の構成は神霊の来臨、神人共食（しんじんきょうしょく）、神送りで、カミは去来し祭場に常在しない。祭では神霊に捧げる供物の献供と終了後の直会が重視され、食物を媒介としての交流が図られる。これは宮中から神宮の祭祀、村落に至るまで多くの祭に共通する。

祭は非日常的な時空間である。柳田国男は日常の普段の時間であるケに対して、祭をハレと考え、ハレとケの交替が生活を構成する基本要素と考えた。ハレは晴れがましい改まった気分に満たされる状態である。食事は餅や赤飯を食べて酒を飲み、服装は華美な着物や礼服を着る。祭場には青竹に注連縄がはられ幣束が立って神聖さを標示し、神社の参道には旗や幟が立つ。家の奥の間がカミの来臨する神聖空間になるなど、ハレとケは同じ空間の中で入れ替わる。ハレには葬式や年忌供養のような不祝儀も含む。桜井徳太郎はケガレを不浄や穢ではなく「ケ枯れ」、すなわち日常のエネルギーを使い果たした状況、農業生産を可能にする源が消耗し尽くした状態で、これから機能回復するのがハレの祭の行事だという。ケ→ケガレ→ハレという連続的変化が生活のリズムを構成する。

祭は奉仕する者の物忌・精進・潔斎から始まる。これを斎戒ともいい、罪穢を祓い不浄を忌避する。これが第一の段階の「分離」である。担い手は禁忌や制止事項を守り、祭場を清浄(禊・祓え)にして神聖な時空間で神霊との交流を図る。イミと呼ばれる死の服喪期間中は祭に参加しないのが一般的である。出産・月経の血の不浄を強調して女性を排除して、祭場や本殿への立ち入りを禁ずる所も多い。肉食を慎むなど食物の禁忌を守り、性的接触を避け、別火にする習俗もある。身体と精神を統制し、日常生活からの離脱を明確にする。第二の段階は「移行」で非日常的世界に没入し、異様な服装や化粧で変身して日常の社会的地位を隠し、舞踊や芸能、独特の音で熱狂に導く。時には厳粛で厳かな雰囲気に浸る。その後で再び日常に立ち戻る第三の段階の「合体」の状況がくる。祭の把握法として、薗田稔はターナーの影響を受け、祭は劇的構成をとり祭儀(形式の強調、禁欲や節度を守る)と祝祭(演技により集団的高揚に導く、狂騒に満ちる)とが相乗的に現出する融即状況で集団の世界観が実在的に表象されるとした。柳川啓一はデュルケム、リーチ、コックスに示唆を受けて、祭の中に連帯・隠喩・矛盾の共存の三側面があるとした。綱引きや船競争などで地域が二分されて親和と対抗を作り出し、男女・東西・上下などの二元的要素が顕在化して世界観を表現すると考えた。

祭の特徴の第一は連想と飛躍による見立ての世界を作ることで、演劇的に構成し神人交流の神話世界を体現する。始原への回帰による再生で活性化を図り、心象風景を味わい信仰に目覚める。第二は面白さを散りばめ遊びを内包する。虚構世界を真剣に経験し合うことで、生気溢れる時間と空間を共有する。祭祀対象の真偽を問うことは意味がない。夢の体験にも近く、追憶や故郷憧憬につながる。第三は祭の担い手が結束して、一時的に現実の利害対立や矛盾を留保し、社会の蘇りを果たす。そこでは私的な問題は雲散霧消する。第四は来訪する神霊や祖霊という外部性を通じて、現実を批判的に見つめ直す。歴史を原初の状況に戻し、社会生活の規範の再確認を行う。祭は浪費や無用の遊びに見えながら、実利をこえた根源的蘇生をもたらすのである。

祭の名称は、祇園祭・賀茂祭・天王祭・国府祭（こうのまち）・北野祭・春日若宮御祭（おんまつり）など神名や地名をつけるもの、おくんち・事八日・七夕・博多どんたく・霜月祭など日付に因むもの、やすらい・喧嘩祭・裸祭・浜降り・おこない・御田植祭・神輿渡御祭・斎刺祭（いみざしまつり）・新嘗祭・暗闇祭など特色ある行動に基づくもの、火祭・扇祭・御船祭・弓祭・花祭・葵祭・御柱祭・

ねぷた・竿頭・地車祭・芋くらべ祭・玉せせり・青柴垣神事など使用祭具に由来するものなどがある。形式としては、(一)神輿の渡御や山車の巡行、御旅所への神幸などの行列行動、(二)競技に類する相撲・競馬・綱引き・船競争など、(三)神楽・獅子舞・田遊び・田楽・舞楽など芸能を伴うもの、(四)籠り・禊祓い・神占・託宣・神がかりに強調点をおくものなどがあり、特殊神饌を供えたり、切り飾りを立派にしたり、祭場を特設する祭もある。一部は神社祭祀に組み込まれて特殊神事に位置付けられる。一方、都市では信仰をともにしない見物人が発生し、見る者と見られる者の分離が生じた。都市の成長や村落との交流拡大が、観客という地域の儀礼体系への未参加者を生み、拘束を受けない外部の視点が加わった。柳田国男はこれを祭から祭礼への移行と把握した。祭礼とは「華やかで楽しみの多いもの」で、その特色は風流(思い付き、新しい意匠を競い、年々目先を変えていく)にあるという。風流は、山車・屋台・鉾・神輿・鳳輦・笠・傘・山・人形・ヒトツモノなど多彩な造り物や演出となった。神幸祭と山鉾巡行からなる京都の祇園祭はその典型で、行列奉仕者の衣服や持ち物に華美な装飾が施された。行列による渡御やお旅所の成立はこれに関わる。

祭の担い手は集団が主体で、その基盤は家・同族、組、村落、村落連合、郡や郷、旧荘園、講社、教団、そして国家など多様である。特定の神社を鎮守としてそれに属する祭祀組織を氏子という場合も多い。神事は神社の神職が主体となって行う。このほかに毎年当番を決めて順番に家長が一年神主を務める頭屋(当屋)制をとる村落、宮座という特権的な祭祀組織を主体とする村落、年齢階梯があり年齢に応じて役割分担をする村落、祝という世襲の株を持つ者が務める場合などがある。明治以前は修験が大きな勢力を持ち、神仏混淆で村方祭祀にも関与したが、明治の神仏分離により断片化した。東北には別当と呼ばれる神社や小祠の祭祀の責任を担う者に修験の影響が大きい。寺院には鎮守社、神社には神宮寺があり神仏習合が一般的であった。一部には太夫や博士という陰陽道の影響がある者もいる。現在では祭祀の主体は本土では男性、奄美以南の琉球列島では女性で神人組織を形成している。古代では巫女の活躍する領域が大きかった。中世以降は修験と巫女、法者と神子、法者と命婦という男女一対の職能者が主宰することもあったが、吉田神道の浸透、国学の隆盛、明治の国家神道の成立などにより女性は祭祀の場から次第に排除されていった。

祭日はモノビやカミゴトと呼ばれた。年中行事として毎年同じ時期に周期的に反復される祭と、七・十三・二十・三十三年ごとの式年の祭、不定期の臨時の祭(雨乞い・止雨・病気直し)がある。一八七三年(明治六)以降の太陽暦の使用で、旧暦・新暦・一月遅れなどに分かれたが、農村部では月遅れが多い。主なものは、(一)新月・上弦・満月・下弦など旧暦を継承(朔日・事八日・小正月・二十三夜)、(二)稲荷の二月初午、十月亥の日の亥子、庚申など十二支が基軸、(三)神霊の出現日や鎮座日を祭日とする、などがある。現代では元来の祭日に近い日曜日や、国民の祝日に重なり固定した所もある。明治時代以降、神社祭典が統一されて全国に広がり祭日も一律化した。

祭は年中行事として季節感を呼び起し、四季の節目を形造り、セツやオリメとも呼ばれた。基本的には稲作栽培を主体とした農耕の展開に従っている。季節の動きに従って死と再生を繰り返す植物の生命の循環に連動して、祭にも再生観が横溢する。カミも自然の消長に同化する。一方、宮中には中国の暦法の影響を受けて編成された年中行事があり、五節供や大祓えなど外来の祭日は各地域の民間暦に影響を与えた。暦法が定着して正月が年の初めとなった。トシとは稲の稔りで、正月に迎える年神(歳徳神)は豊作をもたらすという。春の種子播き時と秋の収穫時に祭が集中し、田の神(作神・農神)の神迎えと神送りがある。播種では豊作祈願、田植えには成育祈願、害虫駆除の虫送り、収穫感謝の秋祭がある。小正月には来訪神がきて祝福し、豊作祈願や農耕予祝(期待される結果を模擬的に表現)が願われた。折口信夫は秋祭・冬祭・春祭は年の変わり目の一連の行事で、カミへの報告の刈上げ、カミの祝福と魂の更新、予祝と土地神の屈伏が主題だったと考えた。一方、都市の祭は夏が多く、人口が密集して疫病が蔓延し御霊会の祇園祭のように疫神の歓待と鎮送により災厄の除去が願われた。また、正月と盆が一年を二分するという意識も強い。柳田国男は正月と盆はともに先祖のミタマをまつる魂祭であり形式的に類似するとした。ただし、後者は畑作の収穫祭でもあり、死霊供養の様相を強めて仏教の影響がある。春と秋の彼岸にも先祖や祖霊と交流する。こうした頻繁なこの世とあの世の相互交流は、日本の特色である。

祭の様相は、焼畑・狩猟・漁撈・鍛冶など生業に応じて異なる。稲作民は一年周期で穀種の維持を図り家を基盤とするのに対して、焼畑民は平等性を基盤にし、一年を周期とせずに数年単位の大きな循環の祭で大地の力の活性化を願う。いわゆる非農業民は独特の守護神や祖神をたてて祭を行う。また都市民はクリスマスやバレンタインデーなど外来の祭を積極的に取り込んできた。明治以後は国家の行事や行政主導で再編成され、最近ではイベントと結合してムラおこしに使われる状況も増えた。伝統を対象化・客体化し新しい文化運動を展開する場合に、祭を中核に据える傾向があり、観光の資源となる方向性が強まっている。↓祭礼(さいれい)

参考文献　柳田国男「日本の祭」(『柳田国男全集』一三所収、一九九〇)、萩原竜夫『中世祭祀組織の研究』、一九六二、倉林正次『祭りの構造―饗宴と神事―』(「NHKブックス」二三八、一九七五)、岩崎敏夫・倉林正次・坪井洋文他編『日本祭祀研究集成』、一九七六―七八、宮田登『神の民俗誌』(「岩波新書」黄九七、一九七九)、坪井洋文『稲を選んだ日本人―民俗的思考の世界―』(「ニュー・フォークロア双書」九、一九八二)、桜井徳太郎『日本民俗宗教論』、一九八二、柳川啓一『祭りと儀礼の宗教学』、一九八七、薗田稔『祭りの現象学』、一九九〇

(鈴木　正崇)

まどり　間取り　住宅の部屋の配置、つまり部屋割りのこと。近世以降の民家の間取りは全国各地にさまざまな形式があった。これらは時間の経過のなかで変化発展して豊かな地域色をつくっていた。しかし、これらさまざまな間取りも多くは終極的に四間取りないしは四間取り系に収斂する傾向が顕著である。日本の民家は中世のものは数棟が現存するのみであり、その間取りの全体像を描くことは困難である。これに対して近世以降の民家はその成立時のものから現存するが、全国的な規模でこれらを時空軸のもとで系統づけ、全体像を描きだすまでには至っていない。現存する近世初頭の民家は上層のものにかぎられるが、その間取りは、すでに六間取り系、四間取り系などの数多くの部屋をもつ間取りがあって単純なものではない。日本の民家は多くが作業空間である土間(一部に板の間のものがある)と居住空間である部屋からなる併用住宅、いわば生産住宅である。ちなみに武士住宅は専用住宅であり消費住宅である。作業空間である土間には、農家であれば馬屋、商家であれば商品置場などが設けられ、炊事場となることが多い。民家研究ではこの土間部分を除いた居室部分の部屋数やそのあり方をもとに、間取りの分類をしてきた。田の字型・サの字型・整形四間取りなどである。間取りをどのように分類するかは、その目的によって基準とする指標は変わってく

る。近畿地方には中世からの間取りとして、前座敷三間取りがあり、十七世紀の間取りとして摂丹型(能勢型)・北山型などが山城・摂津・丹波の比較的狭い範囲に分布している。摂丹型(能勢型)は、妻入でほぼ棟通りを境に片側を土間、他方を部屋として土間にそって表から広縁を伴っ

間取り

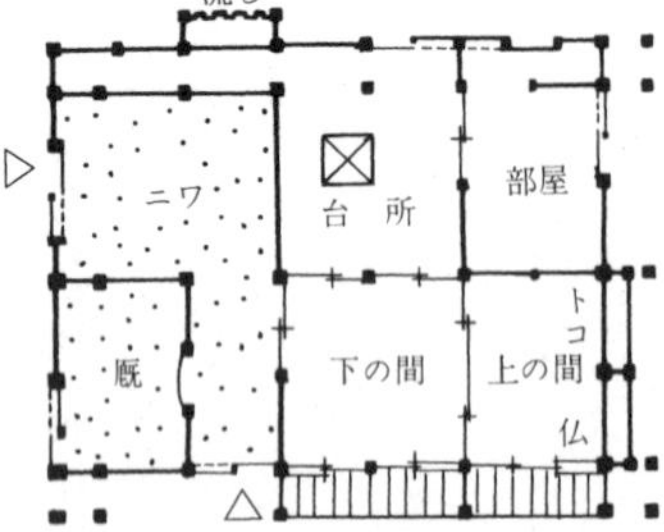

北船井型

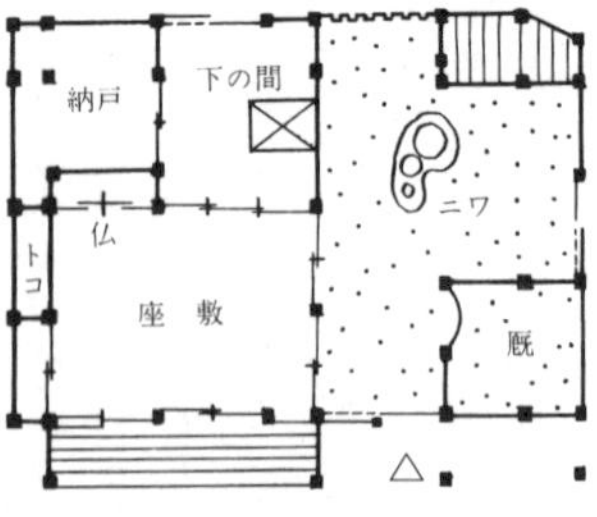

前座敷三間取り

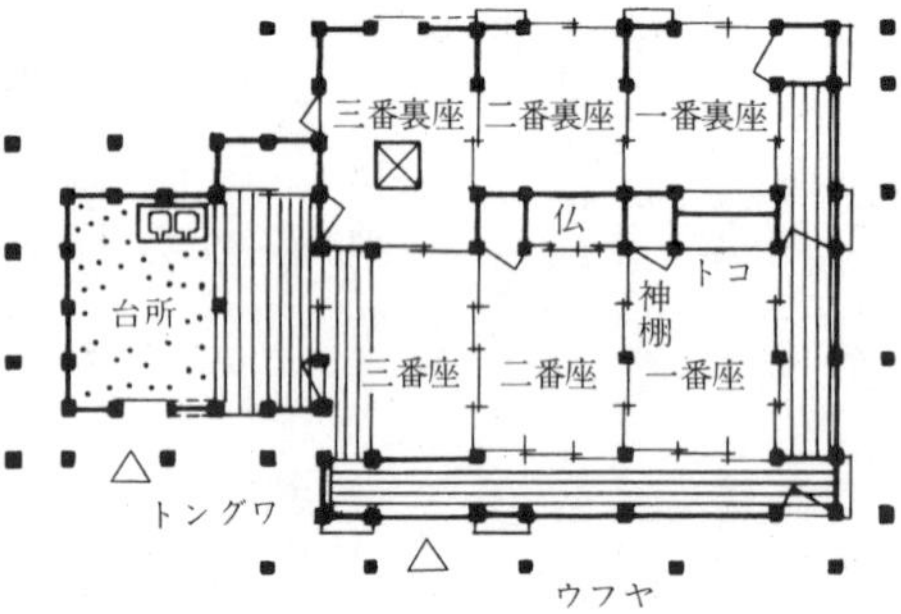

琉球の民家の間取り

摂丹型

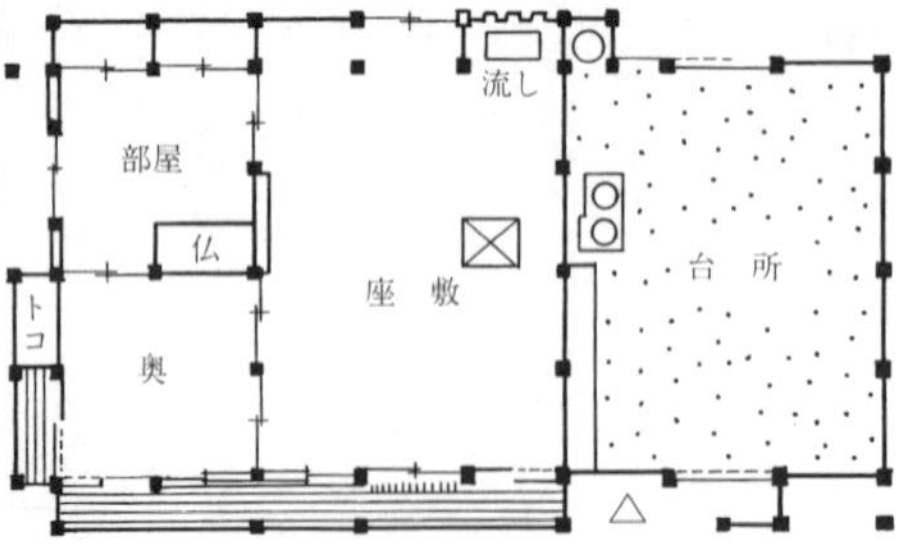

広間型三間取り

北山型

た座敷・台所・寝間の三室をならべる。北山型は妻入り、または平入で、棟通りで左右に分け、片側に馬屋・座敷、もう一方に土間・台所・寝室を配する。河内・大和には四間取りが十七世紀からある。これらの周辺から広間型三間取りが全国的に広く分布している。寝間付き広間型もほぼ同じ地域に分布する。四国には、中寝間三間取りが古式な間取りとしてある。これらの古式な間取りは床飾りをもつ書院座敷がないか、未熟であり、土間が広いところに特徴がある。前座敷三間取りは居室の表側に主室、裏側に左右二室を配する。四国の中寝間三間取りは母屋オモテを三間四方とし、居間の背後に寝室を配しているところに特徴がある。これらの間取りも十八世紀から十九世紀にわたって四間取りに変わっていく。細かくみれば、以上のほかにも多くの形式がある。琉球には十七世紀建築の民家は現存しない。しかし、古いものは分棟型である。発掘調査によると炊事棟は掘立ての小屋である。部屋の棟は正方形に近い長方形の平面で、この表側を重要視して表座と称して主要な部屋を配し、裏側の余ったところを裏座として寝間などにあてる。アイヌのチセも古いものは現存しない。ただ、新しいものであっても一室住居であり部屋割りをせず、囲炉裏を中心にして使い分けている。

参考文献　京都府教育委員会編『京都府の民家』七、一九七五、宮澤智士『日本列島民家史―技術の発達と地方色の成立―』(「住まい学大系」二二、一九八九)　(宮澤　智士)

マブイ　マブイ　沖縄で人間の身体に宿る霊魂を意味する語。マブリ、マブヤーともいう。生者の身体に宿るものをマブイないしイチマブイ、死者に宿るものをシニマブイという。マブイは人間の生命原理であり、この順調な機能によって人はつつがなく毎日の生活をおくることができる。病気やけがは、マブイの身体からの一時的離脱によって生ずる。マブイの永遠の離脱が死である。子どものマブイは特に離脱しやすいとされ、転ぶ、溺れる、事故にあう、あるいは驚くといったショックで身体から遊離する(マブイウティ＝魂落ち)。また、子どもの衰弱はマブイが抜けた証拠とされる(マブイヌギ＝魂抜け)。このようなときには、離脱したマブイを取りもどすためにマブイグミ(魂籠め)の呪術を行う。また、重病人もマブイが抜けているとしてマブイグミを行なった。マブイはビンヌクブー(ボンノクボ)から抜けるといい、赤ん坊の髪を剃るときにうなじの髪を少し剃り残す。この髪をアヒラージュー(あひるの尾)という。八重山地方ではこれをカミヌボーマといい、子どもが溺れたときに神がこれをつかんで引き上げてくれるという。またかつて、子どもの衣服の背に三角形にした端切れを縫い込むなどして魂の脱落を防止した。これをマブヤーウー(魂尾＝背守り)といった。マブイの形はその人の影のようだともいい、奄美ではハブリ(蝶)のようだともいう。人間はふつう、複数のマブイをもつとされる。

参考文献　桜井徳太郎『沖縄のシャマニズム―民間巫女の生態と機能―』、一九七三、宮城文『八重山生活誌』、一九七二、酒井卯作『琉球列島における死霊祭祀の構造』、一九八七　(加藤　正春)

ままこばなし　継子話　継子と継母の葛藤を語る話群。日本の継子話には「継子の椎(栗)拾い」「糠福米福」「お銀小銀」「姥皮」「灰坊」「継子と鳥」など多くの話型があり、主人公は「灰坊」以外、ほとんど女の子である。「継子の椎拾い」は継母のいいつけで穴のあいた袋をもたされて木の実を拾いにいった継娘が、鬼婆(地蔵さま)のところに泊り、鬼が博打を打っているときに鶏の鳴きまねをして財宝を持ち帰る話で、主人公が継娘であることを除けば「地蔵浄土」や「鼠浄土」に近い。分布は西日本に多い。「糠福米福」は「継子の椎拾い」のあとに嫁もらいのモチーフが結合したもので、主人公は異郷でもらってきた衣裳を着て祭に出かけ、みそめられて長者の家の嫁に迎えられる。「姥皮」の主人公は継母に家を追われて旅に出、途中で出会った婆に姥皮をもらって醜い姿に身をやつす。そして長者の家の火焚き女に雇われて働くうち、風呂にはいっているところを長者の息子にみそめられる。息子は恋の病に落ち、相手の娘を探し出すために近所の娘を一人ずつ呼んで看病にあたらせるが、息子の病気はよくならない。最後に残った火焚き女が姥皮を脱いで姿を見せると息子はたちまち元気になる。こうして娘はこの家の嫁に迎えられる。この話型は、継母による継子いじめで始まるもののほかに、「蛙報恩」から始まるものと、「蛇聟入り」(水乞型)のあとに続くものとがある。これらの継子話に共通するのは、家を出された娘が試練を経てふしぎな援助者を獲得し、幸せな結婚に到達する点にある。適齢期の娘が結婚までの一時期、親元を離れて暮らす習俗はかつて世界の多くの民族にあり、継子話はこうした人生儀礼と密接な関係をもっている。したがって、主人公が実子である方が継子の話より古いと考えられている。「灰坊」は全体の筋が「姥皮」とよく似ているが、主人公を継子とするものはあまり多くはみられない。また、「灰坊」にはふしぎな援助者も呪物も登場せず、より現実に近い話になっている。家を出た主人公が長者の家の下男に雇われ、灰にまみれて働くうち、長者の娘にみそめられて婿におさまるという筋である。「継子と鳥」は、父親が旅に出た留守に継母が二人の継娘を釜ゆでにして殺害し、旅から帰った父親に鳥が歌をうたって知らせる話である。「継子と笛」は殺された娘を埋めた場所から竹がはえ、その竹で作った笛を吹くと、笛の音が歌になって継母の悪事をあばく。悲惨な死を遂げた主人公が鳥や竹に化して父親に真相を告げるこれらの話は、幸せな結婚で終るほかの継子話と趣を異にしている。　→糠福米福(ぬかふくこめふく)

参考文献　関敬吾「ヨーロッパ昔話の受容」(『日本の説話』六所収、一九七四)、桜井由美子「継子の栗拾い考」(『口承文芸研究』一五、一九九二)

（斎藤　君子）

まゆだま　繭玉　小正月や初午などに、繭の形の団子をつくり木の枝にさしたもの、およびその行事。繭玉とかメーダマなどと呼ぶ。もとは稲をはじめとする農作物の豊かな稔りを祈願するものであったと考えられるが、養蚕の盛んな関東地方や中部地方・東北の一部などでは、繭の豊産を予祝した繭玉飾りが盛んである。繭玉と一口にいっても、実際には繭の形のほか、丸い団子状のものや、小判形など縁起物の形を模したものがつくられる。材料は米の粉が一般的であるが、小麦粉やトウモロコシの粉などを使うところもある。繭玉をさす木の枝も、桑、梅、柳、クヌギ、モミジ、カソウシンなど地方によりさまざまである。

繭玉　埼玉県秩父市

参考文献　文化庁編『日本民俗地図』二、一九七四、栃原嗣雄「正月行事のまつり方―埼玉県秩父地方を中心として―」(『日本民俗研究大系』三所収、一九八三)、阪本英一『群馬の小正月のツクリモノ』上、一九九七

（栃原　嗣雄）

まれびと　まれびと　時を決めて海の彼方の常世(とこよ)から、人々に幸福と豊穣を授けるために訪れてくる神。折口信夫が設定した用語。折口の学問の中心に据えられた基本概念であり、まれびとの創出によって日本文学の発生と展開の仕組みが解明されるとともに、国文学および芸能史の組織が大きく構想された。「髯籠の話」(一九一五)で神の依代として髯籠を捉えた折口はそこから神の居所としての異郷を導き出してゆき、「妣が国へ・常世へ」(一九二〇)を発表し、異郷論から神そのものの追究へと進んだ。その結果発見されたのが眼に見える神、まれびとであり、その契機となったのが二度にわたる沖縄採訪であった。一九二一年(大正十)の採訪で楽土と楽土から訪れてくる神が沖縄には存在することを古文献を通して知る。翌々年の一九二三年の旅では、八重山のアンガマア、マユンガナシ、アカマタ・クロマタなど、眼に見える来訪神が盆や年越の晩などに訪れてきて、人々に祝福と教訓のことばを授けて帰ってゆく姿に出会い、現実の民俗として生活の中に生き続けているのを知った。こうした民俗に実地に触れ肉体をもった神を目の当たりに見て、折口のまれびと論は大きく構想された。沖縄採訪の成果に加えて、本土にも奥三河の花祭・信州新野の雪祭など、祭のにわかに登場する榊鬼をはじめとする鬼に対する考察とが一つにまとまって折口信夫はまれびと論を成立させていった。海の彼方や山の奥、あるいは天空から訪れてくる神、まれびとは祭の場に臨んで、人々に幸福と豊穣をもたらす威力のあることばを発する。土地の精霊はそれに答えて服従を誓う。この神と精霊の対立が文学と芸能の発生を促した。神が命令的に宣り下すことばは「のりと」となり、精霊が服従を誓うことばが「よごと」となる。この対立は、「ことわざ」と「うた」の対立となり、また神がみずからの来歴を物語る叙事詩は道行の詞章を生み出し、貴種流離譚を創り出していった。一方、同じ論理を芸能史に展開させると、神と精霊の対立は翁ともどきの対立に置き換えられる。このように、折口のまれびと発見によって国文学と芸能史の発生から展開までの論理が導き出され、大きく組織化された。折口信夫のまれびと論に対する批判として、神話モデルと歴史モデルが未分化のままで概念上の混乱があるとか、宮古島の事例では実証できないなどの反論がある。しかしまれびとはどこまでも抽象的な一つの理念型であって、実証の可否だけで判断すべきではない。折口信夫の古代学はあくまでも理論の学であり、まれびとについても方法概念としての有効性や学説全体の体系をこそ問題にすべきであると考えられる。

[参考文献]　池田彌三郎『折口信夫―まれびと論―』(講談社「日本民俗文化大系」二、一九七八)、西村亨「まれびと」(同編『折口信夫事典(増補版)』所収、一九九八)、同『折口信夫とその古代学』、一九九九、保坂達雄『神と巫女の古代伝承論』、二〇〇三)

(保坂　達雄)

まわりじぞう　回り地蔵　地蔵信仰の一つ。信者の家々を宿にしてまつられながら、まつり手によって次の宿へと運ばれ、一巡したのち、本拠とする寺や堂などへ戻るという地蔵の巡行、およびその地蔵のこと。巡(めぐ)り地蔵とよぶところもある。山形・福島・栃木・群馬・茨城・埼玉・東京・神奈川・愛知・福井・京都・奈良・和歌山・三重・高知・長崎などの各都府県に事例が認められ、特に関東各地の報告例が多い。地蔵の巡行は、ある期間にだけ限られるものと、一年を通じて行われるものとがある。回る範囲は、一つのムラの中に限られるものと、複数のムラにもわたるものとがあり、後者の多くは、寺の関与する講中の組織と結びついて、何人かの希望者の家や、世話人や当番の家だけを、一夜ずつ回るかたちがとられている。地蔵は、一般に背負い厨子で宿の家に運ばれてまつられる。その御利益とされるものは多方面にわたるが、主に安産・

子育て・延命・疫病除けなどで、巡行のはじまりに疫病流行がきっかけとされる事例も少なくない。回り地蔵は、十六、七世紀までさかのぼるが、広く流布したのは、十八世紀以降といわれる。これは、社寺の神仏の出開帳が江戸を中心に盛んになったころでもある。回り地蔵は村人あるいは僧侶によって始められたものが少なくないが、その信仰を受け入れる基層には、神仏の遊行、来訪神の歓待など古来の信仰の流れをくみとることができる。

参考文献　松崎憲三『巡りのフォークロア—遊行仏の研究—』、一九八五、大島建彦編『民間の地蔵信仰』、一九九二
（中島　恵子）

まんざい　万歳　正月を中心に民家の門口に立ち、祝言を唱えて米銭を乞う祝福芸能。民俗的には年のはじめに祝福に訪れる来訪神の系譜を引くが、直接的には平安時代以来、正月初子(ね)の日に貴紳の邸宅を訪れた千秋万歳(せんずまんざい)が、近世的に展開したものである。江戸の正月は、三河国から訪れる万歳で明けるといわれたが、これは戦国時代に三河の武士に所属した舞々が、江戸幕府の開府以降も、その主従関係に頼って江戸に下ってきたためで、三河以来の武将が入部した関東一円の城下町にも、それぞれ舞場を確保して活躍した。戦国時代の武将には、それぞれ専属の下級陰陽師がおり、舞々・院内・博士などと称して、吉日の占いなどの呪術的行為をはじめ、祝言、幸若舞などに活動していた。江戸時代の万歳は彼らの後身で、各地の城下町では武家屋敷、町人屋敷、村方へと決まった檀那場を順次巡回したのである。江戸城に出仕した万歳は、徳川氏に従った三河以来の舞々勘太夫で、早くから江戸に移って神事舞太夫として関東一円の支配権を確立していた。しかし途中で不都合があり、田村八太夫がその権利を獲得した。それ以外の万歳は、三河から歳末にやって来てそれぞれの大名屋敷を中心に江戸中の檀那場を巡ったが、相手役の才蔵を江戸の才蔵市で調達したという伝承も残る。尾張の万歳も三河同様に江戸をはじめ各地に檀那場を持って活躍したが、多くは戦国時代以来の舞々が居り、彼らが城下の舞場権を所有していた。三河・尾張の万歳以外では秋田万歳・会津万歳・越前万歳・伊予万歳などが、民俗芸能として今日に伝承を残している。なお京都の万歳は、中世以来千秋万歳を担当した声聞師が退転したため、幕府の関係で大和万歳が上洛して、禁中や二条城に参勤した。諸国の万歳は、陰陽道取締りであった土御門家の支配下に入り、その保護を受けたが、正規の万歳以外にも、門付け芸人が正月のみ万歳の恰好をして門口に立つことがあり、江戸では彼らを江戸万歳として区別した。万歳の芸態は、太夫と才蔵が掛け合いで目出度い文句を並べ立て、家繁昌、所繁昌を祝福するもので、愛知県西尾市旧森下村に伝承された万歳では、鶴亀・青陽・岩戸開歌・御門開歌・天之岩戸開岐之呪文・七福神・七草などの詞章を伝えている。

参考文献　尾張知多万歳保存会編『近世出かせぎの郷—尾張知多万歳—』、一九六六、斎藤槻堂『越前万歳』、一九六八、佐藤久治『秋田万歳』、一九七〇、西尾市史編さん室編『西尾市の三河万歳』、一九七三、山路興造『翁の座—芸能民たちの中世—』、一九九〇
（山路　興造）

み

み　箕　風力を利用して実と殻の選別、あるいは塵の除去をする用具。承平年間(九三一―三八)に成立した『和名類聚抄』に「和名美、除糞簸米之器也」とあり、箕は古くから日常生活の中で使用されていた。風の吹くとき、天日干しをした麦や籾を箕に入れて持ち上げ、少しずつ落とすことによって選別するという作業である。風が吹かないときには、大蔵永常の『農具便利論』(一八二二)にみるように、一枚の筵を二つ折りにし、人工的に風を起す方法もとっている。箕の種類には主材料によって、竹箕・皮箕・篠箕・板箕といったものがある。兵庫県宝塚市の例では、主材料に藤皮と孟宗竹、副材料に藁、ネソの木、桜皮を混ぜ合わせ、五升・八升・一斗・大箕といった大きさの異なる四種類の箕を製作している。また長野県から東北地方にかけては、杉皮を材料とした皮箕が多く存在する。『竹取物語』でかぐや姫を竹の中から拾いあげた竹取の翁は、箕などを作ることを生業とする人であった。箕作りは難しい特殊な技術を必要としたため、これを専業とするさんかという人たちがいた。さんかは定住者は少なく、箕作りの材料がある場所にセブリ(仮住居)をつくって生活をするという漂泊者であった。山野自生の樹皮・蔓草・竹類の工作に秀で、箕の製作や直しだけではなく、籠・笊、機織の筬、茶筌、ささらなども作り行商していた。なお、箕は日常の生活用具として米などの良否を選び分けるとともに、神への供物の米をも選りとることができることから、神聖な霊力のある器として取り扱われる場合がある。箕に宮参りの嬰児を入れたり、年神・田の神の供物を供える器として箕を使用することが広く行われている。

箕（新松戸郷土資料館所蔵）

参考文献　滝川吉則「宝塚の箕作り」(『日本民俗文化大系』一四所収、一九八六)、三輪茂雄『篩』(「ものと人間の文化史」六一、一九八九)

（小坂　広志）

みあい　見合　結婚をしようとしている男女が、仲人や親あるいは親類などの紹介により、互いを知ろうとするために面会すること。芝居や映画、庭園などが面会の場として利用されてきた。見合は、第二次世界大戦の前後を通じて広く知られており、見合結婚という形式に代表されるように、近年まで配偶者を求める方法としては一般的であった。当人同士の意向よりも家柄とか家格が重視され、結婚は家と家との相互の結合と考えられていたため、配偶者の選択にあたっては親や親類縁者の承認が必要とされた。そのため男女の互いに知り合う場が増えても、その交際は結婚という方向に必ずしも進まなかった。結婚相手の選択は、親あるいは親の意向を受けた者による相手の紹介に始まった。見合から両人の交際、そして結婚へと至る道筋がかつての結婚への一つの形態であった。このような、主に都市における近年までの見合と村落で行われてきた見合とは違いがある。村落における伝統的な支配的な結婚形態は村内婚であった。村内婚であれば相手を知ることが可能であり、あえて見合の必要はなかった。だが、村外婚の村落では見合は必要であり、見合は、男が仲人に連れられ相手方の実家に行って娘に会うことであった。ミアイとはメアワセられる日であり、見合以前におおむね話はまとまっていた。聞き合わせなどで相手方の情報を知った上で本人同士が直接会うことにより、最後の判断を行なったので、一種の聟入ともいえる。内諸の印として扇子など品物を残していく地域もあった。

参考文献　柳田国男「仲人及び世間」(『柳田国男全集』一二所収、一九九〇)、大間知篤三「日本結婚風俗史」(『大間知篤三著作集』二所収、一九七五)、江守五夫「伝統的な婚姻制度」(『日本民俗文化大系』八所収、一九八四)

(畑　聰一郎)

みこ　巫女　神霊や死霊と人々の間の媒介をする女性の宗教者。ふじょとも読む。『伊呂波字類抄』は巫の字をミコ、カンナギ、『下学集』は巫女をカンナギと読ませている。『倭訓栞』には「みこ、神子をよめり、巫女をいうなり」とある。『古事記』では仲哀天皇が琴を弾き、息長帯日売命(神功皇后)に神が憑依して託宣をし、武内宿禰が審神者となって新羅征討、次期天皇の指名などを記録したとある。これらは記紀の時代の巫女の姿を彷彿させる神話である。古代の記録では『日本書紀』に伊勢皇大神宮の斎宮、『延喜式』の賀茂神社の斎院など神社所属の聖なる巫女がいた。中世の『鹿島神宮志』に記録された物忌は終身職としての巫女の姿を彷彿させるが、『新猿楽記』には死者の口寄せをする巫女が、『梁塵秘抄』には鼓を打ち、鈴を振る民間の巫女の姿が描かれている。近世には各地の地誌や風土記に巫女の記録がみられ、柳田国男は「巫女考」(一九一三・一四)の中で巫女の本質は託宣にあるとした。柳田のこの議論を受けて、中山太郎の『日本巫女史』(一九三〇)をはじめ、民間巫女への関心が高まった。桜井徳太郎は東北地方の盲目の巫女、沖縄のユタなど死者儀礼に関係する巫女を実地調査した。一方、宗教学の立場から堀一郎は

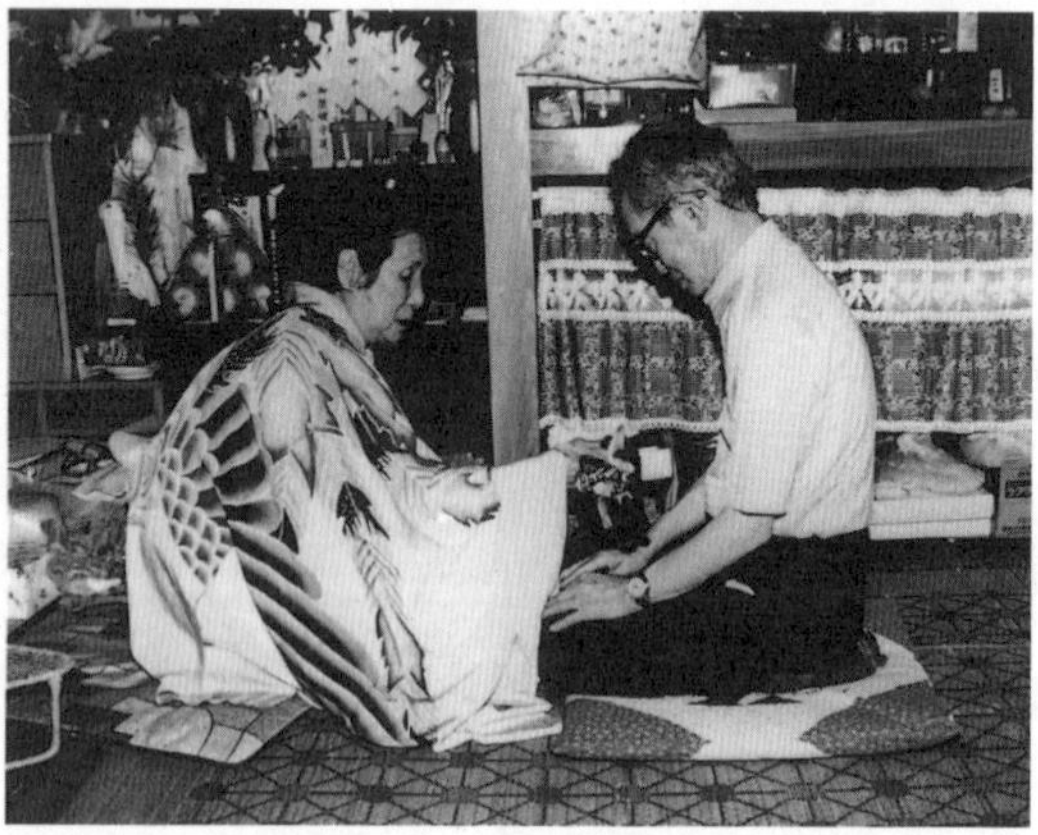

巫女による厄払いの数珠かけ

柳田の神社ミコと民間の口寄せミコの分類を批判して、神秘体験などが神の命であるとの自覚によって巫者となった者が真正シャーマンであり、神社ミコや口寄せミコは擬制巫であるとした。現在では一定の修行期間に師資伝授を受け、神つけの儀式などの入巫儀礼を経た東北地方のイタコ、イチコ、ワカ、オカミン、オナカマ、ミコなどと呼ばれる盲目の巫女を修行巫または総称してミコ、成巫過程における精神異常や発作を伴う神秘体験をもつ東北地方のカミサマ、ゴミソ、南西諸島のユタやカンカカリャーなどを召命巫または行者と呼んで分類している。一方沖縄には村落祭祀を主催する祝女（ヌル）やツカサ、東北地方には近世に修験道に所属して、今も湯立託宣や病気直しの儀礼を行う神子（みこ）がいる。日本各地にさまざまな名称で存在する巫女は、日常生活の折目に呼ばれて、神霊や死霊の世界との橋渡しの役目を担い、祭文や神々の由来を語る本地などを唱えてあの世への祈願を代弁し、託宣や口寄せで神々や祖先の霊などの意志を伝達し、不可視の世界を示す。また主に女たちの悩みや痛みを受け止めて、祈禱や祓いなどの儀礼を執り行うことで癒しを与える。近ごろ世襲巫や修行巫が減少しているが、代わって召命巫や行者が形を変えて受け継ぎ、ときには新宗教の教祖になって、生き残っていくこともある。 →イタコ　→シャーマニズム　→祝女（ヌル）　→巫女舞（みこまい）

参考文献　山上伊豆母『巫女の歴史』（「雄山閣ブックス」一、一九七二）、堀一郎『シャーマニズムその他』（「堀一郎著作集」八、一九八二）、桜井徳太郎『日本シャマニズムの研究』（「桜井徳太郎著作集」五・六、一九八八）、『巫女の世界』（「日本民俗文化資料集成」六、一九八九）、倉塚曄子『巫女の文化』（「平凡社ライブラリー」、一九九四）、義江明子『日本古代の祭祀と女性』（「古代史研究選書」、一九九六）、神田より子『神子と修験の宗教民俗学的研究』、二〇〇一
（神田より子）

みこし　神輿　神幸の際に用いられる輿で、神霊を奉ずる祭具。しんよと読むこともあり、御輿とも書く。神が人格化されるにしたがい、貴族が輿に乗ることと同様に神の乗る輿が神輿とされた。輿は中国においてすでに用いられていたので、それを取り入れたものと考えられている。神輿成立以前の古代社会においては、神霊は榊や幣串などに憑（よ）ると信じられており、これらを奉ずる神幸は昼間を避けて行われていた。平安時代から南北朝時代にかけて数十回に及んだ春日の神木動座は、榊を根から掘りとって神籬（ひもろぎ）とし、枝に御正体（みしょうたい）の鏡や木綿を結びつけて神木とし、興福寺の大衆が押し立てて京都に向かい公家に強訴（ごうそ）を繰り返したもので、神輿が成立する以前の姿をとどめている。現在でも滋賀県には、榊御輿という神輿の出る祭がある。日本における神輿の起源は今もって明らか

東京都千代田区の神田祭の神輿宮入り

でないが、七四九年(天平勝宝元)の東大寺大仏建立の際、宇佐八幡大神を奈良に奉遷するにあたり、紫色の輦輿を用いたことをはじめとするのが一般的である。平安京の御霊会の盛行により、御旅所への神輿渡御が日中に行われるようになると、風流化して美しく飾られる神輿もあらわれた。ここにおいて、本来貴人用の輿に神が乗るという観念が固定化し神輿が普遍化していった。大津市坂本の日吉山王社の神輿がしばしば担ぎ出されて、京都の朝廷・公家に強訴したことは有名である。神輿の中に神体をのせて神の乗物たることを明らかにしたわけである。神輿の形態は、多くの場合木製で黒漆が施され、四角・六角、あるいは八角形である。おおまかな構造は主に台(台輪)・胴・屋根から成り、手に持って進む腰輿と肩で舁く鳳輦・葱花輦に区別できる。後者の方がより多く見られ、四柱の上部に鳳凰や葱花を飾り、端には蕨手を付ける。台に貫いた二本の棒を轅といい、ここに横棒を付けることもある。宮中の内侍所遷幸に用いられる葱花輦の御羽車は女神用であり、すべて白木のままの清浄な作りである。諸社の遷座に際して用いられる黒塗りの小輿をも御羽車という。和歌山県紀の川市の鞆淵八幡神社は、一二二八年(安貞二)に石清水八幡宮から神輿一基を贈られたが、その仕様にほぼ近い神輿が現存し国宝に指定されている。奈良市の手向山神社(東大寺八幡宮)の錦貼神輿(重要文化財)も古い様式を伝えている。今日見るような神輿の形態は江戸時代以降に定まったものといわれている。特殊な形態の神輿の例としては、イモの茎で神輿の屋根を葺く、京都市の北野天満宮や滋賀県野洲市の御上神社の瑞饋神輿、扇が飾られる和歌山県熊野那智大社の扇神輿などが知られる。神輿は氏子によって舁かれるのが本義であるが、都市部ではそれにこだわらぬ祭もあり、また子どものために小さい神輿や、樽神輿が工夫されている。都市部では近世以来、その都市独特の山車が神輿とともに出て祭礼を盛り上げ、巨大化するものも多かった。近代になって電線が張り巡らされると山車は衰微していったが、東京の神田・山王祭のごとく、代わりに神輿渡御が盛んになった例もある。神輿の舁き方は地域によって異なり、同じ印半纏(法被)・掛け声・リズムを定めて神輿を舁く同好会も生まれている。

（福原　敏男）

みこまい　巫女舞　巫女が神社などの祭礼の折に神衣装を着て舞う舞。ときには神歌を歌い、託宣を伴うこともある。神子舞とも書き、また巫女神楽ともいう。なお宮中の御神楽に対して、諸社で行われるものを里神楽といい、宮中の御神楽では鎮魂祭・園韓神祭などの折に御巫・猿女・物忌など女性の舞があった。『古語拾遺』(八〇七)では天宇受売命が鐸をつけた矛をもち天岩戸の前に誓槽ふせて歌舞をしたと伝え、巫女が鈴を採り舞うのはこれが起源としているが、巫女が鈴を手にとって舞ったという明らかな記録は一一七九年(治承三)成立とされる『梁塵秘抄』二の「鈴はさや振る藤太巫女」とあるのが初出とされている。柳田国男が「巫女考」(一九一三・一四)の中で神前に鈴を振って歌舞を奏し、また湯立の神事にも関与すると述べたような巫女舞を伝えるところは、越後弥彦神社(新潟

託宣の後の巫女舞

県）の小神楽と称する巫女舞、出雲美保神社（島根県）の巫女舞などがある。秋田県横手市大森町の波宇志別神社では十一月七日に霜月神楽が行われ、この折に天冠、緋の舞衣と袴、錦地模様の襷を付けた神子が鈴・扇・幣束・湯箒・剣などの採物をもって神歌に合わせて順逆に舞い回る。この舞では形式化してはいるが、幣束をもったときに託宣がある。岩手県宮古市の黒森神社では現在も神楽衆や法印と組んだ神子が湯立の後で託宣を行い、神子舞を舞う。この神子は師資相承を経て、神子舞だけではなく、病気直し・口寄せも行い、備前の吉備津彦神社における村方の神子を彷彿とさせる。このように巫女舞には神前で採物をもって神の来臨を乞い、その神霊の発動を促すものと、降臨した神霊をその身に憑けて神の言葉を託宣として語る二つの側面がある。ところが西日本では吉田神道の影響下で、寛文年間（一六六一—七三）を境に神楽の場から神子が退いた。また島根県松江市鹿島町の佐太神社では明治以降巫女に代わり神楽男が姫面をつけ、女装をして舞うようになった。

参考文献　岩田勝『神楽源流考』、一九八三、『本田安次著作集』一—七、一九九三—九五、神田より子『神子と修験の宗教民俗学的研究』、二〇〇一

（神田より子）

みさき　みさき　主神に従属し、その先触れとなって働く神霊や小動物のこと。宮崎県では十一月にミサキ祭を行い、田や内神の祠にオゴクや粢を供え、みさきである鳥がこれを食べる。食べないと神が受け取らなかったと心配する。熊野の八咫烏も同様の信仰であり、狐や狼をみさきとする例もある。これらは小動物を主神の代理あるいは使者と考える信仰である。一方、西日本各地では、祟りやすい小神や邪霊もみさきと呼ぶのが一般的である。大分県北海部郡津留地方（臼杵市）ではみさきは心残りのある死者の亡魂で、みさき風にあたって苦しむことがたびたびあるという。岡山県では宗教者の霊をまつる長袖みさき、火事のあった家がまつるヤケミサキ、木に宿るキノミサキ、刀を神体とするツルギミサキなどさまざまなみさきが伝承されている。みさきは生者のみならず死者にも災いすると考えられており、岡山県地方では、死後何日目かに宗教者を招いてミサキバナシということをする。死者の体に取りついているみさきを切り離し死者の成仏を祈る儀礼である。みさきは宗教者の祭文にも登場する。愛知県北設楽郡東栄町の御崎祭文には、居場所を求めてさまよう御崎神の姿が描かれている。邪霊としてのみさきの浸透は宗教者の活動と深い関係があったようである。みさきは眷属ともいうべき下級神霊の一般名称であり、人間に災いする場合も益する場合も、同じみさきと呼ばれたため、その信仰は複雑な様相を呈している。

参考文献　柳田国男「みさき神考」（『柳田国男全集』一五所収、一九九〇）、三浦秀宥『荒神とミサキ—岡山県の民間信仰—』、一九八九

（梅野　光興）

みずいわい　水祝い　嫁入り道中の嫁や初聟入りに訪れた聟、あるいは年頭行事に列した新嫁・新聟に若者が水を浴びせる儀礼。水掛け、泥水被せ、水浴びせ、聟押しのほか、水祝儀などとも呼んでいることから、手荒ながらも祝いごとであったことがわかる。由来については、古代にその源流があるという説（黒川道祐）と室町時代の武家の儀礼に始まるという説（貝原益軒）がある。全国各地に広く分布していた。江戸時代、石礫打ちなどと並んでしばしば禁令の対象とされてきたのは、集団の力を借りてなされる態様において行き過ぎた点があったからでもある。その点、鈴木牧之『北越雪譜』（一八三七）の中に記述されている越後魚沼郡の「雪中花水祝」は次第に従い整然と実行されてきた好例である。嫁入り道中の嫁に対するアタマツブシ（結髪くずし）や泥水被せなどは若者の減少に

伴って消滅してしまった例が少なくないものの、年頭の水祝い行事は、その主体が保存会に引き継がれている例がある。伊豆の熱海下多賀(静岡県熱海市)では、下多賀鹿島水浴せ保存会により、正月二日、下多賀神社の境内で輪踊りの途中において、花聟の名前が呼ばれると、円陣の中央に進んだところで、ミズヤク(水役)が熊笹の束に潮水をつけて、新聟にふりかけるという儀礼を執り行なっている。奥羽地方の一部では厄年祝いの一環としてなされる例も併存しており、聟いじめないし新嫁・新聟の承認儀礼とのみでは解決しない問題を含んでいる。水のもつ呪術性に着目すれば、ある種の災厄・罪障を祓う通過儀礼であるとも解釈することができる。

参考文献　柳田国男「婚姻の話」(『柳田国男全集』一二所収、一九九〇)、天野武『若者の民俗—若者と娘をめぐる民俗—』、一九八〇、水江漣子「近世江戸の民俗—水あびせについて—」(『風俗』六ノ二、一九八〇)、江守五夫『日本の婚姻—その歴史と民俗—』(『日本基層文化の民族学的研究』二、一九八六)、文化庁編『南奥羽の水祝儀—宮城・福島県—』(『民俗資料選集』、一九八六)

(天野　武)

みずこくよう　水子供養　流産や中絶した胎児などの魂をまつるための供養のこと。子供を抱いた地蔵の前や、海岸の賽(さい)の河原などに、絵馬を奉納したり、風車や哺乳瓶、玩具を供えたりする。水子とは本来は死産胎児であるが、子供の数が少なく、死亡が稀な現代においては、不幸にして子供を亡くした親の落胆は激しく、乳児・幼児死亡に対する水子供養も存在する。一九七一年(昭和四十六)に落慶した埼玉県秩父郡小鹿野町の紫雲山地蔵寺が、水子供養ブームのきっかけの一つとなった。ブームの主体は、第二次世界大戦後の混乱期に闇中絶した中年女性で、彼女たちの悔やみと更年期障害に対して、祟りを託宣する宗教者がいたからである。一九八〇年前後には、多くの週刊誌が水子供養を特集し、通俗書が多く出版されたが、一九九〇年代に入って沈静化する。しかし、産めなかった女性の身体的、精神的苦悩は水子供養を求めており、現在も各地の寺院などは水子供養を勧めている。仏教民俗的には、産死は女の罪であり、血の池地獄に落ちるといわれ、流れ灌頂・川施餓鬼などが行われた。この場合、死んだ母親の胎児を水子(すいじ)とよび、その供養をすることがある。水子供養はこの仏教論理の現代的解釈から発生した。現代の水子ブームには、産む産まないは女の自由とする女性解放運動・ピル解禁派に対して、優生保護法(母体保護法)強化派が意図的に行なった宣伝や世論形成が影響したという側面もある。

参考文献　千葉徳爾・大津忠男『間引きと水子—子育てのフォークロアー—』(『人間選書』六七、一九八三)、青柳まちこ「忌避された性」(坪井洋文編『日本民俗文化大系』一〇所収、一九八五)、森栗茂一『不思議谷の子供たち』、一九九五

(森栗　茂一)

みそ　味噌　大豆・小麦・裸麦・蚕豆・薯に塩と麴を加えて作った発酵食品。鹿児島県南部では蘇鉄の実を使った。一九四一(昭和十六)、四二年ごろの調査によれば、一日三度の食事の一回は味噌汁を食べていた地域が多くあり、また、その味噌汁に季節ごとの野菜と、団子を摘み入れて飯の補いにしていた。近代の農村部における毎日の献立て、特に冬場の夕食定番の献立てがこの団子汁で、副食物と主食、さらには汁物をいっしょにとる食品で、その調味料として味噌が使われた。同時に重要なたんぱく質源となっており、発酵食品を毎日取ることとあいまって栄養上からも味噌の効用は大きかった。農村部の多くは醬油はハレの日の、ふだんの調味料は味噌と使い分けていた。味噌汁だけでなく、ヌタなどの和え物の調味料としても用いられたが、餅や握り飯に塗って焼き、香

ばしい味にしたのは調味料とも、副食物ともいえ、食欲をそそる日本の味そのものである。味噌は、奈良時代の記録に「未醬」とあり、醬の一つであったとされ、調味料よりもなめ味噌として発達した。汁物の調味料としての使用法は室町時代の料理書が初見といわれ、江戸時代には汁講の流行もみられるが、庶民に味噌汁が普及するのはさらにのちのことである。秋田県・群馬県・新潟県などでは味噌に水を加え、煮立てて布で濾した汁をスマシ汁という。一方、なめ味噌は金山寺味噌が有名で、徳川家康の倹約の食事である「湯漬けに焼味噌」をいうまでもなく、庶民も味噌を副食物にした。飯を詰めたメンパの隅に味噌を添えた弁当はどこでもみられた。現在も梅味噌に鯛味噌など種々あり、その源流は古い。味噌は、煮た大豆と塩に麴を混ぜ合わせて発酵させたものである。白味噌は米麴を多く使い、塩を少なくした甘味のある味噌で、京都など関西に多い。赤味噌は大豆を蒸煮して作る赤褐色の味噌で、東京中心に関東・東北に多い。豆味噌は大豆だけで作った辛い味噌で、岡崎市の八丁味噌が有名である。、東日本では煮た大豆を潰して丸めて玉味噌にし、家の梁などに吊してカビを発生させたのち、搗き砕いて塩と混ぜ、味噌おけに仕込んで作る方法もあった。味噌作りには共同で行なったり、歌が伴ったり、新潟県では親戚や近所の家に贈答したりした。三年味噌といって三年目に食べるのをよしとし、自家製の味噌をウチミソといい、家独自の味を大切にした。「手前味噌」もここからきた言葉で、死火と産火、月経を忌み、味噌が腐ると家の不吉の兆しなどといい、各種の俗信を生んだのは、味噌が家を象徴するものであったからである。

参考文献 瀬川清子『食生活の歴史』、一九六八、成城大学民俗学研究所編『日本の食文化—昭和初期・全国食事習俗の記録—』、一九九〇-九五

（増田 昭子）

みそぎ 禊 全身を水中に入れ、振り濯ぐことにより罪・穢れを除去する儀礼。美曾岐・身曾貴・清身・禊身・身祓・身滌・身潔・祓禊・潔とも書く。古くはみそきと清音でよんだ。禊の語源は水そそきといわれてきたが、この説は上代特殊仮名遣いからして無理とされ、現在は身そそき説が有力である。記紀神話に、黄泉国を訪れたイザナキが身体に付着した罪穢れを洗い清めようとして竺紫の日向の橘の阿波岐原の小門で禊祓をしたとある。これは禊の起源説話とされるが、そこでは禊祓・祓禊と記し、また禊という字にハラヘ、禊祓にハラヒミソキ（『古事記』）、祓除にミソキハラヘ（『日本書紀』）との古訓を付すなど、はやくに禊と祓えは混同して用いられていたことがわかる。しかし禊は穢れを、祓えは罪を除去するのが本義で、両者は別々の行法である。禊の「み」には水という意味はないが、その方式を見ると水との関わりが深い。また神仏へ参詣するに先立ち、水浴して心身を清めることがあり、それらを「垢離を掻く」「垢離を取る」とか、あるいは地方によってはシオカキ、オシオイ、シオカケ、さらに塩垢離、寒垢離などとも称している。これらも禊の範疇に入る神事である。垢離は心身を清め、罪を贖い、招福攘災を願うことで、神仏を参拝する前に、手水舎や手水所で手を洗い口を漱いで心身を清めるのも、禊の一種である。現代の神社祭式では祭祀者が祭祀に奉仕する前に潔斎といって心身を清浄にする神事を行うが、その中で禊は中核に位置づけられている。また祭祀に参列する者も祭祀に先立って手水を行うが、これも禊の象徴的作法である。ミソギという語は現在も日常生活に生きており、禊は日本人の倫理・道徳や美意識の形成に影響を与えてきた。

参考文献 『古事類苑』神祇二一、一九六七、青木紀元「ミソギ・ハラヘ」（『日本神話の基礎的研究』所収、一九七〇）、坪井洋文「コモリ・ミソギ・ハ

ラエの原理」(『民俗学論叢』二所収、一九八〇)、三橋健「年中行事における禊・祓・物忌み」(『日本民俗研究大系』三所収、一九八三)、西宮一民『古事記の研究』、一九九三

(三橋　健)

みたまのめし　**みたまの飯**　ミタマ祭に供える飯や餅のこと。単にミタマとかミダマ、ニダマなどともいう。ミタマ祭とは年の暮れから正月にかけての時期に、箕の上に握り飯や粢・餅・団子などを並べて供える行事で、宮城・新潟・群馬・茨城・埼玉・長野などの各県に認められる。供える場所は仏壇や神棚・床の間・年神などさまざまである。宮城県桃生郡河南町前谷地ではミタマと称し、家の老女が、年越の晩に箕の中に飯を十二個置いて納豆をのせ、裏座敷に箕の口を北向きに供える。正月が終ると下ろして供え物は流す。宮城県内では箕にあげた飯に麻殻や箸を刺す例も多い。長野県内でも大晦日のオオドシに門松や年棚・神棚に供え物をすると同時に、仏壇にも飯を重箱などに高盛りにした上に箸を十二ないしは十三膳立てて供え、これをミタマノメシと呼ぶところがある。また江戸時代の『出羽国秋田領答書』でも亡き魂をまつる時に、みたまの飯を供えることが記されている。呼称のミタマは御魂すなわち祖霊と解釈されること、みたまの飯は仏壇に供える例が見られることなどから、年に二度、暮れと盆に実施されたと推測される祖霊祭のうちの一方の、暮れの祖霊祭の姿を示す民俗という理解があり、『枕草子』や『徒然草』記載の魂祭との連続性も指摘されている。また田の神、ひいては年神や先祖神に対する供物であったという見方もある。この供物の背後には、年玉と同じように年神・祖霊とまつり手との間での魂の分配や、共食の観念がうかがえる。

参考文献　民俗学研究所編『年中行事図説』、一九五三、小野寺正人「宮城県北東部の「ミタマ」の風習について」(『日本民俗学』七〇、一九七〇)、田中久夫「みたまの飯」(『講座日本の民俗』六所収、一九七八)

(岩崎　真幸)

みちきり　**道切り**　村落の外から疫病や災厄が侵入するのを防止するために行われる共同祈願の一種。定期的に行われるものと疫病流行時など一時的に行われるものがあり、また村落共同ではなく各戸が行う祈願もある。集落内のきまった場所に注連縄を掛ける例は各地に見られ、これに御幣・神札・草鞋・草履・農具模型・男女性器を模したものなどを吊り下げたり、大きな人形を立てることもある。集落まわりの辻に祈禱札を立てる例もある。近畿地方に行われている勧請吊や勧請掛けでは、正月にムラの男たちが勧請縄と称する大注連縄をない、道や川を遮るように集落内の一ヵ所ないし数ヵ所に張りわたすものがある。大注連縄には頭と尾があり、蛇体を象徴している。縄ができると神職による修祓や住職による祈禱などが行われ、餅やお神酒を供えるなどの儀礼が伴うこともめずらしくない。滋賀県下の勧請縄と関ノ札を調査した橋本鉄男によれば、勧請縄は集落の四方または二方の入口や神社境内に掛けられ、関ノ札も集落入口や中央の広場などに立てる場合が多いという。特に集落の入口という場所は、清浄に保つべきムラの内を災厄がやってくる外から区別する地点ともなる。勧請縄や関ノ札は村境の標示となって、村の領域を限りこれを守る機能を果たす。道切りの民俗は、病因や災因についての民間の知識ばかりでなく、村落領域や村人の世界観を知る上でも重要な手がかりを与えてくれる。 →村境

参考文献　関敬吾「共同祈願」(柳田国男編『山村生活の研究』所収、一九三七)、橋本鉄男「勧請縄と関ノ札」(『近畿民俗』四一、一九六七)、原田敏丸「勧請吊行事」(『近世村落の経済と社会』所収、一九八三)

(八木　康幸)

みなくちまつり　水口祭　稲作儀礼の一つで、種子籾を苗代に蒔いたときに行われる祭。ミトマツリ、苗代祝い、種子播き祝いなどともいって家ごとに行う儀礼である。ミトなどと呼ぶ苗代田の水口、あるいはこの田の畦や中央に柳・栗・松などの木の枝や萱、山吹・ツツジなどの季節の花、小正月に作った削り掛けを挿し、ここに焼米または洗米を供える。これとは別にムラの各戸の種子播きが終ると、種子播き正月などといってムラの農休日を定めているところも少なくない。苗代田に挿す木の枝や花などは、雀脅し・雷除け・嵐除けを目的にするというところもあるが、これを新潟県古志郡では田の神様の宿り木とか田の神様、山形県米沢市ではお田の神様が止まって休まれる棒と伝え、本来は田の神を迎えるための依代だったと考えられる。焼米・洗米は田の神への供物で、これを供えることを「鳥の口にあげる」などという。苗代田に挿した木や花は、これが途中で枯れると不吉なことがあるとか、傾いたり倒れたりすると縁起が悪いなどとも伝承しており、この儀礼には予祝的な性格もある。田に供える焼米は、若い男女が集まって焼米搗唄を歌いながら搗くところがあったり、子供たちが組になって焼米を貰い歩いたりするところがある。なお、この儀礼は直播きの稲作である摘み田でも、田に種子を蒔いた後に行われた。

滋賀県栗東町(栗東市)の水口祭

参考文献　倉田一郎『農と民俗学』(「民俗民芸双書」、一九六九)、伊藤幹治『稲作儀礼の研究―日琉同祖論の再検討―』、一九七四　（小川　直之）

みの　蓑　日光や雨・雪・風・土などを防ぐために着用する、藁や山野の草で作った外套。かつて蓑は一般に自製されたものであるから、土地ごとに形態も材料も製作法もすこしずつ異なっていた。小型のものは腰や背中を覆う程度であるが、一般には両方から背中・胴回りを覆うように作られる。さらに大型のものや帽子のついているものもまれにある。材料は藁のほか、スゲ、ヒロロ、シナの皮など多種多様である。そのほか荷物の運搬に使用される背負い蓑もあるが、構造的には別のものである。名称には標準名として広範に分布するミノのほか、ケラ、バンドリ、ケダイなどが地方によって使われている。また蓑が冬季農閑期の農家の副業品となっていった地方もあり、そうしたところでは農具市などで販売された。また昔話でよく知られているのは「天狗の隠れ蓑」で、これ

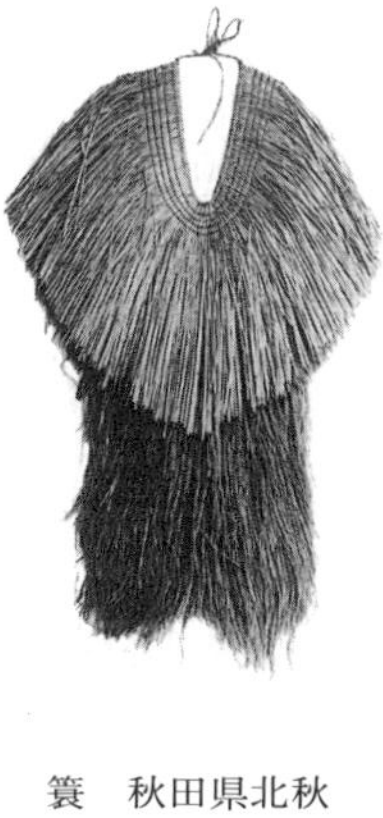
蓑　秋田県北秋田郡のワラケラ

を着ることによって主人公は姿を隠してしまう。「姥皮」の昔話では、主人公の娘が変身のために着るものが蓑となっているような事例も報告されている。そのほかナマハゲその他の来訪神の出現に際して神や鬼が蓑を着ている事例が多い。これらの事実は、蓑がある種の非日常性の象徴として認識されていることを示していると考えられてきた。

（真野　俊和）

みみふさぎ　耳塞ぎ　死者と同年の者が餅などを耳にあて凶報を聞かない呪いをして死に引きこまれないようにする呪法。耳塞ぎをミミフタギ、ミミフサギモチ、ミミダンゴといい、方法は少しずつ違うが青森県から九州まで分布している。京都府知井村(南丹市美山町)では同年者が死ぬと耳鐘がなるという。宮崎県南部の山村では同年講の講仲間が死んだときは決して野辺送りに参加しないとか、京都府三山木村(京田辺市)では耳塞ぎをする範囲は村とか屋根の見える範囲と限定されている。同年者の葬式へ行かないのは島根県松江市鹿島町片句浦や岡山県下、徳島県でもいう。新潟県中魚沼郡では耳塞ぎ餅を作り、よいことをきき悪いことを聞かぬようにといい両耳を塞いで餅を食う。新潟県佐渡市河原田町では同年者が会葬するときは昔は両耳に小豆の焼き餅をはさんでいた。秋田県仙北郡では魚を食べるなど魚を食べるところも多い。岐阜県船津(飛驒市神岡町)では近所の子供や来客に食べてもらう。徳島県三好郡祖谷山では「エエこと聞いても悪い耳は聞くな」と鍋や薬罐の蓋で両耳を塞ぐ。このほか耳にあてたものを川に流したり道の辻に捨てて逃げ帰るところもある。耳塞ぎは『御湯殿上日記』や『時慶卿記』などの日記にみえ室町時代公家社会でも行われていた。

参考文献　瀬川清子「同齢感覚」(柳田国男編『山村生活の研究』所収、一九三七)、大間知篤三「同齢習俗」(『大間知篤三著作集』四所収、一九七八)、大藤時彦「耳塞餅」(『日本民俗学の研究』所収、一九七九)、平山敏治郎「耳ふさぎ資料」(井之口章次編『葬送墓制研究集成』二所収、一九七九)

（井阪　康二）

みやざ　宮座　決められた一定の資格を有する人間が神仏の前に一座して祭を行う組織。宮座という呼称の有無に関係なく、定員制にもとづいて一座する祭祀組織を指す学術用語。呼称としては、宮座という例も存在するが、神事座・座株・座持ち・座仲間・諸頭衆・長老衆・十人衆など多様である。宮座は近畿地方およびその隣接地方で一般的に見られ、さらに中国・四国から北九州にかけて比較的多く見られる。東日本では東海から南関東にかけて分布するが、事例は少ない。宮座は平安時代後期に荘園領主や荘官が現地の有力農民に神事の役割を負担させた頭役制に始まり、次第に荘園内の鎮守祭祀を荘内の有力者が一座して執行するようになったが、宮座として明確に成立するのは十四、五世紀の惣村の成立以降である。宮座の分布が近畿地方に濃密であるのも惣村の展開した地方に対応する。宮座は基本的にはムラの鎮守(氏神)の祭祀組織であるが、歴史的形成過程を反映して、村落を越えた広域的な地域で組織されることもある。中世以来の荘や郷を単位にした宮座、近世の村を単位とした宮座も少なくない。また一つの神社・寺院に関わる宮座が、左座・右座、東座・西座のように複数の座として組織されていることが近畿地方ではしばしば見られ、座の間には優劣の序列があるのが一般的である。宮座の構成員は原則として男性であるが、中世・近世には女房座とか女座と呼ばれて女性の座が存在したことも知られているし、近年では特定の家各戸から一人ずつ出る場合に女性が混じって列席する姿も見られる。宮座は構成員の資格によって、株座と村座に分けられる。株座は特定の家々が世代を超えて資格を保持しており、その家筋の者のみが一座できる特権的祭祀組織である。村座は家によって固定することなく、一定の条件を満たして定員内に入れば村人誰でもが一座できる組織であり、その資格条件は多くが年齢順あるいは特定の儀礼終了順である。宮座の基本型あるいは古い型は株座であり、それが崩れて開放的な村座に変化したという考えが通説となっており、宮座を株座のみに限定する研究者もいる。それに対して宮座は本来村座であったが、階層分化の進行や新住民の増加に伴い特権化して株座になったという理解も原田敏明などによって提出されている。近畿地方には株座、村座両者が併存しているが、他の地方では株座のみが顕著である。宮座へは元服や烏帽子着の儀礼を経て加入する。また出生時に帳面に登録し、その順番で座に加入する場合もある。加入順に序列が決まり、座席もそれに従うのが原則であるが、株座の中には家として序列が決まっており、世襲的に固定している例も少なくない。運営は、構成員が一座して行うが、一般に年長の者に権威があり、最上位の者を一老・一和尚など、次位の者を二老・二和尚などという例が多い。また内部を若衆、中老、年寄などの年齢階梯によって区分して役割を分担する。神殿、神主、一年神主、年番神主などという司祭者の役割を果たす者が固定的に決まっていたり、年寄層から順番に就任したりすることが見られる。また別に供物の準備、祭場の設営など祭執行の担い手となる頭屋(当屋)を構成員が一年交替で順番に担当する。頭屋が年番神主の役割を担っている場合もあり、そこに本来の頭屋の姿

御上神社の芝原式　滋賀県野洲町(野洲市)

頭屋渡し　福井県三方町海山(若狭町)

宮　座

を求める見解がある。宮座は原則として頭屋制を伴うが、頭屋制は宮座を前提としない。農地改革前はしばしば宮座には宮田、座田などと呼ばれる水田があり、頭屋が耕作し、その収穫米で供物を調製した。また、特定の稲種子やアワ、キビの種子を毎年頭屋が引き継ぎ、耕作する例も見られる。宮座は明治以降の国家神道のもとで存在を弱め、農地改革で経済的基盤を失い、一九六〇年代以降の高度経済成長期を経て解体が進んだ。

参考文献　萩原竜夫『中世祭祀組織の研究（増補版）』、一九七五、原田敏明『村祭と座』、一九七六、高橋統一『宮座の構造と変化―祭祀長老制の社会人類学的研究―』、一九七八、肥後和男『宮座の研究』（『肥後和男著作集』一期七、一九八五）、高牧実『宮座と村落の史的研究』、一九八六
（福田アジオ）

みやまいり　宮参り　新生児が生後はじめて氏神に参る儀礼。初宮参りのことである。生後二十八日目から三十日目前後に赤子が晴着を着て祖母や産婆などに抱かれて宮参りをする。この日取りは早い所で生後七日目・十一日目であるのに対し遅い所では百日目・百二十日目など、また男児と女児で同じ日に行わず男子を早くする所が多い。宮参りの日の名称にはウブアキ、ウブヤアキ、サンアケ、ヒアケ、シメアゲなど忌明けに関するものが多いことからもわかるように、宮参りの第一の意義は赤子の忌みが明けたことを示すことにある。そして第二には、この日ヒアゲ餅や赤飯に赤子の名前を書いた札をつけて親戚や近所に配り、生児の誕生の社会的承認を得ることにある。さらに第三には、宮参りの時氏神の前で赤子の鼻をつまんでわざと泣かせたり、寝ている赤子を左右に転がして泣かせたり、愛知県知多郡南知多町の日間賀島では鳥居のそばで浜に向かって小便をさせたりして氏神に赤子の誕生を印象づける行為を行なったり、和歌山県橋本市などでは氏神の本殿の格子に赤子の名前を書いた扇子をしばりつけたりして、氏神に氏子の誕生を認めてもらうことにある。宮参りまでは外出する際、赤子の額に鍋墨や紅で×印・大（男児）・小（女児）などの印をつけたり、橋を渡ることを禁止されたが、宮参りをすませると、このような印をつけずに自由に外出できるようになる。また宮参りをする前に他村へ行くと氏神が赤子を奪い合うなどともいわれた。これらの事例は、宮参りが氏子になる第一段階であることを示している。

宮参り　奈良市・奈良豆比古神社

参考文献　大藤ゆき『児やらい』（『民俗民芸双書』、一九六八）
（関沢まゆみ）

みょうじ　名字　個人の属する家族を表示する名称。苗字とも記すが、これは主として近世に用いられた表記。現代の法制度で規定する氏と同義語。名字と名前で個人は特定される。日本の名字の数は二十九万余りとされる。約五百の中国や約二百五十の朝鮮の姓に比較すると非常に多い。現代日本の法制度では、出生届とともに自動的に両親の名字を継承し、結婚に際していわゆる夫婦同姓の規定によってどちらかの名字に統一する場合かもしくは養子などによって他の家族へ帰属変更する場合など特別な事情がない限り、生涯同じ名字を名乗る。戸籍・住民基本台帳などに記載された名字は、明治初年に制度的に登録された名字を親から継承して使用しているもので、新たに名字を作ることは原則として認められていない。名字は同一家族であることを表示するが、互いに分かれて別の家族を形成した場合も名字を変更しないので、同じ名字であることが家族を越えた親族を表示する役割を持つ。各地の民俗では同族の表示として名字が用いられ、また宮座などの祭祀組織でも名字が編成単位の表示として用いられる例がある。しかし、村落を越えた土地の同じ名字に対しては特別な親近感を抱くこともないし、結婚が忌避されることもない。農民や商人など庶民の名字は一八七一年(明治四)五月の戸籍法、一八七五年二月の太政官布告、いわゆる苗字必称令などによってはじめて付けられたもので、庶民にはそれ以前に名字はなかったという説が通説化しているが、これは明らかに間違いである。現代の日本人の名字のほとんどが明治以前から継承されてきたものである。近世の百姓・町人の大部分は名字を持ち、自分たちの生活や儀礼の場面では名字を用いた。近世建立の墓石や路傍の神仏には名字が刻されているのが普通である。都市部などでは名字を持たない人々がおり、明治初年に新しく名字を創出したり、屋号を名字にした例があることも事実であるが、少数にすぎない。現代、氏名とか姓名などというように、氏と姓と名字は同義語として用いられている。氏と姓は古代に始まる用語であり、一族としての集団を表示する氏に対して、天皇から与えられた位置づけを示す呼称が姓であった。それに対して、名字は平安時代以降に成立した。地方の武士がそれぞれ自分が開発し居住する場所の地名や施設名を、それまでの氏の名に替えて用いるようになった。日本の名字の多くが地名に由来するのはそのためである。当初は移住して新しく開発定住すると、その所の地名を名字にしたが、のちには移住後もそれまでの名字を維持することが多くなり、同じ名字が遠方にも広がるようになった。農民も次第に名字を名乗るようになり、兵農分離後の村落に受け継がれた。

参考文献　柳田国男「名字の話」(『柳田国男全集』二〇所収、一九九〇)、豊田武『苗字の歴史』(「中公新書」二六二、一九七二)、武光誠『苗字と日本人—先祖からのメッセージ—』(「文春新書」一一、一九九八)

(福田アジオ)

みるなのざしき　見るなの座敷　見てはならない座敷の中などをのぞき、禁忌を犯した男がそれまでの恵まれた状態を失ってしまう昔話。旅の僧が野原で日暮れて困っていると、向こうに燈りが見え、女主人に一夜の宿を頼む。しばらくして女は僧に留守番を頼み用事で出かけるが、その時家に十二の部屋があり、退屈しのぎに覗いてもよいが十二番目の最後の部屋だけは覗いてくれるなといい置いて出かける。男は部屋を見て廻る。小正月の飾り、二月の初午、雛節供と続く。つぎつぎに見て十一番目の部屋も終り、最後の部屋の前に立つ。女との約束を破って中に入ってみると、一本の梅の枝に鶯が止まっており、男が入ったとたんに、鶯が飛び立ったかと思った瞬間に、家も消え去って野原に旅の僧が立っていた。あるいは帰ってきた女はうらみごとを残して鶯になって飛んで行った話である。約束を守った男は幸運を得、守らなかった男は不運に見舞われるという話型もあり、約束を守った男の話を「鶯浄土」と呼んでいる。守らなかった男の話は隣の爺型である。それぞれの部屋はハレの日の飾りもので、当時の農民がそこに理想郷を描こうとしていたともいえよう。また禁を破った男への怨念は女の情念を表現しているとも、生命力を表現しているともいえる。禁を破るというモチーフは「鶴女房」「魚女房」などの異類女房の話に多く見られ、説話の大きなテーマともいえる。『今昔物語集』のなかにみえるが、後半が欠けている。柳田は「鶯の浄土」と名付けている。→異類婚姻話

参考文献　佐竹昭広『民話の思想』、一九七三、河合隼雄『昔話と日本人の心』、一九八二
（武田　正）

みろくしんこう　弥勒信仰　仏教上の救世主（メシア）と考えられる弥勒仏が、五十六億七千万年後に、弥勒浄土すなわち兜率天より、汚濁にみちた現世に下生して、衆生を救済するという信仰。弥勒仏はすでに奈良時代に伝来していた。貴族社会では、貴族たちが功徳を積み、弥勒仏のいる兜率天に往生することを願う上生信仰が盛んであった。その後中世、戦国時代になり、各地が戦乱となると、弥勒仏が早くこの世に下生し、世を救って欲しいという弥勒下生信仰が優勢となり、次第に民間信仰に定着した。その流れの一つは、真言宗の弘法大師信仰と結びつき、この世の救済を約束して入定する真言宗系行者への信仰が広まった。山形県の出羽三山の湯殿山行者はその典型である。江戸時代には、「みろくの年」の口碑が流行した。巳の年は飢饉となり、弥勒が出現して豊年の世になるという、世直しの観念も認められる。六月に三回巳の日があると、弥勒の年になるという俗信も生まれた。また海の彼方から弥勒の舟が米俵を積んで訪れてくるという宝船や、神の舟に対する信仰もある。その分布は沖縄県八重山地方から、茨城県鹿島地方に至る沿岸部に限られており、弥勒踊り・鹿島踊りの名称で知られている。

参考文献　柳田国男「海上の道」（『柳田国男全集』一所収、一九八九）、宮田登『（新訂版）ミロク信仰の研究』、一九七五
（宮田　登）

みんか　民家　寝殿造・書院造などの貴族住宅に対して、農民・商人・職人・漁民などの庶民住宅をさす住宅建築の様式概念。現在では、一戸建ての市民住宅を民家と呼ぶこともあるが、民家研究では、一般に近世以前ないしは近世的な伝統的様式による住宅をさしている。日本の民家は、古代のものは現存せず中世のものは数棟が現存するのみである。これに対して近世民家はその成立時のものから数多く現存している。したがって、民家研究は実物が存在する近世以降が盛んである。大正期に間取りの採集が始まり、その後、分類・系統論、家にまつわる民俗の研究が進み、第二次世界大戦後は歴史研究が盛んになった。高度経済成長期以後、民家は急激に減少している。このようなかで、民家の保存・再生、集落町並みのなかでの研究、貴族住宅との関わり、民家の様式論、各部の意味論、さらには世界の民家を視野にいれた研究も芽生えている。また、中世以前は発掘遺構による研究も盛んになりつつある。近世の民家についてみると、亜熱帯の琉球、温帯に広がるヤマト（本土）、亜寒帯のアイヌの各住文化圏に大別して考えることができる。気候の寒暖は建物の平面や構造にそれほど大きな影響を及ぼしていない。明治初期に北海道に入植した人たちの家屋は本土と同じものを建てている。しかし、季節風や大風に対しては屋敷林を植え、また石垣を積むなどして対処している。また、中門造は豪雪に適応する形式として生まれた。アイヌのチセ（家屋）は、掘立て、一室の土間住まいの古い形態を保ってきており、そこから大きく変化することなく、また本土民家の影響はほとんど受け

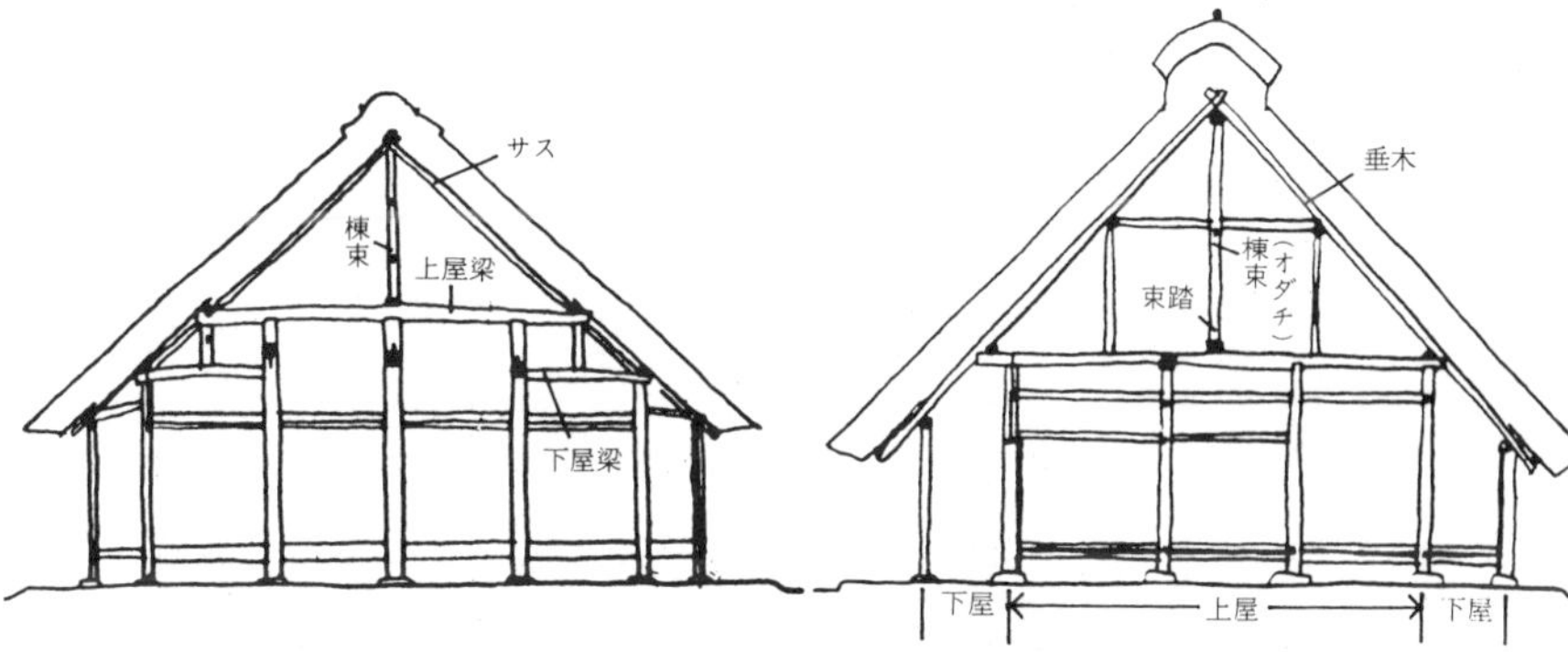

叉首組の民家　北村家　神奈川県　　　棟束構造の民家　箱木家　兵庫県

民家（『日本列島民家史』より）

ていない。現在、居住専用に供しているチセはない。琉球の民家は十八世紀以降のものが現存しており、分棟型、つまり居住の部屋部分と炊事部分とが別々の建物からなっているか、またはその変化型が多くを占めているところに特徴がある。床の間など座敷飾りや叉首組など一部にヤマトの影響が及んでいる。また、畜舎そのほかに中国の影響が認められる。沖縄列島と奄美諸島とでは平面、構造に違いがみられる。ヤマト（本土）の近世の民家は、現在では二棟造、クド造、四方蓋、大和棟・高塀造、鳥居建て、あずま建て、合掌造、本棟造、かぶと造、押上げ屋根、分棟型、中門造、曲家などと呼ばれる形式、特になになに造と呼称されないものなど、細かくみれば外観や平面・構造にさまざまの変化がある。これらの多くは近世に成立した形式である。屋根を形づくる小屋構造をみると、全国的に叉首組が用いられているなかにあって、先進地である近畿地方の中心部をとり囲む形で、中世の民家である兵庫県の箱木千年家をはじめとする古い民家に、小屋組で梁上に束をたてて棟を支える棟束構造が残っており、これらは十八世紀以降に叉首組に移行する。近世民家の変化発展の要因は、庶民の床の間を構えた書院座敷を持ちたいという欲望であり、これは平面の構成に大きな影響を及ぼし、また養蚕は構造に大きな変化をあたえた。　↓合掌造　↓曲屋　↓間取り

参考文献　川島宙次『滅びゆく民家』、一九七三、大河直躬『住まいの人類学』、一九八六、宮澤智士『日本列島民家史―技術の発達と地方色の成立―』（『住まい学大系』二二、一九八九）

（宮澤　智士）

みんかんしんこう　民間信仰　〔定義〕Folk-beliefs, Volksglauben, Croyances populaires の訳語。原始・古代以来の宗教が蓄積されている一方で、創唱宗教との交渉を通して、あるいは国の宗教政策、社会の変化・変貌などによって、変容・変質しながらも、生産活動や人間関係をはじめと

する人々の日常生活・社会生活を基盤として現われてくる宗教現象。民間信仰は民俗のなかの宗教現象、宗教のなかの民俗的現象と言い換えることも可能であり、近年では民俗宗教Folkreligion, Volksreligion, religion populaireと称されることも多い。ただし民間信仰と民俗宗教との関係について、両者を同一のものとする立場と両者の間に差異を認める立場とがあり定まっていない。しかし教祖・教理・教団を備えた仏教・キリスト教・イスラム教などの創唱宗教(成立宗教・世界宗教)と対比して民間信仰・民俗宗教を捉えていることが一般的である。

　民間信仰という言葉自体は、姉崎正治「中奥の民間信仰」(『哲学雑誌』一三〇、一八九七)で使用したのが最初であるが、それをはじめて体系的に論じたのは堀一郎である。堀は宗教史学の立場から文明社会における民間信仰を「民族の宗教体験の歴史の中の、特に前近代的な、未分化の分野を指すものであり、混融複合的な呪術宗教的領域にとどまるもの」(『民間信仰』、一九五一)と規定している。また桜井徳太郎は民俗学の立場から「地域社会の共同体のなかにおいて、平々凡々の生活を送ってきた民衆のあいだに成立し育成された、日常的な庶民信仰」(『日本民間信仰論(増訂版)』、一九七〇)と規定した。堀の定義は古代や残留・残存を強調しすぎ、創唱宗教に対して民間信仰が価値の低いものという誤解を受けやすく、桜井の定義は、レッドフィールドが都市社会urban societyと対比して設定した民俗社会folk societyの宗教現象に留まるものと誤解されかねない。しかし二人の定義は、農山漁村の民俗を主要な研究対象としてきた民俗学研究の状況によるものといえよう。

〔基層信仰〕民俗学的立場・宗教学的立場双方からみても、人々の日常生活・社会生活に基盤をおく民間信仰は、宗教のなかで基層に位置付けられよう。そのなかで大きな比重を占めているのが原始宗教に繋る自然に対する信仰である。山・海・川・水・岩石・樹木・草花・動物・日月星辰・風・雨・雷などを聖なるものとして崇拝し、それらに霊を認める精霊崇拝、さらに神格化した山の神・水神・石神・海神・風神・雷神などの信仰は古代以来の民間信仰のなかで主要な柱の一つとなってきた。松や杉に代表される常緑樹は神霊の依代とされ、臭(にお)いや形状に特徴ある植物は魔除けのために使用されることも少なくない。また猿・狐・鹿・蛇・鳥・鶏をはじめとする動物・鳥類などは神使とする信仰も広くみられ、動植物によって吉凶を判断したり未来を予測することも少なくない。神格化した神々は多様な性格が付与された。たとえば山の神の場合、山を支配する神であると同時に鉱物・動物・植物など恵みを与える神として信仰されており、さらに里の民は田の神との交替を説き農耕神として、漁民は漁業神として信仰しているほか、山の神を産神とする信仰も各地に伝えられている。太陽・月は日待・月待の行事にその様子をうかがうことができ、水神・海神は農村・漁村それぞれにおいて卓越した信仰を示しているが、水や海水そのものも穢れを祓い清浄な状況をつくりだす神秘的な力があると観念され禊儀礼が伝えられている。同じように火も穢れを消除する力があるとされているが、火を継承・更新の象徴とみなしていることも一般的で、さらに穢れに犯されやすい不安定な存在と観念されてきた。罪や穢れが災禍をもたらすという考え方から盛んに禊儀礼や火祭の儀礼が行われてきたが、火祭の儀礼には前述した意味のほかにも五穀豊穣、太陽の復活などさまざまな性格が付与されており、家の火所にまつられる火の神は、家族の生命の保全と家の繁栄を守護する神とされてきた。また、ハレ、ケ、ケガレの相関関係に関しては諸説が提出されているが、民間信仰を構造的に理解する上では、欠くことのできない問題といえよう。

原始宗教へ繋る信仰の一つに呪物崇拝やシャーマニズムがある。呪物崇拝としては護符・神札・お守り・人形(ひとがた)などが代表的なものであり、常に身に付けていたり、家の戸口に貼る、境に立てるなどさまざまな方法がとられている。こうした呪物は、縁起物・祝い棒に代表されるような福をもたらすものよりも災いの予防・除去に使用されるものが多いように思われる。シャーマニズムの現象も民間信仰においては大きな比重を占めており、特にイタコやカミサン、沖縄のユタなどの巫女、御嶽行者・富士行者・稲荷行者などの行者など、宗教的職能者を通して現われることが多い。社会的に実害を及ぼしてきた迷信の一つに動物霊が人間に憑依して病気などの災禍をもたらす信仰がある。その中には憑物の家筋を形成し、憑物の家筋に生まれたがために差別を受けるという迷信もあった。

シャーマニズムの基礎をなす霊魂に対する信仰は、民間信仰においては自然に対する信仰とともにその中心を形成しているといえよう。日本人の霊魂観が最もよく表われているのが産育儀礼と葬送儀礼とであり、産育儀礼では赤児の身体に籠った霊魂を強固にする儀礼が繰り返され、葬送儀礼では身体から分離した魂をあの世に送る儀礼が繰り返されるというように、あの世とこの世とを循環するものと考えられてきた。そして死後身体から分離した霊魂、つまり死霊は子孫によってまつりが繰り返されるにつれて次第に清まり、三十三回忌あるいは五十回忌のまつりによって非個性的な祖霊に融合し、祖霊が先祖・祖先神としてまつられるとされる。こうした観念は埋め墓・詣り墓の二つをもつ両墓制からもうかがえる。しかし古代に成立した御霊(ごりょう)(政治的に失脚し、この世に怨みを残したままの死者の霊)信仰が発展し、人生を全うすることなく非業の死を遂げた者、まつり手のない者の霊一般がさまざまな災悪・災禍をもたらすものと考えられるようになる。その意味では祖先崇拝・祖先信仰と御霊信仰とは表裏一体の関係にあるといえよう。

民間信仰が宗教全体のなかで基層部に位置づけられる信仰とすれば、そのなかの基層部に禁呪兆占を中心とする俗信 superstition を据えることができる。この俗信の領域が呪術宗教的、未体系といわれる性格を最もよく表わしているが、超自然的存在が民間信仰・俗信に不可欠なものとみるならば、これまで俗信の一部とされてきた天候の予知(予兆)、道徳的規範から外れたタブーなどはその枠からはみだすことになる。

〔村落社会の民間信仰と都市社会の民間信仰〕 農山漁村の村落社会では、宗教的にみても小宇宙を形成している。村境には境の神がまつられ、疫病神・邪霊邪鬼邪神の侵入を防ぐ機能を果たし、その場は祭祀の場ともなる。地域全体でまつる氏神は地域全体の安全と繁栄を約束し社会統合の象徴として春秋二回あるいは一回、定期的な祭祀が営まれ、その祭祀組織も多様であるが、近畿地方を中心として宮座組織をとる形態も広くみられる。概して氏神は封鎖性の強い性格をもち、その内部に組の神・同族神・屋敷神・家の神と同系の神々が重層的にまつられている。さらに各種の神仏を対象にした講祭祀が行われ、その一形態として有名な諸社寺へ参詣するための代参講も盛んであった。こうした神仏の祭祀とともに年中行事や通過儀礼を通して神観念や霊魂観をうかがうことができる。氏神系祭祀や講祭祀は都市社会においても認められるが、夏祭が都市社会に起源をもつとされているごとく除災に中心がおかれ、それと対応する形で福神信仰が発達してきたといえる。しかし村落社会と都市社会との民間信仰の相違は、前者が雨乞いや虫送りにみられるように共同祈願が支配的であるのに対し後者は個人祈願が卓越していることであり、信仰の普及に流行神的様相をおびることが多く、盛衰が激しいことであると思われる。

〔民間信仰と創唱宗教・宗教政策〕 民間信仰と深くかかわる創唱宗教は仏教である。仏教は時代によって様相を変えてきているが、民衆支配の一翼を担うようになった近世において、民間信仰と最も深くかかわりをもつようになったといえる。江戸幕府の宗教政策によって宗派ごとの本寺末寺の関係が確立し、寺請制によって檀那寺と檀家という関係が確立するとともに、滅罪寺の僧侶は葬祭を執行し、死後の供養を掌るようになって祖先信仰と深くかかわりをもつようになった。そして寺請制がなくなった近代以後においても、寺檀関係の多くは継承されている。この寺檀関係は一家一寺制が原則であるが、一家で二つ以上の檀那寺をもつ複檀家(半檀家)もみられるほか、滅罪寺以外にも檀家をもたない祈禱寺が存在してきた。こうした祈禱寺も民衆の現世利益的要求に応えてきた。しかし寺檀関係は仏教と民間信仰とのかかわりを示す一例であり、それ以上に阿弥陀・地蔵・観音・薬師・不動をはじめとする諸仏諸尊に篤い信仰が寄せられていること、古代以来の聖をはじめとする仏教系・修験道系下級宗教者の活動、巡礼や本山参り、盆行事や彼岸行事が仏教的色彩が濃厚になっていることなどを見逃すことができない。近代初頭の神仏分離令・修験道廃止令・淫祠邪教の禁止・女人禁制の解放、神社合祀をはじめ、明治政府が目指した神道国教化政策は民間信仰にも大きな影響を与えている。 ↓俗信 ↓民俗宗教 ↓迷信

参考文献 柳田国男「妹の力」(『柳田国男全集』一一所収、一九九〇)、同「先祖の話」(同一三所収、一九九〇)、同「神道と民俗学」(同)、同「祭日考」(同一四所収、一九九〇)、同「氏神と氏子」(同)、同「石神問答」(同一五所収、一九九〇)、桜井徳太郎編『信仰伝承』(『日本民俗学講座』三、一九七六)、宮田登『民俗宗教論の課題』、一九七七、同『神の民俗誌』(『岩波新書』黄九七、一九七九)、五来重他編『講座日本の民俗宗教』、一九七九・八〇、宮家準『生活のなかの宗教』(『NHKブックス』三七六、一九八〇)、桜井徳太郎『日本民俗宗教論』、一九八二、牧田茂・坪井洋文編『信仰伝承』(『日本民俗研究大系』二、一九八二)、宮田登編『神と仏—民俗宗教の諸相—』(『日本民俗文化大系』四、一九八三)、宮家準『宗教民俗学』、一九八九、宮田登『民俗神道論』、一九八九

(宮本袈裟雄)

みんかんでんしょう　民間伝承 tradition populaire(仏)のポピュレールを民間に、そしてトラジシオンには伝統ということばを避けて伝承と訳したもので、柳田国男の造語である。柳田は大正の半ばごろからこの術語を用いはじめ、一九三五年(昭和十)には民間伝承の会という名の研究組織を結成したが、一方ではフォークロア folklore(英)とかその訳語である民俗という術語も用いていた。これらの諸概念は厳密には異なるが、これらは同義の言葉として柳田をはじめ関係者により、民間伝承の会が日本民俗学会と改称されるまで多用されていた。ここで民間とは、ただ単に官に対する対概念ではなく、また階級や階層と直接的に関連するものでもなく、文化概念である。すなわち民間伝承は主に人々の日常生活を構成する文化だという意味では生活文化に近く、また、文化を上下の二層に分けた場合には基層文化の基本的な要素といえる。伝承は上層文化にも存在するのであるが、民間伝承と、特に民間という語を付した理由は、研究対象が上層文化ではなく、生活文化ないし基層文化にあることを明示するためであった。

参考文献 柳田国男「民間伝承論」(『柳田国男全集』二八所収、一九九〇)、和歌森太郎「民俗学の歴史哲学」(『和歌森太郎著作集』一〇所収、一九八一)、平山和彦「伝承の理論的考察」(『伝承と慣習の論理』所収、一九九二)

(平山　和彦)

みんかんぶんげいモチーフさくいん　民間文芸モチーフ索引　アメリカの昔話研究者トンプソン Thompson, Stith（一八八六―一九七六）の手になる昔話・伝説・神話・バラッド・寓話・中世ロマンスなど口承文芸や民間文芸を対象にした全六巻からなるモチーフ索引 Motif-Index of Folk-Literature（一九三二―三六）のこと。トンプソンはモチーフを「物語のなかの持続して伝承される最小要素」と定義し、そうしたモチーフを㈠行為者、㈡行為の背景、㈢単一の出来事の三つに大別して抽出・分類し、それぞれの項目に番号を付して実用の便をはかった。この索引は全世界の民間文芸を資料とし、ほとんどのモチーフに典拠があり、また多くのモチーフに話の展開が付されているので文芸一般の比較研究にとって有益である。しかしトンプソンのモチーフ定義には反論もあり、たとえばアメリカの口承文芸研究者アラン＝ダンデス Dundes, Alan は、単位とは本来一定の量を表す基準であるから、「持続して伝承される」ことが本質的差異であるようなものが単位となることはできない。またモチーフが行為者や行為の背景や単一の出来事でもあるというのも単位としての資格がないと主張した。ダンデスは、代わりに、ロシアの構造主義的口承文芸研究者ウラジーミル＝プロップ Propp, Vladimir（一八九四―一九七〇）がロシア魔法昔話の構造を分析する際に基本的要素として用いた「機能」をモチーフとして提唱している。

参考文献　小沢俊夫「モティーフ論」（『口承文芸研究』九、一九八六）、ダンデス「エティック的単位からイーミック的単位へ」（ダンデス他『フォークロアの理論―歴史地理的方法を越えて―』所収、一九九四）
（高橋　宣勝）

みんかんやく　民間薬　古くから経験的、ときに信仰的に、病気の治療や予防に用いた植物、または動物臓器のこと。現代医学の視点からすれば、まったく無効なものもある。反面、薬草あるいは漢方処方として使われているものも多い。最近では、薬害が社会問題化するにつれ、これらの民間薬があらためて見直される傾向にある。民間薬は、人類の始源とともにあったといってよい。もちろん原始においては、呪術的な色彩が強かった。病気を悪魔の仕業とみる病理観から、体内に入った病魔を追い出すことが治療を意味した。古代、下剤に類するものが多く用いられたのも、このためである。民間薬の歴史を見ていくには、その時代の病理観を無視することはできない。民間薬の使用にあたっては、第一に経験（効用）が重視されたことはいうまでもない。江戸時代に入って、民間薬の解説書『救民妙薬』（一六九三）、『広恵済急方（こうけいさいきゅうほう）』（一七八九）などが、いくつか出版され、庶民の間でも重宝された。たとえばシャックリ止めに柿の蔕（へた）を用いることや、痔の治療に無花果（いちじく）の葉を、清涼剤に枇杷葉が良いなど、多くの療法が記載されている。これらは、人々の生活のなかで語り継がれたもので、今日でもよく利用されている。医師・薬剤師などの医療の専門職が、明治時代に法制化されるまでは、医療の普及も不十分で簡単に医者にかかったり、薬をのむという訳にはいかなかった。多くの庶民たちは、町や村の物知りから医薬の知識を得た。ここに、人々が自分の健康は自分で守るという自己治療（セルフメディケーション）の習慣が、次第に育まれていった一つの要因がある。江戸時代の『譚海』（一七九五）、『耳袋』（一八一四）、『武江年表』（一八四八）などには、民間薬に関する情報が多いのもこのためであろう。昭和の初期、帝国女子薬専（東邦大学）が、民間薬の全国調査を行なった。綿密に調査してあったが、経験的効果や信仰的なものを基礎としているだけに、評価の方法も難しい。こうした調査をさらに拡大して、民間薬の再評価を進めていくことも、今後に残された大きな課題であろう。

参考文献　清水藤太郎『日本薬学史』、一九四九、伊沢凡人『和法―日本古来の薬草療法―』、一九七六、富士川游『民間薬』(『富士川游著作集』五、一九八二)、東邦大学薬学部編『日本民間薬草集覧―にっぽんの民間療法の原点 旧・帝国女子医学薬学科編―』(「ゴリラ・ブックス」二一、一九八五)、吉岡信『近世日本薬業史研究』、一九八九、鈴木昶『生薬歳時記』、一九九四
(吉岡　信)

みんかんりょうほう　民間療法　治療や予防にかかわる体験的な知識を集積させた療法。近代国家は西洋医学をもって唯一正統な医学と定め、それを修めた者のみに医師の資格を付与する制度を作り上げたため、これまで医学の主流を占めていた漢方医や鍼・灸・按摩・指圧師などは無資格医療者として医師の監督下に置かれるようになり、その他は医業類似行為として取締りの対象とされた。このように国家によって非正統医学・代替医学と位置づけられた療法の中で、今日の「あん摩マッサージ指圧師、はり師、きゅう師等に関する法律」「柔道整復師法」、あるいは「薬事法」「薬剤師法」といった医事・薬事関係の法律に囲い込まれない療法が民間療法ということになるであろう。この中に野口晴哉のいわゆる野口体操とか、全人的に働きかけて病人自身がもつ免疫力などを活性化させ自然治癒をめざすホメオパシーhomeopathy、あるいは整骨療法やカイロプラクティックchiropractic、食餌・断食療法や催眠療法、呼吸療法や太極拳、温冷水浴療法や陰イオン療法といったものも含めて考えるべきなのか、意見の分かれるところである。これらの中には伝承的な療法に、科学的な裏付けをとって体系化を進めているものもある。民間療法は医療の専門家のいないところで、庶民がみずからの生を全うさせる過程で生み出された知恵であり、通常、集団に共有されていて学校現場で教えられることはない。それらには呪い(まじない)の要素を濃厚に持ったものもみられるが、それらもその療法が生きていた時代精神のもとでは合目的、合理的な対処法となっていたのである。今日の科学で有効性が立証され得ないからといって一概に否定すべきものではなく、たとえ呪い(まじない)であっても病人に精神的な安定をもたらす効用も認められる。漢方薬と違って生薬を単味で用いる民間薬は今でも根強い人気があり、咽喉の痛みにニンニクやナンテンの実を、歯痛にネギを、腹痛や二日酔いに梅干を、消化不良にゲンノショウコ、センブリを、火傷にアロエを、消臭・殺菌にドクダミを、滋養にクコ・柿の葉を、アセモに桃の葉などを用いると効くことが知られている。寒気におかされて耳や手にできるしもやけ、手足の皮膚に亀裂を生じさせるひび・あかぎれにはショウガ汁をつけ、味噌や柿渋をすり込むなどしていたが、これら冬の風物詩ともいえる行為も第二次世界大戦後の高度経済成長による栄養状態の改善によって次第に消失していった。病人に神水や護符を与え、祈禱や呪符を用いて庶民を眩惑させる信仰治療的な行為は、明治の「警察犯処罰令」の適用を受けて影をひそめたが、修験者を招いて無病息災を祈り、寺社のお札を家内に貼り、茅の輪をくぐるといった民俗は今日でも生きており、民間療法の重要な一角を占めている。民間療法には現代医学から見放された病人を受け入れる素地もあって、現代の医療システムの中で補完的な役割を果たしている。

参考文献　今村充夫『日本の民間医療』(「日本民俗学研究選書」、一九八三)、根岸謙之助『医療民俗学論』、一九九一、WHO編『世界伝統医学大全』(津谷喜一郎訳、一九九五)、黒田浩一郎編『現代医療の社会学―日本の現状と課題―』(「世界思想ゼミナール」、一九九五)
(新村　拓)

みんぐ　民具　日常生活の必要から製作・使用してきた伝承的な器具・造形物の総称。民具という語の語感からしてそれは衣食住・生業の用具

だけのような印象を与えるが、実際は生活全般にわたるもので、人々が生活の必要から製作・使用してきた伝承的な器具・造形物の一切を含むものである。それはまた日本人が日本列島に生活を営みはじめて製作・使用してきたものから現代の用具までも対象とされる。事実、縄文人の発想による用具が厳然と今日に伝承されているものも少なくない。そのために近年までは自製・自給のものだけが民具とされてきたし、自製・自給の用具は民具の基本ではあるが、社会と生活技術の発達により、素人だけでなく半職人・専門職人の製作による民具が生まれた。ことに中世以降はその傾向が著しくなった。それらは非常に広範囲に流通し、今日も流通しているが、これらも民具であり、「流通民具」と称すべきものである。さらに現代においては機械工業による大量生産された用具が人々の中に浸透しているが、これも民具の範疇に入るものが多々ある。

民具が民具として成り立つためには、まず生活の必要から、誰かが心のうちにある考えを「具象化して創作」する。つぎにそのものが、社会あるいはある種の共同体の成員により、「共通の理解」を得る。そのアイディアとパターンが定型化され、社会のなかで「伝統的に共有」される。それを作り手・使い手ともに習得し、「慣行的に伝承」される、という四段階をふむものである。そこで特に重要となるのが「共通の理解」という段階である。それは製品の効能を理解しているというだけでなく、創作者と同じ程度に使用者がその意匠・構造を理解していなければならないということである。したがって、材質がなんであるか、また手作りであるか否かは、資原材料、生産構造・流通機構・社会形態の差異から生じるものであり民具にとって本質的なものではない。要するにアイディアとパターンが「伝統的に共有」され、「慣行的に伝承」され、人々の生活の中に生き、使いこなされ、使うものが抵抗感を持たないかぎり、それは民具の範疇に入るものである。民具研究の対象は現行顕在の民具はもとより、現存はしないが生活の中に知識として伝承され、復原可能な潜在民具から、出土遺物としての民具も対象とし、そのことによって民具の歴史的層位性を明らかにしながら生活のありようとのかかわりを明らかにする。すなわち民具そのものの研究をもとに、民具の使い方の考察を通じて人間生活の構造から生活文化の歴史的展開を明らかにするものである。この語をはじめて提唱したのは渋沢敬三で、一九三三年（昭和八）から三四年にかけての時期であった。そして一九三七年『民具問答集』に「民具蒐集調査要目」を付し、そこで渋沢は民具を「我々同胞が日常生活の必要から技術的に作り出した身辺卑近の道具」と定義した。その民具分類項目は、㈠衣食住に関するもの　家具・燈火用具・調理用具・飲食用具・食料および嗜好品・服物・履物・装身具・出産育児用具・衛生保健用具、㈡生業に関するもの　農具・山樵用具・狩猟用具・漁撈用具・紡織色染用具・畜産用具・交易用具、㈢通信・運搬に関するもの　運搬具・行旅具・報知具、㈣団体生活に関するもの　堂椀などの共同使用道具・災害予防具・若者宿の道具・地割用具・共同労働具、㈤儀礼に関するもの　誕生より元服・婚姻・厄除け・年祝い・葬式・年忌に用いるもの、㈥信仰・行事に関するもの　偶像・幣帛類・祭供品および供物・楽器・仮面・呪具・卜具・祈願品、㈦娯楽・遊戯に関するもの　娯楽・遊戯・賭事・競技に関する器具、㈧玩具・縁起物など、手製の玩具にして商品にあらざるもの、など生活文化の全分野にわたる器具・造形物をあげており、今日の国指定重要民俗文化財の基準・分類もこれに準じている。

日本の民具研究はすでに明治時代に始まる。その嚆矢として、研究とはいえないまでも、日本の民具について深い関心を寄せ、民具の収集と民具の理解に努めたのは、モースMorse, E. S.であった。モースは一八七七年(明治十)六月、腕足類などの採集の目的で来日し、その際、大森貝塚を発見したことで知られるが、日本滞在中に日本の民具や住宅に関心を寄せ、『日本その日その日』で「近頃、私は日本の家内芸術に興味を持ち出した(中略)時間が許しさえすれば、私はこの種の品物を片端から蒐集したいと思う」と述べている。この家内芸術と呼んだのは、家庭で使用する用具で、その例として各種のバケツすなわち桶類をあげている。モースはそうした日本の庶民の生活用具すなわち民具と、それを作り使う生活を知ることによって日本および日本人を理解しようとした。三度目の来日中にモースが収集した資料は合計八百二十一点を数え、それについてはみずから収集目録を書き残している。この収集品のなかに数多くの看板がある。看板は商いのありようと商品に対する人々の意識・感覚を如実にあらわす商業資料であり重要な民具である。こうした看板の研究はのちに坪井正五郎・渋沢敬三によって展開された。

　民具研究の先駆者として坪井正五郎があげられる。坪井は一八八六年創刊の『東京人類学会報告』の創刊間もない誌上において正月習俗の調査研究を提唱し、その誌上に削り掛けをはじめとする正月習俗にかかわる民具の調査報告、独木舟や樏についての調査研究を載せている。坪井の看板についての研究も特筆すべきもので一八八七年『工商技芸・看板考』を著わしている。これは看板研究の出発点をなすものである。坪井の門下から鳥居龍蔵が出て、アジア諸民族の民具研究に偉大な足跡をのこし、みずから邸内に土俗館を設けたほどであった。だが、坪井の死去と鳥居の転出によって東京人類学会もいきおい形質人類学中心となり、せっかく開拓された民具研究も頓挫してしまった。それ以後、渋沢敬三に至るまでは民具研究になんらかの関係ある研究としては、宮本勢助の服飾史研究、今和次郎の民家研究、西村真次の古代船研究などを数えるにすぎなくなった。

　民具の本格的研究は渋沢敬三によって始まる。渋沢はアチック＝ミューゼアム＝ソサエティを設立し、一九二五年改めて郷土玩具を中心とした民俗品の収集・展示・研究をする組織として、アチック＝ミューゼアム(屋根裏博物館)を発足させた。渋沢はおもちゃを単なるもてあそびものとしてではなく、地域の風土と生活と信仰を如実に表出した民俗品としてとらえており、今日の郷土玩具研究に多くの示唆を与えるものであった。そして民具の具体的研究の最初の試みとして、渋沢をはじめ高橋文太郎・磯貝勇・宮本馨太郎・小川徹らによって、一九二五年足半草履の共同研究が始められ、その成果が一九三六年に『民族学研究』に発表された。それは今日の民具研究の一つの方法である、一つの具体的な物を取り上げ、それをあらゆる角度から考察し、民具そのものの変遷と生活のかかわりを明らかにするという研究の端緒を開くものであった。アチック＝ミューゼアムの共同研究として足半の研究に続いて筌の研究が行われた。一九三八年全国に筌に関する通信調査を試みたもので、その成果は時局の変化などもあってまとめられなかったが、筌を原始漁法の道具の原点として位置づけた民具研究で、民具の例から日本の漁業史を追求しようとしたものであった。

　早川孝太郎は、渋沢とともに三河の民具を多く収集した体験から、民具研究についてもみずからの方法論を打ち立てていた。『蒐集物目安』(一九三〇)も早川が中心となって作り、『民具問答集』(一九三七)についても早川の見解が大きな影響を与えた。この『民具問答集』の巻末にこそ日本の民具研究の根幹となる渋沢の民具の定義・分類が示されているのである。

渋沢と日本常民文化研究所(戦時中にアチック＝ミューゼアムを改称)

の学問は民具研究と漁業史研究の二つの柱からなり、それはまた相互に有機的に関連したものであった。『日本水産史』(一九五七)、『日本の民具』(一九五八)が日本常民文化研究所編で出版されるが、前者は漁業史・水産史研究の基本的文献となるものであり、後者は民具研究の原典とすべきものである。渋沢は一九六三年死去するが、日本常民文化研究所は研究活動を続け、一九六八年四月一日、『民具マンスリー』一巻一号を発刊し、研究所が神奈川大学に招致されて以降も今日に至るまで欠くことなく連綿として発刊されている。一九七四年日本常民文化研究所は第一回民具研究講座を開催し、それは二十年に及んで続いた。この第一回講座において日本民具学会の設立が提唱され、設立された。また従来の民俗学研究者だけでなく歴史学・考古学・芸術学・技術史・保存科学など広く各学問分野の研究者が民具研究に参画するようになった。この間、宮本常一は一九六九年から民具研究の目的・方法に関する論文を発表しつづけ、それらをまとめて一九七九年、『民具学の提唱』として世に出した。これは民具研究を学問としての地位に高め独立科学として位置づけようとするものであった。近年、民具と民芸とを混同するきらいもあるが、民具の方はその機能性・実用性をもって評価するのであるが、民芸の方は機能性・実用性よりも造形的な美を発見し、工芸的価値の方を積極的に評価し、民衆工芸としての暮らしの中に取り入れようとするものである。したがって、在来製品の古いものと同様式のものを再生産したり、また古い形式の製品を基調に現代生活にそうように新しく作った新作も含まれる。そして本来の用途からはなれてまったく別の用途に使われることもあり、極端な場合は装飾品としてのみ採用されることもある。しかし、民具は現に在来の姿で使われているか、あるいはごく最近まで使用されたもので、いまなお本来の用途に使われ得るものである。だから機能性・実用性を第一義につかわれるものである。

参考文献　宮本馨太郎『民具入門』(「考古民俗叢書」五、一九六九)、岩井宏實「民具研究の軌跡と将来」(『国立歴史民俗博物館研究報告』三、一九八四)
(岩井　宏實)

みんげい　民芸　民衆的工芸の略語で、柳宗悦(やなぎむねよし)の造語。西洋的な美術の概念に対して東洋的美の範疇を模索していた柳宗悦は、思想的な共鳴者であった陶芸家の浜田庄司・富本憲吉・河井寛次郎らと相談して、一九二五年(大正十四)に民芸の語を創った。民芸とは名もなき民衆が、その生活のために作った工芸品であり、そこには貴族のための豪華な美術や、天才が独創した名品よりも、もっとすぐれた美があると考えた。また機械による大量生産は手仕事である民芸のよさを破壊すると否定した。柳は民芸という新しい思想をもって次の三つの運動をおこした。まず民芸思想の普及である。柳はそのために雑誌『工芸』の発刊をはじめ旺盛な著作活動などを展開した。これによって同調者、あるいは民芸愛好者の輪がひろがった。第二は理想とする民芸の標準作を蒐集し展示することで、日本民芸館が建設され各地に類似する施設が生まれた。第三は民芸を基準とする現代の工芸運動をおこすことで、その結果、筑前の小石原や下野の益子など民窯とよばれる陶芸が復活し、和紙・木工・版画等々、沢山の新しい作家が成長した。こうした工芸品を販売するための「たくみ」などの流通ルートもつくった。民芸の思想および民芸運動は民俗学とも非常に近い領域にあり、ことに名もなき民衆を文化の主体と考え、近代化のなかで破壊される伝統的な生活に注目する点など共通点は多い。しかし民芸は美の思想と運動である点、あるがままの民衆を研究する民俗学とは決定的に異なるともいえよう。

参考文献　水尾比呂志『評伝柳宗悦』(「ちくま学芸文庫」、二〇〇四)、熊

倉功夫・吉田憲司編『柳宗悦と民芸運動』、二〇〇五　（熊倉　功夫）

みんぞく　民俗　一般的には、民衆の習わしとか民間の風俗・習慣などという意味で用いられる。これに類する熟語として、漢語では土俗・習俗・風俗・慣習・習慣が、和語としては風習・慣行・慣例などがある。それぞれの語義には微妙な差異があるが、習わしという点では共通性がある。民俗という語は古代に輸入されたが、普及をみたのは新しく、学界でも一九四九年(昭和二十四)にそれまでの民間伝承の会を改組・改称して日本民俗学会が成立して以降のことである。それまでは、民俗という言葉よりも民間伝承とかフォークロアという術語が用いられ、明治・大正の一時期には土俗とか土俗学を提唱する研究者もいて土俗と民俗とを同じ概念とみなす見方もあった。また、民俗を伝承とか伝承文化と同義とする見解もあるが、上層文化にも伝承や伝承文化の要素はあるので、民俗は上層文化ではなく、基層文化を形成する基本的な要素として捉える方法が妥当である。民俗は、生活文化のうちの伝承、すなわち先祖代代受け継がれてきた部分と深く関連しているのである。民俗を民間伝承ないし伝承と同義とすることは、民俗が習わしという意味でも用いられてきた事実からも、また理論的にも不十分であり、民俗を伝承と慣習の複合体と捉えることがより合理的である。他方、民俗は民間信仰や俗信としての性格をもつ場合が多い。したがって、典型的な民俗はこれらの三要素(伝承、慣習、民間信仰・俗信)からなるともみなしうる。これらはかつては互いに複合していたに違いなかろう。けれども現代においては、こうした三要素を備えた事象をのみ民俗だとして概念規定するのは、もはや狭義に過ぎる。民間信仰や俗信は根強い伝承性をもつとはいえ、反面では合理的観念の普及により急速に消滅していくことは、明らかだからである。それゆえ、少なくとも民俗を伝承と慣習の複合体と捉えることがより有効なのである。それは民俗を広義に理解することであり、また民俗が現代の都市生活者にとってもなお無縁ではない事実を示すことでもある。　↓民間伝承(みんかんでんしょう)

参考文献　平山和彦「伝承の理論的考察」(『伝承と慣習の論理』所収、一九九二)、同「民俗と伝承社会」(『講座日本の民俗学』一所収、一九九八)
（平山　和彦）

みんぞく　民族　文化の重要ないくつかの面を共有する人間のかなりの規模の集合が、自分たちを他と区別してしるしづける必要が生まれたとき、そのしるしづけによってわれわれ意識をもつ集合。民族という日本語は、明治以後、三宅雪嶺・志賀重昂、ややおくれて徳富蘇峰らの国粋主義的言説の中で、「われら大和民族」のように、自分たちを特定して指すのに用いられたのをはじめ、断片的な用例はあるが、現在使われているような意味では、両大戦間の二度の訪欧から帰国したあとの柳田国男が、ドイツ語のVolkやEthnosなどに対応する語として用いたのをはじまりとすると思われる。ヨーロッパでも早くから中央集権的国家を発達させたイギリスとフランスでは、民族に対応する概念は、people(英)、peuple(仏)というきわめて広い意味をもった語のほかは、nationであり、これは多少とも自覚的に共通の政治組織としての国家を形成する人々の集合として、日本語でならむしろ国民と訳すべきものである。元来、「生まれを同じくするもの」を意味するラテン語natioに由来し、中世の大学生の同郷団体で用いられたこの語は、十九世紀ヨーロッパにおけるナショナリズムのたかまりの中で、国家と結びついた意味を急速に帯びてゆく。事実、二十世紀に入ってからのLeague of NationsやUnited Nationsなどの組織は、日本語ではそれぞれ国際連盟・国際連合であり、nationは国家と訳される。十九世紀後半、英仏より遅れて国家建設に向かったドイツは、言語・文化を共有する共同体としてのVolk(民族)を自覚化し、民族の意識をたかめることで、統一国家を形成しようとした。ナポレオン占領下で青少年期を過ごしたグリム兄弟らの、民俗学的研究と結びついた大ゲルマン主義の民族運動は、ほぼ同時代に近代的国民国家の体裁を整えて、欧米の作る国際社会に仲間入りしようとしていた日本の柳田国男にも、大きな刺戟を与えたと思われる。以来、第二次世界大戦後、かつての西欧の植民地が独立する時点でも、十九世紀ヨーロッパモデルの国民国家を形作ることが、国際社会(国連)に加わる前提であり、植民地から国民国家へ向かう運動はナショナリズム(日本語では民族主義と訳される)、それを妨げる動きはトライバリズム(部族主義)として性格づけられている。民族という概念も、十九世紀ヨーロッパ、ついで非ヨーロッパ世界での、国家統合との関係で生まれ、意味をもってきたものであることを明確にしておく必要がある。二十世紀になって、このような国民国家統合に整合しない人間集合を、政治的であるよりは文化的統一体として指すのに、ドイツ語には比較的早くからとり入れられていたエトノスと同系統のギリシア語起源の語であるエスニック＝グループethnic groupが用いられるようになった。これはアメリカ合衆国のような、祖先の出自が多様な国民の集まっている国でまず使われたが、短期間のうちに世界で広く用いられるようになったのは、一民族・一言語・一国家という国民国家の幻想が、時代に合わない擬制として、世界各地で多くの問題を生み出している現実を表わしているだろう。かつては民族を定義するのに、客観的規準(出自・言語・宗教・生活慣行などの共通性)と、主観的規準(われわれ意識の共有)の二つの面が問題にされたが、前者は詳細にみれば、明確な境界をもつものとして集団を規定できず、後者はきわめて状況的、相対的なものでしかないことが、具体的な研究を通じて明らかにされた。むしろ、自生的と当事者が思いこむ一面と、状況の必要に応じて、作為的、政治的に作り出されるものとの相互関係が、民族という実体概念としての基盤がきわめて曖昧な、しかし旗印としては情動に訴える強い力をもちつづけているものを考える上で、重視されるべきであると思われる。

参考文献　川田順造・福井勝義編『民族とは何か』、一九八八、岡正雄・江上波夫・井上幸治編『民族とは何か』(「民族の世界史」一、一九九一)、青柳まちこ他「いま、人種・民族の概念を問う」(『民族学研究』六二ノ一、一九九七)

(川田　順造)

みんぞくがく　民俗学　世代をこえて伝えられる人々の集合的事象によって生活文化の歴史的展開を明らかにし、それを通して現代の生活文化を説明する学問。英語のfolklore、ドイツ語のVolkskundeに対応する語。民俗学は、基本的には、一定の集団を単位に上の世代から伝えられてきて、現在人々が行為として行い、知識として保有し、観念として保持している事象、すなわち民俗を調査・分析し、世代をこえて伝えられてきた生活文化およびその変化過程を明らかにすることで歴史的世界を認識する方法である。旧来の歴史研究のように過去に文字で記録された資料に頼って記録された当時を明らかにするのではなく、現在の事象によって過去の人間生活を究明するという一見矛盾する方法を採用する。民俗学という用語は、民俗という語に比較すると新しく、フォークロア、フォルクスクンデの訳語としての民俗学は、上田敏の俗説学を経て、明治末に確定した。柳田国男も『石神問答』(一九一〇)のなかの数ヵ所で民俗学という語を用いている。一九一二年(明治四十五)に石橋臥波・芳賀矢一・富士川游らによって日本民俗学会が組織され、翌一三年機関誌『民俗』が刊行されたが、その趣意書で民俗学とはVolkskundeのことだとしたあたりから普及したものと思われる。柳田国男は民俗学という用語で呼ぶことを久しく躊躇して、郷土研究とか民間伝承と表現していたが、一九三〇年代後半以降民俗学を採用した。

〔成立〕民俗学はその萌芽をヨーロッパのルネッサンス期に求めることができるが、具体的に研究が開始されるようになったのは十九世紀中ごろイギリスにおいてであった。産業革命が進行し、急速に伝統的と思われる生活様式が消えていくなかで、懐かしみの気持ちから古い生活文化への関心が高まり、しかもそのなかに自分たちのはるか昔の姿の片鱗を発見しようとして、民俗の研究は開始された。特にキリスト教化する以前への関心が、地方に古くから伝わる年中行事や伝説の調査へ向かわせた。当時の思潮は進化主義の時代であり、人類はみな同じ進化の過程を歩むので、現在見られる地域的相違は人間の進化の各段階を示していると認識し、各地の地域差を比較すれば、歴史過程を再構成でき、古い姿も確認できるという考えによって民俗学も成立した。しかも急速に世界帝国を築こうとしていたイギリスでは、範囲をイギリスに限定することなく、人類全体の歴史を再構成しようとする傾向が強く、人類学との親近感が大きかった。それに対して、ほぼ同時期に民俗学が成立したドイツでは、民族統一が政治課題であり、民俗学もドイツ民族の自己認識をめざす研究として成立した。民俗学は世界各地でこの二つの側面を持ちつつ展開した。いずれにしても、民俗学は文明社会において、文字に依存せずに、世代を超えて伝えられてきた事象によって、現在に至る歴史過程を明らかにするものであり、未開社会とか無文字社会の研究として発達してきた民族学・文化人類学とは異なった。日本ではイギリスの影響を強く受けつつも、ドイツ流の民族を強調する民俗学として二十世紀に入ってから本格的に成立した。主導したのは柳田国男であり、彼の使命感・学問観が民俗学の内容に深く関係していた。一九三〇年代に民俗学を確立する過程で一国民俗学が強調され、日本民族における生活文化の歴史を明らかにし、現代を理解する学問として確定した。

〔目的〕民俗学はそれぞれの社会の置かれた状況に対応して、大きな使命をもって登場してきたが、日本ではことに開拓者柳田国男の使命感によって実践的な性格を強く持った。柳田は確立期である一九三〇年代にしばしば「世のため人のため」の研究を標榜した。人々を苦しめ悩ましている現実問題解決のための答えを歴史に求め、その歴史を明らかにするために民俗学があるという主張である。現実問題解決に資する民俗学である以上、描き出される歴史ははるか昔の歴史ではない。柳田は起源論を厳しく批判し、現在に至る過程を明らかにすることで、現実の理解困難な問題についての解答を用意し、未来へ向けての方策を考える手がかりを提供するのが民俗学の目的であるとした。「経世済民」の学としての民俗学は柳田にあっては一九三〇年代だけのことではなく、一九一〇年代以降一九六〇年前後まで変わることのない使命感であった。しかし、民俗学としての体系が整い、また学問としての市民権をまがりなりにも認められるにつれ、民俗学の実践性は薄れ、むしろ政治や国家あるいは現実の社会問題とは縁のない世界を研究するものと考えるようになった。晩年の柳田が講演題目に「日本民俗学の退廃を悲しむ」を選んだのはそのことを批判してのことであったと思われる。一九七〇年代以降、民俗学が大学教育の中に一定の位置を占めるようになると、民俗学の議論から学問の基本的性格に関する論がなくなり、資料操作法を中心にした方法論議に終始することとなった。

〔対象〕民俗学の研究対象は民俗と表現されてきた。十九世紀イギリスの民俗学は、民俗学協会の機関誌の表紙に「神話・伝承・制度・慣習」

と表示したように、生活全般が民俗であった。ドイツでも同様であった。しかし、その後イギリスでは昔話・伝説・民謡などの口頭伝承が研究の中心となった。さらにフィンランドを中心に発達した民俗学はもっぱら昔話を研究するものであった。この傾向はロシア、アメリカなどの民俗学で顕著となり、民俗学は口頭伝承を研究する学問とさえ理解されるようになった。今日でもアメリカをはじめ世界各地の民俗学は事実上口頭伝承の研究として存在する。日本では柳田国男が民俗学の研究対象を幅広いものとして設定した。柳田は『民間伝承論』(一九三四)や『郷土生活の研究法』(一九三五)で民俗資料の三分類案を提示した。目による採集で獲得される生活外形(有形文化)、目と耳による採集で把握できる生活解説(言語芸術)、感覚を共有することで初めて捉えることができる生活意識(心意現象)の三分類であるが、それぞれに含まれる内容は量的に均等ではなく、生活外形が圧倒的に多かった。現実に民俗調査の内容の大部分は生活外形であり、それは人々の行為として目に入ってくる存在である。現在に至るまで、日本の民俗学研究は行為として示された行事・儀礼・組織・制度などを主要な対象とし、また心意の把握に大きな価値を置いており、そこに欧米の民俗学とは異なる特色がある。言い替えれば、日本の民俗学は、口頭伝承という語りに加えて、人々の行為に示される制度や慣習を重視し、さらに意識・観念をも明らかにしようとする総合的な学問として発達してきた。民俗学は研究に際して民俗を保持する人々からいわゆる聞き書きという方法で民俗事象を獲得しようとするが、その主要な目標は聞き書きの場で語られた語りそのものではなく、聞き書きを通して把握できる人々の行為や知識そして観念である。したがって、聞き書き以外のさまざまな方法、たとえば観察調査や実測調査も重要な方法になる。逆に、聞き書きによって得られた語りそのものを考察する面は弱かった。しかし近年、行為や知識・観念を把握するにしても、語られる場や語られ方自体も重要であると認識されつつあり、語りの復権がみられる。

〔方法〕現在の民俗事象によって過去から現在に至る歴史過程を組み立てる方法としてさまざまな研究法が考えられてきた。民俗学の成立当初は、進化主義の考えによって、同じ問題についての事象の地方差は進化の各段階を表示していると認識し、各地から多くの類例を集めて比較研究することが民俗学の基本的な方法と考えられた。十九世紀イギリスの代表的民俗学研究者G・L・ゴムの提示した要素の組み合わせによる各地の民俗の比較はその代表例である。さらにその後展開した伝播主義の方法も採用された。フィンランド学派クローンの昔話研究の方法はその一つで、歴史地理的方法と呼ばれるように、分布の様相からその発祥地と原型を特定しようとする方法であった。日本の民俗学も各地の民俗の相違に基づいて研究することを基本とした。ただし日本国内に限定された比較であり、しかも日本語という言語を共通にする一つの文化内の比較による歴史の究明であった。これが、柳田国男が当初から強調した比較研究、あるいは一九三〇年代に用語として採用した重出立証法であり、また中心からの同心円的分布から新旧を判断する周圏論である。これ以降、重出立証法と周圏論は日本の民俗学研究の基本的方法として説明されてきたが、一九七〇年代以降その方法への疑問や問題点が指摘され、新しい方法が提唱されるようになった。多くは限定された特定の地域で民俗事象を把握し、分析することで、地域の歴史として位置づけようとしたり、地域における民俗の相互関連の把握によってその存在の意味を明らかにしようとするものであった。また文化人類学の構造=機能主義の分析手法が導入されたり、昔話研究を中心に構造分析が採用されるようになった。方法の拡大に伴い、民俗学の研究単位を日本民族とする「一国民俗学」への反省も強まり、日本列島内に多様な文化が存在することが認識されるようになった。

〔現在〕民俗学は事実上農山漁村において見られる事象を研究するものであったが、一九七〇年代以降都市社会に見られる事象も調査研究されるようになり、都市民俗学という名称も登場した。都市民俗学は都市にも農村と同様の民俗が存在することの発見に始まり、都市には都市独自の民俗が形成されていることを明らかにするようになった。そして、急激な社会変化の中で、都市を特別な地域とするのではなく、都市も農山漁村も区別なく、現代社会が作り出す民俗の存在が注目されるようになり、現代民俗学が主張されるようになった。従来の民俗学が確定した過去の歴史過程の再構成に主眼を置いていたのに対し、現代民俗学は現代における運動として民俗を把握し、よりダイナミックな歴史形成過程を描きつつある。具体的な研究内容では、解決を迫られている切実な社会問題に関連する分野が開拓されるようになった。その一つに環境問題があるが、民俗学研究としては人々の自然との関りの中で形成されてきた環境認識の把握を通して、独自の観点から迫ろうとしている。その他、過疎・老人・性・差別など現代生活のさまざまな問題が民俗学研究の内容に加えられつつある。→周圏論　→重出立証法　→民間伝承　→民俗　→民俗調査　→柳田国男

参考文献　野口武徳・宮田登・福田アジオ編『現代日本民俗学』一・二(一九七四・七五)、和歌森太郎編『民俗学の方法』(「日本民俗学講座」五、一九七六)、福田アジオ『日本民俗学方法序説―柳田国男と民俗学―』(「日本民俗学研究叢書」、一九八四)、宮田登『日本の民俗学』(「講談社学術文庫」六九五、一九八五)、倉石忠彦・坪井洋文・野村純一編『方法論』(「日本民俗研究大系」一、一九九二)、佐野賢治他編『現代民俗学入門』(一九九六)、小松和彦・福田アジオ編『民俗学の方法』(「講座日本の民俗学」一、一九九八)、篠原徹・関一敏・宮田登編『現代民俗学の視点』一―三(一九九八・九九)

(福田アジオ)

みんぞくがく　民族学　米国流にいえば、人間の行動および、行動と文化の相互関係についての理論を作っていく学問。学問名称として民俗学とまぎれやすいのが民族学である。ドイツ語の表現にちなんで、前者を単数民族学 Volkskunde、後者を複数民族学 Völkerkunde とよんだひともあったが、普及しなかった。英語の folk に対応する独語 Volk には庶民や常民の意もあるが、民族の意味もある。民族学に該当する名称には英語 ethnology、仏語 ethnologie がある。ギリシャ語の ethnos に由来し、日本では民族と訳されてきた。この分野における学問の区分の仕方、名称のつけかたは国によって違っている。今日米国では、人間の文化、すなわち生活様式について研究する学問は文化人類学とよばれているが、これはさらに民族誌学 ethnography と民族学に分けられる。前者はフィールド＝ワークの技法にもとづいてさまざまな文化について記録する分野である。他方、ドイツ、オーストリアでは、人類学 Anthropologie と称する時には、英米でいう自然(形質)人類学だけをさし、他方米国でいう文化人類学に相当するものとして民族学という分野がある。第二次世界大戦前に日本に入ってきたのは、このドイツ、オーストリア流の考え方であった。したがって日本では自然人類学に対して、社会・文化面の研究は、民族学の名で呼ばれるのが普通であった。これが戦後になって、米国流の文化人類学の名称の方がだんだん普及し、混在する結果となった。→文化人類学

参考文献　祖父江孝男『文化人類学入門(増補改訂版)』(「中公新書」

五六〇、一九九〇)　(牛島　巖)

みんぞくがくし　民俗学史　民俗学における学問研究の歴史。民俗学は十九世紀のヨーロッパにおいて成立した。その動きは、近代化の進行に伴い消え行く庶民の古風な伝承文化ないしは生活事実に価値を発見し、記述するところから出発した。イギリスにおいては、トムズ Thoms, J. W. が一八四六年に古俗や民謡をさしてフォークロア folklore という用語をはじめて用い、一八七八年にロンドンに民俗学協会が発足した。ついでスペイン、フランス、さらにはアメリカで学会成立の動きが進んだ。ドイツでは十八世紀末には庶民に関する知識を示すフォルクスクンデ Volkskunde の語が使われ、一八五八年にリール Riehl, W. H. がはじめて科学的意味に用い、一八九〇年のヴァインホルト Weinhold, K. によるドイツ民俗学協会の創立と、翌年の『民俗学協会雑誌』の創刊を経て研究体制が整備された。フランスではフォクロアと並んでトラディシオンポピュレール Tradition Populaire(民間伝承に相当)も用いられたように、ひとくちに民俗学といっても、その対象や方法はそれぞれの国情を映して一様ではなかった。

日本では、柳田国男(一八七五―一九六二)が大正時代から学問としての民俗学を確立する努力を重ねた結果、一九三五年(昭和十)に民間伝承の会が設立され民俗学の研究体制が整った。しかし民俗学の発祥が民俗の発見とその価値の認識に基づくとすれば、その萌芽はすでに江戸時代に見えていた。本居宣長(一七三〇―一八〇一)が「かたゐなかに、いにしへざまのみやびたることの、のこれるたぐひ多し」(『玉勝間』八)と述べたように、田舎の暮らしに前代の遺風が残ることを発見していた。それらは特に旅行者の目にとまり、橘南谿(一七五三―一八〇五)の『西遊記』『東遊記』、古川古松軒(一七二〇―一八〇七)の『西遊雑記』『東遊雑記』、菅江真澄(一七五四―一八二九)の『真澄遊覧記』、鈴木牧之(一七七〇―一八四二)の『北越雪譜』『秋山記行』などはその代表的な記録である。特に菅江真澄は、三十歳の時に故郷三河を離れて信州から東北、北海道まで旅をし、強い好奇心を持って各地の風物・風俗を観察し、彩色を施した絵図も交えた記録を残したが、それらは民俗誌の先駆的業績として価値が高い。また江戸幕府の役人であった屋代弘賢(一七五八―一八四一)は各地風俗の全国的収集を企て、「諸国風俗問状」というアンケート調査を実施した。その回答である問状答が残るのは「奥羽秋田領風俗問状答」のほか備後福山領・三河吉田領をはじめ多くはないが、それらの資料は屋代の編集になる『古今要覧稿』に採り入れられたとみられる。そうした民間の故事や風俗を解説するものとして、風俗事典である喜多村信節(のぶよ)(一七八三―一八五六)の『嬉遊笑覧』、近世風俗誌である喜多川守貞(一八一〇―?)の『守貞漫稿』などが現われた。また下総国布川に居住した赤松宗旦(一八〇六―六二)の『利根川図志』はみずからの生活圏を意識して著わした地誌・民俗誌といってよい。また幽冥界への関心に基づいた平田篤胤(一七七六―一八四三)の『仙境異聞』といった著作も見られた。

江戸時代のこのような学問的傾向は、西洋の学術が積極的に導入された明治時代には停滞したものの、民俗学的研究は人類学の一部として発展をみることになった。一八八四年(明治十七)、坪井正五郎(一八六三―一九一三)らは人類学会を設立し、『人類学会報告』(のち『東京人類学会報告』『東京人類学会雑誌』『人類学雑誌』に改称)という機関誌を持った。坪井はこの人類学の一分野に土俗学 Ethnography を位置付け、土俗調査を進めれば「風俗習慣の起源変遷が推測される」などの意義を強調し、異なる地点の間で類例を集め比較する方法の重要性を説いた。当時は古典的な進化学説が勢力を持ち、風俗習慣は前代の残存や遺制(サーバイバルズ survivals と呼ばれた)とみなされ、土俗学上の資料として重要視された。また一八九三年に鳥居龍蔵(一八七〇―一九五三)を中心にして始まった土俗会では、共通テーマに基づき各地の土俗を報告し比較し合うなど、土俗研究の気運は高まり、学会誌には各地土俗の報告や南方熊楠(一八六七―一九四一)、柳田国男らの論文も掲載されるようになった。一方、一九一二年五月、石橋臥波が坪井正五郎らと日本民俗学会を設立し、雑誌『民俗』を発刊(一九一五年五月終刊)する動きがあったが、柳田は一九一〇年に新渡戸稲造(一八六二―一九三三)らと郷土会を組織するとともに、山人を日本の先住民の子孫とみる立場から山人論を熱心に展開し、農政学から次第に民俗学的研究に関心を移しつつあった。そして一九一八年(大正七)には、郷土会の会員と神奈川県津久井郡内郷村(相模湖町)において共同現地調査を実施するに至った。一九一三年(大正二)、柳田は神話学者の高木敏雄(一八七六―一九二二)と雑誌『郷土研究』を創刊した。高木は一年後に編集を離れたものの、柳田は一九一七年三月の廃刊までに「巫女考」「毛坊主考」「村の年齢を知ること」などの数々の論考を発表し続け、南方熊楠も多数の論考や報告を寄せた。また折口信夫(一八八七―一九五三)が一巻一〇号(一九一三)に「三郷巷談」を投稿して登場するなど、のちに民俗学研究の指導的役割を担った人々が名を連ねた。加えて誌上では、柳田がこの雑誌の目標にしたルーラル＝エコノミー rural economy の考え方をめぐり南方熊楠との間で論争が展開されるなど、日本における初の本格的な民俗学雑誌としての内容を確保し、その後の民俗学的研究の路線を敷いた。この間、折口は柳田と出会い、以後柳田を民俗学上の師としつつも、随所に柳田とは異なる見方を示し、やがて古代研究やまれびと論・芸能論などに代表される独自な学風を確立し、民俗学研究に大きな足跡を残した。

『郷土研究』が休刊(一九三一年(昭和六)、岡千秋により復刊し、三四年の七巻七号で終刊)した後、折口信夫が『土俗と伝説』(一九一八・一九)を、喜田貞吉(一八七一―一九三九)が『民族と歴史』(一九一九―二四)(のち『社会史研究』と改称)をそれぞれ発刊し、本山桂川(一八八八―一九七四)が長崎で『土の鈴』(一九二〇―二三)を出すなど、各種の民俗学関係雑誌が発行され、民俗学的研究はその幅を広げた。さらに一九二五年、柳田は雑誌『民族』を発刊し、これが一九二九年(昭和四)に休刊となった後を受けて、折口らは民俗学会を組織し『民俗学』(一九二九―三三)を発刊した。この年、柳田は「歴史対民俗学の一課題」という副題を付けた「聟入考」を発表した。これは既成史学が描かなかった歴史を民俗学が描くとする柳田の意志表明であり、歴史科学としての民俗学定立の宣言でもあった。しかし柳田は、この新しい学問に対して民俗学の語を与えることを慎重に避け、民間伝承と称した。一九三三年九月から十二月まで、柳田が十二回にわたり毎週木曜日に私邸で行なった「民間伝承論」の講義を聴く集まりは、翌年一月に木曜会に発展し、五月には木曜会同人により郷土生活研究所が組織され、山村調査(日本僻陬(へきすう)諸村における郷党生活の資料蒐集調査)が始まった。この調査は、柳田が選定した全国五十二ヵ所の山村に、統一された百の調査項目を携えた調査者が入り込んで民俗資料の収集にあたったもので、その結果は『山村生活の研究』と題して一九三七年に刊行された。この三年に及ぶ調査は、地方の民俗資料を中央へ持ち帰り研究資料とする民俗学の研究体制が、柳田を中心にして組織化される動きを促した。一九三五年七月から八月にかけての一週間にわたり、東京の日本青年館において開催された日本民俗学講習会を機に民間伝承の会が生まれ、九月には機関誌『民間伝承』が創刊されて、ここに全国を組織した初の学会が成立した。そして日中戦争などによる戦線の拡大とともに、民俗学研究は中国の旧満洲や朝鮮半島、台湾などの日本の旧植民地においても展開されるようになり、研究雑誌なども発刊されたが、敗戦に伴い、国外における民俗学の活動は終息した。

　戦後の一九四七年三月、柳田は民俗学研究の拠点とするべく自宅の書斎をあてて民俗学研究所を設立した。また一九四九年二月には、民間伝承の会を改称した日本民俗学会の会長にも就き、学会の発展・充実にも指導力を発揮することとなった。当時、日本民俗学会のほかには日本民族学会(一九三四年成立)と、渋沢敬三(一八九六—一九六三)が組織し、民具と水産史の研究活動を展開していた日本常民文化研究所(一九二五年にアチック＝ミューゼアムとして設立、一九四二年に改称)があり、三者は微妙な関係を結び合いながら民俗を対象にした研究を分担するようになった。しかし、民具研究の全国的組織化は、一九七五年の日本民具学会の設立まで待たねばならなかった。こうした学界中央の学問体制の整備・固定化と並んで、一九四九年一月には近畿民俗学会(機関誌『近畿民俗』)、同年四月には岡山民俗学会(同『岡山民俗』)が結成されるなど、民俗学研究の地方組織がつぎつぎに作られていった。民俗学の資料を主として地方村落生活から得ていた民俗学にとって、地方組織の充実は中央と地方との連携を強化するうえで大きな意味を持ったが、その育成にも柳田は関心を寄せ、指導を惜しまなかった。このように民俗学は、研究上の問題意識の形成についても、研究体制の整備についても柳田に依存するところが多く、柳田が構想し実践した研究内容が民俗学研究の主流となって定着していった。その内容とは、民俗学研究所が編集刊行した『綜合日本民俗語彙』(一九五五・五六)に示されるように、民俗語彙を指標にして全国的比較により民俗の歴史的変遷を求める立場であり、重出立証法や方言周圏論もこれに沿うものであった。民俗の地域差や地方差を時代差に還元するというこの方法論は、日本の社会や文化を斉一とみる認識なしには成立しえないものであり、このような民俗の認識は必然的に日本における民俗研究を単一論へと収束させることになった。その場合、琉球(沖縄)とアイヌの位置付けが問題となるが、これについては十分な議論はなされないままに推移した。

　こうした民俗学の一般的傾向に対して、戦後まもなく岡正雄(一八九八—一九八二)は、歴史民族学の立場から日本の社会・文化を多元・多系的な種族文化複合として把握する考えを主張した。これは民族学や人類学研究に強い刺激を与えたものの、単一論的理解に傾いていた民俗学界ではこれに呼応する動きは総じて鈍く、民俗学を地域民族学 regional ethnology として位置付ける考えなどもあったが、両者の立場は隔たったままであった。さらに歴史学や社会学などの立場から、方法論を中心に種々の民俗学批判がなされた。一九四五年九月、柳田は日本民俗学講座において「現代科学といふこと」を講義し、民俗学は古い昔の穿鑿(せんさく)から足を洗い現代科学にならねばならぬと主張し、学会機関紙『民間伝承』誌上では民俗学の意義や目的をめぐって論争が展開された。こうした方法論議は、民俗学が民族学(文化人類学)や歴史学に挾撃されるなかで学の独自性を確保するべく、柳田が樹立した民俗学から日本民俗学へと普遍性を高めようとする志向に支えられていたが、不十分なままに終った。その後、議論の重点は重出立証法や方言周圏論などの資料操作法の妥当性や、民俗や常民の意味と性格を問う方向へ移った。また戦後国内にフィールドを求めざるをえなかった民族学や文化人類学・社会人類学などが、沖縄研究を中心とした国内の調査研究から再び国外に活動の場を広げて民俗学とフィールドを分け合う事態が進んだこともあって、学の存立を問うような理論研究は勢いを失い、むしろ民俗の調査・収集についての方法を緻密化しつつ蓄積する作業が進んだ。この傾向は、高度経済成長に伴い、日常生活様式が急速に変化し、民俗の変貌や消滅の事態が意識され始めるなどして活発化した文化財保護行政上の民俗調査研究や市町村史誌編纂事業に民俗学研究者が深くかかわることで、より強まった。こうした各地の民俗を記述する作業が増大しこれに偏重して記述様式が画一化するなど、民俗を捉える方法はかえって停滞し硬直化する傾向さえ見せた。しかし他方では、確実に進む過疎化や都市化などの急激な社会変動に対処すべく、民俗の意味を問い直したり、民俗研究の新たな視点や方法の開拓を模索する動きも見られた。都市に民俗を発見して都市文化の質や、都市民の心性を探ろうとする論調が顕著になり、やがて都市民俗学を構想する試みが展開されたのはその一例だが、民俗学における都市研究は現在なお体系化されるには至っていない。

一九七五年、柳田国男の生誕百年をピークとして柳田ブームが起り、柳田を再評価したり再検討する動きが思想史研究を軸にして活発化した。これに伴い民俗学や民俗に対する一般の関心も高まったものの、民俗学研究に直接的な影響を及ぼすまでには至らなかった。しかし民俗学内部では、稲作文化に対する畑作文化類型の定立やハレ、ケ概念に対する再検討が行われるなど、従来の民俗学の枠組みを越えようとする試みが進められた。また社会史研究との接近を図る動きも現われ、山民・漁民、漂泊民・被差別民などにも照明が当てられるようになった。その結果、これらを排除しつつ成立した柳田民俗学の超克が意識されるようになり、柳田とは異なる民俗学をめざした研究者を再評価する動きも見られる。

このように、日本の民俗学は、江戸時代の国学研究を一つの原点に持ちながら、歴史科学をめざし、また民族学・人類学研究とも交流しながら、民俗を対象に絞り込むことで独自な課題と方法を持つ学問の確立を図ってきた。しかし、民俗が人間生活の日常と深く結びつくものである以上、生活の変化とともに民俗の認識を点検することは、学の目的や方法とかかわって不断に問い続けられねばならないことがらである。高度経済成長期を経て社会の様相が大きく変化するとともに、都市化・現代化が進み、さらに自然環境が大きく変貌するという事態のなかで、民俗学は都市・自然・環境・近代化・女性・子供・老人・世相など、さまざまな方面に関心を広げながら民俗を追ってきた。その動きは、民俗学の対象認識の拡大・深化といえるであろうが、日本の民俗学は、民俗を歴史に一元的に還元する柳田民俗学の立場を乗り越えようとしながら、その目的や方法の理論化に努力している現状にある。

参考文献　宮本常一『民俗学への道』(『宮本常一著作集』一、一九六八)、野口武徳・宮田登・福田アジオ編『現代日本民俗学』一・二、一九七四・七五、和歌森太郎「日本民俗学概説」(『和歌森太郎著作集』九所収、一九八一)、桜田勝徳「民俗学」(『桜田勝徳著作集』五所収、一九八一)、関敬吾「民俗学の歴史」(『関敬吾著作集』七所収、一九八一)、福田アジオ『日本民俗学方法序説』、一九八四、大藤時彦『日本民俗学史話』、一九九〇、福田アジオ『柳田国男の民俗学』、一九九二、福田アジオ・小松和彦編『民俗学の方法』(『講座日本の民俗学』一、一九九八)

（湯川　洋司）

みんぞくげいのう　民俗芸能　地域社会の中で民俗として伝承されている芸能のこと。柳田国男を中心とした民俗学に刺激を受けて研究が始められた。

〔概念と研究史〕民俗芸能という用語は、一九五二年(昭和二十七)に民俗芸能の会が発足したとき、会の名称としてはじめて使われた。それ以前は「郷土舞踊と民謡」(一九二五年、日本青年館で開催の郷土舞踊と民謡の会)、「民俗芸術」(一九二七年発足の民俗芸術の会)など名称の使われ方はいろいろであった。一九二八年に刊行が始まった雑誌『民俗芸術』には、柳田が「創刊のことば」を書き、折口信夫の「翁の発生」が巻頭論文となった。なお郷土舞踊と民謡の会は第二次世界大戦中は中断していたが、戦後一九五〇年に郷土芸能の名で復活し、五七年まで続いた。民俗芸能の用語がほぼ定着した五八年からは、全国民俗芸能大会の名称で今日に続き、八二年秋には民俗芸能学会が設立された。柳田国男は『人類学雑誌』二七ノ一―五(一九一二)に「踊りの今と昔」を発表したが、柳田の芸能との縁は薄く、わずかに「獅子舞考」「民謡覚書」「民謡の今と昔」などを、雑誌『郷土研究』や『民俗芸術』に発表したのみである。柳田の興味は芸能にたずさわる山人にあり、その系列に、鉢叩き・ささら・比丘尼など漂泊の宗教者や旅芸人がいたが、柳田の研究が農民・常民に向けられると、漂泊民の芸能を取り上げることはなくなった。一方こうした人々を積極的に取り上げて、日本の芸能史を組み立てたのが折口信夫であった。折口は他界から折にふれて訪れる異郷の神々をまれびとと命名した。そして漂泊の芸能者が神の資格で村や人家を訪れて歌舞を演じたものが、舞台芸能に展開していったと考えた。これら折口の成果は「日本芸能史六講」、『古代研究』三巻などに結実した。

　折口の立場を継いだ池田弥三郎は、民俗に存続する芸能や芸能的事象を、民俗の一つであり、民俗学の対象としたときの名が民俗芸能であり、その特徴として民俗芸能には目的・季節・舞台・俳優・観客・台本という特定の条件と制約があるとした。すなわち芸能の目的には、表現・演出の上の信仰的な制約、年中行事や周期伝承としての季節の制約、決められた場所で演じられ、その場所のもつ意味が芸能の目的とも絡んで、舞台の制約、俳優には年齢別の制約などがあり、それが通過儀礼とも関連しているとした。また観客が受ける芸能の感動の質は、楽しむ以前に信仰的、宗教的な感動があり、芸能の台本は必ず伝承しなくてはならないという信仰的な制約があるとした。以上のように存続の様相そのものが民俗であることが多いために、民俗学による考察によらなければ、すべてを包み込むことはできないとした。また折口の研究態度を受け継いだ三隅治雄は、民俗芸能を、日本人みずからの生活に対する欲求の集団行動表現で、それの歴史的に堆積したものとした。その上で芸能は一定の秩序と律動を伴った行動の伝承であり、前代の生活知識に行動の倫理を置きながら、その中にひそむ感性が美の世界を欲望しているのが芸能だとして、美的な感動を伴うことが、芸能を芸能たらしめるための条件であるとした。本田安次は、芸能とはある時、ある場所で、それを鑑賞しようとする人々の前で、身をもってなそうとする芸術的表現であり、生活や経験の中でつかんだ美を、適切な表現媒体を通して再現しようとするもので、民俗芸能とよばれるものは郷土色をもち、信仰と結び付いて伝統的に行われてきたものであるとした。

　こうした民俗学的な方法に対して、歴史学的な芸能研究の立場をとる林屋辰三郎は、芸能一般が信仰的な制約をもっているという考え方には従いがたく、信仰的制約にとらわれない芸能が歴史的には明らかに存在しているとして、池田らとは異なる立場をとった。

〔種類と内容〕本田安次は民俗芸能を㈠神楽、㈡田楽、㈢風流、㈣祝福芸、㈤渡来芸の五種類に分類している。そして多少の移動はあるが、多くの研究者はこの本田の分類をもとにそれぞれ独自の分類案をだしている。ここでは本田の案を基礎分類と捉え、現状に合わせて分類する。㈠神楽　神座(かみくら)を設けて神を勧請して行う鎮魂を目的とした芸能。宮廷で行われる御神楽(みかぐら)に対して民間で行う神楽を里神楽と称している。神楽の種類には以下のようなものがある。①巫女神楽は、巫女が神前で採物をもち、神の来臨を乞い、神霊の発動を促すものと、降臨した神霊を身に憑けて神の言葉を託宣として語るものがあり、奈良春日大社の巫女舞や、岩手県陸中宮古の神子舞がある。②湯立神楽は、釜に湯を沸かし、湯を神に献じ、自分たちも湯を浴びて穢れを祓うもので、秋田県大森町(横手市)の保呂羽山霜月神楽、愛知県奥三河の花祭などがある。③採物神楽は、神の依代となる榊・幣・杖・篠・弓・剣などの採物をもち、神を招くためのもので、島根県松江市鹿島町佐太神社の採物を持って舞う七座の神事がある。④能神楽は、招き寄せられた神の顕現の表現として仮面を付け、神がかりの託宣の形式をとったり、神と人の問答が展開するもので、宮崎県西都市銀鏡神楽では祭神の「西宮大明神」の曲を宮司みずからが舞う。⑤獅子神楽は、獅子頭に幕を付け、その中に二人以上の人が入って舞うもので、三重県桑名市の伊勢の太神楽、岩手県の山伏神楽や青森県下北半島の能舞の権現舞は悪魔祓いや火伏せの祈禱をする。㈡田楽　五穀豊穣を祈り、耕作に災いをなす悪霊を鎮める目的で行われたものが本来のもの。①田遊びは、一年間の農作業の様を模擬的に演じるもので、東京都板橋区徳丸北野神社の田遊びなど。②田植え踊りは、田遊びを舞踊化したもので、青森県下北郡東通村の田植え踊り。③田囃子・御田植神事は、田植えの時期に苗を植えながら豊年を祈るもので、広島県山形郡北広島町壬生の花田植などがある。④田楽(田楽能・田楽舞)は、渡来芸と結び付き、平安時代に都で流行し、散楽など外来の芸能を吸収して広範囲の田楽芸となったもので、静岡県浜松市水窪町西浦所能山観音堂の田楽など。⑤狭義には簓を手にして躍るものを田楽躍と称し、岩手県西磐井郡平泉町毛越寺の延年の田楽躍などがある。㈢風流　人間の命をおびやかす疫病や災難は、災厄神や悪霊のしわざと信じられてきた。そうした悪霊退散の祈りに発した踊りで、華やかな花笠・花傘・鉾などを神座として悪霊を誘い、その神座を中心にして大勢が乱舞して悪霊を慰めて、最後に神送りをするというもの。①盆踊りは、秋田県雄勝郡羽後町西馬音内の盆踊り、徳島市の阿波踊り。②念仏踊りは、盛岡市永井の大念仏剣舞。③太鼓踊りは、徳島県三好郡西祖谷山村天満神社の神代踊り。④小歌踊りは、新潟県柏崎市黒姫神社の綾子舞。⑤獅子舞は、埼玉県川越市高沢山観音寺のささら獅子舞や岩手県遠野市青笹八幡神社の鹿子踊り。⑥仮装風流は、島根県鹿足郡津和野町弥栄神社の鷺舞。⑦作り物風流には、京都の祇園祭の山鉾などがある。㈣祝福芸・語りもの　めでたい言葉を述べれば、その言葉通りのことが実現するという、言霊信仰を背景としたもの。多くは初春にその年の幸いを約束する形式で、家や人物を誉め称えるもの。①愛知県安城市や西尾市に伝わる三河万歳や、知多市の尾張万歳。②徳島県吉野川流域のえびすまわしや三番叟などの人形戯。③新潟県相川町(佐渡市)や山梨県塩山市の春駒。④山口県周防の猿まわし。⑤熊本県菊池市の松囃子などがある。本田は語りものを、神の宣りごとである託宣や、死者の霊の口寄せのような一人称で語られた口調を真似るところから発生した、それゆえ託宣よりも祝詞の中に語りものへの進展が見られるという。祝福芸との関連で現存する例をあげると、節談説教や東京都八王子市の車人形で語られる⑥説教節、新潟県各地にあった⑦瞽女歌、福岡県山門郡瀬高町大江天満宮の⑧幸若舞などがあげられよう。㈤渡来芸　六〜七世紀に中国大陸から渡来した伎楽・舞楽・散楽などが宮中・社寺・民間に伝わり、独自の変化をとげたもの。渡来の芸能は発生としては信仰の制約はないが、招いた神の顕現の表現として使われた各地の民俗芸能の仮面には大きな影響を与えた。また社寺で演じられる際には、その年齢階梯ごとの通過儀礼として大きな意味を持っていた。それゆえ、民俗芸能の中でも重要な意味をもつものとしてとらえる必要があるだろう。今も祭礼の折に各地で見られるものには、御輿渡御に伴う猿田彦、天狗などに伎楽が、田楽の高足や太神楽の曲芸、軽業的な芸能には散楽の姿が残っている。また延年・舞楽は寺院の芸能として発展したもので、修正会・修二会の結願の折や、春の鎮花祭、夏の御霊会などの鎮魂儀礼として行われる。これらには静岡県周智郡森町山名神社の稚児舞楽、岐阜県郡上市白鳥町白山長滝神社の延年、岩手県西磐井郡平泉町毛越寺の延年などがある。また栃木県日光市輪王寺では延年舞が伝えられている。㈥能・狂言・歌舞伎・人形芝居　民俗芸能に発しながら、都市の特殊な文化に支えられて芸術的に昇華したものだが、民俗芸能としての性格をもち続け、また完成期のものでも地方に定着し、地域ごとの伝統を受け継いで民俗芸能化したもの。①能には、山形県鶴岡市春日神社の黒川能、福井県今立郡池田町水海鵜甘神社の田楽能舞。②狂言は、京都市清凉寺釈迦堂の嵯峨大念仏狂言や、壬生寺の壬生狂言などがある。③歌舞伎には、福島県南会津郡檜枝岐村の檜枝岐歌舞伎や、山形県酒田市黒森の黒森歌舞伎。④人形芝居には兵庫県三原郡南淡町（南あわじ市）の淡路人形浄瑠璃、徳島県一円の阿波人形浄瑠璃などがある。㈦民謡　民衆の生活の中で、歌い継がれてきたもの。信仰・労働・娯楽などの目的から、それが必要となったり、偶然のきっかけで手近な旋律を真似たりして作られた。それが移住や旅芸人の動きに合わせて移動し、土地の条件に合わせて歌い改められてゆく。民謡は信仰や娯楽と結び付くと、体の動きが伴うようになり、民俗芸能とも深くかかわるようになる。　↓神楽　↓田遊び　↓田楽　↓風流　↓盆踊り　↓民謡

参考文献　『芸能と娯楽』（『日本民俗学大系』九、一九五八）、本田安次『図説日本の民俗芸能』、一九六〇、林屋辰三郎『中世芸能史の研究―古代からの継承と創造―』、一九六〇、三隅治雄『民俗芸能概論』、一九七二、『池田弥三郎著作集』二・四、一九八〇、三隅治雄「民俗芸能研究の歴史と現状と展望」（『民俗芸能研究』一、一九八五）、小島美子『柳田国男全集』一八解説、一九九〇、『本田安次著作集』、一九九三―

（神田より子）

みんぞくごい　民俗語彙　民俗を知るための手掛かりとなるとして選び出され、その地域の民俗資料の詳しい説明を伴う語彙。一九三四年（昭和九）から三九年にかけて実施された山村および海村調査の報告として、地域で用いられている語を見出しとして民俗を説明する形式をとったが、方言の記載と立場を異にするため、これを民俗語彙として区別したことに始まる。方言の記述が音韻・アクセント・文法・語彙の諸特徴に注目するのと対比できる。語彙集や民俗調査報告書などではカタカナで表記されることが多い。語彙はそこに住む人々の考え方を理解するために有効である。そのため語彙の背後にある意味が重要視されるべきものであった。一九三〇年代の民俗語彙集の編纂がその後の民俗学の展開に大きな影響を与えており、一九五五年の『綜合日本民俗語彙』では文献だけに基づいては表わせない言葉として集大成された。比較研究に際しては周圏論と結びついて資料として活用され、事実と語彙の包含関係のずれに着目して、一方向の変化の過程に並べ、空間的な位置づけから先後関係が判定された。しかし、理想とは裏腹に語彙の地域ごとの説明が不十分で、語彙と事実の対応関係が把握されず、関連した事実があまり調査されなかったために、民俗的事実ではなく語彙の比較に陥りがちであった。民俗地図に分布が示されたものでは、インデックスとしての有用性が認められているにとどまる。そうした批判に対して、地域的、歴史的条件を一括してとらえるための民俗総合調査が提唱された。民俗は言語

を切り離して理解することはできないのであり、柳田国男の最初の着眼を再検討しながら、民俗語彙の有効性が模索されている。

参考文献　上野和男「方法論の三角形—ウェーバー・デュルケム・柳田国男—」(『国立歴史民俗博物館研究報告』二七、一九九〇)、鈴木寛之「民俗学における語彙研究の視点について」(『信濃』四七ノ一、一九九五)

(古家　信平)

みんぞくし　民俗誌　ある社会の人々の民俗を描写した記録で、執筆者の明確な視点の下に民俗の多岐にわたる分野に目配りをして暮らしの全体像を描いたり、民俗のある側面に注目して地域の特質を描き出したもの。その作成は、郷土研究としての民俗学の主要目的とされる。対象とする社会は一定しないが、空間としては周囲から区切ることのできる民俗が有機的な関連をもって結びついている領域であるため、問題意識によって必ずしも市町村などの行政的な区画と一致しない。形式的には、記述の項目だてがやや定型化した感がある、いわゆる民俗調査報告書とは一線を画し、全国的な比較研究を前提とした項目による調査は行わないので、そのための資料集にはなりにくい。地域民俗学を提唱した宮田登は、郷土研究としての民俗学の主要な目的として民俗誌の作成を取り上げており、重出立証法が批判されてのちの方法論の一つとして検討している。一方、山口麻太郎の実践は郷土人による郷土の叙述であり、研究対象となる社会の側からの民俗誌が生みだされていった。今日ではある社会の人々がみずからの民俗誌を編纂することが多くなり、それによって従来外部の調査者がとらえてきた事柄が批判されることがある。民俗学が現実と離れていった証左である。形式は多様であれ、民俗誌は研究者が現実と対峙するところからはじまり、その問題意識が事実の裏付けをもって概念とともに提示される場であるといえる。

参考文献　山口麻太郎「民間伝承の地域性について」(『民間伝承』一三ノ一〇、一九四九)、宮田登「地域民俗学への道」(和歌森太郎編『日本文化史学への提言』所収、一九七六)、古家信平『火と水の民俗文化誌』(『日本歴史民俗叢書』、一九九四)

(古家　信平)

みんぞくしゅうきょう　民俗宗教　民間信仰にかわって一九七〇年代以降使用されるようになった語。英語のフォークレリジョン folk religion にあたる。民間信仰は術語として不明確な部分を含むが、概して仏教やキリスト教などの創唱宗教、成立宗教、外来宗教とは対立するものとして民間に伝えられている呪術的、迷信的で体系性を欠いた信仰ととらえられてきた。それに対して成立宗教と生活慣習の中に伝えられている非体系的な民間信仰とは必ずしも対立して存在するのではなくむしろ習合しているのが実情であり、その動態を包括的にとらえるものとしてこの民俗宗教という語が使用されるようになった。現在では民俗学においても、この民俗宗教という概念が有効とされている。→民間信仰(みんかんしんこう)

参考文献　堀一郎「民間信仰」(『堀一郎著作集』五所収、一九七七)、宮家準『宗教民俗学』、一九八九

(新谷　尚紀)

みんぞくちず　民俗地図　民俗学の研究手段の一つとして作成される地図。特定事象の所在を地図上に記した分布図と、民俗の変遷や性格などを示そうとした地図とがある。前者は研究の基礎作業として作成されるものであるのに対して、後者はその研究の成果を示すために作成されるものである。地図は、対象とする民俗事象や研究目的に応じて、全国に及ぶものから、集落単位のものまであり一様ではない。一九六二年(昭和三十七)から全国的に行われた民俗資料緊急調査の結果にもとづいて各地で民俗地図が作られ、六九年からは『日本民俗地図』が刊行され始めた。これは民俗事象の所在地を確認するためのものでもあり、分布に

重点がおかれ、民俗地図のイメージを作ることにもなった。地図を民俗学の研究手段としてはじめて用いたのは柳田国男で、その『蝸牛考』(一九三〇)は地図によって言葉の変化を明らかにしようとした最初の試みであった。蝸牛のさまざまな異名を分類して地図上に示すと同心円状の分布となり、それがそのまま蝸牛の呼称の変化の順であるとするのである。それは単なる分布図ではなく、同心円状に分布する語は、外側に行くほど古い語であるとする主張のもとに作成されている。言葉が文化の中心から周辺に向かって伝播し、それが地域差としてとらえることができるとする方言周圏論は、このような地図を研究手段とする方法と密接にかかわるものである。同様に文化周圏論・民俗周圏論なども主張されたが、これらも地図を研究手段とするものである。地図は地域差は時間差であるとする民俗文化の変遷に対する認識を、実際に視覚化して示すことができる

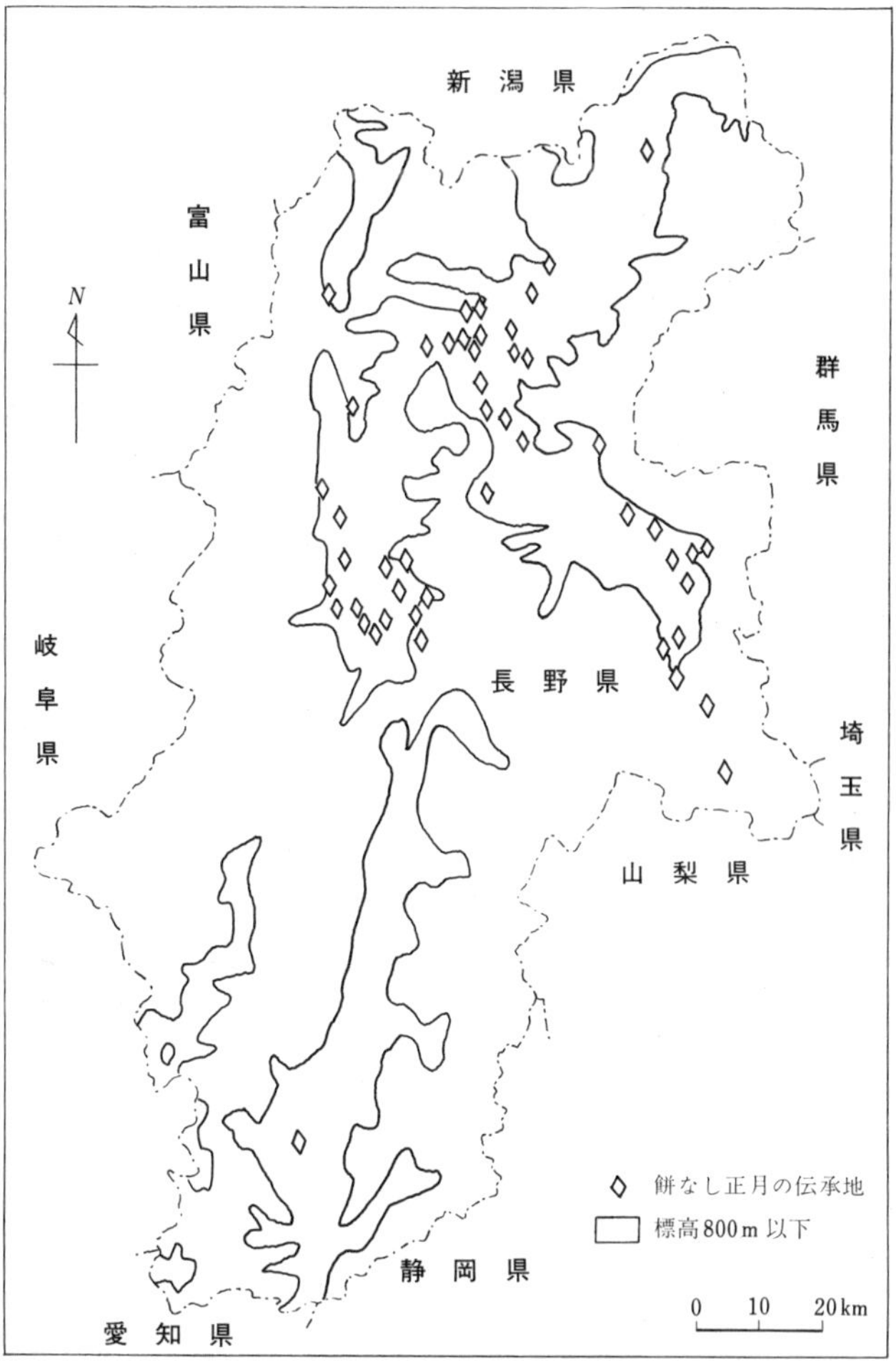

民俗地図　長野県における餅なし正月の伝承地(『長野県史』民俗編5より)

ものでもあった。さらに、地図を研究手段として用いると、地域的特性と関連させることができ、民俗事象を歴史的側面からだけではなく、地理的、自然的側面からも明らかにすることができ、よりその民俗事象の性格が理解することができる。つまり、基礎作業としての分布図から、地域・領域を示すもの、伝播経路を示すもの、時間的変遷を示すものなどの地図を作ることができ、それは研究成果を地図を用いて示したものということができる。かつて、関敬吾は「空間的・地域的形態の把握と、それぞれの民俗の発生・成長・死滅の頻度を叙述し、さらにそうした成果にもとづいてある場所と結合した理由を説明しうる可能性もある」といい民俗地図のもつ可能性に期待した。しかし民俗地図の活用についての検討は必ずしも十分に行われてきたわけではなく、今後に課題を残している。

参考文献　関敬吾「民俗学研究における民俗地図の問題」(『民俗学評論』一三、一九七五)、千葉徳爾『地域と民俗文化』、一九七六、倉石忠彦「民俗分布図と民俗地図と」(『長野県民俗の会会報』二、一九七九)

(倉石　忠彦)

みんぞくちょうさ　民俗調査　民俗学は現実の社会で繰り広げられている多くの現象を対象としているが、その中から課題を解明するのに必要な事柄を調べる作業。調査は現実の社会に直接触れ課題の解決のための方策を探る糸口を与えるので、個々の調査にとって重要な意義を持つ。最初のもくろみが現実の前に崩れていくこともよくあることである。組織的な民俗調査は柳田国男の指導のもと、その課題に沿って行われた一九三四年(昭和九)の山村調査から始まる。柳田国男の民間伝承の三分類を受けて、対象地の外からよりもそこの住人こそよい成果を収め得ると考えられたが、今日ではその相違は意識されなくなっており、むしろ当然のこととして見過ごされているものに対する配慮は外部のものに利点があろう。問題意識をもった調査者が直接現地に行くのを現地調査といい、話者と対談したり、民具や文書の調査、さらに生業など実地に体験しながらの調査も行われる。調査票を郵送して資料を収集することも調査の一環として行われる。外部からある社会に入っていった場合には、まず観察が重要で、たとえば碑塔類の配置からでもさまざまなことを考えることができる。しかし、もっとも重視されたのは言葉であって、民俗調査といえば聞き書きといわれるように、直接話者とあって面談することが中心であった。今日ではノートと鉛筆によった聞き書きに比べ、録音機器やビデオ関連機器の進歩により技術的には様相が違ってきている。現地での聞き書きなどによる調査は事物に対する話者の評価を明らかにするのであり、客観的な事実はそれとは別の資料によって確認されるものである。言葉で語られた内容ばかりでなくそのときの身振り手振りや沈黙、聞き手がどのようにして聞いてきたのかといったことにまで資料として考慮するようになってきたのは、民俗資料が聞き手と語り手の主観のぶつかり合いから生み出されていくものであるためである。聞き書きだけでなく生産活動に携わったり、儀礼に立ち会って記録するのも民俗調査の一環であるが、文字通り生活者の一員として加わるのは困難であるから厳密な意味での参与観察調査は行われていないのが現状である。高度経済成長下に伝統的な社会が崩壊し始め、口承による知識を身体で記憶する時期をもつことはできなくなり、調査する側もされる側も電子情報化された社会で日常生活を送るように変わってきた。今日にあっては、民俗調査は現実から遊離しない課題を見いだすばかりでなく、民俗の概念そのものを問う場でもある。

参考文献　福田アジオ『日本民俗学方法序説—柳田国男と民俗学—』

（「日本民俗学研究叢書」、一九六四）、中込睦子「認識と記述」（佐野賢治他編『現代民俗学入門』所収、一九九六）　（古家　信平）

みんぞくぶんるい　民俗分類　身の回りの自然環境についての認知・分類の方法およびその体系化のこと。フォーク＝タクソノミーともいわれ広義の民俗科学、エスノサイエンスの有力な一分野である。H・C・コンクリンが一九五〇年代にフィリピンのハヌノオー族の生物的世界の認識人類学的研究などを行なったことが出発点である。ある土地に住む人々の考え方を調査者の主観を混じえずに記述し、そこから言語学などの内容分析、語彙素分析などを援用して形式的な手法から人々の論理や認識を抽出する。しかしこれは無文字の社会を対象に、これらの分析を通じて得られる自然観や世界観が閉じられた系であることを暗黙の前提にしているので、日本のように歴史的に古くから文字が流通した社会では単純には考えられない。比較的外界と政治・社会・経済的に隔離した社会において、こうしたものの影響が少ないものを対象に行われる。特に自然環境のなかでも植物的世界や動物的世界あるいは地形などについては、その命名方法や分類方法にその土地固有なものが多く、有効な分析が可能である。日本列島のように、かなり自然環境が南北・東西で大きく異なり多様性に富むところでは、民俗分類の地域差もあると思われる。また、自然を対象にする漁民や平地農民や山村民など生業による差異もあると考えられる。

参考文献　松井健『自然認識の人類学』、一九八三、同『琉球のニュー・エスノグラフィー』、一九八九、篠原徹『自然と民俗―心意のなかの動植物―』、一九九〇　（篠原　徹）

みんよう　民謡　地域に根ざして民衆に歌い継がれてきた歌。明治・大正期にはむしろ俚謡・俗謡とよばれた。創作者が問われず、地域の生活暦の中に組み込まれ、主に口伝えで伝承され、規範形式がなく、一過性でなくある程度の期間、歌われ続けてきた歌群をさす。静岡県のちゃっきり節のように作者がはっきりしている新民謡（北原白秋作詞・町田嘉章作曲、一九二七年（昭和二））でも、創作者が意識されずに口伝えで広まり郷土の歌として定着した場合は民謡の範疇に入れてもよい。一九七九年から実施した文化庁の全国民謡緊急調査の分類基準によれば、㈠労作唄・仕事唄として農業・漁業・山の仕事に加え、酒造・紙漉きなどの諸職に関わるもの、馬子唄・船頭唄などの交通運搬に関する歌があげられ、数としては最も多い。仕事に携わる一同の動作を揃えたり、疲れや退屈を紛らわせて仕事の能率をあげるために歌われる。田植え唄は田の神に収穫を祈る神事としての機能に加え、朝歌・昼歌など時刻や休憩時間を知らせる実際的、具体的目的も持っている。㈡祭歌・祝い唄は社寺の祭祀、冠婚葬祭の儀式、年中行事に関する歌。㈢踊り歌・舞踊に分類される盆踊り歌や風流歌は身体の動きが重要な意味を持つ民俗芸能の音楽。㈣座興唄は宴席で楽しまれる歌で、プロの芸人たちによって洗練され全国的に知れわたっている曲が多い。またほとんどの労作唄が仕事の現場から離れてしまった近年、木遣り唄や地搗き唄の一部は祝い唄や座興唄として命脈を保っている。㈤語り物・祝福芸の歌は瞽女(ごぜ)や万歳など門付けの芸人たちの担ってきた歌。㈥子守唄には親がわが子を眠らせるための歌と、仕事として子守をやらされていた娘たちが仕事の辛さを歌ったものとがある。その他子供の遊び歌であるわらべ歌は広義の民謡に入るが、歌詞・音楽ともにより単純なものが多い。民謡の歌詞は「伊勢は津でもつ津は伊勢でもつ尾張名古屋は城でもつ」のように近世以来の七七七五調が圧倒的に多く、実際には歌詞の一部を反復したり囃し言葉をはさんで歌われる。長時間にわたり交替で歌っていく仕事唄や盆踊り歌では曲種を問わずに利用される全国共通の歌詞群が膨大にあり、同じ歌詞が多くの曲で歌われる替歌形式が普通である。吉川英史・小泉文夫による音楽的分類では、三味線や太鼓を伴奏にリズムが明確で装飾的な節回しが少ない有節形式の八木節様式と、尺八伴奏でリズムが不明確、広い音域にわたる細かな節回しや母音を装飾的に引きのばすコブシやユリに富む追分様式とに二大別され、前者は集団による音頭一同形式で歌われることが多く、後者は独唱で歌い手の声や技巧をたっぷり聞かせる曲が多い。江差追分や佐渡おけさなどが全国的に有名になったのは、明治後期から大正にかけての民謡名人たちの舞台進出とレコードによる全国的流行によるところが大きい。近年は民謡教室やコンクールなどの隆盛で民謡の固定化と舞台芸能化はますます著しい。労作唄のほとんどは基となる仕事のやり方が変わったり仕事自体が消滅し、従来の定義による民謡は消えていくだろうが舞台芸能や芸術音楽の素材として民謡は依然として魅力ある存在であり根強い人気がある。なお琉球文化圏(沖縄・奄美)の民謡は本土とはかなり性格が異なる。

[参考文献]　小泉文夫『日本伝統音楽の研究』一、一九五八、町田嘉章・浅野健二編『日本民謡集』(「岩波文庫」、一九六〇)、東洋音楽学会編『日本の民謡と民俗芸能』(「東洋音楽選書」、一九六七)、日本放送協会編『日本民謡大観』沖縄・奄美編、一九九一-九三、同『復刻日本民謡大観』、一九九二-九四

(入江　宣子)

む

むえん　無縁　世俗の社会との縁の切れた状態。貧道無縁・無縁孤独・無縁非人などの用例が示すように、助け、よるべのない貧困な状態をさすのが、ふつうの用法であり、『日葡辞書』も「頼るべきもののないこと、または、孤児の境遇」とし、無縁所についても「所領もなければ檀徒などもない、孤立無援の寺、あるいは礼拝所」と解している。しかしそれから反転して無縁は俗縁を積極的に断ち切り、仏陀のみに直結する仏道の理想を意味する語として、「自由」にも近似する言葉として用いられる場合もあった。たとえば叡尊が北条時頼の援助の申し出に対し有縁を厭い、無縁を好むのが「僧法久住の方便」と答えた例などがそれにあたり、室町・戦国時代に各地に広く見られた、無縁所とよばれる寺院も、駈け入った科人に対する世俗権力の追究を拒否しうる聖域としてのアジール、平和領域である場合もしばしばあったのである。たしかに無縁所は所領・檀徒もないとはいえ、仏陀に結びついた聖地として不入、地子諸役免除の特権を保証され、自由通行権を認められて仏のための名目で勧進・交易を行い、さらに仏物としての米銭を祠堂米銭の名の下に積極的に貸し付ける金融に携わることによって、むしろ富裕な大寺院である場合も見られた。近世に入ると公式に認められた縁切寺もあり、アジールとしての寺院の機能も慣習の中に生きつづけているが、全体としては弱まり、無縁の語も否定的文脈で用いられることが多くなった。

参考文献　植田信広「中世前期の「無縁」について」(『法制史研究』三四、一九八四)、網野善彦『(増補)無縁・公界・楽―日本中世の自由と平和―』(「平凡社ライブラリー」、一九九六)
（網野　善彦）

むえんぼとけ　無縁仏　まつるべき子孫をもたない精霊。ふつう無縁様・餓鬼・餓鬼仏などともいうが、南九州や南島ではフケジョロ、ウケジョロ(外精霊・浮精霊)、ホカドン(外殿)、トモドン(供殿)など、紀ノ川沿いではお客仏、岐阜県賀茂郡では一切精霊様、長崎県壱岐島ではサンゲバンゲ(三界万霊)ともよんでいる。土地によって無縁仏の概念は相違する。ふつうは家とまったく縁のない霊をいうが、家と関係のあるものの霊でも無縁仏とみるところがある。たとえば関東地方で家族員でも未婚のまま死んだ人の霊を無縁様という。無縁仏には異質な二種類の霊が含まれている。帰るべき家のない遊魂と、まつるべき子孫がいない霊とである。前者は横死した人の場合がそれで、中国地方などでいうミサキである。後者は夭折した人や独身者、出戻りの人、子供のないオジやオバ、絶家などで死後のまつりをしてくれる子孫を遺さなかった人などの血縁者の霊である。未婚者の亡霊を無縁様という関東の例は後者に該当し、大人でも水死者を無縁仏とみるのは前者の場合にあたる。このほか、家族とは無関係であるが、自己の屋敷地にかつて住んでいた他人の霊を屋敷先祖または屋敷ボトケなどとなかば家族的に扱いながらも、これを無縁仏視してまつる場合がある。無縁仏はまつり手を欠いているので常に飢えていて、腹を空かせ人に害を与えるおぞましい餓鬼仏と同一視されることが多く、同義語とみてよい。また、ホカドン、トモドン、お客仏などのいい方も無縁仏に一つの概念を与えている。外・従(供)・客などというのは家本来の祖先すなわち本仏が強く意識されてこそのいい方である。家の内にあって主人たるべき本仏の対概念としてあるのが無縁仏であった。無縁仏は本仏になりえない、つまり家先祖の仲間入りができない精霊のことである。無縁仏は無祀の精霊であるから、その祟りをのがれるには彼らを丁寧に供養する必要があった。盆に迎える精霊は子孫に恩寵を与える和やかな祖霊すなわち本仏が中心であるが、死後間もない荒ぶる恐れのある死霊つまり新仏と、まつり手をなくして祟りやすく、この世に害をなす無縁仏の祭祀が重視された。日本固有の先祖祭祀にとって、おそらく予期しなかったであろう新しい追加の祭祀となったのは、この無縁霊の祭祀であった。有縁の霊魂にあわせて無縁の霊をもまつることを教えたのは仏教であった。九八九年(永祚元)に書かれた覚超の「修善講式」は無縁霊の祭祀を考える上で貴重な史料である。これによれば一基の卒塔婆が立てられ「過去・現在ノ父母、先祖、近親幷郷内ノ有縁・無縁ノ存亡ノ輩」など一切の霊を供養し、あわせて執念に迷い、怨みを遺した「繋念霊」「含怨霊」が回向された。後世、盆の先祖祭には無縁仏を供養するために、無縁棚が縁側や前庭に作られた。また別に棚を作らなくても、先祖の盆棚の下に無縁仏を迎えたり、盆棚の隅や道端にまで無縁仏用の供え物をわざわざ置いたのは、先祖と同じように歓迎すべき精霊ではないが、どうしてもまつらなければ気がすまなかったからである。

↓祖霊　↓祟り　↓盆　↓屋敷先祖

参考文献　柳田国男「先祖の話」(『柳田国男全集』一三所収、一九九〇)、藤井正雄「無縁仏考」(『日本民俗学』七四、一九七一)、喜多村理子「盆に迎える霊についての再検討―先祖を祭る場所を通して―」(『日本民俗学』一五七・一五八合併号、一九八五)、高谷重夫「餓鬼の棚」(同)、伊藤唯真「盆棚と無縁ボトケ」(『伊藤唯真著作集』三所収、一九九五)
（伊藤　唯真）

むかしばなし　昔話　基本的には無文字社会における言語伝承。伝説・

世間話とともに民間に伝えられてきた説話の一類。この研究史上、早くに曙光を投じたのは上田敏(一八七四—一九一六)である。上田はfolkloreを俗説学と訳した。その上で「民俗伝説」の中に「一体ハナシには㈠娯楽の為にするハナシと㈡真実として信じるハナシとがある」として、神話・伝説とお伽噺の差異を端的に示した。「古伝神話に現はれる神明、英雄等は、一定の名称を有ち、多くは一定の土地に関係して、嘗つて実際この世に存在してゐたとしてある。之に反して、お伽噺の世界はすべて漠としてゐる。今は昔とか、昔々あつたとさとかいふばかり、人物の名も多く定まってゐず、何処とも誰とも、全く当がない」と承知した。それとともにお伽噺は「古伝、神話と同じく、原始社会のイヒツタへを包含していて、神代文化の歴史、信仰、思想、旧慣、制度等をほのかに垣間見させる大切な、且つ興味ある材料を供給する」(「研究考証」)と説いた。上田の見解は今日に至るまで受け入れられている。上田敏のいうこの「お伽噺」に対して、柳田国男がはじめて注意を抱いたのは『遠野物語』(一九一〇)の一一五話であった。具体的には「御伽話のことを昔々と云ふ。ヤマハハの話最も多くあり、ヤマハハは山姥のことなるべし」としたあと、次に「昔々ある所にトヽとがヾとあり。娘を一人持てり」と書き起した。これの展開を述べた後「昔々の話の終は何れもコレデドンドハレと云ふ語を以て結ぶなり」と記している。確認するに遠野郷中の「昔話」の呼称と、その語り始めの句、そして語り収めの句への記述がみえる。ここには「お伽噺」とは違って、その土地の「昔話」にはじめて遭遇した柳田の姿が認められる。結果として右の一条は、そのまま日本民俗学における昔話研究の実質的な出立の契機になった。この後、柳田の関心は急速に昔話に向かう。柳田は、従前の児童文学のあり方、たとえば巌谷小波の『日本昔噺』や、また蘆谷蘆村の「童話文学」の方法を排し、具体的な手順、方法として、彼はまず日本に行われる話の蒐集と整理、ついでそれの分類を目途して、関敬吾(一八九九—一九九〇)と計らい『昔話採集手帖』(一九三六)を編んで、国内の同好の士に呼び掛けた。冒頭、柳田は「昔話を愛する人に」を置き、昔話の「外形の特徴は」「発端の一句」と「終りの一句」にあるのを指示して「假にも他の類の話と混同せられぬやうに」と注意を促した。続けて「採集上の注意」を設けた。㈠話者は何時、何処で、誰に話を聴いたかも可能な限り書きとめること。㈡伝承者の場合は旅行の範囲、個人の職業のみでなく、家の職業なども注意すること。㈢伝承者の性格、たとえば創造的な人か、純伝承者型の人か注意すること。㈣・㈤は呼称、発端、終りの句のこと、㈥話者の言葉はそのまま保存すること。㈦個々の話を話者は何という名で呼んでいるか注意すること。㈧話者には話を粉飾せぬようにして貰うことを求めた。その上で「索引」には「一　桃太郎」「二　力太郎」「三　瓜姫」に始まって「九九　かちかち山」「一〇〇　果なし話」までの百話を示した。後年『日本昔話名彙』(一九四八)所収「昔話のこと」の一節に、柳田は「これは小さな割合に骨の折れた仕事」と述懐している。理由はそこでの配列とその順序自体が、すでに柳田の独自の昔話観、昔話世界に対する抜本的な思想であり、かつ未来に向けての独創的な発信だと自負していたからであろう。事実「一　桃太郎」以下の配列は「小さ子」の発見にもとづく、柳田の見解であり、この考えは『桃太郎の誕生』(一九三三)を経て、最終的には基本的な話型索引としての『日本昔話名彙』に到達するようになった。ちなみに『名彙』に提示された分類の大要は、そこでの全体像を「完形昔話」と「派生昔話」に二分するもので、「完形」は本来が「人の一生」を説く内容を意図している。柳田のこの企図とは別に、関敬吾は一方、国外の話との対比、いわば国際的な比較に耐え得る索引の作成に腐心した。『日本昔話集成』全六巻(一九五〇―五八)がそれである。関はアールネ・トンプソンの『昔話の型』The Types of Folktale に照応すべく「動物昔話」「本格昔話」「笑話」の三分類を採択し、さらに各話型ごとに代表話例を示すことで利用の便に供した。増補して、これはのちの『日本昔話大成』(一九七八―八〇)に引き継がれるに及んだ。それとともに関の昔話研究は、方法と理論の面でも柳田とはかなり異なっていた。関は「民間の伝承を村落共同体に関係づけて見ようとする民俗学的研究では、昔話を孤立的に観察して得た経験からではなく、ある集団の昔話に対する関係から出発すべきである」(『昔話』、一九四二)と主張した。その意味で民俗学的立場からの姿勢は一層濃厚であった。方法論も截然としていた。こうして、日本の昔話研究は学問的な基礎を固める域に達した。もっともその間、柳田国男監修『全国昔話記録』(一九四二―四三)全十三冊をはじめ、相当量の昔話集が公刊されていて、一定の成果を収めていた。それらに収載された話に拠って『日本昔話名彙』や『日本昔話集成』は整備、編纂された。しかしそれにもかかわらず、従前の材料に関しては学術資料としては必ずしも十全の保証は成し難かった。中には恣意的な紛飾資料も窺え、客観的な科学資料としての位置付けに不安の残る例がまま存したからである。こうした事情とこれまでの経緯に鑑み、さらには先行する「民話ブーム」の軌道を修正するかのようにして、一九五〇年代に入ると大学の研究室やサークル活動による意図的、かつ組織的な昔話の実態調査が盛んになり、信頼度の高い『昔話研究叢書』や『全国昔話資料集成』などのような資料集が輩出するようになった。また、郷土における社会教育といった観点から地方自治体、ことに教育委員会も、地域の伝承資料の発掘と保存にあたった。ここにはもちろん、テープ＝レコーダー、その他新しい器材の導入といった技術面の開発が大きかった。その結果、国内でのフィールド調査は飛躍的に拡大・充実し、それとともに新たな問題の設定と話題の提供も相つぎ、日本の昔話研究は質量ともに画期的な伸展を遂げることになった。具体的には、各地における伝承実態、情況に即した実際的な資料報告と、それにもとづく理論構築が要請されるようになった。昔話の実態は「ハナシ」ではなく、「ムカシ」を根幹とする「カタリ」にあることが、まず確認された。前出『採集手帖』「四・五」の項は多くの土地から再確認され、「どっとはらえ」は「すべて出払った」、西日本の「こっぽり」は「これで仕舞」、九州の「ばっきゃ」は「こればっかり」で、いずれも語り終えたという意思表明であるのがわかった。ついで、伝承の場には誓言と約諾のある事実も判明した。九州の大隅半島では「むかしむかしのことならね、あったかねかったかは知らねども、あったふ(風)にして聴くがむかし」といっている。これらは『古代村落の研究』(一九四二)に早川孝太郎が報じた「さるむかし、ありしかなかりしか知らねどもあったとして聞かねばならぬぞよ」といった鹿児島県黒島の例を追認する内容であった。次に相槌の重要性が認識された。山形県北では「おう」「おと」「おっとう」と打ち、庄内では古く「おでやれ、おでやれ」と囃した。宮城県北部海岸地帯では「はれや」「はぁれや」、他に「げん」「げい」という。福島の南会津では「さすけん」。新潟県栃尾市の「さぁんすけ」から佐渡ヶ島の「さす」「さそ」「さーそ」に連なる言葉であった。瀬戸内の島では「おお」。九州の徳之島では「はいはい」と打った。菅江真澄の『かすむこまがた』には「男女童ども埋火のもとに集ひて、あとうがたりせり」(傍点筆者)とある。右の「あとう」は、『大鏡』で大宅世継・夏山繁樹に向けて、若侍が「よく聞かむと、あど打つめりし」の「あど」に同じ。歴史的にみても相槌の重要性がひときわ強調されるところであった。中には「「ふんふん」「はんはん」と、ただ頷くだけでは許されず、一句切りごとに「おいや、土ですった播磨の抜けないうぢに、達磨の眼ひっつば抜いで、灰かげで鑢もって尻みがいで、銀箔に光らがしたもよいもんですね。おや、ずんでんぐるまのは一ん」と合槌打て」と仙台の佐々木徳夫の報ずる例もあった。かつて、小笠原謙吉『紫波郡昔話集』(一九四二)には「口にえぼしはあ」という例があった。相槌の言葉が口承文芸として、大輪の花を咲かせた事例であろう。次に語りの場での禁忌と制約が注目された。能田多代子は『手っきり姉さま』(一九五八)に「むかしは夜かたるもので、昼かたると鼠に笑われるといわれ、その時は必ずにゃごうと猫の真似をしなければならない」と記している。鼠から仇をされると説く例は全国的にみられる。ほかに「昼むかしは鬼が笑う」「お寺の鍋がぶっこわれる」、あるいは「貧乏神が付く」「船に乗ると難破する」「餅搗きのとき足を踏みたがえる」と戒め、さらには「昼むかしを語るときは笠を被らないといけない」などと、これが非日常の異常な事態の現出であるのを印象付けるような禁忌と制約が確認されるようになった。日本の昔話は多くの制約に守られつつ、久しく夜語り、あるいは、三月三日や五月五日の節供など神聖なハレの日の儀礼の一種として伝承されてきたとする実態が明らかになってきたといえる。近時『日本昔話通観』全二十九巻(一九七七―九〇)が完結した。これらによって国内に行われる話の共時性は、まず俯瞰するのが可能になった。次にはこれの通時性、すなわち、日本の昔話はどこから来たのかが大きな課題になるのは間違いない。

参考文献　菅江真澄『菅江真澄全集』一、一九七一、上田敏『定本上田敏全集』九、一九七八、野村純一編『昔話と民俗』(「日本昔話研究集成」三、一九八四)、同編『昔話と文学』(同五、一九八四)佐々木徳夫『きんくるくるぐりふんーみちのくに生き続けた者ー』一、一九九五

(野村　純一)

むぎさく　麦作　大麦・小麦・裸麦などのイネ科の穀類を栽培すること。日本の麦の栽培起源は縄文時代中・後期にさかのぼるといわれるが、遺跡からの検出例が多くなるのは古墳時代以降で、麦の種類は大麦である。原産は西アジアといわれ、日本へは中国を経て伝来したものと考えられている。麦種の伝来伝承に釈迦が麦種をインドから牛の糞に混ぜて持って来ようとしたとか、中国に渡った弘法大師が麦種を隠して持ち帰ろうとして犬に見つかったとか、麦種伝来伝承は各地に多い。麦の栽培は秋作物のサツマイモ、陸稲、大豆などを収穫したあとの畑に作付けするのが一般的である。麦まきの適期は関東地方ではマキシンなどといわれ、東北地方は九月下旬から十月上旬、関東地方では十月下旬から十一月上旬、東海から近畿以西は十一月中・下旬である。麦まきの適期を見定めるのには慎重で自然暦も多くの地域で採用されていた。大麦と小麦では播種期が多少異なり、大麦は小麦より早くまくのが通例で、麦刈りも大麦の方が小麦より一週間から十日くらい早く行う。播種法としては畑を柄鍬や万能で掘り起して整地・畝づくりをする方法や軽い土質の地域では畑をうなわず直接サクを切って種子をまくところもある。まき方には点播と条播があり、播種法には地域差がある。田の裏作として作る麦の播種法にも特色があり、稲刈り後に一サクおきに田の土を鍬で薄く削り取ったところに種子をまき、土がないので堆肥をかけて発芽させるケズリマキがある。また稲刈り前に間作として種子をまき、刈り取った稲を種子の上に横干しすることで発芽を促進させる方法などもあり、播種の技術伝承には地域差がある。播種後の管理作業として中耕、土入れ、麦踏みなどを出穂前に二、三回行うが、いずれも重要な作業である。麦刈りは早く刈る東海・近畿以西で五月中・下旬、関東地方で六月上旬、東北地方で六月中・下旬である。鎌で麦の根元近くから刈り取り束にして

家に運ぶのが一般的であるが、畑が家から遠い場合に穂焼きと称して穂首から焼き落として穂のみを家に運ぶ方法も採用されていた。麦作栽培の技術改良については麦翁と呼ばれた埼玉県熊谷出身の権田愛三(一八五〇―一九二八)に負うところが大きく、麦藁を堆肥にして地に還すことに始まり、広幅薄まき法や麦踏み、土入れを考案するなど権田の麦作栽培改良法は全国にはかり知れない影響を与えた。麦作儀礼は、麦が稲を中心とする秋作物と栽培周期が異なることから稲作儀礼に吸収されることなく独自性が保たれている。その構成は正月行事の中に見られる予祝儀礼、十五夜・十三夜に関する年占の儀礼、麦まき終了後に行われる播種儀礼、麦の生長過程で嵐や雹といった災害を防ぐための儀礼、そして収穫儀礼の各要素からなっている。なかでも儀礼が集中するのは播種期と収穫期である。

参考文献　埼玉県立歴史資料館編『麦作りとその用具』、一九八五、白石昭臣『畑作の民俗』、一九八八、大舘勝治『田畑と雑木林の民俗』、一九九五

（大舘　勝治）

むこ　聟　娘の夫のこと。息子の妻である嫁に対応する言葉。一般に嫁が婚入者に限定して用いられるのに対して、聟は婚入者である入り聟(婿養子)を指す場合と婚出した娘の夫である娘婿(女婿)を指す場合とがある。「小糠三合あったら聟にいくな」などは前者の用例であり、婚入先の家族や村落内において新参者として劣位におかれる入り聟の境遇を表現している。一方、婚約時に聟方から嫁方に送られる聟酒・聟殿餅、婚礼の日の朝聟入り(聟の初入り)、婚礼後に聟が嫁の里方を訪れる聟よび、聟と嫁の親との初対面式を意味する聟一見などは後者の用例であり、娘婿と娘の親との親子成りが婚姻儀礼において重要な手続きであることをあらわしている。さらに嫁の両親の葬儀の際に聟が葬列において天蓋の役を担う聟天蓋などは、娘婿が嫁の実家の親に対して儀礼的に重要な役柄を担うことを示すものである。婚礼の際の聟まぎらかし、聟いじめなどは後者の用例に近いが、婚入・婚出をとわず新郎(花聟)を意味すると考えられる。「むこ」の語源については、迎え子、迎う人の意とする説や向かう子の意とする説などがある。柳田国男は、嫁・聟にとって互いの親を意味する舅を信州でシゴトオヤと呼ぶことに注目し、聟の「こ」は労働の単位を意味するものと述べている。なお、「むこ」は聟・婿・壻などと表記され、その使い分けは明確ではないが、柳田国男がもっぱら聟を用いたため、民俗学では婿より聟が多用される。→初聟入り　→聟入婚

（中込　睦子）

むこいりこん　聟入婚　婚姻成立の儀礼を妻方で挙げ、その後一定期間は婚舎が妻方におかれる婚姻方式。婚姻成立前後においての一定期間内は妻の居住が不変であるのに対し、夫が妻問いをする点に特色がある。古代の貴族社会にまでさかのぼって存在したことが知られ、嫁入婚に先行する婚姻形態であると解釈されてきた。しかも、それが白山麓の東荒谷(石川県白山市)など一部の村落では、一九六〇年代まで存続していた。大間知篤三は、関係する年月が一定期間に限られるか一生涯に及ぶかという視点と、それが妻問うというにとどまるか妻方に住みつくかという点を関連させて、㈠通い式一時的聟入婚、㈡通い式終生的聟入婚、㈢住み式一時的聟入婚、㈣住み式終生的聟入婚の四類型を提示した。それらに該当する具体例として、㈠には志摩の海女村落など、㈡には飛騨白川の中切(岐阜県高山市)、㈢には東北地方の年期聟、㈣には一般的聟養子を挙げている。それら類型中では、第一の通い式の一時的聟入婚が実際に確認できるもっとも主要な形式であった。こうした聟入婚の類型論については、資料自体が必ずしも多くないことに加えて、一時的と終生的

という指標で区分するのが妥当なのか否か、入り聟（聟養子）を住みこみ式の終生的聟入婚に同定することが許されるのか否かなど、さらなる検討を必要とする。通い式の一時的聟入婚については、その成立に先行して当事者間にヨバイがなされていたこと、その語らいをふまえて聟自身が結いのものを携えて訪問し、相手方の親（舅）たちと共同飲酒をすること、その初聟入りにより当該の婚姻が相手方（親）から承認されること、などと解説されている。しかしすべての聟入婚において、それらの要件が整っているのかは疑問である。白山麓東荒谷に見られた通い式一時的聟入婚の例は、婚前の男女間では相互の交渉習俗が乏しいこと、ヒザノバシと呼ばれる初聟入りの儀礼が挙げられるものの、それがオオザケと称する婚姻の成立儀礼ないしは承認儀礼の後であること、など上記の説明のみでは解けない要素がある。→初聟入り（はつむこいり）　→嫁入婚（よめいりこん）

参考文献　柳田国男「婚姻の話」（『柳田国男全集』一二所収、一九九〇）、瀬川清子『若者と娘をめぐる民俗』、一九七二、江馬三枝子『飛驒白川村』、一九七五、大間知篤三『婚姻の民俗』（『大間知篤三著作集』二、一九七五）、江守五夫『日本の婚姻―その歴史と民俗―』（『日本基層文化の民族学的研究』二、一九八六）、天野武『結婚の民俗』（『民俗学特講・演習資料集』一、一九九四）
（天野　武）

むしおくり　虫送り　稲につく害虫を追い払う行事。虫追い・虫祈禱・サネモリオクリ（実盛送り）・ウンカ送りなどともいう。稲作における虫の害は深刻で、農薬による駆除が行われるようになるまでは日本各地の農村で盛んに行われた。江戸時代の『諸国風俗問状』に対する答書にも各地の虫祈禱の行事が報告されている。この虫送りの対象となる虫はウンカが圧倒的に多く、その被害が大きかった西日本各地では特に盛んで、むしろ冷害の心配の多かった東北地方では西日本ほど盛んではなかった。

福島県会津高田町（会津美里町）の下町の虫送り（提供佐治靖）

現在ではほとんど廃れている。廃れた時期については大正ごろまでという場合と第二次世界大戦前までという場合と二つの傾向がある。現在では虫除けのためというよりも地域の伝統行事として行なっている例や復活した例がある。時期は田植えが終った五月、土用の入りのころ、害虫の発生しやすい七月のころなどで、いずれも五月から七月ころまでの稲の成育の重要な時期であった。村人がその地域の神社か寺に集まり神事や法要を行なったあと、松明の火を焚きながら鉦を鳴らして太鼓を叩いて大声で唱え言をとなえながら幟を立てたり札を掲げて、行列を組んで水田を巡って稲についた虫を集めて村境まで送り出すという方式が一般的であった。寺の関与が大きい場合には『大般若経』を持ち出して水田にむかってめくり祈る例もあった。四国では、水田をまわる所作だけでなく実際に虫を数匹つかまえて竹筒に入れたり紙に包んだりして捨てる例も多かった。西日本の行列ではサネモリサマ（実盛様）と呼ぶ麦藁で作った大きな人形を担いだり藁馬に乗せて運んだりする例が多い。サネモリサマというのは、斎藤実盛のことで、実盛は稲株につまづいて討ち死にしたので稲の虫と化したとか、田の中で討たれるときに「稲の虫となって怨みをはらしてやる」といったという言い伝えがある。この斎藤実盛は平氏に仕えて木曾義仲軍との戦闘の際、決死の覚悟で白髪を黒く染めて錦の直垂(ひたたれ)を着て出陣し戦死したことが『平家物語』にみえ、能『実盛』の題材にもなっている。その歴史と現在の民俗との関係はまだ明らかにされていないが、この伝承の中からは、少なくとも二つの考え方が抽出できる。一つは御霊信仰につながるもので、討ち死にした実盛の怨霊が稲の害虫となったとしこれを慰めまつることによって虫の害を防ぐのだとする考え方、もう一つは言霊信仰につながるもので、サネモリという名が稲の実(サネ)を守ると音通することから稲の実を守る霊験の神とみる考え方である。行列の作法については、田の畦道を自由に巡るというものが多いが、中にはサネモリミチ(実盛道)などといって道順が決まっている例もある。唱え言葉には、「斎藤別当実盛、稲の虫は死んだぞ、後は栄えて、エイエイオー」「送った送った稲の虫送った」というようなもののほか、「なんまいだー」とただ念仏を唱えるものもある。行列の最後の段階では村境まで送り出してそこで人形や松明などを焼き捨てて終りとするタイプと川や海に流し捨てるというタイプがある。また、その村境に札を立てて村内安全を祈るという例もある。一方、村内を巡り村境に捨てるというだけでなく、山口県長門市などでみられる事例のように上流の村から下流の隣村へと藁人形のサバーサマを順送りに送りそれを受けとってリレー式に次々と最後の村まで送ってそこで海へ放り捨てるという方式もみられる。このような虫送りの行事において注目されるのは、共通して疫病・罪過・不幸をみずからの村落内において処理しようとするのではなく、村落の生活圏外へと放擲してみずからを清浄化しその小世界の安定を得ようとする、自浄のための不浄処理を自領域外(隣村)へと依存する志向性である。

参考文献　柳田国男「実盛塚」(『柳田国男全集』一一所収、一九九〇)、同「踊りの今と昔」(同一八所収、一九九〇)、田中久夫「生産儀礼と仏教」(『大系仏教と日本人』九所収、一九八六)

(新谷　尚紀)

むすめぐみ　娘組　成女式を終えた未婚女子の年齢集団。娘組という語は、男子の若者組に対応する表現として、柳田国男が昭和初期に用いたものが、その後一般に使用されるようになった。ただし女子の場合は男子の若者組のような明確な組織化がなされない例が多く、加入儀礼や役員などを欠くことが通例である。いわゆる寝宿が存在する地域では、同じ寝宿に集まる娘たちが単位となって組が構成されるために、一村落内に複数の組が存在したり、またその人数もばらつきがある。娘組は仲間の恋愛や婚姻をめぐる種々の役割が主な目的であり、男子と較べて公的な機能を持つことが少なかったために早くに消滅した所が多い。伊豆利島では、娘は数え十五歳の正月二日に行われる鉄漿(かね)付け祝いを終えると、あらかじめ頼んでおいたネドへ泊まりに出るようになる。ネドの主人をオドオヤ、そこに泊まりにくる娘たちをネドッコといい、またネドッコ同士はネドホウバイとよばれる。これが娘組に相当し、ネドホウバイは生涯を通して親しくつきあうが、特に仲間の婚姻に際しては、相手方の意志の確認から婚姻儀礼であるヨメニギリに同席するなど、種々の重要な役割を果したという。また山形県鶴岡市浜中では、ケヤキ(契約)姉妹(きょうだい)という娘の組が存在する。おおむね十二歳と十三歳の娘たちが一つの組を構成し、その中で年末のある日に藁の籤を引き、同じ藁を引き合った者二人がキョウダイの契りを結ぶ。何組のキョウダイができるかはその年の子供の数によって変わるが、おおむね数組のキョウダイが誕生するという。

参考文献　有賀喜左衛門「日本婚姻史論」(『有賀喜左衛門著作集』六

所収、一九六八、瀬川清子『若者と娘をめぐる民俗』、一九七二、大間知篤三『通過儀礼その他』(『大間知篤三著作集』三、一九七六)、八木透編『日本の通過儀礼』(『仏教大学鷹陵文化叢書』四、二〇〇一)　（八木　透）

むぼせい　無墓制　遺体を火葬にしたあと、ほとんどの遺骨を放置したり投棄して、墓地を設けない墓制。石塔も建立しない。個人や家単位の墓、あるいは共同のいずれの墓地も存在しない。土葬の場合も考えられるが、これまでの報告事例はいずれも火葬である。本山納骨用として一部の骨を拾うのが普通。こうした無墓制は浄土真宗の門徒に多く見られ、山口県大島郡の笠佐島、鳥取県東伯郡湯梨浜町浅津が知られるが、滋賀県や岐阜県など各地でも行われてきた。遺骨に対する執着心がなく、各家に位牌・過去帳などもなかった。真宗の教義的影響が考えられる。「某(親鸞)閉眼セハ加茂河ニイレテ魚ニアタフヘシ」という『改邪鈔』の一文は、門徒が墓をつくらないことの理由にあげられた。しかし、中世においてかなり火葬が行われていたことや、中世末期から近世にかけて墓としての石塔が普及しだしたことを考えると、火葬で遺骨放置・無石塔という習慣は真宗門徒に限った葬制・墓制ではなかったとも考えられる。なお、無石塔墓制というのは、遺骨(火葬)や遺体(土葬)の埋葬上に石塔を建立しないもので、無墓制とは区別しなければならない。→墓制

参考文献　児玉識「真宗地帯の風習—渡りの宗教生活を探る—」(『日本宗教の歴史と民俗』所収、一九七六)、新谷尚紀『両墓制と他界観』(『日本歴史民俗叢書』、一九九一)、蒲池勢至『真宗と民俗信仰』(同、一九九三)　（蒲池　勢至）

ムラ　ムラ　日本における村落を示す語。一般に村の漢字をあてるが、時には邑とか邨で表記することもある。民俗学はじめ村落社会を研究する諸科学では、近世以前の支配制度としての村や明治町村制に始まる地方自治体としての村との混同を避けるために、漢字を用いず、ムラとかむらと表記することが多い。ムラは農山漁村における地域社会で、通常居住者は互いに面識関係がある。しかし、近接居住する人々の単なる組織ではなく、一つの独立した意思をもつ団体という面を持つ。ムラとして判断し、ムラとして意思を決め、ムラとして行動する、家々の維持存続に不可欠な生活・生産の共同組織である。自分たちのムラを近畿地方などでは在所・地下などと呼ぶ。また全国的に近代の行政機関が用いた部落という語でムラを表現するが、近年は部落を避けて集落とか地区という用語も使用される。ムラは『古事記』の履中天皇の記事に挿入された歌に「伊幣牟良」と記されているように、家々の集合した状態を意味した。群れと同じ語源ともいえる。しかし家屋の集まっている状態の集落がすなわちムラであるとは限らない。一つの集落が一つのムラというあり方が通例であるが、複数の集落で一つのムラとなっている場合も少なくないし、逆に景観的には一つの集落であってもムラとしては二つということもある。ムラの空間は、家屋の集合としての集落のみでなく、家々の周辺に展開する田畑や浜あるいは山や磯も含む。集落の周辺にムラが支配し、ムラの統制が及ぶ領域が存在する。日本の農村の場合、生産条件を一括所有する農場制は古来行われず、ムラを構成する各家は領域内に経営耕地を散在させ、ほかの家の耕地と混在させているのが基本であった。その結果として生産条件を共同に維持する必要が生じ、ムラへ結集した。

ムラは区長以下の役職者を中心にした運営のための機構をもち、ムラの構成員を集めて寄合を開いてムラとしての意志を決め、各家の生活・生産に必要な道路の管理、灌漑用水の配分、共有林野の利用規制を行い、

それらの維持のために道路・水路の補修、清掃などの共同労働を実施する。さらには各家の生産活動の作業時期や田植えなどの臨時的雇用労働の賃金水準、また冠婚葬祭の方式や贈答の規模など、さまざまな生活・生産上の問題について申合せをし、各家を規制する。場合によっては、それらの規制を成文化して村法というべき形にしている所もある。規定された規制を無視したり、違反した場合には罰金その他の制裁を科して統制し、ムラを統一してきた。かつてはいわゆる村ハチブも行われた。またムラを望ましい状態にするため、外からの危険なものの侵入を阻止する道切り、逆にムラで発生した危険な存在を追い出す虫送りなどの共同祈願を執行してきた。これらのムラの活動は各家から一人ずつ参加して行われることを原則としてきた。ムラは基本的に家を構成単位にし、家連合としての性格をもつ。そしてムラの統一の象徴として氏神・鎮守をまつり、祭祀組織を形成し、祭礼を行う。またムラとして仏堂を設け、年間を通して各種の祈禱行事を行うことも一般的である。さらにムラを単位として若者組・子供組その他の年齢集団、庚申講・念仏講などの講集団が組織され、また新しくは婦人会・老人会なども組織され、ムラの活動の一部を担う。ムラは隣接するムラと連合したり、共同して行動し、ものごとを処理することも少なくない。灌漑用水は一つのムラ単独で水源から末端までの水路を確保することは困難であり、広域的な水利組織が形成されることが多い。同様に漁場をめぐる共同、山林の利用に関する入会などさまざまな広域的組織と活動が見られるが、いずれの組織や活動もムラを単位にし、ムラ連合の姿をとる。そして時にはムラの利益擁護のためにほかのムラと対抗し、水争いのように実力で激しく争うこともかつてはみられた。

ムラの構成単位である家は皆等しい存在ではない。経済的な階層差、家の社会的位置づけによる家格差、家の成立年代による新旧などがあり、ムラの意思形成や運営において発言権も影響力も異なる。第二次世界大戦前の地主制のもとではムラは地主中心の運営が一般的であったが、その場合でも一様ではなかった。東北日本では地主でもある本家を中心に家々の秩序が形成され、世代を超えて固定した家格がムラのなかでの地位を決めていた。それに対して、西南日本では家々の関係は比較的流動的であり、ムラの運営に際しては個人の年齢や経験が秩序形成の基準になっていた。

ムラは記紀に記載があるように古くからの表記であるが、現在のムラに直接つながるのはそのようなはるか昔のムラではない。ムラは中世から近世にかけて小農の家を構成単位とし、その生活・生産の共同と連帯の組織として登場し今日まで存在してきたものである。中世後期に近畿地方を中心に展開した惣村においてムラは顕著な存在となった。近世の幕藩権力は、検地の過程で支配単位としての村を全国的に創出し(村切)、検地によって認定した村高を基準に賦課した年貢を村に責任をもって納めさせる年貢村請制を確立した。これ以降支配はすべて村を単位にして行われたので、支配制度としての村が百姓の生活にとっても大きな存在となった。研究者の間では、近世の支配制度としての村が百姓の生産・生活の共同組織であったとし、それが明治以降も解体することなく存続したのが現在のムラであり、ムラは近世の村を地籍表示として継承した一八八八年(明治二十一)以降の大字にも一致するという理解が一般的である。しかし支配単位としての村から生活・生産の組織としてのムラを理解することは必ずしも正しいとはいえない。近世の村、したがって大字と生活・生産の組織としてのムラが一致するのは近畿地方や北陸地方ではごく普通であるが、近畿地方から東西に離れるにつれて次第に一致しなくなり、江戸時代の村すなわち大字の範囲内にいくつものムラが含まれている姿が通例となった。近畿・北陸では中世における惣の伝統がムラとして存在し、近世の支配単位の村もその惣を把握したことにより、近世の村がすなわち生活・生産の組織としてのムラとなるが、ほかの地方ではより大きな郷を太閤検地や徳川初期検地で村と認定したため、支配単位の村の内部にいくつものムラが含まれることになった。支配制度としての村と生活・生産組織としてのムラが一致する近畿地方の場合でも、内部的には庄屋以下の支配機構と長老制に示されるムラの運営組織が併存していることが多く、その伝統は現代のムラの運営組織にも示されている。明治の市制・町村制の村はそれまでの支配制度の村をいくつか合併したより大きな範域で想定されたため、「処務便宜ノ為メ」内部に区を設け、区長、区長代理を置いて行政に利用しようとした。その区はムラを単位に設定されることが通例であった。また戦時体制下の一九四〇年(昭和十五)以降、上意下達機構として部落会が設けられたが、これは町村制の区を継承しつつ、よりいっそうムラを単位とする傾向が強かった。このように生活・生産の組織としてのムラは絶えず支配や行政のために利用されてきた。それは現在でも顕著にみられることである。一九六〇年代以降、太平洋ベルト地帯を中心にした都市化と各地山村・離島を中心にした過疎化の進行によって、多くの地方でそれまでの生活・生産組織としてのムラはその力を弱め、単なる近接居住する人々の集まりとなっていった。特に各地山村の過疎化は、極端に戸数が減少するとともに老人世帯のみが居住することとなってムラとしての機能を果たせなくなり、残った人々も離村せざるをえなくなって、急激なムラの解体をもたらした。しかし、生活・生産の共同組織としてムラは解体しても、互いに面識をもち、訪問・贈答・協力などのつきあいをする地域社会としてのムラの意義は消えていない。

参考文献　潮見俊隆他『日本の農村』、一九五七、守田志郎『小さい部落』、一九七三、福田アジオ『日本村落の民俗的構造』(『日本民俗学研究叢書』、一九八二)、農村統計協会編『むらとむら問題』(『農林水産文献解題』二四、一九八五)、鳥越皓之『家と村の社会学(増補版)』(『世界思想ゼミナール』、一九九三)、木村礎『村の世界 視座と方法』(『木村礎著作集』六、一九九六)、赤田光男・福田アジオ編『社会の民俗』(『講座日本の民俗学』三、一九九七)

(福田アジオ)

むらいり　村入り　村に新たな転入者を受け入れること、またその手続きの儀礼。他所からの移住者が村への転入を希望する場合のほか、村内の既存の家が分家を創設する場合にも行われた。分家の村入りの場合、本家が分家の保証人となって寄合の場に酒を持参し、新しい分家を披露する方法が一般的である。一方、転入者の場合、たとえば同族結合の強い村や親方・子方制度のみられる村では、事前に村内の有力者に保証人になってもらってから村入りを行なった。そして村入り後も、草鞋親(わらじおや)や頼み本家などと呼ばれる保証人の家と本家・分家関係、または親方・子方のような関係を維持した。一方、同族結合のみられない村では、転入者は村の有力者の紹介を経て一定期間居住したのち、信頼を得てから村入りを行うことが多かった。また、戸数が増加すると生産と生活を維持していくのが困難となるような村では、戸数制限や分家制限を行い、既存の家が絶えたり転出したりしない限り、村入りを認めなかった。同様に、林野や漁場など豊かな共有財産を有する村でも、戸数の増加が各家の持分や権利の配分に影響するため、村入りに一定期間の定住や一定金額の支払いなどの条件を要する場合があった。近年の村入りはかつてほど厳しくなくなったが、それは村の戸数が減少したり、共有財産の権利が株として特定の家に固定されたり、村入りが既存の家々の生活に大きな影響を与えなくなったことによっている。とりわけ過疎化の影響下で村の戸数が減少し続けている村では、転入者がなく、村入りそのものが行われなくなったところも多い。

参考文献 鈴木棠三「入村者と定住の手続」（柳田国男編『山村生活の研究』所収、一九三七）、最上孝敬「村の組織と階層」（『日本民俗学大系』三所収、一九五八）、福田アジオ「民俗の母体としてのムラ」（『日本民俗文化大系』八所収、一九八四）、安井眞奈美「民俗学における『村入り』研究のその後―『座入披露帳』百年間の記録の分析より―」（『加能民俗研究』二七、一九九六）

（安井眞奈美）

むらぐみ 村組 村落社会の内部を地域的に区分した範域およびそこに含まれる家々で構成される組織をさす用語。一般に集落を編成単位とし、その構成戸数は一定ではない。道路境・水路境などで村組が設定されることもある。通常、村組はムラを内部区分する単位となり、一軒の家が帰属する村組は一つが原則である。しかし、別の機能を持つ村組が一部の家を重複して構成することもあるし、また村組が重層的に構成されることもある。この場合は一軒の家が二つ以上の村組に属することになる。村組の名称には、東北地方のホラ（洞）・沢・屋敷、北関東の坪、南関東の庭・庭場・谷戸、関東・中部の耕地・小路、近畿地方の垣内、九州地方の門・方切などがある。名称の多様さは村組が地域の社会生活の実情にあわせて生まれた近隣組織であることを示している。村組を葬式組・無常講・祭組・ユイ組などと呼ぶことがあるが、これは村組が持つ生活・生産・信仰面での単一あるいは主要な機能の面を強調したものである。ムラ内部では、村組に対して上・中・下、東・西・南・北など、位置関係や方位を示す語を付けたり、土地の固有名詞で呼ぶ。村組の名称に地形名や土地の小区画を意味する語（ホラ・沢・谷戸・垣内など）、農家の屋敷地を意味する語（屋敷・庭・坪・門など）が多いことから、村組の起源を農業経営の単位としての大農場経営あるいは同族の展開過程との関連で考えることもできる。村組には大きく分けて㈠家同士の相互扶助機能、㈡村落生活の全体に関わる仕事を分担する機能、および㈢信仰組織としての独自の機能などがあり、村組はこれらの機能を複合的に持つことが多い。㈠村組の相互扶助機能は家々の日常的な面接関係をもとにしたもので、葬式や婚礼の際の手伝い、屋根の葺き替え、家普請の手伝い、災害見舞や病気見舞、田植えなどの農作業の共同労働などがある。これらの機能は近年、班や組などの近隣組に移行したり、消滅している場合が多い。㈡村落全体の仕事の分担機能は、村落の下部組織として持つ機能であり、道普請、用水路の修理、水番、共有山での下草刈りなどの村仕事を村組単位に分担したり、あるいは交代で出役するなどの仕組みがある。㈢村組が独自の祭祀対象をもつことも多く、また村組内に山の神講・念仏講など講集団を構成し、独自の行事を行うことも多い。村組内の運営は内部を細分化した近隣組が分担し、当番制や全員の出役などで行う。村組内の家結合の様態は一律・平等的であり、農村社会学では日本社会の村落類型として、家々が上下的に結びつく同族型村落に対し、平等に結びつく講組型村落を設定している。 ↓垣内 ↓近隣組 ↓葬式組 ↓村仕事

参考文献 有賀喜左衛門「都市社会学の課題」（『有賀喜左衛門著作集』八所収、一九六九）、福武直「日本農村の社会的性格」（『福武直著作集』四所収、一九七六）、同『日本村落の社会構造』（同五、一九七六）、福田アジオ『日本村落の民俗的構造』（『日本民俗学研究叢書』、一九八二）、竹内利美「村落社会と近隣組織」（『竹内利美著作集』一所収、一九九〇）

（山本 質素）

むらざかい　村境　村落の内を外から限る地点・場所。近世初頭の村切りと検地によって画された藩制村の範域が明治以降も大字として引き継がれたため、字界としての村境は連続した境界線として把握される。他方、民俗学が関心を向けてきた村境は、必ずしも明確な領域を前提とした境界ではなく、社会生活が営まれる村落の内を外の世界から区別するものとして表象される。それは境界線ではなく場所であり、しかもそこにまつられる信仰対象やそこで行われる儀礼によって可視化される。柳田国男の『石神問答』(一九一〇)は、そのような村境をまもる道祖神や塞神などの神格を論議した最初の成果である。道祖神と同じ村境の民俗である道切りの一種で、近江・大和地方などに現在も行われている勧請吊《かんじょうつり》の民俗では、道を遮るように注連縄を張りわたして悪疫や災厄の侵入を阻もうとする。この場所は、民家の集合が途切れるあたりの主要な道の一地点であることが多く、村人によって村境として認識されている。村落の中の一地点が村境とされる例は、虫送りの場所にもあてはまる。道切りと虫送りの両方の行事が行われる村落においては、虫送り場は道切りの地点よりもさらに外側に位置する例が報告されている。虫送りは稲虫の放逐を願う鎮送呪術であるため、居住地よりもさらに耕地の外に害虫を送り出すことが必要なのである。福田アジオらの村落領域論の見方に立てば、居住地であるムラと耕地を含むノラのそれぞれに対応する村境があることになる。その村境の外側は、他村であり世間であるとともに異界であり他界なのである。原田敏明は、道切り行事で注連縄を張りわたす村境は他村に通じる村落の入口であるばかりでなく、村人にとって重要で神聖な場所であり、そのため村落の中心として人びとが集まり、いろいろな神がまつられる場所にもなるという。桜田勝徳も、地図上の境界とはまったく別途な、村の外との区別をつける地点が、地域内の民家の集まる地区であるいわゆる村のまわりやその内部に認めることができると述べている。村境が村落の中心になるといううわべの矛盾は、桜田のいう「村の外との区別をつける地点」がともすれば領域性を欠いたまま現象する事実から理解される。すなわち辻・橋・峠・坂など数々の地境も村境の民俗に深く関係し、そこは疫神送り・雨風送り・精霊送りなどの行われる場所となり、地蔵菩薩・馬頭観音やその他の路傍の神々をまつる場所ともなる。これらは広がりをもった村落の領域論的区分とはただちに関わらない外の世界との接点であり、村境を生み出す境界性を帯びた特別な場所として理解できる。そのような場所は辻占・橋占や橋姫の伝説、ジキトリ・柴神様・ヒダル神などの憑き神にまつわる信仰や怪異などとも関係し、池・沼・滝・淵などのように、隠れ里や椀貸伝説の語られる舞台ともなって、各所に見出すことができる。想像力に横

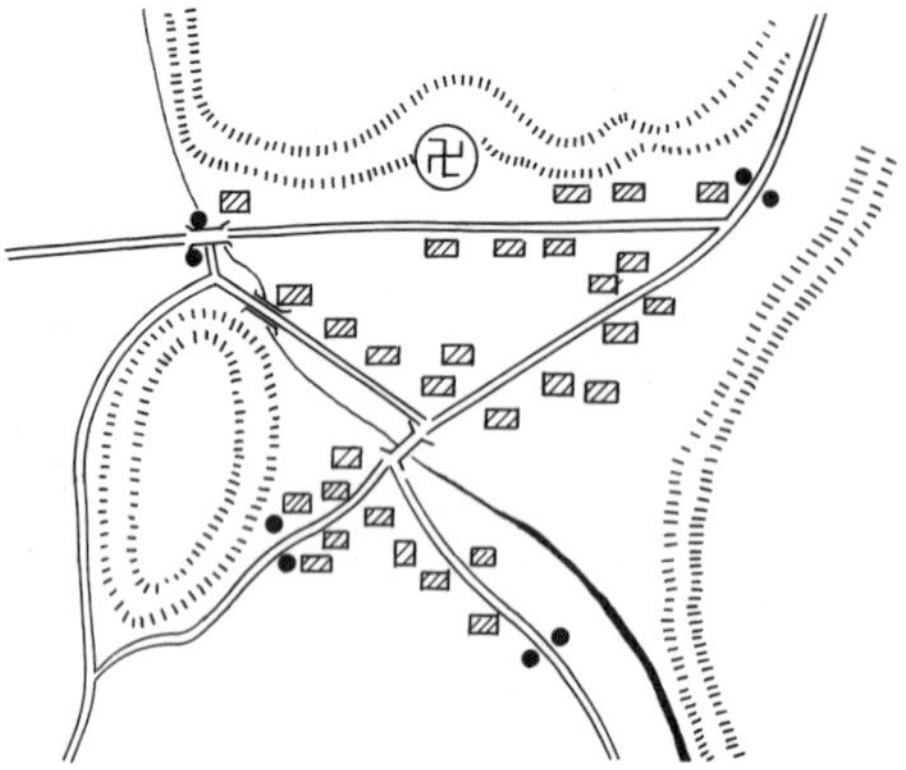

村境　●印は注連縄を張り渡す場所　長野県麻績村(原田敏明『宗教と社会』より)

溢した民俗的世界を空間に即して読みとるためには、このような村境や特別な場所についての理解が不可欠であるといえる。→道切り

参考文献　原田敏明「村境と宗教」(『宗教と社会』所収、一九七二)、桜田勝徳「村とは何か」(『桜田勝徳著作集』五所収、一九八一)、福田アジオ『日本村落の民俗的構造』(「日本民俗学研究叢書」、一九八二)、八木康幸「村境の象徴論的意味」(『人文論究』三四ノ三、一九八四)、小口千明「農村集落における精神的ムラ境の諸相―茨城県桜村における虫送りと道切りを事例として―」(『城西人文研究』一二、一九八五)

（八木　康幸）

むらしごと　村仕事　村落社会の構成員が無償で労力を提供する共同労働の一つ。一般には家を単位にして平等に出役する仕事であるが、海難救助などのように若者組の任務として定められていた場合もある。ムラの成員としての義務という意味で義務人足・村人足・辻人足・郷中普請・夫役・人別・公儀・公役・役目・伝馬などと呼ばれ、仕事をともにすることから足並人足・モヤイ仕事・仲間仕事などとも呼ばれる。主な村仕事には道普請・橋普請・堰普請などがあった。前二者は、春秋など定期的に、あるいは風雨や通行車両などによって壊されたときに生活道路や橋を補修するもので、区長や部落長の指揮の下で一斉に作業を行うが、組や班に分担区域を割りあてる仕組みが多い。道路や橋の補修が行政の業務となっている現在は、定期的な道草刈り・道路清掃などに姿を変えている。堰普請は用水路や堰の補修・掃除をしたり、土手の草刈りをするもので、堰浚え・溝浚えとも呼ばれる。現在は用益者(耕作者)が出役する仕組みが一般的である。このほかに祭礼の準備、社寺境内や公民館・集会所などの清掃、コサギリ(農繁期の前に道路にはみ出した枝を切り落とす仕事)、火の用心の巡回、触れ役(行事・仕事の日時を伝え歩く役)、共用施設の屋根の雪かき、雪踏みなど、ムラの成員が利用する施設や全体の利便のための村仕事が各地にみられた。ムラの成員全体にかかわる場合には、共有地からのカヤ(屋根葺き材)の共同採取や、共有林の植林・枝打ち・下草刈りなどの山仕事が村仕事とされる。村仕事への出役形態は仕事の内容によって異なり、全戸から一人が出る一戸一人(一斉出役)型、組や班単位に交代で出る組当番型、一戸あるいは数戸ずつが順番に出る回り番(輪番)型などがある。労働力として一人前とされる十五歳から六十歳くらいまでの男性が出役するのが原則であり、女性や高齢者の出役に対しては、これを許容する場合と、男性の日当相当額との差額を徴収する場合とがある。また高齢者の夫婦世帯や単身世帯などに対して村仕事を免除している所がある一方、老人クラブの構成員が定期的に小祠や集会所の清掃を行うなどとする所もある。後者は厳密には村仕事ではないが、参加者にとって義務仕事であることにかわりはない。村仕事への欠席に対しては、出不足(金)として一定金額を徴収したり、他の仕事に出役させるなど、負担の公平がはかられるが、村仕事への出役という村人としての義務を欠いた者への制裁という側面もみられる。村入りした家が一軒前の権利(共有財産の用益権など)を享受するために一定の期間、村仕事を完全に果たすことが求められる例もある。村仕事は個々の仕事内容だけでなく、地域社会の共同の仕組み全体の中で捉える必要がある。

参考文献　橋浦泰雄「協同労働と相互扶助」(柳田国男編『山村生活の研究』所収、一九三七)、福田アジオ『日本村落の民俗的構造』(「日本民俗学研究叢書」、一九八二)、竹内利美『村落社会と協同慣行』(「竹内利美著作集」一、一九九〇)、平山和彦『伝承と慣習の論理』(「日本歴史民俗叢書」、一九九二)

（山本　質素）

むらハチブ　村ハチブ　村落内部で行われる交際を拒否し仲間から除外

する制裁。村ハチブ、村バナシ、村ハズシなどと呼ばれる。十種の交際のうち、葬式と火災の二つを除く八つの交際を断つということから村ハチブと付けられた、という俗説がある。ハチブの語源は、つまはじきの言葉に象徴されるように、本来は村落社会から特定の村人をはじくことにあった。ある村人が村落内のつきあいを著しく制限されることによって、村落内部で排除や差別という制裁を受ける。日常的に発動されることはないが、村落内の盗み・暴行・失火などの刑事的犯罪と村規約・申し合わせの違反、共同作業の懈怠、生活態度への反感などに基づいて発動された。実際の村ハチブは絶交の程度も緩急があり、すべて絶交という場合もあるが、一般的には若干の交際を残す方法がとられた。村ハチブにあうと、村人から交際を断たれ、生活上さまざまな制約を受けることになる。その解消のために、できるだけ早い時期に仲介者を介し、謝罪をする。そこで制裁がとけ、村落内の交際が正常に戻る。あくまでも謝罪が予想され、永久的に排除するということはない。村ハチブは現代社会で形を変えて存続し、時には社会問題になることもある。気に入らない者を排除するという心意が根強く、陰湿な制裁慣行として生きている。

参考文献　奥野彦三郎「ハチブの根底」(『人権擁護局報』五、一九五四)、竹内利美「ムラの行動」(『日本民俗文化大系』八所収、一九八四)、小松和彦「村はちぶ」(『日本民俗研究大系』八所収、一九八八)
(板橋　春夫)

むらよりあい　村寄合　自治的な村民集会のこと。じっさいの呼称としてはヨリエー、ヨリなど寄合系統のものが多いが、主な議事を表わす歩銭勘定・勘割り、時期を表わす春祭・二十日寄りなどさまざまなものがあった。のちには戸主会・区会・常会・部落会・総集会などと名称替えをしたものが多い。範囲は、大字・区・部落などと呼ばれるムラが基本であるが、ムラの内部に形成されている村組とか、信仰的な講がムラの下部団体として村寄合の機能をになう例も少なくない。この場合、春祭などのように神事ののちに開かれるものもある。また、ムラを越えた重大問題が生じた際に幾つかのムラが連合で寄合を開くこともまれにはあった。一般には全戸の戸主の参加が義務づけられており、昭和の初期ごろまでは女性の出席が疎まれたり、欠席した家から科料をとる例もあった。それに対し、規模が大きいムラで、全戸が集まる寄合はほとんどなく、村組の代表者による寄合で村運営をしたという所もある。寄合の場所は、区長などの役員の家、神社や庵の空き室、そして公会堂・公民館などへと変化していった。愛知県、兵庫県、それに沖縄では、かんたんな議題の場合に限り、村内の空き地で立ったまま寄合をした地方もある。寄合の開催は定期と臨時の二種類があり、定期の寄合は、一般的には正月はじめと年末に開かれた。前者は初寄合などと呼ばれ、年間の行事決めや確認、それに役員の改選などが主な内容であり、後者は主に年間の村経費の決算にあてられた。先の歩銭勘定・勘割りなどがそれである。その他、地方自治体からの委任事務であるとか、村民に対する制裁措置としての村ハチブについて審議することもなされた。よそから村内へ転居する者は、酒などを持参して村寄合で挨拶をすることも一般的な慣習であった。村寄合における座順は、家格順(家柄順)と年齢順(年長順)、それに正面に座る役員以外は特に決まりがなく、出席順もしくは任意という三種にわけられるが、概して往時は厳しく、座順を守らない者が村ハチブに処せられたという地方もあった。議事の決定や役員選挙に際しては、時間をかけて協議する方法もとられたが、あらかじめ根回しがなされることもあった。村寄合で議決を行う場合の方法としては、大きくは全会一致制と多数決制とに分けられる。入れ札などと呼ばれる投票も古くからあり、重要問題とか選挙の際に用いられたが、実質上は多数決でありながら、あたかも全会一致であるかのように結論づける行き方も広くみられた。意見が割れたことによるシコリが後々まで尾を引かぬようにとの一種の糊塗策である。なお、第二次世界大戦直後、GHQは戦時下に大政翼賛会によって統制されていた部落会や町内会の解散を命じたが、地域社会および地方自治体の双方にとって必要な当該組織は、ほどなく復活して今日に至っている。　→村組(むらぐみ)

参考文献　宮本常一『忘れられた日本人』(『宮本常一著作集』一〇、一九七二)、平山和彦「村寄合における議決法」(『伝承と慣習の論理』所収、一九九二)
(平山　和彦)

ムンチュウ　門中　沖縄にみられる共通の始祖を中心に父系血縁で結びつく集団。一門(イチムン)という呼称も併用されている。本土の同族に類似していることから、門中研究に先駆的業績を残した渡辺万寿太郎などに同族団と呼ばれたことがある。ムトゥ(宗家・本家にあたる)とそこから分枝したワカリ(分家にあたる)との結びつき、祭祀の協同など同族と類比される面もあるが、その異なるところは、聟養子を忌避するなど相続・継承において女性(娘)を排除する父系・男系血筋への固執や、集団の規模が村落など地域を越えたものがみられることなどである。門中は沖縄独自の文化的、歴史的状況のなかで生成発達したとみることができる。門中組織はかつて琉球王国時代の首府であった首里や、日本本土や中国・東南アジア地域との交易港として栄えた那覇を中心に、沖縄本島南部・中部地域に制度としてよく整ったものがみられるが、離島や北部地域には、制度的に未成熟で集団の規模も小さなものがある。そのことから、門中は近世沖縄の士族社会に生成し、その後農村地域に模倣され広まったとみることができる。旧士族層の門中は理念型モデル(範型)であり、それは王府に承認された家譜(系図)と毛・梁などの漢民族に模した姓を持ち、儒教倫理に支えられた祖先祭祀を主な機能とするものである。家譜と漢族的な姓は、一六八九年(康熙二十八)に王府に系図座が設置されたことによって、士族と平民を峻別する身分制度の象徴としての意味を持っていた。明治の廃藩置県以降、家譜や漢族に模した姓は公的には廃止されたが、毛姓、梁姓、麻姓などの姓は、毛姓門中・麻姓門中など、門中の呼称に残っている。家譜も系図座が廃されたあと、その管轄のもとに編集・記載の検証はなくなったものの、祖先の功績や門中成員の出自や系譜関係の確認に役立っており、なによりも門中の集団としての結束の象徴として機能していることが大きい。沖縄の門中組織を支える父系(男系)原理の遵守は、他系・聟養子の忌避、女子継承の禁忌などにみられ、それが儒教倫理と強く連関していることで、中国漢族の宗族、韓国の門中との類似が指摘される。しかし、門中の祭祀機能に女性司祭者の優位性が付随している点は、沖縄の土着的な信仰との融合がみられ、そのことは韓国の門中などと対比されるものである。家譜の形式も漢族の宗譜や韓国の族譜との共通点がみられる一方、男子の名前の継承に名乗り頭の様式があることなど日本本土の影響がみられる。農村地域の門中は、旧士族層のように家譜や漢族風の姓は持たないが、父系血筋の遵守は強く意識されている。糸満など沖縄本島南部には門中共有の門中墓が他の地域より顕著であり、またそのような墓が門中成員の結束の核となっている。

参考文献　比嘉政夫『沖縄の門中と村落祭祀』、一九八三、多和田真助『門中風土記(第二版)』、一九九三
(比嘉　政夫)

め

めいこん　冥婚　未婚のまま死んだ者の霊に花嫁・花婿をめとらせる冥界婚。死霊結婚・死後結婚ともいう。東アジアの各地で見られるが、特に中国では慰霊や祖霊昇格などを目的として行われる。日本では東北地方の一部で近年ひそかな流行が見られる。「花の座敷を踏まず死んだ悔しさよ」という親心から、生きていれば年ごろになった亡き子にふさわしい花嫁や花婿をイタコやオナカマなどの巫女を介して探しだし、その写真などをもとにムカサリ（婚礼）絵馬を描いてもらったり、花嫁人形を作ったりして寺院などに奉納し供養をしてもらう。絵馬の図柄は金襴の打掛けに身を包んだ花嫁と紋付き姿の花婿が並んだ姿が多く、媒酌人夫婦や三三九度の酒を注ぐ男蝶や女蝶、門出を見守る両親などが描かれる。山形市の立石寺（山寺）の奥の院にはこうした絵馬や人形が多数奉納されている。山形県天童市の若松寺は最上三十三観音の第一番札所で、縁結びの観音で知られ、本堂には婚礼の情景を描いた千余枚のムカサリ絵馬が飾られており、奉納に際して住職の手で霊前結婚式が行われることもある。青森県つがる市木造町の弘法寺には千余体の黄泉の花嫁人形が奉納されており、十月二十七日の人形供養祭には、死者の遺族らが集まり、酒や御馳走で人形の花嫁・花婿を慰め、家族団欒の時を過ごす。また、水子供養のためのムカサリ絵馬も少なくない。少子社会を反映し、死児の齢を数え上げて親の務めを果たそうとの切実な祈りの姿がある。

参考文献　松崎憲三編『東アジアの死霊結婚』、一九九三、河北新報社編集局編『こころの伏流水―北の祈り―』、一九九四
（門屋　光昭）

めいしん　迷信　俗信のなかで特に社会生活に実害を及ぼすと考えられているもの。今日、常識的に迷信とされるのは、時刻や日や方角などに関する吉凶、さまざまな占い、さらには各種の祈禱といったもので、それらが知識にとどまらず対外的に実効を求めたときに迷信となる。
（佐々木　勝）

も

もうそう　**盲僧**　僧形の盲人芸能者、特に琵琶法師をいうが、平家語りの座である当道に属さない者の呼称として主として使用される。特に九州を中心として分布する『地神経』を読誦し竈祓えを業とする呪術宗教家的要素の強い一団の呼称として使用されることが多い。琵琶法師が何らかの形で物語を語っていたことは、すでに平安時代から記録にみいだせる（『新猿楽記』に「琵琶法師の物語」とある）。当道座は、南北朝時代に形成されたが、『看聞御記』には当道座頭が『地神経』を語っている例がみえ、当道座頭は盲僧的集団の中から芸能を専一にする者が分化したものと考えられている。近世に入ると、当道座が組織の強化を図って、おもに地方で集団をなしていた盲僧をその組織下に組み込もうとした。そこに両者の抗争を生じた。ゆえに、盲僧・地神経読み盲目・地神盲僧という名称は、近世になってにわかに史上に登場するようになる。当道的生業を排し、僧侶を標榜し『地神経』を読んで呪術・祈禱を専一とする者たちの謂いとして、当道座頭と対立的に用いられた。しかし、これはあくまで建て前であって、特に下級の者はくずれと称する語り物を盛んに語り、芸能者的生業にも精を出したのである。なお肥後盲僧は近世において当道座に属していたので、相対的に芸能者的要素が濃いが、基本的には地域社会において地神盲僧と同様の機能を果たしている。

参考文献　加藤康昭『日本盲人社会史研究』、一九七四、岩橋小弥太『芸能史叢説』、一九七五

（西岡　陽子）

もち　**餅**　一般的には糯米を蒸して臼と杵で搗いた食物。正月の鏡餅、三月節供の菱餅などハレの日の食物・供物であるとともに笠の餅、鳥の御供など供物としても重要なものになっている。モチという名称の付いた食物には、糯米以外を材料としたものや製法も蒸して搗いたものではないものがあって多様である。『食物習俗語彙』の「餅」の項には四百以上の語彙があげられている。たとえば岐阜県下呂市萩原町では、餅には糯米だけのシロモチ（白餅）と、カテ飯と同じようにいろいろなものを入れたイロモチ（色餅）がある。色餅は混ぜ餅ともいわれ、糯アワと米を混ぜて蒸して搗いた粟餅、キビを粒のまま、あるいは粉か挽き割にして搗いた黍餅、ヨモギやヤマゴボウを混ぜた草餅、ヒエの実やクズを粉にして混ぜて搗いた稗糠餅、トチの実をあく抜きし、粉にして糯米と混ぜて搗いた栃餅、ホウソナラという木の実をあく抜きし、粉にしてアワと米を混ぜて搗いた楢餅、粕餅ともいって豆腐のオカラやヨモギを混ぜたキラズ餅、芋粥餅ともいいサトイモと米の飯を合わせてこねたイモナ餅、蕎麦の殻を石臼でよく挽いて混ぜた松葉餅、古くなった飯に小麦粉や米の粉を混ぜ、焙烙で焼くか、桑の葉にくるんで囲炉裏で焼いた焼き餅、栗の実を飯に炊き込んで練って焼く栗焼き餅、飯を平たい草鞋形にして串にさし、味噌やエゴマ、クルミのタレなどを付けて焼いたゴヘイ餅がある。このように餅には糯米を蒸して搗いたものだけではなく、アワ・キビ・小麦・ヒエ・蕎麦などの雑穀を素材にした餅、トチ・ナラ・カシ・栗といった木の実や草を入れた餅、サトイモやサツマイモの餅、葛や蕨の根から採った澱粉で作る餅があり、日本文化の多様性を示している。製法からみると、粒餅・粉餅・摺り餅に大別できる。粒餅は白餅・粘り餅・粟餅などのように粒状の食物を蒸して搗いた粒搗き餅、牡丹餅・ゴ

ヘイ餅のように蒸すか炊いて手で握った粒握り餅がある。粉餅は穀類を粉に挽いてから作る餅で、稗糠餅・挽き餅などのように粉をこねて蒸して搗く粉搗き餅、粉をこねて蒸した粉蒸し餅、粉をこねて茹でた粉茹で餅、粉をこねて焼く粉焼き餅、カイモチなどといってソバガキのように粉を熱湯で掻いた粉掻き餅がある。摺り餅というのは、イモナ餅のように穀粒やイモ類を蒸すか炊くか茹でて摺り潰した餅である。餅の種類には製法上は粒搗き餅が多く、餅といえば糯米の粒搗き餅が常識化しているが、粉に挽いて作る餅も多く、団子や饅頭と区別できない場合がある。沖縄では餅といえば挽いた粉を練って蒸すか茹でて作ったものである。餅には製法上も多様な作り方があって、ここにはモチと呼ばれる食物が単に歴史の推移とともに拡大してきたという解釈だけでは解決できない問題があるといえる。

参考文献　柳田国男「木綿以前の事」(『柳田国男全集』一七所収、一九九〇)、同「食物と心臓」(同)、大島建彦編『餅』(「双書フォークロアの視点」一〇、一九八九)
（小川　直之）

もちなししょうがつ　餅無し正月　元日を中心としたある期間に、餅を搗かず、食べず、供えずという禁忌を一つ、またはそれ以上、継承している家・一族・地域の正月のこと。正月に餅を食べると腹を病むとか、餅搗きのとき誤って合いどりを突き殺してしまったなどという言い伝えを伴う場合もある。餅無し正月、それ自体をいい表わす民俗語彙はなく、単に家例（かれい）などとされる場合が多い。従来その起源として、餅の神聖性、正月の物忌、流行神への祈願に伴う断ち物、また同族団分解に伴う旧家の伝統保持といったことが考えられた。その中で稲作文化と畑作文化との葛藤に餅無し正月の起源を求める考え方が提出され注目を集めた。また同様に南方からの根菜農耕文化の伝播とする考え方もある。しかしその伝承をみると、餅無し正月はむしろ平野部などの稲作優越地に多く分布する。つまり餅の禁忌は餅の存在を前提にして成り立つもので、餅無し正月は餅正月の一類型とすべきである。さらに地域に即して正月の食形態を分析すると、餅無し正月には必ず餅の解禁日が設けられることから、単に餅を食べる食べないの問題ではなく、餅を食べる時をソバなど麺類やイモより後にするか先にするかの問題であることがわかる。そうしたことから一つの解釈として、正月の持つ複合的性格が指摘できる。表面的には餅により単一化されて見える正月儀礼も、実は儀礼食から見ると餅だけではなく麺類やイモを用いる複合的な性格を持っている。餅無し正月伝承は特別なことを示したものではなく、むしろ庶民生活の実状を儀礼化したもので、公的に進んだ稲作単一化と実際の庶民の複合的な食生活との差が生み出したといえる。

参考文献　坪井洋文『稲を選んだ日本人―民俗的思考の世界―』(「ニュー・フォークロア双書」九、一九八二)、安室知『餅と日本人―「餅正月」と「餅なし正月」の民俗文化論―』、一九九九
（安室　知）

もどき　もどき　主役の真似をして逆らったり嘲ったりして滑稽を演ずる役柄やその曲目。もどきの名称は田楽系統の芸能に多く見られる。たとえば長野県下伊那郡阿南町新野の雪祭には「さいほう」と次に「もどき」と呼ばれる仮面の舞手が登場する。「もどき」は「さいほう」によく似ているが、すべてがさかさまである。目尻の下がった穏やかな面の「さいほう」に対して、「もどき」は目眉のつり上がった怖い面をつける。両手の採物（とりもの）を左右逆に持ち、足の跳ね上げ方など動作も逆にする。こうして「もどき」は滑稽な物真似をして「さいほう」を揶揄するのだが、別の見方をすれば、それは「さいほう」の行動に変奏を加えて繰り返すことによって、その意義をわかりやすく説明する役割を果たしていると

もいえる。折口信夫によれば、もどくという語の文献上の用語例は、反対する、逆に出る、非難する意味であるが、芸能史の上では、物真似する、説明する、代わって再説する、説き和らげるなどの意味が加わる。もどきの役割は田楽に限らず多くの芸能に見られる。　→まれびと

参考文献　折口信夫「翁の発生」(『折口信夫全集』二所収、一九六五)、同「能楽に於ける「わき」の意義―「翁の発生」の終篇―」(同三所収、一九六六)　(高梨　一美)

ものつくり　物作り　一月十四・十五日を中心とした小正月に農作物の豊作を祈って、農作物や農具などを模した作り物を作る行事。物作りとは、本来的には農作を意味することばと考えられるが、小正月にヌルデやニワトコ、キブシ、ミズキ、柳など比較的やわらかい木を削って、粟穂・稗穂や削り花など、農作物が豊かに稔って穂垂れた姿を模擬して、今年もこのようになってほしいとあらかじめ祝う予祝行事の一つ。物作りは、関東地方から中部地方にかけて比較的盛んであり、東北や九州地方の一部にも見られる。地方によりアボーヘボー、ケズリカケ、ケズリバナ、カキバナ、ハナなどとも呼ばれている。作られる物は粟穂・稗穂、花、粥掻き棒、箸、農具といった種類が多く見られる。特に埼玉県の秩父地方から群馬県下には、ハナカキと呼ぶ小さな鎌で木を削って作るケズリバナに見事なものがあり、ハナの長さが一メートルにも及ぶものも見られる。また、ニワトコの節と節の間を削ってハナを十二階につけた十二バナ、さらには十六バナというハナもあり正月様や蚕神に供えるなどハナの種類や供える場所も多様である。これらの物作りで作られたケズリバナなどは、正月の松飾りを下げたあとに、十四日に正月様をはじめ、家の内外の神仏や畑・肥塚・墓などに供えられる。　→粟穂・稗穂

参考文献　文化庁編『日本民俗地図』年中行事二、一九七四、栃原嗣雄「埼玉県秩父地方の小正月―モノツクリを中心として―」(『日本常民文化研究所調査報告』一、一九七八)、群馬県教育委員会編「小正月のつくりもの」五(『群馬県無形文化財緊急調査報告書』五、一九九二)　(栃原　嗣雄)

もめん　木綿　綿花・綿糸・綿織物の総称。文綿・毛綿とも書く。綿花はアオイ科の草棉の種毛で、ふつうワタと呼び、これを紡いで綿糸とし、機にかけて綿布を織る。日本にはじめて伝来したのは七九九年(延暦十八)のことであると『日本後紀』にみえる。翌八〇〇年にはその種子を紀伊・淡路・阿波・讃岐・伊予・土佐および大宰府などの諸国で播いた。しかし根絶してしまい、鎌倉時代初期にあらためて宋から綿製品が輸入され、室町時代に至って木綿・文綿・木綿座・綿座などの語が現われるように世に知られるようになった。そして明応・文亀・永正年間(一四九二―一五二一)には三河木綿が勃興し、天文年間(一五三二―五五)からは薩摩木綿が知られ、やがて広く普及した。江戸時代中期以降は農具の改良と金肥の使用が相まって、ことに大坂周辺で棉作が著しく進歩し、名古屋周辺、山陰地方、関東地方なども地方的消費に対応する生産地となり、庶民の衣生活に大きな変革をもたらした。『和漢三才図会』(一七一三)は伊勢を上、河内・摂津を次、三河・尾張・和泉を中、播磨・淡路を下とし、『経済要録』(一八二七)には畿内各地、豊前小倉、伊勢松坂、武州青梅・川越・塩生・八王子、下総結城・真岡、三河、尾張、安芸、阿波、下総八日市場、上州桐生があげられ、『広益国産考』(一八四四)には結城木綿縞、縞毛加木綿、小倉織、青梅縞、臼杵の浮織、相良織、中国の縮織、尾張の桟留縞、伊勢の松坂縞、大和の紺絣五糸入縞が出てくる。このように各地に木綿の特産品が現われるのであるが、その工程はふつう自作した綿花を綿繰機で実と綿毛を分離し、綿打屋で綿打ちして綿毛の繊維を柔

らかくほぐしてもらい、それを糸車で紡ぎ、白木綿はそのまま、縞物はそれぞれ縞割りして各色に染めてから織る。藍染めの場合は紺屋で染めてもらうか、それ以外の色は多く山野に自生する植物を天然染料とした。織機ははじめ地機(下機)を用いたから、下機を木綿機とも称した。高機ができてからはもっぱら高機を使用した。

参考文献　柳田国男「木綿以前の事」(『柳田国男全集』一七所収、一九九〇)、永原慶二『新・木綿以前のこと』(「中公新書」九六三、一九九〇)

（岩井　宏實）

ももたろう　**桃太郎**　本格昔話の一つ。一般によく知られるのは、川上から流れてきた桃が婆に拾われ、その中から誕生した小さ子が異常なる成長を遂げ、犬・猿・キジを従えて鬼が島へ行き、見事鬼を退治、宝物を持ち帰るというもの。この話は江戸時代半ば以降五大御伽噺として書物などによって親しまれ、また一八八七年(明治二十)以降『国定国語読本』に採用されてから広く国民の間に流布、第二次世界大戦後児童の絵本などによっても普及した。だが、そのために話の筋は画一的なものになってしまった。しかし一方で、口頭による民間伝承も多く採集されており、それらは地方的特色を豊かに持っている。桃太郎が香箱や赤・白の箱に入って流れて来たり、簞笥や戸棚や臼に入れてあった桃が自然に割れたり、花見にでかけた母の腰もとに転がってきた桃を、綿にくるんで寝床に入れておくと割れて子が生まれ、桃の子太郎と名付けられたといったものも伝承されている。また鬼退治の方法も一様ではなく、鬼を海中に投げ宝物を奪うもの、「酒呑童子」のごとく鬼に酒を飲ませて退治したり、「猿蟹合戦」のように臼・蜂・腐れ縄・牛糞などの助けで退治するといったものがある。また、岡山県を中心に中国・四国地方に多い「三年寝太郎」や「ものぐさ太郎」のような、なまくらで大力の男子が突如英雄的な働きをするものや、「力太郎」と関わる話例もある。中国・朝鮮・東南アジア地域にはある種族の始祖となったという伝承もある。川上から流れてくる桃太郎は水辺に出現する小さ子神とみなされ、柳田国男はこの話に昔話の「瓜姫」同様、神聖な霊力を持った「水神少童」の異常誕生と英雄的な活躍を見ていた。それは神話の名残ともいえ、英雄の誕生、偉大な事業の達成を語るものともいえよう。この昔話に成年式の通過儀礼、あるいは桃太郎誕生以前の母子神的な神話の要素を見る考え方もある。

参考文献　柳田国男「桃太郎の誕生」(『柳田国男全集』一〇所収、一九九〇)、石田英一郎『桃太郎の母―ある文化史的研究―』、一九六六、関敬吾「桃太郎の桃」(『昔話と笑話』所収、一九六六)、滑川道夫『桃太郎像の変容』、一九八一、野村純一『新・桃太郎の誕生―日本の「桃ノ子太郎」たち―』(「歴史文化ライブラリー」八五、二〇〇〇)

（松本　孝三）

モヤイ　**モヤイ**　生産・生活の場面での協同労働、共同利用、共同所有、利益の平等分配などの慣行を示す語。模合、催合などとも書く。モヤ、モエ、モヨイなどの語が西南日本および関東以南の太平洋沿いの地方に広く分布する。協同労働としてのモヤイは、懇意の者の間で行われることが多く、片務的な労力提供である手伝いとは無償である点で共通するが、合力するという点で異なり、また交換労働であるユイとは、交換を前提にせず、労力の貸借関係を生まない点で異なる。田植えや稲刈りなどのモヤイのほかに、地曳網などでのモヤイ漁、狩猟でのモヤイ狩りなどがある。後二者では漁獲物・捕獲物の平等分配も行われた。利益の平等分配は生産手段の共有や道具類の共同提供を基盤としたものである。磯の口開けや木の実などの口開けに際しての共同採取と平等分配、モヤイ田(共有田)での協同耕作、薪採取のためのモヤイヤマ(共有山)での伐り出し作業、モヤイヤブ（共有の焼畑）の火入れ、共有のカヤ場での屋根葺き材の共同採取なども行われた。モヤイ風呂やモヤイ水車は共有を基盤にした共同利用の慣行である。道普請や溝浚いなどの共同作業・村仕事をモヤイ仕事・ムラモヤイと呼ぶ地方がある。これは利益の配分を伴わないが、結果的にムラ内の全戸が利益を享受するものである。船と船をつなぎあわせることをモヤウというが、これは共同・協同を示すモヤイの語が転用したものとされる。なお坪井（郷田）洋文は、モヤイ系の語の分布地域が非同族制村落の分布と合致することから、同族村落と対比したモヤイ地帯の村落構造上の特徴を考え得ると指摘している。→ユイ

参考文献　橋浦泰雄「協同労働の慣行」（柳田国男編『日本民俗学研究』所収、一九三五）、郷田洋文「互助共同」（『日本民俗学大系』四所収、一九五九）

（山本　質素）

もりがみ　森神　聖地としての森をまつり場として、あるいは樹木を依代としてまつられる神。神をまつるありかたは今日では、社殿や小祠による祭祀が一般的であるが、それでも南西諸島の御嶽をはじめとして、森にまつられる神は数多く残されている。山麓水源の森は水田に水を与える場であり、山から里へと神を迎える神座とされる。また、南西諸島では、森は季節を定めて集落を訪れる来訪神が籠もる場ともされた。地域により森神の民俗語彙はさまざまであるが、そのまつり場に森や樹木を伴うことから、モリサン、モリサマ、モリなどと称される傾向がみられる。荒神、地神、厄神、祇園、水神、山の神など森にまつられる神を森神として総称する例は、防長両国の近世の社寺台帳や地誌類にすでにみられる。一九四〇年代後半以降、柳田国男の祖霊信仰論が構築される過程で、福井県大飯町のニソの杜をはじめとする各地の森神は、祖霊の祭地として位置づけられ、森神は学術用語として定着した。直江広治は、家の生産場などにまつられる森に、開発先祖や傑出した先祖を祭祀するのが屋敷神の古態であるとし、さらに石塔墓の普及以前においては、死者の遺骸は死穢観念により村外の埋め墓に埋葬され、浄化された家代々の先祖は森に迎えまつられたとして、その具体例を各地の森神に求めている。また、山口県下関市蓋井島の山の神の森や中国地方の荒神・大元神など、五年、七年、十三年、三十三年などに一度、年祭を行う森神もみられ、これは焼畑耕作の周期性に基づく死霊の祖霊化儀礼とも指摘されている。ただし、落人や動物霊など御霊的性格を秘めた死霊をまつったと伝える森神や、開墾に際して土地霊をまつったと伝える森神のすべてを祖霊信仰に一元的に還元する研究視角への批判もなされている。落人の死霊をまつると伝える森神の場合、その由来伝承は地域の歴史伝説などを背景として家の生活史とのかかわりから民間宗教者により再構成される傾向が強い。なお、天保年間（一八三〇―四四）に防長二国で実施された淫祀解除政策への反論や神職自葬運動を行なった津和野藩復古神道国学者岡熊臣も、死後安心論の観点から森と死者霊魂との関係を説いている。→御嶽　→ニソの杜　→屋敷神

参考文献　柳田国男「先祖の話」（『柳田国男全集』一三所収、一九九〇）、直江広治『屋敷神の研究』、一九六六、福田アジオ「若狭大島の家格制と親方子方関係」（和歌森太郎編『若狭の民俗』所収、一九六六）、白石昭臣『日本人と祖霊信仰』（『日本の民俗学シリーズ』三、一九七七）、原田敏明「山と杜」（『村の祭と聖なるもの』中所収、一九八〇）、加藤隆久編『神道津和野教学の研究』、一九八五、佐々木勝『屋敷神の世界―民俗信仰と祖霊―』、一九八三、西垣晴次「民衆の宗教」（『日本民俗文化大系』四所収、一九八三）、牛尾三千夫『神楽と神がかり』（『牛尾三千夫著作集』一、一九八五）、

白石昭臣『畑作の民俗』、一九八八、岡正雄「日本文化の構造」(『異人その他』所収、一九九四)、徳丸亞木『「森神信仰」の歴史民俗学的研究』、二〇〇二

(徳丸　亞木)

や

やきごめ　焼米　籾を瓦や焙烙(ほうろく)で炒り、臼で搗いて籾殻を取り除いたもの。春、苗代に種子籾を播いたのちの余った籾や、秋の収穫期の実りの悪い青米を利用する。焼米はそのまま食べたり、好みによって砂糖や塩を入れたり、茶をかけて日常の間食に食べた。遍路などの旅人は焼米の携帯性を生かして持ち歩いた。端境期には食いつなぎの食料として重宝

焼米作り　岡山県真庭郡中和村(真庭市)

され、第二次世界大戦中には保存食として用いられた。一方、ハレの行事においても焼米は利用される。東北や関東地方、南中部から近畿、中国・四国地方では、春、苗代をしたのち、田の水口に花や札などとともに焼米を供え豊作を祈願する。四国地方の東部では、鳥追いに際し、子供たちが「苗代を荒らす鳥を追うから焼米おくれ」などといって焼米をもらって歩く。秋の収穫期には初穂で焼米を作って、豊作を感謝し害鳥が作物をついばまぬよう祈願する。関東や中国地方では五月節供に、東北や九州地方では十五夜に焼米を作って供える民俗がある。現在、日常食としての焼米は衰退したが、行事としての焼米はわずかに伝承されている。焼米にはヒライゴメ、シワゴメ、トリノクチ、ホガケなど、いくつかの呼称がある。しかし、そのうちの一つであるとされてきた炒り米は、加工工程や利用法の点から焼米とは異なった食べ物であることが確認されており、今後なお検討を要する。

参考文献 柳田国男「火の昔」(『柳田国男全集』一三所収、一九九〇)、太郎良裕子・定森由紀子「香川県に伝承される炒り米と焼米—大川郡長尾町・志度町の事例より—」(『岡山民俗』二〇五、一九九六)

(太郎良裕子)

やきはた 焼畑 四年前後の輪作と二十年前後の休閑期間の循環で行われる切替畑方式の農法。休閑期間は山地条件・栽培作物・経済条件などによって変動する。一九四〇年代までは東北地方から沖縄に及ぶ広い範囲で行われていた。焼畑の呼称は、アラキ(青森県・岩手県)、カノ(山形県・福島県・新潟県)、ナギ(富山県・石川県・岐阜県・福井県)、カリュー、カリオ(兵庫県)、コバ(九州山地)など多様であり、他にヤブ、ヤボ、ヤマヅクリ、ヤマサクなどとも呼ばれた。焼畑の作業過程は、伐薙、火入れのための地ごしらえ、火入れ、焼け残りの整理、播種、除草、収穫を基本とする。猪棲息地では除草と収穫の間で害獣防除対策が行われた。輪作作物と作順は地方によって異なるが、総じてヒエ、アワを中心として組み立てられた。雑穀以外では、東北・北陸地方ではカブ栽培が盛んで、九州や中部地方太平洋側ではサトイモの栽培が盛んである。また、表に見るとおり、焼畑には、秋伐り春焼きで一年目に主としてヒエを作る型(a型)と、夏伐り夏焼きで、カブ・大根・蕎麦などを作る型(b型)とがある。前者は深い山で出作り小屋に泊ることが多く、後者は里近くで行われた。二年目または三年目に小豆・大豆を作る地が多いが、

焼畑の火入れ　石川県小松市小原

焼畑の輪作と作物

実施地		一年次	二年次	三年次	四年次	五年次
岩手県下閉伊郡川井村江繋	a型	ヒエ、アワ	ヒエ	小豆	アワ	
	b型	カブ、蕎麦	アワ	大豆	ヒエ	
福井県大野市中洞	a型	ヒエ	アワ	小豆	大豆	蕎麦
	b型	カブ、蕎麦	アワ	小豆		
静岡県浜松市水窪町西浦	a型	ヒエ	大豆、小豆	アワ	サトイモ、アワ	
	b型	蕎麦	アワ	大豆、小豆	サトイモ、アワ	
宮崎県西都市上揚	a型	ヒエ	ヒエ	大豆、小豆	ヒエ、アワ	
	b型	大根、蕎麦	サトイモ	小豆、茶		

これは、豆類の根瘤菌による肥料効果を経験的に伝承してのことである。焼畑農業の第一の特色は火の使用にある。焼くことの目的・効果は、障害樹木焼却による畑地獲得、肥料としての灰の獲得、雑草の種子の焼去、地力向上をもたらす焼土効果などであった。焼畑の火は延焼の危険性をはらむため、防火帯の設置や火伏せの呪術が行われた。クロモジの枝を立てて祈る(長野県天龍村)、儀礼的に火消しを行う(静岡市大間・宮崎県西都市銀鏡)、宇納間地蔵の札をつるす(宮崎県日向山中)、秋葉山の神札を立てる(長野県・静岡県天竜川流域)など。山中で営まれる焼畑は、その作物を猪・鹿・猿などに荒らされることが多かったので、カガシ、番木、鳴子などの害獣除けがくふうされた。各地に伝わる山犬(狼)信仰も、その淵源は、焼畑作物を荒らす猪・鹿を捕食する山犬に益獣的側面を認めたところにあったと考えられる。日向山中の木おろし唄・稗搗き節、吉野山中の稗がち唄などは焼畑に伴って発生した民謡であり、土佐山中には、焼畑技術を教え、焼畑を守る山姥の伝説が語り継がれている。焼畑にかかわる民俗は、単に技術的な問題にとどまることなく、呪術・信仰・民謡・伝説から芸能に至るまで立体的な構造を持っている。日本における焼畑作物は、ヒエ、アワ、キビ、シコクビエ、高黍、大麦、小麦、裸麦、蕎麦、陸稲、トウモロコシ、燕麦、大豆、小豆、ブンドウ豆、エゴマ、ナタネ、山イモ、サトイモ、サツマイモ、ジャガイモ、カブ、大根、ハクサイ、スイカ、カボチャ、茶、コウゾ、ミツマタ、桑、樒(しきみ)など三十余種に及び、それは、穀物・イモ類・野菜類はもとより換金作物にまで及んでいる。

参考文献　佐々木高明『日本の焼畑』、一九七二、福井勝義『焼畑のむら』、一九七四、野本寛一『焼畑民俗文化論』、一九八四、橘礼吉『白山麓の焼畑農耕―その民俗学的生態誌―』、一九九五
(野本　寛一)

やく　厄　人の生命や生活を脅かすとされる災厄や災難のこと。具体的

には、厄日・厄月・厄年といった特定の期日や年齢に降りかかることが多いと考えられている。厄払い・厄落とし・厄除けは、それらを避けるために生み出されたさまざまな呪的な行為や方法である。厄日には暦に基づく陰陽道の説によるものが多く、中国から伝来し日占いとして展開した六曜はよく知られている。友引に葬式を忌むことは全国的な広がりを持ち、仏滅には結婚式や新規事業の開始を避けたりする向きもある。また、建築に際しても鬼門という方角について気にかける人も少なくない。日本では古くから、年の境や特定の日に厄神が訪れて人に災厄をもたらすという伝承が伝えられている。節分の鬼はよく知られている。徳島県三好郡では節分・大晦日・庚申の夜のほかに夜行日という日があり、この日首切れ馬に乗った一つ目の鬼の夜行さんに出会うと蹴り殺されるという伝承がある。旧暦二月八日や十二月八日のいわゆる事八日、そのほか二百十日や二百二十日を大風の吹く厄日とする地域もある。厄年に関する記述は『源氏物語』などの古典にもみられる。本来は十三年目に巡ってくる生まれ年の干支を前に、身を祓い生命力の更新をしたものといわれるが、現代の厄年年齢は地方によって一定していない。一般的に男子の二十五・四十二歳、女子の十九・三十三歳が共通している。

（佐々木 勝）

参考文献 佐々木勝『厄除け—日本人の霊魂観—』、一九八八

やごう 屋号 家、あるいは屋敷に付けられた呼称。イエナ、カドナ、カブナ、コナ、アザナ、ヤシキナなどともいう。かつて、新しい家が生まれると、これに対して新たに名をつける慣習があった。これは、同族による同じ名字が多い村落において、個々の家を区別するために成立したとされる。つまり、名字が同じ一族や同族であることを示すのに対し、屋号は村落内の個々の家への呼称である。このことから、屋号の形式は各地ほぼ共通したものが見られ、他村落にも同じ呼称の家が存在することが多い。また、これのない家は新しい家であることも多い。屋号をその命名の由来によって分類すると、㈠位置・方角によるものとしてワデ、ナカ、シモは古い家が多く、他にオク、ムカヒ、ヒガシ、ミヤマエなど、㈡地形によるものとしてタヒラ、ナガノ、サワグチ、㈢家の格式や職分を示すものとしてシバキリ、モトナヌシ、ベットウ、㈣家の新旧や本分家によるものとしてオヤケ、ホンヤ、インキョ、シンヤ、アラヤ、㈤ムラの役割や任務によるものとしてタイフ、トーヤ、㈥家の先祖の名をつけたものとしてマタウエモン、キンスケ、㈦家屋の構造や材料によるものとしてイタヤ、ハイヤ、㈧家印によるものとしてマスヤ、ヤマジュウ、㈨家の祭神によるものとしてダイミョウジン、オオジ、㈩職業や副業によるものとしてアブラヤ、サカヤ、㈡出身地によるイセヤ、エチゴヤなどがある。このように屋号によって、村落の発展過程や家々の関係秩序をうかがい知ることができるのである。 →家印(いえじるし) →苗字(みょうじ)

（宇田 哲雄）

参考文献 早川孝太郎「家名のこと」(『民俗学』三ノ一一、一九三二)、最上孝敬「家号と木印」(柳田国男編『山村生活の研究』所収、一九三七)、宇田哲雄「村落政治の民俗」(『講座日本の民俗学』三所収、一九九七)

やしき 屋敷 家屋の建てられている一区画の土地。地方によってヤジ、イジ、カマチ、カマエ、カクチなどさまざまな呼称がある。語源的には「家(や)の敷(しき)(地)」の意であるが、しばしば家屋敷とも表現されるように、人の居住する家屋とその付属施設、およびこれを収容する土地(屋敷地)を含む居住空間全体を一般には屋敷とみなす。屋敷内には、居宅である母屋を中心に、納屋・蔵・馬屋・便所・木小屋などの付属建物、作業場でもある前庭・中庭(坪庭)、菜園・果樹園・苗代田などの耕地、洗い場、

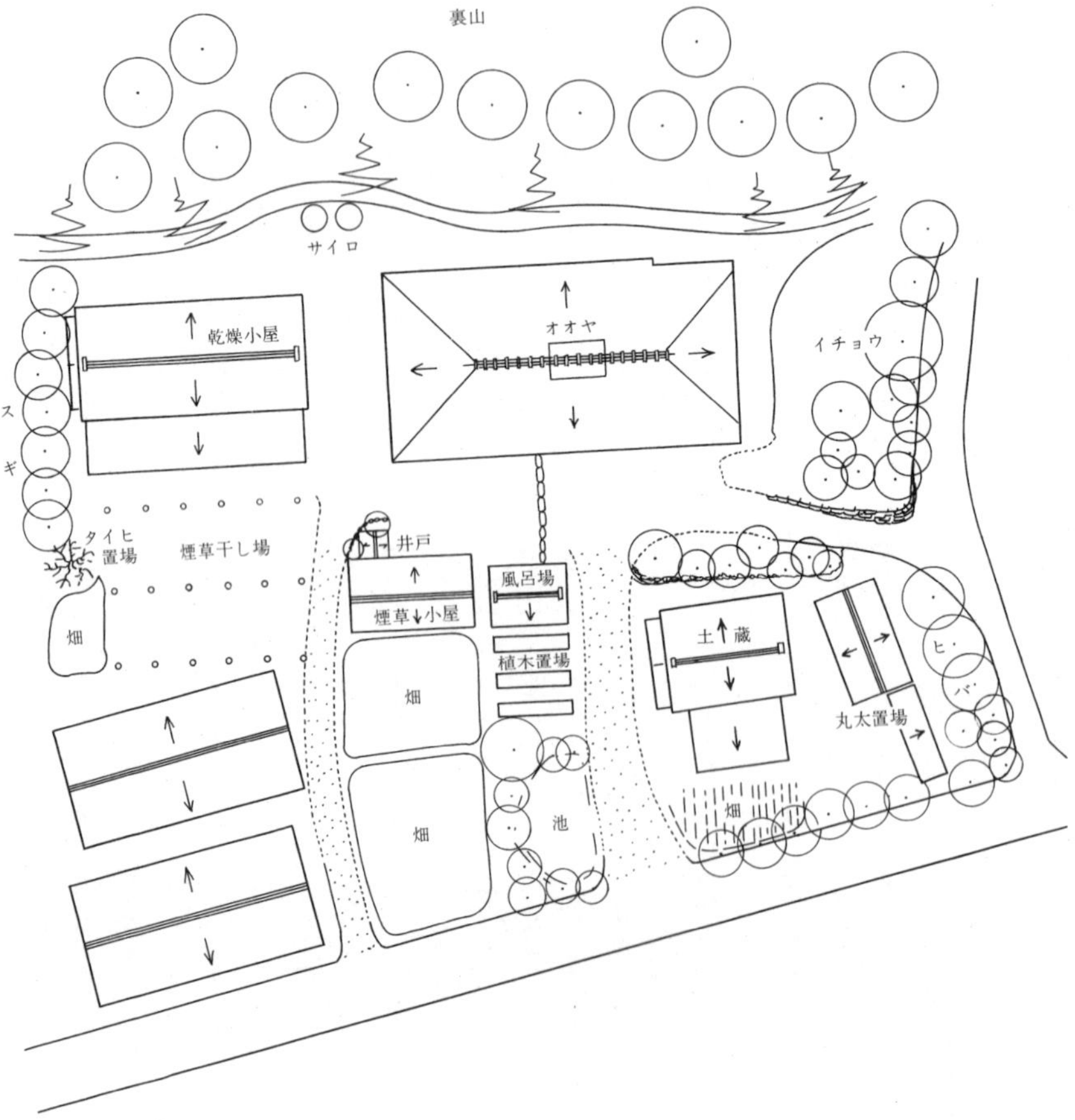

福島県滝根町（田村市）桜田家屋敷配置図（『滝根町史』三より）

屋敷神、屋敷墓などの諸施設が配され、周囲には屋敷林、生け垣、石垣、板塀などがめぐらされる。屋敷の立地や形状は、地形、日照や風向き、地下水位などの自然条件に左右されることはもちろんであるが、地域の開発経過や農家経営のあり方、村落構造などとも密接に関連しており、その地域的な差異は大きい。関東や東北地方の平場農村では、個々の屋敷が散在する景観がみられ、屋敷の独立性は高い。一方、近畿地方などの集村では、一般に屋敷の独立性は低く、村落の共同性をより強く反映する景観となっている。また街道沿いの村や新田開発による村では、往還沿いに規則的な屋敷地割がみられる例もある。屋敷は、空間的に家族生活の拠点となるのみならず、社会的にも家存立の基礎的要件となっている。屋敷を所有することは、地域社会の正規の構成員となる基礎資格であり、共有地の用益権や水利権、村落運営に参加する権利などは屋敷の居住権に付随する。一軒前の家として認められるためには屋敷の所有が不可欠であり、新たな家の創設にあたって廃絶家した屋敷跡に入り旧主の屋号や社会関係、諸権利を引き継ぐことも各地でみられる。これをヤジタテとかツブレカドをおこすなどと称する。また、屋敷の貸与や分与を受けたものが持ち主に従属する身分とされたり、血縁の有無にかかわりなく旧主との間に本末関係を認めたりする慣行も広く分布する。岩手県二戸郡に一九二〇年代まで存在した屋敷名子は、大屋(地主)に種々の賦役をおさめその庇護のもとに生計を維持しており、屋敷を取得することで名子抜けし従属身分より脱することができた。宮城県や新潟県佐渡などでは、転入者や分家が屋敷の分与を受けて旧主のジワカレベッケ、ジワケノシンルイとなる例が報告されている。近世社会では、農村と都市とを問わず、屋敷の所有者のみが貢租・夫役や町入用を負担し村政・町政に関与する正規の構成員であった。屋敷は、領主の側からいえば貢租賦課の単位であり、地域社会にとってはその構成員たる家株の資格要件であった。屋敷の取得・貸与・譲渡などをめぐるさまざまな慣行は、このような屋敷の歴史的性格に基づくものと考えられる。また、同族組織や村の内部区分をヤシキと称する地域が各地に存在するが、これらは屋敷持である本百姓とその屋敷内に包摂される従属農民との関係、あるいは屋敷を分割した家同士が貢租負担を分かち合う制度に由来するものと考えられる。一方、屋敷には古代以来強固な私的所有権が認められており、家々の分立に伴って屋敷は家に属する相伝の財産と考えられるに至っている。屋敷は家の超世代的連続性の象徴であり、開祖以来の先祖霊の宿る聖域とみなされている。屋敷を守護する屋敷神の祖霊的性格は、家の連続性が屋敷の継承と不可分に結び付いていることを現わすもので、屋敷内に墓地を設ける屋敷墓もこの観念の現われと考えられる。また、屋敷の譲渡を受けたものが先住者の先祖の墓や位牌を継承する屋敷先祖の慣行も、屋敷の霊的な性格を示すものといえよう。→屋敷先祖(やしきせんぞ)　→屋敷林(やしきりん)

[参考文献]　柳田国男「宅地の経済学上の意義」(『定本柳田国男集』二九所収、一九七〇)、同「屋敷地割の二様式」(同)、有賀喜左衛門『日本家族制度と小作制度』(『有賀喜左衛門著作集』一・二、一九六六)、直江広治『屋敷神の研究―日本信仰伝承論―』、一九六六、竹内利美「検地と分家慣行」(『家族慣行と家制度』所収、一九六九)、長谷川善計「家と屋敷地」(『社会学雑誌』一―三、一九八四―八六)、『社会民俗研究』二(特集家と屋敷地、一九九一)、『比較家族史研究』四(特集家と屋敷地、一九八九)、伊藤唯真「屋敷ボトケ」(『伊藤唯真著作集』三所収、一九九五)、長谷川善計・江守五夫・肥前栄一編『家・屋敷地と霊・呪術』(「シリーズ比較家族」六、一九九六)

(中込　睦子)

やしきがみ　**屋敷神**　屋敷あるいはその周辺や背後の山裾など、屋敷の付属地にまつられる神の総称。地方ごとにさまざまな名称があり、大きな共通点を有しつつも、その地に特有な要素も見られる。概略的に見れば、東北から北関東地方にかけて内神や氏神そして稲荷、東海から中部地方にかけて地神・地主神、中国地方から九州地方にかけて荒神などが広く分布している。そうした信仰圏の間を縫ったり重なり合って、山梨県や長野県を中心とする祝神や祝殿、大分県国東地方の小一郎神、南九州地方のウッガン(氏神・内神)などがある。祭の当日は天候が荒れるとか、一つ目や片足の神であるとか伝えることが多い。地域における特異な名称も、祭場の形状や性格、職能的な特徴がそのまま呼び名となっている。神格についても、その土地特有の伝承的なものから、稲荷・熊野・八幡・神明といった大社から勧請したものまで多岐にわたる。屋敷神をまつる形態には、おおよそ三つの類型が見られる。㈠近隣祭祀　近隣の家が共同でまつるもの。近隣の家といっても伝承的に決まっており、日常的にも堅い絆を持つ。祭祀の費用を賄うための祭田を持つグループもある。一般的に土地神に対する共同の収穫祭といった性格をもつ。㈡個人祭祀　一軒だけでまつるもの。村落の場合には、本家筋や旧家・草分けと呼ばれる家によることが多い。㈢同族祭祀　本家を中心とした本家・分家によってまつられるもの。この場合には収穫祭的要素の濃いものや先祖をまつる意識の高いものなど、さまざまな形態がみられる。一般的な傾向として、山の裾や田畑の際など生産の場にまつられる森神や屋敷神などは、次第に屋敷地内に取り込まれたと解されている。森神から屋敷神、さらに屋内神へという経路である。共有地から私有地へという祭場の変遷もそれを裏付けており、三つの類型から見れば、近隣祭祀はその性格から共有地に祭場を持ち、個人祭祀はもちろんのこと、同族祭祀の場合も本家が管理する土地になっている。屋敷神の祭日の多くは秋に集中しており、収穫祭的な性格が濃厚にうかがえる。また、同族の始祖である祖先神をまつるとする同族祭祀の場合でも祭日についてはその地の屋敷神と同じくする。つまり、近隣による共同祭祀(背後の山裾の大木を中心とした収穫祭)がより古い形で、それから各家の自覚によって個人でまつるようになったり、本家を中心に同族でまつる形態として再編成されたと考えられる。

屋敷神　ワラホウデン　茨城県勝田市（ひたちなか市）（提供福田アジオ）

参考文献　直江広治『屋敷神の研究』、一九六六、佐々木勝『屋敷神の世界—民俗信仰と祖霊—』、一九八三、直江広治『民間信仰の比較研究—比

較民俗学への道—』、一九六七　（佐々木　勝）

やしきせんぞ　屋敷先祖　他人の屋敷、畑地などに居住したり、またはそれを所有している場合、かつての所有者の先祖を指していう。屋敷ボトケとも称する。古屋敷の先祖が無縁仏にならないように、寺院の法会などで自家の先祖と同じように供養する。「何々屋敷先祖」と旧所有者の名を冠するのが通例であるが、旧宿場町のように居住者の変動が激しいところでは、屋敷名を地番でよび、滋賀県湖南市石部などでは「何番地屋敷先祖」と称している。屋敷内無縁ボトケ（佐賀県唐津市）、地オヤ先祖（愛知県常滑市）といった呼称もみられる。屋敷先祖の祭祀は、西日本では、滋賀県・奈良県をはじめとして九州に至るまでかなり広い範囲にわたって、しかも超宗派的に分布している。また屋敷先祖の名称は、寺院に残る江戸時代後期の『過去帳』『永代施餓鬼戒名帳』などにみることができる。自分の所有に帰した絶家などの家屋敷は、その家と土地についていたホトケをまつってこそ自家の安泰がもたらされるのだという観念が根底にある。屋敷先祖は先住者の家のホトケであると同時に、屋敷地に固着したホトケとして、後住者の家を守るホトケである。したがって地神・屋敷神のような機能側面をもっている。信仰内容でも屋敷神と類似するところがある。しかし屋敷神のように小祠・塚などのような祭祀の依憑物はなく、回向文や塔婆などにその呼称がみられるだけである。屋敷神の分布が薄い地方に屋敷先祖の信仰が濃いようである。
→屋敷神（やしきがみ）

参考文献　伊藤唯真「屋敷ボトケ」（『伊藤唯真著作集』三所収、一九九五）　（伊藤　唯真）

やしきりん　屋敷林　屋敷内につくられた樹林で、平野部の農村地帯、特に明治期以前までに成立した村落に顕著にみられる。その後の開拓村落では屋敷林の発達がみられないことが多い。屋敷森ともいう。樹種はケヤキ、カシ、ナラ、杉、ヒノキなどが多く、竹林がその一部を構成する場合もある。屋敷林は屋敷の北西から北側にかけて設けられることが多い。これは、屋敷林には冬の季節風に対する防風林としての機能が重要であることを示している。防風のための樹林は、時に応じて防火の役目も果たし、また、積雪地帯であれば防雪機能をもつ。一方、積雪の少ない関東平野の台地などローム地帯では季節風に伴う土埃の舞い上がりが著しく、屋敷林はその防塵機能をもつ。このほか、夏季には屋敷林による防暑効果が認められ、また低地の洪水常襲地帯においては激流や流木などによる家屋の破壊をくい止め、場合によっては洪水時に屋敷林の大木に家屋をつなぎ留めて流失を免れるなど多様な機能が認められる。西南日本の太平洋岸や島嶼部では屋敷の南側に屋敷林を設ける場合もみられるが、これらは台風などの暴風から家屋を守るためである。農家の日常生活において、屋敷林それ自体の利用もかつては盛んに行われ、用材あるいは燃料として、また竹材としての利用やタケノコの採取も重要な意味をもっていた。しかし、近年ではこのような機能の重要性はほとんど失われた。屋敷林の呼称はイグネ（東北）・クネギ（新潟）・カイニョ（富山）など地方色がある。また、出雲平野の築地松や南西諸島のフクギ、美作地方特有の広戸風に対するコセなど屋敷林には風土を基盤とした多様性が認められ、気候景観の一指標にもなっている。

参考文献　杉本尚次『日本民家の研究』、一九六四、矢沢大二『気候景観』、一九九三　（小口　千明）

やすみび　休み日　仕事を休む日。「怠け者の節供働き」という言葉があり、不精者がふだん仕事をせずに、多くの人が休養する休み日にわざわざ働いたりする時にいわれる。働く日に働かない、休む日に休まないのは悪徳と考えられ、禁を犯した場合には、瓢箪を背負わせ、村中を引き回す制裁が行われた。休み日は、年間に定まった日のほかに、オシメリ正月のように臨時の休み日がある。石川・富山県では休み日にボン(盆)を付けて刈り上げ盆などという。また、疫病の流行に際し災厄を避けようとする心意から、正月儀礼を重ねて実施して、新しく年を取ってしまう慣行があった。これを取越正月という。正月は新たな再生を喜ぶ時であったことを教える慣行である。この取越正月も臨時の休み日の一つである。休み日には神祭のための休み日と労働休業日の二つがあり、両者とも近世中期以降に増大する傾向にあった。その大きな原因は若者たちの活躍である。神祭に事寄せて休み日をとろうとする若者たちの行動が少なくなかった。しかし、領主は休み日を増大させることは年貢負担能力の減少につながると考え、しばしばそれを規制した。近代に入ると休み日は国家が選んで国民すべてに等しく休ませるようになり、休み日の国家統制が始まった。それが祝祭日である。紀元節など明治国家の祝祭日は一八九〇年代から徐々に浸透しはじめ、明治末年の地方改良運動によってはじめて民衆にまで浸透するようになった。この地方改良運動は祝祭日の休日化を促した。また一方では、従来からの村落社会の休日慣行の多くを改廃することになり、休日の国家統制を大きく進めた。一九六〇年代以降、村落社会では産業構造の変化などに伴い、神社の祭日や行事を日曜・祝日に合わせる傾向が顕著になってきた。これも会社の論理と国家管理が浸透した結果と見る考え方もある。また現代人の労働環境は、労働時間の短縮、休養日の長期化が大きな特色にあげられよう。農林漁業人口の減少と一般企業の勤労者の増大などが従来からの労働観を変化させている。 ↓祭日

参考文献　平山敏治郎『歳時習俗考』、一九八四、古川貞雄『村の遊び日—休日と若者の社会史—』、一九八六、阿部昭「遊び日の編成と共同体機能」(津田秀夫編『近世国家と明治維新』所収、一九八九)、田中宣一『年中行事の研究』、一九九二、阿部昭「近世村落の年中行事と『休み日』の慣行について—関東農村における「御事」の日の編成を中心に—」(『国士館史学』一、一九九三)

(板橋　春夫)

やたい　屋台　主に神社の祭礼のとき、引いたりかついだりする祭礼風流の一形態。祭礼風流をその形態から、ホコ(鉾)系・ヤマ(山)系・囃子系に分類する考え方がある。歌舞伎や舞踊・音曲などの芸能が主体となる囃子系の山車を屋台といい、芸屋台・囃子屋台・太鼓屋台に分けられる。芸屋台は踊りや所作事、歌舞伎狂言などの芸能を演じる移動舞台で一層の前面を吹き抜けの舞台とし、御簾などで仕切って後方を囃子座や楽屋にする形式が広くみられる。滋賀県長浜市の曳山がこの典型とされる。囃子屋台は屋台専用の囃子を主とする屋台。屋台本体を豪華に造る

飲食店の屋台　福岡市中洲

ところに共通性をみせる。少し前までは河内・摂津の地車(だんじり)ににわか芸が付き、栃木県鹿沼の屋台が前方に踊り屋台を付設したように、芸能と対になるものが少なくなかった。太鼓屋台は鋲打ちの大太鼓を屋台にのせて打ち鳴らす屋台で、四本柱吹き抜けの比較的簡素な構造のものが多いが、布団太鼓などといって、華やかな布団を数枚重ねて屋根とする形態のものが瀬戸内一円から淀川沿いに伊賀あたりまで、山陰海岸部にも流布している。太鼓打ち二〜四人を乗せて連打させつつ大勢の担ぎ手が息を合せ、屋台を横倒しにしてほうり上げ、さし上げて裏返し、あるいはぶつかりあうといった荒々しい太鼓練りが特色で、見所ともなっている。以上のような祭礼における囃子系の山車や歌舞伎の引き舞台を屋台と総称する説がある。一方、十八世紀以降、辻・街路・門前などで立売りの商売をする露店商や行商が、台車をつけた飲食物などの引き売り店舗を生みだすに至って、屋台という言葉がそれら移動店舗を示す語に転化した。屋台は移動を伴わない据え店、床店のことも指す。その標準的なものは間口六尺、奥行三尺、前方に棚があり、そこに調理したものを並べて商う。商品は鮨・天麩羅が主で、自分の店のすぐ前に据えることもあったが、多くは人通りの多いところに出向いた。このような屋台が発達した一因は外食の風習が広がったことにあり、顧客は小商人・職人・日雇・足軽・中間・浪人たちであった。十九世紀すぎには焼きイカ・蒲鉾・半片・菓子・飴・餅・燗酒におでんなどの店ができ、明治・大正期の銀座には鮨屋を営む屋台が存在した。最盛期は第二次世界大戦後の闇市における屋形のスタイルをもった屋台であり、盛り場・工場街・学生街などに焼き鳥・おでん・燗酒・ラーメンなどの店があらわれた。商売への参入の気軽さ、可動性、ファーストフード的手軽さにより戦後の一時期隆盛を極めた。サラリーマンを客層とする飲み屋の屋台は赤提燈と呼ばれ、日々の憂さをはらし、人間関係を円滑にする場ともなった。特に名古屋・福岡市の一画には屋台が多く集まり、その多様性においても有名であった。しかし、都市の近代化や東京オリンピック開催などにみられる国際化は屋台の存在を排除し、豊かな生活に慣れた若者の屋台離れも進み、その数は少なくなっている。かつてはリヤカー、現代はワゴン、ライトバンなどの自動車を屋台として利用することもある。→山車(だし)

参考文献　植木行宣『山・鉾・屋台の祭り—風流の開花—』、二〇〇一
（福原　敏男）

やなぎたくにお　柳田国男　一八七五—一九六二　日本における民俗学の創始者。民俗学の研究を行なったのは一九一〇年(明治四十三)前後からで、それ以前は農政官僚・農政学者として活動し、学生時代は文学青年であった。最初松岡姓で、一九〇一年以降柳田姓となる。一八七五年、兵庫県神東郡辻川村(神崎郡福崎町)で生まれる。父親の松岡操は私塾で教える漢学者であったが、収入は不安定であり、家は貧しかった。高等小学校卒業後の八七年に、兄が開業医をしていた茨城県北相馬郡布川町(利根町布川)に移り、三年を過ごした後東京に出て、中学校をへて、九

柳田国男

三年に第一高等中学校(のちの第一高等学校)に入学した。中学校・高等学校時代は文学青年であり、九一年に歌人松浦萩坪(辰男)のもとに入門し、短歌を作った。ついで新体詩を作るようになり、九五年以降作品を『文学界』に発表し、また九七年には国木田独歩・田山花袋らとともに新体詩集『抒情詩』を出した。九七年第一高等学校を卒業し、東京帝国大学法科大学に入学した。大学では主として農業政策を学び、卒業研究として三倉の研究を行なった。一九〇〇年に東京帝国大学法科大学政治科を卒業、九月から農商務省農務局農政課に勤務し、また東京専門学校(のちの早稲田大学)において農政学を講義した。一九〇一年に信州飯田(長野県)出身の大審院判事柳田直平の養子となり、〇四年に柳田孝と結婚した。〇二年に法制局参事官、一四年に貴族院書記官長となった。一九年十二月に書記官長を辞任し、二十年間の官僚生活から退いた。官僚としての二十年間のうち、前半の十年間は農政に関わる活動を行い、特に一九〇〇年に成立した産業組合法に基づく産業組合を農民にとって意味ある制度にすべく努力し、社会の変化に対応して発展する農業を目指した。農業も自己の才覚を発揮して利潤があげられるようになるべきであると主張した。しかし、当時の農政官僚や農政学者から理解されることなく、努力は挫折した。一九〇八年の九州旅行を契機にしての後半の十年は勤務の傍らのちに民俗学と呼ぶことになる研究に励み、また同好の人々を結集すべく雑誌『郷土研究』を発行した。

一九二〇年(大正九)に朝日新聞社の客員となり、二二年には社説を執筆する論説班員となった。また、二一年国際連盟委任統治委員となり、二一年と二二年の二度渡欧し、スイスに滞在した。特に二二年の渡欧は翌年に関東大震災の報に接して十一月に帰国するまでの一年半に及び、スイス滞在中はジュネーヴ大学でヨーロッパ言語学の講義などを聴講した。一九三〇年(昭和五)末に朝日新聞社論説委員を辞任し、民俗学研究に専念するようになった。一九三三年には自宅で、彼のもとに出入りしていた人々を対象に「民間伝承論」の講義を行い、また『郷土生活の研究法』を口述し三五年には単行本として出版した。一九三四年には統一項目によって全国的な調査を行う「山村調査」を開始し、三五年七月から八月にかけての一週間東京に全国の民俗愛好者を集めての日本民俗学講習会を開催、さらにその参加者を中心に民間伝承の会を組織し、機関誌『民間伝承』(月刊)の刊行を開始した。三七年五月と九月に東北帝国大学、六月に京都帝国大学で民俗学の集中講義を行い、またこの前後に大学・高等学校で多くの講演を行い、民俗学の普及に努力した。一九四五年八月十五日の第二次世界大戦敗戦に際しては日記に「大詔出づ、感激不止」とのみ記したが、それまでの日本を反省し、戦後に大きな希望を抱いた。一九四七年八月には民法改正を審議する衆議院司法委員会に学識代表者として出席し、公営の男女交際機関を設けるべきことなどを提言した。四七年三月に自宅の書斎を提供して民俗学研究所を設立し翌年四月に財団法人となった。四九年四月民間伝承の会は日本民俗学会となり、その初代会長を務めた。戦後の教育に民俗学が貢献すべきであると考え、社会科、国語の教育内容に積極的に発言し、四八年以降小学校国語教科書、社会科教科書の編さんなどに関与した。五五年末には民俗学研究所は解散すべきであると提案し、五七年四月には研究所を解散し、提供されていた蔵書は、柳田の判断で成城大学に寄託され、のちに柳田文庫となった。最晩年の六〇年五月に「日本民俗学の頽廃を悲しむ」と題する講演をし、一九五〇年代以降の民俗学に不満を表明した。六二年八月死去。

柳田国男の民俗学研究は、一九一〇年前後から半世紀に及び、その間多方面にわたる多くの著書を著わしたが、その研究の内容は大きく三つの時期に分けられる。第一期は一九一〇年代である。一九〇八年に三ヵ月の九州旅行に出かけ、熊本県五木・宮崎県椎葉などの山村や熊本県天草などの離島を訪れ、地方農村の実態を初めて知るが、特に山間奥地で現実に行われている狩猟と焼畑耕作に感動した。椎葉村には一週間滞在し、狩猟の古い方法の行われていることを知った。その感動を彼の唯一の調査報告書『後狩詞記』(一九〇九)として刊行し、民俗学の研究を開始した。山間部で焼畑を行い、狩猟をする山人は平野の水田稲作民とは系譜が異なり、日本列島の先住民の子孫であるが、新しい水田稲作民に圧迫され次第に山間奥地に追い込まれてしまったと解釈した。柳田の民俗学は、山人の研究から始まり、少数派に属するさまざまな生業の人々の研究として展開した。特に非定住民としての木地屋その他の職人や巫女、毛坊主などの漂泊の宗教者に注目し、また被差別部落の人々にも関心を示した。一九一三年には高木敏雄とともに雑誌『郷土研究』を発刊し、各地の民俗同好の士を読者として組織して、情報を投稿原稿として集約する仕組みを作り上げた。第二期は一九二〇年代後半から三〇年代である。二〇年代後半は朝日新聞の社説を執筆し、社会問題や政治情勢について意見を述べる機会が多くなった。日本の経済が慢性的不況となり、さまざまな社会問題が発生する時期であった。かつての農政学者・農政官僚としての使命感が再び強まり、現実に解決を迫られている問題に解答を出す学問として民俗学を位置付けるようになった。のちに最大の課題は「何故に農民は貧なりや」であると彼自身が表明したように、世界恐慌の波を被って悲惨な状況に置かれた農民・農村の歴史的条件を明らかにすることを民俗学研究の最大の課題とした。民俗学は少数の移動する人々の研究から人口の大多数を占める水田稲作民の生活を研究対象とする学問となった。民俗は水田稲作農耕民の文化を表わす言葉であり、また民俗の担い手を常民と表現し、彼らの「家永続の願い」を中核において、それを支える先祖祭祀・他界観を論じた。さらに『民間伝承論』(一九三四)や『郷土生活の研究法』(一九三五)などを通して民俗学の全体像を提示し、民俗学の方法論を整備した。第三期は一九四〇年代後半から五〇年代である。柳田の研究は大戦中から次第に日本人としての自己認識を促すための研究という傾向が強まり、戦後に引き継がれた。民俗学は常民の学から日本人の学となった。アメリカの占領下における日本人解体の危機感から、日本人の一体性を強調する研究となり、最終的には日本人の原点を求める研究となった。日本人の先祖が日本列島へ渡ってきた経路を、大陸南部からまず沖縄に移住してきたこと、そこからさらに日本列島各地に広がったことを各地に伝わる民俗を資料にして主張し、沖縄を含めて日本は一つであることを強調した(『海上の道』、一九六一)。

柳田は半世紀の活動を通して民俗学を欧米の民俗学とは異なる独自の学問として作り上げた。欧米の民俗学は言葉と語りに重点を置いたのに対して、柳田は行為と観念を中心に据えた。昔話や伝説、民謡も民俗学の重要な研究対象であるが、彼の民俗学の体系ではごく一部に過ぎない。冠婚葬祭や年中行事・農耕儀礼、神事・祭礼など人々の行為を調査し、そこに秘められた日本人の他界観・神観念を明らかにしようとした。その研究の特徴は、基本的に歴史研究として行われたことにある。文字資料にもとづく歴史学の限界を指摘し、世代を超えて伝えられてきた民俗事象によって歴史を明らかにする民俗学の有効性を主張した。彼の描く歴史は、英雄や権力者という固有名詞を伴わず、変革・変動などという急激な変化のない、人々の意識・感覚とともに少しずつ変化する生活文化の歴史である。その研究テーマはその時期の日本社会に対する危機意識を基底にした強烈な使命感に基づいて選定された。歴史的変化を必ずしも発展とは考えず、むしろ出発においては矛盾のない調和の取れた状態を想定し、のちに矛盾が生じ変化が起こり、結果として解決を迫られるような困難な事態が生じたというものであった。第二期以降の柳田が、歴史の再構成に際して着目したのが、日本列島内の地域差であった。日本列島は歴史を共有する均質な社会であり、その地域差は基本的には変化の遅い早いによる時間差を示しているとして、各地の民俗の比較研究によって明らかになる相違を新旧の順序に置き換え日本全体としての歴史過程を描き出した。柳田が提示した歴史は、日常性を浮かび上がらせる歴史であり、旧来の変革重視の歴史像とは大きく異なり、近代日本を内在的に批判する視点を持っていた。そのため、さまざまな分野から柳田の思想を検討し、彼の研究を高く評価することが行われてきたが、近年ではその問題性を指摘する見解も出されている。特に明治国家の優れた官僚としての側面、日本の植民地支配との関わりの深さなどが研究内容にも反映していることが注意されつつある。著作集として『定本柳田国男集』全三十一巻・別巻五巻、『柳田国男全集』全三十二巻(ちくま文庫)があり、近年『柳田国男全集』全三十六巻が刊行されつつある。

参考文献 牧田茂編『評伝柳田国男』、一九七九、岩本由輝『柳田國男』、一九八二・八三、柳田国男研究会編『柳田国男伝』、一九八八、舟木裕『柳田国男外伝―白足袋の思想―』一九九一、福田アジオ『柳田国男の民俗学』一九九二、藤井隆至『柳田国男 経世済民の学―経済・倫理・教育―』、一九九五、川田稔『柳田国男―その生涯と思想―』(「歴史文化ライブラリー」一九、一九九七)

(福田アジオ)

やね 屋根 風雨や寒暑などを防ぐために建物の最上部に設けた覆い。葺く材料によって茅葺き(草葺き)・板葺き・檜皮(ひわだ)葺き・杉皮葺き・瓦葺き・銅板葺き・スレート葺きなどがある。茅とは屋根を葺く草の総称で、茅葺きは草で葺いた屋根の意。茅にもっともよく使われるのはススキで、ついでヨシで、ススキを山茅、ヨシを湖茅(うみがや)と呼ぶ地方もある。そのほかにカリヤス、チガヤなどのイネ科の多年草、あるいは小麦藁、稲藁なども使われる。板葺きには三ミリ程度の薄板で葺くこけら葺きと三〜一八ミリの比較的厚い板で葺くクレ葺きとがあり、こけら葺きが竹釘で留めるのに対して、クレ葺きは石を載せて押さえるので石置屋根ともいわれる。こけら板にはサワラ・杉などが使われ、クレ板には栗・カラマツ・杉・サワラなどが使われる。こけら葺きは書院造や数寄屋などに用いられ、クレ葺きは信州や飛騨などの山間部の木材資源の豊かな地域の民家に見られる。杉皮葺きは吉野や丹波などの林産地の民家の屋根のほかに、数寄屋の屋根として使われる。檜皮葺きは寝殿造や書院造などの上層階級の住宅や寺院建築に用いられる。瓦葺きには丸瓦と平瓦を組み合わせて葺く本瓦葺きとその簡略形で、一種類の瓦で葺く桟瓦葺きがあり、寺院建築は本瓦葺き、民家では桟瓦葺きが一般的であるが、近畿地方の古い民家では本瓦葺きとなっているものも見られる。江戸時代中期以降に桟瓦葺きの開発で民家に瓦葺きが普及するが、それまでは町家の屋根も板葺きが一般的であった。スレート葺きは明治以降の洋風建築の屋根に用いられた。日本での天然スレートは、宮城県石巻市の雄勝町、登米郡登米町などで産する玄昌石が主に使われ、その産地の石工が洋風建築の屋根を葺いた。屋根の形には、切り妻・寄せ棟・入母屋・かぶと屋根の四種類がある。切り妻は棟から前後二方向に葺き下ろした形で、神社建築は切り妻となっているものが多い。寄せ棟は屋根が四方に流れる形で、茅葺き民家は寄せ棟が一般的である。入母屋は上部を切り妻、下部を寄せ棟とした形で、上層階級の住宅や寺院建築に用いられる。かぶと屋根

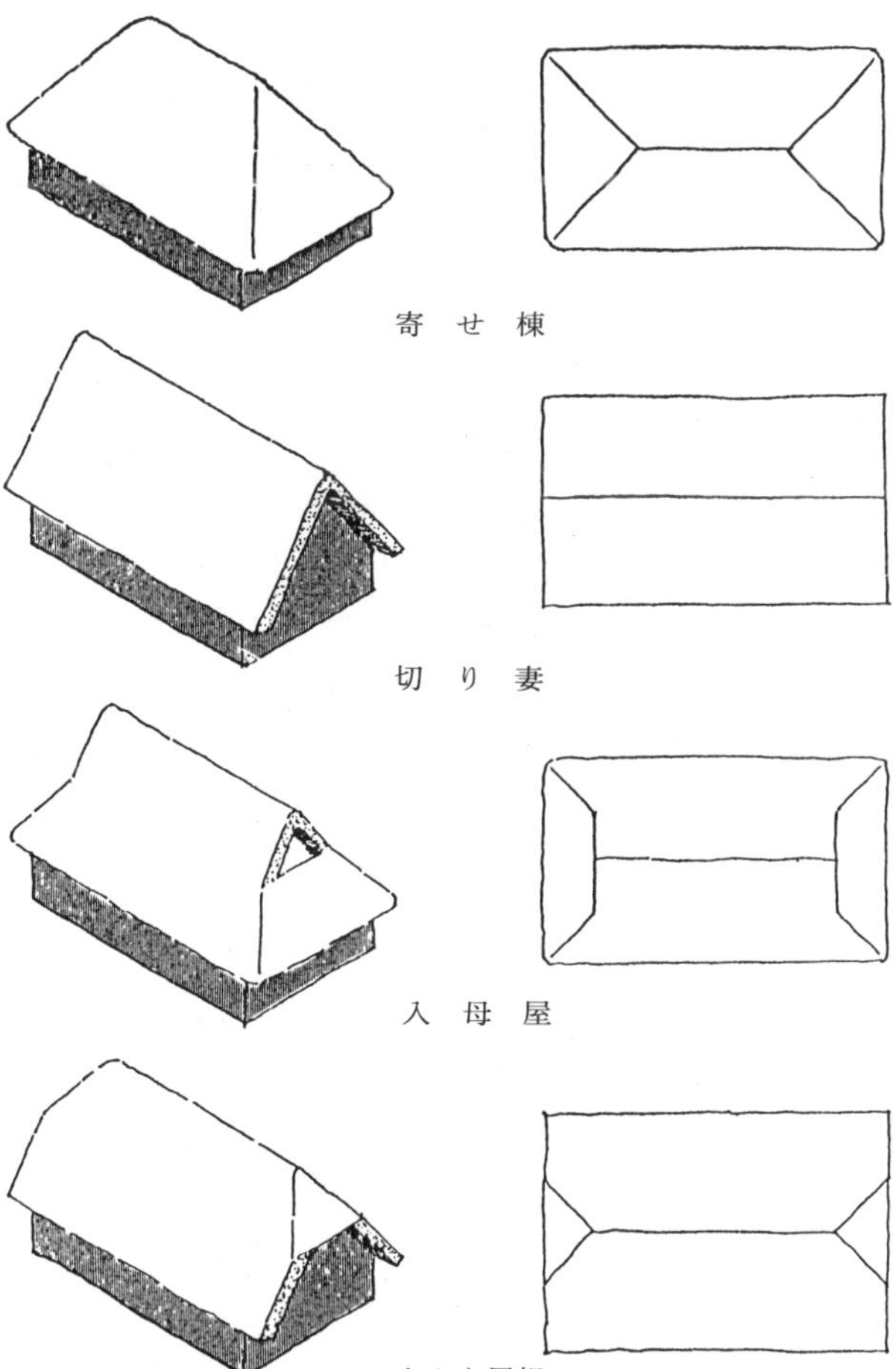

屋根型

は妻側下部に台形の破風を持つもので、その形がかぶとに似ているのでそう呼ばれる。これは江戸時代後期以降に養蚕業の隆盛で、屋根裏を蚕室として使うために、寄せ棟屋根から発達したものである。→草葺き

参考文献　川島宙次『滅びゆく民家』一九七三-七六、安藤邦広『茅葺きの民俗学』、一九八三
（安藤　邦広）

やま　山　周囲よりも高く隆起した地表面上の地塊。日本の山はその大部分が樹林で覆われるところに特色があり、たとえば武蔵野で樹林のある原野をヤマと呼んだように、森とほぼ同じ意味を持った。山は一般的に里山・端山、奥山・深山と高峻な岳に区別され、それぞれ畑作や狩猟、伐木、炭焼き、山菜をはじめとする種々の採集活動など、山村の多様な生業と民俗を成立させる基礎的条件となってきた。このほか杣や木挽をはじめ、タタラ師、鉱山山師、木地屋などの専業的集団による生産活動も展開し、特色ある山の生業文化が形成された。一方、水田稲作を中心とした農村地帯では、山は農耕と深く結びついてきた。遠く仰ぎ見る山

岳は、水分神（みくまりのかみ）がまつられたように何よりも水源地として意識された。またそこに消え残る雪形は伐搔きや種子播きの適期を知らせる自然暦となった。集落を望む小高い里山には山の神がたたずみ、春の稲作開始期に合わせて里へ下って田の神となり稲作の順調な推移を見守り、稲刈り後に再び山へ還るとする山の神信仰が見られた。山形県置賜地方の高い山行事では、春の田仕事の開始に先立ち近くの端山に上って終日楽しんだその日に田の神が里へ下るといわれてきた。この時期に山から特定の草花を持ち帰り苗代の水口に挿したり庭に立てたりして、田の神を迎えまつるところもあった。さらに海上を航行する船舶や漁民と山との関係も深く、特に海上から目立つ山岳を目印にして漁場などの位置を知る山あては全国的に見られ、象頭山を目当てとした讃岐の金毘羅信仰のように、そこから発達した海の信仰は多い。山はこのように神信仰と強く結びつき、奈良県桜井市の大神（おおみわ）神社の神体山である三輪山のように山自体を神と見る例もある。この観念は、祭の場に神を招く作り山にも通じ、やがて風流（ふりゅう）化して京都祇園祭などに登場するような山鉾や山車（だし）に発展した。また出羽三山（山形県）や大峯山（奈良県）、英彦山（ひこさん）（福岡県）などの各地山岳に展開した修験道は山の世界が生み出した代表的な宗教であり、講を組織するなどして広域的な信仰圏を獲得し、現代においても勢力を維持している。こうした霊峰への登拝はお山掛けといわれ、成人儀礼として続けられてきたほか、俗界を逃れみずからの心身鍛練を目的に修養に励む姿がなお見られる。そこに山ごもりという言葉に象徴されるような、日本人の山に寄せた精神性の一端がうかがえる。すなわち、山は里とは異質な意味を持つ空間とみなされてきたのであり、記録に残る山男の里への出現、中世の「山野に入る」「山林に交わる」などの語に示されるアジールとしての性格、さらには隠れ里や落人伝説の成立などは、そうした山の持つ異界性を物語っている。このほか、山稜や峠などで示される境界性、埋墓をさす山墓や死者の還る場所を示す山寺などの語が象徴する山中他界観念の成立と展開など、山は日本人の生活や文化に深く浸透し、日本の歴史に独特な彩りを与えてきた。しかし現在では、山に生きる人々の数は減少の一途を辿っており、山の培った文化は急速に衰えつつある。

参考文献　柳田国男「遠野物語」（『柳田国男全集』四所収、一九六九）、同「山の人生」（同）、高橋文太郎『山と人と生活』、一九四三、岩科小一郎『山の民俗』（「民俗民芸双書」、一九六八）、『民族学研究』三二ノ四（特集山、一九六八）、大林太良編『山民と海人―非平地民の生活と伝承―』（『日本民俗文化大系』五、一九八三）、『歴史公論』一一ノ二（特集山の民俗、一九八五）、野本寛一『神々の風景―信仰環境論の試み―』、一九九〇、千葉徳爾「山の生活」（『（岩波講座）日本通史』一所収、一九九三）、香月洋一郎『山に棲む―民俗誌序章―』、一九九五

（湯川　洋司）

やまことば　山言葉　山中での狩猟や杣仕事に際し、里の日常生活で用いる言葉の使用を避けていい換える言葉。忌言葉の一つ。山の神の祠などで示される里と山の境を過ぎたあたりから使い始める。新潟県新発田市赤谷郷で行われた狩では、山中で里言葉を用いれば「山が汚れる」「過ち負傷がある」「シシがとれぬ」などとされ、誤った者は水垢離（みずごり）をとらされた。そのため山言葉がわからない場合は、里言葉の頭にナかサイをつけて山言葉とする便法もあった。語頭にナをつける方法は、福島県南会津郡檜枝岐（ひのえまた）村で山言葉をナコトバという（里言葉はジコトバという）ことや、中世までの「ナ言イソ」という禁止の語形との関連が指摘されている。秋田県の阿仁（あに）マタギは山言葉をヤマイリ（山入り）言葉とかマタギ言葉とい

い、クサノミ（米・豆など）・イタチ（熊）・キド（家・建物）などのほか、ワカ（水・液体の総称）・セタ（犬）などのアイヌ語からの借用語も含まれる。新潟県朝日村三面（みおもて）では「ヤマコトバになった」といえば死を意味した。山言葉の分布はほぼ全国的で、沖縄県国頭（くにがみ）地方ではヤマノクチと呼ぶ。一般に杣言葉よりも狩言葉が多く、里とは異なる山の緊張感や山の神の祭祀などとかかわって成立し維持されてきたものと考えられている。その点で海上活動を行う漁民らが保持する沖言葉と共通する成立基盤をもつが、従来把握されている語彙数は山言葉がはるかに多い。→沖言葉（おきことば）

参考文献　高橋文太郎『山と人と生活』、一九四三、早川孝太郎「阿仁マタギの山詞その他」（『早川孝太郎全集』四所収、一九七四）、千葉徳爾「山中異界と山言葉その他」（『狩猟伝承研究』再考篇、一九六七）

（湯川　洋司）

やまし　山師　林木や鉱山など山地資源を開発し経営に携わる人物、あるいは木材の伐採・製材・搬出の仕事に直接従事する者。山地資源開発はあたれば大きな利益を生むが、ときに失敗に終ったり大損をするような賭けに近い仕事であったため、山師といえばやや信用ならない人物を指すようにもなった。鉱山経営の中心は山王・山元ともいう山師にあったが、直山では採鉱と選鉱を山師が行い、製錬は買石（かいし）（買吹・買師）があたる分業形態をとった。木材関係の山師の場合、熊本県五木村では作業に応じた職分に従い区分がなされていた。山師の中には林業先進地出身の渡り山師もおり、種々の技術をもたらした一方、村人は「山師に娘はやるな不参が多くて怠け者」とか、米を常食したところから「山師さんは神さんかい、天皇陛下のおとし子かい」などと山師を特別に評した。木を伐り売ろうとする親方は木材伐採から搬出までの仕事を請け負わせる大杣頭（おおせんどう）を雇い、勘場と呼ぶ事務所を現地に設け、事務を差配する帳付を派遣し、両者に実際の仕事を任せた。大杣頭は必要な山師を集め、作業の指揮をとった。山師は山の神を信じて祭をかかさないほか、山中で種々の不思議や恐怖を体験するためか、猿の話を嫌う、汁かけ飯を嫌うなどの縁起をかつぐ。

（勘　場）　（丁場）　（山　子）
大杣頭 ― 帳付 ┬ 元山 ― 元山杣頭 ― 元山師 ┐
　　　　　　　├ 出山 ― 出山杣頭 ― 出山師 ┼ 小屋 ― 小屋杣頭 ┬ カシキ（男の炊事夫）
　　　　　　　├ 木馬 ― 木馬杣頭 ― 木馬山師 ┘　　　　　　　　└ 人夫
　　　　　　　└ 流山 ― 流山杣頭 ┬ 先番 ┐
　　　　　　　　　　　　　　　　├ 中番 ┼ 毎日移動するので行く先々に宿を借りる
　　　　　　　　　　　　　　　　└ 木尻 ┘

（佐藤光昭「山師」（『五木村学術調査人文編』、一九八七）による）

参考文献　小葉田淳『日本鉱山史の研究』、一九六八、佐藤光昭「山師」（『五木村学術調査人文編』所収、一九八七）、湯川洋司『変容する山村―民俗再考―』、一九九一

（湯川　洋司）

やましごと　山仕事　山に入ってする仕事の総称。農家の暮らしや生産に必要な山菜や木の実、刈敷・萱・秣（まぐさ）などの草木、薪などの採取をいう場合もあれば、木材伐採や製材、運材、炭焼きなどの林業や狩猟など、

山地資源を採取しまたは加工して生計の一助とする仕事をいう場合もある。前者は共有山において行われる場合が多く見られ、利用の公平と資源の保護を図るうえから山の口明けなどと呼ぶ独自の慣行を設けているのが一般である。山村においてはこうした仕事に加えて、後者の山仕事が行われてきた。その場合、春から秋にかけて自給的な農耕を営む一方、冬を中心に現金収入源を求めて副業的に行なったが、山村経済上重要な意味をもった。これらの仕事は産物を商品として売ることで成立していたので外部需要に左右されて消長が著しかった。一九三四―三七年に行われた山村調査の報告書である『山村生活の研究』(一九三七)には、滅びた仕事として、風呂鍬の鍬台作り、屋根葺き材を作る屋根板割り、臼作り、杓子作り、松脂搔き、トリモチ作り、漆搔き、煙硝作り、木灰を作る灰焼きなどが記されているが、それ以降に消滅した仕事も少なくない。たとえば炭焼きは焼子慣行による場合も含めて盛んに行われたが、一九六〇年代以降の木炭から石油・ガスへの転換や高度経済成長の動きにより急速に衰退し、離村に至った例もある。このように山仕事は山村の存立に深くかかわってきたので、その変容が山村の変質や盛衰にも強く結びついてきた。その点で、一八七三年(明治六)からの地租改正に伴って進められた官民有区分、一八九九年の国有林野法の制定は、従来の山林利用慣行に制限を加え山村生活に大きな打撃を与えた。さらに近代以降に進められた山林開発は山仕事の様相を大きく変え、専業化し全国を渡り歩く山師たちを登場させたほか、地元の者の専業化も促した。また森林組合に所属して造林・伐採に従事するサラリーマン的林業者も現われ、今日では林業従事者の中核を占めるようになっている。現在、造林や伐採、山菜採取、狩猟など依然として山に入る仕事が続けられているが、その絶対人数は減っている。また日常生活の必要から続けられてきた山仕事は次第に意味を失って姿を消し、そのため人々が山に入る機会が減少して今日の森林荒廃を招く一因ともなっている。ところで、山仕事は山の神にかかわる祭や儀礼、禁忌伝承を伴う場合が見られ、山の入口や山中には山の神をまつる祠がある。なかでも杣や木挽きなどの林業者や熊や猪を捕獲する狩猟者は山の神を篤く信仰し、山へ入る際に捧げ物をする、伐採時に神意を問う、獣捕獲時にその一部を献ずるなどの行為を伝承している。これらは、山言葉を用いるのと同様、山中を日常生活領域とは異なる世界とみなす感覚に基づいている。山小屋に泊り込んで怪音を聞いたとか、夜間に着物の縞模様が見えるほど明るくなったとかの怪異談が語り継がれてきたのも、山仕事がこうした精神的緊張を強いられるなかで続けられてきたことを示している。

参考文献　宮本常一『山に生きる人びと』(『日本民衆史』二、一九六四)、宇江敏勝『山びとの記―木の国果無山脈―』(『中公新書』五七八、一九八〇)、千葉徳爾「山の民俗」(『日本民俗文化大系』五所収、一九八三)、湯川洋司『変容する山村―民俗再考―』、一九九一、田口洋美『越後三面山人記―マタギの自然観に習う―』、一九九二
(湯川　洋司)

やまのかみ　山の神　山に宿り、山林ならびにそこに棲息する生物を領有すると信じられた神霊の総称。北関東から北越・奥羽にかけて山神、十二サマ、サガミサマ、オサトサマともいう。神道では大山祇神とその娘木花開耶姫をあてて、山神社・大山祇神社の名で祭祀しているが、一般では山の神の名で小祠・磐座・大木または特徴のある樹木を依代としてまつっているほか、幣帛または常磐木をもって山中の随所でまつる。その神観念や信仰様態は地域により職能により特色はあるが、共通のものもある。通常定期的な山の神の祭は年頭の初山入りと年間一度ないし春秋両度の山の神の日に行われる。正月二日から小正月にかけて山仕事

始めの行事として恵方の山に入り、木の枝に紙垂を取りつけて神酒と洗米か餅を供えて神拝し、木の枝を伐って来て年神に供えたり祝い木にしたりする。山の神の日には、地域住民が集落の山の神の社において祭事を営み、そのあと宿で酒宴を催す。柳田国男によると山は祖先神が留まる他界であって、山の神は祖先神・田の神と同一神であるとされている。農民が信仰する山の神は春に山から里に下って田の神となり、秋の収穫がすむと山に帰って山の神となるとするのが特徴で、山と里との間を去来すると考えられた。伊勢・伊賀を中心とする地域の正月七日の山の神祭には山の神を農神として招きおろし、豊穣を予祝する儀礼であることが象徴的に表現されている。一方、狩猟や山樵を職業とする山村民の信仰する山の神は年間を通じて山に常在し祖先神的、農神的観念が稀薄で、自然神に近い神格を帯びているのが特徴である。ことに杣・木挽・猟師などを生業とする山民にはそれが顕著である。ただし、焼畑農民のまつる山の神は農耕神としての神格もかね備えている。山民の山入りは伐採や狩猟を始めるにあたって山の神の承認を請い、その安全を祈願する儀礼である。杣・木挽ははじめに小屋場の地もらいや木もらいの儀礼をし、伐採後に鳥総(とぶさ)立て(た)をして山の神に手向ける。山を山の神の支配する異界とし、野獣もその支配下にあると思考する猟師は、不浄を厳しく排撃する山の神の機嫌を損ねないように充分に精進潔斎するとともに山入りの後は山言葉(山詞)を使用するほか、言動を慎むなど、日常生活から完全に隔離した行為をする。野獣を仕留めれば獲物の毛とか内臓・肉を献じて山の神に感謝し、さらなる恵みを祈請する。沿岸漁業において乗船の位置確認をするには山が重要な目標になるところから、漁民は山あての霊山に登拝する。山の神の性については猟師は女性神であるとし、また近畿の山間地では男性・女性神一対をまつる。猟師の信仰する女性神は十二柱の子神を産んだとされ、動植物の繁殖を司る神たることを表象している。奥羽では産神としても信仰され、妊婦が陣痛を催すと山の神を迎えに馬を放してやり、戻って来るころに出産するとされた。昔話「産神問答」にも山の神は箒神などとともに出産の場に臨んでそれを助けると語られている。

参考文献　堀田吉雄『山の神信仰の研究』、一九六六、千葉徳爾『続狩猟伝承研究』、一九七一、佐々木高明『稲作以前』(「NHKブックス」一四七、一九七一)、ネリー＝ナウマン『山の神』(野村伸一・檜岐陽一郎訳、一九九四)、石川純一郎「伊勢・伊賀の山の神祭祀」(『あしなか』二四八、一九九七)

(石川純一郎)

やまぶしかぐら　山伏神楽　近世に修験・山伏が布教の手段として演じていた神楽の総称で、現在岩手県で伝えられている。修験者は霞場または檀那場と称された宗教活動を行える範囲の村々を、霜月ごろから十二人前後の神楽衆を引き連れ、権現様と呼ばれる獅子頭を携えて廻り、昼は門打ちといって家々を獅子を廻して歩き、夜は泊まりの宿の一間に幕を張り、一晩かけて神楽を演じた。この際の収入は権現様による門打ちでは山伏が八割、神楽衆は二割、そして夜の神楽では山伏が三分の一、残りの三分の二が神楽衆のものというのが一般的な分配方法だった。廻る期間は各山伏の霞の範囲によって異なるが、二週間から二ヵ月を要する長い期間もある。陸中沿岸地方を今も廻る黒森神楽は、霞の範囲を越えて北は八戸南部藩、南は伊達藩との国境までの広い範囲を廻村していた。早池峰(はやちね)神楽(かぐら)として名高い稗貫郡大迫町(花巻市)の岳(たけ)神楽と大償(おおつぐない)神楽は昭和初期まで廻り神楽・通り神楽といって、旧霜月ごろから三十日位かけて麓の村々を廻村していた。早池峰山東麓にはこの岳と大償の弟子神楽と称する神楽組があり、江戸時代末期に農民に伝えられた神楽が多く残っている。一晩の演目は早池峰神楽の場合は、神降ろしの座揃いに始まり、儀礼的な式舞の露払い・鳥舞・御神楽・千歳・翁・三番叟など、女舞の年寿・機織・蕨折・橋引き・鐘巻など、神舞の岩戸開・山神舞・八幡舞・五穀・榊葉など、番楽舞の信夫・鈴木・曾我・鞍馬など、そして狂言の大峰万才・信田の森・田中の地蔵・粟蒔きなどを適宜組み合わせる。東北地方には修験・山伏が伝えたとされる神楽が今も各地に残っているが、秋田県・山形県の日本海側では番楽、青森県下北地域では能舞、宮城県では法印神楽といい、その名称はさまざまである。山伏神楽の名称も昭和初期に本田安次が調査をして『山伏神楽・番楽』(一九四二)を出版した折に付けられたもので、岩手県ではそれ以前に山伏・修験の徒が伝えた神楽の総称はなく、各地域や神社の名前を冠したものだった。これらの神楽がいつごろから演じられていたのかは不明であるが、大迫町の大償には一四八八年(長享二)の『日本神楽之巻』という巻物が残されている。また黒森神楽が霞を越えて廻村していた故に、陸中沿岸各地の山伏から訴えられた訴状の中に一七五八年(宝暦八)より八十年前から相廻り、という文言があり、一六七八年(延宝六)には神楽の廻村をしていたことが知られる。一四八八年の銘の大償本の年代が疑問視されている現状では、一六七八年ごろに神楽の廻村があった、と考えたほうが妥当であろう。現在でも正月過ぎになると神楽が地元を舞い立ち、人々は神楽と春の訪れを重ねて待ちわびている。特に新築をした家では柱固めや火伏せ、厄年の人のいる家では厄払いや身固め、また産婦の着物を山の神舞の折に着て舞ってもらうと産が軽くなるなど、地域の人々の信仰と結び付いて今に生き続けている。　→黒森神楽(くろもりかぐら)　→能舞(のうまい)　→早池峰神楽(はやちねかぐら)　→番楽(ばんがく)　→法印神楽(ほういんかぐら)

山伏神楽の清祓い

参考文献　神田より子「神楽の経済学」(岩田勝編『神楽』所収、一九九〇)、同「黒森神楽」(『宮古市史』民俗編下所収、一九九四)、『本田安次著作集』五、一九九四
(神田より子)

やまんば　**山姥**　山中に住むと考えられた女性の妖怪。山母・山女・山姫・山女郎などともいう。口が耳までさけた恐ろしい老女であるとも、若い美しい女性であるともされ、背が高い、髪が長い、目が光るなどの特徴をもつ。山姥は、人を食う恐ろしい怪物とされる反面、人間に富を与えるという福神的な性格をもつ両義的な存在である。昔話「三枚のお礼」「牛方山姥」などでは前者、「姥皮」では後者の性格が語られる。山姥に富を授かったという伝説は多い。高知県土佐郡土佐山村(高知市)では、家が突然栄えることをヤマンバガックといい、山姥神社をまつる所

もある。愛媛県では山姥のオックネ(麻糸の玉)を拾ったものが金持ちになったといい、長野県では暮れの市で山姥が支払った銭に福があるという。また全国的に山姥の子育て石・山姥の洗濯日などの伝承がある。金太郎を育てる足柄山の山姥は有名だが、もともと山姥に、子供を生む母性的な山の神の姿が投影されているものと考えられる。昔話「天道さん金の綱」では、墜落死した山姥の血で染まったためソバの根が赤くなったといい、死体から多くの作物を発生させたオオゲツヒメ神話の片鱗がうかがえる。山姥伝承にみられる、怪物性、子育て、作物起源、富をもたらすもの、という特徴はイザナミなど神話上の母神の性格と重なる点が多い。一方、山中を漂泊する民、あるいは何らかの事情で山中に入った女性が山姥伝承の背景にあるとの説もある。

[参考文献]　柳田国男「山の人生」(『柳田国男全集』四所収、一九八九)、吉田敦彦『昔話の考古学—山姥と縄文の女神—』(「中公新書」一〇六八、一九九二)、小松和彦「山姥をめぐって—新しい妖怪論に向けて—」(『憑霊信仰論』所収、一九九四)
(梅野　光興)

ゆ

ユイ　ユイ　互助・協同労働の一形態で、一般には交換労働を表わす用語。結とも書く。短期間に集中的な労働力を必要とする作業において、労力交換という形で労働力を補充・確保する方法。田植え・稲刈り・脱穀などの農作業のほかに、家普請・屋根替えなどの場面でもユイが行われる。互助共同・協同労働を表わす語はユイのほかにモヤイ、スケ、テマ、カタリなどがある。モヤイが労力を出し合う協同労働であり、スケが一方的(片務的)な労働提供であるのに対して、ユイはテマガエ、カタリと同様に交換労働のしくみである。ユイは全国的に分布しているが、主に東北や四国・九州にエエ、イイ、ユイコ、ヨイなどのユイ系の語がみられ、モヤイは近畿・中国・四国・九州など西南日本に広く分布している。関東から西の各県にはテマガエ、テマガリ、テモドシなどの手間系の語、およびカタミ仕事、カタヨリ、カタイ、カタメ、カテリなどのカタミ、カタライ系の語がみられる。モヤイは漁業関係の協同労働、ユイは農業関係の協同労働をさすことが多い。「ユイを貸す」「ユイ返し」などの言葉があるように、ユイは労働力の等量交換が原則であり、一人の労力提供に対して一人の同じ労働で返すのが一般的だが、牛馬一匹と人間二人の交換や、不足分に酒肴を加えて、互いの交換価値を等しくする等価交換の方法などもとられる。村落社会においては手伝い・見舞・日常的交際や贈答などとともに交換労働の義理を欠くことは非難の対象とされた。ユイ返しには短期的なものと長期的なものとがある。田植えや稲刈りなどはその季節の内に、同一作業の中で短期間に返されるべきユイであるが、家普請・屋根替えなどの際に得た労力は長い期間の間に返せばよいとされる、数十年という長期的な労働交換のしくみである。ユイを組む相手には隣近所、近隣組・講仲間、気のあった友人仲間、若者仲間、親類などがあり、集団として協同作業組織を作る場合と、特定の家同士でユイを結ぶ場合とがある。集落全体でユイ仲間を構成する場合には村仕事として捉えることもできる。ユイは「結う」「結ぶ」など結合・共同の意味を表わす語であり、結婚に際して当事者(両家)を結びつけるための儀礼・共同飲食をさすユイノウ(結納)の語も同根である。新潟県、茨城県多賀郡、長野県東筑摩郡などのユイシュ、ユイショ(結い衆)、岩手県のエドシ(ユイ同士すなわちユイ仲間)など、親族関係・姻戚関係を示す言葉としてユイ、エの語を用いる地方がある。鹿児島県薩摩地方ではカテリの語が婚家同士を呼ぶ語としても共同作業を意味する語としても用いられ、和歌山県西北部ではカタメの語が結納と労力交換の両方に用いられる。これらのことから、ユイなどのしくみは本来的には親族関係・姻戚関係と関わりある合力・協同労働と考えることができる。現在では、農業技術の進展や雇用労働形態の普及により、交換労働としてのユイは急速にみられなくなってきている。 ↓村仕事 ↓モヤイ

参考文献 柳田国男「オヤと労働」(『柳田国男全集』一二所収、一九九〇)、橋浦泰雄「協同労働と相互扶助」(柳田国男編『山村生活の研究』所収、一九三七)、倉田一郎「農と労働組織」(『農と民俗学』所収、一九六九)、郷田洋文「互助協同」(『日本民俗学大系』四所収、一九五九)、有賀喜左衛門「ユイの意味とその変化」(『有賀喜左衛門著作集』五所収、一九六八)、竹内利美「ユイの労働慣行」(『竹内利美著作集』一所収、一九九〇)、福田アジオ『可能性としてのムラ社会―労働と情報の民俗学―』、一九九〇

(山本　質素)

ゆいのう　結納　婚約の確定を意味する儀礼。江戸時代の有職故実家伊勢貞丈は結納を言い入れ(申し入れ)が転じてゆひいれとなり、漢字を当てはめて結い入れとなり結納となったと主張した。柳田国男は、結納とはユイノモノすなわち家と家との新しく姻戚関係を結ぶために、共同で飲食する酒と肴とを意味する語で、聟がこれを携えて聟入するのが本式であったと考えた。結納の日に聟が仲人、あるいは両親などを伴い嫁方を訪問することが各地で報告されており、この日に酒を飲み交わすことにより婚約が成立したことになる。これをクチガタメとかタルイレなどと称している。村内婚ではこの一度の結納で終るが、村外婚ではさらにもう一段の儀礼がとりかわされる。タルイレの後に結納を行い、この時、聟方から嫁方へ金銭や物品が帯代とか結納金として贈られる。一方嫁方では聟方へ結納返しをするが、これを袴代と呼び半返しが普通であった。この二段目の結納が今日一般的に考えられている結納であり、一段目の結納は婚約の予約にすぎないものとなった。この二段目の結納が婚約の確定と考えられるようになり、結納の日に新婦が鉄漿をつけるとか、以後に聟の親が死ぬと嫁入していなくても葬式の供をするなどの地方があった。結納が酒を飲み交わすことだけでは済まなくなり、金銭の贈答を伴うことにより、仲介人たる仲人の役割は重視されるようになった。結納へは三人から五人の奇数人数で赴くのがよいとされ、金銭のほかに鰹節、スルメ、コンブ、アワビなどを仲人が届ける方式が一般的となり、祝言の日取りなどの相談もされ、仲人が結納の主役となったのである。結納の後に聟方が一方的に婚約を解消した場合、嫁方は結納を返す必要

はないが、嫁方が婚約を破棄すれば結納を返す義務を負うとともに、結納倍返しの習俗のある地域がある。これをもって結納金をして、嫁を買うための代価とする説があったが、従来の民俗学では否定的であった。婚姻儀礼の変遷を、聟入婚から嫁入婚への変遷と考えてきた従来の考え方では、聟入婚は代価を伴わない婚姻と考えられ、結納も本来的には酒を飲み交わすことにより婚約を確定する簡易なものであった。だが、聟入婚から嫁入婚への変遷図式にあてはまらない、古くからの嫁入婚についての指摘は、結納についても従来からの考え方の再検討を迫っている。嫁方の婚約破棄に伴う結納返しあるいは倍返しの義務には、花嫁代償的性格が見られるとし、結納が蒙古族にみられる花嫁代償に類似しているとの指摘がある。近年の婚姻儀礼は、伝統的な婚姻の方式から大きく変化しており、今後の調査から新しい資料が得られることは少ない。むしろ第二次世界大戦前から新しい資料が蓄積された報告の再検討をすることにより、従来見逃されていた資料が新たに発見される可能性がある。東アジアから北アジアにかけての花嫁代償の習俗を分析するとともに、日本古代・中世の婚家への持参財についての分析など総合的な検討が必要であろう。　→仲人(なこうど)

参考文献　柳田国男「常民婚姻史料」(『柳田国男全集』一二所収、一九九〇)、大間知篤三「婚礼」(『日本民俗学大系』四所収、一九五九)、有賀喜左衛門『婚姻・労働・若者』(『有賀喜左衛門著作集』六、一九六八)、江守五夫『家族の歴史民族学―東アジアと日本―』(『日本基層文化の民族学的研究』三、一九九〇)

（畑　聰一郎）

ユーカラ　ユーカラ　アイヌの口承文芸の代表といわれる叙事詩。広義では神謡も含むが、蝦夷浄瑠璃などといわれていた英雄叙事詩を金田一京助が原文対訳で発表してから、その伝承者ワカルパの出身地の呼称法にちなんで英雄叙事詩をさすようになった。自分の体験を語る形式をとるのが普通で、すべて口頭伝承によるが、規則をふまえてさえいれば伝承者の人柄や巧拙などの影響で回を重ねるごとに変わることもある。㈠自然神謡　動・植物神や物神、天体の神などが、折返しの間に句を入れ、メロディーに乗せて「フンパクパク私は人間の国をフンパクパク見たくなったので(下略)」というように語る。折返しもメロディーも一篇ずつ異なる。火の神が炎の燃え立つ様を折返しにしたり、雀が自分の鳴き声を用いたりする。自然神謡は比較的短いが種類に富んでいて重要な神や剽軽な神も登場する。人間の娘の軽妙なトリックに引っ掛かったりする神の物語もある。㈡人文神謡　コタンカラカムイ(国造りの神)は巨人伝説を持ち、それに因んだ地名も残っている。鯨を焼いていた神が尻もちをついた場所としてオソロコッ(尻跡)の窪地とイマニッ(焼串)の岩が対で散在しているし、神の射た矢が手前の山の肩をかすめて欠いたという跡もある。国造りが終って最初に生えたのはハルニレともドロノキともいわれる。火の神や狩の神を誕生させたハルニレの女神は雷神の愛を受け入れて子を生む。太陽に養育されたその子が再び地上に戻って人間の祖となったという話を伝えるが、異説もあり、国造りの神と混同することも多い。人文神謡を文字にすると英雄叙事詩に似ているが、伝承者は語り口が違うのだといって、はっきり区別する。㈢英雄叙事詩　先に述べたようにユーカラは伝承者ワカルパの出身地沙流で英雄叙事詩をユカラと呼ぶことによるが、サコロベという地域の方が多く、ほかにヤイェラプ、ハウなどの呼称もある。オタスッ(地名)などに居城を持つ少年(あるいは少女)が自分の体験を語る。両親のない少年は育ての姉や兄などに養育され、何らかの理由で城を出て、戦闘や恋の経験もし、自分のルーツも知って城に帰るという長編物語が一般的だが、際限なく続く戦いにも勝利を治め、恋も必ず成就する。少女の場合も巫術を用いて戦ったりするが、愛の語りが優しくひびく。サハリン(樺太)ではハウキといって語り手は仰臥して片手で目を覆い、腹を打ちながら語るが、北海道でもかつてはその方法がとられた形跡がある。いまは炉ばたに坐ってレプニという棒で炉ぶちを打ちながら語る。聞き手もレプニを持ち、間合いをとりながらヘッチェ(かけ声)を入れて調子を合わせる。戦いの場面では語り手の声と聞き手のヘッチェとレプニが烈しく交錯し、愛の語りになると細い女声がそれに和する。よろこびの声、かなしみの涙も一糸乱れぬ動きを見せる。かつては常套句の数も多かった。読むのと違い、聞いていると度重なる反復もかえって一定の既知の語彙の巧みな組合せが耳に快くひびき、物語をより神秘的にさせたが、それも際立って少なくなった。

参考文献　金田一京助『(アイヌ叙事詩)ユーカラの研究』、一九三一、金成まつ・金田一京助編『(アイヌ叙事詩)ユーカラ集』、一九五九-七五、『知里真志保著作集』一・二、一九七三、知里幸恵『アイヌ神謡集』(『岩波文庫』、一九七八)、萩中美枝『(アイヌの文学)ユーカラへの招待』、一九八〇、大林太良「アイヌのユーカラとその歴史的背景—日本・シベリア—」(川田順造・野村純一編『口頭伝承の比較研究』四所収、一九八八)

(萩中　美枝)

ゆうれい　幽霊　死者の霊魂が、生きてこの世に立ちかえってくるもの。『万葉集』一六の巻末の「怕物歌」に「人魂のさ青なる公がただ独り逢へりし雨夜の墓し念ほゆ(葬りをぞ思ふ)」(原万葉仮名)の例えがあり、幽霊の一原型とみてよいが、「怕物歌」の場合、人魂であって、幽霊そのものではない。『源氏物語』にみる六条御息所の生霊・死霊の場合、死霊が幽霊である。幽霊は、常に人間のかたちをして、死の世界からこの世に立ちかえってくる。ほとんど常に、憎むべきただ一人の人を目ざし、怨念を果たし尽せば、充分に満足して静かにあの世へと去ってゆく。幽霊は、いつも、ひどく孤独だ。時に、心中した男女の幽霊が下半身だけ一つになってあらわれる例をみるが、ほとんどの幽霊は、いつも、ひとりぼっちだ。高野山中に、足音高く出現し、勇んでさわぐ豊臣秀次一統の集団の幽霊や箱根の山を長い行列をなしてゆく武士たちの幽霊はむしろ例外で、日本の幽霊は、ほとんどただ一人であらわれ、ただ一人で遠ざかり、消える。中世以降、とりわけ乱世、戦国時代に多くの幽霊たちが出没するのは、死者の蘇生を切実に願った人間の、情念の幻想の具象化であった。その例は、多くの能にあり、『太平記』に「幽魂七霊」をみる。神々の零落したもの、それが妖怪たちであるが、神々になりそこねたものたち、そして、妖怪にはならないものたち、それが幽霊たちである。幽霊は人を目ざし、妖怪は人を待つ。幽霊はあくまでも人間に近く、時として人間そのものであるが、妖怪は人間に遠く、その本体は、動物・植物・器物であり、地・水・火・風・空である。妖怪の中で人間=幽霊に近いのは泥田坊。もとは北国の老翁。一生をかけて得ることのできた田畑が、子供らの放漫のため他人にわたったのを知り、死後も死にきれずに、目一つ指三本の妖怪となって夜な夜なあらわれて「田かへせ」と叫びつづける。幽霊の姿は、鈴木牧之の『北越雪譜』に美しい。「體は透徹やうにてうしろにあるものも幽に見ゆ。腰より下はありともなしともおぼろげ」で、白く青ざめた顔の三十歳あまりの女の長い黒髪が乱れかけており、「これこそ幽霊ならめ」という。下半身のおぼろげな幽霊に足はない。この世とあの世を自在に行き来するには、足が不便で邪魔だからだ。しかし、中国伝来の幽霊話の影響を受けた三遊亭円朝の『牡丹燈籠』の幽霊はからんころんと下駄の音を立ててあらわれ、腰から下は炎の足だけの幽霊もいる。神にも妖怪にも遠い幽霊は、仏によってのみ救われあの世へ渡る。

参考文献 『国文学解釈と教材の研究』一九ノ九(特集日本の幽霊、一九七四)、池田弥三郎『日本の幽霊』(「中公文庫」、一九七四)、江馬務『日本妖怪変化史』(同、一九七六)、阿部正路『怨念の日本文化』幽霊篇、一九九五

(阿部　正路)

ユガフー　世果報　沖縄・奄美において、豊年・豊穣・幸福などを意味する語。同義で、甘世(アマユ)・弥勒世(ミルクユ)などとも呼ばれる。また、単に世(ユー)ともいう。那覇市首里赤田町では、旧暦七月十四―十六日に、世果報をもたらすミルクウンケー(弥勒お迎え)の行事が行われる。弥勒を先頭にした行列が村を歩き、豊作・健康・子孫繁栄などの世果報を祈願する。沖縄本島北部におけるシヌグ、ウンジャミ(海神祭)などにおいて行われる神遊びにおいて、神女たちが円陣を組み、弓を上下させながら「ユンクイ、ユンクイ」と唱え、ユーすなわち豊穣を乞い願う。宮古本島とその周辺離島では、ユークイと称し、ユーを乞う豊年祈願の祭祀が行われる。また、八重山諸島でも旧暦六月に行われる農耕儀礼の一つであるプーリ(プーリィ)の二日目にユーニガイ(世願い)が行われ、豊穣が祈願される。→豊年祭

参考文献 『那覇市史』資料篇二中ノ七、一九七九、『沖縄県の民俗芸能―沖縄県民俗芸能調査報告書―』(「沖縄文化財調査報告書」一一二、一九九四)

(古塚　達朗)

ゆきがた　雪形　春先に山腹に消え残った雪の形、あるいは雪が消えてできた地肌の形を人や動物などの姿に見立てたもの。農作業の目安にすることが多い。山の地形などによって毎年同じ形が、一定の気候条件下において出現することを体験的に人々は理解していた。自然条件に大きな影響を受けやすい農業においては、農作業の目安には全国一律に定められた暦日にしたがって作業を行うよりは、具体的に雪解けの状態を示す雪形を目安にして作業をするほうが有効であった。それぞれの地域において目安にするものは定まっている。その形が山の名になっているところも多い。長野県から見る北アルプスの白馬岳・爺ヶ岳・蝶ヶ岳、南アルプスの駒ヶ岳などはその代表的なものである。白馬村から見ると、白馬岳の山腹には四月になると馬の雪形が現れる。このころがちょう

雪形　白馬岳の代かき馬（提供渡辺逸雄）

ど田植え前のシロカキの時期であった。したがってこの馬はシロカキの馬であり、それが山の名前になった。年によってこの馬は頭を高く上げたノボリウマになったり、頭を下げたクダリウマになったりし、それによって作柄を占うこともあった。爺ヶ岳にでる人の姿は種まき爺さんであると見なされるが、このころは籾播きの時期であった。これらはいずれも生産暦とかかわるものであり、農作業の目安とならないものはいくら特徴のある形が現われても、雪形として定着しない。→駒ヶ岳（こまがたけ）

雪形　爺ヶ岳の種子播き爺さん　大町より見えるもの（提供渡辺逸雄）

参考文献　岩科小一郎『山の民俗』（『民俗民芸双書』、一九六八）、田渕行男『山の紋章・雪形』、一九八一、斎藤義信『図説雪形』、一九九七

（倉石　忠彦）

ユタ　ユタ　沖縄本島および広く南西諸島においてトランス（変性意識、通常意識が変化した状態）状態で託宣・卜占・祈願・治病などを行う巫女。男性もいるがごく少数。その性格はすこぶるシャーマニックである。ユタの呼称は主に奄美諸島・沖縄本島で用いられ、宮古島ではカンカカリャー、八重山群島ではムヌシリ、ムヌチー、ニガイビトなどと呼ばれる。ユタの語の由来ははっきりしないが、よくしゃべることをユタユンと呼ぶことに起源するとか、ウラル・アルタイ地方のシャーマン「ユタカン」から来ているとかいわれる。ユタになる者は召命型のシャーマンに共通する心身異常（巫病）体験をもつことが多い。ユタ候補者は幼少時から神ごとに敏感で他人の運命を口ばしり、神にかかわる夢をよく見るといった経験をし、周囲からセヂダカウマリ（霊高い生まれ）とかセイダカウマリ（性高い生まれ）などと噂されて育つことが多い。二十代から三十代になって多くは夫婦の不和・離婚、病気、事業の失敗など生活上の不如意・困苦が引き金となって神ダーリ（神がかり）といわれる心身異常（巫病）に陥る。神にかかわる夢や幻覚が多発し、御嶽（ウタキ）や城（グスク）・洞窟（ガマ）などの聖地を巡って捜神を続け、先輩ユタの家を歴訪して指導を受けているうちにカミと直接交流が可能になりミチアケ（成巫）に至る。近来ユタ職は経済的に有利との認識から神ダーリ体験をもたない者が修行・学習によって修行型のユタになる例が多く見られる。現地の人はこうしたユタをナライユタと呼び、召命型のウマリユタと区別する。ユタの役割の多くは祭壇前で行われるハンジ（判断）である。祭壇はクロトンの枝葉を生け

た花瓶数個と盛り塩・水・香炉という簡単なものから、中央に千手観音像や神鏡、本土の諸神像を配し、注連縄を張った複雑なものまである。依頼者がくるとユタは神前に線香を立て、依頼者の年齢と依頼内容をカミに告げ指示を乞う。程なくカミの姿が見え声が聞え、その意志が線香の燃え具合に現われてくる。依頼者の身体の悪いところがユタの身体に感じられることもある。したがってユタのハンジの多くは三人称的に表現される。もっともユタがマブイワカシ、マブリワアシという死者の口寄せを行うときには、死霊の憑依を受けるのでその言動は一人称となる。またマブイグミ(魂籠め)では身体から脱した魂をその人に戻し病気を治すことも行う。ユタは祝女(ヌル)や神司(ツカサ)などとともに南西諸島の民俗宗教とくにシャーマニズムを代表する宗教者で現在も人びとの強い信仰をあつめている。ユタが多くの依頼者・信者をあつめ教理を創りだし、新宗教集団を形成するに至る例もある。　→祝女(ヌル)

参考文献　桜井徳太郎『沖縄のシャマニズム—民間巫女の生態と機能—』、一九七三、W・P・リーブラ『沖縄の宗教と社会構造』(崎原貢・崎原正子訳、一九七四)、大橋英寿「沖縄におけるShaman「ユタ」の生態と機能—ハンジ場面観察によるclientの事例研究—」(『東北大学文学部年報』二八、一九七八)
(佐々木宏幹)

ゆだてかぐら　湯立神楽　湯立を中心にした神楽。湯立は神前の釜に湯を沸かし、舞人が笹・藁束・幣などの湯たぶさ(湯箒・湯木ともいう)をもち、釜の湯を周囲に振りかけることをいう。湯立神楽では、神楽の舞庭となる場所に釜を据え、湯釜の上に白蓋(びゃっかい)・玉蓋・大乗・くもなどの天蓋を吊し、四隅に注連縄や切飾りを下げ、舞庭や神楽座などを飾ることに特徴がある。湯立を行うのは禰宜・巫女・宮人・法印などで、祈禱・清め・湯立に引き続いて、面形の舞を伴う。貞観年間(八五九—七七)の『貞観儀式』の園韓神祭(そのからかみのまつり)に「御神子先廻庭火供湯立舞」とあり、このころには神子による湯立が行われていた。現在の湯立神楽は、秋田県横手市大森町波宇志別神社の保呂羽山霜月神楽、三河の花祭(愛知県北設楽郡東栄町・豊根村・津具村(設楽町))、信濃の遠山祭・冬祭・お清め祭(長野県下伊那郡上村(飯田市)・南信濃村(同)・天竜村)、遠江の霜月神楽(静岡県静岡市、榛原郡本川根町(川根本町)・中川根町(同)・川根町、藤枝市)、静岡県伊豆三宅島の巫女神楽などで、霜月に行われている。これらの源流は、天文年間(一五三二—五五)の歌本の記録などから、今は絶えたが伊勢神宮の外宮で行われていた伊勢神楽と推測されている。

湯立神楽　岩手県黒森神楽の湯立託宣

その構成は、神楽役の者が四句・二句の神歌を歌い、巫女が湯立をし、神歌に合わせて舞い、祈願の趣を述べる。神々の名前をあげて、神楽を参らせ、湯の花を差し上げる、というものである。湯立を伴う霜月の神楽の特色は、正月を迎えるにあたっての清め・禊の神事にあり、五穀豊穣を祈り、千秋万歳を願う祭にある。だから湯立をして神々に湯を献上し、氏子たちも清まり、湯による清めにより鎮魂が行われる。霜月の神楽には、生まれ清まりの考え方がある。かつて年少の子供が湯立の湯を浴びることを産湯の次第と称し、また六十歳を過ぎた大人が浄土入りをするなど擬死再生と結びついた考え方があったという。霜月の湯立神楽は年の替わり目にあたり、人も新たな魂を身に付けて、ともに新たな復活を願ったものである。一方宮城県牡鹿郡の法印神楽、岩手県陸中沿岸の黒森神楽、神奈川県足柄下郡箱根町宮城野の湯立獅子舞などは、霜月の時期ではなく、祭礼の折に湯立を行い、神楽や獅子舞を伴う。これらも神霊の祝福を願い、悪魔を祓うとの願いからでたもので、神々を舞庭に勧請し、湯を献上し、氏子たちも清まる事を目的に行われている。

参考文献　本田安次「湯立神楽とその信仰」(『本田安次著作集』二所収、一九九三)、同「伊勢と請願」(同)、同「霜月神楽之研究」(同六所収、一九九五)

(神田より子)

ゆめ　夢　睡眠中にものを見たり聞いたり感じたりする体験。伝統的思考、民俗的思考においては、霊魂の超自然的な働きによって起るものと考えられてきた。夢をもたらす霊魂の働きには大別して二つの様式が想像されたらしい。一つは睡眠中の人間の身体から霊魂が抜け出して活動するというもの、もう一つは睡眠中の人間のもとを外部の霊的存在が訪れるというものである。抜け出した霊魂の活動体験が夢であるという考えは、多くの民族が共有しており、日本人も例外ではなかった。眠った者の鼻や口から魂が昆虫の姿で飛び出し、その体験が夢として語られる話は、昔話「夢買い長者」をはじめ珍しくない。一方、「枕がみに立つ」という言葉があるように、夢を霊的存在の来訪とみる観念もある。遠方の肉親が夢に現われて今生の別れを告げたとか、神仏や死者が夢で祭祀や供養を求めたという話は多い。昔話にも、神仏が夢に現われて福縁を授ける「味噌買い橋」や「藁しべ長者」がある。夢はシャーマンほどの霊的資質や技術をもたない普通の人間が超自然的世界と直接に交渉する回路であった。そうしたところから、夢は通常の方法では得られない情報を獲得する媒体、つまり広義の占いとしての機能を期待された。夢占いにはいくつかの様式が区別できる。夢告(むこう)は神霊が枕がみに立って具体的かつ有益なメッセージを伝えるものであり、正夢と呼ばれるものは隠された事実や未来の出来事をそのまま夢に見るものである。ただ、実際の夢のほとんどはとりとめもない不可解なもので、情報として機能するためには解読、つまり夢解き(夢合わせ)を必要とした。解読のための約束事は広く開放・共有されている場合と一部の職能者に占有されている場合とがあり、また文字にとどめられているものと口承によるものとがあった。古代の貴族社会では、夢解き、夢あわする人と呼ばれる専門家の活動がみられた。近世中後期には、中国書をもとに、それに民間の伝承を取り入れて夢の吉凶を判じる夢書が相ついで出版された。「一富士二鷹三なすび」を吉夢の代表とする説もこの時代の夢書に登場する。夢書の系譜は現代の高島易断などの夢占い書にも続く。他方、村落社会では口承による夢判じの知識も豊富に伝承されてきた。火事・葬式・蛇・入り船の夢は吉、田植え・嫁入り・魚捕り・出船の夢は凶などという夢判じは広く聞かれるものである。ここには夢書との交渉も認められるが、また地方ごとに独自の知識や相反する判断も伝えられている。夢が超自然的世界と結ぶ回路であり情報源であるところから、夢を見るための積極的な行動もみられ、その伝統は、正月二日(古くは節分や大晦日)に一年の運勢を占う夢を見ようとする初夢にも受け継がれている。夢を操作することで運命に変更を加えることができるという考え方もあった。よい初夢を見るために枕の下に敷く宝船の絵は、本来は悪夢を川に流すための船であったといわれる。悪夢を見たら「夢は逆夢」「獏食え、獏食え」などと唱えたり、ナンテンの木にその内容を話すなどというのも、夢を転じ、難を逃れるためで、こうした呪術的措置を夢違えと呼んだ。

参考文献 柳田国男「夢と文芸」(『柳田国男全集』八所収、一九九〇)、同「初夢と昔話」(『定本柳田国男集』六所収、一九六八)、松谷みよ子『夢の知らせ・火の玉・ぬけ出した魂』(『現代民話考』四、一九八六)、江口孝夫『日本古典文学夢についての研究』、一九八七、西郷信綱『古代人と夢』(『平凡社ライブラリー』、一九九三)

(小嶋 博巳)

よ

ようかい 妖怪 不安や恐怖をかりたてる不可解な出来事や不思議な現象、またそうした現象をもたらすと考えられている超自然的な存在。一般には妖怪といえば、異様な姿と不思議な力をもった超自然的な存在と認識され、災いを引き起す畏怖の対象としてさまざまな姿や属性が創造されてきた。それらは、人知では解し難い現象に遭遇したときの人々の知識と想像力が生みだした説明のあり方ということもできよう。今日、確認できる妖怪の多くは、伝承の過程で形づくられた具体的で類型的な妖怪像だといってよいが、妖怪のイメージが形成される背景には、口頭伝承のみならず、各種の文芸や絵画・芸能などとの影響関係を考慮する必要がある。妖怪という言葉が広く用いられるようになったのは明治以降で、哲学者で妖怪研究に力を注いだ井上圓了の影響が大きいといわれる。妖怪のほかにも、お化け・化け物・変化・あやかしなどいくつもの呼び名があり、それぞれに異なる意味合いを帯びているが、必ずしも明確に区別されているわけではない。江馬務は『日本妖怪変化史』(一九七六)で「妖怪は得体の知れない不思議なもの、変化はあるものが外観的にその正体を変えたものと解したらよいであろう」と述べ、変化を人間・動物・植物・器物に分類し、狐狸の化けたものや幽霊・死霊などは変化として扱っている。柳田国男は『妖怪談義』(一九五六)のなかで、お化け(妖怪)と幽霊の区別について次の三つをあげている。㈠お化けは出現場所が決まっているが幽霊はどこにでも現われる。㈡お化けは相手を選ばないが幽霊は決まった相手のもとに現われる。㈢お化けの出現する時刻は宵と暁だが幽霊は丑三つ時である。両者の違いからその特徴を浮き彫りにしようとした興味深い指摘だが、あくまで一つの目安であって、これにあてはまらない例も多い。民俗学の立場から妖怪を論じた柳田の研究は、個々の妖怪の考察をはじめ妖怪語彙の収集と分類など多方面に及んでおり、その成果は今も重要な意義をもっているが、検討すべき問題も少なくない。たとえば、妖怪は信仰の衰退に伴う神霊の零落した姿だとする仮説を提起した。「一目小僧」(一九一七)の論考でも、この妖怪にまつわる伝承の特徴を手掛かりに過去の信仰への遡及を試みているが、そこには古い信仰が力を失った結果、神が零落して妖怪になるとの認識が示されている。こうした考えは、その後の研究に多大な影響を与えてきたが、しかし、妖怪を神の零落という一元的な変化として捉えるだけでは説明できない部分が大きい。妖怪から神への変化もあったであろうし、そのどちらの変化も辿らなかった場合も当然想定される。妖怪を神観念の否定的な部分だととらえ、妖怪とみなすかどうかは、否定的に把握されるかどうか、つまり人間との関係のあり方によって変化するとの見解も示されている。

参考文献　井之口章次「妖怪と信仰」(『日本民俗学会報』三四、一九六四)、宮田登『妖怪の民俗学―日本の見えない空間―』(『同時代ライブラリー』、一九九〇)、小松和彦『妖怪学新考―妖怪からみる日本人の心―』、一九九四

(常光　徹)

ようさん　養蚕　昆虫である蚕を飼育し、生糸の原料となる繭を得るための生産活動。養蚕農家では蚕のことをオコサマ、オカイコサンなどと敬称を付けて呼んでいた。明治後期までは、春蚕だけの年一回飼育が一般的であった。現在は一年に五回(春蚕・夏蚕・初秋蚕・晩秋蚕・晩々秋蚕)飼育できるようになっている。「晩秋と味噌汁はあたったことがない」といわれるように、晩秋蚕の飼育は難しかった。また、天候の影響(霜害・雹害)などで、餌の桑を与えること(給桑)ができないため、時には蚕が全滅することもあった。病気にかかって投蚕せざるをえない年もある。養蚕業の歴史は蚕の病気との戦いの歴史でもあった。蚕はあたりはずれが多く、養蚕業は投機性を伴っており、運虫などと呼ばれた。飼育に先立ち蚕室や蚕具の準備がある。専用蚕室がない場合は、母屋を飼育空間とするために畳を上げ、板の間とし、密閉育時代には新聞紙で部屋の隙間を目張りした。近くの川で蚕籠ほかの蚕具を洗ったが、これを籠洗いと称した。温度・湿度・空気などを適切に管理して予定の掃き立て日にそろって蚕卵を孵化させる。これを催青という。孵化したばかりの蚕は毛蚕といい、羽根でていねいに掃きおろし、細かく刻んだ桑を与える。その後、蚕はシジ休み、タケ休み、フナ休み、ニワ休みと四回の休みを繰り返すたびに脱皮をして成長する。「蚕が始まると帯を解かない」といわれるように、飼育期間中の女性は多忙になる。蚕の成長に伴って蚕籠の枚数も増加し飼育空間も広がる。家族の寝る場所も占領され、コノメ(蚕棚)の間に寝る状態であった。現在は蚕が繭を作るときに回転蔟を使用している。それに至るまでは枝蔟、藁製蔟(手折・機械折)、竹製蔟などいろいろと改良が行われた。枝蔟は筏にその形状が似ているところから筏蔟と呼ばれた。最も原始的な蔟で地域により異なるが大正初期まで使われていた。養蚕の盛んな地域では、上蔟時に学校を養蚕休業とする場合もあった。かつては、子どもたちも貴重な労働力であった。上蔟が終ると手伝い人を招待し上蔟祝いを盛大にした。一定期間おいて繭ができると、一つ一つ掻いた。繭掻きは女性の仕事で木鉢に入れて拾

った。群馬県伊勢崎市倭文神社の田遊びは、祭に使用した竹を蚕箸に使うために競って奪い合う光景がみられた。養蚕県群馬ではこのように本来稲作の祭であっても養蚕に引きつけて考えられた。神社仏閣も競って養蚕信仰の一翼を担おうとした形跡がみられる。蚕繁盛のお札発行、鼠除け祈禱などが行われた。鼠除けは蚕にとって大敵である鼠に対する俗信で、猫絵・猫石・猫地蔵など、猫に関連したものが多い。小正月には繭玉をはじめ養蚕関係の儀礼が多く見られる。なお、蚕に類似したものに山繭(天蚕)がある。楢の木などに薄緑色の繭を作る天然の蚕である。染色は不可能であるが、山繭織りは艶のある幾分太めの薄緑色の糸で古くから珍重された。山繭の着物を着るとワニ(鮫)が出て、海を渡れないという伝説もある。

参考文献　群馬県教育委員会編『群馬県の養蚕習俗』、一九七二、井上善治郎『まゆの国』、一九七七、嶌村真也・板橋春夫「伊勢崎地方の養蚕習俗と養蚕具」(『群馬県立歴史博物館紀要』三、一九八二)、最上孝敬『生業の民俗』、一九八三、板橋春夫「養蚕具の発達と習俗」(『日本民俗研究大系』五所収、一九八四)、群馬県立歴史博物館編『カイコのいるくらし―群馬の養蚕―』、一九八八、長野市立博物館編『蚕糸業にみる近代の長野盆地』、一九九〇、伊藤智夫『絹』(「ものと人間の文化史」六八、一九九二)
(板橋　春夫)

ようし　養子　実子以外の者に実子と同じ身分を与え、人為的あるいは擬制的に親子関係を結ぶ慣習、あるいは法的制度。その行為によって実子の身分を得る者も養子と呼ぶ。日本の現行民法では、嫡出親子関係にない人々の間に法的に嫡出親子関係を創設する内容となっており、庶子も含まれる点でその概念は広くなっている。養子の目的は、収養側の利益と養子側の利益に大別され、古くから祖先祭祀の継承や財産相続を目的とした前者の養子が主流であり、孤児や私生児に家族を与えるという児童の保護と福祉を目的とした養子制度は、家父長制家族制度を脱した欧米諸国において第一次世界大戦後に成立した。養子は、家族・親族組織や祖先祭祀の組織などの社会制度と関連し、時代や社会によってさまざまな形態が存在した。中国においては、父子の父系血縁による系譜の継承が重要で、父系血縁を共有する男子のみが祖先祭祀の義務と権利をもっていた。祖先祭祀の継承を目的とした中国の養子は、過継子や過房子などと呼ばれ、同一父系血縁をもつ同姓あるいは同宗で、養父の一世代下の男子(同宗昭穆相当)という血縁・世代・性による規制があった。朝鮮半島においても基本的には中国と同様であった。これに対して、日本では、現行民法以前においては、イエのための養子が主体であった。日本のイエは、家父長制家族を基本に、その家産や家業のほかに家名や家紋などの象徴をも含む社会的存在であった。イエの継承は、長男子相続に代表される一子相続によるが、家族の血縁による系譜的継承だけでなく、経営体としてのイエあるいは家族を超えた社会的存在としてのイエの継承をも含むので、父―息子という父系血縁による継承を絶対的としないところに特徴がある。同姓の近親者が優先されてはいるが、妻方や母方など異姓の近親者も可能であるし、非血縁者を養子として家筋を継承することもできる。そのため、日本では多様な養子形態が存在してきた。中でも、特徴的なのは聟養子である。それは、女子と婚姻縁組すると同時にその父親と養子縁組することによって妻方のイエを継承する非血縁養子である。養父に男子がいない場合だけでなく、男子がいても幼少であったり不適格と判断された場合にも聟養子が行われる。子がなく、養女をとってそれに聟を迎える場合もある。また、成人した夫婦が他人の養子となる夫婦養子や絶家を買い取って再興する買養子も非血縁養子である。世代規制も厳密ではなく、弟を養子とする順養子は、近世の武家の間にもよく行われた。これらは、家督相続を目的とした相続養子である。その他、家督相続を目的としない、奉公人養子や躾約束の養子など労働力確保を目的としたもの、一時身分の高い者の養子となって身分を格上げする腰掛養子や兵役逃れの兵隊養子などの便宜的な養子など多様な形態があった。それは、日本のイエあるいはオヤ、コが、父系血縁者に限った排他性をもたず、非血縁者をも受け入れる柔軟性をもっていたことと関連している。

参考文献　竹内利美『家族慣行と家制度』、一九六九、青山道夫他編『家族・親族・同族』(「講座家族」六、一九七四)、大竹秀夫・竹田旦・長谷川善計編『擬制された親子―養子―』(「シリーズ家族史」二、一九八七)

（小熊　誠）

よしゅくぎれい　予祝儀礼　年のはじめに一年間の農作業の過程を、あらかじめ象徴的に行う儀礼。一月上旬から中旬にかけて、その年の農作業を模擬的に行うことによって、農作物の豊かな実りを期待する呪術＝宗教的行為で、稲作を中心としたものが多い。田打ち・種まき・苗取り・田植え・稲刈り・稲積みなどがある。田打ちは全国的にみられるが、そのほかの行事は東北や北陸、関東に集中している。宮城県名取郡では、田打ちをノソメといって、一月十一日の午前一時ごろ、農家の主人が田へ出かけ、そこで二鍬か三鍬ほど掘り起す。青森県上北郡や三戸郡では、一月中旬に若者たちが頭巾をかぶり、たすきをかけ、腰に藁を束ねたものをはさみ、手に松の葉をもって家々を訪れ、「ああ、良い苗コだ、良い苗コだ」「苗取った、苗取った、かかさまヨマキ(特別の収入)の苗取った」と歌いながら、苗取りの真似をして、農作を祝福し、餅や米をもらい歩いた。岩手県紫波郡では、一月十五日が田植えと呼ばれ、農家では夕食前に藁豆を早苗のように雪の上にさす。夜になると、家々を訪れて「アキの方から田植えッコに来ました」といって、餅もらいが来た。新潟県中頸城(くびき)郡では、一月二十日の正月仕舞いに稲刈りの模擬的な所作が行われる。家々の主人は朝早く起きて、稲刈りの服装をし、鎌で木の枝を切り落とす。岩手県二戸郡では、一月十五日の夕方、豆がらを積雪にさす田植えがすむと、ニホツミといって、老若男女が一緒になって押し重なって遊ぶ。田植えと稲積みの模擬行為が同じ日に行われている。このほかに稲や畑作物の豊作を願って、作物が実をつけた姿をかたどった削り花や餅花をつくり、これを神棚に飾り立てるモノツクリと呼ばれる行事もある。削り花は、柳やヌルデ、ミズキなどの柔らかな木の肌に、刃物をあてて薄く削り、その薄片をつぎつぎと重ねて、美しい花のようにつくった細工物である。また、鳥追いや墨塗り、モグラ打ちなどの農作物に被害を与える動物などを追い払う所作が、この時期に多くみられるが、いずれも一種の模擬行為である。また、旧一月十四日から十五日にかけて、全国的に行われていたナマハゲやチャセゴ、カセドリ、カユツリ、トロヘイなどという、小正月の訪問者と呼ばれる仮面＝仮装の来訪者も来たるべき一年の豊作や豊漁を予祝する行事で、模擬儀礼の一つといってよかろう。

参考文献　井之口章次「農耕年中行事」(『日本民俗学大系』七所収、一九五九)、杉山晃一「日本の稲作儀礼の研究―日本の稲作の系統問題によせて―」(『民族学研究』二六ノ三、一九六二)、倉田一郎『農と民俗学』(「民俗民芸双書」、一九六九)、伊藤幹治『稲作儀礼の研究―日琉同祖論の再検討―』、一九七四、和歌森太郎「年中行事の歴史的位相」(『和歌森太郎著作集』一二所収、一九八二)

（伊藤　幹治）

ヨバイ　ヨバイ　男が、夜間、女のもとに通うこと。若者組の支援と承認を得ている場合もあった。性的な関係がある場合をヨバイといい、単なる男女交際、話による交流は、アソビと称し、区別する場合もある。ヨバイにはフナワタシという仲介役を立てたり、二、三人の手下役に「御用」と書かれた提燈を持たせて女性のもとに出かけるなどの作法があった。その体験談が若者宿で語られた。しかし、大正から昭和にかけての青年会運動や官憲の取締りでほぼなくなり、昭和三十年代の公民館運動で宿がなくなり、集団就職で若者が残らなくなり消滅した。そうした習俗が珍しくなり、地方にしか残存しなくなったとき、俗説として「夜、這って行く」という意味で夜這いが面白可笑しく、好色的な旧習として語られた。柳田国男は、ヨバイは男女の呼び会う歌垣の名残と考え、男が求婚しまたはそれ以後も女のもとに通うことを意味し、正当な求婚手段・婚姻生活の一つの形態と考えた。中世以降、嫁入婚になる前の通い婚・妻問い婚の残存の一つと柳田は考えた。これをうけてその後の民俗学では、夜這いは乱脈な関係でなく、若者組による、結婚にむけての村の娘の管理と理解した。頻繁に相手を変えてはいけない、友人の馴染みとは交際してはいけない、同時複数の相手と交際してはいけない、村内で交際せねばならないなど、厳しい規制の上での、婚姻にむけての習俗と考えた。これに対して赤松啓介は、ヨバイは婚姻を前提としたものではなく、ムラにおける娘管理のあり方の一つであり、生産生活活動の共同管理や相互扶助のシステムの一環として、性の共同体管理があるにすぎないと考え、必ずしも結婚というシステムを前提とするものでないと主張している。

参考文献 柳田国男「婚姻の話」(『柳田国男全集』一二所収、一九九〇)、瀬川清子『若者と娘をめぐる民俗』、一九七二、中山太郎『(増補)日本若者史』(「中山太郎歴史民俗シリーズ」一、一九九三)、岩田重則「ヨバイと買春」(『日本民俗学』一八六、一九九一)、赤松啓介『夜這いの民俗学』、一九九四、森栗茂一『夜這いと近代買春』、一九九五

（森栗 茂一）

よみや 宵宮 祭日の前夜に行われる祭のこと。夜宮、夜宮祭ともいう。本来は神霊の降臨を仰ぐ祭の中心であったと考えられる。昔の日本人の時間感覚としては、日没から翌日の日没までが一日であり、夜に行われる祭は、一日の祭の前半を意味した。また、神霊は真夜中に降臨すると考えられており、神霊の降臨を中心とする祭の本来の意味からすると、むしろ宵宮が祭の中心であったと考えられる。しかし、時間感覚の変化とともに、翌日の昼間に行われる祭を本祭と呼ぶようになると、宵宮は本祭のための準備や前夜祭という程度の意味合いになってきた。現在でも、東京都府中市大国魂神社の例大祭(五月五日)をはじめとする暗闇祭と呼ばれ、夜に行われる祭は、宵宮の本来の姿を残しているとされる。東北地方には、宵宮のことをコモリと呼ぶ地域があり、また、中国地方から九州にかけてはヨドと呼ぶ地域がある。ヨドのヨは斎(物忌)をさし、ヨドは物忌をする場所である斎所(いみどころ)・斎殿(いみどの)に由来するといわれる。このように、宵宮は一面で忌籠りを意味するものであったと考えられる。神霊を迎えるにあたり、神事に関わる者が不浄とされるものを遠ざけ、心身を清浄な状態に保ち、祭場の準備や神に供える供物の調製をする。物忌する期間の長さはさまざまであるが、その最終段階が宵宮での籠りであるといえる。

参考文献 柳田国男「祭日考」(『柳田国男全集』一四所収、一九九〇)、岡田重精『斎忌の世界』、一九八九、茂木栄『まつり伝承論』、一九九三

（岩井 洋）

よめ 嫁 家長夫婦よりみた息子の妻。新妻。嫁入婚においては主婦になるまでの女性の通称。妻が夫の配偶者という意味で夫婦関係を重視した呼び方であるのに対し、嫁は家制度における家長夫婦との関係を強調

した呼称である。かつての婚姻は結婚する本人同士より、家の関係が重視され家格のつりあいが問題にされた。嫁入婚の場合、女性は結婚と同時に夫の家に入り、夫の両親とともに住むのを通例とした。したがって、息子の配偶者というより、家の嫁として迎えられ、家長・主婦である舅・姑につかえて家風に従うことが嫁としての第一条件であった。婚姻後の嫁は、家の後継者となる男子を産むことが求められたと同時に、テマ、ツノのない牛などといわれ、賃金のいらない健康な労働力として婚家のために働いた。家事も嫁の仕事とされながら、姑の指示を受けずに嫁一人の判断で行うことはできなかった。このように嫁は婚家の家族員にとっては他所者であり、何かにつけて不自由な忍従の日々を送ることになった。とりわけ姑との間には、主婦の座や姑の息子である夫の世話をめぐって、緊張関係が生じやすかった。主婦として権限をもつ姑は、主婦見習いである嫁に対して家風になじませるための厳しい躾を行なった。嫁は「夫の家に行きては、専舅姑を我が親よりも重んじて、厚く愛しみ敬い孝行を尽くす」(貝原益軒『女大学』)ように心がけ、もし姑の気に入らない嫁であった場合、「家風にあわぬ」ことを理由に、一方的に離縁されるようなこともあった。このような嫁姑間の緊張関係は、日本だけに限らず世界各国の嫁入婚をする社会でみられる現象である。嫁・姑の緊張関係は姑の死や姑から主婦権が譲渡されることによって、いったんは解消される。しかし、あらたに姑(主婦)となった嫁は、今度は自分の息子の嫁との間に緊張関係が生じることになる。このように嫁入婚においては、婚姻成立当初から婚舎(夫婦の寝所)が夫方におかれ、夫の両親と同居形式が一般的であったので、世代が代わっても再び新たな嫁・姑の緊張関係を生み出していった。隠居制家族のように親夫婦と後継者夫婦が同居しない地域や、聟入婚のように嫁の夫方への引き移りが婚姻成立後ある程度の年数を経てから行われるような地域においては、嫁・姑の緊張関係はある程度緩和されるといわれている。嫁の劣位は中世以降の顕著な傾向といわれ、儒教思想の普及による家長権の拡大と女性の地位の低下、嫁入婚の普及による嫁の夫方への早期の組込みなどに起因すると考えられている。第二次世界大戦後の民法改正による家制度の廃止に始まり、核家族化、親夫婦との同居の減少、就業による女性の経済的自立など、社会変化とともに家の嫁、家・夫の付属物という意識は薄らぎ、一人の人間として考え扱われるようになってきた。→主婦　→聟入婚　→嫁入婚

参考文献　瀬川清子『婚姻覚書』(「名著シリーズ」、一九七二)、蒲生正男・坪井洋文・村武精一『伊豆諸島—世代・祭祀・村落—』、一九七五、関口裕子「日本古代の家族形態と女性の地位」(『家族史研究』二所収、一九八〇)

(倉石あつ子)

よめいりこん　嫁入婚　婚姻成立の儀礼を夫方で挙げ、当初から婚舎が夫方におかれる婚姻方式。妻が生家から夫方に引き移って生活する点に特色があり、聟入婚・足入れ婚などと区別される。夫方からはヨメトリ、ヨメドリ(嫁取り)、妻方からはヨメイリ(嫁入り)、ヨメナシ(嫁成し)と呼ばれてきた。聟入婚・足入れ婚が衰退した後で普及した婚姻形態であるとともに、出合い婚普及以前においては、全国的に広く見られた婚姻形態である。中世の武家社会において行われたのが端緒となり、次第に武家にとどまらず農工商など庶民の間にも定着したと解釈されている。しかし、北陸地方においては古代にまでさかのぼって嫁入婚があったと推論する説がある。この婚姻では、当事者の資質・器量もさることながら、本人の所属する家と家とのつり合いを重視し、家の永続ないし都合いかんを思慮してまとめられる傾向が強かった。いわゆる遠方婚である

こともあれば、村落内か近接する村落との通婚例であることも少なくなかった。そのいずれであれ、なりわいを同じくする家同士の間で結ばれる例が多かった。婚姻成立の儀礼に関わるのは、嫁方でなされる出立ちの儀礼、嫁入り行列、夫方に着いた際の入家儀礼などである。これらには、身柄が生家と分離されること、婚姻当事者をめぐる関係者から承認されること、婚家の戸口で盃事がなされること、婚家で新生されると擬されたことなど、通過儀礼という性格が凝縮されていた感があった。そのことは、上流階層と目される通婚例において典型的に表出されるものの、中流以下の階層間では必ずしもそうではなかった。庶民の嫁入婚ではふだん着同然の装いであったり、持参品が風呂敷包み一つであったり、同行者が母親一人にすぎなかったりなどとする例がいくらも伝えられている。一時的出費に耐えがたい経済的理由もさることながら、その背景には引き移り自体が不完全であるとか、婚舎が夫方に専属するに至っていないなどの慣例が公認されてきた結果による。嫁入道具の一部がアトニ(後荷)、オイニ(追い荷)の名目で後日届けられること、嫁入り後においても婚家と生家とで二、三日ないし四、五日交替で定期的かつ交互に過ごすバン、ハンブンバタラキ、ヒートリ嫁などの習俗が公然と認められていたことなどがそれを裏付けている。嫁の生活の本拠が、名実ともに不完全であるなど、嫁入婚の多様さが物語られていると思われる。それはまた、嫁がいつ婚家先に帰属すると理解されてきたのか、親里に帰ってなぜ出産するのか、婚出した女性の生き別れ、死別両方における離縁(離婚)をどのように解釈すればよいのか、などの諸問題にも密接に関わっている。　→足入れ婚(あしいれこん)　→聟入婚(むこいりこん)

参考文献　柳田国男「婚姻の話」(『柳田国男全集』一二所収、一九九〇)、瀬川清子『婚姻覚書』、一九五七、大間知篤三『婚姻の民俗』(「大間知篤三著作集」二、一九七五)、江守五夫『日本の婚姻―その歴史と民俗―』(「日本基層文化の民族学的研究」二、一九八六)、天野武『結婚の民俗』(「民俗学特講・演習資料集」一、一九九四)、江守五夫『婚姻の民俗―東アジアの視点から―』(「歴史文化ライブラリー」四八、一九九八)
(天野　武)

よめぬすみ　嫁盗み　若者が意中の娘を盗み、最終的には親の了解を得て夫婦となる、特異な婚姻の形態。婚姻はあくまで社会的な男女の結合であり、また日本においては家相互の結合と深い関わりがあったため、その決定には双方の親、もしくは親族・村落などの承認を必要としたが、地域によっては若者仲間の承認が最も重要視され、親は事後承諾を与えるだけという場合もあった。このような若者仲間と親との力関係が均衡している場合に嫁盗みが行われた。嫁盗みは地域によってカカソビキ、ヨメカタギ、ドラウチ、ヨメゴオットイなどともよばれる。このような事例は九州を中心として、中国・四国地方に多く、東北地方ではほとんど聞くことができない。これは西南日本では自由恋愛による婚姻が伝統的であり、また若者仲間の権限が強く、それに比べて東北日本では父親の権限が強固であったことに由来するものと思われる。嫁盗みの形態は、娘本人も親もその婚姻に反対している場合に行われる場合と、親は反対しているが娘本人は盗まれることを予期しているという場合と、娘本人も親も承知しているにもかかわらず、種々の義理や経済的な理由で、表面上反対している場合とが考えられる。実際の事例では、第一のような、本当の嫁の掠奪はあまり例がなく、第二・第三のような、内々に双方が了解しあった形の形式的、儀礼的嫁盗みが主であったといえる。また嫁盗みはいわゆる駆落結婚とは異なり、娘の親に盗んだことを告げることが原則であった。これをスケトドケ(高知県)、テンナイ(長崎県)などとよび、娘を盗んだ若者の友人が娘の家の土間に片足を踏み込んでその旨を告げ、すぐに逃げ帰らねばならなかった。もしその場で娘の親に捕えられると人質にされ、娘と引き換えでないと帰されないという場合もあった。この役を任された若者はテンナイ人などとよばれ、スリルに満ちた使者であったという。その後に村の有力者などに頼んで、正式に嫁もらいの交渉にかかったのである。盗みの行為がある意味では婚姻に至る過程の一儀礼であり、真の掠奪とは異質なものであったことを物語っている。

参考文献　瀬川清子『若者と娘をめぐる民俗』、一九七二、大間知篤三「婚姻の民俗学」(『大間知篤三著作集』二所収、一九七五)
（八木　透）

よりしろ　依代　神が降臨するための目印となるもの。折口信夫の設定した語。折口は依代に対して、招代(おぎしろ)を人間の側から呼んだ名であること、また神の依るべき喬木が立っている山を標山(しめやま)といい、その喬木に高く掲げられた目印を依代とした。そして折口は髯籠を天神の代表である太陽神の形代(かたしろ)であり、依代の原形と捉えた。たとえば御会式の万燈の竿頭を飾る御祖師花、葬式のときに御練り銭をこぼしてゆく花籠、目籠に金銀の紙を張って作った国旗の竿の先の球、修験道の梵天なども髯籠から転化したものとする。また折口は移動屋台などの源流に大嘗会の標の山(ひょうやま)を考え、それが標山のだし・だんじり・だいがくの類であり、その末梢に依代をつけるのを本来とした。天神は決して社殿に常住しているのではなく、祭のときに限って迎えるのであり、依代はそのために依りつくべき木を他と区別する目印である。そしてその形は招く神の姿を象徴的に示したものだという。一方、柳田国男は神が依るものに注目し、それには天然の樹木や柱を神の宿りの神樹と捉え、また柱松・竜燈松・旗鉾などもあるという。柳田はそうしたものを神霊用の梯子と表現して、それが神降臨の際にその所在を知らせる標識であるとしたが、依代という用語はほとんど用いなかった。神が降臨するための依代には、岩や山など自然界にあるもの、植物などの樹木からなる柱や柱松、人工的な象徴物としての山車・鉾・傘、それらを小型化した幣束・梵天などがあり、これらを塚・盛砂・山・餅・盛飯などに突き刺し、組み合わせることで和合の形を表わし、より強力な依代とした。こうした依代の古い形としては土山の上に大柱を立てる柱立て(『日本書紀』)があり、その形を今に残しているのは信州諏訪の御柱(おんばしら)である。また京都の祇園祭の山鉾は人工的な依代の典型と考えられる。京都の祇園祭では鉾と山が出るが、博多の松囃子では枝垂れ花の傘鉾であり、人が頭上に被って歩く。本田安次はこれらの華麗な風流(ふりゅう)の作り物は悪しき神、荒ぶる神の座であり、神の機嫌をそこねないように華やかな飾り付けをしたもので、風流の踊りは滞在されては困るような疫神を村境などに送り出すために行われたものという。人は目に見えない神を依代に依り憑かせることで、その存在を確認できるため、これを神聖視する一方、種々の意匠を凝らして華麗な作り物を編み出していった。依代の意味が拡大され、神仏がよりつく目標となるものすべてが依代と表現される傾向が強い。

参考文献　『柳田国男全集』一四、一九九〇、折口信夫「髯籠の話」(『折口信夫全集』二所収、一九六五)、蟹江秀明「「よりしろ」と「よりまし」」(『社会と伝承』一五ノ一、一九七六)、伊藤好英「依代・招代」(西村亨編『折口信夫事典』所収、一九八八)、本田安次「御柱から幣束まで」(『本田安次著作集』一所収、一九九三)、福田アジオ「柳田国男の敗北―折口信夫の依代論をめぐって―」(『コンステラツィーオーン』一八四、一九九三)
（神田より子）

よりまし　よりまし　童児や成人男女など人に一時的に神霊などを憑依させ、その間に、人びとに神意を伝えたり表意するなど、一定の宗教的役割を果たす人物。依坐・憑坐・尸童、このほかに憑人・神子などもよりましと訓じている。なかでも、童児の場合には、各地の祭礼や神幸の行列の際に、そうした役割を果たす事例が多くみられる。たとえば、福島県いわき市大倉の熊野神社の祭礼では、五、六歳の童児を祭礼の前夜から一晩中眠らせないようにしておき、翌日正装させた姿で馬に乗せて渡御の列に加わらせると、馬上で居眠りを始める。人びとは、これを神霊がのりうつった状態であるとしてありがたく拝むという。また、御幣など物に神霊を憑依させて神の依代とし、それを身に付けさせるなどして神の降臨とする事例もみられる。兵庫県高砂市曾根天満宮の秋祭では、花と鳥の尾羽数本を付けた笠をかぶらせた童児をヒトツモノとして馬に乗せて出すという。このような童児が一時的に神霊の役割を果たす形態は、各地の祭礼にもみられ、また古い文献では『中右記』一一三三年（長承二）五月八日、宇治鎮守明神離宮祭条に「巫女馬長一物、田楽散楽如法」と「一物」の記述がみられるところからみて、それは子どもが神と人間との中間に位置し、神に近い存在として認識されていたからであろう。また、成人の男女に神霊を憑依させて役割を果たさせる事例も多く、たとえば『紫式部日記』には、験者が病人に憑いたもののけを別の女性、よりましにかりうつしして祓う記述がみられる。また、現在でも、羽山のノリワラ、美作の護法実、木曾御嶽行者の中座などは、神霊を依り憑かせて、一時的に神がかり状態となっている間に、一定の役割を果たしているところからみて、よりましの役割を果たす、きわめてシャーマニックな人物といえよう。　→ヒトツモノ　（菅原　壽清）

参考文献　柳田国男「巫女考」（『柳田国男全集』一一所収、一九九〇）、荻原秀三郎『神がかり』、一九七七

ら

らいじん　雷神　雷を神格化した神。雷は雨をもたらすとともに、電光を発し、水の神、火の神信仰を醸成したが、その霊威から一方ではめぐみの神として、また一方では荒れる竜にたとえられるように荒々しい御霊神として考えられてきた。カミナリ・雷神さまはじめ、鳴神・雷電さま・ドンド神・ハタ神・イナズマさま・イカズチなどの呼称があり、電光や雷鳴を表わすほかに、カンダチなど神の示現そのものを表わす命名がなされている。東日本では落雷の跡に青竹をたて、注連縄（しめ）をめぐらす民俗があった。陸前北部地方ではウンナン神のあるものは落雷した地にまつられた神で水神さまであると言い伝えられている。水を恵む神として特に稲作と結び付き、苗代（なわしろ）に竹を立てておくと落ちた雷がこれを伝わって天に帰るとか、穂孕み期の雷を特に稲妻と呼ぶ地方もあり、それ以後子を持つので白い稲乳が出るなどと語られている。落雷が多発した北関東地方では群馬県邑楽郡板倉町の雷電さま、群馬郡榛名町の榛名神社、神奈川県伊勢原市の大山阿夫利神社などに雷除けの札貰いに詣った。落雷避けには桑の木の下に避難するとよいとか、蚊帳の中で線香を燃やし「桑原桑原（くわばらくわばら）」と唱えるとよいなどと桑の木との関係をいう。　→御霊信仰（ごりょうしんこう）　（佐野　賢治）

参考文献　柳田国男「雷神信仰の変遷」（『柳田国男全集』一一所収、一九九〇）

り

りゅうじんしんこう　竜神信仰　古代中国の観念上の霊獣である竜をめぐる信仰。竜神信仰を考える上で蛇神信仰との関係はきわめて難解な問題を提起するが、形態的な類似のほかともに金属を嫌うなど共通した伝承が伴うことから、竜神信仰の基底には蛇神信仰があるとする見方が一般的である。中国文明圏では竜はしばしば王権の象徴となるなど確固たる位置を占めたために、基層の蛇に対する信仰が、竜に対する信仰に置き換えられた場合が少なからずあったらしい。日本の竜神信仰は竜王・竜宮の神・八大竜王・竜神などの呼び方でほぼ全国的にみられる。その起源は古く、鹿児島県種子島の広田遺跡（熊毛郡南種子町、弥生時代）からは竜形の垂飾が出土し、同様のものはさらに時代がさかのぼるとみられる沖縄本島の遺跡からも出土している。これらは中国華南を原郷とするものと想定されている。水稲栽培を基本的な生業としてきた日本では、竜神はそれに不可欠な水を司る神として信仰されるが、竜神を象徴する大綱をなって行われる南九州の十五夜綱引きなどはその代表的なものであろう。また、雨乞いを竜神が棲むとされる淵や沼で行うのは全国的にみられる。他方、竜神信仰は漁民の間にも広く浸透しており、竜神祭が広く行われるほか、魚は竜宮からもたらされるなどと伝承される場合がある。水神としての竜神は雷神信仰とも結びつき、竜巻とともに天にのぼると考えられることもある。　↓雨乞い（あまごい）　↓水神（すいじん）　↓蛇（へび）　↓雷神（らいじん）

参考文献　国分直一『環シナ海民族文化考』（『考古民俗叢書』一五、一九七六）、下野敏見『ヤマト・琉球民俗の比較研究』、一九八九、鈴木満男「蛇王廟小考」（『季刊人類学』二〇ノ一、一九八九）　（吉成　直樹）

りょうし　猟師　狩猟を生業とする者。狩人・鉄砲撃ち（ぶ）・殺生人などとも称する。日本の狩猟は小規模な狩猟で、農山村民の季節的副業にすぎず、大部分は個人猟の範囲にとどまるが、大物猟のときには複数で猟をする場合が少なくない。一方には、やや規模の大きい共同狩猟を行う職業猟師集団が昭和初期ごろまで存在した。集団猟は東北・北陸・四国・九州の各地で行われ、大形獣を捕獲する際は五人から二十人近くの組をつくる。東北地方一帯から信越国境にかけて、いわゆるマタギが狩猟集落を形成していた。マタギは狩猟文書などにある山立、あるいは四国のマトギとも関連がある。また、秋マタギ・春マタギの用語があり、狩猟をも意味している。集団猟においては通常気の合った仲間同士で組をつくるが、秋田県の北秋田の根子（北秋田市）や福島県奥会津の田子倉（南会津郡只見町）では集落内に幾つかある組のいずれかに世襲的に所属し、特殊な狩猟慣行と狩猟儀礼とを伝承している。泊まり山に出る前は、数日の間夫婦同衾を避け、水垢離を取って厳重に潔斎し、山神社に宮参りをする。また、山の境界で山の神をまつり、この時点から山言葉を用いる。狩小屋に神棚を設けるか、小屋場の近くの大木を神木と見立てるかして山の神をまつり毎朝拝む。シカリ（根子）・ヤマサキ（田子倉）とよばれる統率者は、『山立根本之巻』なる狩猟秘巻とオコゼとを携帯する。巻狩りには老練な猟師が指揮者となって向い側の山腹に陣取って勢子に下知し、一糸乱れぬ指揮のもとにシシを射手の待つブッパ（撃ち場）へと追い込んで捕獲する。仕留めるとすぐにその場で獲物を解体し、獲物の肝（きも）と肉とを献じて山の神をまつる。なお同様の猟法や山入り・捕獲儀礼は、他地方の猟師も行なっている。マタギはじめ各地の猟師が相伝する文書には猟師始祖縁起や山の神をまつる作法および呪文、産火・死火の穢れ祓除の呪文などが記載されている。縁起は書承・口承とも数多くあるが、それらの多くは始祖が神を助けた功績により子々孫々に至るまで猟の獲物を保証されたというものであり、猟師はその職能上の子孫として始祖の名を採り流派を名のっている。二人の猟師が対になって、それぞれシシを追っているとき、山の神の出産または産後の場に際会し、先の猟師は産火の穢れを嫌ってつれなく行き過ぎるが、後の猟師は快く介抱した。そのために先の猟師は山の神の不興を買って獲物を恵まれず、後の猟師は御感を蒙って猟運を授かったという。対の猟師の名は各地区々としているが、主なものに大猟師・小猟師、西山猟師・東山猟師、サルバ猟師・オウバ猟師、大汝・小汝、重野列衆・小玉列衆などがある。東北地方に名高い山立の先祖たる磐次磐三郎は日光派の猟師である。流派により狩猟儀礼の作法や呪文に相違がある。　→マタギ

（石川純一郎）

参考文献　柳田国男「神を助けた話」（『柳田国男全集』七所収、一九九〇）、千葉徳爾『狩猟伝承研究』、一九六九、同『狩猟伝承研究』続、一九七一

りょうぼせい　両墓制　死体を埋葬する墓地とは別の場所に石塔を建てる墓地を設ける墓制。一人の死者に対して埋葬墓地と石塔墓地の二つが設けられるところから両墓制と呼ばれている。両墓制という語をはじめて使ったのは大間知篤三で、山村生活調査に参加してこのような事例を見聞したことによる。その後、最上孝敬が『詣り墓』（一九五六）を著わしたころから両墓を「埋め墓」「詣り墓」と呼ぶのが一般化し今日に及んでいる。近畿地方一帯に濃密な分布がみられ、中国・四国地方の一部、中部・関東地方の一部にもみられるが、九州・東北地方ではほとんどみられない。両墓の呼称は、近畿地方では、埋葬墓地はサンマイ、ミハカという例が多く、石塔墓地はラントウ、ラントウバ、セキトウバカという例が多い。ハカ、ボチは一般的な呼称で両墓に対して用いられる。立地の上では、埋葬墓地は集落からはずれた山野や川のほとり、海辺などに多く設けられており、石塔墓地は集落内の寺や堂などに近接して設けられている例が多い。なかには埋葬墓地と石塔墓地とが隣接して設けられている例もある。景観の上からみると、埋葬墓地は個々の埋葬地点上に施された木墓標や土饅頭、石積み、そしてイガキや霊屋などの墓上装置の集合であり、石塔墓地は五輪塔や角柱型の墓塔など各種の型式の石塔の集合である。なかにはすでに埋葬地点に石塔を建てるようになっている例もある。両墓への参り方では、埋葬墓地へは四十九日くらいまではいくが、あとはほとんど参ることもなく荒れ放題にしてあり、もっぱら石塔墓地へ参るという例と、埋葬墓地へも埋めたあとがわかる間はながく参りつづけ、両墓へほぼ同じように参るという例とがある。前者は特に近畿地方の周縁部に円環状に分布している点が特徴的である。両墓の物的関係の上では石塔墓地へは何も納めないという例が圧倒的に多いが、一部には石塔墓地へ埋葬墓地から土を一握り移すという例や、遺骨を掘り起して石塔墓地へ移すという例もある。これらの事例を根拠として、両墓制を、古代の改葬習俗の系譜をひくもので南島地域の洗骨改葬とも関連を有するものとみる解釈もあるが、現在ではこれを否定する意見が強い。両墓制の成立については、単墓制や無石塔墓制との関連で理解することができる。つまり、それまでの土葬に石塔という新しい要素が導入されたときに、その受容の仕方によって分かれたそれぞれ変化型で、埋葬墓地に石塔を建てたのが単墓制、埋葬墓地以外の場所に石塔を建てたのが両墓制、石塔を建てることを拒否したのが無石塔墓制である。両

墓制成立の背景としては、埋葬墓地を死穢の場所として忌避する観念と、その一方で、死者供養のための仏教式の石塔建立の風の受容とがあったことは確かであるが、決定的な両墓制成立の理由、分布の意味など、残された問題は多い。

参考文献　柳田国男「葬制の沿革について」(『柳田国男全集』一二所収、一九九〇)、原田敏明「両墓制の問題」(『社会と伝承』三ノ三、一九五九)、国分直一「日本およびわが南島における葬制上の諸問題」(『民族学研究』二七ノ二、一九六三)、竹田聴洲『民俗仏教と祖先信仰』、一九七一、大間知篤三「両墓制について」(『大間知篤三著作集』三所収、一九七六)、新谷尚紀『両墓制と他界観』(『日本歴史民俗叢書』、一九九一)
(新谷　尚紀)

埋葬墓地

石塔墓地

両墓制　京都府京田辺市

りんか　隣家　居住の近接や家並み順を基本にした互助関係にある家。近隣組織の最小の互助単位で、民俗語彙としてはリンカのほかイチリンカ、リョウリンカ、トナリが使われる。自分の家の両隣の二軒のほか、前後斜めなど数軒を指す場合もあるが、いずれも集団形態をとらず、家相互の関係として意識される点が共通している。またこの関係が連鎖していて、それがムラを一巡する場合には、単なる家々の互助組織を越え

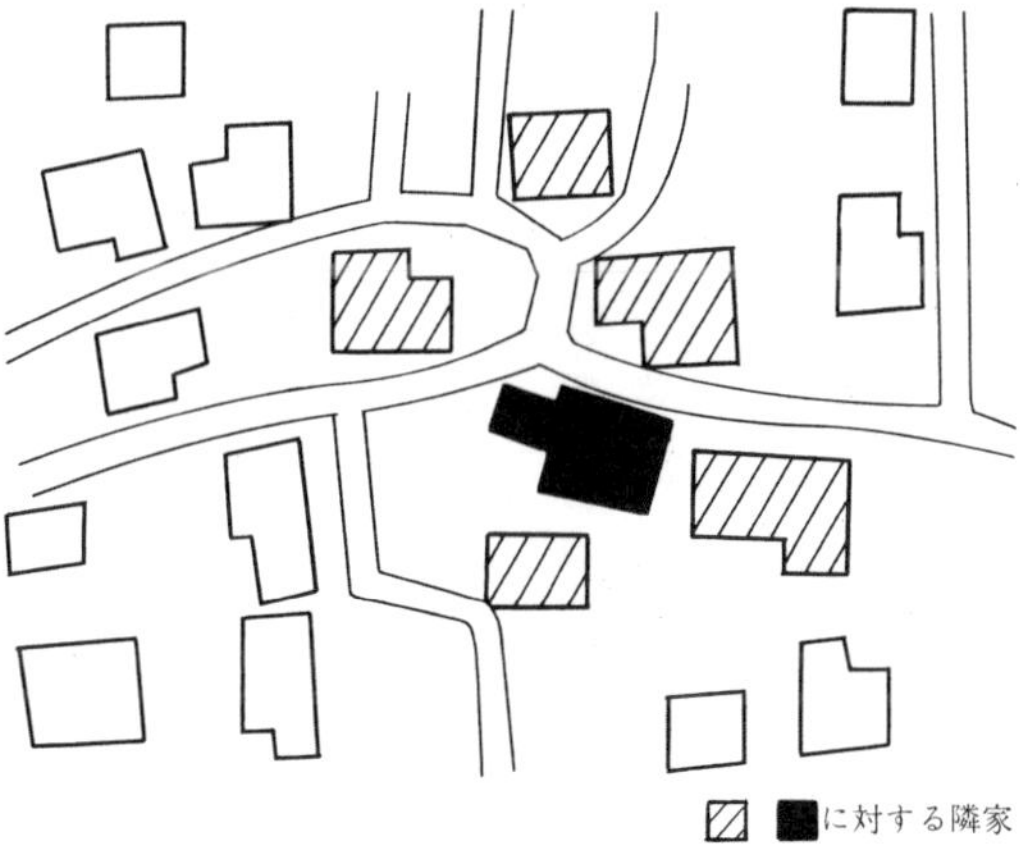

隣家　滋賀県高月町東物部のトナリの例

て祭の当番順などムラの運営組織として機能することもある。村組や隣組の枠を越えて結ばれるのも隣家関係の特徴である。対等な関係ばかりでなく、かつての地主・小作関係や本家・分家関係に基づく一方的な関係と意識されていることもあり、血縁あるいは婚姻関係にある家とは優先的にこの関係を結ぶ場合も多い。群馬県伊勢崎市では、隣家は日頃から茶を飲んだり、牡丹餅や混ぜご飯を分け合い、膳椀や布団・米の貸し借りをするごく親しい関係で、葬式の際は隣組が別でも手伝う。埼玉県三郷市では、かつて田植えや屋根替えの互助を行なったという隣家づきあいの家は三軒から五軒で、葬式や結婚式などの手伝いが少なくなってきてからは、ムラや組にかわって隣家が互助組織の中心になってきた。かつて組中を呼んでいた祝いごとには隣家だけは呼び、葬式の手伝いも隣家が中心となる。三郷市では、隣家は葬式の一切を取り仕切り、結婚式ではショウバントウといって、司会を頼まれたりと、親戚同様の役を担う。村組・近隣組の互助関係が縮小されるにつれ、隣家に代表される家相互の小単位の近隣関係はより重要性を増しているといえよう。

参考文献　最上孝敬「村の組織と階層」(『日本民俗学大系』三所収、一九五八)、竹内利美「近隣組織の諸型」(『東北大学教育学部研究年報』一五、一九六七)
（斎藤　弘美）

ろ

ろうじん　老人　年をとった人のことで、年寄り・隠居などと呼ばれる老年世代のこと。一般には、還暦を迎えるころ隠居する、といわれるように、六十歳もしくは六十一歳が老年世代への移行を示す目安とされた。現在でも六十歳をもって定年とする会社や学校が多いこと、老人会への加入年齢が六十歳以上であること、また最近では六十五歳以上を老年人口とし、公的年金受給も六十五歳以上を対象としていることなどから、六十歳から六十五歳までの間が老年世代への移行を表わす年齢となっている。しかし、男子の四十二歳には初老の祝いを行い、親戚や近所を招いて結婚式に次ぐ盛大な宴を催す例(三重県名張市黒田)や、初老記念として同年の者が協力して氏神社に燈籠などを寄付する例(滋賀県甲賀市水口町北内貴)などがあることから、四十二歳から老いがはじまるという事例に注意する必要がある。『東大寺要録』などによれば奈良・平安時代には四十歳を初老の年齢として以後十年ごとに算賀の祝いがあったことからも、歴史的に四十歳が老人への移行のはじまりとする伝統があったことがわかる。ここには老いの段階的なとらえ方がうかがえる。律令制下では六十一歳から次丁・老丁となり、六十六歳以上を課役負担の対象外としていたこと、中世社会においても山城国一揆の参集者が「上は六十歳、下は十五、六歳」とされたこと、また明治民法でも隠居の条件が「満六十年以上ナルコト」とされ、六十歳が老人の目安とされる伝統は古い。伝統的な村落社会において老人は経済面や村落運営の面から引退した後、信仰的な場面で期待される役割があった。寺社の世話人である檀家総代や氏子総代をつとめることなど主に信仰面における役割が顕著である。なかでも、近畿地方村落を中心に分布する宮座組織では長老たちに重要な役割があり、長老に至る段階で、やはり六十歳を目安にして、村神主・一年神主・宮守などと呼ばれる氏神社の世話役になり、一年間の祭祀を執行することが義務づけられている。また家においても、老人には孫の子守りを行うことや、盆や正月に神仏を迎える準備をしたりして年中行事の主な担い手となることなどの役割があった。また年玉を重ねて命を延ぶという考え方により、老人は年玉を最も多く蓄積した者であり、年玉を重ねることによって神に近づく、神聖な存在とされてきた。人々はこの長寿にあやかろうとし、長寿を理想としてきた。八十八歳の米寿の祝いに、赤い三角の布に米三粒と髪を入れて作った米守(よねまもり)というお守りを配ったり(鹿児島県奄美大島)、近畿地方には手形を半紙に押した手判を配ったりして長寿にあやかろうとする民俗もある。しかし、現代では、伝統的な老人固有の役割が失われ、年齢を重ねることの意義も見いだすのが困難な状況になりつつある。そして独居老人・寝たきり老人、都会の子供のもとに出てきた呼び寄せ老人など、老人をめぐる問題は複雑である。→宮座(みやざ)

参考文献　竹田旦『民俗慣行としての隠居の研究』、一九六四、利谷信義・大藤修・清水浩昭編『老いの比較家族史』(「シリーズ家族」五、一九九〇)、中村桂子・宮田登他『老いと「生い」―隔離と再生―』(「叢書 産む・育てる・教える」三、一九九二)、宮田登『老人と子供の民俗学』、一九九六

(関沢まゆみ)

ろくろ　轆轤　円転する軸状、もしくは車状の道具で、その機能は動力

の補助をなすものと、円形の物質を作るための工具とがある。また、形態的にみると竪軸の轆轤と横軸の轆轤に分けることができる。動力の補助具のうち竪軸の轆轤は絞車（車地・車盤）・からくり・神楽機（神楽山）などがあり、横軸のものは滑車・南蛮・飛蟬・胴などがある。いずれも大型のものや重いものを持ち上げたり、引き上げたり、移動させたりするための補助具として使われた。また工具としての轆轤は、竪軸のものとして陶車（焼物製作用の轆轤）がある。焼物の製作に轆轤を使うようになったのは、須恵器を焼くようになった古墳時代に大陸から伝来して以来のことであった。陶土を整形する水平の円形の台があり、垂直に軸が延びている。一方、横軸のものは木工・金工・玉工用の加工用旋盤がある。横軸の木工用旋盤は、木地屋が使っている轆轤が代表的なものである。この轆轤も大陸からの伝来であるといわれているが、渡来した年代は明らかではない。古くは手引きの轆轤で、木地物の挽き手と綱の引き手の二人で行なった。轆轤の軸に綱を七回りあまり巻き付け、その両端を交互に引くことで軸棒をまわすので、軸棒は一回ごとに回転が逆になり、そのたびに刃物を離さなければならない。したがって手引きの轆轤で挽いた椀には、刃物の跡がついているのが普通である。明治以降、一方方向に回転する水車、そして電力による轆轤が考案された。

参考文献　須藤護「奥会津の木地師」（日本生活学会編『民具と生活』所収、一九七六）、橋本鉄男『ろくろ』（「ものと人間の文化史」三一、一九七九）

（須藤　護）

わ

わかみず　若水　古くは、立春の朝に汲む水。若返り水の信仰から発展して立春の水は一年の邪気を除く効き目があると考えられてきた。後世になって元旦に汲む水が若水といわれるようになった。その水で年神への供物や家族の食物をつくったり、口をすすいだり、茶をたてたりする。若水を汲むことを若水迎えという。一般的に東日本では年男の重要な仕事となっているが、西日本では必ず主婦が若水を汲むという地域がある。しかし、長崎県旧北松浦郡あたりでは、若水手拭で鉢巻きを締めた若者が汲みに行く。熊本県旧下益城郡では、長男が若水を汲んで帰り、父と手拭の交換を行う作法がある。このことは、鉢巻きが祭祀に携わる者のしるしであるから、若水汲みの時だけ、長男が祭主としての資格を行使することを表徴していると考えられている。また、青森県などでは、若水を汲む時、若水桶に丸餅を入れていき、その半分を井戸の中に沈め、半分を若水に入れて持ち帰る習俗があるが、この餅を水餅などといい、これを井戸底から汲みあげれば縁起がよいといわれた。山形県鳥海山麓では、元旦に家族一同で雑煮で祝った後に、揃って若水を飲まないと、家の戸を開けない。→年男（としおとこ）

（鈴木　通大）

わかみや　若宮　神の子としてまつられる御子神（みこ）。本来は荒々しい祟りで人々を恐れさせたために、新たにまつられた御霊神を意味すると考えられる。若宮八幡は応神天皇の子の仁徳天皇、春日若宮は天押雲根命（あめのおしくもねのみこと）とされるがいずれも後世の説明であって、まつられた経緯は非業の死を遂げた者の霊を巫女などの勧めでまつったものである。このように神の御子がまつられたのは本来の祭神に対して、より恐ろしい祟りをもたらすものが生じてその由来を巫女などが明らかにした結果と考えられる。それらの新たに生まれ出た神を神の御子とするのは、母子神信仰に由来するものと理解される。したがって、熊野神社の王子信仰や今宮熊野神社といった神々も若宮八幡などと同様な成立の経緯を示している。このような祭神の再生産は、御子神や若宮という名称からすると、巫女が関わっていたものと理解することができる。東北地方から関東地方にかけて巫女をワカと呼ぶ地域がある。また御子神のミコは巫女を指しているであろう。すなわち、天災地変やさまざまな災いの原因を明らかにするのが、巫女の託宣に任せられていて、その託宣を受けて祟りを鎮めるためにまつられたのが、若宮や今宮などの御子神だったのである。神の出現をミアレと呼んだり、祟りの強い神をワカミヤと呼ぶことから、託宣を下す巫女もワカと呼ばれたと理解すべきであろう。→御子神(みこがみ)

参考文献　柳田国男「雷神信仰の変遷」(『柳田国男全集』一一所収、一九九〇)

（紙谷　威広）

わかものぐみ　若者組　地域社会の青年男子を組織する年齢集団。若者組は学術用語であり、若い衆・若連中・若者中はじめ若勢(わかぜ)(秋田)・若者契約(宮城、山形)・二歳中(にせじゅう)(鹿児島)など多様な呼称がある。若者組は、近世から明治後期まで、本州から九州までの全域に見られたが、組織・活動内容などには地方差が大きかった。概していえば、東北日本では活動が弱く、西南日本で顕著な活動が見られたが、沖縄には若者組というべき組織が明確な形で存在しなかった。若者組は村落を組織単位とし、村落内で完結するのが原則であった。都市部にも存在し、多くが町内単位に組織されていた。若者組への加入は全国的にほぼ十五歳あるいは十七歳で、子供組に接続している。加入に際しては、親から願い出る形式の所、逆に若者組から参加を勧誘する所などがあったが、いずれも年頭の初集会に酒を持参して挨拶をして加入した。東海地方では加入に際して実の親以外に親分を設定して、保証人になってもらうことが広く行われてきた。脱退年齢は地方差が大きく、西南日本では二十五歳ないしは結婚までが一般的で、未婚者の組織となっている。東北日本では三十五歳あるいは四十二歳までの加入という例が多く、未婚者のみでなく、既婚者も含んだ青壮年の組織が基本である。また加入資格の点でも地方差があり、西南日本では長男も次三男も全員加入するが、東北日本では長男のみ加入する所や長男と次男以下との間で加入年齢に差を設ける所が多い。したがって、西南日本は全員加入制の未婚者のみで構成される青年型若者組、東北日本は長男単独加入制か差別加入制の未婚者・既婚者双方を含む青壮年型若者組が基本である。これは家の秩序が相対的に弱く、結婚を契機に誰もが村人になる可能性のある西南日本、家を基本単位とし跡取のみが親の死亡で家を引き継いで村人になる東北日本の相違を反映していると考えられる。若者組は内部を年齢もしくは経験年数によって、小若い衆、若い衆、中老など幾つかの段階に区分し、それぞれの役割を決めていることが多かった。地方によっては中老は若者組脱退後の呼称という例があり、若者組の顧問役として指導にあたった。最年長者の中の一人が若者頭とか親方になり、小頭などと呼ばれる数名の補佐役とともに若者組を運営した。若者組の内部秩序は基本的に年齢の上の者に権威を認め、年長者から厳しい統制を受けるのが通例であった。地方によっては、秩序の基準を成文化した若者条目が作成され、正月や加入式の時に読み上げることも行われた。若者組の具体的な活動としては、㈠地域の成員として必要な技能や規範、判断力を身につけるための教育訓練、㈡祭礼その他の村落行事の執行、㈢海難救助や消防あるいは夜警など村落の安全確保の活動、㈣結婚統制や結婚を希望する者への支援、㈤芝居の上演などの娯楽活動などが挙げられる。若者組は、未だ未完成の男子を加入させて、一人前として扱いつつ、これらの活動を通して訓練し、一人前の村人に完成させることが基本的な役割であった。また活動のなかで互いに協力・共同することで同世代の者の連帯感を培った。若者組の活動の場として若者宿・青年会所などの施設をもつことが多かったが、そこに寝泊まりするのは伊豆半島など特定の地方に限られていた。一般に若者宿で合宿するのは若者組単位ではなく、親しい者が組織する若者仲間であったが、従来若者組と若者仲間を混同して理解する傾向があった。若者組は中世後期の主として近畿地方に発達した惣村制のもとで姿を明確に現わすが、起源をそこに求めることはできない。台湾・ミクロネシアなどの諸地域で同様の組織が発達していることを視野に入れて考えれば、若者組は日本の村落社会の重要な内部組織の一つとして古くから存在したものと思われる。近世の幕藩領主は若者組に特別な関心を示さず、統制するような法令も出さないまま放置していたが、十九世紀になると社会秩序を破壊するものとして危険視するようになり、関東地方では一八二八年(文政十一)に江戸幕府から解散令が出された。しかし衰えることなく活動は続き、明治後期の青年会・青年団への再編を迎えた。特に政府の指導で青年団が全国的に組織される過程で、若者組の多くは解体するか、名称変更するとともに活動内容も変え、それまでの若者組とは異なる様相を示すようになり、急速に衰退した。今日ではわずかに祭礼や民俗芸能の担い手として存続している例がある程度である。↓青年団(せいねんだん)　↓若者宿(わかものやど)

参考文献　大日本聯合青年団編『若者制度の研究―若者条目を通じて見たる若者制度―』、一九三六、佐藤守『近代日本青年集団史研究』、一九七〇、瀬川清子『若者と娘をめぐる民俗』、一九七二、多仁照廣『若者仲間の歴史』、一九八四、平山和彦『青年集団史研究序説』、一九七八、福田アジオ『時間の民俗学・空間の民俗学』、一九八九、岩田重則『ムラの若者・くにの若者―民俗と国民統合―』(「ニュー・フォークロア双書」二六、一九九六)

(福田アジオ)

わかものやど　若者宿　青年男子の集団が集会所もしくは合宿所として使う施設。研究上は特に青年たちの合宿施設をいう。若者宿という所はなく、若い衆宿・若い者部屋あるいは単に宿とか小屋ということが多い。宿泊施設の場合は特にネヤド、ネンヤ、泊まり宿などといった。また遊び宿という土地もあった。日本における青年男子の集団は、ムラの制度として組織された若者組と気のあった同年齢の者が集まる若者仲間の二つに分けられるが、若者組はもっぱら集会施設としての若者宿、若者仲間は合宿施設としての若者宿を設定していた。二つの組織が併存した志摩半島はじめ西南日本では、一つの村落に一ヵ所の集会所としての若者宿と多くの合宿施設としての若者宿が設定されているのが通例であった。全国的に見ると、若者組の集会施設が独立した建物として設けられることは少なかったが、伊豆半島や四国には存在した。他の地方では多く村落内の寺院本堂や神社、あるいは寮とか庵と呼ばれる仏堂が若者宿となっていた。青年倶楽部とか青年会所と呼ばれる施設を独立して設けるようになったのは、明治後期の青年会・青年団への再編以降であることが多い。古くから独立した施設が若者組に発達していた地方ではしばしば、宿は昼間の活動場所であるだけではなく、夜には皆が泊まる合宿所となり、夜警・消防・海難救助の活動にあたった。宿泊を目的とする若者宿は西南日本に偏った分布を示し、その設定主体は若者組ではなく、若者仲間であった。寝泊まり用の若者宿は独立した建造物ではなく、多くは若者仲間が依頼した特定の家の一間であった。村内でも人望のあり、家族員が少なく余裕のある家を宿に頼み、家の主人を宿親として、保護してもらうとともに指導と監督を受けた。毎晩宿に集まった若者はそこで遊び、また夜遊びに出かけたり、いわゆるヨバイをしたりした。特に娘たちの集まる所へ出かけて、交流するのが大きな楽しみであった。若者宿を拠点としての娘たちとの交流から、恋愛関係が形成され、結婚相手が決まることが多かった。さらに若者宿自体が新婚生活の場を提供する例もあった。また若者仲間に対応する娘仲間もあり、やはり合宿する宿を設定していたという事例もあるが、ごく少なく、早く消滅し具体的様相は明らかでない。若者宿は第二次世界大戦後の若者組・青年団の弱体化、青年の就業の多様化に伴い急速に姿を消した。

参考文献　大日本聯合青年団編『若者制度の研究―若者条目を通じて見たる若者制度―』、一九三六、瀬川清子『若者と娘をめぐる民俗』、一九七二
（福田アジオ）

わけい　話型　Type　内容が同じで展開も同じと認められる話をまとめてグループ化した昔話の分類単位。話のモチーフの配列順序に同一性がある。アールネ Antti Anatus Aarne、トンプソン Stith Thompson の『昔話の型』The Types of the Folktale (1961) の提示した話型目録が現在の国際的な話型分類基準となっている。話型は、たとえばAT三〇〇というように、一般にアールネとトンプソンを表わすATをつけた目録番号によって示される。たとえばAT三〇〇は「ドラゴン退治者」という話型だが、これは同じ話の展開を有するドラゴン退治の昔話(類話群)がすべてこの話型に入ることを意味する。同一話型のなかでもある種の傾向(たとえば特殊なモチーフを共有しているなど)をともにする類話群とそうでない類話群がある場合、傾向をともにしている類話群を亜話型(サブタイプ、Subtype)と呼ぶ。日本でははじめ柳田国男が独自の基準によって日本昔話の分類を行なったが(『日本昔話名彙』、一九四八)、のちに関敬吾が『昔話の型』を参考にして新たに分類しなおし、その成果を『日本昔話集成』(一九五〇―五八)として発表した。そこで提示された話型は約六百五十。『日本昔話集成』は二十年後に増補されて『日本昔話大成』(一九七八―八〇)と改称し、新たに約九十の話型が加わった。これが現在日本で使われている日本昔話の話型目録である。国際的比較研究を重視した関は日本の話型番号のほかに可能な限りAT番号も付して昔話の比較研究に便宜をはかった。

参考文献　S・トンプソン『民間説話―理論と展開―』(荒木博之・石原綏代訳、一九七七)、小沢俊夫『昔話入門』、一九九八
（高橋　宣勝）

わさん　和讃　仏や高僧についての讃歌を和文で歌謡にしたもの。梵語の梵讃、漢語の漢讃に対して和文で書いたものなので、庶民にもわかりやすかった。形式は七五調の長歌形式で短歌形式の御詠歌とは別である。古くは平安時代中期の「註本覚讃」が、天台宗の本覚思想を歌にしたもので、良源作とされる。ついで千観の「極楽国弥陀和讃」、源信の「極楽六時和讃」「来迎和讃」などが作られる。浄土思想が貴族の間に浸透するにつれて和讃の数もふえた。これは和讃が声明(しょうみょう)の美しい旋律にあわせて詠われたからと考えられている。中世末から「塞の川原」「無常和讃」が葬式の念仏講などに唱えられるようになる。江戸時代の念仏講ではさまざまな和讃がうたわれるようになるが、これらは、地の和讃といわれ、その土地その土地で伝わったものである。明治から大正にかけては各所で和讃大会・御詠歌大会が開かれ、念仏講の交流がはかられた。

「不如帰」「乃木大将」「田中正造和讃」など時事的な事柄を折り込むように作られたものもある。

参考文献　多屋頼俊『和讃史概説』、一九六八、坂本要「民間念仏和讃と安産祈願」(藤井正雄編『浄土宗の諸問題』所収、一九七八)

(坂本　要)

わせん　和船　弁才船など在来形帆船の総称。倭船とも書く。幕末に西欧の帆船との対比から生じた語義で、日本船・日本形船も同義。十八世紀中期に日本全国に普及した弁才船系の船は、船体構造・艤装とも西欧船と異なっていたが、幕末に洋式帆船が導入されると、急速に洋式技術を摂取して合の子船と化した。摂取の様相は多種多様であり、船体の一部を洋式化したり、ジブ、スパンカーを追加したり、和式の横帆をスクーナー式の縦帆に換えるなど在来形の改良船からスクーナーに酷似した船まであった。明治中期にはまったく洋式を採り入れていない在来形船はないといってよい。おそらく、当時は帆装・上廻りに在来形式をとどめる船を和船と称したのだろう。しかし、明治政府の管船政策上の区分としての日本形船は、一八九六年(明治二十九)までは船体が完全な洋式構造ではない帆船のことで、のちに西洋形帆船に編入されるスクーナーもどきの合の子船を含む。和船に対して脆弱・低性能という根拠のない評価を下したのは洋式軍艦の建造を主張した幕末の海防論者であり、それを定着させたのはやみくもに帆船の西欧化政策に走った明治政府である。幕府が鎖国のため竜骨と二本以上の帆柱を禁じた結果、和船が生まれたという説は誤り。帆船が姿を消した今日、船体構造が在来形式の船を和船と呼ぶ。なお、ジャンク系航洋船を用いた朱印船について『別本天竺徳兵衛物語』が「天竺へ往来御免の和船」と述べるように、船型を問わず、日本の船を指すこともある。

参考文献　石井謙治『図説和船史話』(「図説日本海事史話叢書」一、一九八三)、安達裕之「明治の帆船」(『講座・日本技術の社会史』八所収、一九八五)、同『異様の船―洋式船導入と鎖国体制―』、一九九五

(安達　裕之)

わら　藁　脱穀後に籾と分離されて残る稲の茎と葉。その意味では、藁は米の生産・収穫過程のなかで生じる一つの副産物である。しかし、日本では、副産物として以上に、藁に対して高い価値が置かれてきた。「米は藁づくり」「藁を焼いたら笑われる」「藁が割れるような水管理こそ笑われる」などと口承される地域が多いことは、その例証といえる。藁しべ長者の物語がほぼ全国的に流布しているのも、その証といえる。良質の藁をつくることが日本の農業にあっては肝要であり、一本たりとも藁を無駄にしないことが生活の規範であった。それは、生活における藁の活用が広範囲であったからにほかならない。衣生活においては、ミノボッチと呼ばれる被り物を着け、背や肩や腰を蓑や背中当てでくるみ、手には藁手袋をはめ、足には脛巾、草履・草鞋など多くの履物を着装した。雪国で用いられる深沓、新雪を踏み固める雪踏み俵などもある。頭の上から爪先に至るまで、身体全体を稲藁で包んできた。食生活にあっては、飯櫃入れ・鍋敷き・鍋掴み、囲炉裏の火棚に吊して川魚を燻製させるためのベンケイ、塩の苦塩(苦汁(にがり))を取り除くシオタッポと呼ばれる容器、束子(たわし)、各種の苞(つと)など。住生活においては、小屋組み・叉首(さす)組みの藁縄、畳の床、敷き筵、円座、藁蒲団、腰掛、縄暖簾、幼児の保育容器であるイジコ、箒など。とりわけ、民家の小屋組みは藁縄によって部材の結束がなされたが、その藁縄は、地縁や血縁の人びとがつきあいの程度に応じて相当量を持ち寄ったものであった。藁縄は、ものを結束するという物理的機能ばかりでなく、人心を結びつける役割をもになってい

た。生業関係では、穀物を収納する叺や俵、養蚕具の蔟（まぶし）、牛や馬に履かせた草鞋など。また、運搬具では、背負ったり腰に結わえたりする縄袋、砥袋、背負梯子、土砂運搬の畚、背負い運搬用の負い縄など。日常生活用具ばかりではない。注連縄・注連飾りによって神域を示し、神仏への供物を藁皿に盛り、盆には藁火を焚いたり藁馬や藁人形をつくって死者の霊を送り迎えした。外からさまざまな災厄が侵入しないようにと願って、集落の入口に大きな藁人形を据えたり、巨大な藁草履を吊るしたりする地域もみられる。幸運を分かつときには、藁苞に入れられた祝いの品が隣人や親類に贈られた。初誕生を迎えると、草履や草鞋を履かせて祝い餅を踏ませ、負い縄で祝い餅を背負わせる民俗もみられる。さまざまな信仰・祝祭・儀礼においても、藁は重要な素材としての地位を与えられていた。子供らの遊びにあっても、縄跳びに代表されるように、藁が遊具の素材として用いられた。藁は、各種の生活用具づくりに活用されるとともに、燃料・飼料・肥料などエネルギー源ともなった。燃料や肥料にはそのままの形で用いられるが、藁細工には、ハカマ(下葉)を取り去るワラスグリ、打撃を加えて繊維部と他の部分とを分けるワラ打ち、必要な長さに切断するワラ切りなどの前処理作業が施される。ワラスグリがなされたスグリワラは、藁稈にある程度の堅さが必要な苞、束子などをつくるのに用いられる。ワラ打ちによって得られるウチワラ、タタキワラは、しなやかさ、繊維の緻密性、強靭性が求められる草履に、ワラ切りによって得られるキリワラは一定の長さに揃っていることが必要な藁や脛巾などをつくるのに用いられる。藁細工の基本的技術は撚り・束ね・組み・編み・巻きあげ・織りなどで、いずれも多少の訓練によって技術修得が可能であったから、老若男女を問わず多くの人々が藁を素材とする生活用具づくりを行なってきた。また、ワラづくりの際に取り除かれるハカマは、容器や寝床・蒲団・沓類などの詰め物として用いられたばかりか、燃料・飼料・肥料としても活用された。藁稈の先端部のミゴは、その艶やかさと強靭さが活かされ、漁網・筆・箒などになった。藁のそれぞれの部分が有する特質に応じ、一本の藁のすべてが無駄なく使い分けられてきた。そこには、一物全体活用の知恵が貫徹されていた。また、鉄湯の不純物を吸着する藁、陶器の釉薬としての藁灰、鉄刃物のなまし用としての藁灰、印伝細工の模様づけ用の藁など、各地に伝わる工芸品づくりにも藁は活用されてきた。さらに、藁製の生活用具に寿命がくると、肥・養いとして、土に帰された。大地に帰された藁は、新たな作物を育てる糧となり、藁が藁を育て続けてきた。藁は、自然と人間の世界とを有機的、循環的に結びつけていた。なお、藁製品の保存には囲炉裏が不可欠であった。煙発生装置としての囲炉裏は、湿気を除き、煙の微粒子を藁の表面に付着させ、藁や藁製品の腐熟を阻止した。

（宮崎　清）

参考文献　宮崎清『藁』(「ものと人間の文化史」五五ノ一・二、一九八五)、同『図説藁の文化』、一九九五

わらいばなし　笑話　笑いを目的とした単純形式の類型性を持つ昔話群。柳田国男の『日本昔話名彙』では、派生昔話の一分野として笑話をおき、「大話」「真似そこない」「愚か村話」の三つに分類している。関敬吾の『日本昔話大成』「昔話の型」の「笑話」(三〇一～六四二)では、「愚人譚」(A愚か村・B愚か聟・C愚か嫁・D愚かな男)、「誇張譚」「巧智譚」(A業較べ・B和尚と小僧)、「狡猾者譚」(Aおどけ者・B狡猾者)、「形式譚」の五つに分類し、それに「新話型」(一～二六)を加え、三百六十七話型を示している。稲田浩二・小沢俊夫の『日本昔話通観』「日本昔話タイプ・インデックス」の「笑話」(五九八～一二一一)では、「賢者と愚者」「おどけ・狡猾」「くらべ話」「愚か者」「愚か婿」「愚か嫁」「愚か村」「誇

張」「言葉遊び」の九つに分類し、「形式話」と合わせて、六百十三話型を示している。笑話は、本格昔話のように発端句や結末句などの形式を持たず、現実の生活での身近なことがらが題材になっており、特に笑いの部分に重点が置かれ、自由で気楽に話される。したがって、世間話の伝承世界と重なり合う点が多い。昔話の一群を狭義の笑話とするならば、世間話の笑いを伴う話、笑える話、笑いの種をも含めた広義の笑話としてもとらえることもできる。笑話は話し手が聞き手に笑いを提供することが目的であるから、話の場での受けがよいか悪いかが話の完成度の目安になる。笑話ははじめての聞き手にとっては、無条件で面白く笑えるのだが、二度目以降は筋がわかっており、極端に鮮度が薄れてしまう。したがって常に新鮮な笑いが求められていくから、話し手は笑話を次から次へと大量生産していく。現在まで伝承されてきた笑話は、笑いの普遍性を諒解できる秀でた話といえるだろう。動物昔話の中の動物笑話や、本格昔話の中の笑話的モチーフも切り離して考えることはできない。日常茶飯事に行われている談笑・笑いを伴うハナシにならないようなハナシも笑話に深く関わっていた。口承笑話に対する、記載笑話も重要である。日本文学史の中で口承笑話とつながる説話が鎌倉時代の説話集にすでに収録されている。江戸時代初期、安楽庵策伝の『醒睡笑』をはじめ、軽口本、噺本(江戸小咄)は、口承笑話とかなり重なり合う。室町時代以後の咄の者、大名のお伽衆たち、江戸時代の露の五郎兵衛、米沢彦八ら、咄(落語)家などの活躍はそのまま口承笑話と記載笑話双方の交流と伝承・伝播につながり、果たした役割は大きい。口承笑話は、旅の職人、行商人、芸人たち、座頭などの下級宗教者たちによって村々へ伝播され、村の男性たちによって管理・伝承されてきたといわれている。現在、昔話の伝承形態は急速に衰えてきたが、口承笑話は、記載笑話、落語、漫才、テレビ・ラジオのお笑い番組と交流しあいながら、新たな笑いを生み出していくだろう。

参考文献　関敬吾『昔話と笑話』(「民俗民芸双書」、一九六六)、大島建彦『咄の伝承』、一九七〇、矢野誠一『落語手帖』、一九七四、宇井無愁『日本の笑話』、一九七七、関敬吾『日本昔話比較研究序説』、一九七七　(米屋　陽一)

わらしべちょうじゃ　藁しべ長者　偶然手に入れた藁しべを次々に交換し、立身出世するという本格昔話。『日本昔話大成』は「運命と致福」の項に置く。話は大きく三年味噌型と観音祈願型に分類できる。前者は藁しべ一本(三本)を持って旅に出た男の子が途中、風で飛ばされそうな蓮の葉を藁で縛ったお礼に蓮の葉を貰う。次に味噌屋の雨除けのために蓮の葉と三年味噌を交換、次に味噌がなくて困っている刀鍛冶のためにその味噌を用立て名刀を貰う。その刀は蛇から男の子を守る。名刀を殿様から所望され、お礼に千両の金を貰い名字帯刀を許されたというもの。藁しべを千両にした男を長者の娘の聟にするという筋の話もある。民間伝承としては三年味噌型が多く、西日本に濃く分布している。後者は、男が長谷寺観音に出世の祈願をし、寺を出て最初に触れたものを大切にせよとの夢告を受け、藁しべを拾う。虻を捕らえて藁で縛ったのを乞われるままにミカンと交換、それからつぎつぎと反物・馬・田畑に交換し、その田畑を譲り受けて大金持ちになるというもの。『今昔物語集』一六ノ二八、『宇治拾遺物語』七ノ五、『古本説話集』下、『雑談集』五ノ中などの話はいずれも観音祈願型といえ、霊験譚の性格が強く、この話が説教唱導の場で語られていたことを思わせる。沖縄本島には尚巴志(しょうはし)王の出世に関わって、藁しべからつぎつぎに品物を交換し、手に入れた鋼鉄を鍛冶屋に譲って刀を作らせ、刀を大和人の金屏風と交換、それを南山王の城下の泉と交換して滅ぼし、琉球統一を果たしたとするものもある。

柳田国男は蜂・虻などといった羽虫の力が人間の幸福獲得に関わることを説く。また福田晃は、人々の果たしえぬ夢を叶えてくれるところにこの話の特色があり、その保証としての因果思想があるという。

参考文献　柳田国男「藁しべ長者と蜂」(『柳田国男全集』八所収、一九九〇)、佐竹昭広「藁しべ長者のこと」(『民話の思想』所収、一九七三)、福田晃「「藁しべ長者」と因果思想」(『昔話の伝播』所収、一九七六)　（松本　孝三）

わらべうた　**童唄**　子どもの遊びの中で自然発生的に生まれ伝えられているものや、遊びの中に取り入れられた既成曲の総称。子どもの遊び歌ともいわれる。主な伝承形態には、㈠子ども集団、㈡親、㈢祖父母、㈣マスメディア、㈤幼稚園・保育園・学校があるが、現在㈠㈡㈢が弱体化してきている。種類は、町田嘉章・浅野建二編『わらべうた』(一九六二)では、㈠遊戯歌一(手毬唄・お手玉唄・羽子突唄など玩具を使用)、㈡子守唄、㈢天体気象の唄、㈣動物植物の唄、㈤歳時唄、㈥遊戯歌二(縄跳び・かくれんぼ・鬼遊び・手合せ遊びなどの集合遊戯)となっている。しかし遊びの種類は時代とともに変遷し、一九六九年(昭和四十四)に刊行された東京芸術大学民俗音楽ゼミナールの『わらべうたの研究』楽譜・研究編では、㈠となえうた、㈡絵かきうた、㈢おはじき・石けり、㈣お手玉・はねつき、㈤まりつき、㈥なわとび・ゴムなわ、㈦じゃんけん・グーチョキパーあそび、㈧お手あわせうた、㈨からだあそび、㈩鬼あそび、と分類されている。その後、おはじき・石けり唄、お手玉・羽根突き唄、動植物・自然の唄、手まり唄が衰退し、となえ唄、絵かき唄、なわとび唄、じゃんけん唄や鬼遊び唄が盛んとなっていたが、現代ではとなえ唄、絵かき唄も減少しつつある。日本の童唄は、日本語の語彙の豊富さ、季節感に支えられ数多くの唄が伝承・創造されてきた。絵かき唄は、ひらがな・カタカナ・漢字・図形・漢数字・アラビア数字を駆使することができる日本の代表的な童唄となった。しかし今日では子ども数の減少、異年齢のタテ関係をはじめとする子ども集団の希薄化、受験地獄やお稽古ごとなどによる遊び時間の減少、ファミリーコンピューターやテレビなど室内で一人で遊ぶ習慣が子どもの世界を席巻しつつある。また、交通地獄・自然破壊・居住環境の変化は、子どもの遊びの客観的状況を劣悪にしてきている。ただ、子どもは塾の往復・団地の階段・電車の中で

童唄　花いちもんめ

でも遊びを行なっている。そしてその伝承と創造は、大都市や地域の僻地よりも地方の県庁所在地に数多く見られる。音楽的には、強弱感のない二拍子型で、ラードーレー(ミ)のような民謡(＋律)音階といった伝統的な音楽語法を用いている歌が主流を占めているが、子ども自身が学校唱歌や童謡、また歌謡曲や軍歌などから導入した歌もある。それらは、お手あわせ唄や、ゴムなわ遊び唄に多く見られ、三拍子型や西洋長音階を用いている。また「いちかけにかけ」が西洋音階化したり、テレビで大流行した「オバケのQ太郎」や「ドラえもん」のように、西洋長音階と民謡音階が巧みに混合された絵かき唄もある。

参考文献　広島高等師範附属小学校音楽研究部編『日本童謡民謡曲集』、一九三三-三五、浅野建二『わらべ唄風土記』、一九六九・七〇、北原白秋『日本伝承童謡集成(改訂新版)』一―七、一九七四-七六、水野信男編『山陰のわらべうた―中海周辺および隠岐・子どもの遊び歌資料集成―』、一九八二、小泉文夫『子どもの遊びとうた』、一九八六、岩井正浩『わらべうた―その伝承と創造―』、一九八七、『日本わらべ歌全集』、一九七九-九二

(岩井　正浩)

わるくち　悪口　人や社会を悪くいうこと、あるいはその言葉。石合戦や悪口祭など民間で行われる行事や祭の中には、互いに悪口を言い合う習慣が見られる。また、かつては日常においても子供たちが隣村の子供たちと行き会った時にお互いにいい合う喧嘩言葉があった。これは、もとは言葉争いに根ざしていると考えられる。元来コトワザ(言技)は、言葉によって自分の呪力や威信を示し、敵の魔力に打ち勝つためのものであり、武技と同様に重要な戦いの手段であった。つまり戦い前に味方を腹いっぱい笑わせることにより、敵を消気させ味方を元気づけるのである。『続日本紀』には、藤原広嗣の乱において言葉争いのみで勝敗を決した例が記されている。また、山論や水論などのムラの紛争のときにも、隣村への談判には必ず口達者な村人が選ばれた。このような言葉争いは、かつては東京でも「たんかをきる」として見られたが、次第に日常の悪口・娯楽・芸能に変化していった。その中で子供たちの喧嘩は、現代のような陰質なものではなく、「バカ、カバ、チンドンヤ、オ前ノカアサン、デベソ」などと大声でいい合われ、コミュニケーションの一つとも、ムラの成員になるための過程とも捉えられる。また「オ前ノカアサン、デベソ」のように、相手の親などの肉体に関する言い方は、最近の研究では、中世武士の社会において最大の侮辱の言葉であったとの指摘もある。特に隣村の子供たちとの悪口には、その村人の生活や労働に対する態度・気質・経済状態をいったものも多く、近隣地域社会に対する認識の仕方をうかがい知ることもできる。→石合戦(いしがっせん)

参考文献　柳田国男「なぞとことわざ」(『柳田国男全集』二三所収、一九九〇)、笠松宏至「お前の母さん…」(網野善彦他『中世の罪と罰』所収、一九八三)、宇田哲雄「喧嘩言葉・悪口について―ムラ人の地域社会認識―」(『日本民俗学』一九六、一九九三)、藤木久志『戦国の作法―村の紛争解決―』(「平凡社ライブラリー」、一九九八)

(宇田　哲雄)

わんかしでんせつ　椀貸伝説　椀や膳が入用の時、依頼に応じてくれるとする伝説。椀貸滝・椀貸塚・椀貸淵・椀貸山などとする。全国的に分布する。異郷・異界、水底の異境との微かなる交流を示唆する話として注意が必要。たとえば福井県坂井郡の事例は、「影響録云。久米田山の辺に黍つかとて岡あり。古より誰住ともなく、延宝の始比まで此国の江川より朝ことに泔(しろみつ)流出けるとそ。又慶長の比は此辺に行て、明日何人前の椀家具かし候得と三度いへは、翌日詞のごとく出しあるを借受、遣ひ事済てもとの所へ返しけり。年を経て人心直ならさるにや、出る事やみ

しといへり」と井上翼章『越前国名蹟考』(一八一五)にみえる。これからも知られるように、古くから伝えられていた話には、その素姓をうかがわせるような表現が残っていた。一つは山里の奥地から白濁した米の磨水が流れてくる。これによって、山中に秘郷の存在を推察する。米代川の名称の由来に同じである。ついでこれにもとづいて、『遠野物語』にみえるまよいがのごとき富貴具足の桃源郷を想定し、やがては彼我との交通、交流を想到するに及んだものと考えられる。その際、これを「三度いへは」は、ここに特定の呪詞、呪言のあったことをうかがわせる。のち、それの「出る事やみし」の理由を「年を経て人心直ならさるにや」と説くが、これはもちろん合理化の一種に過ぎず、こうした結果の招来したのは、おそらくはこちらの側からの一方的な禁忌の侵犯にあったのであろう。

参考文献　柳田国男「一目小僧その他」(『柳田国男全集』六所収、一九六九)、南方熊楠「続南方随筆」(『南方熊楠全集』二所収、一九七一)

(野村　純一)

索　　引

＊配列は，読みの五十音順とした．
＊項目名は，太字であらわした．
＊項目のページを太字であらわし，先頭においた．
＊ａｂは，それぞれ上段・下段をあらわす．

あ

い

え

お

か

さ

し

す

せ

そ

た

ち

つ

と

な

に

ぬ

ね

の

は

ひ

ふ

へ

ほ

み

め

も

や

ゆ

よ

ら

り

る

れ

ろ

わ

ん

精選 日本民俗辞典

二〇〇六年(平成十八)三月二十日 第一刷発行

編者 福田アジオ 神田より子
新谷尚紀 中込睦子
湯川洋司 渡邊欣雄

発行者 林 英男

発行所 株式会社 吉川弘文館
郵便番号一一三—〇〇三三
東京都文京区本郷七丁目二番八号
電話〇三—三八一三—九一五一(代)
振替口座〇〇一〇〇—五—二四四番
http://www.yoshikawa-k.co.jp/

印刷=株式会社 東京印書館
製本=誠製本株式会社
装幀=山崎 登

ISBN4-642-01432-2